Verbraucherschutz beim Internetkaufvertrag

Europäische Hochschulschriften
Publications Universitaires Européennes
European University Studies

Reihe II
Rechtswissenschaft

Série II Series II
Droit
Law

Bd./Vol. 4867

PETER LANG
Frankfurt am Main · Berlin · Bern · Bruxelles · New York · Oxford · Wien

Christine Fligge

Verbraucherschutz beim Internetkaufvertrag

Ein Vergleich der Rechtslage in den USA und in Deutschland

PETER LANG
Internationaler Verlag der Wissenschaften

Bibliografische Information der Deutschen Nationalbibliothek
Die Deutsche Nationalbibliothek verzeichnet diese Publikation in der Deutschen Nationalbibliografie; detaillierte bibliografische Daten sind im Internet über <http://www.d-nb.de> abrufbar.

Zugl.: Düsseldorf, Univ., Diss., 2008

Gedruckt auf alterungsbeständigem,
säurefreiem Papier.

D 61
ISSN 0531-7312
ISBN 978-3-631-58998-4

Printed in Germany 1 2 3 4 5 7

www.peterlang.de

Inhaltsverzeichnis

2. Kapitel:

Abkürzungsverzeichnis

4CITE	For a Competitive Information Technology Environment
A.	Atlantic Reporter
a.A.	andere Ansicht
a.a.O.	am angegebenen Ort
ABl.	Amtsblatt der Europäischen Kommission
ABA	American Bar Association
AcP	Archiv für die civilistische Praxis
a.E.	am Ende
a.F.	alte Fassung
aff'd	affirmed
AFFECT	Americans For Fair Electronic Commerce Transactions
AG	Amtsgericht
AGB	Allgemeine Geschäftsbedingungen
AGBG	Gesetz zur Regelung des Rechts der Allgemeinen Geschäftsbedingungen
Ala. Code	Alabama Code
Alaska Stat.	Alaska Statute
ALI	American Law Institute
Am.	American
a.M.	andere Meinung
App.	Appeal
Apr.	April
Ariz.	Arizona
Ariz. Rev. Stat. Ann.	Arizona Revised Statute Annotated
Ark. Stat. Ann.	Arkansas Statute Annotated
Art.	Artikel
Assocs.	Associates
Aufl.	Auflage
Az.	Aktenzeichen
BAG	Bundesarbeitsgericht
BB	Betriebs-Berater
Bd.	Band
BDSG	Bundesdatenschutzgesetz
BGB	Bürgerliches Gesetzbuch
BGBl.	Bundesgesetzblatt
BGB AT	Allgemeiner Teil des BGB
BGB-InfoVO	BGB-Informationspflichten-Verordnung

BGB-Komm.	Kommentar zum Bürgerlichen Gesetzbuch
BGH	Bundesgerichtshof
BGHZ	Entscheidung des Bundesgerichtshofes in Zivilsachen
BMELV	Bundesministerium für Ernährung, Landwirtschaft und Verbraucherschutz
BMJ	Bundesministerium der Justiz
BNA	Bureau of National Affairs
Brüssel I-VO	Verordnung über die gerichtliche Zuständigkeit und die Anerkennung und Vollstreckung von Entscheidungen in Zivil- und Handelssachen
Brüssel II-VO	Verordnung über die gerichtliche Zuständigkeit und die Anerkennung und Vollstreckung von Entscheidungen in Ehesachen
BR-Drucks.	Bundesrats-Drucksache
BSE	Bovine Spongiforme Enzephalopathie
BT-Drucks.	Bundestags-Drucksache
BverfG	Bundesverfassungsgericht
BverfGE	Entscheidung des Bundesverfassungsgerichts
bzgl.	bezüglich
bzw.	beziehungsweise
Cal.	California
Cal. Bus.& Prof. Code	California Business and Profession Code
Cal. Civil Code	California Civil Code
CAN SPAM Act	Controlling the Assault of Non-Solicited Pornography and Marketing Act of 2003
cert. denied	certainly denied
C.F.R.	Code of Federal Regulations
C.D.	Central District
Chand.	Chandler
Chap.	Chapter
c.i.c.	culpa in contrahendo
Cir.	Circuit
CISG	United Nations Convention on Contracts for the International Sale of Goods
CIV, CV	Civil Action
Co.	Company
Colo.	Colorado
Colo. Rev. Stat.	Colorado Revised Statute
Conf. Rep. No.	Conference Report Number
Cong.	Congress
Conn.	Connecticut
Conn. Agencies Regs.	Connecticut Agencies Regulations
Conn. Gen. Laws	Connecticut General Laws
Constr.	Constructions

COPPA	Childrens Online Privacy Protection Act
Corp.	Corporation
CR	Computer & Recht
Cri	Computer & Recht/International
Ct.	Court
Ct. App.	Court of Appeals
D.	District
DB	Der Betrieb
D.C.	District Court
D.C.A.	District Court of Appeals
Dec.	December
Del. Code Ann.	Delaware Code Annotated
Dept.	Department
ders.	derselbe
d.h.	das heißt
dies.	dieselbe
Dist.	Distributions
Div.	Division
Drugs.	Drugstores
DStR	Deutsches Steuerrecht
DuD	Datenschutz und Datensicherheit
E-Commerce	Electronic Commerce
ECRL	E-Commerce Richtlinie
E.D.	Eastern District
EEA	Einheitliche Europäische Akte
EG	Europäische Gemeinschaft
EGG	Elektronischer Geschäftsverkehrgesetz
EGV	Vertrag zur Gründung der Europäischen Gemeinschaft
EGBGB	Einführungsgesetz zum Bürgerlichen Gesetzbuche
Einf.	Einführung
E-Mail	Electronic Mail
endg.	endgültig
EP-Report	Report des Europäischen Parlamentes
E-SIGN Act	Electronic Signatures in Global and National Commerce Act
et al.	et alteri, altera
etc.	et cetera
EU	Europäische Union
EuGH	Europäischer Gerichtshof
EUV	Vertrag über die Europäische Union
EuZW	Europäische Zeitschrift für Wirtschaftsrecht
evtl.	eventuell
EWG	Europäische Wirtschaftsgemeinschaft
EwiR	Entscheidungen zum Wirtschaftsrecht

EWS	Europäisches Wirtschafts- und Steuerrecht
ex rel.	ex relatione
F.	Federal Reporter
f, ff	folgend(e)
FARL	Fernabsatzrichtlinie
FCC	Federal Communications Commission
FDA	Food and Drug Administration
F.D.S.	Flotation Docking Sytem
Feb.	February
Fed.	Federal
Fed. Reg.	Federal Regulations
FernAbsG	Fernabsatzgesetz
FernUSG	Fernunterrichtsschutzgesetz
FertigpackungsVO	Fertigpackungsverordnung
Fla.	Florida
Fla. Stat.	Florida Statute
Fn.	Fußnote
Frankfurt a.M.	Frankfurt am Main
F.R.D.	Federal Rules Decisions
FS	Festschrift
F.Supp.	Federal Supplement
FTC	Federal Trade Commission
FTCA	Federal Trade Commission Act
Ga.	Georgia
Ga. Comp. Rules & Regulations	Georgia Compiled Rules & Regulations
GbR	Gesellschaft bürgerlichen Rechts, BGB-Gesellschaft
GeschmMG	Geschmacksmustergesetz
GG	Grundgesetz
ggf.	gegebenenfalls
GRUR	Gewerblicher Rechtsschutz und Urheberrecht
GRUR Int.	Gewerblicher Rechtsschutz und Urheberrecht, Internationaler Teil
GRUR-RR	Gewerblicher Rechtsschutz und Urheberrecht-Rechtsprechungs-Report
GVG	Gerichtsverfassungsgesetz
GWB	Gesetz gegen Wettbewerbsbeschränkungen
HaustürWG	Haustürwiderrufsgesetz
Haw.	Hawaii
Hawaii Rev. Stat., HRS	Hawaii Revised Statute
H.B.	House Bill
H.F.	House File
HGB	Handelsgesetzbuch
HK-BGB	Handkommentar zum Bürgerlichen Gesetzbuch
h.M.	herrschende Meinung

Hosp.	Hospital
H.R., H.	House Rule
HWG	Heilmittelwerbegesetz
Ia. Stat.	Iowa Statutes
Ia. Leg. Serv.	Iowa Legislative Service
Idaho Admin. Code	Idaho Administrative Code
i.d.R.	in der Regel
IHR	Internationales Handelsrecht
Ill.	Illinois
ILCS	Illinois Compiled Statutes
Inc.	Incorporation
Ind.	Indiana
Ind. Code, IC	Indiana Code
Indus.	Industries
Ins.	Insurance
Intern.	International
IPRax	Praxis des internationalen Privat- und Verfahrensrechts
IuKDG	Informations- und Kommunikationsdienstegesetz
i.V.m.	in Verbindung mit
Jan.	January
JMSStV	Jugendmedienschutzstaatsvertrag
Jr.	Junior
Jura	Juristische Ausbildung
JuS	Juristische Schulung
JZ	Juristenzeitung
Kann. Stat. Ann.	Kansas Statute Annotated
KOM	Legislativvorschläge und Beschlüsse der Europäischen Kommission
KosmetikVO	Kosmetikverordnung
K&R	Kommunikation & Recht
Ky. Rev. Stat.	Kentucky Revised Statute
La. Rev. Stat. Ann.	Louisiana Revised Statute Annotated
L.Ed.	Lawyers´ Edition
LG	Landgericht
LIDC	Liga für Wettbewerbsrecht
lit.	litera
L.L.C.	Limited Liability Company
LMBG	Lebensmittel- und Bedarfsgegenständegesetz
L.P.	Limited Partnership
Ltd.	Limited
m. Anm.	mit Anmerkung
Mar.	March
MarkenG	Markengesetz
Mass.	Massachusetts

Mass. Gen. Laws Ann.	Massachusetts General Laws Annotated
Mass. Regs. Code	Massachusetts Regulations Code
M.C.	Michigan Code
M.D.	Middle District
Md.	Maryland
Md. Commercial Law Code Ann.	Maryland Commercial Law Code Annotated
MDR	Monatsschrift für Deutsches Recht
Md. Regs. Code	Maryland Regulations Code
MDStV	Mediendienstestaatsvertrag
m.E.	meines Erachtens
MedizinprodukteG	Medizinproduktegesetz
Me. Rev. Stat. Ann.	Maine Revised Statute Annotated
Mfg.	Manufacturing
Mich.	Michigan
Mich Comp. Laws	Michigan Compiled Laws
Minn.	Minnesota
Minn. Stat.	Minnesota Statute
Mis. Rev. Stat.	Missouri Revised Statute
Miss. Code Ann.	Mississippi Code Annotated
Mktg.	Marketing
MMR	Multimedia und Recht
MMWA	Magnuson Moss Warranty – Federal Trade Commission Improvement Act
Mo. Rev. Stat	Missouri Revised Statute
Mont. Code Ann.	Montana Code Annotated
MTOMR	Mail or Telephone Order Merchandise Rule
MüKo	Münchener Kommentar
NährwertkennzeichnungsVO	Nährwertkennzeichnungsverordnung
NAI	Network Advertising Initiative
N.C. Gen. Stat.	North Carolina General Statutes
NCCUSL	National Conference of Commissioners on Uniform State Laws
NCLC	National Consumer Law Center
N.D.	Northern District
N.D. Cent. Code	North Dakota Century Code
N.E.	North Eastern Reporter
Neb.	Nebraska
Neb. Rev. Stat.	Nebraska Revised Statute
Nev. Rev. Stat.	Nevada Revised Statute
n.F.	neue Fassung
N.H. Rev. Stat. Ann.	New Hampshire Revised Statute Annotated
N.J.	New Jersey
N.J. Rev. Stat.	New Jersey Revised Statute
NJW	Neue Juristische Wochenschrift
NJW-CoR	Neue Juristische Wochenschrift/Computerreport

NJW-RR	Neue Juristische Wochenschrift-Rechtsprechungs-Report
N.M.	New Mexico
N.M. Stat. Ann.	New Mexico Statute Annotated
No.	Number
Nov.	November
Nr.	Nummer
N.W.	North Western Reporter
N.Y.	New York
N.Y. Exec. Laws	New York Executive Laws
N.Y. Gen. Bus. Law	New York General Business Law
N.Y. Pers. P. Law	New York Personal Property Law
N.Y.S.	New York State Reporter
Oct.	October
ÖJZ	Österreichische Juristen-Zeitung
Ohio Rev. Code Ann.	Ohio Revised Code Annotated
Okla. Stat.	Oklahoma Statute
OLG	Oberlandesgericht
Or.	Oregon
Or. Rev. Stat.	Oregon Revised Statute
P.	Pacific Reporter
Pa.	Pennsylvania
Pa. Com. Pl.	Pennsylvania Court of Common Pleas
Pa. Cons. Stat	Pennsylvania Consolidated Statutes
PangG	Preisangabengesetz
PAngVO	Preisangabenverordnung
PC	Personal Computer
PR	Public Relations
Prods.	Products
ProduktHaftG	Produkthaftungsgesetz
Pub. L. No.	Public Law Number
PVV	Positive Vertragsverletzung
R.	Report(s)
RabattG	Rabattgesetz
RabelsZ	Rabels Zeitschrift für ausländisches und internationales Privatrecht
Re.	Reanswer
Rev.	Reversed
RGB1.	Reichsgesetzblatt
RI Gen. Laws	Rhode Island General Laws
RIW	Recht der internationalen Wirtschaft
RL	Richtlinie
Rn.	Randnummer
Rptr.	Reporter
Rs.	Rechtssache

Rz.	Randzahl
S., So. („2d" –US-Fälle)	Southern Reporter
S.	Seite
s.a.	siehe auch
S.B.	Senate Bill
S.C.	South Carolina
S.C. Code Ann.	South Carolina Code Annotated
S. Ct.	Supreme Court Reporter
S.D.	Southern District
S.D. Codified Laws Ann.	South Dakota Codified Laws Annotated
S.E.	South Eastern Reporter
Sec.	Section
Sept.	September
Servs.	Services
Sess.	Session
SigG	Signaturgesetz
SigRL	Signaturrichtlinie
SigVO	Signaturverordnung
Slg.	Amtliche Sammlung der Entscheidungen des EuGH
SMG	Schuldrechtsmodernisierungsgesetz
SMG-Komm.	Kommentar zum Schuldrechtsmodernisierungsgesetz
sog.	so genannte(n)
Stat.	Statute
s.u.	siehe unten
Super. (Ct.)	Superior Court
Supp.	Supplement
S.W.	South Western Reporter
Syl.	Syllabus
Sys.	Systems
TDDSG	Teledienstedatenschutzgesetz
TDG	Teledienstegesetz
Tech.	Technologies
Tenn.	Tennessee
Tenn. Code Ann.	Tennessee Code Annotated
Tex.	Texas
TextilkennzeichnungsG	Textilkennzeichnungsgesetz
Trans.	Transports
Tit.	Title
Trade Reg. Rep.	Trade Regulation Reporter
TRR	Trade Regulation Rule
TzWrG	Teilzeit-Wohnrechtegesetz
u.a.	unter anderem
u.ä.	und ähnliches
UCC	Uniform Commercial Code
U.C.C. Rep. Serv.	UCC Reporting Services

UCITA	Uniform Computer Information Transactions Act
UCSPA	Uniform Consumer Sales Practices Act
UDAP Statutes	Unfair or Deceptive Acts or Practices Statutes
UDTPA	Uniform Deceptive Trade Practices Act
UETA	Uniform Electronic Transactions Act
UklaG	Unterlassungsklagengesetz
UklaRL	Unterlassungsklagenrichtlinie
U.L.A.	Uniform Laws Annotated
UN	United Nations
UNICITRAL	United Nations Commission on International Trade Law
UrhG	Urheberrechtsgesetz
U.S.	United States Report
U.S.C.	United States Code
U.S.P.Q	United States Patents Quarterly Reports
u.s.w.	und so weiter
Utah Code Ann., U.C.A.	Utah Code Annotated
Utah Admin. Rules	Utah Administrative Rules
u.U.	unter Umständen
UWG	Gesetz gegen den unlauteren Wettbewerb
UWG-E	Diskussionsentwurf zur Änderung des UWG
UWG-Komm.	Kommentar zum Gesetz gegen den unlauteren Wettbewerb
v.	Versus
Va.	Virginia
Va. Code	Virginia Code
VCFR	Vermont Consumer Fraud Rules
VerbraucherKrG	Verbraucherkreditgesetz
vgl.	Vergleiche
Vt.	Vermont
Vt. Stat. Ann.	Vermont Statute Annotated
VuR	Verbraucher und Recht
Wash.	Washington
Wash. Stat.	Washington Statute
W.D.	Western District
Wisc.	Wisconsin
Wisc. Stat.	Wisconsin Statute
WL	Westlaw
WM	Wertpapier-Mitteilungen
WRP	Wettbewerb in Recht und Praxis
W. Va. Code	West Virginia Code
Wyo. Stat.	Wyoming Statute
ZAW	Zentralverband der deutschen Werbewirtschaft
z.B.	zum Beispiel
ZEUP	Zeitschrift für Europäisches Privatrecht

ZfRV	Zeitschrift für Rechtsvergleichung
ZIP	Zeitschrift für Wirtschaftsrecht
ZPO	Zivilprozeßordnung
ZR	Zivilrecht
ZRP	Zeitschrift für Rechtspolitik
z.T.	zum Teil
ZugabeVO	Zugabeverordnung
ZUM	Zeitschrift für Urheber- und Medienrecht, Film und Recht

Einleitung

Das Medium Internet stellt heute eine der größten Herausforderungen des modernen Verbraucherschutzrechts dar. Das World Wide Web hat sich in einem rasanten Tempo von einem modernen Informations- und Kommunikationsmedium zu einem globalen, ständig wachsenden Massenmarkt entwickelt (E-Commerce), an dem immer mehr auch die privaten Endabnehmer teilnehmen. Hat es bei anderen medialen Errungenschaften, wie dem Radio und dem Fernsehen, noch Jahrzehnte gedauert bis eine nennenswerte Verbreitung in den privaten Haushalten stattgefunden hatte, hat es seit dem Zeitpunkt, in dem der erste Webbrowser auf dem freien Markt erhältlich war, nicht mehr als drei Jahre gedauert, bis fünfzig Millionen private Nutzer des World Wide Web gezählt werden konnten.[1] Diese Entwicklung lässt die immensen Wachstumsmöglichkeiten dieses Marktes nur erahnen.[2]

Umso drängender stellen sich die Fragen der rechtlichen Beurteilung von Internettransaktionen, der Anwendbarkeit von Verbraucherschutzregelungen und der Notwendigkeit eines gesonderten Verbraucherschutzes im Electronic Commerce. Da der virtuelle Markt nationale Grenzen ignoriert, gewinnt dabei auch die Frage an Bedeutung, inwieweit die rechtlichen Beurteilungen international übereinstimmen und welche Maßnahmen zur Angleichung getroffen werden können.

Gegenstand der folgenden Untersuchung ist die rechtsvergleichende Betrachtung der verbraucherschutzrechtlichen Rechtslage in den USA und in Deutschland im elektronischen Warengüterverkehr.[3] Ausgeklammert werden dabei die Fragen des Internatio-

---

1 Vgl. die Angaben in FTC, „Report From the Federal Trade Commission Staff, Protecting Consumers Online: The FTC's First Five Years", S.2; ähnliche Angaben bei Köhler/Arndt, Rn.1.

2 Dafür sprechen vor allem die stetig steigenden Umsatzzahlen im World Wide Web. Im Jahre 1998 sollen bereits Waren im Wert von 10 Milliarden Dollar weltweit über das Internet umgesetzt worden sein, vgl. Deutscher Bundestag, Enquete Kommission (1998), „Verbraucherschutz in der Informationsgesellschaft", S.9. Zu den Umsatzzahlen des Online-Marktes in den vergangenen Jahren und den erwarteten Steigerungen in den USA und in Deutschland s.a. FTC, „Report From the Federal Trade Commission Staff, Protecting Consumers Online: The FTC's First Five Years", S.2f; FTC, „2000 Global Internet Summit at George Mason University", S.1; Boehme-Neßler, S.125; Köhler/Arndt, Rn.2; Glatt, S.13.

3 Aktuell besteht kein völkerrechtlicher Vertrag zwischen den USA und Deutschland, der diese Rechtsbereiche regelt. Als Initiativen zur Rechtsvereinheitlichung des Warenkaufrechts und des Electronic Commerce sind vor allem die beiden Abkommen der UN-Vollversammlung das Modellgesetz UNICITRAL und das UN-Kaufrecht zu nennen. Die USA und Deutschland haben aber das Wiener Übereinkommen der Vereinten Nationen über Verträge hinsichtlich des internationalen Warenkaufs ratifiziert (United Nations Convention on Contracts for the International Sale of Goods, CISG oder UN-Kaufrecht; abgedruckt in Jayme/Hausmann Nr.77 oder Schönfelder Ergänzungsband, Ordnungsnr.50 c, oder online unter: http://www.jus.uio.no/un.contracts .international.sale.of.goodsconvention.1980/doc.html (zuletzt 1.8.2007). Der Unilaterale, völkerrechtliche Vertrag ist nach dem Grundsatz des internationalen Privatrechts (pacta sunt servanda) vorrangig vor einzelstaatlichem Recht. Jedoch ist das CISG ausdrücklich nicht auf Geschäfte mit

nalen Privatrechts, also die Frage der Gerichtzuständigkeit und des anwendbaren Rechts.

Die Untersuchung ist in zwei Abschnitte aufgeteilt. Das erste Kapitel enthält eine Einführung in die gegenwärtige, rechtliche Situation in den beiden Ländern. Zunächst wird jeweils kurz vorgestellt, welche rechtlichen Quellen im privatrechtlichen Verbraucherschutzrecht existieren und in welchem Verhältnis diese zueinander stehen. Dargestellt werden des weiteren die nationalen Entwicklungen und Zielsetzungen des modernen Verbraucherschutzrechts, des E-Commerce Rechts und die Bedeutung des Verbraucherschutzes in diesem Rechtsbereich. Sodann werden die für den elektronischen Verbraucherschutz maßgeblichen rechtlichen Quellen dargestellt und im Kontext der rechtlichen Zielsetzungen analysiert. Im letzten Teil dieses Abschnitts werden die nationalen Entwicklungen, die Zielsetzungen im Verbraucherschutzrecht und E-Commerce Recht sowie die einschlägigen rechtlichen Quellen miteinander verglichen.

Im zweiten Kapitel werden die materiellrechtlichen Regelungen zum elektronischen Verbraucherschutz dargestellt, gegliedert nach Problemkreisen. Wie im ersten Kapitel, wird dabei zu jedem Unterabschnitt die Rechtslage in den beiden Ländern dargestellt und miteinander verglichen. Das zweite Kapitel besteht dabei aus zwei Teilen. In dem ersten Teil werden grundlegende Fragen zum elektronischen Verbraucherschutz analysiert: Zunächst wird erörtert, welches Verbraucherleitbild dem jeweiligen Verbraucherschutzrecht zugrunde gelegt wird. Zweitens wird der persönliche Anwendungsbereich der Verbraucherschutzgesetze untersucht. Hierbei soll analysiert werden, welche Begriffsbestimmungen für die Begriffe des Verbrauchers und des Unternehmers zur Begrenzung der jeweiligen Regelungen herangezogen werden. In dem anschließenden Vergleich wird, neben der Darstellung der wichtigsten Unterschiede und Gemeinsamkeiten, erörtert, welche Bedeutungen die jeweiligen Anwendungsbeschränkungen für das Verbraucherschutzrecht haben.

Der zweite Abschnitt dieses Kapitels untersucht die einzelnen materiellrechtlichen Regelungen, gegliedert in drei große Teilbereiche. Im ersten Teil werden die verbraucherschützenden Regelungen im Rahmen von Online-Werbepraktiken dargestellt. Hierbei werden zunächst die wettbewerbsrechtlichen Grundregelungen der beiden Rechtsordnungen dargestellt, wie sie auf Werbepraktiken generell angewendet werden. Sodann werden die besondere Online-Werbeformen und im Online-Bereich häufig auftretende Marketingpraktiken auf ihre wettbewerbsrechtliche Zulässigkeit untersucht. Dies betrifft vor allem die rechtliche Handhabung der Werbebanner, Pop-Up Windows und Werbe-Links. Ferner wird die rechtliche Beurteilung von bestimmten Marketingpraktiken, wie die elektronische Datenerhebung und -Verwendung zu kommerziellen Zwecken, die Zusendung unbestellter Waren und die Versendung von

---

Cerutti, Rn.45ff; Scherer/Butt, DB 2000, S.1009ff (1010); Mehrings, CR 1998, S.613ff (615). Das UNICITRAL von 1996 ist ein Modellgesetz zur Rechtsvereinheitlichung und Vereinfachung des elektronischen Geschäftsverkehrs und gilt auch für den Handel mit dem Endverbraucher; der Text des Modellgesetzes von 1996, der Status und die Weiterentwicklung bis 2006 ist online zu finden unter: http://www.unicitral/org (zuletzt 1.8.2007). Die Vorlage ist allerdings bis heute (2006) weder in den USA noch in Deutschland umgesetzt, es wurden lediglich einige Grundsätze des UNICITRAL in das nationale Recht der USA übernommen (z.B. E-SIGN Act (15 U.S.C. § 7001 (a)) und UETA (Section 7)).

Werbe-E-Mails, analysiert. Daneben werden die im Internet entwickelten Vertriebsformen, wie die Online-Auktion und das Powershopping, untersucht, soweit sie für die wettbewerbsrechtliche Beurteilung von Bedeutung sind. In dem anschließenden Vergleich werden die Regelungen der einzelnen Teilaspekte einander gegenüber gestellt und die Ergebnisse dieses Vergleichs mit Hinblick auf die Effektivität für das Verbraucherschutzrecht analysiert.

Der zweite Teilbereich erörtert den Verbraucherschutz durch vorvertragliche Informationspflichten im elektronischen Geschäftsverkehr. Da die Frage des Zustandekommens von Verträgen im elektronischen Geschäftsverkehr für die Bestimmung des Zeitpunkts vorvertraglicher Informationspflichten von Bedeutung ist, wird eine kurze Darlegung[4] der wichtigsten Regelungen und Grundsätze zum elektronischen Vertragsschluss im deutschen und US-amerikanischen Vertragsecht diesem Abschnitt vorangestellt. Zunächst wird untersucht, inwiefern im Internetwarenhandel gesetzliche Informationspflichten des Unternehmers bestehen. Der zweite zu untersuchende Aspekt betrifft die Aufklärungspflichten des Unternehmers im Online-Handel hinsichtlich bestimmter Vertragsbestandteile. Dies betrifft zum einen die vorvertragliche Kenntnisverschaffung von einseitig gestellten und vorformulierten Vertragsbedingungen. Im Rahmen dieser Darstellung soll ferner die rechtliche Handhabung der sog. Schutzhüllenverträge (*shrink wrap agreements*) im deutschen und US-amerikanischen Recht untersucht werden. Zum anderen werden in diesem Unterabschnitt die Voraussetzungen und Informationspflichten in Bezug auf Verbrauchsgütergarantien in den beiden Rechtsordnungen dargestellt. Schließlich wird erörtert, welche Anforderungen an die elektronische Darstellung von Informationspflichten nach dem Transparenzgebot zu stellen sind. Bei dem Vergleich der Ergebnisse dieses Abschnitts wird insbesondere das bestehende gesetzliche Informationsschutzniveau im elektronischen Geschäftsverkehr bewertet.

Im letzten Teilabschnitt werden die nachvertraglichen Pflichten der Unternehmer und Rechte des Verbrauchers im Online-Warenhandel untersucht. Dazu werden zunächst die gesetzlichen Informationspflichten des Unternehmers und seine Pflichten hinsichtlich der Lieferung der online bestellten Waren dargestellt. Schließlich wird erörtert, inwiefern im deutschen und US-amerikanischen Recht Beseitigungsrechte des Verbrauchers hinsichtlich des geschlossenen Online-Vertrages bestehen. Bei dem Vergleich dieses Abschnitts werden wiederum die wesentlichen Unterschiede und Gemeinsamkeiten der Regelungen erörtert, aber auch die Ergebnisse dieses Vergleichs einer kritischen Würdigung unter dem Aspekt eines effektiven Verbraucherschutzrechts im elektronischen Geschäftsverkehr unterzogen.

---

4 Rechtsvergleichende Arbeiten zum elektronischen Vertragsschluss im US-amerikanischen und deutschen Recht bestehen bereits in größerer Zahl, siehe z.B. Wildemann, Vertragsschluss im Netz; Thot, Elektronischer Vertragsschluss- Ablauf und Konsequenzen, Ein Rechtsvergleich zwischen dem amerikanischen und dem deutschen Recht; Bierekoven, Der Vertragsschluss via Internet im internationalen Wirtschaftsverkehr.

1. Kapitel: Einführung in das Verbraucherschutzrecht im Electronic Commerce

A. Einführung in die US-amerikanische Rechtslage

I. Die Entwicklung des US-amerikanischen Verbraucherschutzrechts im Online-Handel

1. Einführung in das US-amerikanische Privatrechtssystem

Das US-amerikanische Recht gehört nach wie vor zum Rechtskreis des Common Law, d.h. das Recht wird in Präzedenzfällen durch die Gerichte entschieden.[5] Die Rechtsvorstellungen und gerichtlichen Entscheidungen in den Einzelstaaten haben sich dabei sehr unterschiedlich entwickelt, so dass ein interlokales Rechtssystem in den USA entstanden ist. Aufgrund der rechtlichen Zersplitterung und der wachsenden wirtschaftliche Verflechtung der Gebiete stieg in den USA schon früh das Bedürfnis nach Rechtsvereinheitlichung und Rechtssicherheit durch gesetztes Recht.[6] Hinzu kamen Einflüsse des kontinental-europäischen Rechts (Civil Law), das im Wesentlichen durch Gesetze bestimmt wird.[7] Das Gesetzesrecht gewann deshalb schnell an Bedeutung. Dabei ist die US-amerikanische Rechtsordnung bis heute ein interlokales Recht geblieben, so dass jeder der fünfzig Einzelstaaten auch sein eigenes Gesetzesrecht hat.[8]

Heute wird das US-Recht sowohl durch Gesetze als auch durch Fallrecht (*case law*) bestimmt. Für das heutige US-amerikanische Vertragsrecht (*contract law*) sind im Hinblick auf das Fallrecht in erster Linie die *restatements of law* von Bedeutung, die seit 1923 durch das American Law Institute (ALI)[9] entwickelt werden. In den *restate-*

---

5 Zur Geschichte des historisch in England begründeten Common Law ausführlich Zweigert/Kötz, S.178ff, Heinrich/Huber, S.12, Baker, S.12; der Einzug des Common Law in den USA fand vor allem durch Rezeption des englischen Rechts im 17. und 18. Jahrhundert in der Kolonialzeit statt. Zur historischen Entwicklung des US-amerikanischen Rechts: Blumenwitz, S.8; Reimann, S.6, Hay, Rn.14; Currie, JZ 96, 930ff, (931), Rheinstein, S.80f.

6 Vgl. Reimann, S.6; Kempin, S.17; Friedman, S. 80f.

7 Ursache hierfür ist die Ausdehnung der Vereinigten Staaten von Amerika nach Süden und Südwesten zu Beginn des 19. Jahrhunderts. Die neu gewonnenen Gebiete, wie Louisiana, Florida, Texas, New Mexiko, Arizona und Kalifornien, waren ursprünglich französische und spanische Kolonien, die nach ihren romanischen Rechtsvorstellungen stark vom Civil Law geprägt waren. Die Rechtsform des Civil Law konnte sich letztendlich am besten in Louisiana durchsetzen, wo das Privatrecht von Anbeginn durch Gesetzesrecht bestimmt wurde; vgl. dazu Hay, Rn.14; Currie, JZ 1996, 930ff (931).

8 Vgl. Coing, NJW 1990, S.937ff (939f); Hay, Rn.18.

9 Das ALI wurde 1923 gegründet und besteht aus einem Komitee von Rechtsexperten (The Commitee on the Establishment of a Permanent Organisation for the Improvement of Law). Dieses hat die Aufgabe durch die Schaffung der restatements und in neuerer Zeit auch durch Gesetze, den rechtlichen Unsicherheiten und der Komplexität des US-amerikanischen Rechts-

ments sind die rechtlichen Prinzipien, die sich im *case law* entwickelt haben, zusammenfassend niedergelegt. Dabei handelt es sich eigentlich nicht um Gesetze, sie entfalten keinerlei Bindungswirkung. Früher wie heute werden die *restatements* aber dennoch wie Gesetze behandelt und werden oft als Rechtsquelle zur Entscheidung von den Gerichten heran gezogen, z.B. die *restatements II of contracts*.[10]

Im (Wirtschafts-)Privatrecht (*commerce law*), zu dem auch der privatrechtliche Verbraucherschutz gehört, sind mittlerweile die Rechtsquellen vor allem bindende Gesetze. Auf dem Rechtsgebiet *commerce law* üben grundsätzlich die Einzelstaaten die Gesetzgebungskompetenz für den Handel in ihrem Staat aus. Der Bundesgesetzgeber (*congress*) kann dennoch Bundesgesetze (*federal statutes*) erlassen, die durch die *supremacy clause*[11] vorrangig vor den einzelstaatlichen Gesetzen anwendbar sind.[12] Die Bundesgesetze sind im *commerce law* auf den zwischenstaatlichen und internationalen Handel anzuwenden (*interstate commerce clause*).[13] Auf einzelstaatlicher Ebene gelten die Bundesgesetze nur soweit sie eine Überlagerung des einzelstaatlichen Rechts vorsehen.[14] Dabei begrenzt der Bundesgesetzgeber die gesetzliche Überordnung auf die Vorgabe von Rahmenbedingungen zur Förderung der Rechtsvereinheitlichung und damit zur Rechtssicherheit auf einem bestimmten privatrechtlichen Rechtsgebiet.

Das US-amerikanische Privatrecht und auch das Vertragsrecht werden heute aber dennoch weitgehend durch die Rechtssetzung der Einzelstaaten bestimmt. Um einen Ansatz zur Rechtsvereinheitlichung der privatrechtlichen Gesetze in den Einzelstaaten ist die National Conference of Commissioners on Uniform State Laws (NCCUSL)[15] bemüht. Sie entwickelt, meist gemeinsam mit dem ALI, Modellgesetze (*uniform laws*), die dann den Gliedstaaten zur Annahme vorgelegt werden.[16] Damit ist die NCCUSL in einigen Rechtsgebieten des Privatrechts zwar sehr erfolgreich gewesen, doch nicht alle *uniform laws* werden in allen Staaten angenommen oder sie gelten nur in modifizierter Form.[17] Daneben erlassen die Einzelstaaten aber auch viele „*non-uniform laws*" auf diesem Rechtsgebiet, die bisweilen sehr unterschiedliche Inhalte haben. Insofern sind NCCUSL und ALI von ihrem Ziel der privatrechtlichen Rechtsvereinheitlichung noch weit entfernt.

---

systems entgegenzuwirken, nachzulesen auf der Homepage des ALI www.ali.org, About the American Law Institute (zuletzt 1.8.2007).

10 Vgl. Zweigert/Kötz, S.246; Reimann, S.6f; Blumenwitz, S.19f.

11 The Supremacy Clause, U.S. Constitution Article VI Section 2.

12 Die Bundesgesetze enthalten oft Bestimmungen, inwieweit sie andere Gesetze überlagern.

13 The Interstate Commerce Clause, U.S. Constitution Article I, Section 8.

14 Vgl. Hay, Rn.18.

15 Die NCCUSL wurde 1892 gegründet und ist eine Organisation von Fachleuten, die von den einzelnen Staaten entsendet werden.

16 Vgl. Blumenwitz, S.49f; Currie, JZ 96, S.930ff (933).

17 Vgl. Reimann, S.7.

2. Die Entwicklung des Verbraucherschutzrechts im Privatrecht

Im Verbraucherschutzrecht verdrängen die Gesetze die traditionellen Regelungen des Common Law weitgehend.[18] Das hängt mit der mangelnden Berücksichtigung eines Verbraucherschutzes im traditionellen *commerce law* zusammen.[19] Die Parteien eines Vertrages standen sich grundsätzlich als gleichrangige, gleichstarke Personen gegenüber.[20] Im Kaufrecht verblieben dem Konsumenten nur die „schlichten" Rechte eines Käufers. Dabei wurde in den USA die beschränkte Verkäuferhaftung[21] nach dem historischen Grundsatz des englischen Rechts „Augen auf, Kauf ist Kauf" (*caveat emptor*) bereits um die Jahrhundertwende aufgegeben.[22] Die Etablierung eines gesonderten Verbraucherschutzes entwickelte sich zu diesem Zeitpunkt noch sehr zögerlich.[23] Erst in den sechziger Jahren erstarkte die Verbraucherschutzbewegung als Reaktion auf den wachsende Einfluss der Unternehmen und die zunehmende Unterlegenheit des Verbrauchers bei Geschäftsabschlüssen.[24] Mit der Veränderung der wirtschaftlichen Situation des Verbrauchers wuchs auch das Bewusstsein für den Verbraucherschutz. Damit begann im amerikanischen politischen System allmählich die Entwicklung eines gesetzgeberischen Grundgerüsts, das auf verbraucherschutzrechtliche Fragen ausrichtet war.[25] Die Deklaration des Präsidenten J.F. Kennedy aus dem Jahre 1962 hatte dabei initiierende Wirkung. Er stellte vier grundlegende Verbraucher-

18 Vgl. Epstein/Nickles, S.2; Marsh, S.2.

19 Vgl. Rubin, 75 Washington University Law Quarterly, S.11ff (15f); Schwenzer, S.24ff (26).

20 Vgl. Alexander, The Development of Consumer Rights.

21 Beispielhaft für die beschränkte Verkäuferhaftung, wie sie im 19. Jahrhundert von den US-amerikanischen Gerichten immer wieder bestätigt wurde, sind die Fälle Getty v. Rountree 2 Pinney 379, 2 Chand. 28, 54 Am. Dec. 138 (1850) und Seixas v. Wood, 2 Caine R. 48 (N.Y. 1804). In letzterem Fall hatte der Verkäufer Holz von minderer Qualität geliefert, obwohl eine hohe Qualität vereinbart worden war. Das Gericht wies die Klage des Käufers ab, weil der Verkäufer keine ausdrückliche Zusicherung (*express warranty*) über die Qualität des Holzes gegeben hatte und ihm auch keine Arglist nachgewiesen werden konnte.

22 Die Einstandspflicht des Verkäufers wurde z.B. mehr und mehr auch bei konkludenter Zusicherung des Verkäufers von bestimmten Eigenschaften der Kaufsache bejaht, im Rahmen sog. *implied warranties*.

23 Es wurden beispielsweise Bundesgesetze zum Verbraucherschutz und Wettbewerbsschutz geschaffen: Z.B der Sherman Antitrust Act von 1890 (15 U.S.C. §§ 1ff), der unlautere Geschäftspraktiken verbietet und die Monopolbildung am Markt verhindern soll sowie Gesetze, die den Vertrieb bestimmter Waren betreffen, wie Lebensmittel, Medikamente und Kosmetik, wie der Meat Inspection Act von 1907 (21 U.S.C. §§ 601ff) und der Federal Food, Drug and Cosmetics Act von 1938 (21 U.S.C. § 301ff).

24 Vgl. Schwenzer, S.65; Zehentner, S.21.

25 Es handelt sich dabei meist um Gesetze, die für die Herstellung, die Vermarktung und den Vertrieb bestimmter Produkte Regelungen aufstellen, wie beispielsweise der Cigarette Labeling Act (15 U.S.C. §§ 1333ff), der Motor Vehicle Safety Act (15 U.S.C. §§ 1397ff), der Fair Packaging and Labeling Act (15 U.S.C. §§ 1451ff). Eine Zeittafel der gesetzlichen Initiativen im Rahmen des Verbraucherschutzes findet sich bei Alexander, The Development of Consumer Rights.

rechte auf: Das Recht auf Sicherheit, Information, Auswahl und Anhörung („*The right to safety, the right to be informed, the right to choose and the right to be heard*").[26]

Im Zuge der Verbraucherschutzbewegung wurden zahlreiche Verbraucherschutzgesetze im *commerce law* geschaffen. Allmählich entwickelte sich ein gesetzlicher Schutz des Verbrauchers vor allem für Kreditgeschäfte, den Warenhandel und Dienstleistungsverträge. Im Hinblick auf die hier zu untersuchenden Verbrauchsgüterverträge wurden insbesondere bestimmte Marktpraktiken reglementiert, wie z.B. das Telemarketing, der Versandhandel, Haustürgeschäfte sowie die Werbung für Verbrauchsprodukte. Außerdem entwickelte sich ein umfassendes Produkthaftungsrecht.[27]

Gleichzeitig wuchs auch der Aufgaben- und Kompetenzbereich der Verbraucherschutzorganisationen, die durch Gesetze legitimiert wurden. Ihre Aufgabe ist bis heute den Verbraucherschutz durch eigene Regelungen und durch gerichtliche Verfahren durchzusetzen.[28] Die Übertragung der Umsetzung des Verbraucherschutzes auf besondere Verbraucherschutzbehörden wird historisch damit begründet, dass die private Klage durch den Verbraucher nach dem traditionellen Common Law bisweilen schwierig und die Führung eines Rechtsstreits in den USA teuer und langwierig ist.[29] In diesem Zusammenhang ist vor allem die oberste Bundesbehörde im Verbraucherschutz die Federal Trade Commission (FTC)[30] zu nennen. Die bereits 1914 gegründete und durch den Federal Trade Commission Act (FTCA)[31] legitimierte Behörde überwacht die Handelspraktiken am zwischenstaatlichen Markt und die Einhaltung der Verbraucherschutzgesetze.[32] Die Reichweite der Kompetenzen der FTC im zwischen-

---

26 Vgl. die Verbraucherbotschaft des Präsidenten Kennedy vom 15.3.1962: Kennedy, „Special Message to the Congress on Protecting the Consumer Interest", abgedruckt bei von Hippel, 3.Auflage, S.281ff.

27 Überblick über die modernen US-amerikanischen Verbraucherschutzgesetze in diesen Rechtsbereichen s.a. Marsh, S.6ff; Epstein/Nickles, S.4ff; Reich in: Micklitz/Keßler, S.430ff. Zum Produkthaftungsrecht ausführlich Reimann, S.112ff.

28 Vgl. Marsh, S.12ff.

29 Vgl. Braucher in: 75 Washington University Law Quarterly, S.1ff (3); Alexander, The Development of Consumer Rights; Marsh, S.12.

30 Die FTC ging aus dem Bureau of Corporations, das 1903 gegründet wurde, hervor. Die Organisation begann am 16. März 1915 mit ihrer Tätigkeit. Das zur Entscheidung berufene Organ der FTC ist die Kommission. Diese besteht aus fünf Kommissaren, die mit der Mehrheit ihrer Mitglieder entscheiden, s.a. 15 U.S.C. § 41; Einzelheiten zum Aufbau, zu Aktivitäten und Verfahren der Organisation finden sich online auf der FTC Homepage: http://www.ftc.gov (zuletzt 1.8.2007).

31 S.a. 15 U.S.C. §§ 41-58; Der FTCA trat am 26. September 1914 in Kraft. Das Gesetz ist im Internet zu finden unter: http://www.law.cornell.edu/uscode /search/uscode15.html (zuletzt 1.8.2007).

32 Die FTC wurde eigentlich als Bundesbehörde zur Bekämpfung von unlauteren Methoden im Wettbewerb und zur Durchsetzung der Kartellgesetze eingesetzt. Der Organisation fällt nach der heutigen Definition ein doppeltes Mandat zu: Einerseits ist sie zur Überwachung des Wettbewerbs berufen, andererseits obliegt ihr der Schutz des Verbrauchers bei der Teilnahme am Markt. Um letztere Aufgabe kümmert sich in erster Linie das Verbraucherschutzbüro der FTC (Bureau of Consumer Protection) mit Hauptsitz in Washington, D.C. Darüber hinaus sind noch acht regionale Büros eingerichtet; vgl. Reich in: Micklitz/Keßler, S.421ff. Die Kompetenzzuweisung im Gesetz lautet gemäß 15 U.S.C. § 45 (a) (2) wie folgt: „The Commission is hereby empowered and directed to prevent persons, partnerships, or corporations (...) from using unfair

staatlichen Handel wurde anfänglich noch sehr eng definiert[33] und Vorbehalte gegen umfassende Kontrollmöglichkeiten und Rechtssetzungskompetenzen lange aufgrund der fehlenden unmittelbaren demokratischen Legitimation der Behörde aufrechterhalten.[34] In der Hochphase der Verbraucherschutzbewegung der siebziger Jahre wurde die Rolle der FTC im Verbraucherschutz durch Erweiterung ihres Maßnahmenkataloges und einige Zusätze zum FTCA gestärkt.[35] Neben anderen Bundesgesetzen, wurde z.B. durch den Magnuson-Moss Warranty- Federal Trade Commission Improvement Act (MMWA) von 1975[36] die umfassende Rechtssetzungskompetenz der FTC auf dem Gebiet des Verbraucherschutzes bestätigt.[37] Der MMWA enthält daneben materielle Vorschriften zum Verbrauchsgüterkauf und etablierte ein wichtiges prozessuales Werkzeug im US-Verbraucherschutz, nämlich die Gruppenklage (*class action*), die es Verbrauchern erlaubt kollektiv gegen einen Unternehmer gerichtlich vorzugehen.[38] In den Einzelstaaten wurden beginnend in den sechziger Jahren Gesetze zur Bekämpfung unlauterer Geschäftspraktiken erlassen, die Unfair or Deceptive Acts and Practices Statutes (UDAP Statutes)[39]. Diese Gesetze orientieren sich meist stark an dem FTCA,

---

methods of competition in or affecting commerce and unfair or deceptive acts or practices in or affecting commerce."

33 Vgl. FTC v. Bunte Bros., Inc., 312 U.S. 349 (1941). Der Supreme Court entschied, dass der geltende Gesetzeswortlaut gemäß 15 U.S.C. § 45 der Kompetenz der FTC „im Handel" („in commerce") einen engeren Kompetenzbereich umschreibt, als die Bundeskompetenz des Kongresses (congress) im zwischenstaatlichen Handel („interstate commerce"); s.a. dazu Marsh, S.15f.

34 Gegen eine umfassende Kompetenzzuweisung der FTC im Verbraucherschutzrecht wehrten sich insbesondere die Interessenverbände der Industrie und die Rechtsprechung; vgl. dazu Reich in: Micklitz/Keßler, S.422.

35 Die Rechtssetzungsbefugnisse der FTC wurde durch die Rechtsprechung zunehmend anerkannt, z.B. National Petroleum Refiners Ass. v. FTC 482 F.2d 672 (D.C. Cir. 1973). Das Gericht leitete die Normsetzungskompetenz unmittelbar aus dem FTCA ab; die Zusätze zum FTCA wurden durch Bestimmungen in Bundesgesetzen verabschiedet, z.B. der Alaska Pipeline Act; zu der schrittweisen Erweiterung der FTC Kompetenzen vgl. Reich in: Micklitz/Keßler, S.424ff; Marsh S.18ff.

36 15 USC §§ 2301-2312, zu finden unter: http://www.law.cornell.edu/uscode/html/uscode15/usc_sup_01_15_10 _50.html (zuletzt 1.8.2007).

37 Durch den MMWA, genauer gesagt durch den zweiten Teil des Bundesgesetzes, wurden Zusätze zum FTCA verabschiedet, die einerseits die Rechtssetzungsbefugnis der FTC ausdrücklich vorsieht und andererseits die Reichweite der Kompetenzen der FTC entscheidend erweitert, in dem nach dem neuen Gesetzeswortlaut des 15 U.S.C. § 45 (a) (2) Handelstätigkeiten vom FTCA erfasst werden, die sich auf den zwischenstaatlichen Handel auswirken („in or affecting commerce"), vgl. dazu Marsh, S.16. Zum Einfluss des MMWA auf die Entwicklung der FTC vgl. auch Strasser, 27 Mercer Law Review, S.1111ff; Leete, 6 The University of Toledo Law Review, S.351ff; zur Geschichte, Entwicklung und Aufgaben der FTC s.a. Reich, Staatliche Regulierung zwischen Marktversagen und Politikversagen, S.39ff; Reich in: Micklitz/Keßler, S.421ff; Cromartie, S.44ff; Kintner/Smith, 26 Mercer Law Review, S.651ff.

38 Im ersten Abschnitt des Gesetzes werden allerdings in erster Linie Informationspflichten des Unternehmers bei Verbrauchsgüterverträgen normiert.

39 Eine detaillierte Darstellung und Untersuchung der UDAP Statutes ist zu finden bei Sheldon/Carter; eine Übersicht über die state statutes für das Rechtsgebiet commercial law findet

wie das Bundesgesetz reglementieren sie Handelspraktiken und setzen Verbraucherschutzbehörden zur Durchsetzung der Verbraucherschutzgesetze ein.[40] Solche UDAP Statutes sind heutzutage in allen Einzelstaaten vorhanden.[41]

In den achtziger Jahren setzte eine Art Deregulierungsphase ein, die teilweise bis heute andauert. Unter diesem Eindruck wurden die Reglementierung der Wirtschaft durch staatliche Maßnahmen zum Verbraucherschutz und der Kompetenzbereich der FTC wieder eingeschränkt.[42] Diese Entwicklung trägt dem Umstand Rechnung, dass das Wirtschaftsrecht in den USA grundsätzlich nicht nur das Ziel hat, Gerechtigkeit zwischen Geschäftspartnern herzustellen, sondern auch sozialpolitischen Zielen dient. Das bedeutet, dass das Recht politisches Werkzeug zur Verbesserung der Lebensverhältnisse sein soll und darauf ausgerichtet ist, wirtschaftliche Ansätze zu unterstützen. Grundprinzip des US-amerikanischen Vertragsrechts, als Teil des Wirtschaftsrechts, ist daher eine weitreichende Vertragsfreiheit zum Schutz der Wirtschaft und zur Förderung möglichst vieler Geschäftsbeziehungen.[43] Danach soll zustandegekommenen Verträgen nach Möglichkeit rechtliche Wirksamkeit zugebilligt werden. Damit die Förderung des Marktes und der Schutz des Verbrauchers gleichermaßen berücksichtigt werden kann, soll der Verbraucher durch hinreichende Informationen über das Geschäft in die Lage versetzt werden, vernünftige Entscheidungen beim Abschluss des Vertrages zu treffen und durch seine Nachfrage verbraucherfreundliche Angebote und Verhaltensweisen der Unternehmen zu fördern (*information and selfregulation*).[44] Um Hindernisse für den freien Markt abzubauen, wird also bei der Erwägung verbraucherschutzrechtlicher Belange i.d.R. auf eine Selbstregulierung der Wirtschaft gesetzt und gesetzliche Beschränkungen des Marktes werden auf ein Minimum reduziert.[45] Die Aufgabe des Verbraucherschutzes im US-amerikanischen Wirtschaftsprivatrecht ist daher heute nicht notwendigerweise nur Aufgabe des Gesetzgebers.

Dabei haben die einzelstaatlichen Gesetzgeber unterschiedliche Vorstellungen über die Notwendigkeit und den Umfang einzelner Verbraucherschutzgesetze entwickelt.[46] Dementsprechend unterschiedlich ist derzeit auch die Reichweite der einzelstaatlichen Verbraucherschutzgesetze. Beim US-amerikanischen Verbraucherschutzrecht handelt sich nach wie vor um ein stark zersplittertes Rechtsgebiet.[47]

---

sich online unter: http://www.law.cornell.edu/topics/state_statutes.html #commercial (zuletzt 1.8.2007).

40 Sie werden deshalb auch häufig als "Little FTC Acts" bezeichnet; vgl. Marsh, S.10.

41 Vgl. Dunbar, 59 Tulane Law Review, S.427ff (427); Marsh, S.21f.

42 In dieser Phase werden vor allem die Normierungskompetenzen der FTC begrenzt; vgl. dazu Reich in: Micklitz/Keßler, S.430.

43 Vgl. Reimann, S.10f.

44 Vgl. Reich in: Micklitz/Keßler, S.440f.

45 Vgl. Rieder, S.76; Schwenzer, S.20; Zehentner, S.219.

46 Vgl. Dunbar, 59 Tulane Law Review, S.427ff (464).

47 Vgl. Zehentner, S.33.

3. Die Entwicklung des Internetrechts und die Rolle des Verbraucherschutzes

a) Die Entstehung des Internetrechts in den USA

Als Ursprungsland des Internets hat die USA von Anfang an eine Vormachtstellung bei der Begründung rechtlicher Rahmenbedingungen für das neue Medium übernommen.[48] Es hat schon sehr früh gesetzliche Aktivitäten in den Einzelstaaten gegeben, die sich vorwiegend mit der rechtlichen Anerkennung und Durchsetzung von elektronischen Dokumenten und Signaturen und der rechtlichen Durchsetzbarkeit von elektronischen Verträgen befassten.[49] Auf Bundesebene hatte ebenfalls eine Initiative der US-amerikanischen Regierung, diesmal durch den Präsidenten Clinton und den Vizepräsidenten Gore, auslösende Wirkung für gesetzgeberische Maßnahmen im Electronic Commerce Recht. In „A Framework for Global Electronic Commerce" von 1997 legte die Regierung die Prinzipien fest, die für die zukünftige, rechtliche Handhabung des Online-Marktes zu Grunde gelegt werden sollten. Dabei wurden fünf Schlüsselprinzipien aufgestellt:

- Dem privaten Sektor soll eine Führungsrolle bei der Regulierung des elektronischen Geschäftsverkehrs zukommen.
- Bei den regulierenden Maßnahmen der einzelstaatlichen Regierungen und der Bundesregierung sollen diese überflüssige Beschränkungen für den elektronischen Geschäftsverkehr vermeiden.
- Wo staatliche Maßnahmen notwendig sind, sollte es deren Ziel sein, ein berechenbares, minimalistisches, beständiges und einfaches rechtliches Umfeld für den Geschäftsverkehr zu fördern und durchzusetzen.
- Die einzelstaatlichen Regierungen werden dazu angehalten die Eigenheiten und technischen Besonderheiten des Internets zu berücksichtigen.
- Der elektronische Geschäftsverkehr soll auf internationaler Basis erleichtert werden.[50]

Diese Grundsätze lassen deutlich werden, dass die US-Regierung zur optimalen Förderung des elektronischen Marktes mehr denn je an dem Prinzip der Eigenregulierung der Wirtschaft festhält und einen minimalistischen Regulierungsansatz im Privatrecht anmahnt. Anhand dieser Zielvorgaben ist dann auch ein gesetzliches Rahmenwerk entstanden, das rechtliche Hürden und Unsicherheiten im Internet-Geschäftsverkehr zwar zu überwinden sucht, aber nur wenige geschäftsregulierende Elemente enthält.

Zunächst wurden gesetzliche Initiativen ergriffen, um eine einheitliche Regelung zur Wirksamkeit elektronischer Signaturen und Dokumente zu schaffen. Dazu gehören vor allem das Bundesgesetz Electronic Signatures in Global and National Commerce Act

---

48 Vgl. Rieder, S.76.

49 Z.B. Utah Digital Signature Act von 1995, California Digital Signature Act von 1996, Washington Electronic Authentication Act, Georgia Electronic Records and Signatures Act, der Massachusetts Electronic Records & Signatures Act von 1997, siehe dazu Thot, S.127f; Rieder, S.77; Rosenoer, S.238; Miedbrodt, DuD 1998, S.389ff; Miedbrodt, S.114ff; Schumacher, CR 1998, S.758ff (761).

50 The White House, „A Framework for Global Electronic Commerce", Principles.

(E-SIGN Act) von 2000[51] und das von der NCCUSL und dem ALI gemeinsam entwickelte Modellgesetz Uniform Electronic Transactions Act (UETA) von 1999[52], die beide das Verfahrensrecht bezüglich elektronischer Dokumente, Unterschriften und Verträge regeln.[53] Gemäß den Vorgaben der Regierungsinitiative bestimmen beide Verfahrensgesetze, die in ihren Regelungsinhalten sehr ähnlich sind, im Grundsatz, dass einem Vertrag die rechtliche Durchsetzbarkeit nicht deshalb versagt werden darf, weil dieser elektronisch abgeschlossen wurde.[54] Dieses Prinzip umfasst eine grundsätzliche Gleichstellung von elektronischen und herkömmlichen schriftlichen Dokumenten und Unterschriften und eine grundlegende Durchsetzbarkeit von elektronisch abgeschlossenen Verträgen.[55]

Darüber hinaus begann mit der Initiative der Regierung Clinton eine umfassende Überarbeitung des Vertragsrechts zur Anpassung der gesetzlichen Regelungen auf den elektronischen Geschäftsverkehr.[56] Der in den meisten Einzelstaaten geltende Uniform Commercial Code (UCC)[57], ebenfalls ein Modellgesetz der NCCUSL und des ALI, sollte so abgeändert werden, dass eine problemlose Anwendung der herkömmlichen Regeln zum Vertragsrecht auf den elektronischen Handel möglich ist und Besonderheiten des virtuellen Geschäfts berücksichtigt werden. Der UCC besteht aus verschiedenen Abschnitten, die jeweils das Vertragsrecht für bestimmte Vertragsarten regeln. Bei der Modernisierung des Gesetzes haben NCCUSL und ALI in erster Linie die Vertragstypen reformiert, die für den Internetmarkt aufgrund ihrer Verbreitung von besonderer Bedeutung sind, beispielsweise der Article 2 Sales des UCC[58], der das Kaufvertragsrecht regelt. Der Abänderungsentwurf des UCC Article 2[59], der den Bundesstaaten erst 2003 vorgelegt wurde, enthält einige Zusätze zum Zustandekommen und zur Wirksamkeit elektronischer Kaufverträge sowie einige vorsichtige Änderungen des allgemeinen Kaufvertragsrechts. Durch die Überarbeitung des UCC Article 2 sollten außerdem besondere Vertragsregeln für sog. Softwarelizenzverträge normiert

---

51 15 USC § 7001ff, zu finden unter: http://www.law.cornell.edu/uscode/html/uscode15 /usc_sup_01_15_10_96.html (zuletzt 1.8.2007).

52 Der endgültige Entwurf ist abrufbar unter: http://www.law.upenn.edu/bll/ulc/fnact99/19905 /ueta99.htm (zuletzt 1.8.2007).

53 Bei den beiden Gesetzen handelt es sich weder um Vertragsgesetze noch um Signaturgesetze, sie regeln ausschließlich das Verfahrensrecht elektronischer Transaktionen, s.a. UETA, Prefatory Note.

54 Nach dem sog. Diskriminierungsverbot gemäß 15 U.S.C. § 7001 (a), UETA Section 7; diese Regelungen sind dem UNICITRAL Model Law on Electronic Commerce Article 5, 6 und 7 nachempfunden.

55 UETA Prefatory Note, B.; Nimmer, CRi 2000, S.97ff, (97).

56 Vgl. The White House, „A Framework for Global Electronic Commerce, Issues- Summary." Die Überarbeitung des UCC wurde erstmals Ende der achtziger Jahre diskutiert, s.a. NCCUSL, „2003 Amendments Uniform Commercial Code: Article 2- Sales, Summary."

57 Der UCC ist online abrufbar unter: http//www.law.cornell.edu (zuletzt 1.8.2007).

58 Der ursprüngliche, derzeit noch gültige UCC Article 2 Sales ist zu finden unter: http://www.law.cornell.edu/UCC/2/overview.html (zuletzt 1.8.2007).

59 Die neuen Entwürfe des Article 2 von 2001 und 2002 sind zu finden unter: http://www.law.upenn.edu /bll/ulc/ulc_frame.htm (zuletzt 1.8.2007); der endgültige Entwurf von 2003 ist im Internet nicht erhältlich, enthält allerdings auch keine grundlegenden Änderungen im Vergleich zu den vorherigen Entwürfen.

werden. Letzteres Bestreben endete darin, dass ein vom UCC separiertes Modellgesetz der Uniform Computer Information Transactions Act (UCITA) von 1999[60] von der NCCUSL vorgelegt wurde, das das Vertragsrecht über elektronische und nicht-elektronische Nutzungsverträge von Computerinformationen und Software regelt.

Durch eine breite Umsetzung des Modellgesetzes UETA und den Regelungen des Bundesgesetzes E-SIGN Act konnte sich der liberale Ansatz in Bezug auf die Wirksamkeit elektronischer Transaktionen im US-amerikanischen E-Commerce Recht schnell durchsetzen, so dass das vorgegebene Ziel, Rechtssicherheit hinsichtlich der Durchsetzbarkeit elektronischer Verträge zu schaffen, erreicht werden konnte. Die Reformierung des Vertragsrechts verläuft ungleich langsamer. Der Abänderungsentwurf des UCC Article 2 und der neue UCITA sind in den meisten Einzelstaaten bis heute nicht umgesetzt. Dementsprechend herrscht auch im E-Commerce Recht derzeit eine uneinheitliche Gesetzeslage vor.[61]

b) Die Bedeutung des Verbraucherschutzes im Internetrecht

Seit Beginn der Entwicklung des E-Commerce Rechts wurde in den USA auch die Rolle des Verbraucherschutzrechts in dem neuen, virtuellen Markt diskutiert.[62] Angesichts der Zielsetzung der Regierung Clinton, rechtliche Barrieren für die neue virtuelle Welt abzuschaffen und Überregulierung zu vermeiden, hat die verbraucherschutzrechtliche Regulierung des Internethandels bei der Gesetzgebung letztendlich aber nur eine untergeordnete Rolle gespielt.[63] Die oben genannten Modell- und Bundesgesetze zum Electronic Commerce sind zwar alle anwendbar auf Internetgeschäfte des Verbrauchers,[64] sie enthalten jedoch wenn überhaupt nur wenige Sonderbestimmungen für Verbrauchergeschäfte im Online-Handel.[65] Ebenso zurückhaltend ist die FTC bei der Reglementierung des Online-Handels. Die Maxime der Behörde ist es, einerseits den Verbraucher vor unlauteren Handelspraktiken im Internet zu schützen und andererseits Maßnahmen zurückhaltend und vorsichtig einzusetzen, um das Wachstum des Online-Marktes nicht zu stören.[66] Der Verbraucher soll dabei im

---

60 Der endgültige Entwurf des UCITA von 2002, der noch nach der ersten Vorlage 1999 mehrfach abgeändert wurde, ist zu finden unter: http://www.law.upenn.edu/bll-/ulc/ucita/2002final.htm (zuletzt 1.8.2007).

61 Zur Entwicklung der einzelstaatlichen Umsetzung und dem Anwendungsbereich der einzelnen Gesetze und ihrem Verhältnis zu einander siehe 1.Kapitel, A., II., 2., a), aa), cc).

62 Vgl. Braucher, 75 Washington University Law Quarterly, S.1ff (2ff); Hillebrand, 75 Washington University Law Quarterly, S.69ff (72ff).

63 Vgl. Cordera, 27 Rutgers Computer Technology Law Journal, S.252f; Thot/Behling in: Spindler/Börner, E-Commerce Law, S.707.

64 Die oben genannten Gesetze bestimmen Verbrauchergeschäfte als ausdrücklichen Anwendungsgegenstand der Vorschriften; abgesehen von UETA. Bei dem Modellgesetz ergibt sich die Anwendung jedoch aus den Gesetzesmaterialien, s.a. UETA Section 3, Comment.1.

65 Wie z.B. UCITA § 104 (3) und § 214 des überarbeiteten UCC Article 2 sowie die Bestimmung des E-SIGN Acts 15 U.S.C. 7001 (c).

66 FTC, „Report From the Federal Trade Commission Staff, Protecting Consumers Online: The FTC's First Five Years", S.i); Starek/Rozell, 15 The John Marshall Journal of computer & information law, S.679ff (680).

Internethandel ebenso geschützt werden, wie im traditionellen Geschäftsverkehr.[67] Dementsprechend hat es bislang auch kaum Rechtssetzungsaktivitäten der FTC bezüglich des Onlinehandels gegeben, vielmehr hat die Behörde erklärt, dass sämtliche ihrer Verbraucherschutzregelungen, die sie aufgrund des FTCA und anderer Gesetze erlassen hat, grundsätzlich auch im Geschäftsverkehr über das Internet anwendbar sind, d.h. soweit im elektronischen Geschäftsverkehr eine von dem Schutzbereich des Verbraucherschutzgesetzes erfasste Unterlegenheit des Verbrauchers entstanden ist.[68] Das betrifft beispielsweise die Anwendung von Vorschriften über irreführende Werbung und andere Handelspraktiken, die im Internet in ähnlicher Weise verwendet werden, wie im herkömmlichen Handel. Dies gilt dann wohl auch für die Bundesgesetze MMWA und FTCA.[69] Die FTC setzt heute den Schwerpunkt ihrer Arbeit im Online-Handel auf ihre sonstigen Rechtsdurchsetzungsmaßnahmen, wie die Erhebung von gerichtlichen Verfahren nach den bestehenden Verbraucherschutzvorschriften, die Anordnung von Verfügungen und zahlreichen Aufklärungs- und Schulungsmaßnahmen der an dem Markt beteiligten Parteien.[70]

Die Zurückhaltung bei der Reglementierung des Online-Marktes wurde bislang auch von den Einzelstaaten befolgt. Ihre Aktivitäten zum Verbraucherschutz im E-Commerce beschränken sich meist auf die Anwendung der herkömmlichen Verbraucherschutzinstrumente nach den traditionellen Regeln.[71]

Der markt-liberale Ansatz im US-amerikanischen E-Commerce hat sich also auch in Bezug auf das Verbraucherschutzrecht durchsetzen können.[72] Nach dem derzeitigen Diskussionstand über den Verbraucherschutz im Internethandel und der Gesetzeslage in den USA zu urteilen, wird in den USA überwiegend auch keine besondere Unterlegenheit des Verbrauchers beim Online-Shopping im Verhältnis zum herkömmlichen Warenhandel angenommen, so dass heute aus US-amerikanischer Sicht keine Notwendigkeit zur Normierung von besonderen verbraucherschutzrechtlichen Anforderungen im Internethandel besteht. Für die Verbraucherschutzrechtler und Verbraucherschutzorganisationen stellt sich vielmehr die Frage, welche bestehenden verbraucherschützenden Regelungen auf welche Situationen bei elektronischen Verbrauchsgütergeschäften Anwendung finden und wie den gesetzlichen Anforderungen genüge getan werden kann.[73]

---

67 Vgl. FTC „Dot Com Disclosures", II; FTC, „Report From the Federal Trade Commission Staff, Protecting Consumers Online: The FTC's First Five Years", S.i).

68 Vgl. FTC, „Dot Com Disclosures", II, III; Thot/Behling in: Spindler/Börner, E-Commerce Law, S.706; Starek/Rozell, 15 The John Marshall Journal of computer & information law, S.679ff (679, 684); FTC, „Report From the Federal Trade Commission Staff, Protecting Consumers Online: The FTC's First Five Years", S.15f.

69 Vgl. Zehentner, S.27.

70 Vgl. FTC, „Report From the Federal Trade Commission Staff, Protecting Consumers Online: The FTC's First Five Years", S.4ff; Starek/Rozell, 15 The John Marshall Journal of computer & information law, S.679ff (686f).

71 Vgl. Braucher, 46 The Wayne Law Review, S.1805ff (1862f).

72 Vgl. Thot/Behling in: Spindler/Börner, E-Commerce Law, S.706.

73 Vgl. Fox/Saunders, Reference to FTC, workshop 1999, „U.S. Perspectives on Consumer Protection in the Global Electronic Marketplace", Comment, P994312.

Eine der wenigen Ausnahmen zu dieser Entwicklung stellen die gesetzlichen Initiativen zur Regulierung des unaufgeforderten Versands von Werbe-E-Mails auf einzelstaatlicher Ebene und Bundesebene der letzten Jahre dar. Das Bundesgesetz CAN SPAM Act sowie zahlreiche einzelstaatliche „Commercial E-Mail Laws" regeln nun die grundsätzliche Zulässigkeit der Zusendung unverlangter Werbe-E-Mails, wobei den werbenden Unternehmern einige Informationspflichten und andere Verhaltenspflichten auferlegt werden.[74]

Daneben hat in den USA eine Diskussion über die Schaffung eines gesetzlichen Online-Datenschutzes im Rahmen der kommerziellen Nutzung von Verbraucherdaten stattgefunden.[75] Dies führte aber, anders als bei der Spam-Problematik, zu keiner umfassenden Regulierungsinitiative. Auf Bundesebene ist mit dem Childrens Online Privacy Protection Act (COPPA)[76] bislang lediglich ein entsprechendes datenschutzrechtliches Regelungswerk im Rahmen des Minderjährigenschutzes entstanden, das ausschließlich die Datenerhebung bei Kindern im Online-Verkehr reglementiert. Auf einzelstaatlicher Ebene sind bis heute ebenfalls keine datenschutzrechtlichen Regelungen in Kraft getreten,[77] eine der wenigen Ausnahmen ist der kalifornische Online Privacy Protection Act[78].

Diese Regulierungsausnahmen bestätigen die bislang festgestellte, zurückhaltende Reglementierung der verbraucherschutzrechtlichen Belange im elektronischen Geschäftsverkehr. Nur in bestimmten Marktbereichen, in denen die Gefahren für den Verbraucher und für die Funktionen des Wettbewerbs groß sind und durch Selbstregulierung des Marktes nicht ausreichend eingedämmt werden können, entstehen im US-Recht gesetzliche Beschränkungen für die Anbieter, wie z.B. bei der Problematik kommerzieller E-Mail-Werbung.

---

74 Auf Bundesebene hat eine umfassende Untersuchung dieses Problems durch die FTC dazu geführt, dass der Kongress schließlich 2003 ein entsprechendes Bundesgesetz erlassen hat; s.a. 15 U.S.C. §§ 7701ff; das Gesetz ist online abrufbar unter: http://www.law.cornell.edu/uscode /html/uscode15/ usc_sup_01_15_10_103.html (zuletzt 1.8.2007). Viele Bundesstaaten hatten zu diesem Zeitpunkt bereits ähnliche Gesetze (Commercial E-Mail Laws) verabschiedet, siehe dazu 1.Kapitel, A., II., 2., b), bb).

75 Vgl. den Bericht der FTC von 2000, FTC „Privacy Online: Fair Information Practices in the Electronic Marketplace", S.36; siehe außerdem den Bericht von 1998, FTC, „Privacy Online: A Report to Congress", S.41ff.

76 Siehe 15 U.S.C. § 6501ff.

77 In einigen Einzelstaaten sind allerdings bereits Gesetzesvorlagen eingebracht worden, deren Zukunft noch nicht klar ist, siehe z.B. New Jersey, N.J. Assembly Bill No.365 (N.J. Assembly 2004) und der vorgeschlagene "New Jersey Online Privacy Protection Act", Senate Bill No.1050 (N.J. 2004); New York, N.Y. Assembly Bill No.08035 (N.Y. Assembly 2003-2004) und N.Y. Assembly Bill No.04385 (N.Y. Assembly 2003-2004), im Internet sind diese Initiativen auf der Seite http://www.law.cornell.edu zu finden.

78 Das Gesetz ist am 1.7.2004 in Kraft getreten, California, Cal. Bus.& Prof. Code § 22579.

II. Die rechtlichen Quellen im US-amerikanischen Recht

1. Die Bundesgesetze (federal statutes) und die FTC

Die Bundesgesetze sind im Bereich des *commerce law* vor allem im zwischenstaatlichen und internationalen Handel von Bedeutung.[79] Allerdings genügt es, wenn eine Sachlage sich auf den zwischenstaatlichen Handel in irgendeiner Weise auswirkt.[80] In rein innerstaatlichen Fällen spielen die Gesetze eine Rolle, wenn ein einzelstaatliches Gesetz denselben Regelungsbereich hat und nicht den Anforderungen des Bundesgesetzes hinsichtlich einer vorrangigen einzelstaatlichen Gesetzgebung entspricht. Das Ziel der Gesetzesinitiativen im *commerce law* ist es, für den Markt auf zwischenstaatlicher und einzelstaatlicher Ebene ein Mindestmaß an Rechtssicherheit und Rechtsklarheit zu schaffen. Auf dem zu untersuchenden Rechtsgebiet ist der Kongress zurückhaltend im Gebrauch seiner Gesetzgebungszuständigkeit gewesen. Im Zusammenhang mit dem Online-Verbraucherschutz sind vor allem die Bundesgesetze MMWA, E-SIGN Act, CAN SPAM Act und COPPA von Bedeutung.

a) Electronic Signatures in Global and National Commerce Act

aa) Hintergrund und Zielsetzung des E-SIGN Acts

Der E-SIGN Act regelt das Verfahren mit elektronischen Signaturen und Dokumenten und trat am 1.10.2000 in Kraft.[81] Zwar lag in diesem Zeitpunkt der UETA, der ja denselben Rechtsbereich regelt, den Einzelstaaten schon zur Annahme vor, das Modellgesetz war aber in den meisten Bundesstaaten noch nicht umgesetzt worden.[82] In

---

79 In den USA wurde, ebenso wie in Deutschland, das Wiener Übereinkommen der Vereinten Nationen über Verträge hinsichtlich des internationalen Warenkaufs ratifiziert (United Nations Convention on Contracts for the International Sale of Goods, CISG oder UN-Kaufrecht; abgedruckt in Jayme/Hausmann Nr.77 oder Schönfelder Ergänzungsband, Ordnungsnr.50c, oder online unter: http://www.jus.uio.no/un.contracts.international.sale.of.goods.convention.1980/index.html). Der Unilaterale, völkerrechtliche Vertrag ist nach dem Grundsatz des internationalen Privatrechts, pacta sunt servanda vorrangig vor einzelstaatlichem Recht. Jedoch ist das CISG ausdrücklich nicht auf Geschäfte mit dem Endkonsumenten anwendbar gemäß Art 2 a) CISG und daher ohne Bedeutung für die Untersuchung.

80 Vgl. Leete, 6 The University of Toledo Law Review, S.351ff (370); Miedbrodt, S.111.

81 Das Gesetz wurde am 30. Juni 2000 vom Kongress verabschiedet (Electronic Signatures in Global and National Commerce Act, Pub. L. No. 106-229, 30 Juni 2000, 114 Stat. 464), s.a. 15 U.S.C. §§ 7001ff; im Internet unter: http://www.law.cornell.edu/uscode/html/uscode15/usc_sup_01_15_10_96.html (zuletzt 1.8.2007). Der E-SIGN Act entstand aus zwei Gesetzesentwürfen, dem Electronic Signatures in Global and National Commerce Act (H.R. 1714) und dem Digital Millenium Commerce Act (S.B. 761). Beide Entwürfe wurden von Verbraucherschützern oftmals wegen ihrer großzügigen Anerkennung elektronischer Vertragsinhalte kritisiert, z.B. in dem Brief von Verbraucheranwälten und Verbraucherschutzorganisationen an den Kongress vom 26. September 1999: NCLC „Letter to House Regarding the Substantial Problems with H.R. 1714 - Electronic Signatures in Global and National Commerce Act." Der schließlich verabschiedete E-SIGN Act stellt eine Kompromisslösung dar.

82 Bis zum 1.10.2000 hatten 21 Einzelstaaten UETA umgesetzt, zum Umsetzungsstatus des UETA bis dahin siehe auch McBride, Baker & Coles, Status of UETA, online unter: http://www.mbc.com/ecommerce/legislative_8.asp ?state=all (zuletzt 1.10.2006).

der Mehrzahl der Staaten galten bis dato daher noch die einzelstaatlichen Digital Signature Acts[83], die bisweilen höchst unterschiedliche Regelungsinhalte hatten und teilweise strengere Anforderungen an die Wirksamkeit elektronischer Verträge stellten.[84] Dies erzeugte im Vorfeld des Gesetzgebungsverfahrens des E-SIGN Acts große Rechtsunsicherheit hinsichtlich der rechtlichen Durchsetzbarkeit elektronischer Verträge und der Wirksamkeit von digitalen Unterschriften und Dokumenten. Das Bundesgesetz E-SIGN Act war ein erster Schritt zur Vereinheitlichung der Rechtslage und fungierte vorwiegend als Interimslösung, bis in allen übrigen Einzelstaaten der UETA umgesetzt sein würde.[85]

bb) Anwendungsbereich und Grundsätze des E-SIGN Acts

Der E-SIGN Act ist grundsätzlich auf alle elektronischen Transaktionen anwendbar,[86] unabhängig davon, wer das elektronische Geschäft abschließt.[87] Das Gesetz gilt somit auch für Vertragsabschlüsse mit dem Verbraucher über das Internet.[88] Der E-SIGN Act besteht aus vier Teilen, wobei der Regelungsinhalt eher minimalistisch ausfällt.[89] Grundaussage des E-SIGN Acts nach § 101 (a) ist die rechtliche Anerkennung von elektronischen Dokumenten (*electronic records*) und Unterschriften (*electronic signatures*) und die Durchsetzbarkeit elektronischer Verträge. Dadurch sollen digitale Dokumente und Signaturen den schriftlichen Äquivalenten gleichgestellt werden und elektronischen Verträgen rechtliche Wirksamkeit zugebilligt werden.[90] Außerdem

83 Siehe z.B. Utah Digital Signature Act von 1995, California Digital Signature Act von 1996, Washington Electronic Authentication Act, Georgia Electronic Records and Signatures Act, der Massachusetts Electronic Records & Signatures Act von 1997.

84 Technisch neutrale Regelungen sahen z.B. die Staaten Mississippi, Florida, Texas, Virginia vor. Andere Staaten, wie beispielsweise Oklahoma, Georgia, Utah oder Alaska, erkannten nur bei der Verwendung spezieller Technologien eine rechtliche Wirksamkeit elektronischer Signaturen an; siehe dazu Miedbrodt, DuD 1998, S.389ff; Miedbrodt, S.114ff; Rieder, S.77f. Die Digital Signature Acts der Staaten Utah, Kalifornien, Florida und Illinois werden bei Bierekoven, S.262-306 genauer dargestellt und der Washington Electronic Authentication Act wird bei Schumacher, CR 1998, S.758ff (761f) analysiert.

85 Vgl. Büllesbach/Miedbrodt, CR 2000, S.751ff (756); Miedbrodt, DuD 2000, S.541ff (542); Rieder, S82; Bierekoven, S.314f; Uhlmann, S.33f.

86 Einen Ausnahmenkatalog enthält der E-SIGN Act in 15 U.S.C. § 7003 (a). Danach ist eine Anwendung der in Section 101 (15 U.S.C. § 7001) genannten Regelungen nicht auf erbrechtliche und familienrechtliche Transaktionen und Vertragsdokumente anwendbar, z.B. sind Scheidungen und letztwillige Verfügungen von dem Anwendungsbereich nach 15 U.S.C. § 7003 (a) (1) (2) ausgeschlossen. Die übrigen in 15 U.S.C. § 7003 (a), (b) genannten Ausnahmen betreffen jeweils geschäftliche Teilbereiche.

87 Vgl. Miedbrodt, DuD 2000, S541ff (542); Bierekoven, S.315.

88 Vgl. Nimmer, CRi 2000, S.97ff (99f).

89 Title I (Electronic Records and Signatures in Commerce), der allgemeine Regeln für das Verfahren mit elektronischen Signaturen und Dokumenten enthält; Title II (Transferable Records) behandelt die rechtliche Handhabung von begebaren, elektronischen Wertpapieren; Title III (Promotion of International Electronic Commerce) regelt die internationale Nutzung von elektronischen Signaturen; Title IV (Commission on Online Child Protection) enthält Änderungen des Child Online Protection Act.

90 Dies ist Inhalt des sog. Diskriminierungsverbots; s.a. Miedbrodt, DuD 2000, S.541ff (542).

verbietet der E-SIGN Act die gesetzliche Diskriminierung bestimmter technologischer Verfahren bei digitalen Signaturen.[91] Diese Regelungen hängen mit der Formvorschrift für Verträge (*statute of frauds*) zusammen, die u.U. bei einem Vertrag ein unterschriebenes Schriftstück erfordert. Nach der Regelung des E-SIGN Acts kann dem nun auch durch das Vorliegen eines *electronic record* und einer *electronic signature* entsprochen werden.[92] Zu den *electronic records* gehören alle auf elektronischem Wege erzeugten, gesendeten, kommunizierten, empfangenen oder gespeicherten Vertragsdokumente.[93] Elektronische Signaturen sind alle Töne, Symbole und Prozesse, die einem *electronic record* angeheftet oder mit diesem logisch verknüpft werden und mit der Absicht verbunden oder angenommen werden, den elektronischen Vertrag oder das elektronische Dokument zu signieren.[94] Wie die Begriffsbestimmung zeigt, ist der Begriff der elektronischen Signatur bewusst weit gefasst, insbesondere hängt die rechtliche Anerkennung nicht von technisch qualifizierenden Merkmalen der Unterschrift ab.[95]

Im Rahmen des E-SIGN Acts wird grundsätzlich zwischen Verbraucherverträgen und Nicht-Verbraucherverträgen unterschieden, auch wenn das Gesetz nicht viele besondere Verbraucherregelungen enthält.[96] Eine wichtige Vorschrift für elektronische Verbraucherverträge, die für die rechtliche Untersuchung noch von Bedeutung sein wird, betrifft die Informationspflichten des Unternehmers beim elektronischen Vertrag.[97]

cc) Das Verhältnis des E-SIGN Acts zu anderen Gesetzen

Der E-SIGN Act enthält Vorgaben für einzelstaatliche Gesetze, wonach den Einzelstaaten verboten ist, durch Gesetz dem Grundsatz der technischen Neutralität durch weitergehende Regulierung zu widersprechen.[98] Im Verhältnis zu einzelstaatlichen Gesetzen, hat der E-SIGN Act die technischen Barrieren im Verfahren mit elektronischen Signaturen und Dokumenten, wie sie von einigen Staaten in den Digital Signature Acts vorgesehen waren,[99] dadurch aufgehoben. Dennoch sieht das Gesetz die Möglichkeit vor, auf zwei verschiedenen Wegen einzelstaatliche Gesetze zu erlassen, die den E-SIGN Act überlagern.[100] Einerseits können die Einzelstaaten durch eine eigene gesetzliche Initiative Regelungen erlassen, wenn diese mit den Grundsätzen des E-SIGN Acts und insbesondere mit dem Prinzip der technischen Neutralität übereinstimmen.[101] Andererseits können die Staaten UETA auch mit bestimmten gesetzlichen

91 Das entspricht dem Grundsatz der technologischen Neutralität, s.a. Nimmer, CRi 2000, S.97ff (102f).
92 Vgl. Miedbrodt, DuD 2000, S.541ff (543).
93 Nach der Definition von 15 U.S.C § 7006 (4).
94 Nach der Definition von 15 U.S.C. § 7006 (5).
95 Vgl. Miedbrodt, DuD 2000, S.541ff (542).
96 Vgl. Nimmer, CRi 2000, S.97ff (99).
97 Siehe 15 U.S.C § 7001 (c); dazu auch Nimmer, CRi 2000, S.97ff (99f).
98 S.a. die Vorschrift 15 U.S.C § 7002 (a) (2); s.a. Nimmer, CRi 2000, S97ff (100f).
99 Wie z.B. der Utah Digital Signature Act und der Washington Electronic Authentication Act.
100 Dazu genauer Nimmer, CRi 2000, S.97ff (101f).
101 Siehe 15 U.S.C § 7002 (a) (2).

Modifizierungen erlassen, solange diese dem Rahmen des E-SIGN Acts entsprechen.[102] In den meisten Staaten ist UETA bereits angenommen und in Kraft getreten.[103] Daher verdrängen die UETA-Regelungen heute den E-SIGN Act auf der einzelstaatlichen Ebene weitgehend, weshalb das Gesetz zunehmend an Bedeutung verliert.

b) Magnuson Moss Warranty-Federal Trade Commission Improvement Act

aa) Gesetzgeberische Ziele und Regelungsinhalte des MMWA

Der Höhepunkt der Welle der Verbraucherschutzgesetzgebung war der am 4. Januar 1975 vom Kongress verabschiedete und am 4. Juli desselben Jahres in Kraft getretene Magnuson-Moss Warranty-Federal Trade Commission Improvement Act (MMWA)[104]. Das Gesetz ist eine Reaktion des Bundesgesetzgebers auf das wachsende Bedürfnis der Verbesserung eines einheitlichen Verbraucherschutzes im Rahmen von Konsumgütergeschäften.[105] Zwar bestanden nach einzelstaatlichen Gesetzen materielle Regelungen zur Verkäuferhaftung, die auch dem Schutz des Verbrauchers dienten,[106] doch fehlendes oder unzureichendes Verständnis für den Inhalt der Rechte und Rechtsbehelfe, die dem Käufer zustehen, führten oftmals zur Irreführung des Endkonsumenten beim Abschluss von Kaufverträgen.[107] Ziel des Bundesgesetzgebers war nun mehr Transparenz und Standardisierung für den Verbraucher hinsichtlich seiner vertragsgemäßen Rechte beim Verbrauchsgüterkauf gesetzlich zu etablieren.[108]

Um diese Ziele zu erreichen, wurden im MMWA in erster Linie Informationspflichten des Unternehmers festgeschrieben, die diesen dann treffen, wenn er dem Verbraucher eine schriftliche Zusicherung (*written warranty*)[109] über die Eigenschaft seines verkauften Produkts gegeben hat. In diesem Fall muss der Unternehmer offenlegen, welche Rechte dem Verbraucher bei Mangelhaftigkeit der Ware zustehen und wie er diese rechtlich geltend machen kann.[110] Dadurch soll der Verbraucher in die Lage versetzt werden, die Qualität eines Produkts und die Angemessenheit von vertraglichen Inhalten besser einschätzen zu können und sein Kaufverhalten daran zu orientieren.[111]

Ein weiteres neues Element im Verbraucherschutz bei Kaufverträgen, das durch den MMWA errichtet werden sollte, ist die Beschränkung der ansonsten im US-amerikanischen Recht großzügigen rechtlichen Anerkennung von Freizeichnungsklauseln im

102 Siehe 15 U.S.C. § 7002 (a) (1).

103 UETA ist heute in 46 Staaten der USA angenommen, s.a. 1.Kapitel, A., II., 2., a), bb), (1).

104 15 USC §§ 2301-2312, zu finden unter: http://www.law.cornell.edu/uscode/html/uscode15/usc_sup_01_15_10_50.html (zuletzt 1.8.2007).

105 Vgl. Strasser, 27 Mercer Law Review, S.1111ff (1112f); Zehentner, S.27.

106 S.a. der in den Einzelstaaten umgesetzte UCC Article 2 Sales, der das materielle Kaufrecht regelt und die Haftung des Verkäufers im Rahmen von warranties, UCC §§ 2-312 bis 2-318.

107 Vgl. Leete, 6 The University of Toledo Law Review, S.351ff (351); Schroeder, 66 California Law Review, S.1ff (2); Strasser, 27 Mercer Law Review, S.1111ff (1144); Marsh S.430f.

108 Vgl. Zehentner, S.27; Strasser, 27 Mercer Law Review, S.1111ff (1117); Leete, 6 The University of Toledo Law Review, S.351ff (352); Marsh, S.430.

109 Eine written warranty ist eine schriftliche Zusicherung von Eigenschaften des gekauften Produkts.

110 S.a. 15 U.S.C. § 2302.

111 Vgl. Zehentner, S.27; Marsh, S.430f.

Kaufrecht für Verbraucherverträge.[112] Allerdings gilt dies ebenfalls nur für den Fall, dass der Unternehmer dem Verbraucher im Rahmen einer *written warranty* einzustehen hat.[113] Ferner sieht das Gesetz Möglichkeiten für den Verbraucher vor, seine Rechte selbständig gerichtlich geltend zu machen sowie gemeinschaftlich mit anderen Verbrauchern Gruppenklagen (*class actions*) gegen die Verletzung von *warranties* zu erheben.[114] Schließlich sollte durch den MMWA die Rolle der FTC im Verbraucherschutz gestärkt werden. Das Gesetz enthält einige Zusätze zum FTCA, wodurch der Umfang des Aufgabenfeldes der FTC erweitert wurde.[115]

bb) Anwendungsbereich des MMWA

Der MMWA ist anwendbar auf alle Kaufverträge deren Kaufgegenstand ein Verbraucherprodukt (*consumer product*) ist. Dazu gehört jedes bewegliche persönliche Vermögen, das im Handel vertrieben wird und normalerweise zum persönlichen, familiären oder häuslichen Gebrauch verwendet wird.[116] Die Anwendbarkeit des MMWA richtet sich also nach der Art der gewöhnlichen Verwendung des Produkts und nicht nach einer tatsächlich privaten Verwendung durch den Käufer.[117] Dementsprechend werden von dem Anwendungsbereich des Gesetzes auch viele Fälle erfasst, die nicht zu den Verbrauchergeschäften im klassischen Sinne gehören.[118]

Die Pflichten des MMWA hinsichtlich einer *written warranty* treffen nicht nur den Verkäufer, sondern auch den Hersteller des verkauften Produkts.[119] Üblicherweise stellt aber nur der Produkthersteller eine schriftliche Garantie über die Waren aus. Dementsprechend gestaltet sich der MMWA im traditionellen Wirtschaftsverkehr mehr als Ausformung der Produkthaftung des Herstellers und weniger als regulierendes Gesetz im Rahmen der Verkäuferhaftung.[120]

Die Informationspflichten und sämtliche anderen Regelungen des MMWA sind auch auf Warenkäufe des Verbrauchers über das Internet anwendbar.[121] Im Online

---

112 Nach 15 U.S.C. § 2308 (a) können implied warranties u.U. nicht ausgeschlossen werden, während dies grundsätzlich nach UCC § 2-316 (2) möglich ist; s.a. dazu Schwenzer, S.66f.

113 S.a. 15 U.S.C. § 2308 (a) (1). Es wurde vielfach kritisiert, dass das Gesetz auf Fälle der written warranty beschränkt ist, siehe dazu z.B. Strasser, 27 Mercer Law Review, S.1111 (1123ff). Ein weiterer Kritikpunkt war, dass der MMWA zu unpraktikabel und komplex ist, siehe dazu Schroeder, 66 California Law Review S.1ff, (4ff, 35f); Leete, 6 The University of Toledo Law Review, S.351ff (366).

114 15 U.S.C. § 2310 (d) (1), (e); s.a. dazu Schroeder, 66 California Review, S.1ff (17ff).

115 15 U.S.C. §§ 41-46, 47-58, as amended Act of Jan. 4th, 1975, Publ. L. No. 93-637, §§ 201-07, 88 Stat. 2193-2203); vgl. Kintner/Smith, 26 Mercer Law Review, S.651ff (652); Reich in: Micklitz/Kessler, S.425.

116 15 U.S.C. § 2301 (a) „The term "consumer product" means any tangible personal property which is distributed in commerce and which is normally used for personal, family, or household purposes."

117 Vgl. Strasser, 27 Mercer Law Review, S.1111ff (1123f); Zehentner, S.27; Marsh, S.430ff (432).

118 Vgl. Schroeder, 66 California Law Review, S.1ff (4f); Strasser, 27 Mercer Law Review, S.1111ff (1123).

119 Vgl. Marsh, S.430ff (432), Strasser, 27 Mercer Law Review, S.1111ff (1125ff)

120 Vgl. Schwenzer, S.66f.

121 Vgl. FTC, „Staff Issues Guidelines on Internet Advertising Dot Com Disclosures", Part 3; Zehentner, S.27.

Handel relativiert sich die Differenzierung zwischen Verkäufer- und Herstellerhaftung teilweise: Einerseits bieten heute häufig die Hersteller ihre Produkte selber über ihre Homepage an und sind damit gleichzeitig auch Verkäufer des Produkts. Andererseits wird die Kommunikation und damit auch die Informationsmöglichkeiten des Warenanbieters über das Netz erleichtert und erheblich verbilligt, so dass es sich im Netz für den Verkäufer eher anbietet, solche „schriftlichen" Zusicherungen gegenüber dem Kunden zu erklären.[122]

Problematisch ist allerdings die Anwendbarkeit des MMWA auf Softwarelizenzverträge.[123] Gegen eine Anwendung spricht, dass das Gesetz den Verkauf von Verbrauchsgütern („*the sale of consumer goods*") regelt und zwischen dem Verkauf von körperlichen Gütern und der Lizenzierung von Software oder Computerinformationen Unterschiede bestehen.[124] Angesichts der ohnehin geringfügigen verbraucherschutzrechtlichen Beschränkungen des Vertragsrechts im US-amerikanischen Recht wird jedoch deutlich, dass die Anwendbarkeit eines so wichtigen Verbraucherschutzgesetzes für Softwareverträge zur Durchsetzung eines effektiven Verbraucherschutzes notwendig ist.[125] Mittlerweile wird deshalb überwiegend eine Anwendbarkeit des MMWA im Rahmen von Softwarelizenzverträgen angenommen.[126]

cc) Das Verhältnis des MMWA zu anderen Gesetzen

Das Bundesgesetz ist im Rahmen der *interstate commerce clause*[127] auf den zwischenstaatlichen Handel anwendbar, auf diesem Gebiet überlagert es grundsätzlich die einzelstaatlichen Gesetze. Diese dürfen nicht von Regelungen des MMWA zuungunsten des Verbrauchers abweichen, sonst ist das Staaten-Recht nicht anwendbar auf die jeweilige *written warranty*.[128] Aber der MMWA sieht auch ausdrücklich vor, dass Rechte des Verbrauchers, die nach einzelstaatlichen Gesetzen gewährt werden und über den Verbraucherschutz des MMWA hinausgehen, bestehen bleiben.[129] Zum anderen ermöglicht der MMWA die Anwendbarkeit eines einzelstaatlichen Gesetzes, wenn

---

122 Vgl. Braucher/Henderson, Delayed Disclosure, Reference to FTC, workshop 1999, High Tech Warranty Project, Comment, P994413, S.2.

123 Noch offengelassen durch die FTC, Briefe an die NCCUSL gegen UCITA: FTC „Letter to NCCUSL against UCITA".

124 Vgl. Braucher/Henderson, The UCITA: Objections from the Consumer Perspective, Reference to FTC, workshop 1999, High Tech Warranty Project, Comment, P994413, S.4f; Kaner/Pels, Reference to FTC, workshop 1999, High Tech Warranty Project, Comment, P994413, S.25; Braucher/Henderson, Delayed Disclosure, Reference to FTC, workshop 1999, High Tech Warranty Project, Comment, P994413, S.52.

125 Vgl. Braucher/Henderson, Delayed Disclosure, Reference to FTC, workshop 1999, High Tech Warranty Project, Comment, P994413, S.72; Rustad/Kaplan, Extending Warranty Protection to Cyberspace, Reference to FTC, workshop 1999, High Tech Warranty Project, Comment, P994413 S.1.

126 Vgl. Rustad, 18 The John Marshall Journal of computer information law, S.547ff (588); Kaner/Pels, Reference to FTC, workshop 1999, High Tech Warranty Project, Comment, P994413, S.2.

127 The Interstate Commerce Clause, U.S. Constitution Article I, Section 8.

128 15 U.S.C. § 2311 (c) (1).

129 15 U.S.C. § 2311 (b) (1).

dieses hinsichtlich der Transparenz von *written warranties* einen höheren Grad an Verbraucherschutz verspricht und von der FTC genehmigt wurde.[130]

Im Verhältnis zu den übrigen Gesetzen, die im Rahmen der Untersuchung von Bedeutung sind, muss berücksichtigt werden, dass der MMWA ein Informationspflichtengesetz darstellt und weder Verfahrensrecht noch Vertragsrecht regelt. Das Gesetz ergänzt vielmehr bestehende Bundes- und einzelstaatliche Gesetze, insbesondere den einzelstaatlich umgesetzten UCC Article 2 Sales, der das Kaufvertragsrecht in den Einzelstaaten regelt und vertragsrechtliche Regelungen über *warranties* enthält.[131] Das Bundesgesetz berührt daneben den Regelungsbereich der einzelstaatlichen UDAP Statutes nicht, denn diese Gesetze sehen meist keine Regelungen über *warranties* vor.

Der MMWA ist grundsätzlich auch neben dem UCITA anwendbar. Allerdings sind die Bestimmungen des MMWA und des UCITA, der das materielle Vertragsrecht von Softwarelizenzverträgen regelt, in einigen Regelungspunkten nicht kompatibel.[132] Während UCITA eher den Softwaregeber, also den Unternehmer bei der Offenlegung von Vertragsinhalten bevorteilt, stellt der MMWA an die Transparenz höhere Anforderungen.[133] Da der in einem Bundesstaat umgesetzte UCITA aber einzelstaatliches Recht darstellt, sind die Vorschriften des MMWA, nach dem oben Gesagten, im Falle einer Normenkollision vorrangig. Nach einer neuen Vorschrift des UCITA wird die Vorrangigkeit jeglicher verbraucherschützenden Gesetze auch ausdrücklich deklariert.[134]

c) Der CAN SPAM Act

Eine Ausnahme zur sonstigen Zurückhaltung bei der gesetzlichen Regulierung des Verbraucherschutzes im Electronic Commerce stellt das Bundesgesetz CAN SPAM Act[135] dar. Das Gesetz regelt die unaufgeforderte Zusendung von kommerziellen E-Mails an Verbraucher. Während in den Einzelstaaten bereits im Jahre 2000 die ersten Commercial Electronic Mail Acts verabschiedet wurden, erließ der Bundesgesetzgeber erst 2003 ein entsprechendes Gesetz.[136] Grund für die Schaffung des Bundesgesetzes CAN SPAM Act war die ständige Zunahme der Verwendung solcher unlauteren Werbe-E-Mails im US-amerikanischen Internethandel und die Sorge des Kongresses, dass die einzelstaatlichen Regulierungsbestrebungen zur Bewältigung des Problems nicht ausreichen

---

130 15 U.S.C. § 2311 (c) (2) (A).

131 Vgl. Schroeder, 66 California Law Review, S.1ff (3).

132 Z.B. müssen nach dem MMWA, 15 U.S.C. § 2302 (b) (1) (A) und 16. C.F.R. § 702, die Vertragsinhalte grundsätzlich vor Vertragsschluss dem Verbraucher verfügbar gemacht werden. UCITA, §§ 112, 113, 208, erlaubt hingegen auch eine nachträgliche Bekanntmachung; zu dem Prinzip der pre-sale disclosure, s.a. Strasser, 27 Mercer Law Review, S.1111ff (1117) und siehe die Ausführungen im 2.Kapitel, B., II., 1., b).

133 Vgl. Fox, Reference to FTC, workshop 1999, High Tech Warranty Project, Comment, P994413, S.2f; Braucher/Henderson, Delayed Disclosure, Reference to FTC, workshop 1999, High Tech Warranty Project, Comment, P994413, S.53-56.

134 UCITA § 105 (1), Comment 2.

135 Controlling the Assault of Non-Solicited Pornography and Marketing Act of 2003.

136 Das Gesetz ist am 1.1.2004 in Kraft getreten und ist geregelt in 15 U.S.C. §§ 7701ff, im Internet ist der CAN SPAM Act zu finden unter: http://www.law.cornell.edu/uscode/html/uscode15/usc_sup_01_15_10_103.html (zuletzt 1.8.2007).

würden, zumal diese nicht in allen Staaten bestanden und die bestehenden einzelstaatlichen Regelungen uneinheitliche Anforderungen enthielten.[137] Diese Erwägungen gründeten vor allem auch auf Berichten der FTC, die die aufkommende Problematik im elektronischen Geschäftsverkehr in zahlreichen Workshops untersucht hatte und auf Grundlage dessen Lösungsvorschläge unterbreitete.[138]

Der CAN SPAM Act enthält nun einige Anforderungen, die Unternehmer bei der ungefragten Versendung von Werbe-E-Mails an den Verbraucher beachten müssen.[139] Darüber hinaus regelt das Gesetz zusätzliche Anforderungen für Werbe-E-Mails, die einen pornografischen Inhalt haben. Das Gesetz findet jedoch nur Anwendung, wenn die elektronische Nachricht rein kommerzieller Natur ist.

Dabei sollen die Vorschriften eine ergänzende Regelung im Verhältnis zu anderen Bundesgesetzen sein, überlagern diese also nicht.[140] Im Verhältnis zu einzelstaatlichen Gesetzen ist zu unterscheiden, ob die Vorschriften kommerzielle Nachrichten regulieren oder besondere Anforderungen für elektronische Nachrichten enthalten. In letzterem Fall bestimmt der CAN SPAM Act, dass die einzelstaatlichen Gesetze nur dann Gültigkeit behalten, wenn die liberalen Grundsätze des Bundesgesetzes dabei gewahrt sind. Hat ein Bundesstaat jedoch kein Gesetz für elektronische, kommerzielle E-Mails erlassen, so ist das Bundesgesetz vorrangig vor einzelstaatlichen Regelungen, die Werbezusendungen per Post oder per Telefon regeln.[141]

Die Durchsetzung des Bundesgesetzes wird dabei primär der FTC übertragen, diese soll die verfahrensrechtliche Durchsetzung übernehmen[142] und kann in beschränktem Maße auch Regelungen zur genaueren Ausformung des Gesetzes erlassen.[143] Von dieser Rechtssetzungskompetenz hat die FTC auch Gebrauch gemacht.[144] Ferner hat die Bundesbehörde ein Jahr nach Erlass des Gesetzes dem Kongress einen Bericht über die Effektivität des Gesetzes und die Durchsetzungserfolge der Behörde vorzulegen.[145]

d) Der Childrens Online Privacy Protection Act

Der COPPA[146] ist eine der bereichsspezifischen Bundesregelungen im US-amerikanischen Datenschutzrecht,[147] das ansonsten kein allgemeines Datenschutzgesetz, wie das

137 S.a. 15 U.S.C. § 7701 (a) (1), (2), (11).

138 Vgl. beispielsweise FTC „Statement of the FTC on "Unsolicited Commercial E-Mail" Before the Subcommittee On Communications"; hinsichtlich sonstiger Aktivitäten der FTC im Vorfeld der Verabschiedung des CAN SPAM Acts s.a. die Homepage der FTC www.ftc.gov.

139 S.a. insbesondere 15 U.S.C. § 7704.

140 Vgl. 15 U.S.C. § 7707 (a).

141 Vgl. 15 U.S.C. § 7707 (b).

142 Vgl. 15 U.S.C. § 7706 (a), (d).

143 Vgl. 15 U.S.C. § 7711 (a), (b).

144 S.a. 16 C.F.R. § 316 Rules Implementing the CAN SPAM Act of 2003, online unter: http://ecfr.gpoaccess.gov/cgi/t/text/textidx?C=ecfr&tpl=/ecfrbrowse/Title16/16cfr316_main_02.tpl; die Vorschrift trat am 19.5.2004 in Kraft (16 C.F.R. § 316.3, wurde erst am 28.3.2005 geltendes Recht).

145 Vgl. 15 U.S.C. § 7709 (a); dem ist die FTC auch mit einem Bericht vom Dezember 2005 nachgekommen: FTC, „Effectiveness and Enforcement of the CAN SPAM Act: A Report to Congress".

146 Siehe 15 U.S.C. § 6501ff.

BDSG, kennt.[148] Kern der Regelungen ist der Datenschutz von Minderjährigen bei der Teilnahme am elektronischen Markt. Der Kongress ist damit der FTC-Forderung[149] nach einer gesetzlichen Regelung für den allgemeinen Datenschutz im Internethandel nur teilweise nachgekommen. Im Rahmen des Minderjährigenschutzes wurde die Notwendigkeit eines gesonderten gesetzlichen Schutzes deshalb für erforderlich gehalten, weil die Leichtgläubigkeit und Unerfahrenheit von Kindern im Internet leichter für solche Praktiken ausgenutzt werden können.[150] Auch hier sind die marktspezifischen Umstände und die Notwendigkeit einer solchen Regelung von der FTC untersucht und ausgearbeitet worden, auch hier steht der Behörde eine Rechtssetzungskompetenz für die Schaffung von Auslegungsvorschriften des Gesetzes zu.[151]

Das Bundesgesetz ist anwendbar auf jede Erhebung, Verarbeitung oder Verwendung von Daten, die von Kindern unter dreizehn Jahren online erhoben wurden.[152] Dabei werden in erster Linie den Eltern bestimmte Kontrollinstrumente eingeräumt, um einer missbräuchlichen Datenabfrage und -Verwendung vorzubeugen. Dazu muss der Unternehmer nicht nur seine Datenverarbeitungspraxis offenlegen, sondern auch den Eltern die Gelegenheit geben, einer zukünftigen Datenerhebung und -Nutzung zu widersprechen.[153]

Verletzungen der gesetzlichen Anforderungen sind unlautere Werbepraktiken und verstoßen gegen Section 5 des FTCA.[154]

e) Die Verbraucherschutzbehörden des Bundes

aa) Funktion und Aufgaben der FTC

Die 1914 auf Grundlage des FTCA[155] gegründete FTC[156] wurde als Bundesbehörde zur Bekämpfung von unlauteren Methoden im Wettbewerb und zur Durchsetzung der Kartellgesetze eingesetzt. Der Organisation fällt dabei ein doppeltes Mandat zu: Einerseits ist sie zur Überwachung des Wettbewerbs berufen, andererseits obliegt ihr der

147 Weitere bereichsspezifische Datenschutzregelungen sind z.B. der Privacy Act von 1974 (15 U.S.C. § 552a, staatliche Datenerhebung), der Fair Credit Reporting Act (15 U.S.C. §§ 1681ff, Datenschutz im Rahmen von Finanzdienstleistungen).

148 Vgl. dazu auch Genz, S.75.

149 Vgl. den Bericht der FTC von 2000, FTC „Privacy Online: Fair Information Practices in the Electronic Marketplace", S.36; siehe außerdem den Bericht von 1998, FTC, „Privacy Online: A Report to Congress", S.41ff.

150 Vgl. dazu Hertz/Wood in: Maxeiner/Schotthöfer, S.619ff (631).

151 Siehe 15 U.S.C. § 6505 (a), (d); die FTC hat dazu eine Ausführungsregelung erlassen, siehe 16 C.F.R. § 312.

152 Siehe 15 U.S.C. § 6501. (1); 16 C.F.R. § 312.2.

153 Siehe 15 U.S.C. § 6502.ff und 16 C.F.R. § 312.ff.

154 Siehe 15 U.S.C. § 6502. (a) (1); 16 C.F.R. § 312.3.

155 15 USC §§ 41-58; Der FTCA trat am 26. September 1914 in Kraft. Das Gesetz ist im Internet zu finden unter: http://www.law.cornell.edu/uscode/search/uscode 15.html (zuletzt 1.8.2007).

156 Die FTC ging aus dem Bureau of Corporations, das 1903 gegründet wurde, hervor und begann am 16. März 1915 mit ihrer Tätigkeit. Das zur Entscheidung berufene Organ der FTC ist die Kommission. Diese besteht aus fünf Kommissaren, die mit der Mehrheit ihrer Mitglieder entscheiden, Einzelheiten zum Aufbau und den Verfahren der Organisation finden sich online auf der FTC Homepage: http://www.ftc. gov.

Schutz des Verbrauchers[157] bei der Teilnahme am Markt.[158] Die Rolle und die Bedeutung der Bundesbehörde im Verbraucherschutz haben sich in ihrer geschichtlichen Entwicklung stark verändert.[159] Bis heute hat das Profil der FTC als Verbraucherschutzbehörde durch Deregulierungsbestrebungen und den markt-liberalen Ansatz im US-amerikanischen Recht viel Kontur verloren.[160] Dennoch sind die heute bestehenden Rechtssetzungs- und Rechtsdurchsetzungskompetenzen der FTC nach wie vor wichtige Werkzeuge des Verbraucherschutzrechts.

Als Teil ihres Verbraucherschutzmandates hat die FTC die Aufgabe unfaire und irreführende Tätigkeiten im Handel oder solche, die den Handel betreffen, zu bekämpfen.[161] Sie kontrolliert dazu in fast allen Handelsbereichen die Lauterkeit (*fairness*)[162] der Geschäftstätigkeiten der Unternehmen. Für den Verbrauchsgüterkauf sind vor allem die Initiativen der Behörde in Bezug auf unternehmerische Informationspflichten, Werbepraktiken und Pflichten im Versandhandel sowie die Direktwerbung und die Zusendung unbestellter Waren von Bedeutung. Der Umfang ihrer Tätigkeit beschränkt sich dabei auf den zwischenstaatlichen Handel.[163] Allerdings ist nach der heutigen Fassung des Gesetzestextes ausreichend, dass sich die fragliche Geschäftstätigkeit auf den zwischenstaatlichen Handel auswirkt.[164]

Ist die Behörde der Ansicht, dass eine Unternehmenspraxis unlauter oder irreführend ist, so hat sie nach freiem Ermessen zu entscheiden, ob und wie sie gegen die Aktivität vorgeht. Dabei stehen ihr grundsätzlich drei Formen von Maßnahmen zur Seite.[165] Zum einen kann die FTC Trade Regulation Rules (TRR) erlassen, also Vorschriften, die in den einzelnen Rechtsgebieten genauer definieren, wann eine rechtswidrige Tätigkeit vorliegt oder wie eine bestimmte bundesgesetzliche Regelung zu interpretieren ist.[166] Des Weiteren hat die Organisation konkrete Durchsetzungsmöglichkeiten durch prozessähnliche und gerichtliche Verfahren.[167] Schließlich bedient sich die FTC einer Reihe von unverbindlichen Maßnahmen, die auf eine freiwillige Zusammenarbeit mit den Unternehmen setzt, beispielsweise die von der Behörde für bestimmte Ge-

---

157 Darum kümmert sich in erster Linie das Verbraucherschutzbüro der FTC (Bureau of Consumer Protection) mit Hauptsitz in Washington, D.C. Darüber hinaus sind noch acht regionale Büros eingerichtet.

158 Vgl. Reich in: Micklitz/Kessler, S.421.

159 Vgl. zur Entwicklung und den Aufgaben der FTC: Reich, S.39ff; Reich in: Micklitz/Kessler, S.421ff; Cromartie, S.44ff; Kintner/Smith, 26 Mercer Law Review, S.651ff; zum Einfluss des MMWA auf die Entwicklung der Behörde: Strasser, 27 Mercer Law Review, S.1111ff; Leete, 6 The University of Toledo Law Review, S.351ff.

160 Vgl. Reich in: Micklitz/Kessler, S.422.

161 Nach dem Wortlaut des heutigen FTCA Section 5 (a), 15 U.S.C. § 45 sind „unfair or deceptive acts or practices in or effecting commerce" verboten.

162 Zu dem Prinzip der fairness ausführlich: Reich in: Micklitz/Kessler, S.419f.

163 Dies hat bereits der Supreme Court in FTC v. Bunte Bros. Inc., 312 U.S. 349 (1941) festgestellt.

164 Das geht aus der Begriffsverwendung „in or affecting commerce" hervor; siehe dazu auch Kintner/Smith, 26 Mercer Law Review, S.651ff (673); Marsh, S.16.

165 Einen Überblick über die Kompetenzen und Verfahren der FTC sind beschrieben in: FTC „A Brief Overview of the Federal Trade Commission`s Investigative and Law Enforcement Authority".

166 Die Ermächtigung der FTC zum Erlass von Vorschriften ergibt sich aus 15 U.S.C. § 57 a.

167 Die Vorschriften über das Verfahren sind in 15 U.S.C. § 45 geregelt.

schäftstätigkeiten erlassenen Richtlinien (*guides*). Diese Richtlinien entfalten keine gesetzliche Bindungswirkung, wie die TRR, bei einer Verletzung der Richtlinienmaßstäbe muss die FTC erst beweisen, dass eine unlautere Handelspraktik im Sinne des Section 5 des FTCA vorliegt.[168]

bb) Online-Initiativen der FTC: Alter Wein in neuen Flaschen

Die Zuständigkeit der FTC für den Verbraucherschutz im elektronischen Geschäftsverkehr ergibt sich aus ihrer umfassenden Kompetenz im Verbraucherschutz, die nicht auf ein bestimmtes Medium begrenzt ist.[169] Die Behörde ist auch bei Online-Geschäften auf die Regulierung des zwischenstaatlichen Marktes beschränkt. Da eine Auswirkung auf denselben für die Berührung des Kompetenzbereichs der FTC aber ausreichend ist, kommt hierbei die Besonderheit des Internets zum tragen, dass der Zugang zu den Webshops usw. über einzelstaatliche und auch nationale Grenzen hinweg möglich ist. Demnach werden unlautere Geschäftspraktiken im Internet in vielen Fällen auch eine Auswirkung auf den zwischenstaatlichen Handel haben. Daraus wird deutlich, dass das Verbraucherschutzmandat der FTC für das US-amerikanische Recht des Electronic Commerce von einiger Bedeutung ist.[170]

Wohl auch deshalb hat sich die FTC früh den aufkommenden Rechtsfragen und neuen Aufgaben des Verbraucherschutzes im Online-Handel gestellt.[171] Es gab in den ersten Diskussionsforen einen breiten Konsens darüber, dass der Verbraucher bei Geschäftsabschlüssen im Internet ebenso geschützt werden muss, wie im traditionellen Geschäftsverkehr. Höhere Anforderungen sollten nicht gestellt werden, denn rechtliche Barrieren für den elektronischen Markt wollte man vermeiden. Werkzeuge, um den Verbraucherschutz im Internet zu gewährleisten, sollten daher die Mittel der traditionellen Rechtsdurchsetzung nach bestehenden Gesetzen und Vorschriften sein, die Unterstützung der Selbstregulierung der Wirtschaft und die Aufklärung der Verbraucher und Unternehmer über die Risiken am neuen Markt.[172]

Dementsprechend hat die FTC bis heute keine großartigen Neuerungen für den Online-Handel initiiert, sondern die alten Verfahren der Rechtsdurchsetzung im Verbraucherschutz verwendet, weshalb ihre Bestrebungen auf diesem Gebiet oft als „alter

168 Vgl. Starek/Rozell, 15 The John Marshall Journal of computer & information law, S.679ff (683f); Reich in: Micklitz/Kessler, S.421.

169 Diese Kompetenz wird aus Section 5 (a) FTCA, 15 U.S.C. § 45 abgeleitet; so auch Starek/Rozell, 15 The John Marshall Journal of computer & information law, S.679ff (684).

170 Vgl. Starek/Rozell, 15 The John Marshall Journal of computer & information law, S.679ff (694); Reich in: Micklitz/Kessler, S.424.

171 Sie begann ihre Tätigkeiten auf diesem Gebiet bereits Anfang der Neunziger mit Workshops und öffentlichen Diskussionen, an denen auch Wissenschaftler und Vertreter von Interessengruppen der Industrie und der Verbraucher beteiligt waren.

172 Siehe FTC, „Report From the Federal Trade Commission Staff, Protecting Consumers Online: The FTC's First Five Years", S.i): „The overall goal: to protect consumers in an atmosphere that promotes the growth of e-commerce. The tools: traditional law enforcement under existing statutes and rules; consumer and business education; support of self-regulation; and the development of policy in areas that raise new consumer protection concerns, such as online privacy and global electronic commerce."

Wein in neuen Flaschen" bezeichnet wird.[173] Die Behörde hat zur Regulierung des elektronischen Marktes außerdem nur selten von ihrer Normsetzungskompetenz Gebrauch gemacht. Zu den wenigen Ausnahmen gehört die Childrens Online Privacy Protection Rule,[174] die von der FTC auf Grundlage des Childrens Online Privacy Protection Act[175] erlassen worden ist und die Vorschriften zur Interpretation des CAN SPAM Acts.[176] Im Übrigen beschränkte sich die Kommission weitgehend darauf, die bestehenden TRR für den Online-Handel anwendbar zu erklären und, dort wo es notwendig war, fügte sie den Vorschriften Zusätze an, die klarstellen sollten, dass die jeweilige Regel auch im Internet gilt.[177] Ein gutes Beispiel dafür ist die für die Untersuchung relevante Mail or Telephone Order Merchandise Rule,[178] die bestimmte Informations- und Lieferpflichten des Unternehmers im Versandhandel betreffen. Die 1994 in Kraft getretenen Zusätze bestimmen nun auch eine Anwendbarkeit der Regel auf andere Fernkommunikationsmittel.[179]

Auf dem Gebiet der Rechtsdurchsetzung durch verwaltungsgerichtliche Verfahren ist die Behörde wesentlich aktiver gewesen. Im Jahre 1994 hat sie ihren ersten Internet bezogenen Fall bestritten,[180] im März 2004 waren es schon 319.[181] Dabei konnte die FTC meist eine Unterlassung der verletzenden Tätigkeit erwirken und in einigen Fällen für den Verbraucher zusätzlich einen Geldausgleich oder Zivilstrafen gerichtlich geltend machen.[182] Schließlich hat die FTC die von ihr herausgegebenen Richtlinien für den Online-Handel anwendbar erklärt[183] und einige neue *guides* verfasst, die den Unternehmern Hilfestellung geben sollen, wie ihre Online-Geschäftstätigkeiten den gesetzlichen Anforderungen entsprechen können.[184]

---

173 Vgl. FTC, „Report From the Federal Trade Commission Staff, Protecting Consumers Online: The FTC's First Five Years", S.7.

174 16 C.F.R. § 312 im Internet abrufbar unter: http://www.law.cornell.edu/cfr/cfr.php?title=16&type=chapter&value=1 (zuletzt 1.8.2007).

175 15 U.S.C. §§ 6501-6506, online unter: http://www.law.cornell.edu/uscode/html/uscode15/usc_sup_01_15_10_91.html (zuletzt 1.8.2007).

176 16 C.F.R § 316.

177 Vgl. FTC, „Report From the Federal Trade Commission Staff, Protecting Consumers Online: The FTC's First Five Years", S.15; s.a. Starek/Rozell, 15 The John Marshall Journal of computer & information law, S.679ff (684).

178 16 C.F.R. § 435 1-4, 15 U.S.C. § 57 a), 5 U.S.C. § 552, im Internet abrufbar unter: http://www.law.cornell.edu/cfr/cfr.php?title=16&type=chapter&value=1 (zuletzt 1.8.2007).

179 Die Regelung trat 1976 in Kraft und bleibt auch nach den Änderungen grundsätzlich erhalten. Die Zusätze sind seit dem 1. März 1994 in Kraft.

180 FTC v. Corizine, Case No. CIV-S-94-1446 (E.D. Cal. filed Sept. 12, 1994).

181 Die Fälle der FTC sind den Berichten des Mitarbeiterstabes, Staff Reports beigefügt.

182 Z.B. klagte die FTC erfolgreich für einen Verbraucherausgleich (consumer redress) in FTC v. Infinity Multimedia, Case No. 96-6671-CIV-Gonzalez (S.D. Fla. filed June 24, 1996) und FTC v. FutureNet, Inc., Case No. 98-1113 GHK (AIJx), (C.D. Cal. filed Feb. 17, 1998); eine Zivilstrafe verhängte das Gericht beispielsweise in United States v. Iomega Corp., Case No.1:98CV00141C (D. Utah filed Dec. 9, 1998).

183 Vgl. FTC, „Report From the Federal Trade Commission Staff, Protecting Consumers Online: The FTC's First Five Years", S.15.

184 Z.B. FTC, „Staff Issues Guidelines on Internet Advertising Dot Com Disclosures", Part 1-3.

cc) Sonstige Regulierungsbehörden des Bundes

Die FTC wird bei allen ihren Tätigkeiten von anderen Bundesbehörden unterstützt. Im Hinblick auf die Regulierung von Werbung versorgt sie vor allem die National Advertising Division of the Council of Better Business Bureaus[185] mit Informationen. Sie begleitet außerdem die Untersuchungen der FTC und leitet Fälle von unlauteren Werbepraktiken an die Verbraucherschutzorganisation weiter, wenn sie der Ansicht ist, dass diese zu einem Gesetzesverstoß geführt haben.[186]

Neben der FTC sind auf Bundesebene weitere Regulierungsbehörden zur Überwachung von Werbepraktiken für bestimmte Produkte und Medien eingesetzt. Die Food and Drug Administration[187] reguliert beispielsweise die Werbung für Lebensmittelprodukte und Medikamente. Das Bureau of Alcohol, Tabacco and Firearms[188] teilt sich mit der FTC die Kompetenzen zur Kontrolle der Werbung für alkoholische Getränke und Tabakprodukte und die Federal Communications Commission[189] ist dazu eingesetzt, die Werbung in bestimmten Kommunikationsmedien zu regulieren, wie z.B. im Radio. Eine Regulierungskompetenz für die Online-Werbung wurde von der FCC jedoch noch nicht in Anspruch genommen.[190] Die rechtlich adäquate Information des Verbrauchers durch Werbung im Netz wird auf Bundesebene heute im Wesentlichen durch die FTC gesteuert.

2. Die einzelstaatlichen Gesetze

a) Die Modellgesetze (uniform laws) und ihre Umsetzung

Die NCCUSL entwirft gemeinschaftlich mit dem ALI Modellgesetze, um die Rechtsvereinheitlichung in den Einzelstaaten voranzutreiben.[191] Da die NCCUSL keine demokratisch legitimierte Organisation ist, haben die vorgelegten Gesetzesentwürfe keinerlei gesetzliche Bindungswirkung. Die in den Einzelstaaten umgesetzten *uniform laws* hingegen sind bindendes, einzelstaatliches Recht.[192]

Der Umsetzungsprozess der Entwurfsgesetze verläuft meist nicht einheitlich und nimmt erfahrungsgemäß eine Zeitspanne von oft mehreren Jahren in Anspruch.[193] Die Gesetze enthalten Modifikationsmöglichkeiten, damit die Entwürfe in den Annahmeverfahren auf größere Akzeptanz stoßen, denn die Rechtsvorstellungen in den einzel-

---

185 Informationen über die Aktivitäten der National Advertising Division of the Council of Better Business Bureaus sind online zu finden unter: http://www.bbb.org (zuletzt 1.8.2007).

186 Vgl. Strand in: Smeddinghoff, S.352.

187 Informationen über die FDA sind im Internet zu finden unter: http://www.fda.gov (zuletzt 1.8.2007).

188 Informationen über das Bureau of Alcohol, Tabacco and Firearms sind im Netz abrufbar unter: http://www.atf.treas.gov (zuletzt 1.8.2007).

189 Informationen über die FCC sind online abrufbar unter: http://www.fcc.gov (zuletzt 1.8.2007).

190 S.a. http://www.fcc.gov/aboutus.html (zuletzt 1.8.2007); zu den einzelnen Kompetenzen der Regulierungsbehörden s.a. Strand in: Smeddinghoff, S.353.

191 Eine Übersicht über die Gesetzgebungsaktivitäten und sämtliche uniform laws sind im Internet abrufbar unter: http://www.nccusl.org/Update/DesktopDefault.aspx?tabindex=2&tabid=60 (zuletzt 1.8.2007).

192 Vgl. Miller, 75 Washington University Law Quarterly, S.187ff (196).

193 Vgl. Büllesbach/Miedbrodt, CR 2000, S.751ff (756); Miedbrodt, DuD 2000, S.541ff (542).

nen Bundesstaaten sind mitunter sehr unterschiedlich.[194] Demnach ist die Gesetzeslage auch dann häufig nicht einheitlich, wenn ein Modellgesetz in fast allen Einzelstaaten umgesetzt wurde.[195] Die *uniform laws*, die für die Untersuchung von größerer Bedeutung sind, sind der UCC Article 2 Sales, der UETA und der UCITA.

aa) Der Uniform Commercial Code, Article 2 Sales

(1) Anwendungsbereich, Umsetzung, aktueller Stand des UCC Article 2

Der Uniform Commercial Code[196] ist zweifellos eines der wichtigsten und erfolgreichsten Entwurfswerke, die der Gemeinschaftsarbeit der NCCUSL und dem ALI entstammen. Bei der gesetzlichen Fixierung des Handelsrechts (*commercial law*) wurden teilweise die ursprünglichen Regelungen des Common Law kodifiziert, teilweise wurden die historischen Rechtsinstitute aber auch aufgehoben oder verändert und modernisiert.[197] Seither ist der UCC vielen Überprüfungen und Veränderungen unterzogen worden, durch die das Gesetz den veränderten gesellschaftlichen und technischen Umständen angepasst werden sollte.[198] Eine Überarbeitung des gesamten UCC im Zuge der veränderten technischen Bedingungen und Möglichkeiten des Handels durch die Verbreitung des Internets findet seit Beginn der neunziger Jahre statt.[199] Durch die Neuentwürfe soll im Wesentlichen klargestellt werden, dass der UCC auch auf den elektronischen Geschäftsverkehr Anwendung findet.[200]

Der UCC Article 2-Sales[201] ist einer von elf Teilen des UCC.[202] Der Article 2 ist grundsätzlich auf alle Warenkaufverträge anwendbar (*contracts for the sale of*

---

194 Vgl. Rubin, 75 Washington University Law Quarterly, S.12ff (13).

195 Eine gänzlich einheitliche Umsetzung in allen Staaten hat die NCCUSL bisher mit keinem ihrer Entwürfe erreicht; s.a. Hay, Rn.18.

196 Der Text, die Umsetzung und Revisionen des UCC sind online abrufbar unter: http://www.law .cornell.edu/ucc/ucc.table.html (zuletzt 1.8.2007).

197 Vgl. Harrer/Wiegmann in: Assmann/Bungert, Rn.125, Mentschikoff, RabelsZ 30, S.403ff (409f).

198 Der UCC entspringt dem Uniform Sales Act von 1906 und wurde erstmals im Jahre 1951 veröffentlicht. Das Gesetzeswerk wurde zuerst im Staate Pennsylvania im Jahre 1954 angenommen. Nach anfänglichen Umsetzungsschwierigkeiten, nahm der Annahmeprozess in den sechziger Jahren rapide zu, so dass 1968 der UCC in allen Staaten, mit Ausnahme von Louisiana, umgesetzt war. In Louisiana ist der Gesetzentwurf nur teilweise in den bestehenden civil code übernommen worden.1954 kam erste Kritik gegen den vorgelegten Gesetzentwurf auf, der das 1961 gegründete Permanent Editorial Board Abhilfe verschaffen sollte. Das Permanent Editorial Board besteht aus Mitgliedern von NCCUSL und ALI und wird eingesetzt, um die Entwicklungen im Handel zu überwachen und eine einheitliche Anwendung des UCC in den Einzelstaaten zu gewährleisten. Die Einrichtung entwirft Neufassungen und Zusätze zum UCC. Einer Gesamtrevision wurde das Modellgesetz schon einmal Anfang der siebziger Jahre unterzogen. Siehe zur Entwicklung des UCC Braucher, 58 Columbia Law Review, 789ff und Mentschikoff, RabelsZ 30, S.403ff.

199 Vgl. Braucher, 75 Washington University Law Quarterly, S.1ff (1).

200 Vgl. Zehentner, S.33; Reimann, S.25.

201 Der ursprüngliche, derzeit noch in den Einzelstaaten gültige UCC Article 2 Sales ist zu finden unter: http://www.law.cornell.edu/ UCC/2/overview.html (zuletzt 1.8.2007); Im Verlauf der Untersuchung werden sowohl die Regelungen des noch geltenden Art UCC als auch die Vor-

goods).[203] Er regelt das Warenkaufrecht allerdings nicht abschließend, ergänzend sind die Regelungen des Common Law heranzuziehen.[204] Der sachliche Anwendungsbereich erfasst alle Warenkäufe (*sale of goods*). Das sind alle beweglichen Sachen, ausgenommen von Geld, Wertpapieren und Forderungen.[205] Ebenfalls vom UCC Article 2 nicht erfasst werden Grundstückskaufverträge und Dienstleistungsverträge.[206] Der Anwendungsbereich des UCC Article 2 wird jedoch grundsätzlich großzügig ausgelegt,[207] so dass die Vorschriften oft auch auf kaufähnliche Verträge angewendet werden.[208] Liegt ein Mischvertrag vor, entscheiden die Gerichte mit Hilfe des *predominant purpose test*, ob der Hauptzweck des Vertrages in der Veräußerung einer Ware liegt und wenden in diesem Fall Kaufrecht auf den gesamten Vertrag an.[209]

Zunächst umstritten war die Anwendung des UCC auf Softwarelizenzverträge.[210] Anfangs wurde überwiegend angenommen, dass mangels spezieller Regelungen die Vorschriften des Article 2 entweder direkt oder zumindest analog auf solche Verträge anwendbar sind.[211] Doch die grundsätzlichen Unterschiede zwischen Kauf und Lizenz

---

schriften der überarbeiteten Fassung von 2003 behandelt, soweit sie besondere Auswirkungen auf den Verbrauchsgüterkauf im Netz haben.

202 Die Zahl der Abschnitte änderte sich im Zuge der Überarbeitungen mehrfach. Das ursprüngliche Modellgesetz enthielt neun Teile. Das online abrufbare, aktuelle Gesetz umfasst folgende 11 Teile: Article 1 (General Provisions), Article 2A (Leases), Article 3 (Negotiable Instruments), Article 4 (Bank Deposit), Article 4A (Funds Transfers), Article 5 (Letters of Credit), Aricle 6 (Bulk Transfers and Bulk Sales), Article 7 (Warehousereceipts, Bills of Lading and other Documents of Title), Article 8 (Investment Securities) und Article 9 (Secured Transactions).

203 Der UCC Article 2 regelt das materielle Kaufvertragsrecht, also das Zustandekommen von Kaufverträgen, Formanforderungen, Erfüllungspflichten, Gewährleistungsrechte im Kaufrecht und die Rechtsbehelfe der Kaufvertragsparteien.

204 Also die Rechtsinstitute der restatements II of contracts; vgl. Braucher, 31 RabelsZ, S.589ff (590); Cerutti, Rn.11; Harrer/Wiegmann in: Assmann/Bungert, Rn.126; Elsing/van Alstine, Rn.234; Stone, S.3.

205 Siehe UCC § 2-105 (1).

206 Vgl. Cerutti, Rn.20; Harrer/Wiegmann in: Assmann/Bungert, Rn.127.

207 Vgl. Cerutti, Rn.30; Stone, S.1.

208 Z.B. ist er anwendbar auf Werklieferungsverträge, Sukzessivlieferungsverträge und einige Gewährleistungsvorschriften des UCC Article 2 sind anwendbar auf Gebrauchsleasingverträge.

209 Siehe z.B.: Bonebrake v. Cox, 499 F2d 951 (8th Cir. 1974); DeFillipo v. Ford Motor Co., 516 F2d 1313 (3rd Cir.), cert. denied, 423 U.S. 912 (1975); Advent Sys. Ltd. v. Unisys. Corp., 925 F.2d 670 (3rd Cir. 1991), CR 1993, S.80ff; J. Lee Gregory Inc. v. Scandinavian House, L.P., 433 S.E.2d 687 (Ga. App. 1993).

210 Es stellt sich die Frage, ob Softwareprodukte auch Waren im Sinne des UCC Article 2 sind; verneinend: Specht v. Netscape Communications Corp., 306 F3d 17 (2d Cir. 2002); Fink v. DeClassis 745 F.Supp. 509, 515 (N.D. Ill. 1990); s.a. Smith, 25 Southern Illinois University Law Journal, S.389ff (389); Braucher in: Lejeune, Der E-Commerce Vertrag, Rn.3; Reimann, S.62.

211 In den Fällen war häufig problematisch, ob das Kaufrecht, also UCC Article 2, anwendbar ist oder es sich um eine Dienstleistung handelt, auf die das traditionelle Vertragsrecht, das Common Law, Anwendung findet; in zahlreichen Fällen entschieden die Gerichte zugunsten einer Anwendung von UCC Article 2, siehe z.B.: Step-Saver Data Sys., Inc. v. Wyse Tech., 939 F2d 91 (3rd Cir. 1991); Advent Sys. Ltd. v. Unisys. Corp., 925 F.2d 670 (3rd Cir. 1991), CR 1993, S.80ff (das Gericht erklärte, dass zumindest die auf einem Trägermedium gespeicherte Software eine Ware im Sinne des UCC § 2-201 (a) ist); Adobe Systems, Inc. v. One Stop Micro, Inc., 84 F.Supp.2d

regten bald NCCUSL und ALI dazu an, das Vertragsrecht der Softwarelizenzen in einem gesonderten Teil des UCC zu regeln.[212] Nach dem überarbeiteten Entwurf des UCC Article 2[213] ist die Anwendung des Kaufrechts auf Software hingegen abzulehnen, was auch einer in der Literatur mittlerweile verbreiteten Auffassung entspricht.[214] Danach bleibt der UCC Article 2 nur bei Mischverträgen, in denen die Software in die verkaufte Ware eingebettet ist, anwendbar.[215] Inwieweit sich dies durchsetzen wird, hängt von dem Umsetzungserfolg des reformierten UCC bzw. des neuen Modellgesetzes über Softwarelizenzverträge ab.

Durch die letzte Revision des UCC wurde auch Article 2 auf den elektronischen Geschäftsverkehr angepasst.[216] Dabei wurden im Wesentlichen Änderungen im Rahmen des Vertragsschlusses und der Formwirksamkeit von Verträgen vorgenommen.[217]

Der neu gefasste UCC Article 2 Sales wurde den Einzelstaaten von der NCCUSL und dem ALI 2003 zur Annahme vorgelegt, allerdings wurde der neue Entwurf bislang erst in zwei Staaten in den Gesetzgebungsprozess eingeführt.[218]

(2) Der Verbraucherschutz im UCC Article 2

Der UCC ist nicht nur, wie die Bezeichnung vielleicht vermuten lässt, auf Geschäfte zwischen Kaufleuten (*merchants*) anwendbar, sondern auch auf Verbrauchergeschäfte (*consumer contracts*). Für reine Unternehmergeschäfte gelten allerdings einige Sonderbestimmungen.[219] Nach dem 2003 neu vorgelegten Entwurf wird jetzt ausdrücklich zwischen geschäftlichen Transaktionen von Verbrauchern und Unternehmern und anderen Kaufverträgen unterschieden.[220] Doch in der gesamten Entwicklung des UCC

1086 (N.D. Cal. 2000); RRX Indus. Inc. v. Lab-Con., Inc., 772 F.2d 543 (9th Cir. 1985); Chatlos Sys., Inc. v. National Cash Register Corp, 635 F.2d 1081 (3rd Cir. 1980); Triangle Underwriters, Inc. v. Honeywell Inc. 604 F.2d 737 (2nd Cir. 1979); Hospital Computer Sys., Inc. v. Staten Island Hosp., 788 F.Supp. 1351 (D.N.J. 1992); Carl Beasley Ford Inc. v. Burroughs Corp., 361 F.Supp 325 (E.D. Pa. 1973); Owen, 14 Northern Kentucky Law Review S.277ff (287); Smith, 25 Southern Illinois University Law Journal, S.389ff (389); Lejeune, CR 2000, S.201ff (202); Rodau, 35 Emory Law Journal S.853ff (918ff).

212 Nach dem ursprünglichen Gesetzesvorhaben von NCCUSL und ALI sollte das Vertragsrecht von Softwarelizenzen in einem neuen UCC Article 2B geregelt werden.

213 Nach UCC § 2-102 (4) n.F. sind Verträge, die Computersoftware oder sonstige elektronische Informationen zum Gegenstand haben, keine transactions in goods, wobei §103 (1) (b) n.F. „computer information" näher definiert.

214 Vgl. z.B. Towle, CRi 2001, S.97ff (97f).

215 Das geht aus UCC § 2-102 (2) n.F. sowie aus UCITA Section 103 (b) (1) hervor; außerdem Reimann, S.62.

216 Der Revisionsprozess des UCC Article 2 Sales ist im Internet abrufbar unter: http://www.law.upenn.edu/library/ulc/ulc.html#ucc2 (zuletzt 1.8.2007).

217 Vgl. Reimann, S.25.

218 In Nevada, SB 200, online unter: http://www.leg.state.nv.us/73rd/bills/SB/ SB200.pdf (zuletzt 1.8.2007); und in Kansas, HB 2454, online unter: http://www.ks.legislature.org/bills/2006 /2454.pdf (zuletzt 1.8.2007).

219 Vgl. Cerutti, Rn.14, 29; Harrer/Wiegmann in: Assmann/Bungert, Rn.127f.

220 Nach UCC § 2-102 (1) (e) n.F. wird festgelegt, dass der Begriff consumer contract nur solche Verträge erfasst, die von einem Verbraucher und einem Kaufmann abgeschlossen wurden. Der

hat der Verbraucherschutz stets wenig Berücksichtigung gefunden.[221] UCC Article 2 enthält nur einige wenige Bestimmungen, die ausschließlich für Verbrauchergeschäfte gelten.[222] Die Gründe hierfür sind vielschichtig. Einerseits basiert der UCC auf den Prinzipien des Common Law, dessen marktliberale Struktur und oberster Grundsatz der Vertragsfreiheit nicht so recht zu einer starken Regulierung im Sinne des Verbraucherschutzes passen mag.[223] Andererseits wird die Frage nach einem umfassenden Verbraucherschutzrecht von den Autoren des UCC als zu heikel empfunden. In den einzelnen Bundesstaaten herrschen sehr unterschiedliche Vorstellungen über den Umfang, den das Verbraucherschutzrecht einnehmen soll. Da der UCC zum Ziel hat, das Recht in den Einzelstaaten möglichst zu harmonisieren, müssen die Autoren des Gesetzes eine breite Akzeptanz ihrer Entwürfe in den Gliedstaaten erreichen. Dieses Ziel kann aber nur erfüllt werden, wenn der Verbraucherschutz im UCC auf ein Maß reduziert wird, für das ein weitreichender Konsens erwartet werden kann.[224] Daher überließen es die UCC Autoren weitgehend dem Kongress und den einzelstaatlichen Gesetzgebern, gesetzliche Lösungen für den Verbraucherschutz zu finden.[225] Andererseits kann man bei den Gesetzesentwürfen den Verbraucherschutz auch nicht gänzlich außer Acht lassen, da sonst eine Annahme der Staaten gefährdet ist, deren Bedürfnis nach Verbraucherschutz größer ist.[226]

Die Diskussion, über die Notwendigkeit den Verbraucherschutz stärker im UCC zu etablieren, wurde durch den Revisionsprozess aufs Neue entfacht.[227] Um die verbraucherschutzrechtlichen Rechtsfragen zu lösen, richtete man in dem Revisionsprozess des UCC Unterausschüsse ein, die den Ausschüssen jedes einzelnen zu überarbeitenden Abschnitts Vorschläge zur Handhabung dieser Fragen machten. Dies erbrachte letztendlich aber nur kleine Veränderungen für den Verbraucherschutz.[228]

Der Verbraucherausschuss im Rahmen des UCC Article 2 war dabei allerdings noch recht erfolgreich. Im neuen Entwurf des UCC Article 2 sind schließlich weitaus mehr Rechtsfragen zugunsten des Verbrauchers entschieden worden, als dies für andere überarbeitete Teile des UCC der Fall ist. Einerseits unterscheidet Article 2 nun deutlicher zwischen *consumer contracts* und *non-consumer contracts*. Andererseits enthält

---

Kommentar zu §§ 2-102 (1)(d), (e) macht deutlich, dass hierdurch Verbraucherverträge klarer von anderen Kaufverträgen abgegrenzt werden sollen.

221 Vgl. Rubin, 75 Washington University Law Quarterly S.11ff (12).

222 Vgl. Marsh, S.11; Hillebrand, 75 Washington University Law Quarterly S.69ff (95).

223 Vgl. Miller, 75 Washington University Law Quarterly, S.187ff (212).

224 Vgl. Rubin, 75 Washington University Law Quarterly S.11ff (12f); Miller, 75 Washington University Law Quarterly, S.187ff (210f).

225 Vgl. Braucher, 75 Washington University Law Quarterly, S.1ff (2); Rubin, 75 Washington University Law Quarterly S.11ff (12f).

226 Vgl. Hillebrand, 75 Washington University Law Quarterly S.69ff (73f).

227 Vgl. auch die Kritik und Vorschläge zur Verbesserung des Verbraucherschutzes bei der Überarbeitung des bisherigen UCC Article 2 bei Rosmarin, 35 William & Mary Law Review, S.1593ff. Zu der Diskussion für mehr Verbraucherschutz bei der Revision des UCC zum elektronischen Geschäftsverkehr, insbesondere des Article 2, 2B, 9, s.a. Hillebrand, 75 Washington University Law Quarterly S.69ff (für mehr Verbraucherschutz) und Miller, 75 Washington University Law Quarterly, S.187ff (gegen eine Erweiterung des Verbraucherschutzes).

228 Vgl. Woodward, 75 Washington University Law Quarterly S243ff (245).

der neue Entwurf einige neue Vorschriften für Verbrauchergeschäfte.[229] Insgesamt scheint im reformierten UCC Article 2 ein Kompromiss gefunden worden zu sein, der die gegensätzlichen Interessen mehr oder minder zu vereinen mag und auf eine breitere Akzeptanz in den USA hoffen lässt, als es bei den anderen überarbeiteten Teilen des UCC der Fall gewesen ist.[230]

bb) Der Uniform Electronic Transactions Act

(1) Anwendungsbereich, Umsetzung und Verhältnis zu anderen Gesetzen

Das UETA Projekt begann 1997[231] und der von der NCCUSL im Juli 1999 verabschiedete Entwurf[232] wurde kurz darauf den Bundesstaaten zur Annahme vorgelegt.[233] UETA regelt, wie der E-SIGN Act, die rechtliche Gültigkeit und Durchsetzbarkeit von elektronischen Verträgen, Dokumenten und Unterschriften.[234] Dabei ähneln die Begriffsdefinitionen von *electronic record*[235] und *electronic signature*[236] denen des E-SIGN Act und UETA normiert ebenso das Diskriminierungsverbot.[237] Auch das Ziel von UETA ist die rechtliche Gleichstellung von elektronischen und traditionellen schriftlichen Transaktionen.[238] Ähnlich wie der E-SIGN Act, soll das Modellgesetz die Rechtslage im Electronic Commerce vereinfachen. Dazu ist der Regelungsinhalt einfach und minimalistisch angelegt.[239] Dementsprechend weit ist auch der Anwendungsbereich des Gesetzes gefasst. Bei der elektronischen Transaktion muss es sich lediglich um eine geschäftliche, wirtschaftliche oder staatliche Transaktion handeln.[240]

---

229 Vgl. Hillebrand, 75 Washington University Law Quarterly S.69ff (97ff).

230 Umsetzungs- und Akzeptanzprobleme hat es insbesondere bei den überarbeiteten Article 3 (Negotiable Instruments), Article 4 (Bank Deposit) und Article 2 B (Licences), nunmehr UCITA, gegeben; s.a. Hillebrand, 75 Washington University Law Quarterly S.69f (148ff).

231 Der erste Entwurf wurde am 10. April 1997 von der NCCUSL verabschiedet.

232 Der endgültige Entwurf des UETA wurde in der Konferenz vom 23-30 Juli 1999 verabschiedet, er ist online abrufbar unter: http://www.law.upenn.edu/bll/ulc/fnact99/19905/ueta99.htm (zuletzt 1.8.2007).

233 Der vollständige Gesetzgebungsprozess des UETA ist im Internet nachzuvollziehen unter: http://www.law. upenn.edu/bll/ulc/ulc.htm#ueccta (zuletzt 1.8.2007).

234 UETA ist kein Vertragsrecht, sondern Verfahrensrecht. Allerdings ist UETA auch kein Signaturgesetz, soweit ein Staat ein Gesetz zur Regelung von digitalen Signaturen erlassen hat (das den Anforderungen des E-SIGN Acts, 15 U.S.C. § 7002 (a) (2) entspricht) ist das Modellgesetz dazu geschaffen das Signaturgesetz zu ergänzen, s.a. UETA Prefatory Note.

235 UETA Section 2 (7).

236 UETA Section 2 (8).

237 UETA Section 7 (a), (b).

238 UETA Prefatory Note, B.; UETA Section 7 (c), (d), Comment 3; vgl. auch Boss, 39 Idaho Law Review S.275ff (291f).

239 UETA Prefatory Note, B.; UETA regelt außerdem den Zeitpunkt des Zugangs von elektronischen Erklärungen, die Zurechnung von Erklärungen, auch von elektronischen Agenten. Daneben enthält das Gesetz Vorschriften über das Beweisverfahren und im letzten Teil regelt UETA die elektronische Kommunikation mit staatlichen Einrichtungen, s.a. Bierekoven, S.307; Boss, 23 Nova Law Review, S.583ff (S.609f); Boss, 39 Idaho Law Review S.275ff (288ff).

240 UETA Prefatory Note, A. UETA Section 3 (a), Comment 1.

Das Gesetz enthält aber auch einen Ausnahmekatalog.[241] Daneben ist UETA nicht auf Transaktionen anwendbar, die von UCITA erfasst sind.[242] Der Grund ist, dass UCITA die vertragsrechtlichen und verfahrensrechtlichen Besonderheiten des elektronischen Geschäftsverkehrs, einschließlich digitaler Signaturen und Dokumente, bereits berücksichtigt.[243] UETA ist auch dann nicht anwendbar, wenn die jeweiligen Bundesstaaten dies ausdrücklich im Hinblick auf bestehende einzelstaatliche Gesetze vorsehen.[244] Des weiteren können, als Ausdruck der Vertragsfreiheit, die Vertragsparteien, bis auf wenige Ausnahmen, sämtliche Vorschriften des UETA vertraglich ausschließen oder beschränken.[245]

UETA ist aber anwendbar auf alle Warentransaktionen. Im Verhältnis zu UCC Article 2 gilt daher, dass UETA grundsätzlich neben dem Vertragsrecht zum Warenkauf nach Article 2 anwendbar ist. Das Modellgesetz bestimmt aber weiter, dass der überarbeitete und umgesetzte UCC Article 2 n.F. die Anwendbarkeit des UETA auf den Warenkauf neu bestimmen kann und die Vorschriften des neuen Gesetzes ggf. UETA überlagern.[246]

Das Modellgesetz ist bislang in 46 Bundesstaaten der USA umgesetzt.[247] UETA ist also auf eine breite Akzeptanz gestoßen, wodurch die NCCUSL ihrem Ziel, eine

---

241 UETA Section 3 (b) (1); danach sind letztwillige Verfügungen und Testamente von dem Anwendungsbereich ausgeschlossen.

242 UETA Section 3 (b) (3).

243 UETA Section 3, Comment 5., s.a. UCITA Section 107.

244 UETA Section 3 (b) (4).

245 UETA Section 5 (d).

246 UETA Section 3 (b) (2), Comment 7.

247 UETA ist bis heute in folgenden Staaten umgesetzt worden: Alabama, 2001, Act 458, Ala. Code § 8-1A-1ff; Alaska, 2004, Chapter 110, Alaska Stat. § 09.80.010ff; Arizona, 2000, Ariz. Rev. Stat. Ann., § 44-7001ff; Arkansas, 2001, Ark. Stat. Ann. § 25-32-101ff; California, 1999, Cal. Civil Code § 1633.1ff; Colorado, 2002, Colo. Rev. Stat. § 24-71.3-110ff; Connecticut, 2002, Conn. Gen. Stat. § 1-266ff; Delaware, 2000, Del. Code Ann., tit. 12A § 101ff; Florida, 2000, Fla. Stat. § 668.50ff; Hawaii, 2000, Hawaii Rev. Stat. § 489E-1ff; Idaho, 2000, Idaho Code § 28-50101ff; Indiana, 2000, Ind. Code § 26-2-8-101ff; Iowa, 2000, Iowa Code § 554D.101ff; Kansas, 2000, Kan. Stat. Ann. § 16-1601ff; Kentucky, 2000, Ky. Rev. Stat. § 369.101ff; Louisiana, 2001, La. Rev. Stat. Ann. § 9:2601ff; Maine, 2000, Me Rev. Stat. Ann., tit. 10 § 9401ff; Maryland, 2000, Md. Commercial Law Code Ann. § 21-101ff; Massachusetts, 2003, Chapter 133, Mass. Gen. Laws Ann., chap. 110G; Michigan, 2000, Mich. Comp. Law § 450.831ff; Minnesota, 2000, Minn. Stat. § 325L-01; Mississippi, 2001, Miss. Code Ann. § 75-12-1ff; Missouri, 2003, Mo. Rev. Stat. § 432.200ff; Montana, 2001, Mont. Code Ann. § 30-18-101ff; Nebraska, 2000, Neb. Rev. Stat. § 86-612ff; Nevada, 2001, Nev. Rev. Stat. § 719-010ff; New Hampshire, 2001, N.H. Rev. Stat. Ann. § 294-E:1ff; New Jersey, 2001, N.J. Rev. Stat. § 12A:12-1ff; New Mexico, 2001, N.M. Stat. Ann. §§ 14-16-1ff; North Carolina, 2000, N.C. Gen. Stat. § 66-311; North Dakota, 2001, N.D. Cent. Code § 9-16-01ff; Ohio, 2000, Ohio Rev. Code Ann. § 1306.01; Oklahoma, 2000, Okla. Stat., tit.12A § 15-101ff; Oregon, 2001, Or. Rev. Stat. § 84.001ff; Pennsylvania, 1999, Pa. Cons. Stat., tit. 73 § 2260.101ff; Rhode Island, 2000, R.I. Gen. Laws § 42-127.1-1ff; South Carolina, 2004, Act 279, S.C. Code Ann. § 26-6-10ff; South Dakota, 2000, S.D. Codified Laws Ann. § 53-12-1ff; Tennessee, 2001, Tenn. Code Ann.§ 47-10-101ff; Texas, 2001, Texas Business and Commerce Code § 43.001ff; Utah, 2000, Utah Code Ann. § 46-4-101fff; Vermont, 2003, Vt. Stat. Ann., tit. 9, § 270ff; Virginia, 2000, Va. Code § 59.1-479ff; West Virginia, 2001, W. Va. Code § 39A-1-1ff; Wisconsin, 2004, Act 294; Wyo-

einheitliche Rechtslage im elektronischen Geschäftsverkehr zu schaffen, einen großen Schritt vorangekommen ist.

(2) Der Verbraucherschutz im UETA

Der UETA ist auch auf Verbrauchertransaktionen anwendbar. Zwar enthält UETA, anders als der E-SIGN Act, keine ausdrückliche Differenzierung zwischen Verbrauchergeschäften und anderen Transaktionen und sieht keine Sonderbestimmungen für solche Verträge vor.[248] Jedoch geht aus der Kommentierung des Gesetzes hervor, dass, aufgrund der wachsenden Anteile der Geschäftsabschlüsse mit Verbrauchern über das Netz, gerade auch Internet-Transaktionen des Endkonsumenten von dem Regelungsinhalt des UETA erfasst werden sollen.[249]

Die NCCUSL hat, wie bei der Schaffung des UCC, auf die Etablierung eines umfassenden Verbraucherschutzes aus ähnlichen Motiven verzichtet. Sie überließ es den demokratisch legitimierten Gesetzgebern des Bundes und der Einzelstaaten, Lösungen für diese Problematik zu finden.[250] Dies wurde vielfach von den Verbraucherschutzverbänden und Interessengruppen kritisiert. An den ersten Entwürfen wurde vor allem bemängelt, dass der Gesetzeswortlaut zu simpel und zu weit gefasst sei, so dass es dem Unternehmer zu leicht gemacht würde, Vertragsinhalte und Informationen elektronisch wirksam bekannt zumachen und der meist mit dem neuen Medium noch unerfahrene Verbraucher dadurch benachteiligt würde. Die Verbraucherschützer hatten außerdem Bedenken, dass die verbraucherschutzrechtlichen Errungenschaften für den elektronischen Handel durch den E-SIGN Act bei einer breiten Umsetzung des UETA wieder aufgegeben würden.[251]

Zwar blieben die Forderungen nach einer expliziten Abgrenzung von Verbrauchergeschäften zu anderen Vertragsarten und die Errichtung besonderer Verbraucherschutzbestimmungen ungehört. Doch einige Vorschläge zur Verbesserung des Verbraucherschutzes hinsichtlich der Informationspflichten haben sich in dem endgültigen Entwurf des Modellgesetzes durchgesetzt.[252] Zudem können die Einzelstaaten durch die Möglichkeit, bestimmte Transaktionen von dem Anwendungsbereich des UETA auszuschließen, das Modellgesetz auch für bestimmte Arten von Verbrauchertransaktionen unanwendbar erklären.[253] Hat der jeweilige Bundesstaat UETA für die Verbrauchertransaktion nicht ausgeschlossen, berührt das umgesetzte Modellgesetz die Geltung eines daneben bestehenden einzelstaatlichen Verbraucherschutzgesetzes nicht. UETA soll in diesem Falle das einzelstaatliche Recht unterstützen und ergänzen.[254] Der 1999 zur Annahme vorgelegte Gesetzesentwurf UETA berücksichtigt in soweit

---

ming; Wyo. Stat. § 40-21-101ff; s.a. zur Umsetzung des UETA im Internet: http://www.ncsl.org /programs/lis/CIP/ueta-statutes.htm (zuletzt 1.8.2007).

248 Nimmer, CRi 2000, S.97ff (99); Boss, 39 Idaho Law Review S.275ff (296ff).

249 UETA Section 3, Comment 1., 2., 4.

250 NCLC, „Uniform Electronic Transactions Act: Challenges and Opportunities".

251 S.a UETA Section 8 (a); vgl. auch NCLC, „Proposed Amendments to the Uniform Electronic Transactions Act, Consumer Amendments to UETA".

252 Vgl. NCLC, „Uniform Electronic Transactions Act: Challenges and Opportunities".

253 Vgl. Zehentner, S.47; Boss, 39 Idaho Law Review S.275ff (293f).

254 UETA Section 3, Comment 4.; Boss, 39 Idaho Law Review S.275ff (296f).

z.T. auch verbraucherschutzrechtliche Belange.[255] Hinzu kommt, dass einige Bundesstaaten bei der Umsetzung von UETA Änderungen vorgenommen haben, die den Schutz des Verbrauchers bei Online-Transaktionen stärker berücksichtigen.[256]

cc) Der Uniform Computer Information Transactions Act

(1) Anwendungsbereich, Umsetzung und Verhältnis zu anderen Gesetzen

Das Projekt zur Regelung von Transaktionen, die Computerinformationen zum Gegenstand haben, begann 1992.[257] Hintergrund der Regelungsinitiative war das immense Wachstum des Software- und digitalen Informationsmarktes und die Feststellung, dass Informationsverträge signifikante Unterschiede zu herkömmlichen Warenkaufverträgen aufweisen. Denn der Vertreiber von Softwareprodukten und anderen elektronischen Informationsdiensten will seine Produkte, anders als ein Warenverkäufer, nicht vollständig auf den Kunden übertragen, sondern ihm beschränkte Nutzungsrechte an den Produkten einräumen.[258]

Ähnlich wie schon im Zuge der wachsenden Marktwirtschaft der UCC das Recht modernisieren und auf die neuen gesellschaftlichen Veränderungen anpassen sollte, soll UCITA die Herausforderungen des neuen technischen Informationszeitalters meistern, die der UCC in seiner ursprünglichen Form nicht allein bewältigen kann.[259]

Von Anfang an formierte sich gegen das Gesetzesvorhaben, das zunächst von der NCCUSL und dem ALI gemeinsam erarbeitet wurde, ein starker Widerstand. Weshalb der Entwurf zu dem Modellgesetz immer wieder überarbeitet wurde.[260] Das Gesetz sollte anfänglich noch als Article 2B Licences in den UCC eingearbeitet werden.[261]

---

255 Vgl. Zehentner, S.53.

256 Z.B. hat Alabama in dem umgesetzten UETA die Definition für Verbraucher und einige Regelungen zur Ausformung der Informationspflichten des Unternehmers integriert, s.a. Alabama Code 8-1A-2 und 8-1A-8 (e) (1), ähnlich Vermont, s.a. Vt. Stat. Ann., tit. 9, § 282, 287; in Arizona wurden solche Verbraucherschutzbestimmunen zwar nicht in den Text des UETA, Arizona Code 44-7001ff, eingebracht, jedoch befinden sie sich in demselben Unterabschnitt Vorschriften über die Informationspflichten bei elektronischen Verbrauchertransaktionen, Arizona Code 44-7051.

257 Die Entwicklung des UCITA und die einzelnen Entwürfe, einschließlich der aktuellen Fassung von 2002, sind online abrufbar unter: http://www.law.upenn.edu/ bll/ulc/ulc.htm#ucita (zuletzt 1.8.2007). Die in der Untersuchung genannten Vorschriften des UCITA, die keine besonderen Zusätze enthalten, sind die Regelungen des aktuellen Entwurfs, den die NCCUSL am 15. Oktober 2002 den Einzelstaaten vorgelegt hat.

258 UCITA Prefatory Note.

259 UCITA Prefatory Note; s.a. Nimmer, 15 The John Marshall Journal of computer & information law, S.211ff (211); Harris, 18 The John Marshall Journal of computer § information Law, S.365ff (367).

260 Zwischen 1996 und 1999 wurden 22 Gesetzesentwürfe zu dem Gesetzesprojekt entwickelt und vorgelegt.

261 Zu erst sollten die Softwareverträge sogar im UCC Article 2 Sales geregelt werden. Doch 1995 entschied man sich, aufgrund der Vielzahl der Regelungsbereiche, solchen Verträgen einen eigenen Abschnitt zu widmen; der erster Entwurf wurde am 2.Februar 1996 verabschiedet, er ist online abrufbar unter: http://www.law. upenn.edu/bll/ulc/ucc2/ucc2b296.htm (zuletzt 1.8.2007).

Doch dann stieg das ALI, erstmalig in seiner Geschichte,[262] aus dem Projekt mit der NCCUSL aus. Die NCCUSL führte das Modellgesetz nun separat vom UCC als Uniform Computer Information Transactions Act weiter.[263] Den ersten Entwurf von UCITA legte die NCCUSL den Einzelstaaten 1999 zur Annahme vor.[264] Darauf folgten noch weitere Überarbeitungen. Der Entwurf von 2002[265] wird aktuell den Einzelstaaten zur Annahme empfohlen.

Das Modellgesetz basiert auf dem UCC Article 2 Sales, auf dem Common Law und auf den bestehenden Handelsbräuchen.[266] Bei der Festlegung des Regelungsinhaltes orientierte man sich stark an dem Article 2 Sales, so regelt UCITA sämtliche vertragsrechtlichen Aspekte von Softwarelizenzverträgen.[267] Der Anwendungsbereich von UCITA erfasst alle Computerinformationstransaktionen.[268] Das sind Vereinbarungen oder deren Durchführung, die die Erzeugung, Veränderung, Überlassung oder Lizenzierung einer Computerinformation oder informationeller Rechte an Computerinformationen zum Gegenstand haben.[269] Computerinformationen sind sämtliche Informationen in elektronischer Form, die von einem Computer erstellt oder mittels eines Computers erlangt wurden oder in ihrer tatsächlichen Form von einem Computer verarbeitet werden können.[270] Damit erfasst UCITA Geschäfte z.B. über Softwareprodukte, elektronisch gespeicherte Texte, Bilder und Töne, elektronische Datenbanken, digitale Multimediaprodukte sowie das körperliche Trägermedium, auf dem sich eine Kopie der elektronischen Informationen befindet, also etwa die Diskette oder CD-Rom.[271] Von der Anwendung des UCITA ausdrücklich ausgenommen sind u.a. alle

262 Vgl. Braucher in: Lejeune, Der E-Commerce Vertrag, Rz.10; Braucher/Henderson, The UCITA: Objections from the Consumer Perspective, Reference to FTC, workshop 1999, High Tech Warranty Project, Comment, P994413, S.1.

263 In einer gemeinsamen Presserklärung vom 7. April 1999 erklärten NCCUSL und ALI den Ausstieg des ALI und die geplante Weiterführung des UCITA durch die NCCUSL; vgl. NCCUSL/ALI, „NCCUSL to Promulgate Freestanding Uniform Computer Information Transactions Act: ALI and NCCUSL Announce that Legal Rules for Computer Information Will Not Be Part of UCC".

264 Der erste Entwurf der NCCUSL wurde am 30.7.1999 verabschiedet, weitere, überarbeitete Entwürfe folgten am 15.10.1999 und am 1.11.1999; sämtliche Gesetzesentwürfe sind online abrufbar unter: http://www.law.upenn.edu/bll/ulc/ ulc.htm#ucita (zuletzt 1.8.2007).

265 Der Entwurf wurde am 15.10.2002 vorgelegt und ist online abrufbar unter: http://www.law .upenn.edu/bll/ulc/ucita/2002final.htm (zuletzt 1.8.2007). Vgl. zu der Entwicklung des UCITA McDonald, 16 Berkeley Technology Law Journal, S.461ff (461f).

266 Vgl. Smith, 25 Southern Illinois University Law Journal, S.389ff (391); Zehentner, S.55; Harris, 18 The John Marshall Journal of computer § information Law, S.365ff (365).

267 Das endgültige Modellgesetz von 2002 besteht aus neun Teilen: Part 1 (General Provisions), Part 2 (Formation and Terms), Part 3 (Construction), Part 4 (Warranties), Part 5 (Transfer of Interests and Rights), Part 6 (Performance), Part 7 (Breach of Contract), Part 8 (Remedies), Part 9 (Miscellaneous Provisions). Ausführlich zu den Regelungen im Einzelnen Harris, 18 The John Marshall Journal of computer & information Law, S.365ff (376ff).

268 UCITA § 103 (a).

269 UCITA § 102 (a) (11).

270 UCITA § 102 (a) (10).

271 Eine nicht abschließende Liste von Transaktionen, die von UCITA erfasst werden, enthält der Kommentar zu UCITA § 103, Comment 2.

Finanz-, Versicherungs- und Telekommunikationsdienstleistungen sowie geschäftliche Transaktionen über Filme, Audio und Visuelle Programme, Musikwerke und Tonaufnahmen.[272]

UCITA ist auch nicht anwendbar auf bewegliche Waren (*goods*).[273] Das Gesetz enthält dazu eine Abgrenzung zum Anwendungsbereich des UCC Article 2 und versucht die Begriffe Waren und Computerinformationen voneinander zu trennen, was allerdings nicht vollständig gelungen ist und im Einzelfall Schwierigkeiten bereitet. Probleme ergeben sich vor allem bei gemischten Verträgen, die sowohl Hardware als auch Software zum Inhalt haben.[274] Die Bedeutung der Problematik ergibt sich daraus, dass heute immer mehr Warenprodukte auch Softwareanteile haben.[275] Bei solchen Mischverträgen kommt es zu einer Anwendbarkeit von UCITA auf den gesamten Vertrag, wenn wesentlicher Vertragsgegenstand die Computerinformation ist. Ist dies nicht der Fall, ist das Modellgesetz nur auf den Teil des Geschäfts anwendbar, der in der Computerinformation besteht, auf den restlichen Teil ist das Warenkaufrecht nach UCC Article 2 Sales anzuwenden.[276] Etwas anderes gilt jedoch nach den neueren Entwürfen des UCITA für eine sog. eingebettete Software, also wenn die Kopie eines Computerprogramms in der Ware enthalten ist und als Teil der Ware verkauft wird. Dann findet auf den ganzen Vertrag ausschließlich Warenkaufrecht Anwendung.[277] Davon ausgenommen ist eine eingebettete Software, wenn die Ware ein Computer oder Computerzubehör ist oder der Gebrauch des Computerprogramms gewöhnlich einen wesentlichen Zweck des Handels mit Gütern dieser Art darstellt.[278]

Wie der UCC Article 2, gründet UCITA auf dem Prinzip der Vertragsfreiheit, danach sind mit einigen Ausnahmen die meisten Vorschriften des Modellgesetzes dispositiv.[279]

Im Hinblick auf das Verhältnis zu anderen Gesetzen bestimmt die aktuelle Fassung von UCITA ausdrücklich, dass UCITA-Vorschriften rechtlich nicht durchsetzbar sind, wenn und insoweit Bundesgesetze die Regelungen des Modellgesetzes überlagern.[280] Diese rechtliche Klarstellung bestätigt die ohnehin bestehende Vorrangigkeit von Bundesrecht, d.h. im Zweifel sind die Vorschriften von E-SIGN Act, MMWA und FTCA vorrangig. Gleiches gilt für einzelstaatliche Gesetze über digitale Signaturen[281]

---

272 UCITA § 103 (d); siehe zu weiteren Ausnahmen, UCITA § 103, Comment 3.

273 UCITA § 103, Comment 4.b.

274 Vgl. Moufang in: Lejeune, Der E-Commerce Vertrag, Rz.38, 56.

275 Z.B. das Navigationssystem in einem Auto. Computerprogramme werden aber auch in vielen anderen technischen Geräten, wie z.B. in Kühlschränken, Mikrowellenherden oder Uhren verwendet.

276 UCITA § 103 (b) (1).

277 UCITA § 103 (b) (1), Comment 4.,b., (3); die Kommentierung macht allerdings deutlich, dass auch hier grundsätzlich UCITA auf den Softwareanteil anwendbar ist. Nur wenn die Software quasi als unabtrennbarer Teil der Ware anzusehen ist, gilt die Ausnahmeregelung. Ein Beispiel für eine solche eingebettete Software sind üblicherweise alle Computerprogramme, die in Fahrzeugen integriert sind, wie Navigationssysteme.

278 UCITA § 103 (b) (1) (A), (B).

279 UCITA § 115 (a), Comment 2.; s.a. Nimmer, 15 The John Marshall Journal of computer & information law, S.211ff (220).

280 UCITA § 105 (a), Comment 1.

281 UCITA § 105 (e), Comment 6.; damit sind die einzelstaatlichen Signaturgesetze gemeint.

und Verbraucherschutzgesetze[282]. Lediglich UETA gilt nicht für Computerinformationsgeschäfte, so dass hier die Regelungen des UCITA zur Anwendung gelangen.[283]

Durch die vielen Änderungen sollten die kontroversesten Regelungen des Gesetzes überarbeitet und abgeschwächt werden. Dies ist zwar zu einem Teil geglückt, doch das äußerst zurückhaltende Annahmeverhalten der Staaten des ersten Entwurfs von 1999 ließen die zukünftigen Umsetzungsschwierigkeiten des Modellgesetzes bereits erahnen.[284] Im Jahre 2000 setzten nur zwei Staaten UCITA in geltendes Recht um und, trotz der nochmaligen Überarbeitungen, ist das Modellgesetz bis heute in keinem weiteren Staat angenommen worden.[285] Die Ursachen hierfür liegen zu einem großen Teil an dem Verhältnis des UCITA zum Verbraucherschutz.

(2) Der Verbraucherschutz und UCITA

Der UCITA ist ebenfalls anwendbar auf Transaktionen mit dem Endkonsumenten und sieht für solche Verträge einige Sondervorschriften vor.[286] Dies sorgte, angesichts der Regelungsinhalte vor allem der ersten Entwürfe des UCITA, für viel Kritik von Verbraucherschützern. Ähnlich wie schon im Gesetzgebungsprozess des UCC Article 2 Sales und des UETA, beklagte man zu wenig Berücksichtigung des Verbraucherschutzrechts.[287] Allerdings ging der Widerstand gegen das UCITA-Projekt der NCCUSL sehr viel weiter. Dieses Mal kam die Kritik nicht nur von den Verbraucherschutzgruppen, sondern erstreckte sich auf sämtliche an der Diskussion beteiligten Lager. Zu den Gegnern des UCITA werden nicht nur Professoren,[288] Generalanwälte der Einzelstaaten (*state attorneys general*)[289] und einige betroffene Industriezweige,

---

282 UCITA § 104 (b).

283 UETA § 3 (b) (3), Comment 5; UCITA § 107 regelt die rechtliche Anerkennung von digitalen Dokumenten und Unterschriften sowie die Durchsetzbarkeit elektronischer Softwareverträge.

284 Vgl. Contreras/Slade, CRi 2000, S.104ff (107); McDonald, 16 Berkeley Technology Law Journal, S.461ff (462); Hillebrand, 75 Washington University Law Review, S.69ff Braucher in : Lejeune, Der E-Commerce Vertrag, Rz.10; Rustad, 18 The John Marshall Journal of computer & information law, S.547ff (563).

285 In Maryland wurde UCITA am 1.10.2000 umgesetzt, s.a. Md Code Ann., Com. Law Section 22-101ff (Supp. 2000), im Internet abrufbar unter: http://mlis.state.md.us/cgi-win/web _statutes.exe (zuletzt 1.8.2007); in Virginia wurde UCITA am 1.7.2001 umgesetzt, s.a. Va. Code Ann. Section 59.-501.1ff (Mich. Supp. 2000), online abrufbar unter: http://leg1.state.va.us /cgi-bin/legp504.exe?000+cool+59.1-501.1 (zuletzt 1.8.2007).

286 Im UCITA wird zwischen Verbraucherverträgen und anderen Transaktionen unterschieden; in UCITA § 102 (15) und (16) werden die Begriffe Verbraucher und Verbrauchergeschäft definiert. Sonderbestimmungen für Verbraucherverträge sind z.B. UCITA § 109 (b) (2) (regelt bei der Rechtswahl das anwendbare Recht hinsichtlich der Kopien des Vertrages, die dem Verbraucher zugehen müssen) und UCITA § 213 (b) (danach ist der Verbraucher unter gewissen Voraussetzungen nicht an eine Erklärung gebunden, wenn ein elektronischer Fehler vorliegt).

287 Vgl. Hornbuckle, 23 Whittier Law Review, S.839ff (845ff); Hillebrand, 75 Washington University Law Quarterly, S.69ff (108f); Ayyappan, 69 Fordham Law Review, S.2471ff (2522); Clarke, 7 Michigan Telecommunications and Technology Law Review, S.1ff (36ff, 38).

288 S.a. den Brief einiger Juraprofessoren aus dem Bereich des Urheberrechts an die NCCUSL, 30.5.2000, online unter: http://www.arl.org/info/letters/profis_ucita.html (zuletzt 1.8.2007).

289 Im Jahre 1999 haben sich 23 attorneys general an die NCCUSL mit Briefen gegen UCITA gewendet: Attorneys General, „Letter to NCCUSL from Attorneys General Opposing UCITA";

wie die Musik- und Filmindustrie, gezählt, auch die einzelstaatlichen und Bundesbehörden wenden sich gegen das Gesetzesvorhaben. Zu den bekanntesten gehören die American Bar Association (ABA)[290] und die FTC[291]. Sogar einige Mitglieder der NCCUSL äußerten zu Beginn des Projekts Einwende.[292]

Inhalt der Kritik war und ist in erster Linie, dass die Regelungen des UCITA die Rechte des Softwaregebers einseitig erweitern und den Verbraucher als Lizenznehmer benachteiligen.[293] Zu den strittigen Regelungen gehören vor allem die erweiterten Möglichkeiten der Lizenzgeber, Nutzungsbedingungen in Softwareverträgen zu integrieren.[294] Eine der umstrittensten Regelungen des UCITA erlaubt es z.B., dass Nutzungsbedingungen der Software erst nach Vertragsabschluss, Lieferung und Zahlung oder Aufforderung zur Zahlung mitgeteilt werden (*shrink-wrap agreements*).[295]

Den Grund für die Einseitigkeit der Regelungen sehen die Gegner des Gesetzes in dem großen Einfluss, den Softwaregiganten wie America Online oder Microsoft auf das Gesetzesvorhaben gehabt haben.[296] Aufgrund der breiten Kritik, wurde schnell klar, dass ohne eine Überarbeitung der Umsetzungsprozess in der Mehrzahl der Bundesstaaten gefährdet sein würde. Daher wurden viele Änderungen vorgenommen, die das Verbraucherschutzrecht zum Teil stärker berücksichtigen.[297] Der aktuelle Entwurf

---

2001 unterstützten schon 32 attorneys general den Widerstand, siehe National Association of Attorneys General, „Re: The Uniform Computer Information Transactions Act (UCITA)".

290 Die American Bar Association wurde am 21.8.1878 gegründet. Sie besteht aus einer Reihe von Experten und Anwälten, die sich u.a. mit der Akkreditierung an Rechtsschulen und der juristischen Ausbildung beschäftigen. Ferner unterstützt, informiert und berät sie über laufende Gesetzesvorhaben; Informationen über die ABA sind auf der Homepage zu finden: http://www.abanet.org (zuletzt 1.8.2007); die ABA hat in einer Arbeitsgruppe den Gesetzgebungsprozess des UCITA begleitet, sie hat die Entwürfe der NCCUSL kritisiert und Verbesserungsvorschläge gemacht, siehe ABA, „Working Group Report on the Uniform Computer Information Transactions Act (UCITA)".

291 Vgl. FTC, „Letter to NCCUSL against UCITA".

292 Weitere Aufzählung der Kritiker des UCITA sind zu finden bei: Hillebrand, 75 Washington University Law Quarterly, S.69ff (77); Rustad, 18 The John Marshall Journal of computer & information law, S.547ff (560f); Braucher/Henderson, The UCITA: Objections from the Consumer Perspective, Reference to FTC, workshop 1999, High Tech Warranty Project, Comment, P994413, S.2f; Braucher in: Lejeune, Der E-Commerce Vertrag, Rz.9.

293 Vgl. Smith, 25 Southern Illinois University Law Journal, S.389ff (393); Hillebrand, 75 Washington University Law Quarterly, S.69ff (77); Braucher/Henderson, The UCITA: Objections from the Consumer Perspective, Reference to FTC, workshop 1999, High Tech Warranty Project, Comment, P994413, S.3; Budnitz, 16 Georgia State University Law Review, S.741ff (765), der das Gesetz für ungenau, unübersichtlich und unpraktikabel hält. Dagegen z.B. Dively/Cohn, 16 The John Marshall Journal of computer & information law, S.315ff (318f).

294 Vgl. Braucher in: Lejeune, Der E-Commerce Vertrag, S.2; Smith 25 Southern Illinois University Law Journal, S.389ff (394ff).

295 UCITA § 112 (a), Comment 2., UCITA § 113 (c), i.V.m. UCITA § 208 (b), (c), Comment3., 4..

296 Vgl. Smith, 25 Southern Illinois University Law Journal S.389ff (391), Braucher/Henderson, Delayed Disclosure, Reference to FTC, workshop 1999, High Tech Warranty Project, Comment, P994413, S.2.

297 Die NCCUSL hat in einem Memorandum des Revisionsprozesses des UCITA dargelegt, inwiefern im Rahmen des endgültigen Gesetzes von 2002 auf die Verbesserungsvorschläge der

von 2002 regelt z.B. ausdrücklich, dass einzelstaatliche Verbraucherschutzgesetze durch UCITA nicht geändert oder beschränkt werden und im Zweifel vorrangig anwendbar sind.[298] Auch ein Ergebnis des starken Widerstandes ist der Ausschluss der Musik- und Filmindustrie und der eingebetteten Software vom Anwendungsbereich des Modellgesetzes.[299] Des weiteren wurde eine Vorschrift ersatzlos gestrichen, die es erlaubte, vertraglich die Anwendbarkeit des UCITA auf Verträge zu bestimmen, wenn sonst nicht für den ganzen Vertrag das Modellgesetz gelten würde, sog. *opt-in* oder *opt-out*.[300] Jedoch wurden z.B. die Shrink-Wrap-Problematik und andere umstrittene Regelungen nicht wesentlich verändert, weshalb die Modifikationen des Gesetzes von den Gegnern für nicht ausreichend erachtet wurden.[301]

Die grundsätzliche Problematik der Einseitigkeit ist aus Sicht der Opponenten im UCITA auch nach der letzten Überarbeitung erhalten geblieben. Insgesamt betrachten die Kritiker die Überarbeitungsbemühungen der NCCUSL, einschließlich des 2002 vorgelegten Entwurfs, daher als misslungen.[302] Das Gesetz wurde zwar in einigen Bundesstaaten in der Legislative eingebracht,[303] dies führte aber zu keiner weiteren Umsetzung. Einige Staaten entwickelten hingegen konträre Gesetze, sog. *bomb-shelter statutes*, wonach eine Rechtswahl, die zur Anwendung des in einem anderen Staat umgesetzten UCITA führen würde, unzulässig ist.[304] Sogar in den beiden Staaten, die

---

ABA eingegangen wurde, s.a. NCCUSL, „UCITA 2002 Revision~Memorandum and Chart Amendments to UCITA Adressing ABA Working Group Suggestions".

298 UCITA § 104 (b) (2002), des Weiteren regelt UCITA § 104 (f) nun, dass das jeweilige Verbraucherschutzrecht bestimmt, ob dieses anwendbar ist. Ferner sieht UCITA § 104 (g) jetzt vor, dass die Einzelstaaten bestimmen, welche Verbraucherschutzgesetze bei Computertransaktionen anwendbar sein sollen, wie z.B. die einzelstaatlichen UDAP Statutes.

299 Vgl. Braucher in: Lejeune, Der E-Commerce Vertrag, Rz.5.

300 S.a. UCITA § 104 des Entwurfs von 1999.

301 Vgl. Ayyappan, 69 Fordham Law Review, S.2471ff (2522); Clarke, 7 Michigan Telecommunications and Technology Law Review, S.1ff (36ff, 38); Lejeune in: Lejeune, Der E-Commerce-Vertrag, S.161ff (173ff, 179); Braucher/Henderson, The UCITA: Objections from the Consumer Perspective, Reference to FTC, workshop 1999, High Tech Warranty Project, Comment, P994413, S.4, 12ff; Hornbuckle, 23 Whittier Law Review, S.839ff (852f).

302 Vgl. AFFECT, „Response to NCCUSL Commentary on UCITA 2002 Revisions" (Americans For Fair Electronic Commerce Transactions, AFFECT wurde 1999 als 4CITE (For a Competitive Information Technology Environment) gegründet und 2000 in AFFECT umbenannt. Sie ist eine nationale Koalition, bestehend aus Verbrauchern, Einzelhändlern, Herstellern u.s.w., die sich als Opposition gegen UCITA zusammengeschlossen haben; alle Informationen auf der Homepage http://www. ucita.com (zuletzt 1.8.2007); vgl. auch NCLC „Consumers Still Oppose UCITA in 2003".

303 Z.B. Hawaii, S.B. 2385, eingebracht am 21.1.2000, online unter: http://www.capitol.hawaii.gov /session2000/status/sb2385_his_htm (zuletzt 1.8.2007); Washington, S.B. 6226, eingebracht am 16.7.2001, online unter: http://www.leg.wa.gov/pub/billinfo/2001-02/senate/6225-6249/6226.pdf (zuletzt 1.10.2006), danach wurde eine bomb-shelter Regelung vorgeschlagen, 2002 S.B. 6314, die allerdings ebenso wenig verabschiedet wurde; Oklahoma, S.B. 1337, eingebracht am 7.2.2000, online unter: http://www.lsb.state.ok.us/1999-00SB/SB1337_int.rtf (zuletzt 1.8.2007); Iowa (2004), Title XIII, 554D.125, im Internet abrufbar: http://www.legis.state.ia.us/IACODE /1999Supplement/XI.html (zuletzt 1.10.2006).

304 Z.B. Iowa, 2000 Ia. Leg. Serv. H.F. 2205 (West), Ia. Stat. Sec. 554 D 104.4, 15.5.2000, online unter: http://www.legis.state.ia.us/GA/78GA/Legislation/HF/02200/HF02205/Current.html (zu-

UCITA angenommen haben, wurden einige Änderungen zugunsten des Verbraucherschutzes vorgenommen.[305] Als Reaktion erklärte die NCCUSL 2003, dass sie die Unterstützungsaktivitäten zur Umsetzung des UCITA in den Einzelstaaten einstellen würde.[306] Das eigentliche Projekt UCITA kann somit als gescheitert angesehen werden.

Damit ist der UCITA für das zukünftige US-amerikanische E-Commerce Recht aber nicht völlig bedeutungslos geworden. Auf der einen Seite gilt er in modifizierter Form in zwei Staaten und andererseits existiert für die restlichen Staaten kein Vertragsrecht für Computerinformationsgeschäfte. Bislang besteht zwar in den meisten Staaten die Möglichkeit, wie gehabt UCC Article 2 auf solche Transaktionen anzuwenden. Nach dem neu gefassten Article 2 ist dieser jedoch auf Computerinformationstransaktionen ausdrücklich nicht mehr anwendbar.[307] Es wird abzuwarten sein, wie der Umsetzungsprozess des überarbeiteten UCC Article 2 in den Einzelstaaten voranschreitet und wie die Gerichte mit der gesetzlichen Situation umgehen werden.[308]

---

letzt 1.8.2007), seit 2003 ständiges Recht; North Dakota, S.B. 2429, eingebracht 29.1.2001, abgelehnt 16.2.2001, online unter: http://www.state.nd.gov/IR/assembly/57-2001/billtext/BBHU 0100.pdf (zuletzt 1.10.2006); Oregon, H.B. 3230, 8.3.2001, online unter: http://www.leg.state .or.us/01reg/measures/hb3200.dr/hb3230.intro.html (zuletzt 1.8.2007), 2001 aber abgelehnt. Im selben Jahr wurde UCITA eingebracht (H.B. 3910), aber nicht verabschiedet; North Carolina S.B. 1023 (vom 21.7.2001), online unter: http://www.ncga.state.nc.us/html2001/bills/AllVersions /Senate/S1023Vc.html (zuletzt 1.8.2007); Vermont, H. 148, Sec. 2463ff, verabschiedet 29.5.2003, online unter: http://www.leg.state.vt.us/docs/legdec.chu?URL=/docs/2004/acts/Act044 .HTM (zuletzt 1.10.2006); West Virginia, S.B. 204, verabschiedet 2001, online unter: http://www.affect .ucita.com/pdf/sb204_intro-duced.pdf (zuletzt 1.10.2006); vgl. zu der Umsetzung in den Staaten McDonald, 16 Berkeley Technology Law Journal, S.461ff (467ff).

305 In Maryland wurde bei der Umsetzung 2000 eine Änderung des Verbraucherschutzgesetzes vorgenommen, um dieses für Computerinformationsgeschäfte anwendbar zu erklären und neben einigen anderen Modifikationen des UCITA, wurde der Haftungsausschluss für implied warranties of merchantability verboten; des Weiteren gab es einige Bemühungen des attorney general in Maryland, Verbrauchergeschäfte von dem Anwendungsbereich auszuschließen, dies scheiterte jedoch; in Maryland wurde UCITA zuletzt 2001 geändert. In Virginia wurde ein Komitee eingesetzt, das die besonders streitigen Regelungen des vorgelegten Entwurfs prüfen und ggf. Änderungen vorschlagen sollte, die vor dem Inkrafttreten des UCITA umgesetzt werden sollten; 2001 wurden 23 der 79 vorgeschlagenen Abänderungen verabschiedet. Das geänderte Gesetz ist am 1.7.2001 in Kraft getreten; in den Jahren 2002, 2003 und 2004 wurden erneut Änderungen des umgesetzten UCITA vorgenommen; eine Übersicht über sämtliche Aktivitäten der einzelstaatlichen Gesetzgeber hinsichtlich des UCITA sind online abrufbar unter: http://www.ala.org /ala/was-hoff/woissues/copyrightb/ucita/states.cfm (zuletzt 1.8.2007); vgl. dazu auch McDonald, 16 Berkeley Technology Law Journal, S.461ff (467f, 470f).

306 Am 1.8.2003 hat die NCCUSL das Komitee zur Entwicklung und Umsetzung von UCITA abgesetzt. Der Präsident K. King Bernett erklärte, dass die Konferenz beschlossen habe, ihre Energien nicht länger für die Umsetzung des UCITA einzusetzen: NCCUSL, „UCITA Standby Committee is Discharged".

307 Siehe UCC Section 2-102 (4) n.F., Comment 4.

308 Dies wird vor allem von den Erfahrungen abhängen, die in den Staaten, die UCITA umgesetzt haben, mit dem Gesetz gemacht werden, vgl. McDonald, 16 Berkeley Technology Law Journal, S.461ff (476ff).

b) Die einzelstaatlichen Verbraucherschutzgesetze

aa) Die Unfair or Deceptive Acts or Practices Statutes (UDAPS)

Heute hat jeder Bundesstaat in den USA zumindest ein Gesetz, das den Umgang mit unlauteren Handelspraktiken (*deceptive acts or practices*) regelt. Diese UDAP Statutes[309] sind vorwiegend Verbraucherschutzgesetze, die das Marktverhalten des Unternehmers im Rahmen von Geschäften mit dem Endkonsumenten regeln. Die Gesetze bestimmen ähnlich, wie die FTC, Voraussetzungen für bestimmte Transaktionen, in denen der Verbraucher im Handel besonders schutzwürdig ist. Dabei regeln die UDAP Statutes kein materielles Vertragsrecht, sondern enthalten vor- und nachvertragliche Anforderungen, die neben dem Kauf- oder Lizenzrecht einzuhalten sind. Das bedeutet, die Gesetze gehören teilweise zum verbraucherschützenden Wettbewerbsrecht, teilweise regeln sie aber auch zusätzliche Elemente im schuldrechtlichen Verbraucherschutz.

Die UDAP Gesetze in den Einzelstaaten sind in den fünfziger und sechziger Jahren unter dem Einfluss des aufkommenden Verbraucherschutzes entstanden. Die einzelstaatlichen Gesetzgeber wurden dabei insbesondere durch den FTCA inspiriert und einige Gesetze sind diesem nachempfunden.[310] Die FTC und die NCCUSL haben die Staaten bei der Verabschiedung der UDAP Gesetze unterstützt, da die Aufgabe des Verbraucherschutzes nicht von der FTC allein zu bewältigen war.[311]

Die UDAP Gesetze sind von Bundesstaat zu Bundesstaat sehr unterschiedlich. Viele dieser Gesetze orientieren sich an zwei Modellgesetzen, die von der NCCUSL vorgelegt worden sind. Es handelt sich um den Uniform Deceptive Trade Practices Act (UDTPA),[312] der eigentlich dem Schutz der Wettbewerber vor unlauteren Geschäftspraktiken dienen soll.[313] In den meisten Staaten wurde der Schutz des Gesetzes aber auf den Verbraucher erweitert.[314] Der Uniform Consumer Sales Practices Act

---

309 Eine Übersicht über die state statutes für das Rechtsgebiet commercial law findet sich unter: http://www.law.cornell.edu/topics/state_statutes.html #commercial (zuletzt 1.8.2007). Eine Übersicht über die Gesetzestexte, ihr Hintergrund, die Zielsetzung der Gesetzgeber und die Verbraucherrechtsbehelfe der UDAP Statutes sind nachzulesen in NCLC, Unfair and Deceptive Acts and Practices, 5. Auflage, 2001.

310 Vgl. Dunbar, 59 Tulane Law Review, S.427ff (427); Burnham, S.402.

311 Vgl. Marsh, S.10f.

312 7 U.L.A. (1978 & Supp. 1984), das Gesetz wurde 1964 verabschiedet und den Einzelstaaten vorgelegt. Es ist in der 1966 überarbeiteten Form online abrufbar unter: http://www.law.upenn.edu /bll/archives/ulc/fnact99/1920_69/rudtpa66.htm (zuletzt 1.8.2007); der UDTPA wurde in einigen Staaten umgesetzt: Z.B. in Colorado, Colo. Rev. Stat. §§ 6-1-101ff, Delaware, Del. Code Title §§ 6-25-2531ff, Georgia, Georgia Code §§ 10-1-370ff, Hawaii, Hawaii Rev. Stat. §§ 481A-1ff, Illinois, 815 ILCS 510/1ff, Maine, Me. Rev. Stat. Ann. Tit. 5, Chap. §§ 205-Aff, Minnesota, Minn. Stat. §§ 325D-43ff, Nebraska, Neb. Rev. Stat. §§ 87-301ff, New Mexico N. M. Stat. §§ 57-12-1ff, Ohio, Ohio Rev. Code Tit. 41, §§ 4165.01ff, Oklahoma, Okla. Stat. Tit. 78 §§51ff, Oregon, Or. Rev. Stat. §§ 646.605ff.

313 UDTPA Section 3, Comment. des Entwurfsgesetzes von 1966 legt dies nahe.

314 Z.B. in Georgia in dem Fair Business Practice Act, Georgia Code §§ 10-1-390ff; in Nebraska sind Zusätze in dem Consumer Protection Act hinzugefügt, Neb. Rev. Stat. §§ 59-1602ff; in Delaware werden Verbraucherschutzregelungen durch den Consumer Fraud Act eingefügt, Del. Code Title §§ 6-25-2511ff; in Minnesota sind zusätzliche Verbraucherrechtsbehelfe kodifiziert

(UCSPA)[315] regelt ausschließlich den Schutz des Verbrauchers vor unfairen und sittenwidrigen Handelsmethoden.[316] Einige Staaten haben eigene Ansätze entwickelt[317] und schließlich orientiert sich eine Reihe von Staaten in ihren Gesetzen an dem Gesetzestext des FTCA.[318] In diesen Staaten werden unlautere oder irreführende Geschäftstätigkeiten abstrakt, ähnlich dem Wortlaut des FTCA Section 5 (a)(1), als rechtswidrig bezeichnet.[319]

In den anderen Staaten werden entweder abgewandelte Formulierungen verwendet[320] oder die verbotenen Geschäftstätigkeiten werden im Gesetz aufgelistet (*laundry lists*).[321] Die Fallkataloge sind dabei allerdings nicht abschließend.

---

in Minn. Stat. §§ 325D-09ff; ähnlich verfährt New Mexico, N. M. Stat. §§ 57-12-1ff, z.B. in § 57-12-10; in Maine sind die Modifizierungen in den Gesetz geregelt, Unfair Trade Practices Act, Me. Rev. Stat. Ann., tit. 5, chap. §§ 205-Aff, siehe z.B. § 213.

315 7A U.L.A. (1978 & Supp. 1984).

316 Der UCSPA wurde nur in drei Staaten umgesetzt, in Kansas, Kann. Stat. Ann. §§ 50-623ff, in Ohio, Ohio Rev. Code Tit. 41, §§ 1345.01ff und in Utah, Utah Code Ann. §§ 13-11.1ff; das Modellgesetz diente in einigen Staaten jedoch als Vorlage zur Schaffung eines entsprechenden consumer protection law: Einige Staaten, die den UDTPA erlassen haben, übernehmen zur Erweiterung des Gesetzes im Rahmen des Verbraucherschutzes Elemente des UCSPA, z.B. Colorado, Consumer Protection Act, Colo. Rev. Stat. §§ 6-1-101ff, Hawaii, Unfair and Deceptive Practices Act, Hawaii Rev. Stat. §§ 481B-1ff, Georgia, Fair Business Practice Act, Georgia Code §§ 10-1-390ff, Delaware, Consumer Fraud Act, Del. Code Title §§ 6-25-2511ff, Illinois, Consumer Fraud and Deceptive Business Practices Act, 815 ILCS §§ 505/1ff, Minnesota, Minn. Stat. §§ 325D-09ff, Nebraska, Consumer Protection Act, Neb. Rev. Stat. §§ 59-1602ff, New Mexico, N. M. Stat. §§ 57-12-1ff, Oklahoma, Consumer Protection Act, Okla. Stat. Tit. §§ 15-751ff, Oregon hat Zusätze innerhalb des UDTPA erlassen, z.B. Or. Rev. Stat. § 646-638; andere Staaten, die sich teilweise an dem UCSPA und/oder an dem UDTPA orientiert haben, sind z.B. Alabama, Deceptive Trade Practices Act, Ala. Code §§ 8-19-1ff, Arizona, Consumer Fraud, Ariz. Rev. Stat. Ann. §§ 44-1521ff und Uniform Anti-Trust Act, Ariz. Rev. Stat. Ann. §§ 44-1401ff, Arkansas, Ark. Stat. Ann. §§ 4-88-101ff, Florida, Deceptive and Unfair Practices Act, Fla. Stat. §§ 501.201ff, Idaho, Consumer Protection Act, Idaho Code §§ 48-601ff, Iowa, Iowa Code Ann. §§ 714.16, Kansas, Consumer Protection Act, Kan. Stat. Ann. §§ 50-623ff, Kentucky, Consumer Protection Act, Ky. Rev. Stat. §§ 367.110ff, Louisiana, Unfair Trade Practices and Consumer Protection Law, La. Rev. Stat. Ann. §§ 51:1401ff, Maryland, Consumer Protection Act, Md. Com. Law Code Ann. §§ 13-101ff, Massachusetts, Regulation of Business Practices and Consumer Protection Act, Mass. Gen. Laws Ann. §§ 93A-1ff, Nevada, Unfair Trade Practices, Nev. Rev. Stat. §§ 598A-010ff, Pennsylvania, Unfair Trade Practices and Consumer Protection Laws, Pa. Cons. Stat. tit. 73, §§ 201-1ff, Texas, Deceptive Trade Practices-Consumer Protection Act, Texas Code §§ 17.41ff, Washington, Unfair Business Practices-Consumer Protection Act, Wash. Stat. §§ 19-86ff. Vgl. Dunbar, 59 Tulane Law Review, S.427ff (429).

317 Z.B. Indiana, Deceptive Consumer Sales Act, IC §§ 24-5-0.5-1ff, Michigan, Consumer Protection Act, M.C.§§ 445-901ff und Unlawful Trade Practices Act, M.C. §§ 445.101ff, New York, Consumer Protection From Deceptive Acts and Practices, N.Y. Code §§ 22-A-349ff, South Dakota, Deceptive Trade Practices and Consumer Protection, S.D. Codified Laws Ann. §§ 37-24-1ff und Virginia, Consumer Protection Act, Va. Code §§ 59.1-198ff.

318 Z.B. California, Consumer Legal Remedies Act, Cal. Civil Code §§ 1750ff und Wisconsin, Methods of Competition and Trade Practices, Wisc. Stat. §§ 100.20ff.

319 Z.B. California, Cal. Civil Code § 1770.

320 Z.B. Arizona, Ariz. Rev. Stat. Ann. § 44-1522, Oregon, Or. Rev. Stat. § 646.605, New York, N.Y. Code § 22-A-349, South Dakota, S.D. Codified Laws Ann. § 37-24-6, Missouri, Mis. Rev. Stat. § 407.020.

Viele UDAP Gesetze sehen dabei einen Ausschluss von bestimmten, an der Werbung beteiligter Personen vor, in den meisten werden beispielsweise die Massenmedien, die die Werbung veröffentlichen, drucken oder senden, ausgeschlossen, also die Dienste von Rundfunksendern und Verlegern.[322] Einige Staaten schließen bestimmte Dienstleistungssektoren aus, wie Versicherungsverträge, Bankgeschäfte und andere Finanzdienstleistungen, die bereits durch andere einzelstaatliche Gesetze reguliert werden.[323] Sämtliche UDAP Statutes sind hingegen anwendbar auf den Warenhandel.[324] Sie regulieren auf diesem Gebiet Werbepraktiken und Vertriebsmethoden, die besondere Gefahren für die Verbraucher begründen.[325]

Wie im FTCA, werden in fast allen UDAP Statutes administrative Regulierungskörper eingesetzt, deren Aufgabe es ist, den Verbraucherschutz durchzusetzen. Als Pendant zur FTC, werden hierzu in den Einzelstaaten regelmäßig Generalanwälte (*attorneys general*) oder Verbraucherschutzbehörden mit dieser Aufgabe betraut. Der Umfang der Kompetenzen der Organisationen oder *attorneys general* ist in den Einzelstaaten sehr unterschiedlich.[326] In einigen Staaten hat der *attorney general* eine umfangreiche Zuständigkeit und damit sehr viel Einfluss auf die Durchsetzung des Verbraucherschutzes. Er kann in manchen Staaten beispielsweise Regelungen zur Interpretation des jeweiligen UDAP Gesetzes erlassen.[327] In den meisten Staaten haben die *attorneys general* aber mindestens das Recht prozessuale Schritte gegen die in Verdacht stehenden Unternehmer einzuleiten.[328]

---

321 Z.B. Alabama, Ala. Code § 8-19-5, Colorado, Colo. Rev. Stat. § 6-1-105, Texas, Texas Code § 17.46, Utah, U.C.A. § 13-5-1, Michigan, M.C. Law § 445.101, Virginia, Va. Code § 59.1-200, Iowa, Iowa Code Ann. § 714-16.2, Kansas, Kan. Stat. Ann. § 50-627, Indiana, IC § 24-5-0.5-3, Delaware, Del. Code Title §§ 6-25-2531, New Hampshire, N.H. Rev. Stat. Ann. § 358-A:2, Pennsylvania, Pa. Cons. Stat. tit. 73 §201-3.

322 Z.B. Alabama, Ala. Code § 8-19-7 (1), Delaware, Del. Code Title §§ 6-25-2534 (a), Illinois, 815 ILCS 505/10b (3), South Dakota, S.D. Codified Laws Ann. §§ 37-24-11, Colorado, Colo. Rev. Stat. § 6-1-106, California, Cal. Civil Code § 1755, Arizona, Ariz. Rev. Stat. Ann. § 44-1523, Florida, Fla. Stat. § 501.212 (2).

323 Z.B. Idaho, Idaho Code § 48-605 (3) und Florida, Fla. Stat. § 501.212 (4) (a) schließen Versicherungstransaktionen aus und Fla. Stat. § 501.212 (4) (b) enthält eine Ausnahme für Bankgeschäfte und andere Finanzdienstleistungen, ebenso Alabama, Ala. Code § 8-19-7 (3) und New Hampshire N.H. Rev. Stat. Ann § 358-A:3.

324 Vgl. Dunbar, 59 Tulane Law Review, S.427ff (456).

325 Die meisten UDAP Statutes enthalten Regelungen, die falsche und irreführende Angaben in Bezug auf die Art, die Güteklasse, den Ursprung, Inhalte oder Eigenschaften der zum Verkauf angebotenen Warengüter verbieten. Neben Werbepraktiken regeln die UDAP Statutes auch besondere Anforderungen bei Verbrauchergeschäften an der Haustür, im Telemarketing, Lieferungspflichten bei Versandgeschäften, Verkauf von bestimmten Produkten wie Fahrzeugen, Haushalts- und Elektro-Produkten etc.

326 Vgl. Marsh, S.13.

327 Z.B. Arizona, Ariz. Rev. Stat. Ann. § 44-1526, Georgia, Georgia Code § 10-1-394, Florida, Fla. Stat. § 501.205, Idaho, Idaho Code § 48-604 (2), Kansas, Kan. Stat. Ann. § 50-630, Louisiana, La. Rev. Stat. Ann. § 51:1405, Massachusetts, Mass. Gen. Laws Ann. § 93-A-2 (c), Missouri, Mis. Rev. Stat. § 407.145, Wisconsin, Wisc. Stat. §§ 100.20 (2)ff, Pennsylvania, Pa. Cons. Stat. tit. 73 §201-3.1.

328 Z.B. Alabama, Ala. Code § 8-19-4, Arizona, Ariz. Rev. Stat. Ann. §§ 44-1524, 1528, Delaware, Del. Code Title §§ 6-25-2514ff, Florida, Fla. Stat. § 501.206, Georgia, Georgia Code § 10-1-

Während der FTCA die prozessuale Durchsetzung der Vorschriften ausschließlich auf die FTC überträgt und nach dem Bundesgesetz keine Möglichkeit der Privatklage besteht, ist die private Klage eines Verbrauchers in nahezu allen UDAP Statutes ausdrücklich vorgesehen.[329] Durch die Erweiterung des prozessualen Rechtsschutzes, erhoffte man sich eine noch effektivere Umsetzung des Verbraucherschutzes.[330]

Ein lange bestehendes und bis heute nicht einheitlich gelöstes Problem ist das Verhältnis der UDAP Statutes zu dem jeweiligen Common Law und sonstigen einzelstaatlichen Gesetzen. Die UDAP Statutes regeln zwar kein Vertragsrecht, gewähren insbesondere keine Rechte bei Verletzung einer *warranty* oder sonstiger Vertragspflichten. Dennoch treten unlautere Handelspraktiken oft gemeinsam mit vertragsrechtlichen Verletzungen auf. Es stellt sich daher die Frage, in welchem Verhältnis die Rechtsmittel der UDAP Gesetze zu denen des Vertragsrechts stehen. Eine der wesentlichen Unterschiede zwischen den Rechtsmitteln besteht darin, dass das traditionelle Vertragsrecht nicht den Ersatz von Anwaltskosten und den Ausgleich für Schäden nur in einem beschränkten Maße vorsehen. In diesem Punkt sind die Rechtsbehelfe nach den UDAP Statutes meist günstiger, als die des Common Law und des gesetzlichen *contract law*.[331] Die Ansätze zur Problemlösung sind in den Einzelstaaten verschieden. Einige Gesetze enthalten Vorschriften, wonach die Rechtsbehelfe des Verbraucherschutzgesetzes ausdrücklich zusätzlich zu den Rechtsbehelfen des sonstigen einzelstaatlichen Rechts gewährt werden.[332] In manchen anderen Staaten haben sich mangels einer gesetzlichen Regelung ausschließlich die Gerichte mit der Rechtsfrage befasst. Diese haben sich teilweise für und teilweise gegen eine gleichzeitige Anwendbarkeit ausgesprochen.[333] Andere wählen einen Mittelweg und fordern für die Anwendbarkeit des UDAP Gesetzes, dass das öffentliche Interesse durch die verletzende Tätigkeit

397, Colorado, Colo. Rev. Stat. §§ 6-1-107, 109, Nevada, Nev. Rev. Stat. §§ 598A-070, 160, New York, N.Y. Code 22-A-349, South Dakota, S.D. Codified Laws Ann. §§ 37-24-12, 23, Utah, U.C.A. §§ 13-11.8f.

329 Die Privatklage ist heute in allen Staaten, bis auf Iowa, vorgesehen, z.B. Delaware, Del. Code Title §§ 6-25-2503, 2525, Georgia, Georgia Code § 10-1-399, Texas, Texas Code § 17.50, Utah, U.C.A. § 13-11.19, Michigan, M.C. §§ 445-911, Virginia, Va. Code § 59.1-204, California, Cal. Civil Code § 1780 (a), Colorado, Colo. Rev. Stat. §§ 6-1-113, Kansas, Kan. Stat. Ann. § 50-634, Kentucky, Ky. Rev. Stat. § 367-220, Louisiana, La. Rev. Stat. Ann. § 51:1409, Missouri, Mis. Rev. Stat. § 407.025, New Hampshire, N.H. Rev. Stat. Ann. § 358-A:10, Oregon, Or. Rev. Stat. § 646.638, Nevada, Nev. Rev. Stat. §§ 598A-210, New York, N.Y. Code 22-A-350e, Pennsylvania, Pa. Cons. Stat. tit. 73 §201-9.2, South Dakota, S.D. Codified Laws Ann. §§ 37-24-31, Wisconsin, Wisc. Stat. § 100.20 (5).

330 Vgl. Dunbar, 59 Tulane Law Review, S.427ff (449).

331 Vgl. Dunbar, 59 Tulane Law Review, S.427ff (449).

332 Z.B. Arizona, Ariz. Rev. Stat. Ann. § 44-1533, Florida, Fla. Stat. § 501.213, Hawaii Rev. Stat. §§ 481B-4, Nevada, Nev. Rev. Stat. §§ 598A-250, California, Cal. Civil Code § 1752, Minnesota, Minn. Stat. § 325D.07.

333 Für die gleichzeitige Anwendung der günstigen Rechtsbehelfe z.B. Marshall v. Miller, 302 N.C. 539, 276 S.E. 2d 397 (1981). Einige Gerichte haben strenge Anforderungen an die gleichzeitige Anwendbarkeit gestellt, z.B. Gross-Haentjens v. Leckenby, 38 Or. App, 313, 589 P.2d 1209 (Or. Ct. App. 1979) und Beerman v. Toro. Mfg. Corp., 1. Hawaii App. 111, 615 P.2d 749 (1980).

betroffen ist.[334] Im Verhältnis zum FTCA bestimmen die meisten UDAP Statutes ihre Unanwendbarkeit, soweit das Bundesgesetz anwendbar ist, also vor allem im Bereich des zwischenstaatlichen Handels.[335] Die Grenzen zwischen innerstaatlichem Handel und Handelspraktiken, die sich auf den zwischenstaatlichen Handel auswirken, sind allerdings fließend. Die FTC wird daher oft tätig, wenn das anwendbare einzelstaatliche Recht sehr niedrige Verbraucherschutzanforderungen vorsieht.

Ebenso wie der FTCA, sind die UDAP Statutes nicht auf Transaktionen des traditionellen Wirtschaftsverkehrs beschränkt. Sie finden grundsätzlich auch auf Transaktionen in dem Medium Internet Anwendung.[336] Aufgrund der angesprochenen Vorteile der einzelstaatlichen Regelungen, stehen dem Verbraucher die umfangreichen Rechtsbehelfe, die er selbständig gerichtlich geltend machen kann, daher auch bei unfairen oder unlauteren Geschäftspraktiken von Unternehmen im Online-Handel zur Verfügung.

bb) Die Verbraucherschutzgesetze für den Online-Handel

Die UDAP Gesetze wurden keinen weiteren Veränderungen für den elektronischen Handel unterzogen.[337] Eine Ausnahme in diesem Zusammenhang sind die in einigen Staaten erlassenen Gesetze, die die unaufgeforderte Zusendung von E-Mails an den Endkonsumenten regeln.[338] Diese Bestimmungen enthalten verschiedene Anforderungen und Verbote, die bei der ungefragten Zusendung von kommerziellen E-Mails des

334 So entschieden z.B. in Nelson v. Lusterstone Surfacing Co., 258 Neb. 678, 605 N.W. 2d 136 (Neb. 2000).

335 Z.B. Alabama, Ala. Code § 8-19-7 (4), Arizona, Ariz. Rev. Stat. Ann. § 44-1523, Del. Code Title §§ 6-25-2534, Florida, Fla. Stat. § 501.212.

336 Vgl. Braucher/Henderson, Delayed Disclosure, Reference to FTC, workshop 1999, High Tech Warranty Project, Comment, P994413, S.68.

337 Neben den UDAP Statutes bestehen in den Einzelstaaten weitere Verbraucherschutzgesetze, die auf bestimmte Arten von geschäftlichen Transaktionen zugeschnitten sind, insbesondere für Darlehensgeschäfte, z.B. haben einige Staaten den Uniform Consumer Credit Code erlassen, Indiana, IC §§ 24-4.5-1-101ff, Colorado, Colo. Rev. Stat. §§ 5-1-101ff, Idaho, Idaho Code §§ 28-41-101ff, Iowa, Iowa Code §§ 537.1101ff, Kansas, Kan. Stat. Ann. §§ 16a-1-101ff, Oklahoma, §§ 14A-1-101ff, South Carolina, S.C. Code Ann. §§ 37-1-101ff, Wisconsin, Wisc. Stat. §§ 421.101ff, Maine, Me. Rev. Stat. Ann Tit. 9A §§ 1-101ff, Utah, UCA §§ 70C-01ff, Wyoming, Wyo. Stat. §§ 40-14-101ff. Die Anwendbarkeit auf den elektronischen Geschäftsverkehr wurde z.T. durch Zusätze erklärt.

338 Z.B. Arizona, Commercial Electronic Mail Act, Ariz. Rev. Stat. Ann. §§ 44-1372.01ff, Illinois, Electronic Mail Act, 815 ILCS §§ 511/1ff, Indiana, Deceptive Electronic Mail Act, IC §§ 24-5-22-1ff, Oklahoma, Fraudulent Electronic Mail Message Act, Okla. Stat. Tit. §§ 15-776.1ff, South Dakota, Computer Fraud Act, S.D. Codified Laws Ann.§§ 37-24-36ff, Colorado, Junk E-Mail Law, Colo. Rev. Stat. §§ 6-2.5-101ff, Florida, Electronic Communications Act, Fla. Stat. §§ 668-60ff, Maine, Electronic Mail Solicitations Act, Me. Rev. Stat. Ann. Tit. §§ 10-1497.1ff, Arkansas, Unsolicited Commercial and Sexually Explicit Electronic Mail Prevention Act, Ark. Stat. Ann. §§ 4-88-601ff, Missouri, Unsolicited Electronic Mail Act, Mis. Rev. Stat. §§ 407.1123.1ff.

Unternehmers an den Verbraucher zu beachten sind.[339] Ferner bestimmen die Gesetze die prozessualen Rechtsbehelfe, die dem Verbraucher und dem jeweiligen *state attorney general* bei Missachtung der gesetzlichen Anforderungen zu stehen.[340] Andere einzelstaatlichen Gesetze erklären den Verstoß gegen die Vorschriften zu einer Verletzung der jeweiligen UDAP Statutes, wodurch die dort geregelten Rechtsfolgen zur Anwendung gelangen.[341]

B. Die Einführung in die deutsche Rechtslage

I. Die Entwicklung eines deutschen Verbraucherschutzrechts im Internethandel

1. Einführung in das deutsche Privatrechtssystem

Deutschland ist, wie die USA, ein föderaler Staat. Im Unterschied dazu gibt es aber dennoch ein weitgehend bundeseinheitliches Privatrecht.[342] Anders als in den USA, gehört das deutsche Recht, wie die meisten kontinental-europäischen Rechtsordnungen,[343] zum Rechtskreis des Civil Law. Primäre Rechtsquellen sind also Gesetze und andere Rechtsakte.[344]

339 Z.B. Arizona, Ariz. Rev. Stat. Ann. § 44-1372.01, Colorado, Colo. Rev. Stat. § 6-2.5-103, Illinois, 815 ILCS § 511/10, Indiana, IC § 24-5-22-7, Maine, Me. Rev. Stat. Ann. Tit. §§ 10-1497.2, 4, Missouri, Mis. Rev. Stat. § 407.1123.1.

340 Z.B. Colorado, Colo. Rev. Stat. § 6-2.5-104, Florida, Fla. Stat. § 668-606, Arkansas, Ark. Stat. Ann. § 4-88-606, Indiana, IC § 24-5-22-10, Illinois, 815 ILCS § 511/10, Oklahoma, Okla. Stat. Tit. § 15-776.2. In Arizona werden Anwaltskosten nur bei absichtlicher Verletzung gezahlt, Ariz. Rev. Stat. Ann. § 44-1372.02; in South Dakota steht es im Ermessen des Gerichts Anwaltskosten zugewähren, bei willentlicher Verletzung können sogar triple damages verhängt werden, S.D. Codified Laws Ann. § 37-24-40; eine ähnliche Regelung gibt es in Maine, Me. Rev. Stat. Ann. Tit. § 10-1497.7, Arizona, Ariz. Rev. Stat. Ann. § 44-1372.01, Arkansas, Ark. Stat. Ann. § 4-88-607, Florida, Fla. Stat. § 668-606, Missouri, Mis. Rev. Stat. § 407.1141.1.

341 Z.B. Arizona, Ariz. Rev. Stat. Ann. § 44-1372.01, Illinois, 815 ILCS § 511/15, Oklahoma, Okla. Stat. Tit. § 15-776.1, Florida, Fla. Stat. § 668-6075, Arkansas, Ark. Stat. Ann. § 4-88-607, Missouri, Mis. Rev. Stat. § 407.1126, South Dakota, S.D. Codified Laws Ann. § 37-24-38, die Vorschrift bestimmt, dass eine Verletzung des Gesetzes eine unlautere Geschäftspraktik darstellt, die potentiell geeignet ist das öffentliche Interesse zu beeinträchtigen.

342 Zwar haben grundsätzlich die Bundesländer Gesetzgebungskompetenz im Privatrecht gemäß Art 72 I, 74 I Nrl GG, jedoch gelten einige Gesetze, die vor dem Zusammentritt des deutschen Bundestages geschaffen worden sind, fort im Sinne des Art 123 I, 125 Nr.1 GG. Das betrifft im Privatrecht insbesondere das BGB, die ZPO, das GVG und das HGB.

343 Zum Civil Law werden heute der romanische Rechtskreis, also Spanien, Frankreich, Italien, Belgien, Luxemburg, Niederlande, Portugal usw., der deutsche Rechtskreis, d.h. Deutschland, Schweiz und Österreich und die skandinavischen Rechtsordnungen gezählt. Grundelemente dieses Rechtskreises finden sich allerdings auch außerhalb Kontinentaleuropas, z.B. in Griechenland, Japan, China und Südkorea; vgl. Rheinstein, S.78f.

344 S.a. zum Rechtskreis des Civil Law: Mitteis/Lieberich, S.327; Köbler, S.107; Knieper, S.23; Kegel/Schurig, S.71; Luig, in : Wissenschaft und Kodifikation, S.217ff (218); zur Entwicklung des deutschen Rechts: Mitteis/Lieberich, S.329; Zweigert/Kötz, S.131ff; Neumayer in: Wissenschaft und Kodifikation, S.197ff, (198); Köbler, S.5ff.

Kern des deutschen Privatrechts ist das Bürgerliche Gesetzbuch,[345] daneben gelten ergänzend verschiedene privatrechtliche Bundesgesetze, die jeweils Teilgebiete des Privatrechts (Sonderprivatrecht) regeln.[346] Aber auch die deutsche Rechtsordnung kommt nicht ohne Präzedenzentscheidungen aus. Das abstrakte Gesetzesrecht wirft einzelfallbezogene Fragen auf und fordert die Rechtsfortbildung durch die Gerichte,[347] beispielsweise ist der im deutschen Privatrecht geltende Grundsatz von Treu und Glauben ein Ergebnis ständiger richterlicher Rechtsprechung.[348]

Durch die Mitgliedschaft Deutschlands in der Europäischen Union, haben in den letzten Jahrzehnten viele Veränderungen im deutschen Privatrecht stattgefunden.[349] Das Europäische Recht[350] ist nämlich grundsätzlich vorrangig vor dem nationalen Recht der Mitgliedstaaten.[351] Dabei besteht das Europäische Recht aus primärem und sekundärem Gemeinschaftsrecht.[352] Das primäre Gemeinschaftsrecht erfasst vor allem die zwischen den Mitgliedstaaten abgeschlossenen Verträge,[353] insbesondere die

345 Das BGB ist am 1.1.1900 in Kraft getreten (Art 1 I EGBGB); vgl. zur historischen Entstehung des BGB: Brox, Rn.20ff.

346 Z.B. ist das Handelsrecht, als Sonderprivatrecht der Kaufleute, geregelt im HGB; das Immaterialgüterrecht beispielsweise wird von verschiedenen Gesetzen bestimmt, wie dem UrhG, GeschmMG etc, ebenso das Wirtschaftsrecht, z.B. UWG und GWB; vgl. Brox, Rn.14ff.

347 Grundsätzlich sind die Gerichte an das Gesetz gebunden im Sinne des Art 20 III GG, jedoch ist es auch Aufgabe der Rechtsprechung die Lücken des abstrakten Gesetzesrechts durch Fortbildung des Rechts auszufüllen, vgl. BVerfGE 34, S.269ff (286ff); 9, S.338ff (349); 3, S.225ff (243f); 13, S.153ff (164); die obersten Gerichten nehmen die Ausfüllung des materiellen Gesetzesrechts durch eine in den Urteilsgründen vorgenommene Gesetzesergänzung vor vgl. BGHZ 3, S.308ff (315); 4, 153ff (158); einschränkend BAG 1, 279ff (279f); daneben ist Rechtsquelle des deutschen Privatrechts das Gewohnheitsrecht; vgl. dazu Brox, Rn.7.

348 Vgl. Brox, Rn.639.

349 Die EU kann auf dem Gebiet des Privatrechts Rechtssetzungsakte erlassen, soweit eine Kompetenznorm ihr die Rechtssetzungszuständigkeit für einen bestimmten privatrechtlichen Teilbereich zuweist (Prinzip der begrenzten Einzelermächtigung); vgl. dazu Heiderhoff, S.5ff; Streinz, Europarecht, Rn.436; Schweitzer, Rn.335; Herdegen, Rn.189.

350 Das Europarecht ist nach h.M. kein Völkerrecht, sondern eine Rechtsordnung sui generis; vgl. dazu Oppermann, Rn.466, 470; Heiderhoff, S.1; Bitterlich in: Lenz/Borchardt, EU- EG-Vertrag-Kommentar, Art. 1, Rn.8ff; Herdegen, Rn.82; zum Streitstand: Streinz, Europarecht, Rn.107f; Schweitzer, Rn.43ff. Sämtliche Rechtsakte der EU und die Rechtsprechung der europäischen Gerichte sind online abrufbar unter: http://www.curia.eu.int (zuletzt 1.8.2007) und http://europa.eu. (zuletzt 1.8.2007).

351 Vgl. EuGH Slg. 1964, 1251 (1269), (Costa/E.N.E.L.); EuGH Slg. 1999 I, 2517 (2522), (Ciola/Land Vorarlberg); BVerfGE 73, S339ff (386f); 75, S.223ff (234); 89, S.155ff; Jarass in: Jarass/Pieroth, GG-Kommentar, Art 23, Rn.34; Streinz in: FS Everling, S.1491ff (1498f); Heiderhoff, S.12ff; Brox, Rn.7; zur Begründung des Anwendungsvorrangs s.a. Streinz, Europarecht, Rn.180ff.

352 Zur Unterscheidung zwischen primärem und sekundärem Gemeinschaftsrecht s.a. Streinz, Europarecht, Rn.347ff; Oppermann, Rn.472ff; Schweitzer, Rn.322ff; Herdegen, Rn.160ff; Heiderhoff, S.1.

353 Daneben wird aber auch das ungeschriebene Gemeinschaftsrecht zum primären Gemeinschaftsrecht gezählt, dazu gehört das Gemeinschaftsgewohnheitsrecht und allgemeine Rechtsgrundsätze; vgl. dazu Oppermann, Rn.479ff; Streinz, Europarecht, Rn.354ff.

Gründungsverträge, wie der Vertrag über die Europäische Union[354] und der Vertrag zur Gründung der Europäischen Gemeinschaft[355]. Diese Regelungen enthalten nur wenige unmittelbar privatrechtlich geltende Regelungen.[356] In der Hauptsache bestimmen sie die materiellen und institutionellen Grundregeln der Gemeinschaft.[357]

Zum sekundären Gemeinschaftsrecht gehören alle Rechtsakte der Gemeinschaft bzw. der EU-Organe,[358] die sie auf Grundlage des primären Gemeinschaftsrechts erlassen haben.[359] Das sind vor allem die gemäß Art 249 S.1 EGV erlassenen Richtlinien und Verordnungen.[360] Die Verordnungen sind unmittelbar in jedem Mitgliedstaat verbindlich geltende Rechtsakte,[361] die in erster Linie auf dem Gebiet des Internationalen Privatrechts und des Internationalen Zivilprozessrechts erlassen worden sind.[362]

Von größerer Bedeutung für das nationale Privatrecht sind demgegenüber die EU-Richtlinien.[363] Die Richtlinien entfalten keine Direktwirkung, d.h. sie enthalten kein unmittelbar in den Mitgliedstaaten anwendbares Recht.[364] Die in den Richtlinien festgelegten Regeln, die meist Teilgebiete des Privatrechts betreffen, müssen erst

---

354 Der EU-Vertrag vom 7.2.1992 ist in seiner durch den Amsterdamer Vertrag (2.10.1997) geänderten Fassung seit dem 1.5.1999 in Kraft (ursprünglich Vertrag von Maastricht); im Internet ist der EUV zu finden unter: (Amtsblatt der Europäischen Gemeinschaft) http://europa.eu.int /eurlex/lex/de/treaties/dat/12002M/pdf/ 12002M.DE.pdf.

355 Der EG-Vertrag ist in der geänderten Fassung durch den Amsterdamer Vertrag seit dem 1.5.1999 in Kraft, online: http://dejure.org/gesetze/EG.

356 S.a. beispielsweise die Wettbewerbsregeln und kartellrechtlichen Regelungen der Art 81ff EGV und die Regelung gemäß Art 43 EGV, die die Niederlassungsfreiheit normiert. Umstritten ist die privatrechtliche Direktwirkung des Art 153 EGV (Verbraucherschutzrecht), dafür: Reich in: Reich/Micklitz, Europäisches Verbraucherrecht, S.25; Staudenmayer, RIW 1999, S.733 (734); Reich, VuR 1999, S.3ff (6f); a.A. Grub in: Lenz/Borchardt, EU- EG-Vertrag, Art 153, Rn.32.

357 Vgl. Heiderhoff, S.1f.

358 Die wichtigsten EU-Organe, die auch an der Rechtsetzung nach Art 249 EGV beteiligt sind, sind die EU-Kommission (Art 211ff EGV), das EU-Parlament (Art 189ff EGV) und der Rat der EU (Art 202ff EGV); vgl. dazu im Einzelnen Hobe, Rn.100ff; Streinz, Europarecht, Rn.226ff; Schweitzer, Rn.361ff.

359 Das Verfahren für die einzelnen Rechtssetzungsakte ergibt sich aus Art 249ff EGV; der EU werden auf verschiedenen privatrechtlichen Teilgebieten Rechtssetzungszuständigkeit durch den EG-Vertrag zugewiesen, z.B. Art 95 EGV (Allgemeine Kompetenz für Maßnahmen zur Rechtsangleichung zur Verbesserung des Binnenmarktes) und Art 137 EGV (Arbeitsrecht).

360 Die Begründungspflicht zum Erlass von Verordnungen und Richtlinien ergibt sich aus Art 253 EGV.

361 Im Sinne des Art 249 S.2 EGV.

362 Z.B. die Verordnung (EG) Nr.44/2001 des Rates vom 22.12.2000 über die gerichtliche Zuständigkeit und die Anerkennung und Vollstreckung von Entscheidungen in Zivil- und Handelssachen (Brüssel I-VO) oder die Verordnung (EG) Nr.1347/2000 über die gerichtliche Zuständigkeit und die Anerkennung und Vollstreckung von Entscheidungen in Ehesachen (Brüssel II-VO); vgl. auch Heiderhoff, Anhang II, S.245.

363 Die Richtlinien dienen gemäß Art 94 EGV der Angleichung derjenigen Rechts- und Verwaltungsvorschriften der Mitgliedstaaten, die sich unmittelbar auf die Errichtung oder das Funktionieren des gemeinsamen Marktes auswirken. Sie werden vom Rat einstimmig auf Vorschlag der Kommission und nach Anhörung des Europäischen Parlaments und des Wirtschafts- und Sozialausschusses erlassen.

364 Im Sinne des Art 249 S.3 EGV.

durch einen sog. Transformationsakt in das nationale Recht umgesetzt werden.[365] Nach Maßgabe des Art 249 S.3 EGV sind die Ziele der Richtlinien bei der Umsetzung für die Mitgliedstaaten verbindlich, diese sind allerdings grundsätzlich frei in der Wahl der Form und der Mittel der Umsetzung. Dementsprechend eröffnen die EU-Richtlinien den Mitgliedstaaten einen gewissen Gestaltungsspielraum bei den umzusetzenden Regelungen.[366]

2. Die Entwicklung des Verbraucherschutzrechts im Privatrecht

Ein „modernes" Verbraucherschutzrecht im Privatrecht konnte sich in Deutschland, wie in den USA, erst in den sechziger Jahren allmählich entwickeln.[367] Zuvor war die Überzeugung vorherrschend, dass der Schutz des Verbrauchers, als Souverän des Marktes,[368] hinreichend durch die staatliche Gewährleistung eines funktionierenden Wettbewerbs berücksichtigt sei.[369] Diese „liberale Marktheorie" wurde vielfach kritisiert[370] und im Zuge der Verbraucherschutzbewegung[371] allmählich aufgegeben.[372]

Aus dieser Diskussion[373] heraus hat sich in Deutschland seit den siebziger Jahren langsam ein gesondertes, privatrechtliches Verbraucherschutzrecht entwickelt.[374] Be-

365 Sog. „gestufte Verbindlichkeit". Die Transformationsakte sind nationale Gesetze, die nach dem jeweiligen nationalen Gesetzgebungsverfahren zustandekommen (Art 70ff GG).

366 Vgl. Herdegen, Rn.178; Streinz, Europarecht, Rn.385; Heiderhoff, S.2f.

367 Im historischen deutschen Schuldvertragsrecht galt grundsätzlich das Prinzip der Vertragsfreiheit und der Grundsatz der Gleichheit der Rechtspersonen bzw. Vertragsparteien, vgl. Roth, JZ 2001, S.475ff (476); Dreher, JZ 1997, S.167ff (177). Es existierten aber auch einzelne verbraucherschützende Gesetze, wie z.B. das Reichshaftungsgesetz von 1871 oder das Abzahlungsgesetz von 1894. siehe zur historischen Entwicklung vor allem Simitis, S.83; Bievert/Fischer-Winkelmann/Rock; S.14f; vgl. aber auch. Zischka, S.9f; Borchert, S.4f. Zur Chronologie und Geschichte des deutschen Verbraucherschutzrechts s.a. die Übersicht der Verbraucherzentrale Bundesverband auf ihrer Homepage, s.a. http://www.vzbv.de (zuletzt 1.8.2007).

368 Das Konzept der Konsumentensouveränität basiert auf der Annahme, dass der Markt und der Wettbewerb vollkommen sind und dass ausschließlich die Kaufentscheidung des Konsumenten die Produktion bestimmen; vgl. Woll, S.113, Ott in: Albers, S.104ff (105); Haefliger, S.86; kritisch dazu Gröner/Köhler, S.11f; Neumann in: Dichtl, S.11ff (20ff); Bierwirth, S.11.

369 Daher wurde der Verbraucherschutz oftmals als unselbständiger Teilaspekt des Wettbewerbsrechts angesehen; vgl. dazu Bievert/Fischer-Winkelmann/Rock, S.13.

370 Kritisiert wurde, dass ein vollkommener Markt tatsächlich nicht existiere und die Stellung des Verbrauchers durch die Bildung von Monopolen, Lobbyismus und Massenproduktion sich stark verändert hat; vgl. dazu Simitis, S.88f; Dick, S.2f; Bock/Specht, S.50ff; Scherhorn, S.40f; Reich/Wegener, JuS 1974, S.561ff (562f).

371 Die Initialzündung der weltweiten Verbraucherschutzbewegung geht dabei wiederum auf die oben genannten Initiative des US-amerikanischen Präsidenten Kennedy zurück, s.a. von Hippel, 3.Auflage, Anhang, S.281ff.

372 Vgl. Dick, S.2; Zischka, S.10f.

373 Vgl. die einzelnen Denkmodelle und Standpunkte zur Verbraucherpolitik bei Simitis, S.87ff; Biervert/Fischer-Winkelmann/Rock, S.39ff; Gröner/Köhler, S.11ff; Bierwirth, S.11ff; vgl. auch die Zusammenfassung bei Zischka, S.9ff.

374 Vgl. die ersten beiden Berichte der deutschen Bundesregierung zum Verbraucherschutz: „Bericht zur Verbraucherpolitik" (1971) (BT-Drucks. 6/2724, vgl. von Hippel, 1.Auflage, S.175ff); (BT-Drucks. 7/4181, vgl. von Hippel, 3.Auflage, S.295ff). Darauf folgten zahlreiche gesetzliche Initiativen zum Verbraucherschutz; z.B. die Preisangabenverordnung (1973), das Gesetz zur

sondere verbraucherschützende Regelungen wurden für bestimmte Situationen im Handel normiert, in denen die Übermacht des Unternehmers einen regulativen Ausgleich erfahren musste, z.B. die Regelungen zum Schutz des Verbrauchers bei Kreditgeschäften, Warenwerbung und Haustürgeschäften. Es entwickelte sich damit ein situationsbezogener, typisierender Verbraucherschutz im deutschen Recht,[375] der teilweise in das BGB inkorporiert wurde,[376] vor allem aber in privatrechtlichen Nebengesetzen[377] und schließlich auch in den wettbewerbsrechtlichen Normen[378] Niederschlag gefunden hat. Dementsprechend formte sich kein einheitlich normiertes Verbraucherschutzrecht, sondern ein punktueller Verbraucherschutz, der weitgehend nebengesetzlich, d.h. außerhalb des BGB, geregelt blieb.[379]

Zum deutschen Verbraucherschutz gehören, ebenso wie zum US-amerikanischen Verbraucherschutz, die staatlichen und privaten Verbraucherschutzorganisationen.[380] Im Gegensatz zu den weitreichenden Kompetenzen und Aufgaben der US-amerikanischen Verbraucherschutzbehörden, wie z.B. der FTC, sind die Zuständigkeiten der deutschen Behörden traditionell weniger ausgeprägt.[381] Erst in neuester Zeit entwickelt sich allmählich ein Umdenken in Deutschland hin zu einer umfassenden Verbraucherpolitik, durch die auch eine Stärkung der Position der Verbraucherschutzverbände berücksichtigt werden soll.[382]

Ausgelöst durch die BSE-Krise,[383] erklärte die deutsche Bundesregierung 2002 erstmalig den Verbraucherschutz zum politischen Grundthema und eigenen Ressort,[384] das

---

Gesamtreform des Lebensmittelrechts (1974), das Gesetz zur Regelung des Rechts der Allgemeinen Geschäftsbedingungen (1976) und das Gesetz über den Widerruf von Haustürgeschäften und ähnlichen Geschäften; eine Übersicht über die ersten gesetzlichen Initiativen zum deutschen Verbraucherschutz bei von Hippel, 3.Auflage S.10f und bei Borchert, S.5.

375 Vgl. Lienhard, S.81ff; Neumann, S.23f.

376 Der Gedanke des Verbraucherschutzes ist z.B. zu finden in den Anfechtungsvorschriften im Sinne des §§ 119ff BGB, in der Regelung über das Insichgeschäft gemäß § 181 BGB und in den Formvorschriften des BGB; vgl. dazu Neumann, S.23f. Gleichzeitig wurde aber auch die prozessuale Stellung des Verbrauchers gestärkt, Ausdruck des Verbraucherschutzgedankens ist z.B. die Vorschrift § 39 I ZPO, wonach eine mit einem Nicht-Kaufmann verabredete Gerichtsstandvereinbarung (Prorogation) nicht möglich ist.

377 Z.B. AGBG a.F., VerbraucherKrG a.F. und ProduktHaftG.

378 Z.B. in § 3 I UWG a.F., der einen Unterlassungsanspruch gegen denjenigen gewährt, der irreführenden Angaben bei der Werbung verwendet; vgl. zur Bedeutung des Verbraucherschutzes im Wettbewerbsrecht Beater, S.4ff.

379 Vgl. von Moltke, S.9; Roth, JZ 2001, S.475ff (476).

380 Insbesondere die Verbraucherzentrale Bundesverband e.V., Berlin, (vormals Arbeitsgemeinschaft der Verbraucherverbände e.V. gegründet 1953). Dazu zählen aber auch die Landesverbände und die Stiftung Warentest.

381 Vgl. auch Biervert/Fischer-Winkelmann/Rock, S.39.

382 Vgl. Reisch, VuR 2003, S.405ff (405); Günther, VuR 2003, S.25ff (25); Hansen in: Lackmann, S.69ff.

383 Die „BSE-Krise" löste in Deutschland eine Diskussion über Lebensmittelinformation und Informationszugangsrechte der Verbraucher aus; vgl. dazu Borchert, S.6; Günther, VuR 2003, S.25ff (26).

384 Siehe dazu den Koalitionsvertrag von 2002, online unter: http://archiv.bundesregierung.de/artikel/17/44117/attachment/44120_3.pdf (zuletzt 1.8.2007); bestätigt durch Koalitionsvertrag vom 22.11.2005, online unter: http://koalitionsvertrag.spd.de/servlet/PB/show/1645854

nun durch das Bundesministerium für Ernährung, Landwirtschaft und Verbraucherschutz (BMELV)[385] umgesetzt wird. Auch auf Landesebene haben sich teilweise solche Verbraucherschutzressorts gebildet,[386] man spricht allgemein von einer Konjunktur des deutschen Verbraucherschutzes.[387]

Diese neuesten Entwicklungen im Verbraucherschutz verliefen nicht ohne den stärker werdenden Einfluss des europäischen Rechts. Gerade auf diesem Gebiet hat es eine große Zahl von europäischen Richtlinien gegeben, die durch ihre rasche Umsetzung in deutsches Recht insgesamt umfassende Auswirkungen auf das Verbraucherschutzrecht im deutschen Privatrecht hatten.[388] Schon in den achtziger Jahren wurde von der EG die Verbraucherpolitik als politisches Ziel und Rechtspolitik formuliert.[389] Dies war der Grundstein für eine seither ständig wachsende Zahl an europäischen Initiativen im Verbraucherschutzrecht, die immer mehr den national gesetzgeberischen Gestaltungsspielraum auf dem Gebiet des privatrechtlichen Verbraucherschutzes minimiert hat.[390]

/111105_Koalitionsvertrag.pdf (zuletzt 1.8.2007). Zu den Zielen der Verbraucherpolitik: „Bericht der Bundesregierung- Aktionsplan Verbraucherschutz", BGB1. I. 2003, 959ff; vgl. auch Borchert, S.6; Günther, VuR 2003, S.25ff (25).

385 Vormals noch Bundesministerium für Verbraucherschutz, Ernährung und Landwirtschaft (BMVEL), begründet durch den „Organisationserlass des Bundeskanzlers", BGB1. I. S.127; dadurch wurde das Bundesministerium für Ernährung, Landwirtschaft und Forsten umgebildet. Dem neuen Verbraucherschutzministerium wurde u.a. aus dem Geschäftsbereich des Bundesministeriums für Wirtschaft und Technologie und für Gesundheit die Zuständigkeiten zur Verbraucherpolitik übertragen, s.a. BGB1. I., S.127, II.; Informationen, Veröffentlichungen usw. über das BMELV sind im Internet zu finden unter: http://www.bmelv.de (zuletzt 1.8.2007).

386 Z.B. gibt es ein Verbraucherschutzministerium in Bayern (www.stmugv.bayern.de- zuletzt 1.8.2007), Berlin (www.berlin.de/sen/verbraucherschutz/index.html- zuletzt 1.8.2007), Niedersachsen (www.ml.niedersachsen.de/master/C656_L20_DO. html- zuletzt 1.8.2007), Nordrhein-Westfalen (www.munlv.nrw.de- zuletzt 1.8.2007) und Schleswig-Holstein (http://landes regierung.schleswig-holstein.de/coremedia/generator/- zuletzt 1.8.2007); s.a. „Verbraucherschutzindex" (25.10.2004) -Untersuchungsbericht über die Entwicklung der Verbraucherpolitik in den Bundesländern, durchgeführt vom Bundesverband Verbraucherschutz.

387 Vgl. Reisch, VuR 2003, S.405ff (405).

388 Vgl. Fischer, VuR 2003, 20ff (20); Reisch, VuR 2003, S.405ff (408); Reich, VuR 1999, S.3ff (5); Haar, VuR 2004, S.161ff (161); Reich, JZ 2001, S.475ff (475).

389 Die Römischen Verträge zur Gründung der Europäischen Wirtschaftsgemeinschaft von 1957 wiesen ein Vorhaben zur gemeinsamen Verbraucherpolitik noch nicht aus; eine solche Zielsetzung fand erstmalige Erwähnung durch die Einheitliche Europäische Akte (EEA), AB1. Nr. I.169, S.29ff; BGB1. I.1986 II S.1102; online unter: http://europa.eu.int/eur-lex/de/treaties /selected/livre509.html (zuletzt 1.8.2007). Letztendlich wurde eine gemeinschaftliche Verbraucherpolitik als eigenständiges Ziel erst in dem Vertrag über die Europäische Union festgelegt (EUV); vgl. dazu Zischka, S.16f; Staudenmayer, RIW 1999, S.733ff (733f); Reisch, VuR 2003, S.405ff (407); Hommelhoff, S.1; Dreher, JZ 1997, S.167ff (168); Pützhoven, S.4f. Der EuGH bezeichnete erstmalig in seiner „Cassis-Entscheidung" die Gewährleistung des Verbraucherschutzes als Aufgabe der Europäischen Gemeinschaft, s.a. EuGH Slg. 1979, NJW 1979, S.1766f.

390 Vgl. Reisch, VuR 2003, S.405ff (408); Fischer, VuR 2003, 20ff (20); Fischer, VuR 2004, S.322ff (322); so auch der EuGH Slg. 2001, NJW 2002, S.281ff nach dem Vorlagebeschluss des BGH, s.a. BGHZ, NJW 2000, S.521ff; zur Bedeutung der Verbraucherpolitik für das Gemein-

Kompetenzgrundlage zur europäischen Rechtssetzung auf dem Gebiet des Verbraucherschutzes ist Art 153 I EGV i.V.m. Art 95 EGV,[391] wonach ein hohes Verbraucherschutzniveau durch den Beitrag der Gemeinschaft gewährleistet werden soll „zum Schutz der Gesundheit, der Sicherheit und der wirtschaftlichen Interessen der Verbraucher sowie zur Förderung ihres Rechtes auf Information, Erziehung und Bildung von Vereinigungen zur Wahrung ihrer Interessen".[392]

Da die EU nur einen „Beitrag" zum Verbraucherschutz leistet, hat sie auf dem Rechtsgebiet allerdings keine Gesamtkompetenz. Es gilt insoweit das Subsidiaritätsprinzip gemäß Art 5 II EGV, wonach die Gemeinschaft nur dann Maßnahmen in einem Bereich der nicht-ausschließlichen Zuständigkeit ergreifen kann, wenn die Ziele der Maßnahmen auf mitgliedstaatlicher Ebene nicht erreicht werden könnten.[393]

Nach den Vorstellungen der EU sollte ein systematisches Grundkonzept zum Verbraucherschutz geschaffen werden.[394] Auf dieser Grundlage hat die EU z.B. Richtlinien erlassen bezüglich der Produkthaftung, Haustürgeschäften, Verbraucherkreditgeschäften, Pauschalreiseverträgen, Teilzeitnutzungsverträgen, Allgemeine Geschäftsbedingungen in Verbraucherverträgen und irreführenden Werbung.[395] Die Entwicklung von verbraucherschützenden Richtlinien durch die Gemeinschaft ist damit nicht abgeschlossen,[396] die Fortentwicklung der bestehenden Richtlinien und Regelung neuer Rechtsbereiche sind in Planung.[397] Wie diese Einzelinitiativen belegen, ist auf europäischer Ebene die Schaffung eines ganzheitlichen Verbraucherschutzrechts auf Grundlage eines einheitlichen Gesamtkonzepts noch nicht ganz geglückt,[398] was auch mit der fehlenden Gesamtkompetenz der Gemeinschaft im Verbraucherschutzrecht zusammenhängt.[399]

---

schaftsrecht (vor allem nach der Rechtsprechung des EuGH) und ihre Auswirkungen für das nationale Recht, vgl. Reich, VuR 1999, S.3ff (4f).

391 So noch für die Vorgängervorschriften Art 129a i.V.m. Art 100a EGV, vgl. Zischka, S.90f; die Kompetenzgrundlage der Gemeinschaft im Verbraucherschutzrecht ist umstritten: nach Heiderhoff, S.5 ist Art 153 EGV selbst Kompetenznorm; ebenso Reich in: Reich/Micklitz, Europäisches Verbraucherrecht, S.19; a.A. Roth, JZ 2001, S.475 (477).

392 Gemäß Art 153 I EGV.

393 Vgl. dazu Reich in: Reich/Micklitz, S.18; Reich, VuR 1999, S.3ff (5); kritisch zur EU-Kompetenz bei einzelnen Verbraucherschutzrichtlinien, vgl. Roth, JZ 2001, S.475ff (477ff).

394 Vgl. Reisch, VuR 2003, S.405ff (408).

395 Vgl. zu den wichtigsten Richtlinien im Verbraucherschutz Heiderhoff, Anhang I, S.231ff. Daneben existieren außerdem zahlreiche Bestimmungen zum Lebensmittel- und Arzneimittelsicherheit.

396 Vgl. Roth, JZ 2001, S.475ff (483).

397 Z.B. die Erweiterung des Fernabsatzrechts auf den Finanzdienstleistungssektor durch die mittlerweile in Kraft getretene Richtlinie über Fernabsatzgeschäfte bei Finanzdienstleistungen.

398 Aufgrund der unüberschaubar gewordenen Masse von europäischen Verbraucherschutzvorgaben sind unlängst Konsolidierungsbemühungen auf europäischer Ebene angelaufen, um ein einheitliches Vertrags- und Verbraucherschutzgesetz zu schaffen; vgl. Fischer, VuR 2003, S.20ff (21); Roth, JZ 2001, S.475ff (475).

399 Vgl. Roth, JZ 2001, S.475ff (477, 483); Fischer, VuR 2003, S.20ff (21f); Leible, EWS 2001, S.471ff (473).

An dieser Problematik leidet auch das nach europäischen Vorgaben in deutsches Recht umgesetzte Verbraucherschutzrecht.[400] Der deutsche Gesetzgeber wurde wegen des von ihm beschrittenen Weges der uneinheitlichen Umsetzung des europäischen Verbraucherschutzrechts vielfach kritisiert.[401] Durch die Schuldrechtsreform sind einige bislang sonderprivatrechtlich geregelten Verbraucherschutzregelungen in das BGB integriert worden,[402] für andere umzusetzende Regelungen wurden neue Nebengesetze geschaffen,[403] wiederum andere Nebengesetze sind bestehen geblieben.[404] Der bereits in den siebziger Jahren gestellten[405] und durch die Reformation des Verbraucherschutzrechts wieder aufkommenden Forderung[406] nach einem konzeptionell-einheitlichen Verbraucherschutzrecht ist der Gesetzgeber damit nicht nachgekommen.[407]

Allerdings hat die „neue Verbraucherpolitik" der EU und der deutschen Bundesregierung auch Vorteile für die Endkonsumenten, einmal abgesehen von der Erkenntnis der Notwendigkeit einer Überarbeitung des bestehenden Verbraucherschutzes. Durch die Reformbestrebungen ist das Sonderprivatrecht Verbraucherschutz[408] deutlich in den Fokus der europäischen und deutschen Rechtspolitik getreten. Durch eine umfassende gesetzliche Verpflichtung der Unternehmen zur Produktkennzeichnung, Infor-

400 Vgl. Hansen in: Lackmann, S.69ff (70); Dreher, JZ 1997, S.167ff (176ff), der von einer „Erosion des deutschen Privatrechts durch das Verbraucherrecht" spricht; a.A. Reich, JZ 1997, S.609f.

401 Vgl. Fischer, VuR 2003, S.20ff; Fischer, VuR 2004, S.322ff; Günther, VuR 2003, S.25ff; Roth, JZ 2001, S.475ff (489f); Brüggemeier/Reich, BB 2001, S.214ff.

402 Z.B. die Regelungen über Allgemeinen Geschäftsbedingungen gemäß §§ 305ff BGB, die bislang im AGBG geregelt waren; die Vorschriften über Verbraucherkreditgeschäfte gemäß §§ 491ff BGB, durch die das Verbraucherkreditgesetz ersetzt wird, und die Regelungen über Haustürgeschäfte gemäß § 312f BGB, die zuvor im Haustürwiderrufgesetz geregelt waren.

403 Z.B. das Unterlassungsklagengesetz (UklaG) vom 27.8.2002, das bestimmten Verbraucherschutzorganisationen und -Verbänden ermöglicht, gegen Unternehmen vorzugehen, und die Verordnung über Informations- und Nachweispflichten nach bürgerlichem Recht (BGB-InfoVO), die die Details hinsichtlich der Informationspflichten der Unternehmen regelt.

404 Z.B. das Fernunterrichtsschutzgesetz und das Produkthaftungsgesetz, die auch nach der Konsolidierung als Sondergesetze erhalten geblieben sind.

405 Vgl. Reich, ZRP 1974, S.187ff (193f); Limbach, JuS 1985, S.10ff (14f); für eine Integration des Sonderprivatrechts in das BGB vgl. z.B. Wolf, AcP 182, S.80ff (83, 90); a.A. Diederichsen, AcP 182, S.101ff (102f).

406 Aufgrund des zu befürchtenden Systembruchs im BGB wird vielfach eine einheitliche Normierung des Verbraucherschutzrechts außerhalb des BGB gefordert, so z.B. Fischer, VuR 2003, S.20ff (22f); zumindest gegen eine Integration in das BGB äußert sich z.B. Krebs, DB 2000 Beilage Nr.14, S.28; Stürner, JZ 1996, S.741ff (743). Dagegen hält Roth nach Abwägung sämtlicher Argumente im Ergebnis die Einbeziehung der verbraucherschutzrechtlichen Regelungen in das BGB für die beste Problemlösung, vgl. Roth, JZ 2001, S.475ff (475, 484ff); ähnlich auch H. Roth, JZ 1999, S.529ff (533); Brüggemeier/Reich, BB 2001, S.213ff (213).

407 Im Zuge der Schuldrechtsmodernisierung wurde die Integration des Verbraucherschutzrechts in das BGB beschlossen, vgl. Krebs, DB 2000 Beilage Nr.14, S.25f, der dies allerdings aufgrund der daraus resultierenden diffusen Gesetzeslage für problematisch hält; ebenso schon Lieb, AcP 183, S.327ff (339ff).

408 Vgl. Staudenmayer, RIW 1999, S.733ff (737); Roth, JZ 2001, S.475ff (475, 485); Fischer, VuR 2003, S.20ff (23).

mation und Informationszugang,[409] wird nun die Position des Verbrauchers zusätzlich gestärkt, ebenso wie durch die gesetzliche Erweiterung der Rechtsdurchsetzungsmöglichkeiten der Verbraucherschutzverbände.[410]

3. Die Entwicklung des Internetrechts und die Rolle des Verbraucherschutzes

a) Die Entwicklung des Internetrechts im deutschen und europäischen Recht

Nachdem die immensen Wachstumschancen des Internetmarktes immer offensichtlicher wurden, war man sich in der EU und in Deutschland schnell einig, dass man das Potential des neuen Marktes voll ausschöpfen wolle und alle rechtlichen und staatlichen Maßnahmen ergreifen wolle, die zur Förderung und zur Rechtssicherheit im Online-Markt beitragen.[411]

Wie in den USA, befasste man sich auch in Deutschland zunächst mit der Frage nach der Wirksamkeit von digitalen Dokumenten und Signaturen. Dabei stand vor allem die Frage im Vordergrund, welche Signaturverfahren zur Authentifizierung im Netz dienen könnten und welche Anforderungen an solche Signaturen gesetzlich gestellt werden sollten. Dazu erließ der deutsche Bundestag bereits 1997 ein Signaturgesetz (SigG)[412] und eine die näheren Details des Gesetzes regelnde Signaturverordnung (SigVO)[413]. Diese Regelungen enthielten ausschließlich Bestimmungen über das Verfahren zur Herstellung von sicheren Signaturen und keine vertragsrechtlichen Bestimmungen über die Formwirksamkeit elektronischer Signaturen. Die Vorschriften des SigG sahen z.B. eine Erlaubnispflicht für das Anbieten sicherer, digitaler Signaturen vor,[414] die nur dann erteilt werden sollte, wenn der jeweilige Zertifizierungsanbieter, neben der gewerberechtlichen Zuverlässigkeit, bestimmte technische und

409 Durch die EU-Richtlinien wurden zahlreiche Informationspflichten für bestimmte Verbraucherverträge normiert sowie Kennzeichnungspflichten für Lebensmittel, Arzneimittel und Kosmetikprodukte geregelt; zur herausragenden Bedeutung des „Informationsparadigmas" s.a. Günther, VuR 2003, S.25ff (26); Reich, VuR 1999, S.3ff (5ff); Haar, VuR 2004, S.161ff (161f); Reich in: Reich/Micklitz, Europäisches Verbraucherrecht, S.23f.

410 Das UklaG enthält, neben der Verbandsklage des § 13 UWG als einziges Gesetz eine Rechtsschutzmöglichkeit für Verbraucherschutzverbände.

411 Vgl. Europäische Ministerkonferenz (1997) „Globale Informationsnetze: Die Chancen nutzen", Nr.8; abgedruckt in CR 1997, S.713ff (713).

412 Erstmals in Kraft getreten am 1.8.1997 im Rahmen des Art 3 des Informations- und Kommunikationsdienstegesetzes (IuKDG), BGB1. I. 1997, 1870, online abrufbar unter: http://www.netlaw.de /gesetze/iukdg.htm (zuletzt 1.8.2007). Im folgenden SigG a.F. da das Gesetz danach mehrfach überarbeitet worden ist. Nach § 1 I SigG a.F. soll das Gesetz „Rahmenbedingungen für digitale Signaturen schaffen".

413 Die Ermächtigung zum Erlass der Signaturverordnung durch die Bundesregierung ergibt sich aus § 16 SigG a.F.; die Rechtsverordnung ist erstmals in Kraft getreten am 1.11.1997, BGB1. I. 1997, 2498.

414 Dies galt nur für sog. sichere, elektronische Signaturverfahren, also solche die öffentlich als sichere Signaturverfahren angeboten werden und bei denen „Fälschungen digitaler Signaturen oder Verfälschungen von signierten Daten zuverlässig festgestellt werden können" gemäß § 1 I SigG a.F.. Andere Signaturverfahren waren nach § 1 II SigG a.F. ohne Zulassungsbeschränkung; vgl. auch Roßnagel, NJW 2001, S.1817ff (1817).

organisatorische Voraussetzungen erfüllt.[415] Demnach stellte das deutsche Signaturgesetz von 1997 teilweise recht hohe Anforderungen an die Authentizität von elektronischen Signaturen, was aufgrund der daraus resultierenden Hindernisse für den elektronischen Markt von Anfang an kritisiert wurde.[416]

Auf europäischer Ebene wurde die Debatte um die Schaffung einheitlicher Rahmenbedingungen für elektronische Signaturen durch die verschiedenen nationalen Signaturregelungen der Mitgliedstaaten angestoßen.[417] Das Ergebnis war die Entwicklung der Europäischen Signaturrichtlinie (SigRL)[418], die zu einer entsprechenden Rechtsharmonisierung beitragen sollte.[419] Die europäischen Vorgaben verfolgten insbesondere das Ziel der Nicht-Diskriminierung von digitalen Signaturen gegenüber handschriftlichen Unterschriften.[420] Die Richtlinie sieht beispielsweise vor, dass die nationalen Signaturgesetze die Bereitstellung von Zertifizierungsdiensten nicht an eine gesetzliche Genehmigungspflicht knüpfen dürfen.[421] Wohl aber sieht die Richtlinie Anforderungen für bestimmte Zertifizierungsdienstanbieter vor, für die die Mitgliedstaaten Überwachungssysteme einrichten sollten.[422]

Die Regelungsansätze des deutschen SigG bedurften zwar keiner grundsätzlichen Änderung.[423] Bestimmte Regelungen, wie die strengen Maßstäbe an die Zulassung der Zertifizierungsanbieter, waren jedoch wieder aufzugeben und das erst drei Jahre alte Gesetz musste einer Überarbeitung unterzogen werden.[424] Entsprechend den Vorgaben der Richtlinie, unterscheidet man nun zwischen verschiedenen Qualitätsstufen von digitalen Signaturen, von denen nur die höchste Stufe, die qualifizierte elektronische

---

415 Vgl. § 4 I SigG a.F., siehe auch die Genehmigungsbeschränkungen nach § 4 II SigG a.F.

416 Vgl. statt vieler Sandl, CR 2000, S.319ff (322f); Roßnagel, MMR 1998, S.331ff (334); zu praktischen Problemen des neuen Signaturrechts, vgl. auch Tettenborn, CR 2000, S683ff (684), Bizer in: Kröger/Kellersmann, S.183.

417 Insbesondere die seit 1995 in Deutschland geführte Diskussion und das im Ergebnis verabschiedete SigG waren Anstoß für die europäische Initiative, vgl. Roßnagel, MMR 1998, S.331ff (331).

418 Die Signaturrichtlinie (RL 1999/93/EG, ABl. L 13, 19.1.2000, S.12ff) wurde am 13.12 1999 verabschiedet und ist am 19.1.2000 in Kraft getreten.

419 S.a. Art 1 SigRL.

420 Dem Grundsatz der Nicht-Diskriminierung entsprechend sollte die Richtlinie den Regelungsgegenstand möglichst technik- und zukunftsoffen regulieren. Man setzt hierbei weniger auf staatliche Vorabkontrolle,als auf eine „Privatisierung der Sicherungsinfrastruktur" durch vorsichtige staatliche Überwachung und dem Konzept „Drohung und Belohnung", Roßnagel, MMR 1998, S.331ff (332); vgl. auch Langenbach/Ulrich, S.85.

421 S.a. Art 3 I der SigRL.

422 Vgl. Anhang I-IV der SigRL.

423 Vgl. Roßnagel, MMR 1998, S.331ff (335f); zum vorherigen Entwurf der Richtlinie und die Annäherung durch den abgeänderten, verabschiedeten Entwurf der SigRL an das deutsche SigG, vgl. Roßnagel, MMR 1999, S.261ff (262).

424 Vgl. Redeker, CR 2000, S.455ff (457ff); Köhler/Arndt, Rn.161ff; die Überarbeitung des Signaturgesetzes ist auch ein Ergebnis der „Evaluierung des Gesetzes" von 1999, die durch einen Bericht der Bundesregierung zur Praktikabilität und Effektivität der neuen Regelungen referiert wurde, s.a. „Evaluierungsbericht zum IuKDG", BT-Drucks 14/1191; vgl. auch Tettenborn, CR 2000, S.683ff (683ff); Roßnagel, NJW 2001, S.1817ff (1818).

Signatur,[425] gesetzlich geregelt ist und der vorherigen behördlichen Kontrolle unterliegt.[426] Schließlich folgte, nach entsprechender Abänderung des Signaturgesetzes[427] und der Signaturverordnung[428], die ebenfalls zur Richtlinienumsetzung notwendig gewordene Verabschiedung des Formanpassungsgesetzes,[429] das die Gültigkeit von elektronischen Signaturen im Privatrecht regelt. Erst dadurch wird die rechtliche Anerkennung einer (qualifizierten) elektronischen Signatur als Äquivalent zur handschriftlichen Unterschrift postuliert und die Gleichstellung der elektronischen Form eines Vertrages mit der Schriftform ermöglicht.[430]

Nachdem nun auch diese Regelungen in den vertraglichen Formvorschriften §§ 126 a und § 126 b BGB aufgegangen sind, ist die Rechtsmaterie zur Wirksamkeit von elektronischen Dokumenten und Signaturen im deutschen Privatrecht weitgehend abschließend geregelt.[431] Der deutsche Gesetzgeber hat mit dem Gesetz zur Regelung der Rahmenbedingungen für Informations- und Kommunikationsdienste (IuKDG),[432] zu dem auch das SigG gehört,[433] noch weitere Regelungsaspekte des elektronischen Geschäftsverkehrs normiert. Diese Regelungen sehen einerseits eine unbegrenzt zulässige Nutzung und Verwendung von elektronischen Kommunikationsdiensten vor.[434] Andererseits werden datenschutzrechtliche,[435] wettbewerbsrechtliche[436] und strafrechtliche[437] Rahmenbedingungen geregelt.

---

425 Terminus der SigRL ist „fortgeschrittene elektronische Signatur". Zur Problematik der unterschiedlichen Begriffsverwendung: Redeker, CR 2000, S.455ff (457ff).

426 Es werden drei Stufen digitaler Signaturverfahren unterschieden: Nicht gesetzliche Signaturverfahren (untere Stufe), qualifizierten Signaturverfahren, die keiner Zulassung bedürfen, die aber anzuzeigen sind und der Überwachung durch die Regulierungsbehörde unterliegen (mittlere Stufe), und akkreditierte Signaturverfahren, die einer umfassenden Vorabkontrolle unterliegen (höchste Stufe); vgl. Tettenborn, CR 2000, S.683ff (686ff); Roßnagel, NJW 2001, S.1817ff (1819f).

427 Das auf die Richtlinie angepasste deutsche Signaturgesetz trat durch das „Gesetz über Rahmenbedingungen für elektronische Signaturen und zur Änderung weiterer Vorschriften" am 22.5.2001 in Kraft, (BGBl. I. 2001, 876): das zuletzt verabschiedete „Erstes Gesetz zur Änderung des Signaturgesetzes" ist seit 11.1.2005 in Kraft, BGBl. I. 2005, 2.

428 Die entsprechend der Richtlinien-Vorgaben abgeänderte Signaturverordnung trat am 16.11.2001 in Kraft, BGBl. I. 2001, 3074; die zuletzt geänderte Fassung durch das „Erstes Gesetz zur Änderung des Signaturgesetzes" ist vom 4.1.2005, BGBl. I. 2005, 2.

429 Das Gesetz zur Anpassung der Formvorschriften des Privatrechts und anderer Vorschriften an den modernen Rechtsgeschäftsverkehr trat am 13.7.2001 in Kraft, BGBl. I. 2001, 1542. Die Änderungen des BGB dienen dabei der Umsetzung des Art 5 I SigRL. Vgl. dazu Scheffler/Dressler, CR 2000, 378ff; Roßnagel, NJW 2001, S.1817ff (1818); Redeker, CR 2000, S.455ff (458f).

430 Vgl. Roßnagel, NJW 2001, S.1817ff (1817).

431 Vgl. Roßnagel, NJW 2001, S.1817ff (1826).

432 Siehe BT.-Drucks. 13/7934 vom 11.06.1997.

433 Siehe Artikel 3 IuKDG.

434 Siehe § 4 TDG, die Vorschrift regelt die Zugangsfreiheit für Teledienste (s.a. Artikel 1 IuKDG).

435 In Artikel 2 wird das Teledienstedatenschutzgesetz (TDDSG) geregelt.

436 Artikel 8 enthält Änderungen des Preisangabegesetzes und Artikel 9 ändert die PAngVO, daneben ändert Artikel 7 das UrhG.

437 Siehe Artikel 4, 5 IuKDG.

Wesentliche Gesetzesänderungen zum Zustandekommen und zur Wirksamkeit von elektronischen Verträgen wurden nicht vorgenommen. Die bestehenden, abstrakten Regeln des BGB zum Vertragsschluss und zur Gültigkeit von Verträgen sind auch im elektronischen Geschäftsverkehr anwendbar.[438] Zu bemerken bleibt noch, dass es bislang weder in Europa noch in Deutschland Initiativen zur Normierung eines gesonderten Vertragsrechts für Softwarelizenzverträge gibt. Die Einordnung des Softwarelizenzvertrages als Typenvertrag in den besonderen Teil des deutschen Schuldrechts wurde bislang nicht erwogen.[439]

Mit der Schaffung der Signaturrichtlinie sind die Bestrebungen zur Rechtsharmonisierung und Regelung von Rahmenbedingungen für den elektronischen Geschäftsverkehr in Europa nicht beendet. Die Richtlinie ist vielmehr ein erster Schritt zur Rechtsangleichung. Die noch näher darzustellende E-Commerce Richtlinie und zahlreiche weitere Aktivitäten der EU, wie z.B. die Aktionspläne der Kommission von 2002 und 2005 zum elektronischen Geschäftsverkehr, sind Teil des Gesamtprojekts zur Angleichung des Rechts der Mitgliedstaaten zum E-Commerce. Dieser Prozess befindet sich bis heute im Fluss und ein baldiger Abschluss steht aufgrund der langfristigen Planung durch die EU auch nicht zu erwarten.

b) Der Verbraucherschutz im Internetrecht

Aufgrund der vielen Risiken für den Verbraucher im Online-Handel wächst seit den Anfängen des E-Commerce in Deutschland und Europa die Sorge, dass ein fehlendes Verbrauchervertrauen die Verbraucher an der Teilnahme am Online-Markt hindert und so das Wachstum des Internethandels langfristig gehemmt wird.[440] Anders als in den USA, verlässt man sich in der EU und in Deutschland dabei nicht allein auf die Effektivität der herkömmlichen Verbraucherschutzregelungen. Die europäische und deutsche Maxime ist weniger auf Selbstregulierung des elektronischen Marktes gerichtet, als auf staatliche Regulierung und Steuerung.[441] Die besondere Situation des Verbrauchers beim Abschluss von Internetverträgen, die räumliche Distanz zum Online-Anbieter und zu dessen Produkt, die daraus resultierenden Unsicherheiten und die technische Unterlegenheit des Verbrauchers im Netz waren Anlass für den europäischen und den deutschen Gesetzgeber eine besondere Schutzbedürftigkeit des Verbrauchers im Online-Handel anzunehmen.[442]

Die EU erließ bis heute zahlreiche Richtlinien, die Anwendung finden auf Verbraucherkaufverträge im Internet. Die wichtigsten Richtlinien in diesem Zusammenhang sind die Fernabsatzrichtlinie (FARL)[443] und die E-Commerce-Richtlinie (ECRL)[444].

438 Vgl. Glatt, S.25; Landwehr in: Lediger, S.323.

439 Vgl. Lejeune in: Lejeune, Der E-Commerce Vertrag, S.177ff. 329ff.

440 Vgl. Deutscher Bundestag, Enquete Kommission (1998), „Verbraucherschutz in der Informationsgesellschaft", S.13.

441 Vgl. Boehme/Neßler, S.138; staatliche Regulierung und Steuerung gehören grundsätzlich zur „neuen" europäischen (und deutschen) Verbraucherpolitik; vgl. Reich, VuR 1999, S.3ff (5).

442 Vgl. die offizielle Begründung für die Fernabsatzrichtlinie 97/7/EG der EU, Gründe (13), (14); vgl. auch Boehme/Neßler, S.139; Reifner, VuR 2004, S.130ff (131); Arnold, CR 1997, S.526ff (526); Staudenmayer, RIW 1999, S.733ff (738); Landwehr in: Lediger, S.322.

443 Die Richtlinie 97/7/EG vom 20.5.1997; Amtsblatt Nr. L 144 vom 4.6.1997, S. 0019 - 0027.

Die FARL ist auf Distanzgeschäfte anwendbar, die ein Verbraucher mit einem Unternehmer mittels dazu eingesetzter Fernkommunikationsmittel abschließt.[445] Dazu gehören auch Internetkaufverträge.[446] Die ECRL dient hingegen der Schaffung allgemeiner Rahmenbedingungen für den elektronischen Geschäftsverkehr und berücksichtigt dabei nur teilweise den Verbraucherschutz.[447] Ergänzend zu diesen Regelungen wurde die Unterlassungsklagenrichtlinie (UklaRL)[448] geschaffen, die bei Verstößen der unternehmerischen Informationspflichten bestimmten Verbraucherverbänden ein Klagerecht einräumt.[449] Weitere auch auf den elektronischen Geschäftsverkehr anwendbare europäische Verbraucherschutzrichtlinien haben Auswirkungen auf den elektronischen Online-Warenhandel. Zu nennen sind hier vor allem die Verbrauchsgüterkaufrichtlinie, die Klauselrichtlinie, die Richtlinie über irreführende und vergleichende Werbung und die Produkthaftungsrichtlinie sowie in gewissem Maße die Signaturrichtlinie.[450]

Die genannten Richtlinien sind bereits alle in das deutsche Recht umgesetzt worden.[451] Der deutsche Gesetzgeber hat den hohen Umsetzungsbedarf im nationalen Recht zu der schon lange geplanten und fast totgeglaubten Grundreformierung bzw. Modernisierung des deutschen Schuldrechts genutzt.[452] Fast alle umzusetzenden Regelungen sind in das BGB integriert worden,[453] so dass sich heute die meisten der deutschen Vorschriften zum Verbraucherschutz im Internetvertragsrecht im BGB befinden. Das neue Bekenntnis zu einer umfassenden Verbraucherpolitik der Bundesregierung führte dabei nicht selten zu einer verschärften Regulierung des Vertragsrechts bei den richtlinien-umsetzenden Vorschriften.[454] Dort wo die Richtlinie den Mitgliedstaaten einen materiellen Gestaltungsspielraum belässt, wurde dieser in Deutschland teilweise zur Erweiterung der Verbraucherrechte genutzt.[455]

---

444 Die Richtlinie über den elektronischen Geschäftsverkehr 2000/31/EG vom 8.6.2000, Amtsblatt Nr. L 178/1.

445 Vgl. Art 2 Nr.1 FARL.

446 Vgl. Boehme/Neßler, S.139; Meents, S.184.

447 S.a. Art 6, 7, 10, 11 ECRL; vgl. auch Micklitz in: Reich/Micklitz, Europäisches Verbraucherrecht, S.621.

448 Die Richtlinie 98/27/EG vom 19.5.1998.

449 S.a. Art 2, 3 UklaRL.

450 Vgl. Heiderhoff, Anhang I, S.231ff.

451 Z.B. ist die Fernabsatzrichtlinie zunächst sonderprivatrechtlich in deutsches Recht durch das Fernabsatzgesetz umgesetzt worden. Die Regelungen der E-Commerce-Richtlinie sind in verschiedenen Gesetzen umgesetzt, für den Verbraucherschutz im elektronischen Geschäftsverkehr ist insbesondere § 312e BGB maßgeblich.

452 Vgl. Brüggemeier/Reich, BB 2001, S. 213ff(213).

453 Das Fernabsatzgesetz wurde durch die Schuldrechtsmodernisierung in das BGB integriert im Rahmen des §§ 312b BGBff. Ferner sind die Vorgaben der Verbrauchsgüterkaufrichtlinie (§§ 474 BGBff) und der Klauselrichtlinie (§§ 305BGBff) in das BGB integriert worden.

454 Vgl. Bülow/Artz, NJW 2000, S.2049ff (2053); Roth, JZ 2001, S.475ff (482); Krebs DB 2000 Beilage Nr.14, S.27.

455 Z.B. wird die europäische Vorgabe nach Art 6 I FARL bzgl. des Widerrufsrechts bei Fernabsatzverträgen von mindestens sieben Tagen von den Vorschrift gemäß §§ 355 I S.2, 312 d I S.1 BGB n.F. (§ 3 I FernAbsG i.V.m. § 361a BGB a.F.) auf ein zweiwöchiges Widerrufsrecht erweitert.

II. Die deutschen und europäischen Rechtsquellen

1. Die europäischen Richtlinien

Die EU kann Richtlinien zur Angleichung der Rechts- und Verwaltungsvorschriften der Mitgliedstaaten erlassen, die sich direkt auf die Errichtung und das Funktionieren des Gemeinsamen Marktes auswirken.[456] Seit der Schaffung des Art 129a a.F. EGV (Art 153 EGV n.F.) gehört nun auch explizit die Angleichung des privatrechtlichen Verbraucherschutzrechts zu den gemeinschaftsrechtlichen Aufgaben, wobei zwar ein hohes Verbraucherschutzniveau gewährleistet werden soll,[457] dennoch gemeinschaftsrechtlich nur Mindeststandards zur Harmonisierung geregelt werden, um gleichermaßen dem Grundsatz der Subsidiarität[458] zu entsprechen.[459] Die Richtlinien entfalten, wie oben bereits erwähnt, grundsätzlich keine Direktwirkung für die Bürger in den Mitgliedstaaten.[460] Die im Folgenden dargestellten Vorgaben der europäischen Richtlinien sind demnach keine unmittelbar im deutschen Privatrecht anwendbare Rechtsakte.[461] Wohl verpflichten sie die Mitgliedstaaten zu einer richtlinienkonformen Anpassung des nationalen Privatrechts. Insofern sind die Richtlinienbestimmungen auch nach der Umsetzung einer Richtlinie in deutsches Recht von Bedeutung, indem die Konformitätsprüfung der deutschen Transformationsgesetze stets eröffnet bleibt und erneute Überarbeitungen u.U. notwendig werden lässt.[462]

Die Gemeinschaft hat, wie gesagt, eine große Zahl von Richtlinien auf dem Gebiet des privatrechtlichen Verbraucherschutzes geschaffen.[463] Im Folgenden werden nur die Richtlinien dargestellt, die eine konkrete Auswirkung auf das Verbraucherschutzrecht bei Internetkaufverträgen haben. Eine ausführliche Betrachtung bedürfen dabei zunächst die Fernabsatzrichtlinie und die E-Commerce Richtlinie.

a) Die Fernabsatzrichtlinie

aa) Zielsetzung und Anwendungsbereich der FARL

Die Fernabsatzrichtlinie von 1997[464] wurde nicht ausschließlich zum Schutz des Verbrauchers bei Internetverträgen entwickelt. Der gemeinschaftspolitische Rege-

456 Gemäß Art 94 EGV.

457 Siehe Art 153 I EGV; ferner Fernabsatzrichtlinie 97/7/EG, Erwägungsgrund (3) und Richtlinie über den Fernabsatz von Finanzdienstleistungen (2002/65/EG), Erwägungsgrund (1).

458 Gemäß Artikel 5 II EGV.

459 Vgl. Micklitz in: Reich/Micklitz, Europäisches Verbraucherrecht, S.1171.

460 Gemäß Art 249 III EGV.

461 Bei einer fehlenden bzw. nicht rechtzeitigen Umsetzung der europäischen Richtlinien können die Mitgliedstaaten aber u.U. auf Schadensersatz in Anspruch genommen werden.

462 Der Gemeinschaft verbleibt beim langfristigen Fehlen einer Umsetzung in nationales Recht die Möglichkeit ein Verfahren gegen den Mitgliedstaat zu erheben, bei der nicht richtlinienkonformen Umsetzungen sind die Mitgliedstaaten zur Überarbeitung der Transformationsakte verpflichtet.

463 Man spricht daher von einer „Europäisierung des deutschen Privatrechts“, z.B. Klauer, S.17; Fischer, VuR 2003, S.374ff (375); Fischer, VuR 2003, S.20ff (21) Gebauer, S.1f.

464 Die EU-Richtlinie (97/7/EG, ABl. L 144, 4.6.1997, S.19ff) trat am 4.7.1997 in Kraft und ergänzt die Richtlinie 85/577/EWG (ABl. L 372, 31.12.1985) über Haustürgeschäfte. Zum

lungswunsch richtete sich zunächst auf die Angleichung der mitgliedstaatlichen Gesetze zum „klassischen Versandhandel".[465] Die durch neue technische Kommunikationsmöglichkeiten aufkommende Expansion des internationalen Verbraucherversandhandels sind Anlass für den europäischen Gesetzgeber gewesen, eine Harmonisierung der nationalen Rechtsvorschriften[466] im europäischen Fernabsatz in Erwägung zu ziehen.[467]

Die Richtlinie regelt Vertragsabschlüsse im Fernabsatz,[468] auch Distanzgeschäfte genannt.[469] Das sind Verträge zwischen einem Unternehmer und einem Verbraucher über Waren oder Dienstleistungen, die im Rahmen eines für den Fernabsatz organisierten Vertriebs- oder Dienstleistungssystems des Unternehmers geschlossen werden.[470] Der Vertrag muss dabei ausschließlich, von der Vertragsanbahnung bis zum Vertragsschluss, durch Verwendung von Fernkommunikationsmitteln abgewickelt worden sein, die in Verbindung mit einem organisierten Vertriebssystem von dem Unternehmer eingesetzt wurden.[471] Zu den Fernkommunikationsmitteln gehören u.a. Telefon, Telefax, Hörfunk, Fernsehen und das Internet.[472]

Verlauf der Diskussion in der Gemeinschaft bis zum Richtlinienerlass, vgl. Meents, S.173ff; Dilger, S.59ff.

465 In dem Zeitpunkt, in dem die Schaffung einer Fernabsatzrichtlinie erstmalig vom europäischen Gesetzgeber erwogen worden ist (1992), spielte der E-Commerce noch keine nennenswerte Rolle für den europäischen Binnenmarkt; vgl. Dilger, S.57f, 67f; Pützhoven, S.1f; Köhler/Arndt, Rn.125; Lehmann, EuZW 2000, S.517ff (518).

466 S.a. FARL, Erwägungsgrund (4); im deutschen Recht existierte bis dato noch kein Fernabsatzrecht, vgl. Kainz in: Heusel, S.75; Micklitz in: Micklitz/Reich, Die Fernabsatzrichtlinie im deutschen Recht, S.34; zu den Regelungen über den Fernabsatz in anderen europäischen Rechtsordnungen, s.a. Thorn, IPRax 1999, S.1ff (2f).

467 Vgl. FARL, Erwägungsgründe (3), (4), (5); vgl. auch Meents, S.173f; Moritz, CR 2000, S61ff (66).

468 Hierbei soll kein neuer Vertragstypus geschaffen werden, sondern eine bestimmte für den Verbraucher besonders nachteilige Vertriebsform geregelt werden, Micklitz in: Reich/Micklitz, Europäisches Verbraucherrecht, S.576f.

469 Der Begriff „Distanzgeschäfte" verweist darauf, dass die Abwesenheit der Vertragsparteien beim Vertragsschluss für den Fernabsatz entscheidendes Merkmal ist, vgl. Dilger, 67f; Micklitz in: Reich/Micklitz, Europäisches Verbraucherrecht, S.577; das Merkmal der Abwesenheit ist auch zentrales Abgrenzungskriterium für das Gegenstück zum Fernabsatz, für die Haustürgeschäfte, vgl. dazu Micklitz in: Micklitz/Reich, Die Fernabsatzrichtlinie im deutschen Recht, S.3ff. Die Bezeichnung Distanzgeschäfte orientiert sich an dem englischen und französischen Richtlinientext „distance selling", „vente à distance", Pützhoven, S.1f.

470 Gemäß Art 2 Nr.1 FARL.

471 Vgl. Micklitz in: Reich/Micklitz, Europäisches Verbraucherrecht, S.577; Meents, S.182f; Dilger, S.66ff. Zur Eröffnung des Anwendungsbereichs ist lediglich erforderlich, dass die Vertragskommunikation über Fernkommunikationsmittel erfolgt, eine elektronische Erfüllungsleistung bzw. Abwicklung des Vertrages ist nicht notwendig; vgl. auch. Scherer/Butt, DB 2000, S.1009ff (1015).

472 Zu den Fernkommunikationsmitteln gehören alle Kommunikationsmittel, die zum Abschluss eines Vertrages ohne gleichzeitige Anwesenheit der Vertragsparteien eingesetzt werden kann, gemäß Art 2 Nr.4 FARL. Eine Beispielsliste für Fernkommunikationsmittel gemäß Art 2 Nr.4 FARL befindet sich in Anhang I der FARL; das Internet wird nicht explizit in dieser Liste genannt, für eine Anwendung auf Internetgeschäfte spricht jedoch, dass die im Anhang I genann-

Die Richtlinie schließt einige Vertragsarten konkrete Waren oder Dienstleistungen betreffend von ihrem Anwendungsbereich ganz oder teilweise aus,[473] wie z.B. sämtliche Formen von Finanzgeschäften,[474] Immobiliengeschäfte und Geschäfte, die an Warenautomaten oder mittels öffentlichem Fernsprecher abgeschlossen werden sowie Versteigerungen.[475]

bb) Übersicht über den Regelungsinhalt

Die FARL gehört zu den klassischen EU-Verbraucherschutzricht-linien. Im Vordergrund der Verbraucherschutzinstrumentarien der Richtlinie stehen die Informationspflichten des Unternehmers vor Vertragsabschluss und das zeitlich begrenzte Widerrufsrecht des Verbrauchers nach Vertragsschluss.[476] Darüber hinaus bestimmt die FARL aber auch verbraucherschützende Vorgaben für die Mitgliedstaaten zur Regulierung der Erfüllungspflichten des Unternehmers (Vertragsdurchführung),[477] der Sicherheit des Verbrauchers bei der Kartenzahlung,[478] der Zusendung unbestellter Waren[479] und zur Beschränkung der elektronischen Geschäftsführung mit bestimmten

---

ten Kommunikationsmittel nicht abschließend aufgezählt sind. Außerdem nennt die Liste u.a. die „elektronische Post" als Kommunikationsmittel (Anhang I, 11.Spiegelstrich), vgl. dazu Micklitz in: Micklitz/Reich, Die Fernabsatzrichtlinie im deutschen Recht, S.34; Dilger, S.67f; Micklitz in: Reich/Micklitz, Europäisches Verbraucherrecht, S.579f; ; Köhler/Arndt, Rn.128; Arnold, CR 1997, S.526ff (529); Borges ZIP 1999, S.130ff (135).

473 Die Ausnahmen nach Art 3 I FARL sind absolute Ausnahmen; die Regelung Art 3 II FARL bestimmt die Unanwendbarkeit bestimmter Vorschriften, das betrifft insbesondere die Vorschriften über die Informationspflichten und das Widerrufsrecht.

474 Gemäß Art 3 I 1.Spiegelstrich FARL a.F. und n.F.; die ursprüngliche Fassung der FARL 97/7/EG enthielt in Anhang II einen beispielhaften Ausnahmekatalog für Finanzdienstleistungen. Nachdem nun die Richtlinie über den Fernabsatz von Finanzdienstleistungen (2002/65/EG, ABl. L 271, 9.10.2002, S.16ff) in Kraft getreten ist (9.10.2002), wird dieser Anhang II der Richtlinie gestrichen, nach Art 3 I 1.Spiegelstrich FARL n.F. werden von der Anwendung der FARL nun alle Finanzdienstleistungen ausgenommen, die von der Richtlinie 2002/65/EG erfasst werden.

475 Gemäß Art 3 I FARL. Die begrenzte Ausnahmeregelung nach Art 3 II FARL erfasst vor allem regelmäßige Hauslieferungsverträge über Lebensmittel und Haushaltswaren (sog. „ambulanter Handel"), die terminliche Lieferung von Speisen und Getränken (z.B. der Pizzaservice) und Beförderungs- und Touristikverträge sowie Dienstleistungsverträge im Rahmen der der Freizeitgestaltung. Für diese gelten weder die Informationspflichten noch das Widerrufsrecht; vgl. dazu Micklitz in: Reich/Micklitz, Europäisches Verbraucherrecht, S.580ff; Micklitz in: Micklitz/Reich, Die Fernabsatzrichtlinie im deutschen Recht, S.10ff. Weitere Einschränkungen des Widerrufsrechts werden für bestimmte Verträge in Art 6 III FARL normiert, wozu z.B. der Handel mit Zeitschriften und Zeitungen, Audio- und Videoaufzeichnungen sowie Softwareprodukte, die entsiegelt worden sind, und Wett- und Lotterieleistungen gehören.

476 Die Informationspflichten ergeben sich aus Art 4, 5 FARL, das Widerrufsrecht ist in Art 6 FARL geregelt.

477 Gemäß Art 7 FARL.

478 Gemäß Art 8 FARL.

479 Gemäß Art 9 FARL.

Fernkommunikationsmitteln[480]. Außerdem verpflichtet die Richtlinie die Mitgliedstaaten zur Entwicklung von Rechtsschutzmöglichkeiten der nationalen Verbraucherschutzorganisationen und Verbraucherverbände.[481]

cc) Verhältnis der FARL zu anderen EU-Richtlinien

Die Richtlinie bestimmt daneben das Verhältnis ihrer Regelungen zu anderem europäischen Gemeinschaftsrecht in Art 13 FARL. Danach haben andere Richtlinienbestimmungen Vorrang, wenn diese entweder einen bestimmten Vertragstyp im Fernabsatz umfassend regeln[482] oder wenn es sich um spezifizierende Rechtsvorschriften handelt, die nur bestimmte Aspekte der Warenlieferung oder der Dienstleistungserbringung regeln[483]. Sonstige Richtlinien sind im Wesentlichen neben bzw. ergänzend zu der Fernabsatzrichtlinie anwendbar.[484] Das gilt auch für die erst später erlassenen Richtlinien ECRL[485] und UklaRL[486].

Das europäische Fernabsatzrecht ist mit der Verabschiedung der FARL allerdings noch nicht abschließend geregelt. Im Anhang II FARL wird die Prüfung der Option angekündigt, eine zur FARL ergänzende Richtlinie für Fernabsatzfinanzdienstleistun-

480 Gemäß Art 10 FARL, das betrifft vor allem Voice-Mail Systeme und die Verwendung eines Telefax gemäß Art 10 I FARL. Beschränkungen für weitere Fernkommunikationsmittel können die Mitgliedstaaten nach Art 10 II FARL erlassen.

481 Gemäß Art 11 FARL. Um eine bestmögliche Durchsetzung der europäischen Vorgaben zu gewährleisten, sollen die Mitgliedstaaten ferner Maßnahmen zur Verbraucheraufklärung über die „neuen" Verbraucherrechte ergreifen im Sinne des Art 16 FARL. Darüber hinaus normiert die FARL auch die internationalprivatrechtliche Handhabung von Fernabsatzverträgen, siehe dazu Art 12 II FARL; vgl. auch Micklitz in: Reich/Micklitz, Europäisches Verbraucherrecht, S.605ff; Reich in: Reich/Nordhausen, S.82f; Borges, ZIP 1999, S.565ff (572f).

482 Gemäß Art 13 I FARL; das trifft auf Pauschalreisen und teilweise auf Time-Sharing Verträge zu, die in der Pauschalreisenrichtlinie 90/314/EWG, ABl. L 158, 13.6.1990, S.59ff und in der Time-Sharing Richtlinie, 94/47/EG, ABl. L 280, 26.10.1994, S.83ff geregelt sind. Finanzdienstleistungen (Verbraucherkreditrichtlinie 87/102/EWG, ABl. L 42, 12.2.1987, S.48ff; Richtlinie über den Fernabsatz von Finanzdienstleitungen 2002/65/EG, ABl. L 271, 9.10.2002, S.16ff) fallen grundsätzlich auch in diese Kategorie, werden allerdings ohnehin von dem Anwendungsbereich der FARL ausgenommen, Art 3 I 1.Spiegelstrich FARL, vgl. Micklitz in: Micklitz/Reich, Die Fernabsatzrichtlinie im deutschen Recht, S.34; Micklitz in: Reich/Micklitz, Europäisches Verbraucherrecht, S.601f.

483 Gemäß Art 13 II FARL; damit sind vor allem die wettbewerbsrechtliche Regelungen der EU zum Teleshopping gemeint, die Richtlinie 97/36/EG, ABl. L 202, 30.7.1997, S.60ff, in Ergänzung zu der Richtlinie 89/522/EWG ABl. L 298, 17.10.1989, S.23ff, vgl. Micklitz in: Micklitz/Reich, Die Fernabsatzrichtlinie im deutschen Recht, S.34.

484 Ergänzend anwendbar sind z.B. die Verbraucherschutzrichtlinien über den Verbrauchsgüterkauf, über die missbräuchliche Verwendung von Klauseln und über die Produkthaftung. Komplementär verläuft hingegen das Verhältnis der Richtlinie über Haustürgeschäfte, vgl. auch Grundmann, S.226.

485 2000/31/EG, ABl. L 178, 8.6.2000, S.1ff.

486 98/27/EG, ABl. L 166, 11.6.1998, S.51ff; die UklaRL bestimmt die prozessuale Durchsetzung der in der FARL niedergelegten Rahmenbedingungen zum Verbraucherschutz im Fernabsatz.

gen zu schaffen. Ergebnis dieses Vorhabens ist die Richtlinie über Finanzdienstleistungen im Fernabsatz von 2002.[487]

b) Die E-Commerce Richtlinie

aa) Zielsetzung und Anwendungsbereich der ECRL

Das Richtlinienvorhaben zur Schaffung einheitlicher Rahmenbedingungen für den elektronischen Geschäftsverkehr wurde bereits 1997 erklärt.[488] Der erste Entwurf zu dieser Richtlinie musste zunächst aufgrund einiger Bedenken des Europäischen Parlaments[489] überarbeitet werden.[490] Die Richtlinie über den elektronischen Geschäftsverkehr wurde schließlich im Jahre 2000 verabschiedet.[491]

Die Erwägungsgründe zur Schaffung der ECRL richten sich, mit Rücksicht auf das enorme wirtschaftliche Potential des neuen elektronischen Marktes,[492] vor allem auf den Abbau der rechtlichen Unterschiede und Unsicherheiten in den Mitgliedstaaten in Bezug auf den E-Commerce und eine europaweite Angleichung der Regelungen für Informationsdienste, um den für den elektronischen Markt immens wichtigen grenzüberschreitenden Handel zu fördern.[493] Die optimale Integration des Online-Handels in den europäischen Binnenmarkt sollte durch einfache und klare Regelungen bestimmter, rechtlicher Aspekte des elektronischen Geschäftsverkehrs gewährleistet werden.[494]

Die ECRL regelt den freien Verkehr der Dienste der Informationsgesellschaft zwischen den Mitgliedstaaten[495] und umfasst damit einen sehr breiten,[496] aber auch indifferenten[497] Anwendungsbereich. Erfasst werden alle Dienste, die i.d.R. gegen Entgelt elektronisch im Fernabsatz oder auf individuellen Abruf eines Empfängers

---

487 2002/65/EG, ABl. L 271, 9.10.2002, S.16ff, vgl. dazu auch Micklitz in: Micklitz/Reich, Die Fernabsatzrichtlinie im deutschen Recht, S.3. Ferner bestimmt Art 17 FARL, daß die Kommission die Möglichkeiten zur Schaffung einheitlicher Beschwerdesysteme für Verbraucherbeschwerden zu untersuchen hat, siehe dazu den Bericht (KOM 2000/127, S.13).

488 S.a. Mitteilung der Kommission „Europäische Initiative für den elektronischen Geschäftsverkehr", (KOM 1997, 157).

489 S.a. EP-Report A 4-0248/99 (6.5.1999); vgl. zur Kritik an dem ersten Vorschlag der ECRL, z.B. Apel/Grapperhaus, WRP 1999, S.1247ff (1247); Köhler/Arndt, Rn.101ff; Frank in: Bräutigam/Leupold; S.532f; Ruess, S.21; Waldenberger, EuZW 1999, S.296ff (302f).

490 Der erste Richtlinienvorschlag (KOM (1998), 585 endg.) wurde 1999 mit den Änderungsvorschlägen des Europäischen Parlaments geändert (KOM (1999), 427 endg.), siehe dazu Micklitz in: Reich/Micklitz, Europäisches Verbraucherrecht, S.613f; Ruess, S.12f; Reich in: Reich/Micklitz, Europäisches Verbraucherrecht, S.131ff; Köhler/Arndt, Rn.135ff.

491 Richtlinie 2000/31/EG über bestimmte rechtliche Aspekte der Dienste der Informationsgesellschaft, insbesondere des elektronischen Geschäftsverkehrs, im Binnenmarkt, ABl. L 178, 8.6.2000, S.1ff.

492 S.a. Erwägungsgrund (2) ECRL.

493 S.a. Erwägungsgrund (5) ECRL; Artikel 1 II ECRL; vgl. dazu auch Reich in: Reich/Nordhausen, S.127.

494 S.a. Erwägungsgründe (6), (7) ECRL; vgl. dazu auch Köhler/Arndt, Rn.137; Reich in: Reich/Nordhausen, S.129f.

495 S.a. Artikel 1 I ECRL.

496 Vgl. Fritze/Holzbach, WRP 2000, S.872ff (872). Zum Anwendungsbereich der ECRL ausführlich: Frank in: Bräutigam/Leupold, S.533ff; Ruess, S.21ff; Glatt, S.70ff.

497 Vgl. Arndt/Köhler, EWS 2001, S.102ff (103); Waldenberger, EuZW 1999, S.296ff (296f).

erbracht werden.[498] Dabei erweisen sich insbesondere die Formulierungen „Dienstleistungen“ und „in der Regel gegen Entgelt“ als irreführend,[499] denn die ECRL ist einerseits auch auf Warenkaufverträge im Fernabsatz anwendbar, andererseits gehören zum „koordinierten Bereich“[500] der Richtlinie auch elektronische Tätigkeiten der Anbieter, die unentgeltlich gegenüber dem privaten Nutzer erfolgen, wie die elektronische Werbung.[501]

Laut den Erwägungsgründen gehören sämtliche Online-Tätigkeiten der Anbieter zum Hauptanwendungsbereich der ECRL, wie z.B. Internet-Informationsdienste, der Online-Verkauf, der Online-Vertragsschluss sowie die Online-Werbung,[502] allerdings nur soweit diese auch online abgewickelt werden.[503] Ferner normiert Artikel 1 V ECRL einige Ausnahmen für bestimmte wirtschaftliche Rechtsbereiche, wie z.B. steuerrechtliche und kartellrechtliche Aspekte.[504]

---

498 Der Begriff „Dienste der Informationsgesellschaft“ wird in der ECRL nicht definiert, Artikel 2 a) ECRL verweist insoweit auf die Begriffsbestimmung nach Artikel 1 Nr.2 der Richtlinie 1998/48/EG (ABl. L 217, 20.7.1998, S.18ff zur Änderung der Richtlinie 1998/34/EG über ein Informationsverfahren auf dem Gebiet der Normen und technischen Vorschriften). In dem durch die Richtlinie 1998/48/EG der Richtlinie 1998/34/RG angefügten Anhang V ist eine Negativliste enthalten: Z.B. gehören dazu Dienstverträge, die nicht im Fernabsatz abgeschlossen werden, d.h. Dienste die bei gleichzeitiger physischer Anwesenheit der Parteien vereinbart und durchgeführt werden. Zu den Ausnahmen gehören weiterhin nicht elektronische erbrachte Dienste. Dazu gehören auch solche, die zwar mittels elektronischen Geräten aber letztendlich materiell ablaufen, wie z.B. die Geldausgabe oder Zutrittskarten an Automaten etc. Des Weiteren sind Dienste ausgenommen, die nicht durch den individuellen Abruf des Empfängers geschlossen werden, z.B. Fernseh- und Radiosendungen; vgl. Thorn, IPRax 1999, S.2ff (17).

499 Vgl. Arndt/Köhler, EWS 2001, S.102ff (103); Waldenberger, EuZW 1999, S.296ff (297); Thünken, IPRax 2001, S.15ff (17).

500 Der „koordinierte Bereich“ umfasst die durch Richtlinie festgelegten Anforderungen gemäß Artikel 2 h) ECRL. Dazu gehören gemäß Artikel 2 h) i) ECRL Anforderungen die Aufnahme der Tätigkeit (also Qualität und Zulassung) betreffend und die Ausübung der Tätigkeit (Inhalt des Dienstes, Verhalten und Verantwortlichkeit des Anbieters).

501 Der Begriff „Dienste“ ist im Lichte des Artikel 60 EGV zu verstehen und deshalb weit auszulegen; nicht notwendig in diesem Zusammenhang ist somit, dass der Nutzer des Dienstes das Entgelt selber bezahlt. Es genügt, wenn die Bereitstellung der Werbefläche „in der Regel“ entgeltlich erfolgt. Dementsprechend werden auch derzeit noch kostenlose Internetdienste, wie z.B. Suchmaschinen von dem Anwendungsbereich erfasst; vgl. Frank in: Bräutigam/Leupold, S.533f; Glatt, S.71; Maennel, MMR 1999, S.187ff (188).

502 S.a. Erwägungsgrund (18), (21) ECRL.

503 Von dem koordinierten Bereich sind ausdrücklich ausgenommen Anforderungen an die Waren selber, an die Lieferung und alle sonstigen nicht-elektronisch erbrachten Teile eines Geschäfts, gemäß Artikel 2 h) ii), Erwägungsgrund (18), (21) ECRL. Bei online abgeschlossenen und offline abgewickelten Verträgen (indirekter E-Commerce) unterfällt deshalb nur der elektronische Teil des Geschäfts (also der Vertragsschluss und ggf. die Werbung) dem Anwendungsbereich der ECRL, vgl. Ruess, S.30; Glatt, S.72f.

504 Siehe Artikel 1 V a), c) ECRL. Ausgenommen sind ferner Rechtsfragen über Dienste, die bereits durch die Richtlinien 1995/46/EG (Richtlinie zum Schutz natürlicher Personen bei der Verarbeitung personenbezogener Daten und zum freien Datenverkehr, ABl. L280, 23.11.1995, S.31ff) und 1997/66/EG (Richtlinie über die Verarbeitung personenbezogener Daten und den Schutz der Privatsphäre im Bereich der Telekommunikation, ABl. L 24, 30.1.1998, S.1ff) erfasst werden (Artikel 1 V b) ECRL). Die Richtlinie schließt des Weiteren folgende Tätigkeiten

bb) Überblick über den Regelungsinhalt

Grundsätzlich verfolgt die Richtlinie einen liberalen, markt-offenen Ansatz.[505] Es gilt z.B. prinzipiell die Verpflichtung zur Zulassungsfreiheit der Dienstanbieter in den Mitgliedstaaten[506] und zur rechtlichen Anerkennung von elektronischen Verträgen bzw. die Pflicht zur Verhinderung zusätzlicher Hindernisse für die Wirksamkeit von Internetverträgen in den nationalen Rechtssystemen.[507] Zentrale Regelung der ECRL, die lange kontrovers diskutiert worden ist,[508] ist das in Artikel 3 I, II ECRL niedergelegte „Herkunftslandprinzip", das mit einigen Einschränkungen gemäß Artikel 3 III, IV ECRL[509] vorgibt, dass jeder Dienstanbieter in jedem Mitgliedstaat seine Dienste zu den Bedingungen seines Herkunftslandes anbieten kann.[510] Von dem Anwendungsbe-

---

der Informationsdienste vom Anwendungsbereich der ECRL aus (Artikel 1 V d) ECRL): Notardienste und ähnliche Tätigkeiten, soweit sie mit öffentlichen Kompetenzen ausgestattet sind, gerichtliche Mandantenverteidigung, Gewinn- und Glückspielspiel, Lotterie und Wetten. Ausführlich zum sachlichen Anwendungsbereich der ECRL: Micklitz in: Reich/Micklitz, Europäisches Verbraucherrecht, S.615ff.

505 Vgl. Reich in: Reich/Nordhausen, S.127f; Ruess, S.20.

506 S.a. Artikel 4 I ECRL, danach dürfen die Mitgliedstaaten die Dienstanbieter nicht einer Zulassungspflicht unterstellen. Zu nennen ist auch die Haftungsbeschränkung nach Artikel 12 ECRL, wonach die Dienstanbieter nicht für eine durch sie nicht veranlasste und von ihnen nur durchgeleitete elektronische Nachricht haftbar gemacht werden dürfen. Ferner dürfen die Mitgliedstaaten den Anbietern keine Überwachungspflicht der Inhalte der übermittelten Nachrichten auferlegen (Artikel 15 I ECRL), wohl aber können sie eine Unterrichtungspflicht an die Behörden vorschreiben, wenn die Versendung rechtswidriger Inhalte immanent ist (Artikel 15 II ECRL).

507 S.a. Artikel 9 I ECRL. Nach Artikel 9 II ECRL können die Mitgliedstaaten aber einige Bereichsausnahmen vorsehen, wie z.B. die Anwendbarkeit auf Immobiliengeschäfte (Artikel 9 II a) ECRL).

508 Kritik übt z.B. Köhler/Arndt, Rn.138f; Thünken, IPRax 2001, S.15ff (18ff); Arndt, EWS 2001, S.102ff (106); Apel/Grapperhaus, WRP 1999, S.1247ff (1251f); Waldenberger, EuZW 1999, S.296ff (297ff); Lehmann, EuZW 2000, S.517ff (520f); Fezer/Koos, IPRax 2000, S.349ff (350f); Mankowski, GRUR Int., 1999, S.909ff (913ff); Mankowski, WRP 2000, 657f (657f); Brisch, CR 1999, S.235ff (236f); weniger kritisch: Arndt/Köhler, EWS 2001, S.102ff (104f); für das Herkunftslandprinzip Bender/Sommer, RIW 2000, S.260ff (261f). Vgl. zur Problematik und zum Streitstand: Reich in: Reich/Micklitz, Europäisches Verbraucherrecht, S.135ff; Ruess, S.42; 83ff; Moritz, CR 2000, S.61ff (70f); Fritze/Holzbach, WRP 2000, S.872ff (873ff).

509 Nach Artikel 3 III ECRL gelten die im Anhang der ECRL aufgeführten Ausnahmen. Artikel 3 IV ECRL erlaubt den Mitgliedstaaten zusätzliche Beschränkungen des Grundsatzes, wenn solche aus Gründen des Schutzes der öffentlichen Sicherheit, Ordnung und Gesundheit erforderlich sind. Die Beschränkung des Artikel 3 I ECRL enthält demgemäß einen *ordre public* ähnlichen Vorbehalt; vgl. dazu Reich in: Reich/Nordhausen, S.131. Ferner erlaubt Artikel 8 ECRL nationale rechtliche Beschränkungen für „reglementierte Berufe".

510 S.a. Artikel 3 I ECRL „Jeder Mitgliedstaat trägt dafür Sorge, dass die Dienste der Informationsgesellschaft, die von einem in seinem Hoheitsgebiet niedergelassenen Dienstanbieter erbracht werden, den in diesem Mitgliedstaat geltenden innerstaatlichen Vorschriften entsprechen, die in den koordinierten Bereich fallen." Nach Artikel 3 II ECRL dürfen diesbezüglich keine rechtlichen Beschränkungen für die ausländischen Anbieter normiert werden, vgl. Reich in: Reich/Micklitz, Europäisches Verbraucherrecht, S.135; Ruess, S.18f, 42ff; Glatt, S.76. Das Herkunftslandprinzip hat mittlerweile in einigen Richtlinien Einzug erhalten, z.B. in der Fernsehrichtlinie 89/552/EWG, ABl. L 298, 17.10.1989, S.23ff, auch die Vorschläge zur

reich des Artikel 3 I, II ECRL sind aber ausdrücklich Regelungen über vertragliche Schuldverhältnisse im Hinblick auf Verbraucherverträge ausgenommen.[511]

Auch wenn die ECRL keine „klassische" Verbraucherschutzrichtlinie ist,[512] berücksichtigt sie dennoch einen gesonderten Verbraucherschutz im Online-Handel.[513] Dieser wird einerseits durch vorvertragliche Informationspflichten des Unternehmers[514] und andererseits durch rechtliche Anforderungen an den Anbieter bei der Bestellung durch den Verbraucher[515] kodifiziert. Ferner enthält die ECRL Vorgaben für die Mitgliedstaaten zur Regelung kommerzieller, elektronischer Kommunikation[516] und der unaufgeforderten Zusendung von elektronischer Werbepost.[517] Eine weitere wichtige Verbraucherschutzregelung ist die Vorgabe zur Förderung der außergerichtlichen Streitbeilegung bei Verbraucherstreitigkeiten im nationalen Recht.[518] Darüber hinaus verpflichtet die ECRL die Mitgliedstaaten zur Normierung einiger allgemeiner Informationspflichten der Dienstanbieter gegenüber allen Nutzern, d.h. gegenüber privaten und kommerziellen Nutzern.[519]

cc) Verhältnis der ECRL zu anderen EU-Richtlinien

Die ECRL enthält keine Regelung, die ihr Verhältnis zu anderen Richtlinien bestimmt. Aus den Erwägungsgründen ergibt sich jedoch, dass die ECRL die Vorschriften der Verbraucherschutzrichtlinien grundsätzlich unberührt lässt.[520] Dementsprechend sind sämtliche Verbraucherschutzrichtlinien neben der ECRL im elektronischen Geschäfts-

---

„Richtlinie über Dienstleistungen im Binnenmarkt" enthalten das Herkunftslandprinzip (KOM 2004, 2 endg.; zuletzt KOM 2006, 160). Zur Anwendbarkeit des Prinzips auf Finanzdienstleistungen KOM 2003, 259.

511 S.a. Artikel 3 III i.V.m. 6.Spiegelstrich, Anhang ECRL; vgl. dazu auch Reich in : Reich/Nordhausen, S.131f. Ob damit nur Verbraucherschutzregelungen im engeren Sinne oder auch neutrale, teilweise den Verbraucher schützende Normen gemeint sind, ist umstritten, vgl. zum Streitstand Ruess, S.46ff.

512 Vgl. auch Micklitz in: Reich/Micklitz, Europäisches Verbraucherrecht, S.614.

513 Die ECRL enthält in Artikel 2 e) ECRL eine Legaldefinition des Verbraucherbegriffs und regelt vertragliche Pflichten, die ausschließlich auf Verbraucherverträge Anwendung finden, siehe Artikel 10, 11 ECRL, vgl. Micklitz in: Reich/Micklitz, Europäisches Verbraucherrecht, S.643; Reich in: Reich/Nordhausen, S.136.

514 S.a. Artikel 10 ECRL.

515 S.a. Artikel 11 ECRL (dazu gehört auch die Bereitstellung eines Verfahrens zur Korrektur von Eingabefehlern gemäß Artikel 11 II ECRL).

516 S.a. Artikel 6 ECRL.

517 S.a. Artikel 7 ECRL.

518 S.a. Artikel 17 ECRL.

519 S.a. Artikel 5 ECRL (Allgemeine Informationspflichten der Dienstanbieter gegenüber (allen) Nutzern). Auch die ECRL sollte nachträglich überprüft werden (Artikel 21 I ECRL), dies hat nach dem ersten Bericht der Kommission noch zu keinen Veränderungen geführt, siehe KOM 2003, 702. Vgl. dazu auch den Aktionsplan „eEurope 2005: Eine Informationsgesellschaft für alle" (ABl. C 48, 28.2.2003, S.2ff) (KOM 2002, 263), zuletzt KOM 2004, 108. Seit Ende 2005 ist mit dieser Aufgabe eine Expertengruppe betraut, s.a. Beschluss der Kommission 2005/752/EG, ABl. L 282, 26.10.2005, S.20ff.

520 S.a. Erwägungsgrund (11) ECRL.

verkehr anwendbar,[521] das gilt natürlich auch für die FARL.[522] Da sich die verbraucherschützenden Vertragsbestimmungen im Fernabsatz der ECRL teilweise mit den Regelungen der FARL überschneiden,[523] sind die Anforderungen der beiden Richtlinien nun kumulativ auf Verbraucherverträge im Internet anwendbar.[524]

Im Hinblick auf die ebenfalls zuvor erlassene Unterlassungsklagenrichtlinie, ergänzt die ECRL diese nun, indem Verstöße gegen die Informationspflichten der ECRL eine Klageeröffnung nach der UKlaRL ermöglichen.[525]

c) Weitere europäische Rechtsakte

Neben den ausführlich dargestellten Richtlinien, wurden zahlreiche Rechtsakte durch die EU initiiert, die eine mehr oder minder große Auswirkung auf das Rechtsgebiet des Verbraucherschutzes im Online-Warenhandel haben. Einen direkten rechtlichen Bezug und deshalb von größerer Bedeutung haben die Richtlinien zum Verbrauchsgüterkauf,[526] zur irreführenden Werbung[527] bzw. über unlautere Geschäftspraktiken,[528] die Klauselrichtlinie[529] sowie die oben angesprochene Signaturrichtlinie[530] und die Unterlassungsklagenrichtlinie[531]. Ebenfalls bedeutsam sind einige Verordnungen zum Verbraucherschutz, wie die Verordnung über die Zusammenarbeit der einzelstaatlichen Verbraucherschutzbehörden[532] und die Verordnungen zur Rechtsangleichung des internationalen Privat- und Zivilprozessrechts für vertragliche Schuldverhältnisse und Verbraucherverträge[533]. Daneben existieren Rechtsakte, die einen nur mittelbaren Einfluss auf das Verbraucherschutzrecht im Onlinewarenkauf haben. Dazu gehören u.a. die durch die Produkthaftungsrichtlinie[534] geregelte Produkthaftung des Herstel-

521 Z.B. die Verbrauchsgüterkaufrichtlinie, die Verbraucherkreditrichtlinie und die Klauselrichtlinie; vgl. auch Micklitz in: Reich/Micklitz, Europäisches Verbraucherrecht, S.643.

522 Insbesondere berührt das Herkunftslandprinzip gemäß Artikel 3 I, II ECRL nicht die IPR-Regelung der FARL für Verbraucherverträge (Artikel 12 II FARL); vgl. dazu Thünken, IPRax 2001, S.15ff (17).

523 Vgl. auch Micklitz in: Reich/Micklitz, Europäisches Verbraucherrecht, S.643; Arndt, EWS 2001, S.102ff (103).

524 Reich in: Reich/Nordhausen, S.136.

525 S.a. Artikel 18 I ECRL; Artikel 18 II ECRL enthält die hierfür erforderliche Ergänzung der UKlaRL Artikel 1, Anhang Nr.11 (98/27/EG, ABl. L 166, 11.6.1998, S.51ff), wonach auch zur Durchsetzung der ECRL die Rechtsschutzmöglichkeiten der Verbraucherverbände nach der UKlaRL ermöglicht werden.

526 Richtlinie 1999/44/EG, ABl. L 171, 7.7.1999, S.12ff.

527 Richtlinie 84/450/EWG, ABl. L 250, 19. 9. 1984, S.17ff.

528 Richtlinie 2005/29/EG; ABl. L149, 11.6.2005, S.22ff.

529 Richtlinie 93/13/EWG, ABl. L 95, 21. 4. 1993, S.29ff.

530 Richtlinie 1999/93/EG, ABl. L 13, 19.1.2000, S.12ff.

531 Richtlinie 1998/27/EG, ABl. L 166, 16.11.1998, S.51ff.

532 Verordnung 2006/2004/EG, ABl. L 364, 9.12.2004, S.1ff.

533 Z.B. die Verordnung zum internationalen Zivilprozessrecht 44/2001/EG (ABl. L 12, 16.01.2001, S. 1ff) über die gerichtliche Zuständigkeit und die Anerkennung und Vollstreckung von Entscheidungen in Zivil- und Handelssachen in der Form der Berichtigung, die im Amtsblatt Nr. L 307 vom 24.11.2001, S. 28 veröffentlicht ist.

534 Richtlinie 85/374/EWG, ABl. L 210, 7.8.1985, S. 29ff.

lers und die durch die Verbraucherkreditrichtlinie[535] verbürgten Rechte des Verbrauchers hinsichtlich eines mit dem Warenkauf verbundenen Kreditgeschäfts.

Von der Untersuchung ausgenommen werden haftungsrechtliche Fragen und andere schuldrechtliche Typenverträge, die mit dem Kaufvertrag in Zusammenhang stehen können, wie der Verbraucherdarlehensvertrag, sowie sämtliche Rechtsakte zum internationalen Privat- und Zivilprozessrecht.[536] Ferner erschöpfen sich die Erörterungen zur Wirksamkeit elektronischer Verträge und zu den Möglichkeiten der Rechtsdurchsetzung jeweils auf einen kurzen Überblick, weshalb hier die Signaturrichtlinie[537] und die Unterlassungsklagenrichtlinie[538] nicht dargestellt werden. Die übrigen europäischen Richtlinien mit engerem Bezug zum Verbraucherschutz im Onlinewarenhandel werden kurz vorgestellt.

aa) Die Verbrauchsgüterkaufrichtlinie

Der europäische Gesetzgeber bezweckte mit der Schaffung der Verbrauchsgüterkaufrichtlinie[539] die Angleichung der Rechtsvorschriften in den Mitgliedstaaten im Bereich des Warenhandels mit Verbrauchsgütern. Die Richtlinie bestimmt einen rechtlichen Mindeststandard in Bezug auf die Vertragsmäßigkeit der Verkäuferleistung bzw. des verkauften Produkts und den Mindestanforderungen eines unternehmerischen Garantieversprechens bei Verbrauchsgütergeschäften.[540]

Anwendung findet die Richtlinie auf Verbrauchsgüterverträge, d.h. auf alle Verträge, die von einem gewerblichen Verkäufer[541] mit einem Verbraucher[542] über die

535 Richtlinie 87/102/EWG, ABl. L 42, 12. 2. 1987, S. 48ff.

536 Das gilt sowohl für die europäischen Verordnungen zum internationalen Zivilprozessrecht als auch für die einzelnen Vorschriften zum internationalen Schuldvertragsrecht in den genannten Verbraucherschutzrichtlinien.

537 Siehe zur Signaturrichtlinie: Roßnagel, MMR 1999, S.261ff (262); Roßnagel, MMR 1998, S.331ff (331); Langenbach/Ulrich, S.85ff; Redeker, CR 2000, S.455ff (455f).

538 Siehe ausführlich zu den Richtlinienvorgaben und den Umsetzungsproblemen im deutschen Recht: von Moltke, S.17f; Micklitz in: Reich/Micklitz, Europäisches Verbraucherrecht, S.1169ff; Stadler in: Brömeke, S.8f. Wesentliche Regelung der Richtlinie ist die Einräumung einer Klagebefugnis bei Zuwiderhandlungen gegen Verbraucherrechte aus anderen Richtlinien; dazu gehören: Verbrauchsgüterkaufrichtlinie - ABl. L 171, 12 7.7.1999, S.12; Richtlinie 2000/31/EG (E-Commerce Richtlinie - ABl. L 178 1 17.7.2000, S.1); Richtlinie 2002/65/EG (Richtlinie über den Fernabsatz von Finanzdienstleistungen – ABl. L 271 16 9.10.2002, S.16); Richtlinie 2005/29/EG (Richtlinie über unlautere Geschäftspraktiken – ABl. L 171, 11.5.2005), die nach Artikel 16 Nr.1 der Richtlinie nun die zuvor im Anhang der UklaRL Nr.1 genannte Richtlinie 84/450/EG (über irreführende Werbung – ABl. L 250, 19.9.1984, S.17ff) ersetzt. Aktiv legitimiert werden dadurch aber nur bestimmte Organisationen, wie Verbraucherschutzverbände und bestimmte Berufsverbände.

539 Richtlinie 99/44/EG, Abl. L 171, 7.7.1999, S.12ff.

540 S.a. Artikel 1 I Verbrauchsgüterkaufrichtlinie. Das verfolgte Ziel ist also keine umfassende Vollharmonisierung des europaweiten Kaufrechts, sondern eine Mindestharmonisierung des Verbraucherkaufrechts, vgl. Lehmann/Dürrschmidt, GRUR 1997, S.549ff (550); Medicus, ZIP 1996, S.1925ff (1925).

541 S.a. Artikel 1 II c) Verbrauchsgüterkaufrichtlinie.

Lieferung von Waren abgeschlossen wurde, einschließlich von Ratenlieferungsverträgen[543] und Verträgen über die Lieferung herzustellender oder zu erzeugender Sachen[544].[545] Die Richtlinie enthält eine genaue Begriffsbestimmung über die „Vertragsmäßigkeit“[546] der verkauften Sache und knüpft an die Vertragswidrigkeit verschiedene Rechte, die dem Verbraucher gegenüber dem Verkäufer zu stehen sollen.[547]

Ferner regelt die Verbrauchsgüterkaufrichtlinie spezielle Anforderungen an kommerzielle Garantien.[548] Das sind vom Verkäufer oder Hersteller eingegangene besondere Verpflichtungen, für bestimmte Eigenschaften der verkauften Sache einzustehen.[549] Diese Garantieversprechen bedürfen nun gemäß der Richtlinie der Schriftform und verschiedener Informationen, die dem Verbraucher seitens des Verkäufers oder Herstellers klar und verständlich vor Vertragsschluss mitzuteilen sind.[550] Die Richtlinie verlangt außerdem, dass die in der Richtlinie verbürgten Rechte des Verbrauchers nicht durch Vertragsklauseln beschränkt oder aufgehoben werden dürfen.[551] Aus dieser Unabdingbarkeit resultieren natürlich besonders krasse Einschnitte und Einschränkungen für die Privatautonomie im Binnenmarkt, die es bislang im nationalen und internationalen Kaufrecht[552] so nicht gegeben hat.[553]

Da vertragliche Haftungsfragen und Gewährleistung im Kaufrecht nicht Gegenstand dieser Untersuchung sind, werden die Regelungen der Verbrauchsgüterkaufrichtlinie zur Vertragsmäßigkeit und zur Haftung des Verkäufers für die Vertragsmäßigkeit im Folgenden nicht berücksichtigt. Lediglich die Vorgaben im Zusammenhang mit Garantieversprechen, ihre Form, die Informationspflichten des Garantiegebers und die

---

542 S.a. Artikel 1 II a) Verbrauchsgüterkaufrichtlinie; von dem Schutzbereich sollten zunächst auch „Minderkaufleute“ erfasst werden. Dieser Vorschlag wurde in der endgültigen Richtlinie verworfen, vgl. Amtenbrink/Schneider, VuR 1996, S.367ff (368).

543 S.a. Erwägungsgrund (7).

544 S.a. Artikel 1 III Verbrauchsgüterkaufrichtlinie.

545 Ausgeschlossen von dem Anwendungsbereich der Richtlinie sind Verträge zwischen Kaufleuten und zwischen Verbrauchern; vgl. Jud, ÖJZ 1997, S.441ff (441f); Amtenbrink/Schneider, VuR 1996, S.367ff (368). Aber auch Verträge zwischen Verbraucher und Unternehmer über bestimmte Produkte werden ausgenommen, z.B. Verträge über Gas, Strom Wasser (sog. Versorgungsverträge) und Grundstückskaufverträge sowie der Kauf im Rahmen der Zwangsvollstreckung; vgl. Schmidt-Räntsch, ZIP 1998, S.849ff (849).

546 S.a. Artikel 2 Verbrauchsgüterkaufrichtlinie.

547 Diese ergeben sich aus den „Pflichten des Verkäufers“ gemäß Artikel 3 Verbrauchsgüterkaufrichtlinie.

548 S.a. Artikel 6 Verbrauchsgüterkaufrichtlinie.

549 S.a. Artikel 1 II d) Verbrauchsgüterkaufrichtlinie.

550 S.a. Artikel 6 II Verbrauchsgüterkaufrichtlinie.

551 S.a. Artikel 9 I Verbrauchsgüterkaufrichtlinie.

552 Sowohl die meisten Privatrechtsordnungen der Mitgliedstaaten, z.B. Deutschlands, als auch die internationalen Abkommen über das Kaufrecht, CISG und UNICITRAL sehen grundsätzliches dispositives Recht im Kaufvertragsrecht vor.

553 Vgl. Wolf, RIW 1997, S.899ff (902); Schurr, ZfRV 1999, S.222ff (229); dazu auch Schmidt-Räntsch, ZIP 1998, S.849ff (850). Kritisch dazu z.B. Schurr, ZfRV 1999, S.222ff (222); Stürner/Bruns in: Heusel, S.87; zu der Entwicklung, den Überarbeitungen und Diskussionen vgl. Hondius, ZEUP 1997, S.130ff (130ff, 140); Medicus, ZIP 1996, S.1925f; Schlechtriem, JZ 1997, S.441ff (446); Lehmann/Dürrschmidt, GRUR 1997, S.549ff (550); Amtenbrink/Schneider, VuR 1996, S.367ff (371f, 379f); Kircher, ZRP 1997, S.290ff (291ff, 294).

Anforderungen an die Präsentation der Informationen im Netz werden in der Arbeit näher untersucht und analysiert.

bb) Die Klauselrichtlinie

Die Richtlinie über missbräuchliche Klauseln in Verbraucherverträgen[554] sollte durch Vereinheitlichung der Rechtsvorschriften in den Mitgliedstaaten die Markttransparenz und die Rechtsposition der Verbraucher fördern und so das Vertrauen der Verbraucher in den Binnenmarkt stärken.[555] Ziel der Regelungsinitiative war dabei allerdings nur eine Teilharmonisierung des Klauselrechts.[556] Zum Anwendungsbereich der Klauselrichtlinie gehören ausschließlich formularmäßige, vom Unternehmer verwendete und nicht individuell ausgehandelte Vertragsklauseln, die dem Verbraucher beim Vertragsschluss gestellt werden und auf die er regelmäßig keine Einflussmöglichkeiten hat.[557] Nicht erfasst werden Vertragsklauseln in Arbeitsverträgen und im Bereich des Erb- und Familienrechts sowie des Gesellschaftsrechts.[558]

Die Richtlinie enthält in erster Linie detaillierte Bestimmungen, wann Vertragsklauseln bzw. ihre Verwendung in Verbraucherverträgen als missbräuchlich anzusehen sind.[559] Im Grundsatz liegt ein Missbrauch vor, wenn durch eine Klausel entgegen dem Gebot von Treu und Glauben Nachteile für den Verbraucher entstehen, durch die ein krasses Missverhältnis der vertraglichen Rechte und Pflichten der Vertragsparteien begründet werden.[560] Solche Vertragsbedingungen sollen für den Verbraucher unverbindlich sein, d.h. aber auch, dass der Vertrag und die übrigen Klauseln u.U. bestehen bleiben können.[561] Um eine effektive Bekämpfung der missbräuchlichen Verwendung von Allgemeinen Geschäftsbedingungen zu gewährleisten, werden die Mitgliedstaaten dazu angehalten, neben der Umsetzung der inhaltlichen Anforderungen an Klauseln in

---

554 Richtlinie 93/13/EWG, ABl. L 95, 21.4.1993, S. 29ff; zur Entwicklung der Richtlinie seit 1990, vgl. Micklitz in: Reich/Micklitz, Europäisches Verbraucherrecht, S.494ff; Reich, Europäisches Verbraucherschutzrecht, S.260ff.

555 S.a. Artikel 1 I, Erwägungsgründe (2) bis (6) Klauselrichtlinie. Zur Entstehungsgeschichte der Klauselrichtlinie und zu Kritik an den ersten Entwürfen, vgl. Eckert, WM 1993, S.1070ff (1070ff); Hommelhoff/Wiedemann, ZIP 1993, S.562ff (563f).

556 S.a. Erwägungsgrund (12). Die Regelungen der Klauselrichtlinie und insbesondere zum „Missbrauch" von Klauseln müssen zwar von den Mitgliedstaaten umgesetzt werden, sonstige Regelungen zur Wirksamkeit und Einbeziehung von Geschäftsbedingungen etc. bleiben aber Regelungsgegenstand des nationalen Rechts; vgl. Pfeiffer/Schinkels in: Micklitz/Pfeiffer/Tonner/Willingmann, S.138f; Guillen, VuR 1994, S.309ff (310).

557 S.a. Artikel 3 II, Erwägungsgrund (12) Klauselrichtlinie; zum Anwendungsbereich der Klauselrichtlinie im Einzelnen, vgl. Micklitz in: Reich/Micklitz, Europäisches Verbraucherrecht, S.500ff; Heinrichs, NJW 1995, S.153ff (159) Eckert, WM 1993, S.1070ff (1070ff).

558 S.a. Erwägungsgrund (10).

559 S.a. Artikel 3, 4 und der Anhang der Klauselrichtlinie, in dem ein nicht abschließender Verbots-Katalog vorzufinden ist. Artikel 5 Klauselrichtlinie enthält zudem Bestimmungen für schriftlich niedergelegte Klauseln.

560 S.a. Artikel 3 I Klauselrichtlinie. Kritisch zu der Unbestimmtheit des Rechtsbegriffs der „Missbräuchlichkeit", vgl. Micklitz in: Reich/Micklitz, Europäisches Verbraucherrecht, S.519; zum Begriff „Missbräuchlichkeit" im Einzelnen, vgl. Guillen, VuR 1994, S.309ff (310ff); Micklitz, VuR 1996, S.75ff (77f).

561 S.a. Artikel 6 I, II Klauselrichtlinie.

Verbraucherverträgen,[562] den Verbrauchern, den Wettbewerbern und den Verbraucherorganisationen effektive Rechtsschutzmöglichkeiten zur Durchsetzung ihrer Rechte an die Seite zu stellen.[563]

cc) Die Richtlinien zum wettbewerbsrechtlichen Verbraucherschutz

(1) Die Richtlinien über irreführende und vergleichende Werbung

Die sog. „Werberichtlinie" von 1984[564] war eine der ersten europäischen Richtlinien im gemeinschaftlichen Lauterkeitsrecht mit Bezug zum Verbraucherschutz.[565] Während der Schutz des Verbrauchers im Wettbewerb in dem ersten Vorschlag zu dieser Richtlinie[566] noch eine untergeordnete Rolle spielte,[567] stellt der Verbraucherschutz in der heutigen Fassung das primäre Ziel der Werberichtlinie dar.[568] Die Richtlinie dient der Mindestharmonisierung des europäischen Werberechts und belässt den Mitgliedstaaten einen großen Gestaltungsspielraum,[569] insbesondere können die Mitgliedstaaten weitergehende Schutzvorschriften normieren.[570]

Der Anwendungsbereich der Richtlinie beschränkte sich zunächst auf die Regulierung irreführender Werbung.[571] Dazu enthält die Werberichtlinie eine generalklauselartige Definition,[572] deren gerichtliche Auslegungskompetenz heftig umstritten war[573]: Werbung ist jede Äußerung bei der Ausübung eines Handels, eines Geschäfts oder Handwerks, mit dem Ziel den Absatz von Waren zu fördern.[574] Irreführend sind Werbeaussagen dann, wenn die Personen an die sie sich richten oder die sie erreichen, durch diese getäuscht werden oder die Äußerung zur Täuschung geeignet ist und

---

562 S.a. Artikel 10 I Klauselrichtlinie.

563 S.a. Artikel 7 Klauselrichtlinie; zu den Rechtsschutzmöglichkeiten der interessierten Gruppen und Verbraucherorganisationen, vgl. Lakkis, S.99; Micklitz in: Reich/Micklitz, Europäisches Verbraucherrecht, S.523ff.

564 Richtlinie 84/450/EWG, ABl. L 250, 19.9.1984, S.17ff.

565 Vgl. Micklitz in: Reich/Micklitz, Europäisches Verbraucherrecht, S.285.

566 Vgl. ABl. C 70, 21.3.1978, S.41ff.

567 Vgl. Zischka, S.112; Micklitz in: Reich/Micklitz, Europäisches Verbraucherrecht, S.285.

568 S.a. Erwägungsgründe (3), (4) der Werberichtlinie; vgl. auch Micklitz in: Reich/Micklitz, Europäisches Verbraucherrecht, S.285; Zischka, S.112.

569 Vgl. Klauer, S.420; Zischka, S.111f; Micklitz in: Reich/Micklitz, Europäisches Verbraucherrecht, S.286.

570 S.a. Artikel 7 Werberichtlinie.

571 In Abgrenzung zur „vergleichenden Werbung".

572 Vgl. Klauer, S.420.

573 Hierbei handelte es sich um einen Auslegungs- und Anwendungskonflikt zwischen nationalem Lauterkeitsrecht und den europarechtlichen Wettbewerbsregelungen und -Grundsätzen; z.B. EuGH, Slg. 1993, 2361ff, (Yves Rocher); EuGH, Slg. 1990, 667ff, EWS 1991, S.85ff (GB-INNO-BM); vgl. Klauer, S.392ff, 422ff; Micklitz in: Reich/Micklitz, Europäisches Verbraucherrecht, S.292ff; Groeschcke/Kiethe, WRP 2001, S.230ff (230ff). Im Ergebnis setzte sich die „objektiv-konkrete" Auslegung des Begriffs des EuGH durch; vgl. dazu die Entscheidungen des EuGH: EuGH, Slg. 1993, 2361ff, EuZW 1993, 420ff; VuR 1995, 251ff (Yves Rocher), EuGH, Slg. 1995, 1923ff (Mars), EuGH, Slg. 1992, 131ff, WRP 1993, 233ff (Nissan); EuGH, Slg. 2000, 117ff (Lifting); vgl. dazu auch Micklitz in: Reich/Micklitz, Europäisches Verbraucherrecht, S.312ff; Köhler, GRUR Int. 1994, S.396ff (397ff); Deutsch, GRUR 1996, S.541ff (543ff).

574 S.a. Artikel 2 Nr.1 Werberichtlinie.

dadurch das wirtschaftliche Verhalten des Getäuschten beeinträchtigt oder ein Konkurrent geschädigt wird oder dies zur Beeinträchtigung oder Schädigung geeignet ist.[575] Daneben enthält die Richtlinie Vorgaben für die Mitgliedstaaten Verbraucherverbänden und -Organisationen sowie den Konkurrenten Rechtsschutzmöglichkeiten zur Verfügung zu stellen, um gegen irreführende Werbepraktiken vorzugehen.[576]

Geändert und ergänzt wurde die Werberichtlinie u.a. durch die „Richtlinie zur Änderung der Richtlinie 85/450/EWG über irreführende Werbung zwecks Einbeziehung der vergleichenden Werbung“ von 1997[577]. Damit trat man, wie schon in der Werberichtlinie angekündigt,[578] in die zweite Phase der Entwicklung eines gemeinschaftlichen Lauterkeitsrechts ein,[579] in der eine umfassendere Harmonisierung angestrebt wurde.[580] Die Werberichtlinie wurde umgewandelt in die Richtlinie über irreführende und vergleichende Werbung[581] und erfasst, anders als bislang, auch Werbeaussagen, die der Wahrheit entsprechen und einen direkten oder indirekten Vergleich zu einem Mitbewerber oder dessen Erzeugnisse ziehen,[582] wobei der Konkurrent oder das Erzeugnis aus der werbenden Aussage erkennbar sein muss.[583] Die wesentliche Neuerung, die sich für das europäische Werberecht aus der abgeänderten Richtlinie ergibt, ist die eingeschränkte Zulässigkeit von vergleichender Werbung nach dem neuen Artikel 3 a der Richtlinie.[584] Daraus ergibt sich, dass vergleichende Werbung dann legitim sein soll, wenn die Werbeaussage den Grundsatz der Verhältnismäßigkeit wahrt, d.h. wenn die Äußerung geeignet ist, rationales Verbraucherverhalten zu fördern und gleichzeitig den Wettbewerber, den der Vergleich trifft, nicht mehr schädigt, als es zu diesem Zweck erforderlich ist.[585]

575 S.a. Artikel 2 Nr.2 Werberichtlinie; dabei sind alle Bestandteile der Aussage zu berücksichtigen gemäß Artikel 3 Werberichtlinie.

576 S.a. Artikel 4 I Werberichtlinie; die Mitgliedstaaten können dabei wählen, ob sie den Verbänden und Wettbewerbern lediglich eine Klagemöglichkeit einräumen oder kumulativ oder alternativ ein außergerichtliches, administratives Beschwerdesystem einrichten.

577 Richtlinie 97/55/EG, ABl. L 290, S.18ff. Zur Entwicklung der Richtlinie, vgl. Henning-Bodewig, GRUR Int. 1999, S.385ff (385).

578 S.a. Erwägungsgrund (6) Werberichtlinie.

579 S.a. Erwägungsgrund (4) der Abänderungsrichtlinie 97/55/EG.

580 Vgl. Klauer, S.430f; Micklitz in: Reich/Micklitz, Europäisches Verbraucherrecht, S.303; Henning-Bodewig, GRUR Int. 1999, S.385ff (386).

581 Neuer Titel der Richtlinie 84/450/EWG, s.a. Artikel 1 Nr.1 der Richtlinie 97/55/EG.

582 Artikel 1 Werberichtlinie n.F. (s.a. Artikel 1 Nr.2 der Richtlinie 97/55/EG); vgl. dazu auch Micklitz in: Reich/Micklitz, Europäisches Verbraucherrecht, S.303ff.

583 Artikel 2 Nr.2a Werberichtlinie n.F. (s.a. Artikel 1 Nr.3 der Richtlinie 97/55/EG).

584 Artikel 3 a Werberichtlinie n.F. (s.a. Artikel 1 Nr.4 der Richtlinie 97/55/EG). Der neu eingefügte Artikel 3a enthält die Voraussetzungen für die Zulässigkeit der vergleichenden Werbung, die kumulativ einzuhalten sind, s.a. Erwägungsgrund (11) der Richtlinie 97/55/EG. Im europäischen Recht bestand bis dato noch keine klare Regelungen, während die Rechtslage in den Mitgliedstaaten sehr unterschiedlich war: Die vergleichende Werbung war bislang z.B. nach belgischem und luxemburgischem Recht unzulässig, nach britischem, dänischem und irischen Recht aber grundsätzlich zulässig. Im deutschen Recht galt nach dem UWG ein grundsätzliches Verbot mit einigen Ausnahmen; vgl. dazu Henning-Bodewig, GRUR Int. 1999, S.385ff (385f).

585 Vgl. Micklitz in: Reich/Micklitz, Europäisches Verbraucherrecht, S.304ff.

Neben den Voraussetzungen für zulässige vergleichende Werbung in dem neu eingefügten Artikel 3 a, wird für unzulässige Praktiken mit vergleichender Werbung ebenfalls die Möglichkeit der Verbands- und Konkurrentenklage eingerichtet.[586] Zusätzlich zu den Abänderungsbestimmungen für die Werberichtlinie, enthält die Änderungsrichtlinie einen Untersuchungsauftrag für die Kommission, ob wirksame Verfahren zur Behandlung grenzüberschreitender Beschwerden bzgl. vergleichender Werbung geschaffen werden können.[587]

(2) Die Richtlinie über unlautere Geschäftspraktiken

Durch die neueste Richtlinie zum Lauterkeitsrecht werden die gemeinschaftsrechtlichen Vorgaben im Wettbewerbsrecht erneut geändert.[588] Die Richtlinie über unlautere Geschäftspraktiken[589] trat 2005 in Kraft und hat, anders als die oben beschriebenen Vorgängerrichtlinien,[590] eine Vollharmonisierung des Lauterkeitsrechts zum Ziel.[591] Wie aus dem ersten Entwurf und den Erwägungsgründen hervorgeht, sieht die Kommission in den nach wie vor unterschiedlichen Generalklauseln und Rechtsgrundsätzen der Mitgliedstaaten zum Wettbewerbsrecht die Gefahr der Wettbewerbsverzerrung und ein Hemmnis für die Förderung des Verbrauchervertrauens in den Binnenmarkt.[592]

Zweck der Richtlinie über unlautere Geschäftspraktiken ist daher diese Unterschiede aufzuheben und eine umfassende Rechtsangleichung auf dem Rechtsgebiet zu erreichen.[593] Hierzu enthält die Richtlinie abschließende Vorgaben für das Wettbewerbsrecht, das nunmehr, nach der sog. Binnenmarktklausel, nicht durch schärfere, nationale Regelungen ergänzt werden kann.[594]

---

586 Artikel 4 Werberichtlinie n.F. (s.a. Artikel 1 Nr.5, 6 der Richtlinie 97/55/EG).

587 Artikel 2 der Richtlinie 97/55/EG, siehe dazu den Bericht der Kommission von 2000 (KOM 2000, 127 endg.).

588 Der erste Vorschlag für diese Richtlinie wurde von der Kommission 2003 vorgelegt (KOM 2003, 356 endg.) und gründet unmittelbar auf dem „Folgedokument zum Grünbuch über kommerzielle Kommunikationen im Binnenmarkt“. Zur Entwicklung der Entwürfe der Richtlinie, vgl. Glöckner, WRP 2004, S.936ff (936f).

589 Richtlinie 2005/29/EG, ABl. L 149, 11.6.2005, S.22ff über unlautere Geschäftspraktiken im binnenmarktinternen Geschäftsverkehr zwischen Unternehmen und Verbrauchern und zur Änderung der Richtlinie 84/450/EWG, der Richtlinien 97/7/EG, 98/27/EG und 2002/65/EG sowie der Verordnung (EG) Nr.2006/2004 (Richtlinie über unlautere Geschäftspraktiken).

590 Gemeint sind insbesondere die oben beschriebene Richtlinien über irreführende Werbung (Richtlinie 84/450/EWG) und die Abänderungsrichtlinie zur Einbeziehung der vergleichenden Werbung (97/7/EG).

591 S.a. Erwägungsgrund (6) der Richtlinie 2005/29/EG; vgl. auch Keßler/Micklitz, BB 2003, S.2073ff (2075).

592 S.a. Begründung zum Richtlinienvorschlag Nr.6.-11. (KOM 2003, 356 endg.) und Erwägungsgründe (1)-(5) der Richtlinie 2005/29/EG.

593 S.a. Artikel 1 der Richtlinie 2005/29/EG.

594 S.a. Artikel 4 der Richtlinie 2005/29/EG; die Klausel bedeutet, vor allem in ihrer ursprünglichen Fassung, die Fortführung des „Herkunftslandprinzips“, weshalb die Vorschrift auch in Deutschland diskutiert wurde, vgl. Keßler/Micklitz, BB 2003, 2073ff (2075ff); Ohly, GRUR 2004, 889ff (891); kritisch z.B. Köhler/Lettl, WRP 2003, S.1017ff (1035); Ohly, GRUR 2004, 889ff (892); a.A. Veelken, WRP 2004, S.1ff (12); Glöckner, WRP 2004, S.936ff (938f). Aller-

Zum Anwendungsbereich der neuen Richtlinie gehören sämtliche unlauteren Geschäftspraktiken von Gewerbetreibenden gegenüber Verbrauchern.[595] Wobei mit „Geschäftspraxis" jede geschäftliche Verhaltensweise gemeint ist, die unmittelbar mit der Absatzförderung, dem Verkauf oder der Lieferung eines Produkts an den Verbraucher im Zusammenhang steht.[596] Erfasst werden alle Marktpraktiken eines Unternehmers, die mit der Vertragsanbahnung, dem Vertragschluss oder dem Verhalten nach Vertragschluss zusammenhängen.[597] Unberührt bleiben hingegen Regelungen, die das Zustandekommen und die Wirksamkeit eines Vertrages betreffen.[598] Ebenso nicht umfasst sind alle Vorschriften, die der Sicherheit eines Produkts oder der Gesundheit der Verbraucher dienen.[599] Ferner muss die Verhaltensweise im unmittelbaren Zusammenhang mit der Absatzförderung oder dem Verkauf stehen, d.h. die Richtlinie findet keine Anwendung auf geschäftliche Tätigkeiten, die nur mittelbar mit der Absatzförderung zusammenhängen, wie z.B. Investorenmitteilungen, Unternehmensprospekte oder Jahresberichte eines Unternehmens.[600] Außerdem dient die Richtlinie ausschließlich dem Verbraucherschutz, d.h. der Schutz des Konkurrenten vor unlauteren Geschäftsaktivitäten eines Wettbewerbers wird von dem Anwendungsbereich grundsätzlich ausgeklammert.[601]

Da die Richtlinie auch Geschäftstätigkeiten im Rahmen der Vertragsanbahnung und damit auch Werbemaßnahmen erfasst,[602] wird durch die neue Richtlinie zur Abstim-

---

dings findet sich in der in Kraft getretenen Richtlinie eine abgeschwächte Form des ursprünglichen Herkunftslandprinzips; vgl. dazu Seichter, WRP 2005, S.1087ff (1088).

595 S.a. Artikel 3 I der Richtlinie 2005/29/EG.

596 S.a. Artikel 2 d) der Richtlinie 2005/29/EG.

597 S.a. Erwägungsgrund (13) der Richtlinie 2005/29/EG.

598 S.a. Artikel 3 II der Richtlinie 2005/29/EG; unberührt bleiben auch die nationalen Regelungen zum Schutz des geistigen Eigentums, Niederlassungsbedingungen und Genehmigungsvoraussetzungen für Geschäftsaktivitäten sowie Regelungen über Glücksspiel und Lotterie, s.a. Erwägungsgrund (9) der Richtlinie 2005/29/EG.

599 S.a. Artikel 3 III der Richtlinie 2005/29/EG; die Mitgliedstaaten können deshalb für bestimmte Vertriebspraktiken nach wie vor Regelungen erlassen, z.B. die Reglementierung des Absatzes von Tabak-, Spirituosen und Arzneimittelprodukten, s.a. Erwägungsgrund (9) der Richtlinie 2005/29/EG.

600 Ebenso nicht erfasst werden Geschäftspraktiken, die anderen, z.B. ethischen Zielen dienen. Damit soll den sehr unterschiedlichen Moralvorstellungen in den Mitgliedstaaten Rechnung getragen werden, s.a. Erwägungsgrund (7) der Richtlinie 2005/29/EG.

601 Die Richtlinie dient lediglich mittelbar dem Schutz der (redlichen) Wettbewerber, indem die Richtlinie den lauteren Wettbewerb fördert, s.a. Erwägungsgrund (6), (8) der Richtlinie 2005/29/EG. Das bedeutet, daß Normadressaten der Richtlinie ausschließlich „Gewerbetreibende" sind, d.h. Geschäftspraktiken von Verbänden und der öffentlichen Hand werden nicht erfasst, vgl. dazu Köhler/Lettl, WRP 2003, S.1019ff (1033); Lettl, WRP 2004, S.1079ff (1088); Köhler, GRUR 2005, S.793ff (794); a.A.: Veelken WRP 2004, S.1ff (6). Aus der Richtlinie geht nicht eindeutig hervor, ob auch an der fraglichen Geschäftspraktik „mitwirkende" Gewerbetreibende, wie Werbeagenturen, erfasst werden, so z.B. Veelken, WRP 2004, S.1ff (6). Die endgültige Richtlinie erfasst zwar mittelbar auch den Konkurrentenschutz und eröffnet z.B. eine Klagemöglichkeit für den Konkurrenten nach Artikel 11 I der Richtlinie 2005/29/EG. Die grundsätzliche Abspaltung des Konkurrentenschutzes bleibt dadurch aber aufrecht erhalten; so auch Glöckner, WRP 2004, S.936ff (938).

602 S.a. Erwägungsgrund (14) der Richtlinie 2005/29/EG.

mung der gemeinschaftsrechtlichen Vorgaben im Lauterkeitsrecht die Richtlinie über irreführende und vergleichende Werbung abgeändert. Die „Werberichtlinie" wird nun auf den Konkurrentenschutz reduziert und der Schutz des Verbrauchers vor irreführender Werbung ist fortan Regelungsbereich der Richtlinie über unlautere Geschäftspraktiken.[603] Ob dies auch für den Schutz des Verbrauchers vor vergleichender Werbung gilt, geht aus der Richtlinie nicht eindeutig hervor. Nach der „neuen" Richtlinie kann zwar eine vergleichende Werbung u.U. eine unlautere Geschäftspraxis sein,[604] die Regelungen über die Zulässigkeit einer vergleichenden Werbung verbleiben aber in der „alten" Werberichtlinie.[605]

Das Regelungskonzept der „neuen" Richtlinie basiert auf einer Generalklausel über die „Unlauterkeit" von Geschäftspraktiken. Unlauter ist danach jegliches Geschäftgebaren, das der beruflichen Sorgfaltspflicht widerspricht und das wirtschaftliche Verhalten des Durchschnittsverbrauchers wesentlich beeinflusst oder zumindest dazu geeignet ist.[606] Die Richtlinie enthält des Weiteren eine Reihe von Tatbeständen, die die Unlauterkeit einer Geschäftspraxis indizieren.[607] Dabei wird grundsätzlich zwischen irreführenden und aggressiven Marktpraktiken und solchen Verhaltensweisen unterschieden, die per se als unlauter gelten.[608] Die Richtlinie differenziert weiter zwischen irreführender Handlung[609] und irreführendem Unterlassen[610], wobei z.B. das

---

603 Durch Artikel 14 Nr.1 der Richtlinie 2005/29/EG wird Artikel 1 der Richtlinie über irreführende und vergleichende Werbung entsprechend geändert.

604 Die Richtlinie bestimmt, dass eine irreführende Handlung auch vorliegt „bei jeglicher Art der Vermarktung eines Produkts, einschließlich der vergleichenden Werbung, die eine Verwechslungsgefahr mit einem anderen Produkt, Warenzeichen, Warennamen oder anderen Kennzeichen eines Mitbewerbers begründet", s.a. Artikel 6 II a) der Richtlinie 2005/29/EG.

605 Durch Artikel 14 Nr.3 der Richtlinie 2005/29/EG erhält Artikel 3a der Richtlinie über irreführende und vergleichende Werdung eine neue Fassung, durch die die Anforderungen an vergleichende Werbung geändert werden. Damit verbleiben die Regelungen über die Zulässigkeit ausdrücklich in der Werberichtlinie.

606 S.a. Artikel 5 II der Richtlinie 2005/29/EG; ein Verschulden des Unternehmers wird dabei nicht gefordert, das ergibt sich aus Artikel 11 II a.E. der Richtlinie 2005/29/EG; vgl. dazu Köhler/Lettl, WRP 2003, S.1017ff (1036); Veelken WRP 2004, S.1ff (9). Die Richtlinie integriert auch erstmals ausdrücklich das vom EuGH entwickelte Leitbild eines durchschnittlich vernünftigen, aufmerksamen und informierten Verbrauchers, s.a. Erwägungsgrund (18) der Richtlinie 2005/29/EG. Zur Rechtsprechung des EuGH über das zugrunde zu legende Verbraucherleitbild: EuGH Slg. 1999, 513 (Kessler); EuGH Slg. 1998, 4657 (Gut Springenheide); EuGH Slg. 2000, 117 (Lifting); EuGH Slg. 2000, 2297 (Darbo); EuGH Slg. 2003, 3095 (Pippig Augenoptik), vgl. dazu auch Keßler/Micklitz, BB 2003, S.2073ff (2076); weitere Nachweise bei Lettl, WRP 2004, S.1079ff (1086, Fn.77). Siehe dazu außerdem die Ausführungen im 2.Kapitel, A., II., 1., a).

607 Die spezielleren Tatbestände gehen der Generalklausel vor, die lediglich als Auffangtatbestand ergänzend zur Anwendung gelangt und deshalb letztendlich von geringer praktischer Bedeutung sein wird, vgl. Veelken WRP 2004, S.1ff (14, 17f); Ohly, GRUR 2004, 889ff (891).

608 Nach Artikel 5 IV der Richtlinie 2005/29/EG. Zu den aggressiven Marktpraktiken gehören u.a. auch solche, durch die der Unternehmer den Verbraucher belästigt, nötigt oder gar körperliche Gewalt anwendet, s.a. Artikel 8 und 9 der Richtlinie 2005/29/EG. Im Anhang I der Richtlinie werden Geschäftspraktiken genannt, die in jedem Fall als unlauter gelten, d.h. solche Marktpraktiken werden ohne eine Einzelfallbetrachtung als unlauter und damit verboten eingestuft, die „Wesentlichkeit" einer solchen Beeinflussung wird widerleglich vermutet.

609 S.a. Artikel 6 der Richtlinie 2005/29/EG.

Unterlassen der Bekanntgabe einer „wesentlichen" Information als unlauter gelten soll.[611] Wesentlich sind u.a. sämtliche Informationen, zu deren Mitteilung der Unternehmer gegenüber dem Verbraucher nach anderen Verbraucherschutzrichtlinien verpflichtet ist, wie beispielsweise die Informationspflichten nach der E-Commerce Richtlinie und der Fernabsatzrichtlinie.[612] Die in der Richtlinie benannten Kriterien und Fälle von unlauteren Geschäftspraktiken sind allerdings nicht abschließend genannt, entsprechend dem Konzept einer Generalklausel, sind diese Aufzählungen lediglich als Präzisierung des zugrunde zu legenden Maßstabs der Beurteilung eines unternehmerischen Verhaltens gedacht.[613]

Schließlich bestimmt die Richtlinie, dass die Mitgliedstaaten „wirksame, verhältnismäßige und abschreckende" Sanktionen gegen unlautere Geschäftspraktiken in ihrem nationalen Recht einrichten müssen, ohne allerdings diese umfassend zu normieren.[614] Da vor Inkrafttreten der Richtlinie bereits zahlreiche andere Verbraucherschutzrichtlinien erlassen worden sind, die jeweils bestimmte Formen von Geschäftstätigkeiten regeln und sich daraus Bestimmungen für die Zulässigkeit eines Marktverhaltens ergeben,[615] überschneiden sich die Anwendungs- und Regelungsbereiche dieser Vorgaben mit der „neuen" Richtlinie. Zur Abstimmung mit dem sonstigen sekundären Gemeinschaftsrecht im Verbraucherschutz, bestimmt die Richtlinie den Vorrang der übrigen Richtlinien, soweit sie die Unzulässigkeit einer bestimmten Geschäftstätigkeit vorsehen.[616] Dementsprechend gestaltet sich die Generalsklausel der Richtlinie über unlautere Geschäftspraktiken als Auffangtatbestand,[617] der eine lückenlose Regulierung unfairen Marktverhaltens im Binnenmarkt garantieren soll.

Neben der Abänderung der Werberichtlinie, sind weitere Änderungen für andere Verbraucherschutzrichtlinien vorgesehen. Von Bedeutung für die vorliegende Untersuchung sind insbesondere die neue Regelung der FARL zur „unbestellten Zusendung von Waren"[618] und die Einfügung der Verbandsklagemöglichkeit beim Vorliegen einer

---

610 S.a. Artikel 7 der Richtlinie 2005/29/EG.

611 S.a. Erwägungsgrund (6), Artikel 7 I der Richtlinie 2005/29/EG.

612 S.a. Erwägungsgrund (15) und Anhang II der Richtlinie 2005/29/EG. Dort werden die gemeinschaftsrechtlichen Bestimmungen genannt, die solche Informationspflichten enthalten, z.B. die Informationspflichten nach Artikel 4, 5 der Richtlinie 97/7/EG (FARL) und Artikel 5, 6 der Richtlinie 2000/31/EG (ECRL). Diese Liste ist allerdings keine abschließende Aufzählung, vgl. Keßler/Micklitz, BB 2003, S.2073ff (2076).

613 Vgl. Keßler/Micklitz, BB 2003, S.2073ff (2074).

614 S.a. Artikel 13 der Richtlinie 2005/29/EG. Die Rahmenvorgaben für solche Sanktionen ergeben sich aus Artikel 11, 12 der Richtlinie 2005/29/EG. Der nicht abschließende Charakter dieser Vorschriften bedeutet, dass auf Rechtsdurchsetzungsebene keine Vollharmonisierung durch die Richtlinie angestrebt wird.

615 Wie z.B. die Pflichten des Unternehmers beim Versandgeschäft nach der Fernabsatzrichtlinie und der E-Commerce Richtlinie.

616 S.a. Erwägungsgrund (10), Artikel 3 IV der Richtlinie 2005/29/EG. Das trifft z.B. auf die Fernabsatzrichtlinie und die E-Commerce Richtlinie zu.

617 Vgl. Keßler/Micklitz, BB 2003, S.2073ff (2076).

618 Nach Artikel 15 Nr.1 der Richtlinie 2005/29/EG wird Artikel 9 FARL abgeändert. Artikel 9 FARL n.F. bestimmt nun, dass die Mitgliedstaaten sicherzustellen haben, dass die Verbraucher bei der Zusendung einer unbestellten Ware keinerlei Gegenleistungspflicht trifft.

unlauteren Geschäftspraktik nach der UKlaRL,[619] durch die nun die Unterlassungsklage nach der Werberichtlinie ersetzt wird.

2. Die deutschen Gesetze

Die genannten Verbraucherschutzrichtlinien sind heute alle, bis auf die Richtlinie über unlautere Geschäftspraktiken, in deutsches Recht transformiert worden. Das bedeutet aber keine vollständige Übernahme der europäischen Richtlinientexte in deutsches Recht. Die Richtlinienbestimmungen werden vielmehr in die Systematik und Begrifflichkeiten des deutschen Zivilrechts eingepasst.[620] Dabei ist stets eine richtlinienkonforme Auslegung der deutschen Normen vorzunehmen.[621]

Hierbei ist noch einmal darauf hinzuweisen, dass die meisten dieser Richtlinien, durch sog. Mindestklauseln, den Mitgliedstaaten gewisse Gestaltungsspielräume belassen, die es den nationalen Gesetzgebern erlauben strengere Verbraucherschutzbestimmungen zu erlassen.[622] Von diesen Freiheiten hat der deutsche Gesetzgeber nicht selten Gebrauch gemacht.

Im Folgenden soll dargestellt werden, wie und wo die einzelnen Verbraucherschutzbestimmungen des europäischen Rechts im deutschen Recht umgesetzt wurden. Dabei soll nicht auf die Anwendungsbereiche und Regelungskonzepte der einzelnen Vorschriften eingegangen werden, diese ergeben sich bei der Darstellung des Inhalts dieser Regelungen im zweiten Kapitel.

a) Das Verbraucherschutzrecht im BGB nach der Schuldrechtsreform

Die umfassendsten Veränderungen des zentralen deutschen Zivilgesetzes BGB erfolgten durch das 2002 in Kraft getretene Schulrechtsmodernisierungsgesetz.[623] Das

---

619 Durch Artikel 16 Nr.1 der Richtlinie 2005/29/EG wird Nummer 1 des Anhangs der UklaRL nun so geändert, dass eine Unterlassungsklage bei Verletzungen der Richtlinie über unlautere Geschäftspraktiken erhoben werden kann; eine solche Klage kann nun nicht mehr bei Verstößen gegen die (nunmehr ausschließlich dem Konkurrentenschutz dienende) Werberichtlinie erhoben werden.

620 Dies gilt im Grunde für die Umsetzung sämtlicher genannter Richtlinien. Z.T. wird im deutschen Recht mit leicht veränderten Begrifflichkeiten gearbeitet, z.B. § 433 I BGB der im Gegensatz zur Verbrauchsgüterkaufrichtlinie nicht von „Vertragsmäßigkeit" spricht, sondern „Mangelfreiheit" der verkauften Sache fordert. Die Regelungen der Richtlinien werden meist nicht en bloc in das deutsche Recht integriert oder in neu geschaffene Sondergesetze zusammengefasst, sondern die einzelnen Vorgaben werden an den Stellen eingearbeitet, die das deutsche Recht systematisch für einen Regelungsbereich vorsieht.

621 Die Pflicht zur richtlinienkonformen Auslegung trifft die deutschen Gerichte im Sinne des Artikel 10 EGV; vgl. Roth in: Dauner-Lieb/Konzen/Schmidt, S.25ff (30); Gsell in: Staudinger, BGB-Komm., S.453.

622 Eine solche Mindestklausel ist z.B. vorgesehen in der Fernabsatzrichtlinie (Artikel 14), in der Klauselrichtlinie (Artikel 8), in der Verbrauchsgüterkaufrichtlinie (Artikel 7 II) und in der Unterlassungsklagenrichtlinie (Artikel 7).

623 Das Schuldrechtsmodernisierungsgesetz (SMG) wurde am 26.11.2001 verabschiedet und trat am 1.1.2002 in Kraft. Das SMG besteht aus neun Artikeln. Die für die Untersuchung relevanten Regelungsbereiche sind: Artikel 1 (Änderungen des BGB), Artikel 3 (Unterlassungsklagengesetz) und Artikel 4 (BGB-Informationspflichtenverordnung). Die Veränderungen des BGB durch das SMG wurden sehr unterschiedlich beurteilt. Die Einordnung der Gesetzesänderungen

bereits in den siebziger Jahren angestrebte Reformvorhaben[624] gründet allerdings historisch betrachtet nicht auf einer Umsetzungsdiskussion europäischer Vorgaben in deutsches Recht. Vielmehr ging es im ursprünglichen Sinne um eine Grundsanierung des antiquierten deutschen Schuld- und Verjährungsrechts, das den Anforderungen einer modernen Leistungs- und Konsumgesellschaft nicht mehr zu genügen vermochte.[625] Eine lange und hitzig geführte Debatte über die Neuerungen des Gesetzes, die zu einer echten Verbesserung und Anpassung an die gesellschaftlichen Verhältnisse führen könnten,[626] hat nicht unwesentlich zur Verlangsamung dieses Reformprozesses beigetragen. Letzten Endes nahm das Bundesjustizministerium die Umsetzungspflicht Deutschlands hinsichtlich der Zahlungsverzugsrichtlinie[627], der Verbrauchsgüterkaufrichtlinie und der ECRL 2001 zum Anlass einen Regierungsentwurf vorzulegen, mit grundlegenden Änderungen für das gesamte deutsche Privatrecht (sog. große Lösung),[628] der gleichfalls auf viel Kritik gestoßen ist.[629]

---

als größtes Reformvorhaben ist allerdings nicht abzustreiten, so auch z.B. Schulze/Schulte-Nölke in: Schulte/Schulze-Nölke, S.3ff (4); Coing/Honsell in: Staudinger, BGB-Komm., S.16; Roth bewertet das SMG sogar als grundlegenden Systemwechsel, vgl. Roth in: Dauner-Lieb/Konzen/Schmidt, S.25ff (25); dagegen vgl. Medicus in: Dauner-Lieb/Konzen/Schmidt, S.61ff (70).

624 Die Vorarbeiten zur Schuldrechtsmodernisierung begannen mit der Erstattung zahlreicher, wissenschaftlicher Gutachten im Jahre 1979; die Schuldrechtskommission wurde 1984 eingesetzt und der erste Gesetzesvorschlag für die Schuldrechtsreform wurde von der Kommission 1991 vorgelegt; s.a. zur Entstehungsgeschichte der Schuldrechtsreform z.B. Canaris, S.9ff; Ehmann/Sutschet, S.1ff.

625 Heinrichs in: Palandt, SMG-Komm., Einleitung, Rn.2.

626 Zur Diskussion z.B. Wolf, AcP 182, S.80ff (80ff); Diederichsen, AcP 182, S.101ff (101ff); Lieb, AcP 183, S.327ff (329ff); Hönn, AcP 183, S.366 (367f); Däubler-Gmelin, NJW 2001, S.2281ff (2281ff); Brüggemeier/Reich, BB 2001, S.213ff (213ff); Krebs, DB 2000, Beil.14, S.1ff; Ehmann/Sutschet, S.2ff, 5ff; Gsell, JZ 2001, S.65ff (65ff); Jakobs, JZ 2001, S.27ff (28ff); Dauner-Lieb, JZ 2001, S.8ff (9ff, 15ff); Honsell, JZ 2001, S.18ff (18ff); Dauner-Lieb in: Dauner-Lieb/Konzen/Schmidt, S.3ff (8f); Canaris, S.10ff; Roth in: Dauner-Lieb/Konzen/Schmidt, S.25ff (26ff); Schulze/Schulte-Nölke in: Schulte/Schulze-Nölke, S.3ff (9ff); Schmidt-Räntsch in: Schulte/Schulze-Nölke, S.169ff (171ff); Dörner in: Schulte/Schulze-Nölke, S.177ff (179ff). Die Diskussion ist mit Inkrafttreten des SMG aber keineswegs beendet, s.a. Dauner-Lieb in: Dauner-Lieb/Konzen/Schmidt, S.3ff (3).

627 Richtlinie 2000/35/EG.

628 Das Reformvorhaben wurde 2000 wieder aufgenommen. Die durch die Politik verfolgte „große Schuldrechtsreform“ (sog. große Lösung) wurde vor allem damit gerechtfertigt, dass durch die umfassenden Vorgaben aus Brüssel, insbesondere durch die Verbrauchsgüterkaufrichtlinie, eine solche Grundreform notwendig geworden war, vgl. dazu Däubler-Gmelin, NJW 2001, S.2281ff (2281ff).

629 Vgl. zur Kritik am Regierungsentwurf: Krebs, DB 2000, Beil.14, S.1ff; Jakobs JZ 2001, S.27ff (29); Ehmann/Sutschet, S.2ff, 5ff; Gsell, JZ 2001, S.65ff (65ff); Dauner-Lieb, JZ 2001, S.8ff (9ff, 15ff); Honsell, JZ 2001, S.18ff (18ff); Dauner-Lieb in: Dauner-Lieb/Konzen/Schmidt, S.3ff (8f); Roth in: Dauner-Lieb/Konzen/Schmidt, S.25ff (26ff); Schulze/Schulte-Nölke in: Schulte/Schulze-Nölke, S.3ff (9ff); Schmidt-Räntsch in: Schulte/Schulze-Nölke, S.169ff (171ff); Dörner in: Schulte/Schulze-Nölke, S.177ff (179ff); Brüggemeier/Reich, BB 2001, S.213ff (214f); Canaris, S.10; Dörner in: Schulte/Schulze-Nölke, S.177ff (180ff); Micklitz in: Micklitz/Pfeiffer/Tonner/Willingmann, S.191ff (217).

Das mit einigen Veränderungen zu dem Regierungsentwurf am 1.1.2002 in Kraft getretene Schuldrechtsmodernisierungsgesetz enthält eine umfassende Neuregelung insbesondere des Verjährungsrechts, des Leistungsstörungsrechts und des Kaufrechts.[630] Die „große Lösung“ der Schuldrechtsreform beinhaltetet aber vor allem auch zentrale Änderungen für das deutsche Verbraucherschutzrecht. Bislang galt das deutsche Verbraucherschutzrecht als privatrechtliche Sonderrechtsdisziplin, die außerhalb des allgemeinen Zivilrechts überwiegend nebengesetzlich geregelt war.[631] Im Verhältnis dazu galt im allgemeinen Privatrecht des BGB hingegen eine grundsätzliche Gleichheit der Rechtspersonen, eine Differenzierung zwischen Verbrauchern und Nicht-Verbrauchern war dem BGB weitestgehend fremd.[632]

Die Schuldrechtsmodernisierung sollte eine grundlegende Abkehr von dieser Systematik bringen, in dem fast alle geltenden Verbraucherschutzbestimmungen der Nebengesetze in das BGB integriert wurden[633] und neue umzusetzende europarechtliche Vorgaben zum Verbraucherschutz direkten Einzug in das Gesetz gefunden haben.[634] Außerdem hatte der deutsche Gesetzgeber vor Inkrafttreten des SMG zur Umsetzung der Fernabsatzrichtlinie die grundsätzliche Gleichheit der Rechtspersonen im Gesetzestext des BGB expressis verbis aufgegeben, indem im Allgemeinen Teil die Legaldefinition für Unternehmer und Verbraucher[635] normiert worden sind. Die überwie-

630 Das SMG enthält vor allem Veränderungen des Leistungsstörungsrechts, des Verjährungsrechts, des Kauf-, Werk- und Dienstleistungsvertragsrechts und integriert einige Sondergesetze in das BGB. Zu den Neuregelungen im Einzelnen, z.B. Ehmann/Sutschet und Palandt, SMG-Komm..

631 Zu den verbraucherschützenden Nebengesetzen gehörten z.B. das FernAbsG, das HaustürWG, das TzWrG, das VerbrKrG, das FernUSG, das ProduktHaftG und das AGBG.

632 Das BGB enthielt auch vor der Schuldrechtsreform schon verbraucherschützende Bestimmungen. Es wurde im gesamten Gesetzestext jedoch auf die Verwendung des Begriffs „Verbraucher“ verzichtet. Das Verbraucherschutzrecht blieb deshalb stets ein „zivilrechtliches Sonderrechtsgebiet“, das getrennt vom allgemeinen Recht behandelt wurde und deshalb nicht direkt zur allgemeinen Rechtslehre gezählt wurde; vgl. dazu auch Krebs, DB 2000, Beil.14, S.25; Dörner in: Schulte/Schulze-Nölke, S.177 (179); Roth in: Dauner-Lieb/Konzen/Schmidt, S.25ff (26).

633 Fast alle der oben genannten Verbraucherschutzgesetze wurden in das BGB integriert, mit Ausnahme des FernUSG und des ProduktHaftG. Die Integration der verbraucherschützenden Sondergesetze war eine der besonders heftig umstrittenen Fragen; vgl. zur Kritik an der Integration schon Lieb, AcP 183, S.327ff (329ff) und Diederichsen, AcP 182, S.101ff (120ff); Krebs, DB 2000, Beil.14, S.25ff; Dauner-Lieb, JZ 2001, S.8ff (15); Dauner-Lieb in: Dauner-Lieb/Konzen/Schmidt, S.3ff (8f); Honsell, JZ 2001, S.18ff (19); Gsell, JZ 2001, S.65ff (65). Für die Integration des Verbraucherschutzrechts (sog. „große Lösung“) z.B.: Brüggemeier/Reich, BB 2001, S.213ff (214f); Heinrichs in: Palandt, SMG-Komm., Einleitung, Rn.10; Canaris, S.10; Jakobs JZ 2001, S.27ff (29); Roth in: Dauner-Lieb/Konzen/Schmidt, S.25ff (26); Schulte/Schulze-Nölke in: Schulte/Schulze-Nölke, S.3ff (9); Schmidt-Räntsch in: Schulte/Schulze-Nölke, S.169ff (171, 174); differenzierter: Dörner in: Schulte/Schulze-Nölke, S.177ff (180ff).

634 Das betrifft vor allem die europarechtlichen Vorgaben der ECRL und der Verbrauchsgüterkaufrichtlinie.

635 Durch das Umsetzungsgesetz zur FARL wurde die Legaldefinition für „Verbraucher“ in § 13 BGB und für „Unternehmer“ in § 14 BGB normiert. Zusätzlich wurde die durch Artikel 9 FARL notwendig gewordene Bestimmung für unbestellte Waren in § 241a BGB eingeführt. Die anderen umzusetzenden Vorgaben zum Fernabsatzrecht wurden zunächst in einem Sondergesetz, dem Fernabsatzgesetz normiert.

gende Anzahl der Vorschriften, die für den Verbraucherschutz bei Internetkaufverträgen relevant sind, befinden sich damit nun im BGB.

aa) Verbraucherschutz im Allgemeinen Teil des BGB

Im Allgemeinen Teil des BGB befinden sich u.a. die Bestimmungen über das Zustandekommen und die Wirksamkeit von Verträgen.[636] Diese Regelungen sind von der „Modernisierung des Zivilrechts" durch das SMG weitgehend unberührt geblieben. Eine Anpassung auf europarechtliche Vorgaben hat bislang ebenso wenig stattfinden müssen, denn das allgemeine Vertragsrecht ist nach wie vor Sache der Mitgliedstaaten und ist deshalb ausschließlich nationales Recht.

Entsprechend der Systematik des BGB,[637] gelten die Bestimmungen des Allgemeinen Teils grundsätzlich für alle bürgerlich-rechtlichen Rechtsverhältnisse, d.h. unabhängig davon, welche Rechtspersönlichkeit die Vertragsparteien haben oder über welches Medium der Vertrag abgeschlossen wurde. Dementsprechend finden die Regelungen über den Vertragsschluss und die Gültigkeit von Verträgen auch auf Verträge Anwendung, die zwischen Verbrauchern und Unternehmern im Internet geschlossen worden sind.

Anders als im US-amerikanischen Recht, hat der deutsche Gesetzgeber bislang auf eine Anpassung der Normtexte zum Vertragsschluss und zur Vertragswirksamkeit auf den elektronischen Geschäftsverkehr weitgehend verzichtet. Die aufkommenden Rechtsfragen zum elektronischen Vertragsschluss werden im deutschen Recht durch Auslegung der bestehenden, abstrakten Vertragschlussregelungen beantwortet, unter Zuhilfenahme der herkömmlichen Vertragstheorien und -Lehren.[638]

Eine Ausnahme von der bloß rechtswissenschaftlich-geprägten, nicht-gesetzlichen Anpassung stellen die „neuen" allgemeinen Formvorschriften über die Wirksamkeit elektronischer Signaturen und Verträge dar gemäß §§ 126a, 126b BGB.[639] Diese waren, wie schon angemerkt, aufgrund der Umsetzungspflicht Deutschlands hinsichtlich der Signaturrichtlinie notwendig geworden und gewährleisten nun das auch elektronische Dokumente und Unterschriften den Formanforderungen eines Vertrages genügen können.

Eine wichtige Veränderung des Allgemeinen Teils im Zusammenhang mit dem Verbraucherschutzrecht, hat durch die Einführung der Legaldefinitionen für „Verbrau-

---

636 Siehe die Regelungen zum Vertragsschluss gemäß §§ 145ff BGB und zur Vertragswirksamkeit gemäß §§ 104ff BGB, z.B. die Regelungen über die Geschäftsfähigkeit §§ 104ff BGB und über die Wirksamkeit von Willenserklärungen §§ 116ff BGB.

637 Das BGB ist in einen Allgemeinen Teil und Besondere Teile aufgeteilt, wobei die allgemeinen Regelungen stets anwendbar sind, während die besonderen Vorschriften nur für bestimmte Rechtsverhältnisse gelten. Dies entspricht einer mathematischen „Ausklammerungsmethode", siehe dazu Brox, Rn.36ff.

638 Z.B. werden die entwickelten Rechtsinstitute zur „invitatio ad offerendum" und über den Zugang von Erklärungen unter Abwesenden im Rahmen des „objektiven Empfängerhorizont" auch auf den elektronischen Geschäftsverkehr angewendet; siehe dazu die Ausführungen zum elektronischen Vertragsschluss, 2.Kapitel, B., II., 1., a).

639 Das sind die Regelungen über die elektronische Form gemäß § 126a BGB und über die Textform § 126 b BGB, die entsprechend dem Formanpassungsgesetz (BGBl. I. 2001, 1542) normiert worden sind.

cher“ gemäß § 13 BGB und für „Unternehmer“ gemäß § 14 BGB stattgefunden. Obwohl Verbraucherverträge heutzutage eher die alltäglichen bzw. typischen Verträge darstellen und durch die ständig wachsende Marktmacht der Unternehmen die Schutzbedürftigkeit des Verbrauchers an Bedeutung für den Rechtsverkehr zunimmt, fehlte im BGB ohne die Begriffsbestimmungen eine angemessene Würdigung der Rechtsstellung des Verbrauchers.[640] Die wesentliche Neuerung und Verbesserung der zivilrechtlichen Ausgangssituation für den Verbraucherschutz besteht nun darin, dass der derzeit realen Bedeutung von Verbraucherverträgen für den Markt Rechnung getragen wird, indem durch die Begriffsbenennung im Allgemeinen Teil die besondere Rechtsstellung des Verbrauchers anerkannt wird und selbigem eine eigene Rechtspersönlichkeit zuerkannt wird.[641] Außerdem dienen die Legaldefinitionen gemäß § 13 und § 14 BGB als Anknüpfungspunkt für erhöhte Anforderungen an den Unternehmer beim Abschluss von bestimmten Verbraucherverträgen[642] bzw. bei der Verwendung von bestimmten Vertriebsformen[643].

bb) Der Verbraucherschutz im Vertriebsrecht

Die Schuldrechtsmodernisierung hat auch zu zahlreichen Änderungen des Allgemeinen Teils des Schuldrechts geführt. In diesem Abschnitt hat der deutsche Gesetzgeber vor allem das Leistungsstörungsrecht reformiert, das nun sämtliche Formen der Leistungsstörungen in Schuldverhältnissen in den §§ 280ff BGB regelt.[644]

---

640 Vgl. Schmidt-Räntsch in: Schulte/Schulze-Nölke, S.169ff (171, 176); Dörner in: Schulte/Schulze-Nölke, S.177ff (177); Schulte/Schulze-Nölke in: Schulte/Schulze-Nölke, S. Heinrichs in: Palandt, SMG-Komm., Einleitung, Rn.10.

641 Vgl. Heinrichs in: Palandt, SMG-Komm., Einleitung, Rn.10; Heinrichs in: BGB-Komm., § 13, Rn.1. Allerdings hält Heinrichs die Einordnung der Begriffe „Verbraucher“ und „Unternehmer“ in dem Abschnitt über „Natürliche Personen“ gemäß §§ 1ff BGB für verfehlt, denn unter den Begriff des „Unternehmers“ fallen auch juristische Personen. Dem ist zuzustimmen, soweit die gesetzgeberische Einordnung der Regelungen über „juristische Personen“ in §§ 21ff BGB verortet worden sind. Andererseits heißt die amtliche Überschrift des Titels 1: „Natürliche Personen, Verbraucher, Unternehmer“, was nahe legt, dass nicht nur „natürliche“ Personen erfasst sind.

642 Z.B. dem Verbrauchsgüterkauf gemäß §§ 474ff BGB. Ohne Anbindung an die Legaldefinitionen gemäß §§ 13, 14 BGB sind hingegen das Reisevertragsrecht im Sinne des §§ 651 a BGB und das Fernunterrichtschutzrecht gemäß § 2 FernUSG; vgl. Ultsch, S.29f.

643 Z.B. bei Haustürgeschäften gemäß § 312f BGB und Fernabsatzgeschäften im Sinne des §§ 312bff BGB. Dem gegenüber ist nur eine Teilanbindung an die Verbrauchereigenschaft gemäß § 13 BGB bei elektronischen Geschäften gegeben, indem § 312e BGB Informationspflichten gegenüber allen „Kunden“ vorsieht und nur in § 312e II und III BGB Sonderregeln für den Fall normieren, dass der Kunde ein „Verbraucher“ ist.

644 Eine Veränderung besteht z.B. darin, dass eine gesetzliche Leistungsstörung bzw. „Pflichtverletzung“ nicht nur bei Nichtleistung, Unmöglichkeit und Verzug besteht, sondern nun auch die vorvertragliche Pflichtverletzung (§§ 280, 241 II, 311 II, Nr.1, 2 BGB) erfasst wird. Das bedeutet, dass das durch Rechtsfortbildung entwickelte Rechtsinstitut der „Positiven Vertragsverletzung“ (PVV) und der „culpa in contrahendo“ (c.i.c.) normiert worden ist. Die Zahlungsverzugrichtlinie (Richtlinie 2000/35/EG) wurde z.T. bei der Neuordnung des Leistungsstörungsrecht in die Vorschriften über den Schuldnerverzug gemäß §§ 286ff BGB transformiert; zu den Neuregelungen vgl. z.B.: Ehmann/Sutschet, S.15ff; Heinrichs in: Palandt, SMG-Komm., §§ 241ff.

Eine für die Untersuchung wesentlich relevantere Veränderung ist allerdings die Integration des Verbraucherschutzrechts in den Allgemeinen Teil des Schuldrechts. Zahlreiche der nach den europäischen Verbraucherschutzrichtlinien umzusetzenden Regelungen sind nun in diesem Abschnitt normiert, beginnend mit der Regelung über die Zusendung unbestellter Waren[645], der Integration der Vorschriften über allgemeine Geschäftsbedingungen gemäß §§ 305ff BGB[646] auch für Verbraucherverträge[647], die Normen über Haustürgeschäfte gemäß §§ 312f BGB[648], Fernabsatzverträge gemäß §§ 312bff BGB[649] und unternehmerische Pflichten im elektronischen Geschäftsverkehr gemäß § 312e BGB[650]. Wobei sämtliche der genannten Sonderregelungen an die Definitionen gemäß §§ 13, 14 BGB anknüpfen.[651]

Eine weitere wichtige Neuerung im Allgemeinen Teil des Schuldrechts ist die Neufassung der §§ 355ff BGB, durch die die Widerrufs- und Rückgaberechte des Verbrauchers, die ihm bei verschiedenen Vertragsarten[652] und Vertriebsformen[653] zustehen, vereinheitlicht werden. Zuvor waren die einzelnen Widerrufsrechte des Verbrauchers in den jeweiligen Nebengesetzen[654] mit z.T. sehr unterschiedlichen Voraus-

645 S.a. § 241a BGB, durch diese Vorschrift wird Artikel 9 FARL (Richtlinie 97/7/EG) umgesetzt.

646 Diese Normen integrieren das ursprüngliche AGBG in fast unveränderter Form. Die Regelungen gemäß §§ 305ff BGB gelten, im Unterschied zu der Klauselrichtlinie (Richtlinie 93/13/EWG), für alle Verträge, in denen Allgemeine Geschäftsbedingungen verwendet werden, also auch für Nicht-Verbraucherverträge.

647 Es existieren mit der Vorschrift gemäß § 310 III BGB (§ 24 a BGB a.F.) daneben einige Sonderregelungen für Verbraucherverträge. Dadurch werden die Richtlinienvorgaben bezüglich des Anwendungsbereichs der Klauselregelungen umgesetzt.

648 Durch die Normen §§ 312f BGB wird das ehemalige Haustürwiderrufsgesetz in das BGB inkorporiert, das die Richtlinie betreffend den Verbraucherschutz im Fall von außerhalb von Geschäftsräumen geschlossenen Verträgen umsetzte (Richtlinie 85/577/EWG).

649 S.a. §§ 312b ff BGB, diese Vorschriften integrieren das ursprüngliche FernAbsG, das die FARL in deutsches Recht transformierte.

650 S.a. § 312e BGB, das die unternehmerischen Informationspflichten im elektronischen Geschäftsverkehr normiert und damit Artikel 10, 11 und 18 der ECRL in deutsches Recht umsetzt (Richtlinie 2000/31/EG). Die Transformation der ECRL-Vorgaben erfolgte daneben im Wesentlichen durch das Gesetz über rechtliche Rahmenbedingungen für den elektronischen Geschäftsverkehr-Elektronischer Geschäftsverkehrgesetz (EGG). Siehe zur Umsetzung der ECRL im deutschen Recht ausführlich: Ruess, S.101ff.

651 Dies gilt allerdings nur eingeschränkt für die Pflichten im elektronischen Geschäftsverkehr. Einerseits wird durch § 312e BGB zwar ein „Unternehmer" im Sinne des § 14 BGB verpflichtet, geschützt werden jedoch alle „Kunden", sowohl privat Tätige, wie auch Geschäftskunden. Ist der Kunde Verbraucher im Sinne des § 13 BGB gelten teilweise allerdings zusätzliche Bestimmungen, insofern kommt bei elektronischen Verträgen nur eine Teilanknüpfung an § 13 BGB in Betracht. Vgl. auch s.a. Ultsch, S.31f; Heinrichs in: Palandt, SMG-Komm., § 312e, Rn.4.

652 Dazu gehört das Widerrufsrecht beim Verbraucherdarlehensvertrag gemäß § 495 I BGB und das Widerrufsrecht nach § 485 I BGB bei Teilzeit-Wohnrechteverträgen.

653 Ein solches Widerrufrecht steht dem Verbraucher z.B. bei Haustürgeschäften gemäß § 312 I S.1 BGB und bei Fernabsatzverträgen gemäß § 312c I S.1 BGB zu.

654 Z.B. das Widerrufsrecht im FernAbsG (§ 3 FernAbsG), im VerbrKrG (§ 7 VerbrKrG), im HaustürWG (§ 361 a BGB i.V.m. § 1 HaustürWG) und im TzWrG (§ 361 a BGB i.V.m. § 5 TzWrG).

setzungen und Rechtsfolgen geregelt. Die Schaffung eines Einheitstatbestandes für diese Gestaltungsrechte des Verbrauchers ermöglicht nun eine einheitliche und einfachere Anwendung für den Rechtsverkehr.[655]

cc) Der Verbraucherschutz im Kaufrecht

Die Änderungen des Besonderen Teils des Schuldrechts durch die Schuldrechtsreform[656] sind insbesondere im Kaufrecht enorm. Die Verbrauchsgüterkaufrichtlinie wurde vom deutschen Gesetzgeber zum Anlass genommen, das gesamte deutsche Kaufrecht und insbesondere das Gewährleistungsrecht einer grundlegenden Erneuerung zu unterziehen.[657] Dabei wurden die umzusetzenden europarechtlichen Vorgaben zum Gewährleistungsrecht nicht, wie in der Richtlinie vorgesehen, nur für Verbraucherverträge ausgestaltet,[658] sondern gelten als allgemeines Kaufvertragsrecht gemäß §§ 433ff BGB.[659]

Im Kaufrecht wurde zusätzlich ein neuer Untertitel mit Sonderbestimmungen für Verbrauchsgüterverträge gemäß §§ 474ff BGB geschaffen, die ihren Anwendungsbereich u.a. an das Vorliegen der Verbraucher- und Unternehmereigenschaft knüpfen.[660] Diese Bestimmungen modifizieren teilweise die allgemeinen Regelungen über die Gewährleistung[661] und den Ausschluss der Gewährleistungsrechte durch die Verwen-

---

655 Allerdings existieren nach wie vor für einige Vertragsarten Sonderbestimmungen für das Widerrufsrecht, wie z.B. in § 312d BGB; vgl. dazu auch Heinrichs in: Palandt, SMG-Komm., Vor § 355, Rn.1.

656 Eine Übersicht über die Änderungen des Besonderen Schuldrechts durch das SMG s.a. z.B.: Putzo, Sprau, Thomas in: Palandt, SMG-Komm., § 481ff. Zur kurz vor dem SMG erlassenen Mietrechtsreform, s.a. z.B.: Hau in: Ehmann/Sutschet, S.267ff.

657 Vgl. zur Rechtfertigung der „große Lösung" bzw. der Notwendigkeit einer Grundreformierung des Kaufrechts: Däubler-Gmelin, NJW 2001, S.2281ff.

658 Vgl. Artikel 1 I der Verbrauchsgüterkaufrichtlinie. Nach der Mindestklausel der Richtlinie gemäß Artikel 7 II dürfen die Mitgliedsstaaten strengere Vorschriften erlassen, dazu gehört auch eine Anwendungserweiterung der Vorgaben.

659 Damit setzt der deutsche Gesetzgeber die Vorschriften über die „Vertragsmäßigkeit einer Leistung" gemäß Artikel 2ff der Verbrauchsgüterkaufrichtlinie um. Eine wesentliche Neuerung für das deutsche „Gewährleistungsrecht" besteht darin, dass nun die Mangelfreiheit einer verkauften Sache zur Hauptleitungspflicht des Verkäufers geworden ist gemäß § 433 I S.2 BGB. Darüber hinaus sind die Gewährleistungsrechte des Käufers gemäß § 437 BGB nun eng verknüpft mit den neuen Leistungsstörungsregeln gemäß §§ 280ff BGB (§ 437 Nr.3 BGB).

660 Nach § 474 I BGB handelt es sich nur dann um einen „Verbrauchsgüterkauf", wenn der Verbraucher von dem Unternehmer eine bewegliche Sache kauft. Damit sind Immobliargeschäfte von dem Anwendungsbereich der §§ 474ff BGB ausgenommen. Dies entspricht auch den Legaldefinitionen der Richtlinie gemäß Artikel 1 II a), b). Zur Anbindung der Vorschriften über den Verbrauchsgüterkauf gemäß §§ 474ff BGB an die §§ 13, 14 BGB, s.a. Ultsch, S.31f.

661 Z.B. sind nach § 474 II BGB die §§ 445 und 447 beim Verbrauchsgüterkauf nicht anwendbar, d.h. z.B. der vorzeitige Gefahrübergang der Leistung auf den Verbraucher beim Versendungskauf ist nicht einschlägig. Es verbleibt insofern bei dem Gefahrübergang mit Übergabe der Kaufleistung an den Verbraucher nach § 446 BGB. Zusätzlich gilt nach § 476 BGB eine Beweislastumkehr, hinsichtlich des Beweises, dass ein Mangel bei Gefahrübergang bestanden hat, diese Beweislast trifft normalerweise den Kunden. Beim Verbrauchsgüterkauf braucht der Verbraucher nun diesen Beweis nicht zu erbringen, wenn der Mangel sich innerhalb der ersten sechs Monate nach Übergabe zeigt und die Mangelvermutung mit der Art des Mangels verein-

dung von Allgemeinen Geschäftsbedingungen[662] bei Verbrauchsgüterverträgen. Da aber weder die Sachmängelgewährleistung noch der Ausschluss dieser Rechte über Vertragsklauseln Gegenstand der Untersuchung sind, werden diese Neuregelungen zum Kaufrecht im Folgenden weitgehend unberücksichtigt bleiben.

Etwas anderes soll für die Neuregelungen über Garantieversprechen des Unternehmers gegenüber dem Verbraucher beim Abschluss von Kaufverträgen gelten gemäß §§ 443, 477 BGB. Bei der Garantiehaftung gemäß § 443 BGB, die im allgemeinen Kaufvertragsrecht geregelt ist, geht es um Zusicherungsversprechen, die über die Einstandspflicht des Gewährleistungsrechts[663] hinausgehen. Da solche Garantieversprechen sehr häufig von Verkäufern oder Herstellern beim Warenabsatz eingesetzt werden, sind die Regelungen über Garantieerklärungen von einiger Bedeutung für Verbraucherverträge. Der deutsche Gesetzgeber hat eine Sondervorschrift gemäß § 477 BGB für die Garantiehaftung bei Verbrauchsgüterverträgen normiert, durch die dem Unternehmer bestimmte Informationspflichten auferlegt werden, wenn er ein Garantieversprechen im Sinne des § 443 BGB abgibt.

Das neue Kaufrecht, einschließlich der neuen Regelungen über Garantien und Verbrauchsgüterverträge, gilt uneingeschränkt auch für Internetkaufverträge.

b) Die verbraucherschützenden Nebengesetze

Trotz der umfassenden Integration der verbraucherschützenden Vorschriften in das BGB, sind einzelne Regelungsbereiche zum Verbraucherschutz auch nach dem Inkrafttreten des SMG nebengesetzlich normiert. Dieses uneinheitliche Vorgehen ist zu Recht kritisiert worden.[664] Tatsächlich stellt die Entscheidung nebengesetzlich geregeltes Verbraucherschutzrecht aufrecht zu erhalten oder gar neu zu schaffen, eine Abkehr von dem durch die Schuldrechtsreform eingeschlagenen Weg der umfassenden „Integrationslösung“ dar.

Im Verhältnis zum BGB sind bei den Nebengesetzen zwei systematische Ansätze zu erkennen. Einige dieser Rechtsakte sind Detailregelungen, auf die durch materielle Normen des BGB verwiesen wird und die konkretisierende Bestimmungen zu dem materiellen Regelungsbereichen enthalten, wie z.B. die BGB-Informationspflichtenverordnung (BGB-InfoVO) oder das Signaturgesetz und die Signaturverordnung[665]. Zu

bar ist gemäß § 476 a.E. BGB. Standardfall für die Unvereinbarkeit eines Mangels mit der Vermutung sind Tierkrankheiten und verderbliche Ware.

662 Die Bestimmungen nach § 475 BGB regeln im Wesentlichen, dass die Gewährleistungsrechte und Rechte aus einem Garantieversprechen des Verbrauchers nach §§ 433ff, 437, 439 und 443 BGB nicht zu seinen Ungunsten durch AGB abbedungen werden können gemäß § 475 I S.1 BGB. Damit wird die viel bescholtene Regelung gemäß Artikel 6 I der Verbrauchsgüterrichtlinie umgesetzt, die die Regelungen über den Verbrauchsgüterkauf (d.h. die Rechte des Verbrauchers bei Vertragswidrigkeit der verkauften Sache) als zwingendes Recht ausgestalten. Wobei dies auch eines der wesentlichen Neuerungen für das deutsche Recht darstellt.

663 Gemäß §§ 433 I, 434ff BGB.

664 Vgl. z.B. Dörner in: Schulze/Schulte-Nölke, S.177ff (179f); Dauner-Lieb, JZ 2001, S.8ff (16).

665 Nach § 126a I BGB kann die Schriftform durch elektronische Form ersetzt werden, wenn eine qualifizierte elektronische Signatur nach dem Signaturgesetz vorliegt. Für Kaufverträge über Waren wird eine Schriftform im deutschen Recht aber nicht gefordert, daher werden die Anforderungen an eine qualifizierte elektronische Signatur im folgenden nicht näher dargestellt.

dieser Normengruppe gehört auch das im Rahmen der Schuldrechtsreform entstandene Unterlassungsklagengesetz (UklaG)[666]. Das UklaG gewährt in erster Linie einen materiellen Unterlassungs- und Widerrufsanspruch bei missbräuchlicher Verwendung von AGB gemäß § 1 UklaG und bei Verstößen gegen verbraucherschützende Regelungen gemäß § 2 UklaG. Dazu gehören vor allem die Vorschriften, die im Rahmen von Verbrauchsgütergeschäften, elektronischen Geschäften und Fernabsatzverträgen dem Unternehmer gesetzliche Informationspflichten auferlegen.[667] Aktiv legitimiert sind hierdurch allerdings ausschließlich Verbände und Einrichtungen nach §§ 3, 4 UklaG, d.h. Industrie- und Handelskammern, bestimmte Wirtschaftsverbände und „qualifizierte" Verbraucherorganisationen, die den Nachweis führen können, in der Liste qualifizierter Einrichtungen eingetragen zu sein.[668]

Andere Nebengesetze haben einen eigenständigen Regelungsbereich, ohne einen konkreten Anknüpfungspunkt zum BGB, wie z.B. das Produkthaftungsgesetz, das Fernunterrichtsschutzgesetz[669] und das Gesetz über den unlauteren Wettbewerb (UWG). Dazu gehören ferner die sonstigen wettbewerbsrechtlichen Nebengesetze, wie z.B. der Mediendienstestaatsvertrag (MDStV),[670] das Teledienstedatenschutzgesetz (TDDSG)[671] und die Preisangabenverordnung (PAngVO).[672] Diese Rechtsakte regeln jeweils

---

666 Siehe Artikel 9 SMG. Schon zuvor existierte eine Verbandsklagemöglichkeit gegen die Verwendung missbräuchlicher Klauseln und bei Verstößen gegen Verbraucherrechte im AGBG, siehe die Vorschriften §§ 13-22a, 24a AGBG a.F., durch die auch die Klauselrichtlinie und die UklaRL umgesetzt wurden, vgl. dazu Bassenge in: Palandt, BGB-Komm., UklaG, Einleitung, Rn.1ff. Durch das UklaG werden daneben weitere europäische Vorgaben umgesetzt: Artikel 2, 3, 5 UklaRL, Artikel 11 FARL, Artikel 18 ECRL und Artikel 8 Verbrauchsgüterkaufrichtlinie.

667 Verbraucherschutzgesetze im Sinne des § 2 UklaG sind alle Normen, die dem Schutz des Verbrauchers dienen, d.h. der Verbraucherschutz muss der eigentliche Zweck des Gesetzes sein. Das ist insbesondere bei Vorschriften der Fall, die klassische Verbraucherrechte normieren, wie Informations-, Belehrungspflichten und Widerrufsrechte. Nicht erfasst sind Vorschriften, bei denen der Verbraucherschutz ein Nebenprodukt ist oder eine untergeordnete Bedeutung hat; vgl. Bassenge in: Palandt, BGB-Komm., UklaG, § 2, Rn.5. § 2 II Nr.1-6 UklaG enthält eine nicht abschließende Beispielsliste der Verbraucherschutzgesetze.

668 § 3 UklaG benennt die anspruchsberechtigten Stellen. Nach § 3 I S.1 Nr.1 i.V.m. § 4 UklaG wird eine bekanntzumachende Liste über die qualifizierten Einrichtungen vom Bundesverwaltungsamt geführt. Die Bekanntmachung erfolgt periodisch im Bundesanzeiger und wird der Europäischen Kommission zugeleitet gemäß § 4 I, S.2 UklaG, wie es die UklaRL in Artikel 3 vorsieht. Die Liste der qualifizierten Einrichtungen sämtlicher Mitgliedstaaten wird außerdem im Amtsblatt der Europäischen Kommission veröffentlicht, z.B. AB1. C 321, 31.12.2003, S.26ff.

669 Beide Gesetze haben keinen Anknüpfungspunkt im BGB und weichen teilweise stark von den BGB-Begrifflichkeiten ab, insbesondere das Produkthaftungsgesetz.

670 Der Mediendienstestaatsvertrag ist eine Vertrag zwischen den Bundesländern zur Schaffung einheitlicher Rahmenbedingungen für Informations- und Kommunikationsdienste (§ 1 MDStV). Im Gegensatz zum Bundesgesetz Teledienstegesetz (TDG) und TDDSG besteht für den mediendienstrechtlichen Regelungsbereich keine Bundeskompetenz, vgl. dazu auch Schaar, Rn.246ff; Heyms/Prieß, Rn.44; Pirntke, S.230ff.

671 Das TDDSG ist als Artikel 2 des IuKDG am 1.8.1997 in Kraft getreten.

672 Daneben ist außerdem vor allem noch der Jugendmedienschutzstaatsvertrag der Länder (JMSStV) zu nennen, der unter dem Aspekt des Jugendschutzes bestimmte Werbeinhalte reglementiert. Ferner enthält das Lebensmittel- und Bedarfsgegenständegesetz (LMBG), das Heilmittelwerbegesetz (HWG) werberechtliche Bestimmungen.

wettbewerbsrechtliche Teilaspekte und enthalten dabei auch verbraucherschützende Regelungen. Der MDStV und das TDDSG bestimmen z.B. datenschutzrechtliche Anforderungen bei der kommerziellen Datenerhebung im Rahmen von Tele- und Mediendiensten, zu denen auch Internetdienste gehören.[673] Die PAngVO regelt Preisangabepflichten bei Warengeschäften mit dem Endkonsumenten, unabhängig von dem Medium der Warenangebote.[674]

Diese Gesetze stehen als Sonderprivatrecht selbständig neben den Normen des BGB. Im Folgenden sollen nur die Nebengesetze vorgestellt werden, die für die Untersuchung von besonderer Relevanz sind. Das betrifft die BGB-InfoVO und das UWG.

aa) Die BGB-Informationspflichten-Verordnung

Die BGB-Informationspflichtenverordnung[675] ist eine Rechtsverordnung, die aufgrund der Artikel 238ff EGBGB erlassen worden ist.[676] Sie regelt im Einzelnen den Inhalt der Informationen, die einen Dienst- oder Warenanbieter bei bestimmten Verträgen treffen. Da die umzusetzenden europäischen Richtlinien detaillierte und genaue Regelungen über den Inhalt von Informationspflichten enthalten, sah sich der deutsche Gesetzgeber gezwungen, diese Konkretisierungsregeln aus dem sonst abstrakt geregelten BGB-Text auszulagern und einen solchen ergänzenden Rechtsakt zu kodifizieren.[677] Auf diesem Wege soll einerseits die abstrakte Systematik des BGB beibehalten und der Umfang der Regelungen nicht überstrapaziert werden. Andererseits sollen die ergänzenden Detailregelungen in einem einzigen Rechtsakt zusammengefasst werden, um die Rechtsfindung zu erleichtern.[678]

Zunächst regelt die BGB-InfoVO Informationspflichten des Unternehmers bei bestimmten Verbraucherverträgen. Dazu gehören auch solche Informationen, die der Unternehmer dem Verbraucher bei Fernabsatzverträgen gemäß § 312c I S.1 Nr.1 BGB i.V.m. § 1 BGB-InfoVO geben muss.[679] Im Zusammenhang mit dem Widerrufsrecht das u.a. bei Fernabsatzgeschäften gewährt wird, enthält die Verordnung zudem einige

673 Siehe §§ 3ff TDDSG und §§ 16ff MDStV.

674 Siehe vor allem § 1 PAngVO.

675 Die Erstverkündung erfolgte am 1.1.2002, (BGBl. I, 342). Seither sind einige Änderungen vorgenommen worden. Zuletzt wurde die BGB-InfoVO aufgrund der Umsetzungspflicht hinsichtlich der Richtlinie 2002/65/EG über den Fernabsatz von Finanzdienstleistungen geändert, (BGBl. I 2004, 3102).

676 Durch die Artikel 238ff EGBGB wird eine Verordnungsermächtigung für das Bundesministerium der Justiz (BMJ) geschaffen, die Regelungen über Informationspflichten durch Rechtsverordnung ohne Zustimmung des Bundesrates, teilweise aber mit Zustimmung des Bundesministeriums für Wirtschaft und Technologie, zu schaffen. Das BMJ kann die Regelungen aber auch durch Rechtsverordnung auf neue, veränderte Vorgaben des Europarechts anpassen; vgl. dazu Heinrichs in: Palandt, SMG-Komm., Anhang zu § 312c BGB, Rn.1.

677 Das gilt z.B. für die Detailregelungen über unternehmerische Informationspflichten nach der FARL (Artikel 4, 5 FARL) und der ECRL (Artikel 5, 6, 10 ECRL).

678 Vgl. Putzo in: Palandt, BGB-Komm., BGB-InfoVO, Einführung, Rn.1; Schulze/Schulte-Nölke in: Schulze/Schulte-Nölke, S.3ff, (19).

679 Daneben enthält der 1. Abschnitt in § 2 BGB-InfoVO Informationspflichten bei Teilzeit-Wohnrechteverträgen.

Bestimmungen über den Inhalt von Widerrufs- und Rückgabebelehrungen,[680] einschließlich eines Belehrungsmusters[681]. Im zweiten Abschnitt werden die Kundeninformationspflichten des Unternehmers im elektronischen Geschäftsverkehr normiert gemäß § 312e I S.1 Nr.2 BGB i.V.m. § 3 BGB-InfoVO. Darüber hinaus sieht die BGB-InfoVO Informationspflichten des Reiseveranstalters[682] und von Kreditinstituten[683] vor. Enthält nun eine materielle Vorschrift des BGB eine Verweisung auf die BGB-InfoVO, so sind, zusätzlich zu den sonstigen Pflichten des Unternehmers aus dem jeweiligen Vertrag, ergänzend die Informationspflichten des entsprechenden Abschnitts der Verordnung zu beachten. Bei Internetverträgen zwischen Verbrauchern und Unternehmern müssen letztendlich die Informationspflichten bei Fernabsatzverträgen und im elektronischen Geschäftsverkehr beachtet werden sowie die Bestimmungen über die Widerrufs- und Rückgabebelehrung.[684]

bb) Das Gesetz gegen den unlauteren Wettbewerb

Eines der wichtigsten und ältesten Gesetze im deutschen Wettbewerbsrecht ist das Gesetz gegen den unlauteren Wettbewerb (UWG).[685] Das Wettbewerbsrecht ist im deutschen Recht seit jeher ein zivilrechtliches Sondergebiet, das in Nebengesetzen, wie dem UWG, geregelt ist und auch nach der Schuldrechtsreform ein selbstständiges Rechtsgebiet geblieben ist.[686] Ähnlich der Schuldrechtsmodernisierung im BGB, existieren seit einiger Zeit Reformbestrebungen,[687] durch die eine Anpassung des als nicht mehr ganz zeitgemäß empfundenen UWG an die veränderten Umstände im Wettbewerb erreicht werden soll.[688] Wie bei der Reform des BGB, soll durch die Neuregelungen auch das von der Rechtsprechung fortgebildete Lauterkeitsrecht in das

680 S.a. 5. Abschnitt, § 14 BGB-InfoVO.

681 S.a. Anhang 2 und 3 der BGB-InfoVO.

682 S.a. 3. Abschnitt, §§ 4ff BGB-InfoVO.

683 S.a. 4. Abschnitt, §§ 12f BGB-InfoVO.

684 Gemäß § 312c I S.1 Nr.1 BGB i.V.m. § 1 BGB-InfoVO, § 312e I S.1 Nr.2 BGB i.V.m. § 3 BGB-InfoVO, § 14 i.V.m. Anhang II, III BGB-InfoVO.

685 Das UWG trat 1909 in Kraft (RGBl. 7.6.1909, S.449). Zur Geschichte des deutschen Wettbewerbrechts und des UWG, s.a. Piper in: Köhler/Piper, UWG-Komm., Einführung, Rn.1ff; Emmerich, S.3ff. Es wird im Folgenden das UWG in der Fassung vom 3.7.2004 zugrunde gelegt, da im Zeitpunkt der Drucklegung der Arbeit (1.12.2008) die Richtlinie über unautere Geschäftspraktiken noch nicht in deutsches Recht umgesetzt war.

686 Das UWG ist insbesondere von dem allgemeinen Zivilrecht im Rahmen des Deliktsrechts gemäß §§ 823ff BGB abzugrenzen. Zu den wettbewerbsrechtlichen Nebengesetzen gehören außerdem vor allem das UrhG, das MarkenG, das GeschmMG und das GWB. Diese Gesetze enthalten jedoch keine Sonderregelungen für Handelspraktiken gegenüber Verbrauchern.

687 Der Regierungsentwurf zur Reform des UWG vom 7.5.2003, ist am 8.7.2004 mit einigen Änderungen in Kraft getreten (BGBl. I. 2004, S.1414ff), zuletzt geändert am 25.4.2006 (BGBl. I. 2006, S.866ff).

688 Vgl. Gamerith, WRP 2005, S.391ff (398); Engels/Salomon, WRP 2004, S.32ff (32).

Gesetz miteinfließen.[689] Dadurch erhofft man sich eine Liberalisierung und Modernisierung des deutschen Wettbewerbrechts.[690]

Ob dabei ein liberaleres Lauterkeitsrecht entstanden ist, wird bisweilen insbesondere deshalb bestritten, weil auch bei der Reform des UWG die Integration des Verbraucherschutzrechts in den Gesetzestext eine bedeutsame Rolle gespielt hat.[691] Das ursprüngliche UWG erwähnte ausschließlich den Konkurrentenschutz.[692] Durch richterliche Rechtsfortbildung wurde jedoch schon früh eine Erweiterung des Schutzbereichs auf Verbraucherinteressen und Allgemeininteressen anerkannt.[693] Seit Inkrafttreten der UWG-Reform von 2004 ist der Verbraucherschutz nun explizit in den Gesetzestext des UWG mit aufgenommen.[694] Dadurch soll die zentrale Stellung des Verbraucherschutzes im UWG unterstrichen werden.[695] Anlass hierfür war u.a. auch die Umsetzungspflicht der verbraucherschützenden Werberichtlinien[696] und sonstigen Wettbewerbsbestimmungen der Verbraucherschutzrichtlinien[697] der EU. Dabei sind sämtliche Wettbewerbsbeschränkungen des deutschen Rechts auch im Internethandel anwendbar, so dass sich der Verbraucherschutz im Wettbewerb stets auch auf den Online-Wettbewerb bezieht.

Das UWG hat durch die Reform keine grundlegende inhaltliche Umwandlung erfahren.[698] Der Gesetzgeber hat einerseits die durch die Rechtsprechung gefestigten Fallgruppen gesetzlich fixiert und andererseits das gesetzgebungstechnische Konzept und einige veraltet wirkende Formulierungen verändert. Im „neuen“ UWG wird nun zunächst der dreifache Schutzzweck des Gesetzes benannt (Schutzzwecktrias), nämlich der Schutz der Konkurrenz, der Verbraucher und der Allgemeinheit.[699] In § 2

689 Vgl. Lettl, WRP 2004, S.1079ff (1088); Engels/Salomon, WRP 2004, S.32ff (32).

690 S.a. Regierungsentwurf, (BGBl. I. 2003, S.1487ff). Insbesondere im internationalen Vergleich wurde das deutsche Wettbewerbsrecht vor der Reform als zu restriktiv betrachtet, vgl. z.B. Engels/Salomon, WRP 2004, S.32ff (32).

691 Vgl. Ohly, GRUR 2004, S.889ff (889); Engels/Salomon, WRP 2004, S.32ff (32, 44).

692 Das UWG von 1909 diente zunächst ausschließlich dem Konkurrentenschutz, vgl. Piper in: Köhler/Piper, UWG-Komm., Einführung, Rn.23; von Moltke, S.9; a.A. Emmerich, S.24f.

693 Vgl. Piper in: Köhler/Piper, UWG-Komm., Einführung, Rn.23.

694 S.a. §§ 1, 2 II UWG n.F.

695 S.a. Regierungsentwurf, (BGBl. I 2003, S.1487ff); dazu auch Engels/Salomon, WRP 2004, S.32ff (33).

696 Damit sind die Irreführungsrichtlinie, einschließlich der Änderungsrichtlinie zur Integration der Regelungen über vergleichende Werbung sowie die Richtlinie über Werbung für Humanarzneimittel (98/27/EG) gemeint, deren Vorgaben in das UWG integriert wurden. Die Irreführungsrichtlinie wurde zunächst in § 2, 3 UWG a.F., nun §§ 5, 6 UWG n.F. normiert. Vor der Umsetzung war im deutschen Recht mit wenigen Ausnahmen die vergleichende Werbung unzulässig. Nach der Richtlinienvorgabe ist die vergleichende Werbung grundsätzlich zulässig, die entsprechende Vorschrift gemäß § 6 UWG setzt diese Vorgaben mit den zugelassenen Beschränkungen um, vgl. dazu Koos, WRP 2005, S.1096ff (1096); Henning-Bodewig, GRUR Int. 1999, S.385ff (385).

697 Das betrifft insbesondere die Umsetzung der FARL und der UklaRL.

698 Vgl. Engels/Salomon, WRP 2004, S.32ff (32f); Ohly, GRUR 2004, S.889ff (894).

699 S.a. § 1 UWG n.F., der nun ausdrücklich die im Lauterkeitsrecht bereits anerkannten Schutzobjekte des UWG benennt; vgl. zum Schutzzweck des UWG a.F. Piper in: Köhler/Piper, UWG-Komm., Einführung, Rn.23.

UWG n.F. werden, ganz im Sinne der neuen Gesetzgebungstechnik,[700] die Legaldefinitionen der wichtigsten, gesetzlich verwendeten Begriffe den wettbewerbsrechtlichen Regelungen vorangestellt. Dabei enthält § 2 II UWG n.F. eine Verweisung auf die Begriffe nach §§ 13, 14 BGB für den lauterkeitsrechtlichen Begriff des Verbrauchers und des Unternehmers.[701] In § 3 UWG n.F. ist sodann die Generalklausel über das „Verbot unlauterer Wettbewerbshandlungen“ verankert. Während die Formulierung der bisherigen Generalklausel auf den Verstoß gegen die guten Sitten abstellte,[702] werden nun „unlautere Wettbewerbshandlungen“, die geeignet sind die geschützten Bereiche nicht unerheblich zu beeinträchtigen, für unzulässig erklärt.[703] § 4 UWG n.F. enthält eine nicht abschließende Beispielsliste von Handelspraktiken, die als unlauter gelten. Ergänzt wird diese Liste in den folgenden Paragraphen, durch die z.B. auch die Regelungen über vergleichende und irreführende Werbung übernommen werden,[704] die schon im UWG a.F. die Vorgaben der Werberichtlinien umsetzten.[705] Ferner enthält das neue UWG in § 7 eine Vorschrift für Werbe- und sonstige Geschäftspraktiken, die unzumutbare Belästigungen verursachen. Dabei fungiert § 3 UWG n.F. primär als Auffangtatbestand im Verhältnis zu den Sondertatbeständen der §§ 4-7 UWG n.F.[706]

Die sonstigen Regelungen bestimmen die Rechtsfolgen[707] und die Verfahrensvorschriften[708] bei Verstößen gegen das UWG.[709] Wie das alte UWG, sehen die neuen Rechtsfolgeregelungen Unterlassungsansprüche der Mitbewerber, gewerblicher Verbände, der Industrie- und Handelskammern sowie der qualifizierten Einrichtungen im

700 Dieselbe Technik wurde z.B. bei der Integration der Begriffe Verbraucher und Unternehmer gemäß §§ 13, 14 BGB verwendet. Diese Methodik war dem deutschen Recht bislang fremd. Mit der Reform geht daher auch eine Anpassung der Gesetzgebungstechnik an die europäischen Vorgaben einher; vgl. Gamerith, WRP 2005, S.391ff (399); Engels/Salomon, WRP 2004, S.32ff (34).

701 Damit wird der Verbraucherbegriff des allgemeinen Zivilrechts mit dem des Lauterkeitsrechts gleichgestellt. Kritisch dazu Lettl, WRP 2004, S.1079ff (1090).

702 Gemäß § 1 UWG a.F. Diese Generalklausel ist prägende Norm des gesamten Wettbewerbsrechts gewesen und seit dem Inkrafttreten 1909 in ihrem Wesen bis zur Reform 2003 erhalten geblieben. Durch den betont allgemeingehaltenen Begriff der „guten Sitten“ wurde die Konkretisierung des Begriffs bewusst der Rechtsfortbildung überlassen, vgl. Piper in: Köhler/Piper, UWG-Komm., Einführung, Rn.7.

703 Dadurch wird der Inhalt der Generalklausel inhaltlich nicht wesentlich verändert. Der veraltete Begriff der „guten Sitten“ wird lediglich durch den Begriff „Unlauterkeit“ modernisiert und auf das Gemeinschaftsrecht angepasst. Wobei der neue Begriff, entsprechend einer Generalklausel, nicht in § 2 UWG n.F. definiert wird; vgl. Engels/Salomon, WRP 2004, S.32ff (34); Lettl, WRP 2004, S.1079ff (1100); Ohly, GRUR 2004, S.889ff (895). Allerdings wird die Erheblichkeitsschwelle durch § 3 UWG geändert; vgl. dazu Köhler GRUR 2005, S.11ff (1ff); Sack, WRP 2004, S.30ff (30); Engels/Salomon, WRP 2004, S.32ff (34).

704 Gemäß §§ 5, 6 UWG n.F..

705 Gemäß §§ 2, 3 UWG a.F..

706 Der Gesetzgeber hält dadurch an dem bewährten System von Generalklausel und Einzeltatbeständen fest; vgl. Lettl, WRP 2004, S.1079ff (1100f).

707 Gemäß Kapitel 2, §§ 8ff UWG n.F..

708 Gemäß Kapitel 3, §§ 12ff UWG n.F..

709 Außerdem enthält das neue UWG in Kapitel 4, §§ 16ff UWG Strafvorschriften und in Kapitel 5, §§ 20ff UWG die Schlussbestimmungen.

Sinne des § 4 UklaG vor,[710] während ein individueller Anspruch des Verbrauchers weiterhin nicht normiert ist.[711] Die Verfahrensvorschriften regeln das Verfahren, das bei der prozessualen Durchsetzung dieser Ansprüche gelten soll. Schließlich befinden sich in den Schlussbestimmungen die notwendig gewordenen Änderungen in den anderen Gesetzen, die auf das UWG verweisen, z.B. einige Änderungen der Verfahrensvorschriften im UklaG.[712]

Bei der Betrachtung des reformierten UWG fällt auf, dass der deutsche Gesetzgeber bei der Reform bewusst nicht das Inkrafttreten der Richtlinie über unlautere Geschäftspraktiken abgewartet hat.[713] Die Ursachen dafür liegen einerseits in der Kritik Deutschlands[714] an dem Richtlinienvorschlag und andererseits in der Hoffnung, dass das Richtlinienvorhaben in der vorgelegten Form noch abgelehnt werden könnte, zumal im Zeitpunkt der Diskussion um die UWG-Reform die Zukunft der Richtlinie noch ungewiss war.[715] Die wesentliche Kritik in Deutschland betrifft vor allem die in der Richtlinie vorgenommene Trennung von Verbraucher- und Konkurrentenschutz, die das reformierte deutsche UWG nicht vorsieht.[716]

Zentrale Frage bei der Umsetzung[717] muss daher sein, ob der korrespondierende Schutz von Verbraucher-, Konkurrenten- und Allgemeininteressen im UWG in der aktuellen Form beibehalten werden kann. Da die Richtlinie keine Totalharmonisierung des Wettbewerbrechts, vor allem nicht im Hinblick auf den Schutz des Wettbewerbers anstrebt und den Mitgliedstaaten insoweit eine autonome Rechtssetzung offen steht, wird diese Frage letztendlich zu bejahen sein.[718] Danach kann im deutschen UWG die sog. Schutzzwecktrias gemäß § 1 UWG n.F. erhalten bleiben.

---

710 S.a. § 8 UWG n.F. Gemäß § 9 UWG n.F. wird dem Mitbewerber u.U. auch ein Schadensersatzanspruch eingeräumt.

711 Vgl. Gamerith, WRP 2005, S.391ff (400).

712 S.a. § 20 IV UWG n.F. Nun verweist § 5 UklaG auf § 12 UWG n.F.

713 Z.B. lag 2003 der Kommissionsvorschlag für die Richtlinie über unlautere Geschäftspraktiken (KOM 2003, 356 endg.) bereits vor; vgl. dazu auch Gamerith, WRP 2005, S.391ff (400); Seichter, WRP 2005, S.1087ff (1087); Köhler/Lettl, WRP 2003, S.1019ff (1049); mit kritischer Anmerkung Keßler/Micklitz, BB 2003, S.2073ff (2073).

714 Vgl. BR-Drucks. 471/03.

715 Aufgrund des Widerstandes u.a. aus Deutschland gegen den Richtlinienentwurf, war zu diesem Zeitpunkt ungewiss, ob und wie eine solche Richtlinie in Kraft treten würde.

716 Vgl. BR-Drucks. 471/03, 2.; außerdem: Seichter, WRP 2005, S.1087ff (1088); Glöckner, WRP 2004, S.936ff (938); Gamerith, WRP 2005, S.391ff (402); Köhler/Lettl, WRP 2003, S.1017ff (1033); Lettl, WRP 2004, S.1079ff (1088); Veelken WRP 2004, S.1ff (6f); Ohly, GRUR 2004, 889ff (890); Köhler, GRUR 2005, S.793ff (794); Henning-Bodewig in: FS Tilmann, S.149ff (157f).

717 Nach Artikel 19 der Richtlinie 2005/29/EG müssen die Mitgliedstaaten die Richtlinie bis zum 12.6.2007 umgesetzt haben.

718 Vgl. Gamerith, WRP 2005, S.391ff (430); Seichter, WRP 2005, S.1087ff (1088f); Köhler/Lettl, WRP 2003, S.1019ff (1057); Köhler, GRUR 2005, S.793ff (793); a.A. Lettl, WRP 2004, S.1079ff (1088). Davon geht auch der Diskussionsentwurf des Bundesjustizministeriums zur Umsetzung der Richtlinie aus, siehe den Diskussionsentwurf: Erstes Gesetz zur Änderung des Gesetzes gegen den unlauteren Wettbewerb, Begründung, A., III, S.10.

Auch die sonstigen Vorgaben der Richtlinie bedürfen wohl keiner neuen, großen Reform des UWG.[719] Viele der neuen Wettbewerbsvorschriften im UWG nähern sich bereits den Vorgaben der Richtlinie an, so dass lediglich einige wenige Veränderungen des aktuellen Gesetzestextes des UWG zur richtlinienkonformen Umsetzung notwendig werden.[720] Diese Änderungen sind bereits Gegenstand der politischen und rechtswissenschaftlichen Diskussion in Deutschland.[721]

C. Der Vergleich der Entwicklungen im Verbraucherschutzrecht und Internetrecht

I. Der Vergleich der Entwicklungen des modernen Verbraucherschutzrechts

Die Entwicklungen des modernen Verbraucherschutzrechts im deutschen und US-amerikanischen Privatrecht weisen viele Parallelen in ihren gesellschafts-politischen Ansätzen und Ursprüngen auf. In beiden Rechtsordnungen formierte sich in den sechziger und siebziger Jahren, aufgrund der wachsenden Marktmacht der Anbieter und der damit verbundenen schwächeren Stellung des Verbrauchers im Geschäftsverkehr,

---

719 Vgl. Gamerith, WRP 2005, S.391ff (401f); Seichter, WRP 2005, S.1087ff (1088ff); Köhler/Lettl, WRP 2003, S.1019ff (1056f); Lettl, WRP 2004, S.1079ff (1102); Glöckner, WRP 2004, S.936ff (941); Köhler, GRUR 2005, S.793ff (793). So auch der Diskussionsentwurf zur Änderung des UWG, darin werden lediglich einige Änderungen im Rahmen des Definitionskatalogs gemäß § 2 sowie eine Änderung der §§ 3, 5 und 12 vorgeschlagen, wodurch im Wesentlichen weitere Fallbeispiele konkretisiert werden. Nach dem Entwurf soll dem UWG außerdem ein Anhang angefügt werden, in dem per se Verletzungen aufgelistet werden (§ 3 II UWG-E).

720 Das neue UWG enthält viele Neuerungen, die der Richtlinie über unlautere Geschäftspraktiken bereits entsprechen, z.B. die vorangestellten Legaldefinitionen in § 2 UWG und die Beispielsliste für unlautere Wettbewerbshandlungen in § 4 UWG. Nicht zuletzt ist die neue Formulierung der Generalklausel, die unlautere Wettbewerbshandlungen unterbindet, der Generalklausel gemäß Artikel 5 I der Richtlinie, die unlautere Geschäftspraktiken verbietet, sehr ähnlich; siehe vorallem Diskussionsentwurf: Erstes Gesetz zur Änderung des Gesetzes gegen den unlauteren Wettbewerb, Begründung, A., III, S.10; vgl. dazu auch Seichter, WRP 2005, S.1087ff (1089); Lettl, WRP 2004, S.1079ff (1102). Zu dem Vergleich der Regelungen der Richtlinie und des UWG n.F., vgl. Köhler/Lettl, WRP 2003, S.1019ff (1049ff); Lettl, WRP 2004, S.1079ff (1101ff).

721 Vgl. z.B. die Vorschläge von Seichter, WRP 2005, S.1087ff (1095); Köhler, GRUR 2005, S.793ff (794ff). Siehe ferner den Diskussionsentwurf: Erstes Gesetz zur Änderung des Gesetzes gegen den unlauteren Wettbewerb. Bis zur Drucklegung der Arbeit (1.12.2008) wurde die Richtlinie nicht in deutsches Recht umgesetzt. Der Regierungsentwurf, vom 20.8.2008 enthält, entgegen der Forderung in der Literautur einer minimalistischen Umsetzung, umfangreiche Änderungen des erst kürzlich novellierten UWG, vgl. „Entwurf eines Ersten Gesetzes zur Änderung des Gesetzes gegen den unlauteren Wettbewerb“ (BT-Drucks. 16/10145). Ob der Entwurf in dieser Form vom Bundestag verabschiedet wird, bleibt abzuwarten. Der Bundesrat hat sich in seiner Stellungnahme vom 23.5.2008 zu den umfangreichen Änderungen des UWG ablehnend geäußert und hat einen eigenen Entwurf eingebracht, vgl. „Stellungnahme des Bundesrats zum Gesetz der Bundesregierung „Entwurf eines Ersten Gesetzes zur Änderung des Gesetzes gegen den unlauteren Wettbewerb“ (BR-Drucks. 345/08).

allmählich eine stärker werdende Verbraucherschutzbewegung. Der wachsende Druck der Öffentlichkeit und die immer lauter werdenden Forderungen der Verbraucherschützer nach einer stärkeren Berücksichtigung sozialer und verbraucherschützender Aspekte im Privatrecht waren in den beiden ursprünglich markt-liberal ausgerichteten Privatrechtsordnungen Anlass für ein rechtliches Umdenken.[722] Dabei war die Verbraucherschutzinitiative des US-amerikanischen Präsidenten J.F. Kennedy aus dem Jahre 1962[723] Anstoß für gesetzliche Initiativen auf dem Gebiet des Verbraucherschutzrechts in beiden Ländern.

In der Hochphase der Verbraucherschutzbewegung sind zahlreiche gesetzliche Initiativen und andere staatliche Maßnahmen zur Verbesserung des Schutzes des Verbrauchers im Markt in den USA und in Deutschland geschaffen worden. Auffällig dabei ist, dass die ersten Verbraucherschutzregelungen z.T. sehr ähnliche Bereiche des Geschäftsverkehrs regulierten.[724] In den USA und in Deutschland entstanden vor allem schon früh rechtliche Instrumente zum Schutz des Verbrauchers vor unlauterem Wettbewerb. Dazu wurden im deutschen Lauterkeitsrecht und im Wettbewerbsrecht einiger US-amerikanischer Bundesstaaten die Schutzbereiche der bestehenden wettbewerbsrechtlichen Bestimmungen, die ursprünglich in erster Linie dem Konkurrentenschutz dienten, auch auf den Verbraucherschutz erweitert.[725] In anderen US-Staaten wurden wettbewerbsrechtliche Vorschriften mit z.T. ausschließlich verbraucherschützender Funktion geschaffen.[726] Der Verbraucher wurde durch die Wettbewerbsregelungen vor allem vor unlauteren, irreführenden und aggressiven Werbepraktiken geschützt. Ferner wurden in beiden Rechtsordnungen Vorschriften bezüglich der Produktkennzeichnung, Produktsicherheit und Produkthaftung geschaffen, die einen besseren Gesundheitsschutz und eine bessere Produktinformation des Verbrauchers beim Warenkauf gewährleisten sollten.[727]

Daneben entwickelte sich sowohl in Deutschland als auch in den USA in ähnlichen Bereichen ein vertragliches Verbraucherschutzrecht. In den USA wurde insbesondere ein gesetzlicher Verbraucherschutz im Rahmen von Kreditgeschäften etabliert,[728] was vor allem damit zusammen hängt, dass es in den USA weitaus üblicher ist, Waren-

---

722 S.a. zur Entwicklung des Verbraucherschutzrechts im deutschen Recht (1.Kapitel, B., I., 2.) und im US-amerikanischen Recht (1.Kapitel, A., I., 2.).

723 Vgl. J.F. Kennedy, „Special Message to the Congress on Protecting the Consumer Interest".

724 Im Ergebnis auch Zehentner, S.219.

725 Zur Erweiterung des Schutzbereichs des deutschen UWG auf den Verbraucherschutz, vgl. Piper in: Köhler/Piper, UWG-Komm., Einführung, Rn.23. In einigen US-Bundesstaaten wurde der Uniform Deceptive Trade Practices Act (UDTPA) umgesetzt, der in der von der NCCUSL vorgelegten Fassung auf den Konkurrentenschutz beschränkt war, allmählich in den meisten Staaten aber auch auf den Verbraucherschutz erweitert wurde, siehe 1.Kapitel, A., II., 2., b), aa).

726 Neben dem UDTPA entwickelten andere Staaten eigene Ansätze oder orientierten sich an dem FTCA, siehe 1.Kapitel, A., II., 2., b), aa).

727 Zur Produkthaftung in den USA: Reimann, S.112ff; Hay, Rn.394ff; zur Produkthaftung und Produktsicherheit in Deutschland: Borchert, S.11ff, 27ff; zur Produkthaftung und Produktsicherheit im europäischen Recht: Reich, S282ff, 318ff.

728 1968 wurde von der NCCUSL das Modellgesetz „Uniform Consumer Credit Code" vorgelegt. Das Gesetz wurde 1974 überarbeitet und wurde in elf Staaten umgesetzt. Auf Bundesebene wurde ebenfalls 1968 der „Consumer Credit Protection Act" geschaffen.

käufe und andere Geschäfte durch Kredite zu finanzieren, als es in Europa und Deutschland der Fall ist.[729] Aber auch in Deutschland wurden besondere Bestimmungen für Verbraucherkreditgeschäfte normiert, zunächst im Verbraucherkreditgesetz[730] und schließlich nach der Integration in das BGB durch das SMG in §§ 491ff BGB.[731] In den vergangenen drei Jahrzehnten kamen im US-amerikanischen und im deutschen Recht weitere Verbraucherschutzelemente hinzu, die einen besonderen Verbraucherschutz bei neuen Vertriebsformen vorsahen, wie den Vertretergeschäften an der Haustür,[732] dem Telemarketing[733] oder bei der Verwendung vorformulierter Vertragsklauseln in Verbraucherverträgen.[734] Im Ergebnis entwickelte sich damit in beiden Rechtsordnungen ein punktueller und situationsbezogener Verbraucherschutz im Privatrecht, der meist eher eine Reaktion auf veränderte wirtschaftliche Situationen und dadurch entstandene Benachteiligungen des Verbrauchers gewesen ist, als ein zusammenhängendes, verbraucherschutzrechtliches Gesamtkonzept. Im deutschen Recht ist aber stets auch der Einfluss des europäischen Verbraucherschutzrechts seit den achtziger Jahren zu berücksichtigen.[735]

Die Inhalte dieser allmählich entwickelten Verbraucherschutzregelungen in den einzelnen Privatrechtsordnungen sind zum größten Teil allerdings sehr unterschiedlich. Dabei divergieren insbesondere die Vorstellungen über die Reichweite und das einzusetzende Verbraucherschutzinstrumentarium in den beiden Ländern.[736] In den USA wird die Aufgabe des Verbraucherschutzes im Handel und die Gewährleistung eines

---

729 Vgl. dazu Zehentner, S.22.

730 Eine Überarbeitung des alten Abzahlungsgesetzes, das keine Besonderheiten für Verbraucherdarlehen enthielt, wurde bereits in den sechziger Jahren diskutiert, das VerbrKrG trat erst am 1.1.1991 in Kraft (BGBl. I, S.2840, BT-Drucks. 11/5462, S.11ff); vgl. dazu Meents, S.23ff, Nordhausen in: Reich/Nordhausen, S.51ff. Das VerbrKrG diente auch der Umsetzung der Verbraucherkreditrichtlinie von 1987 (Richtlinie 87/102/EWG, ABl. L 42 vom 12. 2. 1987, S. 48).

731 Zur Integration der Vorschriften des Verbraucherkreditgesetzes in das BGB durch die Schuldrechtsreform, vgl. Putzo in: Palandt, SMG-Komm., Vor 491ff, Rn.1-3.

732 Im deutschen Recht wurden die Regelungen über Haustürgeschäfte zunächst im HaustürWG von 1986 (BGBl. I, S.122) geregelt; im US-amerikanischen Recht regelt auf Bundesebene eine FTC Regelung gemäß 16 C.F.R. § 429 „Cooling of Rule" den Verbraucherschutz bei Haustürgeschäften, ebenso haben alle Einzelstaaten sog. „Door to Door Sales Acts" geschaffen, die den Schutz des Verbrauchers bei Geschäften an der Haustür regeln.

733 Zum Schutz des Verbrauchers vor unlauteren Vertriebspraktiken im Rahmen des Telemarketing nach dem deutschen UWG, vgl. Keßler in: Micklitz/Keßler, S.97ff (101f); im US-Recht wurden sowohl auf einzelstaatlicher Ebene wie auch auf Bundesebene Regulierungsvorschriften zum Telemarketing erlassen, zu nennen ist in erster Linie die FTC-Regel 16 C.F.R. § 310 „Telemarketing Sales Rule" , die auf dem „Telemarketing and Consumer Fraud and Abuse Prevention Act", 15 USC § 6101ff von 1994 gründet, vgl. dazu Reich in: Micklitz/Keßler, S.417ff (431f).

734 Im deutschen Recht wurden die Grundsätze zur wirksamen Einbeziehungen von Vertragsbedingungen zunächst von der Rechtsprechung entwickelt, vgl. dazu Heinrichs in: Palandt, SMG-Komm., Vor §§ 305ff, Rn.4ff; das AGBG (BGBl. I S.3317) wurde 1976 geschaffen; im US-amerikanischen Recht wurde ebenfalls ursprünglich von den Gerichten die Wirksamkeit von Vertragsklauseln nach der „Unconscionability-Clause" (Sittenwidrigkeitsklausel) beurteilt, diese Grundsätze wurden z.T. im UCC, Article 2 Sales übernommen.

735 Wie z.B. im Rahmen der Klauselrichtlinie, der Richtlinie über Haustürgeschäfte und die Produkthaftungsrichtlinie.

736 Vgl. Zehenter, S.217.

fairen Wettbewerbs zu einem nicht unbedeutenden Anteil auf dafür eingesetzte Verbraucherschutzbehörden übertragen.[737] In Deutschland existieren zwar auch seit den Anfängen der Verbraucherschutzbewegung Verbraucherschutzbehörden und -Vereine, die eine gerichtliche Durchsetzung von Verbraucherinteressen in beschränktem Maße durchsetzen können. Die Kompetenzen und Aufgaben der FTC und der einzelstaatlichen Verbraucherschutzbehörden ist jedoch wesentlich umfassender, als die der deutschen Behörden, sowohl im Rahmen ihrer verfahrensrechtlichen Möglichkeiten, aber insbesondere auch im Hinblick auf die Rechtssetzungskompetenzen der US-amerikanischen Behörden.[738] Wobei zu berücksichtigen ist, dass in den USA, aufgrund des weitaus höheren finanziellen Aufwands eines Rechtsstreits, die prozessuale Durchsetzung von Verbraucherinteressen durch die FTC und durch einzelstaatliche Behörden ungleich dringlicher erscheint, um den finanzstarken Unternehmen in einem Rechtsstreit einen gleichstarken Opponenten entgegen zu setzen. Andererseits sind auch die Einflussmöglichkeiten und die Kompetenzreichweite der FTC in der Deregulierungsphase der achtziger Jahre wieder beschränkt und bekämpft worden.[739]

Die Entwicklung im deutschen Verbraucherschutzrecht in den letzten Jahrzehnten unterscheidet sich von der US-amerikanischen Entwicklung im Wesentlichen durch die Intensität des gesetzlich festgelegten Verbraucherschutzes im Geschäftsverkehr, wobei zu berücksichtigen ist, dass Umfang und Reichweite der Verbraucherschutzgesetze in den USA zudem noch von Staat zu Staat variieren. Das deutsche Privatrecht wurde zwar auch von einer auf europäischer Ebene stattfindenden „Deregulierungsphase“ beeinflusst. Diese Phase war vor allem durch die europäische Zielsetzung geprägt, durch europarechtliche Vorgaben einen freien, grenzüberschreitenden Handelsverkehr zu gewährleisten und eine rechtliche Harmonisierung eines gemeinsamen Binnenmarktes zu erreichen. Die wirtschaftsfördernden Maßnahmen der EU wurden jedoch schon früh ergänzt durch zahlreiche Initiativen auf dem Gebiet des Verbraucherschutzes, wie bereits ausführlich dargestellt.[740] Die EU erweiterte ihre Zielsetzung allmählich auf die Schaffung eines hohen Verbraucherschutzniveaus im Binnenmarkt, zur Stärkung des Verbrauchervertrauens in den gemeinsamen Markt.

Ein hohes Schutzniveau des Verbrauchers war auch die Tendenz im deutschen Verbraucherschutzrecht. Neben der Umsetzung der Richtlinienvorgaben aus Brüssel, wurden im deutschen Recht zum Schutz des Verbrauchers einschneidende, rechtliche Beschränkungen des Wirtschaftsverkehrs hingenommen, vor allem im Rahmen des Wettbewerbsrechts. Geschäftspraktiken im Zusammenhang mit Werbung und Absatzförderung wurden, zugunsten eines besonders schutzbedürftigen Verbrauchers, in hohem Maße restriktiv gehandhabt, weshalb dem deutschen UWG vor seiner Reform eine wirtschafts-hemmende Wirkung attestiert worden war.[741] Diese Tendenzen lassen sich auch auf dem Gebiet des vertraglichen Verbraucherschutzes beobachten. Zudem hat der deutsche Gesetzgeber oft von der Möglichkeit Gebrauch gemacht, einen noch

737 Siehe dazu auch 1.Kapitel, A., I., 2.

738 Vgl. Reich in: Micklitz/Keßler, S.417ff (443f).

739 Siehe 1.Kapitel, A., I., 2. und II., 1., e), aa); vgl. dazu auch Reich in: Micklitz/Keßler, S.417ff (422f).

740 Siehe 1.Kapitel, B., I., 2.

741 Vgl. dazu Wuttke, Rn.3f; Gamerith, WRP 2005, S.390ff (398).

höheren Schutzstandard im Privatrecht zu normieren, als dies nach europäischem Recht notwendig gewesen wäre.[742]

Das US-amerikanische Verbraucherschutzrecht hat sich in eine andere, man kann fast sagen entgegengesetzte Richtung entwickelt. Die Deregulierung des Wirtschaftsrechts bedeutete eine Rückbesinnung auf den Grundsatz der Freiheit des Marktes und der Privatautonomie. Die Regulierung und Beschränkung des Geschäftsverkehrs durch Normierung verbraucherschützender Anforderungen an die Unternehmen wurde auf ein Mindestmaß reduziert. Im Ergebnis setzt man im US-Recht in höherem Maße auf die selbstregulierenden Kräfte eines gesunden und fairen Wettbewerbs,[743] als im deutschen und europäischen Recht.

II. Der Vergleich der Entwicklungen des Internetrechts

Als Mutterland des Internets hat die USA international die Vorreiterrolle bei der Schaffung rechtlicher Rahmenbedingungen für den elektronischen Geschäftsverkehr übernommen.[744] Aufgrund der äußerst liberalen Vorstellungen, die in „A Framework for Global Electronic Commerce“[745] 1997 fortgesetzt wurden, eignen sich die US-amerikanischen Regelungen dabei allerdings nicht als Vorbild für das deutsche Recht. In beiden Rechtsordnungen wurden zunächst die Rechtsfragen zur Formwirksamkeit von elektronischen Verträgen und Signaturen geregelt. Im Gegensatz zu dem deutschen SigG von 1997, verfolgen die gesetzlichen Initiativen in den USA, der E-SIGN Act und UETA, von Anfang an einen minimalistischen Regelungsansatz. Gerade bei der Signaturgesetzgebung werden die Unterschiede der hinter den Regelungen stehenden Zielsetzungen in den beiden Rechtsordnungen deutlich. Während in der ursprünglichen Fassung des deutschen SigG sehr hohe Anforderungen an eine der handschriftlichen Unterschrift gleichzusetzenden elektronischen Signatur gestellt wurden und die Tätigkeit der Zertifizierungsanbieter an eine behördliche Genehmigung geknüpft wurden,[746] bestimmen die Regelungen von E-SIGN Act und UETA eine absolute Gleichsetzung von Schriftform und elektronischer Form,[747] ohne besondere Anforderungen an elektronische Signaturen und Vertragsdokumente zu stellen. Die stark regulierenden Komponenten des deutschen Rechts standen dementsprechend vor allem zu Beginn der Entwicklung des E-Commerce Rechts im krassen Gegensatz zu den liberalen Ansätzen des US-amerikanischen Rechts. Man hatte in den USA indes darauf gehofft, dass die zurückhaltende Regulierung des elektronischen Geschäftsverkehrs sich auch in anderen Rechtsordnungen durchsetzen würde. Denn die internationale

742 Z.B. wurde im deutschen Recht der von der Klauselrichtlinie (Richtlinie 85/577/EWG) vorgegebene Schutzrahmen, der auf Verbraucherverträge beschränkt war, erweitert, in dem die AGB-Regelungen allgemein für die Verwendung von Vertragsklauseln gelten und für Verbraucherverträge nur wenige Sonderregelungen im AGBG und den neuen §§ 305ff BGB existieren.

743 S.a. die Ausführungen im 1.Kapitel, A., I., 2., 3.

744 Vgl. Rieder, S.76.

745 Vgl. The White House, „A Framework for Global Electronic Commerce”.

746 Siehe die Ausführungen im 1.Kapitel, B., I., 3., a).

747 Nach Section 7 UETA und § 101 (a) E-SIGN Act darf einer Signatur oder einem Dokument nicht allein die rechtliche Wirksamkeit versagt werden, weil es in elektronischer Form vorliegt.

rechtliche Koordination erschien aufgrund der Wachstumsmöglichkeiten des grenzüberschreitenden Online-Marktes besonders wichtig.[748] Dementsprechend stieß das restriktive deutsche SigG von 1997 in den USA auf Kritik.[749] Durch die Überarbeitungen des SigG und der SigVO zur Umsetzung der gemäßigteren SigRL wurde das deutsche Signaturrecht zwar teilweise liberalisiert,[750] was in den USA grundsätzlich begrüßt wurde.[751] Allerdings sind die Ansätze zur Regelung elektronischer Signaturen und Verträgen in den USA und Deutschland, die zum größten Teil heute noch gelten, trotz der Annäherung sehr unterschiedlich geblieben. Auch im Rahmen der europäischen Vorgaben stellen die deutschen Normen nach wie vor hohe Anforderungen an das Vorliegen einer wirksamen elektronischen Signatur,[752] während sich in den USA die liberalen und minimalistischen Ansätze des E-SIGN Acts und des in vielen Staaten umgesetzten UETA durchgesetzt hat.[753]

Die Notwendigkeit einer Anpassung der gesetzlichen Regelungen zum Vertragsrecht an den elektronischen Geschäftsverkehr ist in den USA und in Deutschland ebenfalls unterschiedlich beurteilt worden. Bereits in der Regierungsinitiative zum Electronic Commerce von 1997 wurde in den USA eine grundlegende Überarbeitung der zentralen Regelungen zum Vertragsrecht angekündigt,[754] die mit der neu vorgelegten Fassung des UCC, Article 2 Sales weitgehend abgeschlossen worden ist.[755] In der Neufassung des Article 2 und im letztendlich als UCITA verabschiedeten neuen Softwarevertragsgesetz wurden die Vertragsschlussregelungen so abgewandelt, dass der Gesetzestext nun an zahlreichen Stellen die Besonderheiten des elektronischen Vertragsschlusses berücksichtigt, wie z.B. die Regelungen über die rechtliche Wirksamkeit von Erklärungen, die von elektronischen Agenten ausgehen oder entgegen genommen werden.[756]

In Deutschland hingegen wurde keine gesetzliche Anpassung der Regelungen zum allgemeinen Vertragsrecht im Rahmen des elektronischen Geschäftsverkehrs vorgenommen. Die durch den Internathandel aufkommenden Fragen zum Zustandekommen von Online-Verträgen und dem Zugang elektronischer Erklärungen wurden durch

---

748 Vgl. The White House, „A Framework for Global Electronic Commerce", Principles, 5.; vgl. auch Boehme-Neßler, S.134.

749 Vgl. dazu die kritischen Anmerkungen zum deutschen SigG von 1997 von Nimmer, CRi 2000, S.97ff (103f).

750 S.a. die Ausführungen im 1.Kapitel, B., I., 3., a).

751 Vgl. Nimmer, CRi 2000, S.97ff (104).

752 Die Formvorschrift gemäß § 126a BGB erfordert eine „qualifizierte elektronische Signatur" im Sinne des SigG. Das SigG stellt dabei hohe Anforderungen an Zertifizierungsdienstanbieter bzw. Signaturerstellungseinheiten und verknüpft diese mit dem Vorliegen einer „qualifizierten elektronischen Signatur", s.a. §§ 2 Nr.3, 4ff SigG.

753 Das Modellgesetz UETA ist in 46 Bundesstaaten der USA angenommen worden, in den übrigen Staaten verhindert das Bundesgesetz die Normierung von höheren Anforderungen und stärkeren Beschränkungen des elektronischen Geschäftsverkehrs.

754 Vgl. The White House, „A Framework for Global Electronic Commerce", Issues, 3.

755 Neben dem Article 2 Sales sind weitere Teile des UCC reformiert worden, z.B. Article 9, 4 UCC. Siehe zur Reform des UCC und insbesondere des Article 2, 1.Kapitel, A., II., 2., a), aa), (1).

756 S.a. § 2-204 (4) UCC n.F.

Auslegung und Anwendung der herkömmlichen Vertragsschlussregelungen gemäß §§ 145ff BGB gelöst. Die Geltung der deutschen Regelungen hinsichtlich besonderer Fragen zum elektronischen Vertragsschluss sind dementsprechend allmählich durch rechtswissenschaftliche Diskussion und durch die Rechtsprechung in den letzten Jahren geklärt worden.[757] Das fehlende Bedürfnis zur Schaffung klarstellender Regelungen verdeutlicht einmal mehr die festgestellten, unterschiedlichen Ansatzpunkte im E-Commerce. Der deutsche Gesetzgeber will zwar auch den elektronischen Geschäftsverkehr fördern, die rechtlichen Lösungen tendieren aber weniger zur optimalen Förderung der Anbieter und Beseitigung aller rechtlicher Hindernisse, wie nach dem US-amerikanischen Ansatz.

Die zusätzliche US-amerikanische Initiative für eine gesonderte gesetzliche Regelung des Softwarelizenzvertragsrechts unterstreicht diese US-amerikanischen Ambitionen. Denn der UCITA sollte in erster Linie die Interessen der Softwarelizenzgeber besser berücksichtigen, als dies durch Anwendung des herkömmlichen Kaufvertrags- und Dienstleistungsrechts[758] möglich war. Auf europäischer und deutscher Ebene hat es keine vergleichbaren Regelungsinitiativen gegeben. Im deutschen Recht werden Softwarelizenzverträge, wie zu Beginn im US-amerikanischen Recht, unter den regulären Vorschriften bestimmter Vertragstypen, namentlich Kaufvertrag und Dienstleistungsvertrag, subsumiert. Die besonderen Interessen der Softwarelizenzgeber werden zum Teil im Urheberrecht berücksichtigt.

III. Der Vergleich der Entwicklungen des Verbraucherschutzes im Internetrecht

Die Unterschiede in der politischen Zielsetzung im Rahmen des Verbraucherschutzrechts sind in den USA und in Deutschland in den letzten Jahren noch größer geworden. In Deutschland findet, ausgelöst durch die BSE-Krise, seit einigen Jahren eine staatlich verordnete Belebung des privatrechtlichen Verbraucherschutzrechts statt. Die Erklärung des Verbraucherschutzes zum unfassenden politischen Ziel und eigenständigen Ressort sowie die Integration der Verbraucherschutzgesetze in das BGB lassen die klare Tendenz zu mehr Regulierung und mehr Verbraucherschutz erkennen.[759] Die zahlreichen verbraucherschützenden Regelungen im Rahmen des Schuldrechts werden durch ihre Verlagerung in das allgemeine Zivilrecht aufgewertet und der deutsche Gesetzgeber setzt seine Vorgehensweise der überobligatorischen Umsetzung des Verbraucherschutzrechts im Verhältnis zu den europäischen Vorgaben in der Zivilrechtsreform fort.[760] Im Wettbewerbsrecht hingegen fand durch die letzte Reform teilweise eine Liberalisierung des Rechts statt. Das ohnehin sehr restriktive UWG

757 Vgl. Glatt, S.25; Landwehr in: Lediger, S.323; Lejeune, Der E-Commerce-Vertrag, S.177.

758 Die Einordnung als Kaufvertrag berücksichtigt insbesondere nicht die Interessen der Anbieter an der nur beschränkten Einräumung der Nutzung der Software, siehe dazu 1.Kapitel, A., II., 2., a), cc), (1).

759 So auch Boehme-Neßler, S.138, siehe dazu auch die Ausführungen im 1.Kapitel, B., I., 2.

760 Z.B. wurden bei der Umsetzung der Verbrauchsgüterkaufrichtlinie in das BGB zahlreiche Bestimmungen, die nach der Richtlinie nur für Verbraucherverträge gelten, allgemeines Kauf- und Schuldrecht, vgl. dazu Gsell, JZ 2001, S.65ff (68f).

wurde entsprechend den europäischen Vorgaben wirtschafts-freundlicher gestaltet.[761] Aber auch hier wurde, durch die ausdrückliche Nennung des Verbraucherschutzes als Schutzzweck des Gesetzes, ein deutlicheres Bekenntnis zur Bedeutung des Verbraucherschutzaspektes im UWG normiert.[762]

Die europäischen und deutschen Ziele bei der Regelung des Electronic Commerce, waren, wie schon angedeutet, nicht primär auf die Schaffung von Rahmenbedingungen für einen reibungslosen Ablauf des Internethandels, wie in den USA, gerichtet, sondern auf die Normierung eines hohen Verbraucherschutzstandards im elektronischen Geschäftsverkehr, um das Verbrauchervertrauen in den virtuellen Markt zu stärken. Zwar wurden nur einige wenige Verbraucherschutzregelungen ausdrücklich zur Regulierung des Online-Handels geschaffen, wie die ECRL. Doch die umfassenden Regelungen, die bereits vor einer nennenswerten Verbreitung des Internethandels mit dem Endkonsumenten geschaffen wurden, sind zum größten Teil ohne weiteres auf Geschäfte in diesem Medium anwendbar.[763] Zusammenfassend lässt sich über die Grundtendenzen im europäischen und deutschen Recht eine starke Neigung zur Regulierung des Wirtschaftsverkehrs und Betonung des Verbraucherschutzrechts im regulären, wie im elektronischen Geschäftsverkehr feststellen.

Diese Entwicklungen stehen im genauen Gegensatz zu den von der US-Regierung im Jahre 1997 ausgegebenen Leitlinien zur rechtlichen Handhabung des elektronischen Geschäftsverkehrs. In „A Framework for Global Electronic Commerce“ wurde, neben der Schaffung eines wirtschaftsfördernden Rahmens, in besonderem Maße Zurückhaltung bei der Regulierung des Electronic Commerce verordnet.[764] Anders als in Europa und Deutschland, vertraut man im US-Recht wiederum stärker auf eine Eigenregulierung durch die Wirtschaft und lehnt eine den freien Markt einschränkende, staatliche Lenkung des Internetmarktes durch Normierung von Verbraucherschutzvorschriften größtenteils ab.[765] Vielmehr sollen die herkömmlichen Verbraucherschutzvorschriften im Online-Handel zur Anwendung gelangen, um den Verbraucher hinreichend im elektronischen Geschäftsverkehr zu schützen.

Angesichts dieser gegenläufigen Entwicklungen bei der Zielsetzung im E-Commerce Recht verwundert es um so mehr, dass bei dem Vergleich der im Online-Geschäftsverkehr geltenden Verbraucherschutzbestimmungen in den USA und in Deutschland zahlreiche vergleichbare Regelungsansätze zu finden sind. Dies gilt einerseits für die schon dargestellten Ähnlichkeiten hinsichtlich der Regelungsansätze der Verbraucherschutzgesetze, die in den siebziger und achtziger Jahren entstanden sind und überwiegend im Rahmen des elektronischen Handels anwendbar sind.[766] Daneben hat es trotz der verschiedenen Beurteilungen des Verbraucherschutzrechts in den letzten Jahren auffällig viele europäische Verbraucherschutzinitiativen gegeben, die hinsichtlich der geregelten Rechtsbereiche den US-amerikanischen Verbraucherschutzgesetzen

---

761 Vgl. dazu Wuttke, Rn.3f; Gamerith, WRP 2005, S.390ff (398).

762 S.a. 1.Kapitel, B., II., 2., b), bb).

763 S.a. zur Anwendbarkeit der europäischen Richtlinien, 1.Kapitel, B., I., 3., b).

764 Vgl. The White House, „A Framework for Global Electronic Commerce”, Principles.

765 Vgl. Boehme-Neßler, S.138f.

766 Das gilt insbesondere für die gesetzliche Regulierung von Werbepraktiken, Regelungen zu Vertragsklauseln und zur Produkthaftung.

ähnlich sind. Beispielsweise wurde die Regulierung von irreführenden Werbepraktiken im europäischen Recht durch eine Regelung bzgl. vergleichender Werbung ergänzt,[767] die in den einzelstaatlichen UDAP Statutes und von der FTC z.T. schon früher entwickelt wurden.[768] Bemerkenswert sind in diesem Zusammenhang auch die Parallelen zwischen der 2003 in Kraft getretenen Richtlinie über unlautere Geschäftspraktiken und den einzelstaatlichen UDAP Statutes. Ähnlich sind hier nicht nur die Begriffe unlautere Geschäftspraktiken und *„unfair trade practices“* , die Richtlinie bestimmt, wie die einzelstaatlichen Gesetze, jeweils eine Liste von per-se-Verletzungen. Weitere Ähnlichkeiten sind in der Gesetzessystematik und bei einzelnen Begriffsbestimmungen zu finden.[769]

Daneben sind Gemeinsamkeiten bei einigen Verbraucherschutzregelungen im Rahmen des elektronischen Geschäftsverkehrs zu finden. Es hat sowohl mit der europäischen ECRL[770] als auch dem bundesrechtlichen CAN SPAM Act[771] und den zahlreichen einzelstaatlichen „Commercial Electronic Mail Acts“[772] in beiden Rechtssystemen gesetzliche Maßnahmen zum Schutz des Verbrauchers vor der ungebetenen Zusendung von Werbe-E-Mails gegeben. In diesen Regelungen sind jeweils besondere Anforderungen an die Absender solcher elektronischen Nachrichten normiert sowie Rechtsschutzmöglichkeiten die hauptsächlich von Verbraucherschutzbehörden und – Organisationen geltend gemacht werden können. Weitere Ähnlichkeiten sind noch zwischen der ECRL und dem E-SIGN Act[773] auszumachen. Beide Rechtsakte sind zwar keine Verbraucherschutzgesetze im engeren Sinne, sie normieren aber jeweils, neben einigen Verfahrensregeln, auch Informationspflichten, die der Unternehmer gegenüber dem Verbraucher bzw. dem Kunden im elektronischen Geschäftsverkehr einzuhalten hat.[774] Neben den ausdrücklich für den elektronischen Handel geschaffenen Verbraucherschutzbestimmungen, sind durch die europäische FARL einige Aspekte des Versandhandels geregelt worden, die sowohl in den US-amerikanischen Einzelstaaten als auch auf Bundesebene im Rahmen der FTC-Regelungen existieren.

767 S.a. Richtlinie 97/55/EG.

768 Die UDAP Statutes und die Regelungen der FTC über Werbepraktiken regeln grundsätzlich auch die vergleichende Werbung (comparative disparagment), vgl. Hay, Rn.653.

769 Vor allem die Voranstellung einer Definitionsliste, zur Klärung der wichtigsten Grundbegriffe eines Gesetzes, ist eine aus dem anglo-amerikanischen Rechtsraum entlehnte Gesetzessystematik.

770 S.a Artikel 7 ECRL.

771 S.a. 15 U.S.C. §§ 7701ff.

772 Z.B. Arizona, Commercial Electronic Mail Act, Ariz. Rev. Stat. Ann. §§ 44-1372.01ff, Illinois, Electronic Mail Act, 815 ILCS §§ 511/1ff, Indiana, Deceptive Electronic Mail Act, IC §§ 24-5-22-1ff, Oklahoma, Fraudulent Electronic Mail Message Act, Okla. Stat. Tit. §§ 15-776.1ff, South Dakota, Computer Fraud Act, S.D. Codified Laws Ann.§§ 37-24-36ff, Colorado, Junk E-Mail Law, Colo. Rev. Stat. §§ 6-2.5-101ff, Florida, Electronic Communications Act, Fla. Stat. §§ 668-60ff, Maine, Electronic Mail Solicitations Act, Me. Rev. Stat. Ann. Tit. §§ 10-1497.1ff, Arkansas, Unsolicited Commercial and Sexually Explicit Electronic Mail Prevention Act, Ark. Stat. Ann. §§ 4-88-601ff, Missouri, Unsolicited Electronic Mail Act, Mis. Rev. Stat. §§ 407.1123.1ff.

773 S.a. 15 U.S.C. §§ 7001ff.

774 S.a. Artikel 6, 10 ECRL und § 101 (c) E-SIGN Act.

Dazu gehören die Regelungen über die Zusendung unbestellter Waren[775] und über die Lieferpflichten des Unternehmers im Versandhandel[776]. Mit der Verbrauchsgüterkaufrichtlinie von 1999 hat der europäische Gesetzgeber u.a. eine Regelung für Verbrauchsgütergarantien geschaffen,[777] die im US-amerikanischen Recht zu diesem Zeitpunkt bereits seit zwanzig Jahren im Rahmen des MMWA[778] existiert.

Durch die Umsetzung dieser europäischen Regelungsansätze in deutsches Recht sind Verbraucherschutzregelungen entstanden, die es teilweise im deutschen Recht zuvor nicht gegeben hat, wie die Informationspflichten im elektronischen Geschäftsverkehr[779] und die Regelungen über Verbrauchsgütergarantien[780]. Andere durch die europäischen Richtlinien entstandene Verbraucherschutzvorschriften waren zuvor nicht gesetzlich geregelt, sondern sind durch Rechtsfortbildung entwickelt worden, wie z.B. die Vorschrift über die Zusendung unbestellter Waren[781]. Dabei sind einige dieser von der Rechtsprechung entwickelten strengeren Regelungen durch die Umsetzung der europäischen Vorgaben im deutschen Recht gelockert worden, wie die Vorschriften über vergleichende Werbung oder die Zusendung von Werbe-E-Mails.[782] Dementsprechend hat durch die fortschreitende Europäisierung des deutschen Rechts gewissermaßen eine Annäherung an die geregelten Bereiche im US-amerikanischen Verbraucherschutz stattgefunden. Außerdem wurde im deutschen Recht in den letzten Jahren die Rolle der Verbraucherschutzbehörden nach US-amerikanischem Vorbild gestärkt, die allerdings heute längst nicht die Bedeutung und den Kompetenzumfang der US-amerikanischen FTC erreicht haben.[783]

---

775 S.a. Artikel 9 FARL. In den USA sind zu dieser Problematik sowohl auf Bundesebene als auch in den Einzelstaaten Regelungen geschaffen worden. Nach Bundesrecht verstößt die Zusendung unbestellter Ware gegen Section 5 FTCA (daneben enthält 39 U.S.C. § 3009 einige Anforderungen), in den Einzelstaaten regeln häufig einzelne Gesetzesabschnitte der UDAPS die rechtlichen Anforderungen an solche Vertriebspraktiken, z.B. Delaware, Del. Code Title § 6-25-2505, Illinois, 815 ILCS 430/1, Indiana, IC § 24-5-5-1, Iowa, Iowa Code § 556A.1, Kentucky, Ky. Rev. Stat. § 365.710, Maine, Me. Rev. Stat. Ann. Tit. 33 § 1101, Massachusetts, Mass. Gen. Laws Ann. Tit. XV § 93-43, Michigan, MC § 445.131, Mississippi, Miss. Code Ann. § 75-65-101, Missouri, Mis. Rev. Stat. § 407.200, Montana, Mont. Code Ann. § 70-3-104, Nebraska, Neb. Rev. Stat. § 69-2201, North Carolina, N.C. Gen. Stat. § 75-27., Rhode Island, R.I. Gen. Laws § 6-33-1, South Carolina, S.C. Code Ann. § 39-1-50, South Dakota, S.D. Codified Laws Ann. § 37-24-2, Vermont, Vt. Stat. Ann. Tit 9 § 4401, Virginia, Va. Code § 11-2.2, West Virginia, W. Va. Code § 47-11A-12a, Wisconsin, Wisc. Stat. § 241.28, Wyoming, Wyo. Stat. § 40-12-103, siehe dazu im Einzelnen 2.Kapitel, B., I., 1., b), cc), (2).

776 S.a. Artikel 7 FARL und die „Mail or Telephone Order Merchandise Rule“ der FTC (16 C.F.R § 435).

777 S.a. Artikel 6 Verbrauchsgüterkaufrichtlinie.

778 S.a. 15 U.S.C. §§ 2301-2312.

779 S.a. die durch das SMG eingeführte Vorschrift gemäß § 312e BGB.

780 S.a. die durch das SMG eingeführte Vorschrift gemäß § 477 BGB.

781 S.a. die Vorschrift § 241a BGB, vgl. dazu Heinrichs in: Palandt, SMG-Komm., § 241a, Rn.1f.

782 Beide Vertriebspraktiken waren zuvor im deutschen Lauterkeitsrecht nach der Generalsklausel per se verboten. Durch die Umsetzung der europäischen Vorgaben, wird das rigide deutsche Recht nun gelockert, indem diese Werbepraktiken grundsätzlich erlaubt sind, wenn bestimmte Voraussetzungen erfüllt sind, s.a. §§ 6, 7 II, III UWG n.F. Zur Liberalisierung des deutschen Rechts im Rahmen von vergleichender Werbung s.a. Koos, WRP 2005, S.1096ff.

783 Vgl. auch Biervert/Fischer-Winkelmann/Rock, S.39.

Die Vergleichbarkeit der Regelungsansätze zeigt, dass trotz der großen Unterschiede in den Entwicklungen und Zielrichtungen im Verbraucherschutzrecht und E-Commerce Recht, die Vorstellungen hinsichtlich der Frage, wo ein gesonderter Schutz des Verbrauchers im regulären und elektronischen Geschäftsverkehr notwendig ist, in den USA und Deutschland häufig ähnlich sind. Dies erleichtert zwar die Gegenüberstellung der einzelnen Verbraucherschutzregelungen bei der Darstellung der Rechtslage in beiden Ländern, damit enden jedoch häufig schon die Übereinstimmungen in den beiden Rechtsordnungen. Einerseits ist aufgrund der unterschiedlichen Rechtssystematiken und -methoden eine vollständige Gleichsetzung von gesetzlichen Verbraucherschutzregelungen im Privatrecht nicht möglich. Andererseits sind der Umfang und die Schutzintensität der einzelnen Verbraucherschutzregelungen in den USA und in Deutschland, wie noch im zweiten Kapitel zu zeigen sein wird, sehr verschieden. Letztendlich kommen in diesen inhaltlichen Abweichungen die oben dargestellten unterschiedlichen Zielsetzungen in den Rechtsordnungen zum Ausdruck. Die derzeitige Entwicklung im Verbraucherschutzrecht und die Bedeutung des Verbraucherschutzrechts im E-Commerce Recht in den USA und in Deutschland stehen damit unter verschiedenen Vorzeichen, weshalb eine weitere Annäherung der Rechtslage in beiden Ländern in naher Zukunft auch nicht zu erwarten ist.

2. Kapitel: Das Verbraucherschutzrecht im E-Commerce

A. Grundlagen des Verbraucherschutzrechts

Bei der Etablierung eines rechtlichen Verbraucherschutzes für den Geschäftsverkehr sind zwei grundlegende Fragestellungen zu berücksichtigen: Für wie schutzbedürftig wird der Verbraucher im Allgemeinen und in der konkreten Geschäftssituation gehalten, also welche Schutzintensität bezwecken die Verbraucherschutzgesetze, und welcher Personenkreis soll von den Bestimmungen geschützt und welcher verpflichtet werden.

Die Intensität des Verbraucherschutzes hängt mit der Fragestellung zusammen, welches Verbraucherleitbild den Verbraucherschutzvorschriften zugrunde gelegt wird.[784] Versteht man den Verbraucher als unverständige, wenig umsichtige und deshalb besonders schutzbedürftige Person, so ist ein hohes Schutzniveau in den Verbraucherschutzgesetzen erforderlich. Geht man hingegen von einem gut informierten, verständigen und deshalb weniger schutzbedürftigen Verbraucher aus, so genügt eine geringe Schutzintensität in den Bestimmungen.[785]

Davon abzugrenzen ist die zweite Frage nach dem Anwendungsbereich der Verbraucherschutzgesetze. Der persönliche Anwendungsbereich der Verbraucherschutzvorschriften ist in beiden Rechtsordnungen regelmäßig begrenzt auf einen bestimmten zu schützenden Personenkreis und einen konkreten Adressatenkreis. Dementsprechend stellt sich die Frage, welche Personen oder Personengruppen werden von den gesetzlichen Regelungen erfasst, existieren einheitliche Begriffsbestimmungen in den Verbraucherschutzgesetzen und inwieweit stimmen diese inhaltlich überein. Im Folgenden wird nun dargestellt, welches Verbraucherleitbild dem US-amerikanischen und dem deutschen Recht zugrunde gelegt wird und welchen persönlichen Anwendungsbereich die Verbraucherschutzgesetze haben.

I. Die US-amerikanische Rechtslage

1. Das US-amerikanische Verbraucherleitbild

a) Die Entwicklung des US-amerikanischen Verbraucherleitbildes

Die Zersplitterung des US-amerikanischen Verbraucherschutzrechts spiegelt sich in den teilweise sehr unterschiedlichen Vorstellungen in den einzelnen Bundesstaaten über die Reichweite und den Umfang der Schutzbedürftigkeit des Verbrauchers im Geschäftsverkehr wieder. Bei der Entwicklung des zugrunde zu legenden Verbraucherleitbildes lassen sich dennoch bundesweit einheitliche Tendenzen feststellen, die

784 Vgl. Köhler in: Köhler/Bornkamm, UWG-Komm., § 1, Rn.18.

785 Vgl. Traub, S.10f; Köhler in: Köhler/Bornkamm, UWG-Komm., § 1, Rn.18.

stets maßgeblich von dem durch die FTC vorgegebenen Kurs beeinflusst worden sind.[786]

Der FTCA selbst enthält keine Angaben darüber, welches Leitbild die FTC ihrem Verbraucherschutzmandat zugrunde zulegen hat. Die ursprüngliche Fassung des Section 5 FTCA setzte lediglich voraus, dass eine unlautere Geschäftspraktik das öffentliche Interesse berührt.[787] Dementsprechend orientierte sich die FTC ursprünglich an dem vom Common Law geprägten Verbraucherleitbild des angemessen vernünftigen und aufmerksamen Verbrauchers (*reasonable consumer*).[788]

Dieses Leitbild wurde von der Behörde allerdings nicht konsequent beibehalten.[789] Vor allem die Fälle, die die Behörde in den ersten Jahrzehnten ihres Wirkens verfolgte, machen deutlich, dass die FTC bei der Beurteilung der Lauterkeit von Geschäftspraktiken ein besonders geringes Maß an Aufmerksamkeit und Verständigkeit von dem Verbraucher verlangte.[790] Dies belegen in erster Linie die entwickelten Kriterien der FTC zur Bewertung der Irreführung von Werbeaussagen und Werbepraktiken. Dabei wurde vorausgesetzt, dass der mit der Werbung angesprochene Verbraucher sehr uninteressiert, leichtgläubig und naiv ist (*ignorant and gullible consumer*) und dementsprechend leicht in die Irre geführt werden kann.[791]

Die meisten Gerichte unterstützten anfänglich die Verbraucherschutzpolitik der Bundesbehörde. Zwar gab es immer wieder Gerichtsentscheidungen, die die von der FTC eingebrachten Fälle der Irreführung einer Werbung ablehnten, weil sie ein höheres Maß an Verständigkeit und Aufmerksamkeit von dem Verbraucher forderten.[792] Die Mehrzahl der Gerichte überließ es jedoch im Wesentlichen dem Ermessen der FTC, welches Leitbild sie ihren Verbraucherschutzaufgaben zugrunde legen wollte und bestätigten damit das Leitbild des „*ignorant consumer*“.[793]

In den sechziger und siebziger Jahren begann allmählich eine Abkehr von diesem besonders restriktiven Vorgehen bei der Regulierung von Werbepraktiken.[794] In die-

786 Vgl. McManis, S.371.

787 Vgl. Preston in: Beauchamp/Bowie, S.485ff (488).

788 Vgl. Preston in: Beauchamp/Bowie, S.485ff (488).

789 Vgl. Preston in: Beauchamp/Bowie, S.485ff (486); Roth, Strafbare Werbung und die neuen Medien, S.211.

790 Zu der Abkehr vom Common Law-Verbraucherleitbild gab es allerdings keine offizielle Stellungnahme seitens der FTC; vgl. dazu Preston in: Beauchamp/Bowie, S.485ff (486, 488).

791 Vgl. Schechter, S.194; Roth, Strafbare Werbung und die neuen Medien, S.211f; Preston in: Beauchamp/Bowie, S.485ff (486).

792 Die Auffassung der Gerichte hinsichtlich des Aufmerksamkeitsmaßstabs wichen bisweilen stark von der Einschätzung der FTC ab, was meist mit der Ablehnung der von der Behörde eingebrachten einstweiligen Verfügungen endete; vgl. dazu Preston in: Beauchamp/Bowie, S.485ff (489f).

793 S.a. Charles of the Ritz Dist. Corp. v. FTC, 143 F.2d 676 (2d Cir. 1944); FTC v. Sperry & Hutchinson Co., 405 U.S. 233 (1972); vgl. McManis, S.376f; Schechter, S.192f; Preston in: Beauchamp/Bowie, S.485ff (491).

794 Das Leitbild des „ignorant consumer“ bereitete zunehmend praktische und theoretische Probleme. Z.B. war es der FTC praktisch nicht möglich sämtliche Fälle noch so geringfügiger Irreführung zu bewältigen. Daneben traten verfassungsrechtliche Bedenken gegen den „ignorant man standard“ auf. Umstritten war, ob dieses Leitbild nicht gegen die Gewährleistung der Meinungsfreiheit verstoßen würde (freedom of speech-guarantee, First Ammendment); vgl. zu den

sem Zeitraum wurde einerseits ein umfassender legislativer Kompetenzrahmen der FTC geschaffen,[795] andererseits wuchs aber auch der legislative und judikative Gegenwind, gegen eine allzu beschränkende und restriktive Regulierung von Geschäftspraktiken durch die Behörde.[796] Vor allem bei den Gerichten reifte allmählich die Erkenntnis heran, dass z.B. bezüglich der Irreführung von Werbeaussagen ein gewisses Maß an kritischem Bewusstsein, Verständigkeit und Vernunft von dem angesprochenen Verbraucher erwartet werden kann.[797]

Aufgrund der allgemeinen gesellschaftspolitischen Tendenz zum Abbau übermäßiger Wettbewerbsbeschränkungen und zu der reduzierten Regulierung des Marktgeschehens, setzte sich der *„Reasonable Man Standard"* im Laufe der Zeit sowohl auf Bundesebene als auch in den Einzelstaaten durch.[798] Diesen Entwicklungen konnte sich auch die FTC nicht entziehen und es folgte ein offizielles Bekenntnis zum *reasonable consumer* durch die Behörde.[799] Fortan setzte sie ihre Anforderungen an das Vorliegen von *„unfair or deceptive trade practices"* herauf. Es genügt demzufolge nicht mehr, dass das öffentliche Interesse durch eine Geschäftspraktik betroffen ist, vielmehr muss eine wesentliche Beeinträchtigung erfolgen, die mindestens dazu geeignet ist, einen Großteil der verständigen Durchschnittsverbraucher in die Irre zu führen und substantielle Verletzungen der Verbraucherinteressen zu verursachen.[800] Diesem Paradigma folgt die FTC bei der verfahrensrechtlichen und legislativen Regulierung des Geschäftsverkehrs bis heute, im Einklang mit der überwiegenden Zahl der Einzelstaaten.

Argumenten gegen das Leitbild des „ignorant consumer": Preston in: Beauchamp/Bowie, S.485ff (487); vgl. zur Entwicklung auch Roth, Strafbare Werbung und die neuen Medien, S.211ff.

795 Siehe dazu die Ausführungen zu Funktion und Aufgaben der FTC und insbesondere zum Kompetenzzuwachs nach dem MMWA, 1.Kapitel, A., I., 2., II., 1., e), aa).

796 Vgl. Schechter, S.192, 195.

797 Vgl. Preston in: Beauchamp/Bowie, S.485ff (486, 491f).

798 Vgl. Preston in: Beauchamp/Bowie, S.485ff (491f).

799 Die FTC hat schließlich die Anforderungen an den *„reasonable consumer"* in ihren Policy Statements übernommen, s.a. FTC, „FTC Policy Statement on Deception", I., III.: „The Commission believes that to be deceptive the representation, omission or practice must be likely to mislead reasonable consumers under the circumstances. The test is whether the consumer's interpretation or reaction is reasonable. (...) In evaluating a particular practice, the Commission considers the totality of the practice in determining how reasonable consumers are likely to respond". Zur Abkehr der FTC von dem Leitbild des *„ignorant consumer"* vgl. auch McManis, S.377; Preston in: Beauchamp/Bowie, S.485ff (492f).

800 S.a. die von der FTC festgelegten Anforderungen in FTC, „FTC Policy Statement on Deception", I.: „(...) The representation, omission, or practice must be a "material" one. The basic question is whether the act or practice is likely to affect the consumer`s conduct or decision with regard to a product or service. If so, the practice is material, and consumer injury is likely, because consumers are likely to have chosen differently but for the deception. In many instances, materiality, and hence injury, can be presumed from the nature of the practice. In other instances, evidence of materiality may be necessary". Deutliche Anzeichen für diesen Paradigmenwechsel der Behörde gab es auch in den Fällen: Hans W. Kirchner, 63 F.T.C. 1282 (1963); Cliffdale Associates, 103 FTC 110 (1984); vgl. Schechter, S.192f; McManis, S.377.

Doch auch bei diesem Paradigmenwechsel ist man in den USA nicht konsequent vorgegangen. In Bezug auf Werbepraktiken für bestimmte Produkte, die ein besonderes Gefährdungspotential für die Gesundheit und andere Rechtsgüter der Verbraucher mit sich bringen, wie z.B. bei Tabakwaren, werden teilweise heute noch deutliche Ausnahmen von dem „*Reasonable Man Standard*“ gemacht.[801]

Diese und ähnliche Fälle sind allerdings kein Anzeichen für einen erneuten Paradigmenwechsel. Die FTC und die Verbraucherschutzgremien der einzelnen Bundesstaaten orientieren sich grundsätzlich weiterhin an dem durchschnittlich verständigen und vernünftigen Verbraucher. Die fortbestehenden Ausnahmen verdeutlichen lediglich, dass das Verbraucherleitbild in den USA nicht immer einheitlich und konsequent beibehalten wird, erhöhte Schutzbedürftigkeit resultiert meist aus dem erhöhten Gefährdungspotential einer Produktart.

b) Die Konkretisierung des Verbraucherleitbildes

Bei der Konkretisierung der Anforderungen, die an einen durchschnittlich vernünftigen Verbraucher zustellen sind, orientieren sich die US-Verbraucherschutzbehörden im Wesentlichen an zwei Kriterien. Zum einen spielt für den zugrunde zulegenden Aufmerksamkeits- und Verständigkeitsmaßstab eine Rolle, welche Personengruppe mit einer Werbeaussage oder sonstigen Geschäftspraxis angesprochen wird.[802] Wenn sich eine Geschäftspraktik an eine Zielgruppe richtet, die typischerweise ein geringes Maß an Verständigkeit und Aufmerksamkeit mitbringt, wie Kinder, ältere Menschen und geistig und körperlich Behinderte, so sind die Anforderungen an das kritische Bewusstsein und die Umsicht des Durchschnittsverbrauchers dieser Personengruppe geringer einzuschätzen, als in Fällen, in denen mit einer Werbeaussage ausschließlich fachkundiges Publikum angesprochen wird.[803] Dieses Kriterium spiegelt sich auch in einigen Regulierungsvorschriften wieder, die besondere Regelungen für bestimmte Geschäftspraktiken vorsehen bei denen diese Personengruppen beteiligt sind.[804]

Das zweite und maßgebliche Kriterium zur Beurteilung des Aufmerksamkeitsmaßstabs ist die Art des Produkts oder der Dienstleistung für die geworben wird bzw. die die Geschäftspraxis zum Gegenstand hat.[805] Die FTC beurteilt den Grad der Aufmerksamkeit des Durchschnittsverbrauchers nach einer Unterscheidung, die auf Nelson[806]

801 Siehe z.B. Burnham v. Superior Court of California, 495 U.S. 604 (1990); vgl. ferner Schechter, S.196ff; Weston/Maggs/Schechter, S.611ff; McManis, S.377f; Beater, S.85.

802 Diese Unterscheidung wird von der FTC vorgenommen, s.a. „FTC Policy Statement on Deception“, III.: “(...) When representations or sales practices are targeted to a specific audience, the Commission determines the effect of the practice on a reasonable member of that group”.

803 Fälle in denen die FTC die Zielgruppe berücksichtigt hat sind z.B.: Ideal Toy, 64 F.T.C. 297 (1964); Avalon Industries Inc., 83 F.T.C. 1728 (1974). Vgl. dazu auch McManis, S.374.

804 Auf Bundesebene ist beispielsweise der Childrens Online Privacy Protection Act, 15 U.S.C. §§ 6501-6506 und die FTC Regelung 16 C.F.R. § 312 Childrens Online Privacy Protection Rule zu nennen sowie in 16 C.F.R. § 6 “Enforcement on the basis of handicap in programs or activities conducted by the FTC”.

805 Vgl. McManis, S.382f.

806 Vgl. die Ausführungen zur absatz-ökonomischen Analyse des Durchschnittsverbrauchers: Nelson, 78 Journal of Political Economy, S.311ff.

zurückzuführen ist.[807] Differenziert wird danach, ob geringpreisige Güter des täglichen Lebensbedarfs, sog. Erfahrungsgüter, oder hochpreisige und langlebige Güter, sog. Suchgüter, involviert sind.[808] Bei den Suchgütern wird der Verbraucher, aufgrund des höheren Risikos des Geschäfts, deutlich mehr Aufmerksamkeit den Werbeaussagen und anderen Produktinformationen schenken, als bei den geringwertigeren Erfahrungsgütern.[809] Dementsprechend wird von dem Verbraucher im Zusammenhang mit Erfahrungsgütern ein geringeres Maß an Aufmerksamkeit erwartet, als dies bei Suchgütern der Fall ist.[810] Ein erhöhtes Maß an Aufmerksamkeit des Verbrauchers wird daneben dann angenommen, wenn es sich um den Erwerb sog. Vertrauensgüter handelt. Das sind Produkte, bei denen mit bestimmten Eigenschaften des Produkts geworben wird, die aufgrund ideeller Überzeugungen des Verbrauchers für seine Kaufentscheidung von besonderer Bedeutung sind, wie z.B. die Angaben über ökologischen Anbau oder Herkunft eines Produkts.[811] Bei solchen Warengütern hat der Verbraucher i.d.R. ein besonders hohes Maß an Aufmerksamkeit bezüglich der für seine Kaufentscheidung relevanten Informationen und Werbeaussagen.[812]

Die FTC und die einzelstaatlichen Gesetzgeber differenzieren aber auch noch in anderen Produktkategorien. Es wurden sowohl viele einzelstaatliche Gesetze,[813] als auch zahlreiche Trade Regulation Rules von der FTC[814] geschaffen, in denen Regelun-

---

807 Vgl. Beater, S.150.

808 Vgl. Nelson, 78 Journal of Political Economy, S.311ff (312ff); fortgeführt von Darby/Karni, 16 Journal of Law and Economics, S.67ff.

809 Vgl. Nelson, 78 Journal of Political Economy, S.311ff (312ff).

810 Vgl. Wuttke, Rn.196; Beater, S.151f.

811 Vgl. Darby/Karni, 16 Journal of Law and Economics, S.67ff; Wuttke, Rn.196; Groeschke/Kiethe, WRP 2001, S.230ff (234).

812 Vgl. Darby/Karni, 16 Journal of Law and Economics, S.67ff; Wuttke, Rn.196. Allerdings sind zwischen Erfahrungsgütern und Vertrauensgütern Überschneidungen möglich, vgl. Darby/Karni, 16 Journal of Law and Economics, S.67ff (69); Beater, S.152f.

813 Z.B. Alabama, Regulation of Certain Goods and Products, Ala. Code §§ 8-17ff und Food, Drugs and Cosmetics, Ala. Code §§ 20-1ff; Alaska, Motor Vehicle Transactions, Alaska Stat. §§ 45-25ff und Cigarette Sales, Alaska Stat. §§ 45-53ff; Arizona, Title 44, Chapter 11 Regulations Concerning Particular Businesses; Connecticut Title 21a, § 417 General Provisions. Pure Food and Drugs, § 418 Uniform Food, Drug and Cosmetic Act, § 419 Retail Drug Control Act, § 419a Non-alcoholic Beverages; Delaware, Unfair Cigarettes Sales Act, Del. Code §§ 6-2601ff und Automobile Warranties, Del. Code §§ 6-5001; Florida, Drug, Cosmetic and Household Products, Fla. Stat. Tit. XXXIII und Alcohol Beverages and Tabacco, Fla. Stat. Tit. XXXIV; Iowa, Cigarette Sales, Iowa Code §§ 421B.1ff; Kansas, Diary Products-Unfair Trade Practices, Kan. Stat. Ann. §§ 50-5, Requirements for Sale of Cigarettes, Kan. Stat. Ann. §§ 50-6ff, Food Advertising and Sales Practices, Kan. Stat. Ann. §§ 50-9ff; Kentucky, Alcohol Beverages, Ky. Rev. Stat. §§ 241.010ff und Unfair Cigarettes Sales Law, §§ 365.260ff.

814 Z.B. 16 C.F.R. § 18 Guides for the nursery industry, 16 C.F.R. § 20 Guides for the rebuilt, reconditioned and other used automobile parts industry, 16 C.F.R. § 23 Guides for the jewellery, precious metals, and pewter industries, 16 C.F.R. § 24 Guides for select leather and imitation leather products, 16 C.F.R. § 300 Rules and Regulations under the Wool Products Labeling Act of 1939, 16 C.F.R. § 301 Rules and Regulations under the Fur Products Labeling Act, 16 C.F.R. § 303 Rules and Regulations under the Textile Fiber Products Identification Act, 16 C.F.R. § 304 Rules and Regulations under the Hobby Protection Act, 21 C.F.R. §§1.1ff Food and Drugs und 27 C.F.R. §§ 1.1ff Alcohol, Tabacco Products and Firearms.

gen für den Handel und die Werbung für bestimmte Produktgruppen normiert wurden. Durch die Kodifizierung bestimmter Informations- und Aufklärungspflichten bestimmt sich der jeweilige produktbezogene Aufmerksamkeitsmaßstab, der von dem vernünftigen Durchschnittsverbraucher im Umgang mit der jeweiligen Produktart erwartet werden kann.

c) Das Verbraucherleitbild im Online-Handel

Die oben dargestellten Grundsätze zum Verbraucherleitbild im regulären Geschäftsverkehr gelten ebenso im elektronischen Handel. Ausgangspunkt ist auch hier der vernünftige Durchschnittsverbraucher, dessen Verständigkeits- und Aufmerksamkeitsmaßstab sich nach der angesprochenen Verbrauchergruppe und der Art des involvierten Produkts richtet. Bei der Online-Werbung und dem Online-Warenverkehr ist demzufolge grundsätzlich ein angemessenes Maß an kritischem Bewusstsein und Umsicht von dem Durchschnittsverbraucher zu erwarten.[815]

Besonderheiten für den Aufmerksamkeitsmaßstab ergeben sich im Internet-Handel jedoch daraus, dass es sich um ein vielfältiges und bisweilen kompliziertes Kommunikations- und Informationsmedium handelt. Die FTC hat auf diese Situation schon früh reagiert und hat unverbindliche Richtlinien für die Warenpräsentation und Werbung im Online-Handel entwickelt, die gleichfalls ein Leitfaden für die Unternehmen sein sollen, wie diese rechtskonform im Internet werben, Waren anbieten und Verträge mit dem Endkonsumenten abschließen können.[816] Grundlage ist das Erfordernis, dass Informationen, die ein Unternehmer einem Verbraucher bei geschäftlichen Transaktionen zur Verfügung stellen muss, „klar und deutlich" bekanntzugeben sind (*clear and conspicious disclosure*).[817] Die FTC hat in ihren Richtlinien sehr detailliert festgelegt, wann eine Information im Internet hinreichend klar und deutlich bekanntgegeben ist. Dabei ist sie auf die verschiedenen Bekanntmachungsformen und Werbetechniken, die im Internet zur Verfügung stehen, eingegangen und hat Einzelfragen zur Präsentation nach den regulären Regelungen geklärt.[818] Dadurch wird deutlich, dass die FTC lediglich eine Klarstellung hinsichtlich der Anwendbarkeit und Übertragbarkeit des allgemeinen Aufmerksamkeitsmaßstabes auf den Internethandel bezweckte und keine neuen Anforderungen schaffen wollte.[819] Im Grundsatz ist die Behörde den ausführlich dargestellten Anforderungen an den durchschnittlich verständigen und aufmerksamen

815 So ausdrücklich die FTC in: FTC, „Staff Issues Guidelines on Internet Advertising Dot Com Disclosures", Part 1, III., B.

816 FTC, „Staff Issues Guidelines on Internet Advertising Dot Com Disclosures", Part 1-3.

817 S.a. FTC, „FTC Policy Statement on Deception", III.: "(...) Qualifying disclosures must be legible and understandable. (...) Disclosures that conform to the Commission's Statement of Enforcement Policy regarding clear and conspicuous disclosures (...)"; Zur Bedeutung der Anforderungen an eine "clear and conspicious disclosures", s.a. FTC, „Staff Issues Guidelines on Internet Advertising Dot Com Disclosures", Part I, III.

818 Im Einzelnen werden Präsentationsformen von Web-Pages und die Eignung von Hyperlinks, Reklame-Bannern und Pop-Up-Windows Mitteilung von Informationen vorgegeben, s.a. FTC, „Staff Issues Guidelines on Internet Advertising Dot Com Disclosures", Part I, III., C., 1., a-e.

819 Dies entspricht auch dem Grundsatz der FTC den Verbraucher im Online-Handel mit derselben Intensität zu schützen, wie im regulären Handel, s.a. FTC, „Report From the Federal Trade Commission Staff, Protecting Consumers Online: The FTC's First Five Years", S.i.

Verbraucher gefolgt, von dem auch ein gewisses Maß an Anstrengung bei der Informationsbeschaffung im elektronischen Geschäftsverkehr erwartet werden kann.

2. Der Verbraucherbegriff

Das US-amerikanische Privatrecht kennt grundsätzlich keinen einheitlichen Verbraucherbegriff. Viele Verbraucherschutzgesetze enthalten in ihren Definitionslisten verschiedene Legaldefinitionen zu den Begriffen Verbraucher, Verbrauchervertrag oder Verbraucherprodukt.[820] Dabei verlangen die meisten Legaldefinitionen zum Verbraucherbegriff, dass dem Geschäft oder dem geschäftlichen Handeln aus Erwerbersicht ein „*personal, family or household purpose/use*" zugrunde liegen muss.[821] Die Formulierung gleicht der Definition des UN-Kaufrechts gemäß Artikel 2 a) CISG.

Diese Kriterien werden von den US-amerikanischen Gerichten weitgehend einheitlich ausgelegt.[822] Bei der Auslegung des Begriffs „*personal*", der vorsichtig mit dem deutschen Wort „persönlich" übersetzt werden kann,[823] orientiert sich die Rechtsprechung z.T. an dem darin enthaltenen Begriff „*person*".[824] Gemeint ist damit der private Persönlichkeitsbereich eines Menschen, der grundsätzlich sehr weit gefasst sein kann.[825]

Zur Begrenzung dieses Begriffs dienen die beiden anderen Formulierungen „*household or familiy use*". Sinngemäß übersetzt bedeuten diese Begriffe „zum Haushalt oder familiären Umfeld zugehörig".[826] Durch diese Wendung soll klar gestellt werden, dass nicht die persönliche Sphäre in ihrem weitesten Verständnis erfasst wird, denn auch das berufliche Wirken eines Unternehmers kann streng genommen seiner Person bzw. Persönlichkeit zugeordnet werden,[827] sondern nur der Teil des „Persönlichen", der in den privaten oder häuslichen Bereich fällt.[828]

Diese Formulierungen erfüllen aber noch einen weiteren Zweck. Eine Besonderheit des US-Verbraucherschutzrechts ist, dass zahlreiche Verbraucherschutzgesetze nicht nur den Verbraucher, der einen Vertrag abschließt oder direkt mit einer Werbung konfrontiert wird, zum geschützten Personenkreis zählt, sondern unmittelbar auch die im selben Haushalt lebenden oder zur Familie gehörigen Privatpersonen. Die Legaldefinitionen erweitern durch diese Wendung den persönlichen Anwendungsbereich der Verbraucherschutzgesetze. Dabei bestimmt sich die Zugehörigkeit zu diesem Perso-

---

820 Vgl. dazu Spindler/Börner, S.704.

821 Z.B. Truth in Lending Act (15 U.S.C. § 1602 (h), Fair Debt Collection Practices Act (15 U.S.C. § 1692a (5)), MMWA (15 U.S.C. § 2301 (1), (3)), UCC § 9-102 (a) (23), UCC § 1-103 (1) (d), UCC § 1-201 (b) (11) n.F., UCITA § 102 (a) (15). Aber auch viele einzelstaatlichen Verbraucherschutzgesetze enthalten in ihren Legaldefinitionen diese Wendung, z.B. Alabama § 8-19-3 (2), Hawaii HRS § 480-1, Idaho § 28-41-301 (12), Montana § 30-14-102 (1), Ohio § 1345.01 (A), (D), South Dakota § 37-24-1 (3), Utah § 3-11-3 (2) (a) (i).

822 Vgl. Sheldon/Carter, S.12.

823 So auch die deutsche Fassung der Definition im CISG, vgl. auch Faber ZEUP 1998, S.854ff (879f).

824 S.a. Catallo Assocs., Inc. v. McDonald & Goren, P.C., 465 N.W.2d 29 (Mich. Ct. App. 1990).

825 Vgl. Sheldon/Carter, S.14.

826 Vgl. Artikel 2 a) CISG.

827 So wurde in einem Fall die Verbrauchereigenschaft einer Rechtsanwaltskanzlei begründet, s.a. Catallo Assocs., Inc. v. McDonald & Goren, P.C., 465 N.W.2d 29 (Mich. Ct. App. 1990).

828 Vgl. Sheldon/Carter, S.14.

nenkreis nicht nach dem Grad einer Verwandtschaft oder Schwägerschaft, sondern nach dem sozialen Umfeld des Verbrauchers.[829] Allerdings muss es für den Unternehmer vorhersehbar sein, dass die jeweilige Person zu dem geschützten Personenkreis zählt.

Eine solche Erweiterung sehen z.B. sowohl UCC Article 2[830] als auch der MMWA[831] vor. Das bedeutet, dass z.B. Familienmitglieder und andere Personen, die im Haushalt des Verbrauchers leben, von dem Schutz einer dem Verbraucher gegenüber geschuldeten vertraglichen Zusicherung (*warranty*) erfasst werden können, wenn sie die verkaufte Ware verwenden und dies nicht unvorhersehbar gewesen ist.[832] Je nach Ausprägung des einzelstaatlichen Rechts können auch andere Personen, die mit dem Produkt voraussehbar in Berührung kommen, von dem Schutzbereich einer *warranty* umfasst sein, wie z.B. Gäste des Käufers.[833] Dieselbe Formulierung wird auch in den Legaldefinitionen zahlreicher UDAP Gesetze verwendet.[834] Der Schutz vor unlauteren Geschäftspraktiken wird dementsprechend ebenfalls auf die Privatpersonen erweitert, die sich im direkten sozialen Umfeld des Verbrauchers befinden.

Davon abgesehen weichen die Formulierungen zum Verbraucherbegriff und damit der festgelegte Umfang des zu schützenden Personenkreises in den Privatrechtsgesetzen stark voneinander ab.

a) Der Verbraucherbegriff im MMWA und im E-SIGN Act

Nach dem MMWA ist ein Verbraucher ein Käufer von Verbrauchsgütern, im Gegensatz zu einem Käufer, der Waren zum Zwecke des Wiederverkaufs bezieht.[835] Verbrauchsgüter sind alle beweglichen Sachen, die im Handel vertrieben werden und die normalerweise zum persönlichen, familiären oder häuslichen Gebrauch verwendet werden.[836] Entscheidend für die Verbrauchereigenschaft ist dementsprechend nicht, dass gekaufte Produkte tatsächlich privat genutzt werden, sondern dass sie gewöhnlich

829 Erfasst werden deshalb auch Patenkinder und nicht-eheliche Kinder sowie Lebenspartnerschaften, vgl. Faber ZEUP 1998, S.854ff (881).

830 UCC § 2-318 a.F. und n.F. sehen für die Einzelstaaten drei verschiedene Formulierungsvorschläge vor, die die Einbeziehung Dritter in den Schutzbereich einer erteilten warranty enthalten.

831 15 U.S.C. § 2301 (3) bestimmt, dass von dem Verbraucherschutz des MMWA auch solche Personen erfasst werden, „to whom such product is transferred during the duration of any implied or written warranty applicable to the product, and any other person, who is entitled by the terms of such warranty or under applicable State Laws to enforce against the warrantor the obligations of the warranty".

832 S.a. § 2-318, Alternative A a.F., § 2-318 (2), Alternative A n.F.

833 S.a. § 2-318, Alternative B, C a.F., § 2-318 (2), Alternative B, C n.F.

834 Z.B. Alabama Ala. Code § 8-19-3 (2); Hawaii HRS § 480-1; Idaho, Ia. Code § 28-41-301 (12); Montana, Mont. Code Ann. § 30-14-102 (1); Ohio, Ohio Code § 1345.01 (A), (D); South Dakota, S.D. Codified Laws Ann. § 37-24-1 (3), Utah, Utah Code Ann. § 3-11-3 (2) (a) (i), Vermont, Vt. Stat. Ann. § 2451a (a).

835 Die Vorschrift 15 U.S.C. § 2301 (3) bestimmt: "the term consumer means a buyer (other than for the purpose of resale) of any consumer product."

836 Nach 15 US.C. § 2301 (1) ist ein Verbraucherprodukt „any tangible personal property which is distributed in commerce and which is normally used for personal, familiy or household purpose."

diesem Zwecke dienen. Dies führt einerseits zu einem sehr weiten persönlichen Anwendungsbereich der Verbraucherschutzvorschriften des Bundesgesetzes. Denn eine Verbrauchereigenschaft ist auch dann gegeben, wenn ein Geschäftsmann ein Produkt käuflich erwirbt, das üblicherweise im privaten Bereich genutzt wird, von ihm aber z.B. zur Ausstattung seines Geschäfts verwendet wird.

Problematischer ist die Formulierung für den Umfang des Verbraucherschutzes in der Hinsicht, dass sie andererseits solche Transaktionen des Verbrauchers ausschließt, bei denen er Waren erwirbt, die üblicherweise zu kommerziellen Zwecken verwendet werden.[837] Dieser Problematik versucht die FTC durch Auslegung der MMWA-Vorschriften entgegenzutreten.[838] So können Informationspflichten und andere Anforderungen an eine erteilte schriftliche Zusicherung (*written warranty*) des Unternehmers beschränkt werden, wenn der Käufer die Ware nur geschäftlich nutzt.[839] Andererseits wird die Voraussetzung des gewöhnlichen privaten Gebrauchs eines Produkts von der FTC weit ausgelegt. Es genügt bereits, wenn das betreffende Produkt in wenigen Fällen zu privaten Zwecken eingesetzt wird. Verlangt wird lediglich, dass ein nennenswerter Anteil einer Warensorte zur privaten Verwendung verkauft worden ist. Im Zweifelsfall ist zu Gunsten einer Anwendbarkeit des Bundesgesetzes zu entscheiden.[840] Demnach gehören auch Schreibmaschinen, Personal Computer, Kraftfahrzeuge und andere Produkte, die sowohl privaten als auch geschäftlichen Zwecken dienen können, zu den Verbrauchsgütern im Sinne des MMWA.[841] Des Weiteren werden von dem Gesetz Produkte erfasst, die dazu bestimmt sind, in ein Gebäude installiert zu werden, unabhängig davon, ob diese bereits eingebaut worden sind, wie z.B. Klimaanlagen oder Heizkessel.[842]

Der Verbraucherbegriff nach dem E-SIGN Act ist identisch mit der MMWA-Definition.[843] Deshalb sind die oben genannten Abgrenzungsschwierigkeiten des MMWA auch im Rahmen des E-SIGN Acts gegeben.

b) Der Verbraucherbegriff nach den Modellgesetzen

Die Definitionen des MMWA zum Verbraucherbegriff weichen von denen des UCC sowohl nach der ursprünglichen als auch nach der neuen Fassung des Modellgesetzes ab. Vor der Überarbeitung des UCC enthielt Article 2 Sales keine Begriffsbestimmung dieser Art. Für das Warenkaufrecht ergibt sich der Verbraucherbegriff des alten Article

837 Vgl. Schroeder 66 California Law Review, S.1ff (4f), Strasser 27 Mercer Law Review S.1111ff (1123).

838 16 C.F.R. § 700.1ff Interpretations of Magnuson-Moss Warranty Act.

839 16 C.F.R. §§ 701.1 (b), 702.1 (b).

840 16 C.F.R. § 700.1 (a).

841 Schreibmaschinen und Kraftfahrzeuge werden von dem Gesetz ausdrücklich genannt, 16 C.F.R. § 700.1 (a).

842 16 C.F.R. § 700.1 (c), (d); das Differenzierungskriterium der FTC ist die Frage, ob das Produkt von dem unbeweglichen Vermögen abtrennbar ist und bei einer Trennung die Funktion des Produktes erhalten bleibt. Danach gehört z.B. die Garage oder der Swimmingpool nicht zu den Verbraucherprodukten des MMWA, s.a. 16 C.F.R. § 700.1 (e).

843 Nach dem E-SIGN, 15 U.S.C. § 7006 (1) „the term consumer means an individual who obtains, through a transaction, products which are used primarily for personal, family or household purposes."

2 aus Article 1 General Provisions § 1- 201 (b) (11) und Article 9 Secured Transactions § 9-102 (a) (23).[844] Beide Vorschriften machen das Vorliegen der Verbrauchereigenschaft davon abhängig, ob der Zweck des Geschäfts tatsächlich im Wesentlichen privater Natur ist.[845] Nach der Neufassung des UCC Article 2 Sales wird der Begriff nun definiert und die Anwendung des Begriffs Verbraucherprodukt nach § 9-102 (a) (23) ausgeschlossen.[846] Die neue Vorschrift § 2-103 (1) (d) bestimmt, dass eine Person ein Verbraucher ist, wenn sie im Zeitpunkt des Vertragsabschlusses beabsichtigt, die gekaufte Ware primär für persönliche, familiäre oder häusliche Zwecke zu verwenden.[847] Folglich stellt der Article 2 UCC, in Abweichung zum MMWA, auf den tatsächlichen privaten Zweck des Geschäfts ab. Im Gegensatz zum MMWA, begrenzt Article 2 UCC außerdem den Verbraucherbegriff ausdrücklich auf natürliche Personen.[848] Eine weitere Abweichung zwischen den Begriffen ist, dass installierte Produkte von dem MMWA erfasst werden, während die Definition des Article 2 festlegt, dass nur Waren Gegenstand des Gesetzes sind, die im Zeitpunkt des Vertragsschlusses noch beweglich sind, also nicht Bestandteil eines Gebäudes oder Grundstücks geworden sind.[849]

Diese Unterschiede sind problematisch, da das Bundesgesetz voraussetzt, dass sich die Ansprüche aus den *warranties*, die der MMWA regelt, aus dem Vertragsrecht ergeben,[850] im Kaufrecht z.B. aus dem UCC Article 2. Die verschiedenen Verbraucherbegriffe haben zur Folge, dass u.U. der MMWA Informationspflichten über *written warranties* vorsieht, während eine *warranty* nach UCC Article 2 gar nicht besteht. Das kann zwar bei bestimmten Produkten zu gesetzlichen Widersprüchen führen, doch die meisten klassischen Verbraucherverträge werden wohl aufgrund der weiten Auslegung durch die FTC von beiden Gesetzen umfasst.[851]

Des Weiteren enthält auch das Modellgesetz UCITA eine Legaldefinitionen für den Begriff Verbraucher. Der Verbraucherbegriff des UCITA ist dem Begriff des UCC nachempfunden, sieht darüber hinaus aber auch eine Negativdefinition vor, wodurch

844 Nach UCC § 2-103 (3) a.F. ist die Definition des Begriffs „consumer goods“ gemäß § 9-109 im Warenkaufrecht anwendbar; gemäß UCC § 2-103 (4) sind die Allgemeinen Vorschriften des Article 1 auf Article 2 anzuwenden.

845 Nach dem Wortlaut des UCC § 1-201 (b) (11) n.F. ist Verbraucher „an individual who enters into a transaction primarily for personal, family, or household purposes”. UCC § 9-102 (a) (23) bestimmt: “consumer goods means goods that are used or bought for use primarily for personal, family, or household purposes.”

846 UCC § 2-103 (1) (d) n.F. definiert den Begriff „consumer” und UCC § 2-103 (1) (e) definiert „consumer contract“.

847 “Consumer means an individual who buys or contracts to buy goods that, at the time of contracting, are intended by the individual to be used primarily for personal, family, or household purposes.”

848 Die neue Fassung des UCC § 2-103 (1) (d) legt ausdrücklich fest: „consumer means an individual (…)“.

849 Sowohl nach der alten wie nach der neuen Fassung des UCC Article 2, § 2-105 (1) a.F. und § 2-103 (1) (l) n.F. sind Waren im Sinne des Gesetzes „all things that are movable at the time of identification to a contract for sale”; s.a. Stone, S.1.

850 S.a. 15 U.S.C § 2311 (c).

851 Vgl. Schroeder 66 California Law Review, S.1ff (6f).

der Ausschluss von Softwarelizenzverträgen zu geschäftlichen Zwecken klargestellt werden soll.[852]

c) Der Verbraucherbegriff in den einzelstaatlichen Verbraucherschutzgesetzen

Auch die einzelstaatlichen Verbraucherschutzgesetze haben keinen einheitlichen Verbraucherbegriff. Die in einigen UDAP Statutes enthaltenen Begriffsbestimmungen sind sehr unterschiedlich.[853] Da die FTC keinen Beitrag zur Interpretation des Begriffs geleistet hat,[854] an dem man sich in einzelstaatlichen Fällen orientieren könnte, ist es den einzelstaatlichen Gerichten überlassen den Anwendungsbereich der Gesetze zu bestimmen.[855] In einigen Staaten haben die Gerichte das jeweilige UDAP Gesetz auf Transaktionen begrenzt, die tatsächlich für den privaten oder häuslichen Zweck gekauft und verwendet werden,[856] ähnlich dem Verbraucherbegriff des UCC. Dabei erweitern eine kleine Zahl dieser Staaten den Anwendungsbereich des UDAP Gesetzes noch auf landwirtschaftliche Zwecke.[857] Für die Bestimmung des Zwecks ist stets der Zeitpunkt entscheidend, in dem die Parteien in die geschäftliche Transaktion eintreten[858] und in Zweifelsfällen wird die Verbrauchereigenschaft nach dem Schwerpunkt des geschäftlichen Zwecks bestimmt.[859] Wie der UCC Article 2 beschränken mehrere

852 UCITA § 102 (a) (15) bestimmt „a consumer is a human being (individual) who obtains information primarily for personal, household, or family purposes. The term does not include an individual, who is a licensee primarily for professional or commercial purposes"; Die Definition folgt gemäß § 102, Comment 13. dem von der Rechtsprechung aufgestellten Kriterium der Gewinnerzielungsabsicht, s.a. Thomas v. Sundance Properties, 726 F.2d 1417 (9th Cir. 1984). Daneben enthält die Vorschrift des UCITA weitere Ausnahmeregelungen für bestimmte Transaktionen, dazu gehören nach UCITA § 102 (a) (15) „agriculture, business managment und investment managment."

853 Einige UDAP Gesetze enthalten keine Legaldefinition, wie z.B. Minnesota, Kentucky, Maine, Massachusetts, Nebraska, Nevada und Rhode Island. UDAP-Gesetze, die den Verbraucherbegriff definieren, sind z.B. Alabama, Ala. Code § 8-19-3 (2); Florida, Fla. Stat. Title XXXIII, § 501.203 (7); Hawaii, HRS § 480-1; Idaho, Ia. Stat. § 28-41-301 (12); Montana, Mont. Code Ann. § 30-14-102 (1); Ohio, Ohio Rev. Code Ann. § 1345.01 (A), (D); South Dakota, S.D. Codified Laws Ann. § 37-24-1 (3) und Utah, Utah Code Ann. § 3-11-3 (2) (a) (i).

854 Bei der Interpretation des MMWA hat die FTC lediglich den Begriff des Verbraucherprodukts erweitert.

855 Vgl. Sheldon/Carter S.12.

856 Z.B. Alabama, Ala. Code § 8-19-3 (2); Hawaii, HRS § 480-1; Idaho, Ia. Stat. § 28-41-301 (12); Indiana, IC § 24-5-0.5-2 (a) (1); Montana, Mont. Code Ann. § 30-14-102 (1); Ohio, Ohio Rev. Code Ann. § 1345.01 (A), (D); South Dakota, S.D. Codified Laws Ann. § 37-24-1 (3) und Utah, Utah Code Ann. § 3-11-3 (2) (a) (i). vgl. zur einzelstaatlichen Rechtsprechung z.B. Valley Forge Towers S. Condomnium v. Ron-Ike Foam Insulators, Inc., 574 A.2d 641 (Pa. Super. Ct. 1990).

857 Z.B. Indiana, IC § 24-5-0.5-2 (a) (1); Vermont, Vt. Stat. Ann. § 2451a (a). Nachweise in der Rechtsprechung s.a. Musil v. Hendrich 6 Kann. App.2d 196, 627 P.2d 367 (1981); Mainline Tractor & Equipment Co. v. Nutrite Co. 937 F.Supp. 1095 (D. Vt. 1996).

858 Z.B. Morris v. Osmose Wood Preserving, 340 Md. 519, 667 A.2d 624 (1995), Linthicum v. Archambault 379 Mass. 381, 398 N.E.2d 482 (1979).

859 Z.B. Harrison v. Jones, 880 F.2d 1279 (11th Cir. 1989); Robertson v. State Farm Fire & Casualty Co., 890 F.Supp. 671 (E.D. Mich. 1995).

Bundesstaaten den Verbraucherbegriff auf natürliche Personen.[860] In einigen anderen Staaten werden hingegen ausdrücklich auch Personengruppen und -Vereinigungen erfasst.[861]

Im Gegensatz dazu wird der Verbraucherbegriff von einigen einzelstaatlichen Gerichten, wie nach dem Bundesgesetz MMWA, danach bestimmt, zu welchen Zwecken das betreffende Verkaufsprodukt üblicherweise genutzt wird.[862] Der Anwendungsbereich für Verbraucherprodukte wird teilweise für alle Gegenstände bejaht, die im Handel (*in trade or commerce*) involviert sind, teilweise wird der Anwendungsbereich auf Gegenstände beschränkt, die zum privaten Gebrauch verwendet werden (*for personal, family or household use*).[863] Bei Produkten, die teilweise privat und teilweise kommerziell verwendet werden, haben die Gerichte z.T. zugunsten des Anwendungsbereichs der UDAP Statutes entschieden, so dass das Vorliegen eines privaten Nebenzwecks ausreicht.[864] Andere Gerichte beurteilen dies nach der überwiegenden Verwendungsabsicht des Verbrauchers.[865]

Im Ergebnis ist festzustellen, dass der Umfang des Adressatenkreises der verbraucherschützenden Vorschriften zwar voneinander abweichen, im Grundsatz jedoch die Verbrauchereigenschaft bei Geschäften, die primär privaten Zwecken dienen, gegeben ist. Dort wo gesetzliche Definitionen in ihrem Umfang von diesem Grundsatz abweichen, sind eher Erweiterungen des Verbraucherbegriffs vorgesehen. Der von einem Verbraucher über das Internet abgeschlossene Vertrag über Waren und Software, die er zur privaten Verwendung kaufen möchte, wird i.d.R. von allen Verbraucherschutzgesetzen erfasst.

3. Die Begrenzung des Adressatenkreises der Verbraucherschutzgesetze

a) Der Begriff „merchant" im UCC und UCITA

Nach der neuen Begriffsbestimmung des UCC Article 2 Sales und des UCITA liegt ein Verbrauchervertrag (*consumer contract*) vor, wenn das Geschäft von einem Verbraucher als Käufer oder Lizenznehmer und einem Kaufmann (*merchant*) als Verkäufer oder Lizenzgeber abgeschlossen wird.[866] Durch diese gesetzliche Klarstellung sollen Verträge, die zwischen Verbrauchern oder zwischen Kaufleuten abgeschlossen

---

860 Die UDAP Gesetze enthalten Formulierungen, wie z.B. "consumer is a natural person/individual", z.B. Alabama, Ala. Code § 8-19-3 (2); Georgia, Georgia Code § 10-1-392 (a) (2).

861 S.a. z.B. Florida, Fla. Stat. Title XXXIII, § 501.203 (7); Indiana, IC § 24-5-0.5-2 (a) (1).

862 Z.B. Searle v. Exley Express, Inc., 278 Or. 535, 564 P.2d 1054 (1977); Miller v. Hubbard-Wray, 53 Or. App. 531, 633 P.2d 1 (1981), F.D.S. Marine LLC v. Shaver Transp. Co., 2001 U.S. D. LEXIS 7800 (D. Or. Mar. 29, 2001).

863 Für einen erweiterten Verbraucherbegriff z.B. Eastern Mountain Platform Tennis, Inc. v. Sherwin Williams Co., 40 F.3d 492 (1st Cir. 1994); United Roasters Inc. v. Colgate-Palmolive Co., 649 F.2d 985 (4th Cir. 1981); Olin Corp. v. Lambda Electronics, Inc., 39 F.2d 912 (E.D. Tenn. 1998); John Labatt Ltd. v. Molson Breweries, 853 F.Supp. 965 (1994).

864 Z.B. Marascio v. Camponella, 298 N.J. Super. 491, 689 A.2d 852 (App. Div. 1997).

865 Z.B. Robertson v. State Farm Fire Casualty Co., 890 F.Supp. 671 (E.D. Mich. 1995).

866 S.a. UCC § 2-103 (1) (e), UCITA § 102 (a) (16).

werden, von den Verbraucher-Bestimmungen der beiden Gesetze ausdrücklich ausgeschlossen werden.[867]

Zu klären bleibt, wer von der Kaufmannseigenschaft erfasst wird. Auch für den Begriff „*merchant*" enthalten die Modellgesetze Legaldefinitionen. Nach dem UCC Article 2, § 2-104 (1) ist ein Kaufmann jede Person, die mit Waren der verkauften Art handelt oder durch ihre geschäftlichen Aktivitäten zu erkennen gibt, dass sie Fachkenntnisse oder Erfahrung mit dem Handel der involvierten Produkte besitzt oder sich solcher Kenntnisse aufgrund des Einsatzes eines erfahrenen Vermittlers bedient.[868] Die Definition für *merchant* nach dem UCITA ist der Vorschrift des UCC Article 2 nachempfunden.[869]

Der Begriff knüpft an die Professionalität und das Sonderwissen des Händlers über die Produkte bzw. den Verkauf derselben im Geschäftsverkehr an. Das bedeutet, dass nur der Händler, dessen Geschäfte typischerweise auch den Verkauf der Art von Waren umfasst, die Gegenstand des Kaufvertrages sind, als Kaufmann anzusehen ist.[870] Dies gilt also beispielsweise nicht für einen Teppichhändler, der seinen PC im Internet an einen Verbraucher versteigert. Verkauft der Teppichhändler hingegen Teppiche an einen Verbraucher über eine Web-Seite, ist er Kaufmann im Hinblick auf diese Transaktion. Allerdings wird der Kaufmannsbegriff erweitert, indem es genügen soll, dass die betreffende Person vorgibt, die Fachkenntnisse eines Händlers zu haben.[871] Dementsprechend wäre der Teppichhändler, der sich als Verkäufer von Computerhardware oder -Software im Netz ausgibt und den PC an den Verbraucher verkauft, als Kaufmann in diesem Geschäft zu qualifizieren.

Darüber hinaus enthält das Gesetz keine Angaben darüber, welche Personen oder Personengruppen von dem Begriff „*merchant*" erfasst werden. Die Kommentierung zu der Begriffsbestimmung macht deutlich, dass es nicht darauf ankommt, ob eine natürliche oder juristische Person oder Personengesellschaft die Waren verkauft. Entscheidend ist lediglich, dass diese mit ihren Fachkenntnissen oder den Kenntnissen der ausführenden Mitarbeiter handelt oder sich so verhält, als ob sie dieses Wissen hätte. Von dem Begriff sind demgemäß auch Personen- und Kapitalgesellschaften sowie sonstige Organisationen erfasst. Sogar eine private Universität kann als Kaufmann im Geschäftsverkehr auftreten, wenn sie die oben genannten Voraussetzungen erfüllt.[872]

Zu der Frage, ob von der Definition auch der Hersteller des Produktes erfasst wird, ist zunächst festzustellen, dass der UCC Article 2, ebenso wie UCITA, Vertragsrecht ist und deshalb nur die Vertragsbeziehungen zwischen dem direkten Verkäufer und

---

867 S.a. UCC § 2-103 (1) (e), Comment.

868 Nach UCC § 2-104 (1) a.F. bedeutet merchant „a person who deals in goods of the kind or otherwise by his occupation holds himself out as having knowledge or skill peculiar to the practices or goods involved in the transaction or to whom such knowledge or skill may be attributed by his employment of an agent or broker or other intermediary who by his occupation holds himself out as having such knowledge or skill." Nach der Neufassung des § 2-104 (1) wird diese Definition abgewandelt, die wesentlichen Elemente werden jedoch beibehalten.

869 S.a. UCITA § 102 (a) (46), Comment 40.

870 S.a. UCITA § 102, Comment 40.

871 S.a. UCITA § 102, Comment 40.

872 S.a. UCITA § 102, Comment 40., danach werden als Beispiele Organisationen und Universitäten genannt.

dem Käufer regelt. Auf den Warenhersteller sind sämtliche Vorschriften des Gesetzes deshalb grundsätzlich nur anwendbar, wenn dieser auch die Ware direkt an den Käufer verkauft. Ansonsten haftet der Hersteller dem Verbraucher nach dem Produkthaftungsrecht.[873] Bei der Entwicklung des *case law* zum Umfang der Produkthaftung haben die Gerichte jedoch immer mehr auch die Pflichten aus vertraglicher Zusicherung von Produkteigenschaften (*warranty*) auf die Hersteller für anwendbar erklärt.[874] Dementsprechend sind die Regelungen des UCC Article 2 über *warranties* zumindest dann auf den Produkthersteller anwendbar, wenn dieser dem Produkt solche Zusicherungen oder Garantieversprechen beifügt und indirekt über den eigentlichen Verkäufer an den Verbraucher beim Vertragsschluss weitergibt. Dies ist mit dem Gesetzestext des UCC Article 2 insofern vereinbar, als dass die Begriffsbestimmungen des Gesetzes weit auszulegen sind und, bei einer großzügigen Auslegung des Gesetzeswortlauts, ein direkter Verkauf an den Verbraucher nicht erforderlich ist.[875] Dasselbe gilt für den Hersteller von Software und Computerinformationen. Da der MMWA, wie oben gesehen, auch Softwareverträge und Computerinformationsverträge erfasst,[876] kann ein Hersteller in Bezug auf „*warranties*“ ebenfalls von dem Begriff „*merchant*“ des UCITA erfasst sein. Für beide Fälle in denen ein Hersteller aus einer Zusicherung verpflichtet wird, gilt aber auch, dass ihn die Sonderbestimmungen für Verbraucherverträge nur dann treffen, wenn er die Waren oder die Software üblicherweise herstellt und dementsprechend als „*merchant*“ zu qualifizieren ist.

b) Die Begrenzung des Adressatenkreises im E-SIGN Act und im MMWA

Der ESIGN Act enthält keine ausdrückliche Begrenzung des Adressatenkreises. Die in dem Bundesgesetz geregelten Informationspflichten für Verbraucherverträge gelten nur im Zusammenhang mit anderen, meist einzelstaatlichen Verbraucherschutzgesetzen, die Informationspflichten regeln. Das bedeutet, eine Beschränkung des persönlichen Anwendungsbereichs der verbraucherschützenden Bestimmungen des ESIGN Acts ist nur vorgesehen, wenn das jeweilige Verbraucherschutzgesetz eine Begrenzung des Anwendungsbereichs vorsieht.[877]

Im MMWA ergibt sich eine Bestimmung des persönlichen Anwendungsbereichs aus verschiedenen Definitionen. Erst durch eine Zusammenschau dieser Begriffsbestimmungen wird deutlich, inwieweit der Adressatenkreis des Bundesgesetzes dadurch beschränkt wird. Der MMWA enthält zwei Personenbegriffe, die als wirtschaftliches Gegenüber des Verbrauchers beschrieben werden, der Anbieter (*supplier*) und der Gewährtragende (*warrantor*). *Warrantor* ist jeder Warenanbieter und jede andere Person, die eine schriftliche Zusicherung über die Ware (*written warranty*) abgibt oder

---

873 Das Produkthaftungsrecht wird im Wesentlichen durch das case law bestimmt, die rechtlichen Prinzipien sind vor allem in den restatements III of product liability zusammengefasst, siehe dazu auch Reimann, S.112ff.

874 Vgl. Reimann, S.114.

875 Nach UCC § 2-104 (1) „a merchant is a person who deals in goods of the kind.”

876 S.a. 1.Kapitel, A., II., 1., b), bb).

877 Solche verbraucherschützenden Informationspflichten sehen u.a. die UDAP Gesetze vor. Deren Anwendungsbereich, der unten näher dargestellt wird, ist dann indirekt auf die Verbraucherschutzbestimmungen des E-SIGN Acts anwendbar.

durch eine konkludente Zusicherung von Eigenschaften der Ware (*implied warranty*) verpflichtet wird.[878] *Supplier* ist jede Person, die bei dem Transaktionsprozess, durch den ein Verbraucherprodukt für den Verbraucher erhältlich wird, involviert ist.[879] Der Umfang des Anbieterbegriffs ist dabei im Zusammenhang mit den Legaldefinitionen zu dem Begriff des Verbraucherprodukts zu verstehen. Danach ist einerseits erforderlich, dass das Produkt gewöhnlich zu Verbraucherzwecken verkauft wird und andererseits dass es im Handel vertrieben wird (*distributed in commerce*).[880] Das ist der Fall, wenn ein Produkt für die Einführung in den Markt verkauft, eingeführt oder geliefert wird oder nach der Markteinführung bereitgestellt wird für den Verkauf oder den Vertrieb.[881] Der Begriff Handel (*commerce*) umfasst dabei den gesamten Geschäftsverkehr, den Markt, den Verkehr und das Transportwesen.[882] Diese Einschränkungen begrenzen den Anwendungsbereich des MMWA, wie die Interpretationsregelungen der FTC deutlich machen, allerdings nicht hinsichtlich der Person des Anbieters und seiner Tätigkeiten im Geschäftsverkehr.[883] Die Anforderungen schließen lediglich den internationalen Handel aus.[884] Dementsprechend ist *supplier* jeder, der an der Vertriebskette eines Produkts beteiligt ist, das gewöhnlich zu privaten Zwecken gekauft wird und im US-amerikanischen Handel vertrieben wird. Dazu gehört i.d.R. der Hersteller, der Zulieferer und der Verkäufer eines solchen Produkts, unabhängig davon ob die Beteiligung an der Vertriebskette zu den gewöhnlichen Geschäftstätigkeiten der beteiligten Person gehört. Da die Definition des Begriffs *warrantor* jedoch nicht nur den Anbieter, sondern auch jeden Dritten erfasst, sind die Vorschriften über schriftliche und konkludente Zusicherungen (*written or implied warranties*) nicht von den oben dargestellten Anforderungen an den Anbieter abhängig. Gewährtragender kann demnach auch jede Person sein, die nicht an der Vertriebskette eines Verbraucherprodukts beteiligt ist. Folglich ergeben sich im Grunde aus den Begriffsbestimmungen keine Begrenzungen für den persönlichen Anwendungsbereich des Gesetzes.

Eine Begrenzung des Adressatenkreises des MMWA kann sich allerdings daraus ergeben, dass die materielle Grundlage der im MMWA reglementierten konkludenten Zusicherungen für Verbraucherprodukte (*implied warranties*), sich aus anderen Gesetzen ergeben, die eine Beschränkung des Adressatenkreises vorsehen. Die materiellen Regelungen über *implied warranties*, die im Wesentlichen durch die Vertragsgesetze, u.a. durch UCC Article 2 und UCITA, hergeleitet werden, sind jedoch nur z.T. begrenzt auf Verbraucherverträge bzw. Verkäufe eines *merchant*.[885] In solchen Fällen

878 S.a. 15 U.S.C. § 2301 (5): „The term warrantor means any supplier or other person who gives or offers to give a written warranty or who is or may be obligated under an implied warranty."

879 S.a. 15. U.S.C. § 2301 (4): „The term supplier means any person engaged in the business of making a consumer product directly or indirectly available to consumers."

880 S.a. 15 U.S.C. § 23 (1).

881 S.a. 15 U.S.C. § 23 (13).

882 S.a. 15 U.S.C. § 23 (14).

883 Die Interpretationsregeln, die von der FTC auf Grundlage des MMWA geschaffen worden sind, enthalten keine besonderen Auslegungsmaßstäbe für die Begrenzung der Begriffe supplier und warrantor, s.a. 16 C.F.R. § 700ff.

884 S.a. 16 C.F.R. § 700.1 (i).

885 Z.B. ist die Vorschrift UCC § 2-314 (1) über die konkludente Zusicherung der Tauglichkeit einer Ware zum gewöhnlichen Verbrauch nur anwendbar wenn der Verkäufer ein merchant ist.

wird dann auch der Adressatenkreis der Regelungen des MMWA auf Anbieter beschränkt, zu deren gewöhnlichen Geschäftstätigkeiten die Beteiligung an der Vertriebskette dieses Verbraucherprodukts gehören (*merchant*).[886] Auf diesem Wege sind die Feststellungen zum Unternehmerbegriff nach dem UCC Article 2 und UCITA kompatibel mit den Definitionen des MMWA.

c) Die Begrenzung des Adressatenkreises in den UDAP Statutes

In den meisten einzelstaatlichen Verbraucherschutzgesetzen ist kein Hinweis enthalten, ob der Anwendungsbereich des Gesetzes auf geschäftliche Transaktionen zwischen Verbrauchern und „Unternehmern" begrenzt ist oder ob auch reine Verbrauchertransaktionen davon erfasst werden.[887] Dementsprechend enthalten die Verbraucherschutzgesetze regelmäßig auch keine Legaldefinitionen zum Unternehmer- oder Kaufmannsbegriff. Lediglich den UDAP-Gesetzen, die nach dem Vorbild des UDTPA entworfen worden sind,[888] sind Anhaltspunkte für eine solche Begriffsbestimmung zu entnehmen. Diese Gesetze begrenzen den Anwendungsbereich auf geschäftliche Transaktionen, die aus Sicht der Anbieterseite zum gewöhnlichen Gang der gewerblichen, beruflichen Tätigkeiten gehören oder der regulären Beschäftigung zugerechnet werden können.[889] Das bedeutet, dass weder ein privater Verkäufer (*non-merchant*) noch ein Händler (*merchant*) von dem Anwendungsbereich der Verbraucherschutznormen erfasst wird, wenn die geschäftliche Transaktion nicht zu den üblichen Transaktionen seines Gewerbebetriebes oder Berufes gehören. Folglich wären diese Gesetze in dem oben genannten Beispiel auf den Teppichhändler anwendbar, der seine Teppich-Waren über einen Webshop Verbrauchern anbietet und im Internet dafür wirbt, während er nicht erfasst ist, wenn er seinen PC im Internet anbietet. Die einzelstaatlichen Gerichte haben es dabei teilweise auch genügen lassen, wenn der Verkäufer bei seinem Angebot oder der Werbung den Eindruck erweckt, dass er die Fachkenntnisse eines Händlers hat, der typischerweise solche Angebote macht.[890] Diese gesetzlichen Begrenzungen entsprechen größtenteils des durch den UCC Article 2 geformten Kaufmannsbegriffs.

Einige einzelstaatlichen Gerichte haben die gesetzlichen Anforderungen bei der Begrenzung des Anwendungsbereichs des jeweiligen UDAP Gesetzes weitgehend über-

UCC § 2-316 II hingegen gilt nur, wenn ein Verbrauchervertrag, also ein Vertrag zwischen einem Verbraucher und einem Kaufmann vorliegt.

886 Die Definition des Begriffs merchant ist in diesem Zusammenhang sinngemäß auf den MMWA anzuwenden.

887 Vgl. dazu auch Sheldon/Carter, S.59.

888 S.a. 7 U.L.A. (1978 & Supp. 1984); Der UDTPA wurde z.B. in den folgenden Staaten umgesetzt: Colorado, Colo. Rev. Stat. §§ 6-1-101ff, Delaware, Del. Code Title §§ 6-25-2531ff, Georgia, Georgia Code §§ 10-1-370ff, Minnesota, Minn. Stat. §§ 325D-43ff, Nebraska, Neb. Rev. Stat. §§ 87-301ff, New Mexico N. M. Stat. §§ 57-12-1ff, Ohio, Ohio Rev. Code Tit. 41, §§ 4165.01ff, Oklahoma, Okla. Stat. Tit. 78 §§51ff, Oregon, Or. Rev. Stat. §§ 646.605ff.

889 Vgl. Sheldon/Carter, S.59: "(...) Practices occuring in the course of the seller`s business, vocation or occupation."

890 S.a. Eastern Star, Inc. v. Union Building Materials, 712 P.2d, 1148 (Haw. Ct. App. 1985).

nommen,[891] andere haben ausdrücklich festgestellt, dass nur private Verkäufer, die nicht dauerhaft oder nur einmalig eine solche geschäftliche Transaktion vornehmen, von dem Anwendungsbereich ausgeschlossen sind.[892] Der Teppichhändler, der seinen Computer im Netz anbietet, wäre demgemäß von dem Anwendungsbereich des jeweiligen UDAP Gesetzes erfasst.

In der überwiegenden Zahl der einzelstaatlichen Verbraucherschutzgesetze ist der einzige Anhaltspunkt für die Gerichte zur Begrenzung des Anwendungsbereichs die Formulierung „*in trade or commerce*". Die Gerichte dieser Staaten interpretieren die Begriffe allerdings sehr unterschiedlich.[893] Einige Gerichte haben die Anwendung der Verbraucherschutzvorschriften auf alle Arten von Anbietern befürwortet,[894] andere Gerichtsentscheidungen legen Bedingungen fest, ab wann das Verbraucherschutzgesetz auch auf den privaten Verkäufer anwendbar ist. Ein hawaiianisches Gericht hat z.B. das UDAP Gesetz von Hawaii nur dann auf private Verkäufer erweitert, wenn die konkrete geschäftliche Transaktion im öffentlichen Interesse ist.[895] In anderen Staaten wurde für maßgeblich erachtet, ob die konkrete geschäftliche Tätigkeit in einem beruflichen Kontext steht.[896] Der Händler, der einmalig eine Ware anbietet, wird danach allerdings auch erfasst, da es nicht darauf ankommt, dass die geschäftliche Tätigkeit zur gewöhnlichen beruflichen Tätigkeit gehört.[897]

Diese Beispiele belegen, dass in den einzelstaatlichen Verbraucherschutzregelungen nicht nur kein einheitlicher Unternehmerbegriff entstanden ist, sondern auch dass dort wo einzelstaatliche Beschränkungen des Adressatenkreises vorgenommen werden, ein weiterer Anwendungsbereich der Verbraucherschutzgesetze als im Vertragsrecht besteht. Die Begrenzungen sind nicht gleichzusetzen mit dem im UCC Article 2 verankerten Begriff des „*merchant*". Nur wenige einzelstaatlichen UDAP Gesetze nähern sich dem vertragsrechtlichen Kaufmannsbegriff an.

---

891 S.a. Wolverton v. Stanwood 278 Or. 341, 563 P.2d 1203 (1977); Bentley v. Slavik 663 F.Supp. 736 (S.D. Ill. 1987).

892 S.a. Nelson v. Lusterstone Surfacing Co., 258 Neb. 678, 605 N.W.2d 136 (2000); Ly v. Nystrom 615, N.W.2d 301 (Minn. 2000).

893 Vgl. Sheldon/Carter, S.59.

894 S.a. Singleton v. Pennington, 606 S.W.2d 682 (Texas 1980); People ex rel. Scott v. Larence, 105 III. App.3d 171, 434 N.E.2d 5 (1982); Black v. Iovino, 580 N.E.2d 139 (Ill. App. Ct. 1991).

895 Allerdings stellt ein per se Verstoß gegen das UDAP Gesetz einen Beweis für die Betroffenheit des öffentlichen Interesses dar, s.a. Ai v. Frank Huff Agency Ltd. 61 Hawaii 607, 607 P.2d 1304 (1980).

896 S.a. Begelfer v. Najarian, 381 Mass. 177, 409 N.E.2d 167 (1980); Binette v. Dyer Library Assoc. 688 A.2d 898 (Me. 1996). Ob ein beruflicher Zusammenhang gegeben ist, hängt von verschiedenen Faktoren ab, z.B. von der Art und dem Charakter der Transaktionen oder wie aktiv die Parteien die Transaktionen mitgestaltet haben, s.a. Nei v. Burley, 388 Mass. 307, 446 N.E.2d 674 (1983); Young v. Patakonis, 24 Mass. App. Ct. 907, 506 N.E.2d 1164 (1987).

897 S.a. Lynn v. Nashawaty, 12 Mass. App. Ct. 310, 423 N.E.2d 1052 (1981); vgl. auch Sheldon/Carter, S.60.

II. Die deutsche Rechtslage

1. Das Verbraucherleitbild im deutschen Recht

a) Die Entwicklungen im deutschen und europäischen Recht

Im deutschen Wettbewerbsrecht hat durch den Einfluss des europäischen Rechts ein Paradigmenwechsel stattgefunden, der zu einer Liberalisierung des äußerst rigiden und wirklichkeitsfremden Verbraucherleitbildes des deutschen Lauterkeitsrechts geführt hat.[898] Dabei entbrannte die Frage eines zugrunde zulegenden Verbraucherleitbildes zunächst im Hinblick auf den Irreführungstatbestand des deutschen UWG[899] und der entsprechenden europäischen Vorgaben[900].

Der BGH skizzierte in seiner ständigen Rechtsprechung stets das Bild eines flüchtigen und unverständigen Verbrauchers, der besonders schutzbedürftig ist. Die Anforderungen an die Verständigkeit und den Wissensstand des Verbrauchers im Rahmen der Beurteilung, ob eine Werbemaßnahme zur Irreführung geeignet ist, wurden dementsprechend niedrig angesetzt.[901]

Das äußerst restriktive Vorgehen der deutschen Rechtsprechung stieß in den anderen europäischen Mitgliedstaaten und beim EuGH auf Ablehnung.[902] Der EuGH formulierte und festigte allmählich das Leitbild eines durchschnittlich informierten, aufmerksamen und verständigen Verbrauchers, von dem ein gewisses Maß an Eigenverantwortung erwartet werden kann.[903] Der EuGH nimmt dabei zur Wahrung des Verhältnismäßigkeitsgrundsatzes im gemeinschaftsrechtlichen Wettbewerbsrecht eine Interessenabwägung zwischen den Gefahren des Wettbewerbs und der Funktionsfähigkeit eines freien Wettbewerbs vor.[904] Grundlage dieses Verbraucherleitbildes bildet das

898 Vgl. Wuttke, Rn.179; Helm in: FS Tilmann, S.135ff (135, 146); Bömeke, S.59f; Groeschke/Kiethe, WRP 2001, S.230ff (230); Ackermann in: Baudenbacher/Simon, S.59ff (98f); Hucke, S.152f.

899 S.a. § 3 UWG a.F.

900 S.a. Richtlinie 84/450/EWG über irreführende Werbung.

901 S.a. BGH GRUR 1982, S.564ff (566) (Elsässer Nudeln); GRUR 1984, S.741ff (742) (patented); GRUR 1986, S.622ff; GRUR 1990, S.604ff (605) (Dr. S.-Arzneimittel); GRUR 1992, S.450ff (452) (Beitragsrechnung); zuletzt BGH GRUR 1993, S.127ff; vgl. dazu auch Wuttke, Rn.178; Bömeke, S.56ff.

902 S.a. EuGH Slg. 1993, I., 2361ff (2389), EuZW 1993, 420ff; VuR 1995, 251ff (Ives Rocher); Slg. 1995 I., 1923 (1944), GRUR Int. 1995, S.804ff (Mars); Slg. 1984, 3651ff (3660ff) (Ringelhan); Slg. 1990, I.- 4827ff (4849) (Pall); Slg. 1994, I., 317 (337), NJW 1994, S.1204ff (Clinique); Slg. 1996, I-6039 (6059) (Graffione); Slg. 1983, I-947 (De Kikvorsch).

903 S.a. EuGH Slg. 1998, I.-4657, Rn.31 (37), GRUR Int. 1998, S.795ff (Gut Springenheide); Slg. 1999, I.-513, GRUR Int. 1999, S.345ff (Sektkellerei Kessler); GRUR 1999, S.723ff (Windsurfing Chiemsee); Slg. 1999, I-3819, GRUR Int. 1999, S.734ff (Lloyds); Slg. 2000, I.-117, Rn.27f, GRUR 2000, S.354 (Lifting Creme); GRUR 2002, S.354ff (356), Rn.52 (Toshiba); Slg. 2003, I-3095, GRUR 2003, S.533ff (536) (Pippig Augenoptik); dies entspricht auch den Empfehlungen der Liga für Wettbewerbsrecht (LIDC, Herbst 1995); vgl. dazu Traub, S.15f. Vgl. zum Verbraucherleitbild des EuGH z.B. Köhler in: Köhler/Bornkamm, UWG-Komm., § 1, Rn.19.

904 Die Grundlage im primären Gemeinschaftsrecht ergibt sich aus Artikel 28, 49 EGV, s.a. EuGH Slg. 2000, I.-117, Rn.27f, GRUR 2000, S.354 (Lifting Creme); vgl. dazu auch Köhler in: Köhler/Bornkamm, UWG-Komm., § 1, Rn.19; Helm in: FS Tilmann, S.135ff (142).

sog. Informationsmodell, durch das ein unterlegener Wissensstand des Verbrauchers durch die Bereitstellung von Informationen kompensiert werden soll.[905]

Aufgrund des Harmonisierungsdrucks des Gemeinschaftsrecht, hat in der deutschen Rechtsprechung in den neunziger Jahren allmählich eine Abkehr von dem Leitbild des flüchtigen Verbrauchers stattgefunden,[906] die letztendlich durch das Urteil des BGH „Orient-Teppichmuster“ besiegelt worden ist.[907]

Ausgangspunkt ist nun auch im deutschen Wettbewerbsrecht der durchschnittlich informierte, aufmerksame und verständige Verbraucher, wobei sich die Formulierung weitgehend an den in deutscher Sprache übersetzten EuGH-Urteilen orientieren.[908] Dieses neue Verbraucherleitbild wird nach der Gesetzesreform auch in der neuen Fassung des UWG zugrunde gelegt.[909]

Dieses Leitbild ist, aufgrund der systematischen Trennung des UWG von anderen Privatgesetzen, nicht notwendigerweise allgemeingültig im deutschen Privatrecht. Dementsprechend ist das Leitbild des vernünftigen und verständigen Verbrauchers grundsätzlich für das Schuldrecht nicht zwingend. Jedoch ist das europäische Verbraucherleitbild ein ubiquitärer Grundsatz des europäischen Verbraucherschutzrechts und gilt dementsprechend auch im Rahmen der Verbraucherschutzrichtlinien außerhalb des Wettbewerbsrechts.[910] Da die überwiegende Anzahl der Verbraucherschutzvorschriften, die im Schuldrecht des BGB geregelt sind, auf solchen europäischen Richtlinienvorgaben basieren[911] und deshalb auch bei der Auslegung dieser Normen die europäischen Vorgaben maßgebend sind, ist anzunehmen, dass das lauterkeitsrechtliche Verbraucherleitbild dem des deutschen Schuldrechts in wesentlichen Bereichen entspricht.[912] Demzufolge ist bei der Beurteilung der Informationspflichten, die der

905 Weitergehende Eingriffe sind nach Möglichkeit zu vermeiden, um eine möglichst schonende Regulierung des Wettbewerbsrechts und Beschränkung der Privatautonomie zu gewährleisten; vgl. auch Köhler in: Köhler/Bornkamm, UWG-Komm., § 1, Rn.19; Groeschke/Kiethe, WRP 2001, S.230ff (231f).

906 Z.B. BGH GRUR 1996, S.910ff (912) (Die meistverkaufte Europas); GRUR 1996, S.367ff; GRUR 1996, S.502ff; WRP 1996, S.1102ff; GRUR 1997, 306ff; GRUR 2001, S.1061ff (1063) (Mitwohnzentrale.de); GRUR 2002, S.182ff (183); GRUR 2002, S.550ff (552) (Elternbriefe); GRUR 2002, S.902ff (905) (Vanity-Nummer); GRUR 2002, S.81ff (83) (Anwalts- und Steuerkanzlei); GRUR 2002, S.715ff (716) (Scannerwerbung); GRUR 2002, S.828ff (829) (Lottoschein); GRUR 2002, S.976ff (978) (Kopplungsangebot); GRUR 2003, S.361ff (362); GRUR 2003, S.163ff (164); GRUR 2003, S.249ff; GRUR 2003, S.626ff (627); vgl. dazu auch Wuttke, Rn.175, 182; Köhler in: Köhler/Bornkamm, UWG-Komm., § 1, Rn.24.

907 S.a. BGH GRUR 2000, S.619ff.

908 Vgl. Helm in: FS Tilmann, S.135ff (140ff).

909 S.a. Begründung zum Regierungsentwurf zum UWG zu § 5, BT-Drucks. 15/1487, S.19; vgl. dazu auch Seichter, WRP 2005, S.1087ff (1091); Lettl, WRP 2004, S.1079ff (1094); Apostolopoulos, GRUR Int.2005, 292ff (294).

910 Vgl. die Nachweise der Anwendbarkeit im Lebensmittel- und Markenrecht bei Groeschke/Kiethe, WRP 2001, S.230ff (233).

911 Z.B. gründen die §§ 312bff BGB auf der FARL, § 312e BGB auf der ECRL, §§ 474ff BGB auf der Verbrauchsgüterkaufrichtlinie.

912 Das Leitbild des Verbrauchers im ursprünglich sondergesetzlichen Verbraucherschutzrecht war ebenfalls dem lauterkeitsrechtlichen Verbraucherleitbild des besonders unvernünftigen und schutzbedürftigen Verbrauchers nachempfunden, vgl. dazu Dreher, JZ 1997, S.167ff (171). Dies

Unternehmer in zahlreichen schuldrechtlichen Verträgen einzuhalten hat,[913] stets zu berücksichtigen, dass ihm ein durchschnittlich informierter, aufmerksamer und verständiger Verbraucher gegenübersteht. Bedeutsam wird dieses Leitbild vor allem, wenn der Gesetzgeber, wie in vielen schuldrechtlichen Informationsvorschriften, im Rahmen des Verbraucherschutzes eine „klare und verständliche“ Mitteilung dieser Informationen verlangt (Transparenzgebot).[914] Folglich genügt eine Information den gesetzlichen Anforderungen, wenn sie für den angemessen verständigen und durchschnittlich informierten Verbraucher klar und verständlich ist.

b) Die Konkretisierung des Verbraucherleitbildes

Die zur Konkretisierung des Verbraucherleitbildes durch die nationalen Gerichte formulierten Kriterien müssen ebenfalls den europäischen Vorgaben entsprechen, wobei auch die Versionen der Urteile in anderen Sprachen zu berücksichtigen sind, insbesondere in den anderen Amtsprachen Französisch und Englisch.[915]

Der BGH entwickelte, entsprechend den Vorgaben des EuGH, eine Einzelfallrechtsprechung, durch die einzelne Kriterien zur Bestimmung der Anforderungen an einen durchschnittlich informierten, aufmerksamen und verständigen Verbraucher herausgebildet wurden.[916]

---

lässt sich sowohl an deutschen Regelungen festmachen, die aufgrund der europäischen Verbraucherschutzrichtlinien in deutsches Recht umgesetzt werden mussten, als auch an solchen Verbraucherschutzregelungen, die auf rein deutsche Gesetzesinitiativen zurückgehen. Der deutsche Gesetzgeber hat oft einerseits ein höheres Schutzniveau normiert, als die europäischen Verbraucherschutzrichtlinien dies vorgeben (z.B. bei Regelung von Verbraucherkreditgeschäften, von Haustürgeschäften und der Regulierung der Verwendung von Vertragsklauseln; vgl. dazu Dreher, JZ 1997, S.167ff (172); Hommelhoff, S.6ff). Andererseits waren auch die rein deutschen Regelungen oftmals sehr restriktiv, beispielsweise die Regelungen im Rahmen des Fernunterrichtsschutzgesetz. Neben der Ausformung der bestehenden, nebengesetzlichen Verbraucherschutzbestimmungen, hat auch der BGH nach den allgemeinen Vorschriften des BGB in seiner Rechtsprechung stets den Schutz des schwächeren „Bürgers“ berücksichtigt, vgl. z.B. die Rechtsprechung des BGH zu den Fallgruppen der „Sittenwidrigkeit“, gemäß § 138 BGB: BGH NJW 1994, S.1726ff; vgl. dazu auch: Hommelhoff, S.14ff.

913 Z.B. Artikel 4 FARL und §§ 312c BGB, § 1 BGB-InfoVO; Artikel 6 II Verbrauchsgüterkaufrichtlinie und § 477 I S.2 BGB; Artikel 5, 6, 10 ECRL und § 312e BGB, § 3 BGB-InfoVO.

914 S.a. z.B. § 312c I S.1 BGB und § 312e I S.1 Nr.2 BGB. Nach § 477 I S.1 BGB muss eine Garantieerklärung „klar und einfach“ abgefasst sein, diese Begriffe dürften sich allerdings inhaltlich mit dem „Klarheits-und Verständlichkeits“-Erfordernis decken. S.a. zum Transparenzgebot im Fernabsatz, elektronischen Geschäftsverkehr und nach dem Verbrauchsgüterrecht: Heinrichs in: Palandt, SMG-Komm., § 312c, Rn.2, 4; § 312e, Rn.6; § 477, Rn.5ff und die Ausführungen im 2.Kapitel, B., II., 3, c).

915 S.a. EuGH Slg. 1997, I.-1111, Rn.30 (Ebony); vgl. auch Helm in: FS Tilmann, S.135ff (141).

916 Dabei stellte sich zunächst die Frage, ob sich der Begriff „durchschnittlich“ lediglich auf die Informiertheit des Verbrauchers oder auch auf seine Aufmerksamkeit und Verständigkeit beziehen sollte. Die Formulierungen in den in englischer und französischer Sprache abgefassten Urteilen (z.B. EuGH Slg. 1997, I.-1111, Rn.30, 35 (Ebony)) deuten darauf hin, dass der Angemessenheits- oder Durchschnittlichkeitsmaßstab auf alle Anforderungen anwendbar sind, die in diesem Zusammenhang an den Verbraucher zustellen sind. Die englische Fassung legt dies nahe. „the average consumer who is reasonably well informed and reasonably observant and circumspect“. So im Ergebnis auch die überwiegende Meinung, vgl. Köhler in: Köhler/Bornkamm,

Dabei berücksichtigt der BGH grundsätzlich die Zielgruppe, die mit der Werbemaßnahme angesprochen wird und die Art des Produkts, das mit der Werbung angepriesen wird.[917] Dies entspricht grundsätzlich auch den Kriterien des EuGH.[918]

So richtet sich die durchschnittliche Informiertheit des Verbrauchers nicht nach dem durchschnittlichen Wissensstand der Gesamtbevölkerung, sondern nach dem von der angesprochenen Zielgruppe durchschnittlich zu erwartenden Informationsstand.[919] Werden besonders unerfahrene und schutzbedürftige Zielgruppen mit der Werbung angesprochen, wie Kinder und alte Menschen, so ist der zu erwartende Wissensstand der umworbenen Personen niedriger einzustufen, als in dem Fall, dass die Werbung an erwachsene Durchschnittsbürger mittleren Alters gerichtet ist. Zudem beurteilt der BGH den durchschnittlich zu erwartenden Wissensstand im Zusammenhang mit der angepriesenen Produktart oder Art des Dienstleistungsangebots.[920]

Die Anforderungen an die Aufmerksamkeit des Verbrauchers richten sich ebenfalls an den Durchschnitt der mit der Werbung angesprochenen Zielgruppe. Das zu ermittelnde Durchschnittsmaß der Aufmerksamkeit bezieht sich auf die Situation, in der die Werbung wahrgenommen wird, wie der Verbraucher diese verarbeitet und in seinen Entscheidungsprozess mit einbezieht.[921] Ein besonderes Gewicht nimmt dabei die Differenzierung nach der Produktart ein.[922] Der BGH ermittelt anhand der Art des umworbenen Produkts, in welcher Situation der Verbraucher sich typischerweise befindet, wenn er Werbung für Produkte dieser Art wahrnimmt, sog. situationsadäquater Aufmerksamkeitsmaßstab.[923] Dabei orientiert sich der BGH an den in den USA

UWG-Komm., § 1, Rn.19; Helm in: FS Tilmann, S.135ff (140); Lettl, WRP 2004, S.1079ff (1091); Spätgens, WRP 2000, S.1023ff (1026); Lettl, GRUR 2004, S.449ff (453); Bornkamm in: FS 50 Jahre BGH, S.343ff (361)); Bornkamm, WRP 2000, S.830ff (835). A.A.: Ackermann, WRP 2000, S.807ff (808).

917 S.a. BGH GRUR 1999, S.261ff (263); vgl. Köhler in: Köhler/Bornkamm, UWG-Komm., § 1, Rn.29.

918 S.a. EuGH Slg. 1989, I.-1235ff (1252) (Buet); Slg. 1999, I-3819, GRUR Int. 1999, S.734ff (Lloyds); Slg. 2000, I.-117, Rn.27f, GRUR 2000, S.354ff (Lifting Creme); Slg. 2003, I-3793, GRUR 2003, 604ff (607), Rn.46 (Libertel); vgl. auch Helm in: FS Tilmann, S.135ff (142); Lettl, WRP 2004, S.1079ff (1091f).

919 S.a. BGH GRUR 1999, S.261ff (263); so auch der EuGH, EuGH Slg. 2000, I.-2297, Rn.27f, WRP 2000, S.489ff (492) (Darbo) und die neue Richtlinie über unlautere Geschäftspraktiken gemäß Artikel 5 III; vgl. auch Köhler in: Köhler/Bornkamm, UWG-Komm., § 1, Rn.21, 27; Seichter WRP 2005, S.1079ff (1091); Bömeke, S.72ff, 90ff.

920 S.a. BGH GRUR 1999, S.261ff (263); vgl. Köhler in: Köhler/Bornkamm, UWG-Komm., § 1, Rn.29.

921 Vgl. dazu auch Köhler in: Köhler/Bornkamm, UWG-Komm., § 1, Rn.22, 30. Der EuGH hat es im Rahmen des Aufmerksamkeitsmaßstabs sogar genügen lassen, wenn Informationen fremdsprachig abgefasst worden sind, wenn diese entweder leicht verständlich sind oder das Verständnis durch andere Maßnahmen erleichtert worden ist, s.a. EuGH Slg. 1991, I.-2971, Rn.16ff, 31, EuZW 1992, S.701ff (Piageme I); EuGH Slg. 1995, I.-2955, Rn.27ff, EuZW 1996, S.14ff (Piageme II).

922 S.a. BGH GRUR 2000, S.619ff (621) (Orientteppich-Muster); vgl. auch Wuttke, Rn.186, 194.

923 S.a. BGH GRUR 2000, S.619ff (621) (Orientteppich-Muster); GRUR 2002, S.81ff (83); GRUR 2002, S.182ff (183); GRUR 2002, S.550ff (552); GRUR 2003, S.249ff; GRUR 2004, S.605ff (606).

entwickelten und zugrunde gelegten Differenzierungen nach Erfahrungs-, Such- und Vertrauensgütern.[924] Das deutsche Gericht nimmt ebenso wie die US-amerikanische FTC an, dass bei den Erfahrungsgütern der Verbraucher die entsprechende Werbung nur flüchtig und sporadisch wahrnimmt, so dass eine geringerer Aufmerksamkeit des Durchschnittsverbrauchers zu erwarten ist als bei den Suchgütern.[925] Ein erhöhter Aufmerksamkeitsmaßstab gilt auch für die Vertrauensgüter.[926]

Ob diese Differenzierungen des BGH dem europäischen Verbraucherleitbild entsprechen, ist umstritten. Zwar unterscheidet der EuGH grundsätzlich auch nach der Art der angebotenen Produkte bei der Beurteilung der durchschnittlich zu erwartenden Aufmerksamkeit des Verbrauchers,[927] dennoch erhebt der Gerichtshof nicht die produktbezogenen Kriterien zum vorrangigen Beurteilungsmaßstab der Aufmerksamkeitsanforderungen,[928] wie der BGH. Das bedeutet, nach der EuGH-Rechtsprechung wird nicht konsequent nach Erfahrungsgütern und Suchgütern unterschieden.[929] Vielmehr kann die zu erwartende Aufmerksamkeit bei einer Werbung für Suchgüter auch dann niedrig sein, wenn diese auf flüchtige Wahrnehmung ausgerichtet ist, wie dies sonst bei der Werbung für Erfahrungsgüter üblich ist.[930] Der BGH hat seine abweichende Rechtsprechung allerdings nicht konsequent fortgeführt. In dem Fall „Scanner-Werbung“[931] hat er die durchschnittliche Aufmerksamkeit des Verbrauchers niedrig eingestuft, wie dies sonst bei der Werbung für Erfahrungsgüter angenommen wird, obwohl ein Computerscanner grundsätzlich eher zu den Suchgütern zu zählen ist.[932] Bei diesem Urteil des BGH spielte allerdings auch eine Rolle, dass die betreffende Werbepraktik die Verbraucher in besonderem Maße in die Irre führte. Deshalb sah der BGH das reibungslose Funktionieren des Wettbewerbs gefährdet und setzte entspre-

924 Vgl. die ursprünglichen Ausführungen von Nelson, 78 Journal of Political Economy, S.311ff (312ff); Darby/Karni, 16 Journal of Law and Economics, S.67ff.

925 Zur Geltung dieser Differenzierungen im deutschen Recht, vgl. Köhler in: Köhler/Bornkamm, UWG-Komm., § 1, Rn.30; Wuttke, Rn.182, 196; Kemper/Rosenow, WRP 2001, S.370ff (374).

926 Vgl. Wuttke, Rn.196; Groeschke/Kiethe, WRP 2001, S.230ff (234).

927 S.a. EuGH Slg. 1989, I.-1235ff (1252) (Buet); Slg. 1999, I-3819, GRUR Int. 1999, S.734ff (Lloyds); EuGH Slg. 2000, I.-117, Rn.27f, GRUR 2000, S.354ff (Lifting Creme); Slg. 2003, I-3793, GRUR 2003, 604ff (607), Rn.46 (Libertel); vgl. auch Helm in: FS Tilmann, S.135ff (142).

928 Vgl. auch Wuttke, Rn.244f; Groeschke/Kiethe, WRP 2001, S.230ff (235). A.A. Köhler in: Köhler/Bornkamm, UWG-Komm., § 1, Rn.30; Helm in: FS Tillmann, S.135ff (143ff).

929 Der normative Maßstab, wie er von dem BGH (z.B. BGH GRUR 2000, S.619ff) zugrunde gelegt wird, wird vom EuGH nicht angenommen. Der EuGH versteht die Feststellung der Irreführung als dem Beweis zugängliche Tatsachenfrage. Die Beweisführung kann durch Verkehrsbefragung oder Sachverständigenbegutachtung geführt werden; s.a. EuGH Slg. 1998, I.-4657, Rn.32, GRUR Int. 1998, S.795ff (Gut Springenheide); Slg. 1999, I.-513, GRUR Int 1999, S.345ff (Sektkellerei Kessler); Slg. 2000, I.-117, Rn.27f, GRUR 2000, S.354ff (Lifting Creme); vgl. Groeschke/Kiethe, WRP 2001, S.230ff (231); Köhler in: Köhler/Bornkamm, UWG-Komm., § 1, Rn.33; Helm in: FS Tilmann, S.135ff (139); Schweizer, GRUR 2000, S.923ff; Ahrens, WRP 2000, S.812ff (813f).

930 Vgl. Wuttke, Rn.245; Groeschke/Kiethe, WRP 2001, S.230ff (231, 235).

931 S.a. BGH GRUR 2002, S.715ff; vgl. dazu auch, Bömeke, S.66ff.

932 Vgl. auch Wuttke, Rn.204.

chend die Anforderungen an die Aufmerksamkeit des Verbrauchers herab.[933] Dieses Urteil bedeutet zwar keine grundsätzliche Abkehr von dem situationsadäquaten Aufmerksamkeitsmaßstab, dennoch zeigt es, dass der BGH nicht stringent an dieser Differenzierung festhält und sich einer Beurteilung nach dem Einzelfall öffnet. Da der EuGH in seinen jüngsten Urteilen den nationalen Gerichten tendenziell immer mehr Beurteilungsspielraum überlässt und insoweit nur eine europarechtskonforme Einzelfallrechtsprechung fordert,[934] wird die deutsche Rechtsprechung weitgehend den europäischen Vorgaben in diesem Kontext entsprechen.

Umstritten sind auch die Anforderungen an die Verständigkeit des Verbrauchers. Ein nicht unbedeutender Teil der deutschen Literatur bezweifelt, dass das Erfordernis der durchschnittlichen Verständigkeit mit der EuGH-Rechtsprechung konform ist.[935] Der BGH fordert von einem durchschnittlich verständigen Verbraucher ein reguläres Maß an kritischem Bewusstsein, die Fähigkeit Informationen richtig einordnen zu können sowie eine angemessene Anstrengung bei der Informationsbeschaffung.[936] Die Bedenken gegen diese Anforderungen werden damit begründet, dass die Formulierung „verständiger Verbraucher", die den EuGH-Urteilen entlehnt ist, auf einer falschen Übersetzung der Urteilsfassungen in englischer und französischer Sprache fußt.[937] Bei der Konkretisierung des Verbraucherleitbildes fehlt in den englischen und französischen Versionen der Urteile[938] das Erfordernis der Verständigkeit. In dem Alleingang der deutschen Rechtsprechung sehen die Kritiker nun eine unzulässige Beschränkung des Verbraucherleitbildes.[939] Nach der Übersetzung der insoweit gängigen Formulierungen sollte eher eine „angemessene Aufmerksamkeit und Umsicht" von dem Verbraucher gefordert werden.[940]

Ob dies große Veränderungen der deutschen Rechtsprechung notwendig macht, kann bezweifelt werden. Der EuGH belässt den nationalen Gerichten einerseits einen gewissen Gestaltungsspielraum bei der Ausformung des Verbraucherleitbildes und

---

933 Vgl. auch Wuttke, Rn.205.

934 S.a. EuGH Slg. 1992, I., 131 (150) (Nissan); Slg. 2000, I.-117, Rn.27f, GRUR 2000, S.354ff (Lifting Creme); Slg. 1998, I.-4657, Rn.31 (37) (Gut Springenheide); Slg. 1999, I.-513, GRUR Int 1999, S.345ff (Sektkellerei Kessler); Slg. 1996, I. 6039 (6059) (Graffione); Slg. 1983, 947 (959) (de Kikvorsch)); vgl. auch Helm in: FS Tilmann, S.135ff (138); Lettl, WRP 2004, S.1079ff (1092).

935 Vgl. Helm in: FS Tilmann, S.135ff (140ff); Deutsch, GRUR 1996, S.541ff; Spätgens WRP 2000, S.1023ff (1025); Roth in: FS Mestmäcker, 1996, S.725ff (729); Doepner, GRUR 1996, S.914ff (916f).

936 S.a. BGH GRUR 2003, 626ff (627); WRP 2003, S.1222ff (1223) (Internet-Reservierungssystem); vgl. dazu auch Köhler in: Köhler/Bornkamm, UWG-Komm., § 1, Rn.31.

937 Vgl. Helm in: FS Tilmann, S.135ff (140f).

938 S.a. EuGH Slg. 2000, I.-117, Rn.27f, GRUR 2000, S.354ff (Lifting Creme); Slg. 1998, I.-4657, Rn.31 (37) (Gut Springenheide); Slg. 1999, I.-513, GRUR Int 1999, S.345ff (Sektkellerei Kessler).

939 Vgl. Helm in: FS Tilmann, S.135ff (140ff, 145).

940 So auch die Formulierungen eines neueren EuGH-Urteils in deutscher Sprache, wonach der EuGH von „einem normal informierten, angemessen aufmerksamen und umsichtigen Verbraucher" ausgegangen ist, s.a. EuGH Slg. 2003, I-3793, GRUR 2003, 604ff (607), Rn.46 (Libertel). Dem entsprechend auch die Vorschläge der kritischen Literatur, vgl. Köhler in: Köhler/Bornkamm, UWG-Komm., § 1, Rn.19; Helm in: FS Tilmann, S.135ff (142).

andererseits sollen nach der Rechtsprechung des EuGH und der neuen Richtlinie über unlautere Geschäftspraktiken bei der Konkretisierung des Begriffs auch kulturelle und sprachliche Besonderheiten in den Mitgliedstaaten berücksichtigt werden.[941] Hinzu kommt, dass eine Berücksichtigung eines Umsichtigkeitsmaßstabs kaum großartige Abweichungen zu der bisherigen Beurteilung nach dem Maßstab der Verständigkeit erbringen dürfte, denn auch von einem „umsichtigen" Verbraucher ist ein gewisses Maß an kritischem Bewusstsein zu verlangen.[942]

Die neue Richtlinie über unlautere Geschäftspraktiken hat die Grundsätze zum europäischen Verbraucherleitbild im Grunde bestätigt, indem sie Bezug nimmt auf die bisherige Rechtsprechung des EuGH.[943] Große Veränderungen der deutschen Rechtsprechung im Hinblick auf das Verbraucherleitbild werden deshalb auch nach der Umsetzung der neuen Richtlinie nicht notwendig.[944] Vielmehr zeigen einige im deutschen Recht herausgebildeten Beurteilungsmaßstäbe, dass die neuesten europäischen Entwicklungen, d.h. sowohl die Richtliniengebung der EU als auch die Rechtsprechung des EuGH, von der deutschen Rechtsprechung und von dem Gesetzgeber im Rahmen der UWG-Reform stark berücksichtigt werden. Beleg hierfür ist z.B. die zusätzliche Berücksichtigung des Minderheitenschutzes bei Werbepraktiken, die im deutschen Wettbewerbsrecht[945] genauso wie in der neuen Richtlinie[946] eingeführt worden sind.

Im Ergebnis ist festzustellen, dass das von der deutschen Rechtsprechung skizzierte Verbraucherleitbild weitgehend mit den gemeinschaftsrechtlichen Vorgaben übereinstimmt und wahrscheinlich nur geringfügige Änderungen in naher Zukunft notwendig werden.

c) Das Verbraucherleitbild im Online-Handel

Das Verbraucherleitbild, das bei der Regulierung des Online-Handels zugrunde zulegen ist, deckt sich im Wesentlichen mit dem Leitbild, das für den regulären Geschäftsverkehr gilt.

Demnach ist bei der rechtlichen Beurteilung von Online-Werbung grundsätzlich von einem durchschnittlich informierten, angemessen aufmerksamen und umsichtigen Verbraucher auszugehen, an den die oben beschriebenen Anforderungen zustellen sind.[947]

---

941 S.a. Erwägungsgrund (18) der Richtlinie über unlautere Geschäftspraktiken. Die Berücksichtigung dieser Eigenheiten wurde vom EuGH bestätigt, s.a. EuGH Slg. 2000, I.-117, Rn.27f , GRUR 2000, S.354ff (Lifting Creme); Slg. 1996, I. 6039 (6059) (Graffione).

942 Auch der EuGH fordert von dem umsichtigen Durchschnittsverbraucher ein angemessenes Maß an kritischem Bewusstsein bei der Beurteilung einer Werbung, s.a. EuGH Slg. 1995, I.-1923, Rn.24, GRUR Int. 1995, S.804ff (Mars).

943 S.a. Erwägungsgrund (18) der Richtlinie über unlautere Geschäftspraktiken; vgl. dazu auch Seichter, WRP 2005, S.1087ff (1091).

944 Vgl. Seichter, WRP 2005, S.1087ff (1091).

945 Grundsätzlich sind zwar keine Anforderungen an den Werbenden im Rahmen des Minderheitenschutzes zu stellen, s.a. BGH GRUR 2002, S.550ff (552). Dennoch ist es unzulässig, wenn der Unternehmer irreführende Angaben macht und darauf spekuliert, dass eine bestimmte Minderheit davon beeinträchtigt wird, s.a. BGH GRUR 2004, S.162ff (163) (Mindestverzinsung).

946 S.a. Artikel 5 III Richtlinie über unlautere Geschäftspraktiken.

947 S.a. 2.Kapitel, A., II., 1., b).

Nach der Rechtsprechung des BGH sind im Rahmen der Beurteilung des Aufmerksamkeitsmaßstabs zusätzlich die Form des Vertriebsweges der Werbung bzw. das Medium, über das eine Werbung transportiert wird, zu beachten.[948] Eine solche Berücksichtigung deckt sich grundsätzlich mit der vom EuGH vorgegebenen Einzelfallrechtsprechung.[949]

Der BGH bewertet den Aufmerksamkeitsmaßstab bei der Werbung über Printmedien und elektronische Medien unterschiedlich. Nach Ansicht des BGH wird der durchschnittliche Verbraucher Werbeanzeigen in Zeitschriften und Zeitungen aufmerksamer und genauer wahrnehmen, als Werbeaussagen, die den Durchschnittsverbraucher über das Fernsehen, Radio, Telefon oder Internet erreichen. Da bei elektronischen Medien meist nur eine flüchtige Wahrnehmung der Werbung stattfindet, wird grundsätzlich ein geringeres Maß an Aufmerksamkeit von dem Durchschnittsverbraucher erwartet, als bei der Printwerbung.[950]

Der Aufmerksamkeitsmaßstab bei Online-Werbung ist m.E. differenzierter zu betrachten. Nach der deutschen Rechtsprechung würde für die Werbung über das Internet grundsätzlich der niedrigere Aufmerksamkeitsmaßstab an den Verbraucher gestellt werden, da es sich um ein elektronisches Medium handelt. Nach den oben genannten Grundsätzen des EuGH zur Einzellfallbeurteilung des Aufmerksamkeitsmaßstabes[951] dürfte man im deutschen Recht jedoch nicht in jedem Fall an einer strengen Unterteilung der Maßstäbe nach dem Medium festhalten.[952] Gerade im Internet sind die Darreichungsformen der Produktwerbung sehr unterschiedlich. Die Möglichkeiten reichen von statischen Texten und Bildern, die der Printwerbung ähnlich sind, bis hin zu bewegten Bildern, Pop-Ups, Werbe-E-Mails und Videoclips. Um den unterschiedlichen Situationen, in denen der Verbraucher die Werbung im Internet wahrnehmen kann, gerecht zu werden, muss zwischen den verschiedenen Formen von Online-Werbung unterschieden werden. Bei Online-Reklamevideos, animierten Werbebildern und Pop-Ups ist ein geringeres Maß an Aufmerksamkeit, ähnlich wie bei der Fernsehreklame, vom Verbraucher zu erwarten, als bei statischen Texten und Bildern, die der Verbraucher beliebig oft und lange wahrnehmen kann.

Die Grundsätze zur Ermittlung des Aufmerksamkeitsmaßstabs gelten auch für die im Schuldrecht zugrunde zulegenden Anforderungen an den Verbraucher. Insbesondere hinsichtlich der im elektronischen Geschäftsverkehr geltenden Informationspflichten[953] ist vorauszusetzen, dass der Unternehmer bei der Gestaltung der

948 S.a. BGH GRUR 2004, 244ff; GRUR 2002, 715ff; vgl. auch Wuttke, Rn.188.

949 Vgl. Groeschke/Kiethe, WRP 2001, S.230ff (235).

950 S.a. BGH GRUR 2004, 244ff; GRUR 2002, 715ff; vgl. auch Wuttke, Rn.188; . Groeschke/Kiethe, WRP 2001, S.230ff (235).

951 S.a. EuGH Slg. 1998, I.-4657, Rn.32, GRUR Int. 1998, 795 (Gut Springenheide); Slg. 1999, I.-513, GRUR Int. 1999, S.345ff (Sektkellerei Kessler); Slg. 2000, I.-117, Rn.27f, GRUR 2000, S.354ff (Lifting Creme).

952 S.a. EuGH Slg. 1998, I.-4657, Rn.32, GRUR Int. 1998, 795 (Gut Springenheide); Slg. 1999, I.-513, GRUR Int. 1999, S.345ff (Sektkellerei Kessler); Slg. 2000, I.-117, Rn.27f, GRUR 2000, S.354ff (Lifting Creme).

953 Bei einem Online-Kaufvertrag zwischen einem Verbraucher und einem Unternehmer gelten grundsätzlich die Kundeninformationspflichten gemäß § 312e BGB i.V.m. § 3 BGB-InfoVO,

Informationen im Internet davon ausgehen darf, dass der ihm gegenüberstehende Verbraucher durchschnittlich aufmerksam, umsichtig und angemessen informiert ist.

Wie Informationen und Produkt- und Vertragshinweise in den verschiedenen Präsentationsformen, die im Netz zur Verfügung stehen, klar und verständlich dem angesprochenen Verbraucher mitzuteilen sind, ist ebenso, wie bei der Online-Werbung, stark von der gewählten elektronischen Mitteilungsform abhängig. Grundsätzlich gilt aber auch hierbei, dass von dem Verbraucher ein angemessenes Maß an Umsicht und Aufmerksamkeit bei der Informationswahrnehmung erwartet wird sowie ein zumutbares Maß an Anstrengung bei der Informationsbeschaffung. Andererseits sind Informationen, die der Unternehmer dem Verbraucher bei Online-Kaufverträgen mitzuteilen hat, in deutscher Sprache abzufassen,[954] da auch der verständige deutsche Durchschnittsverbraucher i.d.R. die gängige Computersprache Englisch nicht so beherrscht, dass er in der Lage ist, längere Fließtexte ohne Hilfestellung zu verstehen.

2. Der Verbraucherbegriff gemäß § 13 BGB

Die Einführung des Verbraucherbegriffs in den Allgemeinen Teil des BGB in § 13 BGB erfolgte im Vorfeld der Schuldrechtsreform durch das Fernabsatzgesetz[955] und stellt ein Novum für das allgemeine deutsche Privatrecht dar. Weder das BGB, das vor der Schuldrechtsreform den Verbraucherschutz allenfalls mittelbar zum Gegenstand hatte, noch das sonderprivatrechtliche Verbraucherschutzrecht enthielten eine einheitliche Begriffsbestimmung. Zwar existierte der Begriff des Verbrauchers bereits im BGB[956] und in einzelnen Nebengesetzen, die die Konkretisierung des Begriffs durch Begrenzung des persönlichen Anwendungsbereichs vorsahen.[957] Ein umfassender und weitgehend einheitlicher Verbraucherbegriff im deutschen Privatrecht entstand jedoch erst mit Schaffung der Norm gemäß § 13 BGB.[958] Der Verbraucherbegriff dient nun als tatbestandlicher Anknüpfungspunkt für die meisten Verbraucherschutzregelungen innerhalb und außerhalb des BGB.[959] Dementsprechend sind die Voraussetzungen des § 13 BGB nun auch Tatbestandsmerkmal der Verbraucherschutzbestimmungen im

die Informationspflichten nach dem Fernabsatzrecht gemäß § 312c BGB i.V.m. § 1 BGB-InfoVO und die Informationen im Rahmen von Garantieerklärungen gemäß § 477 BGB.

954 Dies gilt zumindest soweit der Vertrag auf ein deutschsprachiges Internetangebot hin geschlossen wurde, vgl. auch Heinrichs in: Palandt, SMG-Komm., § 312c Rn.2; siehe außerdem die Ausführungen zu den Anforderungen der Informationspflichten, 2.Kapitel, B., II., 3., a), aa), (2).

955 S.a. BGBl. 2000, S.897.

956 S.a. § 651a V BGB a.F., eine konkrete Begriffsbestimmung enthielt der Gesetzestext jedoch nicht.

957 Z.B. § 24a AGBG a.F., § 1 I VerbrKrG a.F., § 1 i.V.m. § 6 Nr.1 HaustürWG a.F., § 1 I TzWrG a.F.; § 6 I LMBG. Vgl. zum Verbraucherbegriff im deutschen Privatrecht vor der Schuldrechtsreform, Certa, S.4ff; Dreher, JZ 1997, S.167ff (169f).

958 Der Verbraucherbegriff hat sich allmählich vom bloßen gesetzgeberischen Motiv zum Tatbestandsmerkmal im deutschen Privatrecht entwickelt, vgl. zur Geschichte des Verbraucherbegriffs im deutschen Privatrecht: Neumann, S.29ff.

959 Vgl. Ultsch, S.31ff; Neumann, S.33.

Fernabsatzrecht,[960] bei der Lieferung unbestellter Waren,[961] beim Verbrauchsgüterkauf,[962] im elektronischen Geschäftsverkehr[963] sowie bei der Verwendung von Vertragsklauseln[964]. Daneben knüpfen aber auch einige verbraucherschützende Nebengesetze, wie das UWG[965], das den Begriff selbst nicht definiert, an den Verbraucherbegriff gemäß § 13 BGB an. Der geschützte Personenkreis wird heute nur noch in einigen wenigen Verbraucherschutzregelungen selbständig, ohne Anknüpfung an § 13 BGB bestimmt.[966] Insoweit ist durch die Legaldefinition allerdings auch kein einheitlicher Verbraucherbegriff für das gesamte deutschen Privatrecht entstanden.[967]

Obgleich nach dem europäischen Recht keine Verpflichtung zur Schaffung einer einheitlichen Begriffsbestimmung besteht, sollte durch die Norm gemäß § 13 BGB eine verbesserte Kompatibilität des deutschen Rechts mit den gemeinschaftsrechtlichen Vorgaben erreicht werden und zum Abbau der entstandenen Redundanzen im deutschen Verbraucherschutzrecht beitragen.[968] Dabei enthält das europäische Recht selbst keinen einheitlichen Verbraucherbegriff, weder auf primärrechtlicher noch auf sekundärrechtlicher Ebene.[969] Einige Verbraucherschutzrichtlinien, vor allem die älteren Richtlinien im Rahmen des Wettbewerbsrechts,[970] enthalten keine Definition des Verbraucherbegriffs. Die Verbraucherschutzrichtlinien zum Vertragsrecht hingegen sehen solche Begriffsbestimmungen vor, die z.T. in ihren Formulierungen sehr ähnlich

960 S.a. § 312b I BGB. Zur Anbindung des Tatbestands an den Verbraucherbegriff gemäß § 13 BGB, vgl. Heinrichs in: Palandt, SMG-Komm., § 312b, Rn.9; Ultsch, S.31.

961 S.a. § 241a BGB. Zur Geltung des § 13 BGB im Rahmen des Tatbestands § 241a BGB, vgl. Heinrichs in: Palandt, BGB-Komm., § 241a, Rn.2.

962 S.a. § 474 I S.1 BGB. Dazu Heinrichs in: Palandt, SMG-Komm., Vor §§ 474ff, Rn.2; § 474, Rn.4.

963 S.a. § 312e II, III BGB. Die Bestimmungen gemäß § 312e BGB gelten nicht nur für Verbraucherverträge; in Absatz II und III sind aber Sonderregelungen vorgesehen, wenn der Kunde ein Verbraucher ist. Diese Bestimmungen knüpfen an § 13 BGB an, vgl. Ultsch, S.52.

964 S.a. § 310 III BGB. Die Sonderregelung für die Verwendung von Klauseln in Verbraucherverträgen knüpft ebenfalls an § 13 BGB an, vgl. Heinrichs in: Palandt, SMG-Komm., § 310, Rn.10.

965 S.a. § 2 II UWG n.F. Das UWG verweist in Absatz II ausdrücklich auf § 13 BGB. Zum Verbraucherbegriff im UWG, vgl. Lettl, WRP 2004, S.1079ff (1090); Emmerich, S.31; Ultsch, S.50.

966 Z.B. werden im Reisevertragsrecht gemäß §§ 651a ff BGB die Begriffe Reisender und Reiseveranstalter verwendet und im Fernunterrichtsrechtnach dem FernUSG wird zwischen Veranstalter und Teilnehmer unterschieden, vgl. dazu Ultsch, S.28f.

967 Zwar wollte der Gesetzgeber durch die Platzierung der Norm gemäß § 13 BGB einen für das Privatrecht allgemeingültig geltenden Verbraucherbegriff schaffen, dies ist durch die bestehenden Ausnahmen aber nicht geglückt; vgl. auch Elßner/Schirmbacher, VuR 2003, S.247ff (247); dabei gilt der Verbraucherbegriff nur für privatrechtliche Verhältnisse, grundsätzlich keine Geltung erlangt er im Strafrecht und öffentlichen Recht, vgl. Ultsch, S.47.

968 Vgl. Ultsch, S.40.

969 Vgl. Neumann, S.51.

970 Weder die Irreführungsrichtlinie (Richtlinie 84/450EWG) noch die Ergänzungsrichtlinie (Richtlinie 97/55/EG) enthalten eine Legaldefinition des Verbraucherbegriffs in ihren Definitionslisten.

sind.[971] Der deutsche Gesetzgeber orientierte sich bei der Formulierung der Legaldefinition überwiegend an diesen europäischen Begriffsdefinitionen.[972]

Verbraucher ist nach § 13 BGB jede natürliche Person, die ein Rechtsgeschäft zu einem Zweck abschließt, der weder ihrer gewerblichen noch ihrer selbständigen beruflichen Tätigkeit zuzurechnen ist. Durch die Legaldefinition wird der Anwendungsbereich der anknüpfenden Verbraucherschutzregelungen zunächst auf natürliche Personen beschränkt, d.h. juristische Personen können grundsätzlich kein Verbraucher sein und werden dementsprechend auch nicht von den Verbraucherschutznormen geschützt.[973] Wie die Begriffsdefinitionen in den europäischen Richtlinien,[974] ist das zentrales Kriterium für die Verbrauchereigenschaft nach § 13 BGB der private Vertragszweck, wobei durch die Negativ-Begrenzung auf nicht-gewerbliche Zwecke ein sehr weitreichender Verbraucherbegriff entsteht.[975] Verbraucher gemäß § 13 BGB kann nach überwiegender Ansicht z.B. auch eine GbR gemäß §§ 705ff BGB sein,[976] solange diese Rechtsgeschäfte zu privaten Zwecken abschließt.[977] Auch der Existenzgründer ist als Verbraucher anzusehen, solange er seine Geschäfte noch nicht aufgenommen hat.[978] Dient ein Rechtsgeschäft sowohl privaten als auch geschäftlichen Zwecken, so ist der Schwerpunkt des Geschäftszwecks zu ermitteln. Wird das Rechts-

971 Z.B. Artikel 2 lit. b der Klauselrichtlinie, Artikel 1 II lit. a der Verbraucherkreditrichtlinie (Richtlinie 87/102/EWG), Artikel 2 Spiegelstrich 1 der Richtlinie über Haustürgeschäfte (Richtlinie 85/577/EWG), Artikel 2 Nr.2 der FARL, Artikel 1 II der Verbrauchsgüterkaufrichtlinie; Artikel 2 lit. e der ECRL. Allerdings enthalten einige Richtlinien auch Verbraucherbegriffe, die stark von den üblichen Formulierungen abweichen, s.a. z.B. Artikel 2 Nr.4 Pauschalreiserichtlinie (Richtlinie 90/314/EWG) und Artikel 9 lit. b, ii) Produkthaftungsrichtlinie (Richtlinie 85/374/EWG).

972 Da Grundlage des § 13 BGB die europäischen Verbraucherschutzrichtlinien sind, insbesondere die FARL, ist der Begriff des Verbrauchers europarechtskonform auszulegen; vgl. Ultsch, S.56; Neumann, S.51.

973 Danach können also z.B. Idealvereine, Stiftungen und juristische Personen des öffentlichen Rechts nicht Verbraucher sein, vgl. Heinrichs in: Palandt, BGB-Komm., § 13, Rn.2; Köhler in: Köhler/Bornkamm, UWG-Komm., § 2 UWG Rn.77.

974 Vgl. z.B. Artikel 2 Nr.2 der FARL, Artikel 1 II der Verbrauchsgüterkaufrichtlinie; Artikel 2 lit. e der ECRL. Aber auch der EuGH stellt primär auf den Vertragszweck zur Bestimmung des Verbraucherbegriffs ab, s.a. EuGH Slg. 1988, I-3245, NJW 1988, S.2165ff (Brown); Slg. 1997, I-3767 (Benincasa).

975 Vgl. Neumann, S.34, 51; Pfeiffer in: Schulze/Schulte-Nölke, S.132ff (138).

976 Umstritten ist dabei, ob § 13 BGB trotz der Begrenzung des Anwendungsbereichs auf „natürliche Personen" auch auf die BGB-Gesellschaft anwendbar sein kann. Bejahend z.B. BGH NJW 2002, S.368ff (368); Heinrichs in: Palandt, BGB-Komm., § 13, Rn.2 Martis, MDR 1998, S.1189ff (1190); Hueck/Windbichler, S.59. Für eine analoge Anwendung, vgl. Elßner/Schirmbacher, VuR 2003, S.247ff (252f).

977 Der gemeinsame Zweck, auf dem der Gesellschaftsvertrag gemäß § 705 I BGB beruht, darf nicht den Status einer gemeinsamen wirtschaftlichen und selbständigen beruflichen Tätigkeit erlangt haben, d.h. die Gesellschaft ist dann nicht als Verbraucher einzuordnen, wenn sie als teilrechtsfähige Außen-GbR am Geschäftsverkehr teilnimmt. Dies gilt auch, wenn für eine GbR rechtsgeschäftlich gehandelt wird, die grundsätzlich einen unternehmerischen Status erreicht hat, in dem konkreten Fall aber ein privater Zweck vorlag; vgl. dazu ausführlich Elßner/Schirmbacher, VuR 2003, S.247ff (251ff).

978 Vgl. Heinrichs in: Palandt, BGB-Komm., § 13, Rn.3.

geschäft vornehmlich zum privaten Zweck abgeschlossen, ist die Verbrauchereigenschaft gegeben.[979] Maßgeblich ist dabei der Zweck im Zeitpunkt des Vertragsschlusses.[980]

Die Begrenzung auf nicht-selbständig berufliche Zwecke nach § 13 BGB bedeutet, dass auch Arbeitnehmer von dem Begriff erfasst werden.[981] Da die europäischen Definitionen nur eine Ausgrenzung von beruflichen Zwecken vorsehen,[982] stellt sich die Frage, ob der deutsche Verbraucherbegriff in diesem Zusammenhang nicht zu weit gefasst ist und insoweit europarechtswidrig ist. Die Legaldefinitionen zum Verbraucherbegriff in den entsprechenden Richtlinien erfassen den Arbeitnehmer nicht.[983] Die europäischen Verbraucherbraucherschutzrichtlinien im Vertragsrecht setzen jedoch nur auf eine Mindestharmonisierung und lassen einen weitergehenden nationalen Verbraucherschutz ausdrücklich zu.[984] Demzufolge ist anzunehmen, dass der erweiterte Verbraucherbegriff des deutschen Rechts den europäischen Vorgaben entspricht.[985]

Schwieriger ist hingegen die Voraussetzung nach § 13 BGB, dass der Verbraucher ein „Rechtsgeschäft" zu einem privaten Zweck abgeschlossen haben muss. Die Formulierung legt nahe, dass der Verbraucherbegriff nur dann anwendbar ist, wenn bereits ein Rechtsgeschäft zwischen Verbraucher und Unternehmer zustandegekommen ist. Dies widerspricht der Anknüpfung von Verbraucherschutznormen, die dem vorvertraglichen Schutz des Verbrauchers dienen. Tatsächlich wird der Verbraucherbegriff nach § 13 BGB auch z.B. bei der Zusendung unbestellter Waren gemäß § 241a BGB und im UWG zugrunde gelegt.[986] Diese Normen regeln aber gerade den Schutz des Verbrauchers im Vorfeld einer rechtsgeschäftlichen Beziehung. Insoweit ist die Formulierung nach § 13 BGB verfehlt.[987] Bei der Auslegung der Norm muss vielmehr

979 Vgl. Heinrichs in: Palandt, BGB-Komm., § 13, Rn.3; Pfeiffer, NJW 1999, S.169ff (173).

980 Vgl. Faber ZEUP 1998, S.854ff (866).

981 Vgl. Neumann, S.54; Lettl, WRP 2004, S.1079ff (1090); Heinrichs in: Palandt, BGB-Komm., § 13, Rn.3.

982 Z.B. werden in Artikel 2 Nr.2 der FARL, Artikel 2 lit. e der ECRL und Artikel 2 lit. a der Richtlinie über unlautere Geschäftspraktiken nur „berufliche Tätigkeiten" ausgeschlossen.

983 Vgl. Bülow/Artz, NJW 2000, S.2049ff (2050); Lettl, WRP 2004, S.1079ff (1090); Heinrichs in: Palandt, BGB-Komm., § 13, Rn.3; Neumann, S.54.

984 S.a. z.B. Artikel 14 FARL, Artikel 8 Klauselrichtlinie, Artikel 7 II Verbrauchsgüterkaufrichtlinie und Artikel 7 Unterlassungsklagenrichtlinie; vgl. dazu auch Bülow/Artz, NJW 2000, S.2049ff (2050); Heinrichs in: Palandt, BGB-Komm., § 13, Rn.3.

985 So die h.M.: Lettl, WRP 2004, S.1079ff (1090); Heinrichs in: Palandt, BGB-Komm., § 13, Rn.3; Bülow/Artz, NJW 2000, S.2049ff (2050f); Köhler in: Köhler/Bornkamm, UWG-Komm., § 2 UWG Rn.84; Lieb in: FS Ulmer; S.1231ff (1237f). A.A. Neumann, S.54; Danco WM 2003, S.853ff (860). Die Gegenmeinung hält den Begriff vor allem im Verbraucherkreditrecht für zu weitreichend.

986 Darüber hinaus regeln weitere Verbraucherschutzvorschriften im BGB den vorvertraglichen Schutz, z.B. §§ 312c I, 482, 661a BGB.

987 Vgl. Lettl, WRP 2004, S.1079ff (1090); Heinrichs in: Palandt, BGB-Komm., § 13, Rn.4; Köhler in: Köhler/Bornkamm, UWG-Komm., § 2 UWG Rn.76. Allerdings ordnet § 2 UWG lediglich eine entsprechende Anwendung des § 13 BGB an, so dass bereits der Gesetzeswortlaut darauf verweist, dass der lauterkeitsrechtliche Verbraucherbegriff nicht identisch mit der Definition des § 13 BGB ist.

auf den privaten Zweck des „Handelns im Geschäftsverkehr" des Verbrauchers abgestellt werden.[988]

Die fehlerhafte Formulierung, der Standort der Norm[989] und das maßgebende Abgrenzungskriterium des Vertragszwecks[990], sind vielfach auf Kritik gestoßen. Mit der Legaldefinition gemäß § 13 BGB ist zwar ein vereinfachter und weitgehend einheitlicher Verbraucherbegriff im deutschen Privatrecht entstanden, dieser ist aber nach wie vor nicht ohne Auslegungs- und Abgrenzungsprobleme.

Für den Online-Handel gelten im Grunde dieselben Grundsätze. Es kommt dementsprechend darauf an, ob der Kunde zu privaten Zwecken am Internetgeschäftsverkehr teilnimmt. Das bedeutet, dass die Verbrauchereigenschaft des Web-Users grundsätzlich anzunehmen ist, wenn er im Internet zu überwiegend privaten Zwecken auf Web-Seiten nach Waren- und Dienstleistungsangebote sucht, Waren Online bestellt, Allgemeine Geschäftsbedingungen akzeptiert oder Kreditverträge elektronisch abschließt.

3. Der Unternehmerbegriff gemäß § 14 BGB

Der Unternehmerbegriff gemäß § 14 BGB, der zusammen mit dem Verbraucherbegriff durch das Fernabsatzgesetz[991] in den Allgemeinen Teil des BGB eingefügt wurde, ist als Gegenstück zu § 13 BGB konzipiert.[992] Die Norm gemäß § 14 BGB ist die konsequente Ergänzung der Grundbegriffe im Verbraucherschutzrecht. Die Legaldefinition dient, ebenso wie § 13 BGB, der Begrenzung des Anwendungsbereichs der angebundenen Verbraucherschutzvorschriften. Denn diese schützen den Verbraucher nur dann, wenn sein rechtsgeschäftliches Gegenüber ein Unternehmer ist.[993] Die Vorschrift ist dementsprechend Anknüpfungspunkt für sämtliche Regelungen im BGB und in den Nebengesetzen, die auch an § 13 BGB anknüpfen.

Nach § 14 BGB ist Unternehmer jede natürliche, juristische Person oder rechtsfähige Personengesellschaft, die bei Abschluss eines Rechtsgeschäfts in Ausübung ihrer gewerblichen oder selbständigen beruflichen Tätigkeit handelt. Der Begriff ist im funktionalen Sinne zu verstehen, nicht erforderlich ist ein in kaufmännischer Weise eingerichteter Gewerbebetrieb.[994] Einer gewerblichen oder unternehmerischen Tätigkeit entspricht es bereits, wenn die Person oder Personengesellschaft im Handel dauer-

988 Dafür würde sprechen, dass auch in einigen Richtlinien nicht der Zweck eines abgeschlossenen Rechtsgeschäfts maßgeblich ist, sondern der „Zweck des Handelns (im Geschäftsverkehr)"; s.a. Artikel 2 lit. e der ECRL und Artikel 2 lit. a der Richtlinie über unlautere Geschäftspraktiken; vgl. dazu auch: Heinrichs in: Palandt, BGB-Komm., § 13, Rn.4; Lettl, WRP 2004, S.1079ff (1090); Köhler in: Köhler/Bornkamm, UWG-Komm., § 2 UWG Rn.76.

989 Vgl. Flume ZIP 2000, S.1427ff; Neumann, S.34; Pfeiffer in: Schulze/Schulte-Nölke, S.132ff (138).

990 Vgl. Neumann, S.27, 33ff.

991 S.a. BGBl. 2000, S.897.

992 Vgl. Heinrichs in: Palandt, BGB-Komm., § 14, Rn.1; Emmerich, S.31.

993 Nur „echte" Verbraucherverträge werden von den Verbraucherschutznormen im Privatrecht erfasst, d.h. Verträge zwischen Verbrauchern sind vom Anwendungsbereich gänzlich ausgeschlossen.

994 S.a. OLG Frankfurt NJW 2004, S.3433ff (3433); OLG Frankfurt GRUR 2004, S.1042f (1042).

haft und planmäßig gegen ein Entgelt Leistungen anbietet.[995] Eine Gewinnerzielungsabsicht muss dabei nicht vorliegen.[996] Von dem Unternehmerbegriff erfasst werden sowohl Kapitalgesellschaften, eingetragene Vereine, Personenhandelsgesellschaften als auch der einzelne Kaufmann.[997] Ebenso können öffentlich-rechtliche Einrichtungen Unternehmer gemäß § 14 BGB sein, solange diese entgeltlich Leistungen anbieten[998] und die gewerbliche Tätigkeit muss auch nicht hauptberuflich ausgeübt werden.[999]

Dabei ist der Unternehmerbegriff des BGB, wie oben schon angedeutet, nicht deckungsgleich mit dem Kaufmannsbegriff des HGB. Von § 14 BGB werden auch Freiberufler, Kleingewerbetreibende und Landwirte erfasst, die nicht im Handelsregister eingetragen sind.[1000] Insoweit ist der Begriff im BGB weiter gefasst als der Begriff des Kaufmanns gemäß §§ 1ff HGB. Nach neuerer Rechtsprechung des BGH[1001] und der überwiegenden Meinung in der Literatur[1002] kann auch die GbR eine rechtsfähige Personengesellschaft sein. Eine GbR wird aber nur dann von dem Unternehmerbegriff erfasst, wenn die Gesellschaft als Außen-GbR im Geschäftsverkehr auftritt[1003] und planmäßig und dauerhaft am Markt Leistungen entgeltlich anbietet.[1004] Dies trifft nicht auf die Lotto- und Tippgemeinschaft oder Urlaubsgemeinschaft zu, wohl aber auf eine im Wirtschaftsverkehr etablierte Anwalts- oder Freiberuflersozietät sowie auf die Bauarbeits-Gemeinschaft.[1005] Dient das rechtsgeschäftliche Handeln sowohl gewerblichen als auch privaten Zwecken, ist, wie bei der Auslegung des § 13 BGB, der Schwerpunkt des rechtsgeschäftlichen Zwecks zu ermitteln.[1006] Allerdings wird vertreten, dass hier der Rechtsgedanke der Zweifelsfallregelung für Handelsge-

---

995 S.a. OLG Frankfurt NJW 2004, S.3433ff (3433); vgl. auch: Heinrichs in: Palandt, BGB-Komm., § 14, Rn.2; K. Schmidt, Handelsrecht, S.65ff; Faber, ZEUP 1998, S.854ff (868ff); Herresthal, JZ 2006, S.695ff (697).

996 S.a. OLG Frankfurt GRUR 2004, S.1042f (1042); vgl. auch: Heinrichs in: Palandt, BGB-Komm., § 14, Rn.2; Herresthal, JZ 2006, S.695ff (697); Faber, ZEUP 1998, S.854ff (869)

997 Vgl. Emmerich, S.31f; Heinrichs in: Palandt, BGB-Komm., § 14, Rn.2.

998 Z.B. Schwimmbäder oder sonstige gemeindliche Eigenbetriebe, die entgeltlich Leistungen anbieten. Nicht erfasst werden allerdings Leistungsbeziehungen, die ausschließlich öffentlich rechtlich sind, vgl. Heinrichs in: Palandt, BGB-Komm., § 14, Rn.2.

999 Auch Hilfs- und Nebengeschäfte gehören zu den gewerblichen Tätigkeiten. Nicht dagegen die Verwaltung oder Anlage von Vermögensgegenständen, vgl. Heinrichs in: Palandt, BGB-Komm., § 14, Rn.2.

1000 Vgl. Heinrichs in: Palandt, BGB-Komm., § 14, Rn.2.

1001 Zur Rechtsfähigkeit der Außen-GbR, s.a. z.B. BGHZ 146, 341ff (343f), NJW 2001, S.1056ff.

1002 Vgl. Wertenbruch, NJW 2002, S.324ff (325); Klunzinger, S.15; Eisenhardt, Rn. 72; Grunewald, Rn.100.

1003 Vgl. BGHZ 146, S.341ff (343f).

1004 Die Teilnahme als Gesellschaft im Rechtsverkehr genügt für die Annahme der Rechtsfähigkeit der GbR; die Unternehmereigenschaft einer GbR kann nur dann hinzu treten, wenn der Zweck der geschäftlichen Aktivitäten dem Erwerbsgeschäft dienen und die Gesellschaft als wirtschaftliche und gewerbliche Einheit im Geschäftsverkehr auftritt; vgl. K. Schmidt, Gesellschaftsrecht, S.1698ff, 1702; K. Schmidt, Handelsrecht, S.65 ff.

1005 Vgl. Ulmer, ZIP 2001, S.585ff (594).

1006 Vgl. OLG Celle, NJW-RR 2004, S.1645ff (1646); Heinrichs in: Palandt, BGB-Komm., § 14, Rn.2. Nach Jauernig soll es für die Annahme der Unternehmereigenschaft hingegen genügen, wenn der Vertragszweck auch einem gewerblichen Zweck dient; vgl. Jauernig in: FS Schlechtriem, S.569ff (574f).

schäfte gemäß § 344 HGB zur Anwendung gelangt, wonach ein Rechtsgeschäft im Zweifel als unternehmerische Tätigkeit zu werten ist.[1007]

Der Unternehmerbegriff gemäß § 14 BGB ist ein neuer Rechtsbegriff. Schon in den verbraucherschützende Nebengesetzen wurde der Begriff des Unternehmers teilweise verwendet und mit ähnlichen Formulierungen genauer definiert.[1008] Der im UWG und BGB[1009] zuvor zugrunde gelegte Begriff des Gewerbetreibenden ist § 14 BGB gleichzusetzen.[1010]

Die Neukonzeption eines einheitlichen Unternehmerbegriffs hat insoweit zu einer verbesserten Übersichtlichkeit und Abstimmung der einzelnen Regelungsbereiche zum Verbraucherschutz geführt. Als Pendant zu § 13 BGB, hat aber auch der Unternehmerbegriff, insbesondere im Hinblick auf die Formulierung „Abschluss eines Rechtsgeschäfts", Kritik hervorgerufen.[1011] An der endgültigen Platzierung der Legaldefinitionen in §§ 13, 14 BGB wurde vor allem kritisiert, dass § 14 BGB auch juristische Personen erfasst, obwohl die Norm in dem Abschnitt über natürliche Personen eingegliedert wurde.[1012]

Des Weiteren bestehen in Einzelfällen immer noch zahlreiche Abgrenzungsschwierigkeiten.[1013] Von besonderer Bedeutung für den elektronischen Geschäftsverkehr sind dabei insbesondere zwei Problematiken, die vermehrt im Online-Handel aufgetreten sind und deshalb näher dargelegt werden sollen.

1007 Allerdings wird bei einem überwiegenden privaten Gebrauch keine Unternehmereigenschaft begründet; vgl. zur Anwendbarkeit des §§ 344 HGB auf den Unternehmerbegriff im BGB: (Befürwortend) Heinrichs in: Palandt, BGB-Komm., § 14, Rn.2; Faber, ZEUP 1998, S.854ff (869); (Ablehnend) Pfeiffer, NJW 1999, S.169ff (172); Herresthal, JZ 2006, S.695ff (699); Wackerbarth, AcP 200, S.45ff (61ff).

1008 S.a. § 24 S.1, Nr.1 AGBG a.F. enthielt eine fast identisch lautende Definition; § 1 FernAbsG a.F. verwendete den Unternehmerbegriff, enthielt aber keine genaueren Angaben zu dem Begriff; § 1 I VerbrKrG a.F. bestimmte mit ähnlicher Formulierung, wie im AGBG, den Adressatenkreis, allerdings wurde der dem „Verbraucher" gegenüberstehende überlegene Geschäftspartner nicht als Unternehmer, sondern als „Kreditgeber" bezeichnet.

1009 Der Unternehmerbegriff im Rahmen des Verbraucherschutzrechts ist nicht mit dem Begriff des „Werkunternehmers" gemäß §§ 631ff BGB gleichzusetzen, der auch schon vor dem FernAbsG im BGB existierte; vgl. Medicus, BGB AT, Rn.21; Flume ZIP 2000, S.1427ff (1428).

1010 Z.B. wurde im Rahmen von § 196 I Nr.1 BGB a.F. und § 269 II BGB a.F. an diesen Begriff angeknüpft; § 269 BGB n.F. ist dabei auch nach der Schuldrechtsreform unverändert geblieben; vgl. dazu auch: Heinrichs in: Palandt, BGB-Komm., § 14, Rn.1.

1011 Vgl. Heinrichs in: Palandt, BGB-Komm., § 14, Rn.4. Zur Kritik an der Definition im Geltungsbereich des UWG: Köhler in: Köhler/Bornkamm, UWG-Komm., § 2, Rn.88.

1012 Vgl. Neumann, S.34; Pfeiffer in: Schulze/Schulte-Nölke, S.132ff (138); Flume ZIP 2000, S.1427ff (1428).

1013 Dazu gehören z.B. die Probleme hinsichtlich der Unternehmer- bzw. Verbrauchereigenschaft einer GbR, die Abgrenzung zwischen gewerblichem und privatem Zweck allgemein, die Einordnung der Arbeitnehmertätigkeit, wie sie im Rahmen des Verbraucherbegriffs angesprochen wurde, sowie die Frage nach der Unternehmereigenschaft von vermögensverwaltenden Personenhandelsgesellschaften, gemeinnützigen Stiftungen und Idealvereinen.

a) Der Scheinunternehmer im Online-Handel

Da im Netz aufgrund des fehlenden physischen Aufeinandertreffens der Vertragsparteien ein erhöhtes Irrtums- und Manipulationsrisiko besteht, sind Fehlvorstellungen im elektronischen Geschäftsverkehr über Eigenschaften von Produkten und agierenden Personen nicht selten. Dementsprechend stellt sich die Frage, wie die Unternehmereigenschaft eines (Online-)Verkäufers zu beurteilen ist, wenn dieser bei seinem rechtsgeschäftlichen Tätigkeiten per definitionem Verbraucher gemäß § 13 BGB ist, dabei aber den Eindruck erweckt, er würde in Ausübung seiner gewerblichen oder beruflichen Tätigkeit, also als Unternehmer handeln. Dieses Problem erinnert stark an die Scheinkaufmann-Problematik im HGB. Der „Scheinkaufmann“, der in zurechenbarer Weise den Rechtsschein der Kaufmannseigenschaft gegenüber dem darauf vertrauenden Vertragspartner setzt, muss sich wie ein Kaufmann behandeln lassen.[1014] Dabei wirkt der Rechtsscheintatbestand allerdings nur zulasten des Scheinkaufmanns.[1015] Die entsprechenden Vorschriften des HGB sind bei Vorliegen eines „Scheinkaufmanns“ analog anzuwenden.

Fraglich ist, ob im Falle des „Scheinunternehmers“ ebenfalls eine Rechtsscheinhaftung in Betracht kommt. Der Anlass für eine Rechtsscheinhaftung im Rahmen rechtsgeschäftlichen Handelns ist stets der Vertrauensschutz der anderen Vertragspartei, die auf das Vorliegen bestimmter rechtserheblicher Tatsachen vertraut hat und vertrauen durfte.[1016] Demgemäß wäre eine Rechtsscheinhaftung bei den Fällen des Scheinunternehmers veranlasst, wenn dadurch ein Vertrauenstatbestand geschaffen wird. Der Verbraucher, der glaubt mit einem Unternehmer in rechtsgeschäftlichem Kontakt zu stehen, vertraut darauf, dass die umfangreichen Verbraucherschutzvorschriften, die auch von der Unternehmereigenschaft gemäß § 14 BGB abhängen, zur Anwendung gelangen. Im Unterschied zu Rechtsgeschäften zwischen Verbrauchern, bestehen in einem Vertrag zwischen Verbraucher und Unternehmer u.U. umfangreiche Informationspflichten, Dispositionsbeschränkungen beim Gewährleistungsausschluss und der Verjährungskürzung sowie einseitige Widerrufsrechte des Verbrauchers. In diesen Fällen wird dementsprechend das Vertrauen bezüglich rechtserheblicher Tatsachen geschaffen, so dass von einem Vertrauenstatbestand gesprochen werden kann.[1017]

Allerdings sind verschiedene Voraussetzungen, ähnlich der Lehre vom Scheinkaufmann, an das Vorliegen einer Rechtsscheinhaftung zu knüpfen. Zunächst müssen objektiv Umstände vorliegen, die aus Sicht eines neutralen Betrachters den sicheren Schluss zulassen, dass der Vertragspartner in Ausübung seiner gewerblichen und selbständigen beruflichen Tätigkeit handelt.[1018] Das bedeutet, es müssen hinreichende Anhaltspunkte für ein Gewerbe bestehen. Es genügt z.B. die Angabe der Umsatzsteuer auf einer Rechnung oder die Inanspruchnahme von Einrichtungen, die nur Händlern

1014 Vgl. zum Begriff des Scheinkaufmann: K. Schmidt, Handelsrecht, S.323ff.

1015 Vgl. K. Schmidt, Handelsrecht, S.326.

1016 S.a. BGH NJW 1962, S.1003; 1991, S.1225ff; grundlegend zur Vertrauenshaftung und dem Scheintatbestand: Canaris, Die Vertrauenshaftung im deutschen Privatrecht, 1971, S.180ff; vgl. dazu auch Heinrichs in: Palandt, BGB-Komm., § 173, Rn.9; Herresthal, JZ 2006, S.695ff (700).

1017 So im Ergebnis auch Herresthal JZ 2006, S.695ff (700f).

1018 Vgl. Herresthal JZ 2006, S.695ff (701).

zustehen.[1019] Nicht ausreichend ist hingegen, wenn durch Vertragsklauseln Verbraucherrechte ausgeschlossen werden. Dabei muss allerdings keine ausdrückliche Aussage des Scheinunternehmers vorliegen, ein konkludentes Verhalten kann ebenso vertrauensbegründend sein. Ferner müssen die Indizien für eine Unternehmereigenschaft bezüglich der jeweiligen geschäftlichen Transaktion vorliegen, d.h. es muss der Eindruck erweckt worden sein, dass das konkrete Rechtsgeschäft oder die konkrete geschäftliche Tätigkeit in Ausübung der gewerblichen Tätigkeit durchgeführt worden ist.[1020] Ein bloßer Hinweis darauf, dass überhaupt ein Gewerbe besteht, ohne Verbindung zu dem konkreten Geschäft, ist dementsprechend nicht ausreichend. Ferner muss der Scheinunternehmer den Rechtsschein in zurechenbarer Weise veranlasst haben. Dabei gilt entsprechend den allgemeinen Grundsätzen das Risikoprinzip. Danach liegt das Risiko des Irrtums über die Unternehmereigenschaft bei der handelnden Person, denn diese hat grundsätzlich einen größeren Einfluss auf die vermittelten Eindrücke über die Eigenschaften ihrer Person.[1021] Schließlich muss der Verbraucher, der mit dem Scheinunternehmer im rechtsgeschäftlichen Kontakt steht, schutzwürdig sein. Das ist jedoch nur der Fall, wenn der Verbraucher tatsächlich auf das Vorliegen der Unternehmereigenschaft vertraut hat, d.h. er darf keine positive Kenntnis oder grob fahrlässige Unkenntnis von dem Fehlen dieser Eigenschaft haben.[1022]

Sind die Voraussetzungen erfüllt, ist ein vertrauensbegründender Rechtsschein geschaffen worden, an dem sich der Scheinunternehmer festhalten lassen muss. Die Rechtsfolge einer solchen Rechtsscheinhaftung ist grundsätzlich die Gleichstellung des Scheinunternehmers mit dem Unternehmer gemäß § 14 BGB.[1023] Das bedeutet, auf den Scheinunternehmer sind sämtliche verbraucherschützenden Normen anwendbar, die mit dem Unternehmerbegriff verknüpft sind.[1024] Da der Fall des Scheinunternehmers wohl planwidrig nicht von den verbraucherschützenden Vorschriften erfasst wird und eine vergleichbare Sachlage besteht, sind die Regelungen auf den Scheinunternehmer analog anzuwenden.

1019 Verwendet ein Arbeitnehmer z.B. die Kundenkarte für einen Großhandel, die dem Unternehmensträger zusteht und grundsätzlich Händlern vorbehalten ist, so wird bei dem Erwerb von Waren in dem Großhandel der Rechtsschein einer Unternehmereigenschaft durch den Arbeitnehmer gesetzt, vgl. Herresthal JZ 2006, S.695ff (701).

1020 Vgl. Herresthal JZ 2006, S.695ff (700ff).

1021 Vgl. Herresthal JZ 2006, S.695ff (702).

1022 Vgl. Herresthal JZ 2006, S.695ff (702).

1023 So auch die Rechtsfolge bei der Rechtsscheinhaftung des Scheinkaufmanns nach der h.M., z.B. K. Schmidt, Handelsrecht, S.330ff. Gegen die vollständige Gleichstellung von Scheinunternehmer und Unternehmer: Herresthal JZ 2006, S.695ff (702ff).

1024 Dagegen: Herresthal JZ 2006, S.695ff (702). Herresthal nimmt hingegen an, dass nur grundsätzlich gewerblich Tätige den Rechtsschein voll gegen sich gelten lassen müssen. Private, die sich im Geschäftsverkehr als „Unternehmer“ ausgeben, sollen für den Rechtsschein nur im Rahmen dispositiver Verbraucherschutznormen einstehen. Gegen diese Differenzierung spricht jedoch, dass die Grundlage der Rechtsscheinhaftung der Vertrauensschutz des Vertragspartners ist. Das Vertrauen des gutgläubigen Verbrauchers ist aber in beiden Fällen gleich schutzbedürftig.

b) Die Unternehmereigenschaft von Powersellern

Die zweite Problematik in diesem Zusammenhang ist direkt im elektronischen Geschäftsverkehr entstanden. Da das Internet jedem ermöglicht, relativ einfach, schnell und kostengünstig Waren zu vertreiben, werden diese Möglichkeiten auch immer häufiger von Nicht-Gewerbetreibenden genutzt. Diese sind grundsätzlich nicht als Unternehmer zu betrachten, wenn sie gelegentlich Waren über virtuelle Flohmärkte und bei Online-Auktionen im Netz anbieten, denn ihren geschäftlichen Tätigkeiten fehlt in aller Regel der selbständige berufliche Bezug und die Dauerhaftigkeit der Tätigkeit. Dennoch gibt es immer mehr private Anbieter, die das Angebot von Waren im Internet zu einem lukrativen, dauerhaften Nebenverdienst werden lassen. Die geschäftlichen Aktivitäten von sog. Powersellern bei Ebay z.B. sind in ihrem Umfang und den dabei erzielten Verdiensten vergleichbar mit dem Aufwand eines kleineren Unternehmens, wenn es sich nicht sogar, wie in vielen Fällen, um professionelle Händler handelt. Dabei wird der Status des Powersellers von dem Auktionshaus Ebay verliehen, wenn ein Verkäufer eine bestimmte Anzahl von Transaktionen monatlich durchführt und einen bestimmten monatlichen Umsatz bei den Auktionen erzielt. Der Powerseller ist dann bei jeder elektronischen Transaktion als solcher für den Verbraucher zu erkennen.

Hier stellt sich die Frage, inwieweit der Ebay-Powerseller und sonstige „private" Verkäufer im Netz die Unternehmereigenschaft begründen. Dies wird mit Hilfe von bereits zum regulären Geschäftsverkehr entwickelten Grundsätzen bezüglich unternehmerischer Tätigkeiten beantwortet werden müssen. Erforderlich ist, dass eine nicht unerhebliche Anzahl von Geschäften abgewickelt worden ist, die geschäftlichen Tätigkeiten müssen über einen längeren Zeitraum betrieben werden und dabei muss ein gewisses Maß an organisatorischem Aufwand entstanden sein.[1025] Das bedeutet, dass der private Verkäufer, der gelegentlich einige private Gegenstände über Internetauktionshäuser versteigert oder in anderen Webshops anbietet, noch kein Unternehmer im Sinne von § 14 BGB ist.[1026] Die geschäftlichen Aktivitäten eines Powersellers hingegen, der eine große Zahl von Transaktionen abgeschlossen haben muss, um diesen Status zu erhalten, erreichen ein relatives hohes Maß an Dauerhaftigkeit und Planmäßigkeit. Das OLG Frankfurt hat sich aus diesen Gründen für die Unternehmereigenschaft des Powersellers ausgesprochen.[1027] In einer Entscheidung des OLG Koblenz hingegen wurde der Powerseller nicht per se als Unternehmer gemäß § 14 BGB qualifiziert, das Gericht stellte lediglich fest, dass ein Verkäufer, der bei Ebay als Powerseller auftritt, beweisen muss, dass er kein Unternehmer gemäß § 14 BGB ist.[1028] Damit hat der Senat der Annahme eines Anscheinsbeweises, den die Vorinstanz

---

1025 Vgl. zum handelsrechtlichen Unternehmensbegriff K. Schmidt, Handelsrecht, S. 65 ff.

1026 S.a. OLG Frankfurt GRUR 2004, S.1042f (1043). Das Gericht hat es aber für das Vorliegen einer Unternehmereigenschaft genügen lassen, wenn ein Verkäufer bei Ebay einen sog. Webshop eingerichtet hat und diesen bewirbt, s.a. OLG Frankfurt NJW 2004, S.3433ff (3433).

1027 S.a. OLG Frankfurt GRUR 2004, S.1042f (1042); OLG Frankfurt NJW 2004, S.3433ff (3433). Die Entscheidung hat das OLG im selben Jahr noch einmal bestätigt, s.a. OLG Frankfurt, NJW 2005, 1438ff.

1028 Vgl. OLG Koblenz BB 2006, S.126ff (Ebay Powerseller).

angenommen hatte,[1029] eine Absage erteilt, und seinerseits eine Beweislastumkehr der Unternehmereigenschaft für diese Fälle angenommen.[1030] Das Gericht hielt die Umkehr der Beweislast für gerechtfertigt, weil der Verbraucher im elektronischen Geschäftsverkehr weniger Möglichkeiten hat, die Unternehmereigenschaft des Verkäufers zu überprüfen und nachzuweisen.[1031] Dadurch hat das OLG Koblenz die Frage nach der Unternehmereigenschaft nicht an der Dauerhaftigkeit und Planmäßigkeit der Powerseller-Tätigkeit festgemacht, sondern durch die Tatsache, dass die meisten Powerseller ein Gewerbe führen, eine widerlegbare Vermutung zugunsten des Verbrauchers aufgestellt. Danach setzt ein Verkäufer, der sich den Status eines Powersellers eintragen lässt, den zurechenbaren Rechtsschein der Unternehmereigenschaft, wenn er unter dieser Bezeichnung online Geschäfte mit Verbrauchern abschließt.[1032] M.E. ist dem nicht zuzustimmen, da sich die Unternehmereigenschaft des Ebay-Powersellers nach den allgemeinen Abgrenzungskriterien bereits aus dem Umfang der Tätigkeit ergibt, die der Powerseller zur Eintragung vorlegen muss. Nur in dem Fall, dass die Eintragung als Powerseller durch falsche Angaben erschlichen wurde, bleibt eventuell Raum für eine Rechtsscheinhaftung.

Im Ergebnis zeigt sich aber eine leichte Tendenz in der deutschen Rechtsprechung die Unternehmereigenschaft des Powersellers im Internet anzuerkennen. Diesbezüglich bleiben weitere Entscheidungen der Gerichte aber abzuwarten.

III. Der Vergleich der Grundlagen des Verbraucherschutzrechts

1. Der Vergleich des Verbraucherleitbildes

Die Entwicklungen des Verbraucherleitbildes im US-amerikanischen und im deutschen Recht ähneln sich in vielen Aspekten. Die ehemaligen äußerst restriktiven Auswüchse bei der Beurteilung der Irreführung von Werbepraktiken der US-amerikanischen Gerichte und der Bundesbehörde FTC erinnern stark an die ursprünglichen Ausführungen des BGH zum deutschen Verbraucherleitbild.[1033] Vergleichbar ist ebenfalls die Abkehr von dem Leitbild eines besonders schutzbedürftigen Verbrauchers, die in den USA zeitlich etwas früher stattfand, als in Deutschland. Die Ursachen für den Paradigmenwechsel liegen in beiden Rechtsordnungen in der wachsenden Erkenntnis, dass durch eine äußerst rigide Regulierung des Wettbewerbs, als Konsequenz dieses Verbraucherleitbildes, die Entwicklung des freien Marktes stark beeinträchtigt wird. In Deutschland wurde dies allerdings vor allem durch das europäische Recht beeinflusst.

1029 Vgl. LG Mainz NJW 2006, S.783f (Ebay Powerseller).

1030 Grundsätzlich hat der Verbraucher zu beweisen, dass der Verkäufer ein Unternehmer im Sinne des § 14 BGB ist, denn dies ist eine für ihn günstige Tatsache. Bei der Annahme eines Anscheinsbeweises (auch: Beweis des ersten Anscheins, prima-facie Beweis) muss der Unternehmer den Anscheinsbeweis erschüttern, d.h. er hat Tatsachen vorzutragen, die die Möglichkeit einer anderen Tatsachenlage eröffnet.

1031 Vgl. OLG Koblenz BB 2006, S.126ff (eBay Powerseller).

1032 So auch Herresthal, JZ 2006, S.695ff (701).

1033 Vgl. Beater, S.85.

Seitdem wird in beiden Rechtsordnungen dem Verbraucherschutzrecht das Leitbild eines durchschnittlich vernünftigen und angemessen aufmerksamen und umsichtigen Verbrauchers zugrunde gelegt. Auffällig ist hierbei natürlich auch, dass der BGH zur Konkretisierung des deutschen Verbraucherleitbildes die in den USA entwickelten Kriterien zur Beurteilung des Aufmerksamkeitsmaßstabs übernommen hat.[1034] Da auch die US-amerikanische FTC sich an diesen Maßstäben orientiert, ist im Grunde in den USA und in Deutschland eine gleichlaufende Entwicklung festzustellen. Allerdings muss hierbei auch berücksichtigt werden, dass eine strenge Beibehaltung der produktbezogenen Kriterien schon aufgrund des Konflikts mit der europarechtlich gebotenen Einzelfallabwägung von den deutschen Gerichten nicht zu erwarten ist.[1035]

Dasselbe Verbraucherleitbild gilt in den beiden Rechtsordnungen auch im elektronischen Geschäftsverkehr, d.h. bei Online-Werbung und elektronisch mitgeteilten Produkt- und Vertragsinformationen ist von dem Verbraucher sowohl in den USA als auch in Deutschland ein angemessenes Maß an Umsicht und Aufmerksamkeit zu fordern. Allerdings fehlen im deutschen und europäischen Recht die detailgenauen Leitlinien zu den einzelnen Beurteilungskriterien im Online-Handel der FTC[1036]. Diese Richtlinien haben den großen Vorteil, dass sie den Markteilnehmern eine gute Orientierung über die Rechtmäßigkeit von Internetwerbung und anderen elektronischen Geschäftsaktivitäten bieten und die Kriterien nicht, wie es im europäischen und deutschen Recht der Fall sein wird, erst durch langwierige und mühselige Rechtsfortbildung entwickelt werden müssen.

Diesen Entwicklungen zum Trotz, stellt sich aber in beiden Rechtsordnungen auch die Frage, ob das Leitbild des mündigen und umsichtigen Verbrauchers ernsthafte und konsequent verfolgte Grundlage des Verbraucherschutzrechts geworden ist. Zweifel an der Beständigkeit dieses Verbraucherleitbildes kommen im US-amerikanischen Recht aufgrund der Fälle auf, in denen die FTC und die US-Gerichte Ausnahmen vom Grundsatz des *reasonable consumer* zulassen, wenn der Verbraucher durch ein Geschäft mit bestimmten Gefährdungsgütern in Kontakt tritt.[1037] Im deutschen und europäischen Recht ist, angesichts der umfangreichen und zahlreichen Verbraucherschutzvorschriften im Schuldrecht, unlängst der Verdacht entstanden, dass das lauterkeitsrechtliche Verbraucherleitbild kein ubiquitärer Grundsatz geworden ist, sondern im Hinblick auf besonders restriktiv geregelte Geschäftsbereiche nach wie vor das Leitbild eines besonders schutzbedürftigen Verbrauchers gilt. Ob das Leitbild des mündigen und vernünftigen Durchschnittsverbrauchers im Rahmen des Online-Geschäftsverkehrs im US-Recht und im deutschen Recht reines Lippenbekenntnis oder ernst zunehmende Grundlage des Verbraucherschutzrechts geworden ist, wird noch durch inhaltliche Analyse der einzelnen Verbraucherschutzvorschriften, die für den Online-Handel Geltung beanspruchen, zu zeigen sein.

1034 Vgl. Köhler in: Köhler/Bornkamm, UWG-Komm., § 1, Rn.30; Wuttke, Rn.182, 196; Kemper/Rosenow, WRP 2001, S.370ff (374).

1035 S.a. 2.Kapitel, A., II., 1., b).

1036 S.a. FTC, „Staff Issues Guidelines on Internet Advertising Dot Com Disclosures", Part I-III.

1037 S.a. 2.Kapitel, A., I., 1., a), b).

2. Der Vergleich der Verbraucherbegriffe

In beiden Rechtsordnungen ist durch die letzten Reformen der maßgeblichen Vertragsgesetze, UCC Article 2 und BGB, die Begriffsbestimmung des Verbraucherbegriffs expressis verbis in den Gesetzestext mit aufgenommen worden. Während in dem Kaufvertragsgesetz UCC Article 2 bereits zuvor die Sonderregelungen für Verbraucher-Kaufverträge enthalten waren,[1038] war die neue Legaldefinition gemäß § 13 BGB ein erster Schritt zur Integration des bislang aus dem BGB ausgelagerten Verbraucherschutzrechts, die wenig später durch die Schuldrechtsreform erfolgte.[1039] Im Article 2 UCC hingegen existierte durch Verweisung auf eine andere Legaldefinition innerhalb des UCC bereits eine Begriffsbestimmung. Die unterschiedliche gesetzliche Situation erklärt sich u.a. daraus, dass die Neuschaffung des Verbraucherbegriffs bei den beiden Gesetzesreformen unterschiedliche Bedeutungen gehabt haben. Durch die Legaldefinition sollte zwar in beiden Gesetzen ein klareres Bekenntnis zum Verbraucherschutzrecht erfolgen. Bei der Reform des UCC Article 2 spielte die Schaffung eines neuen vertragsrechtlichen Verbraucherschutzrechts aber eher eine untergeordnete Rolle, es wurden nur wenige neue Bestimmungen zum Verbraucherschutzrecht geschaffen.[1040] Bei der deutschen Schuldrechtsreform wurde die Stärkung des Verbraucherschutzrechts als eines der Hauptziele der großen Reform formuliert und die im Vorfeld neu geschaffene Definition gemäß § 13 BGB war dementsprechend Vorbote und Bekenntnis zum Verbraucherschutz im BGB zugleich.[1041] Es bleibt festzuhalten, dass die Neuschaffung des Verbraucherbegriffs für das gesamte deutsche Verbraucherschutzrecht von großer Bedeutung gewesen ist, während die neue Legaldefinition bei der Reform des UCC Article 2 nur eine marginale Rolle gespielt hat.

Mit § 13 BGB ist des Weiteren ein weitgehend einheitlicher Verbraucherbegriff im deutschen Privatrecht entstanden. Im US-amerikanischen Privatrecht enthalten die einzelnen Verbraucherschutzgesetze hingegen unterschiedliche Legaldefinitionen. Bei der Betrachtung der verschiedenen Begriffsbestimmungen fällt allerdings auf, dass sich im Wesentlichen zwei Arten von Verbraucherbegriffen herausgebildet haben. Die erste Definitionsgruppe bestimmt den persönlichen Anwendungsbereich der Verbraucherschutznormen danach, ob der Gegenstand des Vertrages gewöhnlich zum persönlichen, haushaltlichen oder familiären Zwecken verwendet wird, nach dem Vorbild des Bundesgesetzes MMWA.[1042] Die andere Definitionsgruppe knüpft die Verbrauchereigenschaft an einen tatsächlichen persönlichen, haushaltlichen oder familiären Ge-

1038 UCC § 2-103 (3) a.F. verwies u.a. auf die Definition *„consumer goods"* § 9-109 (a) (23); nach UCC § 2-103 (4) sind die Allgemeinen Vorschriften des Article 1 auf Article 2 anwendbar und UCC § 1-201 (a) (11) enthält eine Definition des Verbraucherbegriffs.

1039 S.a. dazu die Ausführungen zum Begriff gemäß § 13 BGB 2.Kapitel, A., II., 2.

1040 S.a. 1.Kapitel, A., II., 2., a), aa), (2).

1041 S.a. 1.Kapitel, B., II., 2., a).

1042 Dazu gehört der MMWA 15 U.S.C. § 2301 (1), (3); der E-SIGN Act 15 U.S.C. § 7006 (1); zum "objektiven" Verbraucherbegriff nach einzelstaatlicher Rechtsprechung, vgl. Searle v. Exley Express, Inc., 278 Or. 535, 564 P.2d 1054 (1977), Miller v. Hubbard-Wray, 53 Or. App. 531, 633 P.2d 1 (1981), F.D.S. Marine LLC v. Shaver Transp. Co., 2001 U.S. Dist. LEXIS 7800 (D. Or. Mar. 29, 2001).

schäftszweck, nach dem im UCC verwendeten Verbraucherbegriff.[1043] Eine gewisse Einheitlichkeit des Inhalts des Verbraucherbegriffs, trotz der zahlreichen verschiedenen Legaldefinitionen, wird dementsprechend in den USA dadurch erreicht, dass sich die Abweichungen überwiegend auf zwei Definitionsvarianten beschränken und beide Definitionsgruppen als maßgeblichen Anknüpfungspunkt zur Bestimmung der Verbrauchereigenschaft den persönlichen haushaltlichen und familiären Zweck festlegen.

Bei dem Vergleich des Wortlauts der deutschen Definition gemäß § 13 BGB mit den Formulierungen in den US-amerikanischen Begriffsbestimmungen fällt des Weiteren auf, das einige der US-Legaldefinitionen sehr viele Übereinstimmungen mit dem Begriff des § 13 BGB haben, während andere Definitionen vollständig abweichen. Beispielsweise ist der deutsche Verbraucherbegriff auf natürliche Personen ausdrücklich beschränkt. In einigen Bundesgesetzen, in der überwiegenden Anzahl der Modellgesetze sowie in zahlreichen einzelstaatlichen Verbraucherschutzgesetzen[1044] ist eine Begrenzung auf natürliche Personen ebenfalls expressis verbis vorgesehen. In anderen Begriffsbestimmungen der US-Gesetze werden hingegen ausdrücklich auch Personengesellschaften und andere Personengruppen von dem Verbraucherbegriff umfasst.[1045] In wiederum anderen Legaldefinitionen sind keine Anhaltspunkte auf eine solche Beschränkung zu finden.[1046] Entsprechend der grundsätzlich weiten Auslegung des Verbraucherbegriffs, nehmen die Gerichte bei der Auslegung dieser Definitionen häufig an, dass das Verbraucherschutzgesetz auch Personengruppen erfasst.[1047]

Die Frage der Verbrauchereigenschaft einer GbR, die die deutsche Rechtswissenschaft seit einiger Zeit umtreibt, hängt im US-amerikanischen Recht davon ab, welche Legaldefinition der Streitfrage zugrunde gelegt wird bzw. welches Verbraucherschutzgesetz zur Anwendung gelangen soll. Hierbei ist zunächst festzustellen, dass das US-amerikanische Gesellschaftsrecht zwar keine identische Gesellschaftsform kennt. Jedoch entsteht unter bestimmten Voraussetzungen bei der Gesellschaftsform „*general partnership*" eine ähnliche Konstellation, wie in §§ 705ff BGB.[1048] Einer solchen „Zweckgemeinschaft", die zu privatrechtlichen Zwecken rechtsgeschäftlich tätig

---

1043 Z.B. UCC § 1-201 (b) (1), § 2-103 (1) (l), UCITA § 102 (a) (15), Alabama, Ala. Code § 8-19-3 (2); Hawaii, HRS § 480-1; Idaho, Idaho Code § 28-41-301 (12); Indiana, IC § 24-5-0.5-2 (a) (1); Montana, Mont. Code Ann. § 30-14-102 (1); Ohio, Ohio Rev. Code Ann. § 1345.01 (A), (D); South Dakota, S.D. Codified Laws Ann. § 37-24-1 (3) und Utah, Utah Code Ann. § 3-11-3 (2) (a) (i).

1044 Siehe z.B. E-SIGN Act § 7006 (1), UCC § 1-201 (b) (1), § 2-103 (1) (l), UCITA § 102 (a) (15), Alabama, Ala. Code § 8-19-3 (2); Georgia, Georgia Code § 10-1-392 (a) (2).

1045 Siehe z.B. Florida, Fla Stat. Title XXXIII, § 501.203 (7); Indiana, IC § 24-5-0.5-2 (a) (1).

1046 In einigen Gesetzen wird die Formulierung „consumer is a person (...)" verwendet, dies wurde regelmäßig aber nicht als Beschränkung des Verbraucherbegriffs auf natürliche Personen verstanden, vgl. dazu Sheldon/Carter S.14. Zu diesen Gesetzen gehören der MMWA § 2301 (1), (3) sowie die UDAP Gesetze von Montana, Mont. Code Ann. § 30-14-102 (1) und Vermont, Vt. Stat. Ann. § 2451a (a).

1047 Vgl. dazu Sheldon/Carter S.13.

1048 Die general partnership ist eine Art Gesamthand, die grundsätzlich auf Dauer angelegt und mit Gewinnerzielungsabsicht gegründet wurde. Sie entsteht aber auch durch konkludenten Gesellschaftsvertrag und bedarf keines Registereintrags. Diese Konstellationen sind vergleichbar mit der deutschen BGB-Gesellschaft, vgl. Reimann, S.245f.

geworden ist, wird nach den Definitionen, die nicht auf Individuen begrenzt sind, ohne weiteres die Verbrauchereigenschaft zugesprochen werden können.[1049] Nach den Begriffbestimmungen im US-Recht, die den Verbraucherbegriff ausdrücklich auf natürliche Personen begrenzen, würden die US-Gerichte, aufgrund des sehr großzügig ausgelegten Verbraucherbegriffs, zumindest die einzelnen „Mitglieder" einer klassisch zivilistischen GbR, wie der Lotto- oder Urlaubsgemeinschaft, als Verbraucher qualifizieren.

Bei dem Vergleich der Formulierungen der Legaldefinitionen zum Verbraucherbegriff fällt darüber hinaus auf, dass sowohl bei § 13 BGB als auch bei den US-amerikanischen Definitionen wesentliches Abgrenzungskriterium der Zweck des Geschäfts oder der rechtsgeschäftlichen Tätigkeit ist. Allerdings weichen die meisten US-amerikanischen Verbraucherbegriffe an dieser Stellen stark von dem Begriff des § 13 BGB ab. Die US-amerikanischen Legaldefinitionen enthalten in aller Regel eine positive Definition des Verbraucherbegriffs. Die Verbrauchereigenschaft hängt von dem persönlichen, haushaltlichen oder familiären Zweck des Geschäfts ab.[1050] Das deutsche Recht hingegen, ebenso wie die meisten europäischen Richtlinien, verwenden eine Negativ-Definition des Verbraucherbegriffs, indem der Verbraucherbegriff negativ von gewerblichen und (selbständigen) beruflichen Zwecken abgegrenzt wird.[1051] Nur wenige US-Gesetze, wie das UDAP Gesetz von Vermont,[1052] definieren den Begriff des Verbrauchers, wie der § 13 BGB, durch Ausschluss beruflicher Tätigkeiten.[1053]

Während die Definition nach dem Verbraucherschutzgesetz aus Vermont im Wesentlichen der Formulierung und dem Inhalt des deutschen Verbraucherbegriffs gleicht,[1054] verbleibt die Frage, inwieweit die Abweichungen der übrigen US-Legaldefinitionen von § 13 BGB zu inhaltlichen Abweichungen der Verbraucherbegriffe führen. Grundsätzlich haben Negativ-Definitionen einen breiteren Anwendungsbe-

---

1049 In einigen UDAP Statutes werden „partnerships" ausdrücklich von dem Verbraucherbegriff erfasst, z.B. Florida, Fla. Stat. Title XXXIII, § 501.203 (7); Indiana, IC § 24-5-0.5-2 (a) (1), (2).

1050 Z.B. Truth in Lending Act (15 U.S.C. § 1602 (h), Fair Debt Collection Practices Act (15 U.S.C. § 1692a (5)), MMWA (15 U.S.C. § 2301 (1), (3)), UCC § 9-102 (a) (23), UCC § 1-103 (1) (d), UCC § 1-201 (b) (11) n.F., UCITA § 102 (a) (15). Aber auch viele einzelstaatlichen Verbraucherschutzgesetze enthalten in ihren Legaldefinitionen diese Wendung, z.B. Alabama, Ala. Code § 8-19-3 (2); Hawaii, HRS § 480-1; Idaho, Idaho Code § 28-41-301 (12); Montana, Mont. Code Ann. § 30-14-102 (1); Ohio, Ohio Rev. Code Ann. § 1345.01 (A), (D); South Dakota, S.D. Codified Laws Ann. § 37-24-1 (3); Utah, Utah Code Ann. § 3-11-3 (2) (a) (i).

1051 Eine Negativ-Begrenzung findet sich, neben § 13 BGB, auch in Artikel 2 lit. b der Klauselrichtlinie, Artikel 1 II lit. a der Verbraucherkreditrichtlinie (Richtlinie 87/102/EWG), Artikel 2 Spiegelstrich 1 der Richtlinie über Haustürgeschäfte (Richtlinie 85/577/EWG), Artikel 2 Nr.2 der FARL, Artikel 1 II der Verbrauchsgüterkaufrichtlinie und in Artikel 2 lit. e der ECRL. Zu den einzelnen Definitionsvarianten vgl. Faber, ZEUP 1998, S.854ff (867ff).

1052 S.a. Vermont, Vt. Stat. Ann. § 2451a (a).

1053 Es gibt daneben im US-Recht auch Verbraucherbegriffe, die sowohl eine negative als auch eine positive Definition des Begriffs enthalten, z.B. UCITA § 102 (a) (15) und das UDAP Gesetz von South Dakota, S.D. Codified Laws Ann. § 37-24-1. (3).

1054 Die Definition des UDAP Gesetzes aus Vermont, Vt. Stat. Ann. § 2451a (1) lautet: „Consumer means any person who purchases (...) not for resale in the ordinary course of business of his or her trade or business (...)". Damit werden ebenso, wie bei § 13 BGB, nur solche Zwecke ausgeschlossen, die zum beruflichen Tätigkeitsbereich gehören.

reich, als positive Definitionen, da erstere nur bestimmte Tätigkeiten ausschließen, während die Voraussetzungen der zweiten Definitionsgruppe erst positiv festgestellt werden müssen. Aufgrund der großzügigen Auslegung des Verbraucherbegriffs durch die US-amerikanischen Gerichte, führt dies allerdings nicht notwendigerweise zu einem engeren Begriff im US-Recht. Die Unterschiede richten sich danach, ob im Rahmen der Begriffsbestimmung der tatsächliche Zweck eines Geschäfts maßgeblich ist (subjektive Anknüpfung) oder ob eine objektive Verknüpfung, nach dem gewöhnlichen Zweck erfolgt.[1055] Der deutsche Verbraucherbegriff knüpft die Verbrauchereigenschaft an das tatsächliche Vorliegen eines privaten Zwecks, wie der UCC, einige Verbraucherschutzgesetze und zahlreiche einzelstaatlichen Gerichte. In beiden Definitionen wird im Zweifelsfall der Schwerpunkt des Zwecks der geschäftlichen Transaktion bestimmt. Aber abweichend zum deutschen Recht wird der maßgeblich Zeitpunkt bei der Zweckbestimmung nicht in allen Legaldefinitionen nach dem Vertragsschluss bemessen. Nur im neueren Kaufvertragsrecht des UCC Article 2[1056] und einigen UDAP Statutes[1057] ist ausdrücklich der Abschluss des Vertrages als maßgeblicher Zeitpunkt benannt. In den meisten UDAP Statutes, die insbesondere den vorvertraglichen Verbraucherschutz regeln, hingegen werden verschiedene Zeitpunkte bestimmt, etwa der Zeitpunkt in der eine Werbung der Konsumentenschaft zugänglich gemacht wird oder der Verbraucher mit einer Werbung konkret angesprochen wird.[1058]

Die missglückte Formulierung gemäß § 13 BGB, dass es auf den Zweck eines Rechtsgeschäfts ankommt, lässt vermuten, dass der Zeitpunkt des Vertragsschlusses grundsätzlich maßgeblich ist.[1059] Wie oben schon beschrieben, ist der Verbraucherbegriff aber auch auf den vorvertraglichen Verbraucherschutz anwendbar und insofern korrigierend auszulegen.[1060] Ist im Rahmen solcher Vorschriften der Verbraucherbegriff zu bestimmen, kann es nicht auf den Zeitpunkt des Vertragsschlusses ankommen, sondern vielmehr auf den Zeitpunkt, in dem der Verbraucher im Geschäftsverkehr mit den Geschäftspraktiken des Unternehmers in Berührung kommt, also z.B. wenn er Werbung wahrnimmt oder unbestellte Waren ihm zugesendet werden. Demzufolge dürfte die unterschiedliche zeitliche Anknüpfung bei der Zweckbestimmung, die im US-amerikanischen Recht gilt, auch im deutschen Recht zu berücksichtigen sein.

1055 Zu der Einteilung der Definitionen der Gerichte nach „subjective or objective test", s.a. Sheldon/Carter, S.13f.

1056 S.a. UCC § 2-103 (1) (d) n.F.: „Consumer means an individual who buys or contracts to buy goods that, at the time of contracting, are intended by the individual to" (…). In Abweichung dazu bestimmt UCC § 1-201 (b) (11) „consumer is an individual who enters into a transaction to (…)" und UCITA § 102 (a) (15) bestimmt „a consumer is a human being (individual) who obtains information for (…)".

1057 Z.B. Vermont, Vt. Stat. Ann. § 2451a (a) "consumer means a person who purchases, leases, contracts for, or otherwise agrees to pay consideration for goods or services"; s.a. die Definition im UDAP Gesetz von Alabama, § 9-19-3 (2).

1058 Z.B. Hawaii, HRS § 480-1 „consumer means a natural person, who (…) purchases, attempts to purchase, or is solicited to purchase goods or services (…)"; s.a. die Definitionen in Indiana und Ohio zum Begriff "consumer transaction": Indiana, IC § 24-5-0.5-2 (a) (1); Ohio, Ohio Rev. Code Ann. § 1334.01 (A).

1059 Zu diesem Schluss kommt z.B. Faber ZEUP 1998, S.854ff (866).

1060 Siehe 2.Kapitel, A., II., 2.

Die US-amerikanischen Definitionen zum Verbraucherbegriff, mit subjektiver Anknüpfung, stimmen mit dem deutschen Begriff gemäß § 13 BGB demnach in vielen Aspekten überein. Dennoch kann die positive Definition in Einzelfällen zu Abweichungen gegenüber dem weit gefassten deutschen Verbraucherbegriff führen, der auch Arbeitnehmer, Existenzgründer und sogar den Händler erfasst, wenn er Geschäfte abschließt, die nicht zu seiner selbständigen beruflichen oder gewerblichen Tätigkeit gehören. Während nach diesen Definitionen im US-amerikanischen Recht der Händler, der für seinen privaten Gebrauch Produkte erwirbt und der Arbeitnehmer, wenn er z.B. ein Auto erwirbt, das er hauptsächlich benötigt, um zur Arbeit zu gelangen, als Verbraucher zu qualifizieren sind,[1061] wird der Existenzgründer hingegen, der beispielsweise Geschäfte zum Zwecke der Einrichtung seines Gewerbebetriebes abschließt, nicht von diesem Verbraucherbegriff erfasst, denn die Geschäfte dienen nicht dem persönlichen oder häuslichen Zweck.

Bei dem Vergleich des deutschen Begriffs mit der anderen Definitionsvariante sind deutlich mehr Abweichungen fest zustellen. Da hierbei nicht nach der Tätigkeit gefragt wird, sondern nach der Produkt- oder Dienstleistungsart, weicht das Konzept zur Zweckbestimmung in diesen Definitionen vollständig von der deutschen Vorschrift ab. Dies kann zu entgegengesetzten Ergebnissen beim Verbraucherbegriff führen, wenn z.B. eine ausschließlich zu kommerziellen Zwecken verkaufte Ware ausnahmsweise vom Verbraucher zu persönlichen Verbrauchszwecken erworben wird oder ein Unternehmer Produkte kauft, die gewöhnlich privaten Verbrauchszwecken dienen. Andererseits kann nach diesem Definitionstypus auch ein Existenzgründer, Händler oder Arbeitnehmer Verbraucher sein, wenn das fragliche Produkt oder die fragliche Dienstleistung gewöhnlich zu privaten Zwecken erworben wird.[1062] Kauft der Arbeitnehmer, Existenzgründer oder Händler hingegen „kommerzielle" Produkte, so ist die Verbrauchereigenschaft abzulehnen. Da regelmäßig sehr geringe Anforderungen an den gewöhnlich privaten Zweck gestellt werden,[1063] führt dies letztlich dennoch zu einem weit gefassten Verbraucherbegriff.

Deshalb resultieren aus den Unterschieden in der Zweckbestimmung und in den Formulierungen der Verbraucherbegriffe im deutschen und US-amerikanischen Recht relativ geringe inhaltliche Abweichungen.[1064]

Eine Besonderheit des US-amerikanischen vertragsrechtlichen Verbraucherschutzrechts ist, dass von dem Schutzbereiche der Gesetze grundsätzlich nicht nur der Verbraucher erfasst wird, der den Vertrag mit dem Unternehmer abschließt, sondern auch seine Familienangehörige, Mitbewohner und u.U. sogar die Gäste des Verbrauchers

---

1061 Vgl. Couto v. Gibson, Inc., 1992 Ohio App. LEXIS 756 (Feb. 26, 1992). Dasselbe kann dann wohl auch angenommen werden, wenn der Arbeitnehmer Arbeitskleidung erwirbt.

1062 Vgl. zur Verbrauchereigenschaft eines Existenzgründers auf Grundlage dieser Definitionsvariante: Sheldon/Carter, S.13.

1063 S.a. 2.Kapitel, A., I., 2., a).

1064 Die US-Gerichte verneinen regelmäßig nur dann die Verbrauchereigenschaft nach allen Definitionen, wenn der Zweck eines Geschäfts einen engen beruflichen Bezug aufweist, vgl. dazu die Liste der Geschäftsaktivitäten, die die Gerichte von der Verbrauchereigenschaft ausgeschlossen haben bei Sheldon/Carter, S.15.

umfasst.[1065] Eine solche Erweiterung ist im Rahmen des Verbraucherbegriffs im deutschen Schuldvertragsrecht nicht vorgesehen. Berechtigt und verpflichtet wird nach dem Vertragsrecht des BGB grundsätzlich nur der jenige, der Vertragspartner in dem konkreten Vertrag geworden ist. Das gilt auch für den Anwendungsbereich des vertraglichen Verbraucherschutzrechts. Dennoch gelangt das deutsche Vertragsrecht oft auf anderen Wegen zu einer Einbeziehung von dritten Personen in den vertraglichen Schutzbereich, z.B. durch das Rechtsinstitut „Vertrag mit Schutzwirkung zu Gunsten Dritter" oder der „Drittschadensliquidation".[1066] Auf diesem Wege können bei Vorliegen der Voraussetzungen der Konstellationen auch Familienangehörige und Mitbewohner von dem vertraglichen Verbraucherschutzrecht im deutschen Recht erfasst sein.

Im Ergebnis ist festzustellen, dass die Verbraucherbegriffe des deutschen und des US-amerikanischen Privatrechts inhaltlich, trotz der unterschiedlichen Definitionen, in wesentlichen Bereichen miteinander übereinstimmen. Größere Abweichungen können nur bei den Legaldefinitionen entstehen, die, wie der MMWA, nicht auf den tatsächlich privaten Zweck eines Geschäfts abstellen, sondern den gewöhnlich privaten Zweck für maßgeblich erklären. Festzustellen ist aber auch, dass in beiden Rechtsordnungen nach wie vor Abgrenzungs- und Konstruktionsschwierigkeiten bei den Verbraucherbegriffen bestehen.[1067]

3. Der Vergleich der Begrenzung des Adressatenkreises

a) Der Vergleich des Begriffs „merchant" mit § 14 BGB

Bei dem Vergleich des Begriffs *„merchant"*, der im Wesentlichen durch den UCC Article 2 geprägt worden ist, mit dem Unternehmerbegriff gemäß § 14 BGB sind zunächst größere gesetzes-systematischen Unterschiede festzustellen. Das zentrale Vertragsgesetz UCC Article 2 Sales regelt u.a. das Kaufvertragsrecht der Kaufleute. Der Begriff des *„merchant"* wird dabei einheitlich für das Kaufvertragsrecht, sowie für die gesetzlichen Regelungen definiert, die innerhalb des UCC auf den Begriff des Article 2 verweisen[1068] oder diesen verwenden und selbständig bestimmen[1069]. Daneben gilt eine entsprechende Legaldefinition des Begriffs *„merchant"* im UCITA, die

1065 S.a. 2.Kapitel, A., I., 2.

1066 Zu diesem Grundsatz und den Ausnahmen, in denen Dritte aus dem Vertragsverhältnis anspruchsberechtigt sind, vgl. Heinrichs in: Palandt, BGB-Komm., Vor 249 Rn.108ff. Zum Rechtsinstitut und den Fallgruppen der Drittschadensliquidation, vgl. Heinrichs in: Palandt, BGB-Komm., Vor 249 Rn.1012ff. Zum Vertrag mit Schutzwirkung zugunsten Dritter: Heinrichs in: Palandt, BGB-Komm., § 328 Rn.13ff.

1067 Siehe dazu die Ausführungen zu den Problemen mit dem Begriff gemäß § 13 BGB (2.Kapitel, A., II., 2.) und die fehlende Kompatibilität des Verbraucherbegriffs des MMWA und des UCC Article 2 (2.Kapitel, A., I., 2., b)).

1068 UCC Article 9 (Secured Transactions) § 9-102 (b) verweist auf die Definition des UCC Article 2, § 2-104.

1069 UCC Article 2A (Leases), § 2A-103 (t) und UCC Article 7 (Documents of Title), § 7-210 b) verwenden und definieren den Begriff "merchant" für den jeweiligen Regelungsbereich. Der Begriff in UCC Article 2, § 2-104 gilt sonst grundsätzlich nur im Rahmen des Kaufvertragsrecht, vgl. Reimann, S.241.

der Definition des UCC Article 2 nachempfunden ist.[1070] Das bedeutet, dass der Begriff innerhalb dieser vertragsrechtlichen Vorschriften sowohl auf die Sonderbestimmungen für Verträge zwischen Kaufleuten als auch zwischen Kaufleuten und Verbrauchern Anwendung findet. Im deutschen Privatrecht wird hingegen, wie in den meisten europäischen Rechtsordnungen, das Handelsrecht als Sonderprivatrecht geregelt,[1071] im deutschen Recht im HGB. Bei der Konkretisierung und Begrenzung des Adressatenkreises der Verbraucherschutzvorschriften, die fast ausnahmslos außerhalb des HGB geregelt worden sind,[1072] wurde nicht auf den Kaufmannsbegriff gemäß §§ 1ff HGB zurückgegriffen. Stattdessen wurde ein eigenständiger, vom handelsrechtlichen Kaufmannsbegriff systematisch und inhaltlich getrennter Unternehmerbegriff für das Verbraucherschutzrecht entwickelt, der schließlich in § 14 BGB legaldefiniert worden ist.[1073]

Eine solche systematische Unterscheidung zwischen Kaufmann und Unternehmer existiert im US-amerikanischen Recht grundsätzlich nicht. Zu klären verbleibt, mit welchem der deutschen Rechtsbegriffe der Begriff des „*merchant*" vergleichbar ist. Zwar wird der Rechtsbegriff „*merchant*" häufig mit dem deutschen Wort „Kaufmann" übersetzt,[1074] der Begriff hat jedoch im US-amerikanischen Privatrecht eine andere Bedeutung und einen anderen Inhalt als der deutsche Kaufmannsbegriff gemäß §§ 1ff HGB. Der Kaufmann hat im US-Recht keinen eigenen Status, wie im deutschen Handelsrecht. Zum Beispiel existiert kein Handelsregister, das mit der Kaufmannseigenschaft verknüpft wird. Vielmehr hängt die Eigenschaft eines Kaufmanns von dem Vorliegen tatsächlicher Umstände ab.[1075] Dies deckt sich eher mit den oben dargestellten Merkmalen des Unternehmerbegriffs im deutschen Recht, der ebenso von tatsächlichen Umständen abhängt und keine registerpflichtige Tatsache darstellt.[1076] Dementsprechend ist der Begriff des „*merchant*" im UCC Article 2 eher vergleichbar mit dem Unternehmerbegriff gemäß § 14 BGB als mit dem Kaufmannsbegriff des deutschen Handelsrechts gemäß §§ 1ff HGB.

Allerdings bestehen auch zwischen der Legaldefinition des § 14 BGB und dem Begriff „*merchant*" noch signifikante Unterschiede, die bereits durch die abweichenden Legaldefinitionen deutlich werden. Während der Begriff „*merchant*" davon abhängt, ob die betreffende Person Waren der verkauften Art üblicherweise verkauft, bestimmt sich der Unternehmerbegriff gemäß § 14 BGB danach, ob eine Tätigkeit der gewerblichen oder selbständigen beruflichen Tätigkeit zugerechnet werden kann.

1070 UCITA § 102 (a) (46).

1071 Z.B. das historische „law merchant" im englischen Recht, vgl. Reimann, S.241.

1072 Eine Ausnahme bilden einige Sonderbestimmungen für Verbraucherverträge im Frachtrecht (z.B. §§ 414 III HGB, 449 I S.1 HGB), Speditionsrecht (§§ 455 III, 466 I HGB) und bei Lagergeschäften (§§ 468 II S.1, IV, 475h HGB), vgl. dazu Ultsch, S.37ff

1073 Siehe 2.Kapitel, A., II., 3.

1074 Z.B. Köbler, S.283.

1075 Vgl. Reimann S.241.

1076 Die Unternehmereigenschaft gemäß § 14 BGB hängt davon ab, dass tatsächlich in Ausübung der gewerblichen oder selbständigen beruflichen Tätigkeit gehandelt wurde. Zum Fehlen der Statusbezogenheit des Unternehmerbegriffs im Vergleich zum handelsrechtlichen Kaufmannsbegriff, s.a. Herresthal JZ 2006, S.695ff (696ff).

Zuerst fällt auf, dass der Unternehmerbegriff des deutschen Rechts auf nahezu alle Arten von Rechtsgeschäften und geschäftlichen Aktivitäten Anwendung findet, die Verbraucherschutzbelange betreffen.[1077] Also gilt § 14 BGB nicht nur für Kaufverträge, sondern auch für Dienstleitungs- und Kreditverträge usw., die ein Verbraucher mit einem Unternehmer abschließt. Im Gegensatz dazu ist der Begriff „*merchant*" nur auf bestimmte Verträge, insbesondere auf Kaufverträge anwendbar. Für Verbraucherkreditverträge gilt dieser Begriff z.B. nicht. Die einzelstaatlichen Gesetze zum Verbraucherkreditrecht beschränken ihren Anwendungsbereich durch die Verwendung anderer Bergriffsbestimmungen.[1078]

Im Zusammenhang mit der Definitionssystematik der Verbraucher- und Unternehmerbegriffe fällt des Weiteren auf, dass der deutsche Unternehmerbegriff als positives Gegenstück zur Negativ-Definition des Verbraucherbegriffs konzipiert ist. Während der Verbraucher Rechtsgeschäfte ohne Bezug zur gewerblichen oder selbständigen beruflichen Tätigkeit abschließt, muss der Unternehmer in Ausübung derselben handeln. Das bedeutet, dass nach den Begriffsbestimmungen jeder, der ein Rechtsgeschäft abschließt oder geschäftlich tätig wird, entweder Verbraucher oder Unternehmer ist. Zwar entsprechen sich die Definitionen nicht gänzlich,[1079] diese Abweichungen führen jedoch zu keinem anderen Ergebnis.[1080]

Im US-Kaufvertragsrecht hingegen sind an die Begriffe „*merchant*" und „*consumer*" unterschiedliche Voraussetzungen gestellt, die in keinem systematischen Kontext stehen. Das bedeutet, dass im US-Recht nicht jeder, der einen Kaufvertrag abschließt, als „*consumer*" oder „*merchant*" in diesem Geschäft zu qualifizieren ist. Der jenige, der Waren veräußert, die er üblicherweise nicht in seinem Geschäft verkauft, ist nicht „*merchant*" dieses Kaufvertrages und ebenso wenig „*consumer*", wenn er nicht zu privaten, haushaltlichen Zwecken handelt. Die neue Legaldefinition zum Verbraucherbegriff des Article 2 UCC legt überdies nahe, dass die Verbrauchereigenschaft nur gegeben sein kann, wenn der Betreffende auf Erwerberseite steht.[1081] Im deutschen Recht ist ein Verkäufer, der Waren verkauft, die er üblicherweise nicht verkauft, entweder Verbraucher, wenn das Geschäft nicht gewerblichen oder selbständig beruf-

---

1077 Wie oben dargestellt (1.Kapitel, B., II., 2., a), aa)), sind §§ 13, 14 BGB, als Bestandteil des Allgemeinen Teils des BGB, als umfassendes Definitionskonzept für den zivilrechtlichen Verbraucherschutz ausgestaltet.

1078 Im Uniform Consumer Credit Protection Act, der von einigen Staaten umgesetzt wurde, wird z.B. nicht der Begriff merchant verwendet. Der Anwendungsbereich ist auf den „creditor" begrenzt, der eine regelmäßige gewerbsmäßige Tätigkeit verlangt, s.a. § 103 (f) Uniform Consumer Credit Protection Act.

1079 § 13 BGB stellt auf den Zweck des Rechtsgeschäfts ab, während § 14 BGB verlangt, dass die Tätigkeit zur gewerblichen Sphäre gehört.

1080 Es ist nämlich anzunehmen, dass der jenige, der zu gewerblichen oder selbständigen beruflichen Zwecken handelt, i.d.R. auch in Ausübung derselben handelt. Umgekehrt wird der jenige, der nicht zu gewerblichen Zwecken handelt, auch nicht in Ausübung seiner gewerblichen Tätigkeit handeln.

1081 S.a. UCC § 2-103 (1) (d): "Consumer means an individual who buys or contracts to buy goods (...)." Dieser Wortlaut umfasst also nur natürliche Personen, die Waren kaufen oder Verträge abschließen, um Waren zu kaufen.

lichen Zwecken dient oder Unternehmer, wenn er in Ausübung der gewerblichen oder selbständig beruflichen Tätigkeit handelt.

Diese Unterschiede hängen auch mit den verschiedenen Anknüpfungspunkten der Begriffe zusammen. Die Frage, wann eine geschäftlich tätige Person eine überlegene Marktstellung bei Geschäften gegenüber Verbrauchern einnimmt, wird dabei nach unterschiedlichen Maßstäben beurteilt. Wesentliches Kriterium im US-Recht ist das Sonderwissen bzw. die Fachkenntnisse, die ein Händler durch den Verkauf und den Umgang mit einer bestimmten Warenart erworben hat.[1082] Die Überlegenheit ergibt sich folglich aus einer Wissensüberlegenheit gegenüber dem Verbraucher in Bezug auf eine konkrete Ware. Der Begriff gemäß § 14 BGB orientiert sich bei der Begrenzung der gewerblichen und selbständigen beruflichen Tätigkeit an dem Umfang, der Dauerhaftigkeit und Planmäßigkeit der geschäftlichen Tätigkeit.[1083] Bei der Frage, wie die Überlegenheit des Unternehmers begründet wird, spielt das Sonderwissen und die Fachkenntnisse auch im deutschen Recht insofern eine Rolle, als dass einem Händler solche Kenntnisse unterstellt werden, wenn seine Geschäftsaktivitäten den angesprochenen Umfang erreicht haben. Letztendlich ist die Wissensüberlegenheit demnach auch Grundlage für die deutsche Definition des Unternehmerbegriffs. Im Unterschied zum US-amerikanischen Recht, ist ein tatsächliches Vorliegen von Fachkenntnissen über die konkret verkaufte Ware aber nicht erforderlich. Das bedeutet, sobald ein Händler mit seinen geschäftlichen Tätigkeiten die Schwelle der Unternehmereigenschaft überschritten hat, sind die Vorschriften zum Verbraucherschutz im Geschäftsverkehr auch dann auf ihn anwendbar, wenn er keine Fachkenntnisse über den Verkauf einer bestimmten Ware hat, das Geschäft aber mit seiner gewerblichen Tätigkeit zusammenhängt. Dabei ist zu beachten, dass die selbständige berufliche oder gewerbliche Sphäre eines Unternehmers, der als solcher in bestimmten Geschäften qualifiziert wurde, weitreichend ist. Sie geht bei einem Warenhändler z.B. deutlich über die Veräußerung der Waren hinaus, die er üblicherweise verkauft. Es gilt, wie oben dargestellt, der Rechtsgedanke des § 344 HGB, dass ein Rechtsgeschäft eines Unternehmers im Zweifel zu seiner gewerblichen Tätigkeit gehört.[1084] Die daraus resultierenden praktischen Unterschiede der Begriffe werden am Beispiel des Teppichhändlers deutlich. Nach dem US-Kaufrecht ist der Teppichhändler, der seinen geschäftlich genutzten PC oder seine Büroeinrichtung Online an einen Verbraucher verkauft, nicht als „*merchant*" in diesen Geschäften zu qualifizieren.[1085] Da diese Geschäfte aber der selbständigen beruflichen oder gewerblichen Tätigkeit zugerechnet werden können, zu der auch ungewöhnliche und einmalige Geschäfte gehören,[1086] ist der Teppichhändler beim Abschluss dieser Verträge von dem Unternehmerbegriff im Sinne des § 14 BGB erfasst. Dementsprechend ist die Konstruktion der Begriffsdefinitionen und die Reichweite des Unternehmerbegriffs im deutschen Recht bezüglich des Kaufvertragsrechts weiter als im US-amerikanischen Kaufrecht.

1082 S.a. 2.Kapitel, A., I., 3., a).
1083 S.a. 2.Kapitel, A., II., 3.
1084 Dies ist allerdings umstritten, s.a. 2.Kapitel, A., II., 3.
1085 S.a. 2.Kapitel, A., I., 3., a).
1086 Vgl. Heinrichs in: Palandt, BGB-Komm., § 14, Rn.2.

In einem weiteren Aspekt ist der Begriff des *merchant* allerdings weiter als der Unternehmerbegriff gemäß § 14 BGB. Die Definition im UCC Article 2 erfasst ausdrücklich auch solche Verkäufer, die im Geschäftsverkehr so auftreten, als würden sie das Sonderwissen und die Fachkenntnisse eines „*merchant*" haben.[1087] Dementsprechend erfasst die Legaldefinition auch unmittelbar die Fälle, die im deutschen Recht erst durch die Rechtsscheinhaftung des Scheinunternehmers in Betracht kommen. Obwohl im deutschen Recht über eine analoge Anwendung der Verbraucherschutznormen ähnliche Ergebnisse, wie im US-amerikanischen Kaufvertragsrecht, erzielt werden, ist die Einbindung der Fälle der Scheinunternehmer an relativ hohe Anforderungen geknüpft und wird deshalb restriktiver als im US-Recht zu behandeln sein.[1088]

Schließlich existieren auch einige wenige Gemeinsamkeiten zwischen den Begriffen „Unternehmer" und „*merchant*". Beide Begriffsbestimmungen erfassen sowohl natürliche Personen, als auch juristische Personen und Personenhandelsgesellschaften. Ferner ist die „*general partnership*" im US-amerikanischen Recht problemlos als „*merchant*" zu qualifizieren, wenn diese gewöhnlich mit Waren der verkauften Art handelt, ebenso wie die unternehmerisch tätige GbR im deutschen Recht.

b) Der Vergleich des § 14 BGB mit den MMWA- und E-SIGN Act-Regelungen

Die Bundesgesetze E-SIGN Act und MMWA enthalten, wie oben gesehen, keine mit dem Begriff *merchant* oder Unternehmer vergleichbare Begrenzung des Anwendungsbereichs.[1089]

Das Bundesgesetz E-SIGN Act, das für seine Verbraucherschutzvorschriften im elektronischen Geschäftsverkehr eine Definition des Verbraucherbegriffs vorsieht[1090] und den Anwendungsbereich dieser auf den definierten Personenkreis begrenzt,[1091] enthält keine Begrenzung des Adressatenkreises. Die vergleichbare deutsche Regelung zum elektronischen Geschäftsverkehr gemäß § 312e BGB hingegen begrenzt den Adressatenkreis der Regelungen auf Unternehmer gemäß § 14 BGB. Im Gegensatz zum US-amerikanischen Gesetz, wird in der deutschen Vorschrift der Schutzbereich erweitert, indem der Kundenbegriff sowohl den privat als auch den geschäftlich Handelnden erfasst.[1092] Nur wenige Regelungen des § 312e BGB sehen eine Begrenzung des Anwendungsbereichs auf Verbraucher-Unternehmergeschäfte vor.[1093] Dementsprechend wird in diesem Regelungsbereich im US-amerikanischen und deutschen Recht eine sehr unterschiedliche Begrenzungssystematik verfolgt.

Etwas anderes ergibt sich bei der Gegenüberstellung der deutschen und US-amerikanischen Regelungen über Verbrauchsgütergarantien. Zwar sind die Vorschriften

---

1087 S.a. UCC § 2-104 (1) n.F.: "A person who (...) or otherwise by his occupation holds himself out as having knowledge or skill peculiar to the practices or goods involved in the transaction or to whom such knowledge or skill may be attributed (...)."

1088 S.a. 2.Kapitel, A., II., 3., a); wobei zu berücksichtigen ist, dass dieses Ergebnis nicht unumstritten ist; vgl. dagegen Herresthal JZ 2006, S.695ff (700ff).

1089 S.a. 2.Kapitel, A., I., 3., b).

1090 S.a. 15 U.S.C. § 7006 (1).

1091 S.a. 15 U.S.C. § 7001 (c).

1092 Vgl. Heinrichs in: Palandt, SMG-Komm., § 312e, Rn.4.

1093 S.a. § 312e II, III BGB.

über Verbrauchsgütergeschäfte im deutschen Recht grundsätzlich beschränkt auf Kaufverträge zwischen Unternehmern und Verbrauchern, während die Personenbegriffe des MMWA, wie oben beschrieben, keine vergleichbare Einschränkung enthalten. Die Vorschriften §§ 443, 477 BGB sehen aber eine Erweiterung des Adressatenkreises vor. Nach § 443 I BGB kann der Verkäufer oder ein Dritter eine Garantie über die verkaufte Sache abgeben. Dadurch wird z.B. der Hersteller und der Zulieferer erfasst, sowie andere Personen, die an der Vertriebskette des Verkaufsproduktes beteiligt sind.[1094] Da die Sondervorschrift über Verbrauchsgütergarantien gemäß § 477 BGB auf die Norm gemäß § 443 BGB verweist, gilt dieser erweiterte Anwendungsbereich auch für Garantien gegenüber einem Verbraucher.[1095] Im US-amerikanischen und deutschen Recht wird somit der Schutz des Verbrauchers vor Garantieerklärungen auf sämtliche Personen erweitert, die üblicherweise an dem Vertrieb von Verbrauchsprodukten beteiligt sind, also z.B. auch auf den Hersteller, Importeur und den Zulieferer.

Wie oben dargestellt, kann im US-Recht sogar eine private, einmalig in den Vertriebsweg mit eingebundene Person von den Regelungen über *written warranties* des MMWA erfasst werden.[1096] Ob dies auch auf die Vorschriften gemäß §§ 443, 477 BGB zutrifft, ist auf den ersten Blick nicht ersichtlich. Einerseits ist der Adressatenkreis der Vorschriften gemäß §§ 474ff BGB auf Unternehmer gemäß § 14 BGB begrenzt,[1097] andererseits enthält der Wortlaut gemäß § 477 BGB keine Einschränkung, und verweist seinerseits nur auf den „erweiterten" Rahmen des § 443 BGB. Eine Erweiterung auf private Dritte, die in ihrer Person die Eigenschaft des Verbrauchers gemäß § 13 BGB erfüllen und dennoch einmalig an der Vertriebskette eines Verbrauchsgutes beteiligt sind, würde aber der Systematik des Abschnitts über Verbrauchsgüterverträge widersprechen. Die §§ 474ff BGB sind Sondervorschriften gegenüber den allgemeinen Kaufrechtsregelungen gemäß §§ 433ff BGB, die nur für den besonderen Fall gelten sollen, in dem ein Unternehmer einem Verbraucher bewegliche Waren veräußert.[1098] Dementsprechend ist die Regelung gemäß § 477 BGB, als Bestandteil des Abschnitts, ebenfalls auf Garantieerklärungen zu begrenzen, die von einem Unternehmer gemäß § 14 BGB übernommen wurde. Eine Erweiterung auf private Dritte, wie im MMWA, ist folglich abzulehnen. Im Ergebnis ist der Anwendungsbereich des MMWA demnach weiter gefasst, als die vergleichbare deutsche Regelung über Verbrauchsgütergarantien gemäß § 443, 477 BGB.

c) Der Vergleich des § 14 BGB mit den Regelungen der UDAP Statutes

Bei dem Vergleich der unterschiedlichen Begrenzungen der Anwendungsbereiche der UDAP Gesetze mit den vergleichbaren Regelungen im deutschen Recht, führen einige systematische Unterschiede zu Schwierigkeiten. Wie schon dargelegt, ist der Adressatenkreis der Verbraucherschutzgesetze in den einzelnen US-Bundesstaaten, wenn

1094 Vgl. Heinrichs in: Palandt, SMG-Komm., § 443, Rn.8.
1095 Vgl. Heinrichs in: Palandt, SMG-Komm., § 477, Rn.3.
1096 S.a. 2.Kapitel, A., I., 3., b).
1097 Gemäß § 474 I BGB.
1098 Vgl. Heinrichs in: Palandt, SMG-Komm., Vor §§ 474ff, Rn.1.

überhaupt, sehr unterschiedlich begrenzt.[1099] Dementsprechend unterschiedlich fällt auch ihr Vergleich mit dem deutschen Unternehmerbegriff gemäß § 14 BGB aus. In einigen wenigen Einzelstaaten wird der Anwendungsbereich in ähnlicher Weise wie im Kaufrecht begrenzt. Für diese UDAP Gesetze gilt dann im Vergleich zu § 14 BGB die oben festgestellten Ergebnisse über den Vergleich des Begriffs *merchant* mit § 14 BGB. In zahlreichen anderen US-Bundesstaaten, in denen der Adressatenkreis des Verbraucherschutzgesetzes nicht beschränkt ist, ist hingegen ein breiterer Anwendungsbereich als im deutschen Recht anzunehmen.

B. Pflichten des Unternehmers und Rechte des Verbrauchers im Online-Warenhandel

I. Vorvertraglicher Verbraucherschutz im Rahmen von Online-Warenwerbung

Die Regulierung von Werbepraktiken und anderen Marktpraktiken gehört seit jeher sowohl im US-amerikanischen als auch im deutschen Recht zum vorvertraglichen (wettbewerbsrechtlichen) Verbraucherschutzrecht. Ziel dieser Regelungen ist dabei in beiden Rechtsordnungen der Schutz des Verbrauchers vor unsachgemäßer und unfairer Beeinflussung seiner Entscheidungsfreiheit im Vorfeld des Kaufentschlusses.

Das Internet spielt in diesem Zusammenhang eine besondere Rolle. Das Medium hat sich im letzten Jahrzehnt nicht nur zu einem rasant wachsenden, weltweiten Markt entwickelt, es ist auch eine neue, virtuelle Werbeplattform entstanden, die aufgrund ihrer Grenzenlosigkeit und Flexibilität von großer Attraktivität für die werbenden Anbieter ist. Werbung kann im Netz nicht nur global kommuniziert werden und zumindest theoretisch jeden Verbraucher auf der Welt erreichen, die Interaktionsfähigkeit und technischen Neuheiten ermöglichen es auch, neue Werbeformen, wie Werbelinks, Pop-Up Windows u.s.w., zu entwickeln und ganz neue Wege der Werbung und des Marketings zu beschreiten. Gleichzeitig wachsen und vervielfältigen sich aber auch die Gefahren für die Verbraucher, denn das Internet ist aufgrund seiner technischen Komplexität und Anonymität fruchtbarer Nährboden für jede Form der Manipulation, Irreführung und Beeinflussung. Der Verbraucher ist in dem elektronischen Medium verstärkt auf Informationen und ihre Richtigkeit angewiesen und ist aufgrund fehlender technischer Kenntnisse oft benachteiligt, weshalb seine Unerfahrenheit und sein mangelndes Know-how insbesondere durch aggressive Marketingstrategien ausgenutzt werden. Darüber hinaus bietet das Internet Anonymität für die Marktteilnehmer und werbenden Anbieter und birgt deshalb grundsätzlich die Gefahr der Täuschung und Verschleierung. Dabei sind im Online-Handel sowohl klassische Methoden der Beeinträchtigung anzutreffen als auch neue internetspezifische Irreführungs- und Manipulationsstrategien.

Im Folgenden wird untersucht, wie der Verbraucher im deutschen und US-amerikanischen Recht vor solchen Beeinträchtigungen in der Online-Werbung und im Online-

1099 S.a. 2.Kapitel, A., I., 3., c).

Geschäftsverkehr geschützt wird und welche Gemeinsamkeiten und Unterschiede beim vorvertraglichen Online-Verbraucherschutz existieren.

1. Verbraucherschutz vor unlauterer Online-Werbung im US-Recht

a) Die Regulierung von Online-Werbepraktiken auf Bundesebene

Auf Bundesebene geschieht die Regulierung von Werbepraktiken in erster Linie auf Grundlage des Section 5 FTCA,[1100] der daneben aber auch auf sonstige Wettbewerbstätigkeiten und nachvertragliches Verhalten anwendbar ist, wie z.B. bei der Nicht-Einhaltung von versprochenen Leistungen und Gewährleistungspflichten.[1101] Eine Begrenzung des Anwendungsbereichs des FTCA ergibt sich lediglich aus der Generalklausel Section 5 FTCA, die auf alle Handlungen „*in or affecting commerce*" anwendbar ist. Eine Beschränkung des persönlichen Anwendungsbereiches sucht man im Gesetz und in den Ausführungen der FTC vergeblich.[1102] Das Bundesgesetz FTCA dient zwar nicht nur dem Schutz der Abnehmerseite, sondern grundsätzlich auch dem Mitbewerberschutz, was dem doppelten Mandat der FTC entspricht.[1103] Allerdings nimmt die Behörde ihre Aufgaben zum Verbraucherschutz getrennt von dem Konkurrentenschutzmandat wahr, so dass der Schutz vor „*unfair or deceptive trade practices*" primär den Verbrauchern gilt. Dabei wird im Rahmen des FTCA dann aber nicht streng zwischen „Verbrauchern" und geschäftlichen Abnehmern unterschieden.

Die Formulierung „*in or affecting commerce*" ist grundsätzlich weit auszulegen.[1104] Erfasst werden im Rahmen des zeitlichen Anwendungsbereichs, wie gesagt, vorvertragliche, absatz- und nachfrage-fördernde Tätigkeiten, aber auch sämtliche nachvertraglichen Aktivitäten. Dabei ist der FTCA auf alle Aktivitäten, die im Geschäftsverkehr auf eine Gewinnerzielung gerichtet sind, anwendbar,[1105] d.h. ausgenommen sind

---

1100 Daneben existieren aber noch andere Bundesgesetze, die die Regulierung von Werbe- und Marktpraktiken zum Gegenstand haben, wie z.B. Fair Packaging Labeling Act (15 U.S.C. §§ 1451-1461), Cigarette Labeling and Advertising Act (15 U.S.C. §§1331-1340).

1101 S.a. FTC, „FTC Policy Statement on Deception", I.; Sheldon/Carter, S.9, 28.

1102 Wie oben schon dargestellt, enthält der FTCA und die Regelungen der FTC insbesondere keine Definitionen der Begriffe Verbraucher und Unternehmer. Der Begriff des Verbrauchers wird zwar im Zusammenhang mit der Konkretisierung des „Unfairness"-Begriffs nach 15 U.S.C. § 45 (n) verwendet, dort wird aber auch eine Abwägung der Interessen von Verbrauchern und dem Wettbewerb allgemein vorgenommen, so dass hierdurch keine strenge Begrenzung erfolgt, siehe 15 U.S.C. § 45 (n): "The Commission shall (...) not declare unlawful an act or practice on the grounds that such act or practice is unfair unless the act or practice causes or is likely to cause substantial injury to consumers which is not reasonably avoidable by consumers themselves and not outweighed by countervailing benefits to consumers or to competition."

1103 Section 5 (a) FTCA lautet: "Unfair methods of competition in or affecting commerce, *and* unfair or deceptive acts or practices in or affecting commerce." Die FTC leitet daraus ein Mandat zum Konkurrentenschutz und zum Verbraucherschutz ab, vgl. dazu oben 1.Kapitel, A., II., 1., e), aa); ausführlich dazu auch Reich in: Micklitz/Keßler, S.421f. Der Schutz der Mitbewerber in Marken-, Urheber- und Wettbewerbsrecht wird zusätzlich noch durch andere (Bundes-)Gesetze gewährleistet, wie z.B. durch § 43 a Lanham Act (15 U.S.C. § 1125 (a)), dazu unten im selben Abschnitt.

1104 Vgl. Sheldon/Carter, S.9.

1105 Vgl. Sheldon/Carter, S.9.

karitative Tätigkeiten, politische Kampagnen, rein privates und staatliches Handeln, soweit es sich nicht auch um eine gewinn-orientierte Tätigkeit handelt.[1106] Ausgenommen sind ferner die vom Gesetz ausdrücklich ausgeschlossenen Geschäftsbereiche.[1107]

Der Section 5 FTCA verbietet in seinem generalklauselartigen Wortlaut „unlautere oder irreführende Praktiken im Geschäftsverkehr oder mit Auswirkung für den Geschäftsverkehr“.[1108] Damit hat der Kongress dem Umstand Rechnung getragen, dass das Gesetz nicht alle Fälle unlauterer Handelspraktiken in einer erschöpfenden Verbotsliste zusammen fassen kann und begnügt sich insoweit mit der allgemeingehaltenen Formulierung, die durch die Gerichte und die ermächtigten Behörden für den Einzelfall konkretisiert werden müssen.[1109] Insbesondere der FTC obliegt es dabei die Kriterien für die Beurteilung und Auslegung der Begriffe der Unlauterkeit und Irreführung festzulegen und konkretisierende Bestimmungen für einzelne Fallgruppen zu schaffen.[1110]

Daneben enthält außerdem das Bundesgesetz Lanham Act ein generelles Verbot für unlautere Werbepraktiken. Nach der zentralen Regelung gemäß § 43 a Lanham Act liegt eine unlautere Werbung vor, wenn hierdurch die Gefahr entsteht, dass die Verbraucher über die Herkunft eines Unternehmens oder über die geschäftlichen Verbindungen und Beziehungen zwischen zwei Unternehmen getäuscht werden.[1111] Im Unterschied zu den Regelungen des FTCA und den Detailregelungen der FTC, kann die gerichtliche Durchsetzung der Vorschriften des Lanham Acts auch durch individuelle Klage betrieben werden.[1112] Allerdings dienen die Bestimmungen des Bundesgesetzes in erster Linie dem Wettbewerbsschutz und damit den Mitbewerbern und anderen marktteilnehmenden Unternehmern zur gerichtlichen Unterbindung von Werbepraktiken, die die Verbraucher von ihren eigenen Produkten ablenken.[1113] Weshalb der Fokus der folgenden Untersuchung der bundesgesetzlichen Ebene auf den Regelungen des FTCA und den Marktvorschriften der FTC liegen.

Für die Regulierung von Werbepraktiken gilt der Grundsatz der Wahrheit der Werbung („*tell the truth, the whole truth!*“).[1114] Daraus leitet die FTC die Forderung ab,

---

1106 Vgl. Sheldon/Carter, S.10.

1107 Siehe die in 15 U.S.C. § 45 (a) (2) genannten Ausnahmen, zu denen insbesondere Banken und alle anderen Formen von Kreditinstituten gehören.

1108 S.a. 15 U.S.C. § 45 (a) (1): "(...) Unfair or deceptive acts or practices in or affecting commerce are hereby declared unlawful.".

1109 S.a. H.R. Conf. Rep. No. 1142, 63d Cong., 2d Sess., at 19 (1914): „If Congress were to adopt the method of definition, it would undertake an endless task."

1110 Vgl. dazu Pitofsky, GRUR Int. 1977, S.304ff (310f).

1111 S.a. 15 U.S.C. § 1125 (a); vgl. Maxeiner/Kent in: Maxeiner/Schotthöfer, S.513ff (515ff, 527ff).

1112 Vgl. Maxeiner/Kent in: Maxeiner/Schotthöfer, S.513ff.

1113 Es wird überwiegend angenommen, dass der Lanham Act aus diesen Gründen dem Verbraucher keine Klagemöglichkeit eröffnet, vgl. Von Werder, S.303f; Wendlandt, S.35; dazu kritisch Roth, Strafbare Werbung und die neuen Medien, S.212ff; Daneben kommen für die Konkurrenten und sonstigen Unternehmen in vielen Fällen auch Klagen wegen Verletzung des Marken- oder Urheberrechts in Betracht, Rechtsbereiche die ebenfalls weitgehend bundesgesetzlich geregelt sind.

1114 S.a. zum Wahrheitsgrundsatz der FTC: FTC, „FTC Policy Statement Regarding Advertising Substantiation", Relevance of Post-Claim Evidence in Substantiation Cases; dies ist ein allgedass die werbenden Unternehmer im Zweifel alle behaupteten Tatsachen einer Werbeaussage durch nachvollziehbare Untersuchungen glaubhaft machen können (*Advertising Substantiation*).[1115] Das bedeutet, dass z.B. Aussagen über die längere Haltbarkeit und Bewährtheit eines Produkts, über erfolgte Produktuntersuchungen oder Empfehlungen Dritter in Bezug auf ein Produkt nicht der empirischen Grundlage entbehren dürfen.[1116] Dabei muss die beworbene Tatsachenbehauptung vor der Veröffentlichung der Werbung erwiesen sein.[1117] Gerechtfertigt wird die Bürde der Beweislast damit, dass eine Untersuchung durch die werbenden Anbieter gesamt-ökonomisch kostengünstiger ist, als dies den Verbrauchern zu überlassen, denen grundsätzlich weniger Wissen und Mittel zur Überprüfung von Werbeaussagen zur Verfügung stehen.[1118] Versäumt es ein Unternehmen dabei, vor der Verbreitung der Werbung, Nachforschungen über die Plausibilität der Werbeaussagen anzustellen, so verstößt es gegen Section 5 FTCA.[1119] Der Umfang der erforderlichen Untersuchungen und Belege hängen jeweils von der Art der behaupteten Tatsache, den daraus erwachsenden Vorteilen und dem umworbenen Produkt ab.[1120] Allerdings trifft das Erfordernis der Substantiierung den werbenden Anbieter nur, wenn die Werbeaussage eine Tatsachenbehauptung darstellt. Aussagen, die offensichtlich Meinungsäußerungen und allgemeine Einschätzungen über das Produkt enthalten, müssen hingegen nicht bewiesen werden.[1121]

Diese Grundregeln, einschließlich des Section 5 FTCA und der von der FTC entwickelten Regelungen und Grundsätze über irreführende und unlautere Werbe- und Marktpraktiken, die unabhängig von dem Medium gelten, durch das die Werbung transportiert wird, sind uneingeschränkt auch auf die Werbung und Marktpraktiken von Unternehmern im Internet anwendbar.[1122] Im Folgenden werden nun die beiden

---

meiner Grundsatz im US-amerikanischen Werberecht, vgl. dazu auch Strand in: Smeddinghoff, S.354.

1115 Siehe dazu grundlegend: Pfizer, Inc. 81 F.T.C. 23 (1972); s.a. FTC, „FTC Policy Statement Regarding Advertising Substantiation", The Reasonable Basis Requirement; vgl. auch Maxeiner/Kent in: Maxeiner/Schotthöfer, S.513ff (529f).

1116 Z.B. Formulierungen wie "longer lasting", "doctors recommend", "improved", "tests or studies show", "recommended by"; s.a. FTC, „FTC Policy Statement Regarding Advertising Substantiation", Standards for Prior Substantiation; vgl. auch Strand in: Smeddinghoff, S.352.

1117 S.a. FTC, „FTC Policy Statement Regarding Advertising Substantiation", Relevance of Post-Claim Evidence in Substantiation Cases; vgl. auch Pitofsky, GRUR Int. 1977, S.304ff (312f).

1118 S.a. Pfizer, Inc. 81 FTC 23 (S.62) (1972); vgl. dazu kritisch Pitofsky, GRUR Int. 1977, S.304ff (312f).

1119 S.a. FTC, „FTC Policy Statement Regarding Advertising Substantiation", The Reasonable Basis Requirement: "A statement also may be deceptive if the advertiser does not have a reasonable basis to support the claim."; s.a. In-Flight Devices Corp. v. Van Dusen Air, Inc., 466 F.2d 220 (6th Cir. 1972).

1120 S.a. FTC, „FTC Policy Statement Regarding Advertising Substantiation", Standards for Prior Substantiation; vgl. außerdem z.B. Roth v. Garcia Marquez, 942 F.2d 617 (9th Cir. 1991); Hagar v. Zaidman, 797 F.Supp. 132 (D. Conn.1992).

1121 Vgl. Strand in: Smeddinghoff, S.352; Maxeiner/Kent in: Maxeiner/Schotthöfer, S.513ff (529f).

1122 S.a. FTC, „Staff Issues Guidelines on Internet Advertising Dot Com Disclosures", Part 1, II. The Applicability of FTC Law to Internet Advertising; vgl. auch Sheldon/Carter, S.145. Das gilt grundsätzlich, mit wenigen Ausnahmen, auch für die von der FTC normierten TRR, die Verbote

Konzepte der FTC zur Regulierung irreführender und unlauterer Werbepraktiken dargestellt, d.h. die Voraussetzungen der Tatbestände sowie die klassischen Fallgruppen, einschließlich der Besonderheiten im Internet. In einem dritten Abschnitt werden die internetspezifischen Fallgruppen und Sonderprobleme der Internetwerbung analysiert.

aa) Das Verbot irreführender Werbung (deceptive advertising) im Internet

Zwar hat sich die FTC bereits zu Beginn ihrer Verbraucherschutzinitiativen für eine wettbewerbsschonende und marktliberale Regulierung des elektronischen Geschäftsverkehrs ausgesprochen,[1123] angesichts des gesteigerten Täuschungspotentials und Manipulationsrisikos im Internethandel hat die Behörde aber auch eine strenge Überwachung der Internetaktivitäten der Unternehmen hinsichtlich der Irreführung der Verbraucher angekündigt[1124]. Dabei leitet die FTC ihre Kompetenz zur Regelung und Verfolgung von irreführenden Werbepraktiken im Internet aus den allgemeinen Grundsätzen des Section 5 FTCA ab.[1125] Das bedeutet, eine unzulässige irreführende Werbung im Internet unterliegt den allgemeinen Anforderungen und der allgemeinen Auslegung des Irreführungstatbestands (*Deception Standard*).[1126]

Der Tatbestand der irreführenden Werbung ist nach Section 5 FTCA grundsätzlich weit auszulegen.[1127] Dabei existiert keine einheitliche Definition für Werbung im US-amerikanischen Wettbewerbsrecht. Werbung kann generell als jedes Verhalten am Markt bezeichnet werden, dass die Aufmerksamkeit der Öffentlichkeit auf ein Produkt, eine Dienstleistung, eine Person oder auf ein Unternehmen lenkt.[1128] Dementsprechend kann von einem sehr weitreichenden Werbebegriff ausgegangen werden, der auch sämtliche kommerzielle Kommunikationsformen im Internet erfasst. Irreführend können grundsätzlich alle Arten von falschen und manipulativen Werbeangaben sein, unabhängig davon, ob sie mündlich oder schriftlich erklärt werden und durch welches

---

für bestimmte irreführende oder unlautere Praktiken vorsehen. Eine Liste der TRR, die auch auf Internet-Werbepraktiken Anwendung finden, sind in FTC, „Staff Issues Guidelines on Internet Advertising Dot Com Disclosures", Part 1, Fn.7 zu finden.

1123 S.a. FTC, „Staff Issues Guidelines on Internet Advertising Dot Com Disclosures", Part 1, I. Introduction; siehe dazu auch 1.Kapitel, A., I., 1., e), bb).

1124 Vgl. auch Sheldon/Carter, S.425.

1125 Auf Grundlage der Generalklausel wurden die meisten Verfahren gegen irreführende Online-Praktiken eingebracht, s.a. z.B. FTC v. Consumer Credit Advocates, No. 96 Civ. 1990 (S.D.N.Y. filed Mar. 19, 1996); FTC v. Brandzel, Case No. 96 C. 1440 (N.D. Ill. filed Mar. 13, 1996); FTC v. Corizine, Case No. CIV-S-94-1446 (E.D. Cal. filed Sept. 12, 1994); FTC v. Fortuna Alliance, L.L.C. 5 Trade Reg. Rep. (CCH) ¶ 24, 039 (W.D. Wash. 1996) (proposed consent decree); FTC v. Craig Hare, Civil No.98-8194 CIV HURLEY (M.D. Fla., filed Mar. 30., 1994). Die FTC hat dabei eine Anwendung der Telemarketing Sales Rule im Online-Bereich von vorneherein ausgeschlossen, wie sich auch aus der Begrenzung des Anwendungsbereichs der Regelung ergibt, s.a. 16 C.F.R. § 310.6 (b) (6). Vgl. dazu auch Sheldon/Carter 424.

1126 FTC, „Staff Issues Guidelines on Internet Advertising Dot Com Disclosures", Part 1.

1127 S.a. FTC, „FTC Policy Statement on Deception", I..

1128 Vgl. Strand in: Smeddinghoff, S.350. Noch weiter geht die Definition der FTC in 16 C.F.R. § 238.0 1.: "(...) Advertisement includes any form of public notice however disseminated or utilized".

Medium sie erfolgen.[1129] Dabei ist nicht erforderlich, dass die getätigte Werbeangabe objektiv falsch ist, u.U. werden auch Aussagen erfasst, die zwar der Wahrheit entsprechen, aber im Zusammenhang mit anderen Aussagen und Umständen dennoch einen falschen Eindruck über bestimmte Tatsachen vermitteln. Genauso können auch unklare, undeutliche und unvollständige Informationen sowie Bilder irreführend sein.[1130] Dabei ist insbesondere zwischen objektiv nachvollziehbaren Tatsachen und übertriebenen, offenkundig nicht ernstgemeinten Anpreisungen (*puffing*) zu unterscheiden.[1131] Letztere sind grundsätzlich nicht zur Irreführung der Verbraucher geeignet und können als prozessualer Einwand von den Unternehmen geltend gemacht werden.[1132]

(1) Voraussetzungen irreführender Online-Werbung

Eine irreführende Werbung kann, unabhängig davon, ob es sich um eine reguläre oder elektronische Werbung handelt, nur bejaht werden, wenn diese zur Irreführung des vernünftigen Durchschnittsverbrauchers geeignet ist und wesentliche Auswirkungen auf die Kaufentscheidung der Verbraucher haben könnte.[1133] Das bedeutet, dass zunächst keine tatsächliche Täuschung der Verbraucher vorliegen muss. Es genügt vielmehr, wenn sich aus den Gesamtumständen ergibt, dass die Werbung wahrscheinlich eine fehlerhafte Vorstellung bei den Verbrauchern hervorrufen wird (*likely to deceive*), auf deren Grundlage Kaufentscheidungen getroffen werden.[1134] Dabei hat sich die FTC zwar grundsätzlich an dem Wortlaut der jeweiligen Aussage zu orientieren, sie hat aber auch sämtliche Begleitumstände einer Werbung zu berücksichtigen, wie z.B. die Platzierung bestimmter Informationen oder Abbildungen.[1135] Demnach kann eine Internetwerbung auch dann irreführend sein, wenn keine falschen Äußerungen im Werbetext des Werbebanners oder Werbe-Pop-Ups enthalten sind, sondern auch wenn falsche Vorstellungen durch Bilder oder andere irreführende Darstellungen im Zusammenhang mit dem Angebot vermittelt werden oder wenn wesentliche Informationen nicht klar und deutlich platziert werden. Ferner kann auch ein konkludentes Verhalten geeignet sein, fehlerhafte Vorstellungen über bestimmte Tatsachen bei den Verbrauchern hervorzurufen. In Zweifelsfällen muss die Behörde dann beweisen, dass der Sachverhalt bei den Verbrauchern eine bestimmte Vorstellung über Tatsachen

1129 S.a. FTC, „FTC Policy Statement on Deception“, II.

1130 S.a. FTC, „FTC Policy Statement on Deception“, II.; vgl. auch Sheldon/Carter, S.135; Maxeiner/Kent in: Maxeiner/Schotthöfer, S.513ff (529); Roth, Strafbare Werbung und die neuen Medien, S.201.

1131 S.a. FTC, „FTC Policy Statement on Deception“, III; Pfizer, Inc., 81 F.T.C. 23 (1972); vgl. auch Pitofsky, GRUR Int. 1977, S.304ff (312); Roth, Strafbare Werbung und die neuen Medien, S.201; Sheldon/Carter, S.127; Maxeiner/Kent in: Maxeiner/Schotthöfer, S.513ff (530).

1132 Vgl. Sheldon/Carter, S.127f. Davon können sich bei Vorliegen besonderer irreführender Umstände auch Ausnahmen ergeben, vgl. Roth, Strafbare Werbung und die neuen Medien, S.202.

1133 S.a. FTC, „FTC Policy Statement on Deception“, I; vgl. auch Maxeiner/Kent in: Maxeiner/Schotthöfer, S.513ff (529).

1134 So auch das Gericht in Beneficial Corp. v. FTC: "The tendency of the advertising to deceive must be judged by viewing it as a whole, without emphasizing isolated words or phrases apart from their context." Beneficial Corp. v. FTC, 542 F.2d 611, 617 (3d Cir. 1976), cert denied, 430 U.S. 983 (1977); vgl. daneben auch Sheldon/Carter, S.125.

1135 Vgl. Sheldon/Carter, S.135.

hervorgerufen hat.[1136] Hierbei muss weder eine Absicht zur Irreführung nachgewiesen werden, noch eine Kenntnis der irreführenden Wirkung vorliegen.[1137]

Geeignet zur Irreführung sind zudem grundsätzlich nicht nur Tätigkeiten im Sinne eines positiven Tuns, in bestimmten Fällen ist auch das Unterlassen einer Handlung, insbesondere das Nicht-Einhalten von Informationspflichten, als irreführend einzustufen.[1138] Es besteht allerdings keine generelle Aufklärungspflicht der Werbenden über alle Vor- und Nachteile eines Produkts oder einer geschäftlichen Transaktion. Bestimmte Informationen sind aber für die Entscheidung des Verbrauchers für oder gegen ein Geschäft so wesentlich, dass sie eine Aufklärungspflicht rechtfertigen.[1139] Hält der werbende Anbieter eine solche Informationspflicht nicht ein, so verstößt er ebenfalls gegen Section 5 FTCA.[1140] Hierbei gilt der Grundsatz, dass Informationen in der Werbung klar und deutlich (*clear and conspicious*) zum Ausdruck kommen müssen, eine undeutliche und unverständige Information kommt einer Nicht-Information gleich.[1141] Da im Internet viele Möglichkeiten zur Darstellung von Informationen und Inhalten gegeben sind, stellt sich die Frage der Transparenz im Besonderen für die Online-Werbung. Dazu hat die FTC eine Richtlinie erlassen, die die Anforderungen an eine nicht-irreführende, rechtskonforme Online-Werbung und die Einzelheiten der Präsentation von wesentlichen Informationen in der Internet-Werbung näher bestimmt.[1142] Diese Bestimmungen werden im Rahmen der vorvertraglichen Informationspflichten im Online-Warenhandel noch dargestellt.[1143]

Grundlage der Beurteilung der Irreführung durch die FTC ist das oben dargestellte Leitbild eines vernünftigen Durchschnittsverbrauchers,[1144] wobei der produktbezogene Aufmerksamkeitsmaßstab auf der einen Seite und insbesondere die mit der Werbung angesprochene Zielgruppe auf der anderen Seite berücksichtigt werden.[1145] Es ist hierbei vor allem der Gesamteindruck entscheidend, der dem durchschnittlichen Verbraucher des mit der Werbung angesprochenen Adressatenkreises durch die Werbung vermittelt wird.[1146] Da die Vorstellungen, das Verständnis und die Kenntnisse ver-

---

1136 S.a. FTC, „FTC Policy Statement on Deception", II; s.a. American Home Products, 98 F.T.C. 136 (1981), aff'd, 695 F.2d (3d Cir. 1982); Leonard Porter, 88 F.T.C. 546, 626, n.5 (1976).

1137 S.a. Sheldon/Carter, S.120ff.

1138 S.a. FTC, „FTC Policy Statement on Deception", II; s.a. Peacock Buick, 86 F.T.C. 1532 (1975), aff'd, 553 F.2d 97 (4th Cir. 1977); Tashof v. FTC, 437 F.2d 707 (D.C. Cir. 1970).

1139 S.a. dazu auch Sheldon/Carter, S.137f.

1140 S.a. FTC, „FTC Policy Statement on Deception", II; s.a. Volkswagen of America, 99 F.T.C. 446 (1982); Ford Motor Co., D. 9154, 96 F.T.C. 362 (1980).

1141 S.a. American Home Products, 98 F.T.C. 136, 374 (1981), aff'd, 695 F.2d (3d Cir. 1982); FTC v. Brown & Williamson Tobacco Corp., 778 F.2d 35 (D.C. Circ. 1985). Das Transparenzerfordernis geht außerdem aus Regelungen der FTC hervor, die Informationspflichten bei bestimmten Werbe- und Marktpraktiken vorsehen, z.B. Mail or Telephone Order Merchandise Rule 16 C.F.R. § 435.1 (a) (i); Telemarketing Sales Rule 16 C.F.R. § 310.3 (a) (1); Rule Against Deceptive Pricing 16 C.F.R. § 233.4 (c).

1142 S.a. FTC, „Staff Issues Guidelines on Internet Advertising Dot Com Disclosures", Part 1-3.

1143 Siehe 2.Kapitel, B., II., 2., c).

1144 S.a. 2.Kapitel, A., I., 1.

1145 S.a. FTC, „FTC Policy Statement on Deception", III; vgl. auch Pitofsky, GRUR Int. 1977, S.304ff (310, 313); Sheldon/Carter, S.128.

1146 S.a. FTC, „FTC Policy Statement on Deception", III.

schiedener Gesellschaftsgruppen sehr unterschiedlich sein können, kann dies zu unterschiedlichen Beurteilungen der Irreführung einer Werbung führen. Was das verständige und fachkundige Publikum u.U. als verständlich und nicht irreführend bezeichnet, ist in den Augen besonders schutzbedürftiger Zielgruppen, wie Kindern oder kranken Menschen, unklar, zweideutig und täuschend.[1147] Dasselbe Verbraucherleitbild legt die FTC auch bei der Beurteilung irreführender Online-Werbung zu Grunde.[1148] Maßstab ist grundsätzlich der verständige und aufmerksame Durchschnittsverbraucher der angesprochenen Zielgruppe, so dass bei einer Werbung, die sich an besondere Fachkreise richtet, z.B. ein höheres Maß an Verständigkeit und Vorbildung vorausgesetzt wird, als z.B. bei einer Werbung, die sich an die Allgemeinheit richtet. Ferner stellt die FTC noch höhere Anforderungen, wenn eine besonders schutzbedürftige Verbrauchergruppe mit der Online-Werbung angesprochen wird. So hat die Behörde z.B. bei einigen Fällen der Internet-Werbung für Diät-Produkte[1149] die psychische und physische Situation fettleibiger Menschen mitberücksichtigt, insbesondere wurde angenommen, dass diese Verbrauchergruppe besondere Erwartungen und Vorstellungen mit bestimmten Werbeaussagen verbinden und stärker, als der nicht-fettleibige Verbraucher, durch eine solche Online-Werbung in die Irre geführt werden können. In diesem Zusammenhang ist außerdem eine der wenigen neuen gesetzlichen Regelungen zum Verbraucherschutz im elektronische Geschäftsverkehr zu nennen. Der Childrens Online Privacy Protection Act[1150] und die entsprechenden Ausführungsvorschriften der FTC[1151] sollen einen verbesserten Minderjährigenschutz insbesondere in den Fällen erreichen, in denen werbende Unternehmer persönliche Daten von Kindern z.B. bei elektronischen Bestellvorgängen oder im Rahmen einer Verkaufsaktion u.s.w. abfragen und für kommerzielle Zwecke nutzen. Die einzelnen Regelungsinhalte dieser bundesrechtlichen Bestimmungen werden im Zusammenhang der rechtlichen Handhabung von irreführender Online-Werbung noch zu erörtern sein[1152] An dieser Stelle genügt die Feststellung, dass sowohl der Kongress als auch die Behörde in ihren Regelungen auf die Entwicklung solcher Marktpraktiken reagiert haben und dadurch die Unerfahrenheit und Leichtgläubigkeit von Kindern bei der Teilnahme am elektronischen Geschäftsverkehr ausdrücklich mitberücksichtigen.

Schließlich ist erforderlich, dass die irreführende Werbepraktik eine gewisse „Wesentlichkeit“ (*material deception*) für den Geschäftsverkehr hat.[1153] Das ist gegeben,

---

1147 Die FTC hat z.B. bei einer Werbung berücksichtigt, dass diese primär an kranke Menschen gerichtet war, siehe Travel King, 86 F.T.C. 715 (1975); zur Berücksichtigung des Minderjährigenschutzes z.B. Avalon Industries Inc., 83 F.T.C. 1728 (1974).

1148 S.a. FTC, „Staff Issues Guidelines on Internet Advertising Dot Com Disclosures”, Part 1, III., B. Clear and Conspicuous Disclosures in Online Advertisements: “In reviewing their online ads, advertisers should adopt the perspective of a reasonable consumer.”

1149 Z.B. FTC v. Enforma Natural Products, 5 Trade Reg. Rep. (CCH) ¶ 24,734 (C.D. Cal. Apr. 25, 2000)); FTC v. SlimAmerica, Inc., Case No. 97-6072 (S.D. Fla. filed Jan. 27, 1997).

1150 15 U.S.C. § 6501ff von 1998.

1151 16 C.F.R. § 312.

1152 Siehe 2.Kapitel, B., I., 1., a), cc), (2), (b), (bb).

1153 S.a. American Home Products Corp., 98 F.T.C. 136,368 (1981), aff'd, 695 F.2d 681 (3d Cir. 1982); Andre Strishak & Assocs. v. Hewlett Packard Co., 752 N.Y.S.2d 400 (App. Div. 2002); CompuServe, Inc. v. Patterson, 1994 U.S. Dist. LEXIS 20352 (S.D. Ohio 1994).

wenn die irreführenden Elemente der Werbung geeignet sind, die Entscheidungen der Verbraucher für oder gegen eine geschäftliche Transaktion zu beeinträchtigen.[1154] Die FTC nimmt insbesondere dann die Wesentlichkeit einer Werbepraktik an, wenn es sich um eine ausdrückliche Werbeaussage handelt, wenn der werbende Anbieter wusste oder wissen konnte, dass die nicht offengelegten Informationen für die Kaufentscheidung des Verbrauchers wesentlich sein würden oder wenn er beabsichtigte, mit den in der Werbung implizierten Angaben eine Werbeaussage zu tätigen.[1155] Eine wesentliche Irreführung durch eine Werbeaussage oder das Unterlassen von Informationen kann ferner vor allem in den Fällen angenommen werden, wenn dadurch z.B. eine Fehlvorstellung über zentrale Eigenschaften eines Produkts, wie der Verwendungszweck, die Qualität, Sicherheit oder Kosten eines Produkts betroffen sind sowie in den Fällen, in denen besondere Interessen der Verbraucher beeinträchtigt sind, wie die gesundheitliche Auswirkungen eines Produkts.[1156] Gelangt die FTC anhand dieser Kriterien nicht zu einem Ergebnis, so kann sie, ergänzend zu einer normativen Beurteilung, auch Konsumentenbefragungen zum Beweis einer Irreführung heranziehen.[1157]

(2) Klassische Fallgruppen irreführender Werbung im Internet

Die Fallgruppen irreführender Werbung im Internet sind sehr vielfältig, werden aber meist mit Hilfe der regulären Regelungen und Grundsätze gelöst. Bestimmte Fallgruppen irreführender Werbung sind, aufgrund ihrer Ausprägung oder Bedeutung für den Markt, Gegenstand bundesgesetzlicher oder behördlicher Regelungsinitiativen gewesen oder haben sich in der Rechtsprechung der Gerichte als „klassische" Fallgruppen irreführender Werbung etabliert. Dazu gehört vor allem die Irreführung durch falsche, unklare oder fehlende Information über den Preis oder wesentliche Eigenschaften eines Produkts, die Irreführung über wesentliche Merkmale des Verkäufers sowie über die angepriesene Leistung. Aufgrund der Anonymität des Internets und der fehlenden Grenzen des Mediums, haben sich sämtliche der klassischen Fälle irreführender Werbung auch im Internet verbreitet.

(a) Irreführende Werbeangaben über Preise

Eine sehr häufige Form der Irreführung in der regulären wie in der elektronischen Werbung ist die irreführende Preiswerbung. Die Anforderungen an die Werbung mit Preisen sind von der FTC in einzelnen Regelungen und Richtlinien größtenteils konkretisiert worden.[1158] Die FTC verbietet dabei sämtliche irreführenden Angaben über den Gesamtpreis, die Preisberechnung und -Zusammensetzung sowie über Preisnachlässe und -Vorteile.[1159] Beispielsweise darf nach einer Regelung der FTC über irreführ-

1154 S.a. FTC, „FTC Policy Statement on Deception", IV, Fn.44: "A claim is material if it is likely to affect consumer behavior".

1155 S.a. FTC, „FTC Policy Statement on Deception", IV; vgl. auch Sheldon/Carter, S.130.

1156 Vgl. FTC, „FTC Policy Statement on Deception", IV; vgl. auch Sheldon/Carter, S.130; s.a. J.B. Williams Co., 68 F.T.C. 481, 546 (1965), aff'd, 381 F.2d 884 (6th Cir. 1967).

1157 S.a. FTC, „FTC Policy Statement on Deception", IV.

1158 S.a. z.B. 16 C.F.R. §§ 233, 238, 251.

1159 Vgl. dazu die Nachweise bei Sheldon/Carter, S.177ff; vgl. ferner Maxeiner/Kent in: Maxeiner/Schotthöfer, S.513ff (524ff).

rende Preiswerbung[1160] mit Angaben über Preisminderungen nicht geworben werden, wenn der zuvor verlangte und jetzt geminderte Preis einen fiktiven Preis darstellt[1161] oder wenn dieser Preis für eine unangemessen kurze Zeit verlangt wurde.[1162] Grundsätzlich gilt für alle Formen der Werbung mit Preisminderungen, dass der angepriesene, geldwerte Vorteil tatsächlich bestehen muss, sonst ist die Werbung als irreführend einzustufen.[1163]

Das Gleiche gilt für Werbung mit Preisvergleichen, in denen der Unternehmer damit wirbt, ein Produkt zu geringeren Preisen anzubieten als andere Mitbewerber. Der Preisvergleich bzw. der Preisvorteil im Vergleich mit gleichwertigen Angeboten darf nicht fiktiv sein oder irreführend dargestellt werden.[1164] Außerdem bestehen für alle Arten von Werbungen mit Zugaben, Werbegeschenken und Preisnachlässen, die z.B. mit Slogans wie „Buy one- get one free", „2-For-1 Sale", „Half Price Sale" oder „50% Off" beworben werden, Informationspflichten des Unternehmers hinsichtlich der Bedingungen der Inanspruchnahme der versprochenen Vorteile. Diese Informationen sind innerhalb der Werbung klar und verständlich offenzulegen.[1165]

Ferner hat die FTC festgelegt, dass in den Fällen, in denen Bezeichnungen wie „For Free" etc. verwendet werden, es verboten ist, den Preis der als kostenlos angepriesenen Ware in den Endpreis des beworbenen Angebots mit einzukalkulieren und den Preis der Ware aufgrund dessen zu erhöhen.[1166] Die Einzelheiten, an denen sich die Unternehmen in solchen Fällen zu orientieren haben, regelt eine entsprechende Richtlinie der FTC.[1167]

Ebenso wird in der Regelung bestimmt, dass Werbeaussagen, die Bezug auf Listen- und Ladenpreise oder empfohlene Preise nehmen, zur Irreführung der Verbraucher geeignet sein können. Solche Werbeangaben suggerieren dem Verbraucher, dass der angegebene Preis dem im Handel regulär verlangten Preis entspricht. Stimmt dies nicht mit der Realität überein, ist eine irreführende Werbung gegeben.[1168] In diesem Zusammenhang wird es auch als irreführend angesehen, wenn mit Fabrikpreisen, limitierten Angeboten sowie dem Preisvorteil von vorgezogenen Käufen geworben wird, wenn die Angaben nicht der Wahrheit entsprechen.[1169]

Eine weitere Fallgruppe irreführender Preiswerbung ist die Werbung mit niedrigen Preisen und der anschließende Verkauf zu einem höheren Preis.[1170] Hierbei genügt für

1160 16 C.F.R. § 233.1ff.

1161 16 C.F.R. § 233.1 (a).

1162 16 C.F.R. § 233.1 (b).

1163 Vgl. Hollywood Carpets Inc., 86 F.T.C. 784 (1975); Spiegel, Inc., v. FTC 411 F.2d 481 (7th Cir. 1969); Regina Corp. v. FTC , 322 F.T.C. 765 (3rd Cir. 1963); siehe auch Sheldon/Carter, S.178.

1164 16 C.F.R. § 233.2 (a).

1165 16 C.F.R. § 233.4 (c).

1166 16 C.F.R. § 233.4 (a), (b).

1167 16 C.F.R. § 251.

1168 16 C.F.R. § 233.3.

1169 16 C.F.R. § 233.5.

1170 S.a. das Verbot nach 16 C.F.R. § 424; siehe dazu auch: FTC v. S.J.A. Society Corp., 5 Trade Reg. Report (CCH) 24.321 (ED Va. 1997) (proposed consent decree); Hiken Furniture Co., 91

die Irreführung, dass die Verbraucher aufgrund eines tatsächlich nicht bestehenden Vorteils auf das Angebot aufmerksam wurden.[1171]

Schließlich sind im Rahmen der irreführenden Preiswerbung noch die sog. „Bait-and-Switch“ Fälle zu nennen, die die FTC ebenfalls in einer Richtlinie konkretisiert hat.[1172] Es handelt sich dabei um die Fälle, in denen der Unternehmer in der Werbung ein Produkt anpreist (*bait*), dass er letztendlich nicht verkaufen will, sondern statt dessen das Interesse des Verbrauchers auf eine andere Ware lenken will (*switch*).[1173] Es ist in solchen Fällen verboten, wenn der werbende Unternehmer das angepriesene Produkt z.B. letztendlich nicht zum Verkauf anbietet[1174] oder nur eine unzureichende Menge vorrätig hat, die nicht dem in der Werbung angegebenen oder grundsätzlich zu erwartenden Vorrat entspricht[1175]. Die FTC verfolgt „Bait-and-Switch“ Fälle grundsätzlich bei allen Arten von Produktwerbung,[1176] besonders häufig sind dabei die Fälle, in denen die Aufmerksamkeit der Verbraucher auf besonders hochpreisige Güter gelenkt werden soll, wie z.B. Kraftfahrzeuge.[1177]

(b) Irreführende Werbeangaben über Eigenschaften des Produkts

Weit verbreitet ist auch die Werbung mit irreführenden Angaben über wesentliche Eigenschaften der angepriesenen Ware. Solche Werbemethoden haben ebenso unlängst den Internetgeschäftsverkehr erreicht. Mit wesentlichen Eigenschaften sind grundsätzlich alle Faktoren der in der Werbung angepriesenen Sache gemeint, die für die Kaufentscheidung der vernünftigen Durchschnittsverbraucher erheblich sind.

Für die Kaufentscheidung des Durchschnittsverbrauchers sind vor allem Angaben über die Qualität, Größe, Anzahl und Verwendungsmöglichkeiten des Produkts relevant, aber auch alle Angaben über die Natur, die Herkunft, die Herstellung oder Zusammensetzung des Produkts.[1178] Irreführende Werbeangaben über diese Eigenschaften sind daher nach Section 5 FTCA verboten.

F.T.C. 1115 (1978) (consent order). Diese Fälle werden auch "Low Balling“ genannt, vgl. Sheldon/Carter, S.181ff.

1171 S.a. dazu Sheldon/Carter, S.182.

1172 16 C.F.R. § 238.

1173 16 C.F.R. § 238.0 Nr.1.

1174 16 C.F.R. § 238.3 (a); s.a. Atlantic Constr. & Supply Co., 83 F.T.C. 1440 (1974) (consent order); Turkey Mountain Estates, Inc. 84 F.T.C. 698 (1974). Ebenso irreführend ist es, wenn das Produkt nicht der in der Werbung versprochenen Qualität entspricht, s.a. Willbanks Carpet Specialists, Inc., 84 F.T.C. 510 (1974).

1175 16 C.F.R. § 238.3 (c); s.a. Holiday Carpets, Inc., 76 F.T.C. 673 (1969) und Surdyk`s Liquor, Inc. v. MGM Liquor Stores, 83 F.Supp. 2d 1016 (D. Minn. 2000).

1176 Siehe z.B. Tashof v. FTC, 437 F.2d 707 (D.C. Cir. 1970); Wilbanks Carpet Specialists, Inc., 84 F.T.C. 510 (1974).

1177 Vgl. Sheldon/Carter, S.175.

1178 Siehe dazu z.B.: Sovereign Chemical & Petroleum Products, Inc., 104 F.T.C. 478 (1984) (consent order); Levitz Furniture Corp., 88 F.T.C. 263 (1976) (consent order); Corning Glass Works, 92 F.T.C. 861 (1978) (consent order); Avalon Industries Inc., 83 F.T.C. 1728, (1974); vgl. Sheldon/Carter, S.184ff.

Zu den Fällen der irreführenden Angaben über die Qualität des Produkts gehören vor allem die täuschenden Werbebehauptungen über Empfehlungen und Aussagen[1179] von Experten,[1180] bestimmten Organisationen[1181] und anderen Dritten,[1182] einschließlich der Werbung mit Kundenbefragungen[1183]. Hierher gehören aber auch die Fälle irreführender Angaben über die Vorteile eines Produkts, wie seine Haltbarkeit[1184] und die Wartung[1185] sowie die irreführende Werbung mit Garantieversprechen und schriftlichen Zusicherungen von Produkteigenschaften (sog. *written warranties*)[1186]. Zur Konkretisierung der Anforderung an die Werbung in den beiden letztgenannten Fallgruppen, hat die FTC eine Richtlinie erlassen,[1187] wonach zunächst verlangt wird, dass bei der Werbung mit einer *written warranty* der Umfang und die wesentlichen Bedingungen der gewährten Zusicherung innerhalb der Werbung angegeben und so dargestellt und platziert werden, dass der aufmerksame Durchschnittsverbraucher der angesprochenen Zielgruppe Kenntnis nehmen wird.[1188] Das gilt unabhängig davon, auf welchem Wege die Werbung kommuniziert wird, die Regelungen finden sowohl auf Werbe-Angaben auf der Verpackung,[1189] als auch auf die TV-Werbung[1190] Anwendung sowie auf Katalogwerbung und Postwurfsendungen[1191]. Gleichfalls hat die FTC in ihrer Richtlinie zur Transparenz von Informationen im Internet festgelegt, dass diese Regelungen uneingeschränkt auf Werbeversprechen und Zusicherungen im Internet

---

1179 Für die Werbung mit Empfehlungen und Bemerkungen Dritter hat die FTC ebenfalls eine Richtlinie geschaffen, s.a. 16 C.F.R. § 255. Als Empfehlungen (testimonials and endorsements) werden dabei alle Werbebehauptungen bezeichnet, die geeignet sind, bei den Verbrauchern den Eindruck zu erwecken, dass dies die Meinungen, Schlussfolgerungen, Überzeugungen oder Erfahrungswerte einer (unabhängigen) dritten Person oder Personengruppe sind, s.a 16 C.F.R. § 255.0 (b).

1180 16 C.F.R. § 255.3; dabei kann sowohl der werbende Anbieter als auch der Experte in die Verantwortung genommen werden, vgl. Sheldon/Carter, S.188, s.a. Leroy Gorden Cooper Jr., 94 F.T.C. 674 (1979) (consent order); Patricia Wexler M.D., 115 F.T.C. 849 (1992) (consent order).

1181 16 C.F.R. § 255.4.

1182 Ferner besteht die Verpflichtung bei der Werbung mit Empfehlungen Dritter, bei Bestehen einer Verbindung zwischen dem Dritten und dem werbenden Anbieter, die Verbraucher über diese Verbindung in der Werbung vollständig zu informieren, s.a. 16 C.F.R. § 255.5.

1183 16 C.F.R. § 255.1.

1184 S.a. Mutual Constr. Co., Inc., 87 F.T.C. 621 (1976); Certified Building Products, Inc., 83 F.T.C. 1004 (1973).

1185 S.a. Mutual Constr. Co., 87 F.T.C. 621 (1976).

1186 Zu den Voraussetzungen einer solchen schriftlichen Zusicherung, siehe den Abschnitt über vorvertragliche Informationspflichten, 2.Kapitel, B., II., 2., b), aa).

1187 16 C.F.R. § 239.1ff.

1188 16 C.F.R. § 239.2.

1189 16 C.F.R. § 239.2 (a), die Informationen müssen in normaler Schriftgröße gedruckt sein und Hinweise darauf enthalten, dass Details und Beschränkungen über die written warranty bei dem Warenverkäufer erhältlich sind, der das Produkt verkauft.

1190 16 C.F.R. § 239.2 (a), die written warranty einschließlich der Details über die Zusicherung müssen mindestens fünf Sekunden auf dem Bildschirm erscheinen.

1191 16 C.F.R. § 239.2 (b), die Informationen müssen in normaler Schriftgröße gedruckt sein und einen Hinweis darauf enthalten, wie und wo der Kunde den Text über die warranty, einschließlich sonstiger Informationen, erhalten kann.

gelten und den Anforderungen an eine deutliche und klare Darstellung der Informationen genügen müssen.[1192]

Wirbt der Warenanbieter mit einer Rücknahme- oder Geldzurückgarantie, [1193] so ist dies nur zulässig, wenn der Unternehmer bei Inanspruchnahme der Garantie durch den Kunden tatsächlich den vollen Warenpreis zurückerstattet.[1194] Ist eine solche Garantie an irgendwelche Beschränkungen oder Bedingungen geknüpft, muss der Garantiegeber diese Konditionen so deutlich in der Werbung platzieren, dass der durchschnittlich aufmerksame Verbraucher davon Notiz nehmen wird.[1195] Mit derselben Klarheit muss eine Haltbarkeitsgarantie dem Kunden genaue Information darüber bieten, für welche Dauer der Anbieter die Haltbarkeit des Produkts garantieren will.[1196] Auch diese Regelungen gelten gleichermaßen für Print- und Fernsehwerbung[1197] sowie für die Werbung im Internet[1198].

Daneben hat der werbende Unternehmer bei Angaben über sein Produkt stets zu beachten, dass die verwendeten Bezeichnungen und Begriffe nicht zur Irreführung der Verbraucher geeignet sind, auch die Verwendung von superlativen Begriffen, wie Einzigartigkeit und Exklusivität eines Produkts, können u.U. über die wahren Verhältnisse täuschen.[1199] Schließlich trifft den werbenden Anbieter die Pflicht die Verbraucher über sämtliche Sicherheits- und Gesundheitsrisiken aufzuklären, wenn die Gefahren einem zufälligen Nutzer nicht offensichtlich sind. Auch diese Informationen sind dem Verbraucher klar und verständlich in der Werbung mitzuteilen.[1200]

(c) Irreführende Angaben über den Unternehmer und die Leistung

In der regulären wie in der Online-Werbung wird überdies häufig mit besonders positiven Eigenschaften des Verkäufers oder Herstellers geworben, um die Aufmerksamkeit der Verbraucher auf das beworbene Angebot zu lenken und die Kaufentscheidung dadurch zu beeinflussen. Täuschende Angaben über die wesentlichen Eigenschaften des werbenden Anbieters werden ebenfalls von dem Verbot irreführender Werbung erfasst. Dazu gehören vor allem irreführende Angaben über berufliche Qualifikationen des Unternehmers sowie über die Größe und das Alter des Unternehmens.[1201] Ferner sind täuschende Angaben über den Status des Unternehmens

1192 FTC, „Staff Issues Guidelines on Internet Advertising Dot Com Disclosures", Part 3, IV., A., Specific Issues in Applying Certain Rules and Guides to Internet Activities.

1193 16 C.F.R. § 239.1.

1194 16 C.F.R. § 239.3 (a).

1195 16 C.F.R. § 239.3 (b).

1196 16 C.F.R. § 239.4.

1197 16 C.F.R. §§ 239.3, 239.4 Examples.

1198 FTC, „Staff Issues Guidelines on Internet Advertising Dot Com Disclosures", Part 3, IV., A., Specific Issues in Applying Certain Rules and Guides to Internet Activities.

1199 Dazu gehören auch fehlerhafte Angaben über „exklusive Rechte", s.a. Thompson Medical Co., 104 F.T.C. 648 (1984), aff'd 791 F.2d 189 (D.C. Cir. 1986), cert. denied , 479 U.S. 1086 (1987); Revere Chemical Corp., 80 F.T.C. 85 (1972).

1200 S.a. z.B. International Harvester Co., 104 F.T.C. 949 (1984).

1201 S.a. Waltham Watch Co., v. FTC, 318 F.2d 28 (7th Cir. 1963), cert. denied, 375 U.S. 944 (1964); vgl. Sheldon/Carter, S. 189f.

rechtswidrig[1202] sowie solche Angaben, die falsche Vorstellungen und Erwartungen über die Herstellung und den Herstellungsprozeß hervorrufen. Dabei ist es insbesondere irreführend, wenn der Anbieter in der Werbung den Namen eines anderen Herstellers nennt, sog. Fälle des Unterschiebens von Waren (*passing off*).[1203] Hierher gehören außerdem noch die Fälle, in denen der Unternehmer einen anderen Unternehmer oder dessen Ware herabsetzt oder verächtlich macht.[1204] Zwar ist es grundsätzlich erlaubt mit vergleichenden Angaben zu werben, es dürfen hierdurch aber keine täuschenden und verwirrenden Vorstellungen über den Mitbewerber oder dessen Produkt und Leistung entstehen.[1205]

Des Weiteren gehören auch fehlerhafte oder undeutliche Angaben über die in der Werbung angepriesene Leistung zu den Fallgruppen irreführender Werbung. Dies betrifft insbesondere täuschende Werbeangaben über das Verschweigen von Fehlern und Schäden des verkauften Produkts,[1206] eine Verzögerung der Lieferung oder eine beabsichtigte Nicht-Lieferung[1207] sowie die Fälle, in denen gebrauchte Produkte als neu in der Werbung angeboten werden. In einigen Fällen können auch übertrieben große Verpackungen irreführend für die Verbraucher sein, wenn die Größe außer Verhältnis zu dem Verpackungsinhalt steht.[1208] In jedem Fall ist es aber irreführend falsche Angaben über Anzahl, Größe oder das Gewicht des in der Verpackung enthaltenen Produkts zu machen.[1209]

bb) Das Verbot unlauterer Werbung (unfair advertising) im Internet

Von den Fällen irreführender Werbung sind grundsätzlich die Fälle unlauterer Werbepraktiken (*unfair acts or practices*) zu unterscheiden, die ebenfalls nach Section 5 FTCA verboten sind. Der „*Unfairness Standard*" basiert auf den von der FTC entwickelten Grundsätzen[1210] und wurde 1994 als Zusatz in Section 5 des FTCA normiert[1211].

1202 S.a. Market Dev. Corp., 95 F.T.C. 100 (1980).

1203 S.a. Lloyd`s Furs Co., 102 F.T.C. 1828 (1983) (consent order).

1204 S.a. LG Balfour Co., 79 F.T.C. 486 (1971).

1205 S.a. 16 C.F.R. § 14.15 (a) Policy Statement in Regard to Comparative Advertising; vgl. dazu auch: Maxeiner/Kent in: Maxeiner/Schotthöfer, S.513ff (531).

1206 S.a. Royal Furniture, 93 F.T.C. 422 (1979) (consent order).

1207 S.a. Kustom Enterprises Co., 85 F.T.C. 840 (1975).

1208 S.a. Avalon Industries Inc., 83 F.T.C. 1728, 1750 (1974).

1209 S.a. Owen`s Illinois Co., 92 F.T.C. 866 (1978) (consent order); Corning Glass Works, 92 F.T.C. 861 (1978) (consent order).

1210 S.a. FTC, „FTC Policy Statement on Unfairness"; die Grundlage dafür war der in den sechziger und siebziger Jahren entwickelte sog. S & H-Standard, s.a. FTC v. Sperry & Hutchinson C., 405 U.S. 223, (1972); siehe dazu auch Spiegel, Inc. v. FTC, 540 F.2d 287 (7th Cir. 1976); Heater v. FTC, 503 F.2d 321 (9th Cir. 1974); vgl. zur Entwicklung der „unfairness doctrine": Greenfield, 46 The Wayne Law Review, S.1869ff (1870ff); Orthmann, S.148ff; Sheldon/Carter, S.153ff.

1211 S.a. 15 U.S.C. § 45 (n): "The Commission shall have no authority under this section or section 57a of this title to declare unlawful an act or practice on the grounds that such act or practice is unfair unless the act or practice causes or is likely to cause substantial injury to consumers which is not reasonably avoidable by consumers themselves and not outweighed by countervailing benefits to consumers or to competition.".

Dabei ist der „*Unfairness Standard*" als übergeordnetes Prinzip zu verstehen. Das bedeutet, der Tatbestand der Unlauterkeit ist grundsätzlich weiter als der Irreführungstatbestand, weshalb bestimmte Fälle, in denen die Voraussetzungen einer Irreführung nicht vorliegen, u.U. noch als unlautere Werbung verboten sein können.[1212]

(1) Voraussetzungen der unlauteren Online-Werbung

Erste Voraussetzung für das Vorliegen einer unlauteren Markt- oder Werbepraktik ist nach Section 5 FTCA, dass durch das Geschäftsgebaren eine substantielle Verletzung der Verbraucher verursacht wurde oder das Verhalten geeignet ist, eine solche Verletzung zu verursachen (*substantial injury*).[1213] Eine substantielle Verletzung bemisst sich jeweils an der Höhe des eingetretenen oder zu befürchtenden Schadens und der Anzahl der verletzten oder gefährdeten Verbraucher, wobei beide Kriterien gleichwertig sind. Es genügt z.B., wenn eine relativ geringe Verletzung einer großen Zahl von Verbrauchern eingetreten ist oder eintreten könnte.[1214] Die Verletzung liegt meist in finanziellen Einbußen der Verbraucher. Eine Verletzung ist daneben aber auch bei nicht-verbürgten Sicherheits- oder Gesundheitsrisiken gegeben, denen der Verbraucher durch die Geschäftspraktik ausgesetzt ist.[1215] Das Erfordernis einer substantiellen Verletzung soll in erster Linie Bagatellfälle von dem Anwendungsbereich ausschließen.[1216] Nicht berücksichtigt werden dementsprechend triviale und spekulative Verletzungen sowie emotionale und andere subjektive Schäden,[1217] mit Ausnahme der Werbe- und Geschäftspraktiken, durch die ein Eingriff in die Privatheit der Verbraucher begründet wird.[1218] Dabei genügt es, wenn das Risiko einer tatsächlichen Verletzung besteht. Ebenso wenig, wie beim Irreführungstatbestand, muss eine tatsächliche Verletzung der Verbraucher vorliegen oder ein Beweis darüber erbracht werden.[1219] Das Erfordernis der substantiellen Verletzung ist in den Fällen der Internetwerbung häufig schon deshalb unproblematisch, weil eine unlautere Online-Werbepraktik regelmäßig sehr viele Verbraucher erreichen kann und daher die Erheblichkeit einer drohenden Verletzung der Verbraucher sich meist schon durch die Zahl der betroffenen Verbraucher ergibt.

1212 Vgl. dazu Greenfield, 46 The Wayne Law Review, S.1869ff (1883); Sheldon/Carter, S.153.

1213 Dies ist zugleich das maßgebliche Kriterium für die Beurteilung der „Unlauterkeit" eines Verhaltens, s.a. FTC, „FTC Policy Statement on Unfairness", Consumer Injury; International Harvester Co., 104 F.T.C. 949 (1984); vgl. Greenfield, 46 The Wayne Law Review, S.1869ff (1874).

1214 S.a. FTC, „FTC Policy Statement on Unfairness", Consumer Injury, siehe dort Fn.12; vgl. ferner FTC v. Windward Marketing, Ltd., 1997 U.S. Dist. LEXIS 17114 (N.D. Ga. Sept. 30, 1997); FTC v. J.K. Publications, Inc., 99 F.Supp. 2d 1176 (C.D. Cal. 2000).

1215 S.a. FTC, „FTC Policy Statement on Unfairness", Consumer Injury; Philip Morris, Inc., 82 F.T.C. 16 (1983); vgl. auch Greenfield, 46 The Wayne Law Review, S.1869ff (1875).

1216 S.a. FTC, „FTC Policy Statement on Unfairness", Consumer Injury.

1217 S.a. FTC, „FTC Policy Statement on Unfairness", Consumer Injury; vgl. auch Greenfield, 46 The Wayne Law Review, S.1869ff (1882).

1218 S.a. FTC, „FTC Policy Statement on Unfairness", Consumer Injury, siehe dort Fn.16; vgl. außerdem Sheldon/Carter, S.154f.

1219 Vgl. Sheldon/Carter, S.155.

Zweite Voraussetzung ist, dass die Verbraucher die drohende oder eingetretene Verletzung nicht in zumutbarer Weise verhindern können.[1220] Dieses Erfordernis trägt dem Umstand Rechnung, dass die Verbraucher als Souverän des Marktes grundsätzlich frei in ihren Entscheidungen sind und der Markt in erster Linie den Kräften der Selbstregulierung unterworfen ist.[1221] Danach kann ein Verbraucher eine Beeinträchtigung seiner Entscheidungsfreiheit, dann nicht verhindern, wenn der werbende Anbieter die Bildung eines freien und unbeeinträchtigten Kaufentschlusses verhindert oder einen Nutzen aus einem solchen Hindernis zieht.[1222]

Schließlich kann eine Werbepraktik nur dann als unlauter abgeurteilt werden, wenn die aus derselben Praktik resultierenden Vorteile für den Verbraucher und den Wettbewerb nicht im Verhältnis zu der Verletzung überwiegen.[1223] Die FTC muss allerdings nicht in jedem Einzelfall sämtliche Vor- und Nachteile einer Werbepraktik für den Wettbewerb und die Verbraucher ergründen und analysieren, sie ist vielmehr dazu angehalten, sorgfältig Indizien und Beweise zu sammeln und Kosten und Interessen gegeneinander abzuwägen, um ein unlauteres Verhalten feststellen zu können.[1224]

Zur Bestimmung der Unlauterkeit kann die FTC darüber hinaus auch die etablierten Regeln der öffentlichen Ordnung (*public policy*) heranziehen, wie sie sich aus dem Gesetz, dem Common Law oder den anerkannten Verhaltenskodizes des Marktes ergeben.[1225] Unberücksichtigt bleiben hiervon Verhaltensvorstellungen und Meinungen, die die Ansicht eines einzelnen Staates oder eines einzelnen Gerichts widerspiegeln.[1226] Die öffentliche Ordnung ist dabei allerdings kein eigenständiges Schutzelement, sondern kann lediglich neben anderen Beweisen zur Beurteilung der Unlauterkeit herangezogen werden.[1227] Die Erwägungen, ob eine Verletzung der öffentlichen Ordnung vorliegt, darf insbesondere nicht primäre Grundlage für die Begründung der Unlauterkeit darstellen.[1228]

1220 S.a. FTC, „FTC Policy Statement on Unfairness“, Consumer Injury; vgl. Greenfield, 46 The Wayne Law Review, S.1869ff (1876).

1221 S.a. FTC, „FTC Policy Statement on Unfairness“, Consumer Injury; vgl. auch Greenfield, 46 The Wayne Law Review, S.1869ff (1876); Sheldon/Carter, S.155.

1222 Vgl. Greenfield, 46 The Wayne Law Review, S.1869ff (1876ff); Sheldon/Carter, S.155.

1223 S.a. FTC, „FTC Policy Statement on Unfairness“, Consumer Injury; die FTC sieht mangels echter Vorteile für die Verbraucher in den meisten Fällen dieses Kriterium für erfüllt, vgl. dazu z.B. Watral v. Murphy Diesel Co., 358 F.Supp. 968 (E.D. Wis. 1973), Intermar Overseas, Inc. v. Argocean SA, 117 App. Div.2d 492, 503 N.Y.S. 2d 736 (1st Dept. 1986).

1224 S.a. FTC, „FTC Policy Statement on Unfairness“, Consumer Injury.

1225 S.a. 15 U.S.C. § 45 (n): "(...) In determining whether an act or practice is unfair, the Commission may consider established public policies as evidence to be considered with all other evidence"; vgl. auch FTC, „FTC Policy Statement on Unfairness“, Violation of Public Policy.

1226 S.a. FTC, „FTC Policy Statement on Unfairness“, Violation of Public Policy.

1227 S.a. FTC, „FTC Policy Statement on Unfairness“, Violation of Public Policy; vgl. auch Sheldon/Carter, S.156; Greenfield, 46 The Wayne Law Review, S.1869ff (1875).

1228 S.a. 15 U.S.C. § 45 (n): "(...) Such public policy considerations may not serve as a primary basis for such determination"; so auch nachdrücklich in Richtung der einzelstaatlichen Gerichte, Greenfield, 46 The Wayne Law Review, S.1869ff (1875f).

Für die Online-Werbung ergeben sich im Rahmen dieser Kriterien keine Besonderheiten. Die FTC wendet die Voraussetzungen des Unfairness Standard ohne Unterschied auf Online Werbepraktiken an.[1229]

(2) Klassische Fallgruppen unlauterer Werbepraktiken im Internet

Die klassischen Fallgruppen unlauterer Werbung umfassen zunächst die Fälle, in denen die Verbraucher zwar nicht in die Irre geführt werden, aber durch eine andere unangemessene Beeinflussung in ihrer Kaufentscheidung beeinträchtigt werden sollen. Dies trifft auf Werbestrategien und -Techniken zu, bei denen durch Ausüben von Druck, Zwang oder Nötigung und durch Einschüchtern oder Herabsetzen, versucht wird, den Verbraucher zu einem Kaufentschluss zu bewegen. Da das Internet neben den vielfältigen Täuschungsmöglichkeiten auch andere Wege der Beeinflussung und Beeinträchtigung begünstigt, haben sich die klassischen Fälle unlauterer Werbepraktiken ebenfalls in der virtuellen Welt gut entwickeln können.

Zu den unlauteren Werbepraktiken gehört das Ausüben eines körperlichen oder psychischen Zwangs auf den Verbraucher, erfasst werden hiervon insbesondere diverse Überrumpelungstaktiken der werbenden Anbieter, wie z.B. bei einem aggressiven Auftreten des Verkäufers im Rahmen einer individuellen Kommunikation mit dem Kunden oder das Ausüben eines zeitlichen Drucks, so dass der Verbraucher zu einem unüberlegten Entschluss gezwungen wird.[1230] Im Internet sind individuelle Verkaufsgespräche, etwa in Chatforen, selten. Dennoch können ähnliche Drucksituationen für den Verbraucher auch bei sonstiger individueller Kommunikation entstehen, wie z.B. bei individuellen Verkaufs-E-Mails. Eine unlautere Werbepraktik ist gleichfalls das Ausnutzen der Unerfahrenheit von besonders schwachen und unbedarften Verbrauchergruppen, wobei den unlauteren Werbetätigkeiten gegenüber Kindern und Jugendlichen seitens der FTC eine besondere Aufmerksamkeit geschenkt wird.[1231] Dies trifft im Besonderen auf Online-Werbetätigkeiten zu, die speziell auf Minderjährige gerichtet sind. Das Internet ist, aufgrund des einfachen und vermeintlich sicheren Zugangs vom heimischen PC aus, eine beliebte Kommunikations- und Informationsplattform für Kinder und Jugendliche und wird gerade deshalb vielfach für Werbestrategien genutzt, die Kinder und Jugendliche ansprechen sollen. Die vereinfachten Beeinträchtigungsmöglichkeiten des Internets, die Leichtgläubigkeit und das fehlende kritische Bewusstsein von Kindern und Jugendlichen begünstigen dabei unlautere Werbepraktiken im Internet. Online-Werbemethoden, die auf Minderjährige ausgerichtet sind, stehen deshalb in einem besonderen Maße unter Beobachtung der FTC.[1232]

Zu den Fällen der unlauteren Geschäftspraktiken gehören ferner solche Werbetechniken, die darauf angelegt sind, die Verbraucher in einer Not- oder Zwangslage oder einer anderen unerwarteten Situation anzutreffen und daraus einen Vorteil zuzie-

---

1229 FTC, „Staff Issues Guidelines on Internet Advertising Dot Com Disclosures", Part 1, Fn.13.

1230 Vgl. dazu im Einzelnen: Sheldon/Carter, S.162f.

1231 S.a. z.B. FTC v. Keppel & Bros., 291 U.S. 304 (1933).

1232 S.a. FTC, „Report From the Federal Trade Commission Staff, Protecting Consumers Online: The FTC's First Five Years", S.20. Die Behörde untersucht dazu vor allem Webseiten, die sich ausschließlich oder zumindest auch an Kinder richten, s.a. dazu www.ftc.gov.

hen.[1233] Auch im Internet dürfen keine gezielten Werbetechniken verwendet werden, wenn der werbende Anbieter dadurch versucht, eine bestimmte Zwangslage des angesprochenen Verbrauchers auszunutzen.

In diesem Zusammenhang sind außerdem noch die klassischen Fälle der aufdringlichen und unlauteren Werbepraktiken im Rahmen der Direktwerbung zu nennen. Dabei enthält keine der bundesrechtlichen Regelungen ein allgemeines Verbot belästigender Werbung. Ein Verbot von Direktmarketing-Methoden ergibt sich entweder aus einzelnen spezialgesetzlichen Vorschriften oder aus der Rechtsprechung der Gerichte.[1234] Zu den gesetzlich geregelten Fällen gehören zunächst die Zusendung unbestellter Waren, auf die im Rahmen der Online-Werbung noch einmal eingegangen wird,[1235] und die Vertreterbesuche an der Haustüre.[1236] Haustürgeschäfte sind als Werbepraxis grundsätzlich nicht unzulässig, die FTC hat aber eine Regelung zum Schutz der Verbraucher vor Haustürgeschäften geschaffen (sog. *Cooling-Off Period Rule*),[1237] die den Verbraucher aufgrund der besonderen geschäftlichen Situation vor übereilten Kaufentscheidungen schützen soll. Dem Anbieter werden durch diese Regelungen insbesondere einige vorvertragliche Informationspflichten auferlegt und der Verbraucher hat das Recht sich einseitig im Rahmen eines Widerrufsrechts von einem an der Haustür geschlossenen Vertrag zu lösen.[1238] Bei einer Verletzung seiner gesetzlichen Pflichten begeht der Haustür-Vertreter eine irreführende und unlautere Geschäftspraktik.[1239]

Zu den gesetzlich reglementierten Fallgruppen gehören außerdem die Fälle des Telemarketing.[1240] Auch hier gilt eine grundsätzliche Zulässigkeit der Telefonwerbung mit einigen Beschränkungen für den werbenden Anbieter, wie z.B. das Verbot des Einsatzes irreführender und unlautere Methoden sowie die Auferlegung besonderer Informationspflichten.[1241] Im *case law* entwickelte Fallgruppen unlauterer Direktwerbung sind daneben die Fälle der Briefpostwerbung, die dann unlauter sind, wenn der Empfänger seinen entgegen stehenden Willen kundgetan hat.[1242] Weitere medienspezifische Arten der Direktwerbung, wie die Faxwerbung oder der Anruf mittels

1233 Vgl. Sheldon/Carter, S.166.

1234 Vgl. dazu Wendlandt, S.125f.

1235 Siehe unten im 2.Kapitel, B., I., 1., a), cc), (2), (c).

1236 Vgl. Sheldon/Carter, S.166.

1237 Siehe 16 C.F.R. § 429; vgl. auch Sheldon/Carter, S.398ff.

1238 Siehe z.B. 16 C.F.R. § 429.1 (a), (b). Auf die Einzelheiten zur Cooling-off Rule wird in dem Abschnitt über den Verbraucherschutz nach Vertragsschluss näher eingegangen, siehe 2.Kapitel, B., III., 1., b), aa).

1239 S.a. 16 C.F.R. § 429.1.

1240 Bundesgesetzliche Regelungen zum Telemarketing sind z.B. zu finden im Telephone Consumer Protection Act (47 U.S.C. § 227), Telemarketing and Consumer Fraud and Abuse Prevention Act (15 U.S.C. §§ 6101-6108); Telephone Disclosure and Dispute Resolution Act (15 U.S.C. § 5711); Restrictions on Use of Telephone Equipment Act (47 U.S.C. § 227). Die FTC hat ferner Regulierungsvorschriften geschaffen, s.a. z.B. 16 C.F.R. § 308, 310.

1241 S.a. 16 C.F.R. § 310.3 (a), § 310.4.

1242 Siehe z.B. Rowan v. U.S. Post Office Dept., 397 U.S. 728ff (1970); vgl. dazu auch Wendlandt, S.124f.

automatischer Anrufmaschinen, werden restriktiver gehandhabt.[1243] Die Werbung mittels Fax oder automatischer Anrufmaschinen ist grundsätzlich nur zulässig, wenn der Empfänger zuvor seine ausdrückliche Zustimmung zu der Werbung gegeben hat.[1244] Gerechtfertigt wird diese vergleichsweise strenge Regelung damit, dass der Empfänger bei dem Empfang des Faxes eigene Materialien aufwenden muss, so dass ihm neben der eigentlichen Belästigung auch ein finanzieller Schaden entsteht.[1245]

Fraglich ist aber die Anwendbarkeit dieser Werbemethoden auf die einzelnen Formen der Online-Werbung. Die Cooling-Off Rule der FTC ist z.B. ausdrücklich nicht auf Distanzgeschäfte anwendbar, also Geschäfte bei denen Anbieter und der Verbraucher zu keinem Zeitpunkt in physischem Kontakt stehen.[1246] Da auch Internet-Geschäfte Distanzgeschäfte sind, ist diese FTC-Regelung folglich auch nicht auf Online-Angebote und Online abgewickelte Geschäfte anwendbar.[1247] Denkbar wäre aber die Grundsätze medienspezifischer Direktwerbung, wie dem Telemarketing oder der Faxwerbung, auf die Online-Direktwerbung mittels E-Mails anzuwenden. Dies wurde vor der Schaffung der bundesgesetzlichen Regelungen für die E-Mail-Werbung zwar diskutiert, war aber schon zu diesem Zeitpunkt aufgrund des engen Anwendungsrahmens der Vorschriften abzulehnen.[1248]

In einigen Fällen, insbesondere im Rahmen der Nicht-Einhaltung von Informationspflichten, kann es zu Überschneidungen der Fälle unlauterer und irreführender Markttätigkeiten kommen. Da der Begriff der Unlauterkeit grundsätzlich weitreichender ist, werden die Fälle der Verletzung von Informationspflichten, die nicht den Tatbestand der Irreführung erfüllen, häufig von dem „*Unfairness Standard*" erfasst.[1249] Dabei müssen allerdings zusätzlich die oben genannten Voraussetzungen der Unlauterkeit vorliegen, was hinsichtlich der Vorteilsabwägung meist unproblematisch ist, da die Information der Verbraucher im heutigen Kommunikationszeitalter immer kostengünstiger wird und daher regelmäßig die Nachteile einer Nicht-Information der Verbraucher überwiegen werden.[1250] Das trifft in besonderem Maße auf die Kommunikationsmöglichkeiten im Internet zu.

Zu den Fallgruppen unlauterer Werbung gehören ferner noch die Fälle, in denen der werbende Unternehmer seinen geschäftlichen Status ausnutzt[1251] oder gar ein strafbares Verhalten zeigt[1252] und schließlich die Fälle, in denen der Unternehmer in die private Sphäre der Verbraucher durch Sammeln von persönlichen Daten eindringt,

---

1243 Siehe 47 U.S.C. § 227 (b) (1) und die Ausführungsvorschriften der FCC 47 C.F.R. § 64.1200.

1244 Siehe 47 U.S.C. § 227 (b) (1) (A), (C); 47 C.F.R. § 64.1200 (a), (1), (3).

1245 Vgl. Wendlandt, S.125.

1246 S.a. 16 C.F.R. § 429.0 (a) (4).

1247 Siehe dazu die Ausführungen 2.Kapitel, B., III., 1., b), aa).

1248 Vgl. dazu Sheldon/Carter, Suppl. 2003, S.152f; Wendlandt, S.126ff, siehe dazu noch die Ausführungen zur rechtlichen Handhabung von E-Mail-Werbung, 2.Kapitel, B., I., 1., a), cc), (2), (d).

1249 S.a. International Harvester Co., 104 F.T.C. 949 (1984).

1250 Vgl. Sheldon/Carter, S.163.

1251 S.a. Beneficial Corp. v. FTC, 542 F.2d 611, 617 (3d Cir. 1976), cert denied, 430 U.S. 983 (1977).

1252 S.a. Genesco, 89 F.T.C. 451 (1977).

ohne dass dieser davon weiß, zugestimmt hat oder die kommerzielle Absicht kennt.[1253] Diese Fälle stehen insbesondere mit den Fällen der Zusendung unbestellter Waren und Rechnungsaufforderungen sowie die Zusendung von kommerziellen E-Mails im Zusammenhang. Aufgrund der Bedeutung dieser Problematiken für die Erwägungen des Verbraucherschutzes im elektronischen Geschäftsverkehr, werden die geltenden Regelungen zu diesen Rechtsfragen sogleich im Rahmen der internetspezifischen Fallgruppen unlauterer Werbepraktiken erörtert.

cc) Internetspezifische Fallgruppen irreführender und unlauterer Werbung

(1) Die rechtliche Handhabung von internetspezifischen Werbeformen

Das Internet hat durch seine technischen Möglichkeiten verschiedene Werbeformen hervorgebracht, die teilweise reguläre Formen der Werbung aufgreifen und technisch verändern, teilweise wurden aber auch ganz neue Formen der Werbung entwickelt, wie z.B. Werbelinks, die erst durch die Interaktionsfähigkeit des Internets möglich geworden sind.

(a) Die Beurteilung von Werbebannern

Die technisch simpelste und wohl älteste Form der Werbung im Netz sind die Werbebanner. Es handelt sich um grafisch gestaltete Werbeflächen, die in ihrer ursprünglich statischen Form am ehesten mit den Werbeanzeigen in Zeitungen und Zeitschriften vergleichbar sind.[1254] Diese ursprüngliche Form der Werbebanner wird deshalb auch nach den allgemeinen Grundsätzen, die auch für Werbeanzeigen in Printmedien gelten, beurteilt.[1255] Das bedeutet, dass die Banner grundsätzlich keine Darstellungen, Abbildungen und Äußerungen enthalten dürfen, die geeignet sind, den verständigen Durchschnittsverbraucher der angesprochenen Verbrauchergruppe in die Irre zuführen. Insbesondere sind wesentliche Informationen über das Angebot so zu gestalten, dass sie neben dem eigentlichen Werbetext innerhalb der Werbefläche deutlich wahrnehmbar sind. Ebenso wenig darf der werbende Anbieter geschmacklose, aggressive Inhalte in den Werbebannern transportieren, da dies dem Verbot der unlauteren Werbung zuwiderläuft.

Anders als die Werbung in den Printmedien, sind die Werbebanner im Internet heute längst nicht mehr auf rein statische Formen beschränkt, es existieren mittlerweile eine große Zahl von dynamischen, interaktiven und animierten Bannern, die unterschiedlich aufgebaut sind und die aufgrund ihrer bewegten, farblich gestalteten und überraschenden Effekte eine größere Aufmerksamkeit bei den Verbrauchern erreichen, als ihre nicht elektronischen Äquivalente.[1256] Gleichzeitig eignen sich diese technischen Effekte aber auch in besonderem Maße dazu, den Verbraucher zu verwirren und von

1253 S.a. GeoCities, 5 Trade Reg. Rep. (CCH) 24.485 (FTC Document No. C-3850 1999) (consent decree); FTC v. ReverseAuction.com, Inc., 5 Trade Reg. Rep. (CCH) 24.688 (D.C. Jan. 6, 2000) (consent decree).

1254 Vgl. Ladeur, Rn.22.

1255 S.a. FTC, „Staff Issues Guidelines on Internet Advertising Dot Com Disclosures", Part 2, III., C., 1., e) Clear and Conspicuous Disclosures in Online Advertisements.

1256 Siehe zu den einzelnen Bannerformen z.B. Ladeur, Rn.23ff.

wesentlichen Informationen abzulenken. Dementsprechend müssen die werbenden Anbieter neben den inhaltlichen Anforderungen an die Werbeaussagen und -darstellungen bei solchen dynamischen Werbebannern darauf achten, dass die technisch eingebauten Effekte keine falschen oder unvollständigen Eindrücke und Vorstellungen vermitteln, z.B. in dem wichtige Informationen durch aktive Grafiken zeitweise überdeckt werden oder mit dynamischen Elementen untermalt werden, so dass eine Wahrnehmung kaum noch möglich ist. Dabei sind animierte Grafiken und andere visuelle Effekte nicht grundsätzlich irreführend, eine Täuschung kann sich erst aus dem Gesamteindruck der Werbung und den begleitenden Umständen ergeben.[1257]

(b) Die Beurteilung von Werbe-Pop-Ups und Interstitials

Diese Grundsätze gelten ebenfalls für sog. Werbe-Pop-Ups, die als technisch weiterentwickelte Variante der sog. Unterbrecherwerbung im Fernsehen nachempfunden ist.[1258] Es handelt sich um Werbe-Fenster die sich vor dem vollständige Aufbau der angeklickten Webseite auf dem Bildschirm erscheinen und entweder ganz (Interstitial) oder teilweise (Pop-Up) die Webseite bedecken.[1259] Da diese Fenster sich unabhängig von der Webseite aufbauen, erreichen sie meist noch ein höheres Maß an Aufmerksamkeit bei den Verbrauchern als die Werbebanner.[1260] Der Internetnutzer kann entweder durch Anklicken das Werbefenster schließen oder es verschwindet automatisch nach Ablauf einiger Sekunden. Auch hier gelten neben den inhaltlichen Anforderungen, die besonderen Voraussetzungen an die technische Gestaltungsform des Pop-Up Windows. Technisch animierte oder interaktive Pop-ups müssen so gestaltet sein, dass die technischen Elemente den Verbraucher nicht über das angebotene Produkt in die Irre führen oder in besonderem Maße von wesentlichen Informationen ablenken oder diese gar überlagern.[1261]

(c) Die Beurteilung von kommerziellen Links

Die dritte große Gruppe von neuen Werbeformen des Internets sind die verschiedenen Formen von (Hyper-)Links. Links sind Verknüpfungen zwischen Webseiten, die je nach Form des Links eine mehr oder weniger feste Verbindung zwischen den Webseiten aufbauen.[1262] Sie stellen meist eine farblich gesondert gekennzeichnete oder auf eine andere Weise hervorgehobene Zeile dar, die sowohl innerhalb eines Textes als auch außerhalb eines Textes stehen kann. Wird der Link angeklickt, entsteht die Verbindung.

1257 S.a. FTC, „Staff Issues Guidelines on Internet Advertising Dot Com Disclosures", Part 2, III., C., 3. Clear and Conspicuous Disclosures in Online Advertisements.

1258 Vgl. Ladeur, Rn.189.

1259 Hierbei ist zwischen Werbe-Pop-Ups zu unterscheiden, die nur einen Teil der Webseite überlagern, und sog. Interstitials, die dadurch gekennzeichnet sind, dass sie nahezu den gesamten Bildschirm einnehmen, s.a. dazu Ladeur, Rn.189f.

1260 Vgl. Ladeur, Rn.189.

1261 S.a. FTC, „Staff Issues Guidelines on Internet Advertising Dot Com Disclosures", Part 2, III., C., 3. Clear and Conspicuous Disclosures in Online Advertisements.

1262 Vgl. Ladeur, Rn.201.

Links werden sehr häufig zur kommerziellen Kommunikation genutzt. Über andere Webseiten oder Suchmaschinen können über Links Verbindungen zu den Webseiten von Warenanbietern, Webshops und Seiten von Online-Auktionshäusern erstellt werden, wobei sehr häufig ein Werbeelement, der Marken- oder Firmenname oder sogar eine Werbeaussage in dem Link selber enthalten sind. Im Internet haben sich eine große Zahl von verschiedenen Linkformen entwickelt, von denen hier nur die dargestellt werden sollen, die für Werbezwecke besonders häufig genutzt werden.

Zu nennen ist zunächst das sog. Framing. Bei dieser Form der Verknüpfung entsteht eine Verbindung innerhalb derselben Seite oder mit fester Verbindung zu einer anderen Webseite. Beim Framing bleiben typischerweise beide Elemente wahrnehmbar.[1263] Beim Deep-Linking wird der Nutzer unmittelbar auf eine spezifische, meist tiefer liegende Seite geleitet, z.B. eine Bestellseite, die mit der Ausgangsseite fest verbunden ist.[1264] Da die meisten privaten Nutzer des Internets über Suchmaschinen nach Informationen und Angeboten im Netz suchen, sind ferner solche Links zu nennen, die über Schlüsselwörter, offene oder verdeckte keywords (sog. Metatags), in den Trefferlisten der Suchmaschinen angegeben werden.

Die Verwendung solcher und anderer Hyperlinks zu Werbezwecken ist aus verbraucherschutzrechtlicher Sicht grundsätzlich unbedenklich. So hat z.B. die FTC festgestellt, dass gerade die Verknüpfungsmöglichkeiten durch Hyperlinking im Internet eine wettbewerbsfördernde Wirkung haben, indem dem Verbraucher und potentiellen Kunden eine einfache, bequeme und breite Abfrage von Angeboten ermöglicht wird.[1265] In der Vergangenheit haben die Internetlinks auf bundesrechtlicher Ebene eher Fragen des Urheber- und Markenrechts sowie des wettbewerbsrechtlichen Konkurrentenschutzes aufgeworfen.[1266] In diesem Zusammenhang stellte sich zunächst bei der Verwendung von einfachen Links, Deep-Links und Frames die Frage der Vereinbarkeit mit den Regelungen über den Mitbewerberschutz.[1267] Dabei war insbesondere fraglich, ob ein Webseitenbetreiber, der mittels eines Links frei zugängliche Inhalte,

1263 Dazu ist außerdem auch das sog. Inline-Linking zu zählen. Beide Techniken zeichnen sich dadurch aus, dass beim Anklicken des Links Inhalte fremder Rechner aufgerufen werden, vgl. dazu Köhler, S.245; Ladeur, Rn.208.

1264 Vgl. Dahm, 82 Texas Law Review, S.1053ff (1055); Köhler, S.244; Ladeur, Rn.207.

1265 S.a. FTC, „Staff Issues Guidelines on Internet Advertising Dot Com Disclosures", Part 2, III., C., 1., b) Clear and Conspicuous Disclosures in Online Advertisements.

1266 S.a. Oppedahl & Larson v. Advanced Concepts, (U.S. D.C. Colo., No.97-CV-1592; Playboy Enterprises, Inc. v. Calvin Designer Label (U.S. D.C. N.D. Cal. 97-3204); Ticketmaster Corp. v. Microsoft Corp., No. 97-3055 DDP (C.D. Cal. filed Apr. 28, 1997); zum Framing, s.a. The Washington Post, Co. v. Total News, Inc. No. 97 Civ. 1190 (S.D.N.Y. filed Feb. 20, 1997). Vgl. zum Thema auch: Burk, Journal of Information Law & Technology, 1998 (2 Issue), Nr.1ff; Dahm, 82 Texas Law Review, S.1053ff (1056ff); Nathenson, 12 Harvard Journal of Law & Technology, S.43ff (48f); Kuester/Nieves, The Journal of Information Law & Technology, 1998 (2 Issue), S.243ff; Hertz/Wood in: Maxeiner/Schotthöfer, S.619ff (627); Menke, WRP 1999, S.982ff (982); Kotthoff, K&R 1999, S.157ff (158); Köhler, S.247; Wendlandt, S.577ff.

1267 Siehe z.B. Ticketmaster Corp. v. Microsoft Corp., No. 97-3055 DDP (C.D. Cal. filed Apr. 28, 1997); Futuredontics, Inc. v. Applied Anagramics, Inc., (1997) 45 U.S.P.Q.2D (BNA) (2005); The Washington Post, Co. v. Total News, Inc. No. 97 Civ. 1190 (S.D.N.Y. filed Feb. 20, 1997); vgl. dazu auch Burk, Journal of Information Law & Technology, 1998 (2 Issue), Nr.1ff.

wie Angebote anderer Unternehmen, auf seiner Seite verknüpft, die Verbraucher über eine geschäftliche Beziehung zwischen ihm und dem verlinkten Unternehmen täuscht und damit u.a eine wettbewerbsrechtliche Verletzung begeht.[1268] Die zunächst vorherrschende Überzeugung der Gerichte, dass bereits durch das Setzen eines einfachen Links der Eindruck einer geschäftlichen Beziehung durch die elektronische Verknüpfung entsteht,[1269] wurde teilweise heftig kritisiert.[1270] Da die Verwendung von Links dem Internet wesensimmanent ist und ohne die Verknüpfungen die Informationsflut des Web kaum zu bewältigen wäre, hat im US-amerikanischen Recht allmählich ein Umdenken eingesetzt,[1271] das allerdings noch nicht zu einer klaren Entscheidung für die Zulässigkeit von Deep-Links und Frames geführt hat. Diesbezüglich müssen weitere Entscheidungen der Gerichte abgewartet werden.[1272]

Ein anderes wettbewerbsrechtliches Problem besteht des Weiteren bei Hyperlinks, die über offene Schlüsselwörter oder Metatags in Suchmaschinen zur kommerziellen Kommunikation genutzt werden. Da die Wahl der Schlüsselwörter und die Position in den Trefferlisten der Suchmaschinen die Internetpräsenz eines Warenanbieters stark beeinflussen kann, ist ein aggressiver Wettbewerb unter den Anbietern entbrannt, weshalb die Gerichte schon des Öfteren markenrechtliche Verstöße und andere Beeinträchtigungen der Konkurrenten festgestellt haben.[1273] Es wird insbesondere bei der Verwendung von fremden Firmen-, Unternehmensnamen oder Produktnamen als Metatag ein Anhängen an den guten Ruf oder das Übernehmen eines fremden Arbeitsergebnisses angenommen. Den „ausgebeuteten" Unternehmen steht hier gegen regel-

1268 Im Rahmen des Wettbewerbsrechts stellte sich vor allem die Frage, der Verletzung von § 43a Lanham Act (15 U.S.C. § 1125), vgl. Kuester/Nieves, The Journal of Information Law & Technology, 1998 (2 Issue), S.243ff (261ff); vgl. zu den urheberrechtlichen und markenrechtlichen Fragen bei der Verwendung von Links auch Burk, Journal of Information Law & Technology, 1998 (2 Issue), Nr.4-9. Zur Beurteilung dieser Werbeformen nach dem Deceptivness Standard vgl. Nathenson, 12 Harvard Journal of Law & Technology, S.43ff (93ff).

1269 S.a Ticketmaster Corp. v. Microsoft Corp., No. 97-3055 DDP (C.D. Cal. filed Apr. 28, 1997); Futuredontics, Inc. v. Applied Anagramics, Inc., (1997) 45 U.S.P.Q.2D (BNA) (2005); vgl. dazu auch Burk, Journal of Information Law & Technology, 1998 (2 Issue), Nr.10.

1270 Z.B. Burk, Journal of Information Law & Technology, 1998 (2 Issue), Nr.2; Kuester/Nieves, The Journal of Information Law & Technology, 1998 (2 Issue), S.243ff (269ff).

1271 Z.B. hat das Gericht in dem Fall Knight-McConell v. Cummins bei der Verwendung eines Links, der Verknüpfungen zu fremden Angeboten enthielt, die Täuschung über geschäftliche Beziehungen zwischen den beiden Anbietern verneint, siehe Knight-McConell v. Cummins, U.S. S.D.N.Y., (2004) 03 Civ. 5035 (NRB). Dazu gibt außerdem die Fortführung des Falles Kelly v. Arriba Soft Corp., 2002 WL 181351 (9th Cir., Feb. 6, 2002) Anlass, in dem das Gericht eine Abkehr von der grundsätzlichen Unzulässigkeit bei der Verwendung von Deep-Links zu fremden Angeboten und Informationen angedeutet hat.

1272 Eine umfassende Darstellung internationaler Rechtsentwicklungen (auch des deutschen und US-amerikanischen Rechts) und des Entscheidungsmaterials zur rechtlichen Behandlung von Links sind im Internet unter www.searchengine.com (zuletzt 1.8.2007) und www.linksandlaw.com (zuletzt 1.8.2007) zu finden.

1273 Siehe z.B. Oppedahl & Larson v. Advanced Concepts, (U.S. D.C. Colo., No.97-CV-1592; Playboy Enterprises, Inc. v. Calvin Designer Label (U.S. D.C. N.D. Cal. 97-3204); Institution Technologies, Inc. v. National Envirotech Group, L.L.C. Civ. No.97-2064, D.C. Louisiana; Hasbro, Inc. v. Internet Entertainment Group Ltd,, 1996 WL 84853 (W.D. Wash. Feb. 9, 1996); vgl. dazu auch Padawer, 81 Washington University Law Quarterly (2003), S.1099ff (1103ff).

mäßig ein Anspruch auf Unterlassung zu.[1274] Solche Verstöße können indes aber auch zur Irreführung der Verbraucher führen, wenn die allgemeinen Voraussetzungen des Section 5 FTCA gegeben sind. Der Irreführungstatbestand kann z.B. bei der Verwendung von Metatags erfüllt sein, wenn deren Benutzung in keinem sachlichen Zusammenhang zu den auf der verknüpften Webseite befindlichen Informationen und Angeboten stehen und die Verbraucher über den Inhalt der Webseite getäuscht werden, was z.B. bei der Verwendung eines fremden Firmennamens als Schlüsselwort in einer Suchmaschine der Fall ist.[1275] Hierbei darf auch die Link-Zeile und die Beschreibung des Links bzw. der Webseite in der Trefferliste, für die der werbende Anbieter verantwortlich ist, keine irreführenden Elemente enthalten. Diese Anforderungen gelten, trotz der grundsätzlichen Zulässigkeit, auch für die Verwendung von Deep-Links und Frames.

(2) Sonderprobleme der Online-Werbung

(a) Die Behandlung der Fälle des Webcramming

Aufgrund der besseren Täuschungsmöglichkeiten der Verbraucher im Internet haben sich nicht nur klassische Fallgruppen irreführender und unlauterer Werbepraktiken im Online-Geschäftsverkehr schnell verbreiten können, oft werden auch klassische Irreführungsmethoden und unlautere Strategien technisch weiterentwickelt. Zu den neuen Fällen irreführender Online-Werbung gehört das sog. Web-Cramming. Dabei werden die Verbraucher im Rahmen einer Online-Werbung mit besonders günstigen Angeboten, kostenlosen Zugaben und Diensten angelockt und werden dann, z.B. im Rahmen des Bestellvorgangs, dazu veranlasst, teure Downloads vorzunehmen oder kostenintensive Service-Telefonnummern anzurufen, über deren Kosten der Verbraucher nicht oder unzureichend in der Werbung informiert wird.[1276] Solche irreführenden Marktpraktiken sind bereits aus dem Telemarketing bekannt. Im Rahmen der Regelungen der FTC[1277] ist eine Telefonwerbung als irreführend einzustufen, wenn der Verbraucher zuvor nicht über die Kosten des Anrufs informiert worden ist.[1278] Diese

1274 Siehe Oppedahl & Larson v. Advanced Concepts, (U.S. D.C. Colo., No.97-CV-1592; Institutions Technologies, Inc. v. National Envirotech Group, L.L.C. Civ. No.97-2064, D.C. Louisiana; Playboy Enterprises, Inc. v. Asia Focus & Internet Promotions (Civ. No.C-97-3204 D.C. California); Playboy Enterprises, Inc. v. Calvin Designer Label (U.S. D.C. N.D. Cal. 97-3204); Kuester/Nieves, The Journal of Information Law & Technology, 1998 (2 Issue), S.243ff (274ff); Padawer, 81 Washington University Law Quarterly, S.1099ff (1112); Menke, WRP 1999, S.982ff (982); Kotthoff, K&R 1999, S.157ff (158); Viefhues, MMR 1999,, S.336ff (337); Wendlandt, S.578ff.

1275 S.a. Oppedahl & Larson v. Advanced Concepts, (U.S. D.C. Colo., No.97-CV-1592; Playboy Enterprises, Inc. v. Calvin Designer Label (U.S. D.C. N.D. Cal. 97-3204); vgl. auch Köhler/Arndt/Fezer, S.247.

1276 Vgl. dazu Sheldon/Carter, S.424.

1277 Dieses Problem tritt beim Telemarketing im Zusammenhang mit 900-Nummern auf. Auf Bundesebene bestimmt der Telephone Disclosure and Dispute Resolution Act (15 U.S.C. § 5711-14, 5721-24) ein Verbot solcher Praktiken; die entsprechende Regelung der FTC ist in 16 C.F.R. § 308 zu finden. Daneben müssen die Unternehmer beim Telemarketing die Anforderungen der Telemarketing Sales Rule (16 C.F.R. § 310) beachten.

1278 Siehe 16 C.F.R. § 308.3 (b) (1).

Regelungen finden Anwendung, wenn der Verbraucher zu einem Telefonanruf durch die Werbung veranlasst wird, unabhängig davon, ob es sich um eine Internetwerbung oder Werbung durch andere Medien handelt.[1279] Keine Anwendung finden die Regelungen über das Telemarketing auf Online-Dienste,[1280] so dass ein durch die Internetwerbung veranlasster Download von Software nicht von der Regelung erfasst wird. Jedoch leitet die FTC aus den allgemeinen Grundsätzen über irreführende Werbung in solchen Fällen das Verbot ab, mit einem günstigen oder kostenlosen Angebot zu werben, wenn dadurch die Verbraucher über die tatsächlichen Kosten des Angebots in die Irre geführt werden. Auf diesem Wege ist die Behörde schon mehreren Fällen von Web-Cramming entgegengetreten.[1281]

(b) Der Datenschutz der Verbraucher im Netz (Invasion of Privacy)

(aa) Allgemeine datenschutzrechtliche Regelungen im Bundesrecht

Eine weitere Fallgruppe von online-spezifischen Geschäftspraktiken ist die Erhebung, Speicherung und Nutzung von personenbezogenen Verbraucherdaten zu kommerziellen Zwecken, die im US-amerikanischen Recht den Fällen der *Invasion of Privacy* zu zuordnen ist.[1282] Solche Marketingmethoden sind zwar bereits aus dem nicht-elektronischen Handel bekannt, haben aber durch das Internet neue Dimensionen erreicht. In diesen Fällen veranlassen Unternehmen im Rahmen von Marketingstrategien die Verbraucher zur Angabe von persönlichen Daten, wie Name, Adresse, Bankdaten sowie Informationen über das Kaufverhalten der Verbraucher. Diese Daten werden dann von den Unternehmen selbst zu Marketingzwecken eingesetzt oder zu diesem Zweck an andere Unternehmen verkauft, ohne dass der Verbraucher bei der Angabe der Daten von der kommerziellen Verwendung weiß. Außerhalb des Online-Handels werden persönliche Daten z.B. im Rahmen von Gewinnspielen, Kundenkartensystemen und anderen Interaktionsstrategien abgefragt. Da eine nicht-elektronische Datenerhebung und -Verwaltung aber immer noch einen relativ hohen und organisatorischen und finanziellen Aufwand erfordert, sind solche Marketingstrategien in der nicht-elektronischen Welt mit einigen Hindernissen verbunden. Im Internet aber entfallen durch die technischen Kommunikationsmöglichkeiten ein Großteil dieser Hindernisse. Daten lassen sich im Internet in größerem Umfang, einfacher und mit einem geringen Kostenaufwand abfragen, sammeln, speichern und weitergeben. Außerdem bietet die Anonymität, Größe und Unübersichtlichkeit des Internets gute Voraussetzungen, ohne das Wissen des aufmerksamen Verbrauchers, Daten von ihm aufzunehmen, diese zu verwenden und zu vertreiben. Hierdurch ist ein internetspezifischer Datenmarkt hinter

1279 S.a. FTC, „Staff Issues Guidelines on Internet Advertising Dot Com Disclosures", Part 1, II., The Applicability of FTC Law to Internet Advertising; vgl. auch Sheldon/Carter, S.425.

1280 S.a. 16 C.F.R. § 310.6 (b) (6).

1281 S.a. FTC v. Consumer Credit Advocates, No. 96 Civ. 1990 (S.D.N.Y. filed Mar. 19, 1996); FTC v. Brandzel, Case No. 96 C. 1440 (N.D. Ill. filed Mar. 13, 1996); FTC v. Fortuna Alliance, L.L.C. 5 Trade Reg. Rep. (CCH) ¶ 24, 039 (W.D. Wash. 1996) (proposed consent decree); FTC v. Hillary Sheinkin, No. 2-00-3636-18 (D. S.C. filed 18, 2000); FTC v. Ty Anderson, No. C00-1843P (W.D. Wash. filed Oct. 27, 2000); FTC v. Verity International, Ltd. 194 F.Supp. 2d 270 (S.D. N.Y. 2000).

1282 Vgl. dazu auch Sheldon/Carter, S.201; Hertz/Wood in: Maxeiner/Schotthöfer, S.619ff (630).

dem eigentlichen Online-Markt entstanden, der unter dem Stichwort „der gläserne Verbraucher" vor allem datenschutzrechtliche Fragen aufwirft.[1283]

Zunächst ist festzuhalten, dass das US-amerikanische Recht kein allgemeines Datenschutzgesetz besitzt, auf Bundesebene hat lediglich eine anlassbezogene Gesetzgebung stattgefunden, die in einzelnen Bereichen Schutzstandards festschreiben.[1284] Nach den bereits bestehenden Regelungen ist eine Datenerhebung und Datenverwendung zu kommerziellen Zwecken im US-amerikanischen Bundesrecht grundsätzlich zulässig und unterstehen lediglich den wirtschaftlichen Verhaltenskodizes,[1285] die allerdings nicht alle Online-Anbieter zwingend zur Entsprechung der dort niedergelegten Anforderungen verpflichtet.[1286]

Da die Erhebung und insbesondere die Verwendung und Weitergabe personenbezogener Daten im Internet bei den US-amerikanischen Verbrauchern große Verunsicherung ausgelöst haben, wurde schon früh eine rechtliche Diskussion über die Notwendigkeit einer gesonderten gesetzlichen Regelung zum Datenschutz im Internet geführt.[1287] Die FTC, die zunächst auf eine Selbstregulierung durch die Unternehmen setzte, musste bald erkennen, dass die von der Wirtschaft eingesetzten, selbstregulierenden Mittel keinen hinreichenden Datenschutz gewährleisten konnten und sprachen sich daher in ihrem Bericht an den Kongress für die Schaffung einer bundesrechtlichen Regelung aus,[1288] nicht zuletzt um der Entwicklung einer zersplitterten einzelstaatlichen Rechtslage zuvorzukommen. In der Folgezeit sind zahlreiche Gesetzesvorhaben im US-amerikanischen Kongress eingebracht worden, wie z.B. zuletzt die Gesetzesvorlage zum „Consumer Privacy Protection Act of 2005",[1289] die allerdings alle im Ergebnis an der erforderlichen Mehrheit scheiterten, so dass es zu der Verabschiedung eines solchen Datenschutzgesetzes auf Bundesebene bis heute nicht gekommen ist.

Es verbleibt insoweit lediglich die Möglichkeit, nach den allgemeinen Grundsätzen der „*unfairness*" gegen die Fälle der Datenerhebung und -verwendung vorzugehen.

1283 Vgl. Hertz/Wood in: Maxeiner/Schotthöfer, S.619ff (630f); Sheldon/Carter, S.201.

1284 Zu den Bundesgesetzen zum Datenschutz gehören z.B. der Privacy Act von 1974 (15 U.S.C. § 552a), der die staatliche Datenerhebung und Weitergabe regelt, der Gramm-Leach-Bliley Act (15 U.S.C. §§ 6801-6809) und der Fair Credit Reporting Act (15 U.S.C. §§ 1681ff), die beide den Datenschutz im Rahmen von Finanzdienstleistungen regeln und der Childrens Online Privacy Protection Act (15 U.S.C. §§ 6501ff), der den Datenschutz für Minderjährige im Internet regelt, dazu sogleich im nächsten Abschnitt. Vgl dazu Gindin, 34 San Diego Law Review, S.1153ff (1165ff); Genz, S.75.

1285 Damit sind die Verhaltensregelungen der Network Advertising Initiative gemeint (NAI), im Internet unter: http://www.networkadvertisinginitiative.org (zuletzt 1.8.2007); vgl. dazu auch Schaar, S.225ff.

1286 Einerseits haben diese Prinzipien keine gesetzliche Bindungswirkung und betreffen andererseits nur diejenigen, die sich der NAI angeschlossen haben, vgl. dazu Grimm/Roßnagel, DuD 2000, S.446ff (447ff).

1287 Siehe dazu insbesondere den Bericht der FTC „Privacy Online: Fair Information Practices in the Electronic Marketplace"; vgl. auch Gindin, 34 San Diego Law Review, S.1153ff, die im Ergebnis eine einheitliche bundesrechtliche Regelung für erforderlich hält.

1288 Vgl. den Bericht der FTC von 2000, FTC „Privacy Online: Fair Information Practices in the Electronic Marketplace", S.36; siehe außerdem den Bericht von 1998, FTC, „Privacy Online: A Report to Congress", S.41ff.

1289 Siehe HR 1263, 10.3.2005, bill of an act, "Consumer Privacy Protection Act".

Die FTC leitet einige Mindestanforderungen an solche Praktiken auf Grundlage der Generalklausel des Section 5 FTCA ab.[1290] Danach wurden insbesondere intransparente Datenverwendungspraktiken, unabhängig davon, ob die Datenerhebung allein durch das Internet oder durch andere Methoden erfolgt ist, als unlautere Marktpraktik bewertet.[1291] Als unzulässig wurde die Nutzung von personenbezogenen Daten insbesondere dann beurteilt, wenn die Datenabfrage der Anbieter nicht in einem erkennbaren sachlichen Zusammenhang zu einem kommerziellen Zweck erfolgte und der Verbraucher nicht über die kommerzielle Verwendung der Daten klar und verständlich informiert wurde.[1292] Zusätzlich hat die FTC hinsichtlich der aufkommenden Problematik im Netz in ihren Berichten folgende Prinzipien im Umgang mit Verbraucherdaten im Netz zu kommerziellen Zwecken gefordert: Der Verbraucher muss zunächst über die Datenverarbeitungspraxis des Unternehmers informiert werden, d.h. es sollten Informationen über die Art der Daten und ihrer Speicherung sowie die Verwendungs- und Weitergabeabsichten vorhanden sein (*notice*). Die Verbraucher sollten dabei eine Wahlmöglichkeit hinsichtlich der Nutzung ihrer Daten haben (*choice*). Zudem sollten sie stets einen Zugang zu den von ihnen gespeicherten Daten haben (*access*). Schließlich wird gefordert, dass die Unternehmer angemessene Maßnahmen für die Sicherheit der erhobenen und verwendeten Daten ergreifen (*security*).[1293]

Die Beachtung dieser Forderungen ist allerdings keine rechtliche Voraussetzung für die Zulässigkeit einer Erhebung und Verwendung von personenbezogenen Daten im Netz. Der FTC verbleibt lediglich in den Fällen, in denen die Voraussetzung der „*unfairness*“ gegeben sind, die Möglichkeit verfahrensrechtlich gegen solche Praktiken vorzugehen. Solange eine bundesgesetzliche Regelung in diesem Rechtsbereich nicht vorhanden ist, ist auch keine weitergehende Regulierung des Datenmarktes im Internet durch die Bundesbehörde zu erwarten.

(bb) Datenschutz von Minderjährigen im Netz nach dem COPPA

Im Gegensatz zu der fehlenden gesetzlichen Initiative zum allgemeinen Datenschutz, sah sich der Bundesgesetzgeber aufgrund der besonderen Gefahren, die das Internet für Kinder und Jugendliche mit sich bringt, zu der Schaffung eines entsprechenden

---

1290 Siehe FTC „Privacy Online: Fair Information Practices in the Electronic Marketplace", S.33; vgl. außerdem Grimm/Roßnagel, DuD 2000, S.446ff (448); Sheldon/Carter, S.201.

1291 Ein solcher Fall im Rahmen von Online-Werbung war z.B. GeoCities, 5 Trade Reg. Rep. (CCH) ¶ 24, 485 (FTC Document No. C-3850 1999) (consent decree); FTC v. ReverseAuction.com, Inc., 5 Trade Reg. Rep. (CCH) 24.688 (D.D.C. Jan. 6, 2000) (consent decree); aus dem nichtelektronischen Bereich z.B. FTC v. Information Search, Inc., 5 Trade Reg. Rep. (CCH) ¶ 24,906 (D. Md. 2001); FTC v. Guzzetta, 5 Trade Reg. Rep. (CCH) ¶ 24,906 (E.D. N.Y. 2001); FTC v. Garrett, Civ. Action No. H-01-1255 (S.D. Tex.).

1292 S.a. FTC v. ReverseAuction.com, Inc., 5 Trade Reg. Rep. (CCH) 24.688 (D. D.C. Jan. 6, 2000) (consent decree); GeoCities, 5 Trade Reg. Rep. (CCH) ¶ 24, 485 (FTC Document No. C-3850 1999) (consent decree).

1293 Siehe FTC „Privacy Online: Fair Information Practices in the Electronic Marketplace", S.33ff; vgl. auch Grimm/Roßnagel, DuD 2000, S.446ff (453).

Datenschutzgesetzes für diesen Bereich veranlasst.[1294] Um solchen Praktiken entgegen zu wirken und die Privatheit von Kindern im Internet besser schützen zu können, bestimmt der Childrens Online Privacy Protection Act[1295] einige Informationspflichten und sonstige Anforderungen, die ein Unternehmer bei der gezielten Datenabfrage von Kindern zu berücksichtigen hat.[1296]

Die bundesrechtlichen Regelungen verpflichten grundsätzlich alle Internetanbieter, die im Internet wissentlich zumindest auch Daten von Kindern und Jugendlichen unter 13 Jahren sammeln,[1297] folgende Anforderungen zu erfüllen:

- Die Anbieter müssen auf der zur Datenabfrage genutzten Webseite zunächst Informationen über ihre Datenverarbeitungspraxis bereithalten. Das bedeutet, sie müssen klar und verständlich angeben, welche Daten sie von den Kindern gesammelt haben, wie sie diese nutzen werden und wie sie Informationen über die Datennutzung bekanntgeben werden.[1298] Diese Angaben müssen eindeutig, verständlich und vollständig in Textform zur Verfügung stehen.[1299] Die Anbieter müssen dazu einen Link unmittelbar im Kontext zu dem Teil der Webseite anbringen, an dem die Datenerhebung erfolgt, also unmittelbar im Zusammenhang des elektronischen Ausfüllungsfeldes. Aus dem Gesamteindruck muss sich für die Eltern ergeben, dass dieser Link zu den gewünschten Informationen führt.[1300]
- Des weiteren müssen die Anbieter vor der Erhebung der Daten eine nachweisliche Einwilligung der Eltern über die Datenabfrage und -Nutzung einholen.[1301] Zum Nachweis einer solchen elterlichen Einwilligung genügt es z.B., wenn der Anbieter den Eltern ein Einwilligungsformular per Post oder Fax zuschickt, dass diese unterschrieben zurücksenden. Ausreichend kann aber auch sein, wenn für die Einwilligungserklärung ein digitales Zertifizierungssystem oder ein Schlüsselsystem genutzt wird sowie wenn die Einwilligung durch E-Mail unter Verwendung eines Passwortes oder codierten Systems erfolgt ist.[1302] Von dem Einwilligungserfordernis werden im Gesetz aber auch einige Ausnahmen genannt. Eine Einwilligung ist z.B. nicht erforderlich, wenn die Datenabfrage zur einmaligen Verwendung der Daten erfolgt und in einer nicht zur Wiederverwendung geeigneten Form gesammelt werden[1303] oder wenn

1294 Diesbezüglich hat die FTC und andere Institutionen, wie das Council of Better Business Bureaus, die Problematik im Internet untersucht und dem Kongress Empfehlungen hinsichtlich einer gesetzlichen Regulierung unterbreitet, die der Kongress in der nachfolgenden gesetzlichen Initiative umgesetzt hat; vgl. dazu Hertz/Wood in: Maxeiner/Schotthöfer, S.619ff (631), siehe ferner die Ergebnisse der Untersuchungen und die sonstigen Initiativen der FTC unter www.ftc.gov.

1295 Siehe 15 U.S.C. § 6501ff.

1296 Siehe 15 U.S.C. § 6505. (a), (d); die FTC hat dazu eine Ausführungsregelung erlassen, siehe 16 C.F.R. § 312.

1297 Siehe 15 U.S.C. § 6501. (1); 16 C.F.R. § 312.2.

1298 Siehe 15 U.S.C. § 6502. (b) (1) (A) (i); 16 C.F.R. § 312.3 (a), § 312.4 (b).

1299 Siehe 16 C.F.R. § 312.4. (a).

1300 Siehe 16 C.F.R. § 312.4. (b) (1).

1301 Siehe 15 U.S.C. § 6502. (b) (1) (A) (ii); 16 C.F.R. § 312.3 (b), § 312.5.

1302 Siehe 16 C.F.R. § 312.5 (b).

1303 Siehe 16 C.F.R. § 312.5 (c) (2).

dadurch lediglich der Name oder die Online-Kontaktadresse abgefragt wird und die Datenabfrage nur zu dem Zweck erfolgt, eine elterliche Einwilligung zu erlangen.[1304]

- Der Anbieter muss auf der Webseite für die Eltern die Möglichkeit einrichten, eine weitere Abfrage, Speicherung und Nutzung der persönlichen Daten der Kinder zu verbieten.[1305] An eine solche Ablehnung hat sich der Anbieter dann natürlich zu halten.

- Ferner muss der Anbieter den Eltern die Möglichkeit verschaffen, über die Weitergabe der Daten ihrer Kinder an Dritte zu entscheiden.[1306]

- Darüber hinaus ist der Anbieter verpflichtet, den Eltern den Zugang zu den gesammelten Daten der Kinder auf Anfrage zu ermöglichen.[1307] Ist eine solche Anfrage erfolgt, muss der Anbieter die Art und Kategorien von Daten, die er gesammelt hat, beschreiben, z.B. Namen, Adresse. Außerdem muss er die Eltern darüber aufklären, dass sie jederzeit ein Recht haben, die weitere Abfrage, Speicherung und Verwendung der Daten des Kindes zu verweigern.[1308]

- Die Anbieter sind dazu angehalten, nur solche Daten von den Kindern aufzunehmen und zu speichern, die notwendig für deren Teilnahme an der jeweiligen Aktivität oder Transaktion sind, zu deren Zweck die Datenabfragung erfolgt.[1309] Für ein Online-Gewinnspiel kann es z.B. erforderlich sein den Namen, die Adresse, E-Mail-Adresse und das Alter des Kindes abzufragen, nicht aber den Beruf der Eltern oder die Einkommensverhältnisse oder familiären Verhältnisse.

- Schließlich muss der Internet-Anbieter stets das Vertrauen, die Integrität und Sicherheit der gesammelten Daten gewährleisten. Dazu wird er verpflichtet, angemessene Maßnahmen für die Sicherung der Daten zu ergreifen und aufrecht zu erhalten.[1310]

Das Bundesgesetz bestimmt weiter, dass eine Marktpraktik, die gegen diese gesetzlichen Anforderungen verstößt, eine irreführende und unlautere Wettbewerbstätigkeit im Rahmen des FTCA darstellt[1311] und in den durch den FTCA festgelegten Verfahren[1312] von der FTC verfolgt werden können. Diese Rechtsverfolgung hat die FTC seit Inkrafttreten des Bundesgesetzes in zahlreichen Verfahren aufgenommen.[1313]

Zur Erleichterung und Verbesserung der Konformität der unternehmerischen Datenerhebungspraktiken mit den gesetzlichen Bestimmungen, sollen über dies Verhaltensrichtlinien von der FTC oder anderen geeigneten Verbänden erstellt werden, die die einzelnen Anforderungen für die Internetanbieter konkretisieren. Hält ein Internetanbieter die Anforderungen solcher offiziell anerkannten Richtlinien ein, wird in dem

---

1304 Siehe 16 C.F.R. § 312.5 (c) (1).

1305 Siehe 15 U.S.C. § 6502. (b) (1) (B) (ii); 16 C.F.R. § 312.3 (c), § 312.6 (a) (2).

1306 Siehe 15 U.S.C. § 6502. (b) (1) (B) (ii); 16 C.F.R. § 312.3 (c).

1307 Siehe 15 U.S.C. § 6502. (b) (1) (B) (i); 16 C.F.R. § 312.3 (c), § 312.6 (a).

1308 Siehe 16 C.F.R. § 312.3 (c), § 312.6 (a) (1), (2).

1309 Siehe 15 U.S.C. § 6502. (b) (1) (C); 16 C.F.R. § 312.3 (d), § 312.7.

1310 Siehe 15 U.S.C. § 6502. (b) (1) (C); 16 C.F.R. § 312.3 (e), § 312.8.

1311 Siehe 15 U.S.C. § 6502. (a) (1); 16 C.F.R. § 312.3.

1312 Siehe 15 U.S.C. § 6505. (a). Grundlage dieses Verfahrens ist 15 U.S.C. § 45ff, 57.

1313 Zuletzt in FTC v. Xanga.com, Inc., Hiler, Giusburg, F.T.C. No. 062-3073 (U.S. D.C. S.D.N.Y., 7th September, 2006).

behördlichen Verfahren der FTC grundsätzlich angenommen, dass die Marktpraktik des jeweiligen Anbieters den gesetzlichen Anforderungen entspricht.[1314] Diese sog. „*Safe Harbor*"-Regelung soll den Anbietern im Internet ermöglichen, durch selbstregulierende Maßnahmen und Nachweise ihres lauteren Marktverhaltens, sicher zustellen, dass ihre Tätigkeiten den strengen und detaillierten Anforderungen des Gesetzes entsprechen und ihre Geschäfte nicht ohne Weiteres durch behördliche Verfahren gestört werden.

(c) Die Zusendung von unbestellten Waren und das Internet

Elektronisch gesammelte und gespeicherte Daten werden sehr häufig zu gezielten Werbe- und Marketingstrategien eingesetzt, indem den Verbrauchern individuelle Angebote unterbreitet werden oder Warengeschenke oder sogar Warenproben zugesendet werden. Im Grundsatz sind individuelle Lockangebote in dem oben beschriebenen rechtlichen Rahmen zulässig. Verbraucherschutzrechtliche Bedenken lösen solche Fälle aber dann aus, wenn dem Verbraucher der Kaufvertragsschluss quasi aufgedrängt wird. Das ist der Fall, wenn ein Anbieter z.B. ohne einen vorherigen geschäftlichen Kontakt Verbrauchern gezielt unbestellte Waren zusendet und anschließend die Verbraucher zur Zahlung des Kaufpreises auffordert[1315] oder wenn den Verbrauchern zuvor kostenlose Werbegeschenke versprochen werden, die anschließend in Rechnung gestellt werden[1316]. Dabei werden oft auch aggressive Strategien verwendet, um den Verbraucher zu einer schnellen Zahlung des Kaufpreises zu bewegen.[1317] Viele Verbraucher schicken die gelieferten Waren, aufgrund des damit verbundenen Aufwands und ihrer rechtlichen Unerfahrenheit, nicht wieder zurück.[1318] Es stellt sich dann die Frage, ob durch den Einbehalt der unbestellten Waren der Verbraucher das dadurch überbrachte Angebot zum Kaufvertragsschluss rechtsverbindlich annimmt und zur Zahlung des Kaufpreises verpflichtet wird. Nach dem US-amerikanischen Kaufvertragsrecht[1319] kommt ein Kaufvertrag durch Angebot und Annahme zustande,[1320] wobei die Annahme eines Angebots in jeder geeigneten Form erfolgen kann, die das Einverständnis (*mutual assent*) zu dem angebotenen Vertragschluss erkennen lässt, also auch durch ein konkludentes Verhalten.[1321] Danach zu urteilen, gibt der Verbraucher durch das Behalten der Ware stillschweigend zu erkennen, dass

---

1314 Siehe 15 U.S.C. § 6503.; 16 C.F.R. § 312.10.

1315 Vgl. auch Marsh, S.58; Sheldon/Carter, S.408f.

1316 S.a. FTC v. McGowan, 5 Trade Reg. Rep (CCH) ¶ 24,248 (D. N.J. 1997) (proposed consent decree); FTC v. United Whoolesalers, Inc., 5 Trade Reg. Rep. (CCH) ¶ 23, 849 (S.D. Fla. 1995) (preliminary injunction).

1317 S.a. FTC v. United Wholesalers, Inc., 5 Trade Reg. Rep. (CCH) ¶ 23, 849 (S.D. Fla. 1995) (preliminary injunction).

1318 Vgl. auch Sheldon/Carter, S.408.

1319 Das allgemeine Kaufrecht ist ja in UCC Article 2 Sales geregelt.

1320 S.a. UCC § 2-206 a.F. und n.F.

1321 S.a. UCC a.F. und n.F. § 2-204 (1): "A contract for sale of goods may be made in any manner sufficient to show agreement, including conduct by both parties which recognizes the existence of such a contract." UCITA übernimmt diese Regelung weitgehend, UCITA § 202 (a), Comment 2.; vgl. auch Stone, S.3.

er mit dem durch die Zusendung der Ware angebotenen Vertragsschluss einverstanden ist.

Da dies aber ein unbilliges Ergebnis für die Verbraucher darstellen würde, hat der Bundesgesetzgeber eine gesetzliche Regelung für die Zusendung unbestellter Waren geschaffen, die durch die FTC durchgesetzt werden soll.[1322] Danach kann der Empfänger jede unaufgefordert zugesendete Ware als Geschenk ansehen und über diese frei verfügen.[1323] Dementsprechend kommt durch das Einbehalten der Ware weder ein Kaufvertragsschluss zustande noch entsteht eine durchsetzbare Kaufpreiszahlungsforderung gegen den Verbraucher. Nach dem Wortlaut der Vorschrift kann der Empfänger die Ware ferner gebrauchen oder verbrauchen, wegwerfen und in jeder anderen Weise über sie verfügen, die er für angemessen hält, ohne dass hieraus eine Verpflichtung gegenüber dem Absender entsteht.[1324] Dies gilt für alle Waren, die nicht ausdrücklich von dem Empfänger der Waren angefordert wurden oder zu deren Zusendung er nicht sein Einverständnis gegeben hat,[1325] es sei denn die Ware wird als kostenlose Probe, die als solche auch gekennzeichnet ist, oder als kostenloser Beitrag einer karitativen Einrichtung zugesendet.[1326] Dabei liegt auch dann eine unbestellte Ware vor, wenn der Anbieter statt der bestellten Ware eine teurere Ware oder eine größere Menge der bestellten Ware zusendet.[1327]

Der Anbieter muss bei der Lieferung der unbestellten Waren ferner den Empfänger darüber informieren, dass die Ware als Geschenk anzusehen ist und die Verfügung über dieselbe keinerlei Pflichten gegenüber dem Unternehmer begründet. Dies ist dem Empfänger durch eine deutlich sichtbare und gut verständliche Information, die der Lieferung beigefügt sein muss, mitzuteilen.[1328] In keinem Fall darf der Unternehmer nach der Zusendung dem Empfänger eine Rechnung zuschicken oder auf andere Art und Weise mit einer Zahlungsauforderung bedrängen.[1329] Hält der Anbieter diese Anforderungen nicht ein, so liegt eine unlautere Handelspraktik vor, die gegen Section

---

1322 S.a. 39 U.S.C. § 3009.

1323 S.a. 39 U.S.C. § 3009 (b): "Any merchandise mailed in violation of subsection (a) of this section, or within the exceptions contained therein, may be treated as a gift (…)"; vgl. dazu auch Marsh, S.58.

1324 S.a. 39 U.S.C. § 3009 (b): "(…) By the recipient, who shall have the right to retain, use, discard, or dispose of it in any manner he sees fit without any obligation whatsoever to the sender (…)."

1325 Vgl. 39 U.S.C. § 3009 (d).

1326 Vgl. 39 U.S.C. § 3009 (a) (1), (2).

1327 S.a. Star Office Supply Co., 77 F.T.C. 383 (1970); Commercial Lighting Products, 95 F.T.C. 750 (1980) (consent order).

1328 S.a. 39 U.S.C. § 3009 (b): "(…) All such merchandise shall have attached to it a clear and conspicuous statement informing the recipient that he may treat the merchandise as a gift to him and has the right to retain, use, discard, or dispose of it in any manner he sees fit without any obligation whatsoever to the sender."

1329 Vgl. 39 U.S.C. § 3009 (c).

5 FTCA verstößt[1330] und von der FTC in dem nach dem FTCA festgelegten Verfahren verfolgt werden kann.[1331]

(d) Die Zusendung von kommerziellen E-Mails

Eine ganz neue Form der Werbung, die sich erst durch die kommunikations-technischen Möglichkeiten des Internets entwickeln konnte, ist die Zusendung von Werbe-E-Mails. Diese Form der gezielten Werbung ist die technisch weiterentwickelte Variante der Werbung durch Postwurfsendungen. In beiden Fallgruppen werden persönliche Kundendaten dazu verwendet, bestimmte Verbraucher gezielt mit einer Werbung anzusprechen, die nur diese Verbraucher erreicht. Dennoch sind einige Unterschiede zwischen den elektronischen Postwurfsendungen und ihren nicht elektronischen Äquivalenten auszumachen. Im Gegensatz zur regulären Postwerbung, können E-Mails sehr kostengünstig und in einem sehr viel größeren Umfang versendet werden. Diese Eigenschaft hat unlängst zu dem Problem geführt, dass die Verbraucher regelrecht überflutet werden mit Werbe-E-Mails und die Masse der elektronischen Nachrichten oft die Speicherkapazitäten der E-Mail-Accounts lahmlegen.[1332]

Die Versendung einer Werbe-E-Mail ist für sich gesehen allerdings keine *„unfair practice“*, hierfür fehlt es regelmäßig an einer substantiellen Verletzung bzw. an einem nennenswerten finanziellen Schaden der Verbraucher.[1333] Zunächst wurde eine Anwendbarkeit der bundesrechtlichen Regelungen über das Telemarketing bzw. über die Fax-Werbung diskutiert, insbesondere des Telephone Consumer Protection Act.[1334] Dies wurde aber überwiegend abgelehnt, aufgrund des entgegenstehenden abschlie-

1330 S.a. 39 U.S.C. § 3009 (a): "(...) The mailing of un-ordered merchandise or of communications prohibited by subsection (c) of this section constitutes an unfair method of competition and an unfair trade practice in violation of section 45 (a)(1) of title 15."

1331 S.a. 15 U.S.C. § 57; vgl. auch: FTC, „FTC Charges Field Publications Ltd. With Violating the Unordered Merchandise Law“.

1332 Siehe zu den einzelnen Problemen der Versendung von Spams und der Begründung für die gesetzlichen Regelungen auf Bundesebene 15 U.S.C. § 7701; ähnliche Begründungen enthalten auch die einzelstaatlichen Regelungen: California, Cal. Bus. & Prof. Code § 17529, Georgia, Ga. Code Ann. § 16-9-91; vgl. auch Fogo, 18 The John Marshall Journal of computer information law, S.915ff (915f); Sorkin, 45 Buffalo Law Review, S.1001ff (1007f); Sheldon/Carter, Suppl. 2003, S.152.

1333 So auch Wendlandt, S.132f; vgl. auch Fogo, 18 The John Marshall Journal of computer information law, S.915ff (921). Eine Ausnahme stellte die Entscheidung CompuServe, Inc. v. Cyber Promotions, Inc. 962 F.Supp. 1015 (S.D. Ohio 1997) dar, wonach die Versendung von Spams rechtswidrig sein sollte; vgl. dazu Bennett, 32 University of Richmond Law Review, S.545ff (546). Der Beschränkung von Werbe-E-Mails, ohne bundesgesetzliche Grundlage, standen vor allem verfassungsrechtliche Bedenken entgegen, denn die Versendung von Werbe-E-Mails ist verfassungsrechtlich als „commercial speech“ im Rahmen des First Amendment geschützt, vgl. dazu Fogo, 18 The John Marshall Journal of computer information law, S.915ff (928); Perritt, 5 Harvard Journal of Law & Technology, S.65ff.

1334 Siehe 47 U.S.C. § 227. Vgl. zur Diskussion und zum Meinungsstand (2000/2001): Bennett, 32 University of Richmond Law Review, S.545ff (562ff); Fogo, 18 The John Marshall Journal of computer information law, S.915ff (930ff); Sorkin, 45 Buffalo Law Review, S.1001ff (1003ff); Wendlandt, S.132f.

ßenden Anwendungsbereichs des Gesetzes[1335] und der fehlenden Vergleichbarkeit der E-Mail-Werbung mit der Fax- und Telefon-Werbung.[1336] Die FTC konnte nach den allgemeinen Grundsätzen zunächst gegen solche Direktwerbemethoden nur vorgehen, wenn diese irreführende Angaben enthielten.[1337] Die drängende Problematik veranlasste die FTC aber zu einigen Untersuchungen dieser Werbemethode, an deren Ende die Behörde einen dringenden gesetzlichen Handlungsbedarf auf Bundesebene zur Regelung des sog. Spamming feststellte.[1338]

Nach einer langen politischen Debatte und mehreren gescheiterten Gesetzesvorhaben,[1339] ist 2004 schließlich ein Bundesgesetz in Kraft getreten, der CAN SPAM Act[1340], durch das die besonderen Gefahren von Werbe-E-Mails gebannt und einer adäquaten bundesrechtlichen Regelung unterworfen werden sollten. Das Bundesgesetz sieht im Wesentlichen die grundsätzliche Zulässigkeit von Werbe-E-Mails vor, mit einigen rechtlichen Beschränkungen. Die Beweggründe zur Schaffung eines bundesweit-einheitlichen Gesetzes waren in erster Linie die „missbräuchliche" Zusendung" sog. Spams einzudämmen und insbesondere die Irreführung über die Urheberschaft solcher elektronischen Nachrichten zu verbieten.[1341] Nach dem Bundesgesetz ist die Zusendung von Werbe-E-Mails, die den gesetzlichen Regelungen zuwiderlaufen, eine Verletzung des Section 5 FTCA und ist von der FTC in ihrem behördlichen Verfahren zu verfolgen.[1342] Gleichzeitig bestimmt das Gesetz eine Rechtssetzungskompetenz der Behörde[1343] zur Schaffung von Durchführungs- und Auslegungsvorschriften,[1344] die insbesondere die in dem Bundesgesetz verwendeten Begriffen näher definieren sollen. Die von der FTC hierzu geschaffenen Vorschriften legen insbesondere den sachlichen Anwendungsrahmen des Gesetzes fest, der auf kommerzielle elektronische Nachrichten begrenzt ist. Danach ist eine kommerzielle E-Mail jede elektronische Nachricht,

1335 Vgl. vor allem den Wortlaut der Vorschrift 47 U.S.C. § 227 (b) (1) (C).

1336 Siehe dazu Aronson v. Bright-Teeth Now, L.L.C. 2002 WL 1466477, 57 Pa. D. & C. 4th 1 (Pa. Com. Pl. June 19, 2002), aff'd 2003 Pa. Super. 187, 824 A.2d 320 (2003); vgl. auch Sorkin, 45 Buffalo Law Review, S.1001ff (1004ff); Sorkin, 45 Buffalo Law Review, S.1001ff (1008ff, 1031f); Sheldon/Carter, Suppl. 2003, S.152f; Bennett, 32 University of Richmond Law Review, S.545ff (563); teilweise a.A. Fogo, 18 The John Marshall Journal of computer information law, S.915ff (933, 940).

1337 Anders als bei der Faxwerbung hat der Verbraucher bei dem Empfang von E-Mails keinen Materialaufwand, vgl. Sorkin, 45 Buffalo Law Review, S.1001ff (1008f); Wendlandt, S.132f.

1338 Vgl. FTC „Statement of the FTC on "Unsolicited Commercial E-Mail" Before the Subcommittee On Communications", I., B.; dafür plädierten auch einige Stimmen in der Literatur; Bennett, 32 University of Richmond Law Review, S.545ff (569f); Fogo, 18 The John Marshall Journal of computer information law, S.915ff (940ff), der eine bundesgesetzliche Regelung für unumgänglich hält (s.a. Fogo, a.a.O., S.943).

1339 Bereits 2000 wurden Gesetzesinitiativen im Kongress eingebracht, die aber zunächst scheiterten, vgl. dazu Bennett, 32 University of Richmond Law Review, S.545ff (545ff); Fogo, 18 The John Marshall Journal of computer information law, S.915ff (916ff).

1340 Controlling the Assault of Non-Solicited Pornography and Marketing Act of 2003 ("CAN-SPAM Act"), 15 U.S.C. 7701–7713.

1341 S.a. 15 U.S.C. § 7701 (a).

1342 S.a. 15 U.S.C. §§ 7706 (a), 7711.

1343 S.a. 15 U.S.C. §§ 7704 (c), 7711 (a), (b).

1344 S.a. 16 C.F.R. § 316 Rules Implementing the CAN SPAM Act of 2003.

die im Wesentlichen zum Zwecke der Werbung versendet worden ist.[1345] Diese Voraussetzung ist in jedem Fall erfüllt, wenn die Nachricht ausschließlich zur Werbung für Produkte eingesetzt wird, die der Absender vertreibt.[1346] Wird die E-Mail teilweise auch aus anderen Gründen versendet, z.B. ein bestimmtes persönliches Verhältnis betreffend, dann wird sie nur primär zu kommerziellen Zwecken verwendet, wenn entweder aus der Betreffzeile objektiv hervorgeht, dass es sich um eine Werbung handelt, oder wenn der Teil der Nachricht, der nicht kommerziellen Zwecken dient, nicht am Anfang der E-Mail erscheint.[1347] Nach den gesetzlichen Vorschriften muss der Anbieter bei der Versendung solcher kommerziellen elektronischen Nachrichten folgende Regelungen beachten:

- Zunächst muss der Anbieter ein Verfahren in den E-Mails einrichten, durch das der Empfänger sich von der Verteilerliste des Absenders wieder streichen lassen kann.[1348] Dabei hat er innerhalb der E-Mail klare und verständliche Informationen über diese Löschungsmöglichkeit, das Vorhandensein des Löschungsverfahrens[1349] und die Benutzung des Systems[1350] anzugeben. Dem Unternehmer soll bei Erhalt eines solchen Löschungsantrages verboten sein, ab dem zehnten Tag nach Erhalt dieses Antrages weitere Werbe-E-Mails an den Empfänger zu versenden.[1351] Dies entspricht einer angemessenen Bearbeitungszeit, die dem Anbieter zur Bearbeitung solcher Anträge gewährt werden soll. Des Weiteren ist es im Rahmen eines solchen Löschungswunsches verboten, die E-Mail-Adresse des Empfängers zu verkaufen, zu vermieten, auszutauschen oder Dritten in anderer Weise zugänglich zu machen.[1352] Diese Regelungen sind allerdings dann nicht anwendbar, wenn eine vorherige Zustimmung des Empfängers zur Zusendung von Werbe-E-Mails vorliegt.[1353]
- Ferner muss die elektronische Nachricht einen klaren und deutlichen Hinweis über ihren Werbecharakter enthalten.[1354] Dazu muss das Wort Werbung (*advertisement*) zwar nicht ausdrücklich in der Werbe-E-Mail enthalten sein, es muss sich aber aus dem Kontext der Nachricht ergeben, dass eine kommerzielle Absicht vorliegt. Die Anbieter werden diesem Erfordernis am ehesten gerecht, wenn bereits die Betreffzeile der E-Mail einen entsprechenden Hinweis enthält, etwa durch Einfügen des Kürzels „ADV“ in der Betreffzeile. Diese Form der Kenntlichmachung ist allerdings nicht verpflichtend.
- Da es primäres Ziel des CAN SPAM Act ist, solche Werbe-E-Mails zu verbieten, die die Empfänger über die Urheberschaft der Nachricht täuschen,[1355] bestimmt das Gesetz eine Informationspflicht über den Ursprung der elektronischen Nachricht. Dazu

1345 S.a. 16 C.F.R. § 316.3 (a).
1346 S.a. 16 C.F.R. § 316.3 (a) (1).
1347 S.a. 16 C.F.R. § 316.3 (a) (3) (i), (ii).
1348 S.a. 15 U.S.C. § 7704 (a) (3).
1349 S.a. 15 U.S.C. § 7704 (a) (5) (A) (ii).
1350 S.a. 15 U.S.C. § 7704 (a) (3) (A).
1351 S.a. 15 U.S.C. § 7704 (a) (4) (A) (i).
1352 S.a. 15 U.S.C. § 7704 (a) (4) (A) (iv).
1353 S.a. 15 U.S.C. § 7704 (a) (4) (B).
1354 S.a. 15 U.S.C. § 7704 (a) (5) (A) (i).
1355 S.a. 15 U.S.C. § 7701 (a) (7), (8).

hat der Absender der elektronischen Nachricht eine gültige Postadresse beizufügen.[1356] Daneben darf die E-Mail keine falschen und irreführenden Angaben enthalten.[1357] Dieses Verbot betrifft in erster Linie nicht die von den allgemeinen Grundsätzen bereits umfaßte Irreführung im Rahmen der eigentlichen Werbeaussage, sondern alle Angaben, die die Herkunft der Nachricht betreffen. Insbesondere die Betreffzeile der Nachricht darf keine falschen Ursprungsangaben enthalten.[1358]

Daneben enthalten die bundesrechtlichen Regelungen einige Anforderungen an elektronische Nachrichten, die pornografische Inhalte haben.[1359]

Schließlich bestimmt der CAN SPAM Act, dass die FTC die Effektivität und Durchsetzungsfähigkeit einer „National Do-Not-E-Mail Registry" zu überprüfen hat,[1360] die es den potentiellen Empfängern von Werbe-E-Mails ermöglicht, die Zusendung von kommerziellen E-Mails an ihren Account generell zu verbieten. Ein solches Register besteht bereits für die Direktwerbung mittels Telefonanrufen (Do-Not-Call Register).[1361] Da die Bemühungen für ein solches bundesweites Register im Rahmen von E-Mail-Werbung auf großen Widerstand stieß,[1362] wurde aber schnell deutlich, dass dies wenig Aussicht auf Durchsetzungsfähigkeit haben würde. So stellte die FTC in ihrem entsprechenden Bericht an den Kongress fest, dass die Einrichtung eines solchen Registers kein wirksames und durchsetzungsfähiges Mittel zur Bekämpfung des Spam-Problems sein würde.[1363] Die Bemühungen um ein solches Register sind dementsprechend nicht weiter verfolgt worden.[1364]

dd) Die Rechtsfolgen unlauterer und irreführender Werbepraktiken

Die prozessuale Durchsetzung der Vorschriften des FTCA und der Wettbewerbsregelungen der FTC obliegt allein der Bundesbehörde. Dem Verbraucher steht daher im bundesrechtlichen Wettbewerbsrecht grundsätzlich keine Privatklagemöglichkeit zur Verfügung. Diskutiert wird lediglich, ob der Verbraucher im Rahmen des Irreführungsverbots nach § 43 a des Lanham Act aktiv legitimiert wird.[1365] Die wettbewerbsrechtlichen Regelungen des Bundesgesetzes erlauben zwar eine private gerichtliche Durchsetzung,[1366] dienen nach überwiegender Ansicht aber in erster Linie dem Mitbe-

1356 S.a. 15 U.S.C. § 7704 (a) (5) (A) (iii).

1357 S.a. 15 U.S.C. § 7704 (a) (1).

1358 S.a. 15 U.S.C. § 7704 (a) (2).

1359 S.a. 16 C.F.R. § 316.2 und § 316.4.

1360 Siehe 15 U.S.C. § 7708.

1361 Siehe dazu http://www.ftc.gov und http://www.donotcall.gov (zuletzt 1.8.2007).

1362 Vgl. dazu die Kommentare sämtlicher Interessenvertreter auf der Homepage der FTC http://www.ftc.gov.

1363 Siehe FTC, „National Do-Not-E-Mail Registry- A Report to Congress", S.36.

1364 Seither hat es auf Bundesebene weitere gesetzliche Initiativen gegeben, wie z.B. den US Safe Web Act of 2005, der die Behandlung grenzüberschreitender Werbe-E-Mails regeln sollte, siehe zu den Gesetzesvorhaben http://www.spamlaws.com (zuletzt 1.8.2007). Diese Gesetze sind bis zum jetzigen Zeitpunkt (2007) nicht verabschiedet worden.

1365 Vgl. vor allem Roth, Strafbare Werbung und die neuen Medien, S.212ff.

1366 S.a. 15 U.S.C. § 1125 (a); vgl. Maxeiner/Kent in: Maxeiner/Schotthöfer, S.513ff (515ff, 527ff).

werberschutz und legitimieren deshalb ausschließlich die Konkurrenten zur Klageerhebung.[1367]

Verstöße gegen die wettbewerbsrechtlichen Bestimmungen können verschiedene Rechtsfolgen auslösen. Die FTC muss dabei das im FTCA vorgegebene Verfahren einhalten.[1368] Dieses Verfahren ist in zwei Teile aufgeteilt.[1369] Im ersten Abschnitt versucht die FTC das Unternehmen oder den Händler, dem sie eine solche Aktivität vorwirft, zu einer Einigung zu bewegen.[1370] Die betroffene Partei muss dabei keinerlei Rechtsverletzung zugeben, sondern nur zusichern, dass sie die verletzende Tätigkeit in Zukunft unterlassen wird.[1371] Wird keine Einigung zwischen der FTC und dem Unternehmen erzielt, verfasst die FTC eine Beschwerde, die in einer öffentlichen Anhörung vor dem Verwaltungsrichter (*administrative law judge*) vorgebracht wird.[1372] Hierbei handelt es sich um ein gerichtsähnliches Verfahren, in dem z.B. Beweise aufgenommen und Zeugen verhört werden.[1373] Der Richter trifft nach der Anhörung eine einstweilige Entscheidung (*initial decision*).[1374] Wird dabei eine Rechtsverletzung festgestellt, erlässt die FTC i.d.R. eine Unterlassungsanordnung (*cease and desist order*),[1375] die sechzig Tage nach ihrem Erlass rechtskräftig wird. Rechtsbehelf gegen eine solche *cease and desist order* ist ein Antrag auf Überprüfung der FTC-Entscheidung bei dem zuständigen Berufungsgericht. Bewilligt das Gericht den Antrag und bestätigt später die von der FTC festgestellte Rechtsverletzung, wird die Unterlassungsanordnung erst mit einem entsprechenden Urteil rechtsgültig.[1376] Nach den heutigen Vorschriften kann die FTC sowohl gegen die Verletzung der Unterlassungsanordnung als auch gegen die Erstverletzung, die zu der *cease and desist order* geführt hat, in einer zivilrechtlichen Klage vorgehen.[1377] Dabei ist die Klageerhebung innerhalb von drei Jahren nach der verletzenden Tätigkeit möglich.[1378]

Die Behörde kann daneben gegen den Unternehmer Zivilstrafe (*civil penalty*)[1379] oder einen Geldausgleich für den Verbraucher (*consumer redress*) erwirken. Letztere

1367 Vgl. Von Werder, S.303f; Wendlandt, S.35.

1368 S.a. 15 U.S.C. § 57b.

1369 Der erste Teil ist normiert in 16 C.F.R. § 2.1-51 und der zweite Teil in 16 C.F.R. § 3.1-63.

1370 Die FTC entwickelt dann mit Zustimmung des betroffenen Unternehmens eine Unterlassungsverfügung (consent order).

1371 Vgl. Zehentner, S.24; Reich in: Micklitz/Kessler, S.436.

1372 16 C.F.R. § 3.11.

1373 Auf das Verfahren finden weitgehend die Vorschriften über das US-amerikanische Verwaltungsverfahren Anwendung (5 U.S.C. §§ 556-557- online unter: http://www.law.cornell.edu /uscode /html/uscode15/usc_sec_15_0000556-557----000-notes.html, zuletzt 1.8.2007); vgl. dazu Reich in: Micklitz/Kessler, S.434.

1374 16 C.F.R. § 3.51.

1375 Ausnahmsweise kann es sich dabei auch um eine Handlungsverfügung handeln, wenn das Nicht-Handeln zu einer Irreführung oder Unlauterkeit geführt hat, wie z.B. in den Fällen der verletzten Informationspflichten.

1376 S.a. 15 U.S.C. § 45 (c).

1377 Vgl. Marsh, S.20f.

1378 S.a. 15 U.S.C. § 57b (d).

1379 Die Grenzen einer Zivilstrafe für eine wissentliche Verletzung des FTCA sowie gegen Anordnungen der FTC liegen zwischen $ 5000,- und $ 10.000,-, s.a. 15 U.S.C. § 45 (l), (m) (1). Kommt ein Unternehmer einer Anfrage oder Vorladung der FTC nicht nach oder behindert je-

Rechtsfolge wurde geschaffen, um die fehlende Möglichkeit des Verbrauchers, Zivilklage nach dem FTCA zu erheben, zu kompensieren.[1380] Ist eine *cease and desist order* einmal erlassen worden, steht der FTC außerdem die Klagemöglichkeit gegen jeden anderen Marktteilnehmer zu, der wissentlich gegen die Unterlassungsanordnung verstößt.[1381]

Das prozessuale Vorgehen und die Rechtsfolgen gelten im Grundsatz für alle Arten von Wettbewerbsverstößen, unabhängig davon, ob der Sachverhalt unter den allgemeinen Tatbeständen des Section 5 FTCA subsumiert wird oder unter einer speziellen Wettbewerbsvorschrift der FTC (TRR). Hierauf verweist meist der Normtext der TRR, in dem die Bestimmungen i.d.R. keine Rechtsfolgenregelungen enthalten und lediglich festlegen, dass ein Verstoß gegen die jeweilige Vorschrift eine irreführende und unlautere Marktpraktik darstellt, die von der FTC in dem vorgegebenen Verfahren verfolgt wird.[1382]

Auch Verstöße im Rahmen des Online-Handels werden von der Verbraucherschutzbehörde auf diese Weise verfolgt, wobei die FTC, wie im ersten Kapitel bereits dargelegt, auf diesem Sektor früh schon sehr aktiv gewesen ist[1383]. Neben zahlreichen, klassischen Fällen der Irreführung im Online-Markt,[1384] ist die Behörde auch vor Erlass des CAN SPAM Acts gegen unlautere Praktiken im Rahmen der Zusendung von Werbe-E-Mails vorgegangen. Diese Fälle wendeten sich allerdings meist nicht gegen die Zusendung der E-Mails an sich, sondern eher gegen den manipulativen Inhalt der elektronischen Nachricht.[1385] In einer wachsenden Zahl von Fällen bedienten sich verschiedene Telefondienstanbieter der elektronischen Nachrichten, um die Empfänger der Nachrichten zu einem kostspieligen Telefonanruf zu bewegen, über dessen Kosten die Kunden nicht aufgeklärt wurden. Diese irreführenden Praktiken verstießen gegen die Bestimmungen des Telemarketingrechts[1386] und wurden als solche auch von

---

mand die Untersuchungen der FTC, so kann eine Zivilstrafe zwischen $ 500,- und $ 1000,- verhängt werden, s.a. 15 U.S.C. § 50. Beispiele, in denen solche Zahlungen erfolgten, sind z.B. die Fälle FTC v. Slim America, Inc., Case No. 97-6072 (S.D. Fla. filed Jan. 27, 1997); FTC v. MET-Rx USA, Inc., Case No. SACV-99-1407-DOC (Anx) (C.D. Cal. filed Nov. 15,1999).

1380 Vgl. Reich in: Micklitz/Kessler, S.434, 438.

1381 Vgl. Marsh, S.20.

1382 So z.B. im Rahmen der allgemeinen Ausführungsvorschriften der FTC zur irreführenden Preiswerbung 16 C.F.R. § 233.1, bei der Verletzung der Datenschutzbestimmungen des Childrens Online Privacy Protection Acts (16 C.F.R. § 312.3), bei der Verletzung der Cooling-Off Rule (16 C.F.R. § 429.1) bei Haustürgeschäften und bei der Verletzung der Mail or Telephone Order Merchandise Rule (16 C.F.R. § 435.1).

1383 Siehe dazu die Ausführungen, 1.Kapitel, A., II., 1., e), bb).

1384 Z.B. FTC v. Dell Computer Corporation, Docket No. C-3888; FTC v. Micron Electronics, Inc., Docket No. C-3887, in diesen Fällen kam es zu einer schnellen Einigung, die Einleitung eines prozessualen Verfahrens war daher nicht mehr notwendig.

1385 Zu diesen Fällen gehören auch diejenigen, in denen Unternehmen E-Mails z.B. für die unlautere Vermarktung sog. Pyramiden-Systeme genutzt haben, vgl. FTC v. Martinelli, No. 399 CV 1272 (CFD) (D. Conn. 1999); FTC v. Nia Cano, No. 97-7947-IH-(AJWx) (C.D. Cal. 1997) oder zur Werbung für Kreditverträge FTC v. Consumer Credit Advocates, No. 96 Civ. 1990 (S.D.N.Y. filed Mar. 19, 1996).

1386 S.a. Telemarketing Sales Rule 16 C.F.R. § 310.

der FTC verfolgt.[1387] Nach Erlass des CAN SPAM Acts kann auch die Zusendung von Werbe-E-Mails an sich von der Behörde unter den genannten Bedingungen verfolgt werden.[1388]

b) Die Regulierung von Online-Werbung im einzelstaatlichen Recht

Die einzelstaatlichen UDAP Gesetze sind in ihrer Reichweite und Konzeption zwar unterschiedlich, im Kern verbieten aber alle Gesetze „irreführende, unlautere oder sittenwidrige Marktpraktiken". Die sog. little FTC Acts sind teilweise in ihrem Regelungsaufbau und -inhalt den Regelungen der FTC bzw. des Section 5 FTCA nachempfunden,[1389] andere Gesetze enthalten aber zumindest Bestimmungen, wonach die entwickelten Rechtsgrundsätze der FTC auf das jeweilige einzelstaatliche Wettbewerbsrecht Anwendung finden.[1390]

Einige UDAP Gesetze orientieren sich dabei auch an dem weiten Anwendungsbereich des FTCA.[1391] Gängige Formulierung in diesen UDAP-Gesetzen ist die Begren-

---

1387 Z.B. FTC v. Benoit, No. 3:99 CV 181 (W.D.N.C. filed May 11, 1999), in diesem Fall hatte das Unternehmen in den unaufgefordert zugesendeten E-Mails die „Kunden" darüber informiert, dass das Unternehmen ihre Produktbestellungen erhalten habe und von dem Datensystem bereits verarbeitet worden sind. Weiter wurde darüber informiert, dass die Kreditkarten der Empfänger mit Summen zwischen $ 250 bis $ 899 belastet würden. Um weitere Angaben über die Bestellungen zu erhalten, sollten die Empfänger der Nachricht eine in der Mail angegebene Telefonnummer wählen, die sie dann mit einem Mitarbeiter des Unternehmens verbinden sollte. Da keiner der Empfänger eine Bestellung vorgenommen hatte, versuchten diese nun über die angegebene Nummer den Irrtum aufzuklären. Die Telefonnummer war getarnt als Inlandsverbindung, während sie in Wirklichkeit zu einem Anschluss im Ausland führte, was natürlich bedeutend höhere Verbindungskosten verursachte. Die Kunden wurden auch nicht mit einem Mitarbeiter, sondern einem Audiotext-System verbunden, dass die Möglichkeit der Aufklärung gar nicht erlaubte. Am Ende des Monats enthielten die Telefonrechnungen der vermeintlichen Kundschaft eine satte Rechnung für die Auslandsverbindung. Aufgrund ihrer Tarnung, waren einige Anstrengungen notwendig, um das betrügerische Unternehmen ausfindig zu machen. Es handelte sich wenig überraschend, um eine Beteiligungsgesellschaft der profitierenden ausländischen Telefongesellschaft. In der gerichtlich erwirkten Verfügung wurde dem betreffenden Unternehmen nun untersagt kommerzielle E-Mails dieses Inhalts zu versenden; ein ähnlicher Fall war FTC v. Lubell, No. 3-96-CV-80200 (S.D. Ia. 1996).

1388 S.a. die Fallsammlung in FTC, „Effectiveness and Enforcement of the Can Spam Act: Report to Congress", Appendix.

1389 Z.B. haben folgende Staaten die Vorschriften des 15 U.S.C. § 45 (a) (1) kopiert: Florida, Fla. Stat. § 501-204 (1), Louisiana, La. Rev. Stat. Ann. Tit. 51 §1405 A., Maine, Me. Rev. Stat. Ann. Tit. 10 § 207, Massachusetts, Mass. Gen. Laws Ann. Tit. XV § 93A-2, Vermont, Vt. Stat. Ann. Tit. 9 § 2453, Washington, Wash. Stat. § 19-86.020, North Carolina, N.C. Gen. Stat. § 75.1.1 (a), Wisconsin, Wisc. Stat. § 100.20 (1); eigene Formulierungen z.B. in Arizona, Ariz. Rev. Stat. Ann. § 44-1522, Missouri, Mis. Rev. Stat. § 407.020.1, Kentucky, Ky. Rev. Stat. § 365.050, Pennsylvania, Pa. Cons. Stat. Tit.73 § 201-3, Rhode Island, R.I. Gen Laws § 6-13.1-2, South Dakota, S.D. Codified Laws Ann. § 37-24-6 (1).

1390 Z.B. Florida, Fla. Stat. § 501.201 (2), Massachusetts, Mass. Gen. Laws Ann. Tit. XV § 93A-2 (b), Vermont, Vt. Stat. Ann. Tit. 9 § 2453 (b); vgl. auch Greenfield, 46 The Wayne Law Review, S.1869ff (1896f).

1391 Vgl. Sheldon/Carter, S.9.

zung auf Handlungen *„in trade or commerce"* oder auf *„trade practices"*.[1392] Damit wird der Anwendungsbereich im Wesentlichen auf alle gewinnorientierten Tätigkeiten am Markt begrenzt, unabhängig davon, ob diese im vorvertraglichen oder vertraglichen Bereich stattfinden.[1393] Ausgeschlossen sind regelmäßig nur private und hoheitliche Handlungen sowie karitative und politische Tätigkeiten.[1394] Andere Gesetze begrenzen den Anwendungsbereich auf *„merchandises"*, *„advertisements"* oder *„sales and services"*.[1395] Diese Begriffe sind einerseits ähnlich weit wie die Wendung *„in trade or commerce"* zu verstehen, andererseits können sich daraus Anwendungsbeschränkungen ergeben, wenn die angebotenen Tätigkeiten sich nicht an die Öffentlichkeit richten bzw. als individuelle Angebote im Rahmen unternehmerischer Tätigkeiten ausgestaltet sind.[1396] Eine stärkere Begrenzung des Anwendungsrahmens wird schließlich bei den UDAP-Gesetzen vorgenommen, die die Anwendbarkeit des Gesetzes auf *„purchases of goods"* oder *„transactions involving goods"* begrenzen.[1397] Diese Regelungen erfassen meist nur Warentransaktionen und Dienstleistungen im Zusammenhang mit Waren, wobei weder Geld noch Immaterialgüterrechte Waren im Sinne der Vorschriften sind.[1398] Hiervon werden aber ebenso vorvertragliche sowie vertragliche Tätigkeiten erfasst.[1399]

Im Rahmen des persönlichen Anwendungsbereichs der UDAP-Vorschriften haben die Einzelstaaten, wie oben dargestellt, unterschiedliche Eingrenzungen vorgenommen. Insoweit sei auf die oben dargelegten unterschiedlichen Begriffe von Unternehmer und Verbraucher der einzelnen UDAP-Gesetze verwiesen.[1400]

Die oben beschriebenen Grundsätze der FTC zum Irreführungs- und Unlauterkeitstatbestand sind zumeist nicht oder nicht vollständig mit den einzelstaatlichen Regelungen gleichzusetzen. Die einzelnen Bundesstaaten wählen in ihren Gesetzen im Wesentlichen drei verschiedene Ansätze: Die meisten UDAP Gesetze sehen zunächst eine generalklauselartige Bestimmung vor, wonach irreführende, unlautere oder sittenwidrige Tätigkeiten am Markt verboten sind sowie eine listenartige Aufzählung von Fallgruppen irreführender und unlauterer Werbe- und Geschäftstätigkeiten in den

1392 Siehe z.B. Florida, Fla. Stat. § 501-204 (1), Louisiana, La. Rev. Stat. Ann. Tit. 51 §1405 A., Maine, Me. Rev. Stat. Ann. Tit. 10 § 207, Massachusetts, Mass. Gen. Laws Ann. Tit. XV § 93A-2, ähnlich auch in Indiana, IC § 24-5-0.5-3 (a) und Kansas, Kan. Stat. Ann. § 50-626, Kentucky, Ky. Rev. Stat. § 367.170.

1393 Vgl. Sheldon/Carter, S.9, 28f.

1394 Daneben sehen einige UDAP-Gesetze Ausnahmen von dem Anwendungsbereich vor bei einigen sondergesetzlich geregelten Geschäftsbereichen, vgl. Sheldon/Carter S.10ff.

1395 Siehe z.B. Arizona, Ariz. Rev. Stat. Ann. § 44-1522 A., Delaware, Del. Code Title § 6-25-2532 (a), Pennsylvania, Pa. Cons. Stat. Tit.73 § 201-2, Missouri, Mis. Rev. Stat. § 407.020.1, South Dakota, S.D. Codified Laws Ann. § 37-24-6 (1).

1396 S.a. R.J. Longo Constr. v. Transit Am., 921 F.Supp. 1295 (D. N.J. 1996).

1397 Siehe z.B. Riverside National Bank v. Lewis, 603 S.W.2d 169 (Tex. 1980); Grass v. Credito Mexicano, S.A., 797 F.2d 220 (5th Cir. 1986), cert. denied, 490 U.S. 934 (1987).

1398 Vgl. dazu Sheldon/Carter, S.25ff.

1399 Vgl. z.B. ausdrücklich Ohio, Ohio Rev. Code Tit. § 1345.02 (A) und Utah, U.C.A. § 13-11-4 (1): "Such (...) practice (...) violates this section whether it occurs before, during, or after the transaction".

1400 S.a. 2.Kapitel, A., I., 2., c), 3., c).

anschließenden Regelungen (sog. *laundry lists*).[1401] Diese gesetzlichen Kataloge sind zwar nicht abschließend, durch die Normierung einer Fallgruppe wird aber stets angenommen, dass das entsprechende Marktverhalten als per-se-Verstoß gegen das jeweilige UDAP Gesetz verstanden wird.[1402] In den übrigen Einzelstaaten wird meist nur eine allgemeine Regelung verwendet, die entweder der Generalklausel des Section 5 FTCA nachempfunden ist[1403] oder eine eigene meist den Anwendungsbereich des Gesetzes näher definierende Bestimmung enthält[1404].

Alle UDAP Gesetze sind auch auf Online-Werbung und andere Geschäftspraktiken im Internet anwendbar,[1405] wobei nur in wenigen Staaten eine ausdrückliche gesetzliche Klarstellung der Anwendbarkeit auf den Online-Handel vorgenommen wurde.[1406] Daneben hat es, wohl auch aufgrund der von der Bundesebene vorgegebenen Zurückhaltung bei der Regulierung des Online-Marktes,[1407] kaum gesetzliche Neuerungen zur Regelung internetspezifischer Fallgruppen gegeben.

aa) Das Verbot irreführender Online-Werbung im einzelstaatlichen Recht

Sämtliche UDAP Gesetze verbieten irreführende Geschäftspraktiken im regulären und im elektronischen Handel, wozu insbesondere auch Werbepraktiken zu zählen sind. Hierbei wird der Begriff der Irreführung von den einzelstaatlichen Gerichten, wie von der FTC, grundsätzlich weit ausgelegt. Das bedeutet, die einzelstaatlichen Regelungen erfassen jedes ausdrückliche oder konkludente Verhalten sowohl im Sinne eines positiven Tuns als auch das Unterlassen eines gebotenen Handelns.[1408] Im einzelstaatlichen Recht ist grundsätzlich, wie auf Bundesebene, der Gesamteindruck einer Werbung entscheidend sowie sämtliche Begleitumstände, die den Markt betreffen. Dabei verlangen die überwiegende Zahl der Einzelstaaten auch kein vorsätzliches und wissentliches Irreführen der Verbraucher, insbesondere dann nicht wenn das Gesetz einen Vorsatz nicht ausdrücklich voraussetzt.[1409] Die wenigen Gesetze, die einen

---

1401 Die meisten Staaten orientieren sich dabei an dem UDTPA Section 2 (A); z.B. Alabama, Ala. Code § 8-19-5, Arkansas, Ark. Stat. Ann. § 4-88-107, California, Cal. Civil Code § 1770, Colorado, Colo Rev. Stat. § 6-1-105, Delaware, Del. Code Title § 6-25-2532, Georgia, Georgia Code § 10-1-372, Hawaii, Hawaii Rev. Stat. § 481A-3, Idaho, Idaho Code § 48-603, Indiana, IC § 24-5-0.5-3, Michigan, MC § 445.903, Nebraska, Neb. Rev. Stat. § 87-302, Ohio, Ohio Rev. Code Tit. § 1345.02, Utah, U.C.A. § 13-11-4, Wyoming, Wyo. Stat. § 40-12-105.

1402 Vgl. auch Sheldon/Carter, S.93f.

1403 Florida, Fla. Stat. § 501-204 (1), Louisiana, La. Rev. Stat. Ann. Tit. 51 §1405 (A), Maine, Me. Rev. Stat. Ann. Tit. 10 § 207, Massachusetts, Mass. Gen. Laws Ann. Tit. XV § 93A-2, Vermont, Vt. Stat. Ann. Tit. 9 § 2453, Washington, Wash. Stat. § 19-86.020, North Carolina, N.C. Gen. Stat. § 75.1.1 (a), Wisconsin, Wisc. Stat. § 100.20 (1).

1404 S.a. z.B. Arizona, Ariz. Rev. Stat. Ann. § 44-1522.A, Missouri, Mis. Rev. Stat. § 407.020.1, Kentucky, Ky. Rev. Stat. § 365.050, Pennsylvania, Pa. Cons. Stat. Tit.73 § 201-3, Rhode Island, R.I. Gen Laws § 6-13.1-2, South Dakota, S.D. Codified Laws Ann. § 37-24-6 (1).

1405 Vgl. Sheldon/Carter, S.425.

1406 Z.B. California, Cal. Bus. & Prof. Code § 17500.

1407 S.a. The White House, „A Framework for Global Electronic Commerce", Principles, siehe 1. Kaptel, A., I., 3., a).

1408 Vgl. Sheldon/Carter, S.138f.

1409 S.a. State v. O'Neil Investigation, Inc., 609 P.2d 520 (Alaska 1980); Chern v. Bank of America, 15 Cal. 3d 866, 544 P.2d 1310, 127 Cal. Rptr. 110 (1976); Cearley v. Wieser, 151 Ariz. 293,

Vorsatz oder eine Kenntnis des werbenden Anbieters erforderlich machen, werden von den einzelstaatlichen Gerichten insofern großzügig interpretiert, als dass geringe Anforderungen an den Nachweis der Kenntnis oder der Absicht gestellt werden.[1410] Oft genügt es, wenn nachgewiesen wird, dass der werbende Unternehmer das in Frage stehende Verhalten beabsichtigt hat oder zumindest zum Ziel hatte, dass die Verbraucher auf die irreführenden Angaben vertrauen. Ein Nachweis über eine Irreführungsabsicht muss regelmäßig aber nicht erbracht werden.[1411] Ebenso reicht es für das Feststellen einer Kenntnis regelmäßig aus, dass der betreffende Anbieter die irreführungsbegründenden Umstände hätte kennen müssen.[1412]

Die Voraussetzungen irreführender Markt- und Werbepraktiken nach den einzelstaatlichen Regelungen sind in ihren Ansätzen denen der FTC einerseits zwar sehr ähnlich, andererseits werden oft andere Formulierungen und Begriffe zur Konkretisierung der verbotenen Praktiken verwendet, wodurch die unterschiedlichen Vorstellungen über den Verbraucherschutz im Geschäftsverkehr in den Einzelstaaten zum Ausdruck kommen. Beispielsweise wird auch im einzelstaatlichen Recht kein Nachweis einer tatsächlichen Irreführung der Verbraucher verlangt,[1413] die einzelstaatlichen Gerichte setzen jedoch keine „Wahrscheinlichkeit der Irreführung" voraus, sondern dass einem Verhalten die „Tendenz oder Möglichkeit zur Irreführung" innewohnt (*tendency or capacity to deceive*).[1414] Diese Formulierungen enthalten aber keine großen inhaltlichen Abweichungen zu dem Wahrscheinlichkeitserfordernis der FTC, denn nach beiden Voraussetzungen ist stets nach dem Gesamteindruck einer Werbung

---

727 P.2d 346 (Ct. App. 1986); Crown Ford, Inc. v. Crawford, 473 S.E.2d 554 (Ga. App. Ct. 1996); Thacker v. Menard, Inc., 105 F.3d 382 (7th Cir. 1997); Campell v. Beak, 568 S.E.2d 801 (Ga. App. 2002); Shannon v. Boise Cascade, 2003 WL 251946 (Ill. App. Jan. 31 2003); Industrias Magromer Cueros y Pieles S.A. v. Louisiana Bayou Furs Inc., 293 F.3d 912 (5th Cir. 2002); Roberts v. Rohrmann, 909 F.Supp.545 (N.D. Ill. 1995).

1410 S.a. Sheldon/Carter, S.120ff.

1411 S.a. Falcon Associates, Inc. v. Cox 699 N.E.2d 203 (Ill. App. Ct. 1998); Siegel v. Levy Organisation Dev. Co., 153 Ill. 2d 534, 607 N.E.2d 194 (1992); Wafra Leasing Corp. v. Prime Capital Corp., 2002 U.S. Dist. LEXIS 9315 (N.D. Ill. May 24, 2002); Roberts v. Rohrmann, 909 F.Supp. 545 (N.D. Ill. 1995).

1412 S.a. People v. Lynam, 253 Cal. App. 2d 959, 61 Cal. Rptr. 800 (1967); Stevenson v. Louis Dreyfus Corp., 112 N.M. 97, 811 P.2d 1308 (1991); Rhino Linings USA, Inc. v. Rocky Mountain Rhino Lining, Inc., 62 P.3d 142 (Colo. 2003). Einige UDAP Gesetze verlangen eine Kenntnis oder eine Absicht des Unternehmers nur für bestimmte Fallgruppen, siehe z.B. Arkansas, Ark. Code Ann. § 4-88-107 (a) (1): "Knowingly making a false representation as to the characteristics, ingredients, uses, benefits, alterations, source, sponsorship, approval, or certification of goods or services (…)." Siehe auch Arkansas, Ark. Code Ann. § 4-88-107 (a) (3): "Advertising the goods or services with the intent not to sell them as advertised."

1413 Siehe z.B. Arizona, Ariz. Rev. Stat. Ann. § 44-1522 (A): "The act by any person of any deception (…) whether or not any person has in fact been misled, deceived or damaged thereby, is declared to be an unlawful practice." S.a. Schnall v. Hertz Corp., 78 Cal. App. 4th 1144, 93 Cal. Rptr. 2d 439 (2000); Hawaii Community Fed. Credit Union v. Keka 94 Haw. 213, 11 P.3d 1 (2000); Eshagi v. Hanley Dawson Cadillac Co., 214 Ill. App. 3d 995, 574 N.E.2d 760 (1991).

1414 Diese Formulierung ist den durch die FTC entwickelten Anforderungen nachempfunden, s.a. FTC v. Colgate-Palmolive Co., 380 U.S. 374 (1965); American Home Products, 98 F.T.C. 136, (1981), aff'd, 695 F.2d (3d Cir. 1982); mittlerweile wird allerdings überwiegend die Geeignetheit zur Irreführung in den FTC-Verfahren gefordert, s.a. 2.Kapitel, B., I., 1., a), aa), (1).

unter Berücksichtigung aller Umstände zu entscheiden, ob eine Täuschung der angesprochenen Verbraucher naheliegt.[1415] Dieses Erfordernis gilt in den einzeltstaatlichen Regelungen regelmäßig sowohl für die behördliche Klage durch den *attorney general* als auch für die Privatklage des Verbrauchers, so dass im letzteren Fall der Verbraucher nicht nachweisen muss, durch die Werbung tatsächlich getäuscht worden zu sein, sondern lediglich dass die Werbung tendenziell zur Irreführung der angesprochenen Verbrauchergruppe führen kann.[1416] Dabei werden, wie im Bundesrecht, Werturteile und übertriebene Werbebehauptungen (*puffing*) von dem Anwendungsbereich des Irreführungsverbots grundsätzlich ausgenommen.[1417]

Im wesentlichen Unterschied zur FTC haben die einzelstaatlichen Gerichte in der Vergangenheit ihren Entscheidungen über UDAP-Fälle oft nicht das Leitbild eines vernünftigen und verständigen Verbrauchers zugrunde gelegt. Einige Gerichte in den Bundesstaaten tendierten auch in jüngerer Zeit eher dahin, auch dann eine Irreführung zu bejahen, wenn nur eine geringe Zahl der besonders unerfahrenen, leichtgläubigen und unverständigen Verbraucher durch eine Werbung in die Irre geführt werden könnten.[1418] Die Gerichte berücksichtigten dabei insbesondere fehlende sprachliche Kenntnisse, unzureichende Bildung, geringes Einkommen und die Zugehörigkeit zu einer Minderheit.[1419] Insoweit ist der einzelstaatliche Verbraucherschutz in einigen Bundesstaaten restriktiver als nach den aktuellen Rechtsvorstellungen der FTC. Allerdings ist bei den Entscheidungen in neuerer Zeit teilweise eine gegenläufige Entwicklung festzustellen. Die Gerichte wenden immer häufiger das Leitbild des vernünftigen Durchschnittsverbrauchers an,[1420] insbesondere wenn die Werbung nicht auf eine besonders schutzbedürftige Verbrauchergruppe gerichtet ist.[1421]

1415 S.a. Gray v. North Carolina Ins. Underwriting Assn., 352 N.C. 61, 529 S.E.2d 676 (2000); DeBondt v. Carlton Motorcars, Inc., 342 S.C. 254, 536 S.E.2d 399 (2000); Tudor v. Juwel Food Stores, Inc., 681 N.E.2d 6 (Ill. App. Ct. 1997); Kasky v. Nike, Inc., 27 Cal. 4th 939, 45 P.3d 243, 119 Cal. Rptr. 2d 269, 304 (2002); Daenzer v. Wayland Ford, Inc., 2002 WL 1050209, 2002 US. Dist. LEXIS 8409 (E.D. Mich. May 7, 2002).

1416 S.a. Chern v. Bank of America, 15 Cal. 3d 866, 544 P.2d1310, 127 Cal. Rptr. 110 (1976); Hawaii Community Fed. Credit Union v. Keka 94 Haw. 213, 11 P.3d 1 (2000).

1417 S.a. Viches v. MLT, Inc., 124 F.Supp. 2d 1092 (E.D. Mich. 2000); Bologna v. Allstate Ins. Co., 138 F.Supp. 2d 310 (E.D. N.Y. 2001); Lambert v. Downtown Garage, Inc., 553 S.E.2d 714 (Va. 2001); McGraw v. Loyola Ford, Inc., 124 Md. App. 560, 723 A.2d 502 (1999); Thacker v. Menard, Inc., 105 F.3d 382 (7th Cir. 1997); Transclean Corp. v. Bridgewood Servs., Inc. 77 F.Supp. 2d 1045 (D. Minn 1999).

1418 S.a. Aurigemma v. Arco Petroleum Products Co., 734 F.Supp. 1025 (D. Conn. 1990); Dwyer v. J.I. Kislak Mortgage Corp., 103 Wash. App. 542, 13 P.3d 240 (2000); McGraw v. Loyola Ford, Inc., 124 Md. App. 560, 723 A.2d 502 (1999). Andere Gerichte hingegen haben das Leitbild des vernünftigen Durchschnittsverbrauchers übernommen, siehe z.B. Freeman v. The Time Inc., Magazine Co., 68 F.3d 285 (9th Cir. 1995).

1419 S.a. Kugler v. Romain, 58 N.J. 522, 279 A.2d 640 (1971); People v. Conway, 42 Cal. App 3d 875, 117, Cal. Rptr 251 (1974).

1420 S.a. Lavie v. Procter & Gamble Co., 105 Cal App. 4th 496, 129 Cal. Rptr. 2d 486 (2003); Leon v. Rite Aid Corp., 340 N.J. Super. 462, 774 A.2d 674 (App. Div. 2001); Andre Strishak & Assocs. v. Hewlett Packard Co., 752 N.Y.S.2d 400 (App. Div. 2002); Freeman v. The Time Inc., Magazine Co., 68 F.3d 285 (9th Cir. 1995).

1421 S.a. Lavie v. Procter & Gamble Co., 105 Cal App. 4th 496, 129 Cal. Rptr. 2d 486 (2003).

Schließlich verlangen die Einzelstaaten nach dem Vorbild der entwickelten FTC-Kriterien, dass die Irreführung der Verbraucher wesentlich gewesen ist (*material deception*), wobei zumeist die oben dargestellten Maßstäbe der FTC angewendet werden.[1422] Im Gegensatz zur FTC, verlangen einige einzelstaatlichen Gerichte, dass ein Nachweis darüber erbracht wird, dass die Verbraucher auf die Richtigkeit der durch die Werbung vermittelten Vorstellungen über das Angebot vertraut haben.[1423] Aus dem Vertrauenserfordernis ergeben sich meist aber schon deshalb keine großen Unterschiede zum Bundesrecht, weil die einzelstaatlichen Gerichte häufig das Vertrauen der Verbraucher als gegeben annehmen, wenn die Irreführung wesentlich gewesen ist.[1424]

Das einzelstaatliche Recht erfasst sämtliche der oben genannten klassischen Fallgruppen irreführender Werbung, unabhängig davon, ob sie im regulären Handel oder im Internet-Handel durchgeführt werden, also irreführende Preiswerbung, irreführende Angaben über Rabatte und Geschenke sowie die Täuschung über wesentliche Eigenschaften des Produkts, des werbenden Anbieters und der angebotenen Leistung. Das Vorliegen einer unzulässigen irreführenden Werbung ergibt sich entweder aus den Entscheidungen der Gerichte, die die allgemeinen Bestimmungen über irreführende Marktpraktiken dahingehend interpretieren, oder unmittelbar aus den im jeweiligen UDAP-Gesetz verankerten Fallgruppen. Die Fallkataloge der UDAP Gesetze enthalten dabei sehr häufig auch Fälle irreführender Werbepraktiken. Beispielsweise werden von den *laundry lists* oft täuschende Werbeangaben über die geografische Herkunft, Zusammensetzung bzw. Inhalte der Waren und ihre Verwendungsmöglichkeiten erfasst[1425] sowie die irreführende Werbung mit Preisen und Preisvorteilen[1426]. Daneben

1422 S.a. Corbin v. Tolleson, 160 Ariz. 385, 773 P.2d 490 (Ct. App. 1989); Aurigemma v. Arco Petroleum Products Co., 734 F.Supp. 1025 (D. Conn. 1990); Thacker v. Menard, Inc., 105 F.3d 382 (7th Cir. 1997); Siegel v. Levy Organization Dev. Co., 153 Ill. 2d 534, 607 N.E.2d 194 (1992); Randels v. Best Real Estate, Inc., 243 Ill. App. 3d 801 (1993); Wells v. Allstate Ins. Co., 210 F.R.D. 1 (D. D.C. 2002); Bixby's Food Sys., Inc., v. McKay, 193 F.Supp. 2d 1053 (N.D. Ill. 2002); Hazelhurst v. Brita Prods. Co., 295 A.D.2d 240, 744 N.Y. S.2d 31 (2002); abweichend Flynn v. American Home Products Corp., 627 N.W.2d 342 (Minn. App. 2001).

1423 S.a. Rhino Linings USA, Inc. v. Rocky Mountain Rhino Lining, Inc., 62 P.3d 142 (Colo. 2003); Crown Ford, Inc. v. Crawford, 473 S.E.2d 554 (Ga. App. Ct. 1996); Chandler v. American General Finance, Inc., 47 P.3d 729, 768 N.E.2d 60 (2002); Tudor v. Jewel Food Stores, Inc., 681 N.E.2d 6 (Ill. App. Ct. 1997).

1424 S.a. Amato v. General Motors Corp., 11 Ohio App. 3d 124, 463 N.E.2d 625 (1982); Pickett v. Holland Am. Line-Westours, Inc., 6 P.3d 63 (Wash. App. 2000), review granted, 20 P.3d 944 (Wash. 2001); Massachusetts Mutual Life Ins. Co. v. Superior Court, 97 Cal. App. 4th 1282, 119 Cal. Rptr. 2d 190 (2002).

1425 Z.B. California, Cal. Civil Code § 1770 (a) (4), (5), Colorado, Colo Rev. Stat. § 6-1-105 (1) (d), (e), Delaware, Del. Code Title § 6-25-2532 (a) (4), (5), Georgia, Georgia Code § 10-1-372 (a) (4), (5), Hawaii, Hawaii Rev. Stat. § 481A-3 (a) (4), (5), Idaho, Idaho Code § 48-603 (4), (5), Michigan, MC § 445.903 (1) (b), (c), Minnesota, Minn. Stat. Subd.1, § 325D.44 (4), (5), New Hampshire, N.H. Rev. Stat. Ann. § 358-A:2 IV, V, Pennsylvania, Pa. Cons. Stat. Tit.73 § 201-2. S.a. zu Bait-and-Switch Fällen z.B.: McGough v. Oakwood Mobile Homes, Inc., 779 So. 2d 793 (La. App. 2000); Garcia v. Overland Bond & Investment Co., 282 Ill. App. 3d 486, 668 N.E.2d 199 (1996); Chandler v. American General Finance, Inc., 47 P.3d 729, 768 N.E.2d 60 (2002).

verbieten die Kataloge meist eine Werbung, durch die falsche und irreführende Vorstellungen über die Qualität oder Eigenschaften eines Produkts bei den Verbrauchern geweckt werden,[1427] wobei in einigen UDAP Statutes auch besondere Regelung für die Werbung mit Garantien vorgesehen sind,[1428] die den Bestimmungen der FTC nachempfunden sind. Ebenso verbieten es einige UDAP Statutes, ein Produkt als neu anzupreisen, wenn es sich dabei tatsächlich um eine reklamierte, gebrauchte oder wiederverkaufte Ware handelt.[1429] Ferner gehören zu den regelmäßig verbotenen Werbepraktiken der *laundry lists* die irreführenden Angaben über die Erprobtheit eines Produkts oder über Zertifikate,[1430] insbesondere dürfen die Werbeaussagen keine Assoziationen enthalten, durch die der Verbraucher fälschlicherweise annehmen könnte, dass ein bestimmtes Zertifikat im Zusammenhang mit dem angepriesenen Produkt besteht.[1431] Außerdem regeln die meisten dieser UDAP Gesetze die Handhabung vergleichender Werbung, wobei stimmige und schlüssige vergleichende Werbeangaben grundsätzlich zulässig sind. In der Werbung dürfen aber nicht die Produkte der Konkurrenz oder die Mitbewerber herabgewürdigt werden, um sich einen Wettbewerbsvorteil zu verschaffen.[1432]

1426 Z.B. California, Cal. Civil Code § 1770 (a) (13), (20), Colorado, Colo Rev. Stat. § 6-1-105 (1) (l), Idaho, Idaho Code § 48-603 (11), Indiana, IC § 24-5-0.5-3 (a) (6), Maryland, Md. Com. Law Code Ann. § 13-301 (6), Michigan, MC § 445.903 (1) (z), Minnesota, Minn. Stat. § 325D.44 (11), Montana, Mont. Code Ann. § 30-14-205 (1), Nevada, Nev. Rev. Stat. § 598A.060 (1) (A), New Hampshire, N.H. Rev. Stat. Ann. § 358-A:2 XI, Rhode Island, R.I. Gen Laws § 6-13-11, South Dakota, S.D. Codified Laws Ann. § 37-24-6 (2).

1427 Z.B. California, Cal. Civil Code § 1770 (a) (7), Colorado, Colo Rev. Stat. § 6-1-105 (1) (e), Delaware, Del. Code Title § 6-25-2532 (a) (6), Indiana, IC § 24-5-0.5-3 (a) (2), Michigan, MC § 445.903 (1) (e), Minnesota, Minn. Stat. Subd. 1, § 325D.44 (7), Nebraska, Neb. Rev. Stat. § 87-302 (a) (7), Ohio, Ohio Rev. Code Tit. § 1345.02 (B) (2), Tennessee, Tenn. Code Ann. (b) (4), (5), Utah, U.C.A. § 13-11-4 (2) (b), Or. Rev. Stat. § 646.608 (1) (d), (e).

1428 Z.B. Colorado, Colo Rev. Stat. § 6-1-105 (1) (r), Wyoming, Wyo. Stat. § 40-12-105 (a) (viii).

1429 Z.B. Arkansas, Ark. Stat. Ann. § 4-88-107 (a) (1), California, Cal. Civil Code § 1770 (a) (6), Colorado, Colo Rev. Stat. § 6-1-105 (1) (f), Georgia, Georgia Code § 10-1-372 (a) (6), Indiana, IC § 24-5-0.5-3 (a) (3), Kansas, Kan. Stat. Ann. § 50-626 (b) (1) (C), Maryland, Md. Com. Law Code Ann. § 13-301 (2) (iii), Texas, Texas Code § 17.46 (b) (6).

1430 Z.B. Alabama, Ala. Code § 8-19-5 (2), Arkansas, Ark. Stat. Ann. § 4-88-107 (a) (1), California, Cal. Civil Code § 1770 (a) (2), Colorado, Colo Rev. Stat. § 6-1-105 (1) (b), Delaware, Del. Code Title § 6-25-2532 (a) (2), Georgia, Georgia Code § 10-1-372 (a) (2), Hawaii, Hawaii Rev. Stat. § 481A-3 (a) (2), Idaho, Idaho Code § 48-603 (2), Kansas, Kan. Stat. Ann. § 50-626 (b) (1) (A), Maryland, Md. Com. Law Code Ann. § 13-301 (2) (i), Michigan, MC § 445.903 (1) (a), Nebraska, Neb. Rev. Stat. § 87-302 (a) (2), Ohio, Ohio Rev. Code Tit. § 1345.02 (B) (1), Oregon, Or. Rev. Stat. § 646.608 (1) (b), Pennsylvania, Pa. Cons. Stat. Tit.73 § 201-2, Tennessee, Tenn. Code Ann. (b) (2), Wyoming, Wyo. Stat. § 40-12-105 (a) (i).

1431 Z.B. Alabama, Ala. Code § 8-19-5 (3), California, Cal. Civil Code § 1770 (a) (3), Colorado, Colo Rev. Stat. § 6-1-105(1) (c), Delaware, Del. Code Title § 6-25-2532 (a) (3), Minnesota, Minn. Stat. Subd. 1, § 325D.44 (3), Nebraska, Neb. Rev. Stat. § 87-302 (a) (3), Texas, Texas Code § 17.46 (b) (3).

1432 Z.B. Arkansas, Ark. Stat. Ann. § 4-88-107 (a) (2), Colorado, Colo Rev. Stat. § 6-1-105 (1) (h), Delaware, Del. Code Title § 6-25-2532 (a) (8), Idaho, Idaho Code § 48-603 (8), Minnesota, Minn. Stat. Subd. 1, § 325D.44 (8), Tennesee, Tenn. Code Ann. (b) (8).

Schließlich gehört zu den wichtigsten Fallgruppen irreführender Werbung auch nach einzelstaatlichem Recht das Unterlassen von wesentlichen Informationen. Informationspflichten treffen den Anbieter grundsätzlich dann, wenn die Werbeaussage ohne die Information zur Irreführung geeignet ist.[1433] Nach dem UDAP Recht der Einzelstaaten wurden insbesondere Informationen über Gesundheits- und Sicherheitsrisiken,[1434] Produktschäden,[1435] über relevante Fakten der Herkunft und der vorherigen Verwendung des Produkts, über das Unternehmen und die Mitarbeiter sowie über bestehende Verbraucherrechte als wesentlich angesehen.[1436] Dabei besteht nach den meisten UDAP Regelungen, ebenso wie im Bundesrecht, das Erfordernis, dass Informationen im Rahmen der Werbung klar und verständlich (*clear and conspicious*) bekanntzugeben sind. Bezogen auf die Fälle der Internetwerbung orientieren sich die Einzelstaaten an den von der FTC entwickelten Richtlinien über die klare und verständliche Präsentation von wesentlichen Informationen im Netz.[1437]

bb) Das Verbot unlauterer Online-Werbung im einzelstaatlichen Recht

Nur wenige einzelstaatliche UDAP Gesetze beschränken sich im Wortlaut ihrer Generalklauseln auf das Verbot irreführende Geschäftspraktiken, die meisten erweitern die Regelungen auf Fälle unlauterer Marktpraktiken, wie es auch in Section 5 FTCA vorgesehen ist.[1438] Abgesehen von wenigen Ausnahmen, folgen die Einzelstaaten dabei aber nicht dem aktuellen Unfairness Standard, der in Section 5 FTCA Niederschlag gefunden hat.[1439] Grundlage zur Auslegung des Unlauterkeitsbegriffs ist hingegen entweder die in den Gesetzen verankerte oder von den Gerichten entwickelte Begriffsbestimmung.[1440] Diese Definitionen orientieren sich wiederum regelmäßig an dem von der FTC in den sechziger und siebziger Jahren entwickelten Unfairness Konzept, das nach der Supreme Court Entscheidung Sperry v. Hutchinson, in der dieser Unfairnessbegriff angewendet wurde,[1441] benannt wird.[1442] Im Unterschied zum ak-

1433 Vgl. Sheldon/Carter, S.142ff.

1434 S.a. Connick v. Suzuki Motor Co., 174 Ill. 2d 482, 675 N.E.2d 584 (1996); Perona v. Volkswagen of America, Inc., 684 N.E.2d 859 (Ill. App. Ct. 1997); Nobrega v. Edison Glen Assocs., 327 N.J. Super. 414, 743 A.2d 864 (App. Div. 2000).

1435 S.a. Pirozzi v. Penske-Olds-Cadillac-GMS, 605 A.2d 373 (Pa. Super Ct. 1992).

1436 Siehe auch die Fälle: Testo v. Russ Dunmire Oldsmobile, Inc., 16 Wash. App. 39, 554 P.2d 349 (1976); Swiss v. Williams, 184 N.J. Super 243, 445 A.2d 486 (Dist. Ct. Mercer County 1982).

1437 Vgl. Sheldon/Carter, S.145; s.a. zu den Anforderungen der FTC 2.Kapitel, B., II., 2.,c).

1438 Zu den Ausnahmen gehören z.B.: Arizona, Ariz. Rev. Stat. Ann. §§ 44-1521, Georgia, Georgia Code Ann. §§ 10-1-370.

1439 S.a. 15 U.S.C. § 45 (n); vgl. dazu auch Greenfield, 46 The Wayne Law Review, S.1869ff (1896ff); Orthmann, S.148; Sheldon/Carter, S.153.

1440 Z.B. Okla. Stat. Ann. tit. 78 § 752.12, dazu auch Patterson v. Beall, 19 P.3d, 839 (Okla. 2000).

1441 S.a. FTC v. Sperry & Hutchinson Co., 405 U.S. 233, 92 S. Ct. 898 (1972).

1442 Siehe dazu FTC, „FTC Policy Statement on Unfairness“,Commission Statement of Policy on the Scope of the Consumer Unfairness Jurisdiction. Der S&H Standard wird regelmäßig von den einzelstaatlichen Gerichten zur Bestimmung des Unfairness-Begriffs herangezogen: Informix Software Inc. v. Oracle Corp., 927 F.Supp. 1283 (N.D. Cal. 1996); Hawaii Community Fed. Credit Union v. Keka 94 Haw. 213, 11 P.3d 1 (2000); Ai v. Frank Huff Agency Ltd. 61 Haw. 607, 607 P.2d 1304 (1980); Lockyer v. Fremont Life Ins. Co., 104 Cal. App. 4th 508, 128 Cal. Rptr. 2d 463 (2002); Surgical Care Center v. Hospital Serv. Dist., 309 F.3d 836 (5th Cir.

tuellen Unfairness Standard der FTC, wird nach den S&H Grundsätzen der Versuch unternommen, den Unlauterkeitsbegriff zu definieren. Als unlauter wird danach jedes Marktverhalten bezeichnet, dass entweder skrupellos, unmoralisch oder aggressiv ist oder den Verhaltensregeln der öffentlichen Ordnung zuwiderläuft, wie sie sich aus dem Common Law, dem Gesetz und sonstiger anerkannter Marktverhaltensregeln ergeben und schließlich jedes Verhalten, dass eine substantielle Verletzung der Verbraucher hervorruft oder hervorrufen könnte.[1443] Wobei nur eines dieser Kriterien erfüllt sein muss, um ein unlauteres Verhalten anzunehmen.[1444] Im Vergleich zu den Unfairness Voraussetzungen nach Section 5 FTCA, ergeben sich aus den Definitionen nach dem S&H Standard zwar einige Unterschiede, dennoch decken sich die beiden Standards in den wesentlichen Bereichen. Beispielsweise sind skrupellose und aggressive Marktpraktiken nicht ausdrücklich in der FTCA Regelung genannt, dennoch fällt ein solches Verhalten stets in den Anwendungsbereich der Bundesregelungen. Die Fälle der Ausübung von Zwang und Nötigung sowie das Ausnutzen besonderer Schwächen der Verbraucher stimmen im Wesentlichen mit den Fallgruppen unmoralischer, angriffslustiger und skrupelloser Praktiken überein.[1445] Ebenso berücksichtigen auch die meisten einzelstaatlichen Gerichte in den UDAP Verfahren, ob die Verbraucher die Möglichkeit zur Verhinderung oder Minderung der Verletzung gehabt haben und welche Vorteile das in Rede stehende Marktverhalten für die Verbraucher und den Wettbewerb haben kann.[1446] Letztendlich ergeben sich deshalb regelmäßig keine großen inhaltlichen Unterschiede zwischen den heute geltenden Anforderungen der FTC und den Unlauterkeitsbegriffen der Einzelstaaten.

In vielen UDAP Gesetzen wird überdies jedes sittenwidrige Marktverhalten verboten (*unconscionable practices*).[1447] Entweder der Begriff der Sittenwidrigkeit wird in den Generalklauseln anstelle des Unlauterkeitsbegriffs verwendet oder als zusätzliches Element des allgemeinen Verbots eingesetzt.[1448] Dabei sind aber zwischen den beiden Rechtsbegriffen grundsätzlich keine wesentlichen Unterschiede auszumachen. Die

---

2002); Calandro v. Allstate Ins. Co., 63 Conn. App. 602, 778 A.2d 212 (2001); vgl. auch Orthmann, S.151.

1443 S.a. FTC, „FTC Policy Statement on Unfairness“;Sperry & Hutchinson C., 405 U.S. 223, (1972); siehe z.B. Cheshire Mortgage Service, Inc. v. Montes, 223 Conn. 80, 612 A.2d 1130 (1992); vgl. auch Sheldon/Carter, S.157ff; Orthmann, S.148f; Greenfield, 46 The Wayne Law Review, S.1869ff (1897ff).

1444 S.a. Cheshire Mortgage Service, Inc. v. Montes, 223 Conn. 80, 105 A.2d 1130 (1992).

1445 Vgl. Sheldon/Carter, S.159f; a.A Greenfield, 46 The Wayne Law Review, S.1869ff (1897ff).

1446 S.a. Tudor v. Juwel Food Stores, Inc., 681 N.E.2d 6 (Ill. App. Ct. 1997); Calandro v. Allstate Ins. Co., 63 Conn. App. 602, 778 A.2d 212 (2001).

1447 In siebzehn Staaten werden "unconscionable practices" verboten, z.B. Alabama, Ala Code § 8-19-5 (26); D.C. Code Ann. § 28-3904; Florida, Fla. Stat. Ann. § 501.204; Idaho, Idaho Code Ann. § 48-603C; Indiana, Ind. Code Ann. § 24-5-05-1; Kansas, Kan. Stat. Ann. § 50-627; Kentucky, Ky. Rev. Stat. § 367.170; Michigan, Mich. Comp. Laws § 445-903; Nebraska, Neb. Rev. Stat. § 87-303.01; New Jersey, N.J. Stat. Ann § 56:8-1; New Mexico, N.M. Stat. Ann. § 57-12-3; New York, N.Y. Exec. Laws § 63 (12); Ohio, Ohio Rev. Code Ann. § 1345.03; Oregon, Or. Rev. Stat. § 646.607; Utah, Utah Code Ann. § 13-11-5.

1448 Nur wenige Staaten verbieten unfaire und sittenwidrige Praktiken, z.B. Florida, Fla. Stat. Ann. § 501.204; Michigan, Mich. Comp. Laws § 445.903; New Mexico, N.M. Stat. Ann, § 57-12-3; Ohio, Ohio Rev. Code Ann. § 1345.02; Oregon, Or. Rev. Stat. § 646.605.

Anforderungen an ein sittenwidriges Verhalten stimmen meist weitgehend mit den Voraussetzungen der Fälle der Unlauterkeit überein.[1449] In einigen Staaten wird der Begriff der Sittenwidrigkeit teilweise zur Konkretisierung der Fallgruppen unlauterer Geschäftspraktiken herangezogen, indem hierdurch insbesondere die Fälle des unmoralischen und skrupellosen Verhaltens besser definierbar sind.[1450]

Im Rahmen der Fallgruppen der *„unfair acts or practices"* kann im Wesentlichen auf die genannten Fälle der FTC verwiesen werden, wobei sich allerdings aus den unterschiedlichen einzelstaatlichen Vorstellungen im Einzelnen mehr oder minder große Abweichungen zum Bundesrecht ergeben können.

cc) Die rechtliche Handhabung von internetspezifischen Fallgruppen

Auch bei der Beurteilung von internetspezifischen Fällen orientieren sich viele Einzelstaaten an der rechtlichen Handhabung der Bundesbehörde FTC.[1451] Im Vergleich zu der oben dargestellten Beurteilung von Werbe-Bannern, Werbung mit Pop-Ups und Links sowie in den Fällen des Web-Cramming ergeben sich daher im einzelstaatlichen Recht oft keine großen Unterschiede zum Bundesrecht.

Mit der Frage der räumlichen Anwendbarkeit der einzelnen UDAP-Gesetze auf grenzüberschreitende Internetfälle sind die meisten einzelstaatlichen Gerichte großzügig umgegangen. Die Gerichte sehen häufig die Anwendung der jeweiligen UDAP Vorschriften sowohl in Fällen begründet, in denen der Anbieter von dem jeweiligen Staat aus handelt, als auch in Fällen, in denen lediglich die Verbraucher des jeweiligen Bundesstaates von der irreführenden, unlauteren oder sittenwidrigen Werbung betroffen sind.[1452]

Im Grundsatz aber ist die FTC für grenzüberschreitende Werbepraktiken zuständig und Internetaktivitäten haben üblicherweise Auswirkungen für den Markt in mehreren Staaten. Daher kommt es bei Internetfällen regelmäßig zu Kompetenzüberschneidungen. Die FTC wird oft dann tätig, wenn entweder eine besonders große Zahl von Einzelstaaten von der Markttätigkeit betroffen sind oder wenn eine Verfolgung der verletzenden Tätigkeiten nach dem einzelstaatlichen UDAP Gesetz nicht erfolgt.[1453]

1449 Vgl. Greenfield, 46 The Wayne Law Review, S.1869ff (1881).

1450 Vgl. dazu Sheldon/Carter, S.167ff.

1451 Insbesondere die vergleichbare Bewertung im Rahmen des „Deception Standard" in Bundesrecht und einzelstaatlichem Recht führt zu einer weitgehend übereinstimmenden Beurteilung der Internet-Werbeformen, vgl. auch Sheldon/Carter, Suppl. 2003, S.150ff.

1452 Einige einzelstaatlichen UDAP Gesetze bestimmen einen breiten Anwendungsbereich, d.h. die Anwendung des Gesetzes ist auch dann gegeben, wenn die konkrete Markttätigkeit Auswirkungen auf den innerstaatlichen Markt hat, siehe z.B. Maine, Me. Rev. Stat. Ann. Tit. 5 § 206; Massachusetts, Mass. Gen. Laws ch. 93A, §§ 9, 11. In anderen Staaten, in denen der Anwendungsbereich des UDAP Gesetzes enger gefasst ist z.B. Ohio, s.a. Shorter v. Champion Home Bldrs., 776 F.Supp. 333 (N.D. Ohio 1991); Kansas, s.a. Sithon Maritime Co. v. Holiday Mansion, 1999 U.S. Dist. LEXIS 3174 (D. Kan. Feb. 16, 1999), genügt es aber regelmäßig, wenn die Verbraucher in diesem Staat durch die Markttätigkeit angesprochen werden z.B. Wadkins v. Roach Cadillac, Inc., 7 Kan. App. 2d 8, 637 P.2d 458 (1981).

1453 Dabei überlagern die FTC Vorschriften und Grundsätze nicht die einzelstaatlichen Regelungen, lediglich "Bundesgesetze" können einzelstaatliches Recht brechen, vgl. auch Sheldon/Carter,

Im einzelstaatlichen Recht existieren nur wenige Sonderreglungen für internetspezifische Fälle der irreführenden und unlauteren Werbepraktiken. In Kalifornien z.B. wird einerseits durch einen Zusatz klargestellt, dass die Regelungen über unlautere und irreführende Marktpraktiken auch auf Internetwerbung und andere Online-Marktpraktiken Anwendung finden[1454] und andererseits eine Informationspflicht hinsichtlich aller Kosten eines Angebots, für das im Internet geworben wird, eingeführt.[1455] In Virginia und Georgia werden, im Unterschied zum Bundesrecht, die Telemarketing Sales Laws auf Fälle des Internetmarketing erweitert.[1456] Das bedeutet, dass die dort geregelten Anforderungen auch für Internetwarenwerbung gelten.[1457]

(1) Datenschutz im Netz

Im Rahmen der oben angesprochenen datenschutzrechtlichen Probleme im Internet sind die Einzelstaaten ebenso zurückhaltend mit der Schaffung von gesetzlichen Maßnahmen gewesen, so dass auch auf einzelstaatlicher Ebene eine großflächige und umfangreiche Regulierung dieser drängenden Problematik ausgeblieben ist. Ebenso wie im Bundesrecht, fehlt in den Einzelstaaten regelmäßig schon eine allgemeine Regelung zum Schutz vor der „*Invasion of Privacy*", wenn überhaupt bestehen fragmentarische Regelungen in einzelnen Bereichen.[1458] Wie nach den Grundsätzen der FTC, kann es bei der verdeckten und intransparenten Datenerhebung und Datennutzung nach einzelstaatlichem Recht aber zur Anwendung des „*Unfairness Standard*" oder „*Unconscionability Standard*" kommen, wenn die daran geknüpften Anforderungen vorliegen.[1459]

In einigen wenigen Einzelstaaten hat eine gesonderte gesetzliche Initiative zum Datenschutzes im Internet stattgefunden.[1460] Zu diesen Ausnahmen gehört der mittlerweile in Kraft getretene kalifornische „Online Privacy Protection Act".[1461] Das kalifornische Gesetz regelt lediglich einen Minimalstandard zum Datenschutz und ist insoweit ein repräsentatives Beispiel für die zu erwartenden gesetzlichen Regelungen

---

S.81f; vgl. auch den Fall State ex rel. Corbin v. Goodrich, 151 Ariz. 118, 726 P.2d 215 (Ct. App. 1986).

1454 S.a. California, Cal. Bus. & Prof. Code § 17500.

1455 S.a. California, Cal. Bus. & Prof. Code § 17509. (a).

1456 S.a. Georgia, Ga. Code Ann. § 10-1-393.5 (b); Virginia, Va. Code § 59.1-21.2 A., 1.

1457 S.a. Georgia, Ga. Code Ann. §§ 10-1-393.5ff; Virginia, Va. Code § 59.1-21.2ff.

1458 Siehe z.B. den Datenschutz im Rahmen staatlicher Datenerhebung in Arizona, Ariz. Rev. Stat. § 41-4152 und in Kansas, Kan. Stat. Ann. § 75-3707; siehe außerdem den Datenschutz im Rahmen von Finanzdienstleistungen z.B. in Kansas, Kan. Stat. Ann. § 50-701ff und in Arizona, Ariz. Rev. Stat. § 20-2121.

1459 Siehe z.B. einen (strafrechtlichen) Fall der „Invasion of Privacy" nach dem UDAP Recht von Massachusetts: Commonwealth v. Source One Assocs., 436 Mass. 118, 763 N.E.2d 42 (2002).

1460 Siehe vor allem California, Cal. Bus. &Prof. Code §§ 22575-22579; außerdem New York, N.Y. Assembly Bill No.08035 (N.Y. Assembly 2003-2004) und N.Y. Assembly Bill No.04385 (N.Y. Assembly 2003-2004) und New Jersey, N.J. Assembly Bill No.365 (N.J. Assembly 2004) und der vorgeschlagene "New Jersey Online Privacy Protection Act", S.B. No.1050 (N.J. 2004), im Internet sind diese Initiativen nach zuvollziehen unter: http://www.law.cornell.edu.

1461 Das Gesetz ist am 1.7.2004 in Kraft getreten, California, Cal. Bus. &Prof. Code § 22579.

in den übrigen Einzelstaaten.[1462] Diese Mindestanforderungen schreiben z.B. vor, dass ein Webseitenanbieter oder ein Online-Service Anbieter, der persönliche Daten von Kunden erhebt und verwendet,[1463] zunächst die Kunden über seine Datenverarbeitungspraxis informieren muss.[1464] Der Webseitenbetreiber hat diese Informationen unmittelbar auf der von ihm betriebenen Webseite zu positionieren, der Online-Dienste Anbieter muss hingegen für eine jederzeitige Verfügbarkeit der Informationen Sorge tragen.[1465] Die Darlegung der Datenverarbeitungspraxis beinhaltet zuerst eine Informationspflicht über die Art der gesammelten persönlichen Daten und über diejenigen Personen, an die diese Daten weitergegeben werden sollen oder die Zugang zu den Daten haben sollen.[1466] Hält der Anbieter ein Verfahren bereit, durch das der Verbraucher in die Lage versetzt wird, die von ihm gespeicherten Daten einzusehen und Änderungen zu beantragen, muss der Anbieter des Weiteren klare, verständliche und vollständige Informationen über dieses Verfahren bereithalten.[1467] Außerdem ist der Anbieter verpflichtet den Verbraucher mitzuteilen, wie und wo er Änderungen seiner Datenverarbeitungspraxis veröffentlichen wird und schließlich, ab wann die jeweilige Praxis Geltung beanspruchen soll.[1468] Eine Verletzung dieser Regelungen liegt allerdings nur vor, wenn eine bewusste und gewollte Zuwiderhandlung gegen die gesetzlichen Regelungen oder gegen die selbst gesteckte Datenverarbeitungspraxis vorliegt. Ist nur eine fahrlässige Verletzung gegeben, muss zusätzlich die Wesentlichkeit des Verstoßes nachgewiesen werden.[1469]

(2) Die Regulierung der Zusendung unbestellter Waren

Die meisten Einzelstaaten haben in ihren Verbraucherschutzgesetzen Regelungen über die unaufgeforderte Zusendung von Waren etabliert, wobei diese Regelungen, wie im Bundesrecht, i.d.R. nicht auf Verbraucher-Unternehmer Transaktionen begrenzt sind.[1470] Wesentlicher Inhalt dieser Regelungen ist, dass solche Waren entweder nicht von dem Empfänger angenommen werden müssen oder, wenn der Empfänger sie angenommen hat, als Geschenke anzusehen sind.[1471] Keinesfalls trifft den Empfänger

1462 Vgl. dazu die vorgeschlagenen Regelungen in New Jersey, die sich aber auch z.T. an den von der FTC vorgegebenen Rechtsrahmen orientieren, "New Jersey Online Privacy Protection Act", S.B. No.1050 (N.J. 2004).

1463 Zu den persönlichen Daten gehören insbesondere Namen, Adressen, Telefonnummer und E-Mail-Adresse und die Sozialversicherungsnummer, siehe Cal. Bus. &Prof. Code §§ 22577 (a).

1464 Siehe California, Cal. Bus. &Prof. Code §§ 22575 (a).

1465 Siehe California, Cal. Bus. &Prof. Code §§ 22575 (a).

1466 Siehe California, Cal. Bus. &Prof. Code §§ 22575 (b) (1).

1467 Siehe California, Cal. Bus. &Prof. Code §§ 22575 (b) (2).

1468 Siehe California, Cal. Bus. &Prof. Code §§ 22575 (b) (3), (4).

1469 Siehe California, Cal. Bus. &Prof. Code §§ 22576.

1470 Siehe z.B. Delaware, Del. Code Title § 6-25-2505; Illinois, 815 ILCS 430/1; Indiana, IC § 24-5-5-1; Maine, Me. Rev. Stat. Ann. Tit. 33 § 1101; Massachusetts, Mass. Gen. Laws Ann. Tit. XV § 93-43.

1471 Z.B. Colorado, Colo. Rev. Stat. § 6-6-102 (2); Delaware, Del. Code Title § 6-25-2505; Georgia, Georgia Code § 10-1-50; Illinois, 815 ILCS 430/1; Indiana, IC § 24-5-5-1; Iowa, Iowa Code § 556A.1; Kentucky, Ky. Rev. Stat. § 365.710 (1); Maine, Me. Rev. Stat. Ann. Tit. 33 § 1101; Massachusetts, Mass. Gen. Laws Ann. Tit. XV § 93-43; Michigan, MC § 445.131; Mississippi,

in einem solchen Falle die Verpflichtung die Ware entweder zurückzusenden oder zu bezahlen.[1472] Wobei oft zusätzlich geregelt wird, dass eine unaufgeforderte Zusendung dann nicht vorliegt, wenn nachgewiesen werden kann, dass die Ware irrtümlich ohne Anfrage gesendet wurde oder aufgrund eines Fehlers an die falsche Adresse geliefert worden ist.[1473]

Die einzelstaatlichen Bestimmungen variieren bisweilen sehr stark in ihrem Umfang und dem Inhalt der Regelungen. Einige übernehmen z.T. die Bestimmungen des Bundesrechts, z.B. das Verbot der nachträglichen Zusendung von Rechnungen und Mahnungen.[1474] Die meisten der Einzelstaaten begnügen sich aber mit dem schlichten Verbot der Zusendung unbestellter Waren.[1475] Das bedeutet, vertragsrechtlich begründet die Zusendung unbestellter Waren auch im einzelstaatlichen Recht regelmäßig keinen Kaufpreisanspruch. Aus wettbewerbsrechtlicher Sicht kann eine solche Zusendung außerdem unlauter sein, insbesondere eine wiederholte Zusendung von Zahlungsaufforderungen gibt dem Empfänger regelmäßig einen Klagegrund.[1476]

Miss. Code Ann. § 75-65-101; Missouri, Mis. Rev. Stat. § 407.200; Montana, Mont. Code Ann. § 70-3-104; Nebraska, Neb. Rev. Stat. § 69-2201; Nevada, Nev. Rev. Stat. § 597.950; North Carolina, N.C. Gen. Stat. § 75-27; Oklahoma, Okla. Stat. Tit. 15 § 721; Rhode Island, R.I. Gen. Laws § 6-33-1; South Carolina, S.C. Code Ann. § 39-1-50; South Dakota, S.D. Codified Laws Ann. § 37-24-2; Tennessee, Tenn. Code Ann. § 47-18-901; Vermont, Vt. Stat. Ann. Tit 9 § 4401 (a); Virginia, Va. Code § 11-2.2; Washington, Wash. Rev. Code § 19.56.020; West Virginia, W. Va. Code § 47-11A-12a; Wisconsin, Wisc. Stat. § 241.28; Wyoming, Wyo. Stat § 40-12-103.

1472 Z.B. Colorado, Colo. Rev. Stat. § 6-6-102 (1); Indiana, IC § 24-5-5-1; Georgia, Georgia Code § 10-1-50; Iowa, Iowa Code § 556A.1; Kentucky, Ky. Rev. Stat. § 365.710 (1); Maine, Me. Rev. Stat. Ann. Tit. 33 § 1101; Massachusetts, Mass. Gen. Laws Ann. Tit. XV § 93-43; Michigan, MC § 445.131; Mississippi, Miss. Code Ann. § 75-65-101; Montana, Mont. Code Ann. § 70-3-104; Tennessee, Tenn. Code Ann. § 47-18-901; Virginia, Va. Code § 11-2.2; West Virginia, W. Va. Code § 47-11A-12a.

1473 Z.B. Illinois, 815 ILCS 430/1; Colorado, Colo. Rev. Stat. § 6-6-101 (1); Iowa, Iowa Code § 556A.1; Kentucky, Ky. Rev. Stat. § 365.710 (2); Nevada, Nev. Rev. Stat. § 597.950 4. (a), (b); Oklahoma, Okla. Stat. Tit. 15 § 721; South Dakota, S.D. Codified Laws Ann. § 37-24-2; Wyoming, Wyo. Stat § 40-12-103.

1474 Z.B. Colorado, Colo. Rev. Stat. § 6-6-103 (1).

1475 Z.B. Delaware, Del. Code Title § 6-25-2505; Illinois, 815 ILCS 430/1; Indiana, IC § 24-5-5-1; Iowa, Iowa Code § 556A.1; Kentucky, Ky. Rev. Stat. § 365.710; Maine, Me. Rev. Stat. Ann. Tit. 33 § 1101; Massachusetts, Mass. Gen. Laws Ann. Tit. XV § 93-43; Michigan, MC § 445.131; Mississippi, Miss. Code Ann. § 75-65-101; Missouri, Mis. Rev. Stat. § 407.200; Montana, Mont. Code Ann. § 70-3-104; Nebraska, Neb. Rev. Stat. § 69-2201; North Carolina, N.C. Gen. Stat. § 75-27; Rhode Island, R.I. Gen. Laws § 6-33-1; South Carolina, S.C. Code Ann. § 39-1-50; South Dakota, S.D. Codified Laws Ann. § 37-24-2; Vermont, Vt. Stat. Ann. Tit 9 § 4401; Virginia, Va. Code § 11-2.2; West Virginia, W. Va. Code § 47-11A-12a; Wisconsin, Wisc. Stat. § 241.28; Wyoming, Wyo. Stat § 40-12-103.

1476 Z.B. Oklahoma, Okla. Stat. Tit. 15 § 721; Colorado, Colo. Rev. Stat. § 6-6-103 (3); Georgia, Georgia Code § 10-1-50; Tennessee, Tenn. Code Ann. § 47-18-902; Washington, Wash. Rev. Code § 19.56.030.

(3) Die Regulierung der Zusendung von Werbe-E-Mails

Viele Einzelstaaten hatten bereits vor in Kraft treten des CAN SPAM Acts gesetzliche Regelungen für die Zusendung von Werbe-E-Mails erlassen.[1477] Derzeit sind es 38 Bundesstaaten die sog. Commercial E-Mail Laws oder Spam Laws vorsehen.[1478] Der Umfang und die Reichweite dieser Gesetze weichen bisweilen sehr stark voneinander ab. Einige Gesetze verbieten im Grundsatz nur solche Werbe-E-Mails, die in einem

---

1477 Vgl. zur Entwicklung der "spam laws" bis 2000 Fogo, 18 The John Marshall Journal of computer information law, S.915ff (923ff).

1478 Arizona, Commercial Electronic Mail Act (S.B. 1280, May 2003); Ariz. Rev. Stat. Ann. §§ 44-1372.01ff; Arkansas, Unsolicited Commercial an Sexually Explicit Electronic Mail Prevention Act (April 2001 und April 2003) Ark. Code Ann. §§ 4-88-601ff; California, Restrictions On Unsolicited Commercial E-mail Advertisers (S.B. 186, September 2003 and S.B. 1457, September 2004), Cal. Bus. & Prof. Code §§ 17529ff, § 17538.45; Colorado, Junk E-Mail Law (H.B. 1309, May 2000), Colo. Rev. Stat. §§ 6-2.5-101ff; Florida, Electronic Communications Act (Added by 2004 Fla. Laws ch. 233, approved May 25, 2004, effective July 1, 2004), Fla. Stat. §§ 668-60ff; Georgia, Slam Spam E-mail Act (S.B. 62, April 2005), Ga. Code Ann. §§ 16-9-90ff; Idaho, Unfair Bulk Electronic Mail Advertisement Practices (H.B. 505, July 2000), Idaho Code § 48-603E; Illinois, Electronic Mail Act, (July 1999), 815 ILCS §§ 511/1ff; Indiana, Deceptive Electronic Mail Act (April 2003), IC §§ 24-5-22-1ff; Iowa, Restrictions on Use of Electronic Mail (H.F.448, May1999), Iowa Code §§ 714E.1ff; Kansas, Commercial Electronic Mail Act (S.B. 467, May 2002), Kan. Stat. Ann. §§ 50-6.107ff; Louisiana, Unsolicited Commercial Electronic Mail Restrictions (July 2003), La. Rev. Stat. Ann. § 51:1741; Maine, Electronic Mail Solicitation Act (H.B. 210, May 2003), Me. Rev. Stat. Ann. Tit. §§ 10-1497.1ff; Maryland, Commercial Electronic Mail (May 2002), Md. Com. Law Code Ann. §§ 14-3001ff; Missouri, Unsolicited Electronic Mail Act (June 2000, July 2003), Mis. Rev. Stat. §§ 407.1123.1ff; Michigan, Unsolicited Commercial Electronic Mail Protection Act (H.B. 4519, September 2003), M.C. §§ 445.2501ff; Nevada, Liability of Persons Who Transmit Items of Electronic Mail That Include Advertisements (July 1997, amended 2003), Nev. Rev. Stat. §§ 41.705ff; New Mexico, Unsolicited Facsimiles or E-mail (S.B. 699, April 2003), N.M. Stat. Ann. §§§ 57-12-23.ff; North Dakota, Commercial Electronic Mail Solicitation (H.B. 1388, April 2003), N.D. Gen. Stat. §§ 51-27-01ff; Oklahoma, Fraudulent Electronic Mail Message Act, Okla. Stat. Tit. §§ 15-776.1ff; Oregon, Unsolicited Commercial Electronic Mail Messages (S.B. 910, September 2003), Or. Rev. Stat. §§ 646.578.1ff; Rhode Island, Unsolicited Electronic Mail, R.I. Gen. Laws §§ 6-47-2 (a) ff; South Dakota, Computer Fraud Act (February 2002), S.D. Codified Laws Ann. §§ 37-24-36ff; Tennessee, Unsolicited Bulk Electronic Mail (June 1999), Tenn. Code Ann. §§ 39-14-603ff; Texas, Electronic Mail Solicitation (H.B. 1282, June 2003), Texas Business and Commerce Code §§ 46.001ff; Utah, Unsolicited Commercial and Sexually Explicit E-mail Act (S.B. 92, March 2004), Utah Code §§ 13-36-101; Washington, Commercial Electronic Mail (H.B. 2007, May 1999, amended 2003), Wash. Rev. Code §§ 19.190.010ff; West Virginia, Electronic Mail Protection Act (H.B. 2627, March 1999), W. Va. Code § 46A-6G-1; Wyoming, Commercial Electronic Mail (July 2003), Wyo. Stat. §§ 40-12-401ff. Alaska hat im Mai 2003 eine zusätzliche Regelung für Werbe-E-Mails mit sexuellen Inhalten geschaffen, Alaska Stat. § 45.50.479; Connecticut hat im Juni 1999 in seinem Verfahrensrecht eine Klagemöglichkeit gegen kommerzielle E-Mails geschaffen, die im Juni 2003 noch einmal abgeändert wurde, s.a. Conn. Gen. Stat. § 52-59b und eine entsprechende Strafvorschrift in seinem Strafrecht aufgenommen, s.a. Conn. Gen. Stat. § 53-451; ebenso Delaware (June 1999), s.a. Del. Code § 11-931, Pennsylvania (June 2000), Pa. Stat. Ann. tit.18 § 5903., Wisconsin (June 2001) §§ 944.25 und Ohio, Ohio Rev. Code §§ 2307, 2913; North Carolina hat 1999 in einem Zusatz zum UDAP Gesetz Fehlinformationen bezüglich der Herkunft von Werbe-E-Mails verboten, s.a. N.C. Gen. Stat. § 14-453; ähnlich Virginia (2003), Va. Code § 8.01-328.1.

bestimmten Umfang versendet werden (*bulk e-mail*),[1479] wobei die Ausmaße solcher Massen-E-Mails unterschiedliche Dimensionen erreicht haben müssen.[1480] In anderen Regelungen werden hingegen alle Formen von Werbe-E-Mails, unabhängig von dem Umfang ihrer Verbreitung, erfasst.[1481]

Der räumliche Geltungsbereich der Spam Laws beschränkt sich, je nach gesetzlicher Regelung, auf Werbung mit elektronischen Nachrichten, die in einem bestimmten Zusammenhang mit dem einzelstaatlichen Markt stehen. Regelmäßig gelten die Regelungen für alle Unternehmer, die kommerzielle elektronische Nachrichten von einem Computer, der in diesem Staat lokalisiert ist, aus senden.[1482] Für Unternehmer, die von einem anderen Bundesstaat aus agieren, gelten die Vorschriften oft nur, wenn sie wissen oder wissen können, dass die elektronischen Nachrichten an Verbraucher des jeweiligen Staates gesendet werden.[1483]

Die Zusendung von kommerziellen E-Mails wird dabei von den einzelstaatlichen Gesetzen aber nicht verboten. Eine irreführende oder unlautere Werbepraktik liegt nur dann vor, wenn der Anbieter die gesetzlichen Anforderungen, insbesondere die Identifikationsangaben, nicht einhält. Die einzelstaatlichen Regelungen verlangen zunächst, dass weder die Betreffzeile noch der Text der elektronischen Nachricht irreführende Angaben enthalten dürfen, vor allem dürfen die E-Mails keine falschen Informationen über den Verlauf der Nachricht beinhalten.[1484] Viele Gesetze sehen zusätzlich vor, dass am Anfang der Betreffzeile das Kürzel „ADV" als Hinweis auf einen kommerziellen Hintergrund der Nachricht stehen muss.[1485] Nach einigen Spam Laws muss der Unternehmer außerdem ein Verfahren einrichten, das dem Verbraucher ermöglicht, kostenlos die Löschung seiner Daten von der Verteilerliste des Unternehmers zu bewir-

1479 Siehe z.B. Idaho, Unfair Bulk Electronic Mail Advertisement Practices (H.B. 505, July 2000), Idaho Code § 48-603E; Tennessee, Unsolicited Bulk Electronic Mail (June 1999), Tenn. Code Ann. §§ 39-14-603ff.

1480 Vgl. dazu im Einzelnen Wendlandt, S.134ff.

1481 Z.B. Arizona, Ariz. Rev. Stat. Ann. §§ 44-1372.01 Nr.1; Arkansas, Ark. Code Ann. §§ 4-88-603 (a); Colorado, Colo. Rev. Stat. § 6-2.5-103; Oregon, Or. Rev. Stat. §§ 646.578 Section 3.

1482 Z.B. Alaska, Alaska Stat. § 45.50.479. (a); Arizona, Ariz. Rev. Stat. Ann. § 44-1372.01 E.; California Cal. Bus. & Prof. Code §§ 17529.1 (b) (2); Colorado, Colo. Rev. Stat. § 6-2.5-105; Florida, Fla. Stat. §§ 668-603 (1); Illinois, 815 ILCS § 511/10 (b); Kansas, Kan. Stat. Ann. § 50-6.107 (c) (1); Maryland, Md. Com. Law Code Ann. §§ 14-3002. (b) (1); Rhode Island, R.I. Gen. Laws § 6-47-2 (a); Wyoming, Wyo. Stat. § 40-12-402 (a).

1483 Z.B. Alaska, Alaska Stat. § 45.50.479. (a); California Cal. Bus. & Prof. Code §§ 17529.1 (b) (3); Florida, Fla. Stat. §§ 668-603 (1); Indiana, IC 24-5-22-7 (a); Maryland, Md. Com. Law Code Ann. §§ 14-3002. (b) (1).

1484 Z.B. Arizona, Ariz. Rev. Stat. Ann. § 44-1372.01 A., 1.; Arkansas, Ark. Code Ann. §§ 4-88-603 (c) (2); California Cal. Bus. & Prof. Code §§ 17529.5 (a) (2); Colorado, Colo. Rev. Stat. § 6-2.5-103 (1), (2); Florida, Fla. Stat. §§ 668-603 (1) (b), (c); Idaho, Idaho Code § 48-603E (3) (b); Illinois, ILCS §§ 511/10 (a) (i), (ii); Indiana, IC 24-5-22-7 (b) (2).

1485 Z.B. Arizona, Ariz. Rev. Stat. Ann. § 44-1372.01 B., 1.; Colorado, Colo. Rev. Stat. § 6-2.5-103 (4); Illinois, 815 ILCS § 511/10 (a15); Indiana, IC § 24-5-22-8 (1); Kansas, Kan. Stat. Ann. § 50-6.107 (c) (1) (C); Maine, Me. Rev. Stat. Ann. Tit. § 10-1497.3 (A); Michigan, M.C. § 445.2503 (a); Missouri, Mis. Rev. Stat. § 407.1138.2; Nevada, Nev. Rev. Stat. § 41.730.1 (c) (3); Oklahoma, Okla. Stat. Tit. § 15-776.6 D.; Texas, Texas Business and Commerce Code § 46.003 (a) (1).

ken.[1486] Dies kann z.B. durch Angabe einer gebührenfreien Telefonnummer oder E-Mail-Adresse geschehen, bei der der Verbraucher die Streichung beantragen kann.[1487] Dem Unternehmer wird dann regelmäßig eine gewisse Bearbeitungszeit eingeräumt, in der er die E-Mail-Adresse des Verbrauchers in seinem Verteiler löschen muss.[1488] Nach Ablauf dieser Frist stellt die Fortführung der Zusendung von kommerziellen Nachrichten eine Verletzung des einzelstaatlichen Gesetzes dar.[1489]

Ferner verlangen einige Spam Laws, dass der Unternehmer dem Verbraucher die Option geben muss, die Weitergabe seiner elektronischen Adresse und anderer persönlicher Informationen zu beschränken.[1490] Daneben muss in der E-Mail regelmäßig ein klarer, verständlicher und richtiger Hinweis über den Urheber der Nachricht enthalten sein.[1491] Zudem müssen die E-Mails Angaben über den gesetzlichen Namen des Unternehmers, die Postanschrift seines Geschäfts und andere wesentliche Identifikationsangaben zum Unternehmen beinhalten.[1492] In diesem Zusammenhang regeln die meisten Gesetze ausdrücklich auch das Verbot, E-Mail-Adressen oder Domainnamen eines Dritten ohne dessen Einverständnis anzugeben, wenn dadurch fälschlicherweise suggeriert wird, dass dies der Absender der Nachricht ist.[1493]

1486 Z.B. Arizona, Ariz. Rev. Stat. Ann. § 44-1372.01 B., 2. (a); Arkansas, Ark. Stat. Ann. § 4-88-603 (a) (3); Colorado, Colo. Rev. Stat. § 6-2.5-103 (5); Illinois, 815 ILCS § 511/10 (a5) ; Indiana, IC § 24-5-22-8 (3); Iowa, Iowa Code § 714E.2. (d); Kansas, Kan. Stat. Ann. §§ 50-6.107 (c) (1) (D); Louisiana, La. Rev. Stat. Ann. § 51:1741.1 (1)-(3); Maine, Me. Rev. Stat. Ann. Tit. § 10-1497.2, 4; Missouri, Mis. Rev. Stat. § 407.1123.1; Arkansas, Ark. Stat. Ann. § 4-88-603 (a) (3); Kansas, Kan. Stat. Ann. § 50-6.107 (c) (1) (D); Maine, Me. Rev. Stat. Ann. Tit. § 10-1497.2; Michigan, M.C. § 445.2503 (c), (d); Nevada, Nev. Rev. Stat. § 41.730.1 (c) (2); Oklahoma, Okla. Stat. Tit. § 15-776.6 E.; Rhode Island, R.I. Gen. Laws § 6-47-2 (b); Texas, Texas Business and Commerce Code § 46.003 (a) (2); Washington, Wash. Rev. Code § 19.190.070 (1) (a).

1487 Z.B. Arizona, Ariz. Rev. Stat. Ann. § 44-1372.01 B., 2. (a); Arkansas, Ark. Stat. Ann. § 4-88-603 (a) (3); Colorado, Colo. Rev. Stat. § 6-2.5-103 (5); Illinois, 815 ILCS § 511/10 (a5); Indiana, IC § 24-5-22-8 (3); Kansas, Kan. Stat. Ann. §§ 50-6.107 (c) (1) (D) (i), (ii); Louisiana, La. Rev. Stat. Ann. § 51:1741.1 (1), (2); Maine, Me. Rev. Stat. Ann. Tit. § 10-1497.2, 4; Missouri, Mis. Rev. Stat. § 407.1123.1; Arkansas, Ark. Stat. Ann. § 4-88-603 (a) (3); Kansas, Kan. Stat. Ann. § 50-6.107 (c) (1) (D); Maine, Me. Rev. Stat. Ann. Tit. § 10-1497.2; Michigan, M.C. § 445.2503 (c), (d); Nevada, Nev. Rev. Stat. § 41.730.1 (c) (2); Oklahoma, Okla. Stat. Tit. § 15-776.6 E.; Rhode Island, R.I. Gen. Laws § 6-47-2 (b); Texas, Texas Business and Commerce Code § 46.003 (a) (2); Washington, Wash. Rev. Code § 19.190.070 (1) (a).

1488 Z.B. Arizona, Ariz. Rev. Stat. Ann. § 44-1372.01 B., 2. (a) (drei Geschäftstage).

1489 Z.B. Arkansas, Ark. Stat. Ann. § 4-88-603 (d) (1); Indiana, IC § 24-5-22-8 (4); Maine, Me. Rev. Stat. Ann. Tit. § 10-1497.4; Michigan, M.C. § 445.2504 (2); Missouri, Mis. Rev. Stat. § 407.1138.4; Rhode Island, R.I. Gen. Laws § 6-47-2 (c).

1490 Z.B. Arizona, Ariz. Rev. Stat. Ann. § 44-1372.01 B., 2. (b); Illinois, 815 ILCS § 511/10 (a10); Indiana, IC § 24-5-22-8 (5); Kansas, Kan. Stat. Ann. § 50-6.107 (c) (3).

1491 Z.B. Arkansas, Ark. Stat. Ann. § 4-88-603 (c) (2); Maine, Me. Rev. Stat. Ann. Tit. § 10-1497.3 (B).

1492 Z.B. Arkansas, Ark. Stat. Ann. § 4-88-603 (a) (1); Michigan, M.C. § 445.2503 (b); Nevada, Nev. Rev. Stat. § 41.730.1 (c) (1).

1493 Z.B. Arizona, Ariz. Rev. Stat. Ann. § 44-1372.01 A., 3.; Arkansas, Ark. Stat. Ann. § 4-88-603 (c) (1); Colorado, Colo. Rev. Stat. § 6-2.5-103 (3); Florida, Fla. Stat. § 668-603 (1) (a); Illinois, 815 ILCS § 511/10 (a) (i); Kansas, Kan. Stat. Ann. § 50-6.107 (c) (1) (A); Maine, Me. Rev.

Diese Anforderungen gelten jedoch nicht, wenn der Unternehmer und der Verbraucher in einem geschäftlichen Kontakt stehen, der Verbraucher sein Einverständnis mit der Zusendung gegeben hat[1494] oder der Unternehmer die Nachricht irrtümlich verschickt hat[1495] sowie wenn die zugesendete E-Mail von einer Organisation an ihre Mitglieder oder Arbeitnehmer versendet worden ist.[1496]

Die einzelstaatlichen Spam-Gesetze haben mit in Kraft treten des CAN Spam Acts an Bedeutung verloren, da das Bundesgesetz eine Überlagerung der einzelstaatlichen Regelungen vorsieht.[1497] Nach dem ausdrücklichen Wortlaut des CAN SPAM Acts gelten die einzelstaatlichen Bestimmungen über kommerzielle E-Mails nur soweit diese die Irreführung über den Ursprung von E-Mails regeln.[1498] Im Übrigen gelten die Mindestanforderungen des Bundesgesetzes. Gesetzliche Vorschriften, die über die Bundesregelungen hinausgehen, werden dementsprechend überlagert.

dd) Die Rechtsfolgen unlauterer und irreführender Werbepraktiken

Die einzelstaatlichen Wettbewerbsregelungen können auf verschiedenen Wegen gerichtlich überprüft werden. Die allgemeinen UDAP-Vorschriften sowie die spezielleren Wettbewerbsregelungen, wie die Spam Laws, ermächtigen i.d.R. den *attorney general* oder eine andere Verbraucherschutzbehörde des jeweiligen Einzelstaates zur Rechtsdurchsetzung.[1499] Ähnlich der FTC, haben die *attorneys general* in vielen Einzelstaaten dabei zunächst die Kompetenz zur Schaffung von Ausführungsvorschriften

---

Stat. Ann. Tit. § 10-1497.5 (A); Michigan, M.C. § 445.2504 (1) (a); Oklahoma, Okla. Stat. Tit. § 15-776.6 B.; Oregon, Or. Rev. Stat. § 646.578.3 (1) (a); Rhode Island, R.I. Gen. Laws § 6-47-2 (d); South Dakota, S.D. Codified Laws Ann.§ 37-24-37 (1); Texas, Texas Business and Commerce Code § 46.002 (b); Washington, Wash. Rev. Code § 19.190.020 (1) (a); Wyoming, Wyo. Stat. § 40-12-402 (a) (i).

1494 Z.B. Arizona, Ariz. Rev. Stat. Ann. § 44-1372.04 A., 3.; Arkansas, Ark. Stat. Ann. § 4-88-603 (b) (1); Colorado, Colo. Rev. Stat. § 6-2.5-103 (c); Indiana, IC § 24-5-22-8 (1) (A); Michigan, M.C. § 445.2502 (h); Nevada, Nev. Rev. Stat. § 41.730,1 (a), (b); Rhode Island, R.I. Gen. Laws § 6-47-2 (e); Washington, Wash. Rev. Code § 19.190.070 (1) (b).

1495 Z.B. Arizona, Ariz. Rev. Stat. Ann. § 44-1372.04 A., 4.

1496 Z.B. Arizona, Ariz. Rev. Stat. Ann. § 44-1372.04 A., 1.; Colorado, Colo. Rev. Stat. § 6-2.5-103 (4) (a), (b); Indiana, IC § 24-5-22-7 (c); Indiana, IC § 24-5-22-8 (1) (B); Texas, Texas Business and Commerce Code § 46.001 (9).

1497 S.a. 15 U.S.C. § 7707 (b) (1); die Überlagerung der einzelstaatlichen Gesetze durch das Bundesgesetz ist dabei nach wie vor nicht ganz klar. Gerichtsentscheidungen zu dieser Anwendungsproblematik gibt es kaum. In einer Gerichtsentscheidung von 2006 hat der 4th Circuit aber z.B. eine Überlagerung des CAN SPAM Acts bezüglich des Oklahoma Spam Law festgestellt, siehe Omega World Travel v. Mummagraphics, Inc., 469 F.3d 348 (4th Cir. 2006); vgl. zu diesem Problem Wong, 20 Harvard Journal of Law & Technology, S.459ff.

1498 S.a. 15 U.S.C. § 7707 (b) (1).

1499 Dabei leisten dem attorney general die einzelnen district attorneys und andere Behörden Hilfestellung; z.B. Alabama, Ala. Code §§ 8-19-4ff, Alaska, Alaska Stat. §§ 45.50.491ff, Arkansas, Ark. Stat. Ann. §§ 4-88-103ff, Colorado, Colo. Rev. Stat. §§ 6-1-103ff, Delaware, Del. Code § 2514ff, Florida, Fla. Stat. §§ 501.205ff, Idaho, Idaho Code §§ 48-604ff, Illinois, 815 ILCS §§ 505/3ff, Indiana, IC §§ 24-5-0.5-7ff, Kansas, Kan. Stat. Ann. §§ 50-628ff, , Kentucky, Ky. Rev. Stat. §§ 367-190ff, Louisiana, La. Rev. Stat. Ann §§ 51:1407ff.

der einzelstaatlichen Verbraucherschutzbestimmungen.[1500] In jedem Fall stehen diesen aber gerichtliche Durchsetzungsmöglichkeiten zur Verfügung, die ebenfalls meist der Kompetenzausgestaltung der Bundesbehörde nachempfunden sind. Zur Feststellung von Rechtsverstößen stellen die *attorneys general* Untersuchungen einzelner Marktpraktiken an, richten Verbraucherbeschwerdesysteme ein und treten in eine umfassende Diskussion mit den beteiligten Marktteilnehmern ein.[1501]

Das gerichtliche Verfahren wird durch eine Untersuchung des jeweiligen *attorney general* eingeleitet, der Stellungnahmen unter Eid von Beteiligten verlangen und diese Personen zur Anhörung vorladen kann. Er kann des Weiteren sämtliche geschäftlichen Dokumente einsehen und wenn nötig auch Probestücke der verkauften oder angepriesenen Verbrauchsgüter beschlagnahmen.[1502] Stellt der *attorney general* fest, dass eine Verletzung gegen die Verbraucherschutznormen vorliegt, so kann er in dem Einzelstaat Klage im Namen des jeweiligen Staates erheben. Zuständig ist das Gericht, in dessen Bezirk der Unternehmer wohnt, er seine geschäftliche Niederlassung hat oder in dessen Bezirk die Tätigkeit begangen wurde.[1503] Dabei muss die Klageerhebung durch den *attorney general* regelmäßig im öffentlichen Interesse des Einzelstaates stehen.[1504] Dies bemisst sich an dem Grad der Verletzung, der Auswirkungen auf den innerstaatlichen Handel und der Intensität der verletzenden Markttätigkeit. Der Unternehmer kann dabei die gerichtliche Verfolgung aber durch eine freiwillige Zusicherung, dass er die betreffende Tätigkeit unterlassen wird, abwenden. Die Zusicherung muss meist schriftlich bei der zuständigen Behörde eingereicht werden. Ähnlich der *consent order* der FTC, ist diese Zusicherung des Unternehmers nicht als Schuldanerkenntnis einer Verletzung der verbraucherschützenden Bestimmungen zu bewerten.

1500 Dabei muss der attorney general stets die verwaltungsrechtlichen Verfahrensvorschriften des Staates beachten, z.B. Alaska, Alaska Stat. § 45.50.491, Arizona, Ariz. Rev. Stat. Ann. § 44-1526, Georgia, Georgia Code § 10-1-394, Florida, Fla. Stat. § 501.205, Idaho, Idaho Code § 48-604 (2), Kansas, Kan. Stat. Ann. § 50-630, Louisiana, La. Rev. Stat. Ann. § 51:1405, Massachusetts, Mass. Gen. Laws Ann. § 93-A-2 (c), Missouri, Mis. Rev. Stat. § 407.145, Wisconsin, Wisc. Stat. §§ 100.20 (2)ff, Pennsylvania, Pa. Cons. Stat. tit. 73 §201-3.1, in Arkansas kann die eingesetzte Behörde zumindest Vorschläge zur Erneuerung und Verbesserung der Gesetze machen, Arkansas, Ark. Stat. Ann. § 4-88-105 (d) (5).

1501 Z.B. Alabama, Ala. Code § 8-19-4 (a), Arkansas, Ark. Stat. Ann. § 4-88-111 (a), Florida, Fla. Stat. § 501.206 (1).

1502 Z.B. Alabama, Ala. Code § 8-19-9, Alaska, Alaska Stat. § 45.50.495, Arkansas, Ark. Stat. Ann. §§ 4-88-105 (d) (3), 111 (a), Colorado, Colo. Rev. Stat. §§ 6-1-107 (1), 108, Florida, Fla. Stat. § 501.206, Idaho, Idaho Code § 48-611 (1), Illinois, 815 ILCS § 505/3, Kansas, Kan. Stat. Ann. § 50-631, Kentucky, Ky. Rev. Stat. §§ 367-240 (1), 250, Louisiana, La. Rev. Stat. Ann § 51:1411 A.; die meisten Staaten sehen zusätzliche Vorgehensmöglichkeiten gegen den Unternehmer vor, wenn einer Anfrage des attorney general nach Dokumenten und Stellungnahmen nicht Folge geleistet wurde. In Delaware kann der attorney general jedoch nur auf Grundlage einer gerichtlichen Anordnung die Untersuchung einleiten, Del. Code § 2514.

1503 Z.B. Alabama, Ala. Code § 8-19-8 (a), Alaska, Alaska Stat. § 45.50.501 (a), Arkansas, Ark. Stat. Ann. § 4-88-112 (a), Delaware, Del. Code § 2522, Florida, Fla. Stat. § 501.207, Idaho, Idaho Code § 48-606 (1), (2), Illinois, 815 ILCS § 505/7, Kansas, Kan. Stat. Ann. § 50-632 (a), Kentucky, Ky. Rev. Stat. § 367-190, Louisiana, La. Rev. Stat. Ann § 51:1407.

1504 Z.B. Alaska, Alaska Stat. § 45.50.501 (a), Florida, Fla. Stat. § 501.207 (2), Idaho, Idaho Code § 48-606 (1), Illinois, 815 ILCS § 505/7 (a), Kentucky, Ky. Rev. Stat. § 367-190 (1).

Der *attorney general* wird bei Vorliegen eines solchen Versprechens seitens des Unternehmers aber nicht daran gehindert, das Verfahren und die Untersuchungen zu einem späteren Zeitpunkt wieder aufzunehmen, wenn ihm Informationen über eine Wiederholung der unlauteren Geschäftstätigkeit des Unternehmers zur Kenntnis gebracht werden.[1505] In anderen Staaten muss dem Delinquenten zumindest die Gelegenheit der Stellungnahme gegeben werden, bevor eine Klage gegen ihn erhoben wird.[1506] Die behördliche Klageerhebung ist dabei in den Einzelstaaten unterschiedlich befristet, die Klagefrist des *attorney general* seit Entdeckung der verletzenden Tätigkeit kann zwischen einem und fünf Jahren liegen.[1507]

Kommt das entscheidende Gericht zu dem Ergebnis, dass eine verletzende Tätigkeit vorliegt, können verschiedene Maßnahmen gegen den Unternehmer ergriffen werden. Das Gericht kann zunächst eine einstweilige Verfügung (*restraining order*) auf Unterlassen der rechtswidrigen Handelspraktiken verhängen sowie sämtliche Anordnungen und Verfügungen, die dem Gericht notwendig im Zusammenhang mit der Verletzung erscheinen.[1508] Einige Staaten sehen vor, dass der *attorney general* Ersatzzahlungen, wie die Kosten für die Untersuchung, erwirken kann.[1509] Bei der Verletzung einer gerichtlichen oder behördlichen Anordnung und der wiederholten Verletzung der Vorschriften, kann das Gericht auch eine Zivilstrafe gegen den Unternehmer verhängen. Eine solche ist ebenso meist bei einer willentlichen Verletzung der Verbraucherschutzvorschriften vorgesehen.[1510] Oft werden dabei gesetzliche Höchstgrenzen für die

---

1505 Meist kann das Gericht trotz Zusicherung der Unterlassung Ersatz entstandener Kosten verlangen; z.B. Alaska, Alaska Stat. § 45.50.511, Arkansas, Ark. Stat. Ann. § 4-88-114, Colorado, Colo. Rev. Stat. § 6-1-110 (2), Delaware, Del. Code § 2521, Florida, Fla. Stat. § 501.207 (6), Idaho, Idaho Code § 48-610, Indiana, IC § 24-5-0.5-7, Kansas, Kan. Stat. Ann. § 50-632 (b), Kentucky, Ky. Rev. Stat. § 367-230, Louisiana, La. Rev. Stat. Ann § 51:1410.

1506 Dabei kann der Unternehmer ebenso der Unterlassung der Handelspraktik zustimmen, s.a. z.B. Idaho, Idaho Code § 48-606 (4), Alabama, Ala. Code § 8-19-8 (a).

1507 Hierbei ist darauf hinzuweisen, dass im US-amerikanischen Recht die zeitliche Begrenzung der prozessualen Durchsetzung eines Rechts (statute of limitations) nicht, wie im deutschen Recht, Teil des materiellen Rechts ist (im Sinne einer Verjährung von Ansprüchen), sondern verfahrensrechtliche Verfristung der gerichtlichen Durchsetzung einer Klage; z.B. Alabama beschränkt die Klage des attorney general auf ein Jahr nach der verletzenden Tätigkeit, Ala. Code § 8-19-14, in Delaware ist die Klage des attorney general auf fünf Jahre begrenzt, Del. Code Title §§ 6-25-2506, ebenso in Arkansas, Arkansas, Ark. Stat. Ann. § 4-88-1; in Colorado kann eine Klage nur innerhalb von drei Jahren nach der verletzenden Tätigkeit erhoben werden, Colo. Rev. Stat. §§ 6-1-115; in South Dakota ist die Klagemöglichkeit auf zwei Jahre beschränkt, S.D. Codified Laws Ann. §§ 37-24-31, ebenso in Idaho, Idaho Code § 48-619; in Florida kann innerhalb von vier Jahren eine Klage erhoben werden, Fla. Stat. § 501.207 (5).

1508 Z.B. Alaska, Alaska Stat. § 45.50.501 (b), Colorado, Colo. Rev. Stat. §§ 6-1-110 (1), Delaware, Del. Code § 2523, Florida, Fla. Stat. § 501.207 (3), Illinois, 815 ILCS § 505/7 (a), Kansas, Kan. Stat. Ann. § 50-632 (c).

1509 Die Inhalte dieser Regelungen variieren stark, einige Staaten verlangen eine wissentliche Verletzung, andere enthalten keine Bestimmungen zum Haftungsmaßstab, einige sehen sogar den Ersatz von Anwaltskosten, attorney's fees, vor; z.B. Arkansas, Ark. Stat. Ann. § 4-88-113 (e), Florida, Fla. Stat. § 501.207 (1) (c), Idaho, Idaho Code § 48-607.

1510 Wobei eine Verletzung i.d.R. willentlich erfolgt, wenn der Unternehmer in Kenntnis der Verletzung gehandelt hat oder die Verletzung hätte kennen können; vgl. beispielsweise Alabama, Ala. Code § 8-19-11 (a), Alaska, Alaska Stat. § 45.50.551, Arizona, Ariz. Rev. Stat. Ann.

Bestrafung jeder einzelnen Tätigkeit vorgeschrieben, die sich zwischen $ 5000,- und $ 25.000,- pro verletzende Handlung bewegen.[1511] Bei dem Nachweis einer willentlichen und wiederholten Verletzung kann dem Unternehmer außerdem eine erteilte Erlaubnis oder Lizenz, die die Teilnahme am Markt oder bestimmte Geschäftstätigkeiten betreffen, entzogen werden.[1512]

Sämtliche durch prozessuale Verfahren erhaltenen Zahlungen müssen die *attorneys general* nach den UDAP Statutes entweder in einen bestimmten Fond einzahlen[1513] oder an eine Art Treuhänder weitergegeben, der das Geld verwaltet.[1514] Die geleisteten Zahlungen werden dann zur Finanzierung der Verbraucherschutzaufgaben der *attorneys general* eingesetzt, also für die Untersuchungen von unlauteren Tätigkeiten am Markt, Aufklärungsmaßnahmen und die Verwaltung und Bearbeitungen der Verbraucherbeschwerden.

Daneben können Rechtsverstöße gegen die einzelstaatlichen Wettbewerbsvorschriften in allen Staaten, bis auf Iowa, durch Privatklage des Verbrauchers geltend gemacht werden, soweit der Verbraucher einen Schaden durch die verletzende Tätigkeit erlitten hat.[1515] Wobei der entstandene Schaden grundsätzlich von ihm nachzuweisen ist.[1516]

---

§ 44-1531, Idaho, Idaho Code § 48-606 (f), Indiana, IC § 24-5-05-8, Iowa, Iowa Code § § 714.16.7, Louisiana, La. Rev. Stat. Ann. § 51:1416, Massachusetts, Mass. Gen. Laws Ann § 93-A-4, Missouri, Mis. Rev. Stat. § 407.110, Florida, Fla. Stat. § 501.2075, Indiana, IC § 24-5-0.5-8.

1511 Eine Höchstgrenze von $ 25.000,- bei Verletzung einer gerichtlichen Verfügung sieht z.B. Alabama, Ala. Code § 8-19-11 (a) und Alaska, Alaska Stat. § 45.50.551 (a) vor; eine bewusste Verletzung der Vorschriften wird in Alabama mit höchstens $ 2000,- geahndet, Ala. Code § 8-19-11 (b), ebenso wie in Colorado, Colo. Rev. Stat. § 6-1-112 (1). In Alaska beträgt die Höchstgrenze für eine bewusste Verletzung $ 5000,-, Alaska, Alaska Stat. § 45.50.551 (b); die Höchstgrenze in Louisiana beträgt für Verletzungen gegen eine Verfügung $ 5000,-, La. Rev. Stat. Ann § 51:1416; in Arkansas ist die Obergrenze für wissentliche Verletzungen des Gesetzes und gerichtlicher Verfügungen $ 10.000,-, Arkansas, Ark. Stat. Ann. § 4-88-113 (a) (3), (c); eine ähnliche Regelung sieht Florida vor, Fla. Stat. § 501.2075, und Idaho, Idaho Code § 48-615; wegen der Verletzung einer gerichtlichen Verfügung wird in Colorado höchstens eine Zivilstrafe in Höhe von $ 10.000,- verhängt, Colo. Rev. Stat. § 6-1-111 (2); in Illinois wird ein einmaliger Höchstbetrag von $ 50.000,- gezahlt, Illinois, 815 ILCS § 505/7 (b); Indiana gewährt bei einer nicht wieder gut zumachenden Verletzung $ 500,- pro Verletzung, Indiana, IC §§ 24-5-0.5-8, 9; in Kansas wird bei einer einfachen Verletzung des Gesetzes $ 10.000,- pro Verletzung gefordert, beim Nachweis der Kenntnis sogar $ 20.000,- pro Verletzung.

1512 Z.B. Alabama, Ala. Code §§ 8-19-8 (c), 11 (c), Arkansas, Ark. Stat. Ann. § 4-88-113 (b), Idaho, Idaho Code § 48-616, Kansas, Kan. Stat. Ann. § 50-631 (e) (2).

1513 Z.B. Arizona, Ariz. Rev. Stat. Ann. § 44-1531.01, Florida, Fla. Stat. § 501.2101, Kentucky, Ky. Rev. Stat. § 367-370, Delaware, Del. Code § 2527, Florida, Fla. Stat. § 501.2101, Idaho, Idaho Code § 48-606 (5).

1514 Z.B. Alabama, Ala. Code § 8-19-8 (b).

1515 Z.B. Alabama, Ala. Code § 8-19-10, Alaska, Alaska Stat. § 45.50.531, Delaware, Del. Code Title § 6-25-2503, 2525 (a), Georgia, Georgia Code § 10-1-399, Hawaii, Hawaii Code § 481A-4 (a), Florida, Fla. Stat. § 501.211 (1), Texas, Texas Code § 17.50, Utah, U.C.A. § 13-11.19, Idaho, Idaho Code § 48-608 (1), Illinois, 815 ILCS § 505/10a (a), Indiana, IC 24-5-0.5-4, Michigan, M.C. § 445-911, Virginia, Va. Code § 59.1-204, California, Cal. Civil Code § 1780 (a), Colorado, Colo. Rev. Stat. § 6-1-113 (1), Kansas, Kan. Stat. Ann. § 50-634, Kentucky, Ky. Rev. Stat. § 367-220 (1), Louisiana, La. Rev. Stat. Ann. § 51:1409 A., Missouri, Mis. Rev. Stat.

Allerdings gewähren die meisten Einzelstaaten die Klagemöglichkeit nur dann, wenn der Verbraucher vor Erhebung den Unternehmer auffordert, die unlautere Handelspraktik zu unterlassen und alle Einzelheiten seiner Beschwerde und Forderungen darlegt, also beispielsweise die Information darüber, welche konkrete Geschäftstätigkeit er für rechtwidrig hält und welche Schäden ihm dadurch entstanden sind.[1517] Die Mitteilungen haben stets eine gewisse Zeit vor der Klageerhebung und in einer bestimmten, meist schriftlichen Form zu erfolgen.[1518] Diese Regelungen sollen dem Unternehmer die Möglichkeit geben, vor einer gerichtlichen Auseinandersetzung die Geschäftspraktiken aufzugeben und eine Einigung mit dem Verbraucher zu suchen. Bleibt die Streitbeilegung aus und setzt der Unternehmer seine Tätigkeiten fort, so kann der Verbraucher durch die Privatklage zunächst eine einstweilige oder dauerhafte Verfügung gegen den Unternehmer auf Unterlassen der betreffenden Handelspraktik erwirken.[1519] Daneben kann er „*actual damages*" gerichtlich geltend machen,[1520] wobei er grundsätzlich keine absichtliche Verletzung nachweisen muss. Ein Ersatz von „*actual damages*" entspricht dem Schaden, der durch eine nicht ordnungsgemäße Erfüllung der Leistungspflichten entstanden ist. Es wird also der Wert der nicht oder nicht ordnungsgemäßen Leistung abzüglich des Wertes der Gegenleistung ersetzt.[1521] Hierfür legen viele einzelstaatlichen Verbraucherschutzgesetze Untergrenzen für den zu ersetzenden Schaden fest.[1522] Der Ersatz von „*treble*" oder „*triple damages*" wird oft nur bei Vorliegen bestimmter Voraussetzungen gewährt, beispielsweise wenn eine willentliche Verletzung vorliegt oder bei einem besonders krassen Fall der Verletzung

§ 407.025, New Hampshire, N.H. Rev. Stat. Ann. § 358-A:10, Oregon, Or. Rev. Stat. § 646.638, Nevada, Nev. Rev. Stat. § 598A-210, New York, N.Y. Code 22-A-350e, Pennsylvania, Pa. Cons. Stat. tit. 73 §201-9.2, South Dakota, S.D. Codified Laws Ann. § 37-24-31, Wisconsin, Wisc. Stat. § 100.20 (5); so auch im case law für das UDAP Gesetz von Rhode Island bestätigt, z.B. Groff v. America Online Inc., File No. C.A. No. PC. 97-0331, 1998 WL. 307001 (R.I. Super. Court, 1998).

1516 Vgl. Reimann, S.55f.

1517 Z.B. Alaska, Alaska Stat. § 45.50.535 (b), California, Cal. Civil Code § 1782, Illinois, 815 ILCS § 505/10a (f), Indiana, IC 24-5-0.5-5 (a) (2).

1518 Z.B. in Georgia muss der Kläger mindestens 30 Tage vor Klagerhebung dem Unternehmer die schriftliche Mitteilung zusenden, Georgia Code § 10-1-399, ebenso in California, Cal. Civil Code § 1782 (a), in Indiana, IC § 24-5-0.5-5, in Massachusetts, Mass. Gen. Laws Ann. § 93-A-9 (3) und in Illinois, 815 ILCS § 505/10a (h); in Alabama muss dies 15 Tage vor Klageerhebung geschehen, Ala. Code § 8-19-10.

1519 Z.B. Alaska, Alaska Stat. § 45.50.535 (a), California, Cal. Civil Code § 1780 (a) (2), Illinois, 815 ILCS § 505/10a (c), Kansas, Kan. Stat. Ann. § 50-634 (a) (2).

1520 Z.B. Alabama, Ala. Code § 8-19-10 (a) (1), California, Cal. Civil Code § 1780 (a) (1), Colorado, Colo. Rev. Stat. § 6-1-113 (2) (a) (I), Florida, Fla. Stat. § 501.211 (2), Idaho, Idaho Code § 48-608 (1), Illinois, 815 ILCS § 505/10a (a), Indiana, IC 24-5-0.5-4 (a), Kentucky, Ky. Rev. Stat. § 367-220 (1), Louisiana, La. Rev. Stat. Ann. § 51:1409 A.

1521 Vgl. Reimann, S.56.

1522 Z.B. liegt die Untergrenze für die Schadensersatzzahlungen (actual damages) in Alabama bei $ 100,-, Alabama, Ala. Code § 8-19-10 (a) (1); in Colorado werden nicht weniger als $ 500,- gezahlt, Colo. Rev. Stat. § 6-1-113 (2) (a) (II), ebenso in Indiana, IC 24-5-0.5-4 (a); in Idaho beträgt die Untergrenze $ 1000,-, Idaho Code § 48-608 (1).

des jeweiligen UDAP Gesetzes.[1523] *„Treble"* oder *„triple damage"* ist die Verdreifachung der *„actual damages"*. Die Entscheidung über eine Gewährung dieser Form des Schadensersatzes liegt in aller Regel im Ermessen des Gerichts. Obsiegt der Verbraucher oder kann er eine gerichtliche Verfügung geltend machen, so sehen die meisten Einzelstaaten in ihren Gesetzen vor, dass er auch die Gerichtskosten und seine Anwaltskosten ersetzt verlangen kann. Einige Staaten gewähren *„attorney's fees"* ohne weitere Einschränkung, wenn der Verbraucher den Rechtsstreit gewonnen hat.[1524] Andere begrenzen die zu zahlenden Verteidigungskosten auf den Betrag den das entscheidende Gericht für angemessen hält.[1525] Eine dritte Gruppe von Staaten erlaubt diesen Ersatz nur, soweit dem Unternehmer eine willentliche Verletzung der Vorschriften und Verursachung des Schadens nachgewiesen werden kann.[1526] Die Zahlung von Strafschadensersatzzahlungen (*punitive damages*) sind in den meisten UDAP Statutes nicht vorgesehen oder werden nur in Ausnahmefällen zugelassen.[1527]

Die Klagen des Verbrauchers unterliegen meist denselben zeitlichen Begrenzungen, wie die Klagen des *attorney general*.[1528] Es gelten daher die benannten Fristen zwischen einem und fünf Jahren für Verbraucherklagen. Der Gerichtsstand für solche Klagen ist für gewöhnlich der Wohnsitz, der Ort der geschäftlichen Niederlassung des Beklagten oder der Ort an dem die geschäftliche Transaktion oder wesentliche Teile davon stattgefunden haben.[1529]

In einigen Bundesstaaten können die Verbraucher sich auch im Rahmen einer Gruppenklage zusammenschließen.[1530] Für solche *class actions* gelten dann im Wesentli-

---

1523 Z.B. Alabama, Ala. Code § 8-19-10 (a) (2), Colorado, Colo. Rev. Stat. § 6-1-113 (2) (a) (III), Indiana, IC 24-5-0.5-4 (a) (1), Louisiana, La. Rev. Stat. Ann. § 51:1409 A.; in Alaska werden triple damages grundsätzlich ersetzt, hier beträgt die Untergrenze, die dabei nicht unterschritten werden darf, $ 500,-, Alaska Stat. § 45.50.531 (a).

1524 Z.B. Alaska, Alaska Stat. § 45.50.537 (d).

1525 Z.B. Alabama, Ala. Code § 8-19-10 (a) (3), Alaska, Alaska Stat. § 45.50.537 (a), Colorado, Colo. Rev. Stat. § 6-1-113 (2) (b), Florida, Fla. Stat. §§ 501.211 (2), 2105 (1), Idaho, Idaho Code § 48-608 (4), Illinois, 815 ILCS § 505/10a (c), Indiana, IC 24-5-0.5-4 (a), Kentucky, Ky. Rev. Stat. § 367-220 (3), Louisiana, La. Rev. Stat. Ann. § 51:1409 A..

1526 Z.B. in Georgia wird nur bei absichtlicher Verletzung Schadensersatz und der Ersatz von Anwaltskosten gewährt, Georgia Code §§ 10-1-399, 373 (b) (2), ebenso in Delaware, Del. Code Title § 6-25-2533 (b), in Maine, Me. Rev. Stat. Ann Tit. 10 § 1213 und in Hawaii, Hawaii Code § 481A-4 (b) (2).

1527 Mit Einschränkungen ist eine Zahlung von punitive damages z.B. vorgesehen in Alaska, Alaska Stat. § 45.50.531 (a), (f), in Illinois, 815 ILCS § 505/10a (a) und in Kentucky, Ky. Rev. Stat. § 367-220 (1). In California werden punitive damages ohne Beschränkung gewährt, Cal. Civil Code § 1780 (a) (4).

1528 Eine Ausnahme stellt z.B. das UDAP Gesetz von Alaska dar, danach kann der Verbraucher seine Klage nur innerhalb von zwei Jahren erheben, Alaska Stat. § 45.50.531 (f); in Illinois ist die Frist für Verbraucherklagen abweichend der statute of limitations drei Jahre, 815 ILCS § 505/10a (e).

1529 Z.B. California, Cal. Civil Code § 1780 (c), Idaho, Idaho Code § 48-608 (2), Illinois, 815 ILCS § 505/10a (b), Kentucky, Ky. Rev. Stat. § 367-220 (1).

1530 Z.B. California, Cal. Civil Code §§ 1780, 1781, Iowa, Iowa Code § 48-608, Indiana, IC § 24-5-0.5-4 (b).

chen ähnliche Regelungen hinsichtlich der zu ersetzenden Schadensposten und der Klageverfristung.

Wie im Bundesrecht, bestehen keine Unterschiede im Rahmen der Rechtsdurchsetzung, wenn es sich um Verletzungen im Online-Handel handelt. Die Spam Laws erlauben i.d.R. ebenfalls eine private Klageerhebung, wenn der Verbraucher Empfänger einer unlauteren Werbe-E-Mail ist.[1531] Hierbei stehen dem Verbraucher regelmäßig dieselben Rechtsbehelfe zu Seite, wie nach den jeweiligen UDAP Statutes vorgesehen. Der Verbraucher kann grundsätzlich *actual damages* und andere Schadensposten einklagen, soweit er diese nachweislich erlitten hat.[1532] Eine Besonderheit sehen viele der E-Mail Acts vor, in dem der Verbraucher zwischen *actual damages* und einer Geldstrafe für jede zugesendete E-Mail wählen kann.[1533] Dabei kann der Verbraucher regelmäßig einen Wert von mindestens $ 10,- pro E-Mail von dem Unternehmer verlangen, bis zu einer gewissen Ersatzobergrenze.[1534] Zusätzlich kann der Verbraucher seine Anwaltskosten geltend machen, soweit der Ersatz auch nach dem jeweiligen UDAP-Gesetz vorgesehen ist.[1535]

2. Verbraucherschutz vor unlauterer Online-Werbung im deutschen Recht

a) Das Verbot des unlauteren Wettbewerbs gemäß § 3 UWG

Das zentrale deutsche Gesetz zum Schutz des Verbrauchers im Wettbewerb, das UWG,[1536] ist ohne Zweifel auch anwendbar auf Wettbewerbstätigkeiten und Werbepraktiken der Unternehmer im World Wide Web.[1537] In der Reform des Gesetzes wurden grundsätzlich auch die Besonderheiten des Internethandels und der Inter-

1531 Z.B. Arizona, Ariz. Rev. Stat. § 44-1372.01 D., Arkansas, Ark. Stat. Ann. § 4-88-606, Colorado, Colo. Rev. Stat. § 6-2.5-104 (1) (a), Idaho, Idaho Code § 48-603E (4), Indiana, IC § 24-5-22-10 (a) (1), Iowa, Iowa Code § 714E.3 a. (1), Kansas, Kan. Stat. Ann. § 50-6,107 (i).

1532 Z.B. Arizona, Ariz. Rev. Stat. § 44-1372.02 A., Colorado, Colo. Rev. Stat. § 6-2.5-104 (2) (a), Indiana, IC § 24-5-22-10 (d) (2), Iowa, Iowa Code § 714E.3 a. (1).

1533 Z.B. Arizona, Ariz. Rev. Stat. § 44-1372.02 B., Arkansas, Ark. Stat. Ann. § 4-88-606 (b) (1), Idaho, Idaho Code § 48-603E (4); in Colorado können die Zahlungen pro E-Mail zusätzlich geltend gemacht werden, Colo. Rev. Stat. § 6-2.5-104 (2) (b), Indiana, IC § 24-5-22-10 (d) (2), Iowa, Iowa Code § 714E.3 a. (2).

1534 Z.B. in Arizona ist diese Obergrenze bei $ 25.000,- angesetzt, Ariz. Rev. Stat. § 44-1372.02 B., ebenso in Arkansas, Ark. Stat. Ann. § 4-88-606 (b) (1) (A), (B); in Iowa ist die Untergrenze $ 500,-, Iowa Code § 714E.3 a. (2); ohne Obergrenze gewährt Colorado $ 10,- pro E-Mail, Colo. Rev. Stat. § 6-2.5-104 (2) (b); in Idaho können $ 100,- pro versendeter E-Mail verlangt werden, allerdings ist die Obergrenze $ 1000,-, Idaho Code § 48-603E (4).

1535 Z.B. Arizona, Ariz. Rev. Stat. § 44-1372.02 B., Arkansas, Ark. Stat. Ann. § 4-88-606 (b) (2), Colorado, Colo. Rev. Stat. § 6-2.5-104 (2) (a), Indiana, IC § 24-5-22-10 (d) (3).

1536 Gegenstand der folgenden Erörterungen ist das UWG in der Fassung vom 3.7.2004 (BGBl. I S.1414); zu beachten ist, dass die Vorgaben der Richtlinie über unlautere Geschäftspraktiken, die vom deutschen Gesetzgeber nicht rechtzeitig umgesetzt wurde, nunmehr (2008) auch unmittelbar Geltung im deutschen Recht beanspruchen. Soweit dies zwingende Änderungen der hier angesprochenen UWG-Normen bedeutet, wird darauf in den Fußnoten Bezug genommen.

1537 Vgl. Köhler/Arndt/Fezer, S.220; Bräutigam/Leupold in: Bräutigam/Leupold, S.972ff (972).

netwerbung mit berücksichtigt, was aber, ebenso wenig wie in den USA, zu einer enormen Anpassung der gesetzlichen Vorschriften geführt hat.[1538]

Das UWG enthält nun eine Generalklausel, wonach unlautere Wettbewerbshandlungen unzulässig sind, die geeignet sind den Wettbewerb (...) in nicht unerheblicher Weise zu beeinträchtigen.[1539] Diese neue Formulierung erbringt, wie oben schon ausgeführt, keine großen inhaltlichen Abweichungen im Vergleich zu der alten Generalklausel.[1540] Die beiden bewusst sehr weit gefassten Bestimmungen sollen der Vielfalt der Unlauterkeit von Wettbewerbshandlungen Rechnung tragen, wobei die neue Vorschrift den antiquiert erscheinenden Begriff der Sittenwidrigkeit durch den Begriff der Unlauterkeit ersetzt.[1541] Die Vorschrift gemäß § 3 UWG dient nun gegenüber dem neuen Beispielskatalog gemäß §§ 4-7 UWG überwiegend als Auffangtatbestand.[1542] Aus dem Wortlaut der Vorschrift ergeben sich verschiedene Anwendungsvoraussetzungen, die auch für die in dem Katalog der §§ 4-7 UWG geregelten Fallgruppen Geltung beanspruchen.[1543]

aa) Der persönliche Anwendungsbereich des UWG gemäß § 2 UWG

Zunächst ist zu klären, welche Schutzsubjekte vom UWG erfasst werden und wer im Rahmen des lauterkeitsrechtlichen Schutzes verpflichtet werden soll. Gemäß § 1 UWG schützt das UWG die Mitbewerber, die Verbraucher und sonstigen Marktteilnehmer vor unlauterem Wettbewerb. Eine Reihe von Fallgruppen des Beispielskataloges schützen dabei den Mitbewerber vor unlauteren Benachteiligungen durch Wettbewerbshandlungen anderer,[1544] wobei Mitbewerber nur Unternehmer, entsprechend § 2 II UWG i.V.m. § 14 BGB, sein können, die in einem konkreten Wettbewerbsverhältnis zu dem Tätigen stehen gemäß § 2 I Nr.3 UWG.[1545] Hierbei ist die oben angesprochene korrigierende Auslegung der Begriffe gemäß §§ 13, 14 BGB zu beachten.[1546]

Im Rahmen der übrigen Fallgruppen steht der Schutz des Verbrauchers als Marktteilnehmer im Mittelpunkt, der durch eine entsprechende Anwendung gemäß § 2 II UWG i.V.m. § 13 BGB genauer bestimmt wird.[1547] Im Rahmen des Verbraucherschut-

---

1538 Das UWG ist auf Wettbewerbshandlung grundsätzlich in jedem Medium anwendbar, wobei das neue UWG die Anwendbarkeit auf den Internetmarkt nicht ausdrücklich erwähnt. Nur in § 7 II Nr.3, III UWG wird die elektronische Post als Regelungsgegenstand genannt.

1539 S.a. § 3 UWG.

1540 Vgl. Engels/Salomon, WRP 2004, S.32ff (34); Lettl, WRP 2004, S.1079ff (1100); Ohly, GRUR 2004, S.889ff (895); Emmerich, S.10.

1541 Vgl. Regierungsentwurf zum UWG (BGBl. I 2003, 1487ff), zu § 1; vgl. auch Emmerich, S.78.

1542 Vgl. Lettl, WRP 2004, S.1079ff (1100f); Ohly, GRUR 2004, S.889ff (897).

1543 Vgl. Regierungsentwurf zum UWG (BGBl. I 2003, 1487ff), zu § 4, zu § 5 Absatz 1, zu § 7 Absatz 1.

1544 Siehe insbesondere § 4 Nr.7-10 und § 6 UWG.

1545 Vgl. Boesche, Rn.40ff; Emmerich, S.32f; Götting, S.98ff.

1546 S.a. 2.Kapitel, A., II., 2. Die Korrektur im Rahmen des UWG muss hinsichtlich der Formulierung „Abschluss eines Rechtsgeschäfts" erfolgen. Die Formulierung sollte dann durch die Wendung „Handeln im Geschäftsverkehr" ersetzt werden; vgl. auch die Kritik und die Vorschläge bei: Heinrichs in: Palandt, BGB-Komm., § 13, Rn.4; Lettl, WRP 2004, S.1079ff (1090); Köhler in: Köhler/Bornkamm, UWG-Komm., § 2 UWG Rn.76.

1547 Auch hierbei ist die angesprochene Korrektur der Legaldefinition vorzunehmen.

zes ist zunächst zu beachten, dass das UWG grundsätzlich nicht dem Schutz der Individualinteressen der einzelnen Verbraucher dient, sondern dem Schutz der Verbraucher als Kollektiv.[1548] Auf der Rechtsfolgenseite ist folglich nicht der einzelne betroffene Verbraucher aktiv legitimiert, Unterlassungs-, Beseitigungs- und Gewinnabschöpfungsansprüche geltend zu machen, sondern nur bestimmte im Gesetz benannte Interessenverbände.[1549]

Bei den gesetzlichen Fallgruppen sind grundsätzlich die Fälle, die den Verbraucher als Schutzsubjekt ausschließlich nennen, von solchen Fällen zu unterscheiden, die keine Differenzierung zwischen Verbrauchern und sonstigen Marktteilnehmern vornehmen. Der Begriff Marktteilnehmer dient als Oberbegriff für die Begriffe Mitbewerber, Verbraucher und sonstige Personen, die als Anbieter und Nachfrager im Wettbewerb tätig sind.[1550] „Sonstige Marktteilnehmer" sind in erster Linie die am Markt tätigen Unternehmen, die in keinem Konkurrenzverhältnis zu dem Tätigen stehen.[1551] Einige wenige Fallgruppen des Beispielskataloges erfassen ausdrücklich neben dem Schutz des Verbrauchers auch den Schutz der sonstigen Marktteilnehmer, wie z.B. § 4 Nr.1, 11, 7 I UWG. In den meisten anderen Fallgruppen wird der zu schützende Personenkreis jedoch nicht benannt, wie z.B. in § 4 Nr.3, 4, 5 UWG und § 5 UWG. In diesen Fällen ist mit Hinblick auf die Generalklausel gemäß § 3 UWG, die Verbraucher und sonstige Marktteilnehmer als Schutzsubjekte nennt, anzunehmen, dass auch hier sowohl die Verbraucher als auch die sonstigem Marktteilnehmer geschützt werden. In beiden Arten von Fallgruppen muss dementsprechend nicht festgestellt werden, ob die jeweilige Wettbewerbshandlung sich an Verbraucher oder an sonstige Marktteilnehmer richtet. In den wenigen Fällen, in denen das Gesetz speziell die Verbraucher als schutzwürdiges Subjekt bezeichnen oder zwischen Marktteilnehmern und Verbrauchern unterscheiden, ist hingegen erforderlich, dass sich die fragliche Wettbewerbshandlung an die Verbraucher richtet. Dazu ist positiv festzustellen, dass die jeweilige Tätigkeit sich an private Endabnehmer wendet, die zu einem Zweck im Wettbewerb tätig sind, der nicht ihrer gewerblichen oder selbständigen beruflichen Tätigkeit zugerechnet werden kann gemäß § 2 II UWG i.V.m. § 13 BGB, wobei das Vorliegen der Verbrauchereigenschaft nach objektiven Maßstäben zu beurteilen ist.[1552] Das ist in den Fällen des Ausnutzens der Leichtgläubigkeit, der Angst oder Zwangslage der Verbraucher gemäß § 4 Nr.2 UWG der Fall sowie in den Fällen der Kopplung von Warenerwerbsgeschäften mit Gewinnspielen und Preisausschreiben gemäß § 4 Nr.6 UWG. Bei der dritten Fallgruppe dieser Art gemäß § 7 II Nr.2 UWG werden unterschiedliche Anforderungen an die Direktwerbung mittels Telefonanrufen bei Verbrauchern und sonstigen Marktteilnehmern gestellt. Auch hier muss in der Person des Angerufenen die Verbrauchereigenschaft gemäß § 2 II UWG i.V.m. § 13 BGB vorliegen.[1553]

1548 Vgl. Piper in: Piper/Ohly, UWG-Komm., § 1, Rn.10, 25, § 5, Rn.6.

1549 S.a. §§ 8 III, 10 I UWG; vgl. dazu auch Veil/Müller in: MüKo zum UWG, Bd.1, § 2, Rn.169; Boesche, Rn.4.

1550 Siehe die Legaldefinition § 2 I Nr.2 UWG.

1551 Vgl. auch Emmerich, S.33f; Berlit, Rn.8.

1552 Vgl. Köhler in: Köhler/Bornkamm, UWG-Komm., § 2 UWG Rn.80.

1553 Vgl. Köhler in: Köhler/Bornkamm, UWG-Komm., § 2 UWG Rn.75.

Der Verpflichtetenkreis im Rahmen des UWG ergibt sich ebenfalls erst durch eine Zusammenschau mehrerer Normen des UWG. Aus den Vorschriften über die Rechtsfolgen[1554] bei Verstößen gegen das UWG ergibt sich eine Passivlegitimation desjenigen, der eine unlautere Wettbewerbshandlung begeht gemäß § 3 UWG.[1555] Diese an sich wenig erhellende Regelung wird durch die Legaldefinition gemäß § 2 I Nr.1 UWG konkretisiert, wonach Wettbewerbshandlungen alle Handlungen von natürlichen und juristischen Personen sind, die der Absatz- oder Bezugsförderung des eigenen oder eines fremden Unternehmens dienen. Das bedeutet, dass nicht nur Unternehmer gemäß § 2 II UWG i.V.m. § 14 BGB, die eigene oder fremde Bezugs- oder Absatzförderungstätigkeiten ausüben, erfasst werden, sondern grundsätzlich auch Personen, die selbst nicht Unternehmer sind, aber den Absatz oder Bezug von Waren und Dienstleistungen fremder Unternehmen gemäß § 2 II UWG i.V.m. § 14 BGB fördern.[1556]

bb) Das Vorliegen einer Wettbewerbshandlung

Wesentliches Merkmal der Begrenzung des Anwendungsbereichs des UWG ist das Vorliegen einer Wettbewerbshandlung.[1557] Eine Wettbewerbshandlung im regulären und elektronischen Warengüterverkehr ist jede Handlung einer Person mit dem Ziel, zugunsten des eigenen oder eines fremden Unternehmens den Absatz oder den Bezug von Waren und Dienstleistungen, einschließlich unbeweglicher Sachen, Rechte und Verpflichtungen zu fördern.[1558] Die neue Legaldefinition hat die Wendung der alten Generalklausel „im geschäftlichen Verkehr zu Zwecken des Wettbewerbs" ersetzt,[1559] aber nicht wesentlich inhaltlich verändert.[1560] Gemeint ist damit die Gesamtheit unternehmerischen Handelns im Wettbewerb, die nach Außen in Erscheinung tritt, in Abgrenzung zum privaten oder rein staatlichen Handeln.[1561] Dabei kann eine Wettbewerbshandlung nicht nur durch ein positives Tun erfüllt sein, ausnahmsweise kann auch ein Unterlassen eine Wettbewerbshandlung darstellen. Da keine allgemeine Rechtspflicht zur Herstellung eines lauteren Wettbewerbs besteht, ist ein Unterlassen nur dann Wettbewerbshandlung, wenn sich eine Handlungspflicht aus dem Gesetz, Vertrag oder vorangegangenem Tun ergibt.[1562]

1554 Siehe Kapitel 2, §§ 8-11 UWG.

1555 Siehe den Wortlaut der Anspruchsgrundlagen gemäß §§ 8 I, 9, 10 I UWG: „Wer dem § 3 (vorsätzlich) zuwider handelt".

1556 Vgl. Emmerich, S.36; Boesche, Rn.175.

1557 Dieses Merkmal grenzt das Wettbewerbsrecht vom allgemeinen Deliktsrecht ab, s.a. Regierungsentwurf zum UWG (BGBl. I 2003, 1487ff), zu § 3; BGH GRUR 2006, S.428fff (429) (Abschleppkosten-Inkasso); vgl. auch Lettl, WRP 2004, S.1079ff (1097); Piper in: Piper/Ohly, UWG-Komm., § 2, Rn.4.

1558 Gemäß § 2 I Nr.1 UWG.

1559 S.a. § 1 UWG a.F.

1560 Vgl. Engels/Salomon WRP 2004, S.32ff (34); Boesche, Rn..173f.

1561 Gemeint ist rein staatliches Handeln, mit Ausnahme der wirtschaftlichen Betätigung des Staates; vgl. Emmerich, S.36ff, 46ff; Piper in: Piper/Ohly, UWG-Komm., § 2, Rn.7; Boesche, Rn..174ff.

1562 Vgl. BGH GRUR 2001, S.82ff (83) (Neu in Bielefeld I); Piper in: Piper/Ohly, UWG-Komm., § 2, Rn.8.

Im Rahmen des lauterkeitsrechtlichen Verbraucherschutzes gehören unternehmerische Werbepraktiken zu den wichtigsten Fallgruppen der Wettbewerbshandlungen.[1563] Das Verbot gemäß § 3 UWG ist aber grundsätzlich nicht auf Werbepraktiken beschränkt, es gilt vielmehr für sämtliche Betätigungen am Markt, die der eigenen oder fremden Absatzförderung dienen sowie für den Nachfragewettbewerb. Nicht erforderlich ist im Rahmen des Verbraucherschutzes außerdem, dass eine konkrete Wettbewerbsabsicht oder ein konkretes Wettbewerbsverhältnis besteht, so dass auch Monopolstellungen erfasst werden. Das Verhalten muss lediglich in Kenntnis aller die Unlauterkeit begründenden Umstände geschehen.[1564]

cc) Die Unlauterkeit einer Wettbewerbshandlung

Weitere Voraussetzung des § 3 UWG ist das Vorliegen einer „unlauteren" Wettbewerbshandlung. Der neue Begriff ist im Lichte der entwickelten Grundsätze zur alten Fassung der Generalklausel des UWG auszulegen.[1565] Nach der Regierungsbegründung bedeutet Unlauterkeit, die Vornahme von Wettbewerbshandlungen, die den anständigen Gepflogenheiten im Handel, Gewerbe, Handwerk oder bei der Ausübung der selbständigen beruflichen Tätigkeit zuwiderlaufen.[1566] Der Begriff „Unlauterkeit" wird dabei bewusst allgemeingehalten, es verbleibt Aufgabe der Rechtsprechung den Begriff im Einzelfall zu konkretisieren.[1567] Die in den Normen gemäß §§ 4-7 UWG geregelten Beispiele unlauterer Wettbewerbshandlungen sind im Wesentlichen die durch die Rechtsprechung gefestigten Fallgruppen,[1568] stellen aber gleichzeitig auch einen nicht abschließenden Beispielkatalog dar, der der Rechtsprechung allenfalls als Hilfestellung bei der Auslegung des Begriffs der Unlauterkeit dienen kann.[1569] Dabei ist grundsätzlich eine Interessenabwägung zwischen den Interessen der Verbraucher, Mitbewerber und sonstiger Marktteilnehmer auf der einen Seite und dem reibungslosen, möglichst ungestörten Ablauf des Wettbewerbs auf der anderen Seite vorzunehmen.[1570] Im Zuge der Liberalisierungsbestrebungen des deutschen Lauterkeitsrecht sind im neuen UWG verstärkt die verfassungsrechtlich geschützten Interessen der Unternehmen als verfassungsrechtliche Schranke zu beachten.[1571] Da die Wachstums-

---

1563 Dies belegen die zahlreichen gesetzlich fixierten Fallgruppen, deren Tatbestände Werbepraktiken ausdrücklich zum Gegenstand haben, s.a. z.B. §§ 5, 4 Nr.3, Nr.5, 7 II, III UWG; aber auch die übrigen Fallgruppen gemäß §§ 4-7 UWG sind auf Werbepraktiken anwendbar.

1564 Beides war nach der alten Fassung des UWG noch erforderlich; vgl. Regierungsentwurf zum UWG (BGBl. I 2003, 1487ff), zu § 2, Absatz 1, Nummer 1; so auch: Emmerich, S.45f; Piper in: Piper/Ohly, UWG-Komm., § 2, Rn.4, 22; Boesche, Rn..175, 178; a.A. Engels/Salomon WRP 2004, S.32ff (34). Ein konkretes Wettbewerbsverhältnis wird allerdings immer noch im Rahmen des Mitbewerberschutzes verlangt, s.a. § 2 I Nr.3 UWG.

1565 Vgl. Ohly, GRUR 2004, S.889ff (895); Emmerich, S.78; Piper in: Piper/Ohly, UWG-Komm., § 3, Rn.7; Boesche, Rn..15.

1566 Vgl. Regierungsentwurf zum UWG (BGBl. I 2003, 1487ff), zu § 1.

1567 Vgl. Regierungsentwurf zum UWG (BGBl. I 2003, 1487ff), zu § 3.

1568 Dies trifft insbesondere auf die in § 4 Nr.1-11 UWG normierten Fallgruppen zu.

1569 Vgl. Regierungsentwurf zum UWG (BGBl. I 2003, 1487ff), zu § 3.

1570 Vgl. Emmerich, S.72f.

1571 Vgl. Ohly, GRUR 2004, S.889ff (892f); Emmerich, S.73.

chancen des neuen elektronischen Marktes umfassend genutzt werden sollen,[1572] gelten diese Grundsätze gerade auch für den Wettbewerb im Internet. Die Beurteilung von neuen Online-Werbeformen und gängigen Werbepraktiken, die im Internet verwendet werden, geschieht deshalb i.d.R. auf Grundlage der Bewertungsmaßstäbe der gefestigten Fallgruppen unlauterer Werbung gemäß §§ 3-7 UWG.

Wie in der alten Fassung des UWG, ist bei der Feststellung der Unlauterkeit einer Wettbewerbshandlung außerdem nicht ausreichend, dass die unlauterkeits-begründenden Umstände objektiv vorliegen, vielmehr muss der Handelnde in Kenntnis aller tatbestandsbegründenden Tatsachen gehandelt haben oder sich diesen Kenntnissen in leichtfertiger Weise verschlossen haben, wobei die Kenntnis oder fahrlässige Unkenntnis grundsätzlich positiv vermutet wird.[1573]

dd) Die Erheblichkeitsschwelle

Weitere Voraussetzung einer unlauteren Wettbewerbshandlung im Sinne des § 3 UWG ist die Geeignetheit der konkreten Wettbewerbshandlungen tatsächliche Auswirkungen auf den Wettbewerb zu haben.[1574] In der neuen Vorschrift gemäß § 3 UWG ergibt sich dies aus der Formulierung, dass die Wettbewerbshandlung geeignet sein muss, den Wettbewerb „zum Nachteil der Marktteilnehmer nicht nur unerheblich zu beeinträchtigen" (sog. Bagatellklausel).[1575] „Zum Nachteil" bedeutet hierbei, dass die Lauterkeit des Wettbewerbs nicht um ihrer selbst willen geschützt wird, sondern dass die Eignung zur Beeinträchtigung der Interessen des geschützten Personenkreises positiv festgestellt werden muss.[1576] Eine „nicht unerhebliche Beeinträchtigung" liegt vor, wenn die verletzende Handlung von einem gewissen Gewicht für den Wettbewerb und die betroffenen Marktteilnehmer ist. Hierdurch sollen sog. Bagatellverstöße ausgenommen werden, die keine erheblichen Folgen für das Marktgeschehen und für die geschützten Interessen der Marktteilnehmer haben.[1577] Wann diese Erheblichkeitsschwelle durch eine Wettbewerbshandlung überschritten ist, ist nach den Gesamtumständen des Einzelfalles zu beurteilen. Kriterien hierfür sind vor allem die Art und die Schwere des Verstoßes, die voraussichtlichen Auswirkungen für den Wettbewerb, die Nachahmungs- und Wiederholungsgefahr, die Zahl der von dem Verstoß betroffenen Personen sowie der Schutzzweck des Gesetzes.[1578] Da eine Werbung im Internet typischerweise eine besonders große Anzahl von Verbrauchern erreicht, sind die

---

1572 Vgl. Deutscher Bundestag, Enquete Kommission (1998), „Verbraucherschutz in der Informationsgesellschaft", S.9.

1573 Vgl. Regierungsentwurf zum UWG (BGBl. I 2003, 1487ff), zu § 3; vgl. auch Emmerich, S.84; Boesche, Rn..186.

1574 Als Vorgängerregelung wird die Regelung über die Klagebefugnis gemäß § 13 II Nr.1 und 2 UWG a.F. gesehen, s.a. Regierungsentwurf zum UWG (BGBl. I 2003, 1487ff), zu § 3; kritisch dazu: Köhler, GRUR 2005, S.1ff (1f).

1575 So die Begründung der Gesetzesverfasser, s.a. Regierungsentwurf zum UWG (BGBl. I 2003, 1487ff), zu § 3; vgl. auch Boesche, Rn..181ff; Emmerich S.85f.

1576 Vgl. Regierungsentwurf zum UWG (BGBl. I 2003, 1487ff), zu § 3. Dies ist Ausdruck des Verhältnismäßigkeitsgrundsatzes, vgl. Köhler, GRUR 2005, S.1ff (2).

1577 Vgl. Regierungsentwurf zum UWG (BGBl. I 2003, 1487ff), zu § 3.

1578 Vgl. Regierungsentwurf zum UWG (BGBl. I 2003, 1487ff), zu § 3; Boesche, Rn..184. Kritisch zu diesen Kriterien: Köhler, GRUR 2005, S.1ff (4ff).

Auswirkungen im Netz bei Vorliegen einer Beeinträchtigung des Wettbewerbs regelmäßig erheblich. Unlautere Wettbewerbshandlungen im Online-Markt führen schon deshalb häufig zu einer Überschreitung der Erheblichkeitsschwelle.

b) Fallgruppen unlauterer Online-Werbung gemäß §§ 4-7 UWG

Wie oben bereits angeführt, enthalten die Vorschriften gemäß §§ 4-7 UWG einen nicht abschließenden Beispielskatalog für unlautere Wettbewerbshandlungen. Diese Fallgruppen sind keine per-se-Verletzungen des UWG, vielmehr müssen zusätzlich zu den Anforderungen des jeweiligen Tatbestands die oben genannten Voraussetzungen des § 3 UWG erfüllt sein,[1579] d.h. es muss eine unlautere Wettbewerbshandlung eines Unternehmers oder einer den Absatz eines fremden Unternehmens fördernden Person vorliegen, die sich an die Verbraucher richtet und die geeignet ist, den Wettbewerb zu deren Nachteil in nicht unerheblicher Weise zu beeinträchtigen.[1580] Diese Gesetzessystematik lässt darauf schließen, dass die einzelnen gesetzlichen Fallgruppen in keinem Konkurrenzverhältnis zueinander stehen, verstößt eine Werbepraktik gegen mehrere Vorschriften, sind diese grundsätzlich neben einander anwendbar. Dabei bezwecken nicht alle Regelungen der §§ 4-7 UWG in erster Linie den Schutz des Verbrauchers vor unlauteren Werbepraktiken.[1581] Im folgenden werden nur die Fallgruppen genannt, die den Schutz des Verbrauchers vor unlauterer Warenwerbung zum Gegenstand haben, d.h. weitgehend ausgenommen von der Darstellung sind die Fallgruppen des Mitbewerberschutzes.[1582] Dabei werden die klassischen Fallgruppen, wie sie auch im Internet stattfinden, sowie die internetspezifischen Fallgruppen der unlauteren Werbung dargestellt.

aa) Verbraucherschutz vor irreführender Online-Werbung gemäß § 5 UWG

(1) Voraussetzungen irreführender Werbung

Die Irreführung des Verbrauchers im Rahmen von Werbepraktiken ist im Grunde ein Sonderfall der unlauteren Beeinflussung der Entscheidungsfreiheit des Verbrauchers. Rechtliche Grundlage dieser Fälle ist der lauterkeitsrechtliche Grundsatz der Wahrheit

1579 Allerdings umfasst dies einige der Fallgruppen, die in der Richtlinie über unlautere Geschäftspraktiken in Anhang I als zwingend unlauter gelten. Dementsprechend dürfen diese Fallgruppen nun nicht mehr von den zusätzlichen Voraussetzungen des § 3 UWG abhängig gemacht werden. In dem Regierungsentwurf zur Umsetzung der Richtlinie wird dem Gesetz ein Anhang zu § 3 III angefügt, der eine sog. „Schwarze Liste" unlauterer Geschäftshandlungen vorsieht, durch den die genannten Fälle als per-se-Verletzungen des UWG normiert werden, vgl. „Entwurf eines Ersten Gesetzes zur Änderung des Gesetzes gegen den unlauteren Wettbewerb" (BT-Drucks. 16/10145) S.8ff.

1580 Vgl. Regierungsentwurf zum UWG (BGB1. I 2003, 1487ff), zu § 4, zu § 5 Absatz 1, zu § 7 Absatz 1.

1581 Z.B. dienen die Regelungen gemäß §§ 4 Nr.7-10, 6 UWG primär dem Schutz der Mitbewerber. Da die Tatbestände des UWG gemäß §§ 3-7 jeweils keine Begrenzung des geschützten Personenkreises enthalten, dienen auch die oben genannten Vorschriften zumindest mittelbar dem Verbraucherschutz.

1582 Dies betrifft im Wesentlichen die Fallgruppen gemäß § 4 Nr.7-10 und § 6 UWG.

der Werbung (sog. Transparenzgebot).[1583] Der Verbraucher soll auf Grundlage richtiger und vollständiger Informationen in der Werbung in die Lage versetzt werden, eine Kaufentscheidung zu treffen, die frei von unsachgemäßer Beeinflussung ist. Da in der virtuellen Welt des Internets die Täuschungs- und Verschleierungsmöglichkeiten noch größer als im regulären Geschäftsverkehr sind, gilt dies im Besonderen für die Werbung durch das Medium Internet.

Die Frage nach der Reichweite des Transparenzgebots ist eng verknüpft mit der oben bereits ausführlich dargelegten Problematik des Verbraucherleitbildes.[1584] Die Irreführung einer Werbung kann nur dann bejaht werden, wenn die Werbung geeignet ist, den durchschnittlich informierten, angemessen aufmerksamen und verständigen Verbraucher in die Irre zu führen.[1585] Dieser Grundsatz gilt, wie oben angesprochen, auch für die Werbung im Online-Handel.

Die gesetzlichen Fallgruppen gemäß §§ 4-5 UWG zur irreführenden Werbung enthalten zumeist den Begriff der Werbung.[1586] Da in der den Regelungstatbeständen vorangestellten Definitionsliste der Begriff Werbung nicht definiert wird, verbleibt es insoweit bei den oben genannten Anwendungsvoraussetzungen für eine Wettbewerbshandlung.[1587]

Voraussetzung jeder irreführenden Werbung ist, dass es sich bei den fraglichen Angaben um sachliche Angaben handelt, die dem empirischen Beweis zugänglich sind, erfasst werden also also nicht Werturteile oder Meinungsäußerungen.[1588] Eine Ausnahme bilden hierbei allgemeine Werturteile, in deren Aussage verdeckte Tatsachenbehauptungen enthalten sind. Diese müssen allerdings geeignet sein, erstens von den betroffenen Verkehrskreisen als Tatsache wahr und ernst genommen zu werden und

---

1583 Vgl. BGHZ 130, 205ff (214) (Feuer, Eis & Dynamit); Piper in: Piper/Ohly, UWG-Komm., § 5, Rn.6; Emmerich, S.262.

1584 Siehe dazu die Ausführungen zum deutschen Verbraucherleitbild 2.Kapitel, A., II., 1.

1585 Vgl. Regierungsentwurf zum UWG (BGB1. I 2003, 1487ff), zu § 5; s.a zum Maßstab 2.Kapitel, A., II., 1., b).

1586 S.a. §§ 4 Nr.3, 5 UWG.

1587 Es könnte dazu die Irreführungsrichtlinie herangezogen werden, die gemäß Artikel 2 Nr.1 eine Definition des Begriffs enthält, wonach Werbung als jede Äußerung bei der Ausübung einer wirtschaftlichen Tätigkeit bezeichnet wird, mit dem Ziel den Absatz von Waren zu fördern, vgl. dazu auch: Piper in: Piper/Ohly, UWG-Komm., § 5, Rn.77; Lettl, WRP 2004, S.1079ff (1096f); Bornkamm in: Köhler/Bornkamm, UWG-Komm., § 5, Rn.2.12. Im Gegensatz zum deutschen Begriff der Wettbewerbshandlung umfasst der europäische Begriff nur die Absatzförderung und nicht auch die Bezugsförderung. Da die Richtlinie insoweit nur eine Mindestharmonisierung vorsieht und strengere Vorschriften zulässig sind (s.a. Artikel 7 I, Erwägungsgrund 7 der Richtlinie), ist der erweiterte Anwendungsbereich im deutschen Lauterkeitsrecht europarechtskonform. So im Ergebnis auch Emmerich, S.269f; Bornkamm in: Köhler/Bornkamm, UWG-Komm., § 5, Rn.2.12, 2.17, allerdings kommt Bornkamm zu diesem Ergebnis über eine korrigierende Auslegung der Legaldefinition. A.A. Lettl, WRP 2004, S.1079ff (1097), der eine Anwendung der Legaldefinition gemäß Artikel 2 Nr.1 der Richtlinie über irreführende und vergleichende Werbung im Rahmen einer richtlinien-konformen Auslegung für geboten hält.

1588 Vgl. BGH GRUR 1992, S.66ff (67) (Königliche Bayrische Weisse); BGHZ 132, 13ff (21) (Lohnkiller); GRUR 1997, S.233ff (235) (Gynäkologe); NJW 2004, 579ff (580) (Klinik Monopoly); Piper in: Piper/Ohly, UWG-Komm., § 5, Rn.85; Emmerich, S.270; Bornkamm in: Köhler/Bornkamm, UWG-Komm., § 5, Rn.2.25; Götting, S.141ff.

zweitens müssen die darin enthaltenen Behauptungen auf ihre Richtigkeit durch Beweisführung überprüfbar sein.[1589] Keine sachlichen Angaben hingegen liegen i.d.R. bei sog. Werbeappellen[1590] und markschreierischen Werbeaussagen[1591] vor, die, aufgrund ihrer offensichtlich übersteigerten und übertriebenen Bedeutung, von dem durchschnittlich verständigen Verbraucher nicht als ernstzunehmende Tatsachenbehauptung gewertet werden.[1592]

Grundsätzlich ist der Begriff „Angaben" weit auszulegen.[1593] Das bedeutet, erfasst wird jede Ausdrucksform von Werbeaussagen, unabhängig durch welches Medium sie stattfindet, also auch Angaben die durch die verschiedenen Formen der Internetwerbung vermittelt werden. Es muss sich auch nicht um eine direkt verkörperte Aussage handeln, auch die Art und Weise der Darstellung einer Ware oder eine Tatsache, die sich erst konkludent aus den Umständen heraus ergibt, können Angaben sein.[1594]

Das Verschweigen von Tatsachen ist hingegen grundsätzlich keine Angabe. Es besteht insbesondere keine generelle Aufklärungspflicht in dem Sinne, dass eine Werbung alle denkbaren Informationen über eine Ware oder das Geschäft enthalten muss.[1595] Der Gesetzgeber hat bei der Neufassung des UWG explizit auf die Schaffung eines umfassenden Informationskataloges verzichtet.[1596] Dies bedeutet, dass den Verbraucher grundsätzlich eine Holschuld bezüglich der Informationen im Geschäftsverkehr trifft.[1597] Etwas anderes gilt nur, wenn der Unternehmer ausnahmsweise eine besondere Aufklärungspflicht hat.[1598] Eine solche Verpflichtung kann sich aus dem

1589 Vgl. BGH GRUR 1963, S.482ff (483f) (Hollywood Duftschaumbad); BGH GRUR 1992, S.66ff (67) (Königliche Bayrische Weisse); BGH GRUR 2002, S.182ff (183) (Das Beste jeden Morgen), vgl. auch Bornkamm in: Köhler/Bornkamm, UWG-Komm., § 5, Rn.2.26; Emmerich, S.270f; Piper in: Piper/Ohly, UWG-Komm., § 5, Rn.85. Beispiele hierfür sind Werbeaussagen die Spitzenstellungen und Vormachtstellungen von Unternehmen oder Produkten betreffen: BGHZ 156, S.250ff (256) (Marktführerschaft); BGH GRUR 1965, S.363ff (Fertigbrei); KG GRUR 1999, S.102ff (Beste Auswahl, beste Lage, beste Übersicht); vgl. auch Bornkamm in: Köhler/Bornkamm, UWG-Komm., § 5, Rn.2.34.

1590 Dazu gehören z.B. Formulierungen, wie „den und keinen anderen", s.a. BGHZ 43, 140 (Lavamat II); BGH GRUR 1981, S.656ff (Schlangenzeichen); GRUR 2002, 182 (183ff) (Das Beste jeden Morgen) vgl. auch Piper in: Piper/Ohly, UWG-Komm., § 5, Rn.89; Emmerich, S.271.

1591 So bezeichnet man alle offenkundig nicht ernstgemeinten Werbeaussagen, vgl. Emmerich, S.271f.

1592 Vgl. Emmerich, S.271ff; Bornkamm in: Köhler/Bornkamm, UWG-Komm., § 5, Rn.2.30ff; Piper in: Piper/Ohly, UWG-Komm., § 5, Rn.85; Götting, S.143.

1593 Vgl. BGH GRUR 1963, S.482ff (483) (Hollywood-Duftschaumbad); Piper in: Piper/Ohly, UWG-Komm., § 5, Rn.86.

1594 Vgl. BGH GRUR 1982, S.685ff (686) (Ungarische Salami II); Piper in: Piper/Ohly, UWG-Komm., § 5, Rn.94ff.

1595 Vgl. Piper in: Piper/Ohly, UWG-Komm., § 5, Rn.98; Götting, S.143f; Bornkamm in: Köhler/Bornkamm, UWG-Komm., § 5, Rn.2.44; Engels/Salomon WRP 2004, S.32ff (36); Emmerich, S.276.

1596 Vgl. Regierungsentwurf zum UWG (BGBl. I 2003, 1487ff), zu § 5 II; vgl. dazu auch Emmerich, S.277; Piper in: Piper/Ohly, UWG-Komm., § 5, Rn.98f..

1597 Vgl. Ohly, GRUR 2004, S.889ff (898); Piper in: Piper/Ohly, UWG-Komm., § 5, Rn.100; Bornkamm in: Köhler/Bornkamm, UWG-Komm., § 5, Rn.2.45.

1598 Dies ergibt sich aus § 5 II S.2 UWG.

Gesetz, aus einem Vertrag oder aus vorangegangenem Tun ergeben.[1599] Im Grundsatz werden Aufklärungspflichten dann bejaht, wenn es sich um Angaben handelt, die aus Sicht der angesprochenen Verkehrkreise von maßgeblicher Bedeutung für die Kaufentscheidung sind.[1600]

Schließlich ist festzustellen, ob eine Werbung zur Irreführung geeignet ist. Dazu muss zwar keine tatsächliche Irreführung der Werbeempfänger vorliegen, es muss vielmehr die konkrete Gefahr entstanden sein, dass die Werbung die angesprochenen Verkehrskreise täuscht und in ihrer Entschließungsfreiheit beeinträchtigt (konkreter Gefährdungstatbestand).[1601] Dies ist in einer dreistufigen Prüfung zu ermitteln: Erst ist zu prüfen, welche Verkehrskreise mit einer Werbung angesprochen werden. In einem zweiten Schritt muss geklärt werden, wie der verständige Durchschnittsbetrachter dieses Verkehrskreises die Werbung versteht und Drittens ob die vermittelte Vorstellung mit der Wirklichkeit übereinstimmt.[1602] Bei der Feststellung des angesprochenen Verkehrskreises ist zu berücksichtigen, ob eine Werbung nur an eine bestimmte oder mehrere Personengruppen gerichtet ist, ob es sich um eine Einzelwerbung z.B. in Form eines individuellen Verkaufsgesprächs handelt oder die Werbung im Rahmen sog. Publikumswerbung die Gesamtbevölkerung anspricht.[1603] Bei der Internetwer-

---

1599 Gesetzliche Aufklärungspflichten können sich z.B. aus lebensmittelrechtlichen Kennzeichnungspflichten ergeben, s.a. dazu Piper in: Piper/Ohly, UWG-Komm., § 5, Rn.16f, 99. Aber auch die besonderen Informationspflichten bei bestimmten Verbraucherverträgen im BGB und der BGB-InfoVO enthalten gesetzliche Aufklärungspflichten. Hierbei ist allerdings stets zu beachten, dass das Verschweigen im Zusammenhang mit einer Wettbewerbshandlung geschehen muss, d.h. es muss der Absatz- oder Bezugsförderung dienen. Eine Verschleierung der nötigen Informationen nach dem Vertragsschluss, die nicht mehr mit der Absatzförderung zusammen hängt, ist dementsprechend nicht erfasst, vgl. zu den Aufklärungspflichten im Rahmen der BGB-Vorschriften: Emmerich, S.273.

1600 Vgl. Regierungsentwurf zum UWG (BGBl. I 2003, 1487ff), zu § 5 II und die endgültige Fassung des § 5 II a.E.; BGH GRUR 1982, S.437ff (438) (Testgut); GRUR 1985, S.450ff (451) (Benzinverbrauch); GRUR 1992, S.406ff (408) (Beschädigte Verpackung); vgl. dazu auch Piper in: Piper/Ohly, UWG-Komm., § 5, Rn.98f; Bornkamm in: Köhler/Bornkamm, UWG-Komm., § 5, Rn.2.44.

1601 Allerdings genügt es für das Setzen einer solchen Gefahr bereits, wenn die angesprochenen Verkehrskreise erst durch die irreführenden Angaben auf die Werbung und das Angebot aufmerksam werden. Es ist aber nicht notwendig, dass die angesprochenen Verkehrskreise im Augenblick des Kaufentschlusses irregeführt sind, maßgeblich ist allein die Eignung zur Irreführung, s.a. BGH GRUR 1988, S.829ff (Verkaufsfahrten II); GRUR 1989, S.855ff (856) (Teilzahlungskauf II); GRUR 1991, S.554ff (555) (Bilanzbuchhalter); GRUR 2000, S.239ff (241) (Last Minute Reisen); vgl. Piper in: Piper/Ohly, UWG-Komm., § 5, Rn.114f; Bornkamm in: Köhler/Bornkamm, UWG-Komm., § 5, Rn.2.65.

1602 S.a. BGH GRUR 1979, S.716ff (718) (Kontinent Möbel); GRUR 1981, S.666ff (667) (Ungarische Salami I); vgl. Piper in: Piper/Ohly, UWG-Komm., § 5, Rn.132; Bornkamm in: Köhler/Bornkamm, UWG-Komm., § 5, Rn.2.74.

1603 Je nach Art der Werbung ist die Vorstellung des „verständigen Durchschnitts" der angesprochenen Verkehrskreise zu ermitteln. Mit der Werbung für Massenartikel und Sachen des täglichen Bedarfs wird meist die Gesamtbevölkerung angesprochen. Maßgeblich ist daher der Eindruck des Durchschnitts der Bevölkerung. Bei einer Werbung, die sich an Fachkreise richtet, kann der Letztverbraucher dennoch zu dem angesprochenen Personenkreis zählen, wenn Werbeaussagen an den Endkonsumenten weiter gegeben werden; vgl. Piper in: Piper/Ohly, UWG-Komm., § 5,

bung ist z.B. zu beachten, ob es sich um eine Massenwerbung handelt oder ob der Unternehmer durch gezieltes Einsetzen von Werbebannern, Pop-Up Windows und Werbelinks auf bestimmten Seiten, die vor allem von einer bestimmten Personengruppe genutzt werden, versucht, seine Werbeaussagen zu einer bestimmten Art von Konsumenten zu transportieren. Bei der Zusendung von Werbe-E-Mails ist zu berücksichtigen, ob die elektronischen Nachrichten nur an ein bestimmtes Klientel oder gar einzelne Personen verschickt werden oder einem nicht näher bestimmbaren Personenkreis zugesendet werden.

Für die Beurteilung, welche Vorstellung durch die Werbeangaben bei dem Durchschnitt der betroffenen Personengruppen hervorgerufen wird und ob diese nicht der Wirklichkeit entsprechen, ist der Gesamteindruck der Werbung entscheidend. Die in der Werbung enthaltenen sachlichen Angaben dürfen grundsätzlich nicht isoliert betrachtet und aus ihrem inhaltlichen Zusammenhang herausgerissen werden.[1604] Die Gerichte haben die Möglichkeit, einerseits normativ durch eigene Erfahrungswerte die Eignung zur Irreführung der betreffenden Verkehrskreise zu ermitteln, alternativ können sie aber auch Sachverständigengutachten zu dieser Frage heranziehen.[1605] Da auch hier die Erheblichkeit für den Wettbewerb und die betroffenen Verkehrskreise positiv festzustellen ist, muss die Prüfung dieser Frage ergeben, dass die Werbeaussage geeignet ist, einen nicht unerheblichen Teil der angesprochenen Verbraucher in die Irre zuführen.[1606]

(2) Irreführende Online-Werbung gemäß § 5 UWG

Das Kernstück des lauterkeitsrechtlichen Irreführungsverbots ist die Vorschrift gemäß § 5 UWG, der in seinem Absatz 1 eine weitere (kleine) Generalklausel[1607] enthält und in den übrigen Bestimmungen einzelne Beispielsfälle nicht abschließend aufzählt.

Der karge, sehr allgemeingehaltene Wortlaut des § 5 I UWG bestimmt, dass unlauter handelt, wer irreführend wirbt. Dazu wird in der Begründung zum Regierungsentwurf ausgeführt, dass das Verbot gemäß § 5 UWG alle Angaben geschäftlicher Art betrifft, die zu Wettbewerbszwecken im geschäftlichen Verkehr gemacht werden und geeignet sind, einen nicht unerheblichen Teil des betroffenen Verkehrskreises über das Angebot in die Irre zu führen und Fehlvorstellungen von entscheidender Bedeutung für den Kaufentschluss hervorzurufen. Wobei die Grundlage für die Beurteilung der Irreführ-

---

Rn.123ff. Richtet sich die Werbung an mehrere Zielgruppen, so genügt die Irreführung eines nicht unerheblichen Teils eines der angesprochenen Verkehrskreise, s.a. BGH GRUR 1968, S.200ff (201) (Acrylglas); vgl. Piper in: Piper/Ohly, UWG-Komm., § 5, Rn.130; Bornkamm in: Köhler/Bornkamm, UWG-Komm., § 5, Rn.2.75ff.

1604 Dies gilt allerdings nur für Angaben, die in einem Zusammenhang stehen, s.a. BGH GRUR 1968, S.382ff (385) (Favorit II); GRUR 1970, S.425ff (426) (Melitta Kaffee).

1605 Vgl. Piper in: Piper/Ohly, UWG-Komm., § 5, Rn.140ff.

1606 Früher war hierfür ausreichend, wenn eine Quote von 10-15 % der angesprochenen Verkehrskreise durch die Werbeaussagen in die Irre geführt würden. Im Zuge der Liberalisierung des Verbraucherbildes ist diese Quote heraufzusetzen. Ausreichend kann insoweit ein Viertel oder ein Drittel der angesprochenen Verkehrskreise sein. Dies hängt auch davon ab, wie intensiv die Verletzung wettbewerbsrechtlicher Interessen im konkreten Einzelfall gewesen ist, vgl. Piper in: Piper/Ohly, UWG-Komm., § 5, Rn.152ff; Emmerich, S.274ff.

1607 So auch Ohly, GRUR 2004, S.889ff (899).

rung das Leitbild des durchschnittlich informierten, aufmerksamen und verständigen Verbrauchers ist, wie es der EuGH und in Anlehnung daran der BGH entwickelt und bestätigt haben.[1608] Die übrigen Absätze des § 5 UWG regeln nicht abschließend die einzelnen Fallgruppen der irreführenden Werbung. Die Werbung im Internet ist einerseits inhaltlich nach den Aspekten der klassischen Fallgruppen irreführender Werbung gemäß § 5 I-V UWG zu beurteilen und andererseits sind die verschiedenen Online-Werbeformen auf ihre Geeignetheit zur Irreführung hin zu überprüfen.

(a) Die Fallgruppen irreführender Werbung gemäß § 5 II-V UWG

Nach § 5 II S.1 UWG sind alle Bestandteile einer Werbung bei der Beurteilung der Irreführung zu berücksichtigen. Die in § 5 II UWG geregelten Fallgruppen betreffen im Wesentlichen den Kern der (Waren-) Werbung,[1609] also die Bestandteile eines Warenangebots, die von besonderer Bedeutung für den Kaufentschluss sind und eine Täuschung darüber in besonderem Maße zur Beeinflussung des Entscheidungsfreiheit des Verbrauchers geeignet ist.

(aa) Irreführende Werbeangaben über Merkmale des Produkts

Dazu gehören zunächst die „Merkmale" eines Produkts (§ 5 II S.1 Nr.1 UWG), d.h. sämtliche Angaben das Produkt und seine Beschaffenheit betreffend, von dem Produktionsverfahren bis zur Nutzung des Produkts. Das Gesetz nennt hierfür exemplarisch Angaben über die Verfügbarkeit, die Art und Zusammensetzung der Ware,[1610] das Verfahren der Herstellung, die Verwendungsmöglichkeiten und die Herkunft des Produkts[1611] sowie Angaben über Testergebnisse[1612]. Dazu gehören aber auch alle Werbeaussagen über die Wirkung eines Produkts und bestimmte Qualitätsmerkmale,

---

1608 Vgl. Regierungsentwurf zum UWG (BGBl. I 2003, 1487ff), zu § 5.

1609 Die Vorschrift ist sehr stark dem Artikel 3 lit. a der Richtlinie über irreführende und vergleichende Werbung nachempfunden; vgl. Emmerich, S.299.

1610 Von besonderer Bedeutung ist diese Fallgruppe bei der Werbung für Lebensmittel, Arzneimittel und kosmetische Produkte. Hierbei sind zusätzlich insbesondere die Kosmetikrichtlinie (ABl. 1976, L 262/169) und die Kennzeichnungsrichtlinie (ABl. 1979 L 33/1) zu berücksichtigen. Außerdem sind im Lebensmittelrecht im Lebensmittel- und Bedarfsgegenständegesetz (LMBG) und im Arzneimittelrecht im Heilmittelwerbegesetz (HWG) besondere Regelungen für die Werbung mit solchen Produkten geregelt, die neben den Regelungen des UWG anwendbar sind.

1611 Das Gesetz unterscheidet den Fall der irreführenden Angaben über die betriebliche Herkunft und die geografische Herkunft. Die erste Fallgruppe beschränkt sich im Wesentlichen auf die Fälle des Unterschiebens von Waren (passing of). Bei der zweiten wesentlich wichtigeren Fallgruppe der geografischen Herkunftsangaben sind zusätzlich nationale, gemeinschaftsrechtliche und internationale Bestimmungen zu berücksichtigen, im deutschen Recht insbesondere §§ 126ff MarkenG. Zum Verhältnis der markenrechtlichen Vorschriften zum UWG: BGH NJW 1998, S.3489ff (Warsteiner II); NJW-RR 2000, S.1640ff (Stich den Buben); NJW 2002, S.600ff (Warsteiner III).

1612 Für die Fälle irreführender Werbung mit Testergebnissen grundlegend: BGH NJW-RR 2003, S.1267ff (1269) (Schachcomputerkatalog); OLG Stuttgart NJW-RR 1988, S.234ff; OLG Frankfurt NJW-RR 1992, S.492ff. Vgl. auch Emmerich, S.308ff.

wie die Neuwertigkeit der Ware,[1613] die natürlichen Inhaltsstoffe oder die Herstellung eines Produkts[1614].

(bb) Irreführende Werbeangaben über geschäftliche Verhältnisse

Weitere Fallgruppe sind irreführende Angaben über die „geschäftlichen Verhältnisse" des Unternehmers oder des Unternehmens (§ 5 II S.1 Nr.3 UWG), die im Internet aufgrund der fehlenden Nachprüfungsmöglichkeiten des Verbrauchers besonders häufig auftreten. Beispielhaft für die Täuschung über geschäftliche Verhältnisse nennt das Gesetz u.a. irreführende Angaben über Eigenschaften, die Identität und das Vermögen eines Unternehmens, die erworbenen rechtlichen Positionen, einschließlich der Rechte geistigen Eigentums sowie Auszeichnungen und Ehrungen. Dazu gehört z.B. die Alleinstellungs- oder Spitzenstellungswerbung, bei der irreführende Angaben über eine besondere Spitzenstellung gemacht werden, die das Unternehmen hinsichtlich seiner Größe, der Qualität seiner Ware und der Preise innezuhaben vorgibt.[1615] Hiervon sind insbesondere solche Fälle abzugrenzen, in denen durch übertriebene Werbeappelle eine empirisch nicht nachvollziehbare Spitzenstellung vermittelt wird, wie z.B. der Slogan eines Telekommunikationsanbieters „You can't beat the FIRST"[1616]. Eine überprüfbare Werbeaussage liegt hingegen vor, wenn ein Anbieter mit der Formulierung „Europas unbegrenzter Karrieremarkt aus dem Internet"[1617] wirbt.

Weitere Fallgruppen sind die irreführende Verwendung von Firmenzusätzen[1618] und die irreführende Werbung mit besonderen Eigenschaften, wie dem Alter oder der Größe eines Unternehmens.[1619] Ferner gehören zu den irreführenden Angaben über geschäftliche Verhältnisse die Werbung mit falschen Berufs- bzw. Befähigungsbezeichnungen, d.h. alle Angaben, die auf besondere fachliche, gewerbliche Qualitäten des Unternehmers selbst schließen lassen. Diese sind dann unzulässig, wenn die Befähigung in der Person des Unternehmers nicht vorhanden ist. Angaben dieser Art sind

---

1613 Eine Ware darf nur als „neu" gekennzeichnet werden, wenn sie „fabrikneu" ist und noch nicht benutzt wurde; etwas anderes kommt nur in Betracht bei Produkten ohne Abnutzungserscheinungen, wie Software, s.a. BGH NJW 1995, S.3124ff; vgl. auch Emmerich, S.302.

1614 Es ist z.B. irreführend, Produkte, die vollständig oder zum überwiegenden Teil aus Kunststoffen bestehen, mit Begriffen, wie „echt", „natürlich" oder „Original" zu bewerben, da bei dem Verkehrskreis der Eindruck erweckt wird, es handle sich um Ware aus natürlichen Stoffen, s.a. BGH GRUR 1963, S.359ff. An dieser Beurteilung ändert sich auch nach der Wandlung des Verbraucherleitbildes nichts, vgl. zur Irreführung über Inhaltsstoffe z.B. auch OLG Hamm, Urteil vom 9.12.2004, Az. 4 U 117/04 (Alabaster). Anders verhält es sich mit restriktiveren Entscheidungen der Gerichte zu dieser Frage aus früherer Zeit, die darauf zu überprüfen sind, ob sie dem Maßstab des durchschnittlich informierten, verständigen und aufmerksamen Verbrauchers gerecht werden, vgl. auch Emmerich 303f.

1615 Vgl. BGH NJW 1984, S.1106ff (Überall Westfalenblatt); GRUR 1971, S.365ff (Wörterbuch); NJW 1998, S.3349ff (Die große deutsche Tages- und Wirtschaftszeitung).

1616 S.a. OLG Düsseldorf, K&R 1999, S.566ff, m. Anm. Jäger (You can't beat the FIRST).

1617 S.a. OLG Hamburg MMR 2002, S.480ff.

1618 Damit ergänzt das UWG das Firmenrecht (§ 18 HGB); Fälle der Werbung mit Firmenzusätzen sind z.B. BGH NJW-RR 2000, S.1640ff (1643f) (Stich den Buben); BGH GRUR 2003, S.448ff (gemeinnützige Wohngemeinschaft).

1619 S.a. BGH NJW-RR 1991, S.1136ff (1137) (Porzellanmanufaktur).

z.B. Bezeichnungen wie „Fachmann",[1620] „Fachgeschäft"[1621] oder „Sachverständiger"[1622].

(cc) Irreführende Werbeangaben über Preise

Eine wichtige Fallgruppe ist außerdem die irreführende Werbung mit Preisangaben und Angaben über die Preisberechnung (§ 5 II S.1 Nr.2, IV UWG). Erfasst werden von § 5 II S.1 Nr.2 UWG nicht nur falsche, sondern auch verwirrende oder ungenaue Angaben[1623] sowie alle Aussagen über das allgemeine Preisniveau der Waren eines Unternehmers[1624]. Ergänzend zu berücksichtigen sind außerdem die Bestimmungen der Preisangabenverordnung, die für die Warenwerbung u.a. eine Informationspflicht des Unternehmers hinsichtlich des Endpreises[1625] sowie ggf. des Grundpreises[1626] der Ware vorsehen. Die Preisangabenverordnung und die darin geregelten Informationspflichten gelten ebenfalls auch für Internetangebote.[1627] Dies ergibt sich auch aus § 5 I PAngVO, wonach die Bildschirmanzeige Ort der Leistungsangebots ist. Maßgeblich ist insofern die Vorschrift § 4 IV PAngVO, die bestimmt, dass der Endpreis unmittelbar bei den Abbildungen und Beschreibungen der Ware angegeben werden muss.[1628] Außerdem ist zu beachten, dass es sich bei online abgeschlossen Geschäften regelmäßig um Fernabsatzverträge handelt, bei denen, neben den Angaben über den Endpreis, auch Informationen über eventuell anfallende Versandkosten zu geben sind sowie eine Angabe darüber, dass die geforderten Preise die Umsatzsteuer (Bruttopreis) und sonstige Preisbestandteile enthalten.[1629] Bei Angeboten auf Webseiten, die wie ein Waren-Katalog aufgebaut sind, kann es ausnahmsweise ausreichen, dass die Endpreise der

1620 S.a. BGH NJW-RR 1997, S.1193ff (1194) (selbsternannter Fachmann); BGH NJW-RR 1990, S.678ff (Buchführungshelfer); OLG Nürnberg GRUR 1985, S.566ff.

1621 S.a. BGH NJW 1997, S.588ff.

1622 S.a. BGH NJW 1984, S.2365ff (Sachverständiger); OLG Hamm NJW-RR 1987, S.232ff.

1623 So liegt z.B. eine Irreführung vor, wenn mit unterschiedlichen Preisen geworben wird oder die Preisangaben so ungenau und umfangreich sind, dass der angesprochene Durchschnittsverbraucher dadurch in die Irre geführt werden kann. Ferner darf nur mit Preisempfehlungen geworben werden, die mit den gesetzlichen Anforderungen übereinstimmen und den tatsächlichen Empfehlungen entsprechen; vgl. dazu Emmerich, S.335ff.

1624 Dazu gehören Aussagen, wie „Fabrik- und Großhandelspreise", „Dauertiefpreise", „Discountpreise", „Discountgeschäft", „dauerhaft billig" etc, s.a. dazu z.B. BGH GRUR 1964, 397ff; NJW 1973, S.93ff (Mehrwert II); GRUR 1974, S.225ff; NJW 2004, 2235ff (Dauertiefpreise).

1625 Das bedeutet, grundsätzlich ist der Bruttopreis einer Ware anzugeben (§ 1 I PAngVO), wobei die Information so gestaltet sein muss, dass eine eindeutige Zuordnung der Preisangabe zu einem bestimmten Produkt möglich ist und diese leicht verständlich und klar formuliert ist (§ 1 VI PAngVO).

1626 Neben dem Endpreis ist bei Produktangeboten, die in Fertigpackungen, offenen Packungen oder als Verkaufseinheiten ohne Umhüllung nach Gewicht, Volumen, Länge oder Fläche angeboten werden, der Preis je Mengeneinheit (zulässige Mengeneinheiten sind z.B. Kilogramm oder Liter) einschließlich der Umsatzsteuer und sonstiger Preisbestandteile, unabhängig von einer Rabattgewährung, (Grundpreis) in unmittelbarer Nähe des Endpreises anzugeben (§ 2 I PAngG).

1627 Vgl. dazu auch Pirntke, S.80f; Bräutigam/Leupold in: Bräutigam/Leupold, S.972ff (976).

1628 Vgl. auch Bräutigam/Leupold in: Bräutigam/Leupold, S.972ff (976).

1629 S.a. § 1 II Nr.1, 2 PAngVO.

Waren in einem zentralen Preisverzeichnis aufgeführt sind.[1630] Das Verzeichnis muss aber von der jeweiligen Webseite aus leicht zu finden und zugänglich sein, z.B. kann eine Verfügbarkeit über einen Link genügen, der unmittelbar neben der Produktabbildung platziert ist und der kenntlich macht, dass über die Verknüpfungen die Preise abgefragt werden können.

Nach § 5 IV UWG ist die Irreführung einer Werbung mit Preissenkungen grundsätzlich zu vermuten, wenn der Preis nur für eine unangemessen kurze Zeit gefordert worden ist. Für die Bestimmung des Zeitraums der Preissenkung trägt nach Satz 2 der Vorschrift der werbende Unternehmer die Beweislast. Das bedeutet, dass Werbeangaben über Preissenkungen zwar grundsätzlich erlaubt sind, nicht jedoch darf damit geworben werden, wenn eine Herabsetzung von Preisen im Vergleich mit früheren Preisen nicht oder nicht spürbar oder nicht für einen angemessenen Zeitraum durchgeführt wird.[1631] Irreführend ist eine Werbung im Internet auch, wenn mit der Formulierung „for free" Internetdienste angeboten werden, für die letztlich doch Kosten erhoben werden.[1632]

(dd) Sonstige Fallgruppen irreführender Werbung nach § 5 UWG

Ergänzend sind in Nr.2 des Absatzes 2 irreführende Angaben über den Anlass des Verkaufs und die Bedingungen der Lieferung des Produkts (§ 5 II S.1 Nr.2 UWG) genannt. Die erste Fallgruppe betrifft die häufigen Fälle der irreführenden Angaben über Sonderverkaufsveranstaltungen, also Räumungsverkäufe, Schlussverkäufe und Ausverkäufe.[1633] Da im Internet die Möglichkeiten der Manipulation und Verschleierung besonders groß sind, sind Werbeangaben über Räumungsverkäufe im Netz besonderer Beobachtung ausgesetzt.[1634] Die andere Fallgruppe betrifft irreführende Angaben z.B. über die Dauer und die Kosten einer Lieferung.

Daneben enthält § 5 V UWG eine gesonderte Regelung für die unzureichende Bevorratung von Produkten, für die geworben wurde. Davon werden vor allem sog. Lockvogelangebote erfasst.[1635] Es ist nach § 5 V S.1 UWG irreführend, für eine Ware zu werben, die nicht in angemessener Menge zur Befriedigung der Nachfrage vorhan-

1630 Hierzu Pirntke, S.81.

1631 Es ist daher irreführend mit Preis- oder Verkaufsaktionen zu werben, wenn tatsächlich keine Preissenkungen stattfinden oder mit einer erheblichen Herabsetzung der Preise zu werben, während nur eine maginale Senkung erfolgt. Nicht erfasst von § 5 IV UWG werden hingegen Hinweise in der Werbung, die auf eine bevorstehende Preiserhöhung zum Gegenstand haben. Fälle der irreführenden Werbung mit Preissenkungen sind BGH NJW 1974, S.1822ff; NJW 1980, S.2085ff; GRUR 1983, S.257ff; NJW-RR 1996, S.1194ff; NJW-RR 1999, S.982ff; GRUR 1999, S.507ff (Teppichpreiswerbung); NJW-RR 2000, S.704ff (Preisknaller).

1632 Vgl. dazu Schmittmann, S.65f.

1633 Dies ist die „Ersatzregelung" für das gestrichene, restriktive Sonderveranstaltungsrecht (§ 7 I UWG a.F.), das dadurch insofern liberalisiert wird, dass Sonderverkaufsveranstaltungen nicht mehr grundsätzlich unzulässig sind, sondern nur noch unter den genannten Voraussetzungen, vgl. dazu Emmerich, S.348ff.

1634 S.a. dazu Schmittmann, S.141.

1635 Vgl. dazu Emmerich, S.333.

den ist,[1636] wobei i.d.R. ein Vorrat von zwei Tagen als angemessen bezeichnet wird.[1637]

Schließlich bestimmt Absatz 3 des § 5 UWG, dass Angaben im Sinne des Absatzes 2 auch Tatsachenbehauptungen im Rahmen vergleichender Werbung gemäß § 6 UWG[1638] sein können. Dementsprechend sind nach den Fallgruppen des § 5 II UWG auch solche Werbeangaben irreführend, die in unlauterer Art und Weise einen Mitbewerber oder seine Waren erkennbar machen.[1639] Dazu bestimmt § 6 II UWG welche Voraussetzungen eine vergleichende Werbung enthalten muss, um zulässig zu sein.[1640] Diese Anforderungen gelten ohne Besonderheiten auch für Online-Werbepraktiken. Allerdings ist im Internet zu beobachten, dass die Anonymität der virtuellen Welt die Praktiken der unlauteren vergleichenden Werbung noch begünstigen. Aufgrund der fehlenden Möglichkeiten, den Ursprung von Informationen nachvollziehen zu können und der Unübersichtlichkeit des Netzes, sinkt im World Wide Web offensichtlich die Hemmschwelle bei der Verunglimpfung von Mitbewerbern.[1641] Solche unlauteren Vergleiche werden z.B. durch Briefe in Chatforen und anderen Diskussionsforen sowie durch die Verknüpfung von Werbelinks im Internet verbreitet. Häufig stellen solche Vergleiche unzulässige vergleichende Werbeaussagen bzw. eine Irreführung der Verbraucher gemäß § 5 III UWG dar, schwierig ist in diesem Zusammenhang aber meist der Nachweis der Urheberschaft des Mitbewerbers.[1642] Keine irreführende vergleichende Werbung liegt indes vor, wenn mit „wahren“ und nachvollziehbaren Preisvergleichen geworben wird. Für die Nachvollziehbarkeit der verglichenen Preise der Konkurrenten genügt es, wenn sich diese Preisangaben im Internet durch den Verbraucher recherchieren lassen.[1643] Eine Werbung mit solchen Preisvergleichen ist dementsprechend zulässig, ebenso wie die Verwendung der Bezeichnung Internet-

1636 Vgl. dazu z.B. OLG Frankfurt a.M., Urteil vom 13.5.2004, Az. 6 U 108/03; vgl. zu der Fallgruppe auch Emmerich, S.331.

1637 S.a. § 5 V S.2 UWG.

1638 Die schon zuvor im UWG enthaltene Regelung setzt die Vorgaben der Ergänzungsrichtlinie zur Irreführungsrichtlinie um. Vor der Umsetzung war die vergleichende Werbung grundsätzlich unzulässig.

1639 Voraussetzung hierfür ist, dass es sich bei dem kenntlich gemachten Konkurrenten, um einen aktuellen und potentiellen Mitbewerber handelt. Erkennbar ist dieser, wenn den angesprochenen Verkehrskreisen sich die Bezugnahme auf den jeweiligen Mitbewerber ohne weiteres durch die Werbeangaben aufdrängt, vgl. Emmerich, S.131. Ob es zusätzlich einer „echten“ Gegenüberstellung der Konkurrenten oder ihrer Produkte durch die Werbung bedarf, wird unterschiedlich beantwortet. Nach der bisherigen Rechtsprechung musste ein „Vergleich“ in Form einer direkten Gegenüberstellung vorliegen, s.a. BGH NJW-RR 2002, S.38ff (39) (Soo billig); NJW 2002, 2781ff (Lottoschein); NJW 2002, S.3399ff (3400) (Steinzeit); für einen weiteren Anwendungsbereich: EuGH Slg. 2001, I-7972, GRUR 2002, S.354ff (356) (Toshiba); Slg. 2003, I-3095, GRUR 2003, S.533ff (Pippig Augenoptik) und zuletzt BGH NJW 2004, S.1951ff (1952) (Genealogie der Düfte). Zur Regelung vergleichender Werbung im deutschen und europäischen Recht, vgl. Henning-Bodewig GRUR Int. 1999, S.385ff.

1640 Vgl. dazu Emmerich, S.133ff.

1641 So auch Schmittmann, S.139f.

1642 Vgl. Schmittmann, S.140; vgl. zur Verantwortlichkeit für Hyperlinks im deutschen Wettbewerbsrecht: Spindler, MMR 2002, S.495ff; Müglich, CR 2002, S.583ff.

1643 Vgl. dazu Pirntke, S.84.

„Auktion", da die Verbraucher wissen, dass es sich hierbei nicht um eine klassische Form der zeitlich und räumlich begrenzten Versteigerung handelt, wie sie es aus dem regulären Geschäftsverkehr kennen.[1644]

(b) Irreführung und internetspezifische Werbeformen

Nicht nur die klassischen Fallgruppen der irreführenden Werbung, wie falsche Angaben über die Merkmale des angebotenen Produkts oder Eigenschaften des Unternehmers erfüllen im Internet die Anforderungen des Irreführungstatbestands gemäß § 5 UWG, auch die neuen technischen Begebenheiten, die neue Formen der Werbung im Online-Markt ermöglichen, können u.U. zur Irreführung der Verbraucher geeignet sein. Die rechtliche Beurteilung von Online-Werbung im Rahmen des § 5 UWG hängt zunächst von der Art der Online-Werbung ab.

(aa) Die Beurteilung von Werbebannern und Werbe-Pop-Ups

Bei den verschiedenen Formen der Bannerwerbung[1645] und Werbe-Pop-Ups[1646] ist zu unterscheiden, ob es sich um statische oder dynamische Texte und Bilder handelt. Statische Werbeformen im Internet sind nach den allgemeinen Grundsätzen, wie sie auch für Zeitungsanzeigen gelten, zu beurteilen.[1647] Werden hingegen dynamische Banner und Pop-Ups eingesetzt, ist nach dem Einzelfall zu beurteilen, ob die bewegten Elemente das Lesen und Verstehen von Werbetexten und Werbe-Informationen erschweren bzw. von wichtigen Informationen ablenken und geeignet sind, den verständigen Verbraucher über wesentliche Tatsachen des Angebots in die Irre zu führen.[1648] Hierbei ist allerdings zu berücksichtigen, dass die neuen technischen Möglichkeiten der Informationsgesellschaft veränderte Wertmaßstäbe mit sich bringen.[1649] Das bedeutet, mit der wachsenden technischen Komplexität des Online-Wettbewerbs wächst auch die Gewöhnung der Verbraucher an die verschiedenen Werbeformen im Internet sowie das kritische Bewusstsein für Inhalte von Webseiten, Werbebannern und elektronischen Verknüpfungen.[1650] Der Verbraucher im Kommunikationszeitalter lässt sich durch animierte Bilder und bunte oder bewegte Darstellungen nicht (mehr) so leicht überraschen, beirren und anlocken. Demgemäß ist eine Irreführung der Verbraucher durch die Verwendung von dynamischen Werbeformen im Internet nicht ohne weiteres zu bejahen. Die dynamischen Elemente in Werbebannern und Werbe-Pop-Ups sind nur irreführend, wenn sie in besonderem Maße von Informationen ablenken oder diese überlagern, so dass eine Wahrnehmung wesentlicher Informationen nahezu unmöglich gemacht wird. Der Einsatz solcher und anderer aufmerksam-

1644 Vgl. Heyms/Prieß, Rn.76.

1645 Zu den einzelnen Formen der Bannerwerbung im Internet, vgl. Heyms/Prieß, Rn.113; Ladeur, Rn..22ff.

1646 Vgl. dazu Ladeur, Rn.29.

1647 Vgl. Ladeur, Rn180; Schmittmann, MMR 2001, S.792ff (793).

1648 Vgl. Ladeur, Rn.28.

1649 S.a. LG München I. K&R 2002, S.258ff.

1650 Vgl. Köhler/Arndt/Fezer, S.245; Ladeur, Rn.28; Schmittmann, MMR 2001, S.792ff (794).

keitssteigernder Werbeeffekte im Internet ist aber per se nicht als irreführend zu werten.[1651]

(bb) Die Beurteilung von Hyperlinks zu Werbezwecken

Grundsätzlich wettbewerbsrechtlich zulässig ist auch die Verwendung von Hyperlinks zu Werbezwecken.[1652] Die elektronischen Verknüpfungsmöglichkeiten zu den Webseiten und Angeboten eines Unternehmens sind einerseits für die Repräsentation des Unternehmens im Internet besonders relevant, andererseits bieten sie auch eine notwendige Orientierungshilfe für Verbraucher und andere Internet-Marktteilnehmer bei der Bewältigung der unüberschaubaren Masse an Angeboten und Informationen im Netz.[1653] Das trifft insbesondere auf Links zu, die nach Eingabe von Suchbegriffen in den Ergebnislisten der Suchmaschinen aufgeführt werden. Durch die Auswahl und die Position der Links in den Ergebnislisten kann der Verbraucher leichter auf die Informationen und Angebote geleitet werden, die ihn interessieren.

Allerdings lösen Hyperlinks dann wettbewerbsrechtliche Bedenken aus, wenn dadurch sachfremde und irreführende Verknüpfungen entstehen. Bei der missbräuchlichen Verwendung von Links sind häufig insbesondere die Rechte der anderen Wettbewerber gefährdet, indem die sachfremden Verknüpfungen von den Angeboten oder Webseiten der Mitbewerber ablenken, diese überlagern und die potentielle Kundschaft sozusagen abfangen.[1654] Daneben können durch Links auch Verknüpfungen hergestellt werden, die falsche Vorstellungen über den Ursprung eines Angebots oder einer Webseite vermitteln und der „wahre" Urheber dadurch um die Früchte seiner Arbeit gebracht wird. Zwar müssen die Anbieter von frei zugänglichen Informationen und Inhalten die „Verlinkung" auf Seiten anderer Anbieter hinnehmen und bis zu einem gewissen Maß die Überlagerung von elektronischen Verknüpfungen als gegebene technische Situation im Internet akzeptieren.[1655] Unlauter ist das Setzen eines Links aber dann, wenn Umstände hinzutreten, die die Voraussetzungen einer der Fallgruppen der unlauteren Beeinträchtigung der Mitbewerber gemäß § 6 und § 4 UWG erfüllen.[1656] Eine unzulässige vergleichende Werbung gemäß § 6 II UWG liegt z.B. vor wenn durch den fraglichen Link ein unsachlicher und unrichtiger Vergleich zwischen

---

1651 Vgl. Schmittmann, MMR 2001, S.792ff (794); Ladeur, Rn.28.

1652 S.a. BGH, CR 2003, S.920ff (924) (Paperboy); vgl. Ladeur, Rn. 201ff; Köhler/Arndt/Fezer, S.243f; Plaß, WRP 2000, S.607.

1653 S.a. BGH, CR 2003, S.920ff (924) (Paperboy); vgl. auch Heyms/Prieß, Rn.114; Köhler/Arndt/Fezer, S.243f; Wiebe, WRP 1999, S.734ff (734); Bräutigam/Leupold in: Bräutigam/Leupold, S.972ff (1014).

1654 Vgl. zur rechtlichen Beurteilung der verschiedenen Formen von Werbe-Links im Rahmen des Mitbewerberschutzes nach dem UWG, Markenrecht und Urheberrecht: Bräutigam/Leupold in: Bräutigam/Leupold, S.972ff (1014); Lapp, IT-Rechtsberater 2004, S.114ff (114f); Köhler/Arndt/Fezer, S.243ff; Ladeur, Rn.203ff; Heyms/Prieß, Rn.72ff; Menke, WRP 1999, S.982ff (984ff); Sosnitza, CR 2001, S.693ff (695ff); Kotthoff, K&R 1999, S.157ff (159ff); vgl. zur markenrechtlichen Beurteilung auch BGH, Urteil v. 22.11.2001, I ZR 138/99 (shell.de).

1655 S.a. BGH, CR 2003, S.920ff (924) (Paperboy); vgl. auch Lapp, IT-Rechtsberater 2004, S.114ff (115); Wiebe, WRP 1999, S.734ff (734); Köhler/Arndt/Fezer, S.243f; Bräutigam/Leupold in: Bräutigam/Leupold, S.972ff (973).

1656 Vgl. Bräutigam/Leupold in: Bräutigam/Leupold, S.972ff (1015).

den Angeboten[1657] oder eine Verwechslungsgefahr zu anderen Mitbewerbern[1658] entsteht. Bei der Täuschung über die Herkunft von Angeboten durch die Verwendung eines Hyperlinks ist daneben häufig eine unlautere Leistungsübernahme gemäß § 4 Nr.9 UWG zu diskutieren. Hierzu eignen sich insbesondere die sog. Frames und das Deep-Linking.[1659] Eine Verletzung gemäß § 4 Nr.9 UWG durch Deep-Linking ist z.B. gegeben, wenn sich der Urheber eines Deep-Links die Arbeitsergebnisse eines anderen Anbieters zu Nutze macht,[1660] insbesondere wenn er den guten Ruf eines erfolgreichen Unternehmens dadurch ausnützt.[1661] Dies liegt allerdings nicht schon dann vor, wenn durch den Deep-Link frei zugängliche Inhalte im Netz dokumentiert werden. Das bedeutet, die Integration von fremden Angeboten durch einen Deep-Link oder Frame auf einer Webseite stellt für sich genommen noch keine unlautere Leistungsübernahme dar.[1662] Hierfür müssen zusätzliche Umstände hinzutreten, durch die dem Nutzer der

1657 Dies verstößt gegen § 6 II N.2 UWG; vgl. dazu auch Schmittmann, S.140.

1658 Ein solcher Fall wäre nach § 6 II Nr.3 UWG unzulässig.

1659 Vgl. Köhler/Arndt/Fezer, S.243f; Heyms/Prieß, Rn.72. Zu den Beschreibungen dieser Linkformen s.a.2.Kapitel, B., I., 1., a), cc), (1); vgl. dazu auch Ladeur, Rn.201; Heyms/Prieß, Rn.114, 117, 118; Niebler in: Loewenheim/Koch, S.257f; Plaß, WRP 2000, S.599ff (599f).

1660 S.a. OLG Celle, WRP 1999, S.865ff; Viefheus, MMR 1999, S.336ff (338); Heyms/Prieß Rn.72; Bräutigam/Leupold in: Bräutigam/Leupold, S.972ff (1015f); Wiebe, WRP 1999, S.734ff; Plaß, WRP 2000, S.599ff (600).

1661 Voraussetzungen für das Vorliegen einer Rufausbeutung ist ein gewisser Bekanntheitsgrad der verwendeten Bezeichnung oder ausgebeuteten Leistung sowie die Gefahr des Imagetransfers. Der BGH verlangt daneben auch noch das Vorliegen eines „anstößigen Elements" im Rahmen der Rufausbeutung, s.a. BGH, WRP 1997, S.310ff (312) (Yellow Phone); BGH, WRP 1996, S.710ff (730) (Uhrenapplikationen); BGH, WRP 1997, S.748ff (751) (Grau/Magenta); OLG Düsseldorf, CR 2000, S.184ff m. Anm. Leistner; vgl. hierzu auch Köhler/Arndt/Fezer, S.243f; Wiebe, WRP 1999, S.734ff (738); Heyms/Prieß, Rn.72; zur Rufausbeutung bei der Verwendung von Metatags: Bräutigam/Leupold in: Bräutigam/Leupold, S.972ff (1016f); Schmittmann, MMR 2001, S.792ff (793f); Menke, WRP 1999, S.982ff (989ff); Wiebe, WRP 1999, S.734ff (737); Viefheus, MMR 1999, S.336ff (339); Kotthoff, K&R 1999, S.157ff (161); zum Framing: Hoeren, WRP 1997, S.993ff (995); Ott, ZUM 2004, S.357ff.

1662 Es kann angenommen werden, dass ein Anbieter, der Informationen frei zugänglich ins Netz stellt, sein stillschweigendes Einverständnis mit der Verlinkung dieser Inhalte durch Dritte gibt, s.a. BGH, CR 2003, S.920ff (Paperboy); LG Verden, NJW-CoR 1999, S.171ff (171f); OLG Düsseldorf CR 2000, S.184ff (186) m. Anm. Leistner; LG Hamburg, CR 2000, S.776ff (777); vgl. auch OLG München I. K&R 2002, S.258ff; so auch die überwiegende Ansicht in der Literatur: Bräutigam/Leupold in: Bräutigam/Leupold, S.972ff (973); Lapp, IT-Rechtsberater 2004, S.114ff (115f); Wiebe, WRP 1999, S.734ff (734); Sosnitza, CR 2001, S.693ff (702); Plaß, WRP 2000, S.599ff (607); a.M. LG Hamburg, CR 2001, S.265ff (265); OLG Celle, WRP 1999, S.865ff; Das OLG Celle hielt z.B. bei der Verwendung eines Deep-Links eine unlautere Leistungsübernahme für gegeben, weil hierdurch den angesprochenen Verkehrskreisen der falsche Eindruck vermittelt wird, dass eine geschäftliche Beziehung zwischen dem Webseitenbetreiber und dem Verlinkten besteht. Dies wurde zu recht mit dem Argument abgelehnt, dass ein solcher Eindruck bei den Internetnutzern tatsächlich nicht entsteht, denn die Nutzer wissen i.d.R., dass auf Webseiten Angebote verschiedene Anbieter zu finden sind. Die Annahme einer geschäftlichen Beziehung wird dadurch regelmäßig nicht vermittelt, vgl. Bräutigam/Leupold in: Bräutigam/Leupold, S.972ff (973); Wiebe, WRP 1999, S.734ff (737); Menke, WRP 1999, S.982ff (989); Sosnitza, CR 2001, S.693ff (702); im Rahmen von Metatags vgl. Kotthoff, K&R 1999, S.157ff (161).

Eindruck vermittelt wird, dass der zur Verfügung gestellte fremde Inhalt Bestandteil des eigenen Angebots ist.[1663] Eine solche wettbewerbsrechtliche Verletzung ist z.B. gegeben, wenn die Speicherung einer Webseite unter einem fremden Domainnamen für den Nutzer nicht kenntlich gemacht wird.[1664] Bei der Verwendung sog. Metatags ist außerdem ein gezieltes Abfangen von Kunden als Kundenbehinderung im Sinne des § 4 Nr.10 UWG zu untersuchen. Eine unlautere Wettbewerbshandlung ist darin zu erblicken, wenn die Verwendung der Keywords in keinem sachlichen Zusammenhang zu den Inhalten der Webseite stehen.[1665]

Unzulässige vergleichende Werbepraktiken und andere Beeinträchtigungen der Mitbewerberinteressen durch die Verwendung von Links können bei Vorliegen einer konkreten Irreführungsgefahr auch wettbewerbsrechtliche Verbraucherinteressen verletzen. Die Nutzung von sachfremden Keywords in Suchmaschinen und Verknüpfungen durch Deep-Links und Frames, die zu unzulässigen vergleichenden Angaben oder zu einer Behinderung der Mitbewerber führen, sind u.U. geeignet die durchschnittlich informierten und aufmerksamen Verbraucher von anderen möglicherweise günstigeren Anbietern fernzuhalten oder falsche Vorstellungen über die Qualität der Ware, die Herkunft des Angebots oder die Marktdominanz des Unternehmers hervorzurufen.[1666] Zu einer Irreführung der Verbraucher führt dies allerdings nur, wenn die vorgetäuschten Angaben für den Entscheidungsprozess der Verbraucher erheblich sind. Dasselbe gilt für das sog. Index-Spamming, bei dem Suchmaschinen planmäßig mit Links, die den Nutzer auf eine bestimmte Seite leiten, überschwemmt werden.[1667] Solche Marktpraktiken verstoßen bei Vorliegen der übrigen Voraussetzungen gegen das allgemeine Irreführungsverbot gemäß § 5 I UWG oder gegen das Verbot irreführender Werbung durch vergleichende Angaben gemäß § 5 III UWG. Bei der Beurteilung von Meta Tags, Frames und insbesondere Deep-Links ist dabei aber stets zu

1663 Siehe im Rahmen des Framing z.B. OLG Düsseldorf CR 2000, S.184ff (186) m. Anm. Leistner; Ott, ZUM 2004, S.357ff; im Rahmen von Deep-Links vgl. Sosnitza, CR 2001, S.693ff (703); Lapp, IT-Rechtsberater 2004, S.114ff (115f); Bräutigam/Leupold in: Bräutigam/Leupold, S.972ff (973); Wiebe, WRP 1999, S.734ff (737); Menke, WRP 1999, S.982ff (989); Plaß, WRP 2000, S.599ff (606).

1664 Vgl. Köhler//Arndt/Fezer, S.244; Wiebe, WRP 1999, S.734ff (737).

1665 Vgl. Köhler//Arndt/Fezer, S.247; Heyms/Prieß, Rn.72; Ernst, WRP 2004, S.278ff (279ff); mit der Forderung nach strengen Anforderungen für eine Mitbewerberbehinderung Menke, WRP 1999, S.982ff (989); Kotthoff, K&R 1999, S.157ff (161); vgl. auch die Entscheidung des LG Essen, Urteil vom 14.4.2004, Az. 44 O 166/03, die allerdings durch das OLG Hamm wieder aufgehoben wurde, OLG Hamm, Urteil vom 9.12.2004, Az. 4 U 115/04.

1666 Z.B. liegt ein Fall der Irreführung vor, wenn der Name des Konkurrenten als Suchbegriff in einer Suchmaschine verwendet wird, vgl. auch Köhler//Arndt/Fezer, S.247; Ernst, WRP 2004, S.278ff (280f); Ladeur, Rn.210. Dabei genügt es, wenn die Verbraucher im Rahmen ihrer Suchanfrage in der Ergebnisliste über die Herkunft des Angebots getäuscht werden. Unbeachtlich ist es, wenn der Verbraucher bei Anklicken des Links den wahren Anbieter erkennen kann, eine nachträgliche Aufklärung hebt eine Irreführung nicht auf, so auch Menke, WRP 1999, S.982ff (989); a.A. Viefhues, MMR 1999, S.336ff (340). Irreführend ist die Verwendung eines Links auf der eigenen Webseite, der zu anderen Seiten führt, nur wenn dadurch ein tatsächlich nicht bestehendes Näheverhältnis suggeriert wird, vgl. OLG Jena, MMR 2003, S.531ff (531).

1667 Bei solchen Vorgehensweisen spricht man von sog. Vermüllung der Suchmaschine; vgl. dazu Schmittmann, S.124f.

beachten, dass der durchschnittlich informierte und verständige Verbraucher durchaus mit den Verlinkungsmöglichkeiten im Netz soweit vertraut ist, dass Verknüpfungen und ihre Herkunft i.d.R. nicht fehl interpretiert werden. Der Durchschnittsverbraucher weiß, dass die auf einer Webseite eingesetzten Links auch zu Angeboten anderer Anbieter als dem Webseitenanbieter führen können. Eine Irreführung mittels eines Links ist dementsprechend regelmäßig nicht auf die Verknüpfung an sich zu stützen.[1668]

bb) Fallgruppen der unlauteren Beeinträchtigung gemäß § 4 UWG

(1) Unlautere Beeinflussung der Verbraucher gemäß § 4 Nr.1 UWG

Die Vorschrift gemäß § 4 UWG schützt den Verbraucher vor unlauterer Beeinflussung durch Werbepraktiken. Dabei ist zu beachten, dass ein gewisses Maß an Beeinflussung der potentiellen Kundschaft von jeder Werbe- und Marketingpraktik ausgeht, denn der Einfluss auf die Vorstellung und die Kaufentscheidung der Verbraucher ist Sinn und Zweck der Werbung. Dementsprechend ist eine Beeinflussung durch Werbung bis zu einem gewissen Grad von den Marktteilnehmern hinzunehmen.[1669] Ein Marktverhalten kann nur als unlauterer und unangemessener Einfluss gewertet werden, wenn der Tätigkeit ein planvolles und besonders verwerfliches Verhalten zugrunde liegt.[1670]

(a) Die Grundlagen der Fallgruppe gemäß § 4 Nr.1 UWG

Die nach § 4 Nr.1 UWG verbotenen Fälle erfassen demgemäß nur solche Wettbewerbshandlungen, die die Grenze der angemessenen Beeinflussung übersteigen, indem die Entscheidungsfreiheit der Verbraucher durch Ausübung von Druck, in menschenverachtender Weise oder durch sonstigen unangemessenen, unsachlichen Einfluss beeinträchtigt wird oder die Wettbewerbspraktik zumindest dazu geeignet ist. Dieser weitreichende Verbotstatbestand kann als partieller Auffangtatbestand für die übrigen Fallgruppen des § 4 UWG verstanden werden,[1671] wobei sich insbesondere zwei Fallgruppen unter die Nr.1 subsumieren lassen. Diskriminierende und menschenverachtende Wettbewerbshandlungen sind vor allem Marktpraktiken, die mittels Erniedrigung oder andere Verhaltensweisen den Achtungsanspruch des Menschen absprechen.[1672] In der Werbung dienen solche diskriminierenden Inhalte dazu, die Aufmerksamkeit der Verbraucher auf ein Produkt, eine Marke oder ein Unternehmen zu steigern.[1673] Beispiel hierfür sind die Fälle der sog. Schockwerbung. Angesichts der Liberalisierung des Wettbewerbsrechts und der verfassungsrechtlichen Grenzen eines

---

1668 So auch zum Deep-Linking Wiebe, WRP 1999, S.734ff (738); Plaß, WRP 2000, S.599ff (607).

1669 Vgl. Regierungsentwurf zum UWG (BGBl. I 2003, 1487ff), zu § 4, Nummer 1; vgl. auch Emmerich, S.207; Köhler/Arndt/Fezer, S.249; Schmittmann, S.70.

1670 So auch Engels/Salomon, WRP 2004, S.32ff (36); Emmerich, S.207f; Köhler/Arndt/Fezer, S.249.

1671 So auch Emmerich, S.207.

1672 Artikel 1 GG der Schutz der Menschenwürde ist insoweit absolute verfassungsrechtliche Grenze zulässiger Werbung, siehe z.B. BGHZ 130, S.5ff (7ff), NJW 1995,S.2486ff (Busengrapscher).

1673 S.a. BGHZ 130, S.5ff (7ff), NJW 1995,S.2486ff (Busengrapscher).

strikten Verbots der Schockwerbung,[1674] sind diese Fälle m.E. heute allerdings nur noch in Extrem-Fällen als unlautere Werbepraktiken zu werten.

Die andere Fallgruppe erfasst die Fälle von Werbepraktiken, durch die der Verbraucher durch Druckausübung in eine Zwangslage versetzt wird, die ihn zum Abschluss von Verträgen nötigen soll. Dazu gehören vor allem die Fälle, in denen der Unternehmer in individuellen Verkaufsgesprächen an der Haustür oder durch Ansprechen auf der Straße versucht, durch aggressives und druckvolles Auftreten den Verbraucher zum Abschluss eines Geschäfts zu bewegen.[1675]

(b) Die Beurteilung von Internet-Werbung nach § 4 Nr.1 UWG

Da im Internet typischerweise kein physisches Aufeinandertreffen der Marktteilnehmer gegeben ist, sind solche Fälle von Beeinflussung im Online-Markt grundsätzlich kaum denkbar.[1676] Dennoch kann auch im Internet bei einer individuellen Kommunikation, etwa in Chatforen oder mittels E-Mail, eine psychische Drucksituation bzw. ein psychischer Kaufzwang bei dem angesprochenen Verbraucher aufgebaut werden. Fälle gemäß § 4 Nr.1 UWG sind demnach grundsätzlich auch im Netz möglich, wenn durch eine Form der elektronischen Direktwerbung eine persönliche Kommunikationslage geschaffen wird und die Praktik den Verbraucher durch Ausüben eines unangemessenen und unsachlichen Drucks in einen psychischen Kaufzwang versetzt.

(2) Unsachliche Beeinflussung durch Internetwerbung gemäß § 4 Nr.2 UWG

(a) Die Grundlagen der Fallgruppe gemäß § 4 Nr.2 UWG

Eine konkrete Fallgruppe der unlauteren Beeinflussung der Entscheidungsfreiheit, die in § 4 Nr.2 UWG geregelt wird, sind Wettbewerbshandlungen, die geeignet sind, die Unerfahrenheit von Kindern und anderen besonders schutzbedürftigen Verbrauchergruppen oder die Angst, Zwangslage und Leichtgläubigkeit von Verbrauchern auszunutzen. Wobei im Rahmen der Beurteilung der Leichtgläubigkeit zu berücksichtigen ist, dass der lauterkeitsrechtlichen Reglementierung das Leitbild eines durchschnittlich aufmerksamen, erfahrenen und verständigen Verbrauchers zugrunde liegt. Der Tatbestand der Nr.2 ist, ebenso wie die Regelung des Nr.1, diesbezüglich eng auszulegen.[1677] Darüber hinaus ist eine entsprechende Begrenzung des Tatbestandes vorzunehmen, so dass eine unlautere Beeinflussung des Durchschnittsbürgers im Sinne der Nr.2 nur bejaht werden kann, wenn zusätzlich ein absichtliches und besonders verwerfliches Verhalten vorliegt.[1678]

1674 S.a. BVerfGE 102, S.347ff (366f), NJW 2001, S.591ff (Benetton); 107, S.275ff, NJW 2003, S.1303ff (1304f) (Benetton II); vgl. dazu auch Boehme-Neßler, GRUR 1997, S.180ff; Emmerich, S.231ff; Ruess/Voigt, WRP 2002, S.171ff (172ff).

1675 Der persönliche Einfluss ist für das Vorliegen eines Falles von unangemessener Druckausübung entscheidend, s.a. BGH GRUR 2000, S.820ff (822) (space fidelity peep show); vgl. Köhler/Arndt/Fezer, S.249; Schmittmann, S.69f; siehe auch die sonstigen Fallgruppen im Rahmen des § 4 Nr.1 UWG im regulären Geschäftsverkehr, Emmerich, S.208.

1676 Vgl. Schmittmann, S.70; Köhler/Arndt/Fezer, S.249.

1677 Vgl. auch Emmerich, S.210f.

1678 So auch Emmerich, S.209.

Die Nr.2 des § 4 UWG dient aber im Wesentlichen dem Schutz von besonders schutzbedürftigen Verbrauchergruppen vor Werbung, die sich konkret an solche Gruppen richten. Hiervon werden alle Werbepraktiken, durch die die geschäftliche Unerfahrenheit von Kindern, Jugendlichen und anderen besonders sprach- und geschäftsungewandten Bürgern[1679] ausgenutzt werden soll, erfasst. Darin ist in erster Linie der Minderjährigenschutz des UWG verortet, der zusätzlich durch einige andere gesetzliche Werbebestimmungen ergänzt wird. Beispielsweise regelt § 22 LMBG[1680] ein Werbeverbot für Tabakerzeugnisse, wenn die Werbung ihrer Art nach besonders geeignet ist, Jugendliche und Heranwachsende zum Rauchen zu veranlassen.

(b) Minderjährigenschutz bei der Internet-Werbung

Da das Internet eine besondere Faszination auf Kinder ausübt, richten sich viele Webseiten und Online Werbeangebote speziell an die Bedürfnisse von Kindern. Deren Unerfahrenheit ist in der bunten, bewegten und grenzenlosen Welt des World Wide Web besonders leicht auszunutzen, insbesondere wenn die Kinder allein im Internet surfen. Die Regelung gemäß § 4 Nr.2 UWG und sonstige Jungendschutzvorschriften, wie auch das Verbot des LMBG,[1681] sind grundsätzlich auf das Internet anwendbar.[1682] Ein Verstoß gegen § 4 Nr.2 UWG liegt z.B. vor, wenn anzunehmen ist, dass der minderjährige Internetnutzer aus der Annahme eines Internetkaufangebots resultierenden finanziellen Belastungen nicht in ihrer Tragweite einschätzen kann.[1683] Dazu gehören u.a. Internetangebote zum Herunterladen von Klingeltönen, bei dem zwar der Minutenpreis angegeben wird, nicht aber der Gesamtpreis für den unbestimmt langen Ladevorgang.[1684] Dasselbe gilt, wenn absehbar ist, dass der Minderjährige voraussichtlich die finanziellen Belastungen eines Angebots nicht tragen wird können. Ein Ausnutzen der Unerfahrenheit von Minderjährigen liegt ferner vor, wenn ein Internetangebot mit nicht unerheblichen Risiken behaftet ist.[1685]

Neben dem UWG sind Internetwerbeangebote, die sich an Kinder und Jugendliche richten, auch Gegenstand der Regulierung des Mediendienstestaatsvertrages[1686] und des Jugendmedienschutzstaatsvertrages[1687] der Länder, durch die in Deutschland einheitliche Rahmenbedingungen für Informations- und Kommunikationsdienste, wie Internetdienste, geschaffen werden sollen.[1688] Beide Staatsverträge enthalten ein allgemeines Verbot für Werbepraktiken, die sich an Kinder und Jugendliche richten und den Interessen der Minderjährigen zuwiderlaufen oder deren Unerfahrenheit aus-

1679 Vgl. Regierungsentwurf zum UWG (BGB1. I 2003, 1487ff), zu § 4, Nummer 2.

1680 Das Lebensmittel- und Bedarfsgegenständegesetzes, BGB I. S.1945 von 1974, in der Fassung von 1997 (BGB I., S2296) (LMBG).

1681 Vgl. Köhler/Arndt/Fezer, S.248.

1682 Z.B. ist das Jugendschutzgesetz auch auf Internetangebote anwendbar. Dasselbe gilt für das LMBG und andere Gesetze mit Werbebeschränkungen, vgl. Köhler/Arndt/Fezer, S.248, 250.

1683 Vgl. Köhler/Arndt/Fezer, S.248.

1684 S.a. OLG Hamburg, GRUR-RR 2003, S.317ff (318).

1685 S.a. OLG Nürnberg, GRUR-RR 2003, S.315ff (316).

1686 Der Mediendienstestaatsvertrag (MDStV) der Länder, in der Fassung vom 1.7.2002.

1687 Der Jugendmedienschutzstaatsvertrages (JMSStV) der Länder.

1688 Siehe § 1 MDStV und § 1 JMSStV.

nutzen.[1689] Darüber hinaus bestimmt der Jugendmedienschutzvertrag in § 6 JMSStV einige konkrete Fallgruppen der verbotenen Kinderwerbung. Beispielsweise darf eine Werbung Kinder nicht unmittelbar auffordern, ihre Eltern zu einem Kauf zu bewegen,[1690] ebenso wenig darf durch eine Werbeaussage das besondere Vertrauen zwischen Kindern und ihren Eltern und anderen Vertrauenspersonen ausgenutzt werden[1691]. Ferner bestimmt Absatz 3, dass die Werbung mit Inhalten, die die Entwicklung von Kindern gefährden können, von Kinderwerbung räumlich zu trennen ist, wie z.B. pornografische Inhalte. Die Vorschrift gemäß § 6 V JMSStV verbietet ferner die Werbung für alkoholische Getränke, die sich speziell an Kinder und Jugendliche richtet, nach der Art der Darstellung Kinder und Jugendliche besonders anspricht oder beim Alkoholgenuss zeigt. Das betrifft insbesondere die Fälle der Werbung für Alcopops.[1692]

Neben diesen Vorschriften zum Jugendschutz, einschließlich der Werberegelungen des LMBG und anderer Wettbewerbsgesetze, bleibt das UWG anwendbar, so dass insbesondere zwischen § 4 Nr.2 UWG und § 13 MDStV sowie § 6 JMSStV viele Überschneidungen zustandekommen dürften. Zudem sind die genannten Bestimmungen zum Jugendschutz gesetzliche Vorschriften gemäß § 4 Nr.11 UWG, so dass neben einem Verstoß gegen die anderen Gesetze zusätzlich noch eine wettbewerbsrechtliche Verletzung wegen Rechtsbruch gemäß § 4 Nr.11 UWG in Betracht kommt.[1693]

Neben der gesetzlichen Regulierung des Jugendschutzes im Rahmen der Werbung im Internet wurde außerdem eine länderübergreifende Jugendschutzbehörde eingerichtet, die unter www.jugendschutz.net erreichbar ist.

(3) Das Verbot der Schleichwerbung im Internet gemäß § 4 Nr.3 UWG

(a) Die Grundlagen der Fallgruppe gemäß § 4 Nr.3 UWG

Als weitere gesetzliche Fallgruppe unlauterer Beeinflussung der Entscheidungsfreiheit nennt das Gesetz in § 4 Nr.3 UWG die sog. Schleichwerbung. Das Gesetz verbietet nicht nur die Irreführung durch Werbeaussagen, sondern auch die Täuschung darüber, dass es sich bei bestimmten Aussagen, um eine Werbung handelt. Die Nr.3 des § 4 UWG bestimmt daher, dass die Verschleierung des Werbecharakters einer Wettbewerbshandlung unlauter ist. Bei der Verknüpfung von redaktionellen Beiträgen und Werbung ist stets zu beachten, dass Werbung und sachliche Information von einander getrennt vermittelt werden müssen, damit der kommerzielle Teil einer Information für den Verbraucher erkennbar bleibt (Trennungsgrundsatz).[1694] Der Trennungsgrundsatz ist übergeordnetes Prinzip des deutschen Wettbewerbs- und Medienrechts und ist neben dem UWG u.a. auch im TDG[1695], MDStV[1696] und in den Landespressegeset-

---

1689 Gemäß §§ 12 Nr.3, 13 I MDStV und § 6 II Nr.1, 4, IV JMSStV.

1690 Gemäß § 6 II Nr.2 JMSStV.

1691 Gemäß § 6 II Nr.3 JMSStV.

1692 Vgl. Köhler/Arndt/Fezer, S.248.

1693 Vgl. Köhler/Arndt/Fezer, S.248.

1694 S.a. BGH, GRUR 1968, S.382ff; OLG Karlsruhe, WRP 1988, S.757ff; OLG Hamburg WRP 1972, S.89ff; vgl. auch Heyms/Prieß, Rn.65; Niebler in: Loewenheim/Koch, S.254f.

1695 S.a. § 7 Nr.1 Teledienstegesetz, von 1997 (BGB1. I S.1870), in der Fassung von 2001 (BGB1. I. S.3721). Allerdings ist das TDG nur auf Individualkommunikation anwendbar (§ 2 I TDG) und

zen[1697] verankert.[1698] Die Bestimmung des UWG verallgemeinert den Trennungsgrundsatz bzw. das Verbot der Schleichwerbung auf alle Werbeformen, unabhängig davon, durch welches Medium diese kommuniziert wird.[1699] Fälle der Schleichwerbung sind vor allem Verkaufsförderungsmaßnahmen, die als redaktionelle Beiträge[1700] oder Aussagen und Bewertungen unabhängiger Dritter[1701] getarnt sind und so eine höhere Aufmerksamkeit als reguläre Werbung bei den Verbrauchern sichern.

(b) Das Trennungsgebot und die Internet-Werbung

Das Trennungsgebot ist grundsätzlich auch im Internet anwendbar[1702] und damit auf alle Formen der Online-Werbung. Auch reine Unternehmens-Homepages werden hiervon erfasst. Entgegen einiger Stimmen in der Literatur,[1703] stellen diese als Gesamtheit keine Werbung dar.[1704] Zwar haben meist alle Elemente einer solchen Webseite einen gewissen Werbeeffekt, doch viele der in den Homepages enthaltenen Informationen dienen nicht oder nicht überwiegend der Absatzförderung oder richten sich nicht an den Endverbraucher, z.B. die Informationen, die eine Aktiengesellschaft ihren (potentiellen) Anlegern auf ihrer Homepage zur Verfügung stellt.[1705] Somit ist eine Unternehmens-Homepage selbst dann nicht als Werbung anzusehen, wenn sie überwiegend zum Angebot von Waren und Dienstleistungen dient. Dementsprechend gilt der Trennungsgrundsatz nicht für die gesamte Webseite, sondern nur für die einzelnen kommerziellen Bestandteile. Die Homepage muss folglich auch nicht selbst als Werbung gekennzeichnet werden.[1706]

---

gilt dementsprechend grundsätzlich nicht für die meisten Internet-Werbeformen, wie Werbebanner und Pop-Ups. Eine Anwendung kommt höchsten bei E-Mail-Kommunikation in Betracht.

1696 S.a. § 13 II MDStV.

1697 Z.B. § 9 Bayrisches Pressegesetz.

1698 Der Grundsatz ist außerdem im Rundfunkstaatsvertrag (in der Fassung von 2002) sowie in den Werberichtlinien des Zentralverbandes der deutschen Werbewirtschaft (ZAW) geregelt; vgl. dazu auch Emmerich, S.212; Niebler in: Loewenheim/Koch, S.254f.

1699 S.a. Regierungsentwurf zum UWG (BGBl. I 2003, 1487ff), zu § 4, Nummer 3; vgl. auch Engels/Salomon WRP 2004, S.32ff (35); Götting, S.188; Emmerich, S.212.

1700 S.a. BGHZ 1981, S.247ff (249ff), NJW 1981, S.2572ff; OLG Karlsruhe NJW-RR 1994, S.817ff; BGHZ 130, S.205ff (213f), NJW 1995, S.3177ff (Feuer, Eis & Dynamit).

1701 Z.B. Werbung, die als unabhängige Äußerung eines anderen Gewerbetreibenden getarnt ist, vgl. BGH GRUR 1968, S.382ff.

1702 Vgl. Ladeur, Rn.202; Heyms/Prieß, Rn.65; Niebler in: Loewenheim/Koch, S.254f; Bräutigam/Leupold in: Bräutigam/Leupold, S.972ff (973); Leupold/Bräutigam/Pfeiffer, WRP 2000, S.575ff (588); Gummig, ZUM 1996, S.573ff (579); Marwitz, MMR 1998, S.188ff (190); Boehme-Neßler, ZUM 2001, S.547ff (553).

1703 Vgl. Hoeren, WRP 1997 S.993ff (995), der damit seine frühere Auffassung einer umfassenden Anwendung des Trennungsgrundsatzes auf das Internet aufgibt.

1704 So auch Marwitz, MMR 1998, S.188ff (189f); Leupold/Bräutigam/Pfeiffer, WRP 2000, S.575ff (589).

1705 Bei Leupold/Bräutigam/Pfeiffer werden außerdem PR-Angaben genannt, die nicht speziell an Verbraucher gerichtet sind, sondern an die Öffentlichkeit, vgl. Leupold/Bräutigam/Pfeiffer, WRP 2000, S.575ff (589).

1706 Vgl. auch Marwitz, MMR 1998, S.188ff (189f); Leupold/Bräutigam/Pfeiffer, WRP 2000, S.575ff (589); a.A. Hoeren WRP 1997 S.993ff (995f).

Fraglich ist aber, ob für die Beurteilung der Trennung von redaktionellen Beiträgen und Werbung im Internet dieselben Grundsätze und Maßstäbe gelten, wie für den Trennungsgrundsatz in den klassischen Printmedien und dem Fernsehen. Der BGH hat dazu festgestellt, dass das werberechtliche Trennungsgebot auf jede Werbeform und jeden Werbeträger übertragbar ist.[1707] Maßgeblich für die Beurteilung, ob eine Trennung zwischen sachlichen Informationen und Werbung vorliegt, ist die Bedeutung und Beachtung, die der angesprochene Verkehrskreis den Angaben beimisst. Die Erwartungshaltung der Verbraucher und die Bedeutung, die die Verbraucher einer Information beimessen, hängt entscheidend davon ab, wie Informationen üblicherweise in einem Medium präsentiert werden. Dementsprechend kann sich durchaus eine unterschiedliche Gewichtung je nach Art des Mediums ergeben, durch die die Information transportiert wird.[1708]

Das Medium Internet zeichnet sich dadurch aus, dass es eine große Menge von Informationen unentgeltlich für den Nutzer bereithält, die bekanntermaßen durch Werbung finanziert wird. Auf nahe zu jeder Webseite im Netz werden Werbebanner und andere Online-Werbeformen eingesetzt, um eine kostenlose Nutzung zu ermöglichen und Werbebotschaften zu transportieren. Diese Praxis prägt auch die Erwartungen der privaten Internetnutzer, die sich darüber bewusst sind, beim Surfen im Netz mit Werbebannern, Pop-up Windows und anderen Werbeaussagen konfrontiert zu werden.[1709] Werden Werbebanner auf Webseiten eingesetzt, dürfte dem Erfordernis des Trennungsgrundsatzes regelmäßig schon durch die Anordnung bzw. Platzierung des Werbebanners genüge getan sein, unabhängig davon ob die Seite rein kommerzieller Natur ist oder auch redaktionelle Beiträge enthält.[1710] Nur wenn sich der Werbecharakter nicht aus dem Zusammenhang der Seite ergibt, ist eine besondere Kennzeichnung des kommerziellen Hintergrundes erforderlich.[1711] Da das Medium Internet einen internationalen Charakter hat und die allgemein übliche Sprache im Netz Englisch ist, kann ein solcher Online-Werbebanner mit der Bezeichnung „Anzeige" aber auch mit „Advertisement" oder „Ad" gekennzeichnet sein.[1712] Unproblematisch ist in diesem Zusammenhang der Einsatz von Werbe-Pop-ups und Interstitials, da diese sich regel-

1707 S.a. BGHZ 130, S.205ff (213f), NJW 1995, S.3177ff (Feuer, Eis & Dynamit); vgl. auch Bräutigam/Leupold in: Bräutigam/Leupold, S.972ff (973).

1708 S.a. BGHZ 130, S.205ff (213f), NJW 1995, S.3177ff (Feuer, Eis & Dynamit); vgl. Niebler in: Loewenheim/Koch, S.255; Bräutigam/Leupold in: Bräutigam/Leupold, S.972ff (974f).

1709 Vgl. auch LG Berlin, MMR 2005, S.778ff (778); Boehme-Neßler, ZUM 2001, S.547ff (554); Bräutigam/Leupold in: Bräutigam/Leupold, S.972ff (1011); Niebler in: Loewenheim/Koch, S.256; Leupold/Bräutigam/Pfeiffer, WRP 2000, S.575ff (589f).

1710 vgl. Heyms/Prieß, Rn.113; Niebler in: Loewenheim/Koch, S.254f; dies entspricht den Anforderungen an Zeitungsanzeigen, die mit der Werbung mittels Online-Werbebanner vergleichbar ist. Zur Trennung durch Anordnung einer Werbeanzeige in Zeitschriften, siehe z.B. OLG Hamburg, WRP 1972, S.89ff.

1711 Vgl. auch Bräutigam/Leupold in: Bräutigam/Leupold, S.972ff (1012).

1712 Vgl. vgl. Leupold/Bräutigam/Pfeiffer, WRP 2000, S.575ff (590); Boehme-Neßler, ZUM 2001, S.547ff (554); Bräutigam/Leupold in: Bräutigam/Leupold, S.972ff (1012).

mäßig getrennt von der jeweiligen Webseite aufbauen und damit erkennbar getrennt von den sonstigen Inhalten der Seite stehen.[1713]

Bei der Verwendung von Links, die eine Verknüpfung zu einer kommerziellen Seite herstellen, ist zu unterscheiden, ob diese von einer kommerziellen Seite aus erreicht werden oder im Rahmen von redaktionellen Beiträgen eingesetzt werden. Bei dem Besuch von kommerziellen Webseiten wird der Verbraucher erwarten, mit kommerziellen Verknüpfungen konfrontiert zu werden. Unzulässig ist es aber auch auf solchen Seiten einen Link zusetzen, wenn durch die Anordnung oder die Bezeichnung des Links suggeriert wird, dass die Verknüpfung zu sachlichen Informationen führen.[1714]

Bei redaktionellen Beiträgen, etwa in elektronischen Zeitschriften, die Links enthalten, sind strengere Anforderungen zustellen. Bei solchen Webseiten erwartet der Verbraucher grundsätzlich sachliche und neutrale Informationen.[1715] Der Werbecharakter eines Links und die Trennung zum redaktionellen Teil kann zunächst durch die Anordnung des Links erkennbar werden.[1716] Ist der Hyperlink in dem redaktionellen Text eingebunden, muss sich aus der Bezeichnung der Linkzeile ergeben, dass es sich um eine kommerzielle Verknüpfung handelt, etwa durch die Formulierung „Warenangebote", „Angebote des Tages".[1717] Fehlt bei einem solchen Link eine Bezeichnung, die auf den Werbecharakter eindeutig schließen lässt, liegt ein Verstoß gegen das Trennungsgebot vor.[1718]

(c) Datenschutz im Netz

Ein weiteres verbraucherschutzrechtliches Problem ist das Ausspähen von personenbezogenen Kundendaten zu kommerziellen Zwecken, das, wie oben dargestellt, aufgrund der vereinfachten technischen Speicher- und Übertragungsmöglichkeiten, im Netz neue Dimensionen erreicht. Dabei berührt die Problematik im deutschen Recht verschiedene Rechtsbereiche. Der deutsche Gesetzgeber hat sich mit dem Thema

---

1713 So auch Leupold/Bräutigam/Pfeiffer, WRP 2000, S.575ff (591); Bräutigam/Leupold in: Bräutigam/Leupold, S.972ff (1013).

1714 Vgl. Bräutigam/Leupold in: Bräutigam/Leupold, S.972ff (1014); Leupold/Bräutigam/Pfeiffer, WRP 2000, S.575ff (588f); Gummig, ZUM 1996, S.573ff (580); anders im Ergebnis wohl Hoeren, der den Trennungsgrundsatz nicht auf rein kommerzielle Seiten anwenden will, Hoeren, WRP 1997 S.993ff (995).

1715 Vgl. Gummig, ZUM 1996, S.573ff (579f); Bräutigam/Leupold in: Bräutigam/Leupold, S.972ff (S.975, 1018); Leupold/Bräutigam/Pfeiffer, WRP 2000, S.575ff (588).

1716 Etwa indem der Link außerhalb des redaktionellen Textes platziert ist und eindeutig dem kommerziellen Teil der Seite zuzuordnen ist; vgl. Heyms/Prieß, Rn.65; Hoeren, WRP 1997, S.993ff (996); Leupold/Bräutigam/Pfeiffer, WRP 2000, S.575ff (588).

1717 Vgl. LG Berlin, MMR 2005, S.778ff (780); Niebler in: Loewenheim/Koch, S.256; Boehme-Neßler, ZUM 2001, S.547ff (554). Nicht ausreichend soll hingegen die bloße Verwendung des Firmennamens in der Linkzeile sein, siehe Bräutigam/Leupold in: Bräutigam/Leupold, S.972ff (1018); Gummig, ZUM 1996, S.573ff (581); Leupold/Bräutigam/Pfeiffer, WRP 2000, S.575ff (589). A.A. Hoeren, WRP 1997, S.993ff (996), der das Setzen eines kommerziellen Links innerhalb eines redaktionellen Beitrags für unzulässig hält.

1718 Vgl. Heyms/Prieß, Rn.65; Niebler in: Loewenheim/Koch, S.256; Bräutigam/Leupold in: Bräutigam/Leupold, S.972ff (1017f); Gummig, ZUM 1996, S.573ff (581).

durch Schaffung spezieller Vorschriften im Rahmen des Teledienstedatenschutzgesetzes (TDDSG)[1719] und des MDStV primär auf datenschutzrechtlicher Ebene befasst.[1720]

Bei der wettbewerbsrechtlichen Beurteilung im Rahmen des UWG, stellt sich zunächst die Frage, ob in der Erhebung, Verwendung oder Weitergabe von Verbraucherdaten zu kommerziellen Zwecken eine Wettbewerbshandlung im Sinne des § 2 I Nr.1 UWG zu sehen ist. Es ist zunächst festzustellen, dass diese Tätigkeiten nicht zur „Werbung" im eigentlichen Sinne gehören. In der Verwendung zu kommerziellen Zwecken wird aber ein Wettbewerbsbezug im Rahmen einer mittelbar absatzfördernden Handlung zu sehen sein, so dass diese Praktiken regelmäßig als Wettbewerbshandlungen gemäß § 2 I Nr.1 UWG einzuordnen sind. Im Rahmen des Beispielskataloges kommt eine Unlauterkeit gleich nach mehreren Fallgruppen in Betracht. Nach der Begründung zum Regierungsentwurf erfasst das Verbot der Schleichwerbung insbesondere auch die Fälle, in denen Unternehmen auf verschiedenen Wegen Adressen, Namen und andere persönliche Daten sammeln, ohne über die kommerzielle Nutzungsabsicht dieser Daten aufzuklären.[1721] Richtet sich eine solche Datenabfrage und Verwendung speziell an Kinder und Jugendliche, kann außerdem ein Fall gemäß § 4 Nr.2 UWG vorliegen, wenn dadurch die Unerfahrenheit und Leichtgläubigkeit dieser Verbrauchergruppe ausgenutzt wird.[1722]

Daneben enthalten die u.a. für Internetdienstanbieter geschaffenen Regelungen im Datenschutzrecht konkrete Anforderungen bei der Erhebung, Speicherung, Verwendung und Weitergabe von Daten des Verbrauchers. Fraglich ist, ob ein Verstoß gegen diese gesetzlichen Anforderungen auch ein Rechtsbruch im Sinne des § 4 Nr.11 UWG darstellt. Dazu müssten die datenschutzrechtlichen Vorschriften im Sinne des §§ 3ff TDDSG und §§ 16ff MDStV das Marktverhalten im Interesse der Marktteilnehmer regeln gemäß § 4 Nr.11 UWG. Das Datenschutzrecht gehört grundsätzlich nicht zu den Marktverhaltensregeln im engeren Sinne.[1723] Die genannten Datenschutzregelungen des TDDSG und des MDStV schützen den Verbraucher aber auch vor der Erhebung, Speicherung und Verwendung ihrer Daten zu Werbezwecken durch Medien- und Teledienstanbieter. Diese Vorschriften entsprechen der allgemeinen Regelung gemäß § 28 des Bundesdatenschutzgesetzes, die Anforderungen an die Erhebung, Verarbeitung und Nutzung von Daten zu eigenen Zwecken regelt. Durch diese Bestimmung des BDSG wird konkret das Marktverhalten im Interesse der Verbraucher geregelt, so dass eine marktbezogene gesetzliche Vorschrift im Sinne des § 4 Nr.11

1719 Das TDDSG ist als Artikel 2 des IuKDG am 1.8.1997 in Kraft getreten.

1720 Die Bestimmungen des TDDSG und des MDSTV gehören zum Multimediarecht im engeren Sinne, sie regeln die Interaktion von Dienstanbietern und Nutzern. Sie sind als spezialgesetzliche Regelungen für Tele- und Mediendienstanbieter vor dem Bundesdatenschutzgesetz (BDSG) anwendbar; vgl. dazu auch Schaar, Rn.246ff; Heyms/Prieß, Rn.44; Pirntke, S.230ff. Das BDSG findet im Internet nur Anwendung auf die Verarbeitung von Vertrags- und Inhaltsdaten, vgl. Patzak, S.299.

1721 Vgl. Regierungsentwurf zum UWG (BGB1. I 2003, 1487ff), zu § 4, Nummer 3.

1722 Vgl. auch Piper in: Piper/Ohly, UWG-Komm., § 4; Rn.2/15; Berlit, Rn.22.

1723 Vgl. Köhler in: Köhler/Bornkamm, UWG-Komm., § 4, Rn.11.42; Piper in: Piper/Ohly, UWG-Komm., § 4; Rn.11/37; Gärtner/Heil, WRP 2005, S.20ff (22ff); a.A. Ernst, WRP 2004, S.1133ff (1137).

UWG gegeben ist.[1724] Für die spezialgesetzlichen Regelungen im TDDSG und im MDStV, die solche Voraussetzungen für Tele- und Mediendienste normieren, muss dies dann auch gelten.

Die Dienstanbieter im Medium Internet müssen dementsprechend auch aus lauterkeitsrechtlichen Aspekten die datenschutzrechtlichen Anforderungen gemäß §§ 3ff TDDSG und §§ 16ff MDStV einhalten. Wobei das TDDSG nur auf Teledienste im Sinne des TDG anwendbar ist, also nur auf Anbieter, die einen individuellen Kommunikationsdienst anbieten, wie z.B. E-Mail-Dienste.[1725] Der MDStV hingegen ist auf sämtliche einer unbestimmten Masse an Nutzern zur Verfügung gestellte Dienste, sog. Mediendienste, anwendbar.[1726] Diese Begriffbestimmung erfasst die meisten Internetdienste, die für alle Nutzer im Internet zur Verfügung stehen. Die Abgrenzung zwischen Teledienstanbieter und Mediendienstanbieter ist teilweise schwierig.[1727] Da die Regelungen aber fast identische Anforderungen stellen, ist eine genaue Abgrenzung entbehrlich.

Gegenstand der datenschutzrechtlichen Reglementierung ist die Erhebung, Verarbeitung und Verwendung von personenbezogenen Daten Dritter, wobei die Bestimmungen im Rahmen des TDDSG nur auf Nutzer des Teledienstes Anwendung finden,[1728] während die Regelungen des MDStV für alle „Betroffenen" gelten[1729]. Nach beiden Rechtssätzen ist eine Erhebung, Verarbeitung oder Verwendung von Daten nur zulässig, wenn dies ausdrücklich durch MDStV, TDDSG oder eine anderen Rechtsvorschrift erlaubt ist oder eine Einwilligung des betroffenen Verbrauchers vorliegt.[1730] Von dem Einwilligungserfordernis ist nach den beiden Rechtsakten im Wesentlichen die Datenerhebung und -Nutzung ausgenommen, die zur Begründung, inhaltlichen Ausgestaltung oder Änderung eines Vertragsverhältnisses erforderlich sind (Bestandsdaten), die für die Inanspruchnahme des Dienstes erforderlich sind (Nutzungsdaten) sowie die Datennutzung, die zur Abrechnung des jeweiligen Dienstes notwendig ist (Abrechnungsdaten).[1731] Dabei dürfen Daten grundsätzlich nur in dem für den jeweili-

---

1724 Vgl. Köhler in: Köhler/Bornkamm, UWG-Komm., § 4, Rn.11.42; Piper in: Piper/Ohly, UWG-Komm., § 4; Rn.11/37; Ernst, WRP 2004, S.1133ff (1137); a.A. Gärtner/Heil, WRP 2005, S.20ff (22f).

1725 Siehe dazu die Definition für Teledienste und den Beispielskatalog gemäß § 2 I, II TDG. Dort werden z.B. auch das Telebanking und Datendienste von Verkehr, Wetter und Börse genannt; vgl. dazu auch Heyms/Prieß, Rn.35; Schaar, Rn.276ff.

1726 Siehe dazu § 2 I, II MDStV.

1727 Vgl. zur Abgrenzung Gola/Müthlein, Komm. zum TDG, TDDSG, S.50ff; Spindler/Schmitz/Geis, Komm. zum TDG, TDDSG, SigG, § 2 TDG, Rn.11; Heyms/Prieß, Rn.37; Patzak, S.131ff.

1728 Siehe § 2 TDDSG.

1729 Siehe die Definition für „Nutzer" gemäß § 3 Nr.2 MDStV: „(...) Jede Person, die zu beruflichen oder sonstigen Zwecken Mediendienste in Anspruch nimmt", erfasst werden aber auch sonstige „Betroffene" gemäß § 3 BDSG, die keine Dienste nachfragen, vgl. Koch in: Loewenheim/Koch, S.549ff (588).

1730 Siehe § 3 I TDDSG und § 17 I MDStV; vgl. zu den gesetzlichen Erlaubnistatbeständen, Spindler/Schmitz/Geis, Komm. zum TDG, TDDSG, § 3 TDDSG, Rn.3.

1731 Siehe § 5, 6 TDDSG, § 19 MDStV. Grundsätzlich kommt eine Ausnahme auch nach anderen Rechtsvorschriften in Betracht, was sich im Wesentlichen auf die Vorschriften des BDSG beschränkt. Allerdings ist zu beachten, dass das TDDSG und der MDStV abschließende Regelungen Zweck erforderlichen Umfang erhoben, verarbeitet oder verwendet werden[1732] und die Nutzung des Dienstes darf grundsätzlich nicht von einer Einwilligung des Nutzers zur Datenspeicherung und -Verwendung abhängig gemacht werden.[1733] Von dem Begriff der Datenerhebung sind jegliche Formen der Beschaffung der Daten des Betroffenen erfasst. Ein Verarbeiten liegt dann vor, wenn die Daten gespeichert, verändert, übermittelt, gesperrt oder gelöscht werden.[1734] Eine Verwendung von Daten ist schließlich bei jeder Form der Nutzung gegeben, also auch bei der Gewährung der Kenntnisnahme durch Dritte.[1735] Vor jeder Erhebung, Verarbeitung sowie bei der Änderung des Verwendungszwecks muss der Betroffene über Art, Umfang und Zweck der Erhebung, Verarbeitung und Nutzung unterrichtet werden. Diese Informationen müssen jederzeit abrufbar sein[1736] und der Dienstanbieter hat die Kosten der Übermittlung der Informationen zu tragen.[1737] Die Informationen über Art, Umfang und Zweck der Datenerhebung und -verwendung sind grundsätzlich formlos möglich und können daher in einfacher elektronischer Form erfolgen.[1738] Auch die Einwilligung zur Datenerhebung, -verarbeitung und -verwendung kann elektronisch erklärt werden. Allerdings muss dann gewährleistet sein, dass der Verbraucher die Erklärung durch eine eindeutige und bewusste Handlung, wie z.B. durch einen Accept-Button, abgeben muss, die Einwilligung protokolliert wird und der Betroffene jederzeit Einsicht in den Inhalt seiner Einwilligung erhält.[1739] Ferner steht dem Betroffenen ein Widerrufsrecht hinsichtlich seiner Einwilligung zu, über das der Dienstanbieter den Betroffenen vor dessen Einwilligung zu informieren hat. Eine widerrufene Einwilligung bezieht sich dann auf die zukünftige Erhebung, Verarbeitung oder Verwendung der personenbezogenen Daten.[1740] Schließlich steht dem Verbraucher ein jederzeitiges Auskunftsrecht hinsichtlich der über ihn gespeicherten Daten zu, dem der Dienstanbieter auf Anfrage nachzukommen hat. Eine solche Auskunft kann auf Nachfrage auch elektronisch erteilt werden.[1741] Darüber hinaus hat der Dienstanbieter einige technische Vorkehrun-

---

gen hinsichtlich der Bestands-, Nutzungs- und Abrechnungsdaten enthalten, eine Anwendung des BDSG kommt lediglich hinsichtlich der Notwendigkeit zur Erhebung von Inhaltsdaten in Betracht, vgl. Spindler/Schmitz/Geis, Komm. zum TDG, TDDSG, SigG, § 3 TDDSG, Rn.3.

1732 Dies ergibt sich aus § 3 II TDDSG. Dies war in der ursprünglichen Fassung des TDDSG in § 3 IV ausdrücklich festgelegt, vgl. dazu auch Spindler/Schmitz/Geis, Komm. zum TDG, TDDSG, SigG, Einf. TDDSG, Rn.20.

1733 Siehe § 3 IV TDDSG und § 17 IV MDStV.

1734 Für die Definition dieser Begriffe des TDDSG und des MDStV sind die Begriffsbestimmungen gemäß § 3 III, IV BDSG heranzuziehen.

1735 Für den Begriff „Verwenden" existiert ebenfalls keine gesetzliche Legaldefinition in TDDSG und MDStV. Insoweit ist auf § 3 V BDSG zurückzugreifen, wonach eine Nutzung der Verwendung gleichgestellt ist, vgl. auch Koch in: Loewenheim/Koch, S.549ff (581).

1736 Siehe § 4 I TDDSG und § 18 I MDStV.

1737 Vgl. Koch in: Loewenheim/Koch, S.549ff (581).

1738 Vgl. Koch in: Loewenheim/Koch, S.549ff (581).

1739 Siehe § 4 II TDDSG und § 18 II MDStV.

1740 Siehe § 4 III TDDSG und § 18 III MDStV.

1741 Siehe § 4 VII TDDSG, § 20 MDStV.

gen zutreffen, die die Sicherheit und Kontrolle der Kundendaten bei deren Erhebung und Verwendung betreffen.[1742]

Diese recht strengen Anforderungen bieten einen effektiven und umfangreichen Schutz der Verbraucher vor dem missbräuchlichen Speichern und Verwenden ihrer Daten im Internet. Wie oben gezeigt, kann ein Verstoß gegen diese Regelungen auch als Verstoß gegen das Wettbewerbsrecht geahndet werden, so dass Dienstanbieter auch nach dem UWG auf Unterlassung solcher Praktiken in Anspruch genommen werden können.

(4) Die Werbung mit Preisnachlässen und Rabatten gemäß § 4 Nr.4 UWG

(a) Die Grundlagen der Fallgruppe gemäß § 4 Nr.4 UWG

Die Vorschrift § 4 Nr.4 UWG dient dem Schutz der Verbraucher vor unlauterer Beeinflussung ihrer Entscheidungsfreiheit durch intransparente Verkaufsförderungsmaßnahmen. Die Regelung bestimmt, dass es unlauter ist, bei Verkaufsförderungsmaßnahmen, wie Zugaben, Preisnachlässen und Werbegeschenken, die Bedingungen ihrer Inanspruchnahme nicht klar und deutlich offenzulegen (Transparenzgebot). Für die Verwendung solcher Maßnahmen werden dem Unternehmer demnach also ausnahmsweise Aufklärungspflichten auferlegt, die sich aus der besonderen Missbrauchsgefahr und dem erhöhten Informationsbedarf des Verbrauchers in Bezug auf Verkaufsförderungsmaßnahmen rechtfertigen lassen.[1743] Dazu gehören alle Formen der sog. Wertreklame, also alle Arten von Rabatten, Preisnachlässen und Vorspannangeboten, aber auch Kopplungsgeschäfte, Warenproben, das Verschenken von Originalware, Werbefahrten und sog. Kundenbindungsprogramme, die durch langfristige Vergünstigungen und Gewährung anderer Vorteile eine dauerhafte Kundenbindung zum Ziel haben.[1744] Solche Maßnahmen sind nach der Regelung des § 4 Nr.4 UWG zwar grundsätzlich erlaubt,[1745] aus Sicht eines durchschnittlich informierten und verständigen Verbrauchers müssen in der Werbung aber die Voraussetzungen deutlich zum Ausdruck kommen, die für die Inanspruchnahme der Vorteile zu erfüllen sind.

(b) Online-Vertriebsformen: Die Zulässigkeit des Powershopping

Unter diesen Aspekten ist im Online-Handel das sog. Powershopping oder Community-Shopping zu beleuchten. Beim Powershopping im Internet wird privaten und geschäftlichen Kunden angeboten, sich zu einer Kaufgemeinschaft zusammenzuschließen, um so günstigere Preise und bessere Konditionen für den Kauf zu erzielen. Dabei können sich die Verbraucher in verschiedenen Preisstufen eintragen, die einen festen Endpreis für die angebotene Ware vorgeben, der dann gilt, wenn eine bestimmte

---

1742 Siehe § 4 IV TDDSG und § 18 IV, V, VI MDStV.

1743 Vgl. Regierungsentwurf zum UWG (BGBl. I 2003, 1487ff), zu § 4, Nummer 4.

1744 Vgl. zu den einzelnen Erscheinungsformen der Wertreklame: Emmerich, S.216ff.

1745 Dies ist eine der wesentlichen Neuerungen des reformierten UWG. Die zuvor geltenden äußerst restriktiven Beschränkungen der ZugabeVO und des RabattG sind mit der ersatzlosen Streichung der Rechtsakte, mit Wirkung zum 25.6.2001, aufgehoben worden. Die Beschränkungen des RabattG und der ZugabeVO waren ohne Besonderheiten auch auf Online-Warenwerbung anwendbar, vgl. dazu Bräutigam/Leupold in: Bräutigam/Leupold, S.972ff (976).

Anzahl von Käufern erreicht ist, wobei die Preise natürlich mit der steigenden Anzahl der Käufer sinken.[1746] Bei solchen Verkaufsförderungsmaßnahmen handelt es sich im Endeffekt um eine Form der Rabattgewährung.

Anfänglich wurde das elektronische Powershopping von den Gerichten als sittenwidrige Werbepraktik gewertet und damit für unzulässig erklärt.[1747] Dabei wurde nicht nur ein Verstoß gegen das zu diesem Zeitpunkt noch in Kraft befindliche RabattG festgestellt,[1748] zugleich wurde hierin auch ein „Ausnutzen der Spiellust bzw. ein übertriebenes Anlocken" der Kunden und eine „verbotene Laienwerbung" gesehen, so dass eine Verletzung des § 1 UWG a.F. teilweise in mehrfacher Hinsicht von den Gerichten bejaht wurde.[1749]

Nachdem das RabattG und die ZugabeVO nun aufgehoben sind und sich im Wettbewerbsrecht eine liberalere Betrachtung solcher Verkaufsförderungsmaßnahmen durchgesetzt hat,[1750] ist auch die Frage der wettbewerbsrechtlichen Zulässigkeit des Powershoppings neu zu erörtern.[1751] Gegen eine grundsätzliche Unzulässigkeit des Powershoppings spricht zunächst, dass es sich um eine neue Form der bekannten Werbung mit Rabatten und Zugaben handelt, die nach dem neuen UWG in den Grenzen des § 4 Nr.4 UWG zulässig ist. Die Aufgabe der ZugabeVO und des RabattG dokumentieren dabei den Willen des Gesetzgebers zur Aufgabe einer rigiden rechtlichen Handhabung solcher Vertriebspraktiken, der bei der teleologischen Auslegung der Normen zu beachten ist.[1752] Daneben ist bei der Beurteilung des Powershoppings auch das veränderte Leitbild des angemessen verständigen und aufmerksamen Verbrauchers zu berücksichtigen.[1753] Der Anreiz bzw. das Anlocken im Rahmen des Powershoppings besteht für den vernünftigen Durchschnittsverbraucher primär in der Attraktivität der Preise. Daneben besteht eine Art Spieleffekt darin, dass der Verbraucher am Bildschirm verfolgen kann, ob in der Preisstufe, die er gewählt hat, die geforderte Mindestzahl an Käufern erreicht wird. Es entsteht eine Wettbewerbssituation, der man einen Spielcharakter nicht absprechen kann.[1754] Dies wird allerdings nicht maßgeblicher Anreizfaktor für den durchschnittlich vernünftigen und informierten Verbraucher sein, so dass auch nicht die Gefahr besteht, wie bei üblichen Fällen des

---

1746 Vgl. zu den verschiedenen Formen und der Funktionsweise des Powershoppings, Ladeur, Rn.142ff; Huppertz, MMR 2000, S.329ff (330); vgl. auch Heyms/Prieß, Rn.70.

1747 S.a. OLG Köln, MMR 2001, S.523ff; LG Nürnberg, MMR 2000, S.329ff; OLG Hamburg, MMR 2001, S.41ff (letsbuyit.com); LG Köln MMR 2001, S.54ff; OLG Hamburg, MMR 2000, S.278ff; LG Köln, K&R 2000, S.137ff; kritisch zum Urteil des LG Köln: Menke, WRP 2000, S.337ff (344ff).

1748 S.a. OLG Hamburg, MMR 2000, S.278ff; kritisch dazu Huppertz, MMR 2000, S.329ff (331); Menke, WRP 2000, S.337ff (338f); Hucke, ZUM 2001, S.770ff (771f).

1749 S.a. OLG Köln, MMR 2001, S.523ff; LG Köln, K&R 2000, S.137ff; LG Nürnberg, MMR 2000, S.329ff; OLG Hamburg, MMR 2001, S.41ff (letsbuyit.com); LG Köln MMR 2001, S.54ff.

1750 Dies ergibt sich auch aus den europäischen Vorgaben, die mit der UWG-Reform in deutsches Recht umgesetzt wurde, siehe zur Entwicklung und den Veränderungen im deutschen Wettbewerbsrecht, 1.Kapitel, II., 1., c), cc) und 2., b), bb).

1751 So auch Ladeur, Rn.142; vgl. auch Heyms/Prieß, Rn.70; Steinbeck, WRP 2002, S.604ff.

1752 So auch Hucke, ZUM 2001, S.770ff (771f).

1753 Vgl. Steinbeck, WRP 2002, S.604ff (607); Hucke, ZUM 2001, S.770ff (771).

1754 So auch Steinbeck, WRP 2002, S.604ff (606); Huppertz, MMR 2000, S.329ff (332).

übertriebenen Anlockens, dass der Verbraucher durch übertriebene Anreize das eigentliche Geschäft aus den Augen verliert.[1755] Dafür spricht auch, dass viele neue Vertriebsformen im Internet aufgrund der Interaktionsmöglichkeiten des Mediums einen Spielcharakter entwickeln, wie z.B. die verschiedenen Formen der Internetauktionen („eins, zwei, drei…meins!“).[1756] An dieser medienspezifischen Entwicklung orientiert sich auch die Erwartungshaltung des durchschnittlich vernünftigen Internetnutzers, einmal abgesehen davon, dass Gewinnspiele im Rahmen von Marketingstrategien auch im regulären Geschäftsverkehr nicht per se verboten sind.[1757] Gegen eine Unlauterkeit wegen des Ausnutzens der Spiellust spricht außerdem die mittlerweile durch den BGH bestätigte Zulässigkeit von „umgekehrten Versteigerungen“ im Netz.[1758] Diese Spielart der Online-Auktion wurde anfangs von den Gerichten unterschiedlich beurteilt, wobei z.T. auch hier eine unzulässige Werbepraktik wegen des Ausnutzens der Spiellust der Verbraucher angenommen wurde.[1759] Der BGH hat dies in einer Entscheidung von 2003 verneint, einerseits mit dem Hinweis, dass ein Ausnutzen der Spiellust nicht allein den Tatbestand der Unlauterkeit begründen kann und das Setzen aleatorischer Reize nur dann wettbewerbswidrig ist, wenn die Verbraucher dadurch so beeinflusst werden, dass ihre Kaufentscheidung maßgeblich durch das Streben nach einem „Spiel“-Gewinn bestimmt wird.[1760] Dies ist nach Ansicht des BGH im Rahmen einer umgekehrten Versteigerung, insbesondere aus der Sicht eines durchschnittlich vernünftigen Verbrauchers, nicht der Fall,[1761] so dass nicht schon in der Wahl dieser Vertriebsform ein Verstoß gegen das UWG zu sehen ist. Da die Vertriebsform der umgekehrten Versteigerung aufgrund der größeren Interaktionsmöglichkeiten der Verbraucher stärkere aleatorische Anreize setzt, als das Powershopping, dürfte eine Unlauterkeit dieser Vertriebsform erst recht nicht mit dem „Ausnutzen“ der Spiellust der Verbraucher begründet werden.[1762] Das Anlocken der Verbraucher beim Online-Powershopping besteht tatsächlich in der angebotenen Preissenkung in den einzelnen Preisstufen. Wie bei jeder anderen Rabattgewährung, wird der verständige Durchschnittsverbraucher auch hier das Kosten-Nutzen-Verhältnis abwägen und die

---

1755 Vgl. auch Hucke, ZUM 2001, S.770ff (773f).

1756 Die Zulässigkeit von „normalen“ Internet-Auktionen ist unter diesen Gesichtspunkten nicht in Frage gestellt worden, wohl aber die Fälle der umgekehrten Versteigerung, s.a. dazu unten.

1757 S.a. die Zulässigkeit in den Grenzen gemäß § 4 Nr.5, 6 UWG n.F., vgl. zu diesem Argument Huppertz, MMR 2000, S.329ff (333); Lange, WRP 2001, S.888ff (890).

1758 Vgl. BGH GRUR 2003, S.626ff (Umgekehrte Versteigerung II).

1759 So das OLG Hamburg GRUR-RR 2001, S.113ff (Versteigerung im Internet in umgekehrter Richtung); a.A. OLG München GRUR-RR 2001, S.112ff (umgekehrte Versteigerung); vgl. auch Lange, WRP 2001, S.888ff (889f).

1760 S.a. BGH GRUR 2000, S.820ff (space fidelity peep show); GRUR 2003, S.626ff (627) (Umgekehrte Versteigerung II).

1761 Das bei der Internetversteigerung enthaltene Moment des Mitfieberns, ob ein anderer Interessent zuvorkommt, „gehört zum Wesen des Angebots“, darüber hinaus sind durch die Vertriebsform „keine schädigenden und zu missbilligenden Auswüchse im Wettbewerb“ zu befürchten, so dass keine grundsätzliche Unlauterkeit anzunehmen ist, siehe BGH GRUR 2003, S.626ff (Umgekehrte Versteigerung II); so im Ergebnis auch Lange, WRP 2001, S.888ff (889f).

1762 So im Ergebnis auch Hucke, ZUM 2001, S.770ff (774); Huppertz, MMR 2000, S.329ff (333f); Menke, WRP 2000, S.337ff (344ff).

„wahren“ Vor- und Nachteile der Transaktion für sich erkennen. Ein Anlocken durch geringe Preise ist wettbewerbsrechtlich für sich gesehen nicht zu beanstanden, es ist im Gegenteil sogar eine wünschenswerte und förderungswürdige Entwicklung des Leistungswettbewerbs.[1763] Zudem erbringt das Powershopping auch nicht unerhebliche finanzielle Vorteile für die Verbraucher,[1764] so dass eine generelle Unzulässigkeit dieser Werbepraxis nach den neuen wettbewerbsrechtlichen Grundsätzen abzulehnen ist.[1765] Dementsprechend ist das Powershopping grundsätzlich dann zulässig, wenn die Anforderungen an die Transparenz des Angebots gemäß § 4 Nr.4 UWG erfüllt sind. Das bedeutet, bei dem Angebot im Rahmen von Kaufgemeinschaften müssen die Bedingungen der Teilnahme an einer solchen Kaufgemeinschaft und das Verfahren sowie die Inanspruchnahme der in Aussicht gestellten Rabatte den Verbrauchern transparent gemacht werden.

Bedenken können sich beim Powershopping allerdings noch hinsichtlich der Endpreisangabepflicht gemäß § 1 PangVO ergeben.[1766] Dem Gebot der Preiswahrheit und Preisklarheit ist nur genüge getan, wenn der Anbieter klar und verständlich über den tatsächlichen Endpreis in seinem Angebot informiert.[1767] Beim Powershopping ergibt sich der Endpreis aber erst, wenn klar ist, wie viele Verbraucher sich an der Kaufgemeinschaft beteiligen. Demgemäß ist eine Angabe über den Endpreis im Zeitpunkt des Angebots naturgemäß nicht möglich. Statt dessen werden Preisstufen angegeben, die den Verbraucher darüber informieren, welcher Endpreis bei einer bestimmten Anzahl von Käufern gelten soll. Da beim Powershopping regelmäßig der Endpreis nicht angegeben werden kann, wäre ein Verstoß gegen § 1 PAngVO naheliegend.[1768]

Allerdings verpflichtet die PAngVO nicht in jedem Fall zur Angabe eines Endpreises, insbesondere dann nicht, wenn der Endpreis bei dem Angebot noch nicht feststehen kann.[1769] Ein Beispiel hierfür sind Online-Auktionen, bei denen erst bei Ende der Versteigerungszeit der Endpreis feststeht, auch hier ist kein Endpreisangabe möglich.[1770] Der Grundsatz der Preiswahrheit und -Klarheit verpflichtet den Anbieter zu einer endgültigen und verständlichen Preisangabe, die es dem Verbraucher erlaubt Warenpreise auf dem Markt zu vergleichen.[1771] Dies verbietet eine Preisdifferenzierung jedenfalls dann nicht, wenn beim dem Angebot klar und verständlich gültige Endpreise der einzelnen Preisstufen genannt werden und die Bedingungen deutlich

---

1763 Vgl. auch Ladeur, Rn.146; Hucke, ZUM 2001, S.770ff (773); Steinbeck, WRP 2002, S.604ff (607).

1764 Vgl. auch Ladeur, Rn.142f.

1765 So im Ergebnis auch Ladeur, Rn.142; vgl. auch Heyms/Prieß, Rn.70; Hucke, ZUM 2001, S.770ff (771); Menke, WRP 2000, S.337ff (344ff).

1766 Siehe § 1 I PAngVO; vgl. dazu auch Ladeur, Rn.145; Menke, WRP 2000, S.337ff (342).

1767 Vgl. Menke, WRP 2000, S.337ff (342).

1768 Das OLG Hamburg hat eine Verletzung der PAngVO offengelassen, während die Vorinstanz einen Verstoß gegen die PAngVO verneint hat, vgl. Menke, WRP 2000, S.337ff (341).

1769 Vgl. z.B. BGH GRUR 1999, S.261ff (Handy Endpreis); LG Hamburg, Urteil v. 14.4.1999, 315 O 144/99 (ricardo.de); dazu Menke, WRP 2000, S.337ff (343).

1770 Das LG Hamburg hat z.B. ausdrücklich eine Endpreisangabepflicht bei der Online-Auktion verneint; LG Hamburg, Urteil vom 14.4.1999, 315 O 144/99 (ricardo.de), 4.

1771 Vgl. Menke, WRP 2000, S.337ff (343).

werden, die für den jeweiligen Endpreis eintreten müssen.[1772] Das ist mit der Information über Preisstufen beim Powershopping dann erfüllt, wenn die genannten Preisstaffelungen Gültigkeit haben und der Verbraucher über die notwendige Anzahl der Käufer und alle weiteren Bedingungen, von denen die Endpreisbildung abhängt, klar und verständlich informiert wird.[1773] Solche hinreichend bestimmten Preisstaffelungen ermöglichen es dem Verbraucher, eine genaue Vorstellung von dem verlangten Preis und der Preisqualität des Angebots zu bekommen und geben ihm eine hinreichende Orientierung zum Preisvergleich mit anderen Angeboten, so dass kein Verstoß gegen § 1 PAngVO vorliegt.[1774] Sind die Voraussetzungen eingehalten, ist eine grundsätzliche Zulässigkeit des Powershoppings als Werbepraktik im Internet sowohl nach den UWG-Vorschriften als auch nach den preisangaberechtlichen Vorgaben im Ergebnis nicht anzuzweifeln.

(5) Online-Werbung mit Gewinnspielen gemäß § 4 Nr.5, 6 UWG

Eine weitere häufig in Verbindung mit Warenwerbung auftretende, problematische Wettbewerbspraktik ist die Werbung mit Preisausschreiben und Gewinnspielen, durch die der Spieltrieb der Verbraucher zur Verbesserung des Warenabsatzes ausgenutzt werden soll. Dies veranlasste den Gesetzgeber, die Fallgruppen in den Beispielskatalog gemäß § 4 UWG mit aufzunehmen. Nach § 4 Nr.5 UWG handelt dementsprechend unlauter, wer bei Gewinnspielen mit Werbecharakter über die Teilnahmebedingungen nicht klar und deutlich informiert. Nach § 4 Nr.6 UWG ist es grundsätzlich untersagt, die Teilnahme an einem solchen Gewinnspiel von dem Erwerb einer Ware abhängig zu machen. Dadurch hat der Gesetzgeber einerseits das Transparenzgebot der Wertreklame auf den vergleichbaren Fall der Werbung mit Gewinnspielen erweitert[1775] und andererseits das bereits durch die Rechtsprechung geprägte Kopplungsverbot bei Gewinnspielen[1776] gesetzlich fixiert. Die Vorschrift gemäß § 4 Nr.6 UWG bestimmt aber auch eine Ausnahme von dem Kopplungsverbot für die Fälle, in denen die Teilnahme an einem Gewinnspiel naturgemäß mit dem Erwerb einer Ware zusammenhängt. Damit sind insbesondere Zeitschriften gemeint, in denen Preisausschreiben und Gewinnspiele abgedruckt sind. Eine weitere Ausnahme von dem Kopplungsverbot besteht laut Begründung zum Regierungsentwurf, wenn die Teilnahme an dem Gewinnspiel grundsätzlich auch ohne Erwerb der Ware möglich bleibt.[1777]

Das Transparenzgebot und das Kopplungsverbot gemäß § 4 Nr.5, 6 UWG gelten uneingeschränkt auch für Werbung mit Preisausschreiben und Gewinnspielen im Internet, hieraus ergeben sich allerdings keine Besonderheiten.

1772 Vgl. Huppertz, MMR 2000, S.329ff (332); Menke, WRP 2000, S.337ff (342).

1773 Vgl. Menke, WRP 2000, S.337ff (343).

1774 Vgl. Menke, WRP 2000, S.337ff (343).

1775 Vgl. Regierungsentwurf zum UWG (BGBl. I 2003, 1487ff), zu § 4, Nummer 5.

1776 Z.B. BGH GRUR 1973, S.474ff (476) (Preisausschreiben); GRUR 2002, S.976ff (Kopplungsangebot).

1777 Vgl. Regierungsentwurf zum UWG (BGBl. I 2003, 1487ff), zu § 4, Nummer 6.

(6) Unlautere Online-Werbung wegen Rechtsbruch gemäß § 4 Nr.11 UWG

Die Regelung gemäß § 4 Nr.11 UWG normiert den schon vor der UWG-Novelle als Fallgruppe unlauteren Wettbewerbs anerkannten Rechtsbruchtatbestand.[1778] Dabei kann grundsätzlich zwar jede Rechtsnorm eine gesetzliche Vorschrift gemäß § 4 Nr.11 UWG sein. Wie der Wortlaut der Bestimmung nahelegt, werden aber nicht alle Arten von Gesetzesverstößen als Rechtsbruch im Rahmen des UWG gewertet.[1779] Nach der Formulierung gemäß § 4 Nr.11 UWG muss die jeweilige Norm einerseits einen Marktbezug haben und andererseits das Marktverhalten im Interesse der Marktteilnehmer regeln. Hierdurch wird die in jüngster Zeit geänderte Rechtsprechung zum Rechtsbruchtatbestand normiert, die verlangt, dass die Vorschrift zumindest eine sekundäre Schutzfunktion für den Wettbewerb übernimmt.[1780] Im Interesse der Marktteilnehmer ist eine Rechtsnorm, wenn diese die Interessen der Mitbewerber, Verbraucher oder sonstigen Marktteilnehmer schützt.[1781] Zusätzlich muss die Regelung marktverhaltensregelnde Elemente besitzen. Ein wettbewerbsrechtlicher Bezug kann insbesondere dann angenommen werden, wenn die jeweilige Vorschrift dem Schutz der Verbraucher bei der Teilnahme am Markt dient.[1782] Dabei gilt, wie bei den übrigen Fallgruppen des Beispielskatalogs, dass im Rahmen des § 4 Nr.11 UWG auch die Voraussetzungen gemäß § 3 UWG vorliegen müssen. Bei der gesetzeswidrigen Handlung muss es sich demnach um eine Wettbewerbshandlung handeln, die geeignet ist, den Wettbewerb zum Nachteil der Marktteilnehmer in nicht unerheblicher Weise zu beeinträchtigen.[1783]

Zu den Vorschriften gemäß § 4 Nr.11 UWG, die im Rahmen des Verbraucherschutzes im Warenhandel von Bedeutung sind, gehören vor allem alle Marktverhaltensregelungen, die die Qualität, Sicherheit oder Unbedenklichkeit einer Ware oder Dienstleistung gewährleisten sollen.[1784] Dazu gehören die Regelungen über produktbezogene Informationspflichten der Unternehmer nach der PAngVO, FertigpackungsVO, TextilkennzeichnungsG, NährwertkennzeichnungsVO, nach dem MedizinprodukteG sowie des HWG, der KosmetikVO und des LMBG.[1785] Im Rahmen des Internetwarenhandels sind außerdem die vertriebsform-spezifischen Informationspflichten zu nennen, die der Unternehmer gegenüber dem Verbraucher im Fernabsatz und elektronischen Ge-

---

1778 Zur bisherigen Rechtslage Köhler, GRUR 2004, S.381ff (381ff); Frenzel, WRP 2004, S.1137ff (1138); Beater in: FS Schricker, S.629ff (633); Doepner, GRUR 2003, S.825ff (825); Ernst, WRP 2004, S.1133ff (1133f).

1779 Vgl. Köhler, GRUR 2004, S.381ff (382); Sack, WRP 2004, S.1307ff (1307ff).

1780 Siehe vor allem BGH GRUR 2000, S.1076ff (Abgasimmissionen); vgl. auch den Regierungsentwurf zum UWG (BGBl. I 2003, 1487ff), zu § 4, Nummer 11; vgl. zu den geänderten Kriterien auch Gärtner/Heil, WRP 2005, S.20ff (21ff); Ernst, WRP 2004, S.1133ff (1134); Piper in: Piper/Ohly, UWG-Komm., § 4; Rn.11/18; Doepner, GRUR 2003, S.S.825ff (829ff).

1781 Siehe § 2 I Nr.2 UWG.

1782 Vgl. Gärtner/Heil, WRP 2005, S.20ff (21f).

1783 Vgl. Sack, WRP 2004, S.1307ff (1311); Köhler, GRUR 2004, S.381ff (382).

1784 Vgl. Emmerich, S.420ff.

1785 Darüber hinaus können auch Marktzutrittsregelungen umfasst sein, wenn diese im Einzelnen eine wettbewerbsrechtliche Schutzfunktion übernehmen, vgl. Regierungsentwurf zum UWG (BGBl. I 2003, 1487ff), zu § 4, Nummer 11. Vgl. dazu auch Köhler/Arndt/Fezer, S.227f; Köhler in: Köhler/Bornkamm, UWG-Komm., § 4, Rn.11.44ff; Piper in: Piper/Ohly, UWG-Komm., § 4; Rn.11/19ff; Sack, WRP 2004, S.1307ff (1309); Frenzel, WRP 2004, S.1137ff (1140f).

schäftsverkehr gemäß §§ 312c, 312 e BGB i.V.m. BGB-InfoVO einhalten muss.[1786] Im Rahmen des elektronischen Handels gehören zudem die oben angesprochenen Bestimmungen des TDG, MDStV und des JMSStV zu den Vorschriften gemäß § 4 Nr.11 UWG.[1787] Im Rahmen des Jugendschutzes sind zusätzlich noch die Bestimmungen des Jugendschutzgesetzes zu nennen.[1788] Wie ebenfalls oben dargelegt, sind daneben die datenschutzrechtlichen Regelungen des TDDSG und MDStV als verbraucherschützende Marktverhaltensregeln zu qualifizieren.[1789] Liegen im übrigen die Voraussetzungen gemäß § 3 UWG vor, sind Zuwiderhandlungen gegen die genannten Vorschriften zusätzlich ein Verstoß gegen § 4 Nr.11 UWG.

cc) Die Fallgruppen unzumutbarer Belästigung im Internet gemäß § 7 UWG

Mit § 7 UWG wurde im Lauterkeitsrecht eine neue Vorschrift für Wettbewerbshandlungen geschaffen, die die Verbraucher und andere Marktteilnehmer in unzumutbarer Weise belästigen.[1790] Damit reagiert der Gesetzgeber auf die stetig wachsende Problematik der belästigenden und aufgedrängten Werbepraktiken, wie Werbewurfsendungen, die Zusendung unbestellter Waren und Telefonwerbung.[1791] Dabei enthält die Norm, ähnlich wie die übrigen Vorschriften des Beispielskatalogs, in Absatz 1 eine partielle Generalklausel, die es für unlauter erklärt, einen Marktteilnehmer in unzumutbarer Weise zu belästigen sowie Bestimmungen in Absatz 2, die die Generalklausel in Fallgruppen präzisieren.

(1) Fälle der unlauteren Belästigung im Internet gemäß § 7 I UWG

(a) Die Grundlagen der Fallgruppe gemäß § 7 I UWG

Als unzumutbare Belästigung kann jedes Verhalten bezeichnet werden, dass aufgrund der Art und Weise, unabhängig von dem Inhalt, als Belästigung empfunden wird, wobei die Belästigung in dem aufdrängenden Verhalten zu erblicken ist.[1792] Es ist nach dem Einzelfall zu ermitteln, ob das Verhalten die Schwelle der Unzumutbarkeit überschritten hat. Dazu ist nicht jede Belästigung ausreichend, vielmehr muss sich das Aufdrängen zu einer solchen Intensität verdichtet haben, dass sie von einem Großteil der

1786 Vgl. Piper in: Piper/Ohly, UWG-Komm., § 4; Rn.11/299, 11/300; Köhler in: Köhler/Bornkamm, UWG-Komm., § 4, Rn.11.170.

1787 Im ersteren Fall liegt ein Verstoß gegen §§ 12 Nr.3, 13 I MDStV, § 6 II Nr.1, 4, IV JMSStV sowie § 4 Nr.2, 11 UWG vor. Ein Verstoß gegen den Trennungsgrundsatz verletzt auch § 13 II MDStV, die Landespressegesetze sowie § 4 Nr.3, 11 UWG.

1788 Vgl. Köhler/Arndt/Fezer, S.248; Piper in: Piper/Ohly, UWG-Komm., § 4; Rn.11/27, 11/305.

1789 S.a. 2.Kapitel, B., I., 2., b), bb), (3), (c).

1790 Die Fallgruppen belästigender Wettbewerbshandlungen waren auch nach dem alten Recht unzulässig, die Rechtsprechung subsumierte diese unter § 1 UWG a.F. Die Aufnahme dieser Vorschrift greift der europäischen Richtlinie über unlautere Geschäftspraktiken vor, die auch erstmals die „Belästigung" als Unlauterkeitstatbestand in ihren Beispielskatalog in Artikel 9 der Richtlinie mit aufnimmt.

1791 Vgl. Regierungsentwurf zum UWG (BGBl. I 2003, 1487ff), zu § 7, Absatz 1.

1792 Vgl. Regierungsentwurf zum UWG (BGBl. I 2003, 1487ff), zu § 7, Absatz 1.

Verbraucher als unerträglich empfunden wird.[1793] Zu berücksichtigen ist dabei außerdem der Grad der Nachahmungsgefahr, die der belästigenden Werbung innewohnt.[1794]

(b) Belästigung der Verbraucher durch internetspezifische Werbeformen

Die neuen Formen der Online-Werbung müssen zunächst im Rahmen des allgemeinen Verbots der Belästigung der Verbraucher gemäß § 7 I UWG betrachtet werden. Da das Internet, wie oben bereits erwähnt, erst durch Werbung den Verbrauchern eine unentgeltliche Nutzung des Internets ermöglichen, ist die Werbung in ihren verschiedenen Erscheinungsformen im Internet grundsätzlich zumutbar und nicht belästigend. Dies gilt vor allem für Online-Werbeformen, die den klassischen Werbeformen nachempfunden sind.[1795] Beispielsweise sind sämtliche Formen der Werbung mit Bannern im Netz grundsätzlich nicht als Belästigung einzustufen, auch wenn besonders auffällige oder bewegte Elemente darin eingesetzt werden. Selbst bei der Verwendung von sog. „Sticky-Ads", Werbebanner die der Bewegung der Maus folgen, ist die Belästigung des Internetnutzers so gering einzuschätzen, dass sie keine wettbewerbsrechtlichen Bedenken auslösen.[1796]

Dies ist im Grundsatz auch für die Werbung mittels Werbe-Pop-ups und Interstitials festzustellen. Interstitials, die zwar die ganze Bildschirmseite einnehmen, erscheinen häufig nur für eine kurze Zeit oder der Aufbau der Werbung kann durch Wegklicken abgebrochen werden. Darin liegt ebenso wenig eine Belästigung der Verbraucher, wie bei kurzfristig auftauchenden Werbe-Pop-ups, die nur einen Teil der Webseite bedecken.[1797] Bei beiden Werbeformen kann eine Belästigung der Internetnutzer aber dann vorliegen, wenn diese einen ungewöhnlich langen Zeitraum zum Aufbau des Popup- oder Interstitial-Fensters benötigen und der Verbraucher keine Möglichkeit hat durch Wegklicken den Aufbau der Werbung zu verhindern.[1798] Die Belästigung liegt einerseits in dem Zeitaufwand, den der Verbraucher unfreiwillig aufwenden muss und andererseits in den Mehrkosten der Internetnutzungsgebühren.[1799] Das selbe gilt, wenn Pop-ups oder Interstitials verwendet werden, die zwar durch Wegklicken entfernt werden können, aber trotz des Wegklickens unzählige Male beim Besuch einer Webseite sich wieder aufbauen und die Kenntnisnahme der Inhalte der Seite stark erschweren.[1800]

1793 Vgl. Regierungsentwurf zum UWG (BGBl. I 2003, 1487ff), zu § 7, Absatz 1; vgl. auch Boesche, Rn.235ff.

1794 Vgl. Regierungsentwurf zum UWG (BGBl. I 2003, 1487ff), zu § 7, Absatz 2.

1795 Vgl. Ladeur, Rn.22ff.

1796 Vgl. Ladeur, Rn.25.

1797 Vgl. Bräutigam/Leupold in: Bräutigam/Leupold, S.972ff (1013); Ladeur, Rn.191.

1798 Vgl. Ladeur, Rn.192; Bräutigam/Leupold in: Bräutigam/Leupold, S.972ff (1013); Leupold/Bräutigam/Pfeiffer, WRP 2000, S.575ff (591).

1799 Vgl. Ladeur, Rn.192; Bräutigam/Leupold in: Bräutigam/Leupold, S.972ff (1013). Allerdings haben heute immer mehr Verbraucher Internetflatrate. Da sie eine monatliche Pauschale unabhängig von der zeitlichen Inanspruchnahme des Internetdienstes zahlen, entstehen den Verbrauchern durch den längeren Zeitraum ihres Internetaufenthalts immer seltener Mehrkosten.

1800 Vgl. auch Bräutigam/Leupold in: Bräutigam/Leupold, S.972ff (1013).

Unter dem Aspekt der Belästigung sind ferner die oben genannten Fallgruppen des Index-Spamming[1801] und der missbräuchlichen Verwendung von Metatags[1802] zu nennen. Das belästigende Element solcher Werbepraktiken ist darin zu erblicken, dass der Internetnutzer die Suchergebnisliste (vergeblich) durcharbeitet und dadurch einen erheblichen Zeitaufwand betreibt. Auch hier sind evtl. entstandene Mehrkosten für die Internetnutzung zu berücksichtigen.[1803] Das Index-Spamming und die Verwendung von Keywords, die in keinem sachlichen Zusammenhang zu dem Angebot stehen, sind dementsprechend belästigende Werbung gemäß § 7 I UWG.

Schließlich stellt sich die Frage, wie und ob im Internethandel die von der Rechtsprechung geprägten Fallgruppe der geschmacklosen Werbung[1804] Anwendung findet, die auch unter das allgemeine Verbot belästigender Werbung gemäß § 7 I UWG zu subsumieren ist. Dabei ist nicht jede geschmacklose oder taktlose Werbung als Belästigung anzusehen, das UWG nimmt insbesondere keine geschmackliche Zensur vor.[1805] In der Rechtsprechung wurden aber in der Vergangenheit Werbepraktiken, die einen besonders diskriminierenden Inhalt haben oder einen die Menschenwürde verletzenden Eindruck vermitteln, als Belästigung der Verbraucher und damit als Verstoß gegen das UWG gewertet. Dies galt insbesondere bei Werbung, die sich in besonders derber Form sexueller Anspielungen und Klischees bedient.[1806] Diesbezüglich hat zwar gewissermaßen eine Liberalisierung des Wettbewerbsrechts stattgefunden, in dem auch die Gerichte mittlerweile einen gesellschaftlichen Wertewandel anerkennen und in die wettbewerbsrechtliche Bewertung mit einbeziehen.[1807] Dennoch müssen die Grundsätze zum Verbot von sexuellen Anspielungen in der Werbung gerade bezogen auf das Internet grundlegend überdacht werden. In vielen Medien, wie dem Fernsehen aber insbesondere im Internet, hat sich die Werbung mit sexuell anstößigen Inhalten stark entwickeln können, so dass mittlerweile von einer allgemeinen gesellschaftlichen Akzeptanz solcher Werbung einerseits auszugehen ist, andererseits ist eine Verfolgung solcher Werbepraktiken aufgrund der Masse vor allem im Internet nahe zu unmöglich. Wollte man die althergebrachten Grundsätze über das Verbot geschmackloser Werbung auf das Internet übertragen, müsste man große Teile des Internets ganz verbieten.[1808] Dementsprechend ist große Zurückhaltung bei einer Befürwortung einer belästigenden Werbung durch sexuelle Anspielungen im Internet geboten.

1801 Vgl. dazu Köhler/Arndt/Fezer, S.124.
1802 S.a. LG Düsseldorf, MMR 2002, S.557ff; vgl. auch Schmittmann, S.86.
1803 S.a. LG Düsseldorf, MMR 2002, S.557ff.
1804 S.a. BGHZ 54, S.188ff, GRUR 1970, S.557ff (Erotik in der Ehe); vgl. auch Ruess/Voigt, WRP 2002, S.171ff (171); Henning-Bodewig, GRUR 1997, S.180ff (180f).
1805 S.a. BGHZ 54, S.188ff, GRUR 1970, S.557ff (Erotik in der Ehe); vgl. auch Schmittmann, S.91.
1806 S.a. BGHZ 130, S.5ff, GRUR 1995, S.592ff (594) (Busengrapscher).
1807 S.a. z.B. BGH, K&R 2002, S.142ff m. Anm. Schmittmann; vgl. auch Schmittmann, S.91.
1808 So auch Schmittmann, S.91.

(2) Fälle der unzumutbaren Belästigung gemäß § 7 II Nr.1 UWG

(a) Die Grundlagen der Fallgruppe gemäß § 7 II Nr.1 UWG

Ein unlauteres Verhalten ist nach Maßgabe des § 7 II Nr.1 UWG bei Werbung anzunehmen, wenn erkennbar ist, dass der Werbeempfänger die Werbung nicht wünscht. Hierzu gehören in erster Linie die Fälle der Werbe-Postwurfsendungen, die, trotz eines Hinweises auf dem Briefkasten, durch den der entgegenstehende Wille des Empfängers zum Ausdruck kommt, in den Briefkasten eingeworfen wird.[1809] Es ist aber nicht in jedem Fall erforderlich, dass ein entgegenstehender Wille erkennbar geworden ist. Erfasst werden auch die Fälle, in denen der Verbraucher keinen entgegenstehenden Willen erkennbar machen kann, wie z.B. bei der Zusendung von unbestellten Waren und bei dem Ansprechen von Passanten auf öffentlichen Straßen und Plätzen.[1810] Die Fallgruppe gemäß § 7 II Nr.1 UWG ist ferner auf die Fälle anwendbar, in denen Laienwerber eingesetzt werden oder Werbung durch aufdringliche Vertreterbesuche transportiert wird. Im Gegensatz zu der alten Rechtsprechung zum UWG, gelten die letztgenannten Fälle allerdings nur noch als unzumutbare Belästigung, wenn die ablehnende Haltung des Werbeempfängers tatsächlich zum Ausdruck gekommen ist.[1811]

(b) Die Zusendung unbestellter Waren

(aa) Die wettbewerbsrechtliche Beurteilung

Während die oben genannten Fallgruppen des § 7 II Nr.1 UWG zumeist für den Internethandel von geringer Bedeutung sind, sind die Fälle der Zusendung unbestellter Waren aus den oben genannten Gründen von einiger Relevanz für den elektronischen Geschäftsverkehr.[1812] Solche Werbepraktiken werden von den Gerichten schon sehr lange Zeit als wettbewerbswidrig angesehen,[1813] so dass auch hier letztlich nur durch Rechtsfortbildung entwickeltes, geltendes Recht normiert worden ist.[1814]

Bei der Zusendung unbestellter Waren wird die Belästigung darin gesehen, dass der Verbraucher in eine psychische Zwangslage versetzt wird, indem ihm der Besitz einer ungewollten Ware aufgedrängt und er dazu genötigt wird, eine Entscheidung über den

1809 Vgl. Regierungsentwurf zum UWG (BGBl. I 2003, 1487ff), zu § 7, Absatz 2; s.a. BGHZ 106, S.229ff (232ff), NJW 1989, S.902ff; NJW 1992, S.1958ff; OLG Karlsruhe NJW-RR 1990, S.244ff; vgl. auch Boesche, Rn..239.

1810 Vgl. Regierungsentwurf zum UWG (BGBl. I 2003, 1487ff), zu § 7, Absatz 2. Dies entspricht grundsätzlich auch der bisherigen Rechtsprechung: Zum Ansprechen von Passanten, s.a. OLG Düsseldorf NJW-RR 1986, S.531ff; diese Fälle werden heute aber weniger restriktiv gehandhabt, s.a. OLG Frankfurt NJW-RR 2001, S.1050ff; vgl. auch Boesche, Rn.239.

1811 Beide Werbepraktiken sind grundsätzlich aber zulässig, vgl. dazu Emmerich, S.250ff.

1812 S.a. S.; vgl. auch Nordhausen in: Reich/Nordhausen; S.73; Schmittmann, S.87.

1813 S.a. BGH GRUR 1959, S.277ff (Künstlerpostkarten); GRUR 1960, S.382ff (Verbandsstoffe); GRUR 1966, S.47ff (Indicator); GRUR 1977, S.157ff; OLG Köln Urteil vom 26.1.2001 6 U 160/00, EWiR 2001, S.1163ff m. Anm. Schöne/Vohwinkel; vgl. auch Wessel, BB 1966, S.432ff; Bunte in: FS Gadertz, 1992, S.87ff (88); Greifelt, WRP 1955, S.120ff; Baumbach-Hefermehl, UWG-Komm., 20.Aufl., § 1, Rn.72; Casper, ZIP 2000, S.1602ff (1602); Lehmler, S.38.

1814 Vgl. Emmerich, S.249; Lorenz, JuS 2000, S.833ff.

Abschluss eines Kaufvertrages zutreffen.[1815] Die meisten Verbraucher entscheiden sich aus einer gewissen Trägheit heraus, sich den Aufwand einer Rücksendung zu ersparen, behalten die Ware und nehmen ihrerseits dabei regelmäßig eine Abnahme- und Zahlungspflicht für die unbestellte Ware an.[1816] Dabei ist regelmäßig davon auszugehen, dass der Verbraucher die Ware nicht wünscht und die Zusendung als grobe Belästigung empfindet.[1817]

Eine Zusendung unbestellter Waren liegt immer dann vor, wenn eine Bestellung der konkret gelieferten Waren durch den Empfänger nicht vorliegt. Das bedeutet, es werden nicht nur solche Fälle erfasst, in denen der Verbraucher keine Bestellung abgegeben hat, sondern auch wenn eine ganz andere als die bestellte Ware geliefert wird.[1818] Eine Zusendung unbestellter Waren liegt selbst dann vor, wenn der Lieferung die Kosten für eine eventuelle Rücksendung beigefügt ist oder kostenlose Warenproben zugeschickt werden, mit dem Hinweis, dass die Lieferung weiterer Waren automatisch erfolgt und nur durch Kündigung gestoppt werden können.[1819] Ebenso unzulässig ist es auch, dem Verbraucher Auftragsbestätigungen und Zahlungsaufforderungen über Verträge und Aufträge zuzusenden, die nicht geschlossen bzw. nicht abgegeben wurden.[1820]

Ausnahmsweise zulässig ist die Zusendung von unbestellten Waren, wenn das belästigende Moment, das Verbringen in eine psychische Zwangslage, entfällt.[1821] Beispielsweise ist eine solche Marketingpraktik dann nicht wettbewerbswidrig, wenn der Verbraucher bei der Lieferung durch klare, verständliche und deutlich sichtbare Information darauf hingewiesen wird, dass bezüglich der gelieferten Ware weder eine Abnahmepflicht noch eine Zahlungspflicht entsteht.[1822] Dabei muss es sich dann aber um geringwertige Güter des täglichen Bedarfs handeln. Für hochpreisige Güter soll dies nicht gelten, weil durch die Lieferung solcher Waren ein höherer psychischer Druck auf den Verbraucher ausgeübt werden soll.[1823] Eine Ausnahme kann ferner dann vorliegen, wenn zwischen Verbraucher und Unternehmer zuvor eine geschäftliche Beziehung bestanden hat. Eine Zusendung von Waren, die der Verbraucher nicht konkret

---

1815 S.a. OLG Köln, NJW-RR 2002, S.473ff (474) (Vermieterbrief); vgl. auch Baumbach-Hefermehl, UWG-Komm., 20.Aufl., § 1, Rn.72; Emmerich, S.249; Lehmler, S.38; Pützhoven, S.114f.

1816 Vgl. Baumbach-Hefermehl, UWG-Komm., 20.Aufl., § 1, Rn.72; Lehmler, S.38; Schmittmann, S.87.

1817 Vgl. Lehmler, S.38; Pützhoven, S.114f ; Baumbach-Hefermehl, UWG-Komm., 20.Aufl., § 1, Rn.72; Emmerich, S.249; Schmittmann, S.87.

1818 S.a. BGH GRUR 1965, S.361ff (362) (Taxibestellung); GRUR 1992, S.855ff (Gutscheinübersendung); vgl. Baumbach-Hefermehl, UWG-Komm., 20.Aufl., § 1, Rn.72; Lehmler, S.38.

1819 Vgl. Baumbach-Hefermehl, UWG-Komm., 20.Aufl., § 1, Rn.73.

1820 S.a. OLG Report, NJW-RR 1998, S.184ff, s.a. OLG Stuttgart, S.185; BGH NJW 1983, S.2144ff; OLG Hamburg NJW-RR 1992, S.1395ff; Baumbach-Hefermehl, UWG-Komm., 20.Aufl., § 1, Rn.73; Emmerich, S.249. Hier kommt außerdem ein Verstoß gegen § 4 Nr.3 UWG wegen Verschleierung des Werbe-Charakters in Betracht.

1821 Vgl. Baumbach-Hefermehl, UWG-Komm., 20.Aufl., § 1, Rn.74.

1822 S.a. BGH GRUR 1959, S.277ff (Künstlerpostkarten); vgl. Baumbach-Hefermehl, UWG-Komm., 20.Aufl., § 1, Rn.74; Wessel, BB 1966, S.432ff (435).

1823 S.a. BGH, GRUR 1960, S.382ff (Verbandsstoffe); GRUR 1959, S.277ff (Künstlerpostkarten); vgl. Baumbach-Hefermehl, UWG-Komm., 20.Aufl., § 1, Rn.74; Pützhoven, S.114f.

bestellt, ist aber in einem solchen Fall nur dann zulässig, wenn objektive Umstände vorliegen, die die Annahme rechtfertigen, dass der Verbraucher im Rahmen der Geschäftsbeziehung eine Lieferung von Waren wünscht. Liegen solche Umstände nicht vor, handelt es sich um eine wettbewerbswidrige Zusendung unbestellter Waren.[1824] Diese Grundsätze gelten praktisch unverändert auch für das Wettbewerbsrecht nach dem neuen UWG.[1825]

(bb) Die schuldrechtliche Beurteilung

Neben der wettbewerbsrechtlichen Beurteilung, stellt sich, wie im US-amerikanischen Recht, auch im deutschen Recht die Frage der vertragsrechtlichen Handhabung der Zusendung von unbestellten Waren. Zu klären ist, ob durch die Zusendung unbestellter Waren und dem Behalten und Verbrauchen der Ware ein Kaufvertrag gemäß § 433 BGB über die gesendeten Produkte zustandekommt und daraus ein Kaufpreiszahlungsanspruch gemäß § 433 II BGB gegen den Verbraucher entsteht. Nach den allgemeinen Grundsätzen des deutschen Vertragsrechts ist in dem Zusenden der Ware regelmäßig ein Angebot zum Kaufvertrag gemäß § 145 BGB über die gelieferten Waren durch den Unternehmer zu sehen.[1826]

Fraglich ist aber, ob der Verbraucher den Vertrag dadurch annimmt, dass er die Waren behält und verbraucht, verwendet oder weiterveräußert. Ein Schweigen ist grundsätzlich keine Willenserklärung und damit auch keine Erklärung der Annahme.[1827] Demnach ist das Nichtstun des Verbrauchers als „Antwort" auf die Zusendung keine Annahmeerklärung zum angebotenen Vertragschluss.[1828] Eine Annahmeerklärung kann aber ausnahmsweise entbehrlich sein, wenn eine solche Erklärung nach der Verkehrssitte nicht zu erwarten ist gemäß § 151 S.1 BGB. Eine Willenserklärung kann dann durch ein konkludentes Verhalten, das eine Zueignung der angebotenen Leistung bzw. einen Annahmewillen nach außen erkennen lässt (Willensbetätigung), abgegeben werden, wie z.B. durch Gebrauch des Kaufgegenstandes oder sonstige Zueignungshandlungen.[1829] In Betracht kommt demnach, dass ein Verwenden, Verbrauchen oder Weiterveräußern der zugesendeten Ware als Annahmeerklärung des Verbrauchers zu werten ist.[1830] Vor der Umsetzung der Richtlinienvorgaben gemäß Artikel 9 FARL in § 241a BGB war diese Rechtsfrage im deutschen Recht

---

1824 Entscheidend ist hierbei die Verkehrssitte, s.a. BGH, GRUR 1966, S.47ff (Indicator); KG, WRP 1979, S.790ff; Baumbach-Hefermehl, UWG-Komm., 20.Aufl., § 1, Rn.74.

1825 Vgl. Emmerich, S.249.

1826 Vgl. Heinrichs in: Palandt, BGB-Komm., § 241a, Rn.3; Wessel, BB 1966, S.432ff (432); Bunte in: FS Gadertz, 1992, S.87ff (89); Greifelt, WRP 1955, S.120ff (121); Riehm, Jura 2000, S.505ff (511).

1827 Vgl. Brox, Rn.201; Wessel, BB 1966, S.432ff (432); Bunte in: FS Gadertz, 1992, S.87ff (89); Casper, ZIP 2000, S.1602ff (1603); Heinrichs in: Palandt, BGB-Komm., § 241a, Rn.3; Baumbach-Hefermehl, UWG-Komm., 20.Aufl., § 1, Rn.73.

1828 Vgl. Heinrichs in: Palandt, BGB-Komm., § 241a, Rn.3; Wessel, BB 1966, S.432ff (432); Greifelt, WRP 1955, S.120ff (121); Bunte in: FS Gadertz, 1992, S.87ff (89); Baumbach-Hefermehl, UWG-Komm., 20.Aufl., § 1, Rn.73.

1829 Vgl. Brox, Rn.187ff; Greifelt, WRP 1955, S.120ff (121); Heinrichs in: Palandt, BGB-Komm., § 151, Rn.2; § 241a, Rn.3.

1830 So im Ergebnis auch noch nach Einfügung des § 241a BGB: Casper, ZIP 2000, S.1602ff (1607f).

umstritten.[1831] Nach überwiegender Ansicht in der Literatur wurde in dem Verhalten des Verbrauchers, aufgrund seiner Schutzwürdigkeit, keine Annahme des Kaufvertrages gesehen.[1832] Danach entstünde weder ein Vertrag noch eine Kaufpreiszahlungspflicht des Verbrauchers. Während vertragliche Ansprüche nach h.M. ausgeschlossen sein sollten, war es weit aus umstrittener, ob und wenn welche gesetzlichen Ansprüche gegen den Verbraucher bestehen, wenn die Ware zerstört, beschädigt, verbraucht oder veräußert wird. Eine weit verbreitete Ansicht vertrat, dass dem Unternehmer zumindest ein Herausgabeanspruch bezüglich der Ware und bei Beschädigung derselben ein Schadensersatzanspruch, beschränkt auf grobe Fahrlässigkeit bzw. Sorgfalt in eigenen Angelegenheiten, zu zugestehen ist.[1833]

Die Richtlinienvorgaben gemäß Artikel 9 FARL enthalten nun diesbezüglich Rahmenregelungen. Einerseits müssen die Mitgliedstaaten die Zusendung unbestellter Waren an Verbraucher untersagen, wenn damit eine Zahlungsaufforderung verbunden ist.[1834] Dies ist hinreichend durch die Anerkennung der Fallgruppe nach dem UWG gewährleistet, die nun in § 7 II Nr.1 UWG Niederschlag gefunden hat.[1835] Andererseits müssen die Mitgliedstaaten Regelungen vorsehen, die im Falle der Lieferung unbestellter Waren den Verbraucher von jedweder Gegenleistung befreien.[1836] Da sich ein Ausschluss vertraglicher Ansprüche gegen den Verbraucher bei solchen Praktiken im deutschen Schuldrecht durchsetzen konnte, wäre eine Umsetzung an dieser Stelle nicht notwendig gewesen.[1837] Aufgrund der nach wie vor offenen Fragen bezüglich der gesetzlichen Ansprüche, war eine gesetzliche Klärung bzw. Neuregelung allerdings durchaus wünschenswert.[1838] Um einen Widerspruch bei der rechtlichen Bewertung der Zusendung unbestellter Waren im deutschen Zivilrecht zu vermeiden, müsste diese Regelung aber möglichst kompatibel mit den im Wettbewerbsrecht geltenden Kriterien sein.

Die hierzu geschaffene Vorschrift gemäß § 241a BGB bestimmt nun in Absatz 1, dass kein Anspruch gegen den Verbraucher durch die Zusendung unbestellter Waren

---

1831 Vgl. Wessel, BB 1966, S.432ff (432); Bunte in: FS Gadertz, 1992, S.87ff (89); Micklitz in: Micklitz/Reich, Die Fernabsatzrichtlinie im deutschen Recht, S.45; Heinrichs in: Palandt, BGB-Komm., § 241a, Rn.1, 4.

1832 Vgl. Wessel, BB 1966, S.432ff (432); Bunte in: FS Gadertz, 1992, S.87ff (89); Heinrichs in: Palandt, BGB-Komm., § 241a, Rn.3; Riehm, Jura 2000, S.505ff (511); Micklitz in: Micklitz/Reich, Die Fernabsatzrichtlinie im deutschen Recht, S.45; Schwarz, NJW 2001, S.1449ff (1450); Daneben kommt nach h.M. auch kein Verwahrungsvertrag über die zugesendeten Sachen zustande, vgl. Bunte in: FS Gadertz, 1992, S.87ff (90); Heinrichs in: Palandt, BGB-Komm., § 241a, Rn.4; a.A. Casper, ZIP 2001, S.1597ff (1602).

1833 Vgl. Wessel, BB 1966, S.432ff (432f); Bunte in: FS Gadertz, 1992, S.87ff (89f); Casper, ZIP 2000, S.1602ff (1603).

1834 Gemäß Artikel 9 1. Spiegelstrich FARL.

1835 Vgl. Götting, S.217; Pützhoven, S.114f; Emmerich, S.249.

1836 Gemäß Artikel 9 2. Spiegelstrich FARL.

1837 So auch Heinrichs in: Palandt, BGB-Komm., § 241a, Rn.1; Lorenz, JuS 2000, S.833ff (841); Casper, ZIP 2000, S.1602ff (1609); a.A. Micklitz in: Micklitz/Reich, Die Fernabsatzrichtlinie im deutschen Recht, S.45ff; Tonner, BB 2000, S.1413ff (1418).

1838 So auch Lorenz, JuS 2000, S.833ff (843); mit eigenen Vorschlägen Micklitz in: Micklitz/Reich, Die Fernabsatzrichtlinie im deutschen Recht, S.45.

begründet wird. Hierbei ist zunächst zu berücksichtigen, dass die Anwendung des § 241a BGB nur in Betracht kommt, wenn ein Unternehmer gemäß § 14 BGB die Ware an einen Verbraucher gemäß § 13 BGB sendet.[1839] Eine solche Begrenzung wird in der im Wettbewerbsrecht anerkannten Fallgruppe nicht vorgenommen.[1840] Da § 241a BGB den vorvertraglichen Verbraucherschutz regelt, sind die Begriffsbestimmungen gemäß §§ 13, 14 BGB im Rahmen der Vorschrift allerdings korrigierend auszulegen.[1841]

Die Bestimmung gemäß Absatz 1 bedeutet, dass zunächst keine vertraglichen Ansprüche gegen den Verbraucher begründet werden, d.h. den Verbraucher trifft keinen Kaufpreiszahlungsanspruch.[1842] Im Zusammenhang mit der Vorschrift gemäß Absatz 2, die einen Ausnahmefall für gesetzliche Ansprüche regelt, bedeutet dies auch gleichzeitig den Ausschluss sämtlicher gesetzlicher Ansprüche des Unternehmers im Regelfall. Damit sind sämtliche außervertraglich in Betracht kommenden Ansprüche, wie z.B. Nutzungsersatzansprüche und Schadensersatzansprüche gesetzlich ausgeschlossen.[1843] Sogar der Herausgabeanspruch des Unternehmers auf Herausgabe der Ware nach § 985 BGB, ist, trotz eines fehlenden Eigentumserwerbs durch den Verbraucher, nicht gegeben.[1844] Schickt der Verbraucher die unbestellte Ware wieder zurück, steht ihm seinerseits gegen den Unternehmer ein Aufwendungsersatzanspruch gemäß § 683 BGB bezüglich der Kosten der Rücksendung zu.[1845]

Da § 241a I BGB sämtliche Ansprüche neben der Gegenleistung ausschließt, geht die Bestimmung deutlich über den Richtlinienrahmen hinaus. M.E. ist eine solch strenge Regelung in erster Linie deshalb gerechtfertigt, weil dieser Marktpraktik ein aufdrängendes, belästigendes Moment naturgemäß innewohnt. Durch die Zusendung unbestellter Waren versuchen die Unternehmer regelmäßig auf eine besonders aufdringliche Weise, die Kaufentscheidung der Verbraucher zu beeinflussen, indem sie nicht nur den Besitz der Ware aufdrängen, sondern regelmäßig einen psychischen Kaufdruck bei dem überraschten Verbraucher erzeugen. Dementsprechend ist es gerechtfertigt, wenn der Gesetzgeber mit § 241a I BGB ein druckvolles Mittel gegen solche unlauteren Marktpraktiken zur Disziplinierung des Versandhandels einsetzt,

---

1839 Vgl. dazu Casper, ZIP 2000, S.1602ff (1609).

1840 Vgl. Götting S.217.

1841 Siehe dazu die Ausführungen zu den Begriffen gemäß §§ 13, 14 BGB 2.Kapitel, A., II., 2., 3.

1842 Dies bedeutet gleichzeitig, dass das Verhalten des Verbrauchers auch nicht als Annahmeerklärung zu werten, so dass zwischen Verbraucher und Unternehmer kein wirksamer Kaufvertrag zustandekommt.

1843 Vgl. Heinrichs in: Palandt, BGB-Komm., § 241a, Rn.4; Casper, ZIP 2000, S.1602ff (1605); Nordhausen in: Reich/Nordhausen; S.74; Lorenz, JuS 2000, S.833ff (841); Riehm, Jura 2000, S.505ff (512).

1844 Dadurch wird ein dauerhaftes Auseinanderfallen von Eigentum und Besitz begründet, das z.T. heftig kritisiert wird und für verfassungswidrig bzw. „verfassungsrechtlich bedenklich" gehalten wird, vgl. dazu die Kritik von Schwarz, NJW 2001, S.1449ff (1450); Flume ZIP 2000, S.1427ff; Casper, ZIP 2000, S.1602ff (1605ff). Vgl. auch die Lösungsvorschläge von Heinrichs in: Palandt, BGB-Komm., § 241a, Rn.4; Schwarz, NJW 2001, S.1449ff (1454); Riehm, Jura 2000, S.505ff (512). Casper hingegen bestreitet im Ergebnis den Wegfall des Herausgabeanspruchs gemäß § 985 BGB, vgl. Casper, ZIP 2000, S.1602ff (1607).

1845 Vgl. Heinrichs in: Palandt, BGB-Komm., § 241a, Rn.6.

indem er grundsätzlich auch gesetzliche Ansprüche des Unternehmers ausschließt.[1846] Die immense Beschneidung der Rechte des Unternehmers durch diese Regelung ist in der Tat geeignet, die Zusendung unbestellter Waren mit Zahlungsaufforderung als Marktpraktik zu unterbinden, wie es auch Ziel der europäischen Vorgaben ist.[1847] Dies entspricht im Ergebnis schließlich auch der gängigen wettbewerbsrechtlichen Bewertung im deutschen Recht, wonach eine Lauterkeit dieser Marktpraktik nur in wenigen Ausnahmen angenommen wird.[1848]

Die Ausnahmeregelung gemäß Absatz 2 beschränkt sich auf eine geringfügige Lockerung dieses Grundsatzes, indem gesetzliche Ansprüche des Unternehmers gemäß § 241a II BGB nicht ausgeschlossen werden, wenn die zugesendete Ware nicht für den Empfänger bestimmt war oder in der irrigen Annahme einer Bestellung erfolgt und der Verbraucher den Irrtum erkannt hat oder bei der im Verkehr erforderlichen Sorgfalt hätte erkennen können. Hierbei genügt allerdings bereits, wenn der Verbraucher aus leichter Fahrlässigkeit heraus dies nicht erkannt hat.[1849]

Der Absatz 3 des § 241a BGB bestimmt, dass eine Zusendung unbestellter Waren nicht vorliegt, wenn dem Verbraucher statt der bestellten Ware eine nach Qualität und Preis gleichwertige Leistung angeboten wird und er darauf hingewiesen wird, dass er zur Annahme nicht verpflichtet ist und die Kosten der Rücksendung nicht zu tragen hat.[1850] Das bedeutet, eine unbestellte Warenzusendung kann nur dann entfallen, wenn tatsächlich eine Ersatzlieferung mit vorheriger Bestellung vorliegt. Diese Regelung ist allerdings hinsichtlich der Kompatibilität mit den wettbewerbsrechtlichen Vorgaben problematisch. In den beiden wettbewerbsrechtlichen Ausnahmefällen liegt keine Bestellung des Verbrauchers vor. Im Gegensatz zur jetzigen schuldrechtlichen Regelung genügt bei einer „unbestellten Ware“ nach dem Wettbewerbsrecht, wenn eine Information über die fehlende Abnahme- und Zahlungspflicht erfolgt oder ein entsprechender Empfangswille des Verbrauchers aus einer bestehenden geschäftlichen Beziehung deutlich geworden ist. Dies gilt auch, ohne dass eine Bestellung des Verbrauchers erfolgt ist. Das entspricht auch der europäischen Vorgabe, wonach die Zusendung nur in Verbindung mit einer Zahlungsaufforderung zu untersagen ist. Dementsprechend reguliert die schuldrechtliche Neuregelung deutlich strenger die Zusendung unbestellter Waren, als die hinreichend strenge Regelung des Wettbewerbsrechts. Das bedeutet, eine eventuell nach wettbewerbsrechtlichen Grundsätzen lautere Zusendung ist u.U. der strengen Regelung gemäß § 241a I BGB unterworfen,[1851] was m.E. eine Schwachstelle der Regelung gemäß § 241a III BGB ist.

Insgesamt ist durch die Vorschrift gemäß § 241a BGB m.E. aber auch eine unerlässliche Klarstellung der vertragsrechtlichen Handhabung und eine notwendige schuldrechtliche Ergänzung zu der im Wettbewerbsrecht fest verankerten Beurteilung von

1846 So auch Schmittmann, S.90; a.A. Casper, ZIP 2000, S.1602ff (1605ff).

1847 Gemäß Artikel 9 1.Spiegelstrich FARL.

1848 S.a 2.Kapitel, B., I., 2., b), cc), (2), (b), (aa).

1849 Vgl. Heinrichs in: Palandt, BGB-Komm., § 241a, Rn.5.

1850 Vgl. dazu auch: OLG Köln, NJW 1995, S.3128ff; Micklitz in: Micklitz/Reich, Die Fernabsatzrichtlinie im deutschen Recht, S.45.

1851 Mit derselben Kritik auch Heinrichs in: Palandt, BGB-Komm., § 241a, Rn.4.

Fällen der Zusendung unbestellter Waren erreicht worden, die vor allem aufgrund der umstrittenen Rechtslage nicht ausbleiben konnte.[1852]

(3) Fallgruppen belästigender Direktwerbung gemäß § 7 II, III UWG

(a) Belästigende Telefonwerbung und andere elektronische Werbeformen

Seit langem anerkannt ist außerdem die Unlauterkeit von ungebetenen Telefonanrufen zu Werbezwecken.[1853] Die Vorschrift gemäß § 7 II Nr.2 UWG bestimmt nun, dass eine unzumutbare Belästigung insbesondere anzunehmen ist, wenn die Werbung mittels Telefonanrufs ohne die Einwilligung des Angerufenen erfolgt. Insbesondere bei Telefonanrufen auf dem Privatanschluss des Verbrauchers ist, aufgrund des erheblichen Eingriffs in die Individualsphäre des Anschlussinhabers, bereits das Anrufen eine unzumutbare Belästigung.[1854] Dementsprechend ist ein Telefonanruf zu Werbezwecken beim Verbraucher nur mit ausdrücklicher Einwilligung zulässig, während bei einer Telefon-Werbung gegenüber sonstigen Marktteilnehmern eine mutmaßliche Einwilligung ausreichen kann.[1855] Eine entsprechende Einwilligung des Verbrauchers ist formfrei und muss stets vor dem Anruf durch eine individuelle Vereinbarung erklärt worden sein. Möglich ist auch eine konkludente Einwilligung bei bestehenden geschäftlichen Kontakten zwischen werbendem Unternehmer und Verbraucher, allerdings nur wenn dadurch eindeutig die Bereitschaft zur telefonischen Kommunikation über Angebote hergeleitet werden kann.[1856]

Ein vergleichbarer Fall liegt vor, wenn andere technische Kommunikationsformen, wie z.B. Telefax oder elektronische Anrufmaschinen, zur Werbung eingesetzt werden. Der Zeit- und Materialaufwand, den der Empfänger solcher Werbeelemente aufwenden muss, rechtfertigt es, eine unzumutbare Belästigung anzunehmen. Dementsprechend wenden die Gerichte die Grundsätze der Telefonwerbung auch auf solche Wer-

---

1852 So auch Micklitz in: Micklitz/Reich, Die Fernabsatzrichtlinie im deutschen Recht, S.45; Lorenz, JuS 2000, S.833ff (843). Kritisch vor allem Flume ZIP 2000, S.1427ff (1428f); Heinrichs in: Palandt, BGB-Komm., § 241a, Rn.1, 4; Schwarz, NJW 2001, S.1449ff (1450ff); Casper, ZIP 2000, S.1602ff (1605ff); grundsätzlich nicht ablehnend, aber mit Kritik an der systematischen Stellung der Vorschrift: Tonner, BB 2000, S.1413ff (1418); Nordhausen in: Reich/Nordhausen; S.73.

1853 Ständige Rechtsprechung: BGH NJW 1991, S.2087ff; BGH NJW 1999, S.1864ff; BGH NJW 1994, S.1071ff, (1072); BGH NJW 2000, S.2677ff (Telefonwerbung V); BGH NJW 2002, S.2038ff (Werbefinanzierte Telefongespräche); OLG Köln, Urteil vom 9.11.2004, Az. 6 U 88/04.

1854 Hierbei wählt der Gesetzgeber die „Opt in-Lösung", die durch Artikel 10 FARL und Artikel 13 der Datenschutzrichtlinie (AB.1 2002, L 201/37) ermöglicht wird, d.h. in Deutschland hat man sich für die Option des Verbots der Telefonwerbung ohne Einwilligung entschieden. Dabei wird hinsichtlich der Einwilligung in § 7 II Nr.2 UWG zwar zwischen Verbraucher und anderen Marktteilnehmern unterschieden, anders als die Richtlinien beschränkt die deutsche Vorschrift das Verbot aber nicht auf Anrufe beim Verbraucher, vgl. Regierungsentwurf zum UWG (BGB1. I 2003, 1487ff), zu § 7, Absatz 2, Nummer 2.

1855 Siehe § 7 II Nr.2 a.E. UWG; kritisch zu dieser Ausnahmeregelung Boesche, Rn.244.

1856 Vgl. Emmerich, S.255f.

beformen an.[1857] Diese Fallgruppen sind nun nach § 7 II Nr.3 UWG ebenfalls als unlautere Werbemaßnahmen anzusehen, wenn keine Einwilligung des Empfängers der Werbung vorliegt. Im Unterschied zum Telemarketing wird allerdings nicht zwischen Verbrauchern und anderen Marktteilnehmern unterschieden, so dass eine mutmaßliche Einwilligung des Geschäftspartners nicht ausreicht.[1858]

Daneben enthält § 7 II Nr.4 UWG ein Transparenzgebot für jegliche Form von elektronischen Nachrichten gemäß § 2 I Nr.4 UWG, wodurch dem Absender spezielle Informationspflichten hinsichtlich seiner Identität auferlegt werden.[1859] Dadurch will der Gesetzgeber der verbreiteten Werbepraktik der Verschleierung des Ursprungs von technisch übermittelten Nachrichten in der Werbung entgegentreten,[1860] die insbesondere bei der Werbung mittels Telefax zu einem Problem geworden ist.[1861] Eine unzumutbare Belästigung ist danach anzunehmen, wenn die Identität des Absenders verschleiert oder verheimlicht wird oder wenn die Nachricht keine gültige Adresse enthält, an die sich der Empfänger mit der Aufforderung der Nachrichteneinstellung wenden kann, ohne dass hierfür andere als Übermittlungskosten nach dem Basistarif entstehen.[1862] Wobei der Begriff der Nachricht gemäß § 2 I Nr.4 UWG alle Informationen erfasst, die zwischen einer endlichen Zahl von Beteiligten über einen öffentlich zugänglichen elektronischen Kommunikationsdienst ausgetauscht oder weitergeleitet werden. Nachrichten im Sinne des § 7 II Nr.4 UWG sind also z.B. mittels Fax, BTX-Verfahren oder mittels elektronischer Anrufmaschinen überbrachte Informationen.[1863] Der Empfänger muss jeder Zeit auch mit vorheriger Einwilligung die Möglichkeit behalten, die Einstellung der Zusendung der Nachrichten zu verlangen. Es dürfen dabei auch keine Kosten anfallen, die über die Kosten einer regulären Übermittlung solcher Nachrichten hinausgehen. Dasist z.B. nicht gegeben ist, wenn der Adressat Mehrwertdienstrufnummern anrufen muss, um die Einstellung zu erreichen.[1864]

(b) Die Zusendung von E-Mail-Werbung

Schon früh stellte sich im deutschen Recht die Frage, ob und wenn inwieweit die Grundsätze des Telemarketings auch auf die E-Mail-Werbung Anwendung finden sollte. Ein gewichtiges Argument gegen eine vollständige Übernahme dieser Regeln auf die Werbung mittels elektronischer Post ist, dass das Zusenden einer E-Mail und

1857 S.a. für Telefax-Werbung: BGH GRUR 1996, S.208ff; NJW 1996, S.660ff; OLG Stuttgart NJW-RR 1995, S.615ff; LG Karlsruhe, Urteil und Beschluss vom 25.8.2004, Az. 14095/04 KfH III; für BTX-Werbung: BGH NJW 1988, S1670ff.

1858 Das ergibt sich aus dem Wortlaut des § 7 II Nr.3 UWG.

1859 Dadurch werden die europäischen Vorgaben Artikel 13 IV der Datenschutzrichtlinie (AB1. Nr. L 201/37) umgesetzt.

1860 Vgl. Regierungsentwurf zum UWG (BGB1. I 2003, 1487ff), zu § 7, Absatz 2, Nummer 4.

1861 So z.B. bei einer Fax-Werbung, in der eine eindeutige Adresse fehlt und stattdessen auf nichtssagende Telefonnummern verwiesen wird, vgl. auch Emmerich, S.258.

1862 Siehe § 7 II Nr.4 UWG.

1863 Eine Ausnahme gemäß § 2 I Nr.4 a.E. UWG besteht für Informationen, die als Teil eines Rundfunkdienstes über ein elektronisches Kommunikationsnetz an die Öffentlichkeit weitergeleitet werden, soweit die Informationen nicht mit dem identifizierbaren Teilnehmer oder Nutzer, der sie erhält, in Verbindung gebracht werden können.

1864 Vgl. Regierungsentwurf zum UWG (BGB1. I 2003, 1487ff), zu § 7, Absatz 2, Nummer 4.

die Speicherung im Posteingang des E-Mail-Accounts, anders als die Telefonwerbung, keinen Eingriff in die private häusliche Sphäre des Verbrauchers bedeutet.[1865] Deshalb wurde teilweise eine strenge rechtliche Handhabung, wie im Telemarketing, verneint.[1866] Nach einer Ansicht sollte keine ausdrückliche Einwilligung verlangt werden, es sollte ausreichen, wenn kein ausdrücklich erklärter Wille, ähnlich wie bei der Postwurfsendung, einer Zusendung entgegensteht.[1867] Dem ist entgegen gehalten worden, dass der Accountinhaber einen entgegenstehenden Willen im Rahmen des Empfangs von E-Mails in seinem Posteingang nicht, wie beim Briefkasten, durch einen Vermerk kenntlich machen kann.[1868]

Unabhängig von den Anforderungen an eine ausdrückliche oder konkludente Einwilligung des Empfängers, stellt sich aber dennoch die Frage, ob die Zusendung und Speicherung einer Werbe-E-Mail, die ohne Zustimmung erfolgt, an sich eine hinreichende belästigende Wettbewerbshandlung darstellt, die den Vorwurf der Unlauterkeit begründet. Bei der Werbung mittels anderer elektronischer Kommunikation, wie z.B. bei der Faxwerbung und der Telefonwerbung, wird der Verbraucher i.d.R. mit der Werbaussage konfrontiert, ohne dass er vorher von einem kommerziellen Inhalt wusste und die Wahrnehmung dessen ablehnen konnte. Dabei besteht der Vorwurf der unzumutbaren Belästigung u.a. in dem Zeit- und Materialaufwand bzw. in dem damit verbundenen finanziellen Aufwand des Verbrauchers.[1869] Bei der E-Mail-Werbung müsste eine vergleichbare Belästigung der Verbraucher eintreten, wenn man die Fälle ähnlich behandeln wollte.[1870] Bei der Werbung mittels elektronischer Post, werden die eingegangenen Nachrichten in der Reihenfolge ihres Eingangs zunächst im Postfach mit einer Betreffzeile des E-Mail-Accounts aufgeführt. Der Account-inhaber muss jede E-Mail-Kopfzeile separat anklicken, um die Nachricht lesen zu können. Das Zusenden einer einzelnen E-Mail und die Speicherung im Account kann dementsprechend für sich gesehen noch keine Belästigung durch Werbung darstellen.[1871] Da der Verbraucher frei wählen kann, ob er eine E-Mail öffnet und liest, kommt es für den Belästigungsfaktor der Werbe-E-Mail entscheidend darauf an, ob der Verbraucher in

1865 Vgl. Emmerich, S.256; Lehmler, S.33; Vehslage GRUR 1999, S.656ff (657f); Leupold/Bräutigam/Pfeiffer, WRP 2000, S.575ff (592); so auch das LG Traunstein, NJW-CoR 1997, S.494ff.

1866 S.a. LG Kiel, CR 2000, S.848ff; vgl. auch Vehslage GRUR 1999, S.656ff (657); Busche/Kraft, WRP 1998, S.1142ff (1144ff); Leupold/Bräutigam/Pfeiffer, WRP 2000, S.575ff (592).

1867 Vgl. Vehslage GRUR 1999, S.656ff (657); Busche/Kraft, WRP 1998, S.1142ff (1144ff); Leupold/Bräutigam/Pfeiffer, WRP 2000, S.575ff (592); kritisch dazu Lehmler, S.34.

1868 Vgl. auch LG Kiel, CR 2000, S.848ff (849f); Pirntke, S.85. Dem ist im Ergebnis zu folgen, da sich solche Hinweise im E-Mail-Verkehr bislang nicht durchsetzen konnten; vgl. aber die Vorschläge für entsprechende Hinweise innerhalb der E-Mail-Adresse oder durch Eintragung in eine Do-Not-Mail-Liste: Leupold/Bräutigam/Pfeiffer, WRP 2000, S.575ff (593); Vehslage GRUR 1999, S.656ff (657); Busche/Kraft, WRP 1998, S.1142ff (1147).

1869 Siehe dazu auch 2.Kapitel, B., I., 2., b), cc), (3), (a).

1870 Vgl. Busche/Kraft, WRP 1998, S.1142ff (1144ff).

1871 Ein anderes Ergebnis kommt nur dann in Betracht, wenn die einzelne Werbe-E-Mail einen enorm großen Speicherraum beansprucht, so dass eine unzumutbar lange Übertragungszeit und Speicherbelegung zu einer Nutzungsbeeinträchtigung des E-Mail-Accounts führt; vgl. Busche/Kraft, WRP 1998, S.1142ff (1146).

der Bertreffzeile den kommerziellen Inhalt der Nachricht erkennen kann.[1872] Nur wenn er nicht weiß, dass es sich um eine kommerzielle Nachricht handelt, muss er einen gewissen Zeitaufwand und höhere Internetnutzungsgebühren in Kauf nehmen, um die E-Mail als Werbung zur Kenntnis zu nehmen. Die Zusendung einer solchen E-Mail ist dementsprechend eine mit der Fax-Werbung vergleichbare Belästigung.[1873] Wird der Verbraucher hingegen durch einen deutlichen Hinweis über den kommerziellen Hintergrund in der Betreffzeile der E-Mail hingewiesen, etwa durch die Integration des Wortes „Werbung“ oder „Advertisement“ oder geläufiger Kürzel, wie „W“ oder „ADV“, kann der Verbraucher die Wahrnehmung der Werbung ablehnen und die Werbung löschen.[1874] Eine einzelne E-Mail-Werbung, die einen deutlichen Hinweis auf ihren Werbecharakter enthält, kann daher den Unlauterkeitsvorwurf nicht rechtfertigen.[1875]

Das Problem der Werbe-E-Mails und die Notwendigkeit einer rechtlichen Regulierung basieren vielmehr auf einer Erwägung, die die Belästigung des gesamten Wettbewerbs im Internet betrifft. Durch die extrem verbilligte und vereinfachte Verbreitung von elektronischen Nachrichten drohen die sog. Spams die Posteingänge von privaten und geschäftlichen Internetnutzern zu überschwemmen und den reibungslosen Ablauf des elektronischen Geschäftsverkehrs empfindlich zu stören, so auch die Erkenntnisse im deutschen Recht.[1876] Da es Aufgabe des Wettbewerbsrechts ist den reibungslosen Ablauf des lauteren Leistungswettbewerbs zu gewährleisten, nahm die h.M. vor der UWG-Reform eine Anwendung der Grundsätze des Telemarketings auch bei der unaufgeforderten Zusendung von Werbe-E-Mails an.[1877]

Um diesen Werbepraktiken und ihren nicht unerheblichen wirtschaftlichen Folgen entgegenzutreten, hat der deutsche Gesetzgeber diese Fallgruppe aus denselben Erwägungen in den Beispielskatalog des UWG mit aufgenommen.[1878] Damit wurden gleichzeitig die Vorgaben der europäischen Datenschutzrichtlinie in deutsches Recht umge-

1872 So auch für die vergleichbare BTX-Werbung und im Ergebnis für die E-Mail-Werbung: Niebler in: Loewenheim/Koch, S.243ff (266f); Busche/Kraft, WRP 1998, S.1142ff (1144ff); Leupold/Bräutigam/Pfeiffer, WRP 2000, S.575ff (592); Boesche, Rn.250; grundsätzlich auch anerkennend Hoeren, WRP 1997, S.993ff (995).

1873 Vgl. Niebler in: Loewenheim/Koch, S.243ff (267); Busche/Kraft, WRP 1998, S.1142ff (1144ff).

1874 Vgl. Busche/Kraft, WRP 1998, S.1142ff (1146f).

1875 Einige Gerichte haben vor der UWG-Reform angenommen, dass die deutsche Rechtsprechung, die die E-Mail-Werbung für unzulässig erklärte, aufgrund der europäischen Vorgaben, insbesondere Artikel 10 FARL, geändert werden müsste, vgl. z.B. LG Braunschweig, MMR 2000, S.50; LG Kiel CR 2000, S.848f; dem schlossen sich auch einige Stimmen in der Literatur an: Vehslage GRUR 1999, S.656ff (657); Leupold/Bräutigam/Pfeiffer, WRP 2000, S.575ff; (592f); a.A. Leistner/Pothmann, WRP 2003, S.815ff (817f); Lehmler, S.33f; Pirntke, S.86.

1876 Vgl. LG Traunstein, NJW-CoR 1997, S.494ff; NJW-CoR 1998, S.109ff; Emmerich, S.257; Lehmler, S.33; Pirntke, S.86; Niebler in: Loewenheim/Koch, S.243ff (266); Hoeren WRP 1997, S.993ff (995); Gummig, ZUM 1996, S.573ff (583); Leistner/Pothmann, WRP 2003, S.815ff (816f).

1877 Vgl. im Ergebnis LG Traunstein, NJW-CoR 1997, S.494ff; NJW-CoR 1998, S.109ff; Lehmler, S.33ff; Baumbach/Hefermehl, UWG-Komm. 1998, § 1, Rn.70a; Pirntke, S.85f; Hoeren WRP 1997, S.993ff (994f); Gummig, ZUM 1996, S.573ff (583).

1878 Vgl. Emmerich, S.257.

setzt.[1879] Nach § 7 II Nr.3 UWG ist, ebenso wie bei der Fax-Werbung, eine unzumutbare Belästigung bei der Zusendung von elektronischer Post anzunehmen, wenn keine ausdrückliche Einwilligung des Empfängers vorliegt. Hier gilt ebenfalls, wie bei der Fax-Werbung, dass eine mutmaßliche Einwilligung des Empfängers nicht ausreicht und die Zustimmung formfrei vor der Zusendung zu erfolgen hat. Dabei beschränkt sich das Verbot nicht, wie in der europäischen Richtlinie vorgesehen, auf die Zusendung von elektronischer Post an natürliche Personen.[1880] Der deutsche Gesetzgeber entschied sich für eine überobligatorische Umsetzung und Erweiterung dieser Grundsätze auch auf die Zusendung an sonstige Marktteilnehmer, also auch juristische Personen. Zur Begründung wurde angegeben, dass Werbe-E-Mails gerade im geschäftlichen Bereich zu einem Problem geworden sind.[1881] Dies ist europarechtlich nicht zu beanstanden, da die Richtlinienvorgaben einen weitergehenden gesetzlichen Schutz zulassen. Problematisch ist in diesem Zusammenhang allerdings, dass § 7 II Nr.3 UWG, wie alle anderen Bestandteile des Beispielkataloges, nur unter den oben genannten Voraussetzungen gemäß § 3 UWG unlauter sein sollen. Das Werbeverhalten des Absenders muss dementsprechend die Erheblichkeitsschwelle überschritten haben, was nach der Datenschutzrichtlinie[1882] nicht gefordert wird. Dies kann dadurch überwunden werden, dass aufgrund des besonderen Störfaktors, der von Werbe-E-Mails ausgeht, eine erhebliche Belästigung bereits bei der Zusendung einer Werbe-E-Mail anerkannt wird.[1883]

Da es sich bei einer E-Mail auch um eine elektronische Nachricht im Sinne des § 2 I Nr.4 UWG handelt,[1884] hat der Absender einer Werbe-E-Mail zusätzlich die Transparenzpflicht gemäß § 7 II Nr.4 UWG einzuhalten. Er hat also innerhalb der Nachricht seine Identität klar und deutlich anzugeben sowie eine gültige Adresse, an die sich der Verbraucher wenden kann, wenn er die Einstellung weiterer Nachrichten erreichen will.

Der Gesetzgeber hat ferner eine Ausnahme in Absatz 3 der Vorschrift geschaffen, die einerseits der Umsetzung der Datenschutzrichtlinie dient,[1885] aber andererseits dem Umstand Rechnung trägt, dass bei einer E-Mail-Werbung keine mit dem Telemarketing vergleichbare Belästigung einhergeht.[1886] Danach ist bei der Zusendung von Werbe-E-Mails ohne Einwilligung des Kunden eine unzumutbare Belästigung nicht anzunehmen, wenn folgende Voraussetzungen kumulativ vorliegen: Der Unternehmer muss im Zusammenhang mit dem Verkauf einer Ware oder Dienstleistung die elektronische Adresse von dem Kunden erhalten haben und die Zusendung von Werbe-E-

1879 Siehe Artikel 13 I der Datenschutzrichtlinie (ABl. Nr. L 201/37, Richtlinie 2002/58/EG).

1880 Siehe Artikel 13 V der Datenschutzrichtlinie (ABl. Nr. L 201/37, Richtlinie 2002/58/EG).

1881 Vgl. Regierungsentwurf zum UWG (BGBl. I 2003, 1487ff), zu § 7, Absatz 2, Nummer 3; vgl. auch Leistner/Pothmann, WRP 2003, S.815ff (826);.Emmerich, S.257.

1882 Siehe Artikel 13 der Datenschutzrichtlinie (ABl. Nr. L 201/37, Richtlinie 2002/58/EG).

1883 Ähnlich auch Berlit, der im Zuge einer richtlinienkonformen Auslegung die Bagatellklausel nicht auf die E-Mail-Werbung anwenden will, s.a. Berlit, Rn.32 a.

1884 Vgl. Boesche, Rn.253; Emmerich, S.258.

1885 Siehe Artikel 13 II der Datenschutzrichtlinie (ABl. Nr.L 201/37).

1886 So auch Boesche, Rn.250.

Mails zur Direktwerbung für ähnliche Waren oder Dienstleistungen verwenden.[1887] Dabei muss der Kunde bei Erhebung der Adresse und bei jeder Verwendung klar und deutlich darauf hingewiesen werden, dass er der Verwendung jederzeit widersprechen kann. Dem Kunden dürfen bei der Aufforderung zur Einstellung nur die Kosten für den Basistarif entstehen, die für die Übermittlung einer solchen Erklärung anfallen.[1888] Das ist nicht gegeben, wenn der Kunde dazu eine Mehrwertdienstrufnummer wählen muss.[1889] Eine Zusendung von Werbe-E-Mails ist letztendlich dann nur gestattet, wenn der Kunde der Verwendung zwischenzeitlich nicht widersprochen hat.[1890]

c) Die Rechtsfolgen der Verletzung der Wettbewerbsvorschriften des UWG

Die Sanktionierung der Verletzung der UWG-Normen[1891] wird im zweiten Kapitel des Gesetzes (§§ 8ff UWG) abschließend geregelt, so dass ein Rückgriff auf das allgemeine Deliktsrecht gemäß §§ 823ff BGB grundsätzlich nicht möglich ist.[1892] Aus den §§ 8ff UWG ergibt sich, dass die Konkurrenten[1893] sowie bestimmte im Gesetz benannte Organisationen, Einrichtungen und Kammern gegen UWG-Verstöße gerichtlich vorgehen können. Zu Letzteren gehören insbesondere die Industrie-, Handels- und Handwerkskammern,[1894] qualifizierte Einrichtungen nach § 4 UklaG[1895] oder dem Unterlassungsklagenverzeichnis der Europäischen Kommission[1896] sowie bestimmte rechtsfähige Verbände, die zur Förderung gewerblicher und beruflicher Interessen eingesetzt sind[1897]. Der einzelne Verbraucher ist danach hingegen nicht aktiv legitimiert gegen die Verletzungen der Verbraucherschutzvorschriften gerichtlich vorzugehen.[1898]

1887 Siehe § 7 III Nr.1, 2 UWG.

1888 Siehe § 7 III Nr.4 UWG.

1889 Vgl. Regierungsentwurf zum UWG (BGBl. I 2003, 1487ff), zu § 7, Absatz 3.

1890 Siehe § 7 III Nr.3 UWG.

1891 Die Rechtsfolgen der Verstöße gegen die übrigen Gesetze, richten sich jeweils nach den dort geregelten Vorschriften. Die Einhaltung der datenschutzrechtlichen Regelungen des MDStV werden von den zuständigen Kontrollbehörden nach dem allgemeinen Datenschutzrecht überwacht (§ 22 I S.2 MDStV), das TDDSG bestimmt den Bundesbeauftragten für Datenschutz als Überwachungsorgan (§ 8 TDDSG). Die Jugenschutzvorschriften des MDStV (§§ 12, 13 I MDStV) werden von den zuständigen Jugendschutzbehörden kontrolliert (§ 22 I S.1. MDStV). Verstöße gegen die genannten Preisangabepflichten der PAngVO, sind Ordnungswidrigkeiten im Sinne des § 3 Abs. 1 Nr. 2 des Wirtschaftsstrafgesetzes (§ 10 I PAngVO).

1892 Aus dem Gesetzentwurf geht hervor, dass die Rechtsfolgenregelungen erstens eine gesetzliche Fortführung der bisherigen Rechtspraxis sind, wonach ebenfalls eine abschließende Sanktionierung angenommen wurde; zweitens ergibt sich aus der Begründung zu dem Gesetz, dass die Regelungen gemäß §§ 8ff UWG abschließend hinsichtlich der Klagebefugnis und der Anspruchsgrundlagen sind, etwas anderes gilt lediglich für die Strafbestimmungen gemäß §§ 16-19 UWG, s.a. Regierungsentwurf zum UWG (BGBl. I 2003, 1487ff), zu § 8; vgl. auch Engels/Salomon, WRP 2004, S.32ff (40); Berlit, Rn.286; Götting, S.311; Emmerich, S.443f.

1893 Siehe § 8 III Nr.1 UWG.

1894 Siehe § 8 III Nr.4 UWG.

1895 Siehe § 8 III Nr.3 UWG.

1896 Siehe dazu die Mitteilung der Kommission ABl. C 30, 2.2.2002, S.2ff.

1897 Siehe § 8 III Nr.2 UWG.

1898 Dem Vorschlag, auch individuelle Ansprüche des Verbrauchers in den Rechtsfolgenkatalog aufzunehmen, wurde in der UWG-Reform von 2004 bewusst nicht Rechnung getragen, vgl. Re-

Die klagebefugten Organisationen haben die Möglichkeit gegen die Unternehmer Unterlassungs- und Beseitigungsansprüche geltend zumachen sowie, bei Vorliegen der hohen Voraussetzungen, sog. Gewinnabschöpfungsansprüche. Der Ersatz von Schäden, die durch den Wettbewerbsverstoß entstanden sind, ist hingegen den verletzten Mitbewerbern vorbehalten, soweit ihnen ein nachweisbarer Schaden entstanden ist.[1899] Gegner der Ansprüche nach § 8 UWG ist das jeweilige verletzende Unternehmen, wobei ein Unternehmensinhaber für die wettbewerbswidrigen Handlungen seiner Mitarbeiter und Beauftragten einzustehen hat.[1900] Die Gerichtszuständigkeit ergibt sich aus §§ 13 I, 14 UWG, wonach die Landgerichte sachlich zuständig sind. Die örtliche Zuständigkeit richtet sich nach dem Ort, an dem der Beklagte im Inland seine gewerbliche oder selbständige Niederlassung hat.[1901]

Voraussetzung des Unterlassungsanspruchs ist zunächst eine rechtswidrige Tätigkeit, die gegen die §§ 3ff UWG verstößt. Ein Verschulden oder eine tatsächliche Verletzung der Rechtsgüter des Verbrauchers muss nicht vorliegen.[1902] Es genügt vielmehr, dass eine Verletzung droht und der Verletzende in Kenntnis der für den Tatbestand relevanten Umstände gehandelt hat.[1903] Daneben muss die Gefahr bestehen, dass der in Rede stehende Verstoß gegen das UWG sich wiederholen wird, denn der Unterlassungsanspruch ist auf die Verhinderung zukünftiger Verstöße gerichtet.[1904] Eine Wiederholungsgefahr setzt voraus, dass die ernstliche Möglichkeit der Wiederholung unter Berücksichtigung der Art des Verstoßes und der Umstände besteht.[1905] Dies wird im Grundsatz widerleglich vermutet und kann z.B. nicht durch einfache Erklärung vor Gericht ausgeräumt werden.[1906] Allerdings sollen die Anspruchsberechtigten den Anspruchsgegner vor Einleitung eines gerichtlichen Verfahrens abmahnen.[1907] Dieser hat dann gemäß § 12 I S.1 UWG die Möglichkeit durch Abgabe einer

---

gierungsentwurf zum UWG (BGBl. I 2003, 1487ff), zu § 8; kritisch dazu Götting, S.311f. Dies kann auch nach der Umsetzung der Richtlinie über unlautere Geschäftspraktiken beibehalten werden, da die Richtlinie den Mitgliedstaaten bezüglich der Durchsetzungsgestaltung einen breiten Gestaltungsspielrahmen belässt (Artikel 11 der Richtlinie). Auch der Diskussionsentwurf des Bundesjustizministeriums geht davon aus, dass die bisherigen Sanktionsmechanismen nach der Umsetzung bestehen bleiben könen, siehe Diskussionsentwurf: Erstes Gesetz zur Änderung des Gesetzes gegen den unlauteren Wettbewerb, Begründung, A., IV, S.31ff.

1899 Das geht aus § 9 S.1 UWG hervor, vgl. Emmerich, S.444f; vgl zu dem Schadensersatzanspruch im Einzelnen Berlit, Rn.311ff; Emmerich, S.485ff.

1900 Siehe § 8 II UWG. Dies gilt nur für die Ansprüche aus § 8 UWG, für die Ansprüche aus §§ 9, 10 UWG gelten die allgemeinen Regelungen gemäß §§ 31, 831 BGB, siehe Regierungsentwurf zum UWG (BGBl. I 2003, 1487ff), zu § 8, zu Absatz 2; vgl. auch Götting, S.319f.

1901 Vgl. dazu und zu den Verfahrensvoraussetzungen ausführlich, Boesche, Rn.469ff.

1902 Vgl. Götting, S.312f; Berlit, Rn.285; Emmerich, S.447; BGH NJW-RR 2001, S.620ff (621f) (Filialleiter).

1903 Dies ist, wie oben gesehen (s.a. 2.Kapitel, B., I., 2., a)), ja Voraussetzung nach § 3 UWG für jegliche Form der Verletzung der UWG-Vorschriften, vgl. auch Emmerich, S.447.

1904 Vgl. Emmerich, S.447.

1905 Das bedeutet, eine Wiederholung darf nicht aufgrund irgendwelcher Umstände von vorne herein ausgeschlossen sein, s.a. Emmerich, S.447f.

1906 Vgl. Götting, S.313f; Emmerich, S.448.

1907 Die Abmahnung ist ein in der Rechtspraxis entwickeltes Rechtsinstitut der außergerichtlichen Streitbeilegung. Es handelt sich um eine Mitteilung des Anspruchsberechtigten an den Anstrafbewehrten Unterlassungsverpflichtung den Rechtsstreit abzuwenden (Unterwerfungserklärung).[1908] In diesem Falle entfällt die materielle Anspruchsvoraussetzung der Wiederholungsgefahr.[1909]

Liegen die Voraussetzungen des Anspruchs vor, besteht ein Anspruch auf Unterlassen der konkret angegriffenen Handlung im gesamten Bundesgebiet, unabhängig von dem Wirkungsrahmen der verletzenden Tätigkeit.[1910] Neben dem zukünftigen Unterlassen kann der Anspruch zusätzlich eine Beseitigungspflicht des Anspruchsgegners begründen, wenn der Verstoß eine fortwährende Störungsquelle bedeutet.[1911] Daneben kann eine drohende Verletzung aber auch schon vorzeitig durch einen vorbeugenden Unterlassungsanspruch abgewendet werden.[1912] Das setzt eine ernstliche Erstbegehungsgefahr voraus, die z.B. durch bereits vorgenommene Vorbereitungshandlungen zu dem jeweiligen Wettbewerbsverstoß indiziert sein kann.[1913]

Des Weiteren können die klagebefugten Organisationen einen Anspruch auf Beseitigung geltend machen, wenn die verletzende Tätigkeit einen dauerhaften Wettbewerbsverstoß darstellt. Sinn und Zweck des Anspruchs ist es, Tätigkeiten, die fortlaufende Störungen der wettbewerbsrechtlichen Verhältnisse begründen und nicht erst durch ihre Wiederholung einen Wettbewerbsverstoß darstellen, zu verhindern.[1914] Als Unterform des Unterlassungsanspruchs bedarf es daneben ebenso wenig eines Verschuldens seitens des verletzenden Unternehmers.[1915] Der Inhalt des Beseitigungsanspruchs richtet sich nach der zu beseitigenden Störung, begrenzt durch den Grundsatz der Verhältnismäßigkeit.[1916] Je nach Art des Falles kann dies die Rücknahme irreführender Werbeanzeigen oder die Aufklärung in der Werbung über bestimmte Trans-

---

spruchsgegner, dass er eine bestimmte Wettbewerbshandlung für wettbewerbswidrig hält, verbunden mit der Aufforderung, die Handlung zukünftig zu unterlassen. Durch die Formulierung „Sollen“ kommt zum Ausdruck, dass keine Rechtspflicht zur Abmahnung besteht. Unterlässt der Kläger eine zumutbare Abmahnung, können ihm bei einem sofortigen Anerkenntnis seitens des Beklagten (§ 93 ZPO) jedoch die Verfahrenskosten aufgebürdet werden, vgl. Regierungsentwurf zum UWG (BGB1. I 2003, 1487ff), zu § 12, zu Absatz 1; vgl. dazu auch Boesche Rn.454ff; Berlit, Rn.284, 318.

1908 Die Unterwerfungserklärung muss dabei durch eine angemessene Vertragsstrafe gemäß § 339 BGB gesichert sein, vgl. Emmerich S.453ff.

1909 Vgl. Götting, S.313; Emmerich S.448, 453.

1910 Das bedeutet, der Unterlassungsanspruch gilt auch dann umfassend, wenn der Wettbewerbsverstoß in einer einzigen Filiale des Unternehmens begangen wird, vgl. Emmerich, S.449.

1911 Vgl. Emmerich, S.449f.

1912 Siehe dazu den Regierungsentwurf zum UWG (BGB1. I 2003, 1487ff), zu § 8, zu Absatz 1.

1913 Z.B. wenn Verhandlungen über die Schaltung der Werbeanzeige laufen oder die behördliche Erlaubnis für eine bestimmte Wettbewerbshandlung beantragt wurde, vgl. auch Emmerich, S.450. An den Wegfall der Erstbegehungsgefahr werden geringere Anforderungen als an den Wegfall der Wiederholungsgefahr gestellt, vgl. Götting, S.314f; Berlit, Rn.287f.

1914 Der Beseitigungsanspruch war bislang nicht im Gesetz verankert, aber gewohnheitsrechtlich anerkannt, vgl. Regierungsentwurf zum UWG (BGB1. I 2003, 1487ff), zu § 8, zu Absatz 1. Vgl. zu dem Erfordernis der dauerhaften Störquelle Emmerich, S.451f; Götting, S.315f.

1915 Vgl. Emmerich, S.452.

1916 Das bedeutet, die Widerrufshandlung muss geeignet, zumutbar und erforderlich sein, siehe Regierungsentwurf zum UWG (BGB1. I 2003, 1487ff), zu § 8, zu Absatz 1; vgl. ferner Berlit, Rn.289; Götting, S.316.

aktionsbedingungen bedeuten. Häufigster Fall ist aber der Widerrufsanspruch des Mitbewerbers, der durch unrichtige Tatsachenbehauptungen des Unternehmers in dessen Werbung geschädigt wird. Voraussetzung hierfür ist stets, dass die Behauptung eine zukünftige, fortwährende Schädigung darstellt.[1917] Beide Abwehransprüche verjähren in einer relativ kurzen Frist von sechs Monaten seit Entstehen des Anspruchs und Kenntnis des Anspruchsgläubigers von dem Wettbewerbsverstoß und der Person des Schuldners.[1918]

Kann dem Unternehmer eine vorsätzliche Zuwiderhandlung gegen die §§ 3ff UWG nachgewiesen werden und hat er dadurch zu Lasten einer Vielzahl von Abnehmern einen Gewinn erzielt, kann zusätzlich von den klageberechtigten Organisationen ein Gewinnabschöpfungsanspruch gemäß § 10 UWG geltend gemacht werden, dessen Erträge unmittelbar dem Bundeshaushalt zugeführt werden[1919]. Neben dem Vorsatzerfordernis[1920], kommt es dabei entscheidend darauf an, dass tatsächlich eine Mehrzahl der Abnehmer von der verletzenden Tätigkeit betroffen ist[1921]. Welche Anzahl hierfür ausreichend sein soll, geht allerdings weder aus dem Gesetz noch aus der Begründung zu dem Gesetz eindeutig hervor. Der Begründung zu der Norm gemäß § 10 UWG ist lediglich zu entnehmen, dass hiervon nur solche schädigenden Tätigkeiten ausgenommen werden sollen, die durch individuelle Wettbewerbshandlungen, wie z.B. durch einzelnes Verkaufsgespräch, entstanden sind.[1922] Dies spricht für die Annahme, dass bereits zwei oder drei betroffene Abnehmer ausreichend sein können.[1923] Unerheblich ist dagegen nach allgemeiner Meinung, ob es sich dabei um private oder gewerbliche Abnehmer handelt[1924] oder wie gering deren Schäden im Einzelnen sind und wie hoch die Gesamtschadenssumme zu taxieren ist. Die Anspruchsgrundlage nach § 10 UWG wurde geschaffen um Rechtsdurchsetzungslücken bezüglich der sog. Streuschäden zu schließen.[1925] Sie dient dazu auch geringe Vermögenseinbußen, die aber bei einer Mehrzahl von Abnehmern auftreten und die wegen ihrer Geringwertigkeit oft nicht von den Betroffenen gerichtlich eingeklagt werden (Bagatellschäden), aufzufangen. Dem Unternehmer soll dadurch die Möglichkeit genommen werden, hieraus einen Profit zuschlagen. Anders als der Schadensersatz, soll der Gewinnabschöpfungs-

1917 Vgl. auch Emmerich, S.452f.

1918 Siehe § 11 I, II UWG.

1919 Siehe § 10 I UWG.

1920 Der Vorsatz ist nach der im Zivilrecht vorherrschenden „Vorsatzheorie“ zu beurteilen. Dazu gehört insbesondere auch das Bewusstsein zur Unlauterkeit der betreffenden Handlung, vgl. dazu Emmerich, S.495.

1921 Der Anspruch erfasst Handlungen, die, gerade aufgrund ihrer Breitenwirkung, den lauteren Wettbewerb tangieren, so auch Götting, S.333; Berlit, Rn.313; Emmerich, S.495.

1922 Vgl. Regierungsentwurf zum UWG (BGBl. I 2003, 1487ff), zu § 10, zu Absatz 1.

1923 So im Ergebnis auch Emmerich, S.495f.

1924 So auch der Regierungsentwurf zum UWG (BGBl. I 2003, 1487ff), zu § 10, zu Absatz 1; vgl. ferner Götting, S.333f; Emmerich, S.496.

1925 Siehe den Regierungsentwurf zum UWG (BGBl. I 2003, 1487ff), zu § 10, zu Absatz 1; außerdem Emmerich, S.496.

anspruch nicht dem Interessenausgleich des Einzelnen, sondern der Abschreckung dienen.[1926]

Weitere Voraussetzung ist, dass die Gewinne aufgrund der schädigenden Tätigkeit erzielt wurden, wobei die Schädigung jeden unmittelbar entstandenen Vermögensnachteil bzw. jede wirtschaftliche Schlechterstellung umfasst.[1927] Der Gewinn errechnet sich dann aus den Umsatzerlösen abzüglich der Herstellungskosten.[1928] Vorausgesetzt wird dadurch ferner, dass die Gewinne im direkten kausalen Zusammenhang mit dem Wettbewerbsverstoß stehen.[1929] Dies ist von dem jeweiligen Kläger nachzuweisen, was die Darlegung der Voraussetzungen des Anspruchs in einem besonderen Maße erschwert und den Gewinnabschöpfungsanspruch zu einem wenig wirkungsvollen Mittel der Rechtsdurchsetzung macht.[1930] Der Anspruch verjährt indes als „anderer" Anspruch gemäß § 11 III UWG in drei Jahren.

Diese Verfahrensmöglichkeiten bestehen, wie das gesamte UWG, gegen unlautere Wettbewerbshandlungen unerheblich von dem Medium, durch das sie transportiert werden. Die beschriebenen Rechtsdurchsetzungsmöglichkeiten bestehen demgemäß auch bei Wettbewerbsverstößen im Internet. Ebenso wie bei der Direktwerbung durch herkömmliche Medien, wird dabei diskutiert, ob im Rahmen der Direktwerbung mit E-Mails in Betracht kommt, den sonst nicht aktiv legitimierten Marktteilnehmern, wie den Verbrauchern und nicht-konkurrierenden Unternehmen, ein persönliches Klagerecht im Rahmen der §§ 823, 1004 BGB auf Unterlassen der Zusendung der Werbe-E-Mails einzuräumen.[1931] Dagegen spricht m.E. die eindeutige Ablehnung eines Rückgriffs auf die Anspruchsgrundlagen gemäß §§ 823ff BGB durch den Gesetzgeber, die durch die Regierungsbegründung zu dem Gesetz zum Ausdruck kommt.[1932]

1926 Der Anspruch steht daher auch nicht den Mitbewerbern, sondern nur den klagebefugten Organisationen zu. Die Gewinnabschöpfung soll eintreten, wenn Individualschäden (z.B. nach § 9 UWG) nicht eingeklagt wurden. Im Konkurrenzverhältnis tritt der Anspruch aus § 10 UWG daher hinter den Indiividualansprüchen zurück, siehe dazu den Regierungsentwurf zum UWG (BGBl. I 2003, 1487ff), zu § 10, zu Absatz 1; vgl. ferner Götting, S.333; Berlit, Rn.314.

1927 Vgl. Regierungsentwurf zum UWG (BGBl. I 2003, 1487ff), zu § 10, zu Absatz 1; Emmerich, S.496.

1928 Vgl. Götting, S.334.

1929 Vgl. Emmerich, S.496f.

1930 Einerseits entstehen fast unüberwindbare Schwierigkeiten bei der Nachforschung solcher Gewinne, andererseits ist eine genaue Ermittlung der „Gewinne" betriebswirtschaftlich fast unmöglich. Kritisch dazu vor allem Emmerich, S.496f; teilweise auch Götting, S.336f. Der Anspruch aus § 10 UWG ist aber auch noch wegen weiteren Schwachstellen kritisiert worden, vor allem aufgrund der systemwidrigen Privatisierung strafrechtlicher Ansprüche, die dadurch erstmals gesetzlich fixiert wird, vgl. dazu Engels/Salomon, WRP 2004, S.32ff (40f); Götting, S.336f; mit positiver Bewertung des § 10 UWG Köhler/Lettl, WRP 2003, S.1019ff (1048).

1931 Im Ergebnis bejahend Boesche, Rn.253a.

1932 Vgl. Regierungsentwurf zum UWG (BGBl. I 2003, 1487ff), zu § 8.

3. Der Vergleich des Verbraucherschutzes vor unlauterer Online-Werbung

Bei dem Vergleich des deutschen und US-amerikanischen wettbewerbsrechtlichen Verbraucherschutzes ist zunächst problematisch, dass dem zentralen deutschen Wettbewerbsgesetz UWG kein einheitliches US-amerikanisches Gesetz gegenübersteht, sondern bundesrechtliche Vorschriften einerseits und fünfzig verschiedene einzelstaatliche Regelungen andererseits. Im Rahmen dieser Arbeit ist es nicht möglich, jede einzelne US-amerikanische Regelung mit den jeweiligen UWG-Vorschriften zu vergleichen. Es ist aber, aufgrund der sehr ähnlichen Regelungsansätze und Grundkonzepte auf Bundesebene und einzelstaatlicher Ebene, möglich, diese dem deutschen Schutzkonzept gegenüber zu stellen. Da die Vorschriften des FTCA und die Regelungen und Ausführungen der FTC vielen einzelstaatlichen Regelungen ähneln und i.d.R. von maßgeblicher Bedeutung für die Auslegung der einzelstaatlichen Regelungen sind, werden im Folgenden in erster Linie diese bundesrechtlichen Regelungen mit den UWG-Vorschriften verglichen. Die einzelstaatlichen Besonderheiten finden nur dann Berücksichtigung, wenn sie wesentliche Abweichungen zu den FTC-Bestimmungen enthalten.

a) Der Vergleich der Grundlagen

aa) Der Vergleich der Grundkonzepte und Grundbegriffe

Zunächst sind Gemeinsamkeiten hinsichtlich der Zielsetzung im wettbewerbsrechtlichen Verbraucherschutz in den beiden Rechtsordnungen festzustellen. Das Wettbewerbsrecht dient u.a. dem Schutz der Verbraucher vor unsachgemäßer Beeinträchtigung der Kaufentscheidung durch ein bestimmtes Verhalten im Geschäftsverkehr. Dabei ist schon bei der Schaffung der gesetzlichen Bestimmungen in den beiden Rechtsordnungen klar gewesen, dass sämtliche Fälle solcher Beeinträchtigungen nicht gesetzlich fassbar sind und diesbezüglich eine Generalklausel an die Stelle von abschließenden Fallregelungen zu treten hat.[1933] Bei der Konkretisierung der Fälle unzulässigen Marktverhaltens verfolgen die gesetzlichen Bestimmungen im deutschen und US-amerikanischen Recht aber unterschiedliche Systematiken. Im neuen UWG wird die Generalklausel gemäß § 3 UWG vorangestellt, die durch nicht abschließend genannte Beispielsfälle gemäß §§ 4-7 UWG konkretisiert werden soll. In Section 5 FTCA hingegen ist lediglich eine Generalklausel verankert, die ohne einen konkretisierenden Beispielskatalog auskommen muss.[1934] Eine gesetzliche Konkretisierung findet im Rahmen von Einzelfallregelungen statt, die von der FTC im Wege ihrer Gesetzeskompetenz geschaffen wurden und die meist genaue Detailregelungen für die jeweiligen Fälle vorsehen.[1935] Auf einzelstaatlicher Ebene ist zu differenzieren, ob in

1933 Siehe im Rahmen der Schaffung des FTCA: H.R. Conf. Rep. No. 1142, 63d Cong., 2d Sess., at 19 (1914); siehe für die Bedeutung der Generalklausel für das neue UWG: Regierungsentwurf zum UWG (BGBl. I 2003, 1487ff), zu § 1.

1934 Dabei enthält der FTCA in 15 U.S.C. § 52 ein Irreführungsverbot u.a. für die Werbung mit Lebensmitteln, Arzneimitteln und kosmetische Produkten. Dies ist aber eher als allgemeine Regelung und nicht als Ansatz eines Fallgruppenkataloges zu verstehen.

1935 Damit sind die auf Grundlage des 15 U.S.C. § 57 a (a) von der FTC in Abschnitt 16 des Code of Federal Regulation erlassenen Regelungen gemeint.

dem jeweiligen Einzelstaat lediglich die FTC-Generalklausel kopiert wurde, eine eigene Generalklausel geschaffen wurde oder der Generalklausel ein Fallkatalog (*laundry list*) angefügt worden ist.[1936] Letztere Konzeption, die in vielen UDAP-Gesetzen anzutreffen ist, gleicht augenscheinlich wohl am ehesten dem System des neuen UWG. Der große konzeptionelle Unterschied besteht allerdings darin, dass die sog *laundry lists* zwar ebenfalls nicht abschließend die Beispielsfälle aufzählen,[1937] die vom Gesetz genannten Fälle aber per-se-Verletzungen des UDAP-Gesetzes darstellen, d.h. eine Beweisführung der übrigen Voraussetzungen unzulässigen Marktverhaltens ist entbehrlich.[1938] Im deutschen Recht hingegen müssen bei den im Beispielskatalog benannten Fällen ebenso die Voraussetzungen der Generalklausel gemäß § 3 UWG vorliegen.[1939]

Daneben ist festzustellen, dass die zur Bestimmung unzulässigen Marktverhaltens etablierten Grundbegriffe der „Unlauterkeit" (*Unfairness*) und „Irreführung" (*Deception*) im US-amerikanischen und deutschen Recht in ihrem Bedeutungsgehalt identisch sind.[1940] Allerdings werden sie in einem unterschiedlichen Kontext verwendet. In der deutschen Generalklausel wird der Begriff der Unlauterkeit als Oberbegriff (tertium comparationis) sämtlichen unzulässigen Verhaltens verwendet. Das bedeutet, dass die in §§ 4-7 UWG genannten Verhaltensweisen, wie die unsachliche oder belästigende Beeinflussung, unzulässige vergleichende Werbung aber auch die Irreführung der Verbraucher bei der Werbung, Beispiele unlauteren Verhaltens sind.[1941] Viele der US-amerikanischen Generalklauseln hingegen enthalten die Formulierung „*unfair or deceptive trade practices*".[1942] Wie auch die unterschiedlichen Voraussetzungen der beiden Grundbegriffe nahelegen,[1943] wird im US-amerikanischen Recht im Grundsatz zwischen unlauterem Verhalten und irreführenden Praktiken unterschieden. Dies führt letztlich aber nicht zu großen konzeptionellen Abweichungen, da auch im US-Recht anerkannt ist, dass der „*Unfairness Standard*" übergeordnetes Schutzkonzept ist, das über den Tatbestand der „*Deception*" hinausgeht.[1944] Im Ergebnis kann bei Nicht-

1936 Siehe dazu die Ausführungen zu den UDAP-Varianten 1.Kapitel, A., II., 2., b), aa).

1937 Einige dieser UDAP Gesetze enthalten einleitend zu den Fallkatalogen diesbezüglich ausdrückliche Formulierungen wie Arkansas UDAP Gesetz, Ark. Stat. Ann. § 4-88-107 (a): "Deceptive and unconscionable trade practices made unlawful and prohibited by this chapter include, but are not limited to, the following:"; siehe außerdem New Hampshire, N.H. Rev. Stat. Ann. § 358-A:2.

1938 Vgl. Sheldon/Carter, S.93.

1939 Siehe dazu 2.Kapitel, B., I., 2., a), b). Daran könnte allerdings die Umsetzung der Richtlinie über unlautere Geschäftspraktiken etwas ändern, die in Anhang 1 der Richtlinie ebenfalls sog. per-se-Verletzungen normiert. Siehe dazu auch die geplante schwarze Liste von per-se-Verletzungen im Anhang zum UWG nach dem Regierungsentwurf, BT-Drucks 16/10145, vom 20.8.2008, S.8ff.

1940 Siehe dazu die Übersetzungen bei Köbler "unfair competition" (= unlauterer Wettbewerb) und „deception" (= Täuschung).

1941 Die Regelungen des Beispielskataloges §§ 4-7 UWG beginnen jeweils mit der Formulierung „Unlauter handelt wer (…)".

1942 Z.B. 15 U.S.C. § 45 (a); Arkansas, Ark. Stat. Ann. § 4-88-107 (a); California, Cal. Civil Code § 1770 (a); Florida, Fla. Stat. Ann. § 501-204 (1); Idaho, Idaho Code § 48-603; Kentucky, Ky. Rev. Stat. § 365.710 (1); Louisiana, La. Rev. Stat. Ann. § 51:1405 A.

1943 S.a. 2.Kapitel, B., I, 1., a), aa), bb).

1944 Vgl. dazu Greenfield, 46 The Wayne Law Review, S.1869ff (1883); Sheldon/Carter, S.153.

Vorliegen der Voraussetzungen einer Irreführung u.U. der „*Unfairness Standard*" eine Auffangfunktion übernehmen[1945] und im Übrigen werden keine unterschiedlichen Rechtsfolgen an die Begrifflichkeiten geknüpft,[1946] weshalb keine strenge Abgrenzung der Begriffe vorzunehmen ist.

bb) Der Vergleich der Anwendungsbereiche der gesetzlichen Vorschriften

Bei dem Vergleich der Anwendungsbereiche der gesetzlichen Vorschriften sind einige Unterschiede festzustellen. Der zentrale deutsche Begriff der „Wettbewerbshandlungen"[1947] ist zunächst der Formulierung des FTCA „*in or affecting commerce*"[1948] gegenüber zustellen. Beide Begriffe sind weit auszulegen und sind im Grundsatz auf alle Geschäftsbereiche am Markt anwendbar. Nach dem FTCA sind lediglich die dort genannten Wirtschaftsbereiche, wie das „*banking*", ausgeschlossen,[1949] während im deutschen UWG eine solche Ausnahmeregelung fehlt. Das zentrale Abgrenzungskriterium des FTCA der gewinn-orientierten Tätigkeiten[1950] ist dem deutschen UWG fremd. Die deutsche Anforderung der absatz- oder bezugsfördernden Tätigkeit eines (eigenen oder fremden) Unternehmens führt zu der Voraussetzung, dass eine Tätigkeit gefördert werden muss, deren Zweck zum selbständigen beruflichen und gewerblichen Bereich gehört.[1951] Die unternehmerische Eigenschaft im deutschen Recht richtet sich eben gerade nicht nach der Gewinnerzielungsabsicht, sondern nach dem Umfang der geschäftlichen Tätigkeit.[1952] Diese unterschiedlichen Anknüpfungen führen letztendlich aber nicht zu großen praktischen Unterschieden, da die weit auszulegenden Begriffe im Wesentlichen nur rein private und rein staatliche Handlungen ausschließen, neben solchen Tätigkeiten, die aufgrund ihres fehlenden Marktbezugs, wie politische und private Meinungsäußerungen, ohnehin aus dem Anwendungsrahmen des Wettbewerbsrechts fallen. Im Gegensatz zum deutschen Recht, muss nach dem Kriterium der Gewinnorientierung im US-Recht allerdings auch karitative Tätigkeiten ausgenommen werden,[1953] die, wenn sie zur absatzfördernden Tätigkeit eines Unternehmens gehören, vom deutschen UWG erfasst werden[1954].

Der Anwendungsbereich des FTCA ist allerdings zeitlich weiter gefasst als der deutsche Begriff der Wettbewerbshandlung, da das US-Bundesgesetz nicht nur auf geschäftliche Tätigkeiten im zeitlichen Rahmen der Absatzförderung, also im Vorfeld des Vertrages, anwendbar ist, sondern auch Handlungen im Rahmen eines bereits

---

1945 Insbesondere in den Fällen, in denen die werbenden Anbieter über wesentliche Informationen ihres Angebots nicht informiert haben und die Voraussetzung einer „Deception" nicht gegeben sind.

1946 Z.B. nennt der FTCA grundsätzlich einheitliche Folgen unlauterer und irreführender Marktpraktiken.

1947 Siehe § 2 I Nr.1 UWG; siehe zur Begriffsbestimmung, 2.Kapitel, B., I., 2., a), bb).

1948 Siehe 15 U.S.C. § 45 (a).

1949 Siehe 15 U.S.C. § 45 (a) (2).

1950 S.a. 2.Kapitel, B., I., 1., a), aa), (1).

1951 Siehe § 2 II UWG i.V.m. § 14 BGB.

1952 Vgl. dazu die Ausführungen zum Unternehmerbegriff im deutschen Recht, 2.Kapitel, A., II., 3.

1953 Vgl. Sheldon/Carter, S.10.

1954 Es genügt eine mittelbare absatzfördernde Wirkung des jeweiligen Verhaltens, auch die Imagewerbung wird von § 2 I Nr.1 UWG erfasst, vgl. dazu Götting, S.93f.

abgeschlossenen Vertrages erfasst, wie z.B. die Verpflichtungen im Zusammenhang mit Gewährleistungspflichten beim Kaufvertrag.[1955] Im Ergebnis ist folglich ein in wesentlichen Teilen vergleichbarer Anwendungsbereich festzuhalten, wobei der engere zeitliche Anwendungsrahmen wohl der größte Unterschied des deutschen UWG im Vergleich zum FTCA darstellt.

Im Rahmen des persönlichen Anwendungsbereichs der beiden Gesetze ist zuerst festzustellen, dass beide Rechtsnormen den Schutz der Mitbewerber und Verbraucher vor unzulässigen Geschäftspraktiken getrennt vornehmen. Im deutschen Recht geschieht dies allerdings im Rahmen abgrenzbarer Fallgruppen,[1956] während die FTC ihre Aufgaben zum Schutz vor *„unfair competiton"* und *„unfair or deceptive trade practices"* getrennt voneinander wahrnimmt. Dabei hängt der Anwendungsbereich der konkretisierenden verbraucherschützenden Regelungsbereiche durch die Regelungen der FTC und Fallgruppen des UWG nicht entscheidend von dem Vorliegen der Verbrauchereigenschaft ab. I.d.R. werden auch geschäftliche Abnehmer, als sonstige marktteilnehmende Personen, von dem Schutz erfasst.[1957] Die FTC wird im Rahmen ihrer Tätigkeiten wohl nur dort eine Ausnahme machen, wo es sich um konkrete, singuläre Geschäfte zwischen zwei Geschäftsleuten oder Unternehmen handelt, die sich auf gleicher Augenhöhe begegnen.[1958] Im deutschen Recht ist nur in einigen wenigen Fallgruppen eine gesonderte Feststellung der Verbrauchereigenschaft erforderlich.[1959]

Bei dem Vergleich der deutschen Regelung mit den einzelstaatlichen UDAP-Gesetzen ist zu differenzieren, ob in dem jeweiligen Einzelstaat ein weiter Anwendungsrahmen, entsprechend dem FTCA, angenommen wird oder eine begriffliche Begrenzung erfolgt.[1960] Für die einzelstaatlichen Regelungen, die die Anwendung des Gesetzes nur auf Handlungen *„in trade and commerce"* begrenzen, gilt im Vergleich zum deutschen UWG im Wesentlichen das oben Gesagte. Bei den sonstigen UDAP-Statutes gelten die oben dargestellten unterschiedlichen Begrenzungen des persönlichen Anwendungsbereichs des jeweiligen Gesetzes.[1961] Die einzelstaatlichen Regelungen, die schon eine begrenztere sachliche Reichweite festlegen, haben in dieser Hinsicht einen engeren Anwendungsbereich, indem sie auf Warentransaktionen begrenzt sind[1962] und nicht auch, wie das deutsche Recht,[1963] z.B. Wettbewerbspraktiken im

1955 S.a. 2.Kapitel, B., I., 1., a), aa), (1).

1956 Der Fallgruppenkatalog gemäß §§ 4-7 UWG lässt dabei eine klare Abgrenzung zu, siehe dazu die Darstellung im Rahmen der Fallgruppen gemäß §§ 4-7 UWG 2.Kapitel, B., I., 2., b).

1957 Siehe 2.Kapitel, B., I., 1., a), aa), (1).

1958 Vgl. dazu Sheldon/Carter, S.9f.

1959 Lediglich die drei Fallgruppen gemäß § 4 Nr.2, Nr.6 und § 7 II Nr.2 UWG differenzieren zwischen Verbrauchern und sonstigen Marktteilnehmern.

1960 Solche begrifflichen Begrenzungen erfolgen z.B. durch Begriffe wie „merchandise", „sale and services", „purchase of goods", wobei sehr unterschiedliche Grenzen der Anwendungsbereiche der UDAP Gesetze angenommen werden, siehe dazu 2.Kapitel, A., I., 3., c).

1961 Vergleiche dazu die Ausführungen zum Verbraucher- und Unternehmerbegriff in den UDAP Gesetzen, 2.Kapitel, A., I., 3., c).

1962 Der Begriff „goods" (Waren) wird in einigen Einzelstaaten, insbesondere Texas, sehr restriktiv ausgelegt, vgl. Sheldon/Carter, S.11.

1963 Der deutsche Begriff der Wettbewerbshandlung gemäß § 2 I Nr.1 UWG enthält einerseits einen sehr weiten Dienstleistungsbegriff und schließt andererseits ausdrücklich auch die Absatz- oder

Rahmen von Kreditgeschäften und Grundstücksgeschäften umfassen. Im Rahmen der zeitlichen Komponente hingegen sind auch diese UDAP-Gesetze weiter gefasst, als das deutsche UWG, da auch hier eine Anwendbarkeit auf vorvertragliche und vertragliche Handlungen gleichermaßen gegeben ist.[1964]

cc) Der Vergleich des „Deception Standard" mit dem Irreführungstatbestand

(1) Der Vergleich der Voraussetzungen einer irreführenden Werbung

Der Gedanke des Schutzes der Verbraucher vor irreführenden Werbepraktiken, durch die der Verbraucher in seiner Entscheidungsfreiheit beeinträchtigt wird, ist zentrales Element des wettbewerbsrechtlichen Verbraucherschutzes in beiden Rechtsordnungen. Der Grundsatz der „Wahrheit der Werbung" ist übergeordnete Grundmaxime des fairen und lauteren Wettbewerbs im US-amerikanischen und deutschen Recht. Daraus leitet die FTC jedoch die Anforderung ab, dass die werbenden Anbieter alle getätigten Werbeaussagen belegen können (*Advertisement Substantiation*).[1965] Eine solche Substantiierungspflicht seitens der werbenden Anbieter existiert im deutschen Recht grundsätzlich nicht. Dabei wird in beiden Rechtsordnungen keine konkrete, einheitliche Begriffsbestimmung für den Begriff der Werbung zugrunde gelegt. Im deutschen Recht ist insoweit der Begriff der Wettbewerbshandlung maßgeblich.[1966] Im US-Recht wird der Werbungsbegriff (*advertisement*) im weitesten Sinne verstanden, wenn damit jedes Verhalten am Markt erfasst wird, dass die Aufmerksamkeit der Öffentlichkeit auf ein Produkt, eine Dienstleistung, eine Person oder auf ein Unternehmen lenkt.[1967] Für die rechtliche Beurteilung ist der Begriff im US-Recht aber zu vernachlässigen.

Im Unterschied zum deutschen Recht, werden im US-amerikanischen Recht, wie eingangs festgestellt, unterschiedliche Anwendungsvoraussetzungen an das Vorliegen einer Irreführung (*deception*) und der Beurteilung „unlauteren Verhaltens" (*unfairness*) geknüpft. Inhaltlich ergeben sich bei dem Vergleich der Anforderungen an eine irreführende Werbung im deutschen und US-amerikanischen Recht dennoch keine große Unterschiede.

Zunächst setzt sowohl das deutsche Recht als auch das US-amerikanische Recht voraus, dass eine Irreführung stets nur durch empirisch nachprüfbare Tatsachenbehauptungen erfolgen kann und nicht durch Meinungsäußerungen. Offensichtlich übertriebene und marktschreierische Werbeaussagen, im US-Recht „*puffing*" genannt, sind deshalb grundsätzlich nicht geeignet eine Irreführung der Verbraucher herbeizuführen. Eine Ausnahme hiervon wird in beiden Rechtsordnungen nur dann angenommen, wenn die jeweilige Werbeaussage geeignet ist, von den angesprochenen Verkehrskreisen wahr und ernst genommen zu werden. Im deutschen Recht gehören

---

Bezugsförderung von „unbeweglichen Sachen, Rechten und Verpflichtungen" in den Anwendungsbereich ein.

1964 S.a. 2.Kapitel, B., I., 1., b), aa).

1965 Vgl. FTC, „FTC Policy Statement Regarding Advertising Substantiation".

1966 Soweit man sich der oben vertretenen Ansicht anschließt, dass zur Bestimmung des Werbungsbegriffs nicht die Definition nach Artikel 2 Nr.1 der Irreführungsrichtlinie maßgeblich ist, sondern der Begriff der Wettbewerbshandlung, siehe 2.Kapiel, B., I., 2. b), aa), (1).

1967 S.a. 2.Kapitel, B., I., 1., a), aa), (1).

hierzu insbesondere die Fälle der Spitzenstellungswerbung.[1968] Im US-amerikanischen Recht wurde in vergleichbaren Fällen eine Irreführung bei der Verwendung von superlativen Begriffen für die angebotenen Produkte angenommen, wie z.B. „Exklusiv“, „Einzigartig“.[1969] Irreführende Angaben können gleichwohl nach UWG, FTCA und einzelstaatlichen UDAP Gesetzen grundsätzlich nicht nur falsche und ausdrücklich getätigte Werbebehauptungen sein. Eine Werbung ist stets nach ihrem Gesamtkontext zu beurteilen, d.h. u.U. kann auch ein konkludentes Verhalten oder eine grundsätzlich wahre Aussage, die nach der Gesamtbetrachtung der Werbung aber einen unwahren Charakter enthält, irreführend für die Verbraucher sein.

Gemeinsamkeiten des deutschen und US-amerikanischen Rechts ergeben sich auch bei der Beurteilung der Irreführung durch Unterlassen von Informationen. Im Grundsatz wird keine generelle Informationspflicht des werbenden Anbieters in beiden Rechtsordnungen gefordert, jedoch ergeben sich nach den deutschen und US-amerikanischen Regelungen u.U. besondere Informationspflichten, die, wenn sie in der Werbung nicht eingehalten werden, als Irreführung zu bewerten sind. Solche Informationspflichten ergeben sich meist aus gesetzlichen Vorschriften, sind aber grundsätzlich immer dann anzunehmen, wenn es sich um Informationen handelt, die geeignet sind im besonderen Maße die Kaufentscheidung der Verbraucher zu beeinflussen. Dabei variieren teilweise im US-amerikanischen und deutschen Recht die Vorstellungen über Inhalt und Umfang der notwendigen Informationen, wie noch der Vergleich der Fälle irreführender Werbung zeigen wird.

Bei der Beurteilung der Irreführung wird daneben in beiden Rechtsordnungen keine Absicht zur Irreführung des werbenden Anbieters gefordert. Nach den Grundsätzen des *Deception Standard* wird nicht einmal Kenntnis der irreführenden Wirkung verlangt. Nach dem deutschen Recht muss allerdings zumindest eine Kenntnis aller irreführungsbegründenden Umstände vorliegen. Da die Kenntnis des werbenden Anbieters aber widerleglich vermutet wird,[1970] stellt dieses Kriterium regelmäßig keine Hürde bei der gerichtlichen Feststellung einer Irreführung dar.

Im Gegensatz zur FTC, setzen einige UDAP Gesetze eine Absicht oder zumindest die Kenntnis der Irreführung voraus. Aber auch diese verschärften einzelstaatlichen Voraussetzungen führen i.d.R. nicht zu großen Hindernissen bei der Feststellung der Irreführung, da, wie oben dargelegt, meist keine hohen Anforderungen an den Nachweis der Absicht oder Kenntnis gestellt werden.[1971]

Für das Vorliegen einer Irreführung der Verbraucher bedarf es nach der Beurteilung der FTC und nach dem UWG gleichfalls keiner positive Feststellung einer eingetretenen Irreführung, vielmehr genügt es nach FTC- und UWG-Grundsätzen, wenn durch das fragliche Verhalten die Gefahr einer Irreführung gegeben ist.[1972] Die FTC verwendet dazu die Formulierung „*likely to deceive*“, was bedeutet, dass eine „Wahrscheinlichkeit“ zur Irreführung gegeben sein muss. Der entsprechende deutsche Begriff der „Eignung“ oder „Geeignetheit“ zur Irreführung ist mit dem Bedeutungsgehalt des

1968 S.a. 2.Kapitel, B., I., 2., B., aa), (2), (a), (bb).
1969 S.a. 2.Kapitel, B., I., 1., a), aa), (2), (c).
1970 Vgl. Regierungsentwurf zum UWG (BGBl. I 2003, 1487ff), zu § 3.
1971 Siehe 2.Kapitel, B., I., 1., b), aa); vgl. dazu außerdem Sheldon/Carter, S.120ff.
1972 S.a. 2.Kapitel, B., I., 1. a), aa) und 2., b), aa), (1).

Begriffs der FTC in etwa gleichzusetzen. Beide Regelungen verlangen, dass nach objektiven Maßstäben es möglich ist, dass durch das betreffende Verhalten die angesprochenen Verbraucherkreise in die Irre geführt werden können. Ebenso genügt es nach beiden Regelungen, dass die Irreführungsgefahr eingetreten ist, eine nachträgliche Aufklärung durch den werbenden Anbieter kann diese Gefahr grundsätzlich nicht heilen. Auch die in den UDAP Gesetzen verwendeten Formulierungen der „*tendency or capacity to deceive*" (Tendenz oder Möglichkeit zur Irreführung) bewegen sich in diesem Rahmen, da durch diese Begriffe grundsätzlich keine von den FTC-Regelungen abweichende Bedeutung festgestellt werden kann.[1973]

Zur Feststellung, ob ein Verhalten am Markt die Gefahr der Irreführung birgt, wird in beiden Rechtsordnungen überwiegend das Leitbild eines vernünftigen, aufmerksamen und besonnenen Durchschnittsverbrauchers zugrunde gelegt. Dabei berücksichtigt sowohl das deutsche als auch das US-amerikanische Recht stets die mit einer Werbung angesprochenen Verbrauchergruppen und orientieren sich bei der Beurteilung der irreführenden Wirkung an dem Aufmerksamkeits- und Vernunftsmaßstab, der der jeweiligen Verbrauchergruppe im Durchschnitt entspricht. Hierbei sind fast identische Erwägungen zwischen FTC und den Beurteilungen nach dem UWG festzustellen.[1974] In den Einzelstaaten kommt es diesbezüglich auf die Beurteilung der jeweiligen einzelstaatlichen Gerichte an, die allerdings heute eher zur Befürwortung des Leitbildes des vernünftigen Verbrauchers tendieren.[1975]

Die Frage nach der Irreführung des durchschnittlich vernünftigen Verbrauchers wird ebenfalls in ähnlicher Weise beurteilt. Im deutschen Lauterkeitsrecht, in den Verfahren der FTC und nach den UDAP Gesetzen können grundsätzlich die Gerichte im Wege einer normativen Beurteilung, also durch Erwägungen der Richter selbst, die Irreführung einer Werbung feststellen. Im US-amerikanischen Recht steht den Gerichten dabei aber zusätzlich noch die Erfahrung und die Erkenntnisse der FTC und der einzelstaatlichen *state attorneys general* zur Verfügung, die aufgrund ihrer praktischen Erfahrungen mit einem guten Expertenwissen ausgerüstet sind. Solche Unterstützungen sind im deutschen Recht mangels vergleichbarer behördlicher Strukturen nicht gegeben. Allerdings ist es hier wie dort möglich, dass zur Feststellung der Irreführung Gutachten von Experten und Konsumentenbefragungen durchgeführt werden.[1976]

Daneben muss in beiden Rechtsordnungen beachtet werden, dass die betreffende Handlung nur einen Gesetzesverstoß darstellt, wenn sie eine bestimmte Intensität erreicht hat. Im deutschen Recht muss diesbezüglich die Erheblichkeitsschwelle berücksichtigt werden,[1977] wobei nach Art, Schwere und Wiederholungsgefahr des Wettbewerbsverstoßes zu beurteilen ist, ob ein nicht unerheblicher Teil der angesprochenen Verkehrskreise durch die Werbung in die Irre geführt werden können.[1978]

1973 S.a. 2.Kapitel, B., I., 1. b), aa).

1974 Siehe zum Verbraucherleitbild im US-amerikanischen und deutschen Recht und dem Vergleich, 2.Kapitel, A., I., 1 und II., 1.

1975 Sie dazu die Ausführungen zum einzelstaatlichen Verbraucherleitbild 2.Kapitel, A., I., 1., a).

1976 Vgl. dazu auch Roth, Strafbare Werbung und die neuen Medien, S.254f.

1977 Dieses Erfordernis ergibt sich aus der Generalklausel gemäß § 3 UWG: „Wettbewerbshandlungen sind unlauter, die den Wettbewerb (...) in nicht unerheblicher Weise beeinträchtigen".

1978 S.a. 2.Kapitel, B., I., 2., b), aa), (1).

Die FTC wählt diesbezüglich einen anderen Ansatz, indem sie eine „*material deception*", also eine wesentliche Irreführung, verlangt. Die Wesentlichkeit einer Irreführung wird dabei angenommen, wenn eine ausdrückliche Werbeaussage des werbenden Anbieters vorliegt oder dieser beabsichtigte eine solche ausdrückliche Werbebehauptung zu tätigen sowie wenn dieser bewusst oder gewollt wesentliche Informationen weglässt.[1979] Dementsprechend kommt es im US-amerikanischen Bundesrecht nicht, wie im deutschen Recht, auf die Zahl der potentiell in die Irre geführten Verbraucher an, sondern auf die Art der Werbeaussage und die dahinter stehende Intention des Werbenden. Hierdurch kommt der Rechtsgedanke zum Ausdruck, dass nur eine Irreführung ohne weiteres angenommen werden kann, wenn eine bewusste Täuschung im Wege einer ausdrücklich getätigten Aussage oder einem bewussten Weglassen von Informationen vorliegt. Bei einer konkludenten Werbeaussage, bei der erst durch subjektive Interpretation ein Aussagecharakter unterstellt werden kann, muss ein Nachweis über die Wesentlichkeit geführt werden. Dieses subjektiv gefärbte Kriterium ersetzt in gewisser Hinsicht das fehlende subjektive Erfordernis im Bundesrecht, in dem hierdurch nur ein bewusstes Verhalten hinsichtlich der zur Täuschung führenden Umstände als im Grundsatz wesentliche Irreführung verstanden wird. Dies steht auf den ersten Blick im Gegensatz zu den objektiven Anknüpfungen im deutschen Recht, die nach den äußeren Folgen des jeweiligen Verhaltens für den Wettbewerb und die betroffenen Marktteilnehmer fragen. In der Praxis ist aber festzustellen, dass es für die Frage nach der Erheblichkeit einer Irreführung auch im deutschen Recht darauf ankommen kann, ob die Werbeaussage ausdrücklich oder konkludent erfolgt ist. Bei einer konkludenten Aussage sind die subjektiven Interpretationsmöglichkeiten des Sinngehaltes der Werbung größer, als bei einer ausdrücklich getätigten Behauptung. Das bedeutet, dass bei einer expressis verbis getätigten Behauptung die Wahrscheinlichkeit höher ist, dass die angesprochenen Verbrauchergruppen der Aussage einen ähnlichen oder gleichen (irreführenden) Sinngehalt beimessen werden. Deshalb ist die Gefahr der Täuschung eines nicht unerheblichen Teils der angesprochenen Verkehrskreise bei ausdrücklichen Werbeaussagen und bewusst unterlassenen wesentlichen Informationen höher einzuschätzen, als bei auslegungs-variablen Eindrücken, die durch eine Werbung vermittelt werden. In der Praxis werden sich trotz der unterschiedlichen Anforderungen der FTC und nach dem UWG demzufolge keine wesentlich abweichenden Einschätzungen irreführender Werbung ergeben. Das im einzelstaatlichen Recht vielfach geforderte Vertrauenserfordernis[1980] führt bei dem Vergleich mit der deutschen Bagatellklausel im Wesentlichen zu den gleichen Ergebnissen, da das Vertrauen der Verbraucher auf die getätigten Werbeaussagen regelmäßig bei Vorliegen der Voraussetzungen der „*material deception*" indiziert wird.

1979 S.a. 2.Kapitel, B., I., 1. a), aa), (1).

1980 S.a. 2.Kapitel, B., I., 1. b), aa).

(2) Der Vergleich der wichtigsten Fallgruppen irreführender Werbung

Die überwiegend ähnlichen Anforderungen an irreführende Werbepraktiken im US-amerikanischen und im deutschen Recht führte auch zu der Herausbildung ähnlicher klassischer Fallgruppen irreführender Werbung in den beiden Rechtsordnungen.

Das trifft vor allem auf die Fallgruppen der Werbung mit täuschenden Angaben über wesentliche Merkmale und Eigenschaften des Produkts, des werbenden Unternehmens oder der angebotenen Leistung zu. Dabei sind die Vorstellungen, welche Merkmale der Ware oder des Unternehmens maßgeblich sind, im Wesentlichen identisch. Gegenstand einer irreführenden Werbung können vor allem Produktangaben über Qualität, Zusammensetzung, Größe, Anzahl, Verwendungszweck, Natur, Herkunft und Herstellung sowie Angaben über die Größe, das Alter und fachliche Qualitäten des werbenden Unternehmens sein. Dabei haben sich diese Fallgruppen auf Bundesebene primär aus dem Fallrecht zu Section 5 FTCA heraus entwickelt,[1981] während im deutschen Recht die von der Rechtsprechung zu § 1 UWG a.F. entwickelten Fallgruppen in § 5 II S.1 Nr.1, 3 UWG[1982] mittlerweile normiert wurden. Eine ähnliche Aufzählung der Fallgruppen irreführender Angaben über Eigenschaften des Produkts und des werbenden Anbieters enthalten indes viele der einzelstaatlichen Beispielskataloge.[1983] Die FTC hat lediglich einige Fallgruppen, wie die Werbung mit irreführenden Angaben über Empfehlungen und Produkttests[1984] oder mit Garantieversprechen[1985], gesondert normiert. Dieser Regelungen enthalten dann aber, anders als die Auflistung in § 5 II UWG, ausführliche Detailvorschriften und Anforderungen, die bei der Werbung mit solchen Angaben zu beachten sind. Das deutsche UWG hingegen nennt einerseits nur ausdrücklich den Fall der irreführenden Angaben über Tests und Testergebnisse in § 5 II Nr.1 UWG und erwähnt den Fall der irreführenden Angaben über Garantieversprechen nicht. Dieser Fall ist aufgrund des nicht abschließenden Charakters des Beispielskatalogs aber unter § 5 I UWG zu subsumieren.[1986]

Ferner gehören in beiden Rechtsordnungen die Fälle der irreführenden Angaben über Preise zu den wichtigsten Fallgruppen irreführender Werbung. Ein allgemeines Verbot der irreführenden Preiswerbung, wie in § 5 II Nr.2 UWG normiert ist, enthalten die FTC Regelungen wiederum nicht. Das generelle Verbot irreführender Angaben über den Preis, die Preisberechnung und Preiszusammensetzung wird aus den allge-

1981 S.a. 2.Kapitel, B., I., 1. a), aa), (2).

1982 S.a. 2.Kapitel, B., I., 2., b), aa), (2), (a).

1983 Siehe z.B. Alabama, Ala. Code §§ 8-19-5 (4)-(7); California, Cal. Bus. Code § 1770 (a) (4)-(7); Colorado, Colo. Rev. Stat. Ann. 6-1-105 (1) (d)-(g); Delaware, Del. Code § 2532 (a) (4)-(7); Georgia, Georgia Code § 10-1-372 (a) (4)-(7); Hawaii, Hawaii Rev. Stat. §481A-3 (a) (4)-(7); Kansas, Kan. Stat. Ann. § 50-626 (b) (1) (C), (D); Tennessee, Tenn. Code Ann § 47-18-104 (b) (4)-(7).

1984 Siehe dazu die Richtlinien der FTC 16 C.F.R. § 255.

1985 Siehe 16 C.F.R. § 239.

1986 Da Angaben über Garantien in der Werbung zu den Angaben im Sinne des § 5 UWG gehören, die Irreführung über den Inhalt der Leistung aber nicht konkret in den Beispielskatalog mit aufgenommen wurde und einen vergleichbaren Fall darstellt, bleibt es bei der Anwendung der partiellen Generalklausel gemäß § 5 I UWG.

meinen Rechtsgrundsätzen des „*Deception Standard*“ hergeleitet.[1987] Ähnliches gilt auch für die einzelstaatlichen Verbote irreführender Preiswerbung, die meist keine allgemeingehaltenen Formulierungen vorsehen,[1988] sondern i.d.R. besondere Formen der Preiswerbung nennen, wie die irreführende Werbung mit Preisvergleichen oder Preissenkungen.[1989]

Die FTC hat aber die oben dargestellten Sonderregelungen für bestimmte Arten von Preisangaben in der Werbung geschaffen, die mit den in §§ 5, 4 UWG normierten Beispielen vergleichbar sind. Ähnliche Ansätze sind z.B. in den Regelungen der FTC nach 16 C.F.R § 233.1 und § 5 IV UWG festzustellen, die irreführende Angaben über Preissenkungen verbieten. Nach beiden Regelungen ist eine Werbung mit einer Preissenkung dann irreführend und unzulässig, wenn der zuvor „angeblich“ verlangte Preis nur für einen unangemessen kurzen Zeitraum Bestand hatte.[1990] Die FTC-Regelung erweitert dies ausdrücklich auf Fälle, in denen der zuvor verlangte Preis nie gefordert worden ist,[1991] was sich aus der deutschen Regelung im Wege eines „Erst-Recht“-Schlusses ergibt. Die deutsche Regelung enthält ferner eine Beweislast-Regelung zuungunsten des werbenden Unternehmers, der im Zweifel nachweisen muss, dass der Preis eine angemessene Zeit lang verlangt worden ist.[1992] Eine solche Beweislast ergibt sich im Rahmen der FTC-Regelungen aus der allgemeinen Beweislast der Werbenden hinsichtlich ihrer Werbeaussagen.[1993]

Des weiteren regelt die FTC in diesem Abschnitt die irreführende Werbung mit Preisvorteilen, Zugaben und Werbegeschenken in 16 C.F.R. § 233.4, was mit der deutschen Regelung gemäß § 4 Nr.4 UWG vergleichbar ist. Angaben über Preisvorteile sind nach beiden Regelungen geeignet die Verbraucher zu täuschen, wenn der angepriesene Vorteil nicht besteht. Das bedeutet, dass Werbeangaben, wie „Free“, „Halber Preis“ und „Buy One- Get One Free“ daraufhin zu überprüfen sind, ob der gewährte Preisvorteil den in der Werbung vermittelten Eindrücken entspricht.[1994] Nach der FTC-Regelung ist eine Werbung, in der mit kostenlosen Zugaben oder Werbegeschenken geworben wird, insbesondere dann irreführend, wenn in dem geforderten Preis die zugegebene Ware einberechnet wurde. Eine solche Praktik würde auch gegen die in § 5 II S.2 und § 4 Nr.4 UWG normierte Transparenzpflicht verstoßen. In beiden Regelungen wird ferner eine Informationspflicht des werbenden Anbieters gesetzlich fixiert, der die Bedingungen der Inanspruchnahme der Preisvorteile und die in der Werbung verwendeten Begriffe unmittelbar in der Werbung klar und verständlich

---

1987 S.a. 2.Kapitel, B., I., 1. a), aa), (2), (a).

1988 Eine Ausnahme bildet z.B. Colorado, Colo. Rev. Stat. Ann. 6-1-105 (1) (l).

1989 Siehe z.B. Alabama, Ala. Code §§ 8-19-5 (11); Delaware, Del. Code § 2532 (a) (12); Georgia, Georgia Code § 10-1-372 (a) (11); Hawaii, Hawaii Rev. Stat. § 481A-3 (a) (11); Idaho, Idaho Code § 48-603 (11); Indiana, IC 24-5-0.5-3 (a) (6); Kansas, Kan. Stat. Ann. § 50-626 (b) (7); Maryland, Md. Com Law Code Ann. § 13-301 (6); Nebraska, Neb. Rev. Stat. § 87-302 (a) (11).

1990 Siehe zum deutschen Recht § 5 IV S.1 UWG; zum US-amerikanischen Bundesrecht 16 C.F.R. § 233.1 (b).

1991 Siehe 16 C.F.R. § 233.1 (a), (b).

1992 § 5 IV S.2 UWG.

1993 Siehe zur „Advertising Substantiation“:„FTC Policy Statement Regarding Advertising Substantiation”, siehe ferner S.a. 2.Kapitel, B., I., 1. a).

1994 S.a. 2.Kapitel, B., I., 1. a), aa), (2), (a).

erläutern muss.[1995] Ebenso werden im US-amerikanischen und im deutschen Recht irreführende Angaben über Fabrikpreise und Preisempfehlungen Dritter für unzulässig erklärt, wobei die FTC hierfür in 16 C.F.R. § 233.3 und § 233.5 Vorschriften geschaffen hat, während im deutschen Recht dies entsprechend den von der Rechtsprechung entwickelten Fallgruppen unter § 5 II S.1 Nr.2 UWG zu subsumieren ist.[1996]

Darüber hinaus ist eine Vergleichbarkeit zwischen der im US-Recht sowohl auf Bundesebene als auch in den Einzelstaaten als sog. „*Bait and Switch*"-Fälle bekannten Fallgruppe[1997] und den nach deutschem Recht als „Lockvogelangebote" anerkannten Fällen[1998] festzustellen. In beiden Fallgruppen ist es als irreführend anzusehen, wenn mit günstigen Angeboten geworben wird, um von einem sonst mittleren oder hohen Preisniveau abzulenken, wenn das günstige Angebot nach dem tatsächlichen Vorratsbestand einer angemessenen und zu erwartenden Nachfrage nicht Stand halten kann. Den „*Bait and Switch*"-Fällen, in denen die Aufmerksamkeit der Verbraucher auf ein besonders günstiges Produkt gelenkt wird, das in keinem angemessenen Vorrat vorhanden ist, setzt das neue deutsche UWG eine entsprechende Regelung gemäß § 5 V UWG gegenüber. Nach der deutschen Regelung wird eine angemessene Vorratszeit von zwei Tagen angenommen,[1999] während die entsprechende FTC-Regelung eine nach Art des Angebots und den Werbeaussagen angemessenen Vorrat fordert[2000]. Eine Variabilität der begrenzten Vorgabe im deutschen Recht ergibt sich aber daraus, dass der Werbende die Annahme einer angemessenen Nachfrage von zwei Tagen dadurch widerlegen kann, dass in der Werbung über einen begrenzten Vorrat informiert wurde, eine außergewöhnliche Nachfrage bestand oder die Art des Angebots eine solche Vermutung nicht rechtfertigt.[2001] Die sonstigen „*Bait and Switch*"-Methoden, wie z.B. die Verweigerung des Angebots der beworbenen Ware,[2002] das nicht Vorhanden sein derselben[2003] oder die Ablenkung auf ein anderes höherpreisiges Produkt[2004], werden in der FTC-Regelung ausführlich beschrieben. Die deutsche Regelung gemäß § 5 V UWG erfasst in ihrem Wortlaut hingegen nur die unzureichende Vorratshaltung. Die

1995 Siehe zum deutschen Recht § 4 Nr.4 UWG und die Erläuterungen im 2.Kapitel, B., I., 2., b), bb), (4); zum US-amerikanischen Recht 16 C.F.R. § 233.4 (c).

1996 S.a. dazu jeweils 2.Kapitel, B., I., 1. a), aa), (2), (a) (zum US-Recht) und 2.Kapitel, B., I., 2. b), aa), (2), (a), (cc) (zum deutschen Recht).

1997 Siehe dazu oben 2Kapitel, B., I., 1., a), aa), (2), (c); die FTC hat diese Fälle in einer Richtlinie in 16 C.F.R. § 238 geregelt. Diese Fallgruppe ist auch im einzelstaatlichen Recht anerkannt, vgl. Sheldon/Carter, S.175ff; einige einzelstaatlichen UDAP Gesetze zählen die „Bait and Switch"-Fälle in den laundry lists auf und sehen darüber hinaus einige Detailregelungen vor, siehe z.B. Colorado, Colo. Rev. Stat. Ann. 6-1-105 (1) (n); Tennessee, Tenn. Code Ann § 47-18-104 (d); Wyoming, Wyo. Stat. § 40-12-105 (a) (xiv).

1998 Vgl. dazu Lehmler, S.191f; Emmerich, S.333; Berlit, Rn.264ff.

1999 Siehe § 5 V S.2 UWG; kritisch zu dieser Festlegung: Boesche, Rn.282f.

2000 Siehe 16 C.F.R. § 238.3 (c): "The failure to have available (...) a sufficient quantity of the advertised product to meet reasonably anticipated demands, (...)."

2001 Dies ist insbesondere bei besonders hochpreisigen Gütern der Fall; vgl. zu den Ausnahmen: Regierungsentwurf zum UWG (BGBl. I 2003, 1487ff), zu § 5, Absatz 5; Berlit, Rn.266ff; Emmerich, S.331ff; Boesche, Rn.280f.

2002 Siehe 16 C.F.R. § 238.3 (a).

2003 Siehe 16 C.F.R. § 238.3 (c).

2004 Siehe 16 C.F.R. § 238.4.

bereits von der Rechtsprechung zu § 3 UWG a.F. entwickelte Fallgruppe der Lockvogelangebote ist aber auch auf Fälle anwendbar, in denen gar kein Vorrat vorhanden ist, die Nachfrage aus anderen Gründen nicht in angemessener Weise befriedigt wird, statt dessen ein anderes Produkt angeboten wird oder in sonstiger Weise von dem tatsächlichen Preisniveau abgelenkt wird.[2005] Nach den neuen UWG-Regelungen, die die etablierten Fallgruppen der Rechtsprechung normieren, kommt im Falle des fehlenden Vorrats und des Nicht-Anbietens der Ware eine Verletzung der in § 5 V UWG genannten Grundsätze in Betracht.[2006] Verfolgt der werbende Anbieter mit der Werbung das Ziel statt der angepriesenen Ware ein anderes höherpreisiges Produkt anzubieten, so verstößt dies in erster Linie gegen das Verbot der unsachlichen Beeinflussung gemäß § 4 N.1 UWG.[2007] Eine Irreführung über das wahre Preisniveau des angebotenen Warensortiments durch das Hervorheben eines besonders günstigen Angebots hingegen verstößt gegen das allgemeine Verbot irreführender Preiswerbung gemäß § 5 II S.1 Nr.2 UWG.[2008]

Die meisten der genannten vergleichbaren Fallgruppen irreführender Werbung gehören im US-amerikanischen und im deutschen Wettbewerbsrecht zu den lange anerkannten Fällen. In einigen dieser Fälle wird bei dem Vergleich der Entwicklungen der Rechtslage im deutschen und US-amerikanischen Recht aber deutlich, dass in einigen Teilbereichen, wie z.B. bei der Werbung mit Zugaben und Rabatten,[2009] erst in jüngster Zeit eine Annäherung des deutschen Rechts an die liberalere Ausrichtung des US-amerikanischen Wettbewerbsrecht stattgefunden hat. Dies gilt im Grundsatz auch für die Regulierungsansätze im Rahmen der vergleichenden Werbung. Während im deutschen Recht vergleichende Werbung lange Zeit im Grundsatz unzulässig war, wurde im Zuge der Umsetzung der entsprechenden europäischen Richtlinie die vergleichende Werbung rehabilitiert.[2010] Die deutschen Regelungen sehen nun, ebenso wie das US-amerikanische Recht[2011], eine grundsätzliche Zulässigkeit der vergleichenden Werbung vor[2012]. Unzulässig sollen aber hier wie dort solche Vergleiche in Werbeaussagen sein, die die Mitbewerber herabsetzen, benachteiligen oder in anderer Weise behindern. Nach dem deutschen Recht und den Regelungen der FTC besteht außerdem die Möglichkeit der Irreführung der Verbraucher, wenn die Verbraucher durch solche

2005 Vgl. zu der Fallgruppe: Lehmler, S.192ff.

2006 Da § 5 V S.1 UWG die Nicht-Bereithaltung eines angemessenen Vorrats erfasst, muss die Vorschrift erst recht für solche Fälle gelten, in denen kein Vorrat gegeben ist. Denn auch dies ist ein unangemessener Vorrat.

2007 So auch Emmerich, S.333.

2008 So auch Emmerich, S.333; vgl. dazu auch Lehmler, S.193f.

2009 Die äußerst restriktive Handhabung des Zugabe- und Rabattrechts endete mit Aufgabe der ZugabeVO und des RabattG, siehe 2.Kapitel, B., I., 2., b), bb), (4), (a).

2010 Siehe die Richtlinie über vergleichende Werbung (Richtlinie 97/55/EG); vgl. zur deutschen Rechtslage und Umsetzung der Richtlinie: Koos, WRP 2005, S.1096ff; Henning-Bodewig, GRUR Int. 1999, S.385ff.

2011 Siehe 16 C.F.R. § 14.15 (a).

2012 Grundsätzlich zulässig ist die vergleichende Werbung im Rahmen der §§ 6, 5 III UWG.

unzulässigen Vergleiche in der Werbung von anderen Angeboten abgelenkt werden und ein falscher Eindruck über die „wahren" Wettbewerbsverhältnisse entsteht.[2013]

Wesentlich restriktiver als im US-amerikanischen Recht, wurden im deutschen Recht traditionell Angebote im Rahmen von Räumungsverkäufen, Schlussverkäufen und anderen Sonderverkaufsveranstaltungen gehandhabt.[2014] Mit der Modernisierung des UWG und der nun maßgeblichen Vorschriften gemäß § 5 II S.1 Nr.2 UWG ist lediglich das Verbot einer Irreführung über den Anlass eines Verkaufs übrig geblieben.[2015] Im US-Recht existieren in den Beispielskatalogen einiger UDAP-Gesetze vereinzelt Verbote, die allerdings stets nur die irreführende Werbung über einen tatsächlich nicht existenten Räumungsverkauf nennen.[2016] Die FTC-Regelungen enthalten keine solche ausdrückliche Regelungen. Das Verbot einer solchen Irreführung hinsichtlich Sonderverkaufsveranstaltungen lässt sich aber aus den allgemeinen Grundsätzen des *„Deception Standard"* ableiten.

Ähnliches gilt auch für das deutsche Verbot der Schleichwerbung gemäß § 4 Nr.3 UWG, einem Sonderfall der irreführenden Werbung. Das US-amerikanische Recht kennt eine vergleichbare allgemeingültige Regelung nicht. Im Bereich des medialen Direktmarketings z.B. der Versendung von Werbe-E-Mails wird im US-Recht aber generell ein Hinweis auf den kommerziellen Charakter der Kommunikation verlangt.[2017] Ebenso dürfen z.B. wissenschaftliche Veröffentlichung und Beiträge bestimmter neutraler Organisationen nicht über einen kommerziellen Hintergrund der Aussagen hinwegtäuschen.[2018] Das US-amerikanische Recht kennt dementsprechend ebenfalls das Verbot Werbung als solche zu tarnen, eine vergleichbar umfassende Regelung wie im deutschen Recht ergibt sich daraus allerdings nicht.[2019]

Schließlich erfasst sowohl der Irreführungstatbestand des deutschen Rechts als auch der US-amerikanische *„Deception Standard"* das Weglassen von wesentlichen Informationen in der Werbung.[2020] Hierzu existieren in beiden Rechtsordnungen zahlreiche vertriebsbezogene und produktbezogene Kennzeichnungs-, Aufklärungs- und Infor-

---

2013 Siehe zum deutschen Recht § 5 III UWG. Die FTC beurteilt die Irreführung einer vergleichenden Werbung erklärtermaßen nach den allgemeinen Grundsätzen des „Deception Standard".

2014 Im Zuge der UWG-Novellierung wurde § 7 I UWG a.F. gestrichen, wonach Sonderverkaufsveranstaltungen mit wenigen Ausnahmen unzulässig waren.

2015 Vgl. dazu Emmerich, S.348ff.

2016 Siehe z.B. Alabama, Ala. Code § 8-19-5 (16); New Hampshire, N.H. Rev. Stat. Ann. § 358-A:2 XII; Tennessee, Tenn. Code Ann § 47-18-104 (b) (17), (29); Texas, Texas Code § 17.46 (17).

2017 Z.B. muss eine Werbe-E-Mail in ihrer Kopfzeile einen klaren und deutlichen Hinweis auf den kommerziellen Hintergrund der Nachricht enthalten, s.a. 15 U.S.C. § 7704 (a) (5) (A) (i); vgl. im einzelstaatlichen Recht z.B. Colorado, Colo. Rev. Stat. § 6-2.5-103 (4); Illinois, 815 ILCS § 511/10 (a15); Indiana, IC § 24-5-22-8 (1); Kansas, Kan. Stat. Ann. § 50-6.107 (c) (1) (C); Missouri, Mis. Rev. Stat. § 407.1138.2; Nevada, Nev. Rev. Stat. § 41.730.1 (c) (3); Oklahoma, Okla. Stat. Tit. § 15-776.6 D.; Texas, Texas Business and Commerce Code § 46.003 (a) (1).

2018 Vgl. Sheldon/Carter, S.188f.

2019 Allerdings wird eine Werbung, die als „objektive" Information getarnt wird und deren Werbecharakter bewusst verschleiert wird, u.U. als unzulässig angesehen, s.a. FTC v. Enforma Natural Products, 5 Trade Reg. Rep. (CCH) ¶ 24,734 (C.D. Cal. Apr. 25, 2000).

2020 Siehe zum deutschen Recht § 5 II S.2 UWG; vgl. zu den bundesrechtlichen Regelungen, FTC, „FTC Policy Statement on Deception", II; zur gesamten Rechtslage in den USA Sheldon/Carter, S.136ff.

mationspflichten.[2021] Diesbezüglich ist im Rahmen des Warenhandels ein wesentlicher Unterschied hinsichtlich der Anforderungen an die Preistransparenz zwischen dem deutschen und dem US-amerikanischen Recht auszumachen. Eine Verpflichtung zur Angabe eines Endpreises, also des Warenpreises einschließlich der Steuern, wie es in der deutschen PAngVO vorgesehen ist, trifft den US-amerikanischen Warenanbieter im Grundsatz nicht.[2022] Das bedeutet, im US-amerikanischen Recht ist es zulässig, in der Werbung für eine Ware den Endpreis offen zu lassen, Preisbeispiele, Preisstufen oder einen Preis ohne Mehrwertsteuer und ohne Versandkosten anzugeben, während dies nach deutschem Recht gegen die Bestimmungen der PAngVO[2023] sowie im Rahmen des § 4 Nr.11 UWG auch gegen das Wettbewerbsrecht verstößt[2024]. Diese strengeren Anforderungen im deutschen Recht lassen sich m.E. dadurch rechtfertigen, dass eine Angabe des tatsächlichen Endpreises einerseits eine notwendige Orientierungshilfe für die Ermöglichung eines übersichtlichen und effektiven Preisvergleichs bietet und andererseits den werbenden Anbieter vor eine zumutbare Anforderung stellt. Allerdings ist zu zugestehen, dass bei einigen Vertriebsformen, wie den Internet-Auktionen und dem Powershopping, ein starres Festhalten an der Endpreisangabepflicht nicht praktikabel ist.[2025] Die deutsche Regelung sollte in Bezug auf die weiterentwickelten Absatzformen vor allem im Internethandel angepasst werden, um einer restriktiven Handhabung der Gerichte vorzubeugen und größere Rechtssicherheit diesbezüglich zu schaffen.

Im Ergebnis sind überwiegend Gemeinsamkeiten bei der Beurteilung irreführender Werbung im US-amerikanischen und im deutschen Recht festzustellen. Dabei hat die Liberalisierung des deutschen UWG begrüßenswerterweise noch einmal für einen Annäherungsschub der rechtlichen Ansätze in den beiden Rechtsordnungen geführt. Das deutsche Recht verbleibt nur in einigen wenigen Rechtsfragen zur irreführenden Werbung bei einer strengeren Regulierung des Wettbewerbs zugunsten des Verbraucherschutzes.

dd) Der Vergleich zwischen „Unfairness Standard“ und den Fällen §§ 4, 7 UWG

(1) Der Vergleich der Grundbegriffe

Bei dem Vergleich des deutschen Unlauterkeitsbegriffs mit dem US-amerikanischen Begriff der „*Unfairness*“ fällt zunächst der übereinstimmende wertebezogene Ursprung der zentralen Begriffe des Wettbewerbsrechts auf. In beiden Rechtsordnungen war lange eine sittlich-moralische Beurteilung der Rechtsbegriffe vorherrschend, die

---

2021 In beiden Rechtsordnungen bestehen z.B. für bestimmte Produkte Kennzeichnungspflichten, z.B. für Arzneimittel, Lebensmittel und Tabakprodukte, im US-Recht z.B. durch den Cigarette Labeling Act (15 U.S.C. §§ 1333ff); Beispiele im deutschen Recht sind z.B. Regelungen des LMBG und des HWG.

2022 Es existieren lediglich vereinzelt in den einzelstaatlichen Regelungen eine Preisangabepflicht für bestimmte Arten von Angeboten, z.B. die Preisangabepflicht bei Online-Warenangeboten nach kalifornischem Recht, California, Cal. Bus. & Prof. Code § 17509. (a).

2023 Siehe § 1 I, II PAngVO.

2024 S.a. 2.Kapitel, B., I., 2., b), bb), (6).

2025 Siehe dazu die Darstellung der rechtlichen Handhabung des Internet-Powershopping und umgekehrter Versteigerungen, 2.Kapitel, B., I., 2., b), bb), (4), (b).

im modernen Wettbewerbsrecht der FTC[2026] und im deutschen Recht letztlich erst mit Aufgabe des Sittenwidrigkeitsbegriffs[2027] durch marktwirtschaftliche, tatsächliche Ansätze weitestgehend verdrängt wurden. Die FTC lässt insbesondere die Erwägungen nach den Grundsätzen der öffentlichen Ordnung (*public policy*) nicht mehr als unlauterkeitsbegründendes Merkmal gelten.[2028] Im deutschen Recht hat eine solche Abkehr durch allmähliches Umdenken der Gerichte unter dem Einfluss des europäischen Rechts stattgefunden, die im Gesetz erst mit In-Kraft treten des neuen UWG Eingang gefunden hat.[2029] Das deutsche Recht hat sich hiermit aber, anders als die FTC, nicht gänzlich von den ethisch gefärbten Ansätzen bei der Beurteilung der Unlauterkeit eines Verhaltens verabschiedet. Wie die Regierungsbegründung zu dem neuen UWG nahelegt, soll zwar der Wettbewerb von dem Vorwurf des „sittlichen" Makels befreit werden, dennoch sollen die „anständigen" Gepflogenheiten des Marktes maßgebliches Kriterium bei der rechtlichen Beurteilung der Lauterkeit sein.[2030] Nach wie vor sollen diskriminierende, menschenverachtende Werbepraktiken Gegenstand der wettbewerbsrechtlichen Reglementierung sein.[2031] Solche moralischen Erwägungen finden sich ebenfalls noch in zahlreichen US-Bundesstaaten, die die ursprünglich von der FTC vorgegebenen Kriterien nach dem S&H Standard zu einem großen Teil beibehalten haben. Da aber auch die FTC Regelungen und Interpretationen nach vielen einzelstaatlichen Vorschriften zu berücksichtigen sind, streben viele Einzelstaaten eine Anpassung an die geänderten FTC-Ansätze an.[2032] Die Reichweite der einzelstaatlichen Ansätze und die konsequente Beurteilung nach den historischen Ansätzen variiert je nach Rechtsvorstellung von Bundesstaat zu Bundesstaat.

Die unterschiedlichen Beurteilungsgrundsätze der FTC und des deutschen Rechts kommen zunächst in der ersten Voraussetzung nach dem bundesrechtlichen „*Unfairness Standard*" zum Ausdruck, wonach eine substantielle Verletzung oder Verletzungsgefahr (*substantial injury*) der Verbraucher oder sonstigen Marktteilnehmer vorliegen muss.[2033] Nach deutschem Recht ist lediglich „eine nicht unerhebliche Beeinträchtigung des Wettbewerbs zum Nachteil der Marktteilnehmer" erforderlich.[2034] Dabei sind zwar die Anforderungen an die „Erheblichkeit" der Auswirkungen vergleichbar, indem es nach beiden Kriterien maßgeblich auf die Schwere des Verstoßes

2026 Durch die Normierung des 15 U.S.C. § 45 (n) wurde insbesondere das Kriterium der skrupellosen, unmoralischen Praktiken aufgegeben, vgl. dazu Orthmann, S.150.

2027 Der Begriff wurde durch den „Unlauterkeitsbegriff" ersetzt, vgl. dazu auch Regierungsentwurf zum UWG (BGBl. I 2003, 1487ff), zu § 3.

2028 Die Regelungen der „public policy" dürfen nach 15 U.S.C. § 45 (n) nicht primärer Grund für den Unlauterkeitsvorwurf sein, FTC, „FTC Policy Statement on Deception", Violation of public policy.

2029 S.a. 1.Kapitel, B., II., 2., b), bb).

2030 Vgl. Regierungsentwurf zum UWG (BGBl. I 2003, 1487ff), zu § 3.

2031 Siehe § 4 Nr.1 UWG.

2032 Siehe zu der Entwicklung in den Einzelstaaten, 2.Kapitel, B., I., 1., b), bb).

2033 Siehe 2.Kapitel, B., I., 1., a), bb), (1); vgl. zu der Anforderung auch FTC, „FTC Policy Statement on Deception", Consumer injury; vgl. außerdem Sheldon/Carter, S.154.

2034 Gemäß § 3 UWG, daraus wird das Erheblichkeitserfordernis abgeleitet, siehe dazu die Ausführungen im 2.Kapitel, B., I., 2., a), dd).

und die Anzahl der betroffenen Marktteilnehmer ankommt.[2035] Unterschiede ergeben sich aber daraus, dass die FTC eine drohende Verletzung in Form von finanziellen Schäden, Gesundheits- oder Sicherheitsrisiken verlangt. Emotionale und subjektive Beeinträchtigungen der Verbraucher werden hiervon nicht erfasst, mit Ausnahme solcher Handlungen, die einen Eingriff in die Privatheit verursachen.[2036] Nach deutschem Recht wird nur eine nachteilige Auswirkung für die Verbraucher ausgeschlossen, wenn diese in ihrer Intensität nicht wettbewerbserheblich ist.[2037] Das bedeutet, dass Marktpraktiken, die die Verbraucher in besonderer Weise emotional beeinträchtigen und beeinflussen, wie z.B. die Fälle der Schockwerbung, grundsätzlich von der Beurteilung der Unlauterkeit nicht ausgenommen sind.[2038] Wie aber gerade die Fälle der Schockwerbung im deutschen Recht zeigen, ist eine Anerkennung solcher emotionalen Beeinträchtigungen auch im deutschen Recht auf dem Rückzug.[2039] Das bedeutet letztlich aber nur eine, wenn auch verfassungsgerichtlich vorgegebene, Tendenz zur Ablehnung von Beeinträchtigungen, die überwiegend emotionale Auswirkungen haben. Wie auch die Ausführungen zu der Bestimmung gemäß § 4 Nr.1 UWG zeigen, die die diskriminierende Werbung als unlauter bezeichnet, ist ein Ausschluss solcher Nachteile vom Gesetzgeber durch das neue UWG nicht vorgegeben, es wird aber, nach der hier vertretenen Ansicht, eine zurückhaltende Beurteilung solcher von der Rechtsprechung noch nach dem Sittenwidrigkeitsbegriff bewerteten Fallgruppen zu fordern sein.[2040]

Im Vergleich mit dem einzelstaatlichen Recht ist festzustellen, dass die „*Unfairness Doctrine*“ der US-Bundesstaaten meist ebenfalls eine substantielle Verletzung für eine unlautere Marktpraktik fordern und sich insoweit maßgeblich an dem von der FTC vorgegebenen Rechtsrahmen orientieren.[2041] Dementsprechend werden emotional bedingte Beeinträchtigungen, wie bei der Schockwerbung, weder nach den Grundsätzen der FTC noch von den einzelstaatlichen Regelungen erfasst.[2042] Das Ergebnis des Vergleichs dieser Anforderungen zeigt diesbezüglich einen weiteren Unlauterkeitsbegriff des deutschen Rechts, dessen Entwicklung zu einer streng marktwirtschaftlich orientierten Beurteilung noch abzuwarten ist.

2035 Ebenso wie im deutschen Recht (2.Kapitel, B., I., 2., a), dd)) ist nach den FTC-Grundsätzen eine substantielle Verletzung gegeben, wenn die Intensität der Verletzung ausreicht oder eine nicht unerhebliche Menge der Durchschnittsverbraucher betroffen ist, siehe 2.Kapitel, B., I., 1., a), bb), (1).

2036 Siehe 2.Kapitel, B., I., 1., a), bb), (1).

2037 Zu den Anforderungen an das Erheblichkeitserfordernis, siehe 2.Kapitel, B., I., 2., a), dd).

2038 Durch die Normierung des § 4 Nr.1 UWG hat sich der Gesetzgeber ausdrücklich für eine Unlauterkeit solcher Beeinträchtigungen ausgesprochen, ein völliger Ausschluss solcher Fälle wäre demzufolge contra legem.

2039 Vor allem wegen der wegweisenden Rechtsprechung des BVerfG zur Schockwerbung, siehe BverfGE 102, S.347ff (366f), NJW 2001, S.591ff (Benetton); 107, S.275ff, NJW 2003, S.1303ff (1304f) (Benetton II).

2040 S.a. 2.Kapitel, B., I., 2., b), bb), (1).

2041 S.a. 2.Kapitel, B., I., 1., b), bb).; vgl. dazu außerdem Orthmann, S.152; Sheldon/Carter, S.159f.

2042 In den USA hat die Benetton-Werbung keinerlei wettbewerbsrechtliche Bedenken ausgelöst, vgl. Orthmann, S.152.

Zum Zweiten setzt die FTC voraus, dass die Verbraucher die drohende oder eingetretene Verletzung nicht verhindern können. Das bedeutet, der Unternehmer muss ein Hindernis geschaffen haben, aufgrund dessen der Verbraucher keine freie und unbeeinflusste Entscheidung mehr treffen kann. Es fallen dementsprechend nur solche Fälle aus dem Anwendungsbereich, in denen die Verbraucher in zumutbarer Weise eine Behinderung ihrer freien Kaufentscheidung verhindern können.[2043] Auch dieses Kriterium ist dem deutschen Recht auf den ersten Blick grundsätzlich fremd, es ist vor allem nicht allgemeine Voraussetzung einer unlauteren Wettbewerbshandlungen. Lediglich die Regelung gemäß § 4 Nr.1 UWG nennt als Beispiel unlauteren Verhaltens, eine Wettbewerbshandlung, die die Entscheidungsfreiheit der Marktteilnehmer durch „unangemessenen" oder „unsachlichen" Einfluss beeinträchtigen. Wie die Ausführungen zu der Regelung gemäß § 4 Nr.1 UWG zeigen, verbietet das deutsche Recht auch nicht jede Form der Beeinflussung, sondern verlangt die Überschreitung eines erträglichen Maßes des werblichen Einflusses.[2044] Kann eine drohende Beeinflussung von dem vernünftigen Verbraucher auf einfache und in zumutbarer Weise vermieden werden, wird wohl auch nach § 4 Nr.1 UWG nicht von einer unsachlichen Beeinflussung der Kaufentscheidung zu sprechen sein. Allerdings steigt die fehlende Verhinderungsmöglichkeit des Verbrauchers im deutschen Recht dadurch nicht zu einer echten Tatbestandsvoraussetzung dieser Fallgruppe auf. Vielmehr ist die fehlende Unangemessenheit der Markttätigkeit aufgrund einer Verhinderungsmöglichkeit des Verbrauchers im Einzelfall zu prüfen.

Auch die dritte Voraussetzung nach den FTC Grundsätzen, wonach die Vorteile für die Verbraucher und sonstigen Marktteilnehmer nicht im Verhältnis zu den Nachteilen der Verletzung überwiegen dürfen,[2045] ist keine Tatbestandsvoraussetzung der Unlauterkeit gemäß § 3 UWG. Dennoch ist auch im Rahmen der Beurteilung von Wettbewerbshandlungen, aufgrund der verfassungsrechtlichen Schranken des Wettbewerbsrechts, stets eine Abwägung zwischen den Interessen der Marktteilnehmer auf der einen und der Funktionsfähigkeit und Förderung des Leistungswettbewerbs auf der anderen Seite zu berücksichtigen.[2046] Dabei dürfen die konkreten Marktpraktiken auch auf ihre Vorteilhaftigkeit für die Verbraucher hin überprüft werden. Dies zeigt sich insbesondere an den oben dargestellten Erwägungen zur wettbewerbsrechtlichen Beurteilung des Powershoppings und von umgekehrten Versteigerungen nach deutschem Recht. Auch hier überwiegen die Vorteile der Verbraucher, besonders günstige, auf Händlerpreisniveau liegende Geschäfte abzuschließen, gegenüber der durch ihren Spielcharakter gekennzeichneten Einfluss solcher Vertriebsformen.[2047] Eine Abwägung eventuell bestehender Vorteile für die Verbraucher, können im Einzelfall folglich auch im deutschen Recht Berücksichtigung finden.

Bei dem Vergleich des deutschen Unlauterkeitsbegriffs mit den entsprechenden einzelstaatlichen „*Unfair or Unconscionable Standards*" ist auf deren überwiegende

2043 Siehe dazu. 2.Kapitel, B., I., 1., a), bb), (1); vgl. auch FTC, „FTC Policy Statement on Deception", Consumer injury.

2044 S.a. 2.Kapitel, B., I., 2., b), bb), (1), (a).

2045 Vgl. FTC, „FTC Policy Statement on Deception", Consumer injury.

2046 S.a. 2.Kapitel, B., I., 2., a).

2047 Siehe dazu 2.Kapitel, B., I., 2., b), bb), (4), (b).

Übereinstimmungen mit den FTC-Standards hinzuweisen. Trotz der Beibehaltung der S&H-Kriterien, nähern sich die meisten einzelstaatlichen Gerichte den von der FTC vorgegebenen Bedingungen an.[2048] Deshalb sind in den Einzelstaaten im Grundsatz ähnliche Abweichungen zum deutschen Recht festzustellen.

(2) Der Vergleich der Fallgruppen des „Unfair Standard" mit §§ 4, 7 UWG

Trotz der unterschiedlichen Beurteilungskriterien, erkennt auch das US-amerikanische Recht einige Fallgruppen an, die in §§ 4 und 7 UWG als sonstige Fälle unlauteren Verhaltens genannt sind. Überwiegend einheitlich werden im deutschen und US-amerikanischen Recht die Fälle beurteilt, in denen der Unternehmer versucht, durch Nötigung oder durch das Ausüben von Druck oder Zwang, den Verbraucher zu einer Kaufentscheidung zu veranlassen. In solchen Fällen nimmt auch die FTC eine über die emotionale Beeinträchtigung hinausgehende substantielle Verletzung der Verbraucher an. Ebenso werden von dem Unlauterkeitsvorwurf gleichsam die Fälle erfasst, in denen sich ein werbender Anbieter besondere Notsituationen der Verbraucher oder die Unerfahrenheit und Geschäftsungewandtheit besonders schwacher Verbrauchergruppen zu Nutze macht.[2049] Das bedeutet, im Rahmen der Regulierung unlauterer Marktpraktiken wird in beiden Rechtsordnungen auch der Schutz von Minderjährigen, alten und kranken Menschen sowie von Minderheiten vor Missbrauch ihrer Defizite berücksichtigt. Eine mit dem Tatbestand gemäß § 4 Nr.11 UWG vergleichbare Regelung, die in die Bewertung eines unlauteren Marktverhaltens auch bestimmte andere gesetzliche Bestimmungen mit einbezieht, ist, aufgrund des Fehlens eines zentralen Wettbewerbsgesetzes, wie dem UWG, im US-amerikanischen Recht nicht gegeben. Die Verbote des unlauteren Verhaltens werden sowohl auf Ebene der Einzelstaaten wie auf Bundesebene in verschiedenen gesetzlichen Bestimmungen genannt, die Regelungen für das Marktverhalten zum Gegenstand haben.[2050] Einer gesonderten gesetzlichen Verknüpfung solcher Regelungen, wie in § 4 Nr.11 UWG, bedarf es deshalb im US-Recht nicht.

Wie oben dargelegt, ergeben sich aber Unterschiede in der Beurteilung von Werbepraktiken, die durch besonders schockierende, anstößige, diskriminierende und menschenverachtende Inhalte eine größere Aufmerksamkeit bei den Verbrauchern erzielen sollen. Solche Marketingpraktiken sind im US-Recht, aufgrund der rein emotionalen Auswirkungen und dem Fehlen einer substantiellen Verletzung, nicht vom „*Unfairness Standard*" erfasst. Im deutschen Recht waren solche emotionalen Beeinflussungstakti-

2048 S.a. 2.Kapitel, B., I., 1., b), bb).

2049 Siehe zum US-Recht 2.Kapitel, B., I., 1., a) bb), (1), vgl. ferner Sheldon/Carter, S.169; im deutschen Recht werden solche Fälle von § 4 Nr.2 UWG erfasst, s.a. 2.Kapitel, B., I., 2., b), bb), (2), vgl. außerdem Emmerich, S.208f.

2050 Jedes dieser Gesetze enthält eine ausdrückliche Bestimmung, dass die in dem Gesetz genannten Praktiken unlautere oder irreführende Handlungen (unfair or deceptive acts or practices) nach dem jeweiligen Wettbewerbsrecht sind; siehe z.B. im Bundesrecht 16 C.F.R. § 435.1 (Mail or Telephone Order Merchandise Rule); 16 C.F.R. § 429.1 (Cooling-off Period Rule); 16 C.F.R. § 239.1 (Guides for the Advertising of Warranties and Guarantees); siehe des Weiteren z.B. die „Commercial E-mail Acts" oder „Unsolicited E-mail Acts" in den Einzelstaaten: Arizona, Ariz. Rev. Stat. § 44-1372.01 C.; Florida, Fla. Stat. § 668-6075 (1).

ken zwar als Fallgruppe sittenwidriger Werbepraktiken anerkannt, mit der nun gebotenen liberaleren Handhabung ist in Ansätzen eine Annäherung an die im US-amerikanischen Recht geltenden Grundsätze festzustellen, wenn auch nach dem neuen UWG mit einem vollständigen Ausschluss solcher Beeinträchtigungen im deutschen Recht vorerst nicht zurechnen ist.[2051]

Ähnliches gilt für Werbebotschaften, die pornografische oder erotische Inhalte haben. Solche Werbepraktiken sind von dem allgemeinen Verbot unlauterer Marktpraktiken der FTC nicht erfasst. Im Bundesrecht bestehen zwar für bestimmte Arten von Direktwerbung, z.B. mittels Postwurfsendung und bei der Zusendung von Werbe-E-Mails einige Sondervorschriften, wenn hierdurch pornografische Inhalte transportiert werden.[2052] Diese Vorschriften sehen aber primär Transparenz- bzw. Informationspflichten über den pornografischen Inhalt der Nachricht vor und bestimmen keine Unlauterkeit solcher Praktiken.[2053] Im deutschen Recht werden die Fälle der Werbung mit erotischen Inhalten allgemein nach § 4 Nr.1 UWG beurteilt. Hierin kann eine Beeinflussung durch diskriminierende Inhalte liegen. Wie in den Ausführungen zu diesen Fallgruppen aber bereits dargelegt, muss bei der Erwägung sittlich-moralischer Beeinträchtigung die veränderte liberale Grundausrichtung des neuen UWG einerseits und die veränderten gesellschaftlichen Moralvorstellungen andererseits Berücksichtigung finden. Deshalb können solche Fälle nur noch in besonders krassen Ausnahmefällen als unlauter beurteilt werden.[2054]

Der Vergleich der beiden letztgenannten Fälle zeigt, dass das novellierte deutsche Wettbewerbsrecht auf dem Weg zu einer rein marktwirtschaftlichen Beurteilung des Unlauterkeitsbegriffs ist, wie es auch von dem europäischen Recht vorgegeben ist.[2055] Die Tendenzen in der deutschen Rechtsprechung hierzu sind unübersehbar. Andererseits hat der deutsche Gesetzgeber die Fallgruppe des § 4 Nr.1 UWG in den Katalog auch ausdrücklich mit aufgenommen und hat damit bewusst keine vollständige Abkehr von den m.E. antiquierten und zu restriktiven Vorstellungen angeordnet.

Dies gilt auch für die im deutschen Recht als Fälle des übertriebenen Anlockens bekannten Fallgruppe.[2056] Das US-amerikanische Recht kennt zwar für die Fälle des Anlockens mit Preisrabatten das Verbot der Irreführung und eine Transparenzpflicht für die Inanspruchnahme,[2057] ebenso wie §§ 5, 4 Nr.4 UWG. Dasselbe dürfte im US-Recht auch für die in § 4 Nr.5 UWG geforderte Transparenz beim Anlocken mit Gewinnspielen gelten. Unbekannt ist dem US-amerikanischen Recht indes aber das

2051 Der Begriff „auf menschenverachtende Weise“ ist auch im Regierungsentwurf zur Umsetzung der Richtlinie über unlautere Geschäftspraktiken nicht aus der Nummer 1 des § 4 gestrichen worden, vgl. Entwurf eines Ersten Gesetzes zur Änderung des Gesetzes gegen den unlauteren Wettbewerb“ (BT-Drucks. 16/10145) S.3f.

2052 Vgl. zu den Anforderungen für die Briefpost 39 U.S.C. § 3008; zur E-Mail-Werbung 15 U.S.C. § 7704 (d); 16 C.F.R. § 316.2 und § 316.4.

2053 Siehe 39 U.S.C. § 3008, 15 U.S.C. § 7704 (d).

2054 Siehe dazu die Stellungnahme zu dieser Fallgruppe 2.Kapitel, B. I., 2., b), bb), (2).

2055 Auch die europäische Irreführungsrichtlinie und die Richtlinie über unlautere Geschäftspraktiken sehen keine entsprechende Regelung vor.

2056 S.a. 2.Kapitel, B., I., 2., b), bb), (4), (b) und (5), vgl. auch Regierungsentwurf zum UWG (BGBl. I 2003, 1487ff), zu § 4, Nr.5.

2057 S.a. 16 C.F.R. § 233.4 (c).

sog. Kopplungsverbot nach § 4 Nr.6 UWG, wonach die Teilnahme an einem Gewinnspiel grundsätzlich nicht mit dem Kauf einer Ware verknüpft sein darf. Ursprung der deutsche Regelung sind die von der Rechtsprechung entwickelten Fälle der Unlauterkeit wegen eines übertriebenen Ausnutzens der Spiellust.[2058] Der Rechtsgedanke, dass die Verbraucher durch einen in den Vordergrund gestellten Spielcharakter von der eigentlichen geschäftlichen Transaktion so sehr abgelenkt werden, dass dies den Vorwurf einer Unlauterkeit rechtfertigen würde, scheitert im US-Recht entweder an dem Bestreiten einer substantiellen Verletzung oder an der bestehenden Verhinderungsmöglichkeit des vernünftigen Durchschnittsverbrauchers, der bei Nicht-Vorliegen einer Irreführung und hinreichender Transparenz der Transaktion die Möglichkeit hat, einen finanziellen Schaden aufgrund des sich „Verleitenlassens" zu verhindern. Solche geschäftlichen Transaktionen mit Spielcharakter und Verknüpfungen von Gewinnspielen und Warenangeboten lösen in den USA deshalb keine lauterkeitsrechtlichen Bedenken aus.

Ein etwas anderes Bild zeigt der Vergleich der rechtlichen Handhabung der Fälle der belästigenden Werbepraktiken. Im Rahmen des FTCA, den FTC Regelungen und den UDAP Gesetzen existiert zwar kein allgemeines Verbot der belästigenden Werbung, wie es in § 7 I UWG normiert ist. Ebenso wie die meisten Einzelstaaten, wurden auf Bundesebene aber zahlreiche gesetzliche Regelungen geschaffen, die die einzelnen Fälle belästigender Werbemethoden reglementieren. Dabei gleichen die im US-Recht gesondert normierten Fälle dem in § 7 II UWG enthaltenen Fallkatalog. Die FTC und die überwiegende Zahl der Einzelstaaten sehen besondere Regelungen für Haustürgeschäfte, die Zusendung unbestellter Waren, das Telemarketing, die Faxwerbung und die Werbung mittels automatischer Anrufmaschinen sowie die Briefpostwerbung und die E-Mail-Werbung vor.[2059] Grund für die rege gesetzliche Regulierung solcher Fälle, im Gegensatz zu den Fällen der Schockwerbung, ist die Tatsache, dass solche kommerziellen Belästigungen häufig einen zeitlichen, kapazitären bzw. finanziellen Aufwand für den Verbraucher bedeuten und damit regelmäßig eine substantielle Verletzung gegeben ist.[2060]

Bei der Beurteilung von sog. Haustürgeschäften (*door-to-door sales*), die in beiden Rechtsordnungen entgegen ihrer Bezeichnung auf alle Formen der Direktwerbung Anwendung finden, in denen der Verbraucher an einem anderen Ort als den Geschäftsräumen des Unternehmers angesprochen wird,[2061] wird sowohl im deutschen als auch im US-amerikanischen Recht eine grundsätzliche wettbewerbsrechtliche Zulässigkeit solcher Marketingmethoden angenommen, die durch einige gesetzliche Beschränkungen eingegrenzt wird.[2062] Ähnliches gilt auch für die wettbewerbsrechtliche Bewertung der Zusendung unbestellter Waren, wie im Rahmen des Vergleichs der rechtlichen

2058 Vgl. Regierungsentwurf zum UWG (BGB1. I 2003, 1487ff), zu § 4, Nr.5.

2059 S.a. 2.Kapitel, B., I., 1., a), cc), (2), (d) und b), cc), (3).

2060 Vgl. dazu Wendlandt, S.124ff.

2061 Siehe zum US-amerikanischen Recht die Definition für „door-to.door sales" 16 C.F.R. § 429.0 (a); zur Definition von Haustürgeschäften im deutschen Recht § 312 I, S.1 BGB.

2062 Siehe zu den Beschränkungen im US-amerikanischen Recht 2.Kapitel, B., III., 1., b), aa); zu den wettbewerbsrechtlichen Beschränkungen im deurschen Rechts 2.Kapitel, B., I., 2., b), cc), (1); vgl. ferner Emmerich, S.250f.

Beurteilung von Online-Werbemethoden noch zu zeigen sein wird. Die Fälle der Briefpostwerbung werden nach US-amerikanischem und deutschem Recht überwiegend gleich beurteilt. Die Werbepraktik ist grundsätzlich zulässig, es sei denn, der Empfänger hat seinen entgegenstehenden Willen kenntlich gemacht, etwa durch einen entsprechenden Hinweis auf dem Briefkasten.[2063] Bei der wettbewerbsrechtlichen Beurteilung des Telemarketings ist es im deutschen Recht hingegen bei der restriktiveren „Opt-in"-Lösung geblieben. Das bedeutet, im Gegensatz zum US-Recht, bewertet das deutsche Recht Werbeanrufe als grundsätzlich wettbewerbsrechtlich unzulässig, solange keine ausdrückliche Einwilligung des Verbrauchers vorliegt.[2064] Nach US-amerikanischem Recht ist das Telemarketing auch ohne Einwilligung des Verbrauchers zulässig.[2065] Wie die auf Bundesebene und in den Einzelstaaten umfangreichen gesetzlichen Regelungen aber zeigen,[2066] ist an die wettbewerbsrechtliche Zulässigkeit ein Katalog an Anforderungen und Verbote geknüpft, so dass sich die deutlicheren Beschränkungen im deutschen Recht teilweise relativieren lassen. Ähnliche Bewertungen existieren in beiden Rechtsordnungen bei der Frage der Zulässigkeit von Faxwerbung und Werbebotschaften mittels automatischer Anrufmaschinen. Solche Werbenachrichten sind ohne vorherige Zustimmung des Verbrauchers nicht zulässig.[2067] Im Rahmen der Faxwerbung ist mit der Regelung gemäß § 7 II N.3 UWG eine restriktivere Handhabung als vor der UWG-Novelle normiert worden, da nunmehr eine mutmaßliche Einwilligung eines gewerblichen Empfängers nicht mehr ausreichen kann.[2068] Insofern hat dadurch aber auch eine Annäherung an das hierzu ausnahmsweise strengere US-Recht stattgefunden, das eine mutmaßliche Einwilligung nicht ausreichen lässt.[2069] Bezüglich des Vergleichs der geschaffenen Regelungen für die E-Mail-Werbung sei ebenfalls auf die nachfolgenden Erörterungen zur Online-Werbung verwiesen.

Im Ergebnis sind deutlich mehr Unterschiede zwischen den sonstigen Fallgruppen unlauteren Verhaltens gemäß §§ 4 und 7 UWG und dem „*Unfair Standard*" festzustellen, als bei dem Vergleich der Irreführungstatbestände. Das deutsche Recht ist in seinen materiellrechtlichen Vorgaben nicht nur strenger als das europäische Recht, sondern meist auch deutlich restriktiver als das US-amerikanische Recht.

2063 Siehe zum US-Recht, 2.Kapitel, B., I., 1., a), cc), (2), (d); zum deutschen Recht, 2.Kapitel, B., I., 2., b), cc), (1).

2064 Vgl. dazu die Ausführungen zu § 7 II Nr.2 UWG, 2.Kapitel, B., I., 2., b), cc), (3), (a).

2065 Siehe dazu die Beschränkungen des Telephone Consumer Protection Act (47 U.S.C. § 227), vgl. außerdem Wendlandt, S.125.

2066 Vgl. zu den umfangreichen Regelungen auf Bundesebene Sheldon/Carter, Appendix D und den einzelstaatlichen Regelungen Sheldon /Carter, Appendix E.

2067 Vgl. zum US-Recht 47 U.S.C. § 227 (b) (1) (A), (C); 47 C.F.R. § 64.1200 (a), (1), (3); zum deutschen Recht s.a. § 7 II Nr.3 UWG, siehe auch die Ausführungen zu der Vorschrift, 2.Kapitel, B., I., 2., b), cc), (3).

2068 Zuvor wurde die Faxwerbung nach den Grundsätzen der Telefonwerbung beurteilt (BGH GRUR 1996, S.208ff; NJW 1996, S.660ff; OLG Stuttgart NJW-RR 1995, S.615ff), die eine mutmaßliche Einwilligung bei einem gewerblichen Empfänger ausreichen lässt. Nach dem jetzigen Wortlaut der Vorschrift gemäß § 7 II Nr.3 UWG ist eine mutmaßliche Einwilligung nicht mehr ausreichend.

2069 Vgl. zum Rechtsvergleich: Wendlandt, S.153.

b) Der Vergleich der Beurteilung von Online-Werbung

aa) Der Vergleich der rechtlichen Einordnung und Behandlung

(1) Der Vergleich der Behandlung von Werbebannern und Werbe-Pop-Ups

Bei dem Vergleich der rechtlichen Behandlung von Online-Werbeformen spiegeln sich im Grundsatz die oben dargestellten Ergebnisse zum Vergleich der allgemeinen rechtlichen Beurteilung von irreführenden und unlauteren Werbepraktiken wieder. Daher verwundert es nicht, wenn die irreführende Wirkung von Werbebannern und Werbe-Pop-Ups im deutschen und US-amerikanischen Recht ähnlich beurteilt werden. Der Einsatz von Werbebannern und Werbe-Pop-Ups ist aus wettbewerbsrechtlicher Sicht hier wie dort grundsätzlich unbedenklich, d.h. die Online-Werbeformen sind inhaltlich lediglich an den allgemeinen Anforderungen der Irreführung zu messen. Eine besondere Erörterung irreführender Wirkung durch die technischen Begebenheiten ist nur dann geboten, wenn dynamische Effekte in dem Werbebanner, Werbe-Pop-Up und ähnlichen Werbeformen eingesetzt werden. Sowohl im US-amerikanischen Recht als auch im deutschen Recht kommt eine Irreführung durch dynamische Effekte nur dann in Betracht, wenn diese Effekte in Art und Umfang geeignet sind, die angesprochenen Durchschnittsverbraucher von wesentlichen Informationen so abzulenken, dass eine Wahrnehmung praktisch nicht mehr möglich ist.[2070]

Ein Unterschied ergibt sich aber zwischen den beiden Rechtsordnungen daraus, dass das US-amerikanische Wettbewerbsrecht ein allgemeines Verbot der Schleichwerbung nicht kennt. Die deutsche Diskussion darüber, ob bereits die Webseite eine als solche zu kennzeichnende Werbung darstellt oder nur ihre einzelnen Bestandteile,[2071] ist deshalb in den USA praktisch nicht existent. Da nach der hier vertretenen Ansicht der Werbecharakters einer Webseite als Gesamtheit im Ergebnis abzulehnen ist und sich hieraus keine Kennzeichnungspflicht des werblichen Inhalts für die gesamte Webseite ergibt,[2072] sind diesbezüglich aber letztlich keine besonderen, vom US-amerikanischen Recht abweichende Anforderungen im deutschen Recht festzustellen. Dasselbe gilt im Ergebnis auch für die Verwendung von Werbebannern und Werbe-Pop-Ups. Auf diese Werbeformen findet zwar das Verbot der Schleichwerbung Anwendung, da sie aber ein prägendes Element des Internets darstellen, ergibt sich ihr kommerzieller Charakter schon aus der Anordnung auf der Webseite bzw. aus ihrer Abgrenzbarkeit zu anderen Inhalten.[2073] Auch hier ergeben sich deshalb keine besonderen Kennzeichnungspflichten.

Im deutschen Recht wird daneben die belästigende Wirkung von Werbe-Pop-Ups und Interstitials diskutiert. Ein Verstoß gegen § 7 I UWG ist gegeben, wenn der Aufbau des Werbefensters einen unangemessenen Zeitraum einnimmt und dabei nicht geschlossen werden kann oder wenn das Werbefenster trotz Wegklickens immer

---

2070 Siehe dazu die Ergebnisse zum deutschen Recht (2.Kapitel, B., I., 2., b), aa), (2), (b), (aa)) und zum US-amerikanischen Recht (2.Kapitel, B., I., 1., a), cc), (1)).

2071 Vgl. zu der Diskussion: Hoeren, WRP 1997 S.993ff (995); Marwitz, MMR 1998, S.188ff (189f); Leupold/Bräutigam/Pfeiffer, WRP 2000, S.575ff (589).

2072 S.a. 2.Kapitel, B., I., 2., b), bb), (3), (b).

2073 S.a. 2.Kapitel, B., I., 2., b), bb), (3), (b).

wieder aufgebaut wird.[2074] Das US-amerikanische Recht kennt ein mit § 7 I UWG vergleichbares allgemeines Verbot der Belästigung nicht, wie oben gesehen, werden nur in bestimmten Fällen der Belästigung mit Direktmarketingmethoden eine Unlauterkeit angenommen.[2075] Da eine Debatte über den Belästigungsfaktor von Werbe-Pop-Ups und Interstitials in den USA soweit ersichtlich bislang ausgeblieben ist, ist eine Erweiterung der Fallgruppen unlauterer Belästigung auf solche Fälle nicht ohne weiteres anzunehmen. Möglich ist aber, dass die FTC nach ihren Grundsätzen zur Erwägung der Belästigung kommt, wenn der Einsatz der Werbe-Pop-Ups und Interstitials des werbenden Anbieters einen Grad der Aufdringlichkeit erreicht haben, der mit einer ungewollten Briefpostwerbung vergleichbar ist.[2076] Hierfür wären Hinweise oder Umstände von Nöten, aus denen eine ablehnende Haltung des Werbeempfängers objektiv hervorgehen. Hinzuweisen ist hierbei zunächst darauf, dass die Internetnutzer, aufgrund des US-amerikanischen Gebührensystems, ihre Internetnutzung nicht, wie in Deutschland, nach der Dauer des Netzaufenthaltes bezahlen, sondern einen Pauschaltarif für jeden Internetzugang entrichten.[2077] Dementsprechend entstehen dem US-amerikanischen Nutzer bei einem aufgedrängten längeren Netzaufenthalt auch keine zusätzlichen Kosten.[2078] Ein Vorwurf der Mehrkosten, die dem Verbraucher durch den Zeitaufwand mit langen Ladezeiten von Werbefenstern entstehen, entfällt daher im US-amerikanischen Recht.[2079] Ein langer Ladevorgang bei Werbe-Pop-Ups dürfte demzufolge nach den FTC-Grundsätzen keine Unlauterkeit begründen. Nur wenn die Beeinträchtigung durch die Länge des Ladevorgangs so groß ist, dass ein eine generelle Ablehnung der Empfänger anzunehmen ist, ist ein mit der Briefpostwerbung vergleichbarer Fall der Belästigung gegeben. Ein ablehnender Hinweis ist aber in den Fällen ohne weiteres vorliegend, in denen der Verbraucher den Werbe-Pop-Up bereits mehrfach weg geklickt hat. Da sich in diesen Fällen der ablehnende Wille bereits objektiv manifestiert hat, wird dabei wahrscheinlich eher eine unlautere Belästigung der Verbraucher anzunehmen sein. Zu ähnlichen Ergebnissen wird man auch nach dem einzelstaatlichen Recht kommen, mit der Eingrenzung, dass einige Staaten einen weitreichenderen Verbraucherschutz vor unlauteren Werbepraktiken als die FTC vorsehen und deshalb möglicherweise einen weiteren Anwendungsrahmen dieser Fälle befürworten. Im Ergebnis ist aber festzuhalten, dass das deutsche Recht wohl deutlich

2074 S.a. 2.Kapitel, B., I., 2., b), cc), (1), (b).

2075 Z.B. bei der Faxwerbung siehe 2.Kapitel, B., I., 1., a), cc), (2), (d)

2076 Denn auch in diesen Fällen wird eine unlautere Belästigung der Verbraucher angenommen, s.a. 2.Kapitel, B., I., 2., b), cc), (1), (b).

2077 Allerdings ist zu verzeichnen, dass heute immer mehr deutsche Verbraucher eine Internet-Flatrate haben und damit ebenfalls nur eine monatliche Pauschale für ihren Internetzugang entrichten. Daher sind finanziellen Belastungen der Verbraucher in Deutschland durch solche Marktpraktiken heute immer seltener.

2078 Vgl. dazu Wendlandt, S.123.

2079 Dies wurde insbesondere als Unterschied zum deutschen Recht im Rahmen des Vergleichs der Handhabung der E-Mail-Werbung angeführt, vgl. Wendlandt, S.123. Da das Argument der Mehrkosten der Internetgebühren aber auch im Rahmen der Belästigung durch Werbe-Pop-Ups und Interstitials im deutschen Recht angeführt wird, wird nach US-amerikanischem Recht eine Belästigung aufgrund der Mehrkosten ebenso abzulehnen sein.

eher eine belästigende und unlautere Werbung bei der Werbung mittels Pop-Up Windows und Interstitials annehmen wird, als das US-amerikanische Recht.

(2) Der Vergleich der Handhabung von Hyperlinks zu Werbezwecken

Bei dem Vergleich der rechtlichen Beurteilung von Werbe-Links ist ebenso, wie bei der Bewertung von Werbebannern und Werbe-Pop-Ups, in beiden Rechtsordnungen eine grundsätzliche wettbewerbsrechtliche Zulässigkeit festzustellen. Sowohl die deutschen Gerichte[2080] als auch die FTC[2081] erkennen insbesondere auch den Nutzen solcher Verknüpfungen für die Verbraucher bei der Orientierung im World Wide Web an. Dabei hat die rechtliche Handhabung in beiden Rechtsordnungen vor allem markenrechtliche, urheberrechtliche und wettbewerbsrechtliche Probleme im Rahmen des Mitbewerberschutzes aufgeworfen. Gleichzeitig wird im deutschen und US-amerikanischen Recht nach der Geeignetheit zur Irreführung der Verbraucher gefragt, wenn mittels Werbelinks die Mitbewerber behindert und ausgebeutet werden.[2082]

Bei der Verwendung von Deep-Links und Frames wurde sowohl von den deutschen als auch von einigen US-Gerichten anfangs angenommen, dass ein Link, der eine Verknüpfung zu fremden Inhalten herstellt, eine geschäftliche Beziehung zwischen Webseitenbetreiber und verlinktem Unternehmen suggeriert. Besteht eine solche Verbindung nicht, so wurde angenommen, dass dies der Übernahme eines fremden Arbeitsergebnisses oder einer Rufausbeutung und gleichzeitig einer Irreführung der Verbraucher gleichkommt.[2083] Nach der höchstrichterlichen Entscheidung „Paperboy"[2084] ist im deutschen Recht eine gegenläufige Tendenz zu verzeichnen. Wie oben dargelegt, spricht einiges dafür, dass die Annahme einer geschäftlichen Beziehung bei der Verwendung von Deep-Links und Frames für den durchschnittlichen auch privaten Internetnutzer abwegig ist. Dementsprechend wird im deutschen Recht bei der Verwendung solcher Links zukünftig zusätzliche die Unlauterkeit begründende Umstände verlangt werden müssen.[2085] Dieser Argumentation haben sich zwar einige Stimmen im US-amerikanischen Recht angeschlossen, eine deutliche Hinwendung zu der ausnahmsweise im deutschen Recht großzügigeren Handhabung dieser Fälle durch die US-amerikanischen Gerichte ist aber noch nicht erfolgt, die diesbezügliche Entwicklung bleibt abzuwarten.

In ähnlicher Weise wird im deutschen und US-amerikanischen Recht aber die Verwendung von Hyperlinks in Suchmaschinen beurteilt. Die hierfür vorgeschalteten offenen oder verdeckten Schlüsselwörter müssen einen sachlichen Zusammenhang zu der mit dem Link verbundenen Seite enthalten, sonst behindern die Suchergebnisse in

2080 Siehe vor allem BGH, CR 2003, S.920ff (924) (Paperboy).

2081 S.a. FTC, „Staff Issues Guidelines on Internet Advertising Dot Com Disclosures", Part 2, III., C., 1., b) Clear and Conspicuous Disclosures in Online Advertisements.

2082 Siehe zum deutschen Recht (2.Kapitel, B., I., 2., b), aa), (2), (b), (bb)) und zum US-amerikanischen Recht (2.Kapitel, B., I., 1., a), cc), (1), (c)).

2083 Siehe dazu 2.Kapitel, B., I., 1., a), cc), (1), (c).

2084 S.a. BGH, CR 2003, S.920ff (Paperboy).

2085 S.a. 2.Kapitel, B., I., 2., b), aa), (2), (b), (bb).

unlauterer Weise die Mitbewerber und sind außerdem geeignet, die Verbraucher in die Irre zu führen.[2086]

Im deutschen Recht ergibt sich aber eine strengere Beurteilung von Werbe-Links unter dem Aspekt des Verbots der Schleichwerbung. Aus dem Gebot der Trennung von redaktionellen Inhalten und Werbung ergeben sich zumindest dann besondere Anforderungen an die Kennzeichnung des kommerziellen Hintergrunds eines Links, wenn dieser auf Seiten eingesetzt wird, die überwiegend der sachlichen Information dienen, wie z.B. in elektronischen Zeitschriften und Zeitungen. Ein Link kann diesen Anforderungen durch seine Anordnung innerhalb der Seite oder durch einen Hinweis innerhalb der Linkzeile genügen.[2087] Aufgrund des Fehlens eines allgemeinen Verbots der Schleichwerbung bzw. des Trennungsgebots im Medienrecht müssen solche Regeln nach US-amerikanischem Recht nicht beachtet werden.

bb) Der Vergleich der Handhabung von internetspezifischer Werbung

(1) Der Vergleich der Beurteilung der Fälle des Web-Cramming

Die im US-amerikanischen Recht als Fälle des Web-Cramming bekannten Fälle werden sowohl von der FTC als auch nach den einzelstaatlichen Regelungen als irreführende Werbung bewertet, d.h. die Werbung mit besonders günstigen Angeboten und die Verknüpfung mit teuren Software-Downloads oder teuren Telefonanrufen ist nach dem US-amerikanischen Recht grundsätzlich unzulässig.[2088]

Auch nach deutschem Recht kommt zunächst eine Irreführung der Verbraucher gemäß § 5 II S.1 Nr.2 UWG in Betracht, denn hierin dürfte eine Irreführung über Preisvorteile und die Preisberechnung zu erblicken sein. Wirbt der Anbieter mit einem günstigen Angebot oder kostenlosen Zugaben und verbindet das Angebot insgeheim, etwa im Rahmen des Bestellvorgangs, mit kostenintensiven Telefongesprächen oder Software Downloads, dann wird der Durchschnittsverbraucher über das Preisniveau des Angebots getäuscht. Nur eine klare und deutliche Information über alle Kosten des Angebots, einschließlich entstehender Kosten beim Bestellvorgang, kann eine solche Irreführung hindern.

Daneben ist eine Verletzung der Transparenzpflicht gemäß § 4 Nr.4 UWG möglich, da auch die Bestellkosten in solchen Fällen zu den Bedingungen der Inanspruchnahme des angepriesenen Preisvorteils gehören.

Zusätzlich kommt ein Verstoß gegen § 1 I PAngVO und damit ein Wettbewerbsverstoß nach § 4 Nr.11 UWG i.V.m. § 1 I PAngVO in Betracht. Danach müssen bei dem Angebot von Waren oder Dienstleistungen die Endpreise, also der Preis einschließlich der Umsatzsteuer und sonstigen Preisbestandteilen, die zu zahlen sind, angegeben werden. Zu den Preisbestandteilen gehören alle Kosten, die im direkten Zusammenhang mit der Wertkalkulation der Ware oder Dienstleistung stehen, d.h. alle Kostenfaktoren, die üblicherweise in den Warenpreis mit einberechnet werden. Sonstige zusätzliche Kosten, die auf die Zusendung oder Erlangung des Warenangebots entfal-

2086 Zum deutschen Recht (2.Kapitel, B., I., 2., b), aa), (2), (b), (bb)) und zum US-amerikanischen Recht (2.Kapitel, B., I., 1., a), cc), (1), (c)).

2087 S.a. 2.Kapitel, B., I., 2., b), bb), (3), (b).

2088 S.a. 2.Kapitel, B., I., 1., a), cc), (2), (a).

len und nur mittelbar zum Warenerwerb gehören, werden von § 1 I PAngVO nicht erfasst.[2089] Dies geht auch aus der Vorschrift gemäß § 1 II Nr.2 PAngVO hervor, die über die Endpreisangabepflicht hinaus eine Angabepflicht von Versandkosten bei Fernabsatzverträgen gesondert regelt. Die Bestellkosten eines Angebots gehören, ebenso wie Versandkosten,[2090] nicht zu den unmittelbar auf die Ware entfallenden Kosten, sondern sind Zusatzbelastungen, die neben dem Endpreis anfallen. Somit werden solche Kosten nicht von der Angabepflicht gemäß § 1 I PAngVO erfasst. Aus der Ratio der PAngVO und der Vorschrift gemäß § 1 II Nr.2 PAngVO ergibt sich aber auch, dass der Grundsatz der Preiswahrheit und Preisklarheit[2091] über die Preisbestandteile der Ware hinaus, eine Preistransparenz für das Gesamtangebot fordert. Bei den Bestellkosten handelt es sich, wie bei den Versandkosten, um Bestandteile der Kosten für das Gesamtangebot. Aus Sicht des Verbrauchers hängt die Attraktivität eines Angebots nicht nur von einem günstigen Endpreis ab, sondern auch von allen sonstigen Kosten, die von der Bestellung bis zur Lieferung der Ware anfallen. Das Preisniveau eines Angebots ist dementsprechend nur dann hinreichend transparent, wenn auch über die Kosten, die durch die Bestellung entstehen, klare und verständliche Informationen in der Werbung angegeben werden. Auch wenn die PAngVO die Bestellkosten nicht ausdrücklich im Rahmen der Angabepflichten benennt, ist eine Preisangabepflicht solcher Kosten aus den genannten Gründen dennoch anzunehmen.[2092] Folglich liegt in den Fällen des Web-Cramming gleichfalls ein Verstoß der Angabepflichten nach der PAngVO sowie eine wettbewerbsrechtlichen Verletzung gemäß § 4 Nr.11 UWG i.V.m. § 1 PAngVO vor.

Festzuhalten bleibt im Ergebnis, dass auch hier die wettbewerbsrechtlichen Regelungen ähnliche Wertungen vorsehen und zu vergleichbaren Ergebnissen gelangen.

(2) Der Vergleich der Beurteilung des Powershopping

Bei dem Vergleich der rechtlichen Beurteilung von internetspezifischen Vertriebsformen fällt auf, dass die in Deutschland lebhaft geführte Diskussion der Lauterkeit des Internet-Powershoppings und der umgekehrten Online-Versteigerung,[2093] in den USA nicht stattgefunden hat. Dies liegt darin begründet, wie schon bei dem Vergleich der Unlauterkeitstatbestände angeführt, dass die Fallgruppen des übertriebenen Anlockens, vor allem in Form des Ausnützens des Spieltriebs der Verbraucher, im US-amerikanischen Wettbewerbsrecht im Grundsatz nicht beanstandet werden, während diese Fälle

---

2089 Vgl. Piper in: Piper/Ohly, UWG-Komm., § 1 PAngVO, Rn.33.

2090 S.a. BGH GRUR 1997, S.479ff (480) (Münzangebot); vgl. auch Piper in: Piper/Ohly, UWG-Komm., § 1 PAngVO, Rn.33.

2091 Siehe § 1 VI PAngVO.

2092 Möglich wäre aufgrund der vergleichbaren Interessenlage und der (anscheinend) planwidrigen Regelungslücke eine analoge Anwendung der Vorschrift § 1 II Nr.2 PAngVO oder eine Ableitung aus § 1 VI PAngVO.

2093 Vgl. zur deutschen Diskussion: OLG Köln, MMR 2001, S.523ff; LG Köln, K&R 2000, S.137ff; LG Nürnberg, MMR 2000, S.329ff; OLG Hamburg, MMR 2001, S.41ff (letsbuyit.com); LG Köln MMR 2001, S.54ff; Ladeur, Rn.142; Heyms/Prieß, Rn.70; Steinbeck, WRP 2002, S.604ff;.Hucke, ZUM 2001, S.770ff (771f).

im deutschen Recht zu den etablierten Fallgruppen unlauteren Verhaltens gehören.[2094] Nach dem US-Recht ist es daher auch grundsätzlich unbedenklich, wenn beim Powershopping oder der umgekehrten Versteigerung die Spiellust der Verbraucher angesprochen wird. Ebenso unbeachtlich ist es mangels einer allgemeinen Endpreisangabepflicht im US-amerikanischen Recht, wenn dabei der Endpreis der Ware nicht in der Werbung angegeben wird, sondern nur Preisstufen mitgeteilt werden oder der Endpreis sich erst, wie bei Versteigerung, am Ende der Transaktion ergibt.

Neben der grundsätzlichen Zulässigkeit solcher Vertriebsformen im US-Recht, zeigen aber auch die oben angeführten Argumente für eine Lauterkeit des Powershoppings und der umgekehrten Versteigerung, dass eine restriktive Handhabung nach dem neuen UWG im deutschen Recht nicht haltbar und nicht tragbar sein wird.[2095] Die entsprechende BGH-Entscheidung zur Zulässigkeit von umgekehrten Versteigerungen[2096] gibt Anlass für die Prognose, dass sich letztendlich auch im deutschen Recht eine wettbewerbsrechtliche Beanstandung nicht durchsetzen wird können.

(3) Der Vergleich der Regelungen zum Datenschutz im Internet

Bei dem Vergleich des Datenschutzrechts der beiden Länder ergeben sich große Unterschiede zunächst daraus, dass das US-amerikanische Recht kein mit den deutschen Gesetzen vergleichbares umfangreiches und einheitliches Datenschutzrecht kennt.[2097] Das US-Recht sieht lediglich in einzelnen Wirtschaftsbereichen, wie z.B. bei Finanzdienstleistungen, besondere Anforderungen bei der Erhebung und Verwendung von Kundendaten vor.[2098] Ein allgemeingültiger Schutz vor Datenerhebungs- und Verarbeitungspraktiken zu kommerziellen Zwecken, wie im deutschen Recht, ist im US-amerikanischen Recht nicht existent. Das gilt auch nach wie vor für den Online-Bereich, obgleich gerade hierfür eine gesetzliche Regelung seit langem in der Diskussion ist.[2099] Das bedeutet, dass dem hohen Datenschutzniveau im deutschen Recht, das für den E-Commerce durch die Regelungen von TDDSG und MDStV gewährleistet wird, auf Bundesebene heute praktisch nur die von der FTC im Rahmen der „*Invasion of Privacy*“ anerkannten Fälle entgegen gesetzt wird. Im Unterschied zum deutschen Recht, müssen die US-amerikanischen Online-Dienstanbieter weder eine Einwilligung zur Datenerhebung und -Verwendung von dem Betroffenen einholen noch umfangreiche Informationen über ihre Datenverarbeitungspraxis bereithalten.[2100] Zwar bestehen solche Anforderungen nach den NAI-Prinzipien, diese haben aber keine gesetzliche Bindungswirkung und bieten daher keinen annähernd hinreichenden Schutz vor sol-

---

2094 S.a. 2.Kapitel, B., I., 2., b), bb), (4), (b).

2095 Siehe dazu die Ergebnisse zu dieser Fallgruppe im 2.Kapitel, B., I., 2., b), bb), (4), (b).

2096 Siehe BGH GRUR 2003, S.626ff (Umgekehrte Versteigerung II).

2097 Vgl. Grimm/Roßnagel, DuD 2000, S.446ff (447ff).

2098 Auf Bundesebene ist vor allem der Gramm-Leach-Bliley Act (15 U.S.C. §§ 6801-6809) und der Fair Credit Reporting Act (15 U.S.C. §§ 1681ff) zu nennen.

2099 S.a. 2.Kapitel, B., I., 1., a), cc), (2), (b), (aa).

2100 Die FTC sieht in solchen Praktiken grundsätzlich nur dann eine unlautere Handlung, wenn der Anbieter die kommerzielle Vewendungsabsicht der Daten nicht klar und deutlich mitgeteilt hat, s.a. 2.Kapitel, B., I., 1., a), cc), (2), (b).

chen Datenverarbeitungspraktiken.[2101] Zudem verdeutlichen auch die Vorschläge der FTC zu einem entsprechenden Bundesgesetz[2102] sowie die im Kongress eingebrachten und letztlich gescheiterten Gesetzesvorlagen[2103], dass ein „zukünftiges" Datenschutzgesetz auf Bundesebene keine hohen Schutzanforderungen enthalten wird, so dass auch mit einer bundesrechtlichen Regelung kein mit dem deutschen Recht vergleichbares hohes Schutzniveau im US-amerikanischen Datenschutzrecht entstehen wird. Beispielsweise steht es nicht zu erwarten, dass ein etwaiges US-Bundesgesetz die strenge Anforderung der vorherigen Einwilligung, wie sie im deutschen Recht vorgesehen ist, festlegen wird.

Im Bundesrecht ist aber mit dem Childrens Online Privacy Protection Act[2104] eine umfangreiche Regelung im Rahmen von Datenverarbeitungspraktiken zum Schutz von Kindern entstanden. Im deutschen Recht gelten diesbezüglich die allgemeinen Anforderungen nach dem TDDSG und dem MDStV. Bei einer Zuwiderhandlung gegen diese Regelungen kommt, wie oben gesehen, neben einem Wettbewerbsverstoß wegen Rechtsbruch gemäß § 4 Nr.11 UWG außerdem noch eine Unlauterkeit wegen des Ausnutzens der Unerfahrenheit von Kindern und Jugendlichen nach § 4 Nr.2 UWG in Betracht.[2105] Demgemäß besteht zumindest eine Übereinstimmung zwischen deutschem und US-amerikanischem Recht darin, dass im Rahmen des Jugendschutzes gesetzliche Anforderungen an die Erhebung und Verwendung von Daten gestellt werden, die auch im Rahmen des Wettbewerbsrechts Beachtung finden.

Der sachliche Anwendungsbereich des US-Gesetzes erfasst dabei alle Arten von Online-Serviceanbietern,[2106] während die gesetzliche Grundlage nach deutschem Recht davon abhängt, ob es sich um Teledienstanbieter und Mediendienstanbieter handelt[2107]. In diesem Zusammenhang enthält das deutsche Recht eine deutliche Schwäche, da die Abgrenzung unter Umständen schwierig und unpraktikabel ist. Wie oben dargestellt, ist die Abgrenzung, aufgrund der weitgehend übereinstimmenden Anforderungen in TDDSG und MDStV, aber von wenig praktischer Bedeutung.[2108]

2101 S.a. 2.Kapitel, B., I., 1., a), cc), (2), (b).

2102 Siehe FTC, "Privacy Online: Fair Information Practices in the Electronic Marketplace", S.36. Diese Empfehlungen sind vage formuliert und lassen das Schutzniveau der empfohlenen Regelung nicht erkennen. Insbesondere im Rahmen des Erfordernisses „choice" ist nicht erkennbar, ob eine umfassende Einwilligung zur Datenerhebung und Datenverwendung damit gefordert wird.

2103 Z.B. sieht der vorgeschlagene Consumer Privacy Protection Act of 2005 (HR 1263, bill of an act, 2005) in Section 103 nur dann eine Erlaubnispflicht vor, wenn die erhobenen Daten an Dritte verkauft werden oder Dritten in anderer Weise zugänglich gemacht werden. Damit entstünde keine umfassende Einwilligungspflicht, wie im deutschen Recht, die auch die Einwilligung zur Erhebung und eigenen Verwendung vorsieht.

2104 Siehe 15 U.S.C. §§ 6501ff.

2105 Siehe dazu die Ausführungen zum Datenschutz im Netz im deutschen Recht 2.Kapitel, B., I., 2., b), bb), (3), (c).

2106 Vgl. dazu die Definition des insoweit maßgebenden Begriffs „operator" nach 15 U.S.C. § 6501 (2).

2107 Danach entscheidet sich, ob das TDDSG oder der MDStV anwendbar ist, s.a. 2.Kapitel, B., I., 2., b), bb), (3), (c).

2108 S.a. 2.Kapitel, B., I., 2., b), bb), (3), (c).

Bei dem Vergleich der Anforderungen nach den gesetzlichen Vorschriften fällt zunächst auf, dass das US-Bundesgesetz die hohe Anforderung der vorherigen Einwilligung zur Datenerhebung und -Verwendung, ebenso wie das deutsche Recht, stellt.[2109] Anders als das deutsche Recht, das die Einwilligung von dem Betroffenen fordert, verlangt der COPPA eine Einwilligung von den Eltern des betroffenen Kindes. Die Einwilligung im Rahmen des TDDSG und MDStV ist allerdings eine Willenserklärung im Sinne des BGB,[2110] demnach ist bei Kindern eine elterliche Einwilligung nach Maßgabe der §§ 104ff BGB ohnehin erforderlich. Ferner muss nach dem COPPA die elterliche Einwilligung von dem Anbieter nachgewiesen werden. Die Einwilligung kann mittels Post oder Fax erfolgen. Eine elektronische Einwilligung genügt den Anforderungen nur, wenn sie mittels eines digitalen Zertifizierungssytems erstellt wurde. Eine E-Mail reicht nur dann aus, wenn darin ein von dem Anbieter hierfür ausgegebene Verschlüsselungselement, wie z.B. ein Passwort, angegeben werden muss.[2111] Die deutsche Regelung ist diesbezüglich mittlerweile weniger streng. Nachdem der deutsche Gesetzgeber anfangs noch die Einhaltung der elektronischen Form mittels Signaturverfahren gefordert hatte,[2112] genügt nach deutschem Recht mittlerweile eine elektronische Form, wenn die Erklärung durch eine eindeutige Handlung abgegeben wird, dies protokolliert werden muss und die Erklärung jederzeit eingesehen werden kann.[2113] Allerdings wird im US-Recht eine leichte Herabsetzung der strengen Formanforderungen durch einen Zusatz zum COPPA diskutiert, in dem eine einfache E-Mail ausreichen soll, wenn der Anbieter die gesammelten Daten nur für eigene Zwecke verwendet.[2114] Nach deutschem Recht kann ebenso ein Faxschreiben oder eine E-Mail zur Erklärung der Einwilligung ausreichen,[2115] da dies eine eindeutige Handlung erfordert und eine Protokollierung der Erklärung ermöglicht. Allerdings muss dann gewährleistet sein, dass der Erklärende die Nachricht auch nachträglich einsehen kann.

Die Regelungen nach deutschem und US-amerikanischem Recht sehen jeweils auch Ausnahmen von dem Einwilligungserfordernis vor. Die Vorschriften weichen hierbei aber insofern voneinander ab, dass das deutsche Recht den Erlaubnisvorbehalt bei bestimmten Arten von Daten aussetzt, während das US-Gesetz dies von der Art der Nutzung abhängig macht. Nach dem US-Recht kommt es darauf an, dass sicher gestellt ist, dass die gesammelten Daten nur für einmalige Zwecke verwendet werden.[2116]

2109 Siehe im deutschen Recht § 3 I TDDSG und § 17 I MDStV; siehe im US-Recht 15 U.S.C. § 6502 (b), (1), (A), (ii) und 16 C.F.R. § 312.3 (b), §312.5.

2110 Vgl. Spindler/Schmitz/Geis, Komm. zum TDG, TDDSG, SigG, § 3 TDDSG, Rn.20, 32. Die Einwilligung im Rahmen des TDDSG und des MDStV ist eine vorherige Zustimmung im Sinne des §§ 183 BGB, diese Erklärungen sind ebenfalls einseitige, empfangsbedürftige Willenserklärungen, vgl. Heinrichs in: Palandt, BGB-Komm., Einf. v. § 182, Rn.3. Zu einem anderen Ergebnis kommt Schaar, Rn.579ff.

2111 Siehe 16 C.F.R. § 312.5 (b).

2112 Strengere Formanforderungen sah z.B. das TDDSG in der ursprünglichen Fassung von 1997 vor, vgl. dazu Spindler/Schmitz/Geis, Komm. zum TDG, TDDSG, SigG, § 3 TDDSG, Rn.14.

2113 Siehe § 4 II TDDSG und § 18 II MDStV.

2114 Siehe FTC, „Comment on Proposed COPPA Rule Amendment".

2115 Vgl. dazu Spindler/Schmitz/Geis, Komm. zum TDG, TDDSG, SigG, § 3 TDDSG, Rn.16.

2116 Siehe 16 C.F.R. § 312.5 (c).

Im deutschen Recht ist die Datenerhebung und -Verwendung ohne Einwilligung möglich, wenn Bestands-, Nutzungs- oder Abrechnungsdaten erhoben wurden.[2117] Diese Regelungen stimmen aber insoweit überein, als damit im Wesentlichen die Fälle von einer Einwilligung befreit sind, in denen der Anbieter zur Durchführung einer konkreten Transaktion und zum Angebot des Online-Dienstes die Daten sammelt.

Eine Übereinstimmung zwischen den gesetzlichen Regelungen ist ferner darin gegeben, dass die Betroffenen die Möglichkeit haben müssen, die weitere Verwendung und Erhebung von Daten, trotz einer erteilten Einwilligung, nachträglich wieder zu verbieten, darüber sind die Betroffenen in eindeutiger Weise zu informieren.[2118]

Nach beiden gesetzlichen Regelungen ist vor einer jeden Datenerhebung und -verwendung die Datenverarbeitungspraxis des Anbieters offenzulegen, d.h. es muss eine klare und deutliche Information über die Art der gesammelten Daten sowie über die Absichten ihrer Verwendung einschließlich der Absicht ihrer Weitergabe an Dritte erfolgen.[2119] Darüber hinaus ist den Betroffenen stets der Zugang zu den gespeicherten Daten zu ermöglichen.[2120] Dabei wird stets angenommen, dass eine zulässige Datenerhebung jeweils nur die Daten betreffen kann, die für die Durchführung der Transaktion, zu deren Zweck sie erhoben werden, notwendig sind.[2121] Dies soll einen besseren Schutz vor solchen Praktiken gewährleisten, bei denen die Betroffenen regelrecht ausspioniert werden. Schließlich müssen die Online-Dienstanbieter nach beiden Regelungen hinreichende Maßnahmen ergreifen, die zur Gewährleistung der Sicherheit der Daten erforderlich sind.[2122]

Ein großer Unterschied besteht allerdings darin, dass das US-amerikanische Gesetz eine „*Safe Harbor*“-Regelung enthält, wonach solche Service-Anbieter, deren Praktiken mit den anerkannten Verhaltenskodizes übereinstimmen, sich leichter von dem Vorwurf der Zuwiderhandlung gegen die gesetzlichen Vorschriften befreien können.[2123] Nach deutschem Recht besteht eine solche Erleichterung für die Anbieter nicht, das deutsche Recht ist diesbezüglich also strenger als die US-Regelung.

Abgesehen von diesem Unterschied besteht durch die Regelungen des COPPA zumindest im Rahmen des Jugendschutzes ein mit dem deutschen Recht vergleichbares Datenschutzniveau. Da das Bundesgesetz jedoch nur den Schutz von Kindern unter 13 Jahren betrifft, ist festzustellen, dass das US-amerikanische Bundesgesetz lediglich für „Kinder“, nicht einmal für Heranwachsende oder Teenager, einen ähnlichen Schutzstandard normiert, wie dies gewohntermaßen im deutschen Recht für alle Verbraucher, unabhängig von ihrem Alter, geregelt wird.

2117 Siehe §§ 5, 6 TDDSG, § 19 MDStV.

2118 Siehe dazu im US-Recht 15 U.S.C § 6502 (b), (1), (B), (ii); im deutschen Recht § 4 III TDDSG, § 18 III MDStV.

2119 Siehe im US-Recht 15 U.S.C § 6502 (b), (1), (A), (i), 16. C.F.R. § 312.3 (a), § 312.4; im deutschen Recht § 4 I TDDSG, § 18 I MDStV.

2120 Siehe im deutschen Recht § 4 I TDDSG, § 18 I MDStV; im US-amerikanischen Recht 15 U.S.C. § 6502 (b), (1), (B), 16 C.F.R. § 312.3 (c), § 312.6.

2121 Dies folgt im deutschen Recht nun aus § 3 II TDDSG; siehe zum US-Recht 15 U.S.C § 6502 (b), (1), (C), 16. C.F.R. § 312.3 (d).

2122 Siehe dazu im US-Recht 16 C.F.R. § 312 (e), § 312.8; im deutschen Recht § 4 IV TDDSG, § 18 IV MDStV.

2123 Siehe 15 U.S.C. § 6503 und 16 C.F.R. § 312.10.

Bei dem Vergleich des deutschen Rechts mit den einzelstaatlichen Regelungen sind im Wesentlichen dieselben Unterschiede festzustellen. Hinsichtlich des Jugendschutzes gelten auch in den Einzelstaaten die Regelungen des COPPA, die auf einzelstaatlicher Ebene betrauten Verbraucherschutzinstanzen, also die *attorney generals*, sind ebenfalls berechtigt gegen Zuwiderhandlungen des Bundesgesetzes in ihrem Staatsgebiet vorzugehen.[2124] Darüber hinaus haben die US-Bundesstaaten, wie oben gesehen, zumeist ebenfalls noch keine Regelung zum allgemeinen Online-Datenschutz geschaffen.[2125] Es verbleibt lediglich der Vergleich mit dem kalifornischen Online Privacy Protection Act[2126], der, ebenso wie die deutschen Regelungen, einen Schutz vor Online-Datenverarbeitungspraktiken für alle Verbraucher vorsieht. Diese Regelung bestimmt allerdings nur einen minimalistischen Schutz vor solchen Praktiken, indem hierdurch lediglich die Datenverarbeitungspraktiken bei der Datenerhebung und -verwendung mitgeteilt werden muss, sowie Änderungen dieser Praxis.[2127] Das kalifornische Gesetz verlangt weder eine vorherige Einwilligung zur Datenerhebung und -verwendung noch schreibt es zwingend den Zugang zu den erhobenen Daten vor.[2128] Ebenso wenig wird festgelegt, welche Daten im Zusammenhang mit einer Transaktion erhoben und gespeichert werden dürfen und welche Sicherungsmaßnahmen die Dienstanbieter einhalten müssen. Da das kalifornische Gesetz mit seinen Minimalanforderungen ein repräsentatives Beispiel für eventuell noch folgende einzelstaatliche Gesetze auf diesem Rechtsgebiet darstellt, ist im Ergebnis, ebenso wie im Vergleich zum Bundesrecht, festzustellen, dass das Datenschutzrecht der Einzelstaaten im Online-Bereich auch in Zukunft weit hinter den Schutzstandards des deutschen und auch des europäischen Rechts zurückbleiben wird.

Diese Kluft stellt ein nicht zu unterschätzendes Problem für den Verbraucherschutz und die Abstimmung der rechtlichen Anforderungen im Datenschutz zwischen Deutschland und den USA sowie zwischen der EU und den USA dar. Relativ zeitnah mit der Schaffung der europäischen Datenschutzrichtlinie, die vom deutschen Gesetzgeber noch überobligatorisch umgesetzt worden ist, wurden entsprechende Gesetzesvorlagen im US-amerikanischen Kongress eingebracht.[2129] Seither besteht zwischen der EU und den USA ein reger Disput über die Notwendigkeit eines strengeren US-amerikanischen Datenschutzrechts, der bis heute wegen der fehlenden gesetzlichen Regelung nicht vollständig beigelegt ist.[2130] Insbesondere für den Online-Bereich, der sich ja gerade durch seine Internationalität auszeichnet, ist dieses Problem besonders drängend. Vorläufig konnte sich diesbezüglich nur eine Einigung im Rahmen einer sog. „*Safe Harbor*"-Regelung durchsetzen,[2131] wonach es denjenigen US-amerikani-

2124 Siehe 15 U.S.C. § 6504 (a), (1).

2125 Außer Kalifornien hat bisher kein US-Bundesstaat ein entsprechendes Gesetz in Kraft gesetzt.

2126 Siehe California, Cal. Bus.&Prof. Code § 22575ff.

2127 Siehe California, Cal. Bus.&Prof. Code § 22575.

2128 Nach Cal. Bus.&Prof. Code § 22575 (b), (2) ist der Anbieter nicht verpflichtet einen Zugang zu gewähren: "If the operator maintains a process (...)".

2129 Die ersten Gesetzesvorlagen hierzu wurden bereits 2000 eingebracht, die europäische Datenschutzrichtlinie (AB.1 2002, L 201/37) trat 1998 in Kraft.

2130 Vgl. dazu Genz, S.129ff.

2131 Dies ist nicht zu verwechseln mit der "Safe Harbor"-Regelung des COPPA.

schen Online-Dienstanbietern erlaubt sein soll, grenzüberschreitend Daten von europäischen Verbrauchern zu erheben, zu verwenden und weiter zugeben, wenn nachgewiesen ist, dass diese den in den USA anerkannten Verhaltenskodizes der NAI entsprechen.[2132] Dies ist freilich eine vorübergehende Notlösung, deren weitere Handhabung ebenso wie die Durchsetzung gesetzlicher Vorhaben auf US-amerikanischer Seite abzuwarten bleibt.

(4) Der Vergleich der Handhabung der Zusendung unbestellter Waren

(a) Der Vergleich der wettbewerbsrechtlichen Beurteilung

Die Problematik der Zusendung unbestellter Waren ist in beiden Rechtsordnungen Gegenstand des wettbewerbsrechtlichen und vertragsrechtlichen Verbraucherschutzes, mit dem Unterschied, dass im US-Recht aufgrund der fehlenden systematischen Trennung von Wettbewerbsrecht und Schuldvertragsrecht keine getrennte Beurteilung in den beiden Rechtsbereichen stattfindet, wie es im deutschen Recht nun mit der Bewertung nach § 7 II Nr.1 UWG und der Sonderregelung nach § 241a BGB der Fall ist. Dabei wird sowohl im US-amerikanischen Recht als auch im deutschen Recht eine Zusendung unbestellter Waren wegen ihrer belästigenden Wirkung grundsätzlich als unlautere Werbepraktik eingestuft, die auch nicht nach den allgemeinen Grundsätzen des Vertragsrechts beurteilt wird, sondern, aufgrund der besonderen Schutzwürdigkeit der Empfänger solcher Waren, einer Ausnahmeregelung unterstehen.

Bei dem Vergleich der deutschen Beurteilung im Wettbewerbsrecht mit der US-Regelung auf Bundesebene sind überwiegend übereinstimmende Bewertungsmaßstäbe festzustellen. Wettbewerbswidrig ist es nach beiden Regelungen, eine Ware zuzusenden, die nicht bestellt wurde oder zu deren unbestellter Zusendung kein Einverständnis erteilt wurde, wobei weder im deutschen Wettbewerbsrecht noch in den US-Regelungen eine Verbraucher-Unternehmer Transaktion vorliegen muss.[2133] Ferner kann nach beiden Regelungen auch bei einer Ersatzlieferung eine unbestellte Ware vorliegen, wenn diese ihrer Art nach nicht gleichwertig mit der bestellten Ware ist. Nach der bundesrechtlichen Regelung im US-Recht gilt eine Ersatzlieferung zunächst dann als „unbestellt", wenn eine teurere Ware oder die bestellte Ware in größerer Menge geliefert wird.[2134] Unbestellt ist eine Ware danach aber erst Recht, wenn eine andere Ware, als die bestellte, geliefert wird. Fraglich ist, wie die Fälle zu beurteilen sind, in denen die bestellte Ware geliefert wird, diese aber nicht mit der Qualität oder Art und Güte der bestellten Ware übereinstimmt. Nach der Ratio der Vorschriften im Bundesrecht dürften Waren, die viel geringwertiger sind, als die bestellten Waren oder soweit von der Bestellung abweichen, dass sie den geforderten Preis nicht mehr rechtfertigen, ebenfalls von der Regelung erfasst sein. Es liegt danach aber keine unbestellte Ware vor, wenn die Abweichungen zur Bestellung relativ gering sind und der Verbraucher

2132 Vgl. dazu im Einzelnen Genz, S.129ff; außerdem Max Steinbeis, „EU und USA einigen sich auf Datenschutz im Internet", 14.3.2000, im Internet unter: http://fitug.de/debate/0003/msg 00342.html (zuletzt 1.8.2007).

2133 Siehe zum deutschen Recht (2.Kapitel, B., I., 2., b), cc), (2), (b), (aa)); und zum US-Recht (2.Kapitel, B., I., 1., a), cc), (2), (c)).

2134 S.a. 2.Kapitel, B., I., 1., a), cc), (2), (c).

dadurch keinen nennenswerten finanziellen Nachteil einbüßt.[2135] Insoweit stimmt die Reichweite der Bundesregelung mit der Beurteilung dieser Fallgruppe durch die deutschen Gerichte überein, die eine unbestellte Ware bei einer Ersatzlieferung immer dann nicht annehmen, wenn im Wesentlichen nach Art und Qualität eine der Bestellung entsprechende Ware geliefert worden ist.[2136] Abweichungen können sich im Einzelfall aber daraus ergeben, dass das deutsche Recht keine finanzielle Einbußen im Rahmen einer unlauteren Werbemethode zwingend erforderlich machen, d.h. in Zweifelsfällen werden die deutschen Gerichte bei einer Ersatzlieferung eher zu dem Ergebnis kommen, dass eine unbestellte Ware im Sinne des § 7 II Nr.1 UWG vorliegt.[2137] Nicht erfasst werden nach beiden Regelungen solche Fälle der Ersatzlieferung, die ein tatsächlich besseres Angebot darstellen, als es der ursprünglichen Bestellung entspricht. Grundsätzlich dürfte auch nach deutschem Recht ein vorteilhafteres Angebot nicht per se die Annahme rechtfertigen, dass der Verbraucher mit der Zusendung nicht einverstanden ist, wie es die Fallgruppe gemäß § 7 II Nr.1 UWG voraussetzt. Dies hängt allerdings von der Art und dem Umfang der gelieferten Ware ab, so dass sich auch hier im Einzelfall Unterschiede zu den US-amerikanischen Regelungen ergeben können, die die überobligatorische Leistung des Unternehmers von dem Anwendungsbereich grundsätzlich ausschließen[2138].

Übereinstimmend werden nach beiden Regelungen aber solche Fälle beurteilt, in denen im Zusammenhang einer Lieferung unbestellter Waren Auftragsbestätigungen oder Zahlungsaufforderungen dem Verbraucher zugesendet werden.[2139]

Eine Ausnahme von der Wettbewerbswidrigkeit dieser Fälle wird sowohl im deutschen Recht und nach der Regelung im US-Bundesrecht angenommen, wenn zwischen dem Verbraucher und dem Unternehmer eine geschäftliche Beziehung besteht, aus der eindeutig hervorgeht, dass der Verbraucher im Rahmen dieses geschäftlichen Kontakts die Zusendung von Waren, die er nicht ausdrücklich bestellt hat, wünscht.[2140]

Eine weitere Ausnahme liegt nach beiden Regelungen vor, wenn der Verbraucher im Rahmen der Zusendung durch deutliche und klare Information darauf hingewiesen wird, dass die Annahme der Ware nicht verpflichtend ist sowie dass die Annahme, das Behalten und Verwenden oder Verbrauchen der Ware keine Zahlungsverpflichtung und auch keine sonstigen Verpflichtungen begründet.[2141] Im Gegensatz zum US-amerikanischen Recht, erkennen die deutschen Gerichte eine solche Ausnahme nur an,

---

2135 Siehe dazu die Anforderungen einer substantiellen Verletzung nach dem „Unfairness Standard", 2.Kapitel, B., I., 1., a), bb), (1).

2136 S.a. 2.Kapitel, B., I., 2., b), cc), (2), (b), (bb).

2137 Vgl. dazu die Anforderungen an eine unlautere Wettbewerbshandlung und an die Erheblichkeit der Unlauterkeit, 2.Kapitel, B., I., 2., a), dd).

2138 Dies ergibt sich daraus, dass in solchen Fällen die Vorteile für die Verbraucher deutlich überwiegen, vgl. dazu die Anforderungen im Rahmen des „Unfairness Standard", 2.Kapitel, B., I., 1., a), bb), (1).

2139 Siehe zum deutschen Recht, (2.Kapitel, B., I., 2., b), cc), (2), (b), (aa)); zum US-Recht, (2.Kapitel, B., I., 1., a), cc), (2), (c)).

2140 Siehe zum deutschen Recht, 2.Kapitel, B., I., 2., b), cc), (2), (b), (aa); zum US-Recht, 2.Kapitel, B., I., 1., a), cc), (2), (c).

2141 Siehe zum deutschen Recht, 2.Kapitel, B., I., 2., b), cc), (2), (b), (aa), (bb); zum US-Recht, 2.Kapitel, B., I., 1., a), cc), (2), (c).

wenn es sich bei der zugesendeten Ware um eine geringwertige Ware des täglichen Lebensbedarfs handelt. Bei höherpreisigen Gütern soll ein höherer Belästigungsfaktor dadurch gegeben sein, dass bei dem Verbraucher ein höherer Kauf- bzw. Zahlungsdruck entsteht.[2142] Angesichts des veränderten Verbraucherleitbildes der deutschen Gerichte ist diese Einschränkung aber fraglich. Zwar vermag die Zusendung einer hochwertigen Ware sicherlich einen größeren Druck auch auf den durchschnittlich verständigen und informierten Verbraucher erzeugen, sich mit dem Angebot auseinanderzusetzen und ihn zur Zahlung zu bewegen. Wird ein Durchschnittsverbraucher in diesem Zusammenhang darauf hingewiesen, dass er nicht zur Abnahme und Zahlung der Ware verpflichtet ist, sollte sich dieser Druck m.E. auch bei hochwertigen Gütern relativieren. Demnach wäre es nach den Grundsätzen zum neuen, liberaleren UWG angebracht, eine Ausnahme von der Unlauterkeit der Zusendung unbestellter Waren, unabhängig von der Art der Ware, zu zulassen. Dafür spricht auch die europäische Vorgabe nach der FARL, die eine Zusendung unbestellter Waren nur dann reglementiert, wenn diese in Verbindung mit einer Zahlungsaufforderung erfolgt.[2143] Inwieweit die deutschen Gerichte in Zukunft diese Unterscheidung aufgeben werden, ist aber fraglich, da eine von der bisherigen Rechtsprechung abweichende Beurteilung zu diesem Zeitpunkt nicht angezeigt ist.[2144] Nach dem europäischen Recht wäre dies jedenfalls nicht zwingend, weil die FARL insoweit lediglich Mindestanforderungen zum Verbraucherschutz festlegt.[2145] Wird diese Unterscheidung beibehalten, ist im Vergleich zum US-amerikanischen Recht eine restriktivere Handhabung der Ausnahmefälle festzustellen.

Der Vergleich der einzelstaatlichen Regelungen erbringt im Wesentlichen keine abweichenden Ergebnisse, da sich diese zumeist sehr eng an den Bundesvorschriften orientieren.[2146]

(b) Der Vergleich der vertragsrechtlichen Beurteilung

Bei dem Vergleich der vertragsrechtlichen Beurteilung ist zunächst festzustellen, dass sowohl die deutsche Regelung als auch die US-amerikanischen Vorschriften einen Kaufvertragsschluss zwischen Verbraucher und Unternehmer verneinen und ebenso keine Kaufpreiszahlungspflicht des Verbrauchers annehmen, wenn der Verbraucher die Ware annimmt, behält und verwendet.[2147] Hierbei ist wiederum zu berücksichtigen, dass im US-Recht keine Begrenzung des persönlichen Anwendungsbereichs vorgenommen wird. Die Vorschrift gemäß § 241a BGB setzt hingegen voraus, dass ein Unternehmer die Waren an einen Verbraucher sendet. Damit ist der Anwendungsrahmen der deutschen Regelung im Schuldvertragsrecht beschränkter als die US-Rege-

2142 S.a. 2.Kapitel, B., I., 2., b), cc), (2), (b), (aa).

2143 Siehe Artikel 9 1.Spiegelstrich der FARL (Richtlinie 97/7 EG).

2144 Eine Änderung der Kriterien wird weder nach Regierungsbegründung zum neuen UWG bestimmt (Regierungsentwurf zum UWG (BGBl. I 2003, 1487ff), zu § 7 Absatz 1 und 2, Nr.1) noch sind dafür Anzeichen in der Rechtsprechung erkennbar.

2145 Siehe Artikel 14 FARL.

2146 Siehe dazu die Ausführungen zum einzelstaatlichen Recht 2.Kapitel, B., I., 1., b), cc), (2).

2147 Siehe zum deutschen Recht, 2.Kapitel, B., I., 2., b), cc), (2), (b), (bb); zum US-Recht, 2.Kapitel, B., I., 1., a), cc), (2), (c).

lungen und ebenso enger als die deutsche Regelung im Wettbewerbsrecht, was der Kompatibilität der beiden Regelungen im deutschen Recht abträglich ist.

Nach sämtlichen US-amerikanischen Vorschriften kann der Verbraucher die Ware als „Geschenk“ ansehen.[2148] Das bedeutet zunächst nicht, dass hierdurch ein Schenkungsvertrag zustande kommt, wie es nach deutschem Rechtsverständnis angenommen werden könnte. Genau genommen kommt durch eine Schenkung nach US-amerikanischen Vertragsgrundsätzen grundsätzlich kein Vertrag zustande, hierfür fehlt es an einer für die Vertragsbegründung erforderlichen Gegenleistung (*consideration*).[2149] Aus demselben Grund scheitert in den Fällen der Zusendung unbestellter Waren auch ein Aufbewahrungsvertrag zwischen dem Empfänger und dem Absender. Die Bundesregelung bestimmt überdies, dass der Empfänger das Recht hat, frei über die Ware zu verfügen. Ein Schadensersatz oder Verwendungsersatz kommt daher nicht in Betracht, wenn der Verbraucher die Ware verbraucht, vernichtet oder beschädigt.[2150] Ebenso wenig dürfte nach dem Wortlaut der Vorschrift zu urteilen, den Empfänger eine Pflicht zur Herausgabe treffen.[2151] Dies entspricht auch den Ergebnissen im Rahmen des § 241a I, II BGB, der im Regelfall ebenfalls sämtliche vertraglichen und gesetzlichen Ansprüche gegen den Verbraucher ausschließt. Der Ausschluss der gesetzlichen Ansprüche des Unternehmers, insbesondere des Herausgabenspruchs gemäß § 985 BGB, wird zwar teilweise noch bestritten, die wohl h.M. folgt aber insofern mit recht dem eindeutigen Wortlaut gemäß § 241a II BGB, aus dessen Umkehrschluss ein Ausschluss der gesetzlichen Ansprüche für den Regelfall folgt. Nach der hier vertretenen Auffassung muss dies, trotz fehlender Eigentumsübertragung, auch für den Herausgabeanspruch gelten, obgleich dies ein dauerhaftes Auseinanderfallen von Besitz und Eigentum bedeutet.[2152] Im US-amerikanischen Recht dürfte diese Beurteilung unproblematischer sein, da mit der kostenlosen Zuwendung oder mit der Behandlung der Ware als „Geschenk“ sowie mit der Anordnung, dass der Empfänger mit der Ware verfahren kann, wie er es für angemessen hält, eine Eigentumsübertragung auf den Empfänger angenommen werden kann.[2153]

Nach der deutschen Regelung gemäß § 241a II BGB sind gesetzliche Ansprüche ausnahmsweise zuzulassen, wenn die Lieferung der Ware irrtümlich erfolgt und der

2148 Das gilt sowohl für die Bundesregelung (39 U.S.C. § 3009) als auch für die einzelstaatlichen Regelungen (siehe 2.Kapitel, B., I., 1., b), cc), (2)).

2149 Eine Erklärung ist im US-Privatrecht erst dann bindend für den Erklärenden, wenn dieser Erklärung oder diesem Versprechen eine Gegenleistung (*consideration*) gegenübersteht. Das Rechtsinstitut der consideration entstammt dem traditionellen Common Law und ist z.B. in den restatements II § 71 niedergelegt. Ein Vertrag kann allerdings auch ohne Gegenleistung bindend sein, z.B. wegen des Vertrauensschutzes, s.a. Reimann, S.26ff. Ein Vertrauensverhältnis zwischen Empfänger und Absender entsteht bei der Zusendung von unbestellten Waren jedoch nicht.

2150 Siehe 39 U.S.C. § 3009 (b).

2151 Dies ergibt sich daraus, dass nach der Bundesregelung, wie nach einzelstaatlichem Recht, der Empfänger das Recht hat, die Ware zu behalten, siehe zum Bundesrecht 39 U.S.C. § 3009 (b).

2152 S.a. 2.Kapitel, B., I., 2., b), cc), (2), (b), (bb).

2153 Zum Eigentumserwerb durch Schenkung ist im US-Recht, neben der Übergabe, zwar auch eine Schenkungsabsicht erforderlich (vgl. dazu Reimann, S.139), da die Ware laut Gesetz als „Geschenk“ aufzufassen ist, wird der Verbraucher eine solche Absicht bei der Zusendung vermuten dürfen.

Verbraucher dies zumindest hätte erkennen können. Dies ermöglicht einen Herausgabeanspruch, Verwendungsersatzanspruch und eventuell einen Schadensersatzanspruch des Unternehmers. Nach dem US-amerikanischen Recht sind solche Lieferungen von den Fällen der Zusendung unbestellter Waren nicht erfasst. Nach der Ratio der Bundesregelung sollen nur solche Sachverhalte umfasst werden, in denen der Absender versucht, durch die Zusendung den Empfänger zu einer Zahlung der gelieferten Waren zu bewegen. Dies ist in den Fällen der irrtümlichen Lieferung nicht der Fall. Nach einigen einzelstaatlichen Regelungen werden solche Fälle ausdrücklich ausgenommen, wenn der Unternehmer oder Empfänger nachweisen kann, dass die Lieferung irrtümlich erfolgte.[2154] Aber auch die übrigen einzelstaatlichen Vorschriften, die sich an der Bundesregelung orientieren, schließen solche Fälle aus. Da bei einer irrtümlichen Lieferungen einen Vertragschluss nicht zustandekommt und insoweit ebenfalls keine Kaufpreiszahlungsforderung begründet wird, sondern allenfalls sonstige Ansprüche, wie die Rückgabepflicht der Ware, ergeben sich hieraus im Ergebnis keine Unterschiede zu der deutschen Regelung gemäß § 241a II BGB.

Schließlich ist die Ausnahmeregelung gemäß § 241a III BGB mit den Ausnahmetatbeständen im US-amerikanischen Recht zu vergleichen. Nach Absatz 3 der deutschen Vorschrift liegt nur dann keine unbestellte Leistung vor, wenn eine gleichwertige Ersatzlieferung erfolgt ist und der Verbraucher darauf hingewiesen wird, dass er zur Abnahme nicht verpflichtet ist und die Kosten der Rücksendung nicht zutragen hat. Wie oben dargestellt, bestimmt § 241a BGB damit einen deutlich begrenzteren Ausnahmetatbestand, als das deutsche Wettbewerbsrecht, was problematisch im Hinblick auf die Kompatibilität der deutschen Regelungen ist.[2155] Da die Ausnahmeregelungen des deutschen Wettbewerbsrechts weitgehend mit den US-amerikanischen Ausnahmen übereinstimmen, ist die deutsche Regelung im Schuldvertragsrecht auch deutlich restriktiver als die US-Regelungen. Vor allem wird nach § 241a BGB die Information über die fehlende Abnahme- und Zahlungspflicht sowie das Bestehen einer geschäftlichen Beziehung zwischen Verbraucher und Unternehmer, aus der hervorgeht, dass der Verbraucher mit einer Zusendung einverstanden ist, nicht als Ausnahme von § 241a I BGB zugelassen. Da dies nach der hier vertretenen Ansicht aber interessengerechte Ausnahmeregelungen darstellen, ist die Vorschrift gemäß § 241a III BGB zu eng gefasst.[2156]

Im Ergebnis sind einerseits viele Übereinstimmungen im Rahmen der wettbewerbsrechtlichen und vertragsrechtlichen Beurteilung festzustellen, andererseits ist das deutsche Recht in einzelnen Aspekten, insbesondere im Rahmen der Ausnahmeregelung gemäß § 241a III BGB, strenger als das US-amerikanische Recht. Diese Aspekte sind m.E. aus den genannten Gründen nicht interessengerecht und bedeuten eine zu restriktive Handhabung der Fälle der Zusendung unbestellter Waren als es notwendig sein dürfte. Die US-amerikanischen Regelungen sind daher an dieser Stelle vorzugswürdig.

2154 S.a. 2.Kapitel, B., I., 1., b), cc), (2).
2155 S.a. 2.Kapitel, B., I., 2., b), cc), (2), (b), (bb).
2156 Siehe dazu die Ergebnisse zum deutschen Recht 2.Kapitel, B., I., 2., b), cc), (2), (b), (bb).

(5) Der Vergleich der Handhabung der Zusendung von Werbe-E-Mails

Die Beschränkung der Zulässigkeit von Werbe-E-Mails wurde in Deutschland und den USA aus ähnlichen Gründen erwogen. Die Gefahr der Überstrapazierung der elektronischen Kapazitäten und des Verlusts der Attraktivität und Effektivität der E-Mail-Kommunikation veranlassten eine Diskussion über eine angemessene rechtliche Handhabe dieser neuen Form der Direktwerbung und führten letztlich auch zur Schaffung gesonderter gesetzlicher Vorschriften.[2157] Die Unterschiede in der rechtlichen Beurteilung wurden dabei schon zu Beginn der Diskussion deutlich. Im deutschen Recht wurde eine strenge Reglementierung nach den Grundsätzen des Telemarketings favorisiert,[2158] während im US-Recht eine restriktive Behandlung von Werbe-E-Mails, wie bei der Beurteilung von Telefon- und Faxwerbung, überwiegend abgelehnt wurde.[2159] Die in einigen Einzelstaaten der USA geschaffenen strengeren Anforderungen sind mit in Kraft treten des CAN SPAM Acts wieder aufgegeben, so dass heute lediglich die in dem Bundesgesetz verankerten Mindestanforderungen bei der Zusendung von Werbe-E-Mails Geltung beanspruchen.[2160] Im Gegensatz dazu ist es mit der Schaffung des § 7 II Nr.3, III UWG im deutschen Recht bei der grundsätzlich restriktiven Beurteilung geblieben.[2161]

Eine wesentliche Gemeinsamkeit der gesetzlichen Vorschriften im US-Recht und im deutschen Recht ist das umfassende Transparenzgebot hinsichtlich des Ursprungs der Werbe-E-Mails. Nach beiden Regelungen muss der Absender in der elektronischen Nachricht seine Identität und eine gültige Postadresse angeben.[2162] Damit reagieren beide Gesetzgeber auf die zunehmende Problematik der Verschleierung der Herkunft von elektronischen Nachrichten.

Maßgeblicher Unterschied der geltenden Anforderungen ist das im deutschen Recht geltende Einwilligungserfordernis für eine zulässige E-Mail-Werbung. Das deutsche Recht enthält insoweit sogar noch eine Verschärfung der bisherigen Beurteilung, indem eine mutmaßliche Einwilligung eines unternehmerischen Empfängers nach § 7 II N.3 UWG nicht mehr ausreicht.[2163] Dazu ist im US-Recht festzuhalten, dass die einschlägigen Regelungen ebenfalls nicht zwischen privaten und geschäftlichen Empfängern unterscheidet,[2164] so dass die gesetzlichen Anforderungen ebenfalls unab-

---

2157 Siehe dazu im US-Recht die Begründung des US-amerikanischen Kongresses in 15 U.S.C. § 7701; vgl. im deutschen Recht die Regierungsbegründung zu § 7 II Nr.3 UWG, Regierungsentwurf zum UWG (BGB1. I 2003, 1487ff), zu § 7, Absatz 2, Nr.3.

2158 S.a. 2.Kapitel, B., I., 2., b), cc), (3), (b).

2159 S.a. 2.Kapitel, B., I., 1., a), cc), (2), (d).

2160 S.a. 2.Kapitel, B., I., 1., b), cc), (3); siehe außerdem die Vorrangsregelung nach 15 U.S.C. § 7708.

2161 Der deutsche Gesetzgeber hat mit der Normierung der Fallgruppe der Unlauterkeit von Werbe-E-Mails in erster Linie die Rechtsprechung der Gerichte nach dem alten UWG übernommen, vgl. Regierungsentwurf zum UWG (BGB1. I 2003, 1487ff), zu § 7, Absatz 2, Nr.3.

2162 Siehe im US-amerikanischen Bundesgesetz 15 U.S.C. § 7704 (a), (5), (A), (iii); siehe im deutschen UWG § 7 II Nr.4 UWG.

2163 Die ursprünglich Anwendbarkeit der Grundsätze des Telemarketings ließ eine solche mutmaßliche Einwilligung gewerblicher Empfänger zu, s.a. 2.Kapitel, B., I., 2., b), cc), (3), (b).

2164 Die Definitionen des CAN SPAM Acts im Rahmen der Begriffe „recipient“ und „sender“ sehen eine weitreichende Begriffsbestimmung vor, s.a. 15 U.S.C. § 7702 (14), (16).

hängig von der Verbrauchereigenschaft des Empfängers gelten. Im Rahmen des sachlichen Anwendungsbereichs bestimmen der CAN SPAM Act und die Ausführungsvorschriften der FTC eine Begrenzung auf „kommerzielle" elektronische Nachrichten.[2165] Eine ähnliche, marktbezogene Begrenzung ergibt sich im deutschen Recht bereits aus der sachlichen Begrenzung des Anwendungsbereichs des UWG auf „Wettbewerbshandlungen".[2166]

Das US-Bundesgesetz fordert statt der Einwilligung des Empfängers die Einrichtung eines Verfahrens, durch das der Empfänger die Löschung seiner E-Mail-Adresse aus dem Verteiler des Absenders kostenlos erreichen kann. Über diese Möglichkeit muss der Empfänger klar und deutlich informiert werden. Hat der Empfänger die Löschung beantragt, ist es dem Absender nach einer Bearbeitungszeit von zehn Tagen verboten weitere E-Mails zusenden und die E-Mail-Adresse an Dritte weiterzugeben. Ferner muss die E-Mail möglichst in der Betreffzeile der Nachricht als Werbung gekennzeichnet sein. Liegt aber eine vorherige Zustimmung zur Zusendung von Werbe-E-Mails vor, müssen diese Anforderungen nicht eingehalten werden.[2167]

Nach dem deutschen Recht ist eine Zusendung von Spams nur dann ohne Einwilligung zulässig, wenn der Empfänger dem Absender die E-Mail-Adresse im Zusammenhang mit dem Verkauf von Waren oder Dienstleistungen gegeben hat und der Absender die E-Mail zur Werbung für ähnliche Produkte oder Dienstleistungen verwendet. Nur dann ist es ausreichend, wenn dem Empfänger die Möglichkeit gegeben wird, der Zusendung weiterer Werbe-E-Mails zu widersprechen. Anders als nach den US-amerikanischen Regelungen, können dann die Kosten erhoben werden, die nach dem Basistarif für die Übermittlung einer solchen Erklärung anfallen.[2168]

Bei diesen abweichenden Ansätzen stellt sich die Frage, welche Lösung interessengerecht für die Beteiligten ist und welcher Ansatz angemessene rechtliche Voraussetzungen für die Behandlung des Spam-Problems schafft. Praktisch gesehen schützt das deutsche Recht den Empfänger bereits vor der ersten Zusendung von Werbe-E-Mails, während die Anforderungen nach dem CAN SPAM Act erst die wiederholte Zusendung nach Widerspruch erfasst. Fraglich ist es, ob es im Rahmen der Spam-Problematik interessengerecht ist, den Empfänger schon vor der ersten Zusendung zu schützen. Es wird in beiden Rechtssystemen überwiegend angenommen, dass die Zusendung „einer" Werbe-E-Mail kein mit der Fax- und Telefonwerbung vergleichbarer Eingriff in die Privatsphäre des Empfängers und damit keine vergleichbare Belästigung darstellt.[2169] Aufgrund der Masse der Anbieter im Netz und der vergleichsweise simplen und kostengünstigen Verbreitung dieser Form des Direktmarketings, würde bei der Zulassung von Werbe-E-Mails eines jeden Anbieters dennoch die Überflutung der E-

2165 S.a. 15 U.S.C. § 7702 (2), 16 C.F.R. § 316.3 (a).

2166 Aus § 2 I Nr.1 UWG ergibt sich, dass die E-Mail im Rahmen des § 7 II Nr.3 der Absatz- oder Nachfrageförderung dienen muss.

2167 Siehe dazu die Anforderungen nach 15 U.S.C. §§ 7703ff; vgl. auch die Ausführungen dazu im 2.Kapitel, B., I., 1., a), cc), (2), (d).

2168 Siehe dazu die Bestimmungen gemäß § 7 III UWG und die Ausführungen im 2.Kapitel, B., I., 2., b), cc), (3), (b).

2169 Siehe zum US-amerikanischen Recht, 2.Kapitel, B., I., 1., a), cc), (2), (d); zum deutschen Recht 2.Kapitel, B., I., 2., b), cc), (3), (b).

Mail-Accounts und die Beeinträchtigung des Komforts der E-Mail-Kommunikation drohen. Zwar kann der Empfänger auf ebenso einfachem und schnellem Wege die E-Mails aus seinem Posteingang wieder löschen, wenn diese, wie im US-Recht vorausgesetzt, in der Betreffzeile eindeutig als Werbung gekennzeichnet sind. Der Empfänger muss dabei aber u.U. hinnehmen, einerseits „erwünschte" E-Mails wegen Überlastung seines E-Mail-Accounts nicht empfangen zu können und andererseits einen gewissen Zeit- und Kostenaufwand tragen zu müssen. Angesichts der Menge der Online-Anbieter ist die Einrichtung eines Löschungsmechanismus von der Verteilerliste, wie es die US-amerikanische Regelung vorsieht, kein hinreichendes Werkzeug zur Eindämmung des Spam-Problems. Der Anruf einer gebührenfreien Hotline oder die Beantragung der Löschung per E-Mail ist im Hinblick auf die Dimensionen der Werbe-E-Mails aufwendig, unpraktikabel und unübersichtlich. Die Wahrung der Attraktivität und Funktionalität der E-Mail-Kommunikation rechtfertigt dementsprechend schon die Reglementierung der ersten Zusendungen von Spams.

Fraglich ist aber, ob das Erfordernis der vorherigen Einwilligung verhältnismäßiges Mittel zur Behebung dieser Beeinträchtigungen ist. Da die vorherige Einwilligung des Empfängers bei der Frage der Zulässigkeit einer Werbe-E-Mail eine für den Absender günstige Tatsache ist, muss der Empfänger das Vorliegen der Zustimmung im Zweifel beweisen.[2170] Eine „Do-Not-Mail" Registry, wie sie ursprünglich nach dem US-amerikanischen Bundesgesetz geplant und doch gescheitert war,[2171] könnte als offizielles Register möglicherweise ein vergleichsweise milderes und gleich effektives Mittel darstellen. Wie die Ausführungen der FTC zu dieser Möglichkeit zeigen,[2172] wäre ein solches Register aber ebenfalls sehr unübersichtlich und daher ebenfalls unpraktikabel.

Eine weitere weitaus einfachere Methode wäre es m.E., wenn die E-Mail-Adressen selbst einen Hinweis auf die Ablehnung von elektronischen Werbenachrichten enthalten könnten, wie z.B. das Kürzel „adv-". Ähnlich den Aufklebern und Schildern auf Briefkästen würde ein solcher Hinweis den entgegenstehenden Willen des Empfängers deutlich kenntlich machen. Hiervon dürften dann Ausnahmen im Rahmen einer nachgewiesenen Einwilligung zugelassen werden, mit der jederzeitigen Möglichkeit die Zusendung wieder abzustellen. Der damit verbundene einmalige technische Aufwand zur Änderung der E-Mail-Adresse wäre gegenüber dem Aufwand des Einwilligungserfordernisses bedeutend geringer. Allerdings stellt sich bei diesem Ansatz die Frage der technischen Durchsetzbarkeit und der Möglichkeit einer (internationalen) Verständigung auf bestimmte Hinweise, die die Ablehnung von Werbe-E-Mails indizieren.

Nach den gegenwärtigen Gegebenheiten ist aus den genannten Gründen im Ergebnis der deutsche Ansatz zur Regulierung von Werbe-E-Mails effektiver und damit dem US-amerikanischen Lösungsansatz vorzuziehen.

2170 Dies gilt nach den allgemeinen Grundsätzen der Beweislast, sowohl nach US-amerikanischem als auch nach deutschem Recht.

2171 Siehe dazu 15 U.S.C. § 7708.

2172 Vgl. dazu die Ergebnisse des Berichts der FTC, „National Do Not Mail Registry- A Report to Congress", S.36.

c) Der Vergleich der Sanktionssysteme im Wettbewerbsrecht

Bei dem Vergleich der möglichen Rechtsfolgen von Wettbewerbsverstößen fällt zunächst auf, dass im US-Bundesrecht eine reine behördliche Rechtsdurchsetzung vorgesehen ist, die im deutschen Recht während der UWG-Reform zwar diskutiert wurde, bislang aber abgelehnt wurde.[2173] Nach dem aktuell geltenden UWG wird es hingegen, neben der Aktivlegitimation der Mitbewerber, bestimmten Einrichtungen, wie den Berufsverbänden und -Kammern sowie den Verbraucherschutzverbänden überlassen, die gerichtliche Durchsetzung der Verbraucherschutzbestimmungen zu übernehmen. Die Ablehnung eines behördlichen Systems wurde damit begründet, dass die Einsetzung einer einzelnen Bundesbehörde die Gefahr der Überlastung und damit die Gefahr der Ineffizienz der Rechtsdurchsetzung birgt.[2174] Im US-amerikanischen Sanktionssystem wird diese Problematik dadurch zufriedenstellend gelöst, in dem der obersten Bundesbehörde FTC einerseits anderer Bundesbehörden zur Seite gestellt werden, die die Überwachung bestimmter Marktsegmente übernehmen und der FTC unterstützend zuarbeiten.[2175] Andererseits wird die FTC durch die einzelstaatlichen Sanktionsmodalitäten unterstützt. Die mit zahlreichen Kompetenzen ausgestatteten *state attorneys general* können gerichtlich gegen die Wettbewerbsverstöße in ihrem Staat vorgehen und haben durch ihre Konzentration auf die innerstaatlichen Marktaktivitäten einen größeren Überblick über das Marktgeschehen in dem jeweiligen Staat. Schließlich wird die effektive Rechtsdurchsetzung noch durch die Aktivlegitimation der Verbraucher ergänzt, so dass auf drei verschiedenen Ebenen für die Rechtsdurchsetzung der Verbraucherschutzvorschriften gekämpft werden kann.

Dieses System hat aus verschiedenen Gründen entscheidende Vorteile gegenüber den deutschen Sanktionsmöglichkeiten: Zunächst sind die Koordinations- und Kontrollmöglichkeiten einer einzelnen staatlichen Aufsichtsbehörde besser als die verschiedener, von einander unabhängig arbeitender Berufs- und Verbraucherschutzverbände. Die FTC hat durch ihre Gesamtkompetenz und die Hilfestellung durch andere Behörden die Möglichkeit umfassende Untersuchungen einzelner Marktätigkeiten anzustellen und kann hierdurch einen besseren Gesamtüberblick über die Markttätigkeiten erreichen.[2176] Durch ihren umfassenden Maßnahmenkatalog kann die US-Behörde angemessene und koordinierte Maßnahmen zur Durchsetzung der Verbraucherschutzbestimmungen vornehmen. Die im deutschen Recht aktiv legitimierten Berufsverbände und Verbraucherschutzorganisationen haben neben ihrer Klagemöglichkeit keine weiter gehenden Kompetenzen und koordinieren die Wahrnehmung ihrer Aufgaben nicht, sondern arbeiten selbständig neben einander. Allerdings wird im deutschen Recht diskutiert, ob die Einsetzung einer Bundesbehörde nicht nach der neuen Richtlinie über unlautere Geschäftspraktiken notwendig werden wird. Da die Richt-

2173 Der Gesetzgeber hat sich im Falle des neuen UWG bewusst für eine Beibehaltung des zivilrechtlichen Sanktionssystems entschieden, vgl. Regierungsentwurf zum UWG (BGBl. I 2003, 1487ff), zu § 8; Götting, S.310.

2174 Vgl. Regierungsentwurf zum UWG (BGBl. I 2003, 1487ff), zu § 8.

2175 So z.B. die FDA und die FCC, siehe dazu die Ausführungen, 1.Kapitel, A., II., 1., e), cc).

2176 Siehe dazu z.B. die Ausführungen zu den einzelnen Aktivitäten der FTC im Rahmen des Internethandels, 1.Kapitel, A., 1., e), bb).

linie die Schaffung effektiver Rechtsdurchsetzungsmöglichkeiten aber weitgehend den Mitgliedstaaten überlässt,[2177] ist eine solche Notwendigkeit m.E. bei der Umsetzung der Richtlinienvorgaben nicht ersichtlich.[2178]

Eine weitere positive Entwicklung in den USA ist die nach fast allen UDAP-Gesetzen vorgesehene Klagemöglichkeit der Verbraucher, die bei wirtschaftlichen Einbußen durch unlautere und irreführende Wettbewerbspraktiken selbständig gegen die Unternehmen vorgehen können.[2179] Auch diesbezüglich hat es bei der letzen Reform des UWG Vorschläge gegeben, eine entsprechende individuelle Klageberechtigung der Verbraucher gesetzlich zu fixieren. Dies sei angesichts des klaren Bekenntnisses zum Verbraucherschutz im Rahmen der Schutzzwecktrias gemäß § 1 UWG geboten.[2180] Die Ablehnung dieses Vorschlags begründet die Bundesregierung mit der befürchteten Ausuferung solcher Rechtsstreitigkeiten und einer daraus resultierenden Schlechterstellung des Wirtschaftsstandortes Deutschland.[2181] Diese Befürchtungen sind m.E. aus folgenden Gründen nicht nachzuvollziehen: Die Durchsetzung einer Unterlassungsverfügung oder eines Schadensersatzes, für Schäden die bei Wettbewerbsverstößen entstanden sind, sind tatsächlich kein lukratives Gerichtsverfahren für den einzelnen Verbraucher, zumal die bei irreführenden und belästigenden Werbepraktiken entstehenden Schäden bei dem einzelnen Verbraucher meist eher gering sind und der Verbraucher ja auch das Prozessrisiko tragen muss.[2182] Eine Ausuferung solcher Rechtstreitigkeiten steht deshalb bei der Einräumung einer individuellen Klagebefugnis nicht unbedingt zu erwarten. Dies zeigen auch die Erfahrungen in anderen Rechtsordnungen, wie dem Schweizer Recht,[2183] wo eine Klageberechtigung der Verbraucher seit langem praktiziert wird und nicht zu der befürchteten Entwicklung geführt hat.[2184] Da die unkoordinierten Tätigkeiten der aktiv legitimierten Berufs- und Verbraucherschutzverbände m.E. allein keine effektive Rechtsdurchsetzung gewährleisten, wäre es sogar wünschenswert eine private Klagebefugnis der Verbraucher in den Sanktions-

2177 Nach Artikel 11 I der Richtlinie bleibt es den Mitgliedstaaten überlassen, die Rechtsfolgenregelungen zu bestimmen, insbesondere die Klageberechtigung und die Einsetzung einer Behörde.

2178 Die Einrichtung einer Aufsichtsbehörde hält auch das Bundesjustizministerium zur Umsetzung der Richtlininie offensichtlich nicht für notwendig. Darin wird an dem bisherigen Sanktionssystem nichts geändert, vgl. den Diskussionsentwurf: Erstes Gesetz zur Änderung des Gesetzes gegen den unlauteren Wettbewerb, Begründung, A., IV, S.31. Auch der Regierungsentwurf zur UWG-Änderung schweigt zur Einsetzung einer Bundesbehörde, vgl. „Entwurf eines Ersten Gesetzes zur Änderung des Gesetzes gegen den unlauteren Wettbewerb“ (BT-Drucks. 16/10145).

2179 Siehe dazu die Ausführungen zu den Rechtsfolgen einzelstaatlicher UDAP-Verstöße, 2.Kapitel, B., I., 1., b), dd).

2180 So wurde es in der Arbeitsgruppe zu dem Gesetzentwurf vorgeschlagen, siehe Regierungsentwurf zum UWG (BGB1. I 2003, 1487ff), zu § 8; vgl. ferner Götting, S.311.

2181 In der Begründung heißt es weiter, dass das hohe Prozessrisiko der Unternehmer nur durch eine Absenkung des Schutzniveaus der Verbraucherschutzbestimmungen aufgefangen werden könnte, was dem Sinn und Zweck der Stärkung des Verbraucherschutzes im UWG zuwiderlaufen würde, vgl. Regierungsentwurf zum UWG (BGB1. I 2003, 1487ff), zu § 8.

2182 Ähnlich auch Götting, S.311f.

2183 Siehe dazu Artikel 10 S.1 i.V.m. Artikel 9 S.1 des Schweizer Bundesgesetzes gegen den unlauteren Wettbewerb (vom 19,12.1986, Stand 1.4.2007).

2184 Vgl. auch Götting, S.312.

katalog des UWG mit aufzunehmen.[2185] Mit Hinblick auf die umzusetzende Richtlinie über unlautere Geschäftspraktiken wäre eine Erweiterung der Aktivlegitimation auf die Verbraucher allerdings ebenfalls nicht zwingend.[2186]

Bei dem Vergleich der einzelnen Rechtsfolgen der wettbewerbsrechtlichen Verstöße ist auch zunächst festzustellen, dass der US-amerikanischen Sanktionskatalog weitreichender ist, als die deutschen Rechtsdurchsetzungsmöglichkeiten. Ähnlichkeiten bestehen zunächst hinsichtlich der Möglichkeit der Klageberechtigten ein Unterlassen der fragwürdigen Tätigkeiten gerichtlich geltend machen zu können.[2187] Ferner sind in beiden Rechtsordnungen sonstige Handlungsverfügungen möglich, die bei einer fortlaufenden Störung eingesetzt werden können.[2188] Übereinstimmend sehen beide Wettbewerbsordnungen Maßnahmen zur außergerichtlichen Streitbeilegung vor. Im deutschen Recht wird allerdings an die Unterwerfungserklärung nach § 12 UWG strengere Maßstäbe gestellt, als bei der formlosen Erklärung der Unternehmer gegenüber der FTC oder dem jeweiligen *state attorney general*.[2189]

Größere Unterschiede ergeben sich hingegen bei der Betrachtung der Möglichkeiten, geldwerten Ausgleich von den wettbewerbswidrig handelnden Unternehmen zu verlangen. Im US-Recht sind bei mehrfacher oder vorsätzlicher Verletzung der Verbraucherschutzbestimmungen Zivilstrafen und Ausgleichszahlungen für die Verbraucher

---

2185 So im Ergebnis auch Götting, S.311f.

2186 In Artikel 11 I der Richtlinie heißt es: „Die Mitgliedstaaten stellen im Interesse der Verbraucher sicher, dass geeignete und wirksame Mittel zur Bekämpfung unlauterer Geschäftspraktiken vorhanden sind, um die Einhaltung dieser Richtlinie durchzusetzen. Diese Mittel umfassen Rechtsvorschriften, die es Personen oder Organisationen, die nach dem nationalen Recht ein berechtigtes Interesse an der Bekämpfung unlauterer Geschäftspraktiken haben, einschließlich Mitbewerbern, gestatten, gerichtlich gegen solche unlauteren Geschäftspraktiken vorzugehen (...).“ Dies wäre auch mit den bisherigen Konkurrenten- und Verbandsklagemöglichkeiten gewährleistet. Auch der Diskussionsentwurf verweist ausdrücklich darauf, dass eine individuelle Klageberechtigung durch die Richtlinienvorgaben nicht zwingend einzurichten ist, siehe den Diskussionsentwurf: Erstes Gesetz zur Änderung des Gesetzes gegen den unlauteren Wettbewerb, Begründung, A., IV, S.31.

2187 Die Geltendmachung einer Unterlassungsverfügung steht dabei sowohl im deutschen als auch im US-amerikanischen Recht im Vordergrund. Die FTC beschränkt sich meist zunächst auf eine Aufforderung zum Unterlassen der fraglichen Tätigkeiten, bevor sie andere Maßnahmen ergreift, ebenso die einzelstaatlichen attorneys general. Im deutschen Recht steht der Anspruch nach § 8 UWG im Vordergrund der Rechtsdurchsetzung durch die Interessenverbände, vgl. Emmerich, S.445; Götting, S.312.

2188 Im deutschen Recht wird dies durch den Beseitigungsanspruch gemäß § 8 I UWG gewährleistet. Im US-Recht können sowohl im FTC-Verfahren als auch auf einzelstaatlicher Ebene sonstige Handlungsverfügungen erlassen werden, die zur Beseitigung der wettbewerbswidrigen Lage erforderlich sind, 2.Kapitel, B., I., 1., a), dd) und 2.Kapitel, B., I., 1., b), dd).

2189 Die Unterwerfungserklärung nach § 12 I UWG muss hinreichend bestimmt sein und den eindeutigen Willen des Schuldners zur Unterlassung erkennen lassen. Es handelt sich hierbei um ein abstraktes Schuldversprechen (§ 780 BGB), das, aufgrund der Einigung auf eine Vertragsstrafe, einer gegenseitigen Erklärung bedarf (Vertrag), vgl. auch Emmerich, S.454; die Erklärung vor der FTC zum Unterlassen der fragwürdigen Handlung ist eine einseitige, formlose Erklärung, die kein Schuldanerkenntnis darstellt, siehe 2.Kapitel, B., I., 1., a), dd). Dies gilt auch für die außergerichtliche Streitbeilegung der attorneys general, siehe die Ausführungen 2.Kapitel, B., I., 1., b), dd).

vorgesehen.[2190] Daneben können die Verbraucher Schadensersatz gerichtlich geltend machen, wenn sie einen Schaden aufgrund der verletzenden Tätigkeiten nachweislich erlitten haben.[2191] Im deutschen Recht steht dem lediglich der an hohe Voraussetzungen gebundene Gewinnabschöpfungsanspruch der aktivlegitimierten Verbände gegenüber.[2192] Wie oben dargelegt, soll dieser Anspruch, ähnlich der Zivilstrafe, abschreckende Wirkung für die Unternehmen haben. Wie aber ebenfalls schon oben dargelegt, leidet der Anspruch aus § 10 UWG an der mangelnden Erweislichkeit der Kausalität und fehlenden Berechenbarkeit der Gewinne aus einer wettbewerbswidrigen Handlung.[2193] Demgemäß stellt der Anspruch kein adäquates Mittel zur effektiven Rechtsdurchsetzung dar. Letztendlich sind die tatsächlichen (zivilrechtlichen) Sanktionsmöglichkeiten im deutschen Wettbewerbsrecht auf bestimmte Unterlassungs- und Handlungsverfügungen beschränkt, so dass im deutschen Recht ein wirklich abschreckendes, weil kostenintensives Durchsetzungsmittel der Verbraucherschutzbestimmungen fehlt. Demgegenüber sind die Ersatzzahlungen an die Verbraucher nach den UDAP-Vorschriften, sowie die Geldausgleichsmöglichkeiten der einzelstaatlichen Behörden und der FTC für die Unternehmen sehr viel abschreckender und deshalb wirkungsvoller. Ferner ist noch festzuhalten, dass die US-amerikanischen Behörden sämtliche erwirkten Zahlungen an einen dafür eingerichteten Fond zahlen müssen, der wiederum den Verbraucherschutzaufgaben zugutekommt.[2194] Im deutschen Recht fließen die Zahlungen aus einem einmal festgestellten Gewinnabschöpfungsanspruch dem Bundeshaushalt zu.[2195] Damit ist nicht gewährleistet, dass die Erlöse tatsächlich wieder zum Verbraucherschutz eingesetzt werden. Auch dies ist m.E. im US-amerikanischen Sanktionssystem sachgerechter gelöst.

Im Ergebnis ist festzustellen, dass, neben den z.T. deutlich strengeren materiellen Vorschriften im deutschen Wettbewerbsrecht, ein effektives Rechtsdurchsetzungsverfahren fehlt, das im US-Recht teilweise deutlich besser ausgestaltet ist. Hierdurch relativieren sich die strengeren Anforderungen im deutschen Recht gegenüber den liberaleren Regelungen im US-amerikanischen Recht, denn die strengsten Wettbewerbsregelungen sind nur so effektiv, wie die Möglichkeiten ihrer Rechtsdurchsetzung.

II. Vorvertragliche Informationspflichten des Unternehmers im Online-Warenhandel

Neben dem Risiko durch unlautere und irreführende Werbung manipuliert zu werden, besteht für den Verbraucher im Warenhandel die Gefahr, beim Vertragsschluss auf-

---

2190 Die sog. civil penalties und consumer redress können von der FTC und i.d.R. auch von den einzelstaatlichen Behörden geltend gemacht werden., 2.Kapitel, B., I., 1.,a), dd) und b), dd).

2191 Siehe dazu die Ausführungen zu den unterschiedlichen Schadensersatzarten (z.B. actual damages und treble damages), siehe dazu 2.Kapitel, B., I., 1., b), dd).

2192 Siehe § 10 I UWG.

2193 Vgl. dazu die Ausführungen zum Gewinnabschöpfungsanspruch, 2.Kapitel, B., I., 2., c).

2194 Siehe dazu die Ausführungen zum FTC-Verfahren (2.Kapitel, B., I., 1.,a), dd)) und der einzelstaatlichen Verfahren (2.Kapitel, B., I., 1., b), dd)).

2195 Siehe § 10 I UWG.

grund fehlender Kenntnisse über das Produkt den Unternehmer und den Inhalt des Vertrages benachteiligt zu werden. Elementares Werkzeug im Verbraucherschutz sind deshalb vorvertragliche Informationspflichten, durch die die Wissensunterlegenheit des Verbrauchers ausgeglichen werden soll. Erst die vollständige und eindeutige Information über alle wesentlichen Bestandteile eines Angebots, ermöglicht die freie, informierte und vernünftige Kaufentscheidung. Aufgrund des fehlenden physischen Kontakts zwischen Verbraucher und Unternehmer sowie aufgrund der Anonymität und Grenzenlosigkeit des Mediums Internet, sind die Verbraucher im E-Commerce in besonderem Maße auf vorvertragliche Informationen angewiesen. Ferner besteht die Gefahr, dass die technisch unerfahrenen Verbraucher, aufgrund der Komplexität des Mediums, im Handel benachteiligt werden.

Im folgenden Abschnitt wird untersucht, welche vorvertraglichen Informationspflichten der Unternehmer im Online-Warenhandel nach dem US-amerikanischen und dem deutschen Recht einhalten muss. Dazu soll im Vorfeld der eigentlichen Untersuchung in einem Exkurs erörtert werden, wann ein Online-Kaufvertrag zwischen Unternehmer und Verbraucher zustandekommt und in welchem Zeitraum die „vorvertraglichen" Informationen mitzuteilen sind. Bei der Untersuchung des Inhalts der bestehenden Informationspflichten werden zunächst die besonderen vorvertraglichen Transparenzpflichten dargestellt, die für geschäftliche Warentransaktionen im Internet gelten. Ferner soll erörtert werden, ob und inwieweit vorvertragliche Informationspflichten hinsichtlich bestimmter Vertragsbestandteile, namentlich der Informationspflicht über Vertragsklauseln und Garantien bzw. schriftlicher Zusicherungen, gegeben sind. Im dritten Teil soll dargestellt werden, welche Anforderungen nach der Transparenzpflicht für die Präsentation dieser Informationen im Netz zu stellen sind.

1. Exkurs: Übersicht über die Grundsätze zum Vertragsschluss im Internet

a) Der Vertragsschluss via Internet im deutschen und US-amerikanischen Recht

Das Ziel der Transparenz des Marktangebots und der informierten Kaufentscheidung der Verbraucher kann nur dann erreicht werden, wenn der Verbraucher vor dem Vertragsschluss über die Informationen in Kenntnis gesetzt wird. Dann stellt sich aber zunächst die Frage, wann und wie ein Vertragsschluss zum Kauf im Internet zustandekommt[2196] und bis zu welchem Zeitpunkt die Informationen dem Verbraucher zur Kenntnis gebracht werden müssen. Ein Kaufvertrag kommt im deutschen[2197] und US-amerikanischen Recht[2198] durch Angebot und Annahme zustande, wobei im Wesentli-

2196 Mit der Frage des elektronischen Vertragsschlusses in rechtsvergleichender Betrachtung haben sich bereits einige Arbeiten ausführlich auseinandergesetzt, z.B. Bierekoven; Uhlmann; Thot; Wildemann; ausführlich auch Zehentner; zu einzelnen Aspekten Miedbrodt und Rieder.

2197 Vgl. zur Anwendung des deutschen allgemeinen Vertragsrechts gemäß §§ 145ff BGB im Internet, Waltl in: Loewenheim/Koch, S.179ff (182); Cichon, S.209; Pirntke, S.104; Strempfle in: Bräutigam/Leupold, S.166ff (542).

2198 Die Regelungen des Article 2 UCC sind unabhängig von dem Medium des Kaufvertrages anwendbar, s.a. UCC § 2-206 (1) (a) a.F. und n.F und z.B. Mead. Corp. v. McNally-Pittsburgh Mfg. Corp. 654, F.2d 1197 (6th Cir. 1981); zur Anwendung der Regelungen auf das Internet, vgl. Perdue in: Smedinghoff, S.81; Thot/Behling in Spindler/Börner, S.675ff, (687); Bierekoven, S.193.

chen die allgemeinen Grundsätze des Vertragsrechts auch auf Online-Kaufverträge Anwendung finden. Danach müssen die beiden Erklärung inhaltlich übereinstimmen, mit Bezug aufeinander abgegeben werden und müssen einen rechtsgeschäftlichen Bindungswillen erkennen lassen.[2199] Bei vielen typischen Online-Warenangeboten bieten die Anbieter die Waren einer unbestimmten Anzahl von interessierten Käufern an, wie z.B. beim Warenangebot auf einer Webseite oder bei der Versendung von Werbe-E-Mails an eine große Zahl von Verbrauchern. Bei solchen „Angeboten" fehlt es i.d.R. an einem entsprechenden Rechtsbindungswillen, weshalb nach deutschem[2200] und US-amerikanischem Recht[2201] darin vielmehr eine „Einladung zum Angebot" (invitatio ad offerendum) gesehen wird. Erst die Bestellung des Verbrauchers ist in diesen Fällen das rechtsverbindliche Angebot zum Kaufvertragsschluss, das der Unternehmer auf verschiedenen Wegen annehmen kann, etwa durch eine Annahmeerklärung per E-Mail oder durch Lieferung der Ware.[2202] Nach dem deutschen Recht ist der

---

2199 Maßgeblich für den Kaufvertragsschluss im US-Recht sind die restatements II und die Bestimmungen des UCC Article 2, § 2-201ff; zur Bestimmtheit der Erklärungen: Gilbert & Bennett Mfg. Co. v. Westinghouse Elec. Corp., 445 F.Supp. 537 (D.C. Mass. 1977); National Furniture Mfg. Co. v. Center Plywood Co. 405 S.W.2d 115 (Tex. App. 1966); Kuzmeskus v. Pickup Motor Co., Inc., 330 Mass. 490, 115 N.E.2d 461 (1953); Osage Homestead Inc. v. Sutphin, 657 S.W.2d 346 (Mo.App. E.D. 1983); vgl. auch Stone, S.4ff. Zur inhaltlichen Übereinstimmung von Angebot und Annahme (mirror image rule): Minneapolis & St Louis Railway v. Columbus Rolling Mill. Co., 119 U.S. 149, 7 S. Ct. 168, 30 L.Ed. 376 (1886), Morrow v. DeVitt et.al. 160 S.W.2d 977 (Tex.App. 1942), Garett et.al. v. International Milling Co., 223 S.W.2d 67 (Tex. App. 1949); hiervon werden im gesetzlichen Kaufrecht allerdings Ausnahmen zugelassen, s.a. UCC § 2-207 (1) a.F., UCC § 206 (3) n.F., Comment 2.; zum Zustandekommen eines Vertrages durch Angebot und Annahme nach deutschem Recht, vgl. z.B. Brox, AT, Rn.168ff; Heinrichs in: Palandt, BGB-Komm., Einf. v. § 145.

2200 Siehe AG Butzbach NJW-RR 2003, S.54ff (55); vgl. außerdem Waltl in: Loewenheim/Koch, S.179ff (182); Bodenstedt, MMR 2004, S.719ff (719); Waldenberger, BB 1996, S.2365ff (2365); Ernst, VuR 1997, S.259ff (260); Ernst, NJW-CoR 1997, S.165ff (165); Köhler, NJW 1998, S.185ff (187); Spindler, ZIP 2001, S.809ff (810); Spindler/Wiebe, S.78; Strempfle in: Bräutigam/Leupold, S.166ff (544f); a.A. wohl Mehrings, BB 1998, S.2373ff (2375); vgl. zur Konformität dieser Einordnung mit der ECRL auch Brisch, CR 1999, S.235ff (241).

2201 Im US-Recht sind, wie im deutschen Recht, Schaufensterauslagen nur eine „invitatio ad offerendum", s.a. restatements II § 26; aus dem case law z.B. Moore Elec. Contractor, Inc. v. Westinghouse Elec. Supply Co., 221 Va. 745, 273 S.E.2d 553, Va. 1981; Rhen Marshall v. Purolator Filter Div., 211 Neb. 306, 318 N.W. 2.d 284 (1982); F. Schumacher & Co. v. Silver Wallpaper & Paint Co., Inc., 810 F.Supp. 627 (E.D. Pa. 1992), Osage Homestead Inc. v. Sutphin, 657 S.W.2d 346 (Mo. App. E.D. 1983); vgl. auch Corbin, S.43f. Zur Beurteilung von Webseitenbestellungen, vgl. Perdue in: Smedinghoff, S.80f; Wildemann, CRi 2000, S.109ff (110); Thot/Behling in: Spindler/Börner, S.675ff, (688).

2202 Vgl. zur Beurteilung im US-Recht Perdue in: Smedinghoff, S.80f; Wildemann, CRi 2000, S.109ff (110); Thot/Behling in Spindler/Börner, S.675ff, (688); Ähnliches gilt auch für das Zustandekommen des Vertrages bei Online-Auktionen, in denen erst das Gebot des Verbrauchers das Angebot darstellt, vgl. dazu Stone, S.17f; Calamari/Perillo, S.38ff; Corbin, S.41, 159. Dasselbe gilt auch im deutschen Recht; die Zusendung der Ware ist konkludente Annahme des Vertragsschlusses (§ 151 BGB), vgl. dazu Köhler, NJW 1998, S.185ff (187); Moritz, CR 2000, S.61ff (63); Strempfle in: Bräutigam/Leupold, S.166ff (542); zum Vertragsschluss bei Online-Auktionen und der invitatio bei Gebot des Verbrauchers im deutschen Recht, LG Münster, CR

Unternehmer im Rahmen eines elektronischen Vertrages sogar zur Bestätigung der Bestellung des Kunden verpflichtet.[2203] Diese Bestätigung ist aber keine Willenserklärung und kann allenfalls mit der Annahmeerklärung verbunden werden.[2204] Eine Annahme ist dabei nur dann anzunehmen, wenn dem Inhalt der Erklärung ein rechtsverbindlicher Willen zur Annahme entnommen werden kann.[2205] Damit ist der Unternehmer aber jedenfalls nicht verpflichtet, durch die Bestätigung das Vertragsangebot anzunehmen. Eine spätere Annahme durch Erklärung oder durch Lieferung bleibt möglich.

Keine bloße Aufforderung zum Angebot liegt nach beiden Vertragsrechten vor, wenn der Unternehmer sein Angebot nur an einzelne Verbraucher entsprechend der Verfügbarkeit der Ware richtet, indem er z.B. den ausgesuchten Verbrauchern eine E-Mail zusendet. Hierbei ist das „Angebot" des Unternehmers als rechtsverbindliche Erklärung aufzufassen.[2206] „Massen"-Angebote hingegen können nur dann als Antrag zum Kaufvertragsschluss gesehen werden, wenn die Art des Produkts einen solchen Rechtsbindungswillen nahelegt, z.B. bei unbegrenzt verfügbaren Software-Downloads.[2207] Fraglich ist aber in beiden Rechtsordnungen, ob Software-Produkte Waren sind, auf deren Vertrieb das Kaufrecht Anwendung findet. Im deutschen Recht wird von der h.M. eine Anwendbarkeit sowohl bei Software, die auf einem Trägermedium

---

2000, S.313ff (313); Pirntke, S.104ff; Wilmer, NJW-CoR 2000, S.94ff; Spindler, ZIP 2001, S.809ff (810); a.A. AG Menden, NJW 2004, S.1329ff (1329); Ulrici, NJW 2001, S.1112ff (1113).

2203 Siehe § 312e I S.1 Nr.3 BGB.

2204 Vgl. Boente/Riehm, Jura 2002, S.222ff (227); Thüsing in: Staudinger, BGB-Komm., Buch 2, 2005, § 312e, Rn.46.

2205 Siehe dazu AG Butzbach NJW-RR 2003, S.54ff (55); vgl. auch Thüsing in: Staudinger, BGB-Komm., Buch 2, 2005, § 312e, Rn.47; Bodenstedt, MMR 2004, S.719ff. Hierzu regelt § 312e I S.2 BGB eine Sonderbestimmung für den Zugang der Bestellung und der Empfangsbestätigung, der vorliegt, wenn die Parteien, für die die Erklärungen bestimmt sind, sie unter gewöhnlichen Umständen abrufen können. Dies führt aber im Verhältnis zu den allgemeinen Regelungen nicht zu abweichenden Ergebnissen; vgl. auch Boente/Riehm, Jura 2002, S.222ff (227).

2206 Vgl. zum US-Recht Wildemann, S.66f. Vgl. zu den Ausnahmen von einer invitatio im deutschen Recht: Ernst, NJW-CoR 1997, S.165ff (165). Erklärungen von elektronischen Agenten können ebenfalls rechtsverbindliche Erklärungen sein. Im US-Recht war dies zwar lange umstritten (noch ablehnend, z.B. Corinthian Pharmaceutical v. Lederle Laboratories, 724 F.Supp. 605 (S.D. Ind. 1989)), für eine Wirksamkeit z.B. Perdue in: Smedinghoff, S.78ff (81ff); Nimmer in: Weyers, S.38ff (44ff)), nach der Neufassung des Article 2 ist der Einsatz eines elektronischen Agenten nun ausdrücklich zum Vertragsschluss zulässig, siehe UCC § 2-204 (1), (4) n.F. Im deutschen Recht war ebenfalls umstritten, ob Computererklärungen überhaupt Willenserklärungen darstellen, da sie nicht von einem Menschen getätigt werden. Die Willensbildung hinter der Computererklärung ist aber letztendlich menschlichen Ursprungs, deshalb wird auch im deutschen Recht überwiegend das Vorliegen einer Willenserklärung angenommen, vgl. auch Heun, CR 1994, S.595ff (595); Moritz, CR 2000, S.61ff (62); Ann in: Hohl/Leible/Sosnitza, S.53ff (56); Strempfle in: Bräutigam/Leupold, S.166ff (543).

2207 Das gilt nicht, wenn die Software auf einem Trägermedium verkauft wird. Nur im Falle des reinen unkörperlichen Software-Downloads ist durch das Angebot ein rechtlicher Bindungswille anzunehmen, vgl. dazu die Auslegung des UCITA § 206 (b) bei Zehentner, S.92ff; Bierekoven, S.209. Ähnliches wird auch für die Beurteilung nach deutschem Recht angenommen, Spindler/Wiebe, S.79.

gespeichert ist, als auch bei nicht verkörperter Software angenommen.[2208] Im US-Recht sollte die Anwendung des Kaufrechts durch die Neuregelung von UCITA und UCC Article 2 n.F. aufgegeben werden. Wie aber bereits dargestellt, scheitern die Modellgesetze bislang an einer breiten Akzeptanz in den Einzelstaaten.[2209]

Nach den Vertragsgrundsätzen beider Rechtsordnungen müssen die Erklärungen dem jeweiligen Empfänger auch zugehen, wobei der Zugang der Annahme maßgebender Zeitpunkt für den Vertragsschluss ist.[2210] Beim Zugang wird zwischen der Erklärung unter Anwesenden und unter Abwesenden unterschieden. Im elektronischen Geschäftsverkehr ist die Kommunikation unter Echtzeitbedingungen zwar grundsätzlich möglich,[2211] in den meisten Situationen im E-Commerce findet aber keine direkte Kommunikation zwischen Anbieter und Verbraucher statt, so dass bei Online-Vertragsabschlüssen i.d.R. jeweils eine Erklärung unter Abwesenden angenommen werden muss.[2212] Der Zugang der Annahmeerklärung unter Abwesenden wird im US-amerikanischen Vertragsrecht nach der im *case law* entwickelten *„mail-box rule"* beurteilt, wonach ein Zugang bereits mit dem Losschicken der Erklärung angenommen wird.[2213] Nach deutschen Vertragsgrundsätzen geht die Annahmeerklärung, wie auch die Erklärung des Angebots, in dem Moment zu, indem die Erklärung so in den Machtbereich des Empfängers gelangt ist, dass unter normalen Umständen mit der Kenntnisnahme zu rechnen ist.[2214] Der Erklärende muss dazu die Nachricht ordnungsgemäß absenden. Der Zugang erfolgt dann eine angemessene Zeit nach dem Absenden, wenn mit der Kenntnisnahme zurechnen ist.[2215] Bei E-Mails z.B. ist bei einem privaten Empfänger (Verbraucher) spätestens einen Tag nach dem Absenden der

2208 So im Ergebnis auch Schmidt-Räntsch in: Bamberger/Roth, BGB-Komm., Bd.1, § 312b, Rn.8; Cichon, S.233ff, 243f; Schmitt, CR 2001, S.838ff (842); a.A. Meents, CR 2000, S.610ff (613).

2209 Vgl. dazu die Ausführungen zum gegenwärtigen Stand der Umsetzung von UCC Article 2 sowie zum Streit, 1.Kapitel, A., II., 2., a), aa), (1) und cc), (1).

2210 Vgl. im US-amerikanischen Recht die Regelung restatements II § 64. Vgl. zum Zugang von Willenserklärungen im deutschen Recht z.B. Brox, Rn.152ff.

2211 Dies würde für eine Erklärung unter Anwesenden sprechen, siehe zum US-amerikanischen Recht restatements II § 64, Comment; vgl. auch Ledbetter Erection Corp. v. Workmen`s Compensation Appeals Board, 156 Cal. App.3d. 1097, 203 Cal. Rptr. 396 (1984); National Furniture Mfg. Co. v. Center Plywood Co. 405 S.W.2d 115 (Tex. App. 1966); siehe auch Wildemann S.55. Auch im deutschen Recht kann im Internet u.U. eine Erklärung unter Anwesenden im Falle einer unmittelbaren Dialogmöglichkeit angenommen werden, Strempfle in: Bräutigam/Leupold, S.166ff (555); Ernst, NJW-CoR 1997, S.165ff (166).

2212 Vgl. zum US-Recht: Zehentner, S.100ff; im deutschen Recht ist dies umstritten, wobei die h.M. einen Zugang unter Abwesenden annimmt, vgl. Waltl in: Loewenheim/Koch, S.179ff (182); Ernst, VuR 1997, S.259ff (260); Ernst, NJW-CoR 1997, S.165ff (166); Heun, CR 1994, S.595ff (597f); Ultsch, NJW 1997, S.3007ff (3007); Ann in: Hohl/Leible/Sosnitza, S.53ff (60); Strempfle in: Bräutigam/Leupold, S.166ff (555); a.A. Wildemann, S.55, für das deutsche und US-amerikanische Recht.

2213 Dabei muss die Annahmeerklärung allerdings korrekt adressiert sein und unter Beachtung der erforderlichen Sorgfalt abgeschickt worden sein; s.a. restatements II §§ 66, 63.

2214 Siehe § 130 I S.1 BGB; vgl. dazu Brox, AT, Rn.152ff.

2215 Vgl. zur Problematik des Zugangs von elektronischen Erklärungen im deutschen Recht, Waltl in: Loewenheim/Koch, S.179ff (183f); Strempfle in: Bräutigam/Leupold, S.166ff (555); Ernst, VuR 1997, S.259ff (260); Ernst, NJW-CoR 1997, S.165ff (166).

Nachricht ein Zugang anzunehmen, wenn die Nachricht tatsächlich in das Postfach gelangt ist.[2216] Im US-amerikanischen Recht wurde eine Abkehr von der „*mail-box rule*“ im Rahmen des UCITA für Softwarelizenzverträge vorgesehen, indem es auch hier auf den Empfang der Annahmeerklärung ankommen sollte (*receipt rule*).[2217] Im US-Kaufrecht wird aber nach wie vor das Absenden der Erklärung als Zugang der Annahme und damit als Zeitpunkt des Vertragsschlusses festgelegt.[2218] Nach deutschem Recht kommt der Vertrag erst nach dem Losschicken der Nachricht zustande.

b) Der Zeitpunkt der vorvertraglichen Information des Verbrauchers

Hinsichtlich der vorvertraglichen Informationspflichten stellt sich nun die Frage, ob es der Zweckmäßigkeit der Transparenzpflicht entspricht, wenn die Informationen bis kurz vor dem Zugang der Annahmeerklärung zurück gehalten werden können.

Ziel der vorvertraglichen Information ist es, dem Verbraucher eine informierte Kaufentscheidung zu ermöglichen und eine möglichst einfache und schnelle Übersicht über das Warenangebot des Marktes zu gewähren. Im Online-Warenhandel liegen bei Transaktionen, in denen der Verbraucher das rechtsverbindliche Angebot erklärt, wie bei der typischen Online-Webseitenbestellung, der Zeitpunkt der verbindlichen Entscheidung und der Zeitpunkt des Vertragsschlusses u.U. weit auseinander. Der Verbraucher trifft aber auch in sonstigen Fällen oft vor dem Vertragsschluss seine rechtsverbindliche Entscheidung, denn die Abgabe der Annahmeerklärung fällt regelmäßig nicht mit dem Zugang der Erklärung unter Abwesenden zusammen.[2219] Dem Verbraucher steht zwar nach beiden Rechtsordnungen ein Widerrufsrecht seiner Angebotserklärung zu, im deutschen Recht bis zum Zugang seiner Erklärung bei dem Unternehmer,[2220] im US-amerikanischen Recht bis zum Zugang der Annahme,[2221] so dass er seine Entscheidung im Falle der Webseitenbestellung ohne weiteres noch nachträglich abändern wird können, wenn die später eingetroffenen Informationen ihn dazu veranlassen.

Die eigentliche Entscheidung des Verbrauchers findet aber bereits mit Abgabe der Bestellung statt, die nachträgliche Beseitigungsmöglichkeit durch Ausübung des

2216 Bei einem im Internet Geschäfte abschließenden Verbraucher kann angenommen werden, dass er seinen Posteingang einmal täglich abruft, eine gewöhnliche Kenntnisnahme ist deshalb spätestens am Folgetag anzunehmen, vgl. auch Ernst, VuR 1997, S.259ff (260); Ernst, NJW-CoR 1997, S.165ff (166); Moritz, CR 2000, S.61ff (63); Strempfle in: Bräutigam/Leupold, S.166ff (556).

2217 S.a. UCITA § 203 (4) (A).

2218 Dabei wurde eine Aufgabe der „mail-box rule“ für den gesamten elektronischen Geschäftsverkehr im Rahmen der Regelungen des UETA und UCC Article 2 diskutiert, aber letztlich abgelehnt, vgl. dazu Nimmer, CRi 2000, S.97ff (98); Wildemann, S.57ff; Zehentner, S.100ff; Thot, S.18; Wildemann, CRi 2000, S.109ff (111); Perdue in: Smedinghoff, S.78ff (83).

2219 Wie oben gesehen, ist der Zugang unter Abwesenden im US-Recht mit dem Absenden und im deutschen Recht mit dem Eintritt in den Machtbereich des Empfängers gegeben.

2220 Siehe § 130 I S.2 BGB; vgl. zur Bedeutung des Widerrufsrechts im elektronischen Geschäftsverkehr Heun, CR 1994, S.595ff (599).

2221 Das Institut der “revocation” s.a. restatements II § 42, Comment a. Vgl. dazu Long v. Chronicle Publishing Co. 68 Cal. App. 171, 228 P.873 (Cal.App. 1924); Corbin, S.39; Uhlmann, S.224f.

Widerrufs ist umständlich und behindert eine umfassende Transparenz des Marktangebots. Die deutschen Verbraucherschutzregelungen bestimmen dementsprechend, dass die Informationspflichten grundsätzlich nur dann eingehalten sind, wenn die Informationen bei „Abgabe der verbindlichen Erklärung" des Verbrauchers, also mit der Online-Bestellung der Ware, dem Verbraucher klar und deutlich mitgeteilt wurden.[2222] Aus den US-amerikanischen Regelungen geht lediglich hervor, dass die Informationen „vor dem Vertrag" mitgeteilt werden müssen.[2223] Die Bestimmungen der FTC zum „Pre-Sale-Availabilty"-Erfordernis[2224] regeln eine Integration der gesetzlich verpflichtenden Informationen in das Warenangebot im Ladengeschäft, Versand bzw. im Kataloghandel.[2225] In den dort geregelten Fällen erfolgt die Information aber i.d.R. auch vor Abgabe einer verbindlichen Erklärung des Verbrauchers. Beispielsweise müssen die Informationen im Ladengeschäft in unmittelbarer Nähe zum Produkt stehen oder dort ist ein Hinweis auf ihre Verfügbarkeit zu platzieren. Ferner sind die Informationen im Versandhandel unmittelbar im Katalog abzudrucken.[2226] In den geregelten Fällen der vorvertraglichen Information ist damit jeweils auch eine Wahrnehmung der Informationen vor der eigentlichen rechtsgeschäftlichen Erklärung angeordnet.

2. Vorvertragliche Informationspflichten im Online-Handel nach dem US-Recht

Im US-amerikanischen Recht existieren Aufklärungs- und Kennzeichnungspflichten im Warenhandel in den einzelnen bereichsspezifischen Regelungen auf Bundesebene und in den Einzelstaaten. Dazu gehören vor allem produktbezogene Informationspflichten, die dann gegeben sind, wenn von dem Produkt eine Gefahr für Gesundheit und Sicherheit der Verbraucher ausgeht.[2227] Des weiteren bestehen vorvertragliche Informationspflichten im Rahmen von vertriebs- oder medienspezifischen Regelungen, wie im Telemarketing.[2228] Schließlich können sich Informationspflichten aus dem

---

2222 Siehe den Wortlaut der Vorschriften § 312c I BGB und § 312e I Nr.2 BGB; vgl. auch Thüsing in: Staudinger, BGB-Komm., Buch 2, 2005; § 312c, Rn.17; so auch schon Arnold, CR 1997, S.526ff (529).

2223 In den gesetzlichen Vorschriften werden meist die Formulierungen „prior to sale" oder „pre sale" verwendet.

2224 Die FTC hat im Rahmen von „written warranties" Ausführungsvorschriften für das Erfordernis der „pre-sale availability" erlassen, s.a. 16 C.F.R. § 702.

2225 S.a. 16 C.F.R. § 702.3 (c), (d).

2226 Siehe dazu die Ausführungen zu diesen Anforderungen, 2.Kapitel, B., II., 2., b), aa), (2), (a), (b).

2227 Zu den allgemeinen Warenkennzeichnungspflichten gehören z.B. die Bundesregelungen über Packungshinweise im Allgemeinen (15 U.S.C. §§ 1451ff), über Zigarettenverpackungen (15 U.S.C. § 1333) sowie über Haushaltswarenverpackungen (15 U.S.C. §§ 1471ff); ferner sind besondere Informationspflichten bei Lebensmitteln, Arzneimitteln und Kosmetikprodukten gesetzlich festgelegt, siehe z.B. Meat Inspection Act von 1907 (21 U.S.C. §§ 601ff) und der Federal Food, Drug and Cosmetics Act von 1938 (21 U.S.C. § 301ff). Auch die Einzelstaaten sehen zahlreiche Kennzeichnungspflichten für verschiedene Produkte vor, Alabama z.B. sieht zahlreiche Informationspflichten vor, wenn Feuerwerkskörper und andere Waren mit explosiven Stoffen Gegenstand des Verkaufs sind, s.a. Ala. Code §§ 8-17-210ff, §§ 8-17-240ff.

2228 Dazu gehören insbesondere die Informationspflichten nach den Bundesvorschriften über das Telemarketing (15 U.S.C. § 5701), die Zusendung unbestellter Waren (39 U.S.C. § 3009),

Grundsatz der Wahrheit der Werbung hinsichtlich einzelner Werbeaussagen ergeben.[2229]

Für den Warenhandel allgemein enthält ausschließlich der MMWA[2230] konkrete vorvertragliche Informationspflichten, allerdings mit der Beschränkung, dass diese Pflichten nur im Zusammenhang mit schriftlichen Zusicherungen bei Verbrauchsgütergeschäften gelten.[2231]

Bezüglich der online-spezifischen Vertriebsformen gelten einerseits die entsprechenden Regelungen des MMWA sowie die produktbezogenen Informationspflichten nach den unterschiedlichen Gesetzen und die werberechtlichen Informationspflichten. Ein umfassender Informationskatalog, wie im Telemarketing, ist für den Online-Bereich nicht entstanden. Die entsprechenden Regelungen im Rahmen von Telefon-Geschäften und bezüglich anderer Vertriebsformen, wie den Haustürgeschäften, sind ebenso wenig auf den Online-Warenhandel anwendbar.[2232] Dennoch enthalten die für den elektronischen Geschäftsverkehr geschaffenen Regelungen des Bundesgesetzes E-SIGN Act und des in vielen Staaten umgesetzten Modellgesetzes UETA einige Anforderungen an die Information des Verbrauchers im Netz, die im folgenden dargestellt werden.

a) Vorvertragliche Informationspflichten im elektronischen Geschäftsverkehr

aa) Die Anforderungen nach dem Bundesgesetz E-SIGN Act

Der Zweck des Bundesgesetzes E-SIGN Act ist es einheitliche Rahmenbedingungen für den elektronischen Geschäftsverkehr zu schaffen.[2233] Das Gesetz erfasst dementsprechend grundsätzlich alle Vertragsarten und Transaktionen, die über das Internet geschlossen werden.[2234] Dabei enthalten die verbraucherschützenden Bestimmungen des E-SIGN Act keinen allgemeinen Informationskatalog für Online-Geschäfte, die Bestimmung gemäß Section 101 (c) E-SIGN Act sieht hingegen einige Anforderungen vor, wenn Informationen über Verbrauchertransaktionen, die nach anderen Bundes- und einzelstaatlichen Gesetzen in schriftlicher Form mitzuteilen sind, in elektronischer Form verfügbar gemacht werden.[2235] Die Voraussetzungen nach dem Bundesgesetz

---

Haustürgeschäfte (16 C.F.R. § 429), Werbe-E-Mails (15 U.S.C. §§ 7701ff) sowie die Datenerhebung gegenüber Kindern (15 U.S.C. §§ 6501ff).

2229 Siehe dazu oben, 2.Kapitel, B., I., 1., a).

2230 Siehe 15 U.S.C. §§ 2301ff.

2231 Die Informationspflichten des MMWA treffen den Anbieter nur, wenn eine „written warranty“ vorliegt, s.a. 15 U.S.C. § 2302 (a) und 16 C.F.R. § 701.2. Siehe dazu im Einzelnen unten, 2.Kapitel, B., II., 2., b), aa), (1).

2232 Online-Geschäfte sind Distanzgeschäfte und deshalb keine Haustürgeschäfte, siehe dazu vor allem unten 2.Kapitel, B., III., 1., b), aa); zur fehlenden Anwendbarkeit des Telemarketingrechts, siehe 2.Kapitel, B., III., 1., b), bb).

2233 Siehe 1.Kapitel, A., II., 1., a), aa).

2234 Der E-SIGN Act enthält zwar in 15 U.S.C. § 7003 (a) (b) einige Ausnahmen, vor allem hinsichtlich bestimmter Vereinbarungen und Dokumente im Familien- und Erbrecht. Aber auch die übrigen Ausnahmen sowie die Formulierungen des 15 U.S.C. § 7001 (a) „any transaction“ belegen, dass die Anforderungen des 15 U.S.C. § 7001 grundsätzlich auf alle typischen Vertragsarten, wie Kauf-, Dienstleistungs- und Mietverträge Anwendung finden.

2235 S.a. 15 U.S.C. § 7001 (c) (1).

sind also nur dann einzuhalten, wenn eine andere gesetzliche Bestimmung die schriftliche Information des Verbrauchers verlangt. Beispiele für solche Anforderungen sind die schriftlich zu erteilenden Informationen über schriftliche Zusicherungen (*written warranties*) nach dem MMWA, wonach nicht nur der vollständige Inhalt der Zusicherung sondern auch die sonstigen „gesetzlich" verpflichtenden Informationen in einem Schriftstück zur Verfügung gestellt werden müssen.[2236] Schriftliche Informationen werden nach Bundesgesetzen und einzelstaatlichen Bestimmungen ferner überwiegend bei bestimmten Vertragsarten, wie Kreditverträgen, gefordert.[2237] Schriftliche Informationspflichten existieren für den Warenkauf, abgesehen von den Bundesregelungen über schriftliche Zusicherungen, ansonsten nur sehr vereinzelt in einzelstaatlichen Regelungen.

Das Erfordernis der Schriftform von Informationen soll gewährleisten, dass dem Verbraucher hinreichende Gelegenheit gegeben wird, die Informationen zur Kenntnis zu nehmen. Dazu muss dem Verbraucher ein Text in Papierform ausgehändigt werden, der die Informationen in einfacher und leicht verständlicher Sprache enthält und die er zur jederzeitigen Ansicht behalten kann.[2238] Die elektronische Information erfüllt das Schriftlichkeitserfordernis der Gesetze wegen der fehlenden Körperlichkeit der Informationen grundsätzlich nicht. Da die elektronische Form aber viele Vorteile für die Marktteilnehmer, also für die Verbraucher und Unternehmer gleichermaßen, hat, stellt der E-SIGN Act mit der Regelung Section 101 (c) klar, dass schriftliche Informationen bei Vorliegen bestimmter Voraussetzungen auch elektronisch mitgeteilt werden können.[2239] Das bedeutet, der Unternehmer kann die Informationen sowohl bei elektronischen als auch bei nicht-elektronischen Geschäften z.B. auch durch E-Mail, durch Anhang an eine E-Mail oder durch Verweis auf einen Hyperlink verfügbar machen. Damit eine elektronische Information denselben Schutz des Verbrauchers wie eine schriftlich erteilte Information gewährleisten kann, muss der Verbraucher mit der elektronischen Information einverstanden sein, ihm müssen bestimmte Informationen die Zustimmung betreffend verfügbar gemacht werden und er muss technisch in der Lage sein, das elektronische Format lesen und speichern zu können.

(1) Die Zustimmung des Verbrauchers zu elektronischen Informationen

Wichtigstes Erfordernis im Rahmen der Bundesregelungen ist das vorherige Zustimmungserfordernis. Damit eine sonst schriftlich zu erteilende Information hinreichend transparent ist, muss der Verbraucher der elektronischen Bekanntgabe zustimmen.[2240] An die Form der Zustimmung sind grundsätzlich keine besonderen Anforderungen zu stellen. Aus der Vorschrift geht aber hervor, dass eine elektronische Zustimmungser-

2236 S.a. 15 U.S.C. § 2302 (a), 16 C.F.R. § 701.

2237 Siehe auf Bundesebene den Consumer Credit Protection Act (15 U.S.C. §§ 1631ff), in elf Einzelstaaten wurde daneben der Uniform Consumer Credit Code umgesetzt, z.B. Colrado, Colo. Rev. Stat. §§ 5-1-101ff; Idaho, Idaho Code §§ 28-41-101ff; Kansas, Kan. Stat. Ann. §§ 16a-1-101ff; Wisconsin, Wisc. Stat. §§ 421.101ff.

2238 Siehe dazu die Ausführungsvorschrift der FTC 16 C.F.R. § 701.3 (a).

2239 S.a. 15 U.S.C. § 7001 (c) (1).

2240 S.a. 15 U.S.C. § 7001 (c) (1) (A).

klärung, etwa mittels E-Mail, zu erfolgen hat.[2241] Dabei ist im Grundsatz aber eine ausdrückliche Zustimmung zu fordern. Ein konkludentes Verhalten des Verbrauchers genügt den Anforderungen nur, wenn dieses keine Zweifel an dem Einverstandensein mit der elektronischen Information lässt. Es reicht z.B. nicht aus, dass der Verbraucher durch sein Verhalten zu erkennen gibt, dass er auf elektronischem Wege Transaktionen abwickeln will und dazu in der Lage ist. Vielmehr muss durch das Verhalten eindeutig zum Ausdruck kommen, dass der Verbraucher die technische Befähigung besitzt, das Format, in der die elektronischen Dokumente zur Verfügung gestellt worden sind, zu öffnen, zu speichern und von seinem Inhalt Kenntnis zu nehmen.[2242] Ein konkludentes Einverständnis kann dann nur angenommen werden, wenn sich aus den Umständen, also z.B. durch die Antwort-E-Mail des Verbrauchers, ergibt, dass dieser das elektronische Dokument lesen konnte, etwa durch Bezugnahme auf die darin enthaltenen Informationen, und der Antwort keine Ablehnung der elektronischen Information zu entnehmen ist.

Schließlich kann der Verbraucher seine Zustimmung dem Unternehmer gegenüber auch widerrufen. Dann ist der Unternehmer verpflichtet, dem Verbraucher die Informationen in der herkömmlichen schriftlichen Form zur Verfügung zu stellen.[2243] Der Widerruf wird innerhalb einer angemessenen Zeitspanne wirksam, nachdem der Unternehmer die Widerrufserklärung erhalten hat.[2244]

(2) Die Informationspflichten nach dem E-SIGN Act

Vor der Zustimmung des Verbrauchers muss der Unternehmer zusätzlich einige Informationen über die Zustimmungsoption bereithalten. Folgende Informationen hat der Unternehmer im Rahmen seines Online-Angebots klar und deutlich (*clear and conspicuous*) mitzuteilen:[2245]

- Der Verbraucher muss zunächst über die Möglichkeit in Kenntnis gesetzt werden, dass er die Informationen auch schriftlich, also in Papierform, oder in einer anderen nicht-elektronischen Form erhalten kann.[2246]
- Der Unternehmer muss den Verbraucher ferner über das Recht aufklären, dass er die Zustimmung jederzeit widerrufen kann. Dazu sind alle Informationen über die Bedingungen und über die Folgen eines ausgeübten Widerrufs zur Verfügung zu stellen, einschließlich der Angaben über die Kosten, die im Falle einer Ausübung des Widerrufs anfallen.[2247] Beispielsweise sind die Mehrkosten, die durch einen gedruckten Text in Papierform entstehen, anzugeben.
- Es muss ferner eine Information darüber enthalten sein, ob sich die Zustimmung des Verbrauchers ausschließlich auf die elektronische Information zu dem Geschäft, aus dem sich die Informationspflicht ergibt, bezieht oder ob die Zustimmung auch für

---

2241 S.a. 15 U.S.C. § 7001 (c) (1) (C) (ii); vgl. zur Kritik an dieser Regelung FTC, "E-SIGN Act-The Consumer Consent Provision in Section 101 (c) (1) (C) (ii)- A Report to Congress", S.10ff.

2242 S.a. 15 U.S.C. § 7001 (c) (1) (C), (ii).

2243 S.a. 15 U.S.C. § 7001 (c) (1) (A).

2244 S.a. 15 U.S.C. § 7001 (c) (4).

2245 S.a. 15 U.S.C. § 7001 (c) (1) (B).

2246 S.a. 15 U.S.C. § 7001 (c) (1) (B) (i) (I).

2247 S.a. 15 U.S.C. § 7001 (c) (1) (B) (i) (II).

andere Dokumente gelten soll. Dann muss allerdings aus der Information auch hervorgehen, welche Arten von Dokumenten im Verlauf der geschäftlichen Transaktion elektronisch bekanntgegeben werden sollen.[2248] Die Zustimmung bezieht sich dann auf alle Dokumente, die in der Information benannt sind, es sei denn der Verbraucher hat erkennbar seine Zustimmung nur auf einen bestimmten Teil der Vertragsdokumente bezogen.

- Dem Verbraucher muss erläutert werden, wie er den Widerruf durchführen kann und wie er den Unternehmer z.B. über eine neue E-Mail-Adresse informieren kann, damit der elektronische Kontakt aufrecht erhalten wird.[2249]
- Der Verbraucher muss außerdem informiert werden, wenn der Unternehmer nach der Zustimmung den Informationstext zusätzlich in Papierform zur Verfügung stellt. Dabei müssen die Kosten angegeben werden, die bei der Zusendung einer solchen Kopie anfallen.[2250]
- Schließlich ist der Unternehmer verpflichtet, Angaben über die technischen Voraussetzungen von Hardware und Software zu machen, die für den Zugang und die Aufbewahrung des elektronischen Dokuments benötigt werden.[2251]

Für den Fall, dass sich die Voraussetzungen der technischen Anforderungen bei dem Unternehmer ändern und eine hohe Wahrscheinlichkeit besteht, dass der Verbraucher dadurch keinen Zugang zu dem elektronischen Dokument mehr hat oder dieses nicht mehr speichern kann, muss der Unternehmer nach dem E-SIGN Act dem Verbraucher weitere Informationen bekanntgeben:

- Der Unternehmer muss die neuen Angaben über die technischen Anforderungen an Hard- und Software dem Verbraucher mitteilen.[2252]
- Und der Unternehmer muss den Verbraucher über sein Widerrufsrecht hinsichtlich der Zustimmung informieren, das nicht an Bedingungen, Konsequenzen und zusätzliche Gebühren gebunden sein darf.[2253]

(3) Anwendbarkeit der Regelung und Rechtsfolgen fehlender Zustimmung

Die fehlende Zustimmung des Verbrauchers oder eine fehlende Sicherheit, dass der Verbraucher technisch in der Lage ist, die Informationen elektronisch abrufen und aufbewahren zu können, hat für sich gesehen noch keine Auswirkungen auf die rechtliche Gültigkeit des elektronischen Vertrages.[2254] Das Zustimmungserfordernis nach dem E-SIGN Act ist kein Wirksamkeitserfordernis, wie die Schriftform eines Vertrages nach dem *statute of frauds*.[2255] Ebenso wenig berührt ein Widerruf der Zustimmung die rechtliche Anerkennung des elektronischen Dokuments.[2256]

2248 S.a. 15 U.S.C. § 7001 (c) (1) (B) (ii).
2249 S.a. 15 U.S.C. § 7001 (c) (1) (B) (iii).
2250 S.a. 15 U.S.C. § 7001 (c) (1) (B) (iv).
2251 S.a. 15 U.S.C. § 7001 (c) (1) (C) (i).
2252 S.a. 15 U.S.C. § 7001 (c) (1) (D) (i) (I).
2253 S.a. 15 U.S.C. § 7001 (c) (1) (D) (i) (II).
2254 S.a. 15 U.S.C. § 7001 (c) (3).
2255 Die Schriftform der „statute of frauds“ ist allgemeines Wirksamkeitserfordernis im US-amerikanischen Vertragsrecht und die Bestimmung des Bundesgesetzes Section 101 (c) behandelt die Gültigkeit des Vertrages nicht. Auch Kaufverträge unterliegen den Formanforderungen UCC §

Welche Auswirkungen die fehlende Zustimmung des Verbrauchers hat, hängt von der Rechtsfolge ab, die das jeweilige Recht oder Gesetz, dass die schriftliche Information für den Verbrauchervertrag fordert, vorsieht. Nur wenn das jeweilige Recht bei fehlender oder unzureichender Information die Nichtigkeit des Vertrages vorschreibt, kann eine fehlende Zustimmung zum Scheitern der Gültigkeit des Vertrages führen. Gewährt das jeweilige Gesetz hingegen nur zusätzliche Rechte des Verbrauchers, so gilt diese Rechtsfolge auch für die mangelnde Zustimmung.[2257] Dies gilt z.B. für die Nicht-Einhaltung von schriftlichen Informationspflichten nach dem MMWA, die im Grundsatz die rechtliche Wirksamkeit des Verbrauchsgütervertrages nicht hindern.[2258]

Der E-SIGN Act hat durch die zahlreiche Umsetzung des UETA in den Einzelstaaten und durch Anpassung der einzelstaatlichen Signaturgesetze an Bedeutung für das jeweilige einzelstaatliche Recht verloren. Jedoch sind die Regelungen des Bundesgesetzes über die Zustimmung und Information des Verbrauchers immer noch auf sämtliche Sachverhalte des zwischenstaatlichen Handels anwendbar.

bb) Die Anforderungen nach den einzelstaatlichen Gesetzen

(1) Die Anforderungen nach dem Modellgesetz UETA

In dem Modellgesetz UETA sind keine Informationspflichten des Unternehmers bei elektronischen Transaktionen mit dem Verbraucher vorgesehen auch nicht für den Fall, dass schriftliche Informationen elektronisch bekanntgegeben werden sollen. Bei der Entwicklung der Entwürfe haben sich die Autoren des Gesetzes aber einerseits mit der Frage auseinander gesetzt, wie im elektronischen Geschäftsverkehr mit der Verpflichtung des Unternehmers zur schriftlichen Bekanntgabe von Informationen, die

---

2-201 (1) a.F., wenn der Kaufpreis $ 500,- übersteigt. Nach dem neu vorgelegten UCC Article 2 legt die Vorschrift nun einen Mindestpreis von $ 5000,- fest. An das Schriftformerfordernis werden allerdings keine hohen Anforderungen gestellt. Grundlage der „statute of frauds“ im Fallrecht ist restatements II § 131, danach muss lediglich eine zweckmäßig reduzierte, greifbare Form bestehen. Es genügt teilweise schon ein Verrechnungsscheck, eine Quittung oder Empfangsbestätigung, s.a. Reimann. S.42f; es genügt auch das Vorliegen eines Telegramms, z.B. Selma Savings Bank v. Webster County Bank 182 Ky. 604, 206 S.W. 870 (Ct. App. 1918); Telex, z.B. Joseph Denunzio Fruit Co. v. Crane 79 F.Supp. 117 (S.D. Cal. 1948); oder Telefax, z.B. Bazak International Corp. v. Mast Industries, Inc. 73 N.Y.2d. 113, 7 U.C.C. Rep. Serv. 2d 1380 (1989); sogar eine Computerdiskette kann ausreichen, z.B. Clyburn v. Allstate Insurance, Co. 826 F.Supp. 955 (D. S.C. 1993); People v. Avila, 770 P.2d 1330 (Colo. Ct. App. 1988); siehe außerdem Watson v. Tom Growney Equipment Inc., 104 N.M. 371, 721 P.2d 1302 (N.M. 1986); Hillstrom v. Gosnay, 188 Mont. 388, 614 P.2d 466 (Mont. 1980); Hessenthaler v. Farzin, 388 Pa. Super. 37, 564 A.2d 990 (Pa. Super. Ct. 1989) s.a. Thot/Behling in: Spindler/Börner, S.675ff (697); Rosenoer, S.237. Das bedeutet, das Schriftformerfordernis im US-Vertragsrecht ist nicht vergleichbar mit § 126 BGB.

2256 S.a. 15 U.S.C. § 7001 (c) (4).

2257 Vgl. Zehentner, S.103ff.

2258 Der MMWA gewährt der FTC bei Zuwiderhandlungen die Durchsetzungsmöglichkeiten nach dem FTCA und eigene Rechtsdurchsetzungsmöglichkeiten der Verbraucher; die Auflösung des Vertrages gehört jedoch nicht zu den Rechtsfolgen, s.a. dazu die Ausführungen zu den Rechtsfolgen der Verletzung der Vorschriften, 2.Kapitel, B., II., 2., b), aa), (4).

nach anderen Gesetzen vorgesehen sind, umzugehen sein wird[2259] und andererseits welche Anforderungen vorliegen müssen, damit eine geschäftliche Transaktion über das Internet durchgeführt werden kann.[2260]

(a) Zustimmung zur elektronischen Geschäftsführung

Nach UETA Section 5 (b) müssen die Vertragsparteien vor der elektronischen Transaktion einig sein, dass die Transaktion auf elektronischem Wege erfolgt. Nur wenn diese Übereinkunft vorliegt, ist UETA anwendbar.[2261] Das bedeutet, dass bei Fehlen einer Einigung zur elektronischen Geschäftsführung die Anerkennung eines elektronischen Dokuments oder einer elektronischen Signatur im Rahmen des Schriftformerfordernisses nicht gegeben ist, soweit dieses nach materiellem Vertragsrecht für den jeweiligen Vertrag gefordert wird. Allerdings gilt dies nur, wenn UETA in dem jeweiligen Bundesstaat umgesetzt ist. Sonst kommt der E-SIGN Act zur Anwendung, der für die elektronische „Geschäftsführung" keine Zustimmung voraussetzt.

Grund für die Etablierung dieser zusätzlichen Voraussetzung waren die Bedenken der Autoren des Modellgesetzes, dass rechtsverbindliche Nachrichten elektronisch versendet werden könnten, ohne dass der vermeintliche Empfänger der Nachricht in der Lage ist, sie zu empfangen oder abzurufen.[2262] Diese Überlegungen betrafen vor allem Verbrauchertransaktionen, auch wenn die endgültige Version der Vorschrift des UETA jede Form der Transaktion erfasst und keine Begrenzung auf Verbraucherverträge vorsieht.

An das Zustimmungserfordernis sind allerdings keine besonderen Anforderungen zu stellen. Es bedarf keiner ausdrücklichen Einigung der Parteien zur elektronischen Geschäftsführung.[2263] Dies ist notwendig, um dem Modellgesetz einen möglichst weiten Anwendungsbereich zu verschaffen und das Ziel des UETA, den elektronischen Geschäftsverkehr zu fördern, nicht zu gefährden.[2264] So kommt es bei dem Zustimmungserfordernis allein darauf an, dass der Wille der Parteien zum Ausdruck gekommen ist, eine Transaktion elektronisch abzuwickeln.[2265] Dies beurteilt sich nach den jeweiligen Begleitumständen, dem Kontext in dem die Transaktion steht und dem Parteienverhalten.[2266] Beispielsweise genügt es, wenn in Bezug auf eine geschäftliche Transaktion eine E-Mail-Adresse angegeben worden ist oder eine Bestellung online versendet wurde.[2267] Ausreichend ist auch, wenn der Empfänger einer elektronischen Nachricht auf elektronischem Wege Antwort gibt. In diesen Fällen kann davon ausgegangen werden, dass der Betreffende Willens ist und die technischen Möglichkeiten hat, die jeweilige geschäftliche Transaktion elektronisch zu führen. Dies muss aber

2259 Das geht aus der Kommentierung zu UETA, Section 8, Comment 3. hervor.

2260 Siehe die Kommentierung zu UETA, Section 5, Comment 3-5.

2261 UETA Section 5 (b) „This Act applies only to transactions between parties each of which has agreed to conduct transactions by electronic means."

2262 Vgl. Zehentner, S.48.

2263 UETA Section 5, Comment 4.

2264 UETA Section 5, Comment.

2265 UETA Section 5, Comment 4.

2266 UETA Section 5 (b).

2267 UETA Section 5, Comment 4 A, D.

nicht bedeuten, dass die zustimmende Person auch alle anderen Transaktionen elektronisch abwickeln will. Im Grundsatz muss die Zustimmung für jede elektronische Transaktion gegeben sein. Eine Erweiterung des jeweiligen Zustimmungsverhaltens auf andere Transaktionen kann sich aber durch Auslegung des Verhaltens aus den Umständen des Geschäfts ergeben.[2268] Die Regelung des UETA über das Zustimmungserfordernis ist ausnahmsweise nicht dispositiv.[2269]

(b) Anforderungen an schriftliche Informationspflichten

Nach Section 8 des UETA erfüllt ein elektronisches Dokument nur dann die Anforderungen einer schriftlichen Informationspflicht, wenn dieses Dokument im Zeitpunkt des Empfangs von dem Empfänger elektronisch gespeichert werden kann oder andere Aufbewahrungsmöglichkeiten bestehen. Diese Empfangsmöglichkeit besteht nicht, soweit der Sender des Dokuments oder sein Datenverarbeitungssystem verhindert, dass der Empfänger die elektronische Nachricht drucken oder speichern kann.[2270] Entscheidend für diese Anforderungen ist, dass der Empfänger das Dokument tatsächlich empfangen, lesen und zur späteren Ansicht aufbewahren kann.[2271] Wird der Sender des Dokuments dieser Voraussetzung nicht gerecht, so ist das Dokument nicht gegen den Empfänger durchsetzbar, d.h. die Information, die der Unternehmer nach dem jeweiligen Gesetz verfügbar machen muss, gilt als nicht erteilt.[2272] Die Rechtsfolge der fehlenden schriftlichen Information ergibt sich dann, wie nach dem E-SIGN Act, aus der Rechtsfolge, die das betreffende Gesetz vorsieht.[2273] Wird die fehlende Zugangs- und Aufbewahrungsmöglichkeit z.T. durch den Empfänger bzw. durch ein in seiner Verantwortung liegendes Datensystem verhindert, soll es der Einschätzung der Gerichte überlassen sein, ob die Anforderungen erfüllt sind.[2274] Diese gesetzlichen Voraussetzungen können nach Section 7 nicht durch Vertragsabrede abgeändert werden.[2275] Es ist aber auch das gesetzgeberische Ziel der Vorschrift, die sonstigen rechtlichen Anforderungen von einzelstaatlichem Recht und Bundesrecht nicht zu überlagern und zu beeinträchtigen.[2276] Demnach bestimmt UETA eine Ausnahme von der Unabdingbarkeit, wenn das jeweilige Recht eine vertragliche Abweichung erlaubt.[2277]

Da es für viele Unternehmer aber schwierig sein wird, angesichts der Vielzahl ihrer Kunden jeweils zu überprüfen, ob jeder dieser Kunden auch technisch in der Lage ist, das elektronische Dokument zu speichern oder auszudrucken, kann der Unternehmer die Wahrscheinlichkeit, den Zugangsanforderungen des UETA zu entsprechen, erhöhen, indem er dem Verbraucher mehrere Dateiformate zur Verfügung stellt, etwa die

2268 UETA Section 5 (c), Comment 4.
2269 UETA Section 5 (c).
2270 S.a. UETA Section 8 (a).
2271 S.a. UETA Section 8, Comment 3.
2272 S.a. UETA Section 8 (c), Comment 5.
2273 Ein Verstoß gegen die UETA-Anforderungen an die elektronische Mitteilung berührt aber grundsätzlich nicht die Wirksamkeit des Vertrages, s.a. UETA Section 8, Comment 2.
2274 S.a. UETA Section 8, Comment 3.
2275 S.a. UETA Section 8 (d).
2276 S.a. UETA Section 8, Comment 1.
2277 S.a. UETA Section 8, (d) (1), (2).

Bereitstellung als Htm-Datei und im Pdf-Format. Jedoch sind die Hürden an den Nachweis der Verfügbarkeit im Sinne des UETA nicht so hoch, wie die Anforderungen an das Zustimmungserfordernis des Bundesgesetzes E-SIGN Act. Der Absender muss nämlich z.B. nicht die technische Befähigung des Empfängers nachweisen, dass er das betreffende Format öffnen und lesen konnte.

Die Regelungen des vorgeschlagenen Modellgesetzes sehen, insbesondere aufgrund des Fehlens eines Zustimmungserfordernisses und der entsprechenden Informationspflichten, damit im Ergebnis niedrigere Anforderungen im Rahmen des Verbraucherschutzrechts vor, als das Bundesgesetz.

(2) Anforderungen nach den umgesetzten UETA-Gesetzen

Die meisten Einzelstaaten haben bei der Umsetzung des Modellgesetzes UETA keine zusätzlichen Informationspflichten in das jeweilige Gesetz eingearbeitet. Bei der Mehrzahl der Bundesstaaten wurden die Vorschriften in Section 5 und 8 des vorgelegten Gesetzentwurfs weitgehend unverändert übernommen.[2278] Da die umgesetzten UETA-Gesetze die Bestimmungen des E-SIGN Acts auf einzelstaatlicher Ebene überlagern, ist einerseits das Zustimmungserfordernis zur elektronischen Geschäftsführung nach Section 5 (b) anwendbar. Andererseits verdrängen die einzelstaatlichen UETA-Gesetze die hohen Anforderungen des Zustimmungserfordernisses zur elektronischen Bekanntgabe und der Informationspflichten des E-SIGN Acts. Es gelten die beschriebenen, niedrigeren Anforderungen des Section 8 des vorgelegten Modellgesetzes. Teilweise wurde die Überlagerung durch den umgesetzten UETA sogar zur Klarstellung zusätzlich normiert.[2279]

Eine Ausnahme hierzu sind die Umsetzungen des Modellgesetzes UETA in den Staaten Alabama,[2280] North Carolina,[2281] Tennessee[2282] und Vermont[2283]. Die in diesen Staaten umgesetzten UETA-Regelungen bestimmen auf verschiedene Weise, dass sowohl das Zustimmungserfordernis wie auch die Informationspflichten des E-SIGN Acts nach Section 101 (c) bei Verbrauchertransaktionen erfüllt sein müssen. Es gelten dort somit sämtliche der oben genannten Anforderungen an Verbrauchertransaktionen. Dabei kopieren die Einzelstaaten Alabama, Vermont und North Carolina die Vorschrift des E-SIGN Acts. In Alabama wird die Vorschrift des E-SIGN Acts direkt in die dem UETA Section 8 entsprechende Vorschrift über die Verfügbarkeit elektroni-

2278 Z.B. Arizona, Ariz. Rev. Stat. Ann., § 44-7008; California, Cal. Civil Code § 1633.8; Colorado, Colo. Rev. Stat § 24-71.3-108; Florida, Fla. Stat. § 668.50 (8); Arkansas, Ark. Stat. Ann. § 25-32-108; Hawaii, Hawaii Rev. Stat. § 489E-8; Indiana, IC § 26-2-8-108; Iowa, Iowa Code § 554D.110; Michigan, Mich. Comp. Law § 450.838; Pennsylvania, Pa. Cons. Stat. Tit. 73 § 2260.304; Texas, Texas Business and Commerce Code § 43.008; Wyoming, Wyo. Stat. § 40-21-108.

2279 Siehe z.B. Texas, Texas Business and Commerce Code § 43.019; allerdings ergibt sich die Überlagerung des E-SIGN Acts durch die umgesetzten UETA-Gesetze bereits aus dem E-SIGN Act § 102 (a) (1).

2280 Alabama, Ala. Code §§ 8-1A-1ff.

2281 North Carolina, N.C. Gen. Stat. §§ 66-311ff.

2282 Tennessee, Tenn. Code Ann.§§ 47-10-101ff.

2283 Vermont, Vt. Stat. Ann. tit. 9, §§ 270ff.

scher Informationen transferiert.[2284] Vermont und North Carolina fügen dazu jeweils eine eigene Vorschrift ein.[2285] In Tennessee bestimmt das umgesetzte UETA-Gesetz, dass das einzelstaatliche Gesetz zwar den E-SIGN Act überlagert, wie das Bundesgesetz es vorsieht,[2286] jedoch bestimmt das Gesetz weiter, dass die Regelung des E-SIGN Acts gemäß Section 101 (c) neben anderen Vorschriften bestehen bleiben und insoweit nicht von den einzelstaatlichen Vorschriften des Gesetzes verdrängt werden.[2287] Dementsprechend gelten die Regelungen zur vorherigen Zustimmung des Verbrauchers und die Informationspflichten des Unternehmers auch für den innerstaatlichen Handel in Tennessee.

Es gilt der vergleichsweise höhere Verbraucherschutz des E-SIGN Acts in diesen Staaten fort und bestätigt damit die Zersplitterung des einzelstaatlichen Verbraucherschutzrechts auch im Rahmen des E-Commerce. Die Übernahme der verbraucherschützenden Bestimmungen des Bundesgesetzes belegen aber auch, dass in einigen Staaten gleichzeitig mehr Berücksichtigung des Verbraucherschutzes für notwendig erachtet wird, als es die UETA-Regelungen vorgeben. Damit haben die Kritiker des Modellgesetzes[2288] einen Teilerfolg errungen, der ihnen bei der Schaffung des UETA versagt geblieben ist.[2289] Die Regelungen über das Zustimmungserfordernis und der Informationspflichten nach dem E-SIGN Act gelten nun in diesen Staaten sowie in den Staaten, die den UETA nicht umgesetzt haben.[2290] Die Anzahl der Staaten, die einen gesonderten Verbraucherschutz in ihren Gesetzen zum elektronischen Geschäftsverkehr eingebunden haben, ist damit aber nach wie vor gering.

b) Informationspflichten über Inhalt und Vertragsbestandteile

Neben den speziellen Anforderungen, die wegen den besonderen technischen Unwägbarkeiten des Internets gelten, stellt sich die Frage, inwieweit und auf welche Weise der Verbraucher über den Vertragsinhalt und einzelne vom Unternehmer einbezogene Vertragsbestandteile zu informieren ist und ob sich Besonderheiten beim elektronischen Vertragsschluss ergeben. Diese Frage stellt sich zunächst für die essentialia

2284 Alabama, Ala. Code §§ 8-1A-8.

2285 Vermont, Vt. Stat. Ann. tit. 9, § 287 "Consumer disclosures"; North Carolina, N.C. Gen. Stat. § 66-327 "Consumer transactions; alternative procedures for use or acceptance of electronic records or electronic signatures".

2286 Tennessee, Tenn. Code Ann. § 47-10-122 (a).

2287 Tennessee, Tenn. Code Ann. § 47-10-122 (b).

2288 Vgl. Saunders/Hillebrand in: NCLC, „E-Sign and UETA: What Should States Do Now?", Introduction, A.

2289 Die NCLC hat z.B. mehrere Artikel über ihre Home Page veröffentlicht, in denen Kritik am fehlenden Verbraucherschutz in dem Modellgesetz UETA geübt wird, vgl. NCLC, „Protecting consumers in Electronic Commerce - Uniform Electronic Transactions Act: Challenges and Opportunities"; und in NCLC, „Proposed Amendments to the Uniform Electronic Transaction Act, Consumer Amendments to UETA", 3. wird u.a. ein zusätzliches Zustimmungserfordernis zur elektronischen Lieferung von Informationen bei Verbraucherverträgen gefordert. In dem abschließend vorgelegten Gesetzentwurf wurden diese Vorschläge nicht berücksichtigt, s.a. der endgültige Entwurf des UETA; vgl. auch Saunders/Hillebrand in: NCLC, E-Sign and UETA: What Should States Do Now?.

2290 Z.B. Washington, Georgia und New York.

negotii des Kaufvertrages, also die Information über Kaufgegenstand, Vertragspartner und Kaufpreis. In den meisten standardisierten Endkonsumenten-Verträgen verwenden die Unternehmen aber zudem einseitig vorformulierte Vertragsbedingungen, die i.d.R. die gesetzlichen Rechte des Verbrauchers zu seinem Nachteil beschränken. Die vorvertragliche Information über solche Vertragsklauseln ist für den Verbraucher und seine Kaufentscheidung deshalb besonders wichtig.

Ein weiteres vertragsgestaltendes Element, das oft von Unternehmen zu Marketingzwecken und zur Kundenbindung eingesetzt wird, ist die gesonderte Zusicherung von bestimmten Eigenschaften des Produkts, die über die gesetzliche Gewährleistung hinausgehen. Wirbt der Unternehmer mit einem solchen Versprechen, besteht die Gefahr, dass der Verbraucher sich maßgeblich von der Zusicherung in seiner Kaufentscheidung beeinflussen lässt und sich in Sicherheit wiegt, während sich hinter der Werbeaussage nachteilige Beschränkungen verbergen. Dementsprechend ist es ebenso relevant für den Verbraucher, vor dem Vertragsschluss über den Inhalt, Umfang und die Bedingungen der Inanspruchnahme der Zusicherung informiert zu werden. Im Folgenden wird untersucht, inwieweit nach dem US-amerikanischen Recht Aufklärungs- und Informationspflichten über die wesentlichen Bestandteile des Vertrages des Unternehmers gegenüber dem Verbraucher bestehen.

Im US-amerikanischen Kaufvertragsrecht kommt, wie oben gesehen, ein Kaufvertrag durch eine Einigung des Verkäufers mit dem Käufer über die wesentlichen Vertragsbestandteile zustande,[2291] d.h. beide Vertragsparteien müssen im Grundsatz über die essentialia negotii informiert und mit ihnen einverstanden sein. Hiervon bestehen nach dem gesetzlichen Kaufrecht des UCC Article 2 aber auch einige Ausnahmen, u.U. ist ein Einigungsmangel über einzelne Vertragstermini[2292] und sogar über den Kaufpreis[2293] unschädlich für das Zustandekommen des Vertrages. Allerdings ist dies jeweils nur eingeschränkt möglich.[2294]

Wie oben bereits dargestellt, enthält das Modellgesetz kaum verbraucherschutzrechtliche Sonderbestimmungen, mit Rücksicht auf eine breite Akzeptanz und Umsetzungstauglichkeit des Modellgesetzes in den Einzelstaaten.[2295] Da der UCC Article 2 auch die Verwendung von Vertragsklauseln regelt,[2296] ist es nicht verwunderlich, dass auch im Rahmen der Einbindung von vorformulierten Vertragsbedingungen auf Unternehmerseite verbraucherschutzrechtliche Sonderregelungen nicht vorhanden sind. Insbesondere lässt das US-amerikanische Vertragsrecht eine umfassende gesetzlich geregelte Einbeziehungs- und Inhaltskontrolle von Vertragsklauseln vermissen.[2297]

2291 Siehe dazu die Regelungen UCC Article 2, § 2-201ff und die entsprechenden Bestimmungen der restatements II, siehe auch oben, 2.Kapitel, B., II., 1.

2292 Siehe UCC § 2-204 (3).

2293 Siehe UCC § 2-305 (1).

2294 An die Stelle eines vereinbarten Preises tritt bei Vorliegen einer der Varianten nach UCC § 2-205 (1) (a)-(c) ein angemessener Preis; bei sonstigen offenen Vertragspunkten nach UCC § 2-204 (3) müssen Umstände vorliegen, die nahe legen, dass ein Vertrag dennoch gewollt ist und angemessene Rechtsmittel bei einer Nichteinigung über diese Punkte gegeben sind.

2295 Siehe dazu die Ausführungen über die Bedeutung des Verbraucherschutzes im alten und neuen UCC Article 2 Sales, 1.Kapitel, A., II.,2., a), aa), (2).

2296 Siehe z.B. UCC 2-302.

2297 Vgl. Munz, S.34ff.

Diese Vorgehensweise wurde im stark umkämpften UCITA fortgesetzt und durch die Regelungen über *shrink-wrap aggreements* und *click-wrap agreements* verschärft.[2298]

Für die Fälle der ausdrücklichen Zusicherung von Produkteigenschaften wurde hingegen eine einheitliche Regelung auf Bundesebene mit dem hier schon ausführlich dargestellten MMWA geschaffen. Die Regelungen des Bundesgesetzes stellen insoweit eine Besonderheit dar, weil sie die einzigen bundesweit einheitlichen verbraucherschutzrechtlichen Vorschriften im Zusammenhang mit dem Warenkaufvertragsrecht sind, die für alle „Verbrauchsgüterverträge" gelten.

Im Folgenden wird zunächst untersucht, unter welchen Voraussetzungen die verbraucherschützenden Regelungen des MMWA im Online-Warenhandel anwendbar sind und welche vorvertraglichen Informationspflichten die Regelungen vorsehen. Dann soll erörtert werden, inwieweit Vertragsbedingungen des Unternehmers in einen online geschlossenen Kaufvertrag einbezogen werden können und inwiefern hierfür eine vorvertragliche Informationspflicht besteht

aa) Vorvertragliche Informationen über schriftliche Zusicherungen

Die Verpflichtung zur umfassenden Information nach dem MMWA greift nur ein, wenn ein Anbieter einem Verbraucher gegenüber im Rahmen eines Verbrauchsgüterkaufvertrages eine schriftliche Zusicherung über Eigenschaften des Produkts übernommen hat (*written warranties*),[2299] wobei die Regelungen auch für online geschlossene Verträge gelten.[2300]

(1) Die Anwendbarkeit der Vorschriften des MMWA

(a) Das Vorliegen eines Verbrauchsgüterkaufvertrages

Das Vorliegen eines Verbrauchsgüterkaufvertrages hängt entscheidend von dem Vertrieb eines Verbraucherprodukts (*consumer good*) ab, auf das sich dann auch die schriftliche Zusicherung (*written warranty*) beziehen muss.[2301] Ein Verbrauchsgut ist eine Ware, die gewöhnlich zu privaten, häuslichen oder familiären Zwecken verwendet wird,[2302] wobei eine großzügige Auslegung dieser Begriffe geboten ist. Es genügt bereits, wenn die Ware auch nur gelegentlich zur privaten Verwendung erworben wird.[2303] Wie bereits im Rahmen des Verbraucherbegriffs des MMWA dargestellt, begrenzt dieses Merkmal nicht nur sachlich den gesetzlichen Anwendungsrahmen,

---

2298 Siehe UCITA § 112 (a), § 113 (c); vgl. dazu die Ausführungen zum Verbraucherschutz im UCITA 1.Kapitel, A., II., 2., a), cc), (2) und den inhaltlichen Regelungen des UCITA 1.Kapitel, A., II., 2., a), cc), (1).

2299 Siehe dazu die Definition des Begriffs „written warranty" nach 15 U.S.C. § 2301 (6) (A). Der in 15 U.S.C. § 2301 (6) (B) genannte Dienstleistungsvertrag kann nur in Verbindung mit einem zuvor geschlossenen Warenkaufvertrag bestehen.

2300 Vgl. Zehentner, S.27; FTC, „Staff Issues Guidelines on Internet Advertising Dot Com Disclosures", Part 3.

2301 Das geht aus den Regelungen 15 U.S.C. § 2302 (a), § 2301 (6) (A) hervor.

2302 Siehe 15 U.S.C. § 2301 (1).

2303 Siehe 16 C.F.R. § 700.1 (a).

sondern stellt gleichzeitig eine Begrenzung des persönlichen Anwendungsbereichs dar, indem der Verbraucher als Käufer eines Verbraucherprodukts definiert wird.[2304]

Sachlich ist der MMWA damit aber auch auf Warenkaufverträge (*contract for the sale of goods*) begrenzt, d.h. grundsätzlich sind Dienstleistungsverträge und andere Vertragsarten von dem Schutz des Gesetzes ausgenommen.[2305] Im Zuge des elektronischen Fortschritts stellte sich hierbei die Frage, ob der MMWA auch Softwarelizenzverträge erfasst.[2306] Es stellte sich insbesondere die Frage, ob Softwareprodukte Waren im Sinne des Gesetzes sind, da es sich nicht um körperliche und bewegliche Gegenstände handelt (*tangible goods*).[2307] Im Vertragsrecht wurde diese Frage zunächst zumindest für solche Fälle bejaht, in denen die Software auf einem Trägermedium verkörpert übertragen wird, während für reine Software-Downloads teilweise ein Dienstvertrag und teilweise ein Kaufvertrag angenommen wurde.[2308] Nach der Schaffung des UCITA und der insoweit klarstellenden Regelungen des UCC Article 2 sollte die Anwendung des Kaufrechts auf Softwarelizenzverträge ausgeschlossen sein.[2309] Aufgrund der mangelnden Akzeptanz der beiden Modellgesetze ist der Ausschluss der kaufrechtlichen Regelungen heute nur in zwei Staaten geltendes Vertragsrecht.[2310]

Für den MMWA ist die Anwendung auf Softwarelizenzverträge, trotz der fraglichen Wareneigenschaft von Softwareprodukten, überwiegend bejaht worden. Dies hat, wie oben dargelegt, eher verbraucherschutz-pragmatische als sachliche Gründe.[2311] Aus verbraucherschutzrechtlicher Sicht wird argumentiert, dass der Verbraucher, der er eine Software erwirbt, unabhängig von der Übertragungsweise, diese entgeltlich und dauerhaft von dem Lizenzgeber übertragen bekommt, wenn dieser sich auch gewisse Nutzungsbeschränkungen vorbehalten will. Für den Endkonsumenten besteht damit kein Unterschied zwischen einem Warenerwerb und einem Softwareerwerb.[2312] Dementsprechend werden auch Softwareprodukte von dem Bundesgesetz erfasst, soweit diese gewöhnlich zum privaten Zweck verkauft werden.

2304 Siehe 15 U.S.C. § 2301 (3); vgl. zum Begriff auch Neufeldt, S.43ff.

2305 Das ergibt sich aus der Definition des Begriffs „written warranty“ 15 U.S.C. § 2301 (6). Ferner findet der MMWA auch nicht auf geleaste Verbrauchsgüter Anwendung, vgl. dazu Neufeldt, S.68.

2306 Siehe dazu oben, 1.Kapitel, A., II., 1., b), bb).

2307 Die Definition des Begriffs „consumer product“ gemäß 15 U.S.C. § 2301 (1) begrenzt Verbrauchsgüter hingegen ausdrücklich auf „tangible goods“; vgl. auch Neufeldt, S.43.

2308 Siehe dazu die Ausführungen zum Anwendungsbereich des UCC Article 2, 1.Kapitel, A., II., 2., a), aa), (1).

2309 Siehe UCC Section 2-102 (4) n.F., Comment 4 und UCITA § 103, Comment 4.b.

2310 In Maryland Md. Code Ann., Com. Law Section 22-101ff (Supp. 2000) und in Virginia Va. Code Ann. Section 59.-501.1ff (Mich. Supp 2000); siehe dazu auch die Ausführungen zum UCITA, 1.Kapitel, A., II., 2., a), cc), (2).

2311 Siehe dazu die Ausführungen zum Anwendungsbereich des MMWA, 1.Kapitel, A., II., 2., b), bb).

2312 Überwiegend wird daher eine Anwendbarkeit des MMWA angenommen, vgl. Ayyappan, 69 Fordham Law Review, S.2471ff (2497f); Kaner/Pels, Reference to FTC, workshop 1999, High Tech Warranty Project, Comment, P994413, S.1, 4ff; die einzelstaatlichen Gerichte haben sich hierzu zwar nicht ausdrücklich ausgesprochen, allerdings wurde in einigen wenigen Entscheidungen eine Anwendbarkeit des MMWA ohne nähere Erläuterung angenommen, siehe dazu Ayyappan, 69 Fordham Law Review, S.2471ff (2497).

(b) Das Vorliegen einer written warranty

Der Begriff *warranty* wird häufig mit Gewährleistungsrecht übersetzt. Das ist jedoch nicht ganz zutreffend, wenn man darunter nach deutschem Rechtsverständnis gesetzlich per se bestehende Gewährleistungspflichten des Verkäufers verstehen will. Treffender ist die Übersetzung Zusicherung von Eigenschaften, wie beispielsweise der Herkunft, der Qualität oder der Haltbarkeit eines verkauften Produkts.

Nach dem US-amerikanischen Recht werden verschiedene Arten von *warranties* unterschieden. Das materielle Vertragsrecht nach UCC Article 2 und nach dem UCITA unterscheiden jeweils zwischen *express warranties* und *implied warranties.*[2313] *Express warranties* sind ausdrückliche Zusicherungen des Verkäufers[2314] und *implied warranties* sind Zusicherungen, die durch den Verkauf eines Produkts impliziert werden, wie z.B. die konkludente Zusicherung des Verkäufers, dass die Ware der marktüblichen Qualität entspricht (*implied warranty of merchantability*).[2315]

Davon zu unterscheiden sind die *written warranties*. Zwar enthält der MMWA einige Sonderregelungen für *implied warranties*, dies bezüglich treffen den Unternehmer aber keine Informationspflichten.[2316]

Auch ist der Begriff nicht mit den *express warranties* gleichzusetzen.[2317] Zunächst muss aber, wie bei den *express warranties*, der Begriff von der bloßen Anpreisung eines Produkts (*puffing*) abgegrenzt werden. Dazu ist im Einzelfall entscheidend, ob der Verkäufer lediglich eine Einschätzung oder Meinung (*opinion*) geäußert hat oder eine Zusicherung von Tatsachen (*affirmation of fact*) abgegeben hat.[2318] Nicht notwen-

2313 Im UCC Article 2 a.F. und n.F. sind die express und implied warranties in den Vorschriften UCC §§ 2-312ff geregelt; in UCITA regeln die Normen §§ 401ff warranties; vgl. dazu auch Neufeldt, S.7ff.

2314 Nach UCC § 2-313 a.F. und n.F. entsteht eine ausdrückliche Zusicherung durch Bestätigung, ausdrückliche Zusage, Beschreibung oder Anführen eines Musters; die entsprechende Vorschrift des UCITA § 402 orientiert sich an der Regelung des UCC Article 2.

2315 Die implied warranty of merchantability ist im UCC Article 2 a.F. und n.F. in § 2-314 geregelt und gilt grundsätzlich nur, wenn ein Kaufmann als Verkäufer auftritt; darüber hinaus gewährt UCC § 2-312 a.F. und n.F. eine warranty of title and against infringement, d.h. eine Zusicherung des Eigentumsrechts und des Fehlens einer Rechtsverletzung, diese gehört ebenfalls zu den konkludenten Zusicherungen und gewährt nur ein Recht gegen einen unternehmerischen Verkäufer; schließlich regelt UCC § 2-315 die implied warranty of fitness for a particular purpose, also eine stillschweigende Zusicherung zur Eignung für einen bestimmten Zweck; UCITA § 403 gewährt eine implied warranty of merchantability of computer program, die dem UCC § 2-314 nachgebildet ist und sich ausschließlich auf die marktgängige Qualität des lizenzierten Computerprogramms bezieht; UCITA § 404 (implied warranty: informational content) bestimmt eine stillschweigende Einstandspflicht für den informationellen Inhalt der Software oder der elektronischen Information; UCITA § 405 (implied warranty: licensee`s purpose; system integration) ist vergleichbar mit UCC § 2-315.

2316 Z.B. beschränkt 15 U.S.C. § 2308 (a) die Möglichkeit implied warranties auszuschließen. Weitere Vorschriften die implied warranties betreffen sind z.B. 15 U.S.C. §§ 2302 (c), 2304 (a), 2307. Aus 15 U.S.C. § 2302 (a) geht hervor, dass die Informationspflichten ausschließlich auf written warranties anwendbar sind.

2317 Siehe 16 C.F.R. § 700.3 (a); vgl. zu Abgrenzung auch Neufeldt, S.53ff.

2318 Z.B. Turner v. Central Hardware Co., 353 Mo. 1182, 186 S.W.2d. 603 (1945); dazu auch von Westphalen, S.60ff; Neufeldt, S.7f.

dig für das Vorliegen einer *warranty* ist, dass der Gewährtragende dabei das Wort „*warranty*" oder „*guarantee*" verwendet. Ebenso wenig ist relevant, ob er die Abgabe einer *warranty* gewollt hat.[2319] Entscheidend ist vielmehr, ob die Zusicherung der Tatsache Geschäftsgrundlage geworden ist (*basis of the bargain*), also ob der Käufer bei Abschluss des Geschäfts auf das Vorliegen der Tatsache vertraut hat.[2320] Das ist der Fall, wenn sich aus den objektiven Umständen des Angebots oder des Geschäfts die ausdrückliche Übernahme einer solchen Zusicherung ergibt.

Bei der Abgrenzung von *written* und *express warranties* ist die Definition des MMWA gemäß § 2301 (6) hilfreich: *Written warranties* sind alle schriftlichen Zusicherungen über Tatsachen oder schriftlich niedergelegte Versprechen, die im Zusammenhang mit dem Verkauf eines Verbraucherprodukts stehen und von einem Warenanbieter an einen Käufer in Bezug auf die Beschaffenheit, das Material oder die Herstellung des Produkts gegeben werden. Durch das Versprechen muss die Mangelfreiheit des Materials oder der Herstellung zugesichert werden oder die Gewähr übernommen werden, dass die Leistung speziellen Anforderungen für eine bestimmte Dauer genügen wird.[2321] Dazu gehört auch jede Zusicherung bezüglich eines Verbraucherprodukts, die eine Rückerstattung, Reparatur, den Ersatz oder ein anderes Rechtsmittel für den Fall vorsehen, dass das Produkt nicht den zugesicherten Anforderungen entspricht.[2322] Damit beschreibt das Gesetz eine ganz konkrete und umfangreiche Gewährübernahme für bestimmte Rechte des Verbrauchers, während *express warranties* i.d.R. alle ausdrücklichen Aussagen auch Werbeaussagen umfassen, die bei dem Vertrieb des Verbraucherprodukts ohne weitere Angaben getätigt werden.[2323]

Augenscheinlich unterscheiden sich die Begriffe *express warranties* und *written warranties* durch das Erfordernis der Schriftlichkeit. *Express warranties* können sowohl mündliche Zusagen als auch textlich niedergelegte Aussagen sein. Das Erfordernis der „schriftlichen" Zusicherung im Rahmen einer „*written warranty*" bedeutet nicht, dass ein handschriftlich erteiltes und unterschriebenes Schriftstück vorliegen

---

2319 S.a. Turner v. Central Hardware Co., 353 Mo. 1182, 186 S.W.2d 603 (1945); J.G. Conestoga L.L.C. v. Seal Dry/USA, Inc., 2000 U.S. Dist. LEXIS (1850); Stringer v. Perales 2003 Tex. App. LEXIS 3175; Alanis v. Mali 2002 Tex. App. LEXIS 5542; Materials Mktg. Corp. v. Spencer, 40 S.W. 3d 172 (Tex. App. 2001); vgl. auch Harrer/Wiegmann in: Assmann/Bungert, Rn.201.

2320 Der Käufer muss nicht beweisen, dass er bei Abschluss des Vertrages auf die zugesicherte Eigenschaft vertraut hat; s.a. Harrer/Wiegmann in: Assmann/Bungert, Rn.201.

2321 15 U.S.C. § 2301 (6): "The term written warranty means- (A) any written affirmation of fact or written promise made in connection with the sale of a consumer product by a supplier to a buyer which relates to the nature of the material or workmanship and affirms or promises that such material or workmanship is defect free or will meet a specified level of performance over specified period of time."

2322 „ (...) Or (B) any undertaking in writing in connection with the sale by a supplier of a consumer product to refund, repair, replace, or take other remedial action with respect to such product in the event that such product fails to meet the specification set forth in the undertaking."

2323 Die einzelstaatlichen Gerichte legen die Begriffe dabei zum Teil sehr unterschiedlich aus. Für einen engeren Written-Warranty-Begriff z.B. in erster Instanz Skelton v. General Motors Corp., 500 F.Supp. 3181 (N.D. Ill. 1981); für eine weitere Auslegung des Begriffs z.B. Skelton v. General Motors Corp., 660 F.2d 331 (7th Cir. 1981), rev. 500 F.Supp. 3181 (N.D. Ill. 1981); Freeman v. Hubco Leasing, Inc. 324 S.E.2d, 462 (Ga. 1985); Murphy v. Mallard Coach Co., 582 N.Y. S.E.2d 528 (N.Y. App. Div. 1992); siehe dazu ausführlich Neufeldt, S.53ff, 56f.

muss. Es genügt, wenn die Zusicherung textlich fixiert ist, wie und wo der Zusicherungstext steht, ist dabei grundsätzlich unerheblich. Eine *written warranty* ist allerdings nicht schon bei jeder Form von Produkthinweisen auf der Verpackung oder einem Vertragsdokument gegeben. So sind z.B. die Hinweise über die Einschätzung der Energie-Effizienz des Herstellers, die auf elektrischen Geräten abgedruckt ist, oder Warnhinweise auf Bekleidungsstücken und andere Produktinformationen in Textform *express warranties* nach dem UCC Article 2, aber keine *written warranties* nach dem MMWA.[2324] Die unterschiedlichen Begrifflichkeiten deuten lediglich an, dass es sich bei der „*written warranty*" um eine umfangreiche Zusicherung bestimmter Eigenschaften des verkauften Verbraucherprodukts handeln muss. Ein deutlicher Hinweis für das Vorliegen einer *written warranty* ist z.B., wenn eine versprochene Eigenschaft für eine gewisse Zeitspanne zugesichert worden ist.[2325] Zur Abgrenzung kann allerdings auch der Ort der textlich fixierten Zusagen herangezogen werden, d.h. der Aufdruck von Produkthinweisen auf dem Verbraucherprodukt oder auf der Verpackung indizieren u.U., dass keine *written warranty* vorliegt.

Ferner bestimmen die Auslegungsvorschriften zum MMWA, dass die vertragliche Einräumung bestimmter Rechte durch den Warenanbieter an den Verbraucher keine *written warranties* sind. So ist beispielsweise das von einem Warenanbieter vertraglich eingeräumte Widerrufsrecht für eine Dauer von einigen Tagen keine *written warranty*.[2326] Schließlich ist eine *warranty* nur dann von dem MMWA erfasst, wenn der Anbieter diese auch an den Endkonsumenten gerichtet hat. Das ist bei *written warranties* des Herstellers und des Verkäufers regelmäßig der Fall, nicht aber bei der Zusicherung von Eigenschaften durch einen Zulieferer von Herstellungsmaterial an den Hersteller. In diesem Fall richtet sich die *warranty* ausschließlich an den Hersteller.[2327]

(c) Inhalt der Zusicherung: Full warranties und limited warranties

Das Gesetz unterscheidet grundsätzlich zwei Arten von schriftlichen Zusicherungen, die unbeschränkte Zusicherung (*full warranty*) und die beschränkte Zusicherung (*limited warranty*).[2328] Dabei legt der MMWA einen Mindestinhalt[2329] für die *full warranty* fest. Der Anbieter muss eine Mängelbeseitigung anbieten sowie den Ersatz von Aufwendungen, falls die Beseitigung verspätet erfolgt.[2330] Daneben muss er die Rückvergütung des Kaufpreises oder eine Ersatzlieferung nach der Wahl des Verbrauchers anbieten, wenn die Beseitigung des Mangels fehlschlägt.[2331] Ferner darf er im Rahmen der Zusicherung keine verkürzte Verjährung der Ansprüche aus stillschweigender Zusicherung ausbedingen, d.h. die gesetzliche Verjährung der *implied warran-*

2324 16 C.F.R. § 700.3 (a).

2325 16 C.F.R. § 700.3 (a).

2326 16 C.F.R. § 700.3 (b); allerdings ist eine Kontrolle solcher zusätzlich eingeräumten Rechte nach FTCA Section 5 möglich.

2327 16 C.F.R. § 700.3 (c).

2328 Vgl. dazu auch ausführlich Neufeldt, S.72ff.

2329 Die "Federal minimum standards for warranties" gemäß 15 U.S.C. § 2304.

2330 Siehe 15 U.S.C. § 2304 (a) (1), (d).

2331 Siehe 15 U.S.C. § 2304 (a) (4).

ties aus Article 2 UCC können nicht vertraglich begrenzt werden.[2332] Ebenso können Mangelfolgeschäden, für die der Anbieter einzustehen hat, nicht vertraglich abbedungen werden, es sei denn es wurde ein deutlicher Hinweis auf eine solche Beschränkung auf der Zusicherungserklärung platziert.[2333] Eine *full warranty* erstreckt sich außerdem grundsätzlich auf alle natürlichen Personen, die mit dem Verbraucherprodukt in Berührung kommen.[2334]

Durch eine *limited warranty* kann der Anbieter diese umfangreichen Rechte des Verbrauchers einschränken, dies hat er aber durch eine klare und deutliche Kennzeichnung der Zusicherung als *limited warranty* kenntlich zumachen.[2335] Hat der Anbieter eine *full warranty* ausdrücklich zugesagt, entspricht diese dem oben beschriebenen gesetzlichen Mindestinhalt, d.h. die daraus abzuleitenden Rechte stehen dem Verbraucher unabhängig von der tatsächlichen Erklärung zu.[2336] Schutzzweck dieser Regelungen ist der Schutz des Verbrauchers vor vollmundigen Anbieterversprechungen im Rahmen der Sachmängelgewähr.[2337]

(d) Der Verpflichtetenkreis hinsichtlich einer written warranty

Die Verpflichtung aus einer *written warranty* kann grundsätzlich nur gegen denjenigen gerichtlich geltend gemacht werden, der die schriftliche Zusicherung auch tatsächlich gegeben hat.[2338] Es genügt daher nicht, dass ein Warenanbieter ein Verbraucherprodukt vertreibt oder verkauft, welches von einer *written warranty* erfasst ist, die durch eine dritte Person gegeben wurde und diese als gewährtragende Person erkennen lässt.[2339] Ein Verkäufer, der ein solches Produkt an einen Verbraucher verkauft, hat also nicht für das Fehlen einer durch den Hersteller zugesicherten Eigenschaft einzustehen. Dasselbe gilt für den Hersteller im umgekehrten Fall der *written warranty* des Verkäufers. Allerdings können bestimmte Verhaltensweisen wie schriftliche und mündliche Angaben im Zusammenhang mit der Einstandspflicht eines Dritten dazu führen, dass der Anbieter im Hinblick auf die *warranty* eines anderen verpflichtet wird. Überdies kann sich aus einzelstaatlichem Recht ergeben, dass ein Warenanbieter so behandelt wird, als habe er sich die Einstandspflicht eines anderen zu Eigen gemacht. Auch dann treffen ihn die Verpflichtungen aus dem MMWA.[2340]

2332 Siehe 15 U.S.C. § 2304 (a) (2).

2333 Siehe 15 U.S.C. § 2304 (a) (3).

2334 Siehe 15 U.S.C. § 2304 (c).

2335 Siehe 15 U.S.C. § 2303 (a) (1), (2).

2336 Vgl. Sadtler, ZfRV 1980, S.25ff (31f); Von dem Knesebeck, S.59ff.

2337 Vgl. Von dem Knesebeck, S.59

2338 15 U.S.C. § 2310 (f): "Only the warrantor actually making a written affirmation of fact, promise, or undertaking shall be deemed to have created a written warranty , and any rights arising thereunder may be enforced under this section only against such warrantor and no other person." Vgl. dazu auch Neufeldt, S.66f.

2339 16 C.F.R. § 700.4.

2340 16 C.F.R. § 700.4.

(2) Anforderungen an die Informationspflichten

(a) Die Anbieterpflichten beim Ladenkauf

Darüber hinaus werden bestimmte Anforderungen an die Warenanbieter gestellt, die die Verfügbarkeit der Informationen über die *written warranty* vor dem Abschluss des Kaufvertrages betreffen.[2341]

Der Verkäufer hat bei dem Vorliegen einer schriftlichen Zusicherung und zwar unabhängig davon, ob er diese selber übernommen hat oder von dem Hersteller gewährt worden ist, dafür Sorge zu tragen, dass der Text und die Informationen über die *warranty* dem Verbraucher vor dem Abschluss des Kaufs zugänglich gemacht werden. Dabei muss der Verkäufer die Informationen und den Warranty-Text in unmittelbarer Nähe zu dem von der Zusicherung umfassten Produkt auslegen[2342] oder auf Nachfrage aushändigen. In letzterem Fall hat der Verkäufer durch Hinweisschilder, die gut sichtbar sind und die die Aufmerksamkeit des Kunden erregen, innerhalb seiner Ladenlokalität darauf hinzuweisen, dass der Käufer die Informationen auf Nachfrage erhalten kann.[2343]

Hat der Hersteller die *written warranty* gegeben, so muss er seinerseits den Verkäufer mit den Materialien ausstatten, die dieser benötigt, um seine Pflichten hinsichtlich der Verfügbarkeit der Informationen erfüllen zu können. Dazu muss er entweder eine Kopie der *warranty* und der Informationen den betreffenden Produkten beifügen[2344] oder in einer anderen geeigneten Weise mit der Verpackung der Ware verknüpfen.[2345]

(b) Die Anbieterpflichten im Versandhandel

Die „*catalogue or mail order sales*" sind alle Verkaufsangebote für Verbraucherprodukte, die Instruktionen über Warenbestellungen enthalten, bei denen keinerlei physische Kontaktaufnahme mit dem Verkäufer des Produkts erforderlich ist. Die Regelung betrifft nur solche Versandangebote, die *written warranties* zum Gegenstand haben.[2346]

Der Verkäufer des Verbraucherprodukts ist bei dieser Art von Verbrauchertransaktion verpflichtet, den Volltext der *written warranty* und der dazu gehörigen Informationen in dem Katalog oder Versandangebot abzudrucken.[2347] Alternativ hat der Verkäufer darauf hin zuweisen, dass auf schriftliche Anfrage des Verbrauchers die Informationen kostenfrei erhältlich sind. Dabei muss er die Anschrift, an die die Anfrage zu richten ist, angeben. Bei der zuletzt genannten Variante hat der Verkäufer sofort nach Erhalt der Anfrage eine Kopie der *written warranty* sowie der Informationen über die Zusicherung dem Verbraucher zu zuschicken.[2348] Dabei müssen der Text der *warranty* oder die Hinweise auf ihre Erhältlichkeit in unmittelbarer Nähe zum Produkt platziert sein. In einem Katalog kann auch ein neben dem Produkt platzierter

2341 16 C.F.R. § 702.2.

2342 16 C.F.R. § 702.3 (a) (1).

2343 16 C.F.R. § 702.3 (a) (2).

2344 16 C.F.R. § 702.3 (b) (1) (i) (A).

2345 16 C.F.R. § 702.3 (b) (1)(i) (B), (C), (D).

2346 16 C.F.R. § 702.3 (c) (1) (i).

2347 16 C.F.R. § 702.3 (c) (2) (i) (A).

2348 16 C.F.R. § 702.3 (c) (2) (i) (B).

Hinweis auf einen Informationsabschnitt mit Seitenangabe, in dem die *warranty* abgedruckt ist, genügen.[2349] In unmittelbarer Nähe bedeutet hierbei auf derselben oder gegenüberliegenden Seite des Katalogs.[2350] Auch beim Versandhandel gilt dies unabhängig davon, ob der Verkäufer selber als Gewährtragender auftritt oder der Hersteller die Zusicherung von Eigenschaften des angebotenen Produkts übernommen hat.

In dem Fall, dass der Hersteller die *written warranty* gegeben hat, muss er den Verkäufer ebenfalls mit allen notwendigen Materialien über die von ihm übernommene *written warranty* versorgen.[2351]

(c) Die Anbieterpflichten im Online-Handel

Die Anbieterpflichten hinsichtlich der Verfügbarkeit von Informationen über *written warranties* gelten grundsätzlich auch für den elektronischen Geschäftsverkehr.[2352] Zu klären bleibt, wie der Warenanbieter bei der Warenpräsentation im Netz den gesetzlichen Pflichten nachkommen kann und welche der Regelungen bei den verschiedenen Formen des Online-Handels zur Anwendung gelangen. Für letztere Frage ist entscheidend, dass für die Pflichten nach 16 C.F.R. § 702.2 (a), (b) bei der Warenbestellung des Verbrauchers ein direkter Kontakt zwischen diesem und dem Verkäufer vorausgesetzt wird.[2353] Ein solcher Kontakt ist aber im Online-Warenhandel bei der Bestellung des Verbrauchers gerade nicht gegeben. Die Online-Warengeschäfte sind vielmehr mit den „*catalogue or mail order sales*" gemäß 16 C.F.R. § 702.3 (c) vergleichbar. Entsprechend der Definition für Versandhandelsgeschäfte erhält der Verbraucher bei allen Formen der Warenorder über das Internet zuvor Instruktionen, wie er ohne vorherige Kontaktaufnahme mit dem Verkäufer Waren bestellen kann. Dabei können Webshops mit Katalogen in Papierformat gleichgesetzt werden und E-Mail Bestellungen lassen sich unter den Begriff „*mail orders*" subsumieren. An Online-Warengeschäfte sind somit die Anforderungen im Sinne des 16 C.F.R. § 702.3 (c) zu stellen.[2354] Demgemäß muss der Verkäufer der Darstellung des Produkts den Text und die Informationen über die *warranty* oder einen entsprechenden Hinweis über die Abrufbarkeit beifügen.[2355] Das entsprechende Näheverhältnis zwischen Produkt und Information[2356] ist bei der Online-Präsentation von Informationen gegeben, wenn bei der grafischen Darstellung auf den ersten Blick erkennbar ist, dass sich die Information auf das Produkt bezieht.[2357]

2349 16 C.F.R. § 702.3 (c) (2) (i).

2350 16 C.F.R. § 702.3 (c) (1) (ii).

2351 16 C.F.R. § 702.3 (b) (1) (ii).

2352 Vgl. FTC, „Staff Issues Guidelines on Internet Advertising Dot Com Disclosures", Part III, A., 2.

2353 Aus den Vorschriften geht nämlich hervor, dass der Verkäufer die betreffenden Informationen über die warranty und den Text der Garantie neben dem Produkt platziert oder Hinweisschilder in seinem Ladenlokal aufstellen muss, beides setzt einen direkten Kontakt zwischen ihm und dem Verbraucher voraus.

2354 Vgl. FTC, „Staff Issues Guidelines on Internet Advertising Dot Com Disclosures", Part III., A.,1., 2.

2355 16 C.F.R. § 702.3 (c) (2).

2356 16 C.F.R. § 702.3 (c) (1) (ii).

2357 Dies wird näher in FTC, „Staff Issues Guidelines on Internet Advertising Dot Com Disclosures", Part III; s.a. dazu auch 2.Kapitel, B., II., 2., c).

Die Alternative des Verkäufers eine Anschrift anzugeben, an die der Verbraucher eine Anfrage nach dem Text der *warranty* richten kann, ist im Internet auf verschiedenen Wegen möglich. Einerseits kann der Verkäufer, wie im herkömmlichen Versandhandel, eine Postadresse angeben, an die sich der Kunde dann mit seiner Anfrage bezüglich des Texts der *warranty* wendet.[2358] Andererseits kann der Verkäufer auch eine E-Mail-Adresse angeben, unter der der Verbraucher per E-Mail seine Nachfrage senden kann.[2359] Dies ist deshalb möglich, weil die Gesetze über den elektronischen Geschäftsverkehr UETA und E-SIGN Act ja bestimmen, dass das Schriftlichkeitserfordernis bei einer Erklärung, wie der schriftlichen Nachfrage (*written request*) des Verbrauchers, auch durch eine elektronische Nachricht entsprochen werden kann.[2360]

Kommt durch Umsetzung in einem Einzelstaat UETA zur Anwendung, wird zusätzlich die Zustimmung der Vertragsparteien zur elektronischen Geschäftsführung hinsichtlich der durch E-Mail gesendeten Nachfrage der Zusendung des Warranty-Textes zu fordern sein.[2361] Gibt der Verkäufer für die Nachfrage des Verbrauchers eine E-Mail-Adresse an und sendet ihm der Kunde dann an diese Adresse die Nachfrage, so ist dieses Erfordernis unproblematisch auf beiden Seiten gegeben.[2362] Es stellt sich aber die Frage, ob eine Zustimmung des Verkäufers auch dann vorliegt, wenn er lediglich eine Postanschrift für die Anfrage des Textes der Einstandspflicht gegeben hat und der Kunde dennoch die auf der Webseite angegebene E-Mail-Adresse für seine Anfrage benutzt. Zwar hat der Verkäufer die E-Mail-Adresse nicht ausdrücklich für diesen Zweck vorgesehen und nach UETA muss das Zustimmungserfordernis für jede Transaktion separat bewertet werden.[2363] Die Angabe einer E-Mail-Adresse auf der Webseite oder in der Werbe-Email, über die Waren vertrieben werden sollen, lassen aber darauf schließen, dass es sich um eine Geschäftsadresse für Transaktionen der mit dem Verbraucher abgeschlossenen Art handelt. Es ist daher vertretbar, wenn der Verbraucher sich an diese Adresse bezüglich des konkreten geschäftlichen Kontakts wenden kann.[2364] Mit der Angabe der E-Mail-Adresse hat der Webshopbetreiber

---

2358 Dazu kritisch Zehentner, S.128. Diese Kritik ist m.E. nicht nachvollziehbar. Zwar ist es dem Verkäufer im elektronischen Geschäftsverkehr leichter möglich, Informationen auch in größerem Ausmaß zur Verfügung zu stellen. Jedoch ist das herkömmliche Versandgeschäft, das den Wareneinkauf von daheim aus für den Verbraucher bequemer und einfacher gestalten soll, vergleichbar mit der Situation des Verbrauchers, der vom heimischen PC aus Waren bestellt und Geschäfte abwickelt. In beiden Fällen ist es wenig komfortabel für den Verbraucher dem Verkäufer eine schriftliche Anfrage für die written warranty terms zuzusenden, kann ihm aber zugemutet werden. Es wäre nicht einzusehen, warum deshalb eine Anfrage nach den Informationen bei Online-Geschäften nicht über den traditionellen Postweg erfolgen kann.

2359 Diese Variante legt die FTC in ihren guidelines den Warenanbietern von Verbraucherprodukten als günstigere Lösung nahe; s.a. FTC, „Staff Issues Guidelines on Internet Advertising Dot Com Disclosures", Part III., A., 2.,siehe dort Fn.33.

2360 S.a. UETA Section 7 und E-SIGN Act 15 U.S.C § 7001 (a).

2361 S.a. UETA Section 5 (b).

2362 Denn eine Zustimmung zur elektronischen Geschäftsführung liegt schon dann vor, wenn aus dem Verhalten der Parteien ein solcher Wille erkennbar ist; s.a. UETA Section 5 (b), Comment 4.

2363 S.a. UETA Section 5 (c), Comment 6.

2364 Dies genügt wohl, da bei der Prüfung des Vorliegens einer solchen Zustimmung alle Umstände des Sachverhalts berücksichtigt werden müssen; s.a. UETA Section 5 (b), Comment 4. und Beispiele A. bis D.

seinen Willen zu erkennen gegeben, dass Geschäfte, die im Zusammenhang mit dem Webshop stehen, über diese Adresse abgewickelt werden können. Dies ist auch dann nicht anders zu beurteilen, wenn der Verkäufer nicht gleichzeitig Gewährtragender ist, also z.B. der Hersteller die *written warranty* übernommen hat. Denn die Pflicht, den Text der Produktzusicherung auf „schriftliche" Nachfrage des Kunden zu zusenden, trifft immer den Verkäufer.[2365] Dementsprechend ist die Zustimmung zur elektronischen Kommunikation stets auch von ihm zu fordern.[2366] Der Hersteller hat diesem lediglich das erforderliche Material zu verschaffen.[2367]

(3) Inhalt der Informationspflichten

Bei Übernahme einer *written warranty* ist die Zusicherung zunächst ausdrücklich als *full* oder *limited warranty* zu bezeichnen.[2368] Dadurch soll dem Verbraucher sofort angezeigt werden, ob er mit einer beschränkten Sachmängelgewährleistung rechnen muss oder nicht.[2369] Die weiteren Informationspflichten gelten unabhängig von dem Inhalt der *warranty*. Allerdings gilt für die Informationspflichten grundsätzlich eine normative Grenze, indem das Gesetz die finanzielle Tragweite eines Geschäfts mitberücksichtigt. Die Pflicht zur konkreten Bezeichnung der warranty gilt nur für Verbrauchsgütergeschäfte, deren Wert $ 10,- übersteigt,[2370] die sonstigen Informationspflichten gelten für Geschäfte, die einen Warenwert von mehr als $ 15,- haben.[2371]

- Ist die Durchsetzbarkeit der Zusicherung auf bestimmte Personen beschränkt, müssen die Partei oder die Parteien benannt werden, die von dem Schutz der *written warranty* erfasst sind. Dies gilt für alle Beschränkungen des Adressatenkreises, die nicht alle Verbraucher erfassen, die wahrscheinlich während der Dauer der *written warranty* den Besitz des Verbraucherprodukts erlangen können.[2372]
- Es muss eine genaue Beschreibung des Produkts und der Bestandteile bzw. der Eigenschaften des Produkts gegeben sein, die von der Zusicherung erfasst sind sowie eine Beschreibung der Teile und Merkmale des Produkts, die nicht von der *warranty* abgedeckt sind, wenn eine solche Klarstellung notwendig ist.[2373]
- Der Gewährtragende muss eine genaue Aussage darüber treffen, welche Maßnahmen er im Falle einer Fehlfunktion des Produkts oder einer sonstigen Nichteinhaltung der Zusicherung ergreifen wird und für welche Leistungen er in einem solchen Falle

2365 Dies geht aus dem Wortlaut des 16 C.F.R. § 702.3 (c) (2) (i) (B) hervor: "(...) The seller shall promptly provide a copy of any written warranty requested by the consumer."

2366 Zu einem anderen Ergebnis kommt Zehentner, S.129.

2367 16 C.F.R. § 702.3 (b) (1) (ii).

2368 Siehe 15 U.S.C. § 2303 (a) (1), (2).

2369 Vgl. auch Neufeldt, S.73.

2370 Siehe 15 U.S.C. § 2303 (d). Dies betrifft den reinen Warenwert, abzüglich der Steuern. Es ist aber unschädlich, wenn die einzelne Ware weniger kostet, diese aber im Rahmen der Mindestabnahme den Wert von $10,- übersteigt, vgl. Neufeldt, S.72.

2371 16 C.F.R. § 701.2.

2372 16 C.F.R. § 701.3 (a) (1).

2373 16 C.F.R. § 701.3 (a) (2).

eine Kostenübernahme vorsieht. Ferner muss er angeben, welche Kosten er nicht übernehmen wird, wenn eine Klarstellung notwendig ist.[2374]

- Stimmt der Zeitpunkt des Beginns der *warranty* nicht mit dem Zeitpunkt des Verkaufs überein, muss der Zeitpunkt oder das Ereignis mitgeteilt werden, mit dem die Geltungsdauer der Zusicherung beginnt. Gleiches gilt für die Offenlegung von besonderen Bemessungskriterien, die der Bemessung der Zeitspanne der Zusicherung zugrunde gelegt werden sollen.[2375]

- Ferner soll über das schrittweise Verfahren informiert werden, dass der Verbraucher einhalten muss, um die Verpflichtungen aus einer *warranty* geltend zumachen. Zusätzlich muss der Unternehmer die Person oder Personen benennen, die berechtigt sind, die übernommenen Verpflichtungen durchzusetzen. Des weiteren müssen die Namen, Anschriften und Telefonnummern der Gewährtragenden oder der dafür eingesetzten Ansprechpartner bekannt gemacht werden. Dabei muss für den Verbraucher die Möglichkeit der kostenfreien Kontaktaufnahme mit dem Gewährtragenden oder dem Ansprechpartners bestehen.[2376]

- Darüber hinaus müssen Informationen verfügbar gemacht werden, die die Möglichkeit einer informellen Streitbeilegung betreffen, wenn ein solches Verfahren von dem Gewährtragenden in Übereinstimmung mit 16 C.F.R. § 703 gewählt worden ist.[2377]

- Es muss außerdem jede zeitliche Beschränkung von *implied warranties* benannt werden. Nach den gesetzlichen Bestimmungen muss eine solche Beschränkung in Übereinstimmung mit der Vorschrift MMWA § 2308 „*on the face of the warranty*“ platziert sein.[2378] Dazu wird in den Auslegungsvorschriften zum MMWA ausgeführt, dass die Beschränkungen auf der ersten Seite, auf der der Text der *warranty* beginnt, in deutlich erkennbarer Weise stehen müssen.[2379] Zusätzlich muss darauf hingewiesen werden, dass es in einigen Bundesstaaten nicht zulässig ist, die Dauer einer *implied warranty* zu beschränken und dass deshalb die Beschränkung möglicherweise für den Verbraucher keinerlei Geltung entfaltet.[2380]

- Zudem muss jeder Ausschluss und jede Beschränkung des Ersatzes von Folgeschäden und beiläufig entstandener Schäden aufgezeigt werden.[2381] In diesem Zusammenhang muss ein Hinweis darauf erfolgen, dass einige Bundesstaaten die Beschrän-

2374 16 C.F.R. § 701.3 (a) (3).

2375 16 C.F.R. § 701.3 (a) (4).

2376 16 C.F.R. § 701.3 (a) (5).

2377 16 C.F.R. § 701.3 (a) (6); wobei 16 C.F.R. § 703 (Informal dispute settlement procedures) Bestimmungen über solche informellen Verfahren näher festlegt.

2378 16 C.F.R. § 701.3 (a) (7).

2379 16 C.F.R. § 701.1 (i): "On the face of the warranty means:(1) Where the warranty is a single sheet with printing on both sides of the sheet or where the warranty is comprised of more than one sheet, the page on which the warranty text begins; (2) Where the warranty is included as part of a larger document, such as a use and care manual, the page in such document on which the warranty text begins."

2380 Nach 16 C.F.R. § 701.3 (a) (7) muss der Hinweis lauten: "Some States do not allow limitations on how long an implied warranty lasts, so the above limitation may not apply to you."

2381 16 C.F.R. § 701.3 (a) (8).

kung und den Ausschluss solcher Schäden nicht erlauben und dass eine Einschränkung deshalb evtl. nicht auf den einzelnen Verbraucher anwendbar ist.[2382]

- Schließlich muss ein Hinweis in der *warranty* enthalten sein, der darauf verweist, dass die *warranty* dem Verbraucher bestimmte Rechte gewährt, die er neben anderen einzelstaatlichen Rechten geltend machen kann.[2383]

Neben diesen Informationen ist dem Verbraucher selbstverständlich auch der Volltext der betreffenden *written warranty* zur Verfügung zu stellen.

(4) Rechtsfolgen der Verletzung von Informationspflichten

Zunächst kann die FTC gegen Verletzungen der MMWA Vorschriften in dem gesetzlich vorgegebenen Verfahren vorgehen,[2384] da eine Verletzung des Bundesgesetzes, einschließlich der darin normierten Informationspflichten, eine „*unfair or deceptive trade practice*" darstellt.[2385] Ferner können auch die Verbraucher klageweise gegen eine Verletzung der Informationspflichten vorgehen. Bei der Verletzung der Vorgaben des MMWA gewährt das Bundesgesetz einige Ansprüche,[2386] die neben den Ansprüchen aus einzelstaatlichem Vertragsrecht, nach dem UCC und anderen Gesetzen, bestehen.[2387] Die Verbraucher sind dabei aktiv legitimiert, die betreffenden Ansprüche individuell[2388] oder kollektiv im Wege einer Gruppenklage (*class action*) geltend zumachen.[2389] Vor der Klageerhebung ist dabei zu beachten, ob der jeweilige Anbieter für Verbraucherstreitigkeiten ein Verfahren zur außergerichtlichen Streitbeilegung eingeräumt hat (*informal dispute settlement*).[2390] Ist ein solches Verfahren nicht gege-

2382 Nach 16 C.F.R. § 701.3 (a) (8) muss der Hinweis lauten: "Some States do not allow the exclusion or limitation of incidental or consequential damages, so the above limitation or exclusion may not apply to you."

2383 Der genaue Wortlaut der Vorschrift 16 C.F.R. § 701.3 (a) (9) lautet: "This warranty gives you specific legal rights, and you may also have other rights which vary from State to State."

2384 Damit ist das Verfahren nach dem FTCA (15 U.S.C. § 57) gemeint.

2385 Eine Verletzung der MMWA-Vorschriften ist eine Verletzung des Section 5 FTCA (15 U.S.C. § 45); vgl. dazu Schroeder, 66 California Law Review, S.1ff (3); Sadtler, ZfRV 1980, S.25ff (35).

2386 Die Ansprüche ergeben sich hauptsächlich aus 15 U.S.C. § 2310 (d).

2387 Dies ergibt sich aus 15 U.S.C. § 2311 (b) (1), wonach das Bundesgesetz einzelstaatliche und bundesrechtliche Vorschriften zum Rechtsschutz unberührt lässt, vgl. dazu Schroeder, 66 California Law Review, S.1ff (1); Neufeldt, S.97.

2388 S.a. den Wortlaut der Vorschrift gemäß 15 U.S.C. § 2310 (d) (1): "A consumer (...) may bring suit (...)." Vgl. Schroeder, 66 California Law Review, S.1ff (3).

2389 Siehe zur Möglichkeit der class action 15 U.S.C. § 2310 (e). Im Rahmen einer Gruppenklage muss dem beklagten Unternehmer allerdings eine angemessene Gelegenheit gegeben werden, die Verletzung zu heilen. Diese Möglichkeit muss durch die namentlich genannten Kläger, also die Vertreter der klagenden Verbrauchergruppe, gewährt werden, s.a. 15 U.S.C. § 2310 (e). Bei einer class action ist neben einigen Anforderungen vor allem zu berücksichtigen, dass die Vertreter der Verbrauchergruppe gegenüber dem Beklagten zumindest ähnliche Forderungen und Ziele verfolgen (Fed. R. Civ. P. Rule 23 (a) (1)). Es muss sichergestellt sein, dass sich die Interessen der Vertreter an dem Rechtsstreit im Wesentlichen mit denen der Verbrauchergruppe decken, um zu gewährleisten, dass diese im Rechtstreit wie eine echte Vertretung der anderen Verbraucher auftreten werden, vgl. z.B. General Tel. Co. v. Falcon, 457 U.S. 147, 157 (1982).

2390 Nach 15 U.S.C § 2310 (a) ist es erklärtes Ziel des Gesetzgebers die Anbieter von Verbraucherprodukten zur Einrichtung solcher Streitbeilegungsverfahren zu ermutigen, diese sind allerdings

ben oder erfolglos geblieben, ist der Klageweg nach den bundesrechtlichen Verfahrensvorschriften[2391] eröffnet.

Zunächst kann der obsiegende Verbraucher den Ersatz von Anwaltskosten und Gerichtskosten (*attorneys` fees*) geltend machen,[2392] die sonst nach US-amerikanischem Recht nicht ohne weiteres der obsiegenden Partei zustehen.[2393] Dieser Anspruch umfasst grundsätzlich aber auch alle Aufwendungen, die dem Verbraucher aufgrund der gerichtlichen Einlassung entstanden sind (*costs and expenses*).[2394] Ob und in welcher Höhe diese Kosten erstattet werden, liegt im Ermessen des Gerichts (*judical discretion*).[2395] In der Praxis gewähren die Gerichte aber bei Klagen im Rahmen des MMWA regelmäßig den Ersatz der *attorney fees*,[2396] wobei allerdings der Umfang sehr unterschiedlich beurteilt wird.[2397]

Ferner kann der Verbraucher bei einer Verletzung der Vorschriften des Bundesgesetzes Schadensersatz verlangen,[2398] soweit ein solcher Ersatz nicht wirksam durch Vertragsklauseln ausgeschlossen wurde.[2399] Dabei kommen grundsätzlich mehrere Schadenspositionen in Betracht. Der Verbraucher kann einen Wertverlust des Ver-

---

nicht dazu verpflichtet. Nach 15 U.S.C. § 2310 (a) (3) (C) (i) muss im Falle dessen, dass ein solches Verfahren nach den Vorgaben des Gesetzes eingerichtet wurde, der Verbraucher zunächst einen Einigungsversuch unternehmen. Die Konkretisierung der Anforderungen an ein solches Streitbeilegungsverfahren obliegt nach 15 U.S.C. § 2310 (a) (2) der FTC, die entsprechende Ausführungsvorschriften in 16 C.F.R. § 703 geregelt hat; vgl. dazu auch Schroeder, 66 California Law Review, S.1ff (30f).

2391 S.a. Federal Rules of Civil Procedure, online unter: http://www.law.cornell.edu.

2392 S.a. 15 U.S.C. § 2310 (d) (2); vgl. dazu Schaefer, 61 Indiana Law Journal, S.495ff (509ff).

2393 Siehe z.B. Naiditch v. Shaf Home Builders, Inc., 512 N.E.2d 1027 (Ill. App. 1987); vgl. auch Schaefer, 61 Indiana Law Journal, S.495ff (497ff); Schroeder, 66 California Law Review, S.1ff (1, 25f); Hay, Rn.133f; Neufeldt, S.97.

2394 Das bedeutet, dass ebenso Kosten für Sachverständigengutachten sowie sonstige Aufwendungskosten, wie z.B. Spesen des beauftragten Anwalts, ersetzt werden, siehe z.B. Universal Motors, Inc. v. Waldock, 719 P.2d 254 (Alaska 1986), 1 U.C.C. Rep. 2d 704; Troutman v. Pierce, Inc., 402 N.W.2d, 925 (N.D. 1987); Hensley v. Eckhart, 461 U.S. 424, 103 S.Ct. 1933, 76 L.Ed.2d 40 (1983).

2395 Das geht aus dem Wortlaut gemäß 15 U.S.C. § 2310 (d) (2) hervor: "(The consumer) may be allowed by the court to recover (...) costs and expenses determined by the court to have been reasonably incurred" und "unless the court in its discretion shall determine that such an award of attorneys` fees would be inappropriate". Dabei bestimmt die Vorschrift zusätzlich, dass sich der Ersatz der Anwaltskosten nach der tatsächlich von dem Anwalt aufgewendeten Zeit richtet. Damit legt die Vorschrift eine Richtlinie für die Ermessensentscheidung des Gerichts fest, die ansonsten durch den Missbrauch des Ermessens begrenzt ist, vgl. auch Neufeldt, S.98ff.

2396 Statt vieler: Universal Motors, Inc. v. Waldock, 719 P.2d 254 (Alaska 1986), 1 U.C.C. Rep. 2d 704; Troutman v. Pierce, Inc., 402 N.W.2d, 925 (N.D. 1987); Freeman v. Hubco Leasing, Inc., 324 S.E.2d, 462 (Ga. 1985); Volkswagen of America, Inc. v. Harrell, 431 So.2d 156, 164 (Ala. 1983); vgl. dazu auch Schaefer, 61 Indiana Law Journal, S.495ff (515); siehe auch die Nachweise bei Neufeldt, Fn.545.

2397 Vgl. dazu Neufeldt, S.101f.

2398 S.a. 15 U.S.C. § 2310 (d) (1).

2399 Vgl. zur Möglichkeit die Haftung für Schäden auszubedingen nach dem MMWA, Schroeder, 66 California Law Review, S.1ff (28).

braucherprodukts ersetzt verlangen (*loss of value*),[2400] wobei jede Form des Schadensersatzes nur bei Vorliegen einer Kausalität zwischen Handlung und Schaden gewährt wird,[2401] was bei der Verletzung von Informationspflichten schwer nachzuweisen sein dürfte. Daneben kann der Verbraucher den Aufwendungsersatz und Mangelfolgeschäden (*incidental and consequential damages*) gerichtlich geltend.[2402] Davon ausgenommen ist nach der überwiegenden Ansicht der Gerichte aber der Ersatz von Personenschäden, die nicht vom MMWA erfasst sein sollen.[2403]

Der sog. Strafschadensersatzanspruch (*punitive damages*) wurde von den Gerichten nur selten bejaht.[2404] Diese Form des Schadensersatzes, die dem deutschen Schadensrecht unbekannt ist, enthält ein zusätzliches poenales Element, das in den Fällen greift, in denen besondere Verfehlungen des Anspruchsgegners vorliegen[2405]. Zentraler Anspruch des Verbrauchers ist bei Vorliegen einer *full warranty* außerdem die Kaufpreisrückerstattung oder alternativ, nach Wahl des Verbrauchers, der Austausch des Verbraucherprodukts, sog. *lemon provision*.[2406] Diese Vorschrift hat gegenüber den gewährleistungsrechtlichen Ansprüchen des UCC Article 2 den Vorteil, dass der Verbraucher durch einige Beweiserleichterungen[2407] den Anspruch einfacher geltend machen kann. Voraussetzung dieses Anspruchs ist aber, dass das Produkt nach einer angemessenen Zahl von Reparaturversuchen immer noch mangelhaft ist.[2408] Diese zusätzlichen Ansprüche werden zudem an den Eintritt des Garantiefalles geknüpft, die Verletzung einer Informationspflicht genügt hierfür nicht.

2400 Dieser Schadensposten betrifft den "unmittelbaren Schaden" (primary damages), der sich, mangels Schadensberechnungsvorschrift des MMWA, aus den Grundsätzen des UCC ergeben. Maßgeblich ist insoweit UCC § 2-714 (2). Der Wertverlust ergibt sich aus der Differenz zwischen dem Warenwert zum Zeitpunkt der Annahme und dem Wert, den eine vertragsgemäße Leistung gehabt hätte, siehe z.B. Schroeder v. Barth, Inc., 969 F.2d 421 (7th Cir. 1992); vgl. auch Schroeder, 66 California Law Review, S.1ff (26); Neufeldt, S.106.

2401 Vgl. Neufeldt, S.136.

2402 Grundlage sind die nach UCC § 2-714 (3) und § 2-715 (1), (2) gewährten Ansprüche, vgl. Schroeder, 66 California Law Review, S.1ff (26); Schaefer, 61 Indiana Law Journal, S.495ff (503ff). Die Erweiterung der zu ersetzenden Schäden auf diese Schadensposten ergibt sich schon aus 15 U.S.C. § 2311 (b) (2); vgl. dazu Neufeldt, S.107.

2403 S.a. z.B. Gorman v. Saf-T-Mate, Inc., 513 F.Supp., 1028 (N.D. Ind. 1981); vgl. hierzu mit mehr Nachweisen Neufeldt, S.107ff.

2404 Hierbei ist zu entscheiden, ob bei bestehenden Ansprüchen aus warranties zusätzlich ein Strafschadensersatz gewährt werden kann, grundsätzlich bejahend: Schafer v. Chrysler Corp., 544 F.Supp 182 (N.D. Ind. 1982); Schroeder, 66 California Law Review, S.1ff (28); a.A. Walsh v. Ford Motor Co., 627 F.Supp. 1519 (D. D.C. 1986), aff'd 807 F.2d 1000, 1012 (D.C. Cir. 1986).

2405 Vgl. z.B. den Fall Schafer v. Chrysler Corp., 544 F.Supp 182, 186 (N.D. Ind. 1982).

2406 S.a. 15 U.S.C. § 2304 (a) (4). Benannt ist diese Vorschrift nach den einzelstaatlichen „Lemon Laws", die u.a. ähnliche Ansprüche im Rahmen der Gewährleistung bei Kfz-Verkäufen enthalten.

2407 Vgl. dazu Schroeder, 66 California Law Review, S.1ff (18); Neufeldt, S.117f.

2408 S.a. den Wortlaut der Vorschrift 15 U.S.C. § 2304 (a) (4): "If the product (...) after a reasonable number of attempts by the warrantor to remedy defects or malfunctions in such product (...) such warrantor must permit the consumer to elect either a refund for, or replacement without charge of, such product or part."

Anspruchsberechtigt ist grundsätzlich der Verbraucher, der das Verbraucherprodukt käuflich erworben hat, wobei die Aktivlegitimation aber auch auf andere Personen erweitert werden kann, wenn die entsprechende *warranty* eine solche persönliche Erweiterung vorsieht.[2409] Anspruchsgegner ist grundsätzlich der jenige, der die schriftliche Zusicherung übernommen hat (*warrantor*).[2410] Abgesehen von den Ansprüchen, die direkt aus der *warranty* begründet werden,[2411] können in einer Klage daneben aber auch andere Anbieter, die an der Vertriebskette des Verbraucherprodukts beteiligt sind sowie Service-Anbieter, die mit der Reparatur im Rahmen der *written warranty* beschäftigt sind, passiv legitimiert sein.[2412]

bb) Informationspflichten über Klauseln im Online-Handel

In Verbraucherverträgen im Warenhandel werden daneben häufig einseitig vom Unternehmer gestellte und vorformulierte Vertragsklauseln verwendet. In solchen Klauseln kann nach dem Grundsatz der Vertragsfreiheit praktisch jeder (zulässige) Inhalt des Vertrages vereinbart werden. I.d.R. werden solche Geschäftsbedingungen von Unternehmen vor allem dazu eingesetzt, Einstands- und Haftungspflichten des Unternehmers gegenüber dem Verbraucher, wie z.B. gesetzliche Gewährleistungsrechte und Produkthaftungspflichten, auszubedingen. Solche Bedingungen werden sowohl von Verkäufern als auch von Herstellern in Verbrauchsgüterverträgen verwendet. Bei der rechtlichen Beurteilung stellt sich einerseits die Frage, wie solche Klauseln wirksam in Verbraucherverträge mit einbezogen werden können und welche inhaltlichen Anforderungen sie genügen müssen.

Für den elektronischen Geschäftsverkehr gelten im Grunde dieselben inhaltlichen Kriterien für Vertragsklauseln, wie für den regulären Geschäftsverkehr. Die Inhaltskontrolle von Geschäftsbedingungen soll aus diesem Grunde in der nachfolgenden Erörterung nur am Rande Berücksichtigung finden.[2413]

Die technischen Besonderheiten des E-Commerce werfen aber Fragen hinsichtlich der Einbeziehungsmöglichkeiten von Vertragsbedingungen bei Online-Verträgen auf. Es soll erörtert werden, zu welchem Zeitpunkt Vertragsbedingungen mitgeteilt werden müssen und welche sonstigen Einbeziehungsvoraussetzungen bestehen. Ferner soll dargestellt, wie diese Regelungen auf den Online-Handel übertragen werden, und ob und wie danach Vertragsklauseln elektronisch mitgeteilt werden können oder müssen. Eine besondere Berücksichtigung soll dabei die Problematik der sog. *shrink-wrap*

2409 Vgl. dazu oben die Ausführungen zu den Berechtigten Personen im Rahmen einer warranty (Verbraucherbegriff nach dem MMWA 2.Kapitel, A., I., 2., a)).

2410 S.a. zum Verpflichtetenkreis einer warranty, oben 2.Kapitel, B., II., 2., b), aa), (1), (d).

2411 Damit ist der Anspruch auf Kaufpreisrückerstattung und Austausch nach 15 U.S.C. § 2304 (a) (4) gemeint.

2412 Siehe den Wortlaut der Vorschrift gemäß 15 U.S.C. § 2310 (d) (1): "(...) A consumer who is damaged by the failure of a supplier, warrantor, or service contractor (...) may bring suit". Die Passivlegitimation bezüglich dieser Ansprüche geht daher über die Verpflichtung aus der warranty hinaus.

2413 Vgl. ausführlich zur Inhaltskontrolle von Vertragsbedingungen im US-amerikanischen Recht und insbesondere nach dem UCC Article 2, Munz, S.39ff, Von dem Knesebeck, S.126ff.

agreements und *click-wrap agreements* finden, die sich in der Praxis insbesondere im Rahmen von Softwareverträgen durchgesetzt haben.[2414]

Für die rechtliche Beurteilung von Vertragsklauseln im US-amerikanischen Recht ist das einzelstaatliche Vertragsrecht maßgeblich, insbesondere das einzelstaatliche Common Law und der einzelstaatlich umgesetzte UCC Article 2. Daneben enthält auch das bislang mäßig erfolgreiche Modellgesetz UCITA einige Bestimmungen für die Verwendung von Vertragsklauseln.

Zunächst ist festzustellen, dass die gesetzlichen Bestimmungen keine umfassenden Prüfungsbestimmungen für Vertragsbedingungen vorsehen, insbesondere sind keine umfangreichen inhaltlichen Anforderungen normiert worden, die mit den Klauselkatalogen des deutschen Rechts[2415] vergleichbar wären. Die Kontrolle der Einbeziehung und des Inhalts von Vertragsbedingungen unterliegt im Wesentlichen nur der Prüfung der Sittenwidrigkeit solcher Vereinbarungen, nach der „*doctrin of unconscionability*", die mit dem Wertungstatbestand des § 138 I BGB vergleichbar ist.[2416]

Im Hinblick auf das Verbraucherschutzrecht ist hierbei anzumerken, dass nur wenige Regelungen des Vertragsrechts Sonderbestimmungen für die inhaltliche Kontrolle solcher Klauseln in Verbraucherverträgen beinhalten.[2417] Die Beschränkungen für Vertragsbedingungen in Verbrauchsgüterverträgen nach dem MMWA gelten nur in den Fällen, in denen der Anbieter gleichzeitig eine „*written warranty*" übernommen hat.[2418] Liegt eine solche Zusicherung nicht vor, unterliegen die Klauseln in Verbraucherverträgen den allgemeinen Regelungen des UCC Article 2. Für den Verbraucher bedeutet dies im Ergebnis, dass der Unternehmer beim Kaufvertrag seine stillschweigenden Einstandspflichten, also die *implied warranties*[2419], durch Vertragsklauseln ausschließen kann.[2420]

(1) Die Beurteilung der Einbeziehung von Vertragsklauseln

Im US-amerikanischen Vertragsrecht werden Vertragsklauseln, wie oben schon erwähnt, nach der generalklauselartigen *doctrin of unconscionability* beurteilt. Das Gesetz überlässt es nach der maßgeblichen Vorschrift des UCC § 2-302 insbesondere den Gerichten, die inhaltlichen und formellen Schranken für die Verwendung von

---

2414 Zur Erläuterung der Begrifflichkeiten s.a. 2.Kapitel, B., II., 2., b), bb), (2), (a).

2415 Siehe dazu die Klauselverbote mit und ohne Wertungsmöglichkeiten nach §§ 308, 309 BGB.

2416 Die „doctrine of unconscionability" ist umfassendes vertragsrechtliches Konzept des Common Law, ebenso wie das Verbot der Sittenwidrigkeit nach § 138 I BGB im deutschen Recht, vgl. dazu Zehentner, S.163.

2417 Ein Ausnahmebeispiel im UCC Article 2 ist die Vorschrift UCC § 2-719 (3), wonach ein Ausschluss von Mangelfolgeschäden im Rahmen von Vertragsbedingungen zulässig ist, solange dieser Ausschluss nicht sittenwidrig ist. In Verbraucherverträgen gilt ein solcher Ausschluss allerdings per se als sittenwidrig. Ansonsten wird die besondere Unterlegenheit des Verbrauchers von den Gerichten im Rahmen einer verschärften Inhaltskontrolle und Einbeziehungskontrolle berücksichtigt, Munz, S.77.

2418 Vgl. dazu die Ausführungen zur Anwendbarkeit des MMWA, 1.Kapitel, A., II., 1., b), bb).

2419 S.a. UCC § 2-314 und § 2-315.

2420 Siehe dazu die Regelungen des UCC § 2-316 (2), (3), vgl. auch Munz, S.40ff; Söder, S.144. Die neue Vorschrift des UCC bestimmt dabei nun einige besondere Anforderungen, wenn der Käufer ein Verbraucher ist, s.a. UCC § 2-316 (2).

Vertragsbedingungen festzulegen[2421] und verzichtet auf einen umfassenden Verbotskatalog. Dadurch hat der Modellgesetzgeber, dessen Ziel es war, mit dem UCC Article 2 eine einheitliche Rechtslage zu schaffen,[2422] bewusst auf eine Vereinheitlichung der Kriterien im Klauselrecht verzichtet, was den unterschiedlichen Rechtsvorstellungen in den Einzelstaaten geschuldet ist. Die einzelstaatliche Rechtsprechung ist bei der Beurteilung von Vertragsklauseln dementsprechend uneinheitlich, was sich zu Lasten der Rechtssicherheit auswirkt.[2423]

Es lassen sich hierbei aber einige grundlegende Kriterien und Tendenzen im Fallrecht ausmachen. Die Gerichte unterscheiden in ihrer Sittenwidrigkeitsprüfung grundsätzlich zwischen „*substantive unconscionability*" und „*procedural unconscionability*", wobei die Grundsätze der Sittenwidrigkeit auf alle Arten von Vertragsklauseln anwendbar sind, unabhängig davon, wer die Bedingungen stellt und ob sie vorformuliert oder individuell ausgehandelt werden.[2424]

Bei der *substantive unconscionability* prüfen die Gerichte eine inhaltliche Kontrolle der Vertragsbedingungen.[2425] Bei der *procedural unconscionability* hingegen ist maßgeblich, ob bei der Einbindung der Klauseln in den Vertrag ein Fehler innerhalb der vertraglichen Einigung aufgetreten ist.[2426] Hierbei ist allerdings, aufgrund der uneinheitlichen Rechtsprechung der einzelstaatlichen Gerichte, nicht klar zwischen Einbeziehungs- und Inhaltskontrolle zu unterscheiden.[2427] Eine *procedural unconscionability* wird z.B. von vielen Gerichten angenommen, wenn die Darstellung und der Inhalt einer Vertragsklausel so nachteilhaft für den anderen Vertragsteil ist, dass dieser nicht mit der Klausel rechnen konnte (*reasonable expectation*).[2428] Die Frage der *procedural unconscionability* wird demgemäß an der inhaltlichen Übervorteilung festgemacht. Die Beurteilung einer überraschenden Klausel wird von den Gerichten nach objektiven Maßstäben beurteilt.[2429]

2421 Siehe UCC § 2-302 (1) a.F.: "If the court as a matter of law finds the contract or any clause of the contract to have been unconscionable at the time it was made the court may refuse to enforce the contract, or it may enforce the remainder of the contract without the unconscionable clause, or it may so limit the application of any unconscionable clause as to avoid any unconscionable result". Die Neufassung der Vorschrift ersetzt lediglich den Begriff „clause" durch „term".

2422 Siehe dazu oben 1.Kapitel, A., II., 2., a), aa), (1).

2423 Vgl. dazu die Ergebnisse von Von dem Knesebeck, S.206ff.

2424 Vgl. Munz, S.30.

2425 Vgl. zu der Prüfung der "substantive unconscionability" z.B. Hooters of America v. Phillips, 173 F.3d 933 (1999); American Home Improvement, Inc. v. McIver, 201 A.2d 886 (1964); vgl auch Von dem Knesebeck, S.177ff; Munz, S.91ff.

2426 Vgl. z.B. Complete Interiors v. Behan, 558 So.2d 48 (Fla. 5th D.C.A. 1990); John Deere Leasing, Co. v. Blubaugh, 636 F.Supp. 1569 (D. Kan. 1986); Weaver v. American Oil Company, 276 N.E.2d 144 (Ind. 1971); Dan Purvis Drugs., Inc. v. Aetna Life Ins., 412 N.E.2d 129, 131 (Ind. Ct. App. 1980); vgl. zu der Prüfung der "procedural unconscionability" auch Von dem Knesebeck, S.131ff; Munz, S.77ff.

2427 Vgl. Von dem Knesebeck, S.147.

2428 Siehe z.B. Broemer v. Abortion Services of Phoenix, 840 P.2d 1013 (1992); Averett v. Farmers Ins. Co. of Arizona, 869 P.2d 505 (Ariz. 1994); vgl. dazu auch Munz, S.77f.

2429 Siehe Darner Motor Sales, Inc. v. Universal Underwriters Ins. Co., 140 Ariz. 383, 682 P.2d 388 (1984); vgl. Von dem Knesebeck, S.174.

Eine Sittenwidrigkeit wurde teilweise aber auch dann angenommen, wenn dem anderen Teil keine hinreichende Kenntnisnahmemöglichkeit der Vertragsbedingungen bis zum Vertragsschluss gegeben wurde (*lack of knowledge*).[2430] Nach der einzelstaatlichen Rechtsprechung hängt die wirksame Einbeziehung von Vertragsklauseln u.a. von der Leserlichkeit und Verständlichkeit des Klauseltextes ab. Danach ist insbesondere eine verständliche Formulierung, eine deutliche und leserliche Schrift[2431], eine eindeutige Überschrift[2432], eine bestimmte Schriftgröße[2433] und u.U. auch die Länge des Klauseltextes maßgeblich. Einige Gerichte verlangen zur Kenntnisverschaffung zusätzlich einen Hinweis auf das Bestehen von Vertragsbedingungen, der innerhalb eines Vertragsdokuments oder im Rahmen eines Angebots klar und deutlich zu platzieren ist.[2434] Dies entspricht auch der Regelung UCC § 1-210 (10), wonach eine Vertragsklausel auffällig (*conspicious*) platziert sein muss.[2435] Die Unterlegenheit des Verbrauchers hinsichtlich vorformulierter Vertragsklauseln (*form contracts* oder *standardized contracts*) wird dabei von den Gerichten stets durch strengere Maßstäbe an diese Voraussetzungen bei Verbraucherverträgen berücksichtigt.[2436]

Bei der Feststellung der Sittenwidrigkeit einer Klausel können die Gerichte nach Maßgabe des UCC § 2-302 (1) verschiedene Folgen für den Vertrag festlegen. Der zugrunde liegende Kaufvertrag wird i.d.R. als wirksam erachtet. Bezüglich der fraglichen Klausel kann eine Unwirksamkeit nur dann angenommen werden, wenn beide Formen der *unconscionability* vorliegen.[2437] Möglich ist aber ansonsten auch eine geltungserhaltende Reduktion der Klausel, solange dies mit dem Parteiwillen vereinbar ist.[2438]

2430 Siehe John Deere Leasing, Co. v. Blubaugh, 636 F.Supp. 1569 (D. Kan. 1986); Frank's Maintenance, Engineering, Inc. v. C.A. Roberts Co., 408 N.E.2.d, 403 (1980).

2431 Vgl. z.B. John Deere Leasing, Co. v. Blubaugh, 636 F.Supp. 1569 (D. Kan. 1986).

2432 Ein Ausschluss von warranties kann z.B. mit der Überschrift „disclaimer" einen hinreichenden Hinweis enthalten, ebenso der Verkauf „as is"; eine Überschrift „Warranty and Agreement" ist hingegen nicht ausreichend, siehe Gindy Mfg. Corp. v. Cardinale Trucking Corp., 268 A.2d 345 (N.J. 1970).

2433 Eine bestimmte Schriftgröße ist für Klauseln in verschiedenen Vertragsarten teilweise sogar gesetzlich geregelt, vgl. dazu Von dem Knesebeck, S.142ff.

2434 Vgl. Steele v. J.I. Case Co., 197 Kan. 554, Syl. ¶ 5, 419 P.2d 902 (1966); vgl. auch die Fälle John Deere Leasing, Co. v. Blubaugh, 636 F.Supp. 1569 (1986); Frank's Maintenance & Engineering, Inc. v. C.A. Robots Co., 86 Ill.App.3d 980, 408 N.E.2.d 403 (1980); vgl. zu den Anforderungen auch Ayyappan, 69 Fordham Law Review, S.2471ff (2492).

2435 "Attention must be reasonably expected", vgl. auch Ayyappan, 69 Fordham Law Review, S.2471ff (2492); Munz, S.77; Von dem Knesebeck, S.136ff.

2436 Siehe z.B. Leprino v. Intermountain Brick Co., 759 P.2d 835 (Colo.App. 1988); vgl. auch Munz, S.77; Zehentner, S.165.

2437 Dabei stehen „substantive" und „procedural unconscionability" in gegenseitiger Wechselwirkung, siehe z.B. Funding Systems Leasing Corp. v. King Louie Intern., Inc., 597 S.W.2d 624 (Mo. App. 1979); Rustad, 18 The John Marshall Journal of computer & information law, S.547ff (586); vgl. zu den Rechtsfolgen und dem Verhältnis der Sittenwidrigkeitsmodelle ferner Von dem Knesebeck, S.127, 130; Zehentner, S.163f.

2438 Siehe den Wortlaut des UCC § 2-302 (1); vgl. ferner Wilson v. World Omni Leasing, Inc., 540 So.2d 713 (Ala. 1989).

(2) Einbeziehung von Klauseln im elektronischen Geschäftsverkehr

Im elektronischen Geschäftsverkehr gelten für die Verwendung von Geschäftsbedingungen grundsätzlich die allgemeinen Anforderungen. Das bedeutet, Vertragsklauseln in Online-Verträgen unterliegen ebenfalls den uneinheitlichen Beurteilungen der Sittenwidrigkeit durch die einzelstaatlichen Gerichte.

Eine besondere gesetzliche Bestimmung für die elektronische Einbeziehung von Vertragsklauseln besteht aber im Rahmen des Section 8 des UETA, der eine Vorschrift für den Zugang elektronischer Dokumente und Verträge enthält.[2439] Dazu gehören auch die in Textform niedergelegten Vertragsbedingungen eines online geschlossenen Vertrages.[2440] Anders als die übrigen Vorschriften in Section 8, sind die Anforderungen an den Zugang nicht an ein Schriftformerfordernis der Information nach anderen gesetzlichen Bestimmungen geknüpft, sondern gilt für alle Arten von Vertragsdokumenten.[2441] Nach der UETA-Regelung können Vertragsdokumente, die elektronisch mitgeteilt werden, dann nicht rechtlich durchgesetzt werden, wenn der Sender des elektronischen Dokuments verhindert, dass der Empfänger das Dokument speichern und ausdrucken kann.[2442] Für die Mitteilung elektronischer Geschäftsbedingungen muss der Verwender dementsprechend sicherstellen, dass er die Informationen in einer speicher- und druckfähigen Form zur Verfügung stellt. Dem wird der Online-Anbieter am ehesten gerecht, wenn er die Vertragsbedingungen im Rahmen seines Internetangebots in einem gängigen Format oder in mehreren Formaten zugänglich macht, so dass er von einer Speicherungs- und Druckmöglichkeit der Kunden ausgehen kann.[2443] Weitere Kenntnisverschaffungspflichten treffen den Online-Anbieter diesbezüglich aber nicht. Kann der Kunde wider Erwarten aufgrund technischer Unzulänglichkeiten das technische Format dann doch nicht lesen, liegt dies in der Verantwortung des Kunden, d.h. die Klauseln gelten dennoch als zugänglich gemacht und sind damit rechtlich durchsetzbar.[2444] Darüber hinaus haben die Vertragsbedingungen, als wesentliche Informationen für den Verbraucher, den Anforderungen der FTC-Richtlinie über die Transparenz von online mitgeteilten Informationen zu entsprechen.[2445]

Davon abgesehen hat sich bei den US-amerikanischen Online-Herstellern eine Klauselpraxis im Netz durchgesetzt, die als *shrink wrap agreement* und *click wrap agreement* bezeichnet wird. Da die rechtliche Beurteilung solcher Praktiken problematisch

2439 Siehe UETA Section 8 (c).

2440 Vgl. Zehentner, S.164.

2441 Nach der Kommentierung zu UETA Section 8 (c) gilt die Regelung für alle Arten von elektronischen Dokumenten (s.a. UETA, Section 8, Comment.5), im Gegensatz zu der Vorschrift gemäß Section 8 (a) (s.a. UETA, Section 8, Comment 3).

2442 Siehe UETA Section 8 (c).

2443 Vgl. Boss, 39 Idaho Law Review S.275ff (341f); Budnitz, 16 Georgia State University Law Review, S.741 (S.744ff); Zehentner, S.167f.

2444 Vgl. Boss, 39 Idaho Law Review S.275ff (341); Budnitz, 16 Georgia State University Law Review, S.741 (744ff); Zehentner, 168; der Unternehmer muss insoweit nicht für die tatsächliche Kenntnisnahme des Verbrauchers einstehen, sondern nur die Kenntnisnahme ermöglichen, Ayyappan, 69 Fordham Law Review, S.2471ff (2493).

2445 Vgl. FTC, „Staff Issues Guidelines on Internet Advertising Dot Com Disclosures", Part 1-3; so auch Zehentner, S.165.

ist, soll die Wirksamkeit solcher Vertragsklauseln im Folgenden genauer untersucht werden.

(a) Die Problematik der shrink wrap und click wrap agreements

Das Problem der *shrink wraps* (Schutzhüllenverträge) und *click wraps* trat zunächst im Zusammenhang mit der Entwicklung von Softwareprodukten zu massenmarktfähiger Ware auf. Die US-amerikanischen Software-Hersteller sahen durch die aktuelle Rechtslage[2446] ihre urheberrechtlichen Rechte in Gefahr und entwickelten umfassende Nutzungsbedingungen für ihre Produkte. Diese Bedingungen werden meist in der Verpackung des Produkts auf einem Beipackzettel angegeben, wobei sich i.d.R. ein Hinweis auf der Verpackung befindet, dass das Softwarepaket Nutzungsbedingungen enthält, die mit dem Aufreißen der Verpackung und dem Verwenden des Produkts akzeptiert werden (*shrink wrap agreement*). Eine Kenntnisnahmemöglichkeit der Vertragsbedingungen wird dem Endabnehmer dementsprechend erst nach dem (elektronischen) Vertragsschluss, nach Lieferung und häufig auch erst nach Zahlung des Produkts verschafft.[2447]

Ähnlich verhält es sich mit sog *click wrap agreements*. Zwar werden dabei die Vertragsbedingungen beim elektronischen Vertragsschluss auch elektronisch zur Verfügung gestellt, die zu akzeptierenden Bedingungen werden aber erst nach dem Ausfüllen und Absenden des elektronischen Bestellformulars angezeigt, so dass auch hier die Mitteilung erst nach der rechtsverbindlich abgegebenen Erklärung des Verbrauchers erfolgt.[2448]

Solche Klauseln werden heute nach wie vor in erster Linie von den Software-Herstellern verwendet, denkbar ist der Einsatz von *shrink wraps* und *click wraps* aber auch beim Sachkauf, wie es teilweise auch schon von Warenherstellern praktiziert worden ist.[2449] Es stellt sich dementsprechend die Frage, ob solche Vertragsbedingungen rechtzeitig und wirksam in den jeweiligen Vertrag mit einbezogen worden sind.

Problematisch ist hierbei zunächst, dass die Bedingungen i.d.R. von dem Hersteller gestellt werden. Geschäftsbedingungen, wie sie auch der UCC Article 2 regelt, werden

2446 Nach dem bundesrechtlichen Urheberrecht (Copyright Act) sind solche Softwarelizenzen grundsätzlich nicht geschützt. Im Rahmen der rechtlichen Beurteilung stellte sich insbesondere die Frage des Verhältnisses zwischen den bundesrechtlichen Vorschriften im Urheberrecht und den einzelstaatlichen Regelungen im Vertragsrecht, vgl. zu den urheberrechtlichen Rechtsfragen, Lemley, 87 California Law Review, S.111ff (128ff); Covotta/Sergeef, 13 Berkeley Technology Law Journal, S.35ff (40ff); Grusd, 10 Harvard Journal of Law & Technology, S.353ff (363ff); Söder, S.146ff.

2447 Vgl. zur Problematik auch Perdue in: Smeddinghoff, S.87; Ayyappan, 69 Fordham Law Review, S.2471ff (2493ff); Goodman, 21 Cardozo Law Review, S.319ff (320).

2448 Vgl. zur Problematik der "click wrap agreements": Contreras/Slade, CRi 2000, S.104ff (105). Zu beachten ist dabei, dass auch der Bestellung vorgeschaltete Geschäftsbedingungen als click wraps bezeichnet werden. Diese Form der Einbeziehung von Nutzungsbedingungen rufen keine rechtlichen Bedenken hervor, vgl. auch Caspi v. Microsoft Network, L.L.C., 1999 WL. 462175, 323 NJ. Super. 118 (N.J. App. Div., 1999); vgl. auch Lejeune in: Lejeune, Der E-Commerce-Vertrag, S.161ff (167).

2449 Vgl. dazu z.B. den Sachverhalt des Falles United States Surgical Corp. v. Orris, Inc., 5 F.Supp.2d 1201 (D. Kan. 1998).

aber i.d.R. von dem Verkäufer in den zugrunde liegenden Kaufvertrag einbezogen.[2450] Nach dem Willen der Software-Hersteller sollen die Nutzungsbedingungen aber unabhängig von dem zwischen Händler und Endabnehmer geschlossenen Vertrag gelten. Denkbar ist dabei in der Tat, dass durch die mitgeteilten Nutzungsbedingungen ein Angebot zur Annahme dieser Bedingungen vom Hersteller gegenüber dem Endabnehmer erklärt wird, dass dieser durch Aufreißen der Verpackung und Nicht-Zurücksenden des Produkts konkludent annimmt.[2451] Dies könnte selbst dann gelten, wenn der Hersteller der Verkäufer des Produkts ist, indem hierin ein weiterer (Lizenz-)Vertrag gesehen wird.[2452]

Bei der rechtlichen Beurteilung stellt sich demgemäß die Frage, ob die nachgeschobene Herstellervereinbarung einen Antrag zum Vertragsschluss darstellt, der konkludent durch Aufreißen des Softwarepakets angenommen wird, oder ob für die Einbeziehung der Nutzungsbedingungen der zugrunde liegende Veräußerungsvertrag maßgeblich ist.

(b) Die Beurteilung der einzelstaatlichen Rechtsprechung

Da Vertragsbedingungen Bestandteil des Vertrages werden sollen, muss der andere Vertragsteil nach US-amerikanischen Vertragsgrundsätzen grundsätzlich im Rahmen der Vertragserklärungen auf diese aufmerksam gemacht werden (*conspicious*)[2453] und er muss den Bedingungen zustimmen (*manifestation of assent*)[2454]. Ein Großteil der einzelstaatlichen Gerichte ging daher auch schon vor Aufkommen der *Shrink-Wrap*-Problematik von einer vorvertraglichen Informationspflicht des Verkäufers über die von ihm vorformulierten Vertragbedingungen aus.[2455]

2450 Der UCC Article 2 regelt im Grundsatz das kaufrechtliche Verhältnis zwischen Verkäufer und Käufer. Wie aber schon im Rahmen der Pflichten aus dem MMWA gesehen, kann eine Anwendung der UCC-Regelungen (Article 2) im Rahmen der Gewährleistungsrechte auch auf den Hersteller angenommen werden, im Zusammenhang mit dem Ausschluss solcher Rechte ist dies grundsätzlich auch angezeigt; wohl a.A. Rustad, 18 The John Marshall Journal of computer & information law, S.547ff (588). Es stellt sich aber die Frage, ob der zugrunde liegende Kaufvertrag des Verkäufers mit dem Käufer auch maßgeblich für das Verhältnis zwischen Hersteller und Käufer ist.

2451 Vgl. auch Söder, S.143; Lejeune in: Lejeune, Der E-Commerce-Vertrag, S.161ff (162f); Ayyappan, 69 Fordham Law Review, S.2471ff (2492f).

2452 Siehe dazu etwa die Argumentation des Verkäufers und Herstellers in Step-Saver v. Wyse Technology, 939 F.2d 91 (97) (3rd Cir. 1991). Im Zwei-Personenverhältnis kommt auch in Betracht, dass der Vertragsschlusszeitpunkt des ursprünglichen Vertrages nach hinten verlegt wird, s.a. Söder, S.143.

2453 S.a. dazu das Erfordernis der "conspicious disclosure" nach UCC § 1-201 (10); vgl. auch Nimmer in: Weyers, S.37ff (52); Ayyappan, 69 Fordham Law Review, S.2471ff (2492).

2454 Dies entspricht den allgemeinen Vertragsgrundsätzen, s.a. restatements II (of contracts) § 211; vgl. auch Nimmer, 15 The John Marshall Journal of computer & information law, S.211ff (235), vgl auch die Beurteilung des Gerichts im Rahmen der UCC § 2-207 und § 2-209 in Step-Saver v. Wyse Technology, 939 F.2d 91 (3rd Cir. 1991); vgl. zu dem Fall auch Ayyappan, 69 Fordham Law Review, S.2471ff (2493ff).

2455 Siehe z.B. John Deere Leasing, Co. v. Blubaugh, 636 F.Supp. 1569 (1986); Frank`s Maintenance & Engineering, Inc. v. C.A. Robots Co., 86 Ill. App.3d 980, 408 N.E.2.d 403 (1980); vgl. auch Munz, S.77ff; Braucher/Henderson, Delayed Disclosure, Reference to FTC, workshop

Unter Anwendung dieser Grundsätze des (Kauf-)Vertragsrechts haben die einzelstaatlichen Gerichte zunächst auch die Unwirksamkeit solcher *shrink wrap* und *click wrap agreements* in Softwareverträgen festgestellt,[2456] ohne einen eigenständigen Vertrag des Herstellers mit dem Endabnehmer dabei in Erwägung zu ziehen. Nach Ansicht der Gerichte war für die Beurteilung der nachgeschobenen Herstellervereinbarung der zugrunde liegende „Kaufvertrag“ maßgebend. Da dem Endabnehmer bis zum Zeitpunkt des Vertragschlusses keine Möglichkeit der Kenntnisnahme verschafft wurde, seien die Bedingungen nicht wirksam in den Vertrag einbezogen worden.[2457] Die Gerichte lehnten ebenso einen nach UCC § 2-207 möglichen Vertragschluss unter erweiternder oder abändernder Annahme ab, da der Endabnehmer auch keine ausdrückliche Zustimmung zu der vertraglichen Änderung gegeben hatte.[2458]

Eine Trendwende dieser Rechtsprechung fand durch einige bemerkenswerte Urteile in den Neunzigern statt. Der erste und wohl bahnbrechenste dieser Fälle war ProCD v. Zeidenberg[2459]. In dem Fall wurden die Nutzungsbedingungen für die auf CD-Rom erworbene Software beim Starten des Programms erstmalig mitgeteilt, also erst bei der ersten Benutzung des Produkts durch den Erwerber, wobei sich ein Hinweis auf der Verpackung der CD-Rom befand, dass die in der CD enthaltenen Nutzungsbedingungen bei Verwendung der Software akzeptiert würden. Außerdem räumte der Software-Anbieter ProCD seinen Nutzern ein dreißigtägiges Rückgaberecht ein, falls sie mit den Nutzungsbedingungen nicht einverstanden waren. Während das erstinstanzliche Gericht

---

1999, High Tech Warranty Project, Comment, P994413, S.20ff; Kaner/Pels, Reference to FTC, workshop 1999, High Tech Warranty Project, Comment, P994413, S.6ff; Perdue in: Smedding-hoff, 87f; wohl a.A. Hahn v. Ford Motor Corp. 434 N.E.2d 943 (Ind. Ct. App. 1982); Sanco, Inc. v. Ford Motor Co., 771 F.2d 1081 (7th Cir., 1985).

2456 Siehe z.B. Foresight Resources Corp. v. Pfortmiller, 719 F.Supp. 1006 (D. Kan. 1989); Arizona Retail Sys. v. Software Link, Inc., 831 F.Supp. 759 (D. Ariz. 1993); Step-Saver v. Wyse Technology, 939 F.2d 91 (3rd Cir. 1991); in Vault Corp. v. Quaid Software Ltd. 847 F.2d 255 (5th Cir. 1988) kam das Gericht zu diesem Ergebnis aufgrund eines Verstoßes gegen § 301 (a) des Copyright Act, der als Bundesgesetz vorrangig vor dem einzelstaatlichen Vertragsrecht ist (federal preemption); a.A. Browers v. Baystate Technologies, Inc., CRi 2002, S.177ff; vgl. zu diesen Gerichtsentscheidungen: Goodman, 21 Cardozo Law Review, S.319ff (337ff); Covotta/Sergeef, 13 Berkeley Technology Law Journal, S.35ff (36); Söder, S.164ff; Lejeune in: Lejeune, Der E-Commerce-Vertrag, S.163ff; zur Vereinbarkeit mit den bundesrechtlichen Vorschriften im Urheberrecht vgl. Lemley, 87 Califonia Law Review, S.111ff (128ff, 171); Covotta/Sergeef, 13 Berkeley Technology Law Journal, S.35ff (40ff); Nimmer, CRi 2005, S.188f (188f); Lejeune, CR 2000, S.201ff (208f); Bierekoven, S.213. Ein Fall der Unwirksamkeit von click wrap agreements ist Craig Comb v. Pay Pal, Inc., CRi 2003, S.24ff, darin hat das Gericht aber eine “substantive unconscionability” festgestellt, d.h. die Klausel war aufgrund inhaltlicher Mängel unwirksam.

2457 Vgl. Step-Saver v. Wyse Technology, 939 F.2d 91 (3rd Cir. 1991).

2458 Vgl. Step-Saver v. Wyse Technology, 939 F.2d 91 (3rd Cir. 1991); Arizona Retail Sys. v. Software Link, Inc., 831 F.Supp. 759 (D. Ariz. 1993). Die Vorschrift gemäß UCC § 2-207 a.F. regelt damit die Möglichkeit des Vertragsschlusses unter abändernder Annahme und ist insoweit eine Abkehr von der „mirror image rule“ des Common Law. Im überarbeiteten Entwurf des UCC Article 2 wird diese Regelung übernommen, ist allerdings nun in UCC § 2-206 (3) n.F. normiert, s.a. UCC § 2- 206, Comment 2..

2459 S.a. ProCD, Inc. v. Zeidenberg, 86 F.3d 1447 (7th Cir. 1996).

noch eine fehlende vertragliche Einbeziehung der Nutzungsbedingungen feststellte,[2460] entschied das Berufungsgericht, dass die Bedingungen wirksamer Bestandteil des Vertrages geworden waren. Zentrales Argument des Gerichts war, dass unter vertragsrechtlichen Aspekten die nachträgliche Unterbreitung der Nutzungsbedingungen und das Verhalten des Abnehmers einen eigenständigen Vertrag darstelle, der unter den allgemeinen Vertragsschlussvoraussetzungen nach UCC § 2-204 zustandegekommen sei.[2461] Dieses Ergebnis lässt sich dabei insbesondere mit den wirtschaftlichen Erwägungen des Gerichts begründen, das ein berechtigtes Interesse des Herstellers an der Durchsetzung seiner Nutzerbedingungen feststellte.[2462]

Ein weiteres Beispiel hierfür ist der Fall Hill v. Gateway[2463]. Dort hatten die Verbraucher über das Telefon Computersysteme bestellt, in deren Verpackungen ein Beipackzettel mit entsprechenden Nutzungsbedingungen beigefügt worden war. Auch hier hatte der Kunde die Möglichkeit innerhalb von dreißig Tagen nach Erhalt der Software die Ware wieder zurückzusenden, wenn er nicht mit den Vertragsbedingungen einverstanden war. Ebenso wie in dem Fall ProCD v. Zeidenberg, entschied das Gericht, dass Kunden, die die Ware innerhalb dieser Frist nicht zurücksendeten, stillschweigend die Annahme der Herstellervereinbarung erklärten und die Nutzungsbedingungen deshalb wirksame und einklagbare Bestandteile eines Vertrages geworden waren.[2464] In der Folgezeit hat es darüber hinaus eine ganze Reihe einzelstaatlicher Gerichte gegeben, die mit ähnlichen Begründungen eine Wirksamkeit der sog. Schutzhüllenverträge bestätigten.[2465] Fast zur selben Zeit ist die Wirksamkeit solcher nachgeschobener Klauseln von einigen Gerichten aber auch wieder allgemein abgelehnt worden, diese Fälle betrafen sowohl Softwareverträge,[2466] als auch Verträge mit über-

2460 S.a. ProCD, Inc. v. Zeidenberg, 1996 WL10068 (W.D. Wisc. 1996).

2461 Das Gericht wendete in diesem Fall UCC § 2-204 als maßgebliche Vorschrift an, s.a. ProCD, Inc. v. Zeidenberg, 86 F.3d 1447 (7th Cir. 1996); siehe zu den beiden Entscheidungen insbesondere Grusd, 10 Harvard Journal of Law & Technology, S.353ff (356ff).

2462 Siehe ProCD, Inc. v. Zeidenberg, 86 F.3d 1447 (7th Cir. 1996); vgl. dazu Lejeune in: Lejeune, Der E-Commerce-Vertrag, S.165; Söder, S.174f.

2463 Hill v. Gateway 2000, 105 F.3d 1147 (7th Cir. 1997).

2464 Hill v. Gateway 2000, 105 F.3d 1147 (7th Cir. 1997).

2465 Siehe z.B. Brower v. Gateway 2000, Inc. 1998 N.Y. App. Div. Lexis 8872 (1st Dept. N.Y., 1998); Adobe Systems, Inc. v. One Stop Micro, Inc., 84 F.Supp.2d 1086 (N.D. Cal. 2000); McDonalds, Corp. v. Shop At Home, Inc., 82 F.Supp 2d 801 (M.D. Tenn. 2000); M.A. Mortenson Company, Inc. v. Timberline Software Corporation, 970 P.2d 803 (Wash. 1999); Peerless Wall and Window Coverings, Inc. v. Synchronics, Inc., 85 F.Supp 519 (W.D. Pa. 2000); Management Computer v. Perry Constr. 743 So.2d 627 (Fla. App. 1 D. 1999); für die Wirksamkeit und Einklagbarkeit von click-wrap agreements Groff v. America Online, Inc., File No. C.A. No. PC. 97-0331, 1998 WL 307001 (R.I. Supp. Court, 1998); Jessup Morgan v. America Online, Inc. F.Supp.2d 1105 (E.D. Mich. 1998); Caspi v. Microsoft Network, L.L.C., 1999 WL. 462175, 323 NJ. Super 118 (N.J. App. Div., 1999); Lieschke v. Realnetworks, Inc. 2000 WL 198424 (N.D. Ill. 2000); Ticketmaster, Corp. v. Tickets. Com, Inc. 2000 WL 525390 (C.D. Cal. 2000).

2466 Vgl. dazu insbesondere den Fall Novell, Inc. v. Network Trade Center, Inc., 25 F.Supp. 2d 1218 (D. Utah 1997); mit vermittelnden Ansichten Klocek v. Gateway 2000, Inc., 104 F.Supp.2d 1332 (D. Kan. 2000).

wiegendem Sachkaufcharakter[2467]. Bis heute ist dementsprechend keine einheitliche Beurteilung der *Shrink-Wrap*-Problematik in der US-amerikanischen Rechtsprechung festzumachen, eine leichte Tendenz lässt sich indes für die Wirksamkeit sog. Schützhüllenverträge ausmachen.[2468]

Während sich auch im reformierten UCC Article 2 hierzu keine klarstellenden Regelungen finden lassen,[2469] sollte eine gesetzliche Grundlage für die Einbeziehung nachgeschobener Nutzungsbedingungen in Softwareverträgen mit dem Modellgesetz UCITA geschaffen werden.

(c) Die Beurteilung nach dem UCITA

Das Modellgesetz UCITA enthält einige Bestimmungen für die Inhalts- und Einbeziehungskontrolle von Vertragsbedingungen in Softwareverträgen. Dabei kopiert das Gesetz die Sittenwidrigkeitsvorschrift des UCC Article 2.[2470] Daneben enthält der UCITA aber auch noch weitergehende Regelungen für vorformulierte Vertragsklauseln bzw. Formularverträge. Neben inhaltlichen Anforderungen,[2471] regelt UCITA in Section 112 zusätzliche Voraussetzungen für die Einbeziehung der vorformulierten Vertragsbedingungen. Danach muss der andere Vertragsteil (Lizenznehmer der Software) seine Zustimmung zu den Vertragsbedingungen gegeben haben oder ein Verhalten gezeigt haben, dass eine solche Zustimmung äußerlich manifestiert (*manifestation of assent*). Dazu muss dem Lizenznehmer entweder Kenntnis der Vertragsbedingungen oder zumindest die Möglichkeit zur Kenntnisverschaffung gegeben werden (*opportunity to review*).[2472] Diese Kenntnisverschaffungsmöglichkeit ist grundsätzlich auch nach den Regelungen des UCITA bis zum Vertragsschluss zu gewähren. Die Bedingungen müssen dazu so dargestellt werden, dass sie die Aufmerksamkeit eines durchschnittlichen Nutzers wecken.[2473] Eine nachträgliche Einbindung, etwa im Rahmen einer *shrink wrap* oder *click wrap agreement*, ist nur dann möglich, wenn dem Lizenznehmer bei Ablehnung der Vertragsbedingungen ein Rückgaberecht eingeräumt worden ist.[2474] Liegt ein solches (vertragliches oder gesetzliches) Rück-

---

2467 Vgl. United States Surgical Corp. v. Orris, Inc., 5 F.Supp.2d 1201 (D. Kan. 1998).

2468 Vgl. dazu auch die Ergebnisse von Söder, S.188ff, 194ff; Bierekoven, S.213; Lejeune in: Lejeune, Der E-Commerce-Vertrag, S.161ff (166).

2469 Die Vorschriften im Rahmen der Klauselkontrolle, insbesondere UCC § 2-302 sind nach dem neuen Entwurf des UCC Article 2 fast unverändert erhalten geblieben; die anfänglich diskutierte Reform des Klauselrechts durch die Überarbeitung des UCC Article 2, die auch die Verbraucherschutzbelange besser berücksichtigen sollte, ist damit letztlich nicht normiert worden, vgl. dazu Zehentner, S.166f.

2470 Siehe UCITA Section 111, s.a. Section 111, Comment1.; vgl. auch Rustad, 18 The John Marshall Journal of computer & information law, S.547ff (585).

2471 Nach UCITA Section 105 (b) dürfen durch eine Vertragsbedingung nicht die Grundsätze der „fundamental public policy" verletzt werden, vgl. dazu auch Zehentner, S.170.

2472 Vgl. UCITA Section 112, Comment 2; vgl. dazu ferner Nimmer in: Weyers, S.37ff (52); Nimmer, 15 The John Marshall Journal of computer & information law, S.211ff (235); Clarke, 7 Michigan Telecommunications and Technology Law Review, S.1ff (33f).

2473 Siehe UCITA Section 113 (a); vgl. dazu Nimmer in: Weyers, S.37ff (52); Clarke, 7 Michigan Telecommunications and Technology Law Review, S.1ff (33).

2474 Siehe UCITA Section 113 (c).

gaberecht vor,[2475] hat der Endabnehmer Anspruch auf Ersatz der durch die Rücksendung entstandenen Kosten.[2476] Wird das Rückgaberecht vertraglich gewährt, muss der Anbieter den Lizenznehmer zusätzlich über dieses Recht informieren.[2477] Wird das Rückgaberecht letztlich nicht gewährt, sind die Klauseln u.U. nicht durchsetzbar.[2478]

Für die direkte elektronische Softwareübertragung, etwa mittels Download-Möglichkeit (direkter E-Commerce), ist für die einseitig vorformulierte Lizenzvereinbarung nach UCITA ebenfalls eine *manifestation of assent* und eine *opportunity to review* erforderlich.[2479] Die Möglichkeit der Kenntnisnahme muss dem Lizenznehmer dabei leicht zugänglich und leicht verständlich entweder vor dem Download oder vor Entstehen einer Zahlungsverpflichtung gegeben werden.[2480] Dazu muss der Lizenzgeber entweder den Text der Bedingungen oder einen Link, der zu den Bedingungen führt, in unmittelbarer Nähe zu der Darstellung des Softwareprodukts oder der Downloadanweisung platzieren.[2481] Alternativ kann er die Verfügbarkeit seiner vorformulierten Geschäftsbedingungen auf der Internetseite, auf der das Produkt angeboten wird, anzeigen. Er muss dann auf Anfrage des Lizenznehmers diesem eine Kopie der Nutzungsbedingungen vor dem Download unverzüglich zusenden.[2482] Ferner darf der Anbieter bei der Durchführung der Transaktion die Speicherung oder den Druck der Bedingungen nicht verhindern.[2483] Allerdings kann auch eine *opportunity to review* nach Maßgabe der Section 113 ausreichend beim direkten Download sein, die Regelung nach Section 114 ist insofern nur eine *safe-harbor* Regelung.[2484] Das bedeutet, einer nachträglich eingeschobenen *click-wrap agreement* bleibt auch danach nicht die Wirksamkeit versagt.

(d) Kritik an den einschlägigen UCITA-Regelungen

Auch wenn durch diese Bestimmungen einige neue Anforderungen an die Einbeziehung von Bedingungen gestellt werden, ermöglichen die einschlägigen UCITA-Vorschriften dennoch eine wirksame rechtliche Durchsetzung der *skrink wrap* und *click*

2475 Siehe UCITA Section 113 (d).

2476 Siehe UCITA Section 113, Comment 2., c; vgl. auch Rustad, 18 The John Marshall Journal of computer & information law, S.547ff (585); Lejeune in: Lejeune, Der E-Commerce-Vertrag, S.161ff (170).

2477 Siehe UCITA Section 113, Comment 2., c.

2478 Siehe UCITA Section 113, Comment 2., c.

2479 Nach UCITA Section 114 (b), Section 113; vgl. dazu Rustad, 18 The John Marshall Journal of computer & information law, S.547ff (585); Lejeune in: Lejeune, Der E-Commerce-Vertrag, S.161ff (170f); Zehentner, S.172f.

2480 Siehe UCITA Section 114 (b) (1).

2481 Siehe UCITA Section 114 (b) (1) (A); s.a. UCITA Section 114, Comment 3.

2482 Siehe UCITA Section 114 (b) (1) (B).

2483 Siehe UCITA Section 114 (b) (2). Diese Vorschrift ist der entsprechenden UETA-Regelung gemäß Section 8 (c) nachempfunden, denn die Bestimmungen des UETA sind im Rahmen des UCITA ja nicht anwendbar. Die Regelung erfordert aber, ebenso wie die UETA-Vorschrift, keine tatsächliche Speicher- und Druckmöglichkeit des Lizenznehmers, s.a. UCITA Section 114, Comment 3.

2484 Siehe UCITA Section 114 (c); s.a. UCITA Section 114, Comment 2.

wrap Praktiken in Softwarelizenzverträgen, wie sie von den Software-Anbietern i.d.R. auch praktiziert werden.[2485]

Problematisch wird diese Regelung insbesondere deshalb im Rahmen des Verbraucherschutzes gesehen, da hierdurch vertragliche Informationen bis nach der eigentlichen Entscheidung zum Vertragsschluss des Verbrauchers zurückgehalten werden können.[2486] Die Marktmacht der Verbraucher gründet aber gerade auf der Basis umfassender Informationen, vernünftige Entscheidungen für oder gegen ein Produkt oder Vertrag treffen zu können.[2487] Für den Verbraucher ist es im Grunde irrelevant, ob diese Bedingungen Vertragsbedingungen des Händlers sind, die einseitig seine Gewährleistungsrechte ausschließen oder Herstellervereinbarungen, die ihre Einstandspflichten aus Gewährleistung oder Produkthaftung ausschließen. In jedem Fall handelt es sich um eine kaufentscheidungs-relevante Information über das Produkt, den Vertrag und die damit verbundenen Vor- und Nachteile. Zwar kann der Verbraucher durch Rücksendung des Produkts seine Entscheidung wieder revidieren, wenn ihn die nachträglich eingebrachten Bedingungen dazu veranlassen. Dies verzögert aber im Grunde nur die informierte Entscheidungsfindung des Verbrauchers und ist m.E. zumindest im Hinblick auf die Gewährleistung einer schnellen und effektiven Marktübersicht des Verbrauchers und im Interesse eines effektiv funktionierenden Marktes zumindest fraglich. In der Praxis zeigt sich, dass die mit nachgeschobenen Vertragsklauseln konfrontierten Verbraucher i.d.R. aus einer gewissen Trägheit heraus, die Software auch dann nicht zurücksenden, wenn sie mit den unterbreiteten Bedingungen nicht einverstanden sind.[2488] Dies darf sicherlich nicht als zentrales Argument für eine Ablehnung von *shrink wraps* oder *click wraps* gelten, da die Kenntnisnahme und Abwägung der Bedingungen und auch die Rücksendung für den durchschnittlich verständigen Verbraucher eine zumutbare Alternative darstellt. Diese Entwicklung

---

2485 Vgl. Ayyappan, 69 Fordham Law Review, S.2471ff (2504).

2486 Vgl. Budnitz, 16 Georgia State University Law Review, S.741 (756ff); Goodman, 21 Cardozo Law Review, S.319ff (353ff); Braucher/Henderson, The UCITA: Objections from the Consumer Perspective, Reference to FTC, workshop 1999, High Tech Warranty Project, Comment, P994413, S.12ff; Braucher/Henderson, Delayed Disclosure, Reference to FTC, workshop 1999, High Tech Warranty Project, Comment, P994413, S.4ff, 20ff. Vgl. ausführlich zum Streit Dively/Cohn, 16 The John Marshall Journal of computer & information law, S.315ff (327); Rustad, 18 The John Marshall Journal of computer & information law, S.547ff (578f); Ayyappan, 69 Fordham Law Review, S.2471ff (2505ff); a.A. z.B. Crotty, 33 Rutgers Law Journal, S.745ff (753ff, 763ff). In der Verwendung solcher shrink wraps und click wraps wird in der Literatur insbesondere ein Verstoß gegen die "pre-sale availablity" von wichtigen Vertragsdokumenten gesehen, darin wurde vor allem ein Verstoß gegen den FTCA und die einzelstaatlichen UDAP Statutes gesehen. Rustad hingegen hält die nachträgliche Einbeziehung für weniger problematisch, das Problem liege hauptsächlich in der fehlenden inhaltlichen Beschränkung der Gewährleistungsrechte durch die Softwareanbieter und empfiehlt eine stärkere Inhaltskontrolle zu normieren, vgl. Rustad, 18 The John Marshall Journal of computer & information law, S.547ff (550f, 579ff).

2487 So auch Braucher/Henderson, Delayed Disclosure, Reference to FTC, workshop 1999, High Tech Warranty Project, Comment, P994413, S.4.

2488 Vgl. Braucher/Henderson, Delayed Disclosure, Reference to FTC, workshop 1999, High Tech Warranty Project, Comment, P994413, S.23f; Ayyappan, 69 Fordham Law Review, S.2471ff (2505ff); Goodman, 21 Cardozo Law Review, S.319ff (354).

zeigt aber, dass die Gefahr einer Verzerrung des redlichen Wettbewerbs besteht, wenn die Bedingungen eines Vertrages, die für den Verbraucher im US-amerikanischen Recht außerdem noch sehr nachteilig sein können,[2489] erst nach der eigentlichen Entscheidung des Verbrauchers zum Vertragsschluss mitgeteilt werden können. Im elektronischen Geschäftsverkehr kommt außerdem noch das Argument hinzu, dass, aufgrund der technischen Kommunikationsmöglichkeiten des Internets, nicht einzusehen ist, warum auch in elektronischen Verträgen über Software oder andere Produkte die Information über die Bedingungen nachträglich in Papierform durch ein Dokument in der Verpackung des Produkts oder nach der elektronischen Bestellung durch elektronisch nachgeschaltete Bildschirmanzeige mitgeteilt werden können, wenn dies u.U. sogar einfacher und kostengünstiger durch einen entsprechend gekennzeichneten und deutlich sichtbaren Hyperlink geschehen kann.[2490] Die Kritik an den Regelungen des UCITA ist demzufolge gerechtfertigt.[2491]

(e) Gegenwärtiger Stand der Beurteilung und Ausblick

Nachdem das Projekt UCITA bzw. dessen Umsetzung in einzelstaatliches Recht als gescheitert angesehen werden muss, ist die Zukunft der sog *shrink wrap* und *click wrap agreements* nach wie vor ungewiss. Da in den meisten einzelstaatlichen Gesetzen, ohne eine Umsetzung der UCITA-Regelungen, keine ausdrückliche gesetzliche Grundlage für die Zulässigkeit solcher Klauseln existiert, wird dort weiterhin die Auslegung des UCC Article 2 durch das jeweilige Gericht maßgeblich sein, d.h. die Gerichte werden den unterschiedlichen Argumentationsrichtungen folgen, die schon vor UCITA in der einzelstaatlichen Rechtsprechung vorherrschten und davon eine Zulässigkeit der *shrink* und *click wraps* abhängig machen.

Dabei werden die einzelnen Regelungen des UCITA für das einzelstaatliche Vertragsrecht wahrscheinlich nicht völlig bedeutungslos. Erstens wurde das Modellgesetz immerhin in zwei Staaten umgesetzt[2492] und andererseits wurden durch UCITA viele Bestimmungen geschaffen, die in Anlehnung an das allgemeine Vertragsrecht, den Besonderheiten von Softwareverträgen gerecht werden.[2493] Es bleibt abzuwarten,

2489 Vgl. dazu oben, 2.Kapitel, B., II., 2., b), bb).

2490 Vgl. Braucher/Henderson, Delayed Disclosure, Reference to FTC, workshop 1999, High Tech Warranty Project, Comment, P994413, S.4f.

2491 So im Ergebnis auch Braucher/Henderson, Delayed Disclosure, Reference to FTC, workshop 1999, High Tech Warranty Project, Comment, P994413, S.71f; Ayyappan, 69 Fordham Law Review, S.2471ff (2522); Clarke, 7 Michigan Telecommunications and Technology Law Review, S.1ff (36ff, 38); Lejeune in: Lejeune, Der E-Commerce-Vertrag, S.161ff (173ff, 179); a.A. Crotty, 33 Rutgers Law Journal, S.745ff (763ff); Zehentner, S.232ff; Söder, S.239ff; wohl auch Harrell, 25 Oklahoma City University Law Review, S.333ff (349f).

2492 In Maryland, Md Code Ann., Com. Law Section 22-101ff und in Virginia, Va. Code Ann. Section 59.-501.1ff; vgl. zu dem zu erwartenden Umsetzungsverhalten der übrigen Einzelstaaten, McDonald, 16 Berkeley Technology Law Journal, S.461ff (476ff, 484).

2493 Das Modellgesetz ist im Hinblick auf die vertragsrechtlichen Bestimmungen über Softwareverträge einzigartig und regelt in anderen Bereichen ein interessengerechtes Vertragsrecht für Softwarelizenzen, das auch (mittlerweile) den Verbraucherschutz berücksichtigt, vgl. auch Nimmer, 15 The John Marshall Journal of computer & information law, S.211ff (253); Dively/Cohn, 16 The John Marshall Journal of computer & information law, S.315ff (334); Harinwieweit die einzelstaatlichen Gerichte bei Entscheidungen über Softwareverträge die herausgearbeiteten Regelungsgrundsätze des UCITA übernehmen werden.

Im Rahmen der *Shrink-wrap*-Regelungen ist dies allerdings, neben den UCITA umsetzenden Staaten, nur dort zu erwarten, wo die Rechtsprechung ohnehin in diese Richtung tendiert. Im Ergebnis kann die Frage der Zulässigkeit von *shrink wrap* und *click wrap agreements* nicht einheitlich beantwortet werden. Wie vor der Vorlage des UCITA, hängt die Beurteilung maßgeblich von der von dem einzelstaatlichen Gericht bevorzugten Stoßrichtung im Rahmen der Vertragsschlussgrundsätze und dem Grad der Berücksichtigung verbraucherschützender Aspekte bei dieser Rechtsfrage ab.[2494]

c) Die Transparenz von Informationen im Netz

Da das Netz verschiedene Möglichkeiten zur Präsentation von Informationen bietet, hat die FTC eine Richtlinie erlassen, die die Anforderungen an die Transparenz online dargestellter Informationen festlegt.[2495] Davon erfasst werden grundsätzlich alle gesetzlich verpflichtenden Informationen,[2496] d.h. die Richtlinie regelt die Transparenz der spezifischen Informationspflichten im elektronischen Geschäftsverkehr,[2497] aber auch der allgemeinen Informationspflichten in Verbraucherverträgen nach einzelstaatlichem Recht und Bundesrecht, wie z.B. die Informationspflichten nach dem MMWA[2498]. Daneben sind auch solche Informationspflichten von den Transparenzpflichten erfasst, die sich aus der Produktart oder aus Werbeaussagen ergeben.[2499] Schließlich müssen grundsätzlich auch die von dem Unternehmer vorformulierten, einseitig gestellten Vertragsklauseln transparent gemacht werden, wenn diese online dargestellt werden sollen.

Für alle Informationspflichten gilt das Transparenzgebot, d.h. sämtlich der oben genannten Informationspflichten müssen nach den FTC-Grundsätzen dem Verbraucher erstens vor seiner Kaufentscheidung, also vor dem Kaufvertragschluss offengelegt werden (*pre-sale availability*)[2500] und zweitens müssen die Informationen klar und verständlich (*clear and conspicuous*)[2501] dargestellt werden. Zweck der Informationspflichten ist nämlich, dem vernünftigen Durchschnittsverbraucher, auf der Basis umfassender und vollständiger Information, die Möglichkeit zu geben, zu einer freien, informierten und sachgerechten Kaufentscheidung zu gelangen. Dies ist aber nicht gewährleistet, wenn die Informationen zwar vorliegen und inhaltlich richtig sind, dem

---

rell, 25 Oklahoma City University Law Review, S.333ff (342ff); Rustad, 18 The John Marshall Journal of computer & information law, S.547ff (576); Söder, S.200.

2494 Vgl. dazu auch die Ergebnisse bei Söder, S.233.

2495 S.a. FTC, „Staff Issues Guidelines on Internet Advertising Dot Com Disclosures“ Part 1-3.

2496 S.a. FTC, „Staff Issues Guidelines on Internet Advertising Dot Com Disclosures“ Part 1.

2497 Vgl. dazu die Ausführungen über die Informationspflichten nach dem E-SIGN Act Section 101 (c), 2.Kapitel, B., II., 2., a), aa), (2).

2498 Vgl. dazu die Ausführungen über die Informationspflichten nach dem MMWA, 2.Kapitel, B., II., 2., b), aa), (3).

2499 Vgl. dazu die Ausführungen über die Informationspflichten im Rahmen irreführender Werbung 2.Kapitel, B., II., 1., a), aa).

2500 S.a. 16 C.F.R. § 702.2f.

2501 S.a. 16 C.F.R. § 701.3 (a).

Verbraucher aber erst nach seiner Entscheidung offengelegt werden oder so missverständlich oder versteckt präsentiert werden, dass sie nicht Grundlage der Entscheidung werden können.

Zu berücksichtigen ist dabei aber, dass die FTC-Richtlinien, wie anfangs bereits dargelegt, keine rechtliche Bindungswirkung entfalten, d.h. ein Verstoß gegen die Anforderungen dieser Richtlinie sind kein unmittelbarer Verstoß gegen das Gesetz (Section 5 FTCA). Die Behörde kann aber bei der Zuwiderhandlung in einem gesonderten Beweisverfahren nachweisen, dass der Anbieter durch die fehlende Transparenz seiner Online-Angebote das allgemeine Transparenzgebot verletzt hat und damit eine rechtswidrige irreführende und unlautere Marktpraktik begangen hat.[2502]

Dabei besteht, wie im traditionellen Geschäftsverkehr, der Grundsatz, dass der werbende Anbieter die Verantwortung dafür trägt, dass die veröffentlichten Informationen von dem Verbraucher wahrgenommen und verstanden werden können. Der Unternehmer hat dazu aus der Perspektive des Verbrauchers zu beurteilen, ob aus dem Gesamtkontext der Präsentation heraus, die Informationen leicht erkennbar und verständlich geworden sind.[2503] Bei der Präsentation von Informationen über das Internet müssen die werbenden Anbieter beachten, dass die Verbraucher grundsätzlich nicht alle Informationen auf einer Webseite durchlesen, sondern nur den Teil der Seite, der ihr Interesse geweckt hat. Der Verbraucher wird auf einer Bildschirmseite nicht nach Informationen über ein Produkt suchen oder erwarten, Informationen irgendwo auf der Webseite zu finden. Eine Information im Netz ist daher nur dann klar und deutlich vermittelt, wenn sich die notwendigen Informationen oder Hinweise auf deren Verfügbarkeit in einem bestimmten räumlichen Zusammenhang (*proximity*) zu dem Werbetext oder dem angepriesenen Produkt befinden und die Information so angezeigt wird, dass sie die Aufmerksamkeit der Kundschaft auf sich lenkt (*prominence*).[2504]

aa) Der räumliche Zusammenhang (proximity)

Der räumliche Zusammenhang ist gegeben, wenn eine Information oder ein Hinweis sich in unmittelbarer Nähe zu der Werbeaussage oder dem Produkt befindet und der Verbraucher dadurch erkennen kann, dass sich die Information auf die Aussage oder das Produkt bezieht.[2505] Hierbei ist zu unterscheiden, ob sich die Information auf derselben Webseite befindet wie die Werbung bzw. die Darstellung des betreffenden Produkts oder ob die Information erst durch Verwendung eines Hyperlinks verfügbar gemacht wird.

2502 FTC, „Staff Issues Guidelines on Internet Advertising Dot Com Disclosures“ Part 1, Fn.6: Guides are "administrative interpretations of the laws administered by the Commission." (S.a. 16 C.F.R. § 1.5.) Although the guides do not have the force and effect of law, the Commission may bring an enforcement action if a person or company fails to comply with a guide and engages in an unfair or deceptive practice in violation of the FTC Act".

2503 S.a. FTC, „Staff Issues Guidelines on Internet Advertising Dot Com Disclosures“ Part 1, III., B.

2504 S.a. FTC, „Staff Issues Guidelines on Internet Advertising Dot Com Disclosures“ Part 1, III., C.

2505 S.a. FTC, „Staff Issues Guidelines on Internet Advertising Dot Com Disclosures“ Part 1, III., C., 1.

(1) Die Platzierung einer Information auf der Webseite

Die beste Verknüpfung auf einer Webseite besteht, wenn die Information direkt neben dem Bezugselement platziert wird, denn dann ist die Wahrscheinlichkeit recht groß, dass ein Kunde den Zusammenhang zwischen der Information und der Werbung oder dem Produkt auf den ersten Blick erkennt. Ist der Text einer Information besonders kurz, kann dieser sogar in die Werbeaussage oder in die neben dem Produkt platzierte Produktbeschreibung eingearbeitet sein, so dass der Kunde beides gleichzeitig wahrnehmen kann. Ist der Text oder die Darstellung eines Produkts oder einer Werbung umfangreicher, kann es notwendig sein, dass der Verbraucher mit der Computermaus die Seite runter scrollen muss, um den angrenzenden Informationstext lesen zu können. In einem solchen Fall muss der werbende Unternehmer sicherstellen, dass der Kunde eine Veranlassung hat, den Bildschirmtext bis zu der Platzierung der Information weiter zu verfolgen. Endet die Werbung oder Produktdarstellung vor dem unteren Ende des Bildschirms und wird dem Verbraucher durch unbeschriebene Flächen usw. suggeriert, die Informationen zu dem angebotenen oder angepriesenen Produkt seien abgeschlossen, wird er keine Veranlassung sehen, die Webseite bis zum Ende nach Informationen zu durchforsten. Der räumliche Zusammenhang ist insbesondere schon nicht deshalb gegeben, dass der Scroll-Balken am rechten Seitenrand der Bildschirmseite anzeigt, dass die Seite noch nicht zu Ende ist.[2506]

Um eine adäquate Nähe der Information herzustellen, kann der werbende Anbieter einen Hinweis neben der Werbung platzieren, der dem Kunden ausreichend verdeutlicht, dass an einer anderen Stelle der Seite wichtige Informationen zu der geschäftlichen Transaktion vorhanden sind.[2507] Der Bildschirmtext kann aber auch so gestaltet sein, dass durch fortlaufenden Text z.B. indiziert wird, dass die Darstellung der Werbung oder des Produkts noch nicht beendet ist.[2508] Wiederholt sich die Werbung oder die Darstellung des Produkts oder ist die Präsentation sehr lang, so ist auch eine Wiederholung der Information notwendig.[2509] Entscheidend ist, dass der Durchschnittsverbraucher auf den ersten Blick einen direkten Zusammenhang zwischen Information und Bezugpunkt auf der Bildschirmseite erkennen kann.

(2) Die Verwendung eines Hyperlinks

Zur Bekanntmachung von Informationen genügt im Geschäftsverkehr grundsätzlich auch die Angabe einer Kontaktnummer oder -Adresse, die direkt neben dem Produkt oder der Werbung platziert sind und anzeigen, dass dort Informationen erhältlich sind, die relevant für die geschäftliche Transaktion sind.[2510] Eine neue, durch das Internet ermöglichte Form der Weiterleitung des Kunden an Informationsquellen ist der Hy-

2506 S.a. FTC, „Staff Issues Guidelines on Internet Advertising Dot Com Disclosures“ Part 1, III., C., 1., a.

2507 Z.B. soll ein Hinweis wie „see below for important information on diamond weights” genügen, während der Hinweis „see below for details” nicht ausreicht.

2508 S.a. FTC, „Staff Issues Guidelines on Internet Advertising Dot Com Disclosures“ Part 2, III., C., 1., a..

2509 S.a. FTC, „Staff Issues Guidelines on Internet Advertising Dot Com Disclosures“ Part 2, III., C., 4.

2510 S.a. 16 C.F.R. § 702.3 (a) (2), (c) (2) (i) (B).

perlink. So können alle Informationen über die Betätigung des Links dem Kunden direkt zugänglich gemacht werden. Dies kann hilfreich bei besonders langen Informationstexten sein oder wenn der Informationstext wiederholt werden muss.

Allerdings dürfen nicht alle Arten von Informationen verlinkt werden. Informationen, die unmittelbar zu der Werbeaussage oder dem angebotenen Produkt gehören, müssen so mitgeteilt werden, dass sie gleichzeitig mit der Werbung gelesen werden können. Dies gilt insbesondere für Sicherheits- und Warnhinweise sowie für solche Werbeaussagen, die an sich irreführend sind und einer erläuternden Information bedürfen. Als Beispiel fügt die FTC einen Fall an, in dem in der Werbung eine Aussage über die Kosten des Produkts getroffen werden und weitere Gebühren auf den Kunden zu kommen, mit denen er nicht ohne Weiteres gerechnet hat. In diesem Fall muss der Werbende die Gebühreninformation direkt neben der Werbung platzieren. Ein entsprechender Hyperlink zu dieser Information würde nicht den notwendigen Zusammenhang zu der Werbung begründen.[2511]

Andere Informationen, wie beispielsweise Informationen über *written warranties*, können durch einen Hyperlink verfügbar gemacht werden. Der Hyperlink muss dabei hinreichend als solcher gekennzeichnet sein und in unmittelbarer Nähe zu dem betreffenden Produkt oder Werbung platziert sein. Hierzu muss der Hyperlink so gestaltet sein, dass dem Kunden klar wird, dass er einen solchen verwendet, um eine bestimmte Information abzufragen. Der Kunde erkennt grundsätzlich einen Hyperlink daran, dass dieser sich von dem üblichen Schriftbild abhebt oder durch andere grafische Elemente signalisiert wird, dass durch Mausklick eine neue Seite geöffnet wird.[2512] Der Link muss aber auch einen Hinweis darauf enthalten, dass er Informationen über die geschäftliche Transaktion enthält und welche Art und Relevanz diese Informationen haben. Dazu kann neben oder in der Zeile des Hyperlinks ein Teil der enthaltenen Information angegeben werden.[2513] Der Anbieter hat stets zu überprüfen, wie effektiv die von ihm zur Verfügung gestellten Hyperlinks sind. Er kann z.B. durch *click-through rates* nachvollziehen, wie häufig oder wie lange Konsumenten die Links verwendet haben. Stellt er fest, dass kaum eine Inanspruchnahme stattgefunden hat, so muss er die Darstellung oder das Format des Links verändern. Da ohnehin nicht jedes Link-Format von jedem Internetteilnehmer geöffnet und gelesen werden kann, ist anzuraten möglichst mehrere Formate bereitzustellen.

Ferner muss der Hyperlink unmittelbar zu der entsprechenden Information leiten. Das Näheverhältnis zu der Information ist nicht gewahrt, wenn zu ihrer Erlangung weitere Hyperlinks betätigt werden müssen oder der Internetkunde die Informationen auf der verlinkten Seite noch suchen muss.[2514]

2511 S.a. FTC, „Staff Issues Guidelines on Internet Advertising Dot Com Disclosures" Part 2, III., C., 1., b.

2512 Bei der Verwendung mehrerer Hyperlinks sollten diese gleich gestaltet sein, z.B. sollte bei Kenntlichmachung eines Links durch Unterstreichen des Texts dieser an anderer Stelle nicht durch Kursivschrift gekennzeichnet sein.

2513 Es genügen z.B. nicht Links mit der Aufschrift "disclaimer", "details" oder "more information".

2514 S.a. FTC, „Staff Issues Guidelines on Internet Advertising Dot Com Disclosures" Part 2, III., C., 1., b.

(3) Das Näheverhältnis bei Werbebannern und Werbe-Pop-Ups

Bei sämtlichen anderen Formen der Werbung und Darstellung von Produkten gelten im Grundsatz dieselben Anforderungen an den räumlichen Zusammenhang der Informationen. Die Information oder der Hyperlink sind innerhalb des Reklamefensters, des Pop-Up Windows oder Frames so zu platzieren, dass ein unmittelbarer Zusammenhang zu der jeweiligen Werbeaussage oder dem Produkt erkennbar ist.[2515] Meist sind die Bildschirmflächen der Fenster relativ klein, so dass zur Bekanntgabe von Informationen oft Hyperlinks verwendet werden, die den oben genannten Anforderungen entsprechen müssen. Dabei muss der Anbieter selber abwägen, ob bestimmte Informationen aufgrund ihrer besonderen Relevanz für den Verbraucher evtl. direkt in dem Reklamefenster angezeigt werden müssen und welche per Hyperlink verfügbar gemacht werden können.[2516] Bei solchen Hightechmethoden ist besonders darauf zu achten, dass ein Format verwendet wird, dass der Kunde auch wirklich öffnen kann. Dazu muss der Anbieter entweder verschiedene Formate verwenden oder zumindest das Format des Werbetextes benutzen. Bei Pop-Ups, die nur für eine gewisse Dauer angezeigt werden, muss der werbende Anbieter zusätzlich eine Vorrichtung schaffen, durch die der Kunde das Fenster mit der Information oder dem Hyperlink bei Bedarf noch einmal öffnen kann.[2517]

bb) Die Auffälligkeit der Informationen (prominence) im Netz

Des Weiteren muss die Informationsdarstellung oder der Hyperlink so gestaltet sein, dass dies die Aufmerksamkeit des Verbrauchers erregt (*prominence*). Dazu sind bei visueller Darstellung Größe, Farbe und grafische Darstellung der Information oder des Links entscheidend.[2518] Die Größe der Schrift sollte proportional dem dargestellten Produkt oder Werbetext entsprechen, d.h. die Information darf im Verhältnis zu dem Bezugsobjekt nicht optisch verschwinden.[2519] Die Farbe des Informationstextes ist so zu wählen, dass sie einen möglichst großen Kontrast zum Hintergrund hat.[2520] Bei rein akustischen Reklameeinblendungen müssen die Informationen ebenfalls akustisch umgesetzt werden und zwar in einer angemessenen Lautstärke und einem leicht wahrnehmbaren Tonfall.[2521] Bei Video-Clips ist ein Informationstext, wie in der Fernsehwerbung, für eine angemessene Zeitspanne einzublenden, der jedem Kunden ermög-

2515 S.a. FTC, „Staff Issues Guidelines on Internet Advertising Dot Com Disclosures“ Part 2, III., C., 1.,c.

2516 S.a. FTC, „Staff Issues Guidelines on Internet Advertising Dot Com Disclosures“ Part 2, III., C., 1.,e.

2517 S.a. FTC, „Staff Issues Guidelines on Internet Advertising Dot Com Disclosures“ Part 2, III., C., 1., c.

2518 S.a. FTC, „Staff Issues Guidelines on Internet Advertising Dot Com Disclosures“ Part 2, III., C., 2.

2519 Optimal ist die Größe des Informationstextes, wenn dieser dieselbe Schriftgröße wie der Werbetext hat.

2520 Der Informationstext sollte möglichst schwarz auf weißem Hintergrund oder umgekehrt angezeigt werden.

2521 Die gesprochene Information sollte nahezu dieselbe Lautstärke und Tonfrequenz haben wie die Werbung.

licht, den Text vollständig zu lesen.[2522] Bei jeder Form der Präsentation von Informationen ist darauf zu achten, dass der Kunde nicht durch andere Elemente von der eigentlichen Information abgelenkt wird. Der werbende Unternehmer muss dabei das Gesamtbild seiner Webseite oder Werbefensters in Betracht ziehen. Bei Informationstexten sollte keine Hintergrund-Grafik die Leserlichkeit des Textes erschweren, ebenso wenig darf der Informationstext durch Symbole oder Texte optisch überlagert werden. Bei akustischen Präsentationen sind entsprechend Störgeräusche zu vermeiden, die die Wahrnehmbarkeit der Information verschlechtern.[2523]

cc) Inhaltliche Gestaltung und grafische Darstellung des Textes

Der Informationstext muss grundsätzlich in einfacher, leicht verständlicher Sprache verfasst sein. Dies gilt sowohl für die eigentliche Information wie für den Text des Hinweises bzw. Hyperlinks. Demnach muss in einfachen Worten und mittels leicht verständlicher Grammatik der Text wieder gegeben werden. Die Verwendung von technischen und juristischen Fachbegriffen ist möglichst zu vermeiden und dort wo sie verwendet werden, müssen die Begriffe in einfacher Sprache erläutert werden. Ferner ist zur Förderung des Verständnisses des Verbrauchers angezeigt, nur die notwendigen Informationsinhalte zu kommunizieren und ihn nicht durch lange, überflüssige Texte von den wesentlichen Punkten abzulenken.[2524]

3. Vorvertragliche Informationspflichten im Online-Handel im deutschen Recht

Im deutschen Recht existieren mittlerweile viele „vorvertragliche" Informations- und Aufklärungspflichten, die im Warenhandel allgemein und im elektronischen Geschäftsverkehr beachtet werden müssen. Grundlage dieser Regelungen ist sehr häufig die Umsetzung entsprechender europäischer Richtlinien, die z.B. zahlreiche produktbezogenen Kennzeichnungs- und Aufklärungspflichten vorgeben.[2525] Wie im US-amerikanischen Recht, werden solche Informationspflichten insbesondere bei dem Vertrieb von risikobehafteten Produkten, wie z.B. Alkohol, Tabakerzeugnisse, Lebensmittel und Kosmetika, normiert.[2526] Daneben wurden im deutschen Recht, wie in den USA, besondere Informationspflichten für bestimmte Vertragsarten gesetzlich fixiert, wie z.B. die Verbraucherinformationen bei Kreditgeschäften.[2527] Umfangreiche ver-

2522 Dies hängt natürlich von der Länge der Information ab; nach 16 C.F.R § 239.2 (a) muss eine Information mindestens fünf Sekunden auf dem Bildschirm erscheinen.

2523 S.a. FTC, „Staff Issues Guidelines on Internet Advertising Dot Com Disclosures" Part 2, III., C., 3.

2524 S.a. FTC, „Staff Issues Guidelines on Internet Advertising Dot Com Disclosures" Part 2, III., C., 6.

2525 Z.B. die Kennzeichnungspflichten nach der Kosmetikrichtlinie (ABl. 1976, L 262/169) und der Kennzeichnungsrichtlinie (ABl. 1979 L 33/1).

2526 Siehe z.B. die Kennzeichnungspflichten nach dem Lebensmittel- und Bedarfsgegenständegesetz (LMBG) und Heilmittelwerbegesetz (HWG). Des Weiteren ist das Verbraucherinformationsgesetz (BT-Drucks. 16/1408) zu beachten, wonach Verstöße gegen das LMBG der Öffentlichkeit mitgeteilt werden können.

2527 Siehe die Informationsanforderungen beim Verbraucherdarlehensvertrag (§§ 488, 491 BGB) gemäß § 492 I BGB. Ferner enthält § 312c besondere Informationspflichten für Fernabsatzverträge über Finanzdienstleistungen. Einige Informationspflichten sind ferner vorgesehen für Teiltriebsbezogene Informationspflichten für das Telemarketing, wie im US-amerikanischen Recht, existieren nicht, da das Telemarketing im deutschen Recht ohnehin an eine vorherige Einwilligung, Transparenz des kommerziellen Hintergrundes und Preisangabepflichten geknüpft ist.[2528]

Für den Warenhandel existieren außerdem besondere Regelungen für den Vertrieb von Waren an der Haustüre, die allerdings, im Übrigen ebenso wie die US-amerikanischen Regelungen, nur bestimmte Informationspflichten hinsichtlich des eingeräumten Widerrufsrechts vorsehen.[2529] Diese Sonderbestimmungen für Haustürgeschäfte sind ebenfalls nicht anwendbar auf den elektronischen Handel, da im Internet das für Haustürgeschäfte charakteristische Merkmal des Herstellens eines unerwarteten physischen Kontakts zwischen Verbraucher und Unternehmer naturgemäß fehlt.[2530]

Nach Ansicht des europäischen und deutschen Gesetzgebers hat der Verbraucher aber gerade bei Verträgen, die ohne physischen Kontakt zwischen den Vertragsparteien ablaufen und bei denen der Verbraucher den technischen Unwägbarkeiten des Internets ausgesetzt ist, einen erhöhten Informationsbedarf. Hierfür bestimmen die Regelungen des BGB, auf Grundlage der umzusetzenden europäischen Richtlinien,[2531] nun einen umfassenden Informationskatalog für den Versandhandel allgemein, zu dem auch Online-Warengeschäfte zählen, und besondere Informationspflichten für den elektronischen Geschäftsverkehr zwischen Verbraucher und Unternehmer in den Vorschriften gemäß § 312c und § 312e BGB i.V.m. den entsprechenden Bestimmungen der BGB-InfoVO. Auf demselben Wege sind einige Informationspflichten im Rahmen von Garantieversprechen bei Verbrauchsgütergeschäften in § 477 BGB entstanden.[2532]

a) Vertriebsbezogene Informationspflichten des Unternehmers im Online-Handel

aa) Vorvertragliche Informationspflichten im Fernabsatzrecht

(1) Die Anwendbarkeit des Fernabsatzrechts

Fernabsatzverträge sind gemäß § 312b I BGB Verträge über die Lieferung von Waren oder die Erbringung von Dienstleistungen, die zwischen einem Unternehmer und einem Verbraucher unter ausschließlicher Verwendung von Fernkommunikationsmitteln abgeschlossen werden. Fernkommunikationsmittel sind laut § 312b II BGB Kommunikationsmittel, die zur Anbahnung oder zum Abschluss eines Vertrages zwischen einem Verbraucher und einem Unternehmer ohne gleichzeitige körperliche Anwesenheit der Vertragsparteien eingesetzt werden können. Die Vorschrift nennt als

---

zeitwohnrechteverträge (§§ 481ff, 482) und Fernunterrichtsverträge (§ 3 Fernunterrichtsschutzgesetz).

2528 Siehe dazu die Anforderungen nach dem UWG, insbesondere §§ 7 Nr.2, 4 Nr.3 UWG und § 1 PAngVO.

2529 Siehe § 312 I, II BGB.

2530 Vgl. Waldenberger, BB 1996, S.2365ff (2367); Ernst, VuR 1997, S.259ff (261f); Arnold, CR 1997, S.526ff (527f); Moritz, CR 2000, S.61ff (63); Meents, S.108ff. Siehe zur Abgrenzung außerdem unten, 2.Kapitel, B., III., 1., b), aa).

2531 Damit sind die FARL und die ECRL gemeint.

2532 Ursprung der nun geltenden Sondervorschriften gemäß §§ 475ff BGB war die Verbrauchsgüterkaufrichtlinie. Bestimmte Informationspflichten treffen den Unternehmer dabei nur dann, wenn er im Zusammenhang mit dem Verkauf eine Garantie übernommen hat (§§ 443, 477 BGB).

Beispiele für Telekommunikationsmittel u.a. Kataloge, Briefe, Telefonanrufe, E-Mail, Tele- und Mediendienste. Darunter fällt insbesondere das Internet,[2533] so dass die Vorschriften auf Online-Warenkaufverträge grundsätzlich Anwendung finden.

Zunächst ist festzustellen, dass der Schutz der fernabsatzrechtlichen Regelungen, entsprechend der FARL,[2534] auf Verträge zwischen Verbrauchern und Unternehmern begrenzt ist, so dass die Voraussetzungen gemäß §§ 13, 14 BGB erfüllt sein müssen.[2535] Insoweit gelten die oben dargestellten Anforderungen an die Verbraucher- und Unternehmereigenschaft.[2536]

Im Rahmen des sachlichen Anwendungsbereichs werden von dem Wortlaut der Vorschrift nur Lieferungen von Waren und Dienstleistungen erfasst. Dabei wird überwiegend angenommen, dass die Begriffe weit auszulegen sind und auch andere Vertragsarten als Warenkaufverträge und Dienstleistungsverträge erfasst werden.[2537] Für die vorliegende Untersuchung von Warentransaktionen ist dies allerdings nur hinsichtlich der Frage von Bedeutung, ob auch Software-Produkte „Waren" im Sinne des Fernabsatzrechts sind. Software- und Computerprogramme, die auf einem Trägermedium gespeichert sind und die in dieser Form auf postalischem Wege geliefert werden, fallen zweifelsohne unter den Warenbegriff, d.h. Transaktionen mit solchen verkörperten Software-Produkten sind Fernabsatzverträge.[2538] Problematisch ist das Vorliegen eine „Lieferung von Waren" aber bei Geschäften über Software, die direkt über das Internet per Download empfangen wird. Die für Waren charakteristische Eigenschaft der Körperlichkeit einer Sache, ist in den Fällen des Software-Downloads nicht gegeben, da die Informationen nur in elektronischer Form vorliegen und nicht auf einem körperlichen Trägermedium gespeichert sind. Nach dieser Betrachtung dürften Software-Produkte, die direkt heruntergeladen werden, nicht als Waren im Sinne des § 312b BGB eingeordnet werden.[2539] Dem kann entgegengehalten werden, dass die

---

2533 Sämtliche Formen der Internetkommunikation erfüllen die Voraussetzungen eines Fernkommunikationsmittels. Wie oben dargestellt, sind Online-Dienste entweder Mediendienste oder Teledienste im Sinne des TDG und des MDStV, s.a. 2.Kapitel, B., I., 2., b), bb), (3), (c); vgl. auch Heinrichs in: Palandt, SMG-Komm., § 312b, Rn.6f; Gößmann, MMR 1998, S.88ff (89); Klein in: Bräutigam/Leupold, S.499ff (596).

2534 Siehe Artikel 1 FARL; allerdings verwendet die Richtlinie die Begriffe Verbraucher und „Lieferer", wobei aus Artikel 2 Nr.3 FARL hervorgeht, dass der Begriff identisch mit dem europäischen Unternehmerbegriff ist; vgl. auch Schmidt-Räntsch in: Bamberger/Roth, BGB-Komm., Bd.1, § 312b, Rn.3.

2535 Vgl. zu den Anwendungsvoraussetzungen Arnold, CR 1997, S.526ff (529); Klein in: Bräutigam/Leupold, S.498ff (597ff); Heinrichs in: Palandt, SMG-Komm., § 312b, Rn.6f; Thüsing in: Staudinger, BGB-Komm., Buch 2, 2005; § 312b, Rn.7f.

2536 S.a. 2.Kapitel, A., II., 2., 3.

2537 Darauf deutet auch die Verwendung des im europäischen Recht weit auszulegenden Begriffs der Dienstleistung hin, siehe z.B. EuGH, NJW 1998, S.1295ff; so im Ergebnis auch OLG Karlsruhe, CR 2002, S.682ff; Schulte-Nölke in: Schulze, HK-BGB, § 312b, Rn.5; Thüsing in: Staudinger, BGB-Komm., Buch 2, 2005; § 312b, Rn.12f; Klein in: Bräutigam/Leupold, S.498ff (603f); Heinrichs in: Palandt, SMG-Komm., § 312b, Rn.10; Arnold, CR 1997, S.526ff (528f).

2538 Vgl. Thüsing in: Staudinger, BGB-Komm., Buch 2, 2005; § 312b, Rn.16.

2539 Danach wäre stattdessen ein Dienstleistungsvertrag anzunehmen, siehe z.B. Moritz, CR 2000, S.61ff (67); vgl. dazu auch Meents, CR 2000, S.610ff (613). Dienstleistungsverträge werden

Verbraucher nach dem Herunterladen die Software auch auf einem Trägermedium speichern müssen, so dass die fehlende Körperlichkeit der Ware grundsätzlich nur vorübergehend ist.[2540] Abgesehen davon würden bei einer solchen Differenzierung Softwaretransaktionen, abhängig von ihrer Übertragungsart, unterschiedlich behandelt, obwohl es aus Sicht des Verbrauchers keinen Unterschied machen kann, ob die Software an die Haustür geliefert wird oder von ihm Heruntergeladen werden muss.[2541] Dementsprechend sind Software-Downloads auch „Lieferungen von Waren" im Rahmen des Fernabsatzrechts und müssen den gesetzlichen Anforderungen genügen.[2542]

Weitere Voraussetzung für das Vorliegen eines Fernabsatzvertrages ist, dass der Vertrag ausschließlich durch die Verwendung der Fernkommunikationsmittel geschlossen wurde. Zunächst stellt sich für den Online-Handel die Frage, wie es sich verhält, dass der Unternehmer das elektronische Angebot des Verbrauchers i.d.R. auch durch Lieferung konkludent annehmen kann[2543] und damit ein Teil des Vertragsschlusses u.U. nicht durch das Fernkommunikationsmittel erfolgt. Schutzzweck des Fernabsatzrechts ist der Schutz des Verbrauchers vor den Risiken eines Distanzgeschäftes, die sich aus dem fehlenden Kontakt zu Unternehmer und Produkt ergibt.[2544] Diese Situation ist aber im Internet unabhängig davon gegeben, ob der Unternehmer, auf dessen Webseite Bestellungen eingehen oder der eine Bestellung aufgrund einer Werbe-E-Mail erhält, den angebotenen Vertragsschluss elektronisch oder nicht elektronisch annimmt. Für die „ausschließliche Verwendung des Internets" zum Vertragsschluss ist es daher unschädlich, wenn die Annahme des Unternehmers durch Lieferung erfolgt. Bei der Formulierung „Vertragsschluss" im Sinne des § 312b I BGB stellt sich des Weiteren die Frage, ob nicht auch die Vertragsanbahnung durch das Fernkommunikationsmittel erfolgt sein muss. Hat der Verbraucher im Rahmen der Vertragsverhandlungen physischen Kontakt zum Unternehmer und dem angebotenen Produkt, so entfällt das primäre Kriterium der Distanz, so dass auch keine Schutzbedürftigkeit des Verbrauchers mehr gegeben sein dürfte.[2545] Da auch § 312b II die Vertragsanbahnung in den Wortlaut mit einbezieht,[2546] ist die Vorschrift gemäß § 312b I BGB

---

zwar auch von § 312b BGB erfasst, Probleme können sich aber im Hinblick auf ein bestehendes Widerrufsrecht gemäß § 312d BGB ergeben, siehe unten, 2.Kapitel, B., III., 2., c), aa).

2540 Davon gibt es auch Ausnahmen, vgl. zum Ganzen Thüsing in: Staudinger, BGB-Komm., Buch 2, 2005; § 312b, Rn.16; Waltl in: Loewenheim/Koch, S.179ff (180f); Schmitt, CR 2001, S.838ff (842f).

2541 Vgl. Schmitt, CR 2001, S.838ff (843); Thüsing in: Staudinger, BGB-Komm., Buch 2, 2005; § 312b, Rn.16.

2542 So im Ergebnis auch: Klein in: Bräutigam/Leupold, S.498ff (603); Thüsing in: Staudinger, BGB-Komm., Buch 2, 2005; § 312b, Rn.16; Waltl in: Loewenheim/Koch, S.179ff (180f).

2543 Vgl. dazu oben, 2.Kapitel, B., II., 1.

2544 Vgl. Gößmann, MMR 1998, S.88ff (89); Thüsing in: Staudinger, BGB-Komm., Buch 2, 2005; § 312b, Rn.35; Heinrichs in: Palandt, SMG-Komm., § 312b, Rn.3.

2545 Vgl. Schmidt-Räntsch in: Bamberger/Roth, BGB-Komm., Bd.1, § 312b, Rn.21; Heinrichs in: Palandt, SMG-Komm., § 312b, Rn.8; Klein in: Bräutigam/Leupold, S.498ff (601); Gößmann, MMR 1998, S.88ff (89); Thüsing in: Staudinger, BGB-Komm., Buch 2, 2005; § 312b, Rn.35; Meents, S.183.

2546 Siehe § 312b II BGB: „Fernkommunikationsmittel sind Kommunikationsmittel, die zur Anbahnung oder zum Abschluss eines Vertrages (...) eingesetzt werden können, (...)".

ergänzend dahingehend auszulegen, dass die gesamte geschäftliche Beziehung im Vorfeld des Vertragsschlusses ebenfalls ausschließlich unter Verwendung des Fernkommunikationsmittels durchgeführt werden muss.[2547] Das bedeutet, ein im Internet zwischen Verbraucher und Unternehmer geschlossener Warenkaufvertrag unterfällt dann nicht den fernabsatzrechtlichen Schutzregelungen, wenn bei der Vertragsanbahnung ein physischer Kontakt zwischen den Vertragsparteien bestanden hat und schließlich nur noch der Vertragsschluss auf elektronischem Wege erfolgt.[2548] Ferner muss der Unternehmer das Fernkommunikationsmittel bewusst und mit dem Ziel eingesetzt haben, einen Vertrag mit dem Verbraucher zu schließen.[2549]

Schließlich bestimmt § 312b I BGB, dass ein Fernabsatzvertrag im Sinne des Abschnitts nur dann vorliegt, wenn der Vertragsschluss im Rahmen eines für den Fernabsatz organisierten Vertriebs- oder Dienstleistungssystems erfolgt ist. Dadurch sollen solche Fälle ausgeschlossen werden, in denen sich der Unternehmer nicht regelmäßig des Fernkommunikationsmittels zum Vertragsabschluss bedient. Ein Händler, der ausnahmsweise eine Ware bei einem Internetauktionshaus einstellt oder einen Kunden ausnahmsweise telefonisch kontaktiert, soll sich noch nicht an die hohen Anforderungen gemäß § 312bff BGB halten müssen.[2550] Dabei ist es nicht erforderlich, dass das Vertriebssystem des Unternehmers ausschließlich durch das Fernkommunikationsmittel erfolgt.[2551] Vielmehr muss aus Sicht eines objektiven Dritten deutlich werden, dass der fernabsatzmäßige Vertrieb planmäßig und organisatorisch zum Betrieb des Unternehmens gehört. Es genügt z.B., wenn aus dem Internetauftritt eines Unternehmers hervorgeht, dass er in seinem Betrieb die technischen Voraussetzungen geschaffen hat, regelmäßig Verträge über das Fernkommunikationsmittel mit Verbrauchern abschließen zu können.[2552] Das ist beim Online-Handel beispielsweise der Fall, wenn der

---

2547 Vgl. Reich, EuZW 1997, S.581ff (582); Grundmann, S.228f; Schulte-Nölke in: Schulze, HK-BGB, § 312b, Rn.4; Wiebe in: Spindler/Wiebe, S.57ff (92); Heinrichs in: Palandt, SMG-Komm., § 312b, Rn.8; Schmidt-Räntsch in: Bamberger/Roth, BGB-Komm., Bd.1, § 312b, Rn.15; Thüsing in: Staudinger, BGB-Komm., Buch 2, 2005; § 312b, Rn.35. Dafür spricht auch der Wortlaut der Richtlinie gemäß Artikel 2 Nr.1, wonach die ausschließliche Verwendung des Kommunikationsmittels vom Vertrag bis zu dessen Abschluss zu erfolgen hat, siehe dazu Thüsing in: Staudinger, BGB-Komm., Buch 2, 2005; § 312b, Rn.37.

2548 Vgl. Thüsing in: Staudinger, BGB-Komm., Buch 2, 2005; § 312b, Rn.35; einschränkend Heinrichs in: Palandt, SMG-Komm., § 312b, Rn.8.

2549 Vgl. Thüsing in: Staudinger, BGB-Komm., Buch 2, 2005; § 312b, Rn.41.

2550 Vgl. Reich, EuZW 1997, S.581ff (583); Fuchs ZIP 2000, S.1273ff (1275); Klein in: Bräutigam/Leupold, S.498ff (606); Schulte-Nölke in: Schulze, HK-BGB, § 312b, Rn.6; Schmidt-Räntsch in: Bamberger/Roth, BGB-Komm., Bd.1, § 312b, Rn.11; Heinrichs in: Palandt, SMG-Komm., § 312b, Rn.11; Lorenz, JuS 2000, S.833ff (838); Kamanabrou, WM 2000, S.1417ff (1420f); Riehm, Jura 2000, S.505ff (510); Thüsing in: Staudinger, BGB-Komm., Buch 2, 2005; § 312b, Rn.46; kritisch zu der gesetzlichen Formulierung: Grundmann, S.229; Meents, S.184f.

2551 Vgl. Lorenz, JuS 2000, S.833ff (838); Kamanabrou, WM 2000, S.1417ff (1420); Klein in: Bräutigam/Leupold, S.498ff (607); Thüsing in: Staudinger, BGB-Komm., Buch 2, 2005; § 312b, Rn.47; Schmidt-Räntsch in: Bamberger/Roth, BGB-Komm., Bd.1, § 312b, Rn.12.

2552 Die Auslegung dieses Tatbestandsmerkmals ist umstritten, vgl. zum Streitstand: Thüsing in: Staudinger, BGB-Komm., Buch 2, 2005; § 312b, Rn.49ff; die h.M. nimmt den hier genannten engeren Anwendungsrahmen an, vgl. Heinrichs in: Palandt, SMG-Komm., § 312b, Rn.11; Riehm, Jura 2000, S.505ff (510); Thüsing in: Staudinger, BGB-Komm., Buch 2, 2005; § 312b,

Unternehmer eine Bestellmaske auf seiner Homepage eingerichtet hat[2553] oder der Unternehmer sich als „Powerseller" bei einem Online-Auktionshaus hat eintragen lassen.

Die Vorschrift gemäß § 312b nennt daneben in Absatz 3 mehrere Ausnahmen von der Anwendung der Regelungen über Fernabsatzverträge, z.B. sind Fernunterrichtsverträge, Teilzeit-Wohnrechteverträge und Versicherungsverträge vom Anwendungsbereich ausgeschlossen.[2554] Im Rahmen des Kaufrechts sind insbesondere die Ausnahmen von Grundstückskaufverträgen und Verträgen über Rechte an Grundstücken zu nennen[2555] sowie Verträge, deren Gegenstand die Lieferung von Lebensmitteln, Getränken und sonstigen Haushaltsgegenständen des täglichen Bedarfs ist, die im Rahmen häufiger und regelmäßiger Fahrten an den Wohnsitz oder Arbeitsplatz des Verbrauchers geliefert werden[2556]. Damit nimmt der Gesetzgeber bereichspezifisch Warentransaktionen aus dem Anwendungsbereich, die allerdings z.B. in Form des Pizzataxis im Internet nur selten angeboten werden und deshalb von keiner großen Relevanz für den Online-Handel sind.[2557]

(2) Anforderungen an die Informationen gemäß § 312c I BGB

Die Vorschrift gemäß § 312c I BGB bestimmt, dass der Unternehmer die Informationen dem Verbraucher rechtzeitig vor Abgabe seiner Vertragserklärung in einer dem eingesetzten Fernkommunikationsmittel entsprechenden Weise klar und verständlich unter Angabe des geschäftlichen Zwecks zur Verfügung stellen muss. Damit müssen die Informationen bei einem online geschlossenen Vertrag regelmäßig vor der Bestellung durch den Verbraucher mitgeteilt worden sein.[2558] Wann eine Information „rechtzeitig" vor Abgabe der Erklärung erteilt ist, hängt vom Einzelfall ab.[2559] Im Online-

---

Rn.49; Klein in: Bräutigam/Leupold, S.498ff (605f); Lorenz, JuS 2000, S.833ff (838); im Ergebnis zustimmend Grundmann, S.229.

2553 Vgl. Klein in: Bräutigam/Leupold, S.498ff (605f); Lorenz, JuS 2000, S.833ff (838); Heinrichs in: Palandt, SMG-Komm., § 312b, Rn.11; Thüsing in: Staudinger, BGB-Komm., Buch 2, 2005; § 312b, Rn.51.

2554 Siehe § 312b III Nr.1-3 BGB; Fernunterrichtsverträge werden gesondert im Fernunterrichtsschutzgesetz geregelt und für die Teilzeitnutzung von Wohnraum regeln die §§ 481ff BGB besondere Anforderungen. Versicherungsverträge unterfallen dem Versicherungsvertragsgesetz (VVG).

2555 Siehe § 312b III Nr.4 BGB.

2556 Siehe § 312 III Nr.5 BGB.

2557 Vgl. ausführlich zu den Ausnahmen Schmidt-Räntsch in: Bamberger/Roth, BGB-Komm., Bd.1, § 312b, Rn.28; Klein in: Bräutigam/Leupold, S.499ff (608ff); Lorenz, JuS 2000, S.833ff (834f).

2558 Vgl. dazu die Einordnung der Bestellung des Verbrauchers unter Vertragsabschluss-Gesichtspunkten, 2.Kapitel, B., II., 1.

2559 Vgl. dazu die Ausführungen im „Gesetzentwurf der Bundesregierung zur Änderung der Vorschriften über Fernabsatzverträge bei Finanzdienstleistungen" (BT-Drucks. 15/2946), Begründung, B., zu Nr.2, Absatz1., S.39f. Eine konkrete Festlegung auf eine Mindestfrist kann, angesichts der Vielschichtigkeit der Fälle, nicht getroffen werden. Die Begrenzung auf eine Minimalfrist von drei Tagen (so vorgeschlagen von Micklitz in: Micklitz/Reich, S.21) ist zu unflexibel und ist daher abzulehnen, so auch Heinrichs in: Palandt, SMG-Komm., § 312c, Rn.3; Schulte-Nölke in: Schulze, HK-BGB, § 312c, Rn.1; Thüsing in: Staudinger, BGB-Komm.,

Handel wird von einer rechtzeitigen Kenntnisnahmemöglichkeit auszugehen sein, wenn der Online-Anbieter die Informationen im Rahmen seines Angebots, also auf der Bestell-Webseite oder in der Werbe-E-Mail durch Anhang oder Link verfügbar macht, denn dann hat der Verbraucher hinreichende Möglichkeit die Informationen vor seiner Bestellung zur Kenntnis zu nehmen.[2560] Die Angabe des geschäftlichen Zwecks ist erfüllt, wenn der Unternehmer offenlegt, dass er einen wirtschaftlichen Zweck mit seinem Angebot verfolgt. Er muss deutlich machen, dass er durch das Fernkommunikationsmittel einen Vertrag mit dem Verbraucher abschließen will.[2561] Im Internet ist ein solcher Hinweis i.d.R. entbehrlich, da das Angebot von Waren und Dienstleistungen dem Medium wesensimmanent ist und der Verbraucher die kommerziellen Absichten von Internetauftritten der Unternehmen kennt.[2562]

Grundsätzlich bedürfen die Informationen keiner bestimmten Form.[2563] Das Erfordernis, dass Informationen in einer dem Fernkommunikationsmittel entsprechenden Weise zu erfolgen haben, soll gewährleisten, dass der Verbraucher die Informationen nicht überraschend durch ein beliebiges anderes Fernkommunikationsmittel erhält. Fraglich ist, ob es danach generell unzulässig ist, die Informationen durch ein weiteres Fernkommunikationsmittel mitzuteilen.[2564] Dafür spricht, dass der Unternehmer bei der Verwendung eines anderen Fernkommunikationsmittels nicht davon ausgehen kann, dass der Verbraucher auch über die technischen Voraussetzungen für diese Kommunikationsform verfügt.[2565] Dieses Problem stellt sich zwar eher in den Fällen, in denen z.B. bei nicht-elektronische Angeboten Informationen durch die neuen elektronischen Medien verfügbar gemacht werden sollen.[2566] Grundsätzlich aber kann kein Unternehmer von der Befähigung des Verbrauchers, ein Fernkommunikationsmittel zu verwenden, darauf schließen, dass diesem auch andere Fernkommunikationsmöglichkeiten zur Verfügung stehen, außer er verfügt über gegenteilige Angaben des Kunden.

Buch 2, 2005; § 312c, Rn.20; Riehm, Jura 2000, S.505ff (510); Schmidt-Räntsch in: Bamberger/Roth, BGB-Komm., Bd.1, § 312c, Rn.15; vgl. dazu auch Fuchs ZIP 2000, S.1273ff (1276f).

2560 Vgl. Klein in: Bräutigam/Leupold, S.499ff (617); Thüsing in: Staudinger, BGB-Komm., Buch 2, 2005; § 312c, Rn.20; Kamanabrou, WM 2000, S.1417ff (1422); Heinrichs in: Palandt, SMG-Komm., § 312c, Rn.3; a.A. Meents, S.188f, der die Ansicht vertritt, dass die Information so gestaltet sein muss, dass diese dem virtuellen Bestellformular vorgeschaltet ist; vgl. auch OLG Frankfurt, MMR 2001, S.529ff (Pflichtangaben beim Fernabsatz).

2561 Vgl. Klein in: Bräutigam/Leupold, S.499ff (618); Schmidt-Räntsch in: Bamberger/Roth, BGB-Komm., Bd.1, § 312c, Rn.9.

2562 Eine solche Information ist hingegen dann erforderlich, wenn Fernkommunikationsmittel, wie das Telefon, eingesetzt werden, bei denen der Verbraucher nicht ohne weiteres eine kommerzielle Absicht vermutet, vgl. auch Woitke, BB 2003, S.2469ff (2470). Im Internet ist ein solcher Überraschungseffekt nur im Rahmen von Kommunikationen denkbar, in denen normalerweise keine kommerzielle Kommunikation stattfindet, also z.B. in Chat-Rooms, die überwiegend der privaten Kommunikation dienen.

2563 Vgl. Thüsing in: Staudinger, BGB-Komm., Buch 2, 2005; § 312c, Rn.22; Schmidt-Räntsch in: Bamberger/Roth, BGB-Komm., Bd.1, § 312c, Rn.16.

2564 Bejahend: Thüsing in: Staudinger, BGB-Komm., Buch 2, 2005; § 312c, Rn.22; a.A. Schmidt-Räntsch in: Bamberger/Roth, BGB-Komm., Bd.1, § 312c, Rn.16.

2565 Vgl. Thüsing in: Staudinger, BGB-Komm., Buch 2, 2005; § 312c, Rn.22.

2566 Insbesondere kann, trotz umfangreicher Verbreitung des Internets, nicht davon ausgegangen werden, dass jeder Verbraucher einen Internetzugang hat.

Bei einem Warenangebot im Internet ist ferner zu berücksichtigen, dass die Information des Verbrauchers besonders einfach und kostengünstig ist und zudem auch Informationen mit größerem Umfang einfach transferiert werden können. Das Medium zeichnet sich gerade durch die komfortablen und schnellen Transaktionsmöglichkeiten im geschäftlichen Verkehr aus. Dementsprechend wäre nicht einzusehen, wenn beim Vertragsschluss im Internet die für die Transaktion notwendigen Informationen über eine andere Kommunikationsform, wie z.B. das Telefon und Telefax, mitgeteilt werden.[2567] Der Unternehmer der online Waren anbietet, muss die Informationen dementsprechend auch online mitteilen. Die Angabe einer auch kostenlosen Service-Telefonnummer genügt insoweit nicht.[2568]

Ferner müssen die Informationen dem Verbraucher klar und verständlich mitgeteilt werden. Welche Anforderungen an die Online-Transparenz von gesetzlichen Informationen zu stellen sind, wird noch an anderer Stelle zu erörtern sein.[2569]

Schließlich erfordert § 312c I BGB, dass der Unternehmer die Informationen zur Verfügung stellen muss. Der Gesetzgeber hat hierdurch die vorherige, irreführende Formulierung „informieren" ersetzt und damit ausdrücklich klargestellt, dass der Unternehmer zur Erfüllung seiner Informationspflichten keinen Informationserfolg schuldet.[2570] Die tatsächliche Kenntnisnahme des Verbrauchers ist nicht erforderlich und muss auch nicht nachgewiesen werden. Es genügt wenn der Unternehmer dem Verbraucher die ausreichende Möglichkeit der Kenntnisnahme verschafft.[2571]

(3) Inhalt und Umfang der Informationspflichten

Nach der Vorschrift gemäß § 312c I BGB sind die vorvertraglichen Informationspflichten zu beachten, für die dies in der Rechtsverordnung nach Artikel 240 EGBGB bestimmt ist, namentlich § 1 BGB-InfoVO. Dabei normiert die Verordnung zwei Gruppen von Informationspflichten für Fernabsatzverträge, allgemeine Informationspflichten, die bei jedem Fernabsatzvertrag einzuhalten sind und solche, die nur unter bestimmten Voraussetzungen erfüllt sein müssen.[2572]

Der Unternehmer hat folgende Informationen dem Verbraucher vor Abgabe seiner Erklärung in jedem Fall mitzuteilen:

- Nach § 1 I Nr.1 BGB-InfoVO hat der Unternehmer dem Verbraucher seine Identität anzugeben. Das bedeutet, natürliche Personen müssen ihren Namen und Vornamen

---

2567 Dies kann an dieser Stelle nicht verallgemeinert werden. Ob der Wechsel zu einem anderen Fernkommunikationsmittel einer „der Kommunikation entsprechenden Weise" nachkommt, hängt von der Art der verwendeten Fernkommunikationsmittel und den Umständen des Einzelfalls ab.

2568 So im Ergebnis auch Wiebe in: Spindler/Wiebe, S.57ff (94); Thüsing in: Staudinger, BGB-Komm., Buch 2, 2005; § 312c, Rn.22.

2569 Siehe dazu unten, 2.Kapitel, B., II., 3., c).

2570 Siehe dazu Gesetzentwurf der Bundesregierung zur Änderung der Vorschriften über Fernabsatzverträge bei Finanzdienstleistungen (BT-Drucks. 15/2946), Begründung, B., zu Nr.2, Absatz1., S.38; vgl. dazu auch Schulte-Nölke in: Schulze, HK-BGB, § 312c, Rn.1; Thüsing in: Staudinger, BGB-Komm., Buch 2, 2005; § 312c, Rn.51.

2571 Dies war zuvor umstritten, im Ergebnis so schon früher Fuchs ZIP 2000, S.1273ff (1277); Kamanabrou, WM 2000, S.1417ff (1420); a.A. OLG Frankfurt a.M., MMR 2001, S.529ff (530).

2572 Siehe auch die Einteilung nach Schmidt-Räntsch in: Bamberger/Roth, BGB-Komm., § 1 BGB-InfoVO, Rn.3.

angeben. Kaufleute und Unternehmen müssen auch die Firma benennen[2573] und juristische Personen müssen ihre Bezeichnung und Rechtsform angeben. Nicht ausreichend ist insoweit eine Zuordnungsbezeichnung oder Abteilungsbezeichnung des jeweiligen Unternehmens.[2574] Daneben benennt die Vorschrift noch die Angaben über das öffentliche Unternehmensregister, bei dem der Rechtsträger eingetragen ist und die zugehörige Registernummer oder eine gleichwertige Kennung. Als Unternehmensregister gilt nicht nur das Handelsregister, sondern auch alle anderen Berufsregister, z.B. von Vereinen und Genossenschaften,[2575] neben deren Nennung nun auch die Registernummer anzugeben ist. Die Formulierung „gleichwertige Kennung" deutet auf eine möglicherweise zukünftig einheitliche europäische Registrierung, etwa durch europaweit einheitliche Wirtschaftsnummern hin, die aber derzeit noch nicht existieren.[2576]

- Des Weiteren verlangt § 1 I Nr.2 BGB-InfoVO, dass der Unternehmer die Identität eines Vertreters des Unternehmens in dem Mitgliedstaat, in dem der Verbraucher seinen Wohnsitz hat, angeben muss. Ist ein solcher Vertreter nicht vorhanden, muss die Identität einer anderen gewerblichen Person angegeben werden, wenn diese in geschäftlichen Kontakt mit dem Verbraucher getreten ist. Dann muss der Unternehmer auch angeben, in welcher Eigenschaft die Person gegenüber dem Verbraucher tätig wird. Sinn und Zweck dieser Vorschrift ist, dass die Vertreter und Beauftragten des Unternehmers dem Verbraucher ebenso transparent gemacht werden sollen, wie der Unternehmer selbst.[2577] Diese Information ist insbesondere bei Fernabsatzgeschäften mit ausländischen Unternehmen relevant.
- Die Informationspflicht nach § 1 I Nr.3 BGB-InfoVO verpflichtet zur Angabe einer ladungsfähigen Anschrift, worunter die geografische Adresse zu verstehen ist, also Angaben über Land, Ort, Straße und Hausnummer.[2578] Eine elektronische Postadresse, in Form einer E-Mail-Adresse, genügt insoweit nicht.[2579] Der Verbraucher soll durch diese Angaben in die Lage versetzt werden, seine Recht gegen den Unternehmer effektiv wahrzunehmen.[2580] Die Angabe einer Postfach-Adresse, wie früher noch zugelassen,[2581] entspricht diesem Erfordernis ebenfalls nicht, da hierdurch die Gefahr einer Identitätsverschleierung gegeben ist.[2582] Des weiteren sind die Anschriften anzugeben, die für die Geschäftsbeziehung zwischen Unternehmer, seinen Vertretern oder einer anderen beauftragten Person maßgeblich sind. Bei juristischen Personen, Personen-

2573 Vgl. Schmidt-Räntsch in: Bamberger/Roth, BGB-Komm., § 1 BGB-InfoVO, Rn.4.

2574 Siehe OLG Hamburg, NJW 2004, S.1114ff (1115); vgl. auch Meents, S.189; Thüsing in: Staudinger, BGB-Komm., Buch 2, 2005, § 312c, Rn.54.

2575 Vgl. Thüsing in: Staudinger, BGB-Komm., Buch 2, 2005, § 312c, Rn.55.

2576 Vgl. Thüsing in: Staudinger, BGB-Komm., Buch 2, 2005, § 312c, Rn.55.

2577 Vgl. Thüsing in: Staudinger, BGB-Komm., Buch 2, 2005, § 312c, Rn.57.

2578 Vgl. Heinrichs in: Palandt, SMG-Komm., Anhang zu § 312c, § 1 BGB-InfoVO; Rn.2.

2579 Vgl. Klein in: Bräutigam/Leupold, S.499ff (619); Schmidt-Räntsch in: Bamberger/Roth, BGB-Komm., § 1 BGB-InfoVO, Rn.5.

2580 Vgl. Thüsing in: Staudinger, BGB-Komm., Buch 2, 2005, § 312c, Rn.60.

2581 Siehe BGH, NJW 2002, S.2391ff.

2582 Siehe OLG Hamburg, NJW 2004, S.1114ff (1115); Thüsing in: Staudinger, BGB-Komm., Buch 2, 2005, § 312c, Rn.59; Schmidt-Räntsch in: Bamberger/Roth, BGB-Komm., § 1 BGB-InfoVO, Rn.5.

vereinigungen oder Personengruppen muss überdies noch der Name des Vertretungsberechtigten angegeben werden.

- Ferner bestimmt § 1 I Nr.4 BGB-InfoVO, dass der Verbraucher über die wesentlichen Merkmale der Ware oder Dienstleistung sowie über das Zustandekommen des Vertrages zu unterrichten ist. Das bedeutet, der Unternehmer hat über das Verfahren des Vertragsschlusses zu informieren sowie über alle wesentlichen Elemente des Vertrages. Es sind grundsätzlich die essentialia negotii zu nennen, einschließlich einer Beschreibung des Kaufgegenstandes, und alle Vertragsbestandteile, die als wesentlich anzusehen sind. Wesentlich sind alle Produktmerkmale, die objektiv preiserheblich und bedeutsam für den Kaufvertragsschluss sind, dazu gehören alle qualitätsbildenden Faktoren.[2583] Bei einer einfachen Warenbestellung im Internet wird zur Erfüllung der Informationspflicht die Angabe einer Beschreibung des Produkts, wie es in Versandkatalogen üblich ist, i.d.R. genügen.[2584] Nicht erforderlich ist hingegen, dass der Verbraucher in diesem Zusammenhang über alle Details des Vertrages aufgeklärt wird. Die Angabe zur Beschreibung des Zustandekommens des Vertrages, richtet sich vor allem an Internetversteigerungen, bei denen unterschiedliche Vertragsschlussmodalitäten von den Unternehmern genutzt werden.[2585] Die Angabepflicht trifft den Unternehmer aber unabhängig von der Art der Online-Bestellung.

- Nach § 1 I Nr.7 BGB-InfoVO ist dem Verbraucher der Gesamtpreis der Ware oder Dienstleistung, einschließlich der Steuern und sonstigen Preisbestandteile zu nennen. Der Begriff des Gesamtpreises entspricht dabei im Wesentlichen § 1 I PAngVO.[2586] Kann kein endgültiger Preis angeben werden, so bestimmt die Vorschrift, dass der Unternehmer die Grundlagen seiner Preiskalkulation offenlegen muss, damit der Verbraucher den Preis später überprüfen kann. Dies ist bei Angeboten im Wege des Powershoppings über die Angabe der Preisstufen zu gewährleisten. Bei der Internetversteigerung kann höchstens der Mindestpreis sowie die Höhe des aktuellen Gebots genannt werden, was aufgrund der fehlenden Angabemöglichkeit aber kein Verstoß gegen die Informationspflicht bedeutet.[2587]

- Schließlich muss der Verbraucher vor seiner Erklärung unbedingt über die Lieferungs- und Zahlungsmodalitäten informiert werden.[2588] Das heißt, der Unternehmer muss dem Verbraucher erläutern, wie er seiner Zahlungspflicht nachkommen kann. Dazu muss er die Umstände der Zahlung genau benennen, z.B. muss die Währungseinheit und die Fälligkeit der Entgeltzahlung angegeben werden.[2589] Ferner sind alle zur

---

2583 Vgl. Klein in: Bräutigam/Leupold, S.499ff (619f); Thüsing in: Staudinger, BGB-Komm., Buch 2, 2005, § 312c, Rn.62.

2584 Vgl. Schmidt-Räntsch in: Bamberger/Roth, BGB-Komm., § 1 BGB-InfoVO, Rn.6.

2585 Vgl. Schmidt-Räntsch in: Bamberger/Roth, BGB-Komm., § 1 BGB-InfoVO, Rn.8.

2586 Vgl. Heinrichs in: Palandt, SMG-Komm., Anhang zu § 312c, § 1 BGB-InfoVO; Rn.5; Klein in: Bräutigam/Leupold, S.499ff (621); Völker, NJW 2000, S.2787ff (2789). Siehe zum Begriff des Endpreises im Sinne der Preisangabenverordnung, 2.Kapitel, B., I., 2., b), aa), (2), (a), (cc).

2587 Sinn und Zweck der Vorschrift ist eine optimale Preistransparenz. Ist die Gesamtpreisangabe, aufgrund des Wesens des Geschäfts, nicht möglich, kann dies nicht als Verstoß gegen die Transparenzpflicht gelten, nur ein unnötiges Verschleiern verletzt die Informationspflicht.

2588 Vgl. Thüsing in: Staudinger, BGB-Komm., Buch 2, 2005, § 312c, Rn.68; Schmidt-Räntsch in: Bamberger/Roth, BGB-Komm., § 1 BGB-InfoVO, Rn.11.

2589 Vgl. Klein in: Bräutigam/Leupold, S.499ff (622).

Verfügung gestellten Zahlungsmodalitäten zu nennen und zu erläutern, z.B. die Zahlung mittels Kreditkarte, Barzahlung oder Überweisung.[2590] Zudem müssen die Einzelheiten der Lieferung angegeben werden, z.B. der Liefertermin, der Lieferort sowie der Gefahrübergang und die damit zusammenhängenden Folgen.[2591]

Neben diesen allgemeingültigen Informationspflichten normiert der § 1 I BGB-InfoVO Angabepflichten, die nur bei Vorliegen bestimmter Voraussetzungen erfüllt sein müssen:

- Hat der Vertrag dauernde oder regelmäßig wiederkehrende Leistungen zum Gegenstand, muss der Verbraucher zusätzlich über die Vertragslaufzeit informiert werden, die mindestens einzuhalten ist.[2592] Hauptanwendungsfall dieser Regelung dürften vor allem Zeitungs- und Zeitschriftenabonements sein.[2593]
- Behält sich der Unternehmer vor, die versprochene Leistung bei ihrer Nichtverfügbarkeit nicht zu liefern oder eine in Qualität und Preis gleichwertige Ware zuliefern (Ersatzlieferung), so muss der Unternehmer den Verbraucher auch darüber informieren.[2594] Solche Austausch- und Leistungsvorbehalte sind im Rahmen von AGB nur in den engen Grenzen des § 308 Nr.4 BGB zulässig. Sinn und Zweck dieser Vorschrift ist es, die Unternehmer zu einer umfassenden Transparenz solcher Vorbehalte zu disziplinieren, d.h. sowohl im Rahmen von ausnahmsweise zulässigen AGB, als auch im Zusammenhang mit anderen Vereinbarungen.[2595]
- Wenn der Unternehmer Versandkosten, Lieferkosten oder sonstige Steuern und Kosten auf den Verbraucher abwälzen will, müssen diese Zusatzkosten dem Verbraucher ebenfalls mitgeteilt werden.[2596] Dabei muss jeweils die Höhe der Kosten für jede einzelne Lieferung angegeben werden, ein Hinweis, dass solche Kosten anfallen, wie z.B. bei dem Vermerk „zzgl. Versandkosten", ist nicht ausreichend.[2597]
- Besteht für den jeweiligen Fernabsatzvertrag ein Widerrufs- oder Rückgaberecht des Verbrauchers, muss der Unternehmer nach § 1 Nr.10 BGB-InfoVO erstens über das Bestehen dieses Rechts informieren und zusätzlich ausführlich Informationen über die Einzelheiten der Ausübung des Rechts bereithalten. Das bedeutet, es muss eine Information über die Bedingungen und die Rechtsfolge des Widerrufs sowie Name und Anschrift desjenigen, gegenüber dem der Widerruf erklärt werden muss, enthalten sein. Dabei darf ein gesetzlich bestehendes Widerrufs- oder Rückgaberecht nicht als besondere Kulanz oder Kundenservice dargestellt werden.[2598] Dieser Pflicht können

2590 Vgl. auch Thüsing in: Staudinger, BGB-Komm., Buch 2, 2005, § 312c, Rn.68.

2591 Vgl. Klein in: Bräutigam/Leupold, S.499ff (622); Schmidt-Räntsch in: Bamberger/Roth, BGB-Komm., § 1 BGB-InfoVO, Rn.11.

2592 Siehe § 1 I Nr.5 BGB-InfoVO.

2593 Vgl. Schmidt-Räntsch in: Bamberger/Roth, BGB-Komm., § 1 BGB-InfoVO, Rn.13.

2594 Siehe § 1 I S.1 Nr.6 BGB-InfoVO.

2595 Letztere Teilabreden sind solche, die nicht für eine Vielzahl von Verträgen vorformulierte Vertragsbedingungen darstellen im Sinne des § 305 I BGB. Das bedeutet, die Informationspflicht ist auch auf Individualabreden anwendbar; vgl. auch Klein in: Bräutigam/Leupold, S.499ff (620f).

2596 Siehe § 1 Nr.8 BGB-InfoVO.

2597 Siehe OLG Frankfurt a.M., WRP 2002, S.1309ff (1310); vgl. auch Schulte-Nölke in: Schulze, HK-BGB, § 312c, Rn.2; Thüsing in: Staudinger, BGB-Komm., Buch 2, 2005, § 312c, Rn.67.

2598 Vgl. Klein in: Bräutigam/Leupold, S.499ff (623).

die Unternehmen optimal nachkommen, wenn sie das in Anhang 2 der Verordnung angegebene Muster zur Widerrufsbelehrung verwenden.[2599]

- Ferner ist der Verbraucher nach § 1 Nr.11 BGB-InfoVO über zusätzliche Kosten bei der Verwendung der Fernkommunikationsmittel zu informieren. Hintergrund dieser Bestimmung sind die Kosten, die allgemein bei der Nutzung von Fernkommunikationsgebühren den Nutzern entstehen, wie die Telefongebühren, die für Telefongespräche und Internetzugang anfallen. Gehen die Kosten, die für die Verwendung des Fernkommunikationsmittels in dem konkreten Geschäft anfallen, über die gewöhnlich zu erwartenden Grundkosten hinaus, muss der Unternehmer weiter auch darüber informieren.[2600] Darunter fallen insbesondere die oben beschriebenen Fälle, in denen der Unternehmer zur Bestellung im Netz eine kostenintensive Servicehotline eingerichtet hat oder einen Kosten verursachenden Software-Download anbietet, solche Kosten gehen über die normalerweise zu erwartende Bestellkosten hinaus, die im Rahmen der Verwendung des Internets gewöhnlich anfallen.[2601]

- Der Verbraucher ist schließlich in den Fällen gesondert zu informieren, in denen das jeweilige Angebot zeitlich in irgendeiner Weise beschränkt ist. Hierbei ist die Gültigkeitsdauer des Angebots, insbesondere hinsichtlich des Preises der Ware oder Dienstleistung, anzugeben.[2602] Dabei muss der Verbraucher auch darüber informiert werden, was er zu tun hat, um das Angebot rechtzeitig wahrnehmen zu können.[2603] Hierdurch soll verhindert werden, dass dem Verbraucher Warenangebote unterbreitet werden, insbesondere wenn mit besonders günstigen Preisen geworben wird, die tatsächlich nicht mehr oder nicht mehr lange bestehen.

(4) Rechtsfolgen bei Verletzung der Informationspflichten

Im Rahmen der fernabsatzrechtlichen Bestimmungen werden keine Sanktionen für die Verletzung der Informationspflichten genannt.[2604] Insbesondere wird durch eine Nichteinhaltung der Transparenzpflichten der Fernabsatzvertrag nicht unwirksam.[2605] Es kommt zunächst ein Unterlassungsanspruch der Verbraucherverbände nach dem UklaG[2606] sowie nach dem UWG[2607] in Betracht, denn eine Verletzung der Pflichten nach § 312c I BGB erfüllt, wie oben gesehen, den Rechtsbruchtatbestand gemäß § 4 Nr.11 UWG[2608]. Bei einer vorsätzlichen Zuwiderhandlung kann u.U. auch ein Gewinnabschöpfungsanspruch der Verbraucherverbände gegeben sein.[2609] Ferner kommen

2599 Vgl. Thüsing in: Staudinger, BGB-Komm., Buch 2, 2005, § 312c, Rn.69.

2600 Vgl. Schmidt-Räntsch in: Bamberger/Roth, BGB-Komm., § 1 BGB-InfoVO, Rn.19; Vgl. Klein in: Bräutigam/Leupold, S.499ff (623); Thüsing in: Staudinger, BGB-Komm., Buch 2, 2005, § 312c, Rn.72.

2601 S.a. 2.Kapitel, B., I., 2., b), cc), (3).

2602 Siehe § 1 Nr.12 BGB-InfoVO.

2603 Vgl. Schmidt-Räntsch in: Bamberger/Roth, BGB-Komm., § 1 BGB-InfoVO, Rn.20; Thüsing in: Staudinger, BGB-Komm., Buch 2, 2005, § 312c, Rn.73.

2604 Kritisch dazu Meents, S.195ff.

2605 Vgl. Thüsing in: Staudinger, BGB-Komm., Buch 2, 2005, § 312c, Rn.93.

2606 Als Anspruchsgrundlage kommt § 2 UklaG in Betracht.

2607 Siehe § 8 UWG.

2608 Siehe 2.Kapitel, B., I., 2., b), bb), (6).

2609 Siehe § 10 UWG.

grundsätzlich vertragliche[2610] und gesetzliche[2611] Schadensersatzansprüche des Verbrauchers in Betracht, die allerdings meist daran scheitern werden, dass die fehlende Information, insbesondere schon wegen dem regelmäßig bestehenden Widerrufsrecht, keinen Schaden bei dem Verbraucher verursacht.[2612]

bb) Vorvertragliche Informationspflichten im elektronischen Geschäftsverkehr

(1) Die Anwendbarkeit der Regelungen gemäß § 312e BGB

In § 312e BGB hat der Gesetzgeber einen Teil der ECRL umgesetzt[2613] und hat damit Sonderregelungen für den Internetgeschäftsverkehr in dem neuen Abschnitt über Vertriebswege aufgenommen. Zweck der Vorschrift ist der Schutz der Kunden vor technischen Unwägbarkeiten des Internets, vor übereilten Vertragsabschlüssen und vor den einseitigen Einflussmöglichkeiten der Unternehmer auf die Gestaltung der Vertragsschlussmodalitäten bei der Verwendung von Online-Diensten.[2614] Nach § 312e I S.1 BGB wird vorausgesetzt, dass ein Unternehmer sich zum Abschluss eines Vertrages über die Lieferung von Waren oder Dienstleistungen eines Tele- oder Mediendienstes bedient. Der Anwendungsbereich überschneidet sich dabei im Rahmen des Online-Handels zwischen Verbraucher und Unternehmer mit der Anwendung der §§ 312bff BGB.[2615] Ebenso wie im Fernabsatzrecht, ist der Anwendungsbereich des § 312e BGB nicht auf Warenkaufverträge und Dienstleistungsverträge begrenzt, sondern erfasst auch sonstige Verträge, die auf eine entgeltliche Leistung gerichtet sind, wie z.B. Werk- und Mietverträge.[2616] Der sachliche Anwendungsbereich der Vorschrift ist aber begrenzter als die fernabsatzrechtlichen Regelungen, da lediglich die Kommunikationsmittel Tele- und Mediendienste erfasst werden, die im Fernabsatzrecht nur ein Teilbereich der Fernkommunikationsmittel darstellen.[2617] Dabei richtet sich die Begriffsbestimmung von Tele- und Mediendienst nach den oben dargestellten Legal-

2610 Ein Schadensersatzanspruch wegen der Verletzung von vertraglichen Pflichten kann sich aus §§ 280 I, 241 II, 311 II Nr.1 BGB ergeben, vgl. Thüsing in: Staudinger, BGB-Komm., Buch 2, 2005, § 312c, Rn.92; Klein in: Bräutigam/Leupold, S.499ff (625). Im Gegensatz zu den Ansprüchen aus UKlaG und UWG steht dieser Anspruch dem Verbraucher zu.

2611 Ein Schadensersatzanspruch des Verbrauchers kann sich dem Grunde nach aus § 823 II i.V.m. § 312c I S.1 BGB; Thüsing in: Staudinger, BGB-Komm., Buch 2, 2005, § 312c, Rn.94.

2612 Praktisch relevant werden solche Ansprüche, wenn nach § 312d IV BGB eine Ausnahme von dem Widerrufsrecht gegeben ist; vgl. Klein in: Bräutigam/Leupold, S.499ff (625); Thüsing in: Staudinger, BGB-Komm., Buch 2, 2005, § 312c, Rn.94; siehe dazu auch unten, 2.Kapitel, B., III., 2., c), aa).

2613 Siehe Artikel 10 und 11 ECRL.

2614 Vgl. Schmidt-Räntsch in: Bamberger/Roth, BGB-Komm., § 312e BGB, Rn.1; Thüsing in: Staudinger, BGB-Komm., Buch 2, 2005, § 312e, Rn.1.

2615 Vgl. Woitke, BB 2003, S.2469ff (2472).

2616 Vgl. Thüsing in: Staudinger, BGB-Komm., Buch 2, 2005, § 312e, Rn.1, 26; auch Software ist im Sinne des § 312e BGB als Ware anzusehen, vgl. Schmidt-Räntsch in: Bamberger/Roth, BGB-Komm., § 312e BGB, Rn.8.

2617 Vgl. dazu Wiebe in: Spindler/Wiebe, S.57ff (100); Heinrichs in: Palandt, SMG-Komm., § 312e, Rn.3; Boente/Riehm, Jura 2002, S.222ff (226f); siehe ferner den Beispielskatalog in § 312b II BGB.

definitionen des TDG und des MDStV.[2618] Bei der Auslegung des Begriffs sind überdies aber auch die europäischen Vorgaben zu berücksichtigen, die für den dort verwendeten Begriff „Dienste der Informationsgesellschaft“, eine i.d.R. entgeltlich zu erbringende Dienstleistung verstehen, die im Rahmen des Fernabsatzes individuell abrufbar ist.[2619] Dies begrenzt die oben dargelegten Begriffbestimmungen in der Hinsicht, dass der jeweilige Online-Dienst regelmäßig zu wirtschaftlich, eigenen Zwecken eingesetzt werden muss, d.h. es darf sich nicht nur um einen bloßen Verteilerdienst handeln.[2620] Des Weiteren muss der Anbieter sich des Dienstes nur bedienen, d.h. es ist ausreichend, wenn er nur Nutzer des Tele- oder Mediendienstes ist.[2621] Diese Nutzung muss auf den Abschluss eines Vertrages gerichtet sein. Das bedeutet, aus dem Internetauftritt des Unternehmers muss hervor gehen, dass die Nutzung des Online-Dienstes auf das Angebot von Waren oder Dienstleistungen gerichtet ist. Es kommt entscheidend darauf an, dass der Unternehmer die Leistungen durch den Tele- oder Mediendienst anbietet und der Kunde durch seine elektronische Bestellung den technischen Unwägbarkeiten des Internets ausgesetzt ist. Ausreichend ist demgemäß, wenn dem Kunden ein Warenangebot im Internet unterbreitet wird und er dieses durch elektronische Bestellung wahrnimmt, eine nachträgliche Kommunikation auf nicht elektronischem Wege ist unschädlich.[2622] Der Anwendungsbereich gemäß § 312e BGB wird daher regelmäßig eröffnet sein, wenn die beiden Vertragspartner ihre Vertragserklärungen jeweils elektronisch abgegeben haben.[2623]

Im Rahmen des persönlichen Anwendungsbereichs geht die Vorschrift gemäß § 312e BGB über das Fernabsatzrecht hinaus, die Regelungen über den elektronischen Geschäftsverkehr sind nämlich nicht auf Verbraucher-Unternehmertransaktionen begrenzt. Auf der Anbieterseite beschränkt § 312e BGB den Anwendungsrahmen auf Unternehmer,[2624] auf der anderen Seite ist die Vorschrift auf alle Kunden, also Verbraucher und Unternehmer, anwendbar. Also sind nur Geschäfte unter Verbrauchern

---

2618 Siehe § 2 TDG und § 2 MDStV, siehe dazu auch die Ausführungen im Rahmen des lauterkeitsrechtlichen Verbraucherschutzes, 2.Kapitel, B., I., 2., b), bb), (3), (c). Zum Anwendungsbereich im Rahmen des § 312e, vgl. Schulte-Nölke in: Schulze, HK-BGB, § 312e, Rn.2; Schmidt-Räntsch in: Bamberger/Roth, BGB-Komm., § 312e BGB, Rn.10f; Thüsing in: Staudinger, BGB-Komm., Buch 2, 2005, § 312e, Rn.10; Heinrichs in: Palandt, SMG-Komm., § 312e, Rn.3.

2619 Nach Artikel 2 a) ECRL sind „Dienste der Informationsgesellschaft“ Dienste im Sinne von Artikel 1 Nr.2 der Transparenzrichtlinie (Richtlinie 98/34/EG in der Fassung der Richtlinie 98/48/EG), dort heißt es: „(…) Jede in der Regel gegen Entgelt elektronisch im Fernabsatz und auf individuellen Abruf eines Empfängers erbrachte Dienstleistung“; ausgeschlossen von dieser Begriffsbestimmung sind insbesondere Hörfunk- und Fernsehdienste, vgl. zum europäischen Begriff Arndt/Köhler, EWS 2001, S.102ff (103); Apel/Grapperhaus, WRP 1999, S.1247ff (1248); Bender/Sommer, RIW 2000, S.260ff (261); Brisch, CR 1999, S.235ff (236); Thüsing in: Staudinger, BGB-Komm., Buch 2, 2005, § 312e, Rn.14.

2620 Vgl. Schulte-Nölke in: Schulze, HK-BGB, § 312e, Rn.3; Thüsing in: Staudinger, BGB-Komm., Buch 2, 2005, § 312e, Rn.15; Schmidt-Räntsch in: Bamberger/Roth, BGB-Komm., § 312e BGB, Rn.14; Boente/Riehm, Jura 2002, S.222ff (226).

2621 Vgl. Thüsing in: Staudinger, BGB-Komm., Buch 2, 2005, § 312e, Rn.20.

2622 Vgl. Schmidt-Räntsch in: Bamberger/Roth, BGB-Komm., § 312e BGB, Rn.15; Thüsing in: Staudinger, BGB-Komm., Buch 2, 2005, § 312e, Rn.22.

2623 Vgl. Thüsing in: Staudinger, BGB-Komm., Buch 2, 2005, § 312e, Rn.22.

2624 Der Unternehmerbegriff wird auch hier nach § 14 BGB bestimmt.

von dem Anwendungsbereich ausgeschlossen.[2625] Eine Sonderregelung wird aber in Absatz 2 vorgesehen, wenn der Kunde Verbraucher ist. Die Regelungen zum Kundenschutz §§ 312e I S.1 Nr.1-3 BGB sind nach Absatz 2 ausgeschlossen, wenn zwischen Vertragsparteien, die nicht Verbraucher sind, etwas anderes vereinbart worden ist.

Eine weitere Ausnahme vom sachlichen Anwendungsbereich wird vorgesehen, wenn der Vertrag ausschließlich durch individuelle Kommunikation geschlossen worden ist, dies entspricht auch den Anforderungen nach der ECRL[2626]. Diese Bestimmung ist problematisch, da hierdurch auch solche Online-Geschäfte aus dem Anwendungsrahmen fallen, die durch E-Mail-Kommunikation zustandegekommen sind.[2627] Insbesondere bei den sog. „Massen-Werbe-E-Mails" stellt sich die Frage, ob ein geringeres Schutzniveau, durch die Individualität der Kommunikationsform, besteht. Fraglich ist dabei, ob solche Massen-Spams überhaupt als Individualkommunikation anzusehen sind. Die Verteilung der elektronischen Nachrichten finden in solchen Fällen nicht in Ansehung der Person, sondern, ähnlich wie bei Postwurfsendungen, anonym aufgrund gesammelter Kundendaten statt. Bei der Schaffung der Vorschriften wurden diese Ausmaße bei Werbe-E-Mails weder vom deutschen noch vom europäischen Gesetzgeber mitberücksichtigt.[2628] Es lässt sich dementsprechend vertreten, dass die Ausnahme nach § 312 II BGB auf die sog. „Bulk E-Mails" keine Anwendung findet, wohl aber die individuelle E-Mail-Kommunikation zu Vertragschlusszwecken ausschließt.[2629]

Die Informationspflichten nach § 312e I S.1 BGB sind grundsätzlich neben den fernabsatzrechtlichen Pflichten anwendbar, dies stellt § 312e III S.1 BGB klar.

(2) Inhalt und Anforderungen an die Informationspflichten

An die gesetzlich normierten Informationspflichten werden im Wesentlichen dieselben Anforderungen gestellt, wie sie oben für die fernabsatzrechtlichen Informationspflichten dargelegt wurden. Die Informationen sind dem Kunden rechtzeitig vor dessen Bestellung klar und verständlich mitzuteilen.[2630] Die Einzelheiten der in § 312e I S.1 Nr.2 benannten Informationen regelt wiederum § 3 BGB-InfoVO. Die Vorschrift zählt in chronologischer Reihenfolge die Informationspflichten auf, die bei der elektronischen Transaktion von dem Unternehmer zu beachten sind:

2625 Vgl. dazu Wiebe in: Spindler/Wiebe, S.57ff (100); Schmidt-Räntsch in: Bamberger/Roth, BGB-Komm., § 312e BGB, Rn.7; Thüsing in: Staudinger, BGB-Komm., Buch 2, 2005, § 312e, Rn.25.

2626 Siehe Artikel 10 IV ECRL, danach sind die Informationspflichten nicht anwendbar auf elektronische Post und damit vergleichbarer individueller Kommunikation.

2627 So auch Schulte-Nölke in: Schulze, HK-BGB, § 312e, Rn.5; Heinrichs in: Palandt, SMG-Komm., § 312e, Rn.9; Schmidt-Räntsch in: Bamberger/Roth, BGB-Komm., § 312e BGB, Rn.19; Wiebe in: Spindler/Wiebe, S.57ff (100ff).

2628 Vgl. Thüsing in: Staudinger, BGB-Komm., Buch 2, 2005, § 312e, Rn.30.

2629 So auch Thüsing in: Staudinger, BGB-Komm., Buch 2, 2005, § 312e, Rn.30; a.A. Schmidt-Räntsch in: Bamberger/Roth, BGB-Komm., § 312e BGB, Rn.19; Wiebe in: Spindler/Wiebe, S.57ff (100ff).

2630 So der Wortlaut des § 312e I S.1 Nr.2 BGB; vgl. zu den mit dem Fernabsatzrecht vergleichbaren Anforderungen Thüsing in: Staudinger, BGB-Komm., Buch 2, 2005, § 312e, Rn.41.

- Der Unternehmer muss den Kunden zunächst über die technischen Schritte, die zum Vertragsschluss führen, informieren.[2631]
- Dann hat er dem Kunden anzuzeigen, ob er den Vertragstext nach dem Vertragsschluss speichert und ob der gespeicherte Text dem Kunden zugänglich ist.[2632]
- Drittens muss er den Kunden darüber informieren, wie dieser mit den nach § 312 I S.1 Nr.1 BGB zur Verfügung gestellten Mitteln Eingabefehler erkennen und berichtigen kann.[2633]
- Der Kunde ist ferner über die für den Vertragsschluss zur Verfügung stehenden Sprachen zu informieren.[2634]
- Schließlich muss der Unternehmer den Kunden darüber informieren, welchen einschlägigen Verhaltenskodizes er sich freiwillig unterworfen hat und wo diese Verhaltenskodizes elektronisch eingesehen werden können.[2635] Hat der Unternehmer sich keinen Verhaltenskodizes unterworfen, kann aus § 312e I S.1 Nr.2 BGB keine Verpflichtung des Unternehmers hergeleitet werden, dies anzuzeigen.[2636]

(3) Rechtsfolgen bei Verletzung der Informationspflichten

Ebenso wie bei der Verletzung der fernabsatzrechtlichen Informationspflichten, wird ein Vertrag im elektronischen Geschäftsverkehr nicht deshalb unwirksam, weil die Informationspflichten gemäß § 312e I S.1 Nr.2 BGB i.V.m. § 3 BGB-InfoVO nicht eingehalten wurden.[2637] Die Rechtsfolgen gleichen sich auch im Rahmen der zur Verfügung stehenden Unterlassungsansprüche der Verbraucherverbände nach dem UklaG und dem UWG.[2638] Ebenfalls kommen grundsätzlich Schadensersatzansprüche des Kunden in Betracht,[2639] die allerdings genauso an einem fehlenden Schaden des Kunden scheitern dürften, da die Nicht-Information i.d.R. keine bezifferbare finanzielle Einbuße bedeutet. Im Unterschied zu den §§ 312bff BGB bestimmt § 312e III S.2 BGB aber eine besondere Rechtsfolge für den Fall, dass dem Kunden ein vertragliches oder gesetzliches Widerrufsrecht zusteht. Danach erlischt dieses Widerrufsrecht in Abweichung der sonst endenden Widerrufsfrist nicht, wenn eine ordnungsgemäße Information gemäß § 312e I S.1 Nr.2 BGB nicht erfolgt ist oder eine andere Verpflichtung nach § 312e I S.1 BGB nicht erfüllt wurde. Die gesetzlichen Widerrufs-

---

2631 Siehe § 3 Nr.1 BGB-InfoVO.

2632 Siehe § 3 Nr.2 BGB-InfoVO.

2633 Siehe § 3 Nr.3 BGB-InfoVO.

2634 Siehe § 3 Nr.4 BGB-InfoVO.

2635 Siehe § 3 Nr.5 BGB-InfoVO.

2636 Vgl. Schmidt-Räntsch in: Bamberger/Roth, BGB-Komm., § 312e BGB, Rn.25.

2637 Vgl. Heinrichs in: Palandt, SMG-Komm., § 312e, Rn.11; Thüsing in: Staudinger, BGB-Komm., Buch 2, 2005, § 312e, Rn.65; Schmidt-Räntsch in: Bamberger/Roth, BGB-Komm., § 312e BGB, Rn.32.

2638 Auch im Rahmen des § 312e BGB kommt ein Unterlassungsanspruch der Verbraucherverbände nach § 2 UKlaG in Betracht, vgl. zu den beiden Unterlassungsansprüchen: Schmidt-Räntsch in: Bamberger/Roth, BGB-Komm., § 312e BGB, Rn.35f; Schulte-Nölke in: Schulze, HK-BGB, § 312e, Rn.12. Zur lauterkeitsrechtlichen Sanktionierung siehe außerdem die Ausführungen im 2.Kapitel, B., I., 2., c).

2639 Ebenso wie im Fernabsatzrecht, kommt ein vertraglicher Schadensersatzanspruch aus §§ 280 I, 241 II, 311 II BGB in Betracht; vgl. Heinrichs in: Palandt, SMG-Komm., § 312e, Rn.11.

rechte im BGB werden i.d.R. für bestimmte Verbraucherverträge normiert, die u.U. mit der Regelung gemäß § 312e BGB zusammentreffen.[2640] Hier entsteht eine unmittelbare Verbindung zu dem nach § 312d BGB im Fernabsatzrecht gewährten Widerrufsrecht des Verbrauchers, denn, durch die Überschneidungen des Anwendungsbereichs der Regelungen, ist im elektronischen Geschäftsverkehr regelmäßig auch ein Widerrufsrecht des Verbrauchers nach dem Fernabsatzrecht gegeben. Werden die Informationspflichten nach § 312e BGB nicht eingehalten, verlängert sich bei einem zwischen Verbraucher und Unternehmer im Internet abgeschlossenen Kaufvertrag die Widerrufsfrist des Verbrauchers.

b) Vorvertragliche Informationspflichten über Vertragsbestandteile

Im deutschen Vertragsrecht gilt der Grundsatz, dass zum Vertragsschluss eine Einigung über alle wesentlichen Vertragsbestandteile (essentialia negotii) getroffen sein muss,[2641] ebenso wie im US-amerikanischen Vertragsrecht. Danach besteht aber grundsätzlich nicht die Möglichkeit, durch eine vom Angebot abweichende Annahme den Vertrag zu schließen, eine solche Erklärung gilt als Ablehnung in Verbindung mit einem erneuten Angebot zum Vertragsschluss.[2642] Dennoch ist auch hier die Möglichkeit eines Vertragsschlusses trotz Einigungsmangel unter bestimmten Voraussetzungen gegeben. Die Vorschriften gemäß §§ 154, 155 BGB stellen hierfür Zweifelsfallregelungen auf. Danach gilt ein Vertrag aber im Zweifel als nicht geschlossen, wenn ein Dissens über wesentliche Vertragsbestandteile gegeben ist.[2643] Das bedeutet, dass z.B. eine fehlende Einigung über den Preis des Kaufgegenstandes grundsätzlich den Kaufvertragsschluss hindert.

Für den Händler heißt das, dass er den Verbraucher zumindest über die wesentlichen Vertragsbestandteile informieren muss, um mit ihm eine Einigung darüber zu erzielen. Für die Einbeziehung von vorformulierten Vertragsbedingungen setzt sich diese Schutzsystematik fort, die §§ 305ff BGB sehen eine recht umfangreiche Einbeziehungs- und Inhaltskontrolle solcher Vertragsklauseln vor, wobei die Unterlegenheit des Verbrauchers gegenüber einem AGB verwendenden Unternehmer zusätzlich durch einige Sonderregelungen in § 310 III BGB berücksichtigt wird.

Während der Schutz vor AGB schon vor der Schuldrechtsreform nebengesetzlich normiert war,[2644] sind die Bestimmungen über Garantien erst mit der Modernisierung des Kaufrechts im BGB normiert worden. Zudem hat der deutsche Gesetzgeber neben dem allgemeinen Kaufrecht gemäß §§ 433ff BGB einen Teil der Verbrauchsgüterkaufrichtlinie in einem neuen Abschnitt über Verbrauchsgüterverträge gemäß §§ 474ff

2640 Z.B. kann das Widerrufsrecht beim Verbraucherdarlehensvertrag gemäß §§ 491, 495 BGB mit der Anwendung des § 312e BGB zusammen treffen; eine Einschlägigkeit des Widerrufsrechts nach den Regelungen über Haustürgeschäfte (§§ 312, 312a BGB) ist hingegen wegen fehlender Kompatibilität der Anwendungsfälle von vorne herein auszuschließen.

2641 Vgl. Brox, Rn.78.

2642 Siehe § 150 II BGB.

2643 Siehe § 154 I BGB.

2644 In §§ 305ff BGB wurde das ehemalige AGBG weitgehend übernommen, das wiederum insbesondere auf die Klauselrichtlinie zurückzuführen ist, siehe dazu schon oben 1.Kapitel, B., II., 1., c), bb) und 2., a), aa).

BGB umgesetzt,[2645] die u.a. die Anforderungen an die Übernahme von Garantien in Verbrauchsgüterverträgen in § 477 BGB modifizieren.

aa) Die Informationspflichten über Verbrauchsgütergarantien

(1) Die Anwendbarkeit der Sonderregelungen gemäß § 477 BGB

Voraussetzung für das Eingreifen der vorvertraglichen Informationspflichten des Unternehmers nach § 477 BGB ist das Vorliegen eines Verbrauchsgüterkaufs (§ 474 I BGB) für den der Unternehmer eine Garantie (§ 443 BGB) übernommen hat.

(a) Das Vorliegen eines Verbrauchsgüterkaufs gemäß § 474 I BGB

Ein Verbrauchsgüterkauf liegt nach § 474 I BGB vor, wenn ein Verbraucher eine bewegliche Sache von einem Unternehmer kauft. Dabei knüpfen die Regelungen gemäß §§ 474ff BGB an die Bestimmungen des allgemeinen Kaufrechts gemäß §§ 433ff BGB an. Das bedeutet, zwischen dem Verbraucher und dem Unternehmer muss grundsätzlich ein wirksamer Kaufvertrag gemäß § 433 I BGB zustandegekommen sein.[2646] Für die Begrenzung des Verbraucher- und Unternehmerbegriffs sind §§ 13, 14 BGB mit dem oben dargestellten Inhalt[2647] maßgeblich. Die Beschränkung auf bewegliche Sachen grenzt vor allem Grundstückskaufverträge und Geschäfte über Rechte an Grundstücken aus.[2648] Hingegen erfasst der Sachbegriff auch Software-Produkte, unabhängig von der jeweiligen Übertragungsart. Wie schon gesagt, wird bei einer dauerhaften, entgeltlichen Überlassung von Software im deutschen Recht die Anwendbarkeit des „Waren“-Kaufrechts angenommen.[2649] Zwar weicht der Begriff der Ware von der Formulierung „bewegliche Sachen“ ab, Software-Produkte haben in Übereinstimmung mit dem Warenbegriff aber Sachqualität und können zumindest beweglich gemacht werden. Außerdem wäre es unbillig, die Regelungen des Kaufrechts auf Softwareverträge anzuwenden, dem Verbraucher dann aber den besonderen Schutz nach §§ 474ff BGB zu verwehren. Daher sind die Regelungen über Verbrauchsgüterkaufverträge auch auf Software-Produkte anwendbar.

Schließlich sieht § 474 I S.2 BGB noch eine Ausnahme von der Anwendung für gebrauchte Sachen vor, die in einer öffentlichen Versteigerung verkauft werden, an der der Verbraucher persönlich teilnehmen kann.

2645 Die Verbrauchsgüterkaufrichtlinie wurde außerdem durch das SMG und die damit einhergehende Reform des Kaufrechts umgesetzt, siehe dazu oben, 1.Kapitel, B., II., 1., c), aa).

2646 Vgl. Putzo in: Palandt, SMG-Komm., § 474, Rn.3.

2647 Siehe dazu die Ausführungen zum Verbraucher- und Unternehmerbegriff im deutschen Recht, 2.Kapitel, A., II., 2. und 3.

2648 Vgl. Amtenbrick/Schneider, VuR 1996, S.367ff (368); Lehmann/Dürrschmitt, GRUR 1997, S.549ff (550).

2649 So z.B. Klein in: Bräutigam/Leupold, S.498ff (603); Thüsing in: Staudinger, BGB-Komm., Buch 2, 2005; § 312b, Rn.16; Waltl in: Lowenheim/Koch, S.179ff (180f); siehe dazu oben, 1.Kapitel, B., I., 3., a).

(b) Das Vorliegen einer Garantie gemäß § 443 BGB

Die Regelung über Verbrauchsgütergarantien setzt zum Zweiten das Vorliegen einer Garantie nach den allgemeinen Regelungen gemäß § 443 BGB voraus. Eine Definition des Garantiebegriffs ist in der Vorschrift nicht enthalten, da die kaufrechtlichen Bestimmungen aber auf Grundlage der Verbrauchsgüterkaufrichtlinie geschaffen wurden, kann die in Artikel 1 II lit. e enthaltene Begriffsbestimmung herangezogen werden. Danach ist eine Garantie jede von einem Verkäufer oder Hersteller gegenüber einem Verbraucher ohne Aufpreis eingegangene Verpflichtung, den Kaufpreis zu erstatten, das Verbrauchsgut zu ersetzen oder nachzubessern oder in sonstiger Weise Abhilfe zuschaffen, wenn das Verbrauchsgut nicht den in der Garantieerklärung oder Werbeaussage genannten Eigenschaften entspricht. Damit ist die Garantie von der gesetzlichen Gewährleistung abzugrenzen, als ein zusätzliches versprochenes Recht des Käufers.[2650]

Diese Definition stimmt im Wesentlichen mit der schon nach altem Recht geltenden Vorstellung über Garantiezusagen beim Kauf überein[2651] und bedurfte insoweit keiner klarstellenden Legaldefinition im deutschen Kaufrecht, abgesehen von dem auch in § 443 I BGB benannten Zusatz, dass die Garantiezusagen den Garantiegeber auch im Rahmen seiner Werbeaussagen inhaltlich binden.[2652] Die Vorschrift gemäß § 443 BGB normiert nun die nach dem alten Kaufrecht geltenden Regelungen und setzt gleichzeitig teilweise die in Artikel 6 der Richtlinie benannten Anforderungen um.[2653]

Wie schon nach dem Kaufrecht vor der Schuldrechtsmodernisierung, wird grundsätzlich zwischen selbständigen und unselbständigen Garantien differenziert. Bei einer selbständigen Garantie steht der Garantiegeber für einen Erfolg ein, der über die gesetzliche Sachmängelgewährleistung hinausgeht, indem er z.B. verschuldensunabhängig für Sachmängel einsteht oder Schäden übernimmt, die nicht von der Mängelhaftung umfasst sind. Die unselbständige Garantie ist hingegen eine Erweiterung der Sachmängelhaftung nach §§ 434, 437 BGB. Eine solche Garantie liegt z.B. vor, wenn der Garantiegeber für Mängel einsteht, die nach dem Gefahrübergang entstanden sind.[2654]

Grundsätzlich werden beide Garantieformen von § 443 BGB erfasst, Absatz 1 der Vorschrift regelt jedoch nur die Grundformen des unselbständigen Garantie, die Be-

---

2650 Nach der europäischen Richtlinie wird zwischen gesetzlicher und kommerzieller Garantie unterschieden, vgl. dazu Wolf, RIW 1997, S.899ff (902); Hondius, ZEUP 1997, S.130ff (138); Amtenbrick/Schneider, VuR 1996, S.367ff (369); Schlechtriem, JZ 1997, S.441ff (446); Lehmann/Dürrschmitt, GRUR 1997, S.549ff (551f). Im deutschen Recht entspricht dem Begriff der gesetzlichen Garantie die Sachmängelgewährleistung gemäß §§ 434, 437 BGB, vgl. Matusche-Beckmann in: Staudinger, BGB-Komm., Buch 2, 2004, § 443, Rn.15; Zerres, VuR 2002, S.3ff (12).

2651 Vgl. Schurr, ZfRV 1999, S.222ff (228); Matusche-Beckmann in: Staudinger, BGB-Komm., Buch 2, 2004, § 443, Rn.3, 4.

2652 Vgl. Putzo in: Palandt, SMG-Komm., § 443, Rn.2; kritisch dazu Wolf, RIW 1997, S.899ff (902); Lehmann/Dürrschmitt, GRUR 1997, S.549ff (553).

2653 Vgl. Matusche-Beckmann in: Staudinger, BGB-Komm., Buch 2, 2004, § 443, Rn.12ff; Putzo in: Palandt, SMG-Komm., § 443, Rn.1f.

2654 Vgl. außerdem Saenger in: Schulze, HK-BGB, § 443, Rn.1; Putzo in: Palandt, SMG-Komm., § 443, Rn.4; Matusche-Beckmann in: Staudinger, BGB-Komm., Buch 2, 2004, § 443, Rn.12.

schaffenheits- und die Haltbarkeitsgarantie. Beide Arten sind im Grunde Beschaffenheitsgarantien, es unterscheidet sich nur der Zeitpunkt, in dem die garantierte Beschaffenheit vorliegen muss. Bei der Beschaffenheitsgarantie muss die zugesicherte Beschaffenheit im Zeitpunkt des Gefahrübergangs, also regelmäßig mit Übergabe der Sache, vorliegen. Bei der Haltbarkeitsgarantie muss die Beschaffenheit bis zu einem bestimmten Zeitpunkt über den Gefahrübergang hinaus bzw. für eine gewisse Dauer gegeben sein.[2655]

Ihrer Rechtsnatur nach ist die Garantie eine vertragliche Einigung,[2656] die meist entweder zwischen Verkäufer und Käufer oder Hersteller und Käufer geschlossen wird, indem der Verkäufer oder Hersteller durch Zusage oder Übergabe eines Garantiescheins die Gewährübernahme anbietet und der Käufer dieses Angebot i.d.R. konkludent annimmt.[2657] Dabei muss das Wort Garantie nicht verwendet worden sein, es genügt, wenn in der Garantieerklärung ein gleichbedeutender Wortlaut verwendet wird.[2658] Inhalt und Folgen bei Eintreten des Garantiefalles sind durch Auslegung gemäß §§ 133, 157 BGB zu ermitteln.[2659] Dabei können nur solche Inhalte vereinbart werden, die über das gesetzliche Maß der Sachmängelgewährleistung hinausgehen, sonst liegt im Grunde nach keine Garantie nach § 443 BGB vor.[2660] Während dem Käufer dann nur die gesetzlichen Gewährleistungsrechte nach §§ 434ff BGB verbleiben, kommt u.U. ein lauterkeitsrechtlicher Verstoß in Betracht, wenn der vermeintliche Garantiegeber mit der nicht existenten Garantie geworben hat. Denkbar ist vor allem eine Verletzung des allgemeinen Irreführungsverbots nach § 5 I UWG oder § 5 II N.1 UWG.

Vor diesem Hintergrund ist auch der durch die Richtlinienvorgaben notwendig gewordene Zusatz der Einbeziehung von Werbeaussagen zu betrachten. Eine entsprechende werbliche Aussage über eine Garantie kann maßgeblich für die inhaltliche

---

2655 Vgl. Zerres, VuR 2002, S.3ff (12); Matusche-Beckmann in: Staudinger, BGB-Komm., Buch 2, 2004, § 443, Rn.14; Putzo in: Palandt, SMG-Komm., § 443, Rn.11.

2656 So z.B. Matusche-Beckmann in: Staudinger, BGB-Komm., Buch 2, 2004, § 443, Rn.6; Haar, VuR 2004, S.161ff (165); Lehmann/Dürrschmitt, GRUR 1997, S.549ff (552); a.A. Ernst/Gsell, ZIP 2000, S.1410ff (1414).

2657 Bei der Verkäufergarantie kommt der Vertrag zwischen Verbraucher und Verkäufer zustande. Bei der Herstellergarantie kommen verschiedene Varianten in Betracht, es wird angenommen, dass entweder ein Vertrag zwischen Hersteller und Verbraucher, mit dem Verkäufer als Erklärungsbote des Herstellers, zustande kommt oder der Hersteller mit dem Verkäufer einen Vertrag zu Gunsten Dritter, also dem Verbraucher, nach § 328 BGB schließt, siehe BGH NJW 1979, S.2036f; vgl. zu den möglichen Vertragsschlussvarianten, vgl. Lehmann/Dürrschmitt, GRUR 1997, S.549ff (552); Matusche-Beckmann in: Staudinger, BGB-Komm., Buch 2, 2004, § 443, Rn.6, 7.

2658 Es genügt, wenn Formulierungen wie „zusichern“ oder „einstehen für“, „uneineingeschränkte Gewährleistung“ verwendet werden; vgl. Putzo in: Palandt, SMG-Komm., § 443, Rn.11; Matusche-Beckmann in: Staudinger, BGB-Komm., Buch 2, 2004, § 443, Rn.9.

2659 Da es sich um ein Rechtsgeschäft handelt, sind die allgemeinen Regelungen zur Auslegung anzuwenden, vgl. Lehmann/Dürrschmitt, GRUR 1997, S.549ff (553); Matusche-Beckmann in: Staudinger, BGB-Komm., Buch 2, 2004, § 443, Rn.20; so auch Saenger in: Schulze, HK-BGB, § 443, Rn.4.

2660 Vgl. Matusche-Beckmann in: Staudinger, BGB-Komm., Buch 2, 2004, § 443, Rn.15.

Beurteilung der Garantie sein, die Werbung mit einer Garantie kann aber keine Garantie begründen, da es hierbei an einer rechtsverbindlichen Garantieerklärung fehlt.[2661]

Für die in der Garantie übernommenen Rechte des Käufers steht grundsätzlich nur der Garantiegeber ein. Das kann, wie schon angemerkt, sowohl der Verkäufer als auch der Hersteller der Sache sein.[2662] Darüber hinaus ist aber auch die Übernahme durch jede dritte Person möglich, die an dem Vertrieb der Ware interessiert oder beteiligt ist.[2663] Bei der Garantieübernahme im Rahmen eines Verbrauchsgüterkaufs ist aber zu beachten, dass der Garantiegeber Unternehmereigenschaft im Sinne des § 14 BGB besitzen muss.[2664] Abweichend hiervon kann sich ausnahmsweise bei einer Herstellergarantie eine Verpflichtung für den Verkäufer ergeben, wenn dieser im Rahmen des Verkaufs deutlich gemacht hat, dass er für die in der Garantie verbürgten Rechte einstehen will.[2665]

(2) Inhalt und Anforderungen der Informationspflichten

Die Vorschrift gemäß § 477 I S.1 BGB bestimmt zunächst, dass die Garantieerklärung einfach und verständlich abgefasst sein muss, darin enthalten müssen die nach Satz 2 Nr.1 und Nr.2 zusätzlich geregelten Informationspflichten sein. Dabei besagt die Regelung nichts über den Zeitpunkt, in dem die Informationen über die Garantien zur Verfügung stehen müssen. Da Voraussetzung für die Anwendbarkeit der §§ 474ff BGB das Vorliegen eines wirksam zustandegekommenen Kaufvertrages ist,[2666] liegt es nahe anzunehmen, dass auch die Garantie und die entsprechenden Informationen erst nach Vertragsschluss mitgeteilt werden müssen. Eine Garantieerklärung nach § 443 BGB ist aber vor oder zeitgleich mit dem Vertragsschluss zum Kauf zu erklären,[2667] dementsprechend müssen auch die darin enthaltenen Informationen zu diesem Zeitpunkt erfolgen. Da bei der Schaffung der Regelungen zum Verbrauchsgütervertrag im Wesentlichen die Regulierung des nicht-elektronischen Handels bezweckt wurde,[2668] stellt sich die Frage, ob die rechtzeitige Information nach § 477 I BGB ebenso vor oder zeitgleich mit dem Vertragsschluss im elektronischen Geschäftsverkehr mitgeteilt werden kann. Im Internet-Handel kommt ein Warenkaufvertrag meist erst durch die Annahme des Unternehmers zustande, indem dieser die Erklärung ausdrücklich elektronisch mitteilt oder konkludent, indem er die Waren zusendet. Würde es ausreichen,

---

2661 Vgl. Matusche-Beckmann in: Staudinger, BGB-Komm., Buch 2, 2004, § 443, Rn.34.

2662 Siehe zum Begriff des Herstellers die Legaldefinition in § 4 ProduktHaftG.

2663 Vgl. Saenger in: Schulze, HK-BGB, § 443, Rn.2; Putzo in: Palandt, SMG-Komm., § 443, Rn.8; Matusche-Beckmann in: Staudinger, BGB-Komm., Buch 2, 2004, § 443, Rn.10.

2664 Vgl. Matusche-Beckmann in: Staudinger, BGB-Komm., Buch 2, 2004, § 477, Rn.8;. Saenger in: Schulze, HK-BGB, § 477, Rn.1; Putzo in: Palandt, SMG-Komm., § 477, Rn.3.

2665 Vgl. Matusche-Beckmann in: Staudinger, BGB-Komm., Buch 2, 2004, § 443, Rn.35.

2666 Vgl. Putzo in: Palandt, SMG-Komm., § 474, Rn.3.

2667 Vgl. Putzo in: Palandt, SMG-Komm., § 443, Rn.10.

2668 Grundlage der Richtlinie war das Grünbuch über Verbrauchsgütergarantien und Kundendienst von 1993 (KOM 1993, 509). Zweck der Verbrauchsgüterkaufrichtlinie sollte eine Mindestharmonisierung des Warenhandels sein, der Internethandel konnte zu diesem Zeitpunkt noch nicht berücksichtigt werden. Vgl. zu den Ursprüngen und Beweggründen der Richtlinie, Hondius, ZEUP 1997, S.130ff (137f); Schurr, ZfRV 1999, S.222ff (222f); Amtenbrick/Schneider, VuR 1996, S.367ff (367).

erst in diesem Zeitpunkt die Garantieerklärung und die notwendigen Informationen mitzuteilen, könnte der Verbraucher diese Informationen nicht in seine Kaufentscheidung mit einbeziehen. Dies wäre insbesondere dann nicht einzusehen, wenn der Unternehmer zuvor mit der Garantie geworben hat, was in der Praxis die Regel ist. Sinn und Zweck der zugrunde liegenden europäischen Vorgaben ist aber, den Verbraucher insbesondere vor der missbräuchlichen und irreführenden Verwendung von Garantien zu Marketingzwecken zu schützen.[2669] Gerade Garantien sind als zusätzlich eingeräumte Rechte besonders attraktiv für die Verbraucher und sind deshalb im besonderen Maße geeignet, mitbestimmend für die Kaufentscheidung zu sein. Ebenso mitbestimmend können dann auch die nähere Ausgestaltung der Garantie, ihr Umfang und die Bedingungen ihrer Inanspruchnahme für die Entscheidung des Verbrauchers sein.[2670] Dies spricht dafür, dass die Garantieerklärung und die darin enthaltenen Informationen im elektronischen Geschäftsverkehr, ebenso wie die sonstigen vorvertraglichen Informationspflichten, vor Bestellung des Verbrauchers mitgeteilt werden müssen. Der garantiegebende Unternehmer hat dementsprechend vor der Vertragserklärung des Verbrauchers die Garantieerklärung mit folgenden zusätzlichen Informationen klar und verständlich mitzuteilen:

- In der Garantie muss ein Hinweis auf die gesetzlichen Rechte enthalten sein, also insbesondere auf die gesetzlichen Gewährleistungsrechte gemäß §§ 434ff BGB. Des Weiteren muss darauf hingewiesen werden, dass diese Rechte nicht durch die Garantie eingeschränkt werden.[2671] Dadurch soll der Verbraucher erkennen, dass die Garantie seine Rechtsstellung verbessert, es muss deutlich werden, dass die gesetzlichen Ansprüche unabhängig von dem Garantiefall bestehen.[2672] Nicht erforderlich ist, dass der Verbraucher über den Inhalt der gesetzliche Rechte der Sachmängelgewährleistung aufgeklärt wird, da eine solche Pflicht auch nicht ohne Vorliegen einer Garantie besteht.[2673] Dem Verbraucher soll lediglich deutlich gemacht werden, dass Sachmängelrechte neben der Garantie bestehen.

- Des Weiteren muss dem Verbraucher der Inhalt der Garantie sowie alle wesentlichen Angaben über die Geltendmachung der Garantie, insbesondere die Dauer und der räumliche Geltungsbereich des Garantieschutzes mitgeteilt werden.[2674] Dabei muss der konkrete Fall, für den die Garantie zugesagt wird, dargelegt werden und solche Bedingungen, die für ihre Inanspruchnahme relevant sind, wie z.B. bestimmte Wartungs-

2669 S.a. Erwägungsgrund 21 der Verbrauchsgüterkaufrichtlinie.

2670 Vgl. dazu auch Haar, VuR 2004, S.161ff (164).

2671 Siehe § 477 I S.2 Nr.1 BGB.

2672 Vgl. Matusche-Beckmann in: Staudinger, BGB-Komm., Buch 2, 2004, § 477, Rn.20.

2673 Vgl. Matusche-Beckmann in: Staudinger, BGB-Komm., Buch 2, 2004, § 477, Rn.22; kritisch zu der entsprechenden Vorgabe in der Verbrauchsgüterkaufrichtlinie, Czielsielsky, S.58f. Diese Kritik ist m.E. aber aufgrund des Fehlens einer allgemeinen Informationspflicht im Kaufrecht abzulehnen. Es wäre nicht einzusehen, warum der Verbraucher nur dann über seine Gewährleistungsrechte aufgeklärt werden muss, wenn er zusätzlich eine Garantie von dem Verkäufer (als Bote der Herstellergarantie oder in der Eigenschaft als Garantiegeber) erhält. Bei der Herstellergarantie wäre außerdem fraglich, warum der Hersteller im Rahmen seiner Zusicherungserklärung den Verbraucher auf dessen Rechte gegenüber dem Verkäufer aufmerksam machen sollte.

2674 Siehe § 477 I S.2 Nr.2 BGB.

maßnahmen, die der Verbraucher durchzuführen hat.[2675] Ferner muss eine Information über die Art der Garantie enthalten sein, also Angaben, die diese als Beschaffenheits- oder Haltbarkeitsgarantie qualifizieren.[2676] Zur Angabe über die Dauer des Garantieschutzes, genügt es nicht, wenn pauschale Jahresangaben gemacht werden Es muss vor allem der Beginn der Garantiefrist mitgeteilt werden, damit der Verbraucher in der Lage ist, die Frist zu berechnen.[2677] Schließlich muss der Garantiegeber seinen Namen und seine Anschrift angeben, d.h., ebenso wie nach der Bestimmung der BGB-InfoVO, muss er den gesetzlichen Namen oder die Firma angeben sowie eine ladungsfähige postalische Anschrift.

Nach Absatz 2 der Vorschrift hat der Unternehmer auf Verlangen des Verbrauchers diesem die Informationen in Textform gemäß § 126b BGB mitzuteilen. Diese Formanforderungen sind eingehalten, wenn die Erklärung in einer Urkunde oder auf andere zur dauerhaften Wiedergabe in Schriftzeichen geeigneten Weise abgegeben wird, die Person des Erklärenden genannt und der Abschluss der Erklärung durch Nachbildung der Namensunterschrift oder anders erkennbar gemacht wird. Der Nachfrage des Verbrauchers kann der Unternehmer durch die Zusendung einer gedruckten Garantieerklärung nachkommen. Die Textform wird aber auch durch elektronische Erklärung, die dauerhaft gespeichert werden kann, eingehalten. Demnach kann auch die Zusendung einer E-Mail oder einer Erklärung auf CD-Rom oder CD für die Nachfrage des Verbrauchers ausreichend sein.[2678] Eine Mitteilung auf der Homepage des Unternehmers genügt der Textform hingegen nicht, da dort verortete Informationen i.d.R. nicht ohne weiteres dauerhaft gespeichert werden können. Hierzu müsste der Verbraucher den Text erst kopieren. Dies entspricht aber nicht den gesetzlichen Anforderungen, da der Verbraucher nicht zur Beschaffung der Informationen verpflichtet ist, sondern auf Anfrage eine speicherbare Form der Informationen erhalten soll.[2679]

(3) Die Rechtsfolgen der Verletzung der Informationspflichten

Um den Verbraucher bei der Garantieübernahme effektiv schützen zu können, bestimmt Absatz 3 der Vorschrift, dass die Nichteinhaltung der Anforderungen gemäß § 477 I BGB das Bestehen und die Gültigkeit der Garantie nicht berühren. Der Verbraucher soll seine zusätzlichen, durch die Garantie gewährten Rechte nicht deshalb verlieren, weil der Unternehmer seinen Informationspflichten nicht nachgekommen ist. Darüber hinaus sind keine gesetzlichen Sanktionen festgelegt.[2680] Es kommt wiede-

2675 Vgl. Matusche-Beckmann in: Staudinger, BGB-Komm., Buch 2, 2004, § 477, Rn.23f.

2676 Vgl. Matusche-Beckmann in: Staudinger, BGB-Komm., Buch 2, 2004, § 477, Rn.8; Putzo in: Palandt, SMG-Komm., § 477, Rn.24.

2677 Vgl. Matusche-Beckmann in: Staudinger, BGB-Komm., Buch 2, 2004, § 477, Rn.24f;.Putzo in: Palandt, SMG-Komm., § 477, Rn.11.

2678 Vgl. Matusche-Beckmann in: Staudinger, BGB-Komm., Buch 2, 2004, § 477, Rn.8;.Putzo in: Palandt, SMG-Komm., § 477, Rn.28.

2679 Aus Artikel 6 III der Verbrauchsgüterkaufrichtlinie ergibt sich, dass das Erfordernis nur erfüllt ist, wenn der Verbraucher die Erklärung und die Informationen dauerhaft speichern kann; vgl. dazu auch Matusche-Beckmann in: Staudinger, BGB-Komm., Buch 2, 2004, § 477, Rn.29.

2680 Dazu kritisch Micklitz, EuZW 1999, S.485ff (488f); Cziesielsky, S.61; a.A. Matusche-Beckmann in: Staudinger, BGB-Komm., Buch 2, 2004, § 477, Rn.37.

rum, wie bei der Verletzung der fernabsatzrechtlichen und E-Commerce-Informationspflichten, ein Unterlassungsanspruch der Verbraucherverbände nach § 2 UKlaG und § 8 UWG in Betracht. Daneben kann der Verbraucher gleichfalls vertragliche Schadensersatzansprüche gemäß §§ 280 I, 311 II, 241 II BGB geltend machen.[2681] Möglich ist grundsätzlich auch ein Anspruch auf nachträgliche Erfüllung der Informationspflichten,[2682] allerdings stellt sich hier die Frage des Nutzens einer nachträglichen Information für den Verbraucher. Der Zweck informierte und freie Entscheidungen zu ermöglichen, ist dadurch jedenfalls nicht mehr zu erfüllen.

bb) Einbeziehung von Allgemeinen Geschäftsbedingungen im Online-Handel

Im deutschen Recht existiert eine detaillierte Normierung der Einbeziehungs- und Inhaltskontrolle von Allgemeinen Geschäftsbedingungen, die mittlerweile in §§ 305ff BGB zu finden sind.[2683] Dabei haben auch die deutschen Regelungen ihren Ursprung in den durch die Rechtsprechung fortgebildeten Anforderungen, die anhand eines generalklauselartigen allgemeinen Vertragsgrundsatzes, dem Grundsatz von Treu und Glauben, entwickelt worden sind.[2684] Gleichzeitig werden durch die Vorschriften aber auch die europäischen Vorgaben der Klauselrichtlinie umgesetzt.[2685]

Als Regelungen des Allgemeinen Teils des BGB finden die Vorschriften gemäß §§ 305ff BGB, im Unterschied zu den Regelungen des UCC Article 2 und UCITA, auf Bedingungen in allen Arten von Verträgen Anwendung[2686] und enthalten außerdem Sondervorschriften für Verbraucherverträge, die die allgemeinen Regelungen modifizieren, wenn ein Unternehmer (§ 14 BGB) seine AGB in einem mit einem Verbraucher (§ 13 BGB) geschlossenen Vertrag einbeziehen will[2687].

Bezüglich der inhaltlichen Kontrolle von AGB ist anzumerken, dass an solche Vertragsbedingungen, die von den gesetzlichen Vorschriften abweichen, die strengen inhaltlichen Anforderungen im Rahmen des Klauselverbotskatalogs gemäß §§ 307 I, II, 308, 309 BGB gestellt werden.[2688] Zusätzliche Modifikationen der Inhaltskontrolle

2681 Vgl. Matusche-Beckmann in: Staudinger, BGB-Komm., Buch 2, 2004, § 477, Rn.38;.Putzo in: Palandt, SMG-Komm., § 477, Rn.14.

2682 Vgl. Matusche-Beckmann in: Staudinger, BGB-Komm., Buch 2, 2004, § 477, Rn.34.

2683 Durch die Schuldrechtsreform wurden die Vorschriften des ehemaligen AGBG fast unverändert in §§ 305ff BGB übernommen, siehe dazu oben 1.Kapitel, B., II., 2., a), aa).

2684 Wie im US-amerikanischen Recht heute noch, entwickelte die deutsche Rechtsprechung vor der Normierung im AGBG Anforderungen an Vertragsklauseln im Rahmen des § 242 BGB, die größtenteils auch Niederschlag in der Gesetzgebung fanden, vgl. zur Entwicklung des AGB-Rechts, Heinrichs in: Palandt, SMG-Komm., Vor § 305, Rn.4ff; J. Becker in: Bamberger/Roth, BGB-Komm., § 305, Rn.1ff.

2685 Vgl. zu den Anforderungen der Klauselrichtlinie 1.Kapitel, B., II., 1., c), bb).

2686 Vgl. Schulte-Nölke in: Schulze, HK-BGB, § 305, Rn.2; Heinrichs in: Palandt, SMG-Komm., § 305, Rn.4.

2687 Voraussetzung für die Sonderbestimmungen der Anwendbarkeit der AGB-Regeln nach § 310 III BGB ist das Vorliegen der Eigenschaften gemäß §§ 13, 14 BGB, wie sie oben beschrieben worden sind.

2688 Die Inhaltskontrolle ist nur eröffnet, wenn gemäß § 307 III BGB die AGB von den (strengen) gesetzlichen Vertragsbestimmungen abweichen; im Kaufrecht gehören dazu insbesondere die

finden sich außerdem u.a. im Verbrauchsgüterrecht. Nach § 475 I BGB ist der Ausschluss von Gewährleistungsrechten in Verbrauchsgüterverträgen nun praktisch unzulässig,[2689] abgesehen von dem aus Sachmängelgewährleistung bestehenden Schadensersatzanspruch[2690] des Verbrauchers.[2691] Diese durch die Schuldrechtsreform eingeführte und durch die europäische Verbrauchsgüterkaufrichtlinie notwendig gewordene Regelung stellt nun die zentrale Abweichung zum US-amerikanischen Kaufrecht dar, wonach ja *implied warranties* grundsätzlich ausgeschlossen werden können.[2692] Die Unabdingbarkeit von Gewährleistungsrechten und insbesondere der stillschweigend gewährten Einstandspflichten des Unternehmers für die Vertragsmäßigkeit der Ware wird aber auch hierzulande sehr kritisch gesehen.[2693]

(1) Die Einbeziehung von AGB in Verbraucherverträgen

Bei der Kontrolle von Vertragsbedingungen ist zunächst zu beachten, dass die Vorschriften gemäß §§ 305ff BGB nicht alle vertragsgestaltenden Bedingungen erfassen. Die Bedingungen müssen zunächst einseitig von einer Vertragspartei gestellt sein,[2694] ausgehandelte Individualabreden werden grundsätzlich nicht erfasst[2695]. Sofern solche individuellen Abreden bestehen, sind sie aber vorrangig vor daneben bestehenden AGB.[2696] In Verbraucherverträgen gilt nach Maßgabe des § 310 III Nr.1 BGB die widerlegliche Vermutung, dass die AGB vom Unternehmer gestellt wurden, das Gegenteil hat der Unternehmer zu beweisen.[2697] Voraussetzung nach § 305 I BGB ist ferner, dass die Vertragsbedingungen für eine Vielzahl von Verträgen vorformuliert sein müssen. Hierfür ist erforderlich, dass der Verwender der AGB die Bedingungen

---

Gewährleistungsrechte nach § 437 BGB; vgl. zur Inhaltskontrolle von AGB z.B. Heinrichs, NJW 1999, S.1596ff (1601ff).

2689 Danach kann der Unternehmer sich nicht auf Vereinbarungen berufen, die zum Nachteil des Verbrauchers von den §§ 433-435, 437, 439-443 BGB abweichen.

2690 Siehe § 437 Nr.3 i.V.m. §§ 440, 280, 281, 283 oder § 311a BGB.

2691 Zu beachten sind aber insoweit die Anforderungen an den Ausschluss von Schadensersatzansprüchen nach § 309 Nr.5 BGB.

2692 S.a. UCC § 2-316, siehe dazu die Ausführungen 2.Kapitel, B., II., 2., b), bb).

2693 S.a. 1.Kapitel, B., II., 1., c), aa) und 2., a), cc).

2694 Das bedeutet die AGB dürfen auch nicht von einer dritten Person, etwa einem Notar, gestellt worden sein. vgl. Schulte-Nölke in: Schulze, HK-BGB, § 305, Rn.5; Heinrichs in: Palandt, SMG-Komm., § 305, Rn.11; Heinrichs, NJW 1999, S.1596ff (1598); J. Becker in: Bamberger/Roth, BGB-Komm., § 305, Rn.26. Davon zu unterscheiden sind aber solche Fälle, in denen die AGB der Vertragspartei lediglich verlesen werden, z.B. während der notariellen Beurkundung. In diesen Fällen bleiben die §§ 305ff BGB anwendbar, vgl. BGH NJW 2002, S.138ff; NJW 1982, S.1035ff; NJW 1981, S.2343ff; J. Becker in: Bamberger/Roth, BGB-Komm., § 305, Rn.26.

2695 Eine Befreiung von den Anforderungen nach §§ 305ff BGB kommt aber nur dann in Betracht, wenn der Vertragspartner tatsächlich Einfluss auf den Inhalt der individuell ausgehandelten Bedingungen hatte, vgl. dazu Heinrichs, NJW 1999, S.1596ff (1597); J. Becker in: Bamberger/Roth, BGB-Komm., § 305, Rn.33; Schulte-Nölke in: Schulze, HK-BGB, § 305, Rn.7.

2696 Gemäß § 305b BGB.

2697 Die Beweislastumkehr geht aus der gesetzlichen Formulierung des § 310 III Nr.1 BGB „es sei denn" hervor.

zuvor in irgendeiner Form fixiert hat[2698] und so gestaltet, dass sie für eine gewisse Art von Verträgen und eine bestimmte Menge von Vertragsabschlüssen verwendet werden können. Für eine Vielzahl von Verträgen bedeutet also nicht, dass die Bedingungen bereits häufiger Vertragsbestandteil geworden sein müssen.[2699] Für Verbraucherverträge gelten gemäß § 310 III Nr.2 BGB die inhaltlichen Anforderungen der §§ 305c II, 306-309 BGB auch dann, wenn die Vertragsbedingungen nur zur einmaligen Verwendung bestimmt sind.

Zur Einbeziehung Allgemeiner Geschäftsbedingungen ist erforderlich, dass der andere Vertragsteil zunächst ausdrücklich auf die Bedingungen hingewiesen worden ist.[2700] Ausdrücklich bedeutet, es muss ein Hinweis „in Worten", also mündlich oder schriftlich erfolgen.[2701] Der Hinweis muss so deutlich innerhalb des Angebots oder eines vertraglichen Dokuments platziert sein, dass dieser auch bei flüchtiger Übersicht unübersehbar ist.[2702] Andererseits muss aus diesem Hinweis hervorgehen, dass Allgemeine Geschäftbedingungen bestehen und in den konkreten Vertrag einbezogen werden sollen.[2703] Ein Hinweis etwa auf „übliche Bedingungen"[2704] oder „Lieferbedingungen VDMA"[2705] ist insoweit ausreichend. Dabei muss der Hinweis aber keine Informationen über den Rechtscharakter von Allgemeinen Geschäftsbedingungen enthalten.[2706] Für die konkrete Hinweispflicht bestehen nach § 305 II Nr.1 BGB nur dann Ausnahmen, wenn der Hinweis nur unter unverhältnismäßigen Schwierigkeiten möglich ist. Dann kann ein entsprechender Hinweis durch deutlich sichtbaren Aushang am Ort des Vertragsschlusses ausreichen.[2707]

2698 Es genügt nicht nur jede stoffliche Fixierung, ausreichend ist theoretisch auch eine gedankliche Fixierung des Verwenders, vgl. BGH NJW 2001, S.2635ff; Heinrichs, NJW 1999, S.1596ff (1596f); Heinrichs in: Palandt, SMG-Komm., § 305, Rn.8; Schulte-Nölke in: Schulze, HK-BGB, § 305, Rn.3.

2699 Die AGB müssen auch nicht für eine unbestimmte Anzahl von Verträgen formuliert sein, es genügt, wenn der Verwender beabsichtigt, sie mehrfach zu verwenden, vgl. zu den Anforderungen, BGH NJW 2002, S.138ff; ZIP 2001, S.1921ff; NJW 2004, S.1454ff; Schulte-Nölke in: Schulze, HK-BGB, § 305, Rn.4; Heinrichs in: Palandt, SMG-Komm., § 305, Rn.9.

2700 Gemäß § 305 II S.1 Nr.1 BGB.

2701 Nur ausnahmsweise genügt auch ein konkludentes Verhalten, vgl. dazu J. Becker in: Bamberger/Roth, BGB-Komm., § 305, Rn.45; Schlosser in: Staudinger, BGB-Komm., Buch 2, 2006, § 305, Rn.105. Dabei muss der Hinweis aber auch nicht individuell mündlich oder handschriftlich erfolgen, es genügt, wenn sich aus dem Hinweis ergibt, dass die Einbeziehung der AGB für das konkrete Geschäft gewollt ist, wie z.B. bei einem auffälligen Hinweis auf vorgedruckten Bestellformularen, vgl. BGH NJW 1983, S.816ff; NJW-RR 1987, S.112ff (113f); Schulte-Nölke in: Schulze, HK-BGB, § 305, Rn.12; Schlosser in: Staudinger, BGB-Komm., Buch 2, 2006, § 305, Rn.110; Heinrichs in: Palandt, SMG-Komm., § 305, Rn.29.

2702 S.a. OLG Nürnberg WM 1990, S.1371ff; vgl. dazu auch Schlosser in: Staudinger, BGB-Komm., Buch 2, 2006, § 305, Rn.106.

2703 Vgl. Heinrichs in: Palandt, SMG-Komm., § 305, Rn.29.

2704 Vgl. Schlosser in: Staudinger, BGB-Komm., Buch 2, 2006, § 305, Rn.106.

2705 S.a. BGH, NJW 1970, S.2023ff.

2706 S.a. OLG Frankfurt a.M., NJW 1986, S.2712ff (2713).

2707 Vgl. zu den Anforderungen des Ausnahmetatbestandes Schulte-Nölke in: Schulze, HK-BGB, § 305, Rn.14; Schlosser in: Staudinger, BGB-Komm., Buch 2, 2006, § 305, Rn.131ff; J. Becker in: Bamberger/Roth, BGB-Komm., § 305, Rn.49.

Weitere Voraussetzung der Einbeziehung ist, dass dem anderen Vertragsteil eine zumutbare Kenntnisnahmemöglichkeit der Bedingungen verschafft wird.[2708] Dies soll gewährleisten, dass der andere Vertragsteil auf leicht zugängliche Weise Einsicht in den Inhalt der Vertragsbedingungen nehmen kann. Nicht erforderlich ist hingegen, dass ein Nachweis über eine tatsächliche Kenntnisnahme des anderen Vertragsteils seitens des Verwenders erbracht wird.[2709]

Bei der Gestaltung des AGB-Textes hat der Verwender zu beachten, dass die AGB mühelos lesbar sein müssen.[2710] Das bedeutet, Schriftbild und Gliederung des Textes müssen so gestaltet sein, dass der andere Vertragsteil ohne besondere Anstrengungen den Inhalt wahrnehmen kann.[2711] Die Schriftgröße darf nicht zu klein gewählt werden, der Text muss einfach gegliedert und mit eindeutigen Überschriften versehen sein.[2712] Ferner darf der AGB-Text nicht zu umfangreich sein und es dürfen darin keine verwirrenden Angaben gemacht werden.[2713] Außerdem ist der Text inhaltlich so zufassen, dass ein verständiger Durchschnittskunde ihn verstehen kann, juristische Fachbegriffe und schlichte Verweisung auf Paragraphenketten sind daher grundsätzlich unzulässig.[2714] Bei der Wahl der Sprache ist die Verhandlungssprache maßgeblich[2715] und grundsätzlich wird nur das was inhaltlich wiedergegeben wurde, auch Inhalt der AGB und des Vertrages[2716].

Dritte Voraussetzung der Einbeziehung, ist das Einverständnis des anderen Vertragsteils mit den AGB.[2717] Hierfür ist aber auch ausreichend, wenn aufgrund eines konkludenten Verhaltens eine Zustimmung des anderen Vertragsteils angenommen werden kann.[2718]

Dabei müssen Hinweispflicht und Kenntnisnahmeverschaffungsmöglichkeit grundsätzlich vor dem Zustimmungsverhalten vorliegen.[2719] Alle drei Voraussetzungen

---

2708 Gemäß § 305 II S.1 Nr.2 BGB.

2709 Vgl. J. Becker in: Bamberger/Roth, BGB-Komm, § 305, Rn.55; Schlosser in: Staudinger, BGB-Komm., Buch 2, 2006, § 305, Rn.160.

2710 Vgl. LG Aachen, NJW 1991, S.2159ff (2160); OLG Saarbrücken, NJW-RR 1988, S.858ff (859); Schulte-Nölke in: Schulze, HK-BGB, § 305, Rn.16; Mehrings, BB 1998, S.2373ff (2377); Schlosser in: Staudinger, BGB-Komm., Buch 2, 2006, § 305, Rn.140.

2711 Vgl. BGH NJW 1983, 2772ff (2773); Schlosser in: Staudinger, BGB-Komm., Buch 2, 2006, § 305, Rn.140.

2712 Vgl. J. Becker in: Bamberger/Roth, BGB-Komm, § 305, Rn.59; Schlosser in: Staudinger, BGB-Komm., Buch 2, 2006, § 305, Rn.140.

2713 Vgl. Schlosser in: Staudinger, BGB-Komm., Buch 2, 2006, § 305, Rn.140; J. Becker in: Bamberger/Roth, BGB-Komm, § 305, Rn.59.

2714 Vgl. OLG Düsseldorf NJW-RR 1997, S.1151ff; Mehrings, BB 1998, S.2373ff (2377); Schlosser in: Staudinger, BGB-Komm., Buch 2, 2006, § 305, Rn.142.

2715 Vgl. BGH NJW 1983, S.1489ff; Söder, S.131; Schlosser in: Staudinger, BGB-Komm., Buch 2, 2006, § 305, Rn.140. Einige Gerichte haben aber auch die Vertragssprache alternativ ausreichen lassen, s.a. OLG Düsseldorf IHR 2005, S.24ff (26); OLG Hamburg, NJW 1980, S.1232ff.

2716 Vgl. Schlosser in: Staudinger, BGB-Komm., Buch 2, 2006, § 305, Rn.142.

2717 Gemäß § 305 II S.2 BGB.

2718 Vgl. Strempfle in: Bräutigam/Leupold, S.541ff (579); Schlosser in: Staudinger, BGB-Komm., Buch 2, 2006, § 305, Rn.160; J. Becker in: Bamberger/Roth, BGB-Komm, § 305, Rn.66; Schulte-Nölke in: Schulze, HK-BGB, § 305, Rn.18.

2719 Vgl. auch J. Becker in: Bamberger/Roth, BGB-Komm, § 305, Rn.63f; Söder, S.131.

müssen darüber hinaus in unmittelbarem räumlichem und zeitlichem Zusammenhang mit dem jeweiligen Vertragschluss gegeben sein.[2720] Das bedeutet, der Hinweis und die Kenntnisnahmeverschaffungsmöglichkeit müssen vor dem Vertragsschluss vorliegen,[2721] dürfen aber auch nicht zu lange vor dem Vertragsschluss erfolgen.[2722] Das Einverständnis kann vor oder mit der rechtsverbindlichen Erklärung des anderen Teils abgegeben werden.[2723]

Teilweise wird vertreten, dass die Kenntnisnahmeverschaffungsmöglichkeit auch erst nach dem Vertragsschluss erfolgen kann, da die Kenntnisnahme von AGB und die Einbeziehung ihres Inhalts in die Kaufentscheidung in der Praxis selten sind.[2724] Dem kann m.E. nicht gefolgt werden, da es Sinn und Zweck der Einbeziehungsvorschriften ist, dass dem anderen Teil die Tragweite und Folgen des gesamten Rechtsgeschäfts deutlich werden.[2725] Deshalb ist es unerlässlich, vor Vertragsschluss nicht nur deutlich werden zulassen, dass AGB bestehen, sondern auch welchen Inhalt sie haben.[2726] Bezüglich des Einverständnisses hilft der Hinweis auf Bestehen und Einbeziehungswille dem anderen Vertragsteil nämlich nicht weiter, wenn er nicht weiß, zu welchen Nachteilen er seine Zustimmung gibt. Eine Zustimmung zu AGB egal welchen Inhalts, quasi als Blanko-Erklärung, könnte auch nicht nach der Auslegung der Erklärung angenommen werden.[2727] Das Einverständnis der anderen Vertragspartei muss aber ebenfalls beim Vertragsschluss gegeben sein, was die Vertreter der Gegenansicht auch nicht bestreiten[2728]. Im Rahmen von AGB in Verbraucherverträgen wäre ein gegenteiliges Ergebnis äußerst fragwürdig. Der Verbraucher soll auf Grundlage umfassender Informationen über das Produkt, den Unternehmer und den Inhalt des Vertrages eine vernünftige Entscheidung treffen können. Gerade im Hinblick auf AGB, die i.d.R. einen nachteiligen Inhalt für die Verbraucher haben, ist die vorvertragliche Information daher besonders wichtig. Schließlich sei zu dem Argument der Gegenseite gesagt, dass die praktische Dimension der Kenntnisnahme von AGB nicht maß-

2720 In § 305 II S.1 BGB heißt es, dass die Voraussetzungen „beim Vertragsschluss" vorliegen müssen, vgl. dazu Schlosser in: Staudinger, BGB-Komm., Buch 2, 2006, § 305, Rn.114, 117; Strempfle in: Bräutigam/Leupold, S.541ff (580).

2721 Vgl. Ernst, NJW-CoR 1997, S.165ff (167); Strempfle in: Bräutigam/Leupold, S.541ff (580); a.A. Schlosser in: Staudinger, BGB-Komm., Buch 2, 2006, § 305, Rn.149.

2722 Vgl. Schlosser in: Staudinger, BGB-Komm., Buch 2, 2006, § 305, Rn.149.

2723 Dieser Ablauf entspricht auch dem chronologischen Aufbau der Vorschrift § 305 II BGB, die erst in Satz 2 das Einverständniserfordernis nennt.

2724 Vgl. Schlosser in: Staudinger, BGB-Komm., Buch 2, 2006, § 305, Rn.149.

2725 Vgl. Mehrings, BB 1998, S.2373ff (2377).

2726 So auch Schumacher, CR 2000, S.641ff (644); Chrocziel, CR 1989, S.790ff (790f).

2727 Nach den Auslegungsgrundsätzen müsste hier der sich aus den Umständen des Rechtsgeschäfts ergebende Wille des Zustimmenden Berücksichtigung finden, vgl. zur Auslegung von Erklärungen Brox, Rn.87ff. Ein Zustimmungswille zum Inhalt von AGB kann nach einem schlichten Hinweis darauf, dass AGB bestehen, nicht vermutet werden, insbesondere auch deshalb nicht, weil AGB i.d.R. nachteilig für den anderen Vertragsteil sind. Für eine Kenntnisnahmemöglichkeit vor dem Einverständnis ausdrücklich auch Von Münch, S.99.

2728 Nach Schlosser muss die Kenntnisnahmemöglichkeit nur kurz nach Vertragsabschluss erfolgen, für die Zeit bis zur Erfüllung der Kenntnisnahmeverschaffungsobliegenheit soll die Einbeziehungsvereinbarung schwebend unwirksam sein, vgl. Schlosser in: Staudinger, BGB-Komm., Buch 2, 2006, § 305, Rn.149.

gebliches Argument sein kann. Zwar ist dem zu zustimmen, dass Verbraucher selten AGB ausführlich prüfen, um eine Entscheidung für oder gegen ein Produkt zutreffen, wenn sie die AGB überhaupt zur Kenntnis nehmen. Das Recht hat außerdem auch stets praktische Erwägungen mit zu berücksichtigen. Das den verbraucherschützenden Regelungen zugrunde liegenden Leitbild des vernünftigen und informierten Durchschnittsverbrauchers wird aber nicht anhand tatsächlicher Begebenheiten definiert, sondern bewusst fiktiv bestimmt.[2729] Im Rahmen des Verbraucherschutzrechts wird, wie oben dargelegt, angenommen, dass der Verbraucher informierbar ist und sich von vernünftigen Erwägungen leiten lässt. Das bedeutet, dass auch die Durchsicht von nachteiligen AGB von ihm erwartet werden kann. Um diesem Maßstab gerecht zu werden, wird im Verbraucherschutzrecht jeweils keine tatsächliche Kenntnisnahme der Informationen, sondern die Möglichkeit der Kenntnisnahme vor Vertragschluss gefordert.[2730] Im Ergebnis ist eine nachvertraglich gewährte Kenntnisverschaffungsmöglichkeit aus diesen Gründen als nicht ausreichend abzulehnen. Voraussetzung ist dementsprechend, dass der Verbraucher vor dem Vertragsschluss auf die AGB hingewiesen wird, die Möglichkeit erhält diese zur Kenntnis zu nehmen und anschließend sein Einverständnis, auch durch ein konkludentes Verhalten, mit den dargelegten AGB zu verstehen gibt.

Rechtsfolge einer fehlerhaften Einbeziehung ist die Unwirksamkeit der Bedingungen, d.h. der Vertrag ist grundsätzlich als wirksam anzusehen, an die Stelle der unwirksamen Bedingungen treten aber die gesetzlichen Bestimmungen.[2731] Dabei besteht grundsätzlich das Verbot der geltungserhaltenden Reduktion. Das bedeutet, wenn ein Teil einer Klausel nicht wirksam einbezogen oder aufgrund inhaltlicher Mängel unwirksam ist, so ist die ganze Klausel unwirksam.[2732] Der wirksam einbezogene oder inhaltlich korrekte Teil einer Bedingung kann nicht, wie im US-Recht, aufrecht erhalten werden. Ausnahmsweise kommt dabei auch ein Scheitern des ganzen Vertrages in Betracht, wenn die Aufrechterhaltung ohne die unwirksamen Vertragsklauseln eine unbillige Härte für eine der Vertragsparteien bedeuten würde.[2733]

(2) Die Einbeziehung von AGB im elektronischen Geschäftsverkehr

Die Einbeziehungskontrolle in Online-Verträgen unterliegt im Grundsatz den allgemeinen Anforderungen nach § 305 II BGB. Auch hier müssen Hinweis und Kenntnisnahmeverschaffungsmöglichkeit vor dem Vertragsschluss gegeben sein und der Ver-

2729 Vgl. dazu die Ausführungen zum europäischen und deutschen Verbraucherleitbild 2.Kapitel, A., II., 1.

2730 Zwar sind die §§ 305ff BGB keine Verbraucherschutzvorschriften im engeren Sinne, durch § 305 BGB wird aber auch die Klauselrichtlinie ungesetzt (1.Kapitel, B., II, 2., a), aa)), die den Schutz der Verbraucher vor missbräuchlichen Klauseln zum Gegenstand hat. Der Maßstab des informierten und verständigen Verbrauchers dürften daher auch Ausstrahlungswirkung auf die Einbeziehungskontrolle haben.

2731 Gemäß § 306 I, II BGB.

2732 Vgl. dazu Heinrichs in: Palandt, SMG-Komm., § 306, Rn.3.

2733 Gemäß § 306 III BGB.

braucher muss sein Einverständnis mit dem AGB gegeben haben.[2734] Da im Internethandel i.d.R. der Unternehmer im Rahmen seines Internetangebots eine Einladung zum Angebot macht und der Verbraucher bereits mit der Bestellung seine rechtsverbindliche Vertragserklärung abgibt,[2735] müssen Hinweis und Kenntnisnahmemöglichkeit bereits vor der Bestellung erfolgen,[2736] während die Zustimmung zu den AGB in Regel in der Bestellungshandlung selber zu sehen sein wird[2737]. Nur in dieser Konstellation ist gewährleistet, dass der Verbraucher die AGB im Zweifel in vollem Umfang einsehen kann, bevor er seine Kaufentscheidung trifft. Etwas anderes kann nur gelten, wenn ausnahmsweise der Verbraucher durch die Bestellung die Annahme zum Vertragsschluss erklärt.[2738] In dem Fall können bis zu diesem Zeitpunkt der Hinweis und die Möglichkeit der Kenntnisnahme gegeben werden.

Seiner Hinweispflicht kann der Unternehmer im Internet am ehesten gerecht werden, in dem er einen deutlichen und verständlichen Hinweis innerhalb der Bestellmaske oder in unmittelbarer Nähe zur Abbildung oder Beschreibung des bestellten Produkts platziert, aus dem hervorgeht, dass die AGB einbezogen werden sollen.[2739] Ein Hinweis im Rahmen des Internetauftritts, etwa in einem Werbebanner oder einer Werbe-E-Mail, genügt nur dann den Anforderungen, wenn der Verbraucher bei der Bestellung Bezug auf diesen Internetauftritt nimmt.[2740] Eine Ausnahme nach § 305 II Nr.1 BGB kommt bei online geschlossenen Verträgen grundsätzlich nicht in Betracht, da die Transparenz von Informationen und Hinweisen im Internet besonders einfach und kostengünstig ist. Deshalb wird es für den Online-Anbieter i.d.R. keine unverhältnismäßigen Schwierigkeiten bedeuten, einen ausdrücklichen Hinweis vor der Bestellung des Verbrauchers online transparent zu machen.[2741] Außerdem findet in der klassischen Situation im Online-Handel kein Besuch im Ladenlokal statt, so dass ein dortiger Aushang von dem Internetnutzer i.d.R. nicht wahrgenommen wird.

Auch die Kenntnisnahmeverschaffungsmöglichkeit kann, muss aber nicht, elektronisch erfolgen. Denkbar, aber wohl zu umständlich, ist es dem Verbraucher vor seiner Bestellung eine Kopie der AGB in Papierform zu zusenden. Elektronisch kann die Kenntnisnahmemöglichkeit auf verschiedenen Wegen erfolgen. Denkbar ist zunächst statt der Kopie in Papierform eine E-Mail zu zusenden. Dann muss der Verbraucher aber erstens seine E-Mail-Adresse zu diesem Zweck angeben und zweitens darauf

2734 Vgl. zu den Anfängen der Diskussion über die Einbeziehung elektronischer AGB, einschließlich im BTX-Verfahren, Mehrings, BB 1998, S.2373ff (2373f).

2735 Siehe dazu die Ausführungen zum Vertragsschluss im Internet, 2.Kapitel, B., II., 1.

2736 Vgl. Strempfle in: Bräutigam/Leupold, S.541ff (580).

2737 Vgl. Löhnig, NJW 1997, S.1688ff (1689); Strempfle in: Bräutigam/Leupold, S.541ff (581).

2738 Z.B. wenn der Verwender durch ein hinreichend bestimmtes Warenangebot, etwa durch individuelle Zusendung einer E-Mail, den Antrag zum Vertragsschluss macht, siehe dazu auch die Ausführungen zum Vertragsschluss im Internet, 2.Kapitel, B., II., 1.

2739 Vgl. Kamanabrou, CR 2001, S.421ff (421); Von Münch, S.83; Mehrings, BB 1998, S.2373ff (2375f); Heinrichs, NJW 1999, S.1596ff (1598); Strempfle in: Bräutigam/Leupold, S.541ff (580).

2740 Vgl. auch Von Münch, S.85; Schlosser in: Staudinger, BGB-Komm., Buch 2, 2006, § 305, Rn.110; siehe dazu zum Btx-Verfahren bzw. und zur Einbeziehung von AGB im Rahmen von Bildschirmtexten, LG Freiburg NJW-RR 1992, S.955ff.

2741 Vgl. auch Mehrings, BB 1998, S.2373ff (2374).

hingewiesen werden, dass er die AGB vor seiner Bestellung als E-Mail erhält. Da auch dies für den auf schnelle und flexible Geschäfte ausgerichteten Online-Handel zu umständlich ist, ist diese Variante der elektronischen Kenntnisnahmemöglichkeit eher selten anzutreffen. Eine weitere Möglichkeit die Kenntnisnahme zu verschaffen, ist es im Rahmen des Bestellvorgangs ein „vorgeschaltetes" *Click-Wrap*-Verfahren einzurichten,[2742] d.h. die AGB erscheinen im Bestellverfahren in einem gesonderten Fenster auf dem Bildschirm, bevor die Bestellung vervollständigt werden kann. Dabei muss das Fenster mit dem AGB-Text eine angemessene Größe haben, damit es die Aufmerksamkeit des Verbrauchers weckt und der Text mühelos gelesen werden kann.[2743] Der Unternehmer kann die Kenntnisnahme des Verbrauchers aber auch durch einen Link ermöglichen oder durch einen kostenlosen Download der AGB.[2744] Bei beiden Möglichkeiten muss die Verfügbarkeit aber hinreichend deutlich sein, d.h. der Link oder die Down-Load-Möglichkeit müssen deutlich hervorgehoben werden und einen Hinweis auf ihren AGB-Inhalt enthalten.[2745] Bei einem Link ist der Hinweis unmittelbar in der Linkzeile zu platzieren.[2746] Bei der kostenlosen Download-Möglichkeit müssen u.U. zusätzliche Anweisungen zum Download gegeben werden.[2747] Bei der Textgestaltung der AGB sind im Grunde die oben beschriebenen allgemeinen Anforderungen zu beachten. Im Rahmen des Online-Handels können sich aufgrund der Internationalität des Mediums aber sprachliche Besonderheiten ergeben. Maßgeblich bei der Wahl der Sprache im Rahmen des Hinweises und des AGB-Textes ist die bei dem Internetauftritt gewählte Sprache.[2748] Verpflichtend ist eine deutschsprachige Offenlegung der Informationen also nur, wenn z.B. die Bestell-Webseite in deutscher Sprache gefasst ist.

Fraglich ist, ob der Unternehmer bei elektronisch mitgeteilten AGB zusätzlich die Ausdruckmöglichkeit des AGB-Textes gewährleisten muss. Dagegen spricht, dass der Unternehmer lediglich zur Verschaffung der Kenntnisnahmemöglichkeit verpflichtet ist, die ebenso gut am Bildschirm möglich ist. Da dem Verbraucher aber eine leicht erfassbare und leicht verständliche Kenntnisnahme möglich sein muss und die Lektüre von Bildschirmtexten grundsätzlich schwieriger ist, als das Lesen eines Textes im

---

2742 Vgl. zu dieser Möglichkeit auch Strempfle in: Bräutigam/Leupold, S.541ff (581).

2743 Dies entspricht den Anforderungen an die Textgestaltung von AGB-Texten, siehe dazu oben, 2.Kapitel, B., II., 3., b), bb), (1).

2744 Vgl. BGH, MMR 2006, S.737ff (738); LG Essen, NJW 2003, S.1207ff (1207); Mehrings, BB 1998, S.2373ff (2378); Ernst in: Hohl/Leible/Sosnitza, S.71ff (75); Kamanabrou, CR 2001, S.421ff (421); Ernst, NJW-CoR 1997, S.165ff (167); Köhler, NJW 1998, S.185ff (189); Schlosser in: Staudinger, BGB-Komm., Buch 2, 2006, § 305, Rn.151; Heinrichs, NJW 1999, S.1596ff (1598); Strempfle in: Bräutigam/Leupold, S.541ff (581); Heinrichs in: Palandt, SMG-Komm., § 305, Rn.38; Schulte-Nölke in: Schulze, HK-BGB, § 305, Rn.15; Söder, S.133; Von Münch, S.87; bei Geschäften mit geringem Umfang und entsprechend kurzen AGB soll die Kenntnisnahmemöglichkeit sogar direkt auf dem Bildschirm ermöglicht werden, vgl. Mehrings, BB 1998, S.2373ff (2378f).

2745 Vgl. Kamanabrou, CR 2001, S.421ff (421); Strempfle in: Bräutigam/Leupold, S.541ff (581).

2746 Vgl. Strempfle in: Bräutigam/Leupold, S.541ff (581).

2747 Vgl. Strempfle in: Bräutigam/Leupold, S.541ff (581).

2748 Vgl. Schlosser in: Staudinger, BGB-Komm., Buch 2, 2006, § 305, Rn.141; teilweise a.A. Von Münch, S.95.

Papierformat,[2749] wird vertreten, dass bei sehr langen AGB-Texten zusätzlich eine Ausdruckmöglichkeit gewährleistet sein muss[2750]. Dann aber stellt sich die Frage, ab welcher Länge des Textes dieses Erfordernis zu erfüllen ist. Die bloße Festlegung einer Seitenanzahl[2751] wird nicht genügen, da diese, aufgrund veränderbarer Schriftgröße und -Art, flexibel ist.[2752] Ein angemessener Standard wäre ab einer Anzahl von zwei Seiten, bei Schriftgröße 12, 1,5 Zeilenabstand und Schriftart Times New Roman oder Arial die Ausdruckfähigkeit der AGB zu fordern.[2753] Das bedeutet, der Unternehmer muss für den AGB-Text ein gängiges Format wählen, bei dem davon ausgegangen werden kann, dass es i.d.R. mühelos gespeichert und ausgedruckt werden kann. Diese Voraussetzungen erfüllen z.B. das Html- und das Pdf-Format.[2754] Ist ein solches Format gewählt, liegen Druckanbindung und Speichermöglichkeit in der Verantwortung des Verbrauchers.[2755]

Schließlich muss der Verbraucher mit den AGB auch einverstanden sein. Die beste Möglichkeit für den Unternehmer eine eindeutige Zustimmungshandlung zu ermöglichen ist die Einrichtung eines „I-Accept-Buttons,[2756] der sich unter dem AGB-Text befindet. Dies ist insbesondere in *Click-Wrap*-Verfahren üblich. Möglich ist aber auch im Rahmen der Bestellmaske die Akzeptanz des Verbrauchers abzufragen. Da eine konkludente Zustimmungshandlung aber auch ausreichend sein soll, ist dem Erfordernis auch dann Genüge getan, wenn der Verbraucher nach dem ausdrücklichen Hinweis und der zumutbaren Möglichkeit der Kenntnisnahme in seiner Bestellungshandlung fortfährt.[2757] Hierbei muss allerdings beachtet werden, dass im Rahmen des Bestellverfahrens der Einbeziehungswille des Unternehmers deutlich hervorgetreten ist und der Verbraucher in dem Bewusstsein weiter handelt.[2758]

Eine zusätzliche Vorschrift, für die Verfügbarkeit von AGB im elektronischen Geschäftsverkehr, enthält § 312e I S.1 Nr.4 BGB, wonach der Unternehmer dem Kunden die Möglichkeit zu verschaffen hat, die Vertragsbestimmungen, einschließlich der Allgemeinen Geschäftsbedingungen, abrufen und in wiedergabefähiger Form speichern zu können. Wiedergabefähige Form bedeutet dabei, dass der Kunde die AGB

2749 Vgl. Söder S.133; Strempfle in: Bräutigam/Leupold, S.541ff (581).

2750 Vgl. Heinrichs, NJW 1999, S.1596ff (1598); Strempfle in: Bräutigam/Leupold, S.541ff (581); Kamanabrou, CR 2001, S.421ff (421); a.A. wohl Löhnig, NJW 1997, S.1688ff (1688f), der nur die Möglichkeit der Speicherung für erforderlich hält.

2751 Z.B. fordert Heinrichs eine Ausdruckmöglichkeit ab einer Seitenlänge, vgl. Heinrichs, NJW 1999, S.1596ff (1598); Kamanabrou spricht von langen AGB, wenn diese zwei und mehr Seiten füllen, vgl. Kamanabrou, CR 2001, S.421ff (421). Das OLG Köln hat hingegen ab einer Seitenzahl von sieben Seiten im Rahmen von durch Bildschirmtext mitgeteilte AGB von „langen AGB“ gesprochen, vgl. OLG Köln CR 1998, S.244ff (245) (BTX-Dialog).

2752 Vgl. Strempfle in: Bräutigam/Leupold, S.541ff (581).

2753 So auch Strempfle in: Bräutigam/Leupold, S.541ff (581).

2754 Vgl. Strempfle in: Bräutigam/Leupold, S.541ff (581); Kamanabrou, CR 2001, S.421ff (422).

2755 Dem Verbraucher kann insbesondere zugemutet werden die AGB auszudrucken, vgl. Strempfle in: Bräutigam/Leupold, S.541ff (581); Kamanabrou, CR 2001, S.421ff (422); Von Münch, S.88f; a.A. Mehrings, BB 1998, S.2373ff (2378f).

2756 Vgl. Strempfle in: Bräutigam/Leupold, S.541ff (583).

2757 Vgl. Von Münch, S.97; Strempfle in: Bräutigam/Leupold, S.541ff (583).

2758 Sonst dürfte das Verhalten nicht als konkludentes Einverständnis gewertet werden.

auf dem Bildschirm erfassen können muss.[2759] Abruf- und Speichermöglichkeit sind aber hinreichend erfüllt, wenn der Unternehmer die AGB in einem gängigen Format bereithält.[2760] Insoweit bestimmt § 312e keine zusätzlichen Anforderungen für die Mitteilung von AGB.[2761] Die Vorschrift enthält aber auch keine Einbeziehungsvoraussetzungen,[2762] bei einem Verstoß gegen die § 312e I S.1 Nr.1-4 BGB kommen lediglich die oben beschriebenen Rechtsfolgen[2763] in Betracht.

(3) Die Beurteilung von nachgeschobenen Herstellervereinbarungen

Die Verwendung von nachgeschobenen Herstellervereinbarungen hat sich bei den Software-Herstellern weltweit durchgesetzt.[2764] Deshalb stellt sich auch im deutschen Recht die Frage der Wirksamkeit solcher Schutzhüllenverträge. Hierzulande haben die US-amerikanischen Entscheidungen, wie ProCD und die Gateway-Fälle, eine wissenschaftliche Diskussion in Gang gesetzt.[2765] Die deutsche Rechtsprechung indes hat sich mit diesen Fragen aber so gut wie gar nicht auseinandergesetzt. Zu erwähnen ist lediglich ein Urteil des OLG Stuttgart aus dem Jahre 1989, in dem eine Wirksamkeit des zugrunde liegenden Schutzhüllenvertrages festgestellt wurde, allerdings ohne nähere Erläuterungen zur vertragsrechtlichen Beurteilung.[2766]

Es ist einerseits zu klären, ob durch die sog. *shrink wrap* und *click wrap agreements*, wie von den Software-Herstellern vorgetragen, ein wirksamer (Lizenz-)Vertrag zustande kommt. Alternativ muss geprüft werden, ob die Nutzungsbedingungen in anderer Weise Gegenstand einer vertraglichen Einigung geworden sind.

(a) Die Beurteilung von shrink wrap agreements

Bei den *shrink wrap licences* kommt sowohl im Zwei-Personen-Verhältnis als auch im Drei-Personen-Verhältnis in Betracht, dass zwischen Hersteller und Verbraucher ein (zweiter) Vertrag mit den Nutzungsbedingungen als Inhalt geschlossen wird.[2767] Ob es sich dabei um einen „Lizenzvertrag" handelt, mag bezweifelt werden,[2768] kann hier aber unberücksichtigt bleiben, da eine Festlegung für die Frage des Zustandekommens des Vertrages zunächst nicht zwingend ist.

Nach den deutschen Vertragsgrundsätzen kommt ein Vertrag durch zwei inhaltlich übereinstimmende, mit Bezug aufeinander abgegebene, empfangsbedürftige Willens-

---

2759 Vgl. Strempfle in: Bräutigam/Leupold, S.541ff (584).

2760 Vgl. Strempfle in: Bräutigam/Leupold, S.541ff (584).

2761 Vgl. Söder, S.128; Strempfle in: Bräutigam/Leupold, S.541ff (584).

2762 Vgl. Söder, S.128.

2763 Siehe dazu die Ausführungen zu den Rechtsfolgen bei Verstoß gegen die Anforderungen nach § 312e BGB, siehe 2.Kapitel, B., II., 3., a), bb), (3).

2764 Siehe z.B. den „Lizenzvertrag" von Microsoft, abgedruckt bei Marly, Vor Rn.365.

2765 Vgl. dazu z.B. die Beiträge von Söder; Schumacher, CR 2000, S.641ff; Von Münch, S.98ff; Marly, Rn.365ff.

2766 S.a. OLG Stuttgart NJW 1989, S.2633ff (2634), danach kommen Schutzhüllenverträge durch Aufreißen der Verpackung zustande.

2767 Vgl. dazu oben die Darstellung der Grundproblematik 2.Kapitel, B., II., 2., b), bb), (2), (a).

2768 Vgl. dazu Schumacher, CR 2000, S.641ff (644), der eine Abweichung von den Typenverträgen des BGB nicht für notwendig hält.

erklärungen, namentlich Angebot und Annahme, zustande.[2769] In der Beifügung der Herstellervereinbarungen in dem Software-Paket kann ohne weiteres ein Angebot an den Endabnehmer gesehen werden, mit dem Inhalt, dass der Abnehmer die Software zu den Bedingungen nutzen darf.[2770] Fraglich ist allerdings, ob das Verhalten des Verbrauchers als Annahme dieses Angebots zu werten ist. In den Fällen der *shrink wraps* findet i.d.R. keine ausdrückliche Annahmeerklärung statt. Möglich ist aber, dass der Verbraucher durch ein konkludentes Verhalten gemäß § 151 BGB die Annahme erklärt. Zunächst kommt das Aufreißen der Verpackung als konkludente Annahmeerklärung in Betracht. Das setzt jedoch voraus, dass diesem Verhalten ein entsprechender rechtlicher Bindungswille zugrunde liegt. Für das Vorliegen einer Willenserklärung ist maßgeblich, dass der Erklärende in dem Bewusstsein und der Absicht gehandelt hat, mit seiner Erklärung die konkrete Rechtsfolge herbeizuführen.[2771] Bei einem zweiseitigen Rechtsgeschäft, wie dem Vertrag, muss aber auch berücksichtigt werden, ob ein entsprechender Rechtsbindungswille für den Empfänger erkennbar war. Es muss dementsprechend nach Treu und Glauben und mit Rücksicht auf die Verkehrssitte beurteilt werden, ob das Verhalten nach außen einen Rechtsbindungswillen erkennen lässt (objektiver Empfängerhorizont).[2772] In der konkreten Situation ist zu beachten, dass der Verbraucher im Zeitpunkt des Öffnens der Verpackung den Inhalt der in der Verpackung befindlichen Nutzungsbedingungen noch nicht kennt. Es ist aber nicht anzunehmen, dass der Verbraucher sich durch das Aufreißen der Verpackung an Bedingungen rechtlich binden will, deren Inhalt er gar nicht kennt, selbst dann nicht, wenn die Verpackung äußerlich einen entsprechenden Hinweis enthält.[2773] Dasselbe gilt im Übrigen für die Inbetriebnahme der Software, wenn die Nutzungsbedingungen erst beim Starten des Programms kenntlich gemacht werden.

Möglich ist aber auch, dass das Weiterhandeln nach der Kenntnisnahmemöglichkeit des Verbrauchers als konkludente Annahme gewertet werden kann. Dann müsste der Verbraucher durch das Benutzen und Behalten der Software einen objektiv bestimmbaren Rechtsbindungswillen gezeigt haben. In der Gesamtsituation eines Schutzhüllenvertrages ist aber zu beachten, dass der Verbraucher bereits einen (wirksamen) Kaufvertrag mit dem Händler abgeschlossen hat, der ihn einerseits zur Zahlung des Kaufpreises verpflichtet und andererseits zum Eigentum an der Software berechtigt.[2774] Im Fall der *shrink wrap license* ist typischerweise bereits eine Übergabe der Software erfolgt, so dass hier i.d.R. sogar schon eine Eigentumsübertragung durch den

2769 Vgl. z.B. Brox, Rn.76.

2770 Vgl. Schumacher, CR 2000, S.641ff (642); Marly, Rn.377f; Lejeune in: Lejeune, Der E-Commerce-Vertrag, S.161ff (177).

2771 Vgl. z.B. Brox, Rn.84.

2772 Vgl. BGH NJW 1990, S.454ff (456); NJW 1984, S.2279ff (2280); vgl. Marly, Rn.378f; Schumacher, CR 2000, S.641ff (642); Brox, Rn.130ff; Schneider, CR 1996, S.657ff (658f); Köhler/Fritzsche in: Lehmann, Rechtsschutz von Computerprogrammen, S.513ff (536).

2773 A.A. wohl Schneider, CR 1996, S.657ff (662).

2774 Dies sind die Hauptleistungspflichten eines Kaufvertrages gemäß § 433 BGB; vgl. zum Argument auch Schumacher, CR 2000, S.641ff (642f); Hoeren, Softwareüberlassung als Sachkauf, Rn.418; Köhler/Fritzsche in: Lehmann, Rechtsschutz von Computerprogrammen, S.513ff (536).

Händler an den Verbraucher stattgefunden hat.[2775] Aus objektiver Sicht öffnet, verwendet und behält der Verbraucher die Software also in dem Bewusstsein, bereits durch einen anderen Vertrag zur umfassenden Nutzung und zum Behalten der Software berechtigt zu sein. Da die zusätzlichen Nutzungsbedingungen wieder eine Einschränkung der (vermeintlich) erworbenen Eigentumsrechte des Verbrauchers bedeuten, ist ein rechtlicher Bindungswille an diese Bedingungen nicht ohne weiteres anzunehmen. Das „Weiter-Handeln" im Sinne des Kaufvertrages in Form einer vertraglichen Nutzung jedenfalls ist nicht ausreichend, um einen entsprechenden Geschäftwillen des Verbrauchers in dem konkreten Verhalten zu erblicken.[2776] Dafür spricht auch die grundsätzliche Bewertung des Schweigens als Willenserklärung[2777] nach den allgemeinen Vertragsgrundsätzen. Das Verhalten des Verbrauchers stellt sich insgesamt als stillschweigendes Handeln bezüglich der Nutzungsbedingungen dar, da es allein auf den Kaufvertrag zurückzuführen ist. Im nicht-kaufmännischen Geschäftsverkehr wird das Schweigen, außer in den durch das Gesetz benannten Fällen[2778], nicht als Willenserklärung aufgefasst.[2779] Dementsprechend würde eine Auslegung des Verhaltens als Annahmeerklärung auch diesem Grundsatz zuwiderlaufen. Eine Willenserklärung kann aus diesem Verhalten mithin nicht daraus begründet werden, dass der Hersteller dieses Verhalten einseitig als konkludente Annahme verstehen will[2780] und eine entsprechende Verkehrssitte, wonach eine Annahme bei einem solchen Verhalten als üblich zu werten wäre, hat sich bis heute ebenfalls nicht etablieren können[2781]. Im Ergebnis kann das Verhalten des Verbrauchers auch nach der Kenntnisnahmemöglichkeit nicht als konkludente Annahmeerklärung bewertet werden. Folglich ist auch kein Vertrag zwischen Verbraucher und Hersteller mit Inhalt der Nutzungsbedingungen zustandegekommen.[2782]

2775 Dazu ist nach § 929 S.1 BGB die Einigung über die Eigentumsübertragung und die Übergabe der Sache erforderlich, was regelmäßig mit der Lieferung und Übergabe der Software erfüllt ist.

2776 Vgl. auch Lejeune in: Lejeune, Der E-Commerce-Vertrag, S.161ff (178); Pres, S.183ff; Köhler/Fritzsche in: Lehmann, Rechtsschutz von Computerprogrammen, S.513ff (536); Schumacher, CR 2000, S.641ff (642f); Hoeren, Softwareüberlassung als Sachkauf, Rn.418; Brehm in: FS Baumann, Bielefeld 1992, S.589ff (597f); Marly, Rn.380; Ernst in: Hohl/Leible/Sosnitza, S.71ff (79f); mit Einschränkungen auch Schneider, CR 1996, S.657ff (659ff).

2777 Da das Verhalten nicht als konkludentes, rechtserhebliches Verhalten gewertet werden kann, käme allenfalls das Schweigen des Verbrauchers als Willenserklärung in Betracht.

2778 Z.B. bei der Annahme einer Schenkung gemäß § 516 II S.2 BGB oder der Zustimmung zum Kauf auf Probe gemäß § 454 BGB.

2779 Vgl. BGH NJW 1988, 2106ff (2108); Brox, Rn.90, 201; Schulte-Nölke in: Schulze, HK-BGB, § 312c, Rn.18; J. Becker in: Bamberger/Roth, BGB-Komm, § 305, Rn.65.

2780 Maßgeblich ist ja der „objektive" Empfängerhorrizont, vgl. auch Marly, Rn.380; Schumacher, CR 2000, S.641ff (642).

2781 Vgl. Lejeune in: Lejeune, Der E-Commerce-Vertrag, S.161ff (178); Schneider, CR 1996, S.657ff (659ff); Brehm in: FS Baumann, Bielefeld 1992, S.589ff (598); Schumacher, CR 2000, S.641ff (643); Marly, Rn.380.

2782 So im Ergebnis auch Marly, Rn.377ff; Ernst in: Hohl/Leible/Sosnitza, S.71ff (79f); Pres, S.183ff; Hoeren, Softwareüberlassung als Sachkauf, Rn.418, 435; Schumacher, CR 2000, S.641ff (644); Herget/Reimer, DStR 1996, S.1288ff (1290); Lejeune in: Lejeune, Der E-Commerce-Vertrag, S.161ff (178); wohl auch Strempfle in: Bräutigam/Leupold, S.541ff (583); Chrocziel, CR 1989, S.790ff (791) und Schneider, soweit der Verbraucher nicht durch einen

Bei der weiteren rechtlichen Beurteilung der Wirksamkeit der nachgeschobenen Herstellervereinbarungen ist zwischen Zwei- und Drei-Personenverhältnissen zu differenzieren. Im Zwei-Personen-Verhältnis können die nachgeschobenen Herstellervereinbarungen ohne weiteres als AGB des zugrunde liegenden Kaufvertrags gesehen werden, da sie ja von dem „Verkäufer“ gestellt werden. Solche Nutzungsbedingungen sind einseitig gestellte, vorformulierte Vertragsbedingungen des Unternehmers im Sinne der § 305 I S.1 i.V.m § 310 III BGB, auf die die Regelungen gemäß § 305ff BGB Anwendung finden.[2783] Dabei ist die nachträgliche Einbeziehung von AGB grundsätzlich als Änderungsantrag des bestehenden Vertrages zuverstehen, zu dem der andere Vertragsteil seine ausdrückliche Zustimmung erklären muss.[2784] Da eine solche ausdrückliche Erklärung des Verbrauchers i.d.R. nicht erfolgt, ist der Änderungsvertrag nicht zustandegekommen.[2785] Maßgeblich für die Einbeziehung verbleiben dementsprechend die oben dargestellten Voraussetzungen der Einbeziehung gemäß § 305 II BGB. Eine Ausnahme von der Anwendung der Einbeziehungsregelungen käme allerdings in Betracht, wenn die Schutzhüllenverträgen aufgrund ihres formularmäßigen Charakters eine Ausnahme von der vorvertraglichen Einbeziehung rechtfertigen würde. Für Formularverträge sind die Einbeziehungsvoraussetzungen nicht anwendbar, da der andere Vertragsteil mit Unterzeichnung des Formulars sein Einverständnis mit dem gesamten Vertrag erklärt, dessen integraler Bestandteil die jeweiligen AGB sind.[2786] Maßgeblich für die erleichterte Einbeziehung der AGB ist hierbei die Warnfunktion der Unterschrift.[2787] Da aber die Unterzeichnung des Vertrages in *Shrink-Wrap*-Verträgen grundsätzlich nicht verlangt wird, sind die zur Einbeziehung von AGB in Formularverträgen entwickelten Grundsätze nicht anwendbar auf die nachgeschobenen Herstellervereinbarungen.[2788] Insoweit bleibt es bei einer Hinweis- und Kenntnisnahmeverschaffungsobliegenheit seitens des Herstellers, die vor der Abgabe der Bestellung des Verbrauchers erfüllt sein muss. Bei den Software-Angeboten im Netz wird i.d.R. auf die Herstellervereinbarungen nicht hingewiesen, aber, selbst wenn ein solcher Hinweis in angemessener Weise vorlag, ist im Falle der *shrink wraps* die vorvertragliche Kenntnisnahmeverschaffungsmöglichkeit sowie ein Einverständnis des Verbrauchers nicht gegeben. Die Nutzungsbedingungen sind somit nicht wirksam in den zugrunde liegenden Vertrag einbezogen worden.

Hinweis auf die Rechtserheblichkeit seiner Handlungen aufmerksam gemacht wurde, Schneider, CR 1996, S.657ff (659ff). A.A. Schlosser in: Staudinger, BGB-Komm., Buch 2, 2006, § 305, Rn.153.

2783 Vgl. Söder, S.127; Lejeune in: Lejeune, Der E-Commerce-Vertrag, S.161ff (177).

2784 Siehe dazu BGH NJW 1983, S.816ff (817); NJW 1984, S.1112ff; LG Gießen, NJW-R 1996, S.630ff; vgl auch Ernst, NJW-CoR 1997, S.165ff (167); J. Becker in: Bamberger/Roth, BGB-Komm, § 305, Rn.65; Schlosser in: Staudinger, BGB-Komm., Buch 2, 2006, § 305, Rn.104; Marly, Rn.372.

2785 Vgl. Marly, Rn.372.

2786 Vgl. BGH NJW 1995, S.190ff; J. Becker in: Bamberger/Roth, BGB-Komm, § 305, Rn.43; Söder, S.129.

2787 Die vermeintlich konkludente Zustimmungshandlung des Verbrauchers ist mit einer Unterschrift nicht gleichzusetzen, vgl. auch Söder, S.129f.

2788 Vgl. Söder, S.129f.

Im Drei-Personen-Verhältnis scheitert eine Prüfung der Einbeziehung an der fehlenden vertraglichen Verbindung zwischen Hersteller und Verbraucher, der zugrunde liegende Kaufvertrag zwischen Verbraucher und Händler weist keinen rechtlichen Bezug zu den Nutzungsbedingungen auf.[2789] Vertreten wurde zwar in diesem Zusammenhang bereits, dass es sich bei dem Schutzhüllenvertrag auch um einen Vertrag zugunsten Dritter gemäß § 328 BGB handelt,[2790] der zwischen Hersteller und Händler zugunsten des Verbrauchers abgeschlossen wurde. Dies ist aber schon deshalb abzulehnen, weil es sich inhaltlich um Bedingungen handelt, die den Verbraucher benachteiligen und nicht zu seinen Gunsten ausfallen.[2791] Die nachgeschobenen Herstellervereinbarungen sind dementsprechend nicht wirksamer Bestandteil einer vertraglichen Vereinbarung geworden.

(b) Die Beurteilung von click wrap agreements

Auf die rechtliche Beurteilung nachträglich eingeschobener *click wrap agreements* sind diese Ergebnisse teilweise nicht ohne weiteres übertragbar.[2792] Dabei ist zur Klarstellung noch einmal darauf hinzuweisen, dass *click wraps* auch der Bestellung des Verbrauchers vorgeschaltet sein können. Solche Verfahren rufen keinerlei rechtliche Bedenken hervor, da der Verbraucher vor seiner Bestellung von den Bedingungen Kenntnis erhält und sein Weiterhandeln diesbezüglich als Einverständnis zu werten ist.[2793]

Problematisch sind *click wrap agreements* aber dann, wenn sie sich nach der Bestellung im Rahmen des Installationsprogramms der Software aufbauen und der Verbraucher nur durch einen „I-Accept-Button" den Fortgang der Installation bewerkstelligen kann. Hierbei ist der Bestätigungs-Button als ausdrückliche Erklärung des Verbrauchers mit den kenntlich gemachten Nutzungsbedingungen zu verstehen. Dementsprechend könnte hierdurch ein wirksamer (zweiter) Vertrag zwischen dem Hersteller und dem Verbraucher zustandegekommen sein, wobei der Hersteller durch das Zwischenschalten der Nutzungsbedingungen das Angebot macht, das der Verbraucher durch Betätigung des Buttons annimmt.[2794] Allerdings stellt sich inhaltlich die Frage, ob eine solche vertragliche Vereinbarung in der konkreten Situation nicht rechtsmissbräuchlich im Angesicht des bestehenden Kaufvertrages wäre.[2795] Im Zwei-Personen-Verhältnis ist insbesondere zu berücksichtigen, dass der Verbraucher, in dem Bewusstsein die Ware zu seiner freien Verfügung zu erwerben, die Software bestellt und nach dieser Bestellung wieder Beschränkungen dieser Rechte zustimmen soll.

2789 Vgl. Söder, S.129f; Schumacher, CR 2000, S.641ff (642); Marly, Rn.374.

2790 Vgl. Schmidt in: Lehmann, Rechtsschutz und Verwertung von Computerprogrammen, S.701ff (715).

2791 So auch Lejeune in: Lejeune, Der E-Commerce-Vertrag, S.161ff (178f); im Ergebnis zustimmend, aber mit anderer Begründung Von Münch, S.99.

2792 Vgl. auch Von Münch, S.100; a.A. Ernst, NJW-CoR 1997, S.165ff (167); Ernst in: Hohl/Leible/Sosnitza, S.71ff (79f).

2793 Vgl. Strempfle in: Bräutigam/Leupold, S.541ff (581).

2794 So auch Von Münch, S.100f; a.A. Ernst, NJW-CoR 1997, S.165ff (167).

2795 Es kommt insbesondere ein Verstoß gegen das Gebot von Treu und Glauben gemäß § 242 BGB in Betracht.

Hierin ist ein widersprüchliches Verhalten des Herstellers zu sehen. Erst wird ein „bedingungsfreier“ Erwerb angeboten, der sich erst nach Vollendung der Bestellung als bedingter Erwerb herausstellt. In der konkreten „take it or leave it“ Situation ist dies als rechtsmissbräuchlich zu bewerten.[2796] Das selbe gilt aber auch im Ergebnis für nachgeschobene *click wraps* im Drei-Personen-Verhältnis, da die umfassende Nutzung der Software für den Verbraucher elementarer Bestandteil des zugrunde liegenden Kaufvertrages ist und die nachträgliche Beschränkung der Eigentumsrechte sich auch dann für den Verbraucher überraschend und widersprüchlich darstellt. Für den Verbraucher ist es in der konkreten Situation unerheblich, wer seine Nutzungsrechte wieder beschränkt. Nach Treu und Glauben kann bei einem Angebot eines Softwarekaufs ohne Nutzungsbedingungen nach Abschluss der (rechtsverbindlichen) Bestellung erwartet werden, dass durch die Kaufpreiszahlung die Einräumung einer Eigentümerposition abgegolten ist und das weitergehende Beschränkungen, als die urheberrechtlichen Vorschriften es vorsehen, damit nicht verbunden sind. Dies gilt jedenfalls solange, wie Nutzungsbeschränkungen nicht durch vorvertraglich individuell vereinbarte oder ordnungsgemäß einbezogene, vorformulierte Vertragsbedingungen Vertragsbestandteil geworden sind. Dieses Ergebnis ist m.E. auch für das Drei-Personen-Verhältnis interessengerecht, zumal den Software-Herstellern bei fehlendem Kontakt zum Verbraucher die Möglichkeit verbleibt, die Händler im Rahmen ihres vertraglichen Verhältnisses zur Weitergabe der Nutzungsbedingungen an den Verbraucher in die Pflicht zu nehmen.[2797]

Folglich ist auch die Wirksamkeit der nachgeschobenen *click wrap agreements* nach deutschen Vertragsgrundsätzen abzulehnen.[2798]

(c) Gegenwärtiger Stand und Ausblick

Aus den oben dargelegten Gründen ist m.E. die Wirksamkeit der nachgeschobenen Herstellervereinbarungen nach den Grundsätzen des deutschen Vertragsrechts zu verneinen. Dies entspricht derzeit auch den Ergebnissen der wohl überwiegend vertretenen Auffassungen in der Literatur.[2799] Dennoch sind Gegenstimmen vorhanden.[2800] Da zu diesem Zeitpunkt noch keine nennenswerte Tendenz in der Rechtsprechung zu dieser Problematik existiert,[2801] bleibt die Entwicklung der Rechtslage abzuwarten. Festzuhalten ist aber auch, dass nach der bisherigen Rechtsprechung

2796 So im Ergebnis auch Ernst, NJW-CoR 1997, S.165ff (167). A.A. Von Münch, S.101.

2797 Vgl. Lejeune in: Lejeune, Der E-Commerce-Vertrag, S.161ff (179).

2798 So auch im Ergebnis Ernst in: Hohl/Leible/Sosnitza, S.71ff (80); Ernst, NJW-CoR 1997, S.165ff (167).

2799 So im Ergebnis auch Hoeren, Softwareüberlassung als Sachkauf, Rn.435; Pres, S.183f; Brehm in: FS Baumann, Bielefeld 1992, S.589ff (597f); Chrocziel, CR 1989, S.790ff (791); Lejeune in: Lejeune, Der E-Commerce-Vertrag, S.161ff (178); Von Herget/Reimer, DStR 1996, S.1288ff (1290); Marly, Rn.370ff; Schumacher, CR 2000, S.641ff (644); Ernst in: Hohl/Leible/Sosnitza, S.71ff (80); so auch Von Münch, S.98f zu den shrink wrap agreements, aber a.A. zu den click wrap agreements; zur Unwirksamkeit von click wrap agreements Ernst, NJW-CoR 1997, S.165ff (167).

2800 Z.B. OLG Stuttgart NJW 1989, S.2633 (2634); Schlosser in: Staudinger, BGB-Komm., Buch 2, 2006, § 305, Rn.153; so im Ergebnis auch Schneider, CR 1996, S.657ff (662).

2801 Siehe dazu nur OLG Stuttgart NJW 1989, S.2633ff (2634).

nachträglich bekannt gemachte AGB im regulären Warenverkehr ebenfalls als nicht wirksam einbezogen abgelehnt wurden, z.B. sind AGB, die erst auf dem Lieferschein, der Rechnung oder der Quittung des Kaufvertrages zu finden waren, von den Gerichten i.d.R. für unwirksam erklärt worden.[2802] Eine konsequente Anwendung dieser Grundsätze würde die hier vertretene Ansicht der Unwirksamkeit von nachgeschobenen Herstellervereinbarungen bestätigen.

Das bedeutet für den Hersteller, dass er sich zwar nicht auf die von ihm formulierten Nutzungsbedingungen berufen kann. Die gesetzlichen Bestimmungen im Rahmen des Urheberrechts[2803] bleiben aber anwendbar.[2804] Einen weitergehenden Schutz muss der Hersteller dem Verbraucher grundsätzlich durch ein Einverständnis und einer Kenntnisverschaffung vor seiner Bestellung der Software abringen. Dabei sind dann aber wiederum die inhaltlichen Anforderungen der §§ 305ff BGB zu berücksichtigen. Da die typischen Klauseln in solchen Herstellervereinbarungen aber häufig auch inhaltliche Bedenken hervorrufen,[2805] ist eine wirksame Einbeziehung der gegenwärtig im Markt verwendeten Nutzungsbedingungen fraglich.

c) Die Transparenz von Informationen im Netz

Bestandteil der unternehmerischen Informationspflichten ist auch im deutschen Verbraucherschutzrecht das sog. Transparenzgebot. In den Informationsvorschriften des BGB, den Ausführungsvorschriften der BGB-InfoVO sowie in den Gesetzesbegründungen zu den Informationsvorschriften befinden sich allerdings nur wenige Anhaltspunkte für die Konkretisierung dieses Gebots.[2806] Eine detaillierte Richtlinie, in denen konkrete Kriterien und Beispiele für die Transparenz von Informationen im Netz genannt werden, wie die von der US-Bundesbehörde FTC vorgelegten *guidelines*,[2807] sucht man im deutschen Recht vergeblich. Stattdessen überlässt es der deutsche Gesetzgeber der Rechtsprechung anhand der Umstände des Einzelfalls die Anforderungen an die Transparenz einer Information im Einzelnen festzulegen.[2808] Die deutschen Gerichte haben sich mit diesem Fragen zwar bereits auseinandergesetzt,[2809] von einer

---

2802 S.a. BGH NJW 1973, S.2106ff; Schulte-Nölke in: Schulze, HK-BGB, § 312c, Rn.13; J. Becker in: Bamberger/Roth, BGB-Komm, § 305, Rn.67.

2803 Die in diesem Zusammenhang maßgeblichen Vorschriften sind u.a. die Regelungen über die Verwertungsrechte des Urhebers gemäß §§ 15, 16 UrhG. Der Erwerber von Computerprogrammen hat gemäß § 69d UrhG aber bestimmte Nutzungsrechte.

2804 Vgl. zur urheberrechtlichen Beurteilung, Marly, Rn.391ff.

2805 Vgl. zur inhaltlichen Bewertung: Schumacher, CR 2000, S.641ff (644); Lejeune in: Lejeune, Der E-Commerce-Vertrag, S.161ff (181f).

2806 Die einzelnen gesetzlichen Informationspflichten enthalten lediglich Blankettbegriffe, wie „einfache“ oder „klar und verständliche“ Information oder „deutlich lesbare, klare und genaue“ Angaben, s.a. z.B. §§ 312c, 312e, 477 I BGB, § 4 BGB-InfoVO, § 6 TDG; vgl dazu auch Thüsing in: Staudinger, BGB-Komm., Buch 2, 2005, § 312c, Rn.27.

2807 Siehe dazu die Ausführungen zur entsprechenden Richtlinie der FTC, 2.Kapitel, B., II., 2., c); s.a. FTC, „Staff Issues Guidelines on Internet Advertising Dot Com Disclosures“, Part 1-3.

2808 Vgl. Thüsing in: Staudinger, BGB-Komm., Buch 2, 2005, § 312c, Rn.28; Thüsing in: Staudinger, BGB-Komm., Buch 2, 2005, § 312e, Rn.43.

2809 Vgl. z.B. OLG Frankfurt a.M., MMR 2001, S.529ff; OLG München, MMR 2004, S.321ff (322); OLG München NJW-RR 2004, S.913ff; OLG Karlsruhe, CR 2002, S.682ff (683); OLG

gefestigten Rechtsprechung im Rahmen des Transparenzgebots kann allerdings heute noch nicht gesprochen werden.

Es stellt sich zunächst insbesondere die Frage, ob die gesetzlichen Informationspflichten inhaltsgleiche Anforderungen an das Transparenzgebot stellen. Dazu ist zuerst festzustellen, dass Ursprung und Grundlage der deutschen Regelungen das im Rahmen des Informationsparadigma entwickelte Transparenzgebot der europäischen Verbraucherschutzrichtlinien ist,[2810] das zunächst in der Klauselrichtlinie[2811] etabliert wurde und für die folgenden Richtlinien[2812] übernommen wurde. Hieraus ergibt sich ein weitgehend einheitliches europäisches Transparenzgebot im Verbraucherschutzrecht, das auch für einheitliche Anforderungen im Rahmen der deutschen Informationsregelungen spricht.[2813] Bei den Informationsvorschriften nach § 312c, § 312e und § 477 I BGB wird dies auch durch die sehr ähnlichen Formulierungen, wie „klar und verständlich“[2814] oder „einfach und verständlich“[2815] indiziert sowie durch identische Rechtsfolgen bei der Verletzung der Informationspflichten[2816]. Fraglich ist allein, ob auch das Transparenzgebot im Rahmen von AGB nach § 305 II Nr.2 BGB mit dem Transparenzgebot der übrigen gesetzlichen Pflichtangaben übereinstimmt, denn einerseits hat der Gesetzgeber keine ähnlichen Formulierungen zur Etablierung des Transparenzgebots gewählt[2817] und andererseits weichen die Rechtsfolgen der Nichteinhaltung der Transparenz von einander ab. Die Transparenz gemäß § 305 II Nr.2 BGB ist, wie oben gesehen, Einbeziehungsvoraussetzung. Bei einer Verletzung der Kenntnis-

---

Hamburg, NJW 2004, S.1114ff (1116); LG Traunstein, MMR 2005, S.781; OLG Naumburg, CR 2006, S.779f. Allerdings beschäftigen sich die Entscheidungen im Wesentlichen mit der Transparenz nach § 6 TDG.

2810 Vgl. dazu auch Reich, EuZW 1999, S.581ff (584); Thüsing in: Staudinger, BGB-Komm., Buch 2, 2005, § 312c, Rn.29.

2811 Ursprung ist das in Artikel 5 I der Klauselrichtlinie etablierte Transparenzgebot; vgl. Thüsing in: Staudinger, BGB-Komm., Buch 2, 2005, § 312e, Rn.43.

2812 Das Transparenzgebot wurde z.B. auch in den Informationsvorgaben der FARL (Artikel 4 II), ECRL (Artikel 10 I), Pauschalreiserichtlinie (Artikel 3 I) und der Verbrauchsgüterkaufrichtlinie (Artikel 6 II, 2.Spiegelstrich) übernommen, vgl. dazu Thüsing in: Staudinger, BGB-Komm., Buch 2, 2005, § 312e, Rn.43; Reich, EuZW 1999, S.581ff (584).

2813 Vgl. zum einheitlichen Transparenzgebot im deutschen Recht OLG München, NJW 2004, S.913ff. Zur Übereinstimmung des Transparenzgebots nach § 6 TDG, § 312c und § 312e BGB, vgl. Thüsing in: Staudinger, BGB-Komm., Buch 2, 2005, § 312c, Rn.29; Thüsing in: Staudinger, BGB-Komm., Buch 2, 2005, § 312e, Rn.43; zum Transparenzgebot der Impressumspflicht nach § 6 TDG: Ott, WRP 2003, S.1054ff. Zum korrespondierenden Transparenzgebot im Verbrauchsgüterrecht Matusche-Beckmann in: Staudinger, BGB-Komm., Buch 2, 2006, § 477, Rn.11; Zerres, VuR 2002, S.3ff (13).

2814 Diese Anforderungen werden in § 312c BGB und § 312e BGB genannt.

2815 Nach § 477 I BGB muss die Garantieerklärung, einschließlich der Pflichtangaben, „einfach und verständlich“ dargestellt werden; vgl. dazu Matusche-Beckmann in: Staudinger, BGB-Komm., Buch 2, 2006, § 477, Rn.10.

2816 Die Rechtsfolgen bei Verletzung dieser Informationspflichten stimmen weitgehend überein, s.a. dazu die Ausführungen zu den einzelnen Informationsvorschriften, s.a. 2.Kapitel, B., II., 3. a), aa), (4) und bb), (3) sowie b), aa), (3).

2817 Die Einbeziehungsvorschrift gemäß § 305 II Nr.2 BGB verlangt eine Kenntnisnahmeverschaffungsmöglichkeit über die AGB und enthält daneben keine anderen Transparenzvoraussetzungen.

nahmeverschaffungsobliegenheit werden die intransparenten Klauseln nicht in den Vertrag einbezogen.[2818] Die Verletzung der Transparenz nach §§ 312c, 312e und § 477 I BGB hingegen berühren nicht die Wirksamkeit von Vertragsbestandteilen, sondern lösen Unterlassungsansprüche der Verbraucherverbände und evtl. Schadensersatzansprüche des Verbrauchers aus.[2819] Dies macht zwar eine Abweichung der Transparenzanforderungen nicht zwingend, aber der Gesetzgeber hat im Rahmen der Begründung zum fernabsatzrechtlichen Transparenzgebot festgestellt, dass dieses über die Anforderungen der Einbeziehung von AGB hinausgehen kann.[2820] Dies spricht für ein abweichendes und strengeres Transparenzgebot der übrigen Informationspflichten im Verhältnis zur Kenntnisverschaffungsobliegenheit von AGB.[2821] Ob und inwieweit die oben dargestellten Einbeziehungsvoraussetzungen von dem sonstigen Transparenzgebot abweichen, wird bei der Betrachtung der einzelnen Kriterien noch zu zeigen sein.

Bei der Konkretisierung des Transparenzgebots im Rahmen von Verbraucherinformationen wird stets das Leitbild des durchschnittlich verständigen, aufmerksamen und intelligenten Verbrauchers[2822] zugrunde gelegt.[2823] Dies gilt bei sämtlichen Informationspflichten, einschließlich der Frage der transparenten Kenntnisverschaffung von AGB in Verbraucherverträgen[2824]. Aus Sicht dieses (fiktiven) Durchschnittsverbrauchers muss die Information auffindbar, wahrnehmbar und verständlich sein. Dies gilt im Grundsatz auch für die Transparenz von Informationen im Netz. Die teilweise früher vertretene Ansicht, dass der Internetnutzer bessere Fähigkeiten und Kenntnisse besitze und dass deshalb an ihn höhere Anforderungen im Rahmen seiner Verständigkeit und Aufmerksamkeit zu stellen sind,[2825] ist, aufgrund der Entwicklung des Internetmediums zum Massenmarkt, abzulehnen.[2826] Zu berücksichtigen ist bei der Konkretisierung der Transparenz im Netz aber dennoch stets die online spezifischen Kommunikationsmöglichkeiten und die technischen Besonderheiten des Mediums. Dabei stellt sich die Frage, wo und wie die Informationen dem Verbraucher im Rah-

2818 Vgl. dazu die Ausführungen zu den Voraussetzungen der Einbeziehung nach § 305 II Nr.2 BGB, 2.Kapitel, B., II., 3., b), bb), (1).

2819 Siehe dazu auch die Ausführungen zu den einzelnen Informationsvorschriften, 2.Kapitel, B., II., 3, a), aa), (4) und bb), (3) sowie b), aa), (3).

2820 S.a. Regierungsbegründung zum Fernabsatzgesetz (BT-Drucks. 14/2658), S.38.

2821 Vgl. Thüsing in: Staudinger, BGB-Komm., Buch 2, 2005, § 312c, Rn.32; Fuchs ZIP 2000, S.1273ff (1278).

2822 Siehe dazu die Ausführungen zum deutschen und europäischen Verbraucherleitbild, 2.Kapitel, B., II., 3. a), aa), (4) und bb), (3) sowie b), aa), (3).

2823 Vgl. Kamanabrou, WM 2000, S.1417ff (1423); Hoß, CR 2003, S.687ff (688); Thüsing in: Staudinger, BGB-Komm., Buch 2, 2005, § 312c, Rn.28; Thüsing in: Staudinger, BGB-Komm., Buch 2, 2005, § 312e, Rn.43; Matusche-Beckmann in: Staudinger, BGB-Komm., Buch 2, 2006, § 477, Rn.11.

2824 Auch die Beurteilung von Klauseln in Verbraucherverträgen gemäß § 305 I i.V.m. § 310 III BGB orientiert sich an diesem Verbraucherleitbild, da die zugrunde liegende Klauselrichtlinie auch eine Verbraucherschutzrichtlinie ist, s.a. dazu 2.Kapitel, B., II., 3., b), bb), (1).

2825 Vgl. Reich, EuZW 1997, S.581ff (584).

2826 So auch Meents, S.192f; Kamanabrou, WM 2000, S.1417ff (1423); Thüsing in: Staudinger, BGB-Komm., Buch 2, 2005, § 312c, Rn.28.

men einer online getätigten geschäftlichen Transaktion durch den Unternehmer zur Kenntnis zu bringen sind und welche Anforderungen an die textliche Gestaltung der Informationen zu stellen sind. Hieraus wird sich im Einzelnen auch ergeben, inwieweit dies von den oben beschriebenen Anforderungen an die Kenntnisverschaffung von AGB im Internet nach § 305 II Nr.2 BGB abweicht.

aa) Anforderungen an die Online-Kenntnisverschaffung

Die Transparenz von Informationen im Netz setzt zunächst voraus, dass der Verbraucher die Informationen vor seiner Online-Bestellung wahrnehmen kann. Bei der Frage der Kenntnisverschaffung wurde teilweise vertreten, dass der Unternehmer das Online-Angebot so zu gestalten hat, dass der Verbraucher im Rahmen des Bestellverfahrens die Informationen zwangsweise zur Kenntnis nehmen muss, indem diese dem Bestellvorgang automatisch vorgeschaltet sind.[2827] Ein solches Erfordernis der „Zwangsführung" würde tatsächlich über die Anforderungen der Einbeziehung von AGB hinausgehen, da hierfür ja lediglich die Möglichkeit der Kenntnisnahme zu gewähren ist[2828]. Unterstützt wurde diese Sichtweise zumindest im Rahmen der fernabsatzrechtlichen Vorgaben nach § 312c BGB, die anfänglich noch die „Information" des Verbrauchers forderten.[2829] Mit der gesetzlichen Klarstellung, dass auch im Rahmen der fernabsatzrechtlichen Informationen es ausreicht, wenn die Informationen dem Verbraucher „zur Verfügung gestellt werden",[2830] dürfte das Erfordernis der Zwangsführung aber endgültig abzulehnen sein.[2831] Dies entspricht im übrigen auch den Anforderungen, die an die Transparenz im nicht-elektronischen Versandhandel gestellt werden, beispielsweise genügt auch bei einem Versandkatalog die Abbildung der Informationen am Ende des Katalogs.[2832] Also wird auch hier keine zwangsweise Kenntnisnahme auf jeder Seite oder ein entsprechender Hinweis gefordert. Der durchschnittlich aufmerksame und verständige Verbraucher muss sowohl im elektronischen als auch im nicht-elektronischen Handel mit Informationen über die Transaktion und den dahinter stehenden Unternehmer im Rahmen eines fernabsatzrechtlichen Angebots rechnen. Ihm ist es auch zuzumuten unter Anwendung einer gewissen Sorgfalt bereitgestellte Informationen wahrzunehmen.

Es genügt daher, wenn die Informationen im Rahmen des Online-Angebots bzw. im Rahmen des Internetauftritts zur Kenntnis gebracht werden, ohne dass der Verbraucher

2827 Vgl. OLG Frankfurt a.M., MMR 2001, S.529ff (530); Meents, S.188f; Arnold, CR 1997, S.526ff (530); Mankowski, CR 2001, S.767ff (769).

2828 Vgl. dazu die Ausführungen zu den Anforderungen nach § 305 II Nr.2 BGB, 2.Kapitel, B., II., 3., b), bb), (1).

2829 So die ursprüngliche Formulierung des § 312c I BGB.

2830 Siehe dazu Gesetzentwurf der Bundesregierung zur Änderung der Vorschriften über Fernabsatzverträge bei Finanzdienstleistungen, (BT-Drucks. 15/2946), Begründung, S.38; vgl. dazu auch Schulte-Nölke in: Schulze, HK-BGB, § 312c, Rn.1; Thüsing in: Staudinger, BGB-Komm., Buch 2, 2005; § 312c, Rn.51. So schon früher Fuchs ZIP 2000, S.1273ff (1276); Kamanabrou, WM 2000, S.1417ff (1420).

2831 Vgl. BGH, WRP 2006, S.1507ff (1509f); Woitke, BB 2003, S.2469ff (2470); Kamanabrou, WM 2000, S.1417ff (1422); Thüsing in: Staudinger, BGB-Komm., Buch 2, 2005, § 312c, Rn.29f.

2832 Vgl. Kamanabrou, WM 2000, S.1417ff (1422).

hierauf zwangsläufig gestoßen wird.[2833] Dabei kann der Unternehmer die Informationen direkt auf der Eingangsseite seiner Homepage, von der aus seine Geschäfte i.d.R. abgewickelt werden, platzieren oder dem Verbraucher eine E-Mail zu senden. Ebenso genügt für eine Kenntnisverschaffung aber auch, wenn die Informationen mittels eines Links oder einer kostenlosen Download-Möglichkeit zur Verfügung gestellt werden.[2834] Es ist allerdings zu beachten, dass die Informationen für den Durchschnittsverbraucher leicht auffindbar sein müssen, d.h. die Kenntnisnahmemöglichkeit darf nicht versteckt und so unauffällig sein, dass die Informationen als solche i.d.R. nicht wahrgenommen werden.[2835] Es genügt z.B. nicht, wenn die Informationen erst durch langes Suchen zu finden sind oder der Informationslink erst auf der vierten zu öffnenden Seite erscheint und der Verbraucher im Hinblick auf den Gesamtkontext des Angebots keine Veranlassung hat, nach Informationen zu suchen.[2836] Demgemäß muss der Unternehmer den Link oder die Download-Möglichkeit zwar nicht auf der ersten Seite platzieren, er muss aber dafür sorgen, dass die Informationen dem Verbraucher leicht und ohne langes Suchen zugänglich sind und er die Informationen als solche erkennen kann.[2837] In diesem Zusammenhang wurde teilweise bestritten, dass ein als „Kontakt" gekennzeichneter Link ausreicht, da hieraus der Informationsgehalt des betreffenden Links nicht hinreichend zum Ausdruck kommen würde.[2838] Da sich solche Bezeichnungen aber im elektronischen Geschäftsverkehr mittlerweile durchgesetzt haben, ist diese Beschränkung im Ergebnis abzulehnen. Ein Link mit der Bezeichnung „Kontakt" oder „Über Uns" macht dem durchschnittlich verständigen Online-Marktteilnehmer deutlich, dass er durch diese Verknüpfung Informationen über den Unternehmer und seine geschäftlichen Aktivitäten erhält. Demgemäß dürfte auch ein Link mit dieser Bezeichnung für die Transparenz der Informationen ausreichen.[2839]

Diese Anforderungen decken sich mit den oben beschriebenen Voraussetzungen der Kenntnisnahmeverschaffungsmöglichkeit von AGB im Internet. Auch für die Einbe-

2833 So im Ergebnis auch BGH, WRP 2006, S.1507ff (1509f); Fuchs ZIP 2000, S.1273ff (1276); Härting, CR 2000, S.691ff (693); Kamanabrou, WM 2000, S.1417ff (1420ff); Thüsing in: Staudinger, BGB-Komm., Buch 2, 2005, § 312c, Rn.29f.

2834 Vgl. LG Traunstein, MMR 2005, S.781; Härting, CR 2000, S.691ff (693); Thüsing in: Staudinger, BGB-Komm., Buch 2, 2005, § 312c, Rn.29; Kamanabrou, WM 2000, S.1417ff (1422); a.A. Roth/Groß, K&R 2002, S.127ff (134).

2835 So auch der Gesetzgeber zu dem Transparenzgebot nach § 6 TDG, vgl. Regierungsbegründung zum Elektronischen Geschäftsverkehrgesetz (BT-Drucks. 14/6098), S.21; vgl. auch OLG Hamburg, NJW 2004, S.1114ff (1116); dies entspricht auch dem fernabsatzrechtlichen Transparenzgebot, vgl. Woitke, BB 2003, S.2469ff (2469); Thüsing in: Staudinger, BGB-Komm., Buch 2, 2005, § 312c, Rn.29.

2836 Vgl. OLG München, MMR 2004, S.321ff (322); ähnlich auch OLG Hamburg, NJW 2004, S.1114ff (1114).

2837 Vgl. BGH, WRP 2006, S.1507ff (1507); Thüsing in: Staudinger, BGB-Komm., Buch 2, 2005, § 312c, Rn.29; Hoß, CR 2003, S.687ff (689).

2838 Vgl. OLG Karlsruhe, CR 2002, S.682ff (683).

2839 Vgl. BGH, WRP 2006, S.1507ff (1509f); OLG München NJW-RR 2004, S.913ff (913f); vgl. auch Ott, WRP 2003, S.945ff (948f); Hoß, CR 2003, S.687ff (689); Thüsing in: Staudinger, BGB-Komm., Buch 2, 2005, § 312c, Rn.30; das OLG Hamburg hat aber z.B. der Linkbezeichnung „Backstage" einer Musikseite wegen der fehlenden Verkehrssitte ein Absage erteilt, siehe OLG Hamburg CR 2003, S.283ff (284f); vgl. auch OLG Naumburg, CR 2006, S.779ff.

ziehung von AGB genügt ein leicht auffindbarer Link oder eine Download-Möglichkeit, wenn daraus hervorgeht, dass die AGB darin enthalten sind.[2840] Aus den Anforderungen der Kenntnisnahmeverschaffung ergeben sich für die übrigen Informationspflichten folglich keine strengeren Transparenzerfordernisse im Verhältnis zur Transparenz von AGB.

Fraglich ist dann aber, ob die Pflichtangaben nicht auch in den AGB-Text integriert werden können. Dies wurde teilweise für die Informationspflichten nach § 312c BGB mit der Begründung abgelehnt, dass die unterschiedlichen Rechtsfolgen und die abweichenden Transparenzgebote der Vorschriften gemäß § 305 II Nr.2 BGB und § 312c BGB eine Trennung der Angaben notwendig machen würde.[2841] Dagegen spricht aber, dass schon der Gesetzgeber bei der Begründung der fernabsatzrechtlichen Regelungen ausdrücklich die Möglichkeit benannt hat, die fernabsatzrechtlichen Pflichtangaben in die AGB zu integrieren.[2842] Ferner bietet eine komprimierte Information auch Vorteile für den elektronischen Geschäftsverkehr. Einerseits ist die einheitliche Information für den Unternehmer einfacher und kostengünstiger[2843] und andererseits können sich hieraus auch Vorteile für den Verbraucher ergeben, für den eine komprimierte Information an Ort und Stelle übersichtlicher und komfortabler sein kann, weil er nicht verschiedene Schritte zur Kenntnisnahme aller für die Transaktion relevanter Informationen unternehmen muss.[2844] Dies dürfte nicht nur für die fernabsatzrechtlichen Pflichtangaben, sondern auch für die strukturgleiche Informationsvorschrift nach § 312e BGB gelten. Allerdings muss bei einer Integration der Pflichtangaben im Rahmen der Transparenz gefordert werden, dass sich die Informationen nicht irgendwo versteckt und verteilt in einem langen AGB-Text, sondern sich getrennt von den AGB gut sichtbar und leicht auffindbar auf der Textseite befinden.[2845] Hier wird bei langen AGB zusätzlich eine Platzierung an exponierter Stelle vorauszusetzen sein, d.h. die Informationen sind innerhalb des Textes entweder hervorzuheben,[2846] was mit textgestalterischen Elementen zu bewerkstelligen ist,[2847] oder sie sind zu Beginn des Textes und deutlich getrennt von dem AGB-Text zu platzieren.

Problematischer ist m.E., ob auch Garantieerklärungen hinreichend transparent sind, wenn sie mit den übrigen Pflichtangaben im elektronischen Geschäftsverkehr und den AGB des Verkäufers in einem Link oder in einem Download zusammengefasst zur

2840 Siehe dazu 2.Kapitel, B., II., 3., b), bb), (2).

2841 Vgl. LG Stuttgart, Urteil v. 11.3.2003, Az. 20 O 12/03; Reich, EuZW 1999, S.581ff (584).

2842 Vgl. dazu die Regierungsbegründung zum FernAbsG, (BT-Drucks. 14/2658), S.38.

2843 Vgl. Fuchs ZIP 2000, S.1273ff (1278).

2844 So im Ergebnis auch Thüsing in: Staudinger, BGB-Komm., Buch 2, 2005, § 312c, Rn.32; Fuchs ZIP 2000, S.1273ff (1278); Woitke, BB 2003, S.2469ff (2469f); Härting, CR 2000, S.691ff (693); Gößmann, MMR 1998, S.88ff (91).

2845 Vgl. Woitke, BB 2003, S.2469ff (2469f); Härting, CR 2000, S.691ff (693); Thüsing in: Staudinger, BGB-Komm., Buch 2, 2005, § 312c, Rn.32.

2846 Nach § 1 IV S.3 BGB-InfoVO müssen die Informationen im Rahmen von AGB hervorgehoben werden. Diese Vorschrift gilt zwar in erster Linie für Fernabsatzverträge über Finanzdienstleistungen, für andere Fernabsatzverträge kann aber nichts anderes gelten, da diese Vorschrift die Mindestangaben nach Artikel 5 FARL umsetzt, die für alle Fernabsatzverträge gilt, vgl. Thüsing in: Staudinger, BGB-Komm., Buch 2, 2005, § 312c, Rn.33.

2847 Vgl. Thüsing in: Staudinger, BGB-Komm., Buch 2, 2005, § 312c, Rn.32.

Kenntnis gebracht werden. Auch wenn die Garantieerklärung, wie oben gesehen, eine eigenständige vertragliche Einigung darstellt,[2848] bleiben die Informationen über Inhalt und Umfang der Garantie für den Verbraucher wichtige Informationen über das jeweilige zugrunde liegende Geschäft, so dass auch hier das Argument der Übersichtlichkeit und des Komforts einer einheitlichen Information greifen könnte. Andererseits ist zu berücksichtigen, dass bei langen Informationen, die über einen Bildschirm gelesen werden, mit der Zunahme des Textumfangs auch die Qualität der Verständlichkeit und Übersichtlichkeit abnimmt.[2849] Außerdem ist zu beachten, dass die Pflichtangaben nach §§ 312c, 312e und § 305 BGB vertragliche Informationspflichten sind, die von dem Verkäufer mitzuteilen sind. Garantieerklärungen werden aber sehr häufig vom Hersteller des Verbrauchsgutes übernommen. Gegen eine einheitliche Information der Garantieerklärung mit den übrigen Angaben könnte daher sprechen, dass die einheitliche Information mit unterschiedlichen Ansprechpartnern und unterschiedlichen Anspruchsgrundlagen zu verwirrend und zu unübersichtlich für den Durchschnittsverbraucher ist. M.E. wird dies ebenfalls von den Umständen des Einzelfalls abhängen müssen. In den Fällen, in denen der Verkäufer identisch mit dem Garantieverwender ist, dürfte der einheitlichen Information weniger entgegenstehen. Sind die Informationen über die geschäftliche Transaktion nach §§ 312c, 312e BGB und die AGB sowie der Text der Garantieerklärung klar von einander getrennt, textlich eindeutig gegliedert und übersteigen nicht den zumutbaren Umfang, so ist aus Gründen des Komforts der einheitlichen Information eine Zusammenfassung in einem Link oder einer Downloadmöglichkeit m.E. zulässig. Dient der Verkäufer nur als Erklärungsbote der Garantieerklärung des Herstellers,[2850] ist es empfehlenswert, die Garantieerklärung von den übrigen Pflichtangaben getrennt mitzuteilen. Dies kann aber ebenfalls durch einen (eigenständigen) Link oder durch die Bereitstellung einer kostenlosen Downloadmöglichkeit der Garantie erfolgen,[2851] da insoweit dieselben Anforderungen an die Kenntnisverschaffungsobliegenheit zu stellen sind.[2852]

bb) Anforderungen an die textliche Gestaltung

Die Transparenz der Informationen verlangt ferner, dass die Information auch im Rahmen des Aufbaus, Umfangs und der verwendeten Formulierungen klar und verständlich sind. Der Informationstext ist so zu gestalten, dass der durchschnittliche

---

2848 S.a die Ausführungen zu den Vorschriften §§ 443, 477 I BGB, 2.Kapitel, B., II., 3., b), aa).

2849 Dies ist bereits im Rahmen des Transparenzgebots im Klauselrecht festgestellt worden, vgl. Söder S.133; Strempfle in: Bräutigam/Leupold, S.541ff (581).

2850 Vgl. dazu die möglichen vertraglichen Konstellationen bei Garantieerklärungen, 2.Kapitel, B., II., 3., b), aa), (1), (b).

2851 Die Informationen im Rahmen der Garantieerklärung muss ebenso klar und verständlich dargestellt werden, vgl. auch Matusche-Beckmann in: Staudinger, BGB-Komm., Buch 2, 2006, § 477, Rn.18.

2852 Hier kann ohne weiteres auch bei einer (nicht genutzten) Kenntnisverschaffungsmöglichkeit von einer vertraglichen Einigung zwischen Verbraucher und Hersteller ausgegangen werden, solange die Existenz der Garantie dem Verbraucher bewusst ist, denn hierbei ist, aufgrund der mit der Garantie verbundenen Vorteile für den Verbraucher, ohne weiteres von einem rechtlichen Bindungswillen des Verbrauchers auszugehen.

Verbraucher keine Mühen hat, diese zu lesen und zu verstehen. Danach muss die Schrift lesbar gestaltet und der Text muss übersichtlich gegliedert sein.[2853] Zum Transparenzgebot gehört außerdem, dass den Informationen nicht überflüssige und langwierige Zusätze beigefügt sind, die die Leserlichkeit und Verständlichkeit der Informationen einschränken. Ferner muss bei den Formulierungen darauf geachtet werden, dass der Satzbau und die verwendeten Begriffe nicht zu umständlich sind. Das bedeutet, Fremdwörter und juristische Fachbegriffe sind zu vermeiden.[2854] Schließlich muss der Unternehmer die Informationen in einer Sprache mitteilen, bei der er erwarten kann, dass der Verbraucher sie versteht.[2855] Dies hängt entscheidend von der Zielgruppe ab, an die sich ein Warenangebot richtet.[2856] Nach den europäischen Vorgaben ist es den Mitgliedstaaten überlassen, diesbezüglich bestimmte Sprachen festzuschreiben.[2857] Der deutsche Gesetzgeber hat zwar von einer solchen Festlegung keinen Gebrauch gemacht,[2858] aus den Begründungen zu den transparenzrechtlichen Regelungen geht aber jeweils hervor, dass im Rahmen von rein deutschen Angeboten die jeweiligen Informationen auch in deutscher Sprache abgefasst sein müssen.[2859] Bei grenzüberschreitenden Transaktionen, die auch in anderen Sprachen abgefasst sind, kann es aber zusätzlich erforderlich sein, die Informationen auch in diesen Fremdsprachen zur Verfügung zu stellen.[2860] Dies gilt im Grundsatz auch für den Online-Warenhandel. Teilweise wurde vertreten, dass es bei Internet-Angeboten auch ausreichen soll, die Informationen nur in englischer Sprache mitzuteilen, da Englisch die „lingua franca“ des Internets ist.[2861] Dies ist m.E. aber abzulehnen, da das Internet mittlerweile von der breiten Masse der Verbraucher für geschäftliche Transaktionen genutzt wird

---

2853 Vgl. Woitke, BB 2003, S.2469ff (2470); Härting, CR 2000, S.691ff (692); Matusche-Beckmann in: Staudinger, BGB-Komm., Buch 2, 2006, § 477, Rn.11; Thüsing in: Staudinger, BGB-Komm., Buch 2, 2005, § 312c, Rn.34.

2854 Vgl. Härting, CR 2000, S.691ff (693); Matusche-Beckmann in: Staudinger, BGB-Komm., Buch 2, 2006, § 477, Rn.17; Thüsing in: Staudinger, BGB-Komm., Buch 2, 2005, § 312c, Rn.34.

2855 Vgl. Kamanabrou, WM 2000, S.1417ff (1422); Fuchs ZIP 2000, S.1273ff (1276); Thüsing in: Staudinger, BGB-Komm., Buch 2, 2005, § 312c, Rn.34.

2856 Vgl. Reich, EuZW 1999, S.581ff (584); Fuchs ZIP 2000, S.1273ff (1276); Thüsing in: Staudinger, BGB-Komm., Buch 2, 2005, § 312c, Rn.34; Matusche-Beckmann in: Staudinger, BGB-Komm., Buch 2, 2006, § 477, Rn.16.

2857 S.a. Erwägungsgrund 8 FARL, vgl. dazu Fuchs ZIP 2000, S.1273ff (1276); Kamanabrou, WM 2000, S.1417ff (1422). Zur Verbrauchsgüterkaufrichtlinie, vgl. auch Matusche-Beckmann in: Staudinger, BGB-Komm., Buch 2, 2006, § 477, Rn.16.

2858 Vgl. Kamanabrou, WM 2000, S.1417ff (1422); Thüsing in: Staudinger, BGB-Komm., Buch 2, 2005, § 312c, Rn.34.

2859 S.a. Regierungsbegründung zum Fernabsatzgesetz (BT-Drucks. 14/2658), S.38; vgl. Thüsing in: Staudinger, BGB-Komm., Buch 2, 2005, § 312c, Rn.34; Kamanabrou, WM 2000, S.1417ff (1422); Matusche-Beckmann in: Staudinger, BGB-Komm., Buch 2, 2006, § 477, Rn.13; a.A. Micklitz in: Micklitz/Reich, Die Fernabsatzrichtlinie im deutschen Recht, S.22.

2860 Vgl. Thüsing in: Staudinger, BGB-Komm., Buch 2, 2005, § 312c, Rn.34; Matusche-Beckmann in: Staudinger, BGB-Komm., Buch 2, 2006, § 477, Rn.15.

2861 Vgl. Reich, EuZW 1999, S.581ff (584); Fuchs ZIP 2000, S.1273ff (1276); Thüsing in: Staudinger, BGB-Komm., Buch 2, 2005, § 312c, Rn.34; wohl auch Härting, CR 2000, S.691ff (693); dazu im Rahmen der Vorschrift § 477 I BGB, im Ergebnis aber ablehnend Matusche-Beckmann in: Staudinger, BGB-Komm., Buch 2, 2006, § 477, Rn.16.

und nicht nur von einer kleinen technisch und sprachlich bewanderten Minderheit.[2862] Zwar mögen die meisten Verbraucher einige technischen Begriffe des Internets in englischer Sprache kennen,[2863] von dem deutschen Durchschnittsverbraucher kann aber nicht erwartet werden, dass er längere, zusammenhängende Texte auf Englisch problemlos lesen und verstehen kann.[2864] Demnach ist auch bei einem deutschsprachigen Online-Warenangebot erforderlich, dass die Informationen auf deutsch zur Verfügung stehen.[2865] Nur dann, wenn der Verbraucher sich bewusst auf ein fremdsprachiges Angebot einlässt, ist er nicht schutzwürdig und muss die Informationen in der jeweiligen Fremdsprache hinnehmen.[2866]

Diese Anforderungen an die Gestaltung des Informationstextes weichen aber ebenfalls nicht von den Voraussetzungen der textlichen Gestaltung von AGB, wie sie oben dargestellt wurden, ab. Bei allen Informationen werden ein leicht leserlicher, verständlich formulierter und sprachlich erfassbarer Text gefordert.[2867] Es ist nicht erkennbar, inwieweit strengere Kriterien für die Transparenz der Informationspflichten nach §§ 312c, 312e und § 477 I BGB gelten sollen.[2868] Abgesehen davon wäre eine einheitliche Beurteilung der Transparenz von Informationen auch wünschenswert, da dies einige Vorteile gegenüber der derzeitigen Rechtslage erbrächte.[2869] Einerseits würde, durch die Übernahme der in der Rechtsprechung gefestigten Transparenzkriterien im Klauselrecht, eine sicherere Rechtslage entstehen, als dies derzeit hinsichtlich der Transparenzkriterien der „neuen" Informationspflichten der Fall ist. Hierzu existieren nicht nur wenige gerichtliche Entscheidungen, wie die oben dargelegten Ansätze zeigen, besteht auch innerhalb der Auseinandersetzung mit den einzelnen Kriterien der Transparenz große Uneinigkeit,[2870] die mit der Übernahme des Klarheitsgebotes des Klauselrechts weitgehend beseitigt würden. Ferner würde dies auch zu mehr Rechtssicherheit bei Unternehmern und Verbrauchern führen, wenn etablierte Transparenzpflichten einheitlich für alle Arten von Informationen gelten würden. Schließlich

2862 Vgl. auch Kamanabrou, WM 2000, S.1417ff (1422).

2863 Wie die gängigen technischen Begriffe Homepage, Website, Download, Frame, Link. Auch wenn sich diese Begriffe im Deutschen durchgesetzt haben, ist dies nicht mit verständnissicheren Englischkenntnissen gleichzusetzen.

2864 Dies geht auch aus der Regierungsbegründung zu den fernabsatzrechtlichen Vorschriften hervor, Regierungsbegründung zum Fernabsatzgesetz (BT-Drucks. 14/2658), S.38.

2865 So auch Kamanabrou, WM 2000, S.1417ff (1422). Im Rahmen der Sprachwahl bei Garantieerklärungen auch Matusche-Beckmann in: Staudinger, BGB-Komm., Buch 2, 2006, § 477, Rn.14.

2866 Vgl. Fuchs ZIP 2000, S.1273ff (1278); Thüsing in: Staudinger, BGB-Komm., Buch 2, 2005, § 312c, Rn.35.

2867 Siehe dazu die Anforderungen an die Textgestaltung von AGB nach § 305 II Nr.2 BGB, 2.Kapitel, B., II., 3., b), bb), (1).

2868 So auch Gößmann, MMR 1998, S.88ff (91).

2869 Vgl. Fuchs ZIP 2000, S.1273ff (1277f); so auch zur Übernahme der Anforderungen an die Textgestaltung, vgl. Härting, CR 2000, S.691ff (693); Thüsing in: Staudinger, BGB-Komm., Buch 2, 2005, § 312c, Rn.35.

2870 Wie oben dargestellt, ist fraglich, welches Verbraucherleitbild im Rahmen des elektronischen Transparenzgebotes gelten soll, ob eine Zwangsführung zu den Informationen notwendig ist oder ob das Setzen eines Hyperlinks ausreicht, ob die Informationen in den AGB integriert werden können und welche Sprache für die Pflichtangaben zu wählen ist.

wird dieses Ergebnis auch der Art und Bedeutung der Informationen gerecht. Die fernabsatzrechtlichen Informationspflichten, die Pflichtangaben im elektronischen Geschäftsverkehr und bei Garantien sind wichtige Informationen für den Verbraucher hinsichtlich der Transaktion und der Person des Unternehmers, an den er sich wenden kann. Dies trifft aber nicht weniger auf Allgemeine Geschäftsbedingungen zu, die, aufgrund ihrer meist nachteiligen Inhalte, sogar besonders wichtig für die Kaufentscheidung des Durchschnittsverbrauchers sein können. Die hierzu entwickelten Transparenzanforderungen wären, wie oben im Einzelnen dargestellt, ausreichend, um dem Verbraucher die Informationen in adäquater Weise zu verschaffen. Da das Gesetz auch keine weitergehenden Anforderungen stellt, wäre es m.E. zu begrüßen, wenn die im Klauselrecht entwickelten Grundsätze für die Kenntnisverschaffungsmöglichkeit von AGB auch für die übrigen Informationspflichten Geltung beanspruchen könnten.[2871] Die Formulierung des Gesetzgebers im Rahmen des fernabsatzrechtlichen Transparenzgebots, die strengere Maßstäbe vermuten lässt,[2872] steht dieser Lösung freilich entgegen. Es bleibt abzuwarten, zu welchen Ergebninissen die zur Konkretisierung berufene Rechtsprechung und insbesondere der BGH in der Zukunft kommen werden.

4. Der Vergleich der vorvertraglichen Informationspflichten im Online-Handel

Das Informationsparadigma spielt in beiden Verbraucherschutzsystemen eine wichtige Rolle. Ziel der Aufklärung des Verbrauchers ist stets der Ausgleich der Wissensunterlegenheit des Verbrauchers im Handel und die Ermöglichung einer informierten und vernünftigen Kaufentscheidung, zur Stärkung der Rolle des Verbrauchers als Marktsouverän. Auch wenn diese Ansätze in beiden Rechtsordnungen gemeinsames, zentrales Element des Verbraucherschutzrechts sind, zeigen sich schon größere Unterschiede bei der Betrachtung der geschaffenen gesetzlichen Informationspflichten, die für den Online-Warenhandel Geltung beanspruchen. Im Folgenden werden die gesetzlichen Regelungen, die im Rahmen des elektronischen Geschäftsverkehrs sowie im Rahmen von Garantien und AGB zur Information verpflichten, mit einander verglichen. Dabei soll jeweils eine Bewertung der Ergebnisse des Vergleichs unter dem Aspekt des zugrunde liegenden Verbraucherleitbildes und der besonderen Situation des Verbrauchers im E-Commerce vorgenommen werden.

a) Der Vergleich der online-spezifischen Informationspflichten

aa) Der Vergleich der Informationsvorschriften

Bei dem Vergleich der spezifischen Informationspflichten im elektronischen Geschäftsverkehr ist zunächst eine große Diskrepanz zwischen dem dargestellten, umfassenden Informationskatalog des deutschen Rechts auf der einen Seite und den spärlichen Regelungen im US-amerikanischen Recht auf der anderen Seite festzustellen. Zwar bestimmt die im deutschen Recht für den elektronischen Geschäftsverkehr einschlägige Regel keine umfassenden Informationspflichten,[2873] da aber die Pflichten

2871 So im Ergebnis nur Fuchs ZIP 2000, S.1273ff (1276ff).

2872 Vgl. Regierungsbegründung zum Fernabsatzgesetz (BT-Drucks. 14/2658), S.38.

2873 Die Vorschriften nach § 312e BGB i.V.m. § 3 BGB-InfoVO bestimmen selbst im Grunde nur fünf Informationsvorschriften.

gemäß § 312e BGB i.V.m. § 3 BGB-InfoVO im Rahmen von Online-Verbraucherverträgen die fernabsatzrechtlichen Pflichtangaben nur ergänzen,[2874] gilt im deutschen Recht für diesen Bereich das oben beschriebene hohe Aufklärungsniveau.

Die einzige Vorschrift im US-amerikanischen Recht, die gesonderte Informationspflichten für den elektronischen Warenverkehr festlegt, ist Section 101 (c) des E-SIGN Acts. Allerdings wird mit den daraus resultierenden Pflichtangaben ein anderes gesetzgeberisches Ziel verfolgt, als mit den deutschen Informationsvorschriften nach §§ 312c, 312e BGB i.V.m. BGB-InfoVO. Die Regelungen des Bundesgesetzes sehen lediglich Anforderungen für bestehende Informationspflichten vor, die elektronisch mitgeteilt werden sollen. Nach dem Konzept des E-SIGN Act wird einerseits die elektronische Information rechtlich ermöglicht,[2875] andererseits werden besondere Anforderungen konzipiert, die das bestehende Informationsniveau nach anderen Gesetzen auch im elektronischen Geschäftsverkehr gewährleisten sollen, indem hierfür eine Zustimmung zur elektronischen Information sowie Pflichtangaben über das Zustimmungsverfahren und den Widerruf derselben abverlangt werden.[2876] Dadurch bestimmt der E-SIGN Act grundsätzlich kein „Mehr" an Informationen im elektronischen Geschäftsverkehr, sondern stellt die Weichen für eine reibungslose Anwendung des Verbraucherschutzniveaus, wie es für den nicht-elektronischen Handel bereits etabliert ist.

Konzept der deutschen Regelungen ist hingegen eine deutliche Erhöhung des Informationsniveaus in fernabsatzrechtlichen und elektronischen Geschäften, um das durch Distanzgeschäfte und technische Unwägbarkeiten des Internets aufkommende Informationsdefizit des Verbrauchers auszugleichen.[2877] Das in den Regelungen verankerte „Mehr" an Informationen betrifft dabei im Wesentlichen die Identität und Erreichbarkeit des Unternehmers, die Merkmale des Produkts sowie die Vertragsschlussmodalitäten und Vertragsinhalte.[2878] Insoweit unterliegen die Informationsvorschriften des E-SIGN Acts und der deutschen Regelungen völlig unterschiedlichen gesetzgeberischen Konzepten.

Diese Diskrepanz wird noch dadurch verschärft, dass die Regelungen des Bundesgesetzes durch eine fast flächendeckende Umsetzung des Modellgesetzes UETA an Bedeutung verloren haben.[2879] Wie oben dargelegt, enthält UETA zwar eine Regelung, die ähnlich wie Section 101 (c) des E-SIGN Acts die Anforderung der Verfügbarkeit elektronisch bekannt gemachter Informationen festschreibt. Section 8 des UETA steht

---

2874 Die ergänzende Funktion dieser Informationspflichten geht auch aus der zugrunde liegenden ECRL hervor, s.a Erwägungsgrund (11) a.E.: „Diese Richtlinie ergänzt die Informationserfordernisse, die durch die genannten Richtlinien und insbesondere durch die Richtlinie 97/7/EG eingeführt wurden."

2875 S.a. 15 U.S.C. § 7001 (a).

2876 Siehe dazu die Ausführungen zu der Vorschrift 15 U.S.C. § 7001 (c) (1), 2.Kapitel, B.. II., 2., a), aa).

2877 Siehe dazu auch den Erwägungsgrund (11) der FARL.

2878 Vgl. dazu die Ausführungen zu dem Inhalt der Informationspflichten nach § 312c BGB i.V.m. § 1 BGB-InfoVO und § 312e BGB i.V.m. § 3 BGB-InfoVO, 2.Kapitel, B., II., 3., a).

2879 Das Modellgesetz ist, wie oben dargelegt, bis heute von mehr als vierzig Staaten umgesetzt worden und überlagert die Bestimmungen des Bundesgesetzes, vgl. dazu 1.Kapitel, A., II., 2., a), bb), (1).

aber weit hinter den im Bundesgesetz festgeschriebenen Anforderungen zurück, indem z.B. kein Zustimmungserfordernis geregelt wird.[2880] Damit werden die Minimalanforderungen an die elektronische Transparenz, die durch die bundesgesetzliche Regelung geschaffen wurden, wieder deutlich zurückgeschraubt.

Hierbei ist noch das Zustimmungserfordernis zur elektronischen Geschäftsführung nach Section 5 (b) des UETA zu erwähnen, durch das sichergestellt werden soll, dass eine Bereitschaft des Verbrauchers zum Abschluss elektronischer Geschäfte besteht. Diesem Erfordernis ist allerdings keine großartige verbraucherschützende Wirkung zu zuschreiben, da an die Darlegung einer Zustimmung, wie oben gesehen, keine hohen Anforderungen gestellt werden. Mithin ist nahezu jede Betätigung des Verbrauchers im elektronischen Markt ein hinreichendes Indiz für eine solche Zustimmung zur elektronischen Geschäftsführung.[2881] Im deutschen Recht existiert eine entsprechende Vorschrift zwar nicht,[2882] aus den Grundsätzen des Vertragsrechts ergibt sich aber ohnehin eine Empfangsbedürftigkeit der vertraglichen Erklärungen,[2883] so dass eine elektronische Geschäftsführung auch nach deutschem Recht nur möglich ist, wenn der Verbraucher nach außen den Willen zum elektronischen Vertrag manifestiert, etwa durch Bestellung im Netz oder Zusendung einer Antwort-E-Mail auf ein elektronisches Angebot.[2884]

Im Ergebnis sind im deutschen und US-amerikanischen Recht konträre Ansätze im Rahmen der online-spezifischen Informationspflichten festzustellen.

bb) Die Bewertung der Regulierungsansätze

(1) Die Bewertung des „Ob" gesetzlicher Informationspflichten

Zu klären ist zunächst, ob die besondere Situation im E-Commerce ein erhöhtes Informationsdefizit des durchschnittlich intelligenten und vernünftigen Verbrauchers be-

---

2880 Zu den Anforderungen des UETA und dem Verhältnis zu der Vorschrift Section 101 (c) E-SIGN Act, siehe 1.Kapitel, A., II., 2., a), bb), (1) und 2.Kapitel, B., II., 2., a), bb), (1). Daneben haben einige wenige Staaten die Anforderungen des Section 101 (c) E-SIGN Act in ihre UETA umsetzenden Gesetzen übernommen, s.a. 2.Kapitel, B., II., 2., a), bb), (2).

2881 Siehe dazu die Ausführungen zu der Vorschrift UETA Section 5 (b), 2.Kapitel, B., II., 2., a), bb), (1), (a); vgl. außerdem UETA Section 5, Comment 4.

2882 Auch die für den elektronischen Geschäftsverkehr geschaffene ECRL enthält hierzu keine Vorgaben, vgl. dazu auch Zehentner, S.118f.

2883 Vgl. zu den Anforderungen im deutschen Recht z.B. Brox, Rn.152ff.

2884 Wie oben gesehen (2.Kapitel, B., II., 1.), ist eine vertragliche Willenserklärung empfangsbedürftig. Die betreffende Erklärung muss dem Erklärungsempfänger auch zugehen. Hierzu ist erforderlich, dass mit einer Kenntnisnahme unter normalen Umständen zu rechnen ist. Übertragen auf den elektronischen Geschäftsverkehr, kann bei einer elektronisch verschickten Willenserklärung nicht ohne weiteres von einer Kenntnisnahme ausgegangen werden, beispielsweise kann bei Vertragsverhandlungen, die im Ladenlokal stattfinden, nicht davon ausgegangen werden, dass elektronisch übermittelte Vertragserklärungen der anderen Partei zur Kenntnis gelangen, es sei denn die Parteien haben sich in irgendeiner Weise auf eine elektronische Geschäftsführung geeinigt (wohl a.A. Zehentner, S.119 allerdings zum österreichischen Recht). Werden von einer Vertragspartei elektronische Handlungen ausgeführt, die auf einen Willen zur elektronischen Geschäftsführungen schließen lassen, wie z.B. die Bestellung per E-Mail, ist hingegen von einer elektronischen Kenntnisnahme auszugehen.

gründen und damit, wie nach dem deutsch-europäischen Ansatz, umfangreiche gesetzliche Informationspflichten notwendig werden lassen oder ob das „Halten" des Informationsschutzniveaus, wie nach dem US-amerikanischen Ansatz, ausreichend ist.

Ohne Schwierigkeiten lässt sich feststellen, dass der Verbraucher im Fernabsatz augenscheinlich weniger Kenntnisse über den Unternehmer, das verkaufte Produkt und die jeweiligen Vertragsschlussmodalitäten besitzt. Ebenso offensichtlich sind auch die technischen Risiken die ein per Mausklick geschlossener Vertrag für den Verbraucher mit sich bringt. Das Bestehen eines Informationsdefizits rechtfertigt eine gesetzliche Regelung aber nur dann, wenn die umfassende Information des Verbrauchers effektiv nicht anders zu erreichen wäre.[2885] Möglich ist, dass die für den Verbraucher notwendigen Informationen im Wege der Selbstregulierung durch die Unternehmen auch ohne eine gesetzliche Regelung mitgeteilt werden. Richtig ist, dass die Online-Anbieter einige der Informationen, die auch von §§ 312c, 312e BGB normiert werden, ohnehin in ihre Online-Angebote integrieren. Beispielsweise ist es in dem virtuellen Markt kaum denkbar, dass Produkte ohne eine Darstellung oder Beschreibung der Ware verkauft werden. Schon um sein eigenes Angebot im Netz attraktiv zu machen, wird der Anbieter durch Abbildung oder Beschreibung seines Angebots, Angaben über wesentliche Merkmale machen. Wegen des eigenen Interesses an einem reibungslosen Vertragsschluss und der Zahlung des Kaufpreises, wird er außerdem den Verbraucher mit Angaben über die Schritte zum Vertragsschluss und die zur Verfügung stehenden Zahlungsmöglichkeiten versorgen. Die Unsicherheit der Kunden bei der geschäftlichen Betätigung im Internet und der große Wettbewerbsdruck der Unternehmen zwingen diese außerdem generell zu vertrauensbildenden Maßnahmen, um den Kampf um den Kunden im Netz nicht zu verlieren. Ein gewisser Transparenzdruck der Unternehmer im Internet ist daher nicht von der Hand zu weisen.

Dass sich hieraus eine Eigendynamik des Marktes entwickelt, die intransparente Angebote im Netz langfristig beseitigt und die Unternehmen zwingt, den Verbraucher über sich und seine Angebote hinreichend zu informieren, entspricht allerdings nicht der Wirklichkeit im E-Commerce. Diesem Druck kann sich der Unternehmer schon durch Verschleierung seiner Identität im Netz entziehen. Die Praxis zeigt, dass der Internetmarkt durch die Anonymität, die Vielfalt und fehlenden Grenzen zu unübersichtlich und unkontrollierbar ist, als dass sich eine selbständige Regulierung durchsetzen könnte. Die freiwillige und sanktionslose Unterwerfung unter selbst verfasste Verhaltenskodizes vermag die Gefahren der Intransparenz nicht zu mindern.[2886] Daher

---

2885 Dies gebietet der verfassungsmäßige Grundsatz der Verhältnismäßigkeit von hoheitlichen Maßnahmen im deutschen Recht, einschließlich gesetzlicher Regelungen zum Schutz des Verbrauchers. Der Verhältnismäßigkeitsgrundsatz verpflichtet dazu, dass eine Maßnahme ein legitimes Ziel verfolgt, ein geeignetes Mittel zur Zielerreichung und ein gleichfalls angemessenes Mittel darstellt, das das verhältnismäßig mildeste Mittel zur Zielerreichung ist. Schließlich hat eine Interessenabwägung stattzufinden. In dieser Situation müsste das Interesse der Verbraucher an Information gegen die Beschränkungen, die den Unternehmern dadurch auferlegt werden, abgewogen werden.

2886 Da die Unternehmen nicht zur Unterwerfung unter solche Verhaltenskodizes gezwungen werden und der Markt hinreichend Möglichkeiten zur Identitätsverschleierung und Anonymität bietet, ist hier m.E. keine hinreichende Selbstregulierung zu erwarten.

ist es im Ergebnis m.E. erforderlich, die Informationsdefizite des Verbrauchers im Rahmen des E-Commerce durch gesetzliche Informationspflichten festzuschreiben. Dafür spricht auch, dass Informationspflichten im Verbraucherschutzrecht ein relativ mildes Mittel darstellen.[2887] Soweit lediglich eine Kenntnisverschaffungsmöglichkeit gefordert wird, die den durchschnittlich aufmerksamen und vernünftigen Verbraucher in zumutbarer Weise in die Lage versetzt, die Informationen wahrzunehmen, kann der Unternehmer solche Pflichtangaben relativ günstig und ohne großen Zeitaufwand seiner Kundschaft zur Verfügung stellen. Im Internet greift dieses Argument um so mehr, da Kosten- und Zeitaufwand für eine umfangreiche Information der Verbraucher noch geringer sind. Im deutschen Recht genügt hierfür, wie oben schon gesehen, auch die Bereitstellung der Informationen durch einen deutlich gekennzeichneten Link auf der Homepage des Unternehmers.[2888]

Aus diesen Gründen ist der im europäischen und deutschen Recht gewählte Ansatz, gesetzliche Informationspflichten zu schaffen, grundsätzlich vorzugswürdig.

(2) Die Bewertung des „Wie" der gesetzlichen Informationspflichten

Fraglich ist aber, ob auch der nach §§ 312c, 312e BGB i.V.m. BGB-InfoVO bestimmte Umfang der Pflichtangaben in angemessener Weise die Informationsdefizite des Verbrauchers ausgleicht. Hierzu müssten die einzelnen Informationspflichten genau dem Informationsdefizit entsprechen, das durch die räumliche Distanz zwischen Verbraucher und Unternehmer und durch die technischen Unwägbarkeiten des Internets entsteht.

Die nach § 312e BGB i.V.m. § 3 BGB-InfoVO bestehenden Informationspflichten über das jeweilige elektronische Vertragsschlussverfahren,[2889] die Mittel zur Berichtigung von Eingabefehlern[2890] und die Speicherung des Vertragstextes[2891] sind Informationen, die unmittelbar mit den technischen Unsicherheiten des Internets und den Besonderheiten des elektronischen Vertragsschlusses zusammenhängen. Da im Internet, im Unterschied zum regulären Handel, oft verschiedene Sprachen zur Verfügung gestellt werden, ist auch die Informationspflicht[2892] darüber angemessen. Bei der Pflicht zur Angabe der Verhaltenskodizes[2893] ist festzustellen, dass die rechtliche Situation im Internet insbesondere bei grenzüberschreitenden Verträgen sehr unsicher ist. Sofern der Unternehmer sich solchen Verhaltensregeln unterwirft, muss der Verbraucher, der u.U. im Rahmen der Kodizes Schritte gegen einen Unternehmer einleiten kann, auch über diese Fakten informiert werden. Die von § 312e BGB i.V.m § 3 BGB-InfoVO vorgegebenen Informationen sind dementsprechend notwendig und angemessen, um die Defizite des Verbrauchers im E-Commerce auszugleichen.

2887 Hinsichtlich der Auferlegung von Informationspflichten dürften daher keine Bedenken hinsichtlich der Verhältnismäßigkeit auftreten.

2888 Vgl. dazu die Ausführungen zu den Anforderungen an die Verfügbarmachung und Transparenz der fernabsatzrechtlichen Informationen gemäß § 312c BGB i.V.m. § 3 BGB-InfoVO, 2.Kapitel, B., II., 3., a), aa), (2) und c).

2889 S.a. § 3 Nr.1 BGB-InfoVO.

2890 S.a. § 3 Nr.3 BGB-InfoVO.

2891 S.a. § 3 Nr.2 BGB-InfoVO.

2892 S.a. § 3 Nr.4 BGB-InfoVO.

2893 S.a. § 3 Nr.5 BGB-InfoVO.

Die Angemessenheit des umfangreichen Informationskatalogs im Fernabsatzrecht hingegen ist problematischer. Der fehlende Kontakt zwischen Verbraucher und Unternehmer begründet in erster Linie Informationsdefizite des Verbrauchers hinsichtlich der Person des Unternehmers und der Merkmale und Beschaffenheit des Produkts. Da die Anonymität und Grenzenlosigkeit des Internets insbesondere die Gefahr der Identitätsverschleierung mit sich bringt, sind m.E. die detaillierten und umfangreichen Angaben über das Unternehmen, die Anschrift, die Rechtsform und Vertreter sowie Registernummern des Unternehmens und die Personen, die anstelle des Unternehmers bei Rückfragen zur Verfügung stehen,[2894] gerechtfertigt. Nur so wird ein Rechtsschutz des Verbrauchers im Netz überhaupt möglich sein.

Da der Verbraucher, anders als im regulären Geschäftsverkehr, die Ware nicht vor Vertragsschluss betrachten kann und keine Fragen zu dem Produkt an den Unternehmer richten kann, ist es ebenso notwendig die wesentlichen Merkmale des Produkts[2895] im Internet transparent zu machen. Hinzu kommt, dass die unterschiedlichen Zahlungsmöglichkeiten im E-Commerce sich nicht unmittelbar aus den geschäftlichen Begebenheiten ergeben, so dass eine Angabe über die zur Verfügung stehenden Zahlungsmodalitäten[2896] auch notwendig erscheint. Daneben können sich aus den Besonderheiten eines Fernabsatzvertrages stets Fragen des Vertragsschlussverfahrens ergeben, zu deren Angabe[2897] der Unternehmer dementsprechend ebenfalls zu recht verpflichtet wird. Im Rahmen des Internethandels überschneidet sich diese Pflichtangabe allerdings mit der nach § 312e BGB i.V.m § 3 BGB-InfoVO[2898] bestehenden Informationspflicht. Schließlich können dem Verbraucher aufgrund der Verwendung des Fernkommunikationsmittels bei der Vertragsschließung Kosten auferlegt werden, die über die regulär zu erwartenden Kosten der Nutzug des Kommunikationsmittel hinausgehen. Da solche Kosten im Internet erst aufgrund der gewählten Vertriebsform entstehen, ist folglich auch eine entsprechende vertriebsbezogene Informationspflicht[2899] angemessen. Dasselbe gilt für die Information über das im Fernabsatzrecht gewährte Widerrufsrecht des Verbrauchers.[2900]

Der fernabsatzrechtliche Katalog legt über dies aber noch Informationspflichten hinsichtlich des Preises,[2901] der Versandkosten,[2902] der Vertragslaufzeit,[2903] der Leistungs- und Qualitätsvorbehalte[2904] sowie der Gültigkeitsdauer befristeter Angebote[2905] fest. Diese Angaben lassen sich aber nicht aus der fernabsatzrechtlichen Situation begründen, da die Gefahr der Intransparenz dieser Umstände unabhängig von der

2894 S.a. § 1 I Nr.1-3 BGB-InfoVO, vgl. dazu auch die Ausführungen zu diesen Informationspflichten, 2.Kapitel, B., II., 3., a), aa), (3).

2895 S.a. § 1 I Nr.4 BGB-InfoVO.

2896 S.a. § 1 I Nr.9 BGB-InfoVO.

2897 S.a. § 1 I Nr.4 a.E. BGB-InfoVO.

2898 S.a. § 3 Nr.1 BGB-InfoVO.

2899 S.a. § 1 I Nr.11 BGB-InfoVO.

2900 S.a. § 1 I Nr.10 BGB-InfoVO.

2901 S.a. § 1 I Nr.7 BGB-InfoVO.

2902 S.a. § 1 I Nr.8 BGB-InfoVO.

2903 S.a. § 1 I Nr.5 BGB-InfoVO.

2904 S.a. § 1 I Nr.6 BGB-InfoVO.

2905 S.a. § 1 I Nr.12 BGB-InfoVO.

Vertriebsform und der räumlichen Distanz zwischen Verbraucher und Unternehmer in jedem Fall besteht. Bezüglich der Angabepflichten des Gesamtpreises und der Versandkosten ist zunächst festzustellen, dass eine Informationspflicht mit identischem Inhalt bereits nach der PAngVO gegeben ist,[2906] die für den gesamten Warenhandel gilt. Der Unterschied der Angabepflicht im Rahmen des Fernabsatzrechts zur allgemeinen Regel besteht darin, dass die Informationspflicht zur (fernabsatz-)vertraglichen Leistungspflicht aufschwingt,[2907] deren Verletzung, im Unterschied zu einer Zuwiderhandlung der PAngVO und des UWG, u.U. einen Schadensersatzanspruch des Verbrauchers wegen Verletzung einer vertraglichen Leistung begründen kann.[2908] Wie oben aber schon dargestellt, ist das Vorliegen eines bezifferbaren und ersetzbaren Schadens, aufgrund einer verletzten Informationspflicht, schwer vorzustellen, insbesondere mit Rücksicht auf das fernabsatzrechtlich gewährte Widerrufsrecht des Verbrauchers.[2909] Demnach sind die Pflichtangaben über den Gesamtpreis und die Versand- und Lieferkosten im Fernabsatzrecht überflüssige Regelungen, denn ein hinreichender Transparenzschutz besteht bereits nach anderen Vorschriften.

Die übrigen Informationspflichten, die über das Informationsdefizit im Fernabsatz hinausgehen, sind, im Unterschied zur Preisangabepflicht, für den Warenhandel nicht allgemein verpflichtend. Es besteht insoweit lediglich das Irreführungsverbot nach §§ 4, 5 UWG.[2910] Da hierdurch ein erweiterter Verbraucherschutz im Fernabsatzrecht begründet wird, der nicht mit den vertriebsbedingten Besonderheiten des Fernabsatzes zusammenhängt, kann an dieser Stelle auch nicht mehr von notwendigen fernabsatzrechtlichen Pflichtangaben gesprochen werden. Die gesetzliche Fixierung dieser Informationspflichten könnte aber für den Warenhandel generell notwendig sein. Bei der Frage der Information über Leistungs- und Qualitätsvorbehalte, Mindestlaufzeiten bei wiederkehrenden Leistungen und hinsichtlich der Gültigkeit von befristeten Angeboten ist nach den oben gewonnenen Erkenntnissen zum wettbewerbsrechtlichen Verbraucherschutz aber festzustellen, dass bei dem Vorliegen solcher Leistungsmodalitäten auch eine Transparenzpflicht gilt, die dem Verbraucher auch im elektronischen Handel hinreichenden Schutz bieten.[2911] Aus diesen Gründen sind diese zusätzlichen Informationspflichten im Fernabsatzrecht m.E. nicht angemessen, um das fernabsatzrechtliche Informationsdefizit auszugleichen. Dementsprechend sind die gesetzlichen Informationspflichten des deutschen Rechts zwar dem US-amerikanischen Recht grundsätzlich vorzuziehen, zweifelhaft ist aber die Notwendigkeit einiger fernabsatzrechtlicher Pflichtangaben und damit der derzeit bestehende Umfang des Informationspflichtenkatalogs.

2906 Vgl. dazu die Ausführungen zu der Vorschrift gemäß § 1 I Nr.7 BGB-InfoVO (S.) und die Ausführungen zu § 1 PAnGVO 2.Kapitel, B., II., 3., a), aa), (3).

2907 Vgl. Thüsing in: Staudinger, BGB-Komm., Buch 2, 2005, § 312c, Rn.92; Klein in: Bräutigam/Leupold, S.499ff (625).

2908 Ein solcher Schadensersatzanspruch kann sich aus §§ 280 I, 241 II, 311 II Nr.1 BGB ergeben.

2909 Vgl. dazu die Ausführungen zu den Rechtsfolgen bei Verletzung der Informationspflichten, 2.Kapitel, B., II., 3., a), aa), (4).

2910 Siehe dazu die Ausführungen zu den Vorschriften des UWG, 2.Kapitel, B., I., 2., b), aa) und bb).

2911 Siehe dazu die Ausführungen zum UWG, 2.Kapitel, B., I., 2., b).

(3) Die Bewertung der Sanktionierung

Bedenken müssen ferner bezüglich der unzureichenden Sanktionsmöglichkeiten im deutschen Recht geäußert werden. Neben der wahrscheinlich selten bestehenden Möglichkeit des Verbrauchers tatsächlich einen Schadensersatz für die nicht oder nicht richtig erteilten Informationen geltend zu machen, können die Verbraucherverbände, wie im Wettbewerbsrecht, lediglich Beseitigungs- und Unterlassungsansprüche gegen die Desinformation der Unternehmen geltend machen[2912]. Diese Maßnahmen sind für Unternehmen, die sich den Informationsvorschriften widersetzen, aber wenig abschreckend. Da finanzielle Einbußen für die Unternehmer einen deutlich höheren Anreiz bieten, die vom Gesetz vorgegebene Transparenz ihrer Angebote einzuhalten, wäre die Festlegung finanzieller Folgen zumindest bei wiederholter Zuwiderhandlung wünschenswert gewesen. Hierbei ist auf die oben dargelegten Sanktionsmöglichkeiten im US-amerikanischen Verbraucherschutzrecht hinzuweisen, die mit den umfangreichen Rechtsfolgen einer Verletzung der Verbraucherschutzrechte[2913] eine angemessenere Lösung bereithalten.

Davon abgesehen stellt sich hier auch die Frage, inwieweit mit der gegenwärtigen Regelung den Richtlinienvorgaben überhaupt entsprochen werden kann, denn sowohl die ECRL[2914] als auch die FARL[2915] verpflichten die Mitgliedstaaten zur Ergreifung adäquater Maßnahmen zur Sicherung des in der jeweiligen Richtlinie festgesetzten Verbraucherschutzniveaus.

Schließlich ist aber auch auf die Rechtsfolge der fehlenden Information über die nach § 312e BGB normierten Pflichtangaben hinzuweisen, die eine Verlängerung eines für den Verbrauchers im Fernabsatz bestehenden Widerrufsrecht vorsieht.[2916] Da das Widerrufsrecht des Verbrauchers erhebliche Unsicherheiten für den Unternehmer bedeutet, ist diese Rechtsfolge eher geeignet, die Unternehmer von einer mangelhaften Informationspraxis abzuhalten.

Im Ergebnis ist der Ansatz der Selbstregulierung des Marktes hinsichtlich der Transparenz im Electronic Commerce im US-amerikanischen Recht aus verbraucherschutzrechtlicher Sicht abzulehnen. Die gesetzlichen Informationspflichten im deutschen Recht hingegen gehen teilweise über das im Internethandel erforderliche Maß hinaus und leiden gleichzeitig an der fehlenden Regelung effektiver Rechtsfolgen.

b) Der Vergleich der Informationspflichten bei Garantiezusagen

Bei der Gesamtbetrachtung der US-amerikanischen Verbraucherschutzregelungen stellt das Regelungswerk des MMWA in doppelter Hinsicht eine Besonderheit dar. Einerseits hat das Bundesgesetz aus den frühen siebziger Jahren eine entscheidende Rolle bei der Entwicklung des modernen US-amerikanischen Verbraucherschutzrechts

---

2912 Siehe dazu die Ausführungen zu den Rechtsfolgen bei Verletzung der Informationspflichten, 2.Kapitel, B., II., 3., a), aa), (4).

2913 Vgl. dazu die Ausführungen zu den Verfahren der FTC nach dem FTCA und nach den einzelstaatlichen UDAP-Gesetzen, 2.Kapitel, B., I., 1., a), dd) und b), dd).

2914 S.a. Artikel 20 ECRL.

2915 S.a. Artikel 11 I FARL.

2916 S.a. § 312e III S.2 BGB.

gespielt und stellt auch heute noch eine der wenigen einheitlichen Regelungen im Warenkaufrecht dar, die detaillierte und strenge Regelungen für den Verbraucherschutz vorsieht und umfangreiche Informationspflichten den Unternehmern auferlegt.[2917] Andererseits ist der im MMWA entwickelte Regelungsansatz zum Verbraucherschutz im Rahmen von Garantieversprechen auch (ausnahmsweise) vorbildhaft für eine entsprechende Regelung in der europäischen Verbrauchsgüterkaufrichtlinie[2918] gewesen.[2919] Im deutschen Recht existierten zwar schon vor der Umsetzung der europäischen Vorgaben durch Rechtsfortbildung entwickelte Grundsätze für die Beurteilung von Garantiezusagen, die Normierung allgemeiner Regeln in § 443 BGB und die Sonderbestimmungen für Verbrauchsgütergarantien gemäß § 477 BGB stellen aber ein Novum im deutschen BGB dar.[2920]

Bei dem Vergleich der Regelungsansätze fällt zunächst auf, dass im US-Recht ein relativ umfangreiches Gesetz mit detaillierten Anforderungen für diesen Regelungsbereich geschaffen worden ist. Im europäischen und deutschen Recht begnügt man sich hingegen mit wenigen Einzelregelungen für die Verbrauchsgütergarantie.[2921] Dies ist in erster Linie mit der oben dargelegten Rechtslage im US-Waren-kaufrecht nach dem UCC Article 2 zu begründen, in der der Verbraucherschutz ansonsten wenig Berücksichtigung findet.[2922] Im europäischen und deutschen Recht sind die betreffenden Regelungen eingebettet in ein umfangreiches verbraucherschutzrechtliches Gesamtkonzept im Rahmen des Warenkaufrechts.[2923]

Im Hinblick auf den MMWA ist allerdings auch darauf hinzuweisen, dass das Bundesgesetz einige Probleme im Rahmen seiner Anwendung aufwirft, beispielsweise die oben angesprochene fehlende Kompatibilität mit dem Vertragsrecht des UCC Article 2.[2924] Dies ist nur eines der zahlreichen Gründe dafür, dass das Bundesgesetz heute wenig praktische Bedeutung für das US-amerikanische Verbraucherschutzrecht hat.[2925]

2917 Vgl. dazu die Ausführungen zur Entwicklung, Zielsetzung und Bedeutung des MMWA, 1.Kapitel, A., II., 1., b), aa).

2918 S.a. Artikel 6 Verbrauchsgüterkaufrichtlinie.

2919 Vgl. auch Hondius, ZEUP 1997, S.130ff (137).

2920 S.a. dazu die Ausführungen zu der Vorschrift § 477 I BGB, 2.Kapitel, B., II., 3., b), aa).

2921 Durch den MMWA wurden u.a. zwar auch zusätzliche Kompetenzen der FTC eingeführt, die Regelungen gemäß 15 U.S.C. §§ 2301-2312 haben aber im Wesentlichen die Regulierung von written warranties zum Gegenstand; diesen ausführlichen Vorschriften stehen die vergleichsweise übersichtlichen Bestimmungen gemäß Artikel 6 der Verbrauchsgüterkaufrichtlinie und §§ 443, 477 BGB gegenüber. Siehe zum Vergleich des MMWA mit der Verbrauchsgüterkaufrichtlinie Cziesielsky, S.75ff.

2922 Insbesondere im UCC Article 2 dem Warenkaufrecht wird, wie oben dargelegt (1.Kapitel, A., II., 2., a), aa), (2)), der Verbraucherschutz nur sehr begrenzt berücksichtigt.

2923 Vgl. dazu die Ausführungen zu den umfangreichen Verbraucherschutzregelungen der Verbrauchsgüterkaufrichtlinie (1.Kapitel, B., II., 1., c), aa)), die bei der Umsetzung in das deutsche Recht noch dadurch erweitert wurden, dass wesentliche Regelungen über die Vertragsmäßigkeit der Leistung für das allgemeine Kaufrecht (§§ 433ff BGB) gelten und nicht nur in Verbrauchsgüterverträgen (§§ 474ff BGB).

2924 Vgl. dazu insbesondere die Ausführungen zu der fehlenden Übereinstimmung der Verbraucherbegriffe des MMWA und des UCC Article 2, 2.Kapitel, A., I., 2., b).

2925 Vgl. dazu die Ergebnisse der Untersuchung von Neufeldt, S.182ff.

Der folgende Vergleich zwischen den MMWA-Regelungen und den Vorschriften gemäß § 443 und § 477 BGB im deutschen Recht soll einerseits darlegen, inwieweit das US-amerikanische Bundesgesetz über den Regelungsansatz hinaus Vorbildfunktion für die deutschen bzw. zugrunde liegenden europäischen Regelungen gehabt hat und andererseits wie die Regelungen aus verbraucherschutzrechtlicher Hinsicht zu bewerten sind.

aa) Der Vergleich der Anwendungsvoraussetzungen

Übereinstimmend verlangen die gesetzlichen Regelungen des MMWA[2926] und des § 477 BGB[2927] das Vorliegen eines „Verbrauchsgüterkaufvertrages“, wobei es sich um Warenkaufverträge über bewegliche Sachen handeln muss. Gleichfalls ist bis heute in beiden Rechtsordnungen umstritten, ob auch Verträge über Softwareprodukte von den Verbraucherschutzregelungen umfasst werden sollen. Dies wird nach den dargelegten Argumenten letztlich aber für beide gesetzlichen Regelungen zu befürworten sein.[2928] Unterschiedlich ist hingegen die Beurteilung des persönlichen Anwendungsbereichs der Vorschriften. Maßgeblich für die Anwendung des MMWA ist das Vorliegen eines Verbraucherprodukts,[2929] von dem auch die Eingrenzung des Verbraucherbegriffs ausgeht.[2930] Wie der Vergleich der Verbraucherbegriffe des MMWA und des deutschen § 13 BGB schon gezeigt hat, sind die Begriffsbestimmungen hierzu sehr unterschiedlich. Nach dem US-Bundesgesetz wird nach objektiven Kriterien beurteilt, ob das betreffende Produkt normalerweise zu Verbrauchszwecken verwendet wird, nach deutschem Recht kommt es auf einen privaten Zweck des jeweiligen Geschäfts an.[2931] Ebenso unterschiedlich sind die Definitionen des Unternehmerbegriffs nach § 14 BGB und des nach dem MMWA verpflichteten „*supplier*“ des Verbrauchsgutes, der u.U. auch Private, die an der Vertriebskette beteiligt sind, mit einschließt, was im Rahmen des § 14 BGB nicht möglich ist.[2932] Die im Rahmen dieser Begriffe dargelegten Rechtsprobleme[2933] wirken sich bei beiden gesetzlichen Regelungen über Verbrauchsgütergarantien nachteilig hinsichtlich einer rechtssicheren Anwendung der Vorschriften aus.

Die zweite Voraussetzung ist nach dem MMWA das Vorliegen einer „*written warranty*“, im deutschen Recht wird hingegen geprüft, ob es sich um eine „Garantie“ im Sinne des § 443 BGB handelt. Diese Begriffe sind zwar nicht einander gleichzusetzen, weisen aber dennoch einige inhaltliche Übereinstimmungen auf. Es handelt sich in

2926 S.a. 2.Kapitel, B., II., 2., b), aa), (1), (a).

2927 S.a. 2.Kapitel, B., II., 3., b), aa), (1), (a).

2928 Vgl. dazu die Ergebnisse zum Warenbegriff im deutschen Recht (2.Kapitel, B., II., 3., b), aa), (1), (a)) und im US-amerikanischen Recht (1.Kapitel, A., II., 1., b), bb)).

2929 Vgl. dazu die Definition 15 U.S.C. § 2301 (1).

2930 Siehe dazu die Ausführungen zum Verbraucherbegriff des MMWA, 2.Kapitel, A., I., 2., a).

2931 Vgl. dazu den oben dargestellte Vergleich der Verbraucherbegriffe nach § 13 BGB und des MMWA nach 15 U.S.C. § 2301 (3), 2.Kapitel, A., III., 2.

2932 Vgl. dazu den Vergleich der Unternehmerbegriffe nach § 14 BGB und 15 U.S.C. § 2301 (4), (5), 2.Kapitel, A., III., 3.

2933 Vgl. dazu die dargelegten rechtlichen Probleme im Rahmen der Unternehmerbegriffe, 2.Kapitel, A., I., 3. und II., 3.

beiden Fällen um die „Zusicherung" von Eigenschaften des verkauften Produkts, in dem der Hersteller oder Verkäufer verspricht, für bestimmte Eigenschaften über das gesetzliche Maß hinaus einzustehen.[2934] Daraus ergibt sich eine enge Verknüpfung der rechtlichen Beurteilung dieser Zusicherungen mit den jeweils geltenden gesetzlichen Einstandspflichten im Warenkaufrecht, im deutschen Recht nach § 434ff BGB und im US-Recht nach den „*Warranty*"-Regelungen des UCC Article 2[2935]. Zwischen dem deutschen Sachmängelgewährleistungsrecht und den *warranties* des UCC Article 2 bestehen aber gerade im Rahmen des Verbraucherschutzes eklatante Unterschiede, die bei der Beurteilung der Zusicherungsregelungen stets zu berücksichtigen sind. Zwar ähneln sich die Voraussetzungen von „*express warranties*" und „*implied warranties*" mit den Anforderungen, die an einen „Sachmangel" nach § 434 BGB gestellt werden,[2936] große Abweichungen sind aber insbesondere bei den Rechtsfolgen zu verzeichnen, z.B. indem das deutsche Recht nach erfolgloser zweiter Andienung dem Käufer ein Rücktritts- oder Minderungsrecht einräumt, das im US-Recht nicht existiert.[2937] Der zweite wesentliche Unterschied besteht darin, daß im US-Recht die Abbedingung insbesondere der „*implied warranties*" durch einseitig vorformulierte Vertragsbedingungen ohne weiteres möglich ist,[2938] während im deutschen Recht dies im Rahmen der Verbrauchsgüterverträge, mit Ausnahme der Folge eines Schadenersatzanspruchs, nicht (mehr) möglich ist[2939]. Der Vergleich der Regelungen über zusätzliche Zusicherungen von Eigenschaften ist also stets im Lichte eines verbraucherschutzorientierten deutschen Gewährleistungsrechts zu betrachten, hinter dem die US-amerikanischen Regelungen weit zurückstehen.

Gemeinsam ist der *written warranty* und der Garantie nach § 443 BGB die positive Abgrenzung von den gesetzlich bestehenden Einstandspflichten, wobei das Vorliegen beider Zusicherungen nach objektiven Maßstäben zu beurteilen sind.[2940] Im deutschen Recht wird zwar die Garantieerklärung als rechtsgeschäftliche Willenserklärung verstanden und insofern muss der Erklärung auch ein subjektiver Geschäftswille zugrunde liegen.[2941] Dieser ist aber in einem zweiseitigen Vertrag, wie der Garantie, auch dann gegeben, wenn der Erklärungsempfänger nach den objektiven Umständen

---

2934 Vgl. dazu die Erläuterungen zum Begriff der written warranty (2.Kapitel, B., II., 2., b), aa), (1), (b)) und der Garantie (2.Kapitel, B., II., 3., b), aa), (1), (b)).

2935 S.a. UCC § 2-313ff.

2936 Sowohl im Rahmen der warranties als auch nach § 434 BGB wird zwischen „ausdrücklichen" Einstandspflichten (express warranty UCC § 2-312, § 2-313 und § 434 I S.1 BGB) und „indizierten" Einstandspflichten (implied warranty UCC § 2-314 und § 434 I S.2 Nr.2 BGB) unterschieden.

2937 Siehe im deutschen Recht § 437 Nr.2 i.V.m. §§ 440, 323, 326 V BGB. Im US-amerikanischen Recht ist ein Rücktritt vom Vertrag nur sehr eingeschränkt möglich, eine Verletzung einer warranty genügt regelmäßig nicht, vgl. Reimann, S.66f.

2938 Siehe UCC § 2-316.

2939 Nach § 475 I S.1 BGB kann der Unternehmer die Gewährleistungsrechte nicht wirksam durch AGB ausschließen.

2940 Vgl. dazu die Ausführungen zu den Voraussetzungen einer written warranty (2.Kapitel, B., II., 2., b), aa), (1), (b)) und der Garantie gemäß § 443 BGB ((2.Kapitel, B., II., 3., b), aa)(1), (b)).

2941 Voraussetzung einer Willenserklärung ist u.a. das Erklärungsbewusstsein des Erklärenden, siehe dazu die Ausführungen zum Vertragsschluss im deutschen Recht, 2.Kapitel, B., II., 1.

die jeweilige Entäußerung als rechtsgeschäftliche Erklärung verstehen durfte.[2942] Folglich ist auch eine Garantieerklärung des Unternehmers letztlich an objektiven Maßstäben zu beurteilen.

Übereinstimmend kann zur Beurteilung einer Zusicherung auch die jeweilige Werbeaussage des Garantiegebers herangezogen werden. Dabei begründet die Werbeaussage selber weder nach dem MMWA[2943] noch nach der Regelung gemäß § 443 BGB[2944] die Garantie. Die Werbung kann aber zur inhaltlichen Beurteilung herangezogen werden. Dabei muss die jeweilige Zusicherung nicht das Wort „Garantie“ verwenden, synonyme Begriffe, die eine Einstandspflicht nahelegen, können auch ausreichend sein.[2945] Ein Unterschied ergibt sich in den Anwendungsvoraussetzungen aber dadurch, dass die *written warranty* textlich fixiert sein muss,[2946] während im deutschen Recht jede Form der Erklärung, auch die mündliche Zusicherung,[2947] für das Vorliegen einer Garantie genügt.

Nach beiden Regelungen kann sowohl der Verkäufer als auch der Hersteller der Garantiegeber sein. Darüber hinaus kann nach den dem MMWA und § 443 BGB auch jeder Dritte Verpflichteter im Rahmen der Zusicherung sein, der an der Vertriebskette des Verbraucherprodukts beteiligt ist.[2948] Im Unterschied zum MMWA[2949] muss der Verpflichtete im Rahmen von Verbrauchsgüterverträgen im deutschen Recht zusätzlich die Unternehmereigenschaft gemäß § 14 BGB erfüllen.

bb) Der Vergleich des Inhalts der Verbrauchsgütergarantien

Bei der Betrachtung des möglichen Inhalts einer Zusicherung ist zunächst festzustellen, daß das US-Bundesgesetz eine qualitative Unterscheidung zwischen „*full*“ und „*limited warranties*“ vornimmt,[2950] während das deutsche Recht nicht nach der Qualität, sondern schlicht nach dem Inhalt der Zusicherung zwischen selbständiger und unselbständiger Garantie und bei Letzteren zwischen Beschaffenheits- und Haltbarkeitsgarantie differenziert[2951].

Ein wesentlicher Unterschied hierbei besteht darin, dass durch die MMWA-Regelung für *full warranties* ein Mindestinhalt festgelegt wird,[2952] der Inhalt einer Garantie nach deutschem Recht ist hingegen grundsätzlich frei wählbar und muss durch Ausle-

---

2942 Vgl. dazu die Ausführungen zum „objektiven Empfängerhorrizont“ 2.Kapitel, B., II., 1.

2943 Vgl. die Ausführungen zum Inhalt von written warranties, (2.Kapitel, B., II., 2., b), aa), (1), (c)

2944 Nach § 443 I BGB kann auch die Werbeaussage zur Auslegung der Garantie heran gezogen werden, s.a. 2.Kapitel, B., II., 3., b), aa), (1), (b).

2945 Im deutschen Recht genügen auch die Formulierungen „einstehen“, „zusichern“ etc. (2.Kapitel, B., II., 3., b), aa), (1), (b)); im US-Recht sind auch Begriffe wie z.B. „guarantee“ ausreichend, (2.Kapitel, B., II., 2., b), aa), (1), (b)).

2946 S.a. 2.Kapitel, B., II., 3., b), aa), (1), (b).

2947 S.a. 2.Kapitel, B., II., 2., b), aa), (1), (b).

2948 S.a. dazu zur Garantie im deutschen Recht, 2.Kapitel, B., II., 3., b), aa), (1), (b), zum US-Recht, 2.Kapitel, A., I., 2, a).

2949 Siehe dazu die Ausführungen zur Begrenzung des Adressatenkreises des MMWA, 2.Kapitel, A., I., 3, b).

2950 S.a. 2.Kapitel, B., II., 2., b), aa), (1), (c).

2951 S.a. 2.Kapitel, B., II., 3., b), aa), (1), (b).

2952 Siehe 15 U.S.C. § 2304 „Federal Minimum Standard for Warranties“.

gung gemäß §§ 133, 157 BGB ermittelt werden. Die in § 443 I BGB geregelten Bestimmungen über die Grundformen der unselbständigen Garantien sind ebenfalls keine inhaltlich zwingenden Vorgaben. Die einzige inhaltliche Anforderung besteht darin, dass die Garantie, also die darin enthaltene Zusicherung von Eigenschaften des Produkts oder Folgen des Garantiefalles, über das gesetzliche Maß der Sachmängelgewährleistung hinausgehen muss.[2953] Inhalt der Garantie kann also nur das werden, was nicht schon im Rahmen der Gewährleistung nach §§ 434ff, 474ff BGB dem Verbraucher zusteht. Hierdurch wird demzufolge kein Mindestinhalt, sondern eine positive Abgrenzung zur Nicht-Garantie festgelegt.

Dabei stellt sich die Frage, wie der nach dem MMWA geregelte *Federal Minimum Standard* nach den Anforderungen gemäß § 443 I BGB zu beurteilen ist, also ob eine dem Bundesgesetz entsprechende *full warranty* gleichzeitig auch eine über die gesetzliche Gewährleistung hinausgehende Zusicherung im Sinne von § 443 BGB darstellen könnte, und inwieweit hier ähnliche Schutzstandards festzustellen sind.

Die Mindeststandards nach 15 U.S.C. § 2304 (2), (3) regeln zunächst kein zusätzliches neben der gesetzlichen Gewährleistung nach UCC Article 2 bestehendes Recht des Verbrauchers, sondern begrenzen lediglich die Dispositionsfreiheit des Garantiegebers durch Vertragsabrede die Gewährleistungsfrist für *implied warranties* zu verkürzen und Mangelfolgeschäden ohne einen entsprechend deutlichen Hinweis in der Zusicherungserklärung auszuschließen. Vergleichbar sind die nach UCC § 2-314 gewährten *implied warranties of merchantability* mit der Gewährleistung der Eignung des Kaufgegenstandes zur gewöhnlichen Verwendung bzw. dem Vorliegen der gewöhnlich zu erwartenden Beschaffenheit nach § 434 I S.2 Nr.2 BGB.[2954] Bei einem entsprechend mangelhaften Produkt bestehen die in § 437 BGB genannten Ansprüche, die im Fall von beweglichen Warengütern in zwei Jahren verjähren gemäß § 438 I N.3 BGB. Der Mangelfolgeschaden wird dabei als Gewährleistungsanspruch nach § 437 Nr.3 i.V.m. § 280 I BGB dem Käufer gewährt. Im Rahmen der deutschen Garantieregelungen wäre eine positive Gewährung dieser ohnehin bestehenden Gewährleistungsrechte, nach dem oben Gesagten, kein tauglicher Inhalt für eine Garantie, weil sie nicht über diese Rechte hinausgehen. Abgesehen davon ist eine Verkürzung der Verjährung der nach §§ 434, 437 BGB gewährten Ansprüche in Verbrauchsgüterverträgen gemäß § 475 II BGB vor der Mitteilung eines Sachmangels nicht möglich. Das Verbot einer anders lautenden Vertragsabrede, wie nach dem MMWA, ergibt sich im deutschen Recht daher schon im Rahmen der Gewährleistungsregeln.

Die Disposition über Schadensersatzansprüche, wie dem Mangelfolgeschaden nach § 437 Nr.3 BGB, ist hingegen grundsätzlich zulässig.[2955] Das bedeutet, dass ein Ausschluss dieser Schäden durch Vertragsbedingungen grundsätzlich auch bei gleichzeitiger Einräumung einer Garantie nach §§ 443, 477 BGB möglich ist,[2956] die allerdings

2953 S.a. 2.Kapitel, B., II., 3., b), aa), (1), (b).

2954 Im Rahmen beider Einstandspflichten hat der Verkäufer für die gewöhnliche Verwendungstauglichkeit bzw. Beschaffenheit des Kaufgegenstandes einzustehen.

2955 Siehe § 475 III BGB.

2956 Grundsätzlich ist die Einräumung einer Garantie neben dem Verwenden von AGB ohne weiteres möglich, auch wenn die Garantie Gewährleistungsrechte erweitert und AGB die Sachmängelgewährleistung beschränkt.

auch die Erweiterung eines anderen Rechts, das sich nicht schon aus §§ 434ff BGB ergibt, zum Inhalt haben muss. Anders als bei der Gewährung einer *full warranty* im US-Recht, kann der Garantiegeber im deutschen Recht also auch ohne einen entsprechenden deutlichen Hinweis auf der Garantie in seinen AGB den Mangelfolgeschaden ausschließen.

Daneben legt der MMWA als Mindestanforderung für eine *full warranty* fest, dass der Garantiegeber dem Verbraucher nach mehrmaligem erfolglosem Reparaturversuch eines Mangels oder einer Fehlfunktion des Verbraucherprodukts, nach der Wahl des Verbrauchers Kaufpreisrückerstattung oder den Austausch der Ware anzubieten hat.[2957] Nach dem deutschen Recht gehört es zum allgemeinen Gewährleistungsrecht des Kaufrechts, dass der Käufer vor einem anderen Anspruch nach § 437 BGB bei einem Sachmangel die Nacherfüllung verlangen kann gemäß §§ 437 Nr.1, 439 I BGB (das Recht der zweiten Andienung).[2958] Der Käufer kann grundsätzlich nach seiner Wahl Beseitigung des Mangels oder Lieferung einer mangelfreien Sache verlangen,[2959] d.h. er kann die Reparatur oder den Austausch der Ware verlangen. Nach einem erfolglosen Nachbesserungsversuch, der nach zweimaligem Reparaturversuch als fehlgeschlagen gilt,[2960] kann der Käufer auch von dem Vertrag zurücktreten und dann Zug um Zug gegen Rückgabe des Produkts Rückzahlung des gezahlten Kaufpreises verlangen (Rückgewährschuldverhältnis)[2961]. Hieraus wird deutlich, dass diese nach den Regelungen des US-Bundesgesetzes ausnahmsweise für eine *full warranty* geltenden Mindestschutzstandards im deutschen Recht ebenfalls ohnehin Bestandteil des Gewährleistungsrechts sind. Der Nacherfüllungsanspruch und das alternative Rücktrittsrecht bestehen sogar unabhängig von einem Verbraucher-Unternehmer-Verhältnis.[2962] Für Verbrauchsgüterverträge besteht demgegenüber sogar noch eine verschärfte Regelung, indem von diesen Regelungen nicht zum Nachteil des Verbrauchers abgewichen werden kann.[2963]

Im Ergebnis zeigt sich, dass die von dem MMWA vorgegeben Mindestinhalte im deutschen Recht bereits vom allgemeinen Gewährleistungsrecht abgedeckt sind und deshalb auch kein tauglicher Inhalt für eine Garantiezusage nach § 443 BGB sind. Die Garantie muss vielmehr über diesen ohnehin sehr hohen Schutzstandard noch hinausgehen, sonst kann nicht von einer Garantie gesprochen werden. Eine Ausnahme bildet hierbei der Mindestschutz hinsichtlich der Abbedingung von Mangelfolgeschäden nach dem MMWA, wonach dieser Ausschluss zumindest deutlich auf der Front der *Warranty*-Erklärung mitzuteilen ist. Die deutsche Regelung bietet hierbei in der Tat einen geringeren Schutz, obgleich es sinnvoll wäre auf einer Garantie gewährleistungsbezogene Abreden, die neben der vorgelegten Garantieerklärung in AGB wiederzufinden sind, deutlich sichtbar zu vermerken, damit die Garantiezusage keinen fal-

2957 Siehe 15 U.S.C. § 2304 (4).

2958 Die Vorrangigkeit des Nacherfüllungsanspruchs ergibt sich u.a auch aus § 440 S.1 BGB.

2959 Gemäß § 439 I BGB.

2960 Siehe § 440 S.2 BGB.

2961 Siehe dazu die allgemeinen Regelungen gemäß §§ 346, 348 BGB.

2962 Die Regelungen zur Sachmängelgewährleistung gemäß § 433ff BGB sind allgemeines Warenkaufrecht geworden.

2963 Siehe § 475 I S.1 BGB.

schen Eindruck bei dem Verbraucher erweckt. Die vergleichsweise höheren Anforderungen im US-Recht relativieren sich allerdings wiederum dadurch, dass es sich hierbei ja um die Mindeststandards von *„full warranties“* handelt. Für *„limited warranties“* gelten die genannten Mindestanforderungen hingegen nicht.

Im Ergebnis zeigt sich also im Grunde erst durch die Betrachtung des unterschiedlichen Verbraucher- bzw. Käuferschutzniveaus nach dem UCC Article 2 und dem deutschen Kaufrecht, dass der bundesgesetzliche MMWA im Wesentlichen geringere Schutzstandards bei der Festschreibung des Mindestinhalts von Zusicherungen festlegt, als die Regelungen über Garantien im deutschen Verbrauchsgüterkaufrecht.[2964]

cc) Der Vergleich der Anforderungen an die Informationen

Die gesetzlichen Informationspflichten über eine Zusicherung müssen nach § 477 BGB sowie nach dem MMWA vor Vertragsschluss deutlich und verständlich mitgeteilt werden. Die Transparenzpflicht gilt in beiden Rechtsordnungen für alle Pflichtangaben, auch hinsichtlich von *written warranties* und Verbrauchsgütergarantien.[2965] Im US-Recht hat die FTC zusätzlich Ausführungsvorschriften geschaffen,[2966] die Anforderungen an die Verfügbarkeit der Informationen stellen. Dabei werden auch, wie oben dargelegt, die Besonderheiten von Distanzgeschäften mitberücksichtigt, indem hierfür Sonderregelungen[2967] für die Verfügbarmachung gelten. Dadurch hat die FTC im Einzelnen genau festgelegt, wie der Unternehmer die nach dem MMWA verlangten Pflichtangaben im elektronischen und nicht-elektronischen Versandhandel verfügbar machen kann. Ergänzt werden diese Regelungen im Online-Handel durch die Transparenzrichtlinie[2968] der Behörde für online mitgeteilte Informationen. Da insbesondere die Verfügbarkeit von Informationen über die Zusicherung im Internet einige rechtliche Fragen aufwirft, z.B. ob die Informationen elektronisch verfügbar gemacht werden können und welche Voraussetzungen eine elektronische Verfügbarkeit begründet, sind die Regelungen der US-Verbraucherschutzbehörde aus verbraucherschutzrechtlicher Sicht sinnvoll und begrüßenswert. Die deutsche Regelung nach § 477 BGB enthält hinsichtlich der grundsätzlichen Verfügbarkeit der Informationen keine Regelungen. Die Voraussetzung der „einfach und verständlichen“ Information legt indes nur die Anwendung des allgemeinen Transparenzgebots nahe.[2969] Nach den Ausführungen zu den Anforderungen an die Informationspflichten nach § 477 BGB geht insbesondere hervor, dass die deutschen Regelungen nicht eindeutig den Zeit-

2964 Zu einem anderen Ergebnis kommt Cziesielsky, S.125f, der den nach dem MMWA festgelegten Mindestinhalt für günstiger als die fehlende inhaltliche Regelung in der Verbrauchsgüterkaufrichtlinie hält. Dem kann m.E. nur insoweit zugestimmt werden, als dass durch eine Festlegung des Mindestinhalts größere Rechtssicherheit bezüglich der inhaltlichen Ausgestaltung von Garantien begründet wird. Da aber nur der „Mindest“-Inhalt der full warranty festgelegt wird, relativiert sich dieser Vorteil des US-Rechts.

2965 Siehe dazu die Ausführungen zum Transparenzgebot im deutschen Recht (2.Kapitel, B., II., 3., c)) und im US-amerikanischen Recht (2.Kapitel, B., II., 2., c)).

2966 Siehe 16 C.F.R. § 702.

2967 Siehe 16 C.F.R. § 702.3.

2968 Siehe FTC, „Staff Issues Guidelines on Internet Advertising Dot Com Disclosures“, Part1-3.

2969 S.a. 2.Kapitel, B., II., 3., c).

punkt der Information und die Verfügbarkeit festlegen, sondern erst aus der Ratio der Vorschriften erschlossen werden können.[2970] M.E. wäre eine deutlichere Formulierung und die Einfügung einer Regelung zur generellen Verfügbarkeit, wie sie die US-Bundesbehörde vorsieht, auch im deutschen Recht wünschenswert gewesen.

Einzige Regelung im deutschen Recht zur Verfügbarkeit ist § 477 II BGB, wonach auf Anfrage des Verbrauchers diesem die Informationen und die Garantie auch in Textform gemäß § 126b BGB mitzuteilen sind. Wie oben dargelegt, kann es sich dabei um eine Kopie in Papierformat handeln, aber auch die Speicherung auf einem dauerhaften Datenträger ist hierfür ausreichend.[2971] Die Regelungen des MMWA und der FTC sehen in diesem Zusammenhang fast identische Anforderungen vor. Auch nach den US-Regelungen muss auf Nachfrage des Verbrauchers eine dauerhaft speicherbare Kopie der Informationen über die Garantie zugesendet werden.[2972] Das US-Recht enthält dabei die Besonderheit, dass eine sonst schriftlich dem Verbraucher zu erteilende Information nach Section 101 (c) des E-SIGN Acts, soweit dieser räumlich Geltung beansprucht, bei elektronischer Verfügbarmachung ein ausdrückliches Einverständnis des Verbrauchers und zusätzliche Informationen voraussetzt.[2973] Soweit nach dem jeweiligen einzelstaatlichen Recht die Regelungsansätze des UETA Anwendung finden, entfallen diese Anforderungen.[2974] Dann aber muss eine Zustimmung zur elektronischen Geschäftsführung vorliegen, die schon mit einer elektronischen Anfrage des Verbrauchers erfüllt ist.[2975] Hierbei ergeben sich keine großen Abweichungen der Regelungen. Es wird sowohl nach dem MMWA als auch nach § 477 II BGB sichergestellt, dass der Verbraucher bei Bedarf die Möglichkeit erhält, die Garantie und die einzelnen Informationen zur dauerhaften Ansicht zu erhalten, was grundsätzlich auch durch elektronische Information möglich ist, aber nur soweit eine dauerhafte Speicherbarkeit gewährleistet ist.

Im Ergebnis ist festzustellen, dass die Anforderungen an die Informationen über die Zusicherung nach beiden Regelungen weitgehend übereinstimmen, auch im deutschen Recht wird es generell darauf ankommen müssen, dass eine Information „verfügbar" ist, d.h., wie im Rahmen der Transparenzgrundsätze dargelegt, muss bei elektronischer Information ein Format zur Verfügung gestellt werden, von dem der Unternehmer regelmäßig ausgehen kann, dass es abrufbar ist.[2976] Die US-Regelungen haben hier den Vorteil, dass sie die Anforderungen sehr genau festlegen.

dd) Der Vergleich des Inhalts der Informationspflichten

Bei dem Vergleich der gesetzlich bestimmten Pflichtangaben fällt zunächst der lange Informationskatalog des MMWA[2977] und der Ausführungsvorschriften der FTC[2978] ins

2970 Vgl. dazu die Ausführungen zu der „Rechtzeitigkeit" der Informationsverschaffung nach § 477 BGB, 2.Kapitel, B., II., 3., b), aa), (2).

2971 S.a. 2.Kapitel, B., II., 3., b), aa), (2).

2972 S.a. 2.Kapitel, B., II., 2., b), aa), (2).

2973 S.a. 2.Kapitel, B., II., 2., a), aa), (1).

2974 S.a. 2.Kapitel, B., II., 2., a), bb), (2).

2975 Siehe Section 5 UETA.

2976 S.a. „.Kapitel, B., II., 3., c).

2977 Siehe 15 U.S.C. § 2302.

Auge, der den in § 477 I BGB kurz beschriebenen Informationspflichten gegenübersteht.

Die erste Pflichtangabe nach dem US-Gesetz über das Vorliegen einer vollen oder eingeschränkten Zusicherung,[2979] entfällt im deutschen Recht, aufgrund der fehlenden qualitativen Unterscheidung der Garantieformen. Der Regelung nach § 477 BGB wird aber entnommen, dass der Unternehmer die Garantie als Beschaffenheits- oder Haltbarkeitsgarantie kennzeichnen muss.[2980] Hierdurch wird zumindest gewährleistet, dass der Verbraucher direkt erkennen kann, um welche Art der Garantie es sich handelt bzw. auf was sich die Zusicherung beziehen soll. Vorteil der US-Regelung ist demgegenüber aber, dass der Verbraucher auf den ersten Blick die Qualität bzw. den Umfang der Zusicherung erkennen kann,[2981] was die Unternehmen aus Marketing-Gründen dazu anhalten wird, eher uneingeschränkte Zusicherungen zu übernehmen. Nachteilig ist im Rahmen der MMWA-Vorschriften allerdings die normative Beschränkung der Informationspflichten auf wirtschaftlich „erheblichere" Geschäfte.[2982] Die verbraucherschutzrechtlichen Bedenken bezüglich dieser Einschränkungen halten sich jedoch in Grenzen, da einerseits die Grenze von $ 10,- bzw. $ 15,- keine allzu hohe Hürde darstellt und andererseits die Übernahme von *written warranties* bei derart geringpreisigen Verbraucherprodukten eher selten sind. Das deutsche Recht sieht keine vergleichbare wertbezogene Grenze für die in § 477 BGB enthaltenen Informationspflichten vor.

Bei dem Vergleich der einzelnen gesetzlichen Informationspflichten fällt auf, dass der MMWA und die Ausführungsvorschriften der FTC detailliert und umfangreich Pflichtangaben bezüglich des Inhalts der Garantie festschreiben,[2983] während die Vorschrift gemäß § 477 I S.2 Nr.2 BGB lediglich festlegt, dass die Informationen über den Inhalt der Garantie und alle wesentlichen Angaben, die für die Geltendmachung der Garantie erforderlich sind, mitgeteilt werden müssen. Als wesentliche Angaben werden die Dauer, der Name und die Anschrift des Garantiegebers und der räumliche Geltungsbereich des Garantieschutzes genannt. Die US-Vorschriften hingegen enthalten diesbezüglich konkretere Angaben und legen darüber hinaus noch weitere inhaltliche Informationspflichten fest. Einige dieser zusätzlichen Pflichtangaben, wie die Information über den von dem *Warranty*-Schutz umfassten Personenkreis, sind im deutschen Recht überflüssig, da der Inhalt einer Garantie nach § 443 BGB nicht festgelegt ist und eine solche Erweiterung nicht vorsieht. Damit bestimmt das deutsche Recht einerseits keinen geringeren Informationsschutz, auch nach § 477 I BGB muss der Inhalt der Garantie und die Schritte zur Geltendmachung der Rechte aus der Garantie transparent gemacht werden. Andererseits ist die vergleichsweise kurze Formulierung nach § 477 I BGB auslegungsbedürftig, die einzelnen Anforderungen an die

2978 Siehe 16 C.F.R. § 701.3.

2979 Der Anbieter hat die Zusicherung als „full" oder „limited warranty" zu kennzeichnen, siehe 15 U.S.C. § 2303 (a).

2980 Vgl. dazu die Ausführungen zu den Einzelheiten der Informationspflichten gemäß § 477 BGB, 2.Kapitel, B., II., 3., b), aa), (2).

2981 So im Ergebnis auch Cziesielsky, S.127.

2982 Siehe 15 U.S.C. § 2303 (d) und 16 C.F.R. § 701.3 (a).

2983 S.a. 15 U.S.C. § 2302 (a) (1)-(13); 16 C.F.R. § 701.3.

bereitzuhaltenden Informationen werden nicht, wie bei den übrigen Informationspflichten im Verbraucherschutzrecht, genau festgelegt. Die ausführlich bestimmten Voraussetzungen im Katalog des MMWA haben demgegenüber den Vorteil, dass die Einzelheiten der Informationen konkret bestimmt sind und damit eine rechtssicherere Situation schaffen. Im deutschen Recht wäre eine solche Konkretisierung ebenfalls möglich gewesen, z.B. indem, wie bei den Informationspflichten gemäß §§ 312c, 312e BGB, eine detaillierte Vorschrift in der BGB-InfoVO eingefügt worden wäre, die die Pflichtangaben im Einzelnen genau festlegt.

Schließlich ist noch die Informationspflicht nach § 477 I S.2 Nr.1 BGB zu nennen, wonach die Garantie einen Hinweis auf die gesetzliche Gewährleistung enthalten muss und die Angabe, dass diese nicht durch die Garantie eingeschränkt wird. Der Katalog des US-Bundesgesetzes enthält keine vergleichbare Hinweispflicht, nur in dem Fall, dass die „gesetzliche" Gewährleistung nach UCC Article 2 beschränkt werden soll, muss der Anbieter der *written warranty* einen Hinweis auf die einzelstaatlichen Regelungen zur Gewährleistung anfügen.[2984] Ein solcher Hinweis ist aus verbraucherschutzrechtlicher Sicht notwendig, da der durchschnittlich verständige Verbraucher nicht den Unterschied zwischen Garantie und Gewährleistung kennt und ihm die Einordnung der übernommenen Zusicherung dadurch erleichtert wird.[2985]

Im Ergebnis ist festzustellen, dass die Informationspflichten nach dem US-amerikanischen MMWA Vorteile aufgrund der Ausführlichkeit und Genauigkeit der Bestimmungen gegenüber der deutschen Regelung gemäß § 477 BGB hat. Andererseits lassen die US-Regelungen eine Hinweispflicht auf die gesetzliche Gewährleistung vermissen, die im deutschen Recht für eine verbesserte Orientierung des Verbrauchers sorgt und diesem gleichzeitig klar werden lässt, dass neben der Garantie noch andere Rechte bestehen.

ee) Der Vergleich der Rechtsfolgen verletzter Informationspflichten

Betrachtet man die Rechtsfolgeregelungen der einschlägigen Vorschriften fällt zunächst auf, dass in beiden Rechtsordnungen die Verbraucherschutzverbände aktiv legitimiert sind, gegen Verletzungen der Informationspflichten gerichtlich vorzugehen. Im deutschen Recht sind hierzu allerdings verschiedene Interessenverbände berechtigt, die unabhängig und privat organisiert sind und lediglich im Wege der Unterlassungsklage gegen die Unternehmen vorgehen können.[2986] Die US-amerikanische Bundesbehörde FTC hingegen ist mit umfassenden hoheitlichen Kompetenzen ausgestattet, sie kann Marktsequenzen, wie die Verwendung von *written warranties* im Warenkaufrecht, untersuchen und verschiedene verfahrensrechtliche und prozessuale Schritte einleiten, die nicht nur Unterlassungsverfügungen zum Gegenstand haben können sondern auch empfindliche Verwaltungsstrafen.[2987] Die Gesamtkompetenz der FTC ist im Rahmen der Durchsetzung der verbraucherschutzrechtlichen Informationspflichten

2984 S.a. 16 C.F.R. § 701.3 (a) (7)-(9).

2985 Übereinstimmend auch Cziesielsky, S.127.

2986 Dazu gehören die nach dem UklaG berechtigten Verbände, die im Unterlassungsklagenverzeichnis der Europäischen Kommission im Einzelnen aufgelistet sind (2002/C 30/02).

2987 Vgl. dazu die Ausführungen zu den FTC-Verfahren und Rechtssetzungskompetenz, 2.Kapitel, B., I., 1., a), dd).

damit viel effektiver als die zurückhaltenden Rechtsfolgeregelungen im deutschen Recht.[2988]

Das zweite Element der Rechtsdurchsetzung im US-Recht und im deutschen Recht ist die zusätzliche Möglichkeit der Verbraucher auch privat gegen die Verletzung von Informationspflichten gerichtlich vorzugehen,[2989] wobei den US-amerikanischen Verbrauchern, anders als im deutschen Recht, stets auch die Möglichkeit verbleibt kollektiv Klage zu erheben.[2990] Die sog Gruppenklage ist im deutschen Recht grundsätzlich nicht zulässig.[2991] Grundsätzlich möglich ist in beiden Rechtsordnungen, dass der Verbraucher Schadensersatz für das Nichterteilen von Informationen ersetzt verlangt. Diese Rechtsdurchsetzung scheitert aber sowohl im US-Recht als auch im deutschen Recht i.d.R. entweder an einem fehlenden bezifferbaren Schaden oder an der mangelnden Kausalität zwischen Verletzung und entstandenem Schaden. Im Ergebnis ist die institutionelle Rechtsschutzmöglichkeit für die effektive Durchsetzung der Informationspflichten im Rahmen von Zusicherungen um so wichtiger. Hierfür bietet, wie gesagt, das US-amerikanische Recht eine angemessene Lösung, während die Rechtsfolgenregelungen im deutschen Recht eher mit einem „zahnlosen Tiger" vergleichbar sind. Im Rahmen des MMWA und der darin bestimmten Informationspflichten ist aber gleichzeitig darauf hinzuweisen, dass die Regelungen des Bundesgesetzes in der US-amerikanischen Gerichtspraxis eine untergeordnete Rolle gespielt hat,[2992] von einer tatsächlich effektiven Rechtsdurchsetzung des gesetzlich normierten Informationsschutzniveaus im Rahmen von *written warranties* kann daher auch im US-Recht nicht gesprochen werden.

c) Der Vergleich der Einbeziehung von Online-Klauseln

aa) Der Vergleich der Einbeziehungskontrolle von Klauseln

Während im deutschen und US-amerikanischen Recht zumindest ähnliche Regelungsansätze bei der Regulierung von Verbrauchsgütergarantien verfolgt werden, sind die Regelungen über Geschäftsbedingungen im Vertragsrecht in den beiden Rechtsordnungen grundverschieden. Einerseits umfassen die Klauselregelungen im Common Law und im UCC Article 2 einen weiteren Anwendungsrahmen als die deutschen Regelungen, da alle Arten von Vertragsbedingungen erfasst werden[2993]. Im deutschen Recht hingegen sind die Vorschriften gemäß §§ 305ff BGB nur auf einseitig gestellte,

---

2988 Insofern ist dem Ergebnis von Cziesielsky (S.127) nicht zu zustimmen, der die Verletzung von Informationspflichten nach dem MMWA ebenso für sanktionslos hält, wie die europäische Verbraucherschutzrichtlinie dies vorgibt.

2989 Siehe dazu die Ausführungen zu den Rechtsfolgen im deutschen Recht (2.Kapitel, B., II., 3., a), aa), (4) und bb), (3) sowie b), aa), (3)) und im US-amerikanischen Recht (2.Kapitel, B., II., 2., b), aa), (4)).

2990 Siehe dazu die Ausführungen im Rahmen der Rechtsfolgen des MMWA zur Möglichkeit der „class action", 2.Kapitel, B., II., 2., b), aa), (4).

2991 Vgl. zur Rechtslage bezüglich der Gruppenklage im deutschen Recht und dem Vergleich zu den US-amerikanischen Regelungen, Stadler in: Brömeke, S.1ff, 16ff.

2992 Vgl. dazu die Ergebnisse bei Neufeldt, S.180ff.

2993 S.a. 2.Kapitel, B., II., 2., b), bb).

für eine Vielzahl von Verträgen vorformulierte Vertragsbedingungen anwendbar,[2994] wobei für Verbraucherverträge ein erweiterter Anwendungsrahmen gilt, da die einseitige Verwendung durch den Unternehmer gesetzlich vermutet wird und die Regelungen auch für einmalig verwendete Vertragsbedingungen gelten[2995].

Andererseits steht den umfangreichen gesetzlichen formellen und inhaltlichen Anforderungen der §§ 305ff BGB die Kontrolle im Rahmen der *„doctrine of unconscionability“*[2996] gegenüber, deren Anforderungen nicht gesetzlich konkretisiert werden, sondern der Interpretation der Gerichte überlassen ist.[2997] Im Rahmen der Inhaltskontrolle von Vertragsklauseln unterscheiden sich die deutschen Regelungen vom US-amerikanischen Recht vor allem im Rahmen der „strengen“ Anforderungen der detaillierten Kataloge über die Klauselverbote mit und ohne Wertungsmöglichkeit,[2998] die im US-Klauselrecht nicht existent sind[2999]. Die US-amerikanischen Gerichte beurteilen die *„substantial unconscionability“* einer Klausel nach unterschiedlichen Kriterien, wobei bei der Verwendung von vorformulierten Vertragsbedingungen in Verbraucherverträgen strengere Maßstäbe angewendet werden.[3000]

Bei der Beurteilung der wirksamen Einbeziehung von Vertragsklauseln ist ebenso festzustellen, dass die deutsche Regelung gemäß § 305 II BGB einheitliche Kriterien festlegt, während die Einbeziehungsvoraussetzungen von den US-amerikanischen Gerichten unterschiedlich beurteilt werden. Allerdings müssen auch im deutschen Recht die Anforderungen an die Hinweispflicht, Kenntnisnahmeverschaffungsmöglichkeit und das Einverständnis des anderen Vertragsteils im Rahmen des Einzelfalls von den Gerichten ausgelegt werden, wobei auch im deutschen Recht in einzelnen Rechtsfragen Uneinigkeit besteht.[3001]

Bei der Betrachtung der einzelnen Anforderungen ist zunächst festzustellen, dass sowohl die US-amerikanischen Gerichte als auch die Regelung gemäß § 305 II BGB eine Möglichkeit der Kenntnisnahme der Vertragsbedingungen und das Einverstandensein mit deren Inhalt des anderen Vertragsteils voraussetzen. Die Kenntnisnahmemöglichkeit besteht danach in beiden Rechtsordnungen soweit die Verfügbarkeit des Klauseltextes leicht ersichtlich ist und dem Verbraucher auf einfache Weise Zugang zu dem Text verschafft wird.[3002] Das bedeutet gleichzeitig, dass es weder im deutschen noch im US-Recht auf eine tatsächliche, sondern nur auf eine mögliche Kenntnis-

2994 S.a. dazu die Ausführungen zur Anwendung der §§ 305ff BGB nach § 305 I BGB, 2.Kapitel, B., II., 3., b), bb), (1).

2995 Siehe dazu Anwendungsvorschrift gemäß § 310 III BGB und die entsprechenden Ausführungen 2.Kapitel, B., II., 3., b), bb), (1).

2996 S.a. UCC § 2-302.

2997 Vgl. dazu oben 2.Kapitel, B., II., 2., b), bb), (1).

2998 Siehe §§ 308, 309 BGB.

2999 Die US-amerikanischen Gerichte sehen insbesondere keine absoluten Klauselverbote vor. Die inhaltliche Sittenwidrigkeit ist stets an das Vorliegen mehrerer Elemente geknüpft, vgl. Von dem Knesebeck, S.177ff.

3000 Siehe dazu auch die Ausführungen 2.Kapitel, B., II., 2., b), bb).

3001 Siehe dazu die Ausführungen zu den einzelnen Anforderungen nach § 305 II BGB, 2.Kapitel, B., II., 3., b), bb), (1).

3002 Siehe dazu die Ausführungen im deutschen Recht (2.Kapitel, B., II., 3., b), bb), (1)) und im US-amerikanischen Recht (2.Kapitel, B., II., 2., b), bb), (1)).

nahme ankommt. Der Klauseltext muss ebenso übereinstimmend im deutschen und US-amerikanischen Recht bestimmten, gestalterischen Anforderungen genügen. Die Bedingungen müssen so gestaltet sein, dass sie ohne Mühe lesbar und inhaltlich einfach verständlich sind. Anders beurteilen die US-amerikanischen einzelstaatlichen Gerichte teilweise die Rechtzeitigkeit der Kenntnisnahmeverschaffungsmöglichtkeit. Während im deutschen Recht überwiegend angenommen wird, dass dem Verbraucher die Möglichkeit zur Kenntnisnahme vor dem Vertragsschluss bzw. vor der rechtsverbindlichen Vertragserklärung zu gewähren ist,[3003] haben die US-Gerichte diese Frage unterschiedlich beantwortet. Einige Gerichte halten, ebenso wie die deutschen Regelungen, eine vorvertragliche Kenntnisverschaffungsmöglichkeit für erforderlich, andere lassen auch die nachträgliche Information genügen.[3004]

Übereinstimmend wird in beiden Vertragsrechten ein Einverstandensein des anderen Vertragsteils mit den Vertragsbedingungen gefordert. Dabei genügt es schon, wenn der Verbraucher ein konkludentes Verhalten zeigt, dass sein Einverständnis mit den dargelegten Bedingungen indiziert.[3005]

Abweichungen ergeben sich hingegen im Rahmen der von § 305 II Nr.1 BGB ausdrücklich geforderten Hinweispflicht des AGB-Verwenders, wonach in den vertraglichen Dokumenten ein unübersehbarer Hinweis auf das Vorhandensein und den Einbeziehungswillen der AGB platziert sein muss. Ausnahmen bestehen nur, wenn ein solcher „individueller" Hinweis kaum möglich ist, wie beim Ladenkauf. Dann muss aber aus einem entsprechenden Aushang am Vertragsschlussort die AGB-Verwendung hervorgehen.[3006] Weitere Ausnahmen von der Hinweispflicht bestehen nur, wenn , wie in Formularverträgen, eine Unterschrift des ganzen Vertrages, in dem die Bedingungen integraler Bestandteil sind, vorliegt.[3007] Aus den US-amerikanischen Regelungen geht lediglich hervor, dass die Vertragsbedingungen auffällig platziert und gekennzeichnet sein müssen.[3008] Hieraus haben nur einige wenige einzelstaatlichen Gerichte die Notwendigkeit eines ausdrücklichen Hinweises auf die Vertragsklauseln abgeleitet, wenn diese an anderer Stelle kenntlich gemacht werden. Die überwiegende Zahl der US-Gerichte hingegen lässt es ausreichen, wenn die Vertragsbedingungen ohne einen entsprechenden Hinweis z.B. auf der Rückseite des Vertragsdokuments abgedruckt sind.[3009] Insoweit gehen die Einbeziehungsvoraussetzungen des deutschen Rechts gemäß § 305 II BGB über die von den US-Gerichten verlangten Anforderungen i.d.R. hinaus. Aus verbraucherschutzrechtlicher Sicht ist eine optimale Transparenz von AGB schon wegen ihrer nachteiligen Inhalte zu fordern, dementsprechend ist die zusätzliche Hinweispflicht nach § 305 II Nr.1 BGB zumindest im Rahmen von Verbraucherverträgen erforderlich und sinnvoll.

3003 Siehe dazu 2.Kapitel, B., II., 3., b), bb), (1).

3004 Siehe dazu die Argumentation 2.Kapitel, B., II., 2., b), bb), (1).

3005 Siehe dazu die Ausführungen im deutschen Recht (2.Kapitel, B., II., 3., b), bb), (1)) und im US-amerikanischen Recht (2.Kapitel, B., II., 2., b), bb), (1)).

3006 Siehe § 305 II Nr.1 a.E. BGB.

3007 S.a. die Ausführungen zum deutschen Recht 2.Kapitel, B., II., 3., b), bb), (3), (a).

3008 S.a. dazu die Ausführungen zu der Vorschrift UCC § 1-201 (10).

3009 Vgl. dazu die Ausführungen 2.Kapitel, B., II., 2., b), bb), (1).

Bei dem Vergleich der Rechtsfolgen fehlerhaft einbezogener Vertragsbedingungen ist zunächst festzustellen, dass diese grundsätzlich nicht die Wirksamkeit des Vertrages berühren. Unterschiede ergeben sich aber daraus, dass eine fehlerhafte Einbeziehung im deutschen Recht die Unwirksamkeit der ganzen Klausel nach sich zieht und eine geltungserhaltende Reduktion im Grundsatz nicht möglich ist.[3010] Im US-amerikanischen Klauselrecht hingegen ist eine Unwirksamkeit fehlerhaft einbezogener Klauseln nur beim Vorliegen zusätzlicher inhaltlicher Mängel möglich. Daneben ist i.d.R. auch die Aufrechterhaltung einer teilweise wirksamen Vertragsklausel möglich.[3011]

bb) Der Vergleich der Einbeziehung im Online-Handel

Da die allgemeinen Einbeziehungsvoraussetzungen in beiden Rechtsordnungen auf den elektronischen Handel weitgehend übertragen werden,[3012] sind bei dem Vergleich der Handhabung elektronischer Vertragsbedingungen im Wesentlichen dieselben Ergebnisse festzustellen. Übereinstimmungen lassen sich vor allem im Rahmen der Frage der Kenntnisverschaffungsmöglichkeit festhalten, die nach deutschem und US-amerikanischem Recht erfüllt ist, wenn die Vertragsbedingungen entweder in einer E-Mail, durch einen Link oder kostenlose Download-Möglichkeit im Rahmen der vertraglichen Transaktion einsehbar sind und diese Kenntnisnahmemöglichkeit für den Verbraucher offensichtlich ist. Das Einverständnis mit den dargelegten AGB kann nach beiden Rechtsordnungen angenommen werden, wenn der Verbraucher nach der Kenntnisnahmemöglichkeit in seiner Bestellung fortfährt.[3013]

Unterschiede ergeben sich hingegen daraus, dass die wenigsten einzelstaatlichen Gerichte eine Hinweispflicht, wie im deutschen Recht, fordern. Während die Pflicht nach § 305 II Nr.1 BGB es notwendig macht, einen deutlichen Hinweis im Rahmen der Bestellmaske aufzunehmen, aus dem hervorgeht, dass der Online-Anbieter seine AGB in die jeweilige geschäftliche Transaktion einbeziehen will, wird ein solcher Hinweis, nach dem oben Gesagten, von den meisten US-amerikanischen Gerichten als entbehrlich gesehen werden. Danach kann es also im Gegensatz zum deutschen Recht ausreichen, wenn der Online-Anbieter seine AGB bzw. die Kenntnisnahmemöglichkeit im Rahmen seines Internetauftritts auffällig platziert. Da aber gerade im Internet auf verschiedenen Wegen Warenbestellungen erfolgen können, ist durch eine auffällige Platzierung des AGB-Links oder der Download-Möglichkeit nicht immer gewährleistet, dass der Verbraucher erkennen kann, dass die dort verorteten AGB Bestandteil des jeweiligen Geschäfts werden sollen. Eine Hinweispflicht im Rahmen der Online-Bestellung ist deshalb vor allem im elektronischen Geschäftsverkehr unerlässlich.

In beiden Rechtsordnungen ist jeweils eine zusätzliche Vorschrift hinsichtlich der Verfügbarkeit elektronisch bekanntgegebener AGB entstanden. Im US-Recht ist die allgemeine Vorschrift über elektronisch dargestellter Vertragsdokumente im Rahmen

3010 Siehe dazu 2.Kapitel, B., II., 2., b), bb), (1).

3011 S.a. 2.Kapitel, B., II., 3., b), bb), (1).

3012 Zur Anwendung der §§ 305ff BGB siehe 2.Kapitel, B., II., 3., b), bb), (2); zur Anwendung der allgemeinen Regelung nach UCC § 2-302 BGB im elektronischen Geschäftsverkehr 2.Kapitel, B., II., 2., b), bb), (2).

3013 Siehe dazu die Ausführungen im deutschen Recht (2.Kapitel, B., II., 3., b), bb), (2)) und im US-amerikanischen Recht (2.Kapitel, B., II., 2., b), bb), (2)).

des UETA[3014] für Vertragsklauseln anwendbar, im deutschen Recht bestimmt § 312e I S.1 Nr.4 BGB, dass die AGB im elektronischen Geschäftsverkehr abrufbar und in wiedergabefähiger Form speicherbar sein müssen. Da die entsprechende Regelung des UETA lediglich voraussetzt, dass der Unternehmer die Abrufbarkeit und Speicherung der Geschäftsbedingungen nicht verhindern darf, bleiben auch diese Anforderungen hinter den deutschen Regelungen zurück. Allerdings ist im Rahmen des § 312e BGB darauf hinzuweisen, dass die Vorschrift keine Einbeziehungsvoraussetzungen normiert und Verfehlungen gegen diese Anforderungen keine Unwirksamkeit der Vertragsklauseln nach sich ziehen können.[3015]

cc) Der Vergleich der Handhabung von shrink wraps und click wraps

Bei der Beurteilung von *shrink wrap* und *click wrap agreements* ist festzustellen, dass in beiden Rechtsordnungen noch keine endgültige Klärung der Wirksamkeit solcher nachgeschobenen Herstellervereinbarungen stattgefunden hat. Im US-Recht kann eine Tendenz der Rechtsprechung für eine Wirksamkeit festgehalten werden,[3016] während sich die deutschen Gerichte mit der Frage kaum auseinandergesetzt haben. Hier besteht augenblicklich lediglich die Tendenz in der Literatur den nachgeschobenen Herstellervereinbarungen die Wirksamkeit zu versagen.[3017] Die Beurteilung dieser AGB-Praxis läuft im Moment also auf konträre Ergebnisse in den beiden Rechtsordnungen hinaus. Wie im Rahmen der rechtlichen Untersuchung der *shrink wraps* und *click wraps* dargelegt, ist aus verbraucherschutzrechtlicher Sicht die Wirksamkeit solcher Lizenzbedingungen abzulehnen, da eine vorvertragliche Kenntnisnahmemöglichkeit des Verbrauchers nicht gewährleistet ist. Aus den oben ausführlich dargelegten Gründen ergibt sich die Notwendigkeit, dass sämtliche der für den Verbraucher relevanten Informationen, einschließlich der Geschäftsbedingungen des Unternehmers, vor der eigentlichen Vertragserklärung des Verbrauchers bekanntzugeben sind, damit dieser auf Grundlage der Informationen eine vernünftige Kaufentscheidung treffen kann.[3018] Da die Information und Kenntnisverschaffung im Internet besonders einfach und kostengünstig ist, sollte dies unbedingt auch für den Online-Warenhandel gelten. Der derzeitigen Tendenz der US-amerikanischen Gerichte ist aus der verbraucherschutzrechtlichen Perspektive dementsprechend nicht zu folgen und wird im deutschen Recht nach der Betrachtung der bisherigen BGH-Rechtsprechung zu den allgemeinen Anforderungen und der überwiegenden Ansicht der Literatur zur Problematik der *Shrink-Wrap*-Verfahren auch nicht zu erwarten sein.

3014 S.a. UETA Section 5 und die Ausführungen dazu 2.Kapitel, B., II., 2., a), bb), (1).

3015 S.a. die Ausführungen zu der Vorschrift gemäß § 312e I S.1 Nr.4 BGB 2.Kapitel, B., II., 3., a), bb), (2).

3016 Siehe dazu die Ausführungen 2.Kapitel, B., II., 2., b), bb), (2), (b).

3017 Vgl. dazu die Ausführungen 2.Kapitel, B., II., 3., b), bb), (3), (c).

3018 Siehe dazu die Argumentationen 2.Kapitel, B., II., 1, b).

d) Der Vergleich des Transparenzgebots im Online-Handel

Bestandteil des verbraucherschutzrechtlichen Informationsschutzes ist in beiden Rechtsordnungen das allgemeine Transparenzgebot. Eine Information muss danach stets so gestaltet sein, dass der Verbraucher sie einfach wahrnehmen kann und inhaltlich verstehen kann, wobei dies anhand des Leitbildes des durchschnittlich aufmerksamen und verständigen Verbrauchers beurteilt wird.[3019] In beiden Rechtsordnungen tritt dabei die Frage auf, welchen Transparenzanforderungen die Informationen im Rahmen des elektronischen Geschäftsverkehrs genügen müssen. Im US-Recht ist hierzu die oben ausführlich dargestellte Transparenzrichtlinie der FTC[3020] für den Online-Warenhandel entstanden, die zwar keine rechtlich bindenden Vorgaben festlegt, aber einerseits eine gute Orientierungshilfe für die Online-Anbieter darstellt und andererseits einen Mindestschutz bestimmt, indem die US-Bundesbehörde die Einhaltung der konkretisierten Anforderungen überwacht und u.U. verfahrensrechtlich verfolgen kann.[3021]

Im deutschen Recht werden zur Etablierung der Transparenzanforderungen in den jeweiligen Informationsvorschriften lediglich allgemein formulierte und ausfüllungsbedürftige Begriffe verwendet,[3022] die im Rahmen des Einzelfalls von der Rechtsprechung zu konkretisieren sind. Dies hat gegenüber den Richtlinien-Vorgaben der FTC den großen Nachteil, daß die einzelnen Kriterien sich erst durch eine längerfristige Entwicklung allgemein anerkannter Transparenzanforderungen in der Rechtsprechung herausbilden müssen, was bisher noch nicht in ausreichendem Maße geschehen ist.[3023] Wie zu den Transparenzanforderungen im Netz bereits dargelegt, besteht hierzu überdies im Einzelnen noch große Uneinigkeit in Rechtsprechung und Literatur.[3024] Dies zeigt sich u.a. an den oben dargelegten Schwierigkeiten im Rahmen der Frage, ob z.B. das Transparenzgebot im Klauselrecht mit dem allgemeinen Transparenzgebot der verbraucherschutzrechtlichen Informationspflichten gleichzusetzen ist.[3025] Nach den FTC-Vorgaben wird dies eindeutig geregelt, denn die Transparenzpflicht von Vertragsklauseln wird den allgemeinen Transparenzanforderungen der Richtlinie unter-

3019 Siehe dazu die Ausführungen im deutschen Recht (2.Kapitel, A., II., 1.) und im US-amerikanischen Recht (2.Kapitel, B., I., 1.).

3020 Siehe FTC, „Staff Issues Guidelines on Internet Advertising Dot Com Disclosures", Part 1-3. Die Richtlinie legt dadurch die in den Informationsvorschriften verwendeten Begriffe "clear and conspicious" für den elektronischen Geschäftsverkehr fest.

3021 Siehe dazu die Ausführungen zu der Richtlinie 2.Kapitel, B., II., 2., c).

3022 Die Informationsvorschriften gemäß § 312c, § 312e und § 477 BGB enthalten „ähnliche" Begriffe wie die US-amerikanischen Informationsvorschriften, „einfach und verständlich" oder „klar und verständlich".

3023 Siehe dazu die Ausführungen 2.Kapitel, B., II., 3., c).

3024 Vgl. dazu die Ausführungen zu den einzelnen Anforderungen an die Transparenz der Informationen im Netz und die dargelegten Streitigkeiten zu den einzelnen Kriterien, z.B. im Rahmen der Frage, ob eine Zwangsführung zu den Informationen im Netz notwendig ist, ob der im Internet surfende Verbraucher intelligenter als andere Durchschnittsverbraucher ist, ob ein Informationslink mit der Bezeichnung „Kontakt" ausreichend ist und welche Sprache bei der Information im Netz zu wählen ist, 2.Kapitel, B., II., 3., c).

3025 Wie oben dargelegt, wird hierzu von der Verfasserin gefordert, dass die klauselrechtlichten Transparenzanforderungen auf das allgemeine Transparenzgebot übertragen wird, dies wäre eine adäquate Lösung der derzeit noch rechtsunsicheren Lage, siehe dazu 2.Kapitel, B., II., 3., c).

worfen.[3026] Insgesamt zeigen sich hinsichtlich der einzelnen herausgearbeiteten Kriterien im deutschen und US-amerikanischen Recht inhaltlich keine großen Abweichungen. Die Transparenz von Informationen im Netz hängt nach beiden Rechtsordnungen davon ab, dass die Informationen bei dem Online-Auftritt des Unternehmers leicht auffindbar sind, ohne große Mühen zugänglich, lesbar und einfach verständlich formuliert sind. Die US-amerikanische Regelung ist lediglich aufgrund der einheitlichen und genau festgelegten Details rechtsicherer und deshalb vorzugswürdig.

III. Verbraucherschutz nach dem Kaufvertragsschluss

Während im Rahmen des vorvertraglichen Verbraucherschutzrechts gewährleistet werden soll, dass die Verbraucher eine freie, informierte und vernünftige Kaufentscheidung treffen können, muss im nachvertraglichen Zeitraum gesichert werden, dass die Leistung, die in der Werbung und bei Vertragsschluss versprochen wurde, von dem Unternehmer in entsprechender Weise erbracht wird. Dabei stehen dem Verbraucher grundsätzlich in beiden Rechtsordnungen die Rechte aus dem allgemeinen Vertrags- und Warenkaufrecht zur Seite.[3027] Die Rechte des Käufers aus allgemeiner Leistungsstörung, aus Gewährleistung bei Vorliegen eines Sachmangels und aus Produkthaftung sollen im folgenden aber unberücksichtigt bleiben.

Gegenstand der Untersuchung soll vielmehr die Frage sein, welche Verbraucherschutzwerkzeuge zusätzlich für den Verbraucherschutz im Online-Warenhandel gelten und ob dadurch in angemessener Weise die sich aus den Besonderheiten des Internets ergebenden Defizite des Verbrauchers ausgeglichen werden. Im Online-Warenhandel besteht nach dem elektronischen Vertragsschluss für den Verbraucher aufgrund der Distanz zum Unternehmer und zum Produkt das Risiko der nicht oder nicht wie erwarteten Lieferung der Ware. Die nachvertraglichen Defizite entstehen demgemäß, weil der Online-Warenkauf Distanzgeschäft ist. Es stellt sich also die Frage, welche zusätzlichen Verbraucherschutzregelungen nachvertraglich im Rahmen von Distanzgeschäften gelten, ob und inwieweit diese Regelungen auch auf den Online-Handel Anwendung finden und welche Bedeutung ihre Anwendbarkeit für die Entwicklung des elektronischen Geschäftsverkehr hat.

1. Nachvertraglicher Verbraucherschutz im US-amerikanischen Recht

Auch im US-amerikanischen Verbraucherschutzrechts werden die besonderen Gefahren für den Verbraucher im Warenhandel mitberücksichtigt, die im Rahmen bestimmter Vertriebsformen entstehen. Die Regulierung besonderer Vertriebsformen, wie den

3026 S.a. 2.Kapitel, B., II., 2., c).

3027 Im deutschen Recht kommen Ansprüche aus dem Leistungsstörungsrecht gemäß §§ 280ff BGB, aus Gewährleistung gemäß §§ 434ff und aus dem ProduktHaftG in Betracht; im US-amerikanischen Recht ist das allgemeine Leistungsstörungsrecht in den restatements II und im UCC Article 2 geregelt, vgl. zu den Fällen der Leistungsstörung, Cerutti, Rn.683ff; Reimann, S.48ff; Harrer/Wiegmann in: Assman/Bungert, Rn.168ff, das Gewährleistungsrecht ist in UCC § 2-313ff geregelt bzw. in den von den Einzelstaaten umgesetzten Gesetzen, vgl. dazu Cerutti, Rn.323ff; Harrer/Wiegmann in: Assman/Bungert, Rn.199ff; das Produkthaftungsrecht wird in den restatements II of product liability geregelt.

Versandhandel oder Haustürgeschäfte, sind Teil des Regelungsbereichs unlauterer und irreführender Handelspraktiken, die auf Bundesebene von der Verbraucherschutzbehörde FTC und auf einzelstaatlicher Ebene im Rahmen der UDAP-Gesetze geregelt werden.[3028] Diese Regelungen enthalten, neben den oben dargestellten vorvertraglichen Pflichten, auch Sonderregelungen für den nachvertraglichen Schutz des Verbrauchers im Rahmen dieser Vertriebsformen. Im folgenden wird untersucht, welche dieser vertriebsbezogenen Regelungen für den Online-Handel gelten und welche nachvertraglichen Rechte des Verbrauchers und Pflichten des Unternehmers danach bestehen.

a) Erfüllungspflichten des Unternehmers im Online-Handel

Im Versandhandel besteht für den Verbraucher, aufgrund des fehlenden Kontakts zum Unternehmer und seinem Produkt, stets das Risiko, dass die Lieferung nicht oder nicht pünktlich erfolgt. Um die hieraus entstehenden Unsicherheiten für die Verbraucher zu mindern und den Versandhandel zu einer rechtzeitigen Lieferung zu disziplinieren, werden dem Unternehmer im US-Recht sowohl auf bundesrechtlicher wie auf einzelstaatlicher Ebene bestimmte Erfüllungspflichten bei Versandgeschäften auferlegt.

aa) Regulierung der Erfüllungsleistung im Bundesrecht

Auf Bundesebene werden die Pflichten der Unternehmen in Versandgeschäften durch die Mail or Telephone Order Merchandise Rule (MTOMR)[3029] geregelt. Mit der von der FTC bereits in den siebziger Jahren im Rahmen ihrer Rechtssetzungskompetenz[3030] geschaffenen Regel hat die Behörde bundesweit Maßstäbe beim Verbraucherschutz im Versandhandel gesetzt.[3031]

Fraglich ist aber im Zusammenhang mit der Untersuchung, ob die FTC-Regelung auch auf Online-Geschäfte Anwendung findet.

(1) Der Anwendungsbereich der MTOMR

Die ursprüngliche Regelung der FTC wurde, wie es die anfängliche Bezeichnung „Mail Order Merchandise Rule" nahelegt, für den postalischen Versandhandel geschaffen. Wesentliches Merkmal eines Versandgeschäfts ist der fehlende räumliche Kontakt zwischen den Vertragsparteien eines Warenkaufvertrages, der Unsicherheiten bezüglich der Lieferung der Ware begründet. Unerheblich ist dabei, auf welche Weise der Verbraucher auf das Angebot des Unternehmers aufmerksam wurde oder in welchem Medium der Verbraucher die Werbung des Unternehmers wahrgenommen hat.[3032] Ebenso ist irrelevant, auf welche Weise die Zahlung des Kaufpreises erfolgen

---

3028 Diese Regelungsbereiche umfassen nicht nur den vorvertraglichen Bereich, sondern auch den nachvertraglichen Schutz vor unlauteren Marktpraktiken, siehe dazu 1.Kapitel, II., 1, e), aa).

3029 Siehe 16 C.F.R. § 435.

3030 Die Rechtssetzungskompetenz der FTC ergibt sich aus 15 U.S.C. § 57a; s.a. United States v. DelMonte Corp., 3 Trade Reg. Rep. (CCH) ¶ 22,307 (N.D. Cal. Nov. 18, 1985) (consent order).

3031 In vielen Einzelstaaten wurden danach ähnliche Regelungen geschaffen oder die Regelungen werden in anderer Weise im Verbraucherschutzrecht des jeweiligen Einzelstaates berücksichtigt.

3032 Siehe 16 C.F.R. § 435.2 (a): "(…) Regardless of the method used to solicit the order." Vgl. auch die Ausführungen der FTC, FTC, „Staff Issues Guidelines on Internet Advertising Dot Com

soll.[3033] Der Ausnahmetatbestand nach 16 C.F.R. § 435.3 (a) bestimmt daneben einige Geschäftsarten auf die die Regelungen ausdrücklich keine Anwendung finden sollen, wie z.B. Zeitschriftenabonnements[3034] und Geschäfte über bestimmte Produkte, wie Pflanzen und Saatgut[3035].[3036] Eine Begrenzung des persönlichen Anwendungsbereichs wird im Rahmen der Regelung aber nicht vorgenommen, nach der Formulierung im Gesetz ist jeder „Verkäufer“ zur Einhaltung der Erfüllungspflichten gegenüber jedem „Käufer“ verpflichtet.[3037] Dabei ist zu berücksichtigen, dass der FTCA und die Kompetenzen der FTC nicht auf reine Verbraucher-Unternehmergeschäfte begrenzt sind. Auch wenn Regelungen der FTC, wie die Versandregel, in erster Linie den Schutz der Konsumenten betrifft, findet im Rahmen der Anwendung regelmäßig keine Prüfung der Verbrauchereigenschaft und Unternehmereigenschaft statt.[3038]

Durch die technische Fortentwicklung und anschließenden Verbreitung der Fernkommunikationsmittel stellte sich aber im Rahmen des sachlichen Anwendungsbereichs zunehmend die Frage, ob die Regelungen auch auf Versandgeschäfte durch die „neuen“ Kommunikationsmittel anwendbar sind. Aufgrund der rasanten Entwicklung des Telemarketings, hat die FTC 1994 in einem Zusatz[3039] schließlich klargestellt, dass die Vorschriften über den Versandhandel auch auf telefonische Warenliefergeschäfte anwendbar ist. Wegen der unterlassenen Erweiterung auf andere Fernkommunikationsformen, wie Fax oder Internet, war danach nicht ganz klar, inwiefern auch solche Versandgeschäfte davon erfasst sein sollten.[3040] Aufgrund der vergleichbaren Gefahrenlage für den Verbraucher und der schnellen Entwicklung des Internets zum Massenmarkt, wurde aber von Anfang an insbesondere eine Anwendbarkeit der MTOMR auf Online-Geschäfte bejaht.[3041] Die FTC hat schließlich im Rahmen ihrer Veröffentlichung der „Dot Com Disclosures“ die Anwendung der Regelung auf Versandgeschäfte, die durch Fax oder Computer initiiert wurden, klargestellt.[3042] Im Zuge

Disclosures“ Part 1, II: “Solicitations made in print, on the telephone, radio, TV or online naturally fall within the Rule’s scope”.

3033 S.a. 16 C.F.R. § 435.2 (a).

3034 S.a. 16 C.F.R. § 435.3. (a) (1).

3035 S.a. 16 C.F.R. § 435.3. (a) (2).

3036 Weitere Ausnahmen werden in 16 C.F.R. § 435.3 (a) (3) (Bestellungen auf „collect-on-delivery) und Transaktionen im Rahmen von Bücher- und Musik-Klubs, die bereits durch die FTC-Regelung 16 C.F.R. § 425 erfasst werden; vgl. auch Reich in: Micklitz/Keßler, S.417ff (431).

3037 Nach dem Wortlaut der Regel im Sinne des 16 C.F.R. § 435.1 (a) (1) wird der „seller“ gegenüber dem „buyer“ verpflichtet.

3038 Wie oben dargelegt, werden der Verbraucher- und Unternehmerbegriff im Rahmen des FTCA nicht definiert, 2.Kapitel, A., I., 2. und B., I., 1., a).

3039 Siehe 58 Fed. Reg. 49096 (Sept. 21, 1993), amending 16 C.F.R. 435 (effective Mar. 1. 1994).

3040 Unsicher daher Reich in: Micklitz/Keßler, S.417ff (431).

3041 Dies soll gleichermaßen auch für Faxmitteilungen gelten, die für den Versandhandel eingesetzt werden, vgl. Sheldon/Carter, S.397.

3042 S.a. FTC, „Staff Issues Guidelines on Internet Advertising Dot Com Disclosures“ Part 1, II: “For example, the Mail or Telephone Order Merchandise Rule, which addresses the sale of merchandise that is ordered by mail, telephone, facsimile or computer, applies to those sales (...)”. Daneben benennt die FTC die MTOMR in der Liste der Regelungen, die auch für den Online-Bereich gelten sollen, siehe dort Fn.7. Außerdem auch FTC, „A Business Guide to the

dessen ist die Behörde auch bereits wegen Verletzung der MTOMR gegen Online-Dienstanbieter, die die online-bestellte Ware verzögert oder gar nicht geliefert hatten, gerichtlich vorgegangen,[3043] so dass von einer erweiterten Anwendung der Regelung auf Online-Geschäfte mittlerweile auszugehen ist.

(2) Erfüllungspflichten nach der MTOMR

(a) Die allgemeinen Lieferpflichten des Verkäufers

Nach dem Grundsatz der Vertragsfreiheit steht es den Vertragsparteien eines Warenkaufvertrages grundsätzlich frei, ob sie einen Leistungszeitpunkt bestimmen und wenn, welchen Zeitraum sie dafür festlegen.[3044] Auch nach der Mail or Telephone Order Merchandise Rule steht es dem Verkäufer bei Versandgeschäften grundsätzlich frei, einen Liefertermin anzugeben. Fehlt eine solche Angabe, bestimmt die MTOMR eine gesetzliche Lieferfrist von dreißig Tagen.[3045] Die gesetzliche Frist beginnt, wenn der Verkäufer eine „vollständige Bestellung“ von dem Käufer empfangen hat.[3046] Vollständig bedeutet, dass der Verkäufer einerseits die vollständige oder teilweise Zahlung des Kaufpreises in der angegebenen Art und Weise von dem Käufer erhalten haben muss und andererseits die Bestellung, einschließlich aller Informationen, die für eine Lieferung der entsprechenden Ware an den Käufer notwendig sind, empfangen haben muss.[3047] Alternativ kann der Verkäufer aber auch selber in dem Angebot einen Liefertermin und den Beginn der Lieferfrist angeben,[3048] wobei die Lieferzeit auch über die gesetzliche Frist hinausgehen kann[3049]. Dabei muss der Verkäufer im Zeitpunkt des Versandangebots oder der Werbung in dem guten Glauben handeln, die Ware auch „rechtzeitig“ liefern zu können. Das bedeutet, der Verkäufer muss bei dem Versandangebot objektiv berechtigte Gründe haben anzunehmen, dass er entweder den angegebenen Termin einhalten kann oder, bei Fehlen eines Liefertermins, innerhalb

Federal Trade Commission`s Mail or Telephone Order Merchandise Rule", What Does The Rule Cover?

3043 Z.B. FTC v. Brandzel, Case No. 96 C. 1440 (N.D. Ill. filed Mar. 13, 1996); FTC v. Craig Hare, Civil No.98-8194 CIV HURLEY (M.D. Fla., filed March 30., 1994).

3044 Nach UCC § 2-309 (1) muss eine vom Verkäufer festgelegte Lieferfrist aber angemessen sein, vgl. dazu Harrer/Wiegmann in: Assmann/Bungert, Rn.136.

3045 S.a. 16 C.F.R. § 435.1 (a) (1) (ii); ist mit dem Kaufvertrag ein Kreditgeschäft verbunden oder ist eine Ratenzahlung vereinbart, erweitert sich die maximale Lieferfrist des Verkäufers auf fünfzig Tage.

3046 S.a. den Wortlaut des 16 C.F.R. § 435.1 (a) (1) (ii) "(...) After receipt of a properly completed order from the buyer."

3047 Siehe 16 C.F.R. § 435.2 (d): "Receipt of a properly completed order shall mean, where the buyer tenders full or partial payment in the proper amount in the form of cash, check, money order, or authorization from the buyer to charge an existing charge account, the time at which the seller receives both said payment and an order from the buyer containing all of the information needed by the seller to process and ship the order."

3048 S.a. 16 C.F.R. § 435.1 (a) (1) (i).

3049 Vgl. Sheldon/Carter, S.397.

der gesetzlichen Frist liefern kann.[3050] Hierbei kommt der Verkäufer einer rechtzeitigen Lieferung grundsätzlich nur nach, wenn die Leistung so wie sie versprochen wurde, geliefert wird. Bei einer Abweichung von der Bestellung kommt es darauf an, ob die Lieferung als adäquate Ersatzlieferung zu qualifizieren ist,[3051] andernfalls kommt neben einer Nichtlieferung gleichzeitig eine unzulässige Zusendung unbestellter Waren in Betracht[3052]. In dem Zeitpunkt des Angebots oder der Werbung[3053] bedeutet, dass der gute Glaube an eine rechtzeitige Lieferung vorliegen muss, wenn der Verkäufer entweder die Werbung oder das Angebot so auf den Weg bringt, dass die potentiellen Käufer es wahrnehmen,[3054] die vertragliche Einigung mit Zeitungsverlegern etc zur Schaltung der Werbeanzeige vollzogen hat[3055] oder den Druckauftrag für den Versandkatalog, die Broschüre oder ähnliches aufgegeben hat[3056]. Das heißt, der Verkäufer muss in dem Zeitpunkt von der Einhaltung seiner Lieferpflichten überzeugt sein, in dem er alle Vorkehrungen dafür getroffen hat, dass sein Angebot von der Öffentlichkeit und potentiellen Kundschaft wahrgenommen werden kann. Die Verkäufer müssen hierzu Verfahren einrichten, die eine ordnungsgemäße Bearbeitung von Versandbestellungen, die Organisation der Lieferung der angebotenen Waren und die Einhaltung der Lieferfristen gewährleisten, d.h. es muss ein für Versandgeschäfte geeignetes Vertriebssystem verwendet werden. Können über die Verwendung eines solchen Vertriebssystems keine Aufzeichnungen und andere dokumentarische Belege von dem Verkäufer vorgelegt werden, begründet dies im Verfahren der FTC die widerlegliche Vermutung, dass der Verkäufer nicht in gutem Glauben bezüglich der Einhaltung seiner Erfüllungspflichten war.[3057]

(b) Die Pflichten des Verkäufers bei Verzögerung der Lieferung

Erhält der Verkäufer Kenntnis von Umständen, die eine Lieferung zu dem angegebenen oder gesetzlichen Termin unmöglich machen, hat er den Käufer unverzüglich darüber zu informieren und einen neuen Liefertermin anzugeben, der ebenfalls auf Grundlage vernünftiger Erwägungen festgelegt sein muss. Stellt der Verkäufer fest, dass er keine gesicherten Angaben über einen neuen Liefertermin machen kann, so

3050 Siehe 16 C.F.R. § 435.1 (a) (1): "To solicit any order for the sale of merchandise to be ordered by the buyer through the mails or by telephone unless, at the time of the solicitation, the seller has a reasonable basis to expect that it will be able to ship any ordered merchandise to the buyer."

3051 Z.B. war die Lieferung einer Software ohne die dazu gehörige Hardware keine „rechtzeitige Lieferung", siehe FTC v. Dell Computer Corp., 5 Trade Reg. Rep. (CCH) ¶ 24.411 (W.D. Tex. 1998) (proposed consent decree); vgl. auch Sheldon/Carter, S.397.

3052 Vgl. FTC, „A Business Guide to the Federal Trade Commission`s Mail or Telephone Order Merchandise Rule", Unordered Merchandise; Sheldon/Carter, S.398. Siehe zu dieser Fallgruppe auch die Ausführungen 2.Kapitel, B., I., 1., a), cc), (2), (c).

3053 Nach 16 C.F.R. § 435.1 (a) (1) muss die Überzeugung des Verkäufers "(...) At the time of solicitation of an order" vorliegen.

3054 S.a. 16 C.F.R. § 435.2 (g) (1).

3055 S.a. 16 C.F.R. § 435.2 (g) (2).

3056 S.a. 16 C.F.R. § 435.2 (g) (3).

3057 S.a. 16 C.F.R. § 435.1 (a) (4).

muss er den Käufer unverzüglich darüber informieren und zusätzlich eine Begründung für die Verzögerung und die Unsicherheit eines neuen Liefertermins anfügen.[3058]
Bei einer Verzögerung der Lieferung hat der Käufer grundsätzlich das Recht entweder sich mit dem Lieferungsverzug einverstanden zu erklären oder seine Bestellung zurückzunehmen. Im letzteren Fall ist der Verkäufer verpflichtet, dem Käufer sämtliche gezahlten Leistungen unmittelbar und in vollem Umfang zurückzugewähren.[3059] Das bedeutet, die Rückzahlung muss einerseits in derselben Form wie die Zahlung erfolgen und andererseits innerhalb von sieben Werktagen an den Käufer gesendet werden. Diese Frist beginnt im Zeitpunkt des Endstehens des Anspruchs auf die Rückzahlung.[3060] Im Zweifel über die Annahme oder Ablehnung der Verzögerung gilt, dass in dem Fall, in dem der neu angebotene Liefertermin dreißig Tage nicht übersteigt, der Unternehmer die Verzögerung als vom Kunden genehmigt behandeln kann, wenn er keine Nachricht von einer Zurückweisung erhält.[3061] Übersteigt der neue Liefertermin diese Frist oder kann der Verkäufer keine Angaben zum voraussichtlichen Erfüllungstermin machen, so gilt die Bestellung des Kunden als widerrufen, wenn der Verkäufer nicht entweder eine Benachrichtigung über die Zustimmung des Käufers erhält oder der Verkäufer innerhalb von dreißig Tagen liefert.[3062] In den Fällen, in denen keine Angaben zum Lieferzeitpunkt gemacht wurden, bleibt das Recht zum Widerruf der Bestellung erhalten, selbst wenn der Käufer sein Einverständnis mit der unbestimmten Lieferung gegeben hat.[3063]

Der Verkäufer muss den Käufer in der Nachricht über die Möglichkeiten der Zurückweisung oder Zustimmung zu der Verzögerung informieren. Er muss außerdem die Auswirkungen der Entscheidung des Käufers für das Geschäft darlegen.[3064] Diese Angaben sind dem Käufer innerhalb einer angemessenen Zeitspanne, seit dem er Kenntnis von der Verzögerung hat, mitzuteilen. Das bedeutet, er muss den Käufer spätestens zum ursprünglich angebotenen Liefertermin in Kenntnis setzen. Die Informationen müssen dabei klar, deutlich, in verständlicher Sprache und ohne vorherige Aufforderung bekanntgegeben werden.[3065] Der Unternehmer kann die Lieferzeit auch

3058 Siehe 16 C.F.R. § 435.1 (a) (3) (ii).

3059 Siehe 16 C.F.R. § 435.1 (b) (1); vgl. dazu auch United States v. American Distribution, Inc., 5 Trade Re. Rep. (CCH) ¶ 23, 843 (E.D. Va. 1995) (proposed consent decree).

3060 Siehe 16 C.F.R. § 435.2 (f): "Prompt refund shall mean:(1) Where a refund is made pursuant to paragraph (e) (1) or (2) (iii) of this section, a refund sent to the buyer by first class mail within seven (7) working days of the date on which the buyer's right to refund vests under the provisions of this part."

3061 S.a. 16 C.F.R. § 435.1 (b) (1) (ii).

3062 S.a. 16 C.F.R. § 435.1 (b) (1) (iii).

3063 S.a. 16 C.F.R. § 435.1 (b) (1) (iii) (B).

3064 S.a. 16 C.F.R. § 435.1 (b) (1) (i).

3065 Siehe den Wortlaut des 16 C.F.R. § 435.1 (b) (1): "Where a seller is unable to ship merchandise within the applicable time set forth in paragraph (a)(1) of this section, to fail to offer to the buyer, clearly and conspicuously and without prior demand, an option either to consent to a delay in shipping or to cancel the buyer's order and receive a prompt refund. Said offer shall be made within a reasonable time after the seller first becomes aware of its inability to ship within the applicable time set forth in paragraph (a)(1) of this section, but in no event later than said applicable time."

ein zweites und drittes Mal verlängern, solange er dabei die oben dargestellten Anforderungen einhält. Vor allem ist er verpflichtet, den Kunden ein weiteres Mal über die ihm zur Verfügung stehenden Rechte zu informieren.[3066]

Ein Verstoß seitens des Unternehmers gegen die Anforderungen an die Erfüllung der Leistung und die Information des Käufers über seine Rechte sind unlautere und irreführende Marktpraktiken nach Section 5 des FTCA.[3067] Dementsprechend kann die FTC in den oben dargelegten Verfahren gegen Verfehlungen seitens der Verkäufer vorgehen.[3068]

(3) Anforderungen an die Erfüllung des Verkäufers im Online-Handel

Bei einem über das Internet abgeschlossenen Versandgeschäft können die Informationen des Unternehmers und die Zustimmungs- und Ablehnungserklärungen des Verbrauchers grundsätzlich auch auf elektronischem Wege erfolgen.[3069] Das Zustimmungserfordernis zur elektronischen Geschäftsführung nach UETA ist nicht einzuhalten,[3070] da die Mail or Telephone Order Merchandise Rule als bundesrechtliche Regelung lediglich auf dem zwischenstaatlichen Handel Anwendung findet,[3071] während das Modellgesetz nur in der jeweilig in dem Einzelstaat umgesetzten Form auf innerstaatlicher Ebene gilt. Das Zustimmungserfordernis zur elektronischen Information nach den bundesrechtlichen E-SIGN Act ist ebenso unanwendbar, da dies nur berücksichtigt werden muss, wenn das andere Gesetz Schriftform für die Information verlangt,[3072] was nach der Mail or Telephone Order Merchandise Rule nicht gefordert wird.

Jedoch sind bei den Anforderungen an die unternehmerischen Informationspflichten zur Erfüllung im Versandhandel die bereits beschriebenen Richtlinien der FTC „Dot Com Disclosures“ zu beachten, denn diese gelten für alle Informationspflichten nach den FTC-Regelungen zum Verbrauchsgüterkauf.[3073] Demnach sind bei der klaren und deutlichen Kenntlichmachung von Informationen im Netz grundsätzlich die oben benannten Voraussetzungen einzuhalten.[3074] Es stellt sich aber die Frage, wie und wo der Unternehmer die Benachrichtigungen über eine Verzögerung elektronisch bekanntgeben kann, so dass der Verbraucher auch die tatsächliche Möglichkeit der Kenntnisnahme hat. Hat der Verbraucher bei der Bestellung seine E-Mail-Adresse angegeben, so ist es dem Unternehmer zumutbar, die Bekanntgabe des Verzugs per E-Mail zu versenden, in deren Text entweder die weiteren Informationen enthalten sind

---

3066 S.a. 16 C.F.R. § 435.1 (b) (1) (iv).

3067 Siehe 16 C.F.R. § 435.1 (a).

3068 S.a. dazu die Ausführungen zu den gerichtlichen und außergerichtlichen Verfahren der FTC, 2.Kapitel, B., I., 1., a), dd).

3069 Denn im zwischenstaatlichen Handel gilt ja eine grundsätzliche Wirksamkeit von elektronischen Dokumenten nach dem E-SIGN Act, s.a. 15 U.S.C. § 7001 (a).

3070 S.a. UETA Section 5 (b).

3071 Denn die FTC kann ihre Regulierungsvorschriften 15 U.S.C. § 57 a, wie die Mail or Telephone Order Merchandise Rule, nur für den zwischenstaatlichen Handel erlassen.

3072 S.a. 15 U.S.C. § 7001 (c).

3073 S.a. FTC, „Staff Issues Guidelines on Internet Advertising Dot Com Disclosures“ Part 1, III, A.

3074 Siehe dazu die Ausführungen zum Transparenzgebot im Netz, 2.Kapitel, B., II., 2., c).

oder ein deutlich erkennbarer Hyperlink direkt zu den notwendigen Informationen führt.[3075] Der Unternehmer kann ansonsten m.E. auch jeden anderen digitalen Benachrichtigungsdienst einrichten oder verwenden, so lange gewährleistet ist, dass der Unternehmer den Kunden bei der Bestellung über die Verwendung des Nachrichtensystems hinreichend aufgeklärt hat und dieser mit einer Benachrichtigung auf diesem Wege rechnen kann. Die Nachricht muss dabei für den Käufer auch leicht zugänglich und verständlich sein. Nicht ausreichend ist hingegen, wenn der Verkäufer eine allgemeine Nachricht z.B. auf seiner Webseite veröffentlicht, die der Verbraucher nicht erwartet und deshalb auch nicht abrufen wird. Auch die Ankündigung einer solchen Veröffentlichung zu einem unbestimmten Zeitpunkt würde nicht genügen. Der Unternehmer muss die Nachricht so gestalten und vermitteln, dass der Kunde mit der Nachricht rechnet und diese den jeweiligen Kunden individuell anspricht, so dass er erkennen kann, dass die Nachricht ihn betrifft.[3076] Demnach ist nicht erforderlich, in jedem Fall den Verbraucher namentlich anzusprechen, eine allgemeingehaltene Benachrichtigung muss jedoch in einem Kontext der Bestellung des Kunden stehen. Beispielsweise ist ausreichend, wenn der Kunde unter Eingabe eines ihm bei der Bestellung zugewiesenen Kundenkennworts auf etwaige Nachrichten des Unternehmers zugreifen kann oder die Kunden in einem allgemeinen Nachrichtenportal zu einem zuvor angegebenen Zeitpunkt über die verzögerte Lieferung und sonstigen Informationen benachrichtigt werden und sich aus der Nachricht ergibt, welche Kunden angesprochen sein sollen.

bb) Erfüllungspflichten im Online-Handel nach einzelstaatlichem Recht

Nach dem einzelstaatlichen Kaufvertragsrecht besteht im Grundsatz die Pflicht des Verkäufers, in Abwesenheit einer vereinbarten Leistungszeit, die Leistung innerhalb einer dem gewöhnlichen Geschäftsgang entsprechenden Zeit zu leisten.[3077] Der Zeitpunkt der Erfüllung hängt demnach von der Art des Geschäfts, der verkauften Ware und den Umständen des Einzelfalls ab.

Für den Versandhandel existieren nur in einigen wenigen einzelstaatlichen Gesetzen Sonderregelungen, mit sehr unterschiedlichen Inhalten und unterschiedlichem Umfang. Dabei haben zwei Staaten, Georgia[3078] und Idaho[3079], die bundesrechtliche Regelung der FTC in das jeweilige UDAP Gesetz übernommen. Das heißt, eine Zuwiderhandlung gegen die Vorschriften der MTOMR begründet gleichzeitig einen Verstoß gegen das einzelstaatliche Verbraucherschutzgesetz von Georgia und Idaho. Insoweit besteht eine rechtliche Teilharmonisierung der Regelungen des Versandhandels im Verhältnis zum Bundesrecht.

3075 Vgl. FTC, „Staff Issues Guidelines on Internet Advertising Dot Com Disclosures" Part 3, IV., 2; FTC, „A Business Guide to the Federal Trade Commission`s Mail or Telephone Order Merchandise Rule", Notice by Posting and E-Mail.

3076 Vgl. FTC, „A Business Guide to the Federal Trade Commission`s Mail or Telephone Order Merchandise Rule", Notice by Posting and E-Mail.

3077 Siehe UCC § 2-309 (1): "The time for shipment or delivery or any other action under a contract if not provided in this Article or agreed upon shall be a reasonable time."

3078 S.a Georgia, Ga. Comp. Rules & Regulations, Rule 122-2-.01.

3079 S.a. Idaho, Idaho Admin. Code § 04.02.01.141.

Andere Bundesstaaten haben ihre eigenen Regelungen bezüglich der Erfüllungspflichten im Versandhandel geschaffen, wobei diese meist in Inhalt und Umfang hinter den FTC-Regelungen zurückbleiben.[3080] Beispielsweise wird in dem UDAP-Gesetz von Pennsylvania die Regelung 16 C.F.R. § 435 (a) (1) wortgleich übernommen.[3081] Das heißt, das Gesetz bestimmt eine gesetzliche Frist von dreißig Tagen und verlangt Gewissheit von dem Verkäufer, dass er einen angegebenen, alternativ den gesetzlichen Liefertermin einhalten kann. Das Gesetz bestimmt aber keine Regelungen über eine Verzögerung oder über die Rechte des Käufers bei einem Verzug.

Das UDAP-Gesetz von Alabama bestimmt, ebenso wie die MTOMR, dass der Verkäufer bei Versandgeschäften innerhalb des angegebenen Lieferzeitpunkts liefern muss oder, bei Fehlen einer solchen Angabe, die gesetzliche Lieferfrist von dreißig Tagen einhalten muss.[3082] Dabei muss er dem Käufer bei einem Verzug die Gelegenheit geben, entweder die Verzögerung zu genehmigen oder die Bestellung zurückzunehmen und in dem Falle, alle geleisteten Zahlungen zurückzugewähren. Anders als bei der FTC-Regel, werden Details des Fristbeginns oder einzelne Informationspflichten nicht festgelegt. Dem Verkäufer bleibt außerdem für die Rückzahlung eine Frist von zehn Werktagen.[3083] In Alabama, wie in einigen anderen UDAP-Gesetzen,[3084] werden diese Verbote in die jeweilige *laundry list* aufgenommen, d.h. eine Verletzung der Erfüllungspflicht stellt per se eine unlautere und irreführende Marktpraktik dar.[3085] Ebenso verfährt der Gesetzgeber in Indiana. Man begnügt sich hier aber mit der Regelung, dass ein Anbieter, der Warenlieferungen für einen bestimmten Liefertermin anbietet, unlauter handelt, wenn er positive Kenntnis oder Gründe hat anzunehmen, dass er den angegebenen Termin nicht einhalten kann.[3086]

Nach dem Administrative Code von Ohio ist es irreführend, wenn der Anbieter unverzügliche Lieferung anbietet und sich dabei keine Gewissheit verschafft hat, dass er auch unverzüglich liefern kann.[3087] Unzulässig ist es danach ebenso, im Rahmen eines Versandgeschäfts die Zahlung des Kaufpreises durch den Verbraucher zu akzeptieren, wenn er nicht entweder innerhalb von acht Wochen liefert, den Kaufpreis zurückzahlt oder den Verbraucher über eine Verzögerung informiert und ihm Rückzahlung anbietet, wenn der Verbraucher eine verzögerte Lieferung ablehnt.[3088] Alternativ kann der Anbieter nach dem Recht von Ohio aber auch eine Ersatzlieferung vornehmen, solange diese in Qualität und Umfang der georderten Ware entspricht oder über deren Wert

3080 Vgl. Marsh, S.57; Sheldon/Carter, S.397.

3081 S.a. Pennsylvania, Pa. Const. Stat. Tit. 73 § 201-2.4. (xix).

3082 Siehe Alabama, Ala. Code § 8-19-5 (17).

3083 S.a. Alabama, Ala. Code § 8-19-5 (17).

3084 Z.B. Indiana, IC § 24-5-0.5-3 (a) (10); Pennsylvania, Pa. Cons. Stat. tit. 73 § 201-2.4. (xix); Utah, Utah Code Ann. § 13-114 (2) (l).

3085 Siehe dazu die Ausführungen zu den Bestimmungen der UDAP Statutes, 2.Kapitel, B., I., 1., b).

3086 Siehe Indiana, IC § 24-5-0.5-3 (a) (10).

3087 Siehe Ohio, Ohio Admin. Code § 109:4-3-09 (A) (1). So auch die Regelung in Vermont Consumer Fraud Rules, VCFR 105 (a).

3088 Siehe Ohio, Ohio Admin. Code § 109:4-3-09 (A) (2). Ähnlich auch die Regelung in Vermont Consumer Fraud Rules, VCFR 105 (d).

hinausgeht.[3089] Allerdings ist auch eine Ersatzlieferung unzulässig, wenn der Anbieter von vorneherein nicht die Absicht hatte, die bestellte Ware zu liefern.[3090]

Eine ähnliche Regelung über Ersatzlieferungen sieht auch der Utah Consumer Sales Practices Act vor.[3091] Daneben wird eine widerlegliche, gesetzliche Vermutung aufgestellt, dass der Anbieter keine Absicht hatte die Warenbestellung zu liefern, wenn er die Ware nicht innerhalb von dreißig Tagen liefert und den Käufer nicht über eine verspätete Lieferung informiert.[3092] Zusätzlich bestimmt das UDAP-Gesetz von Utah im Rahmen der *laundry list*, dass eine verzögerte Lieferung[3093] unlauter ist, wenn der Anbieter dem Käufer keine Möglichkeit gibt die Bestellung rückgängig zu machen und die Rückerstattung der gezahlten Zahlungen nicht anbietet.[3094]

Eine Erweiterung der gesetzlichen Lieferfrist sieht außerdem das Recht von New Jersey vor. Die Lieferung muss danach spätestens sechs Wochen nach der Bestellung erfolgen.[3095] Dabei sieht das Gesetz in New Jersey[3096], ebenso wie das Recht von Idaho[3097], eine zusätzliche Informationspflicht vor, die ausnahmsweise über die bundesrechtlichen Regelungen hinausgeht. Danach muss der Unternehmer in Versandgeschäften mit dem Verbraucher in allen Lieferdokumenten und Nachrichten über Lieferverzögerungen zusätzlich seinen gesetzlichen Namen und die Adresse angeben.

Abgesehen von diesen zusätzlichen Informationspflichten gelten in den einzelstaatlichen Regelungen geringere Anforderungen bei Versandgeschäften, als nach dem US-amerikanischen Bundesrecht. Außerdem weichen die einzelstaatlichen Regelungen bisweilen auch in der Begrenzung des persönlichen Anwendungsbereichs ab. Die UDAP Gesetze machen teilweise die Anwendbarkeit des Gesetzes von dem Vorliegen einer Verbrauchereigenschaft[3098] abhängig, manche beschränken daneben auch den Adressatenkreis[3099].

3089 Siehe Ohio, Ohio Admin. Code § 109:4-3-09 (A) (2) (d). Dabei bestimmt das Gesetz in Ohio, Ohio Admin. Code § 109:4-3-09 (C), dass es sich nicht um eine gleichwertige Ersatzlieferung handelt, wenn die gelieferte Ware nicht im Wesentlichen der bestellten Ware entspricht, sich nicht für die gewöhnliche Verwendung eignet oder der Verkäufer die gelieferte Ware normalerweise für einen geringeren Preis anbietet. Dies ist eine wesentliche Abweichung von der FTC-Regelung, da diese eine Ersatzlieferung im Grundsatz nicht ausreichen lässt.

3090 Siehe Ohio, Ohio Admin. Code § 109:4-3-09 (B).

3091 Vgl. Utah, Utah Admin. Code Rule 152-11-8 A.; weiter bestimmt das Gesetz in Utah, Utah Admin. Code Rule 152-11-8 B., wann eine äquivalente Ersatzlieferung vorliegt. Diese Vorschrift ist fast identisch mit der Regelung in Ohio.

3092 Siehe Utah, Utah Admin. Code Rule 152-11-8 C.

3093 Dabei wird ebenfalls die gesetzliche Lieferfrist von dreißig Tagen festgesetzt, siehe Utah, Utah Code Ann. § 13-114 (2) (l).

3094 Utah, Utah Code Ann. § 13-114 (2) (l) (i); diese Regelung ist fast identisch mit der Rücktrittsregelung von Alabama, auch nach dem UDAP-Gesetz von Utah muss die Rückzahlung innerhalb von zehn Werktagen erfolgen und nicht in sieben, wie nach der FTC-Regel, siehe 16 C.F.R. § 435.2 (f).

3095 Siehe New Jersey, N.J. Admin Code § 13:45A-1.1 (b). Dieselbe Regelung enthält Vermont Consumer Fraud Rules, VCFR 105 (c).

3096 Siehe New Jersey, N.J. Admin Code § 13:45A-1.1.

3097 Siehe Idaho, Idaho Admin. Code § 04.02.01.163.

3098 Z.B. beschränkt Indiana die Regelung ausdrücklich auf „consumer transactions“, siehe IC § 24-5-0.5-3 (a) (10); genauso begrenzt Utah die Versandregelung, siehe Utah Admin. Code Rule

Die Anwendbarkeit der einzelstaatlichen Versandregelungen auf den Online-Warenhandel dürften nach der Klarstellung der FTC unproblematisch sein, da sich die meisten einzelstaatlichen Regelungen an den Auslegungen der Bundesbehörde orientieren.[3100] Zu beachten ist dabei aber stets, dass auf einzelstaatlicher Ebene der UETA weitgehend Geltung beansprucht.[3101] Danach muss bei jeder elektronischen Transaktion, auch der Information des Geschäftspartners über Einzelheiten der Lieferung und die Rücknahme der Bestellung durch den Käufer, eine Zustimmung zur elektronischen Geschäftsführung vorliegen.[3102]

Im Ergebnis ist ein geringerer Verbraucherschutz im Versandhandel in den Einzelstaaten festzustellen. Auch wenn es nach allen UDAP-Gesetzen verboten ist, die Ware nicht oder nicht adäquat zu liefern[3103] sowie eine unangemessene Zeit für die Lieferung zu benötigen,[3104] sind die Verbraucher in vielen einzelstaatlichen Regelungen nicht durch eine gesetzliche Lieferfrist geschützt oder haben nicht das Recht die Bestellung bei einem Verzug rückgängig zu machen. Dementsprechend findet nach einzelstaatlichem Recht eine Berücksichtigung der besonderen Risiken für die Verbraucher im Versandhandel kaum statt. Allerdings ist auch zu beachten, dass die sog. *laundry lists* keine abschließenden Verbotsregelungen vorsehen[3105] und in einigen Staaten die Regelungen und Interpretationen der FTC im Rahmen des Verbraucherschutzes Berücksichtigung finden[3106]. Welche Anforderungen ein einzelstaatliches Gericht an die Erfüllungshandlungen im Online-Warenhandel im Einzelnen stellt, hängt demgemäß nicht allein vom Wortlaut des jeweiligen UDAP-Gesetzes ab.

b) Widerrufsrechte des Verbrauchers im Online-Handel

Ein Werkzeug des nachvertraglichen Verbraucherschutzrechts ist die Einräumung von Widerrufsrechten, die dem Verbraucher für eine gewisse Zeit erlauben, über den

152-11-8 A.; die Regelung in Ohio regelt die Erfüllungspflichten nur gegenüber „Verbrauchern" (consumer), Ohio, Ohio Admin. Code § 109:4-3-09 (A) (2). Siehe zu den Verbraucherbegriffen der UDAP-Gesetze 2.Kapitel, A., I., 2., c).

3099 Einzelne Gesetze beschränken den Anwendungsbereich auf „supplier", wobei der Anbieterbegriff jeweils definiert wird, siehe z.B. Indiana, IC § 24-5-0.5-3 (a) (10) und Utah, Utah Admin. Code Rule 152-11-8 A..

3100 Vgl. z.B. Arizona, Ariz. Rev. Stat. § 44-1522 C.; Florida, Fla. Stat. § 501.201 (2); Massachusetts, Mass. Gen. Laws Ann. Tit. XV § 93A-2 (b); Vermont, Vt. Stat. Ann. Tit. 9 § 2453 (b); Maine, Me Rev. Stat. Ann. Tit. 10 § 207.1. Der Wortlaut der Versandregelung in Vermont z.B. legt ausdrücklich nicht das Medium durch das das Versandgeschäft geschlossen wird fest, Vermont Consumer Fraud Rules, VCFR 105 (b): "fail to deliver goods (...) ordered by mail, telephone or otherwise (...)." Die Regelung in New Jersey deutet sogar direkt auf eine Anwendung im Online-Handel hin, siehe New Jersey, N.J. Admin Code § 13:45A-1.1 (b): "(...) Merchandise ordered by mail, telephone, facsimile or electronic mail (...)".

3101 Vgl. zu der Umsetzung in 43 Einzelstaaten 1.Kapitel, A., II., 2., a), bb), (1).

3102 S.a. die Ausführungen zu UETA Section 5 (b) 2.Kapitel, B., II., 2., a), bb), (1), (a).

3103 Viele UDAP-Gesetze ohne spezielle Versandregelungen enthalten entsprechende Verbote, vgl. z.B. Oregon, Or. Rev. Stat. § 646.608 (q): "Promises to deliver real estate, goods or services within a certain period of time with intent not to deliver them as promised."

3104 Es gilt ja in allen Staaten, außer Louisiana, die Regelung des UCC § 2-309 (1).

3105 Siehe dazu die Ausführungen zu den UDAP-Gesetzen, s.a. 1.Kapitel, A., II., 2., b), aa).

3106 Vgl. z.B. Maine, Me Rev. Stat. Ann. Tit. 10 § 207.2.

bereits geschlossenen Vertrag noch einmal nachzudenken und diesen eventuell durch einseitige Erklärung wieder zu beseitigen. Solche Beseitigungsrechte sind für den Verbraucher besonders günstig, weil er „grundlos", ohne Verfehlungen des Unternehmers, den schon geschlossenen Vertrag und damit auch seine vertragliche Verpflichtung einseitig wieder rückgängig machen kann. Gleichzeitig bedeuten Widerrufsrechte für den Unternehmer besonders einschneidende Beschränkungen, weil er bis zum Ende der Widerrufsfrist, trotz einer vertragsgemäßen Leistung, nicht sicher von dem Fortbestehen des Vertrages ausgehen kann. Vor allem besteht in dieser Zeit für ihn die Unsicherheit, ob er die gezahlten Leistungen in seiner geschäftlichen Planung einkalkulieren kann.

Solche Rechte werden in beiden Rechtsordnungen für bestimmte Geschäftsbereiche gesetzlich festgeschrieben,[3107] wenn sich aus der jeweiligen geschäftlichen Situation derartige Unsicherheiten und Gefahren für den Verbraucher ergeben, dass eine Überlegungsfrist mit der Möglichkeit den Vertrag wieder rückgängig zu machen, gerechtfertigt ist.

Im US-amerikanischen Recht ist weder auf bundesrechtlicher noch auf einzelstaatlicher Ebene speziell für den Versandhandel oder den Online-Handel ein gesetzliches Widerrufsrecht geschaffen worden. Der Käufer kann zwar stets bei einer Verzögerung der Lieferung seine Online-Bestellung widerrufen[3108] und sein Angebot im Netz bis zum Zugang der Annahmeerklärung des Unternehmers zurückziehen[3109] oder von einem Softwarelizenzvertrag zurücktreten, wenn dem Kunden Vertragsbedingungen erst nach Zahlung und Erhalt der Ware bekanntgegeben worden sind und dieser nicht einverstanden mit den Klauseln gewesen ist.[3110] Es bestehen ferner u.U. Rücktrittsmöglichkeiten bei einem Vertragsbruch oder einer anderen Leistungsstörung.[3111] Ein unbedingtes Widerrufsrecht bei Verbraucherverträgen ergibt sich aber aus den Gesetzen weder für den Versandhandel,[3112] noch in einem analogen Sinne für den elektronischen Geschäftsverkehr. Zu klären ist, ob eventuell andere gesetzliche Widerrufsrechte auf den Online-Handel Anwendung finden, inwieweit im US-amerikanischen Online-Markt vertragliche Widerrufsrechte gewährt werden und welche Anforderungen an diese vertraglich gewährten Rechte zustellen sind.

3107 Im deutschen Recht wird den Verbrauchern z.B. im Rahmen von Haustürgeschäften (§ 312 BGB) und in Verbraucherdarlehensverträgen (495 I BGB) gewährt. Im US-amerikanischen Recht besteht z.B. ein Widerrufsrecht bei Kreditgeschäften des Verbrauchers, wenn der Kreditgeber Sicherheitsrechte in ein Grundstück oder Grundstücksrechte begründet nach dem Truth in Lending Act (15 U.S.C. § 1602 (a), 1635 (a)) und nach dem Consumer Credit Protection Act für Verbraucherkreditverträge allgemein (15 U.S.C. § 1635), daneben bestehen Widerrufsrechte bei Haustürgeschäften (16 C.F.R. § 429).

3108 S.a. 16 C.F.R. § 435.1 (b) (1) und in den Einzelstaaten Alabama, Ala. Code § 8-19-5 (17), Utah, Utah Code Ann. § 13-114 (2) (l) (i), (ii); s.a. 2.Kapitel, B., III., 1., a), aa), (2), (b).

3109 Vgl. restatements II § 42, Comment a., s.a. 2.Kapitel, B., II., 1., a).

3110 Vgl. UCITA § 113 (c); s.a. 2.Kapitel, B., II., 2., b), bb), (2), (c).

3111 Siehe zu den Rechtsfolgen eines Vertragsbruchs und sonstiger Leistungsstörung: Reimann, S.48ff.

3112 Die Regelungen der FTC über die „mail or telephone order sales" (16 C.F.R. § 435) enthält kein solches Recht des Verbrauchers.

aa) Anwendbarkeit des gesetzlichen Widerrufsrechts bei Haustürgeschäften

Ein gesetzliches Widerrufsrecht wird dem Verbraucher im US-amerikanischen Recht vor allem bei Haustürgeschäften (*door-to-door sales* oder *home solicitation sales*) gewährt. Nach der von der FTC geschaffenen „Cooling Off Period Rule“[3113] wird dem Verbraucher ein dreitägiges Widerrufsrecht[3114] bei Warengeschäften an der Haustüre eingeräumt, wenn der Kaufpreis $ 25,- und mehr beträgt.[3115] Zu den wichtigsten Pflichten des Unternehmers gehört darüber hinaus, dass der Unternehmer dem Verbraucher eine Kopie des vollständigen Vertrages beim Vertragsschluss aushändigen muss,[3116] dem in zweifacher Ausführung ein Hinweis auf das Widerrufsrecht angefügt sein muss[3117]. Zusätzlich hat er den Verbraucher mündlich vor Vertragsschluss über sein Widerrufsrecht zuinformieren.[3118]

In sämtlichen der fünfzig US-Bundesstaaten ist eine entsprechende Regelung für Haustürgeschäfte entstanden,[3119] die nach dem Vorbild der Cooling Off Period Rule ein dreitägiges Widerrufsrecht des Verbrauchers bestimmen. Die überwiegende Zahl dieser Regelungen orientieren sich im Rahmen des Wortlauts und der Auslegung der Vorschriften eng an der Bundesregelung,[3120] wobei einige fast wortgleich die FTC-Regel übernehmen.[3121] Andere bestimmen mit ähnlichen Formulierungen fast identische Voraussetzungen.[3122] In anderen Staaten sind einige Abweichungen festzustellen,

---

3113 Siehe 16 C.F.R. § 429, 60 Fed. Reg. 54186, Oct. 20, 1995.

3114 Siehe 16 C.F.R. § 429.1.

3115 Siehe dazu auch die Legaldefinition für door-to-door-sales 16 C.F.R. § 429.0 (a).

3116 Siehe 16 C.F.R. § 429.1 (a).

3117 Siehe 16 C.F.R. § 429.1 (b).

3118 Siehe 16 C.F.R. § 429.1 (e).

3119 Z.B. Arkansas, Ark. Stat. Ann. §§ 4-89-101ff; Alaska, Alaska Stat. § 45.63.030; Arizona, Ariz. Rev. Stat. § 44-5001ff; California, Cal. Civil Code §§ 1689.1ff; Colorado, Colo. Rev. Stat. §§ 5-3-401ff; Delaware, Del. Code tit. 6 §§ 4401ff; Florida, Fla. Stat. Ann. §§ 501.021ff; Georgia, Georgia Code §§ 10-1-6ff; Hawaii, Hawaii Rev. Stat. §§ 481C-1ff; Idaho, Idaho Code §§ 28-43-401ff; Illinois, 815 ILCS § 505/2B; Iowa, Iowa Code §§ 555A.1ff; Indiana, Ind. Code Ann. §§ 24-4.5-2-501f, §§ 24-5-10-1ff; Kansas, Kan. Stat. Ann. § 50-640; Kentucky, Ky. Rev. Stat. Ann. §§ 367-410ff; Louisiana, La. Rev. Stat. Ann. §§ 9:3538ff; Maine, Me. Rev. Stat. Ann. Tit. 32 §§4661ff, Tit. 9A, §§ 3-501ff; Maryland, Md. Com. Law Code Ann. §§ 14-301ff; Massachusetts, Mass. Gen. Laws Ann. Ch. 93 § 48; Michigan, M.C. §§ 445.112ff; Minnesota, Minn. Stat. §§ 325G.06ff; Mississippi, Miss. Code Ann. §§ 75-66-1ff; Missouri, Mo. Rev. Stat. §§ 407.700ff; Montana, Mont. Code Ann. §§ 30-14-501ff; Nebraska, Neb. Rev. Stat. §§ 69-1601ff; Nevada, Nev. Rev. Stat. §§ 598.140ff; New Hampshire, N.H. Rev. Stat. Ann. §§ 361-B:1ff; New Jersey, N.J. Rev. Stat. Ann. §§ 17:16C-61.1ff; North Carolina, N.C. Gen. Stat. §§ 25A-38f; Ohio, Ohio Rev. Code Ann. §§ 1345.21ff; Oklahoma, Okla. Stat. Ann. Tit. 14A §§ 2-501ff; Rhode Island, R.I. Gen. Laws §§ 6-28-1ff; Tennessee, Tenn. Code Ann. §§ 47-18-701ff; Washington, Wash. Rev. Code Ann. §§ 63.14.040ff; Wisconsin, Wis. Stat. Ann. §§ 423.201ff; Wyoming, Wyo. Stat. § 40-12-104.

3120 Vgl. dazu Sheldon/Carter, S.399.

3121 Z.B. Delaware, Del. Code tit. 6 §§ 4401ff und Hawaii, Hawaii Rev. Stat. §§ 481C-1ff.

3122 Z.B. Arizona, Ariz. Rev. Stat. § 44-5001ff; Idaho, Idaho Code §§ 28-43-401ff; Kansas, Kan. Stat. Ann. § 50-640; Oklahoma, Okla. Stat. Ann. Tit. 14A §§ 2-501ff; Wyoming, Wyo. Stat. § 40-12-104.

die allerdings nur im Detail von den bundesrechtlichen Vorschriften abweichen.[3123] Die FTC-Regelung überlagert dabei die einzelstaatlichen Vorschriften soweit diese einen geringeren Schutzstandard festschreiben. Das bedeutet, im Rahmen der *door-to-door sales* besteht durch die Cooling Off Period Rule ein Mindestschutzstandard, der einheitlich für Bundesrecht und einzelstaatliches Recht gilt.[3124]

Grund für dieses außerordentlich Recht ist erstens, dass Geschäfte an der Haustüre für den Verbraucher zunächst überraschend sind und der Verbraucher keine Rückzugsmöglichkeit von dem aufgedrängten Vertreterbesuch hat. Zweitens kann der Unternehmer bei Haustürgeschäften, aufgrund des physischen Kontakts, eine besonderen Druck auf den Verbraucher ausüben und einen regelrechten Kaufzwang erzeugen. Durch das Widerrufsrecht soll einerseits dem Verbraucher eine Überlegungsfrist eingeräumt werden, die es ihm erlaubt, Vor- und Nachteile des „aufgedrängten" Geschäfts noch einmal zu überdenken. Andererseits soll dies die Unternehmer disziplinieren, im Rahmen solcher Vertreterbesuche keine aggressiven Praktiken zu verwenden und den Verbraucher nicht zu überrumpeln. Denn damit riskiert der Unternehmer, dass der Verbraucher sein Widerrufsrecht ausübt und die Aufwendungen des Unternehmers, die er zum Abschluss des Vertrages eingesetzt hat, umsonst waren.[3125]

Vergleichbare Situationen entstehen, wenn der Verbraucher in anderen Örtlichkeiten von dem Unternehmer aufgesucht wird, die ebenso zum Rückzug bestimmt sind zumindest nicht regelmäßig zum geschäftlichen Kontakt genutzt werden, wie das Hotelzimmer, der Arbeitsplatz oder ein anderer temporärer Aufenthaltsort.[3126] Die FTC-Regel und die einzelstaatlichen Regelungen finden deshalb auch auf Geschäfte Anwendung, wenn der Unternehmer den Vertreterbesuch an solchen Orten abstattet.[3127]

Fraglich ist, ob sich der Verbraucher auch im Online-Handel in einer vergleichbaren Lage befindet. Zwar schließt der Verbraucher Online-Geschäfte i.d.R. vom heimischen PC aus ab, es fehlt hierbei aber an der erst durch den physischen Kontakt zwischen Verbraucher und Unternehmer entstehenden Einflussmöglichkeit des Unternehmers. Der fehlende Kontakt ermöglicht es dem Unternehmer nicht, auf die gleiche Weise Druck und Kaufzwang zu erzeugen. Der Verbraucher entscheidet im Internet vielmehr selber mit welchen Angeboten er sich längerfristig auseinander setzen will. Dem Verbraucher verbleibt bei Online-Geschäften außerdem stets eine Rückzugsmöglichkeit, indem er selbst über die Dauer seines Internetaufenthaltes entscheidet. Es besteht also im elektronischen Geschäftsverkehr für den Verbraucher keine mit Haustürgeschäften vergleichbare Risikolage. Wie oben dargelegt, sind Online-Geschäfte außer-

---

3123 Z.B. wird nach dem Gesetz von North Dakota das Widerrufsrecht auf vierzehn Tage erweitert, wenn das Haustürgeschäft mit einem Senioren abgeschlossen wird, der 65 Jahre und älter ist, N.D. Cent. Code §§ 51-18-02, 51-18-04. Nach dem Gesetz von Alaska gilt allgemein ein siebentägiges Widerrufsrecht, Alaska Stat. § 45.63.030.

3124 S.a. 16 C.F.R. § 429.2 (b), vgl. auch Sheldon/Carter, S.399.

3125 Vgl. Marsh, S.53; Sheldon/Carter, S.398.

3126 Nach der Legaldefinition 16 C.F.R. § 429.0 (a) muss es sich um einen Ort handeln, an dem der Unternehmer nicht seinen regelmäßigen Geschäftsbetrieb hat.

3127 Vgl. Sheldon/Carter, S.398. Daneben nennt 16 C.F.R. § 429.3 einige Ausnahmetatbestände, wie z.B. Geschäfte über Kraftfahrzeuge.

dem stets als Versandgeschäfte zu qualifizieren.[3128] Die FTC-Regelung findet aber ausdrücklich nicht auf „*mail order sales*“ Anwendung,[3129] so dass eine Anwendung des gesetzlichen Widerrufsrechts nach der Cooling Off Period Rule im Online-Handel im Ergebnis zu verneinen ist. Dasselbe gilt ebenso für die Widerrufsrechte nach den einzelstaatlichen *door-to-door sales laws*.[3130]

bb) Anwendbarkeit des gesetzlichen Widerrufsrechts beim Telemarketing

Im Gegensatz zu der FTC-Regelung im Rahmen von Telemarketing Transaktionen,[3131] sehen einige *state telemarketing statutes* Widerrufsrechte des Verbrauchers vor,[3132] die dem Verbraucher ebenfalls eine dreitägige Überlegungsfrist mit der Option einräumen, den am Telefon geschlossenen Vertrag wieder rückgängig zu machen.[3133] Dabei bestimmen die einzelstaatlichen Regelungen höchst unterschiedliche Begrenzungen für den Anwendungsbereichs des jeweiligen Gesetzes. Einige dieser Vorschriften enthalten ausdrückliche Anwendungsbeschränkungen für Geschäfte, die über das Telefon geschlossen wurden.[3134] Das Widerrufsrecht dieser Vorschriften lässt sich daher nicht auf andere Fernkommunikationsmittel, wie das Internet, übertragen. Die meisten einzelstaatlichen Regelungen zum Telemarketingrecht bestimmen hingegen eine großzügige Auslegung des Begriffs der „*telephone order sales*“ und regeln gleichzeitig in

---

3128 Siehe dazu oben, 2.Kapitel, B., II., 2., b), aa), (2), (c).

3129 Siehe 16 C.F.R. § 429.0 (a) (4): “(...) The term door-to-door sale does not include a transaction: (4) Conducted and consummated entirely by mail or telephone; and without any other contact between the buyer and the seller or its representative prior to delivery of the goods or performance of the services.” Daneben bestimmt 16 C.F.R. § 429.0 (a) weitere Ausnahmen, etwa wenn im Wege einer Vertragsverhandlung ein Teil der Verhandlungen bei dem Verbraucher zu hause statt findet (16 C.F.R. § 429.0 (a) (1)), oder der Verbraucher nach dem Consumer Credit Protection Act (15 U.S.C. § 1635) bereits mit einem Widerrufsrecht ausgestattet ist (16 C.F.R. § 429.0 (a) (2)); vgl. auch Sheldon/Carter, S.401.

3130 Dies gilt soweit tatsächlich bis zur Lieferung der Ware kein physischer Kontakt zwischen Verbraucher und Unternehmer stattgefunden hat, s.a. Smaldino v. Larsick, 90 Ohio App. 3d 691, 630 N.E.2d 408 (1993).

3131 S.a. 16 C.F.R. § 310.

3132 Siehe z.B. Alabama, Ala. Code §§ 8-19A-1ff; Alaska, Alaska Stat. § 45.63.010; Arizona, Ariz. Rev. Stat. Ann. § 44-1271ff; California, Cal. Bus & Prof. Code § 17511ff; Delaware, Del. Code Ann. Tit. 6 §§ 4401ff; Idaho, Idaho Code §§ 48-1001ff; Louisiana, La. Rev. Stat. Ann. §§ 45:821ff; New York, N.Y. Pers. P. Law §§ 440ff, N.Y. Gen. Bus. Law § 399P, PP; North Dakota, N.D. Cent. Code Ch. 51-18; Oklahoma, Okla. Stat. Ann. Tit. 15 Ch. 775A; Utah, Utah Code Ann. § 13-26-1ff; Virginia, Va. Code §§ 59.1-21.1ff; West Virginia, W. Va. Code Ann. §§ 46A-6F-101ff; Wisconsin, Wis. Stat. Ann. §§ 423.201ff; Wyoming, Wyo. Stat. §§ 40-14-251ff.

3133 Lediglich in West Virginia und Alaska muss ein siebentägiges Widerrufsrecht eingeräumt werden (West Virginia, W. Va. Code Ann. §§ 46A-6F-101ff; Alaska Stat. § 45.63.010). In Oklahoma ist die Widerrufsfrist nicht bestimmt, es muss sich lediglich um einen spezifizierten Zeitraum handeln, d.h. sie muss in angemessener Weise von dem Anbieter festgelegt werden, Oklahoma, Okla. Stat. Ann. Tit. 15 Ch. 775A.

3134 Z.B. Delaware, Del. Code Ann. Tit. 6 §§ 4401ff; Louisiana, La. Rev. Stat. Ann. §§ 45:821ff; Arizona, Ariz. Rev. Stat. Ann. § 44-1271ff; New York, N.Y. Pers. P. Law §§ 440ff, N.Y. Gen. Bus. Law § 399; West Virginia, W. Va. Code Ann. §§ 46A-6F-101ff. Die Gesetze beschränken dabei den Anwendungsbereich teilweise auf bestimmte kommerzielle Telefonanrufe.

einer Liste von Ausnahmetatbeständen spezielle Geschäftsbereiche und Produkte, auf die die Regelungen keine Anwendung finden sollen.[3135]

Im Rahmen der Frage, ob diese einzelstaatlichen Bestimmungen auf den Online-Handel anwendbar sind, ist zunächst festzustellen, dass sämtliche dieser Vorschriften Internetgeschäfte weder ausdrücklich vom Anwendungsbereich ausschließen noch positiv in den Legaldefinitionen miteinbeziehen.[3136] Ob ein einzelstaatliches Telemarketingrecht auch den Online-Handel erfasst, hängt davon ab, wie weit oder eng der Begriff der „*telemarketing sales*" auszulegen ist. Wie oben bereits dargelegt, wurde aber im Rahmen der Telemarketing-Regelungen bereits eine Anwendbarkeit auf die E-Mail-Kommunikation verneint,[3137] da das Schutzbedürfnis des Verbrauchers im elektronischen Handel geringer eingeschätzt wurde. Grund für die Festlegung zusätzlicher Verbraucherrechte, wie dem Widerrufsrecht, ist im Bereich des Telemarketings nicht allein die Distanz zwischen Verbraucher und Unternehmer bei Telefongeschäften, sondern der zeitliche und finanzielle Aufwand, der durch das aufgedrängte Verkaufsgespräch entsteht und der Überrumpelungscharakter dieser Marketingform. Bei Internetgeschäften besteht aber keine vergleichbare belästigende Situation für den Verbraucher. Dementsprechend wird, auch ohne eine ausdrückliche Ausgrenzung von online geschlossenen Verträgen, in den meisten einzelstaatlichen Regelungen keine Anwendung auf das Telemarketingrecht des jeweiligen Staates in Betracht kommen. Hinzu kommt, dass auch die bundesrechtlichen Vorschriften und die FTC-Regelung über das Telemarketing keine Anwendung auf den elektronischen Geschäftsverkehr finden.[3138] Insbesondere die Staaten, die sich bei der Auslegung ihrer Verbraucherschutzgesetze eng an die Bundesvorschriften anlehnen,[3139] werden daher eine Erweiterung auf online geschlossene Verträge verneinen.

Fraglich ist die Anwendung der Telemarketingregelungen allerdings in zwei Staaten. Nach dem Gesetz von Wisconsin finden die Regelungen auf alle „*mail or telephone order sales*" Anwendung.[3140] Nachdem oben festgestellt wurde, dass auch Internetgeschäfte zu den „Versandgeschäften" zählen, könnte sich aus der Formulierung des Gesetzes auch eine Erweiterung auf Online-Geschäfte ableiten lassen. Das Gesetz von Kalifornien beschränkt den Anwendungsbereich auf „*telephone sales*".[3141] Gleichzeitig bestimmt das kalifornische Verbraucherschutzgesetz auch eine Anwendung der Vor-

3135 Z.B. Alabama, Ala. Code §§ 8-19A-1ff; Alaska, Alaska Stat. § 45.63.010; Idaho Code §§ 48-1001ff; North Dakota, N.D. Cent. Code Ch. 51-18; Oklahoma, Okla. Stat. Ann. Tit. 15 Ch. 775A; Utah, Utah Code Ann. § 13-26-1ff; Virginia, Va. Code §§ 59.1-21.1ff; Wisconsin, Wis. Stat. Ann. §§ 423.201ff; Wyoming, Wyo. Stat. §§ 40-14-251ff.

3136 Lediglich das Telemarketinggesetz von Georgia enthält eine ausdrückliche Erweiterung auf Internettransaktionen, siehe Georgia, Ga. Code Ann. §§ 10-5B-1ff.

3137 Vgl. zur Diskussion Bennett, 32 University of Richmond Law Review, S.545ff (562ff); Fogo, 18 The John Marshall Journal of computer information law, S.915ff (930ff).

3138 Vgl. dazu die Ausführungen zur Anwendbarkeit des Telephone Consumer Protection Act (47 U.S.C. § 227) auf elektronische Kommunikation via E-Mail, 2.Kapitel, B., I., 1., a), cc), (2), (d); nach dem eindeutigen Wortlaut der Legaldefinition des „Telemarketing"-Begriffs der FTC-Regel (16 C.F.R. § 310) gilt dies auch für die behördlichen Vorschriften.

3139 Z.B. Arizona, Ariz. Rev. Stat. Ann. § 44-1522 C.

3140 Siehe Wisconsin, Wis. Stat. Ann. §§ 423.201 (1) (a).

3141 Siehe California, Cal. Bus. & Prof. Code § 17511.1. (a).

schriften auf den Internet-Handel.[3142] Inwieweit eine solche Erweiterung des Anwendungsbereichs möglich ist und nach dem Recht dieser beiden Staaten dann auch ein Widerrufsrecht des Verbrauchers im Online-Handel besteht, ist aber, soweit ersichtlich, noch nicht Gegenstand gerichtlicher Auseinandersetzung gewesen, so dass sich dies im Ergebnis nicht eindeutig beantworten lässt.

Festzuhalten bleibt, dass die gesetzlichen Widerrufsrechte im Rahmen des einzelstaatlichen Telemarketingrechts i.d.R. keine Anwendung auf online geschlossene Verbrauchsgüterverträge finden.

cc) Vertraglich eingeräumte Widerrufsrechte im Online-Markt

Widerrufsrechte können, in Abwesenheit einer gesetzlichen Regelung, auch vertraglich eingeräumt werden. Auf dem US-amerikanischen Markt hat sich die Gewährung solcher „zusätzlichen" Beseitigungsrechte des Verbrauchers bereits im regulären Handel durchgesetzt. Beim Warenkauf an der Ladentheke wird dem Kunden i.d.R. ein Rückgaberecht oder Umtauschrecht angeboten, dass er innerhalb eines bestimmten Zeitraumes ausüben kann (*refund, return or cancellation policies*)[3143]. Dabei muss der Kunde regelmäßig ein bestimmtes durch den Verkäufer vorgegebenes Verfahren einhalten.

Bei der Untersuchung von verschiedenen Webshops[3144] hat sich herausgestellt, dass die meisten US-amerikanischen Warenanbieter im Netz ihren Kunden ebenfalls überobligatorisch ein vertragliches Widerrufsrecht einräumen.[3145] Das Widerrufsrecht kann ohne Angabe von Gründen innerhalb einer bestimmten Frist, meist von dreißig Tagen,[3146] ausgeübt werden. Teilweise wird diese Frist sogar bis zu neunzig Tage gewährt.[3147] Dabei werden i.d.R. nur Waren zurückgenommen, die original verpackt oder ungeöffnet zurückgesendet werden.[3148] Der Verbraucher kann das Widerrufsrecht nur durch Rücksendung ausüben und muss dabei stets ein bestimmtes Rückabwicklungsverfahren einhalten.[3149]

3142 Vgl. California, Cal. Bus & Prof. Code § 17500. Siehe dazu auch Sheldon/Carter, Appendix E, der das kalifornische Telemarketingrecht für anwendbar hält, s.a. Sheldon/Carter, S.890.

3143 Im folgenden return policies.

3144 In der Untersuchung von Zehentner (S.205f) wurden zwanzig Webshops von US-Anbietern untersucht.

3145 Sämtliche der von Zehentner untersuchten Webshops bieten eine sog. return, refund oder cancellation policy an, so z.B. amazon.com, overstock.com, altechbooks.com, truevalue.com, walmart.com und nike.com. Diese Webseiten wurden noch einmal auf ihre aktuellen policies hin überprüft. Die return policies sind meist am Ende der Seite unter dieser Bezeichnung zu finden (vgl. z.B. amazon.com, overstock.com und walmart.com). Teilweise sind sie aber auch „versteckt" in der Hilfeoption oder in einem anderen Link (altechbooks.com, music123.com).

3146 Siehe z.B. amazon.com, overstock.com und nike.com.

3147 Siehe z.B. walmart.com, sears.com, kmart.com.

3148 Siehe z.B. amazon.com, overstock.com, nike.com.

3149 Meist ist eine Rücksendung per Post oder eine Rückgabe in einer der Filialen des jeweiligen Unternehmens möglich. Die Verbraucher müssen dabei bestimmte Lieferdienste einsetzen und müssen bestimmte Rückgabeformulare verwenden, siehe z.B. die Angaben bei amazon.com, kmart.com.

In vielen Fällen wird dem Verbraucher „*full refund*" angeboten. Tatsächlich muss er aber meist, neben Versand- und Rücksendekosten, auch Aufwendungs- oder Bearbeitungsgebühren in Kauf nehmen.[3150] In einigen wenigen Fällen wird nur eine Teilsumme des Kaufpreises zurückerstattet, teilweise wird bis zu 20 % des Kaufpreises für eine Art „Rückgabegebühr" verlangt (*restocking fee*).[3151] Andere gewähren als Ersatz nur einen Warengutschein für die zurückgegebene Ware.[3152]

Meist bestimmen die *policies* auch bestimmte Produkte, für die das Widerrufsrecht nicht gelten soll. Dazu gehören häufig verderbliche Waren, bestimmte elektronische Produkte, heruntergeladene Software und solche, die bereits aus ihrer Verpackung genommen wurde, nach Kundenspezifikation angefertigte Ware sowie bestimmte Bekleidungsstücke.[3153]

Damit haben sich auf dem neuen elektronischen Markt dieselben Regulierungsmechanismen, wie im nicht-elektronischen Handel, durchsetzen können. Zwar ist die Einräumung des Widerrufsrechts im US-amerikanischen Recht nicht gesetzlich verpflichtend, das bedeutet aber nicht, dass keine gesetzlichen Anforderungen an *return policies* gestellt werden. Als Bestandteil der Online-Werbung und der Marktpraktiken im Online-Handel ist die Verwendung von *return policies* der grundsätzlichen Überwachung der bundesrechtlichen und einzelstaatlichen Regulierungskörper unterstellt.[3154]

dd) Gesetzliche Anforderungen an vertragliche Widerrufsrechte

(1) Anforderungen an die return policies im Bundesrecht

Die FTC hat bezüglich der Anforderungen an „*return policies*" keine zusätzlichen Vorschriften geschaffen. Da die freiwillig eingeräumten Widerrufsrechte aber als Werbe- und Marketingzwecken zur Verbesserung der Kundenbindung eingesetzt werden, muss der Online-Warenanbieter die oben dargestellten Anforderungen an Werbeaussagen, insbesondere den Grundsatz der Wahrheit der Werbung, beachten.[3155] Das bedeutet vor allem, dass die *return policies* nicht irreführend oder unvollständig dargestellt werden dürfen.[3156] Ebenso wenig darf mit einem Widerrufsrecht geworben

---

3150 Z.B. verlangt kmart.com eine nicht näher definierte Gebühr, deren Höhe sich nach dem jeweiligen Produkt richtet.

3151 Z.B. veranschlagt overstock.com bei einer Rückgabe entweder $ 5,- oder bis zu 15% des Kaufpreises, ähnlich auch sears.com. Amazon.com gewährt nur Teilzahlungen zurück, wenn die Ware geöffnet oder verwendet wurde. Nike.com hingegen schließt bei verwendeter Ware das Rückgaberecht vollständig aus.

3152 Einen sog. store credit gewährt z.B. barnesandnoble.com. Bei walmart.com wird für bestimmte Produkte nur ein Warengutschein angeboten.

3153 Siehe dazu z.B. die Ausnahmen bei amazon.com, nike.com, overstock.com. Amazon.com z.B. schließt die Rückgabe bestimmter elektronischer Produkte aus; overstock.com schließt Bademode und fabrik-verpackte Sportsets aus.

3154 Also den Verbraucherschutzbehörden, vor allem der FTC und den attorneys general der Einzelstaaten sowie den Gerichten bei Klage gegen einen werbenden Unternehmer der Behörden oder im einzelstaatlichen Recht auch des Konsumenten.

3155 Siehe dazu die Ausführungen zu der Regulierung von Werbepraktiken auf Bundesebene, 2.Kapitel, B., I., 1., a), aa).

3156 Siehe z.B. Ujena, Inc., 111 F.T.C. 699 (1989) (consent order); vgl. Sheldon/Carter, S.256f.

werden, wenn ein solches Recht nicht oder nicht in dem versprochenen Umfang gewährt wird. Soweit der Anbieter sich im Netz solcher Verfahren bedient, hat er das Widerrufsrecht und die Bedingungen der Inanspruchnahme dieses Rechts dem Verbraucher vor Vertragsschluss klar und verständlich darzulegen.[3157] Eine nachträgliche Information heilt dabei falsche oder unvollständige Angaben nicht.[3158] Die Informationspflicht betrifft insbesondere Angaben über die Widerrufsfrist, das Verfahren, das der Verbraucher bei Ausübung des Widerrufs einhalten muss, etwaige Beschränkungen, wie z.B. die Erhebung von Stornogebühren und die Folgen eines Widerrufs, insbesondere der Umfang der zurückzugewährenden Leistungen. Der Anbieter muss dabei gleichzeitig auch die Anforderungen an die Transparenz von Informationen im Netz einhalten, wie sie von der FTC-Richtlinie[3159] vorgegeben wurden, d.h. die Informationen müssen auffällig, leicht erkennbar und in unmittelbarer Nähe des Werbetextes platziert sein. Die Angaben können aber auch durch einen Hyperlink verfügbar gemacht werden, wenn dieser ebenso leicht auffindbar ist und eindeutig im Kontext mit dem Online-Angebot steht.[3160] Die heute gängige Praxis, die *return policies* am Ende der Webseite durch einen Link zu präsentieren, dürfte diesen Anforderungen genügen.[3161] Fraglich ist dies aber bei den Webseiten, bei denen die Informationen, hinter verschiedenen Verknüpfungen versteckt, in einer sachfremden Menüoption dargestellt werden.[3162]

Verfehlungen gegen diese Bestimmungen stellen wiederum eine unlautere oder irreführende Marktpraktik nach Section 5 FTCA dar. Die zusätzlichen Informationen aus einer *written warranty* müssen hingegen nicht mitgeteilt werden, denn das vertragliche eingeräumte Widerrufsrecht stellt keine schriftliche Zusicherung über die Eigenschaften eines Produkts im Sinne einer *written warranty* dar.[3163]

(2) Anforderungen an die return policies im einzelstaatlichen Recht

Anders als im Bundesrecht, haben einige Einzelstaaten Sonderbestimmungen für die Einräumung von *return policies* normiert.[3164] Diese Staaten leiten die Notwendigkeit einer gesetzlichen Regulierung aus der wachsenden Bedeutung solcher zusätzlich eingeräumten Widerrufsrechte im US-amerikanischen Markt und der besonderen Gefahren einer Irreführung, aufgrund der hohen Attraktivität solcher Rechte, ab.[3165]

3157 FTC, "Summary of FTC public workshop Consumer Protection in the Global Electronic Marketplace", S.10; vgl. zur Informationspflicht im regulären Handel z.B. Kustom Enterprises Inc., 85 F.T.C. 840 (1975) (consent order).

3158 Vgl. Sheldon/Carter, S.256f.

3159 FTC, „Staff Issues Guidelines on Internet Advertising Dot Com Disclosures“ Part 1-3.

3160 Siehe dazu die Ausführungen zum Online-Transparenzgebot, 2.Kapitel, B., II., 2., c).

3161 Vgl. z.B. amazon.com, overstock.com und walmart.com.

3162 Fraglich ist insoweit die Darstellung bei altechbooks.com und music123.com.

3163 S.a. 16 C.F.R. § 700.3 (b).

3164 Siehe Connecticut, Conn. Agencies Regs. §§ 42-110aa, 42-110b; Maryland, Md. Regs. Code Tit. 2., Ch. 05.01ff; Massachusetts, Mass. Regs. Code Tit. 940 § 3.13B; Utah, Utah Admin. Rules 152-2-10; Vermont, Consumer Fraud Rules, VCFR 106.

3165 Vgl. z.B. die gesetzgeberischen Erwägungsgründe in Maryland, Md. Regs. Code Tit. 2., Ch. 05.02.

Die einzelstaatlichen Regelungen gelten für den gesamten Warenhandel unabhängig von der Vertriebsform oder dem Einsatz eines Fernkommunikationsmittels. Demgemäß lassen sich die Anforderungen auf online eingeräumte *return policies* übertragen.[3166] Dabei verfolgen die Einzelstaaten teilweise unterschiedliche Regulierungsansätze. Nach dem Gesetz von Maryland ist es unlauter, wenn der Verbraucher nicht in einem Vertragsdokument oder auf der Verpackung des Produkts klar und verständlich über eine bestehende oder nicht-bestehende *return policy* informiert wird.[3167] Die Information muss alle notwendigen Angaben für die Inanspruchnahme des Umtausch- oder Rückgaberechts enthalten, insbesondere die Befristung des Rechts und die Art der zurückzugewährenden Leistungen.[3168] Ebenso wie in den übrigen einzelstaatlichen Regelungen,[3169] werden dabei Geschäfte mit bestimmten Produkten von dem Anwendungsbereich ausgeschlossen. Das betrifft insbesondere Lebensmittel und andere verderblichen Waren sowie Produkte, die auf Bestellung des Verbrauchers angefertigt werden.[3170]

Eine ähnliche Bestimmung enthält auch das Gesetz von Massachusetts, wonach es unzulässig ist, entweder nicht klar und verständlich über eine *return policy* zu informieren oder irreführende Angaben über die eingeräumten Rechte zu machen.[3171] Das Gesetz bestimmt darüber hinaus ausdrücklich auch die Unzulässigkeit einer mangelhaften Erfüllung der Rückgaberechte.[3172]

Nach dem Gesetz von Utah ist es irreführend, dem Verbraucher keine Beseitigungsrechte bei fehlerfreien und neuen Produkten einzuräumen, wenn der Unternehmer nicht entweder bei Abschluss des Geschäfts klar und unmissverständlich darauf hingewiesen wurde oder es sich um verderbliche Waren oder Auftragsanfertigungen handelt.[3173] Das Gesetz sieht für Internetgeschäfte vor, dass der Hinweis auf das fehlen einer *return policy* vor Vertragsschluss durch eine textlich fixierte Information gegeben werden muss.[3174] Die versprochenen Rückzahlungen müssen innerhalb von dreißig Tagen nach der Zahlung des Kaufpreises erfolgen, wenn eine längere Frist nach den Umständen des Einzelfalls unangemessen erscheint.[3175] Bei der Bemessung der zurückzuzahlenden Beiträge kann der Unternehmer auch seine Aufwendungen und

---

3166 Hinweise darauf enthalten die Gesetze von Utah (Utah Admin. Rules 152-2-10B. (2) (a) (ii): "adequate verbal or written disclosure if the transaction occurs through (...) via e-mail, or over the internet;") und Vermont (Consumer Fraud Rules CF 106.01: "(...) refund policy must be conspiciously placed on a sign located at the point of display (...)").

3167 Siehe Maryland, Md. Regs. Code Tit. 2., Ch. 05.04.

3168 Vgl. Maryland, Md. Regs. Code Tit. 2., Ch. 05.01.

3169 S.a. Connecticut, Conn. Agencies Regs. §§ 42-110aa (d), 42-110b; Utah, Utah Admin. Rules 152-2-10.B. (2) (b); Vermont, Consumer Fraud Rules VCFR 106.02.

3170 Siehe Maryland, Md. Regs. Code Tit. 2., Ch. 05.05., danach werden aber auch Geschäfte über andere Produkte ausgeschlossen, die nicht widerverkäuflich sind.

3171 Vgl. Massachusetts, Mass. Regs. Code Tit. 940 § 3.13B (4) (a), (b).

3172 Siehe Massachusetts, Mass. Regs. Code Tit. 940 § 3.13B (4) (c).

3173 Siehe Utah, Utah Admin. Rules 152-2-10.B. (2) (a), (b).

3174 S.a. Utah, Utah Admin. Rules 152-2-10.B. (2) (a) (ii).

3175 Siehe Utah, Utah Admin. Rules 152-2-10.C. (2).

Gebühren berücksichtigen, wenn er bei der Information über die *return policy* auf diese Kosten hingewiesen hat.[3176]

Der Consumer Fraud Act von Vermont bestimmt in ähnlicher Weise ein Verbot, dem Verbraucher Rückgaberechte zu versagen, wenn der Verbraucher auf das Fehlen dieser Rechte nicht hingewiesen wurde.[3177] Der Verbraucher muss die Ware aber in einem Geschäftsbetrieb des Unternehmers oder einer anderen vom Unternehmer zum Vertrieb eingesetzten Stelle erwerben und sie rechtzeitig zurückgeben oder zurücksenden.[3178]

Schließlich räumt das Gesetz von Connecticut dem Verbraucher z.T. ein „echtes" gesetzliches Widerrufsrecht ein. Der Unternehmer hat dem Verbraucher danach unbedingt ein Rückgaberecht einzuräumen. Allerdings muss der Verbraucher dabei im Rahmen der Rückgabe die *return policies* des Unternehmers beachten, er hat das Produkt innerhalb der dort vorgegebenen Zeit und in dem vorgegebenen Zustand abzugeben. Der Unternehmer ist verpflichtet, dem Verbraucher entweder eine Rückzahlung des gezahlten Kaufpreises oder einen Warengutschein anzubieten. Zudem hat der Unternehmer alle wesentlichen Angaben über die *return policies* bei Vertragsschluss mitzuteilen.[3179] Er kann aber bei bestimmten Produkten eine Ausnahme von dem Rückgaberecht vorsehen, wenn in den Informationen über die *refund policies* ein Hinweis darüber enthalten ist.[3180]

Damit gehen die einzelstaatlichen Regelungen bezüglich der *return policies* teilweise über die bundesrechtlichen Regelungen hinaus. Insbesondere die Bestimmungen in Utah, Vermont und Connecticut sehen nicht nur Informationspflichten für den Fall des Bestehens von Rückgaberechten vor, sondern legen bei Vorliegen bestimmter Voraussetzungen Beseitigungsrechte des Verbrauchers gesetzlich fest.

Da diese Regelungen in den USA eher die Ausnahme sind, verbleiben dem Verbraucher im US-amerikanischen Recht meist aber „nur" die vertraglich eingeräumten Widerrufsrechte, die von dem Unternehmer freiwillig und nach seinen Vorstellungen gewährt werden. Es bestehen überwiegend lediglich gesetzliche Informationspflichten, wenn der Unternehmer solche Rechte einräumt.

2. Nachvertraglicher Verbraucherschutz im deutschen Recht

Neben den Rechten aus Leistungsstörung und Gewährleistung ergeben sich im deutschen Recht besondere nachvertragliche Verpflichtungen des Unternehmers aus dem Fernabsatzrecht, das ja auch auf Online-Warenkaufverträge Anwendung findet[3181]. Das deutsche Fernabsatzrecht gründet dabei auf der europäischen Fernabsatzrichtlinie[3182], dementsprechend sind die Vorgaben der Richtlinie auch bei der Auslegung der

3176 Siehe Utah, Utah Admin. Rules 152-2-10.C. (1).

3177 Vgl. Vermont, Consumer Fraud Rules, VCFR 106.01.

3178 Das bedeutet, auch die von dem Unternehmer zum Vertrieb genutzte Webseite kann Ort des Vertragschlusses sein, vgl. Vermont, Consumer Fraud Rules, VCFR 106.01.

3179 Siehe Connecticut, Conn. Agencies Regs. §§ 42-110aa (a).

3180 Siehe Connecticut, Conn. Agencies Regs. §§ 42-110aa (d).

3181 Siehe dazu die Ausführungen zur Anwendbarkeit des Fernabsatzrechts gemäß § 312b BGB, 2.Kapitel,m B., II., 3., a), aa), (1)

3182 Richtlinie 97/7/EG vom 20.5.1997.

deutschen Vorschriften zu berücksichtigen.[3183] Im folgenden soll untersucht werden, welche Erfüllungspflichten den Unternehmer im Rahmen von Fernabsatzverträgen treffen, ob und inwieweit nachträgliche Informationspflichten bestehen und inwieweit dem Verbraucher ein Widerrufsrecht für derartige Geschäfte eingeräumt wird.

a) Erfüllungspflichten des Unternehmers im Fernabsatzrecht

Die Fernabsatzrichtlinie regelt in Artikel 7 besondere Anforderungen an die Erfüllungsleistung des Unternehmers in Fernabsatzgeschäften und stellt damit ein Novum im europäischen Verbrauchervertragsrecht dar.[3184] Der deutsche Gesetzgeber hat allerdings die Umsetzungsbedürftigkeit dieser Bestimmungen in nur eingeschränktem Maße bejaht, da das deutsche Schuldrecht überwiegend den Vorgaben entspreche, teilweise auch darüber hinausgehe.[3185] Zu fragen ist demnach, welche Anforderungen die Richtlinie an die Lieferung des Unternehmers stellt und wie diesen Vorgaben im deutschen Recht entsprochen wird.

aa) Umsetzung des Artikel 7 I FARL in deutsches Recht

Nach Artikel 7 I FARL muss der Unternehmer im Rahmen von Fernabsatzgeschäften mit einem Verbraucher die Waren innerhalb von dreißig Tagen liefern, sofern die Parteien nichts anderes vereinbart haben. Die dreißigtägige Frist beginnt mit dem Tag, der auf die Übermittlung der Bestellung des Verbrauchers an den Unternehmer folgt. Im deutschen Recht bestimmt § 271 I BGB für die Leistungszeit bei Schuldverhältnissen, dass, in Ermangelung einer anderweitigen Vereinbarung,[3186] eine Leistung sofort zu bewirken ist, d.h. der Gläubiger ist berechtigt, die Leistung unmittelbar nach dem Vertragsschluss zu verlangen, und der Schuldner kann diese sofort bewirken. Zwar ist damit nicht gewährleistet, dass eine vereinbarte Lieferzeit dreißig Tage nicht übersteigt. Dies wird aber auch nicht von den Vorgaben der Richtlinie verlangt, denn die Frist von dreißig Tagen tritt nur ein, wenn die Parteien nichts anderes vereinbart haben. Nach der Richtlinie ist es daher ohne weiteres möglich, auch eine längere Lieferfrist zu vereinbaren.[3187] Im deutschen Recht wird der Verbraucher bezüglich der Vereinbarung eines Liefertermins zusätzlich dadurch geschützt, dass nach § 308 Nr.1 BGB eine Klausel unwirksam ist, wenn sich daraus eine unangemessen lange[3188] oder

3183 Siehe dazu oben die Ausführungen zur Notwendigkeit einer richtlinienkonformen Auslegung, 1.Kapitel, B., I., 1., und II., 1.

3184 Siehe Regierungsbegründung zum Fernabsatzgesetz (BT-Drucks. 14/2658), S.18; vgl. auch Reich, EuZW 1997, S.581ff (585).

3185 Siehe Regierungsbegründung zum Fernabsatzgesetz (BT-Drucks. 14/2658), S.18f.

3186 Vgl. zur Auslegung einer solchen Vereinbarung, Volkommer in: Jauernig, BGB-Komm., § 271, Rn.7; Heinrichs in Palandt, BGB-Komm., § 271, Rn.4.

3187 Vgl. Regierungsbegründung zum Fernabsatzgesetz (BT-Drucks. 14/2658), S.18; Kamanabrou, WM 2000, S.1417ff (1425).

3188 Maßgeblich für die Beurteilung der Angemessenheit einer Leistungsfrist sind die Art der geschuldeten Leistung und die Verkehrsanschauung. Dabei müssen die Interessen beider Vertragsparteien berücksichtigt werden, vgl. Heinrichs in: Palandt, BGB-Komm., § 308, Rn.7.

nicht hinreichend bestimmte[3189] Leistungsfrist ergibt.[3190] Die deutsche Regelung gemäß § 271 I BGB geht damit gleich in mehrerer Hinsicht über die Richtlinienvorgaben hinaus. Erstens ist die deutsche Vorschrift für den Verbraucher günstiger, weil im Zweifel die Fälligkeit der Leistung sofort und nicht erst nach dreißig Tagen eintritt und zweitens gilt die Regelung nicht nur für Fernabsatzverträge zwischen Verbrauchern und Unternehmern, sondern für alle Arten von Schuldverhältnissen, unabhängig von der Vertriebsform und der Verbraucher- bzw. Unternehmereigenschaft der Parteien. Darüber hinaus wird eine einseitig vom Unternehmer bestimmte und vorformulierte Lieferfrist durch das Angemessenheits- und Bestimmtheitserfordernis beschränkt.[3191] Damit entspricht das deutsche Recht dem von der Richtlinie vorgegebenen Mindestanforderungen[3192] nach Artikel 7 I FARL.

bb) Umsetzung des Artikel 7 II FARL in deutsches Recht

Nach Artikel 7 II FARL muss der Unternehmer im Falle der Nichtverfügbarkeit der bestellten Ware den Verbraucher darüber informieren und ihm die Möglichkeit geben, innerhalb von dreißig Tagen sich bereits geleistete Zahlungen erstatten zu lassen. Diese Vorgabe hat der deutsche Gesetzgeber nur für beschränkt umsetzungsbedürftig gehalten.[3193] Denn nach dem deutschen allgemeinen Leistungsstörungsrecht ist der Verbraucher bei einer Nichterfüllung bzw. bei nicht vertragsgemäßer Erfüllung durch die Rechte nach §§ 320ff BGB geschützt. Danach kann sich der Verbraucher, neben der Einrede des nicht erfüllten Vertrages nach § 320 BGB, bei Unmöglichkeit ohne weiteres, bei Verzug erst nach einer erfolgloser Fristsetzung von der vertraglichen Einigung lösen[3194] und Ersatz der bereits gezahlten Gegenleistungen verlangen[3195]. Bei der Frage der Frist der Rückzahlung gilt wiederum § 271 I BGB.[3196] Das bedeutet, die Rückgewähr hat grundsätzlich sofort und nicht, wie in der Richtlinie vorgegeben, spätestens innerhalb von dreißig Tagen zu erfolgen. Auch hier wird durch die deut-

3189 Hinreichend bestimmt ist eine Leistungsfrist, wenn der Durchschnittskunde selbständig das Ende der Frist erkennen oder berechnen kann, vgl. Teichmann in: Jauernig, BGB-Komm., § 308, Rn.2, 3; Heinrichs in. Palandt, BGB-Komm., § 308, Rn.8.

3190 Dies gilt nach § 308 Nr.1 a.E. BGB zwar grundsätzlich nicht für einen Vorbehalt, erst nach Ablauf der Widerrufsfrist zuliefern, für Fernabsatzverträge gilt dieser Halbsatz aber nicht, da hier die Widerrufsfrist erst mit der Lieferung beginnt, vgl. Heinrichs in: Palandt, BGB-Komm., § 308, Rn.9.

3191 Nach Reich entspricht dies allerdings auch den Anforderungen der FARL, da auch diesbezüglich das allgemeine Transparenzgebot gilt, s.a. Reich, EuZW 1997, S.581ff (585).

3192 Nach Artikel 14 FARL können die Mitgliedstaaten auch strengere Regelungen für den Verbraucherschutz erlassen, demgemäß sind im Rahmen der Richtlinienkonformität die strengeren deutschen Regelungen unbedenklich.

3193 Vgl. Regierungsbegründung zum Fernabsatzgesetz (BT-Drucks. 14/2658), S.18.

3194 Siehe §§ 323, 326 BGB.

3195 Siehe § 325 BGB; daraus ergibt sich zwar nicht in jedem denkbaren Fall eine Rückzahlung innerhalb von dreißig Tagen. Die FARL verlangt allerdings nur, dass der Verbraucher die „Möglichkeit“ hat innerhalb dieser Frist sich die Gelder zurückerstatten zu lassen, dies ist durch die §§ 323ff BGB möglich, vgl. auch Regierungsbegründung zum Fernabsatzgesetz (BT-Drucks. 14/2658), S.19.

3196 Siehe Regierungsbegründung zum Fernabsatzgesetz (BT-Drucks. 14/2658), S.18f.

schen Regelungen zum Verzug und zur Unmöglichkeit für den Verbraucher günstigere Regelungen geschaffen, als es die FARL vorgibt.

Bezüglich der Informationspflicht bei einer Nichtverfügbarkeit sieht der deutsche Gesetzgeber lediglich die Notwendigkeit der Integration einer entsprechenden Pflichtangabe für den Fall vor, dass im Rahmen von AGB in zulässiger Weise ein Rücktrittsvorbehalt[3197] vereinbart wurde. Das bedeutet, der Unternehmer muss nur in dem Fall, dass er sich bei einer Nichtverfügbarkeit die Lösung von dem Vertrag vorbehalten hat, den Verbraucher unverzüglich über die Nichtverfügbarkeit unterrichten und hat unmittelbar die gezahlten Leistungen zurückzuerstatten.[3198] Für den Fall, dass der Unternehmer keinen Vorbehalt ausbedungen hat und schlicht vertragswidrig nicht erfüllt, besteht keine Informationspflicht. Der Gesetzgeber begründet dies damit, dass in diesen Fällen der Verbraucher durch das Verstreichen der Lieferfrist ohnehin die Vertragsverletzung erkennt und es deshalb keiner gesonderten Informationspflicht bedarf.[3199] Dem ist aber m.E. zu recht entgegen gehalten worden, dass dies nur dann gewährleistet ist, wenn eine Leistungszeit vereinbart worden ist. Ergibt sich die Lieferzeit erst aus den Umständen, so wird der Verbraucher regelmäßig unsicher sein, ob diese bereits verstrichen ist oder nicht.[3200] Aus der Richtlinie geht außerdem hervor, dass der Verbraucher in die Lage versetzt werden soll, so bald wie möglich die Rückerstattung geltend zu machen.[3201] Dies wird selbst dann unnötig verzögert, wenn sich der Liefertermin eindeutig feststellen lässt. Denn der Verbraucher muss nach den deutschen Regelungen erst das Verstreichen der Frist abwarten, um die Nichtverfügbarkeit und seine Rückforderungsberechtigung zu erkennen. Würde er alsbald über eine Nichtverfügbarkeit informiert, könnte er bereits vor dem Ablauf der bestimmten Frist die Zahlung zurückfordern.[3202] Demgemäß entspricht die deutsche Regelung bezüglich der Informationspflicht bei einer Nichtverfügbarkeit teilweise nicht den Vorgaben der Richtlinie und müsste m.E. durch eine Erweiterung der nachvertraglichen Informationspflichten ergänzt werden.

cc) Umsetzung des Artikel 7 III FARL in deutsches Recht

Schließlich bestimmt Artikel 7 III FARL, dass die Mitgliedstaaten Regelungen vorsehen können, wonach der Unternehmer dem Verbraucher ersatzweise auch eine in Qualität und Preis gleichwertige Ware anbieten kann, wenn dies vorher vereinbart wurde und der Verbraucher darüber in klarer und verständlicher Weise vor Vertragsschluss informiert worden ist. Für den Fall des Widerrufs einer solchen Ersatzlieferung hat dann, abweichend zum sonstigen Widerrufsrecht nach Artikel 6 II S.2 FARL, der Unternehmer die Kosten der Rücksendung der Ware zu tragen. Auch darüber muss der Verbraucher hinreichend informiert werden.

3197 Siehe zu den Anforderungen an einen durch AGB festgelegten Rücktrittsvorbehalt § 308 Nr. 3 BGB.

3198 Siehe § 308 Nr.8 BGB.

3199 Vgl. Regierungsbegründung zum Fernabsatzgesetz (BT-Drucks. 14/2658), S.19.

3200 Vgl. Kamanabrou, WM 2000, S.1417ff (1425).

3201 Siehe Artikel 7 II BGB: „(…) Und er muss die Möglichkeit haben, sich geleistete Zahlungen möglichst bald, in jedem Fall jedoch binnen 30 Tagen, erstatten zu lassen."

3202 Vgl. Kamanabrou, WM 2000, S.1417ff (1425f).

Im deutschen Recht ist eine Ersatzlieferung grundsätzlich nur möglich, wenn die Parteien sich darüber im Rahmen des Vertrages geeinigt haben.[3203] Einem einseitig gestellten und vorformulierten Änderungsvorbehalt des Unternehmers setzt aber § 308 Nr.4 BGB Grenzen, indem dies nur dann zulässig ist, wenn die Abweichungen unter Berücksichtigung der Interessen des Unternehmers für den Verbraucher zumutbar sind. Insoweit geht aus dem bisherigen deutschen Recht ohnehin nur eine eingeschränkte Zulässigkeit von Ersatzlieferungen hervor. Die Informationspflicht über den Vorbehalt der Ersatzlieferung ergibt sich im deutschen Recht aus den vorvertraglichen Pflichtangaben nach § 312c I BGB i.V.m. § 1 I Nr.5 BGB-InfoVO.[3204] Die Pflicht des Unternehmers zur Information über die Kostentragung des Unternehmers bei Ausübung des Widerrufsrechts im Falle der Ersatzlieferung geht aus § 312c II BGB i.V.m. §§ 1 I Nr.10 BGB-InfoVO hervor.[3205] In der Vorschrift gemäß § 241a III BGB hat der deutsche Gesetzgeber auch klargestellt, wie es die Richtlinie nach Artikel 7 III FARL vorsieht, dass es sich bei einer derartigen Ersatzlieferung nicht um eine Zusendung unbestellter Waren handelt. Allerdings stellt das deutsche Recht auch hier höhere Anforderungen, denn eine „unbestellte" Ware liegt nach § 241a III BGB nur dann nicht vor, wenn der Unternehmer außerdem darauf hinweist, dass der Verbraucher zur Annahme der Ersatzlieferung nicht verpflichtet ist und die Kosten der Rücksendung nicht zu tragen hat[3206]. Im Zusammenspiel mit den übrigen Vorschriften ist der Wortlaut bezüglich des Annahmeverweigerungsrechts aber problematisch, denn daraus ergibt sich keine Unterscheidung zwischen wirksam vereinbarter und nicht wirksam vereinbarter Ersatzlieferung. Es stellt sich dementsprechend die Frage, ob der Verbraucher bei einer Ersatzlieferung stets dazu berechtigt ist, die Annahme der ersatzweise gelieferten Ware zu verweigern, also auch dann, wenn nach Maßgabe der übrigen Vorschriften eine wirksame Einigung[3207] über eine Ersatzlieferung besteht. Dies stünde aber im Widerspruch zu der vertraglichen Einigung, denn nach § 241a III BGB wäre die Ersatzlieferung, ohne einen Hinweis und die Möglichkeit der Annahmeverweigerung, eine Zusendung „unbestellter Ware", die gemäß § 241a I BGB keinerlei

3203 Auch im deutschen Recht gilt der Grundsatz der Privatautonomie (s.a. zur Vereinbarung über die geschuldete Leistung auch § 262 BGB). Dabei verstößt ein Änderungsvorbehalt nicht gegen die grundsätzlichen inhaltlichen Anforderungen an vertragliche Einigungen (§§ 134, 138 BGB), was § 308 Nr.4 BGB nahelegt.

3204 Siehe dazu die Ausführungen zu der Informationspflicht nach § 1 I Nr.5 BGB-InfoVO, 2.Kapitel, B., II., 3., a), aa), (3).

3205 Danach hat der Unternehmer den Verbraucher über alle Kosten, die der Verbraucher gemäß § 357 I BGB im Falle der Ausübung eines Widerrufs oder einer Rückgabe zu tragen hat, zu informieren. Nach § 357 II S.3 BGB können dem Verbraucher die Kosten der Rücksendung nur dann auferlegt werden, wenn die Ware der bestellten Ware entspricht.

3206 Dies ist nicht zu verwechseln mit den Kosten der Rücksendung nach ausgeübtem Widerrufsrecht, denn die Kosten der Rücksendung nach § 241a III BGB entfallen auf die Rücksendung nach Annahmeverweigerung und nicht im Zusammenhang mit der Ausübung des Widerrufsrechts.

3207 Eine solche Einigung kann, wie oben dargelegt, entweder durch individuelle Abrede über eine Ersatzlieferung oder durch einen Änderungsvorbehalt im Rahmen von AGB nach § 308 Nr.4 BGB wirksam in den Vertrag einbezogen werden.

vertragliche Verpflichtung für den Verbraucher begründet.[3208] Die Vorschrift gemäß § 241a III BGB kann sich deshalb im Grunde nur auf die Fälle beziehen, in denen keine Einigung über eine Ersatzlieferung besteht.[3209] Nur dann wäre es gerechtfertigt, wenn der Verbraucher auf seine Möglichkeit, die Ersatzlieferung nicht anzunehmen, hingewiesen wird und sich überlegen kann, ob er die Ware trotz fehlender Einigung über eine Ersatzlieferung als Ersatz für seine Bestellung annehmen möchte.[3210] Hat der Unternehmer über eine Ersatzlieferung keine Einigung erzielt und hat auch nicht alternativ auf das Annahmeverweigerungsrecht und die Kostenlosigkeit einer Rücksendung für den Verbraucher hingewiesen, ist es gerecht, die für den Unternehmer ungünstigen Rechtsfolgen des § 241a I, II BGB auszulösen.[3211]

Im Ergebnis sind die Vorgaben über die Erfüllungspflichten des Unternehmers nach Artikel 7 FARL größtenteils ohnehin geltendes deutsches Recht bzw. gehen aus verbraucherschutzrechtlicher Sicht über die Vorgaben hinaus. Der ansonsten begrüßenswerte hohe Schutzstandard hinsichtlich der Erfüllungspflichten, wird allerdings dadurch getrübt, dass der deutsche Gesetzgeber einerseits die nachträgliche Informationspflicht über eine Nichtverfügbarkeit der Ware nicht auch ohne das Vorliegen eines Vorbehalts normiert und andererseits die Konzeption in § 241a III BGB[3212] im Rahmen von Ersatzlieferungen nicht klar ist.

b) Nachvertragliche Informationspflichten im Fernabsatz

Neben den oben dargestellten vorvertraglichen Informationspflichten,[3213] hat der Unternehmer im Rahmen von Fernabsatzgeschäften zusätzlich noch nachvertragliche Informationspflichten[3214] einzuhalten, wie sich aus § 312c II i.V.m. § 1 IV BGB-InfoVO ergibt. Hierdurch werden die Vorgaben des Artikel 5 FARL in deutsches Recht umgesetzt.

3208 Danach könnte der Verbraucher nämlich die Annahme der Ersatzlieferung verweigern, obwohl er sich darüber mit dem Unternehmer geeinigt hat, dies käme aber einem gesetzlich angeordneten Annahmeverzug gleich, der gegen die Grundsätze des Vertragsrechts und der Vertragsautonomie verstößt.

3209 So auch im Ergebnis Schöne/Fröschle, S.14. Dies würde auch der Vorgabe der Richtlinie nach Artikel 7 III entsprechen, da auch danach eine Zusendung unbestellter Ware dann nicht vorliegt, „wenn diese Möglichkeit (der Ersatzlieferung) vor Vertragsabschluss oder in dem Vertrag vorgesehen wurde" und die notwendigen Informationen vorliegen.

3210 Nach den Grundsätzen der Vertragsfreiheit kann der Verbraucher nämlich eine nicht wie geschuldet erbrachte Leistung genehmigen.

3211 Siehe dazu auch die Ausführungen zu den Vorschriften gemäß § 241a I und II BGB, 2.Kapitel, B., I., 2., b), cc), (2), (b), (bb).

3212 Vgl. dazu außerdem auch die Bedenken gegen die Vorschrift gemäß § 241a III BGB, die sich aus der fehlenden Kompatibilität mit der wettbewerbsrechtlichen Fallgruppe ergibt, 2.Kapitel, B., I., 2., b), cc), (2), (b), (bb).

3213 Siehe dazu die Ausführungen zu den Informationspflichten nach § 312c I BGB, 2.Kapitel, B., II., 3., a), aa), (3).

3214 Dabei handelt es sich aber nur in beschränktem Maße um Informationen die „nach Vertragsschluss" zu erteilen sind, wie im folgenden noch zu zeigen sein wird. Der Begriff nachvertragliche Informationspflichten ist insoweit nicht ganz korrekt. Für eine zeitliche Abgrenzung der Informationspflichten soll der Begriff „nachvertraglich" aber genügen.

aa) Zweck und Anforderungen der nachvertraglichen Informationspflichten

Sinn und Zweck dieser Vorschriften ist es, die Informationsdefizite des Verbrauchers auszugleichen, die dadurch entstehen, dass die Informationen durch das jeweilige Fernkommunikationsmittel übertragen wurden.[3215] Zwar ist die Vermittlung von Informationen durch die Fernkommunikation über das Internet leichter und besser möglich, als z.B. bei Geschäften über das Telefon.[3216] Dennoch sind die elektronisch bekannt gemachten Informationen für den Verbraucher oft nicht dauerhaft wahrnehmbar und die Leserlichkeit und Verständlichkeit von Bildschirmanzeigen im Web ist begrenzter, als im Rahmen von dauerhaft darstellbaren Informationen.[3217] Dementsprechend ist eine nachvertragliche Information im Rahmen von Online-Geschäften ebenso notwendig, wie bei der Verwendung von anderen Fernkommunikationsmitteln. Der Verbraucher soll, so gibt es auch die FARL vor,[3218] in die Lage versetzt werden, die für das Geschäft relevanten Informationen in Ruhe zur Kenntnis nehmen zu können und auf Grundlage dieser eine vernünftige Entscheidung über die Ausübung des Widerrufs- oder Rückgaberechts treffen zu können, soweit ein solches Recht besteht.[3219]

Um den Anforderungen der FARL an eine dauerhaft wahrnehmbare Information gerecht zuwerden, bestimmt § 1 IV S.1 BGB, dass sämtliche nachvertraglichen Pflichtangaben dem Verbraucher in Textform gemäß § 126b BGB zu übermitteln sind.[3220] Wie oben dargelegt, muss es sich dabei um eine Urkunde oder um eine andere zur dauerhaften Wiedergabe geeigneten Form handeln, also um Kopien in Papierfor-

3215 Siehe dazu „Beschlussempfehlung und Bericht des Rechtsausschusses zum Entwurf eines Gesetzes über Fernabsatzverträge und andere Fragen des Verbraucherschutzrechts sowie zur Umstellung auf Euro" (BT-Drucks. 14/3195), Begründung S.31; vgl. auch Martis/Meinhof, S.612; Schmidt-Räntsch in: Bamberger/Roth, BGB-Komm., § 312c, Rn.19.

3216 Vgl. Schmidt-Räntsch in: Bamberger/Roth, BGB-Komm., § 312c, Rn.19.

3217 Siehe dazu die Ausführungen zu den Anforderungen an die vorvertraglichen Informationspflichten nach § 312c, 2.Kapitel, B., II., 3., a), aa), (3); vgl. außerdem Bülow/Artz, NJW 2000, S.2049ff (2054).

3218 Siehe dazu die Erwägungsgründe (13) und (14) der FARL, in Erwägungsgrund (13) heißt es: „Die mit Hilfe bestimmter elektronischer Technologien verbreitete Information ist häufig nicht beständig, soweit sie nicht auf einem dauerhaften Datenträger empfangen wird. Infolgedessen ist es notwendig, dass der Verbraucher rechtzeitig schriftlich Informationen erhält, die zur korrekten Ausführung des Vertrags erforderlich sind."

3219 Siehe „Beschlussempfehlung und Bericht des Rechtsausschusses zum Entwurf eines Gesetzes über Fernabsatzverträge und andere Fragen des Verbraucherschutzrechts sowie zur Umstellung auf Euro" (BT-Drucks. 14/3195), Begründung S.31; vgl. auch Fuchs, ZIP 2000, S.1273ff (1278); Kamanabrou, WM 2000, S.1417ff (1419); Heinrichs in: Palandt, BGB-Komm., § 312c, Rn.9; Klein in: Bräutigam/Leupold, S.499ff (627); Thüsing in: Staudinger, BGB-Komm., Buch 2, 2005, § 312c, Rn.99; Schmidt-Räntsch in: Bamberger/Roth, BGB-Komm., § 312c, Rn.19.

3220 Zwar verlangt die FARL in Artikel 5 eine „schriftliche" Bestätigung der Informationen, damit ist aber nicht das Schriftformerfordernis gemäß § 126 BGB gemeint, d.h. die strengen Anforderungen, insbesondere im Rahmen der handschriftlichen Unterzeichnung, werden nicht von der Richtlinie vorgegeben, vgl. auch Fuchs, ZIP 2000, S.1273ff (1280); Klein in: Bräutigam/Leupold, S.499ff (629).

mat, Fax, E-Mail, CD-Rom, Disketten oder CD.[3221] Auch die Mitteilung auf einer Homepage kann dann ausreichen, wenn diese tatsächlich heruntergeladen und gespeichert worden ist.[3222] Maßgeblich ist insoweit die Dauerhaftigkeit der Information bzw. der Wahrnehmbarkeit, die mindestens bis zur vollständigen Abwicklung des Geschäfts vorliegen muss.[3223] Nach § 126b BGB muss das Textdokument den Absender und den Abschluss der Erklärung erkennen lassen. Ferner muss die Wiedergabe der Informationen in unveränderter Form möglich sein und die Informationen dürfen nicht auf dem eingesetzten Datenträger vom Unternehmer wieder verändert werden können.[3224] Außerdem müssen die in Textform übersandten Informationen dem Verbraucher auch zugegangen sein gemäß § 130 BGB,[3225] d.h. sie müssen so in den Machtbereich des Verbrauchers gelangt sein, dass unter normalen Umständen mit einer Kenntnisnahme zu rechnen ist.[3226] Eine durch E-Mail übersandte Information muss z.B. zunächst auf dem Provider des Verbrauchers eingegangen und gespeichert sein, damit der Verbraucher darauf zugreifen kann.[3227] Bei Privatleuten gilt eine E-Mail aber, wie oben dargelegt, erst an dem auf den Tag des Losschickens folgenden Tag als zugegangen.[3228] Für die Einhaltung der Form, den Inhalt der Informationen und den Zugang beim Verbraucher trägt der Unternehmer die Beweislast.[3229]

Für die Frage des Zeitpunkts der Mitteilung der nachvertraglichen Informationen differenziert § 312c II S.1 BGB zwischen der Art bzw. dem Gegenstand des jeweiligen

---

3221 Vgl. zu den Anforderungen im Rahmen des § 312c II BGB auch LG Kleve, NJW-RR 2003, S.196f (196), Klein in: Bräutigam/Leupold, S.499ff (629); Schmidt-Räntsch in: Bamberger/Roth, BGB-Komm., § 312c, Rn.21; Fuchs, ZIP 2000, S.1273ff (1278f); kritisch zur elektronischen Information Kamanabrou, WM 2000, S.1417ff (1419).

3222 Nach Auffassung des OLG München genügt bereits die Darstellung auf der Homepage, OLG München, ZIP 2001, S.520ff (523). Dagegen spricht aber, dass Homepages i.d.R. nicht dauerhaft unverändert bestehen, so auch LG Kleve, NJW-RR 2003, S.196f (196); Woitke, BB 2003, S.2469ff (2471); Fuchs, ZIP 2000, S.1273ff (1278); Aigner/Hofmann, MMR 2001, Beil.8, S.30ff (33); Schmidt-Räntsch in: Bamberger/Roth, BGB-Komm., § 312c, Rn.21; Martis/Meinhof, S.614; Waldenberger, K&R, 1999, S.345ff (348).

3223 Eine mündliche Information ist insoweit nicht ausreichend, vgl. Schulte/Nölke in: HK-BGB, § 312c, Rn.5; Schmidt-Räntsch in: Bamberger/Roth, BGB-Komm., § 312c, Rn.21; Klein in: Bräutigam/Leupold, S.499ff (629).

3224 Vgl. Klein in: Bräutigam/Leupold, S.499ff (629); Aigner/Hofmann, MMR 2001, Beil.8, S.30ff (33); Kamanabrou, WM 2000, S.1417ff (1419); Martis/Meinhof, S.614f.

3225 Vgl. Fuchs, ZIP 2000, S.1273ff (1279); Bülow/Artz, NJW 2000, S.2049ff (2055); Martis/Meinhof, S.612; Meents, CR 2000, S.610ff (612); Schulte/Nölke in: HK-BGB, § 312c, Rn.5; Schmidt-Räntsch in: Bamberger/Roth, BGB-Komm., § 312c, Rn.21; Klein in: Bräutigam/Leupold, S.499ff (631).

3226 Vgl. dazu allgemein Brox, Rn.152; Klein in: Bräutigam/Leupold, S.499ff (632).

3227 Vgl. Martis/Meinhof, S.614; Fuchs, ZIP 2000, S.1273ff (1279); Klein in: Bräutigam/Leupold, S.499ff (632).

3228 Vgl. dazu die Ausführungen zum Zugang von E-Mal Nachrichten, 2.Kapitel, B., II., 1., a).

3229 Vgl. Kamanabrou, WM 2000, S.1417ff (1419); Meents, CR 2000, S.610ff (612); Aigner/Hofmann, MMR 2001, Beil.8, S.30ff (33); Wiebe in: Spindler/Wiebe, S.95; Klein in: Bräutigam/Leupold, S.499ff (629, 633); Schmidt-Räntsch in: Bamberger/Roth, BGB-Komm., § 312c, Rn.21; Ott, WRP 2003, S.945ff (952).

Fernabsatzvertrages.[3230] Bei der Lieferung von Waren sind die nachvertraglichen Pflichtangaben alsbald, spätestens bis zu vollständigen Erfüllung bzw. Lieferung der Waren mitzuteilen.[3231] Das bedeutet, der Unternehmer kann dem Verbraucher die nachvertraglichen Informationen vor seiner Lieferung, aber auch zeitgleich mit der Lieferung der Waren offenlegen. Es genügt dementsprechend, wenn der Lieferschein, die mitgesandte Rechnung oder ein anderes Vertragsdokument, das der Lieferung der Waren beigefügt ist, die notwendigen Informationen enthält.[3232] Da die nachvertraglichen Informationspflichten, ebenso wie alle anderen gesetzlichen Pflichtangaben, auch den Anforderungen des Transparenzgebots genügen müssen, müssen dabei grundsätzlich die Regeln der „klar und verständlichen" Information berücksichtigt werden.[3233] An einige der nachvertragliche Informationen knüpft das Gesetz allerdings höhere Transparenzanforderungen.[3234]

Die Frage der „rechtzeitigen" nachvertraglichen Information kann sich insbesondere bei einer zunächst „unvollständigen Erfüllung" des Fernabsatzgeschäfts stellen, bei Warenlieferungen z.B. wenn zunächst eine Teillieferung erfolgt. Hierfür bestimmt § 312c II S.1 Nr.2 a.E. BGB, dass dies spätestens bis zur Warenlieferung zu geschehen hat, d.h. bei Teillieferung muss die Information mit der ersten Lieferung erfolgen.[3235]

Die Formulierung „spätestens bis zur Lieferung" indiziert, dass eine Information des Verbrauchers auch schon im vorvertraglichen Bereich geschehen kann.[3236] Das bedeu-

---

3230 Die Vorschrift gemäß § 312c II S.1 BGB differenziert zwischen Fernabsatzgeschäften über Finanzdienstleistungen (Nr.1) und über Waren und Dienstleistungen (Nr.2).

3231 Siehe § 312c II Nr.2 BGB, siehe dazu auch „Gesetzentwurf der Bundesregierung zur Änderung der Vorschriften über Fernabsatzverträge bei Finanzdienstleistungen" (BT-Drucks. 15/2946), Begründung, S.21.

3232 Vgl. Bülow/Artz, NJW 2000, S.2049ff (2054); Aigner/Hofmann, MMR 2001, Beil.8, S.30ff (33); Schmidt-Räntsch in: Bamberger/Roth, BGB-Komm., § 312c, Rn.23.

3233 Vgl. Schmidt-Räntsch in: Bamberger/Roth, BGB-Komm., § 312c, Rn.21; zu den sprachlichen Anforderungen Schulte/Nölke in: HK-BGB, § 312c, Rn.7. M.E. sind an die nachvertraglichen Informationen, abgesehen von der Sonderreglung nach § 1 IV S.3 BGB-InfoVO, die selben Transparenzanforderungen hinsichtlich der Gestaltung des Textes etc. zu stellen (siehe 2.Kapitel, B., II., 3., c)), dies gilt auch für die zu wählende Sprache. Im Internet sollten die Informationen mindestens in der Sprache des Internetauftritts zur Verfügung gestellt werden und alle Pflichtangaben müssen in einer Sprache erteilt werden; ähnlich auch Woitke, BB 2003, S.2469ff (2469).

3234 Nach § 1 IV S.3 BGB-InfoVO müssen bestimmte Informationen hervorgehoben und deutlich gestaltet sein, vgl. Schmidt-Räntsch in: Bamberger/Roth, BGB-Komm., § 312c, Rn.22; Schulte/Nölke in: HK-BGB, § 312c, Rn.5.

3235 Maßgeblich ist insoweit der Schutzzweck der nachvertraglichen Informationspflichten, der Verbraucher soll möglichst bald über die Einzelheiten des Fernabsatzvertrages informiert werden, siehe dazu den Gesetzentwurf der Bundesregierung zur Änderung der Vorschriften über Fernabsatzverträge bei Finanzdienstleistungen" (BT-Drucks. 15/2946), Begründung, S.21; vgl. auch Klein in: Bräutigam/Leupold, S.499ff (628); Thüsing in: Staudinger, BGB-Komm., Buch 2, 2005, § 312c, Rn.99, 101ff; Schmidt-Räntsch in: Bamberger/Roth, BGB-Komm., § 312c, Rn.23.

3236 So auch der „Gesetzentwurf der Bundesregierung zur Änderung der Vorschriften über Fernabsatzverträge bei Finanzdienstleistungen" (BT-Drucks. 15/2946), Begründung, S.21; vgl. auch Klein in: Bräutigam/Leupold, S.499ff (627); Thüsing in: Staudinger, BGB-Komm., Buch 2, 2005, § 312c, Rn.100; Woitke, BB 2003, S.2469ff (2470); Martis/Meinhof, S.615; a.A.

tet, der Unternehmer kann auch sämtliche Informationen nach § 312c I, II BGB zusammengefasst im Vorfeld des Vertragsschlusses mitteilen, wenn er dabei die Textform und die Transparenzanforderungen einhält. Dann muss er also sämtliche Informationen in dauerhaft wiedergabefähiger Form vor dem Vertragsschluss mitteilen, wobei er auch den Zugang der Angaben zu gewährleisten hat.[3237] Im Unterschied zu den vorvertraglichen Informationsanforderungen genügt im nachvertraglichen Bereich die Einräumung der Kenntnisverschaffungsmöglichkeit also nicht mehr, es muss vielmehr eine dauerhafte Form der Informationen sowie der Zugang vorliegen. Im Internet kann der Unternehmer dies z.B. erfüllen, wenn er alle Informationen in einer E-Mail an den Verbraucher sendet, bevor dieser seine Bestellung abgibt.[3238] Eine Darstellung auf der Homepage, die Verknüpfung mit einem Link oder die Möglichkeit des Downloads genügt insofern dann nicht mehr, wenn der Unternehmer nicht nachweisen kann, dass die Informationen dem Verbraucher zugegangen sind und der Verbraucher den Inhalt der Informationen in dauerhaft wiedergabefähiger Form gespeichert hat oder die Informationen ausgedruckt hat.[3239] Dementsprechend erhöhen sich für den Unternehmer die Form- und Kenntnisverschaffungsanforderungen bei einer kombinierten Information.

bb) Inhalt der nachvertraglichen Informationspflichten

Inhalt der nachvertraglichen Informationen sind nach § 312c II BGB zunächst die Vertragsbestimmungen, einschließlich der AGB. Des Weiteren ist der Verbraucher in wiedergabefähiger Form zu informieren über die nach § 1 I BGB-InfoVO verpflichtenden Angaben.[3240] Wie im Rahmen der vorvertraglichen Informationen, kann der Unternehmer bezüglich der Widerrufs- und Rückgabebelehrung das im Rahmen des § 14 I, II BGB-InfoVo Anlage 2 oder 3 dargestellte Muster verwenden,[3241] das dann aber auch in Textform vorliegen muss.

Boente/Riehm, Jura 2002, S.222ff (225), die aufgrund des u.U. langen Zeitraums zwischen Vertragsanbahnung und Lieferung der Waren eine vorvertragliche Information für ausgeschlossen halten. Da der Gesetzgeber diese Möglichkeit in der Regierungsbegründung (S.21) aber ausdrücklich vorsieht, ist dies abzulehnen.

3237 Vgl. Thüsing in: Staudinger, BGB-Komm., Buch 2, 2005, § 312c, Rn.100; Schulte/Nölke in: HK-BGB, § 312c, Rn.8.

3238 Vgl. auch Woitke, BB 2003, S.2469ff (2470); Bülow/Artz, NJW 2000, S.2049ff (2055); Meents, CR 2000, S.610ff (612); Wiebe in: Spindler/Wiebe, S.95.

3239 Nur dann sind die Anforderungen an die Form der nachvertraglichen Informationen erfüllt, vgl. auch Schmidt-Räntsch in: Bamberger/Roth, BGB-Komm., § 312c, Rn.22; Wiebe in: Spindler/Wiebe, S.95f; Woitke, BB 2003, S.2469ff (2471); Fuchs, ZIP 2000, S.1273ff (1278f); Waldenberger, K&R, 1999, S.345ff (348); Bülow/Artz, NJW 2000, S.2049ff (2055); a.A. OLG München, ZIP 2001, S.520ff (523). Nicht ausreichend ist insoweit auch, wenn der Unternehmer den Verbraucher lediglich auffordert, der Verknüpfung zu folgen oder den Download vorzunehmen und zuspeichern, denn der Unternehmer wird dann nicht nachweisen können, dass der Verbraucher dies auch getan hat, vgl. auch Fuchs, ZIP 2000, S.1273ff (1278f); so im Ergebnis auch Bülow/Artz, NJW 2000, S.2049ff (2055); Klein in: Bräutigam/Leupold, S.499ff (629).

3240 Gemäß § 1 IV S.1 Nr.1 BGB-InfoVO; zum Inhalt dieser Informationspflichten siehe die Ausführungen zu § 312c I BGB i.V.m. § 1 I BGB-InfoVO, 2.Kapitel, B., II., 3., a), aa), (3).

3241 Siehe § 1 IV S.2 BGB-InfoVO. Damit gehen die deutschen Vorschriften über die Anforderungen des maßgeblichen Artikel 5 I FARL hinaus, der nur die nachträgliche Bestätigung be-

Die vorvertraglichen Informationen sind also im Grundsatz nach Vertragschluss noch einmal in dauerhaft wahrnehmbarer Form zu erteilen. Nach dem oben Gesagten heißt dies, der Unternehmer kann entweder eine Kenntnisverschaffungsmöglichkeit vor dem Vertragsschluss einräumen und zusätzlich die Informationen nach § 312c I BGB in dauerhafter Form nachträglich zuschicken oder die Informationen vor Vertragschluss in Textform bereitstellen. Dabei muss er die Informationen gemäß § 312c I BGB nicht zweimal darlegen,[3242] es genügt den Informationspflichten gemäß § 312c I, II BGB, wenn der Unternehmer die Informationen einmal in Textform vor Vertragsschluss, im Internet regelmäßig vor der Bestellung des Verbrauchers,[3243] zur Kenntnis bringt. Dasselbe gilt auch für die Vertragsbestimmungen und AGB des Unternehmers.[3244] Bei der Mitteilung von AGB sind dabei allerdings einerseits die Einbeziehungsvorschriften gemäß § 305 II BGB,[3245] auf der anderen Seite aber auch die Anforderungen an die Textform gemäß § 126b BGB zu berücksichtigen.[3246]

Daneben bestimmt § 312c II BGB i.V.m. § 1 IV S.1 Nr.3 BGB-InfoVO folgende zusätzliche Informationen, die dem Verbraucher in Textform spätestens bis zur Lieferung mitzuteilen sind:

- Der Verbraucher ist im Falle des Vorliegens eines Dauerschuldverhältnisses außerdem über die entsprechenden Kündigungsbedingungen und etwaige Vertragsstrafen aufzuklären.[3247]
- Ferner ist der Unternehmer in allen Fernabsatzgeschäften verpflichtet, den Verbraucher über den von ihm bereitgestellten Kundendienst sowie die geltenden Gewährleistungsrechte und Garantiebestimmungen zu informieren.[3248] Das bedeutet, zunächst muss er die Einzelheiten der Kundendienste, also Instandhaltungs- und

---

stimmter Informationen vorsieht; vgl. dazu Thüsing in: Staudinger, BGB-Komm., Buch 2, 2005, § 312c, Rn.116.

3242 Vgl. Klein in: Bräutigam/Leupold, S.499ff (627); Wiebe in: Spindler/Wiebe, S.95; Thüsing in: Staudinger, BGB-Komm., Buch 2, 2005, § 312c, Rn.100; Woitke, BB 2003, S.2469ff (2470); Martis/Meinhof, S.612; Mankowski, CR 2001, S.767ff (769); a.A. Micklitz in: Micklitz/Reich, Die Fernabsatzrichtlinie im deutschen Recht, S.16f; wohl auch Schulte/Nölke in: HK-BGB, § 312c, Rn.8.

3243 Wie oben gesehen, müssen die Informationen vor der Vertragserklärung des Verbrauchers mitgeteilt werden (2.Kapitel, B., II., 1., b)); im Internet stellt regelmäßig erst die Bestellung des Verbrauchers das vertragrechtliche Angebot zum Kaufvertrag dar, siehe dazu die Ausführungen zu den Online-Vertragsschluss-Konstellationen im deutschen Recht, 2.Kapitel, B., II., 1., a).

3244 Vgl. Heinrichs in: Palandt, BGB-Komm., § 1 BGB-InfVO, Rn.18.

3245 Zu den Voraussetzungen der Einbeziehungskontrolle gemäß § 305 II BGB, siehe 2.Kapitel, B., II., 3., b), bb), (1).

3246 Vgl. dazu „Gesetzentwurf der Bundesregierung zur Änderung der Vorschriften über Fernabsatzverträge bei Finanzdienstleistungen“ (BT-Drucks. 15/2946), Begründung, S.21; vgl. auch Heinrichs in: Palandt, BGB-Komm., § 1 BGB-InfVO, Rn.18; dabei sind aber die zusätzlichen Transparenzanforderungen nach § 1 IV S.3 BGB-InfoVO zu berücksichtigen, wenn die übrigen nachvertraglichen Informationspflichten mit den AGB zusammen mitgeteilt werden. Dies überschneidet sich bei Online-Verträgen mit der Aufklärungspflicht nach § 312e I S.1 Nr.4 BGB.

3247 Gemäß § 1 IV S.1 Nr.3 a) BGB-InfoVO.

3248 Gemäß § 1 IV S.1 Nr.3 b) BGB-InfoVO.

Reparaturdienste, offenlegen,[3249] allerdings nur soweit der Unternehmer solche Dienste einräumt. Die Angabenpflicht entfällt, wenn er keinen Kundendienst vorsieht.[3250] Gleiches gilt auch für die Bestimmungen einer Garantie. Nur wenn eine solche Garantie übernommen wurde, muss der Unternehmer die Einzelheiten darlegen.[3251] Hinsichtlich der Gewährleistungsrechte treffen den Unternehmer, anders als der Wortlaut es vermuten lässt, keine Pflichten zu detaillierten Darstellungen sämtlicher Sachmängelgewährleistungsrechte. Nur soweit der Unternehmer von den §§ 434ff BGB abweicht, muss er den Verbraucher über die gesetzlichen Gewährleistungsrechte informieren.[3252]

Schließlich bestimmt § 1 IV S.3 BGB-InfoVO, dass, wenn der Unternehmer die Vertragsbestimmungen und seine AGB zusammen mit den übrigen Pflichtangaben mitteilt, bestimmte Informationen hervorgehoben und in deutlich gestalteter Form mitzuteilen sind. Bezüglich einiger Informationspflichten treffen den Unternehmer dann also ausnahmsweise höhere Transparenzpflichten. Diese sind dann erfüllt, wenn sie bei dem Durchschnittsverbraucher auf den ersten Blick Aufmerksamkeit erregen, aufgrund ihrer grafischen Darstellung oder Platzierung innerhalb des Informationstextes.[3253] Der Unternehmer genügt diesen Anforderungen, wenn er z.B. die hervorzuhebenden Informationen an den Anfang des Informationstextes stellt und in größerer, unterstrichener oder fettgedruckter Schrift gestaltet.[3254]

Die höhere Transparenz betrifft zunächst die Informationen über die ladungsfähige Anschrift des Unternehmers und jeder anderen geschäftlich involvierten Person, die für den Verbraucher maßgeblich ist sowie die Namen eines Vertretungsberechtigten, soweit das Unternehmen eine juristische Person oder Personenvereinigung ist.[3255] Ferner sind erhöhte Transparenzanforderungen in diesen Fällen bezüglich der zusätzlichen Informationen im Rahmen des § 1 IV S.1 Nr.3 a) und b) BGB-InfoVO zu stellen, also Angaben über Kündigungsbedingungen und Vertragsstrafen bei Dauerschuldverhältnissen sowie über Kundendienste, Gewährleistungs- und Garantiebestimmungen. Und schließlich muss der Unternehmer hervorgehobene und deutlich gestaltete Infor-

3249 Vgl. Klein in: Bräutigam/Leupold, S.499ff (635); Thüsing in: Staudinger, BGB-Komm., Buch 2, 2005, § 312c, Rn.120.

3250 Vgl. Heinrichs in: Palandt, BGB-Komm., § 1 BGB-InfVO, Rn.22.

3251 Siehe auch Heinrichs in: Palandt, BGB-Komm., § 1 BGB-InfVO, Rn.22.

3252 Vgl. Klein in: Bräutigam/Leupold, S.499ff (635f); Heinrichs in: Palandt, BGB-Komm., § 1 BGB-InfVO, Rn.22; a.A. Boente/Riehm, Jura 2002, S.222ff (225); Martis/Meinhof, S.612; offengelassen Aigner/Hofmann, MMR 2001, Beil.8, S.30ff (33f).

3253 Die Kenntnisnahme dieser Informationen soll leichter fallen, vgl. auch Wiebe in: Spindler/Wiebe, S.94f; Thüsing in: Staudinger, BGB-Komm., Buch 2, 2005, § 312c, Rn.114; teilweise wird auch gefordert, dass die Informationen so zu gestalten sind, dass diese sich auf den ersten Blick geradezu aufdrängen, vgl. LG Gießen, MDR 2000, S.693f (694); Woitke, BB 2003, S.2469ff (2471).

3254 Nicht ausreichend ist aber, wenn durch die fettgedruckte oder unterstrichene Information die Angaben nicht „hervorgehoben" werden, das wäre der Fall, wenn der übrige Text genauso gestaltet ist. Dementsprechend müssen deutliche grafische Abgrenzungen vorgenommen werden, vgl. auch Klein in: Bräutigam/Leupold, S.499ff (634).

3255 Gemäß § 1 I Nr.3 BGB-InfoVO, s.a. dazu 2.Kapitel, B., II., 3., a), aa), (3).

mationen über das Bestehen oder Nichtbestehen und die Einzelheiten des Widerrufs- oder Rückgaberechts bereithalten.[3256]

cc) Rechtsfolgen der Verletzung der Informationspflichten

Für die Verletzung der nachvertraglichen Informationspflichten bestimmt das Gesetz, anders als bei den vorvertraglichen Informationspflichten, zusätzliche Sanktionen. Bei Desinformation oder Nichtinformation über die Angaben nach § 312c II BGB in der in § 1 IV BGB-InfoVO geforderten Textform kann, wie im Rahmen der Verletzung von § 312c I BGB i.V.m. § 1 I BGB-InfoVO, zunächst ein Schadensersatz des Verbrauchers[3257] sowie Unterlassungs- und Beseitigungsansprüche der Verbraucherverbände nach dem UklaG[3258] und dem UWG[3259] in Betracht kommen.[3260] Zusätzlich beginnt aber ohne die Erteilung der entsprechenden nachvertraglichen Pflichtangaben die Widerrufsfrist eines bestehenden Widerrufs- oder Rückgaberechtes nicht wie sonst gesetzlich vorgesehen.[3261] Das bedeutet, die Widerrufsfrist beginnt, abweichend des sonst zweiwöchigen Widerrufsrechts,[3262] erst nach Bereitstellung der Informationen in Textform. Das Recht erlischt aber grundsätzlich, unabhängig von einer nachträglichen Information, nach sechs Monaten.[3263] Etwas anderes gilt nur, wenn die Informations- und Transparenzpflicht bezüglich der Widerrufsbelehrung verletzt wurde. Wird der Verbraucher erst nach Vertragsschluss über das Widerrufsrecht und die Einzelheiten informiert, beträgt die Widerrufsfrist, abweichend der sonstigen Frist, einen Monat.[3264] Ist die Widerrufsbelehrung ausgeblieben, beginnt die Widerrufsfrist praktisch niemals zu laufen.[3265]

c) Das Widerrufsrecht im Fernabsatzrecht

Auch im europäischen und deutschen Verbraucherschutz gehören Widerrufsrechte zu den wichtigsten Verbraucherschutzwerkzeugen. Ebenso wie im US-amerikanischen Recht, sind solche einseitigen Beseitigungsrechte z.B. im Rahmen von Verbraucher-

---

3256 Gemäß § 1 I Nr.10 BGB-InfoVO, siehe zu den Einzelheiten des Widerrufs- oder Rückgaberechts die Ausführungen unten, 2.Kapitel, B., II., 2., c).

3257 Ein Schadensersatz kommt insbesondere im Rahmen des § 280 I BGB in Betracht.

3258 Gemäß § 2 UklaG.

3259 Gemäß § 8 UWG, siehe dazu auch die Ausführungen zu den Rechtsfolgen der Verletzung der vorvertraglichen Informationspflichten, 2.Kapitel, B. II., 3., a), aa), (4).

3260 Vgl. OLG Frankfurt DB 2001, S.1610ff (1610f); Wiebe in: Spindler/Wiebe, S.96; Klein in: Bräutigam/Leupold, S.499ff (637f); Martis/Meinhof, S.617; Chr. Berger in: Jauernig, BGB-Komm., § 312c, Rn.5; Schulte/Nölke in: HK-BGB, § 312c, Rn.10; Schmidt-Räntsch in: Bamberger/Roth, BGB-Komm., § 312c, Rn.28.

3261 Siehe § 312d II BGB.

3262 Gemäß § 355 I S.2 BGB.

3263 Siehe § 355 III S.1 BGB; vgl. auch Schmidt-Räntsch in: Bamberger/Roth, BGB-Komm., § 312c, Rn.28; Schulte/Nölke in: HK-BGB, § 312c, Rn.10.

3264 Siehe § 355 II S.2 BGB.

3265 Siehe § 355 III S.3 BGB, vgl. dazu auch Martis/Meinhof, S.616; Schulte/Nölke in: HK-BGB, § 312c, Rn.10; Schmidt-Räntsch in: Bamberger/Roth, BGB-Komm., § 312c, Rn.28; Woitke, BB 2003, S.2469ff (2471); Wiebe in: Spindler/Wiebe, S.96; Klein in: Bräutigam/Leupold, S.499ff (637).

darlehensverträgen[3266] und Haustürgeschäften[3267] etabliert. Zu Beginn der Entwicklung des elektronischen Geschäftsverkehrs wurde, wie in den USA, dabei auch die Frage der Anwendbarkeit der Regelungen über Haustürgeschäfte auf den Online-Handel diskutiert.[3268] Da das Widerrufsrecht im deutschen bzw. europäischen Recht aber aufgrund der manipulations- und einflussanfälligen Situation bei Haustürgeschäften gewährt wird, die auch den körperlichen Kontakt der Vertragsparteien voraussetzen, ist diese Frage von Anfang an überwiegend verneint worden.[3269] Wie im US-Recht, ist Grund für die einseitigen Lösungsmöglichkeiten des Verbrauchers, dass diesem bei Haustürgeschäften keine Rückzugsmöglichkeiten gewährt wird und der Unternehmer einen größeren Kaufdruck auf den Verbraucher erzeugen kann.[3270] Da diese Überrumpelungsgefahren für den Verbraucher im Internet nicht bestehen, ist eine analoge Anwendung des gesetzlichen Widerrufsrechts im Rahmen des Haustürwiderrufsgesetzes[3271], aufgrund der fehlenden Vergleichbarkeit der Interessenlage, von vorne herein abzulehnen gewesen.[3272]

Mit Artikel 6 der Fernabsatzrichtlinie wurde schließlich aber auch ein entsprechendes Beseitigungsrecht für Fernabsatzgeschäfte vorgegeben, zu denen ja auch die Internetgeschäfte gehören. Im folgenden wird dargestellt, wie diese Vorgaben in deutsches Recht umgesetzt wurden und unter welchen Voraussetzungen dem Verbraucher danach bei Internetgeschäften gegenüber dem Unternehmer ein Widerrufsrecht zusteht, wie und wie lange er dieses ausüben kann sowie welche Folgen die Ausübung des Widerrufsrechts im deutschen Recht hat.

aa) Zweck, Aufbau und Voraussetzungen des Widerrufsrechts

Der deutsche Gesetzgeber hat die Umsetzung des fernabsatzrechtlichen Widerrufsrechts dazu genutzt, einen ersten Schrift zur Vereinheitlichung der verbraucherschutzrechtlichen Widerrufsrechte vorzunehmen,[3273] was nun durch die Vorschrift zum allgemeinen Widerrufsrecht in Verbraucherverträgen gemäß § 355 BGB realisiert

---

3266 Siehe § 495 I BGB.

3267 Siehe § 312 I S.1 BGB.

3268 Eine direkte Erfassung von Internetgeschäften wurde zwar überwiegend abgelehnt, diskutiert wurde in erster Linie, ob dabei ein Umgehungstatbestand nach dem ehemaligen § 5 HaustürWG gegeben war, dazu z.B. Ruoff, NJW-CoR 2000, S.38ff; Borges, ZIP 1999, S.130ff (132f).

3269 Vgl. Moritz, CR 2000, S.61ff (63); Borges, ZIP 1999, S.130ff (132f); a.A. Ruoff, NJW-CoR 2000, S.38ff (42).

3270 Vgl. Ruoff, NJW-CoR 2000, S.38ff (38f).

3271 Das ursprünglich nebengesetzliche Haustürwiderrufsgesetz ist durch das SMG in den §§ 312, 312a, 355ff BGB aufgegangen, siehe dazu im 1.Kapitel, B., II, 2., a).

3272 Vgl. Borges, ZIP 1999, S.130ff (133); Moritz, CR 2000, S.61ff (63); a.A. Ruoff, NJW-CoR 2000, S.38ff (42). Die heutigen Regelungen nach §§ 312f und § 312bff BGB stehen in einem Ausschließlichkeitsverhältnis, Boente/Riehm, Jura 2002, S.222ff (225); Grigoleit, NJW 2002, S.1151ff (1153); Fuchs, ZIP 2000, S.1273ff (1287).

3273 Dies ist durch die Umsetzung der Fernabsatzrichtlinie zunächst in § 361a BGB geschehen; vgl. dazu Entwurf eines Gesetzes über Fernabsatzverträge und andere Fragen des Verbraucherschutzrechts sowie zur Umstellung auf Euro (BT-Drucks. 14/2658), S.47; vgl. dazu auch Fischer, VuR 2004, S.322ff (322); Bülow/Artz, NJW 2000, S.2049ff (2051); Kamanabrou, WM 2000, S.1417ff (1417).

worden ist. Nach der Regelungstechnik wird im Rahmen des Fernabsatzrechts gemäß § 312d I S.1 BGB bestimmt, dass dem Verbraucher gegenüber dem Unternehmer ein vertriebsbezogenes Widerrufsrecht nach § 355 BGB zusteht. Das bedeutet, § 312d I S.1 BGB bestimmt durch Rechtsgrundverweisung[3274] die Anwendbarkeit der Vorschriften gemäß §§ 355ff BGB, soweit die Vorschriften über das Widerrufsrecht bei Fernabsatzverträgen gemäß § 312d BGB nichts anderes bestimmt.

Das Widerrufsrecht gemäß § 355 BGB ist ein einseitig dem Verbraucher zustehendes Gestaltungsrecht,[3275] das im Rahmen von Fernabsatzverträgen deshalb gewährt wird, weil der Verbraucher, anders als bei Ladengeschäften, nicht die Möglichkeit hat, die Ware vor Ort in Augenschein zu nehmen und dem Verkaufspersonal Fragen hinsichtlich der Eigenschaften und Qualität der Ware stellen zu können.[3276] Der Nachteil des Verbrauchers im Fernabsatz soll nun dadurch ausgeglichen werden, dass dem Verbraucher eine Überprüfungsmöglichkeit der Ware für einen gewissen Zeitraum eingeräumt werden soll, bevor er sich endgültig und abschließend an den Fernabsatzvertrag bindet.[3277]

Das gesetzliche Widerrufsrecht gemäß § 355 BGB ist dabei grundsätzlich nur beschränkt dispositiv. Es kann durch vertragliche Einigung und AGB grundsätzlich nur zugunsten des Verbrauchers abgeändert werden, das ergibt sich aus § 312f S.1 BGB.[3278] Der Unternehmer kann lediglich in dreierlei Hinsicht eine für ihn vorteilhaftere Regelung erreichen. Er kann u.U. die Kosten einer Rücksendung im Falle des ausgeübten Widerrufs auf den Verbraucher abwälzen,[3279] er kann dem Verbraucher ersatzweise ein Rücktrittsrecht einräumen[3280] und er kann sich durch AGB die Lieferung der Ware bis zum Ende der Widerrufsfrist ausbedingen[3281]. Die letztgenannte Möglichkeit besteht, wie oben gesagt, aber nicht im Rahmen von Fernabsatzverträgen, da hier die Widerrufsfrist erst mit der Lieferung der Ware beginnt.[3282] Anders wäre im

3274 Vgl. Schmidt-Räntsch in: Bamberger/Roth, BGB-Komm., § 312d, Rn.3f; Schmidt-Räntsch, VuR 2000, S.427ff (431).

3275 Nach der h.M. handelt es sich dabei auch um ein besonders ausgestaltetes Rücktrittsrecht, wofür die Anwendung der Vorschriften über das Rücktrittsrecht gemäß §§ 346ff BGB nach § 357 I S.1 BGB spricht, vgl. Heinrichs in: Palandt, BGB-Komm., § 355, Rn.3; Bülow/Artz, NJW 2000, S.2049ff (2052); Heinrichs in: FS Medicus, S.177ff (196); Fuchs, ZIP 2000, S.1273ff (1281ff); Klein in: Bräutigam/Leupold, S.596ff (638f); a.A. Schmidt-Räntsch in: Bamberger/Roth, BGB-Komm., § 312d, Rn.5; Fischer, VuR 2004, S.322ff (326). Das Beseitigungsrecht kann in Verbindung mit dem zugrunde liegenden Fernabsatzvertrag auch übertragen werden, vgl. Heinrichs in: Palandt, BGB-Komm., § 355, Rn.3.

3276 Vgl. Boente/Riehm, Jura 2002, S.222ff (225); Heinrichs in: FS Medicus, S.177ff (188f); Fuchs, ZIP 2000, S.1273ff (1280); Schulte-Nölke in: Schulze, HK-BGB, § 312d, Rn.2; Schmidt-Räntsch in: Bamberger/Roth, BGB-Komm., § 312d, Rn.2.

3277 Der Vertrag bleibt dabei bis zur Ausübung des Widerrufsrechts schwebend wirksam, siehe dazu die Ausführungen unten zu den Rechtsfolgen der Ausübung des Widerrufs, 2.Kapitel, B., III., 2., c), ee).

3278 Vgl. dazu auch Boente/Riehm, Jura 2002, S.222ff (224); Heinrichs in: Palandt, BGB-Komm., § 355, Rn.2.

3279 Siehe § 357 II BGB.

3280 Siehe § 312d I S.2 i.V.m. § 356 BGB.

3281 Siehe § 308 Nr.1 a.E. BGB.

3282 Vgl. dazu oben, 2.Kapitel, B., II., 2., b), aa).

Fernabsatz auch das Ziel nicht zu erreichen, dem Verbraucher durch das „bestehende" Widerrufsrecht eine Prüfung der „gelieferten" Waren zu ermöglichen.

Das Widerrufsrecht gemäß § 312d I S.1 i.V.m. § 355 BGB besteht also bei allen Verbraucher-Unternehmergeschäften im Fernabsatz, zu dem auch der Online Handel zu zählen ist. Dennoch bestimmt § 312d IV BGB bestimmte Bereichsausnahmen, die sich eng an den in der Richtlinie vorgegebenen Ausnahmetatbeständen[3283] orientieren.[3284] Grundlage für die Schaffung der Ausnahmetatbestände war dabei vor allem, dass bei bestimmten Produktarten eine Wiederverkaufsmöglichkeit des Unternehmers nicht oder nur mit erheblichem Wertverlust gegeben ist. Um derartige unzumutbare Nachteile für den Unternehmer zu verhindern, besteht bei Fernabsatzgeschäften über diese Produkte kein Widerrufsrecht nach § 312d BGB.[3285] Sonstige Widerrufsrechte des Verbrauchers nach anderen Vorschriften bleiben davon aber unberührt.[3286] Für das Vorliegen der Voraussetzungen eines der folgenden Ausnahmetatbestände trägt grundsätzlich der Unternehmer die Beweispflicht[3287]:

- Nach § 312d IV Nr.1 BGB besteht das Widerrufsrecht zunächst nicht bei Waren, die nach Kundenspezifikation angefertigt oder eindeutig auf die persönlichen Bedürfnisse des Verbrauchers zugeschnitten sind. Dazu gehören alle Waren, die nach speziellen Angaben des Verbrauchers hergestellt werden, wie z.B. Maßanfertigungen bei Bekleidungsstücken oder Schmuck.[3288] Davon erfasst sind aber auch solche Waren, bei denen der Verbraucher mehrere Gestaltungsoptionen wählen kann und das Produkt nach diesen individuellen Wünschen angefertigt wird, wie es häufig beim Kfz-Neukauf, Möbeln und Computern der Fall ist.[3289] Allerdings ist der Ausnahmetatbestand eng auszulegen. Sinn und Zweck der Ausnahmeregelung ist, wie oben gesagt, das Widerrufsrecht nur dann auszuschließen, wenn der Wiederverkauf einer Ware faktisch kaum möglich ist. Das ist bei kundenspezifischen Anfertigungen aber nur der Fall, wenn diese so individuell oder speziell sind, dass sie nicht mehr den gängigen Kundenwünschen entsprechen.[3290] Beim Kfz-Kauf z.B. wird das Fahrzeug nur dann unverkäuflich, wenn die individuell gewählte Ausstattung so außergewöhnlich ist, dass im Rahmen der üblichen Kundennachfrage ein Absatz des Fahrzeugs kaum oder nur mit erheblichen Wertverlusten möglich ist. Es muss sich dabei aber um gravierende Einbuße handeln, denn ein schlichter Wertverlust ist nicht von dem Ausnahmetatbestand gedeckt.

3283 Siehe Artikel 6 III FARL.

3284 Kritisch z.B. Heinrichs in: Palandt, BGB-Komm., § 312d, Rn.8.

3285 Siehe dazu insbesondere die Ausführungen zu den Ausnahmetatbeständen nach § 312d IV Nr.1, Nr.3 BGB.

3286 Vgl. Heinrichs in: Palandt, BGB-Komm., § 312d, Rn.8.

3287 Vgl. Heinrichs in: Palandt, BGB-Komm., § 312d, Rn.8.

3288 Vgl. Schmidt-Räntsch in: Bamberger/Roth, BGB-Komm., § 312d, Rn.26.

3289 Vgl. auch Schmidt-Räntsch in: Bamberger/Roth, BGB-Komm., § 312d, Rn.26.

3290 Eine Ware wird auch nicht dadurch unverkäuflich, wenn Serienteile in einen Gegenstand eingebaut wurden und leicht wieder ausgebaut werden können, siehe BGH NJW 2003, S.1665ff (1666f); vgl. zum Ausnahmetatbestand auch Heinrichs in: Palandt, BGB-Komm., § 312d, Rn.9; Schmidt-Räntsch in: Bamberger/Roth, BGB-Komm., § 312d, Rn.26; Klein in: Bräutigam/Leupold, S.596ff (642); Schulte-Nölke in: Schulze, HK-BGB, § 312d, Rn.4; Wiebe in: Spindler/Wiebe, S.57ff (98).

Des Weiteren nennt § 312d IV Nr.1 BGB Waren, die aufgrund ihrer Beschaffenheit nicht zurückgegeben werden können, schnell verderblich sind oder deren Verfallsdatum überschritten wurde. Letztere Fallgruppe betrifft vor allem den Vertrieb von Lebensmitteln und frei verkäuflichen Arzneimitteln.[3291] Eine Überschreitung des Verfallsdatums wird bei verderblichen Waren nur berücksichtigt, wenn die Festlegung des Datums nach anerkannten technischen Maßstäben erfolgt ist.[3292]

Eine Sache kann ihrer Beschaffenheit nach nicht zurückgegeben werden, wenn die normale Beschaffenheit der Ware durch Rückgabe praktisch nicht mehr besteht. Das ist in erster Linie bei Softwareprogrammen und anderen elektronischen Dateien, die mittels Download an den Verbraucher übertragen werden, der Fall,[3293] denn es wird dabei lediglich die Kopie der Kopie des Originals, das der Unternehmer bei der Transferierung einer heruntergeladenen Software nicht aus der Hand gibt, weitergegeben. Die Rückgabe der Software ist außerdem durch die Speicherungs- und Übertragungsmöglichkeiten des Erwerbers nicht „rückstandslos" möglich.[3294] Hierdurch entsteht aber das Problem, dass bei dem Fernabsatz von elektronisch übertragenen Büchern etc, das Widerrufsrecht ausgeschlossen ist, während bei anderen versand-betriebenen Printerzeugnissen das Widerrufsrecht gilt.[3295]

Nicht zur Rückgabe tauglich sind außerdem Waren, die bei der Übertragung an den Verbrauchern, ihre Beschaffenheit verlieren. Beispielhaft wird dafür der Vertrieb von Heizöl genannt, das bei einer Vermischung mit dem Tank des Kunden seine Eigenschaft als wiederverkäufliches Heizöl verliert.[3296] Die Beschaffenheit fehlt hingegen nicht, wenn die Ware untergegangen ist oder sich verschlechtert hat, insbesondere ein durch Benutzung eintretende Verschlechterung der Ware wird nicht von dem Ausnahmetatbestand erfasst. Dies ergibt sich zwingend aus § 357 I S.1, III i.V.m. § 346 III BGB, wonach der Verbraucher dem Unternehmer für eine Verschlechterung oder den Untergang der Sache, nach einem ausgeübten Widerruf, Wertersatz zu leisten hat.[3297]

- Nach § 312d IV Nr.2 BGB besteht kein Widerrufsrecht, wenn der Gegenstand der Lieferung Audio- und Videoaufzeichnungen oder Software ist und der Verbraucher den gelieferten Datenträger bereits entsiegelt hat. Diese Ausnahme gilt nur für solche

3291 Vgl. Schmidt-Räntsch in: Bamberger/Roth, BGB-Komm., § 312d, Rn.28; Heinrichs in: Palandt, BGB-Komm., § 312d, Rn.9; Klein in: Bräutigam/Leupold, S.596ff (644); Kamanabrou, WM 2000, S.1417ff (1424). Bei Lebensmitteln kommt überdies u.U. auch der Ausnahmetatbestand nach § 312b III Nr.5 BGB in Betracht.

3292 Vgl. Klein in: Bräutigam/Leupold, S.596ff (644); Heinrichs in: Palandt, BGB-Komm., § 312d, Rn.9.

3293 Vgl. Entwurf eines Gesetzes über Fernabsatzverträge und andere Fragen des Verbraucherschutzrechts sowie zur Umstellung auf Euro (BT-Drucks. 14/2658), S.44; Ernst in: Hohl/Leible/Sosnitza, S.71ff (93); Wiebe in: Spindler/Wiebe, S.57ff (97f); Klein in: Bräutigam/Leupold, S.596ff (643); Heinrichs in: Palandt, BGB-Komm., § 312d, Rn.9; Schmidt-Räntsch in: Bamberger/Roth, BGB-Komm., § 312d, Rn.28.

3294 Vgl. Wiebe in: Spindler/Wiebe, S.57ff (98); Heinrichs in: Palandt, BGB-Komm., § 312d, Rn.9.

3295 So auch Schmidt-Räntsch in: Bamberger/Roth, BGB-Komm., § 312d, Rn.28.

3296 Vgl. Klein in: Bräutigam/Leupold, S.596ff (644); Heinrichs in: Palandt, BGB-Komm., § 312d, Rn.9.

3297 Vgl. Schmidt-Räntsch in: Bamberger/Roth, BGB-Komm., § 312d, Rn.28; Heinrichs in: Palandt, BGB-Komm., § 312d, Rn.9.

Softwareprodukte, die einen Siegel vorsehen,[3298] woran das Gesetz allerdings keine hohen Anforderungen stellt.[3299] Ein Siegel besteht schon in jeder Vorkehrung, die den ungehinderten Zugang versperrt.[3300] Das bedeutet, die einfache Zellophan-Verpackung einer CD erfüllt bereits dieses Erfordernis. Hat der Verbraucher diese entfernt, besteht das Widerrufsrecht nicht mehr. Allerdings wird davon nur das Widerrufsrecht hinsichtlich der Software erfasst, nicht hingegen die zur Software benötigte Hardware, also die Geräte, die zum Ingangsetzen des Softwareprogramms notwendig sind.[3301] Diesbezüglich besteht aufgrund der Entsiegelung nämlich keine Bedenken hinsichtlich der rückstandslosen Rückgewährmöglichkeit der Sache.

- Die dritte Ausnahme nach § 312d IV Nr.3 BGB sind Zeitungen, Zeitschriften und Illustrierte. Hierbei wird die Tatsache berücksichtigt, dass bei bestimmten Printmedien unmittelbar nach dem Vertrieb die Ware veraltet und deshalb unverkäuflich wird.[3302] Auch diese Ausnahmeregelung ist eng auszulegen. Printerzeugnisse, bei denen diese Gefahr nicht besteht, wie z.B. bei Kalendern und Filofax, sind deshalb von der Nr.3 nicht erfasst.[3303]

- Die Vorschrift gemäß § 312d IV Nr.4 BGB schließt das Widerrufsrecht auch für die Erbringung von Wett- und Lotterie-Dienstleistungen aus. Dies betrifft allerdings nur staatlich anerkannte Wett- und Lotterie-Dienste,[3304] denn bezüglich sonstiger Wett- und Lotterie-Dienstleistungen besteht ohnehin keine Rechtsverbindlichkeit für den Verbraucher.[3305]

- Ferner werden nach § 312d IV Nr.5 BGB Fernabsatzgeschäfte ausgeschlossen, die in der Form der Versteigerung gemäß § 156 BGB geschlossen werden. Im Rahmen des Online-Handels stellt sich bezüglich dieser Ausnahmeregelung insbesondere die Frage, ob das Widerrufsrecht dann auch für Online-Versteigerungen ausgeschlossen werden soll.[3306] Dies ist letztlich aber zu verneinen, da in der klassischen Form der Online-Auktion der Vertragsschluss zwischen dem Versteigerer und dem Bieter nicht durch Zuschlag gemäß § 156 BGB zustandekommt, sondern nach Ablauf der Auktionszeit der Verkauf auf das Höchstgebot stattfindet, so dass § 156 BGB gar nicht zur Anwendung gelangt.[3307] Dementsprechend fällt die klassische Ebay-Versteigerung

---

3298 Vgl. Heinrichs in: Palandt, BGB-Komm., § 312d, Rn.10; Schmidt-Räntsch in: Bamberger/Roth, BGB-Komm., § 312d, Rn.30.

3299 Vgl. Schmidt-Räntsch in: Bamberger/Roth, BGB-Komm., § 312d, Rn.30.

3300 Siehe Klein in: Bräutigam/Leupold, S.596ff (645); Schmidt-Räntsch in: Bamberger/Roth, BGB-Komm., § 312d, Rn.30.

3301 Vgl. auch Klein in: Bräutigam/Leupold, S.596ff (645); Schmidt-Räntsch in: Bamberger/Roth, BGB-Komm., § 312d, Rn.30.

3302 Vgl. Schmidt-Räntsch in: Bamberger/Roth, BGB-Komm., § 312d, Rn.31.

3303 Vgl. auch Heinrichs in: Palandt, BGB-Komm., § 312d, Rn.11.

3304 Vgl. Heinrichs in: Palandt, BGB-Komm., § 312d, Rn.12; Schmidt-Räntsch in: Bamberger/Roth, BGB-Komm., § 312d, Rn.32.

3305 Vgl. Schmidt-Räntsch in: Bamberger/Roth, BGB-Komm., § 312d, Rn.32.

3306 Dies ist bislang umstritten gewesen, vgl. dazu z.B. Meents, CR 2000, S.610ff (614); Kaestner/Tews, WRP 2004, S.509ff (509ff).

3307 Siehe dazu vor allem die Entscheidung des BGH, NJW 2005, S.53ff (54f); vgl. auch BGH NJW 2002, S.363ff (364); Wenzel, NJW 2002, S.1550ff (1551); Klein in: Bräutigam/Leupold, S.596ff (646); Kaestner/Tews, WRP 2004, S.509ff (511); Schulte-Nölke in: Schulze, HK-BGB,

nicht unter die Ausnahme nach § 312d IV Nr.5 BGB.[3308] Wird im Internet eine Auktion aber auf dem traditionellen Wege durch Zuschlag des virtuell agierenden Auktionators geschlossen (§ 156 BGB), ist die Voraussetzung des Ausnahmetatbestandes gegeben.[3309] Dabei ist aber auch zu beachten, dass lediglich das Widerrufsrecht bei solchen Versteigerungen ausgeschlossen ist. Versteigerungen egal welcher Art können grundsätzlich auch Fernabsatzverträge sein, bei denen die Informationspflichten gemäß § 312c BGB eingehalten werden müssen.

- Nachträglich eingefügt wurde schließlich die Ausnahme des Widerrufs bei Waren und Finanzdienstleistungen, deren Preis auf dem Finanzmarkt Schwankungen unterliegt, auf die der Unternehmer keinen Einfluss hat und die während der Widerrufsfrist auftreten können.[3310] Exemplarisch nennt das Gesetz Dienstleistungen im Zusammenhang mit Aktien, Anteilsscheinen und anderen handelbaren Wertpapieren, Devisen, Derivaten und anderen Geldmarktinstrumenten. Grund für den Ausschluss ist, dass bei solchen Geschäften das Preisrisiko von beiden Parteien getragen wird und die einseitige Aufbürdung zu Lasten des Unternehmers unzumutbar wäre.[3311] Dies betrifft vor allem den Vertrieb von Edelmetallen und anderen an der Börse gehandelten Rohstoffen, ebenso wie die Anschaffung und Veräußerung von Aktien und anderen Wertpapieren.[3312]

Daneben stellt § 312d V BGB klar, dass das Widerrufsrecht nach § 312d BGB nicht besteht, wenn dem Verbraucher bereits nach §§ 495, 499 bis 507 BGB ein solches Recht aus § 355 BGB zusteht.[3313]

bb) Die Ausübung des Widerrufsrechts

Das Widerrufsrecht kann gemäß § 355 I S.2 BGB entweder durch Erklärung oder durch Rücksendung der Ware an den Unternehmer ausgeübt werden, wobei der Unternehmer auch einen Empfangsboten in der Widerrufsbelehrung benennen kann,[3314] gegenüber dem der Widerruf zu erklären ist.

---

§ 312d, Rn.5; Schmidt-Räntsch in: Bamberger/Roth, BGB-Komm., § 312d, Rn.33; Heinrichs in: Palandt, BGB-Komm., § 312d, Rn.13.

3308 So auch Klein in: Bräutigam/Leupold, S.596ff (646); Wenzel, NJW 2002, S.1550ff (1551); Kaestner/Tews, WRP 2004, S.509ff (511); Schmidt-Räntsch in: Bamberger/Roth, BGB-Komm., § 312d, Rn.33; Schulte-Nölke in: Schulze, HK-BGB, § 312d, Rn.5; Heinrichs in: Palandt, BGB-Komm., § 312d, Rn.13; wohl auch Wilmer, NJW-CoR 2000, S.94ff (103); a.A. Ernst in: Hohl/Leible/Sosnitza, S.71ff (93).

3309 Vgl. Kaestner/Tews, WRP 2004, S.509ff (511).

3310 Siehe § 312d IV Nr.6 BGB.

3311 Vgl. Heinrichs in: Palandt, BGB-Komm., § 312d, Rn.14.

3312 Vgl. Heinrichs in: Palandt, BGB-Komm., § 312d, Rn.14.

3313 Dabei ist aber zu beachten, dass das Widerrufsrecht nach sonstigen Verbraucherschutzvorschriften im Rahmen des § 312d II BGB zugewähren ist, d.h. die Widerrufsfrist beginnt abweichend von § 355 BGB erst, wenn die nachträglichen Informationspflichten gemäß § 312c II BGB und die übrigen Pflichten nach § 312d II BGB erfüllt sind; vgl. dazu auch Heinrichs in: Palandt, BGB-Komm., § 312d, Rn.15.

3314 In diesem Fall muss die Widerrufsbelehrung aber zusätzlich auch den Namen und die Anschrift des Empfangsboten benennen, vgl. Schmidt-Räntsch in: Bamberger/Roth, BGB-Komm., § 312d, Rn.8.

Widerruft der Verbraucher den Vertrag durch ausdrückliche Erklärung, hat er nach der Vorschrift gemäß § 355 I S.2 BGB nunmehr[3315] die Textform gemäß § 126b BGB einzuhalten. Wie oben dargelegt, genügt hierfür eine textlich fixierte und zur dauerhaften wiedergabefähige Erklärungsform, z.B. eine E-Mail oder ein Brief. Eine mündliche Erklärung gegenüber dem Unternehmer genügt nicht. Bei der Textform ist außerdem zu beachten, dass der Absender und der Abschluss der Erklärung erkennbar sind.[3316] Hierzu reicht aber aus, wenn der Name des widerrufenden Verbrauchers in der Erklärung genannt wird und sich aus dem Erscheinungsbild der Erklärung ihr Umfang ergibt.[3317]

Der Inhalt muss zunächst keine Begründung für den Widerruf enthalten.[3318] Aus der Erklärung muss sich lediglich ergeben, dass der Verbraucher den Vertrag widerrufen will und um welchen Vertrag es sich dabei handelt.[3319] Dabei muss nicht das Wort „Widerruf" verwendet werden, es genügt, wenn sich aus der Erklärung ergibt, dass der Verbraucher den Vertrag nicht mehr gelten lassen will.[3320] Dies ist im Zweifel durch Auslegung gemäß §§ 133, 157 BGB zu ermitteln. Als Gestaltungsrecht ist der Widerruf außerdem bedingungsfeindlich.[3321] Daher darf der Verbraucher im Rahmen seiner Erklärung den Widerruf grundsätzlich nicht von dem Eintritt einer Bedingung abhängig machen.

Erklärt der Verbraucher statt dessen den Widerruf des Geschäfts durch die Rücksendung der Ware, hat er dabei dafür Sorge zu tragen, dass der Unternehmer bei Rückerhalt erkennen kann, welche rechtsgeschäftliche Beziehung dadurch aufgekündigt werden soll.[3322] Dies kann er z.B. durch die Beifügung eines Retourscheins, der den Namen des Verbrauchers und eine Rechnungs- oder Liefernummer enthält, erfüllen. Häufig sehen die Versandunternehmen hierfür eigene, der Lieferung beigefügte Formulare vor, die der Verbraucher verwenden kann. Dann aber hat der Unternehmer den Verbraucher im Rahmen der Widerrufsbelehrung über die Verwendung dieser Formulare aufzuklären.

3315 Zuvor musste der Verbraucher die Schriftform gemäß § 126 BGB einhalten. Durch die neue Formregelung gemäß § 126b BGB sind die Formanforderungen nun erleichtert worden, da diese Erleichterung für den Verbraucher Vorteile erbringt, vgl. dazu den Entwurf eines Gesetzes über Fernabsatzverträge und andere Fragen des Verbraucherschutzrechts sowie zur Umstellung auf Euro (BT-Drucks. 14/2658), S.47. Allerdings ist die Schriftform dennoch nach wie vor zulässig, vgl. Schmidt-Räntsch in: Bamberger/Roth, BGB-Komm., § 312d, Rn.7.

3316 Siehe dazu oben die Ausführungen zu den Anforderungen der Formvorschrift gemäß § 126b BGB, 2.Kapitel, B., III., 2., b), aa).

3317 Es muss insbesondere keine handschriftliche Unterschrift oder elektronische Signatur des Verbrauchers vorliegen. Der Abschluss einer Erklärung durch E-Mail ist, ebenso wie bei einem Brief, einfach durch einen gängigen Briefabschluss, wie z.B. „Mit freundlichen Grüßen" oder ähnlichen Formulierungen deutlich zumachen.

3318 Siehe § 355 I S.2 BGB.

3319 Vgl. Heinrichs in: Palandt, BGB-Komm., § 355, Rn.6.

3320 Vgl. auch Heinrichs in: Palandt, BGB-Komm., § 355, Rn.6.

3321 Vgl. Klein in: Bräutigam/Leupold, S.596ff (642); Heinrichs in: Palandt, BGB-Komm., § 355, Rn.6.

3322 Vgl. Heinrichs in: Palandt, BGB-Komm., § 355, Rn.8.

Zur Ausübung des Widerrufsrechts genügt es nach § 355 I S.2, Hs.2 BGB, wenn die Erklärung innerhalb der Widerrufsfrist rechtzeitig abgesendet wird. Dies kann aber theoretisch bereits nach Abgabe der rechtsverbindlichen Vertragserklärung des Verbrauchers erfolgen, also auch vor dem Vertragsschluss und vor der Lieferung der Waren, spätestens aber bis zum Ende der Widerrufsfrist.[3323] Da es sich bei dem Widerruf aber auch um eine Willenserklärung handelt, muss diese dem Unternehmer auch zugehen gemäß § 130 BGB.[3324] Das bedeutet, die Erklärung muss so in den Machtbereich des Empfängers gelangt sein, dass unter normalen Umständen mit der Kenntnisnahme des Empfängers zu rechnen ist.[3325] Bei einer konkludenten Widerrufserklärung durch Rücksendung der Ware ist aber zu beachten, dass der Unternehmer das Risiko für die Rücksendung der Ware trägt. Dementsprechend ist die Ausübung des Widerrufsrechts auch dann rechtzeitig erfolgt, wenn die Ware während des Rücktransports untergeht oder sich verschlechtert.[3326] Ansonsten aber trifft den Verbraucher grundsätzlich die Beweislast für Inhalt, Zugang und Rechtzeitigkeit seines Widerrufs.[3327]

cc) Die Widerrufsfrist

Die Widerrufsfrist wird für alle verbraucherschutzrechtlichen Widerrufsrechte nach § 355 I S.2 BGB für zwei Wochen gewährt, so dass die zweiwöchige Widerrufsfrist auch für Fernabsatzgeschäfte gilt. Hierdurch wird die Richtlinievorgabe, die nur ein siebentägiges Widerrufsrecht vorsieht,[3328] erweitert. Diese Erweiterung ist wiederum in erster Linie dem Bestreben des deutschen Gesetzgebers zur Vereinheitlichung der Voraussetzungen der Widerrufsrechte geschuldet.[3329] Da die europäischen Vorgaben teilweise eine zweiwöchige Überlegungsfrist des Verbrauchers vorsehen,[3330] hat der deutsche Gesetzgeber diese Obergrenze nun für alle Widerrufsrechte festgelegt und hat damit erneut die Richtlinienvorgaben der FARL zugunsten der Verbraucher übertroffen.

3323 Vgl. Heinrichs in: Palandt, BGB-Komm., § 355, Rn.9.

3324 Vgl. Heinrichs in: Palandt, BGB-Komm., § 355, Rn.10.

3325 Vgl. Brox, Rn.152; vgl. dazu auch die Ausführungen im 2.Kapitel, B., II., 1., a).

3326 Vgl. Heinrichs in: Palandt, BGB-Komm., § 355, Rn.10.

3327 Vgl. Heinrichs in: Palandt, BGB-Komm., § 355, Rn.23.

3328 Siehe Artikel 6 I FARL.

3329 Vgl. Entwurf eines Gesetzes über Fernabsatzverträge und andere Fragen des Verbraucherschutzrechts sowie zur Umstellung auf Euro (BT-Drucks. 14/2658), S.47; daneben wird die problematische Fristenberechnungsregelungen der europäischen Vorgaben als Begründung angeführt, erstens verwendet die Richtlinie eine „Werktags"-Frist, die dem deutschen Recht unbekannt ist und zweitens sind die Regelungen über Feiertage problematisch, da diese in Deutschland regional unterschiedlich geregelt sind, vgl. dazu Bülow/Artz, NJW 2000, S.2049ff (2052); Ernst in: Hohl/Leible/Sosnitza, S.71ff (92); Fuchs, ZIP 2000, S.1273ff (1283); Schmidt-Räntsch in: Bamberger/Roth, BGB-Komm., § 312d, Rn.10; Gößmann, MMR 1998, S.88 (90).

3330 Bei dem Gesetzentwurf wurde auch berücksichtigt, dass die Richtlinie über Fernabsatzverträge bei Finanzdienstleistungen ein zweiwöchiges Widerrufsrecht vorsehen würde, siehe dazu Entwurf eines Gesetzes über Fernabsatzverträge und andere Fragen des Verbraucherschutzrechts sowie zur Umstellung auf Euro (BT-Drucks. 14/2658), S.47.

Die Vorschrift gemäß § 355 II S.1 BGB nennt drei Voraussetzungen, die für den Beginn der Widerrufsfrist eintreten müssen. Zunächst muss der Verbraucher eine ordnungsgemäße Widerrufsbelehrung in Textform erhalten haben, er muss dabei über den Namen und die Anschrift desjenigen informiert werden, gegenüber dem der Widerruf zu erklären ist, und schließlich muss ein Hinweis über den Fristbeginn und die Ausübung des Widerrufsrechts enthalten sein. Abweichend dazu bestimmt § 355 BGB, wie oben schon dargelegt, weiter, dass, wenn die Widerrufsbelehrung erst nach Vertragsschluss erfolgt, die Frist einen Monat beträgt[3331] und, wenn die Belehrung unterbleibt, die Frist gar nicht beginnt[3332].

Bei der Lieferung von Waren beginnt die Widerrufsfrist außerdem nicht vor dem Tag ihres Eingangs beim Empfänger.[3333] Für Fernabsatzverträge bedeutet das, dass die Frist nicht vor dem Tag der Lieferung beginnt, wobei bei Teillieferungen zu differenzieren ist, ob es sich um die wiederkehrende Teilleistung gleichartiger Waren oder ungleichartiger Waren handelt. Dabei ist nämlich zu berücksichtigen, dass der Verbraucher durch das Widerrufsrecht die Möglichkeit zur Prüfung der Ware haben soll. Bei der Lieferung gleichartiger Waren hat er diese Option schon mit der ersten Teillieferung erfüllt, allerdings vorausgesetzt, dass eine solche Teillieferung auch vereinbart worden ist. Die Widerrufsfrist beginnt deshalb bei gleichartigen Warenlieferungen schon mit der ersten Lieferung.[3334] Bei ungleichartigen Waren hingegen steht dem Verbraucher bezüglich jeder Lieferung ein Widerrufsrecht zu, die Ware der letzten Lieferung kann er erst in diesem Zeitpunkt in Augenschein nehmen, so dass die Frist für den Widerruf der zuletzt gelieferten Ware erst nach der letzten Lieferung beginnt.[3335] Der gleiche Auslegungsgrundsatz ist bei der Frage des „Erhalts der Waren" anzuwenden. Maßgeblich ist, dass der Verbraucher die Ware tatsächlich in Augenschein nehmen kann. Dies ist z.B. nicht gegeben, wenn der Verbraucher in Annahmeverzug gerät, denn, selbst wenn er die Annahme verweigert, hat der Verbraucher keine Prüfungsmöglichkeit gehabt.[3336] Im übrigen gilt die Sache als erhalten, wenn der Verbraucher Sachherrschaft über die Ware erlangt hat, nach Maßgabe des § 438 II BGB.[3337]

Im Rahmen von Fernabsatzgeschäften werden noch strengere Regelungen an den Beginn der Widerrufsfrist gestellt, denn es müssen zusätzlich die in § 312d II BGB benannten Voraussetzungen vorliegen. Wie schon erläutert, muss der Unternehmer den Verbraucher über die in § 312c II BGB bestimmten Angaben in Textform informiert haben, die Ware geliefert haben und bei gleichartiger Teillieferung die erste

3331 Siehe § 355 II S.2 BGB.

3332 Siehe § 355 III S.3 BGB.

3333 Siehe § 355 III S.2 BGB.

3334 Vgl. Ernst in: Hohl/Leible/Sosnitza, S.71ff (92); Schmidt-Räntsch in: Bamberger/Roth, BGB-Komm., § 312d, Rn.14; Klein in: Bräutigam/Leupold, S.596ff (640); Kamanabrou, WM 2000, S.1417ff (1424); Heinrichs in: Palandt, BGB-Komm., § 312d, Rn.3.

3335 Vgl. Schulte-Nölke in: Schulze, HK-BGB, § 312d, Rn.2; Heinrichs in: Palandt, BGB-Komm., § 312d, Rn.3; Klein in: Bräutigam/Leupold, S.596ff (640); Kamanabrou, WM 2000, S.1417ff (1424).

3336 Vgl. Schmidt-Räntsch in: Bamberger/Roth, BGB-Komm., § 312d, Rn.14; Heinrichs in: Palandt, BGB-Komm., § 312d, Rn.3.

3337 Vgl. Schmidt-Räntsch in: Bamberger/Roth, BGB-Komm., § 312d, Rn.15.

Teillieferung vorgenommen haben.[3338] Dies erweitert die Anforderungen für den Beginn der Widerrufsfrist aber im Grunde nur bezüglich der zusätzlichen Pflichtangaben nach § 312c II BGB, die zusätzlich neben der Widerrufsbelehrung mitzuteilen sind. Dabei bestimmt § 355 BGB im Hinblick auf die Informationspflicht über den Widerruf nach §§ 312c I, II BGB keine zusätzliche Pflicht zur Widerrufsbelehrung. Bei Fernabsatzverträgen genügt es den oben dargestellten Anforderungen, wenn der Verbraucher entweder einmal vorvertraglich und einmal nachträglich in Textform ordnungsgemäß belehrt wird oder im vorvertraglichen Bereich eine Widerrufsbelehrung in Textform erfolgt.[3339] Durch diese Anforderungen wird das Informationsbedürfnis des Verbrauchers m.E. hinreichend bedient, denn es muss ja eine zur dauerhaften Wiedergabe geeignete Widerrufsbelehrung erfolgen, die für die Dauer des Rechtsgeschäfts für den Verbraucher zur Einsichtnahme zur Verfügung steht. Nicht zwingend erforderlich ist eine zweite oder gar dritte Widerrufsbelehrung, die unterschrieben zurückgesendet werden muss.[3340] Die Widerrufsbelehrung muss aber in jedem Fall die notwendigen Informationen enthalten. Das heißt, der Verbraucher ist über das Bestehen des Widerrufsrechts, über die zweiwöchige Widerrufsfrist, die Voraussetzungen des Fristbeginns und die Erläuterungen zur Berechnung der Frist zu informieren. Dabei muss allerdings kein Datum genannt werden, es genügt, wenn der Verbraucher aus den Angaben die Frist berechnen kann.[3341] Er muss ferner über den Inhalt, die Form und die Optionen zur Ausübung des Widerrufsrechts aufgeklärt werden und darüber, dass er nicht zur Begründung verpflichtet ist. Ferner müssen in der Belehrung der Name und die Anschrift des Widerrufsempfängers sowie alle Angaben über die Rechtsfolgen eines ausgeübten Widerrufs enthalten sein.[3342]

Im elektronischen Geschäftsverkehr kommt eine weitere Hürde für den Beginn der Widerrufsfrist nach § 312e III S.2 BGB hinzu. Danach beginnt die Widerrufsfrist nicht bevor der Unternehmer nicht die in § 312e I S.1 BGB genannten Pflichten erfüllt hat. Dementsprechend muss der Unternehmer im Rahmen von Internetkaufverträgen mit dem Verbraucher zusätzlich die oben dargestellten Informationspflichten erfüllt haben.[3343]

3338 Gemäß § 312d II BGB; siehe zur Behandlung ungleichartiger Teilleistung die Ausführungen zu den nachvertraglichen Informationspflichten gemäß § 312c II BGB, 2.Kapitel, B., III. 2., b), aa).

3339 Siehe dazu oben, 2.Kapitel, B., III. 2., b), aa).

3340 Die Unterschrift ist Bestandteil des aufgegebenen Schriftformerfordernisses (§ 126 BGB) gewesen, auch dadurch wird das gesetzgeberische Ziel der Herabsetzung der Informationsanforderungen deutlich; vgl. dazu BGH WM 2003, S.205ff (206); so wohl auch Wiebe in: Spindler/Wiebe, S.57ff (97); Mankowski, CR 2001, S.767ff (773); Klein in: Bräutigam/Leupold, S.596ff (638f); teilweise wird aber angenommen, dass die Widerrufsbelehrung nicht vor der Vertragserklärung mitgeteilt werden darf, siehe BGH NJW 2002, S.3396ff (3398); Heinrichs in: Palandt, BGB-Komm., § 355, Rn.16. Dem ist m.E. aus den genannten Gründen nicht zu folgen.

3341 Vgl. Heinrichs in: Palandt, BGB-Komm., § 355, Rn.14.

3342 Siehe dazu auch das in der BGB-InfoVO (§ 14 I, Anlage 2) abgedruckt Muster für eine Widerrufsbelehrung; vgl. zu den Anforderungen auch Heinrichs in: Palandt, BGB-Komm., § 355, Rn.14.

3343 Vgl. dazu die Ausführungen zu den Informationspflichten nach § 312e BGB, 2.Kapitel, B., II., 3., a), bb).

Zur Berechnung der zweiwöchigen Widerrufsfrist sind die allgemeinen Vorschriften gemäß §§ 188 II, 193 BGB maßgeblich.[3344] Danach endet eine Wochenfrist jeweils mit dem Tag an dem sie begonnen hat, es sei denn diese Frist fällt auf einen Sonn- oder Feiertag, dann ist der nächste Werktag maßgeblich. Das bedeutet, wenn die Frist des Widerrufs auf einen Montag fällt, endet die zweiwöchige Widerrufsfrist Montag in zwei Wochen. Fällt der Fristbeginn auf einen Sonntag, endet die Frist ebenfalls Montag in zwei Wochen.

dd) Die ersatzweise Einräumung eines Rückgaberechts

Nach § 312d I S.2 BGB hat der Unternehmer bei Fernabsatzgeschäften über die Lieferung von Waren die Möglichkeit dem Verbraucher statt des Widerrufsrechts ein Rückgaberecht gemäß § 356 BGB einzuräumen. Das Rückgaberecht unterscheidet sich von dem Widerrufsrecht in zwei wesentlichen Punkten: Die Ausübung des Rückgaberechts kann nur durch Rücksendung der gelieferten Waren erfolgen[3345] und der Unternehmer trägt unabdingbar die Kosten der Rücksendung[3346]. Dieses Beseitigungsrecht ist für den Unternehmer von Vorteil, da er bei der Ausübung des Widerrufs durch Erklärung stets die Rücksendung der Waren nachhalten muss. Dies begründet insbesondere für größere Versandunternehmen einen immensen Verwaltungsaufwand mit nicht unerheblichen Kosten, denen die Unternehmen durch das Rückgaberecht entgehen können.[3347]

Da die FARL kein alternatives Rückgaberecht ausdrücklich vorsieht, stellt sich die Frage der Richtlinienkonformität der Regelung gemäß § 312 I S.2 BGB. Aus dem Erwägungsgrund 14 der FARL geht hervor, dass den Mitgliedstaaten ein gewisser Gestaltungsspielraum bei der Regelung der Ausübung des Widerrufsrechts verbleibt.[3348] Außerdem hat die deutsche Regelung im Verhältnis zu den Richtlinienvorgaben zwei Vorteile für den Verbraucher bei der Ausübung des Rückgaberechts. Erstens wird eine längere Rückgabefrist, als in der Richtlinie vorgesehen, denn die zweiwöchige Frist gemäß § 355 I BGB gilt auch für das Rückgaberecht.[3349] Zweitens werden die entstandenen Nachteile des Verbrauchers dadurch ausgeglichen, dass der Unternehmer in jedem Fall die Kosten der Rücksendung zutragen hat. Dementsprechend dürfte der Mindestschutzstandard der Richtlinie durch die deutsche Regelung gewahrt sein.[3350]

3344 Vgl. Heinrichs in: Palandt, BGB-Komm., § 312d, Rn.6.

3345 Siehe § 356 II S.1 BGB.

3346 Das geht aus § 357 II S.2 und 3 BGB hervor, vgl. auch Schmidt-Räntsch in: Bamberger/Roth, BGB-Komm., § 312d, Rn.9.

3347 Vgl. Schmidt-Räntsch in: Bamberger/Roth, BGB-Komm., § 312d, Rn.9. Großer Nachteil für den Unternehmer ist natürlich seine nicht abdingbare Pflicht zur Tragung der Kosten der Rücksendung, vgl. auch Ernst in: Hohl/Leible/Sosnitza, S.71ff (94).

3348 In Erwägungsgrund 14 FARL heißt es: „(...) Es ist Sache der Mitgliedstaaten, weitere Bedingungen und Einzelheiten für den Fall der Ausübung des Widerrufsrechts festzulegen."

3349 Siehe dazu § 356 II S.1 BGB.

3350 So auch Heinrichs in: Palandt, BGB-Komm., § 356, Rn.1; Schmidt-Räntsch in: Bamberger/Roth, BGB-Komm., § 312d, Rn.9.

Zur Einräumung des Rückgaberechts müssen die Voraussetzungen des § 356 BGB vorliegen. Zunächst muss der Fernabsatzvertrag aufgrund eines Verkaufsprospekts zustandegekommen sein.[3351] Verkaufsprospekte sind im Grunde alle Warenkataloge, in denen Warenangebote eines Unternehmers gebündelt angeboten werden und dazu in dem Katalog dargestellt, abgebildet und beschrieben werden. Dazu gehören die klassischen Versandkataloge, ebenso wie Postwurfsendungen und Internetkataloge.[3352] I.d.R. ist der Verkaufsprospekt als invitatio ad offerendum zu verstehen.[3353] Bei dem Angebot eines Unternehmers durch einen Webkatalog ist der Fernabsatzvertrag regelmäßig aufgrund des Verkaufsprospekts entstanden, wenn der Verbraucher im Rahmen des Internetkataloges eine Bestellung vornimmt, die der Unternehmer durch Erklärung oder durch Lieferung der Waren annimmt. Nur ausnahmsweise kann das Angebot in dem Katalog als rechtsverbindliches Angebot aufgefasst werden,[3354] dann ist der Vertrag aufgrund des Prospekts bereits mit der Bestellung des Verbrauchers entstanden.

Auch im Falle des Rückgaberechts muss eine ordnungsgemäße Belehrung über das Recht erfolgen. Hierfür gelten die oben dargelegten Anforderungen, einschließlich des Formerfordernisses gemäß § 126b BGB.[3355] In Fernabsatzverträgen sind daneben aber auch die dargestellten vorvertraglichen und nachvertraglichen Informationspflichten gemäß § 312c BGB zu berücksichtigen. Bei der Gewährung des Rückgaberechts ist allerdings zusätzlich zu beachten, dass mindestens die Rückgabebelehrung direkt in dem Verkaufsprospekt enthalten sein muss.[3356]

Da es sich bei dem Verkaufsprospekt um einseitig gestellte, vorformulierte Vertragsbedingungen handelt, muss dieser außerdem wirksam in den Vertrag einbezogen werden gemäß § 305 II BGB.[3357] Das bedeutet, es muss ein Hinweis auf die Kenntnisnahmemöglichkeit vor Vertragsschluss sowie das Einverständnis des Verbrauchers mit dem Inhalt der Bedingungen gegeben sein.[3358] Ferner muss dem Verbraucher in Abwesenheit des Unternehmers die Gelegenheit gegeben werden, den Verkaufsprospekt

3351 Siehe § 356 I S.1 BGB.

3352 Vgl. Ernst in: Hohl/Leible/Sosnitza, S.71ff (94); Fuchs, ZIP 2000, S.1273ff (1285); Heinrichs in: Palandt, BGB-Komm., § 356, Rn.4.

3353 Vgl. Heinrichs in: Palandt, BGB-Komm., § 356, Rn.5.

3354 Vgl. Heinrichs in: Palandt, BGB-Komm., § 356, Rn.5; das ist praktisch nur dann möglich, wenn der Unternehmer einen solch umfangreichen Vorrat der Ware hat, dass alle Bestellungen potentieller Kunden von ihm erfüllt werden können. Aus dem Katalog-„Angebot" muss sich dann der Rechtsbindungswille eindeutig ergeben. Dies ist bei Warenangeboten in Katalogen regelmäßig aber nicht der Fall. Lediglich bei Softwareprodukten, die mittels Download an den Kunden transferiert werden, ist ein unbegrenzter Vorrat gegeben und begründet die Annahme einer rechtsverbindlichen Erklärung (siehe dazu oben, 2.Kapitel, B., II., 1., a)). Bei dem Erwerb von Software, die mittels Download übertragen wird, besteht nach § 312d IV Nr.1 BGB aber kein Widerrufsrecht.

3355 Siehe § 356 II BGB.

3356 Siehe § 356 I S.2 Nr.1 BGB.

3357 Vgl. Heinrichs in: Palandt, BGB-Komm., § 356, Rn.7.

3358 Siehe dazu die Ausführung zu den Anforderungen an die Einbeziehung von Vertragsbedingungen, 2.Kapitel, B., II., 3., b), bb).

eingehend zu betrachten.[3359] Hierdurch soll gewährleistet werden, dass der Verbraucher nicht durch eine zeitlich befristete Kenntnisnahmemöglichkeit von dem Unternehmer zu einem schnellen und unüberlegten Vertragsschluss gedrängt wird.[3360] Diese Gefahr besteht bei Internetkatalogen aufgrund der Distanz der Parteien i.d.R. nicht.

Der Verbraucher kann das Rückgaberecht, wie gesagt, nur durch Rücksendung innerhalb der Rückgabefrist ausüben. Für die Frist, die Fristberechnung und Fristwahrung gelten die oben genannten Regelungen gemäß §§ 355, 312d II BGB.[3361] Nach § 356 II BGB beginnt die Rückgabefrist aber nicht vor Erhalt der Sache, was regelmäßig mit der Lieferung erfolgt ist. Ausnahmsweise kann der Verbraucher aber auch die Rückgabe durch Erklärung eines Rücknahmeverlangens bewirken. Dies setzt jedoch voraus, dass die zurückzugebenden Waren nicht als Postpaket versandt werden können.[3362] Das ist der Fall, wenn diese mehr als 20 kg wiegen.[3363] Das Rücknahmeverlangen muss, ebenso wie die Widerrufserklärung, deutlich und rechtzeitig in Textform abgegeben werden und muss dem Unternehmer zugegangen sein.[3364] Anders als bei dem Widerrufsrecht, bleibt nach dem Verlangen des Verbrauchers der Fernabsatzvertrag aber noch wirksam.[3365] Erst mit der tatsächlich durchgeführten Rücknahme gilt die Rückgabe als ausgeübt und der Fernabsatzvertrag wandelt sich in ein Rückgewährschuldverhältnis. Für die Einhaltung der Frist genügt es aber dennoch, wenn der Verbraucher das Rücknahmeverlangen rechtzeitig absendet, denn die tatsächliche Rücknahme hängt von dem Unternehmer ab und entzieht sich i.d.R. dem Einfluss des Verbrauchers.

ee) Wirkung und Rechtsfolgen des Widerrufs- und Rückgaberechts

Während der Widerrufs- und Rückgabefrist bleibt der jeweilige Fernabsatzvertrag zwischen Verbraucher und Unternehmer schwebend wirksam.[3366] Das bedeutet, bis zur Ausübung des Widerrufsrechts bestehen beidseitig Erfüllungsansprüche des Unter-

3359 Siehe § 356 I S.2 Nr.2 BGB.

3360 Vgl. Heinrichs in: Palandt, BGB-Komm., § 356, Rn.6.

3361 Vgl. Heinrichs in: Palandt, BGB-Komm., § 356, Rn.10; siehe zu den Anforderungen 2.Kapitel, B., III., c), bb).

3362 Siehe § 356 II S.1 BGB.

3363 Vgl. Heinrichs in: Palandt, BGB-Komm., § 356, Rn.8.

3364 Der Status des Vertrages war vor der Konsolidierung der Widerrufsrechte in § 355 BGB unterschiedlich geregelt und teilweise umstritten, vgl. dazu Schmidt-Räntsch in: Bamberger/Roth, BGB-Komm., § 312d, Rn.5.

3365 Vgl. Heinrichs in: Palandt, BGB-Komm., § 356, Rn.8.

3366 Vgl. dazu die Ausführungen in der Regierungsbegründung zu der Vorgängerregelung § 361a BGB, Entwurf eines Gesetzes über Fernabsatzverträge und andere Fragen des Verbraucherschutzrechts sowie zur Umstellung auf Euro (BT-Drucks. 14/2658), S.47; Bülow/Artz, NJW 2000, S.2049ff (2052); Fuchs, ZIP 2000, S.1273ff (1282f); Kamanabrou, WM 2000, S.1417ff (1418); Wiebe in: Spindler/Wiebe, S.57ff (97); Heinrichs in: Palandt, BGB-Komm., § 355, Rn.4; Schmidt-Räntsch in: Bamberger/Roth, BGB-Komm., § 312d, Rn.5. Zuvor war die rechtliche Konstruktion der verbraucherschutzrechtlichen Widerrufsrechte unterschiedlich und teilweise umstritten, vgl. dazu Heinrichs in: FS Medicus, S.177ff (180ff).

nehmers und des Verbrauchers aus dem zugrunde liegenden Kaufvertrag.[3367] Mit dem Erlöschen des Widerrufs- oder Rückgaberechts wird der Vertrag endgültig wirksam.

Übt der Verbraucher aber sein Beseitigungsrecht innerhalb der Frist aus, wird der Fernabsatzvertrag ex nunc unwirksam und wandelt sich in ein Rückgewährschuldverhältnis nach Maßgabe der § 357 I S.1 i.V.m. § 346ff BGB.[3368] Das bedeutet, beide Parteien müssen grundsätzlich die bereits empfangenen Leistungen aus dem Vertrag zurückgewähren. Der Unternehmer hat also zunächst die empfangene Entgeltzahlung oder Teilzahlung zurückzuzahlen. Nach § 357 I S.2 i.V.m. § 286 III BGB muss er die Rückzahlung innerhalb von dreißig Tagen ab dem Zugang der Widerrufserklärung oder dem Eingang der Rücksendung vornehmen, andernfalls kommt er in Verzug.[3369]

Auf der anderen Seite muss der Verbraucher nach § 357 I S.1 i.V.m. § 346 I BGB die gelieferte Ware und die gezogenen Nutzungen herausgeben. Nutzungen sind die Früchte und Gebrauchsvorteile, die aus einer Sache gezogen werden und einer ordnungsgemäßen Wirtschaft entsprechen.[3370] Früchte sind die Erzeugnisse einer Sache, wie Tier- und Bodenprodukte,[3371] und zu den Gebrauchsvorteilen gehören alle Vorteile, die aus der Innehabung der Sache resultieren,[3372] nicht aber die Vorteile, die sich aus dem Verbrauch der Sache ergeben[3373].

Bei der Herausgabe der gelieferten Waren ist zu beachten, dass es sich um eine (qualifizierte) Schickschuld handelt, d.h. der Verbraucher muss dem Unternehmer die Ware zurücksenden,[3374] wobei aber der Unternehmer das Risiko der Rücksendung trägt. Das bedeutet, der Verbraucher wird auch dann frei von seiner Rückgewährpflicht, wenn die Ware während des Rücktransports untergeht oder sich verschlechtert.[3375] Nur im Rahmen eines Rücknahmeverlangens gemäß § 356 BGB besteht eine Holschuld des Unternehmers am Wohnsitz des Verbrauchers,[3376] auch dann trägt der Unternehmer die Gefahr für Verschlechterung und Untergang während des Transports.

Die Kosten der Rücksendung trägt grundsätzlich der Unternehmer.[3377] Bei einem ausgeübten Widerrufsrecht können diese Kosten aber durch Vereinbarung auch auf den Verbraucher abgewälzt werden.[3378] Zunächst war dies lediglich bei einer

---

3367 Vgl. Fuchs, ZIP 2000, S.1273ff (1281); Heinrichs in: FS Medicus, S.177ff (181).

3368 Vgl. Fuchs, ZIP 2000, S.1273ff (1283); Wiebe in: Spindler/Wiebe, S.57ff (97); Heinrichs in: Palandt, BGB-Komm., § 355, Rn.5, § 357, Rn.2.

3369 Dies entspricht auch den Richtlinienanforderungen nach Artikel 6 II; vgl. dazu Fuchs, ZIP 2000, S.1273ff (1284); Gößmann, MMR 1998, S.88 (91); Heinrichs in: Palandt, BGB-Komm., § 357, Rn.4b.

3370 Siehe dazu die Vorschriften §§ 99, 100 BGB, vgl. ferner Heinrichs in: Palandt, BGB-Komm., § 357, Rn.7.

3371 Vgl. Heinrichs in: Palandt, BGB-Komm., § 99, Rn.2.

3372 Vgl. Heinrichs in: Palandt, BGB-Komm., § 100, Rn.1.

3373 Vgl. Heinrichs in: Palandt, BGB-Komm., § 357, Rn.7.

3374 Siehe § 357 II S.1 BGB.

3375 Vgl. Heinrichs in: Palandt, BGB-Komm., § 357, Rn.5; Bülow/Artz, NJW 2000, S.2049ff (2052); Ernst in: Hohl/Leible/Sosnitza, S.71ff (94).

3376 Siehe § 357 II S.1 BGB, vgl. auch Heinrichs in: Palandt, BGB-Komm., § 357, Rn.5.

3377 Gemäß § 357 II S.2 BGB.

3378 Dies kann durch individuelle Vereinbarung, aber auch durch AGB geschehen. In letzterem Fall müssen dann aber die Voraussetzungen gemäß § 305 II BGB vorliegen.

Warensendung in maximaler Höhe des Gegenwertes von 40,- € möglich,[3379] wobei dies dem Bruttopreis der Ware zu entsprechen hat[3380]. Bei der Lieferung mehrerer Waren darf der Gesamtwert der Warenlieferung diesen Betrag nicht übersteigen.[3381] Seit der letzten Änderung der Vorschrift, kann der Unternehmer nun auch bei einem höheren Warenwert die Rücksendekosten übertragen, wenn der Verbraucher bis zum Zeitpunkt des Widerrufs noch keine Gegenleistung oder Teilzahlung erbracht hat.[3382] Dies soll die Zahl der nicht ernsthaften und missbräuchlichen Bestellungen einer Vielzahl von Waren eindämmen bzw. dem Unternehmer hiergegen eine Kostendeckungsmöglichkeit verschaffen.[3383] Die Abwälzung der Rücksendekosten ist nur auszuschließen, wenn entweder ersatzweise ein Rückgaberecht vereinbart wurde oder es sich bei der Lieferung um eine Ersatzlieferung handelt.[3384]

Nach § 346 II BGB hat der Verbraucher bei Vorliegen bestimmter Voraussetzungen statt der Rückgewähr oder Herausgabe Wertersatz zu leisten.[3385] Dies gilt auch für den Widerrufsberechtigten, nur dass diesen nach § 357 III BGB strengere Haftungspflichten treffen, als den Rücktrittsberechtigten. Für beide gilt, wenn die Ware entweder ihrer Natur nach nicht herausgegeben werden kann[3386] oder die Sache verbraucht, veräußert, belastet, verarbeitet oder umgestaltet wurde[3387], muss der Berechtigte dem anderen Vertragsteil Wertersatz leisten in der Höhe des Entgeltes abzüglich der Gewinnspanne[3388]. Ebenso hat er verschuldensunabhängig Ersatz zu leisten, wenn die Sache sich verschlechtert hat oder untergegangen ist.[3389] Für den Widerrufsberechtigten gilt dies in Abweichung zu § 346 II S.1 Nr.3 BGB auch dann, wenn die Verschlechterung oder der Untergang, aufgrund der bestimmungsgemäßen Ingebrauch-

3379 Gemäß § 357 II S.3 BGB.

3380 Vgl. Heinrichs in: Palandt, BGB-Komm., § 357, Rn.6.

3381 Vgl. Klein in: Bräutigam/Leupold, S.596ff (650); Kamanabrou, WM 2000, S.1417ff (1420); Heinrichs in: Palandt, BGB-Komm., § 357, Rn.6.

3382 So die jetzige Fassung des § 357 II S.3 BGB.

3383 Diese Änderungen wurden durch den Bundesrat initiiert, siehe dazu die Anrufung des Vermittlungsausschusses durch den Bundesrat: Gesetz zur Änderung der Vorschriften über Fernabsatzverträge bei Finanzdienstleistungen (BR-Drucks. 644/04), S.2; vgl. dazu auch Heinrichs in: Palandt, BGB-Komm., § 357, Rn.6.

3384 Dies ergibt sich aus dem Wortlaut des § 357 II S.2, 3 BGB.

3385 Die Wertersatzpflicht verstößt nicht gegen die Richtlinienvorgaben, diese bestimmt zwar in Artikel 6 II: „Die einzigen Kosten, die dem Verbraucher infolge der Ausübung seines Widerrufsrechts auferlegt werden können, sind die unmittelbaren Kosten der Rücksendung der Waren." Der Wertersatz wird aber nicht infolge der Ausübung des Widerrufs gewährt, sondern aufgrund des entstandenen Rückabwicklungsverhältnisses, vgl. auch Gößmann, MMR 1998, S.88ff (91); Grigoleit, NJW 2002, S.1151ff (1154f); Fuchs, ZIP 2000, S.1273ff (1285); Heinrichs in: Palandt, BGB-Komm., § 357, Rn.14.

3386 Gemäß § 346 I S.1 Nr.1 BGB.

3387 Gemäß § 346 I S.1 Nr.2 BGB.

3388 Dies entspricht dem Sinn und Zweck der Vorschriften. Zwar ist für die Höhe der Wertersatzzahlung die Gegenleistung zugrunde zu legen (§ 346 I S.2 BGB), der Verbraucher soll aber nicht die (überzogenen) Gewinnmargen des Unternehmers ersetzen müssen, vgl. Heinrichs in: Palandt, BGB-Komm., § 357, Rn.15; Grigoleit NJW 2002, S.1151ff (1154); Arnold/Dötsch, NJW 2003, S.187ff (188); a.A. Klein in: Bräutigam/Leupold, S.596ff (651).

3389 Vgl. Heinrichs in: Palandt, BGB-Komm., § 357, Rn.13.

nahme der Ware, durch den Verbraucher verursacht worden ist.[3390] Solche Verschlechterungen treten häufig im Zusammenhang mit der Inbetriebnahme von Pkw und beim Anprobieren von Bekleidungsstücken auf.[3391] Allerdings muss der Verbraucher dann auch spätestens bei Vertragsschluss über die Rechtsfolge und eine Möglichkeit, diese zu verhindern, hingewiesen worden sein. Dies hat in der oben dargelegten Weise und Form des § 126b BGB im Rahmen der Widerrufs- oder Rückgabebelehrung zu erfolgen.[3392] Da der Verbraucher aber ein Recht haben soll, die Ware zu prüfen, werden Verschlechterungen, die augrund der Überprüfung durch den Verbraucher verursacht werden, nicht von der Wertersatzpflicht erfasst.[3393]

Daneben nennt § 346 III BGB weitere Ausnahmetatbestände von der Wertersatzpflicht, die auf den durch Widerruf wertersatzpflichtig gewordenen Verbraucher nur bedingt Anwendung finden. Bezüglich der Vorschrift gemäß § 346 III S.1 Nr.1 BGB entfällt die Wertersatzpflicht, wenn der zum Rücktritt berechtigende Mangel sich erst während der Veränderung oder Umgestaltung der Sache gezeigt hat. Nach der Nummer 2 der Vorschrift ist der Wertersatz auch dann ausgeschlossen, wenn der Gläubiger die Verschlechterung oder den Untergang selbst zuvertreten hat oder bei ihm gleichfalls eingetreten wäre. Bei der Ausübung des Widerrufs- oder Rückgaberechts des Verbrauchers ist zu beachten, dass eine eingetretene Verschlechterung, aufgrund eines gleichzeitig bestehenden Sachmangels, der bereits bei Gefahrübergang, also bei Übergabe der Ware, bestand, den Verbraucher nicht ersatzpflichtig werden lässt. Unabhängig von einem Widerruf des Verbrauchers, stehen ihm seinerseits Sachmängelgewährleistungsansprüche wegen des Mangels gegenüber dem Unternehmer zu.[3394] Hierbei ist im Rahmen von Fernabsatzverträgen zwischen Verbraucher und Unternehmer über die Lieferung von Waren außerdem zu beachten, dass es sich i.d.R. um einen Verbrauchsgüterkaufvertrag gemäß § 474 I BGB handelt.[3395] Es gilt diesbezüglich gemäß § 476 BGB die widerlegliche Vermutung, dass ein Sachmangel, der sich in den ersten sechs Monaten seit Gefahrübergang zeigt, bereits vor dem Gefahrübergang bestanden hat. Ausgeschlossen ist die Wertersatzpflicht für den Widerrufsberechtigten letztendlich also bei Vorliegen eines bei Lieferung schon bestehenden Mangels und bei Verschlechterung oder Untergang der Ware, die der Unternehmer zu vertreten hat oder die bei ihm ebenso eingetreten wäre. Der Ausnahmetatbestand nach § 346 III S.1

3390 Nach § 357 III S.1 BGB findet § 346 II S.1 Nr.3 BGB keine Anwendung auf den widerrufsberechtigten Verbraucher.

3391 Vgl. Heinrichs in: Palandt, BGB-Komm., § 357, Rn.8.

3392 Siehe § 357 III S.1 BGB und die Ausführungen zu den Informationspflichten gemäß § 312c BGB, 2.Kapitel, B., III., 2., b).

3393 Gemäß § 357 III S.2 BGB; vgl. dazu auch Heinrichs in: Palandt, BGB-Komm., § 357, Rn.11.

3394 Dem Verbraucher stehen dann Nacherfüllungsanspruch, Rücktritts- und Minderungsrecht sowie Schadensersatzansprüche nach § 434, 437 BGB zu. Aus dieser gesetzlichen Wertung ergibt sich jedenfalls, dass der Verbraucher bei Vorliegen eines solchen Mangels und der Ausübung eines ihm zustehenden Widerrufsrechts nicht für solche Mängel in die Verantwortung gezogen werden kann.

3395 Siehe dazu die Ausführungen zu den Voraussetzungen eines Verbrauchsgüterkaufvertrages, 2.Kapitel, B., II., 3., b), aa), (1), (a). Bei der Zusammenschau mit den Voraussetzungen gemäß § 312b BGB wird deutlich, dass diese im Rahmen von Fernabsatzverträgen große Überschneidungen aufweisen.

Nr.3 BGB, wonach ebenfalls keine Wertersatzpflicht besteht, wenn der Verbraucher die Sorgfalt in eigenen Angelegenheiten beachtet hat, ist im Rahmen des Widerrufs- oder Rückgaberechts nicht anwendbar.[3396] Also ist auch eine durch Zufall eingetretene Verschlechterung der Ware von ihm zu ersetzen. Nach § 357 III S.3 BGB gilt dies allerdings nur, soweit der Verbraucher ordnungsgemäß über sein Beseitigungsrecht informiert worden ist. Weitere Ansprüche des Unternehmers, wie sie nach § 346 III S.2, IV BGB gewährt werden, bestehen nach Maßgabe des § 357 IV BGB nicht. Für den Verbraucher können hingegen neben der Rückzahlungsforderungen noch andere vertragliche Ansprüche, z.B. auf Schadensersatz nach §§ 280ff BGB, bestehen.[3397]

3. Der Vergleich des nachvertraglichen Verbraucherschutzes

a) Der Vergleich der Regelungen über Lieferpflichten

Ähnlich dem Regelungsansatz über Verbrauchergarantien, hat sich der europäische Gesetzgeber bei der Schaffung des Artikel 7 FARL offensichtlich an der schon seit den siebziger Jahren bestehenden MTOMR orientiert. Beide Regelungsansätze normieren Erfüllungspflichten des Unternehmers im Rahmen von Versandgeschäften. Die neue Regelung über Lieferpflichten nach Artikel 7 FARL bestimmt, ebenso wie die FTC-Regel, eine dreißigtägige Lieferpflicht,[3398] eine Rückzahlungspflicht bei Verzögerungen[3399] und die Möglichkeit der Ersatzlieferung[3400]. Die deutschen Regelungen, die bezüglich der umzusetzenden europäischen Vorgaben ohnehin schon strengere Anforderungen vorsehen, weisen diesbezüglich weniger Übereinstimmungen auf. Die deutsche Bestimmung über die allgemeine Leistungszeit gemäß § 271 BGB weicht von der US-Regelung zunächst in ihrem umfangreicheren Anwendungsbereich ab, da diese für alle Schuldverhältnisse gilt, unabhängig von dem Gegenstand des Vertrages und der verwendeten Vertriebsform. Die MTOMR hingegen gilt nur für Distanzgeschäfte über die Lieferung von Waren und begrenzt diese Anwendung noch durch Normierung einiger Ausnahmetatbestände.[3401]

Beide Regelungen erlauben zunächst eine freie Bestimmung der Lieferzeit, auch über eine dreißigtägige Lieferzeit hinaus. Das deutsche Recht begrenzt diese Freiheit allerdings im Rahmen einer durch AGB vorformulierten Leistungszeit, die nicht unangemessen lang sein darf und hinreichend bestimmt sein muss.[3402] Deutlich strenger, als die im US-Recht und europäischen Recht geltende dreißigtägige Lieferpflicht, bestimmt § 271 I BGB eine sofortige Leistungspflicht, wenn keine vertragliche Einigung besteht. Bei dem Vergleich der unterschiedlichen einzelstaatlichen Regelun-

3396 Nach § 357 III S.3 BGB findet diese Vorschrift bei ordnungsgemäßer Widerrufsbelehrung keine Anwendung.

3397 Vgl. Heinrichs in: Palandt, BGB-Komm., § 357, Rn.16.

3398 Siehe Artikel 7 I FARL und 16 C.F.R. § 435.1 (a) (1) (ii).

3399 Siehe Artikel 7 II FARL und 16 C.F.R. § 435.1 (b) (1).

3400 Siehe dazu Artikel 7 III FARL und FTC, „A Business Guide to the Federal Trade Commission`s Mail or Telephone Order Merchandise Rule", Unordered Merchandise.

3401 Siehe 16 C.F.R. § 435.3 (a).

3402 Siehe § 308 Nr.1 BGB.

gen[3403] mit der einheitlichen deutschen Vorschrift, ist im Wesentlichen ebenfalls eine deutlich strengere deutsche Regulierung festzustellen. Die Staaten, die gesetzliche Lieferpflichten vorsehen, bestimmen ebenfalls eine dreißigtägige[3404] oder noch längere Fristen[3405] für die Lieferung. In den Staaten, die keine entsprechende Erfüllungsregelung vorsehen, gilt insoweit die Vorschrift des UCC Article 2, wonach in Ermangelung einer Vereinbarung eine dem ordentlichen Geschäftsgang entsprechende Leistungszeit für Kaufverträge angenommen wird.[3406] Auch diese Regelung ist weniger streng, da sie i.d.R. keine sofortige Erfüllung erforderlich werden lässt. Die deutsche Vorschrift hat dabei zunächst sicherlich den Vorteil, dass ihre umfassende Geltung und einfache Regelung Rechtssicherheit und Vereinfachung schafft. Allerdings bedeutet es für den Versandhandel eine übertriebene Strenge, stets eine sofortige Lieferung anzuordnen. Demgegenüber erscheint aber die pauschale Festlegung auf eine dreißigtägige oder gar noch längere Lieferfrist aus verbraucherschutzrechtlicher Sicht zu lang. Die Regelung des UCC Article 2 hingegen scheint hierfür eine angemessene Lösung bereitzuhalten, da hierdurch die verschiedenen Vertriebsformen und Produktarten im Warenhandel berücksichtigt werden können. Allerdings erlaubt die allgemeine Formulierung gleichzeitig auch eine breite Interpretation des Leistungszeitbegriffs, was sich im einzelnen auf die Rechtssicherheit auswirkt. Die Strenge des deutschen Rechts dürfte allerdings nicht allzu belastend für die Unternehmer sein, da ja auch im deutschen Recht eine Lieferfrist frei vereinbar ist und im Rahmen von AGB zumutbaren Anforderungen unterstehen.

Abweichend zum deutschen und europäischen Recht, verlangen die FTC-Vorschriften, dass sich der Verkäufer bei seinem Versandangebot sicher ist, dass er eine rechtzeitige Lieferung gewährleisten kann. Das bedeutet, er muss berechtigte Gründe haben anzunehmen, dass er entweder die vereinbarte, sonst aber die gesetzliche Lieferzeit einhalten kann.[3407] Hieraus ergeben sich im Vergleich zum deutschen Recht aber keine großen Abweichungen. Ein Unternehmer, der im Rahmen seiner Werbung für Versandgeschäfte Lieferfristen angibt, obschon er weiß, dass er diese nicht einhalten kann oder nicht imstande ist, überhaupt zuliefern, handelt unter den Voraussetzungen des § 3 UWG unlauter.[3408] Dieselbe Rechtsfolge wird nach der US-amerikanischen Liefervorschrift bei einer Zuwiderhandlung ausgelöst, denn eine Verletzung dieser Anforderung ist eine irreführende und unlautere Wettbewerbspraktik im Sinne

3403 Wie oben dargelegt, haben nur wenige Einzelstaaten überhaupt Sonderbestimmungen für Versandgeschäfte geschaffen, dazu gehören insbesondere Idaho, Georgia, Pennsylvania, Alabama, Indiana, Utah, Ohio, Vermont und New Jersey, siehe dazu 2.Kapitel, B., III., 1., a), bb).

3404 Dazu gehören die beiden Staaten, in denen die MTOMR für anwendbar erklärt wurde, s.a. Georgia, Ga. Comp. Rules & Regulations, Rule 122-2-.01 und Idaho, Idaho Admin. Code § 04.02.01.141 sowie Pennsylvania, Pa. Const. Tit. 73 § 201-2.4. (xix); Utah, Utah Admin. Code Rule 152-11-8 A. und Alabama, Ala. Code § 8-19-5 (17).

3405 Es werden teilweise z.B. acht Wochen Lieferfrist gewährt (s.a. Ohio, Ohio Admin. Code § 109:4-3-09 (A) (2); Vermont Consumer Fraud Rules, VCFR 105 (d)) oder sechs Wochen (siehe New Jersey, N.J. Admin Code § 13:45A-1.1 (b)).

3406 Siehe UCC § 2-309 (1).

3407 Siehe 16 C.F.R. § 435.1 (a) (1).

3408 Liegt eine rechtserhebliche Wettbewerbshandlung vor, kommt insbesondere eine Irreführung nach § 5 II Nr.1 UWG in Betracht.

des Section 5 FTCA.[3409] Dasselbe gilt auch für die einzelstaatlichen Erfüllungsvorschriften, soweit die gliedstaatlichen Vorschriften solche Regelungen im Rahmen ihrer UDAP-Gesetze vorsehen.[3410]

Nach den deutschen Regelungen und nach der MTOMR ist eine rechtzeitige Lieferung nur erfolgt, wenn der Verkäufer die Warenlieferung so bewirkt, wie der Kunde sie bestellt hat. Ersatzlieferungen sind im Grundsatz nur ausreichend, wenn sie in Qualität und Preis gleichwertig sind, sonst handelt es sich nach beiden Regelungen um eine Zusendung unbestellter Waren.[3411] Entscheidender Unterschied zur US-amerikanischen Regelung ist, dass auch über eine gleichwertige Ersatzlieferung eine Einigung bestehen muss[3412] und der Verbraucher nach § 312c BGB über den Vorbehalt informiert werden muss,[3413] wobei allerdings die Einhaltung der Informationspflicht nicht die Wirksamkeit der Einigung über die Ersatzlieferung berührt[3414]. Das bedeutet, dass es sich im deutschen Recht auch dann um eine Zusendung unbestellter Waren handelt, die keinerlei Ansprüche des Unternehmers begründet, wenn keine Einigung über eine Ersatzlieferung besteht und der Verbraucher nicht darüber informiert wird, dass er erstens nicht zur Annahme der Ersatzlieferung verpflichtet ist und zweitens die Kosten der Rücksendung nicht zu tragen hat.[3415] Auch wenn die Konzeption der deutschen Vorschrift diesbezüglich Unklarheiten lässt,[3416] ist diese Regelung aus verbraucherschutzrechtlicher Sicht vorzugswürdig, da nur bei vertraglich vereinbarter Ersatzlieferung es für den Verbraucher hinnehmbar ist, eine solche annehmen zu müssen.

Übereinstimmend verlangen die europäischen Richtlinienvorgaben und die Regelung der FTC, dass der Verbraucher bei einer Nichtverfügbarkeit der Ware darüber zu informieren ist und ihm die Gelegenheit bei Nichteinhaltung der Lieferfristen eingeräumt wird, die Bestellung rückgängig zu machen und die gezahlten Leistungen zurückerstattet zu bekommen.[3417] Diesbezüglich bestimmt die MTOMR ausnahmsweise genauere bzw. strengere Informationspflichten für den Verkäufer, er muss dem Verbraucher einen Ersatzliefertermin nennen und wenn er dies nicht vermag, so hat er eine Begründung hierfür anzugeben.[3418] Daneben muss er die gezahlten Leistungen dem

3409 Siehe 16 C.F.R. § 435.1.

3410 Die Erfüllungspflichten werden in einigen Einzelstaaten direkt in den UDAP-Regelungen integriert, siehe z.B. Indiana, IC § 24-5-0.5-3 (a) (10); Alabama, Ala. Code § 8-19-5 (17); Pennsylvania, Pa. Cons. Stat. tit. 73 § 201-2.4. (xix); Utah, Utah Code Ann. § 13-114 (2) (l).

3411 Siehe dazu § 241a III BGB und FTC, „A Business Guide to the Federal Trade Commission`s Mail or Telephone Order Merchandise Rule", Unordered Merchandise.

3412 Siehe dazu die Ausführungen zur Ersatzlieferung im deutschen Recht, 2.Kapitel, B., III., 2., a), cc).

3413 Gemäß § 312c I BGB i.V.m. § 1 I Nr.5 BGB-InfoVO.

3414 Siehe dazu die Ausführungen zu den Rechtsfolgen einer Verletzung der vorvertraglichen Informationspflichten, 2.Kapitel, B., II., 3., a), aa), (4).

3415 Dies bestimmt § 241a III BGB.

3416 Vgl. dazu die Ausführungen zu der Vorschrift § 241a III BGB im Rahmen des Wettbewerbsrecht (2.Kapitel, B., I., 2., b), cc), (2), (b), (bb)) und im Rahmen der Erfüllungspflichten (2.Kapitel, B., III., 2., a), cc)).

3417 Siehe Artikel 7 II FARL und 16 C.F.R. § 435.1 (b) (1).

3418 Siehe 16 C.F.R. § 435.1 (a) (3) (ii).

Verbraucher nach der FTC-Regel innerhalb von sieben Tagen zurückerstatten,[3419] während die FARL eine dreißigtägige Erstattungsfrist einräumt[3420]. Außerdem bestimmt die US-Regelung detaillierte Anforderungen an die Rückerstattung und Information sowie Zweifelsfallregelungen,[3421] die die FARL nicht enthält. Das deutsche Recht geht wiederum teilweise über diese Voraussetzungen hinaus. Der Verbraucher ist bei einem vertraglich vereinbarten Leistungsvorbehalt über die Nichtverfügbarkeit zu informieren[3422] und hat die Rückerstattung im Zweifel sofort zu bewirken[3423]. Allerdings kann er nur bei einer Unmöglichkeit der Lieferung sofort von dem Vertrag zurücktreten,[3424] bei einer verzögerten Leistung hat er dem Unternehmer eine Frist zusetzen, die vor dem Rücktritt erfolglos verstrichen sein muss[3425]. Daneben trifft den Unternehmer nach dem deutschen Recht aber keine Informationspflicht über die Nichtverfügbarkeit der Ware, wenn ein Leistungsvorbehalt nicht vereinbart worden ist. Diesbezüglich setzen die deutschen Vorschriften, nach der hier vertretenen Ansicht, die europäischen Vorgaben nicht ausreichend um.[3426]

Die FTC-Regelung ist in diesem Bereich konkreter und günstiger für den Verbraucher, da er über die Verzögerung und die voraussichtlichen Liefermöglichkeiten genau zu informieren ist. Bezüglich der Rückerstattung ist eine Rückzahlungspflicht von sieben Tagen wohl auch angemessener, als die lange dreißigtägige Frist nach der Richtlinie und als die wiederum sehr strenge sofortige Rückerstattungspflicht nach dem deutschen Recht.

Insgesamt lassen sich also im deutschen Recht strengere Regelungen bezüglich der Lieferpflichten des Unternehmers feststellen, als nach der MTOMR. Teilweise sind diese Regelungen aber für die Vertriebsform des Versandhandels zu streng, insbesondere hinsichtlich der sofortigen Leistungspflicht. Teilweise bieten sie aber auch einen besseren Schutz vor unlauteren Erfüllungspraktiken, insbesondere im Rahmen von Ersatzlieferungen. Lediglich im Hinblick auf die Informationspflichten haben die FTC-Regelungen Vorteile aus verbraucherschutzrechtlicher Sicht. Bezüglich der einzelstaatlichen Regelungen, die ja, soweit sie überhaupt besondere Erfüllungsvorschriften vorsehen, hinter den Anforderungen der Bundesregelungen zurückbleiben, ist festzustellen, dass diese erst recht hinter den strengen deutschen Regelungen zurückbleiben.

b) Der Vergleich der nachvertraglichen Informationspflichten

Im US-amerikanischen Recht bestehen neben den Informationspflichten hinsichtlich der Lieferung bzw. der Verzögerung der Lieferung, keine nachvertraglichen Informa-

3419 Siehe 16 C.F.R. § 435.2 (f).

3420 Siehe Artikel 7 II FARL.

3421 Siehe insbesondere die detaillierte Vorschrift 16 C.F.R. § 435.1.

3422 Siehe § 308 Nr.8 BGB.

3423 Hierfür gilt erneut § 271 I BGB.

3424 Siehe § 326 V BGB.

3425 Siehe § 323 I BGB, nach Absatz 2 kann die Fristsetzung auch entbehrlich sein. Dies entspricht auch den Richtlinienvorgaben, da diese nur die Ermöglichung einer Rückerstattung innerhalb von dreißig Tagen bestimmt.

3426 Siehe dazu die Ausführungen oben, 2.Kapitel, B., III., 2., a), bb).

tionspflichten im Versandhandel. Ein Äquivalent zu den nachvertraglichen Informationspflichten nach § 312c II BGB ist also nicht gegeben. Bei den deutschen Pflichtangaben nach § 312c II BGB handelt es sich aber im Wesentlichen nicht um zusätzliche Informationen, die unbedingt erst nach dem Vertrag erfüllt sein müssen, der Begriff der nachvertraglichen Informationspflichten ist dementsprechend nicht ganz richtig. Wie oben dargelegt, sollen die Informationspflichten nach § 312c II BGB lediglich gewährleisten, dass der Verbraucher die Informationen zusätzlich auf einem dauerhaften Datenträger in wiedergabefähiger Form übermittelt bekommt. Auf diese Weise soll der Verbraucher auch noch nach seiner Vertragserklärung in die Lage versetzt werden, die Angaben über den Vertrag, das Widerrufsrecht und das Produkt durchzulesen, um eine adäquate Entscheidung über die Ausübung des Widerrufsrecht treffen zu können.[3427] Eine vergleichbare Formanforderung sieht auf einzelstaatlicher Ebene der UETA vor, der allerdings keine Bereitstellung eines dauerhaften Datenträgers für die vertraglichen Dokumente verlangt, sondern lediglich bestimmt, dass das elektronische Dokument in speicherfähiger Form zur Verfügung gestellt werden muss.[3428] Diese vergleichsweise geringen Anforderungen gewährleisten nur die Bereitstellung der Informationen in gängigen Formaten, so dass eine nachträgliche Information des Verbrauchers zwar möglich ist, aber der Eigeninitiative und der technischen Ausrüstung des Verbrauchers überlassen bleibt.[3429]

Die strengeren Anforderungen an die Textform gemäß § 126b BGB sind m.E. angemessen. Sie gewährleistet die regelmäßige Wahrnehmbarkeit der Informationen für den Verbraucher und stellt gleichzeitig keine unzumutbare Hürde für den Unternehmer dar. Die Textform ist erstens bereits mit der Übersendung einer E-Mail eingehalten[3430] und zweitens genügt der Unternehmer, nach der hier vertretenen Ansicht, seinen Informationspflichten nach § 312c BGB, wenn er sämtliche Informationen in einen Text zusammenfasst,[3431] solange die in § 1 IV BGB-InfoVO benannten Informationen deutlich hervorgehoben werden.

Die grundsätzlich angemessene Regelung über die nachvertraglichen Informationspflichten gemäß § 312c II BGB, leidet aber, ebenso wie die Pflichtangaben nach § 312c I BGB, an dem inhaltlichen Umfang des Pflichtenkatalogs. Da es sich im Wesentlichen, um dieselben Informationen handelt, sei an dieser Stelle auf die im Rahmen des Vergleichs der vorvertraglichen Informationspflichten geäußerten Bedenken hinsichtlich einzelner Informationsvorschriften verwiesen. Während einige der Pflichtangaben für den Versandhandel, aufgrund des Informationsdefizits des Verbrauchers, durchaus notwendig sind, um das Informationsdefizit des Verbrauchers, aufgrund der Distanz zum Unternehmer und zum Produkt, auszugleichen, besteht für einige Anga-

3427 Siehe dazu die Ausführungen über Sinn und Zweck der nachvertraglichen Informationspflichten gemäß § 312c II BGB, 2.Kapitel, B., III., 2., b).

3428 Siehe dazu UETA Section 8 (a).

3429 Siehe dazu die Darstellung der Anforderungen an die Vorschrift des UETA im Rahmen der besonderen Informationspflichten im elektronischen Handel, 2.Kapitel, B., II., 2., a), bb), (1).

3430 Siehe dazu die Ausführungen zu der Vorschrift § 126b BGB, 2.Kapitel, B., III. 2., b), aa).

3431 Siehe dazu die Ausführungen zu den Informationspflichten nach § 312c I, II BGB, 2.Kapitel, B., III., 2., b), aa).

ben, wie z.B. die Angaben über den Preis oder die Geltung befristeter Angebote, eigentlich kein besonderes Informationsdefizit im Fernabsatz.[3432]

Im Ergebnis lässt sich im deutschen Recht hinsichtlich der Informationspflichten eine überschießende Tendenz zugunsten des Verbraucherschutzes feststellen, deren Effektivität, wie oben dargelegt,[3433] aber teilweise an der fehlenden Sanktionierung bei Verletzung der Informationsvorschriften leiden. Hinsichtlich der nachvertraglichen Informationspflichten gemäß § 312c II BGB wird allerdings eine effektivere Rechtsfolge bei fehlender Information vorgesehen, als es bei den vorvertraglichen Pflichtangaben der Fall ist, denn nach § 312d II BGB beginnt die Widerrufsfrist nicht vor der Erfüllung der nachvertraglichen Informationspflichten zu laufen.

Diese strengeren Regelungen sind letztlich vorzugswürdig, zumal sie, wenn auch teilweise über das Ziel hinausgehend, die Nachteile des Verbrauchers durch Information auszugleichen imstande sind und Informationspflichten grundsätzlich ein wirkungsvolles und ein besonders mildes Mittel im Verbraucherschutz sind. Dies trifft um so mehr für den Online-Handel zu, da hier die Mitteilung von Informationen an die Verbraucher besonders einfach und kostengünstig ist. Im US-amerikanischen Recht wird diese durchaus bestehende Aufklärungsbedürftigkeit des Verbrauchers im Fernabsatzgeschäft nicht hinreichend berücksichtigt. Es wird schlicht der Selbstregulierung des Marktes und den allgemeinen Regelungen über irreführende und unlautere Marktpraktiken überlassen, transparente Online-Warenangebote zu gewährleisten. Dies kann m.E. schon deshalb nicht ausreichend sein, weil im elektronischen Geschäftsverkehr, wie in jeder anderen Versandhandelsform, keine wirklichen Anreize für eine umfangreiche und vollständige Information des Verbrauchers bestehen. Anders als bei der Einräumung zusätzlicher Rechte, wie z.B. Garantieversprechen, die über die gesetzliche Haftung des Verkäufers oder Herstellers hinausgehen, wirken Angaben über Vertragsbestandteile, einzelne Produktmerkmale etc. weniger anziehend und sind deshalb weniger verkaufsfördernd. Es ist daher nicht anzunehmen, dass eine hinreichende Transparenz von Online-Angeboten allein durch Selbstregulierung des Online-Marktes erreicht werden kann. Ohne die notwendigen Angaben besteht daneben die Gefahr, dass bei dem Fehlen der wesentlichen Informationen der Verbraucher ein falsches Bild von dem gekauften Produkt erhält. Aus verbraucherschutzrechtlicher Sicht ist eine gesetzliche Informationspflicht, die auch die dauerhaft erfassbare Information vorschreibt, daher sinnvoll und vorzugswürdig.

c) Der Vergleich der Beseitigungsrechte im Online-Handel

Große Unterschiede ergeben sich im US-amerikanischen und deutschen Recht ferner bei der Frage der Notwendigkeit eines gesetzlichen Widerrufsrechts im elektronischen Geschäftsverkehr. Dabei sind solche Beseitigungsrechte des Verbrauchers in beiden Rechtsordnungen Bestandteil des Verbraucherschutzrechts und werden, wie oben

---

3432 Siehe dazu die Ausführungen zum Vergleich der vorvertraglichen Informationspflichten im Online-Handel, 2.Kapitel, B., II., 4., a).

3433 Vgl. die Ausführungen zu den Rechtsfolgen einer Verletzung der vorvertraglichen Informationspflichten, 2.Kapitel, B., II., 4., a), bb), (3).

gesehen, u.a. in der Vertriebsform der Haustürgeschäfte gewährt.[3434] Übereinstimmend wurde noch die Übertragbarkeit dieses Rechts auf den Online-Handel, wegen der nicht vergleichbaren Gefahrenlage für den Verbraucher, verneint.[3435] Mit Artikel 6 der Fernabsatzrichtlinie hat der europäische Gesetzgeber schließlich aber ein entsprechendes gesetzliches Widerrufsrecht auch für den Online-Warenhandel geschaffen und hat damit einen anderen Weg beschritten, als die US-amerikanischen Gesetzgeber, die ja eine zurückhaltende Regulierung des neuen Marktes bevorzugen. Dabei wurde zwar u.a von der FTC die Schaffung eines Beseitigungsrechts für den Versandhandel nach europäischem Vorbild diskutiert,[3436] mit dem Hinweis auf die optimale Förderung des elektronischen Marktes und der Notwendigkeit einer Deregulierung wurde dies von der Behörde aber auch wieder abgelehnt.[3437] In den USA setzt man, wie es auch schon den Erkenntnissen des ersten Kapitels zu entnehmen ist,[3438] auf die selbstregulierenden Kräfte des Online-Marktes und dies diesbezüglich offenbar mit großem Erfolg. Wie oben schon dargelegt, gewähren die US-amerikanischen Online-Anbieter Rückgabe- oder Umtauschrechte im Rahmen ihrer elektronischen Warenangebote, entsprechend der Tradition im regulären Handel. Im Bundesrecht und in den meisten Einzelstaaten bestehen diesbezüglich nur die allgemeinen Anforderungen an Werbeaussagen, wenn der Unternehmer mit einer *refund and cancellation policy* wirbt.[3439] Bei der Einräumung eines solchen Rechts sind die daraus resultierenden Informationspflichten vergleichbar mit der Widerrufsbelehrung im deutschen Recht, d.h. es müssen die Einzelheiten der Ausübung des Widerrufsrechts und die damit verbundenen Folgen detailliert, vollständig und klar und deutlich dargelegt werden.

Bei dem Vergleich mit den wenigen einzelstaatlichen Sondervorschriften bezüglich der *return policies* und den deutschen Regelungen gemäß § 312d i.V.m. § 355 BGB ergeben sich im Wesentlichen keine abweichenden Ergebnisse. Auch diese Vorschriften sehen zunächst Pflichtangaben bei Bestehen eines vertraglichen Rückgaberechts oder Umtauschrechts vor,[3440] bestimmen jedoch nicht die gesetzliche Pflicht ein solches Recht einzuräumen. Zum Teil wird der Unternehmer auch dazu verpflichtet, den Verbraucher über das Nicht-Bestehen eines Beseitigungsrechts zu informieren[3441] oder

3434 Siehe die Vorschriften 16 C.F.R. § 429.2 (b) und § 312 I S.1 BGB.

3435 Siehe dazu die Ausführungen zu den US-Regelungen (2.Kapitel, B., III., 1., b), aa)) und den deutschen Regelungen (2.Kapitel, B., III., 2., c)).

3436 Vgl. FTC, „Summary of FTC public workshop 1999 Consumer Protection in the Global Electronic Marketplace", S.6f und siehe dort Fn.48; NCLC, „Comments to the FTC on Necessary Consumer Protections for Electronic Commerce".

3437 S.a. FTC, „Summary of FTC public workshop 1999 Consumer Protection in the Global Electronic Marketplace", S.7.

3438 Siehe dazu die Ausführungen zum Vergleich der rechtlichen Rahmenbedingungen im elektronischen Geschäftsverkehr und die Bedeutung des Verbraucherschutzrechts, 1.Kapitel, C., III.

3439 Wie oben dargelegt, sieht weder die FTC zusätzliche Regelungen vor noch die meisten Einzelstaaten. Da mit solchen return policies i.d.R. geworben wird, gelangen die allgemeinen Anforderungen des Werberechts zur Anwendung, siehe 2.Kapitel, B., III., 1.,b), dd).

3440 Vgl. z.B. Maryland, Md. Regs. Code Tit. 2., Ch. 05.01.; Massachusetts, Mass. Regs. Code Tit. 940 § 3.13B (4) (a), (b).

3441 Siehe Utah, Utah Admin. Rules 152-2-10.B. (2) (a), (b); Maryland, Md. Regs. Code Tit. 2., Ch. 05.01.; Massachusetts, Mass. Regs. Code Tit. 940 § 3.13B (4) (a), (b).

es wird bestimmt, dass eine Irreführung und Nicht-Information des Verbrauchers per se als unlautere Wettbewerbspraktik gilt[3442]. Parallelen zwischen den deutschen und einzelstaatlichen Regelungen finden sich vor allem im Rahmen der Ausnahmetatbestände. Die Vorschriften sind jeweils nicht anwendbar auf verderbliche Waren, wie z.B. Lebensmittel, und Produkte, die nach Kundenwünschen angefertigt werden.[3443] Der deutsche Ausnahmekatalog gemäß § 312d IV BGB sieht diesbezüglich noch weitere Ausnahmefälle vor. Im Vergleich zu den US-Regelungen wirkt sich dies aber nicht nachteiliger für den Verbraucher aus, da die einzelstaatlichen Regelungen entweder keine gesetzlich verpflichtenden Beseitigungsrechte vorsehen oder von diesen großzügige Abweichungen erlauben. Letzteres trifft z.B. auf die Regelungen in Utah[3444] und Vermont[3445] zu, dort wird die Einräumung eines Beseitigungsrechts gesetzlich angeordnet, wenn dem Verbraucher kein Hinweis über das Nicht-Bestehen eines solchen Rechts bei Vertragsschluss mitgeteilt wird. In Connecticut wird dem Verbraucher sogar grundsätzlich ein Widerrufsrecht eingeräumt,[3446] das allerdings zwei wesentliche Abweichungen von dem nach dem deutschen Recht normierten Widerrufsrecht vorsieht: Erstens kann der Unternehmer Ausnahmen von dem Widerrufsrechts vorsehen und zweitens kann dem Verbraucher statt einer Rückzahlung des Kaufpreises auch einen Warengutschein angeboten werden.[3447] Im deutschen Recht wandelt sich bei Ausübung des Widerrufs der Fernabsatzvertrag in ein Rückgewährschuldverhältnis, so dass eine Rückzahlungspflicht besteht, ein Warengutschein würde demnach nicht genügen.[3448]

Im Ergebnis besteht im US-amerikanischen Recht damit kein mit dem Widerrufsrecht gemäß § 312d i.V.m § 355 BGB vergleichbares gesetzliches Recht. Es stellt sich dementsprechend die Frage, ob ein Beseitigungsrecht im Versandhandel und insbesondere im elektronischen Handel zum Schutz des Verbrauchers notwendig ist, wenn ja, ob ein hinreichender Schutz durch vertraglich eingeräumte Widerrufsrechte gewährleistet ist oder ob eine gesetzliche Regelung erforderlich ist. Des Weiteren muss geklärt werden, wie ein solches Recht ausgestaltet sein muss, um die widerstreitenden Interessen von Verbrauchern und Unternehmern dabei angemessen zu berücksichtigen.

3442 Siehe z.B. Massachusetts, Mass. Regs. Code Tit. 940 § 3.13B (4) (a); Utah, Utah Admin. Rules 152-2-10.B. (2) (a), (b).

3443 Siehe z.B. Connecticut, Conn. Agencies Regs. §§ 42-110aa (d), 42-110b; Utah, Utah Admin. Rules 152-2-10.B. (2) (b); Vermont, Consumer Fraud Rules VCFR 106.02; Maryland, Md. Regs. Code Tit. 2., Ch. 05.05.

3444 Siehe Utah, Utah Admin. Rules 152-2-10.B. (2) (a), (b).

3445 Siehe Vermont, Consumer Fraud Rules VCFR 106.01.

3446 Siehe Connecticut, Conn. Agencies Regs. §§ 42-110aa (a).

3447 Siehe Connecticut, Conn. Agencies Regs. §§ 42-110aa (a), (d).

3448 Nach den Vorschriften gemäß §§ 357 I S.1, 346ff BGB müssen alle erbrachten Leistungen zurückgewährt werden, das bedeutet, bei einer Kaufpreiszahlung muss die Rückgewähr ebenfalls eine Zahlung beinhalten. Da die Gewährung eines Warengutscheins nachteilhaft für den Verbraucher ist, kann eine solche ersatzweise Rückgewähr auch nicht vereinbart werden (§ 312f S.1 BGB).

aa) Notwendigkeit eines Widerrufsrechts im Online-Handel

Bei Distanzgeschäften entsteht keine mit Haustürgeschäften vergleichbare Drucksituation für den Verbraucher, ebenso wenig begründet die Komplexität des Geschäfts eine Gefahrenlage, wie es bei Kreditgeschäften der Fall ist, die die Einräumung eines solchen Beseitigungsrechts rechtfertigen würden. Damit sind die klassischen Situationen, die in beiden Rechtsordnungen zur Gewährung eines solchen Rechts führen, bei den Distanzgeschäften im Grunde nicht gegeben.

Begründet wird das fernabsatzrechtliche Widerrufsrecht mit dem fehlenden physischen Kontakt des Verbrauchers zum Unternehmer und zum Produkt, die es ihm, anders als bei Geschäften an der Ladentheke, nicht erlauben die Ware zu prüfen und die wesentlichen Merkmale des Produkts feststellen zu können.[3449] Zu fragen ist deshalb, ob ein solches Prüfungsdefizit des Verbrauchers im Fernabsatz besteht und ob dieses nicht durch andere, mildere Rechtsmittel als dem Widerrufsrecht auszugleichen ist, wie z.B. durch Informationspflichten.

Tatsächlich hat der Verbraucher bei Distanzgeschäften, wie den Online-Warengeschäften, keine Möglichkeit die für ihn wesentlichen Merkmale des Produkts, wie Form, Größe, Farbe etc, zu überprüfen. Allerdings kann der Unternehmer durch Abbildungen und Beschreibungen in dem Versandkatalog oder der Webseite den Verbraucher über diese Eigenschaften auch informieren.[3450] Ob solche Angaben aber ausreichen, um eine vergleichbare Prüfungsmöglichkeit der Ware zu gewährleisten, hängt im Grundsatz von der Art des Produkts ab. Denn auch bei Geschäften an der Ladentheke bestehen nicht immer die gleichen Möglichkeiten und Notwendigkeiten ein Produkt zu überprüfen und auszutesten. Bei Waren, bei denen es dem Verbraucher stets auf Passform, Farbnuancen und andere äußere Merkmale des Produkts entscheidend ankommt, wie z.B. bei Bekleidungsstücken, Schmuck, Möbeln und Dekorationsgegenständen, können die Informationen in einem Katalog sicherlich keinen adäquaten Ausgleich schaffen. Die abstrakte Information über die Größe eines Anzugs oder die Farbbezeichnung eines Sofas bieten nicht dieselbe Transparenz für den Kunden, wie die Möglichkeiten das Möbelstück betrachten zu können oder das Bekleidungsstück anprobieren zu können. Bei anderen Produkten, bei denen es weniger um die äußere Erscheinungsform, als um den ohnehin erst nach dem Kauf an der Ladentheke erfassbaren Inhalt der Ware geht, ist dies schon fraglicher. Hier sind zunächst technische Produkte und Software-Produkte zu nennen, die im Prinzip ebenfalls nur durch Informationen auf der Verpackung, in der Gebrauchsanweisung etc. Anhaltspunkte für den Verbraucher sind, ob das jeweilige Produkt seinen Wünschen entspricht. Ähnlich verhält es sich bei Gebrauchsgegenständen des täglichen Lebens, bei denen es dem Verbraucher nicht auf das äußerlich erfassbare Erscheinungsbild ankommt. Bei dem Erwerb von Schreibutensilien, Druckerzubehör etc. kommt es nicht darauf an, das Produkt in den Händen zu halten, die Information über die Eigenschaften auf der

---

3449 Siehe dazu die Ausführungen zum Zweck des Widerrufsrechts im Fernabsatz, 2.Kapitel, B., III., 2., c), aa).

3450 Einige Stimmen in der deutschen Literatur halten deshalb den Einsatz von Informationspflichten im Fernabsatz für ein adäquates Mittel die Nachteile der Verbraucher auszugleichen, vgl. etwa Arnold, CR 1997, S.526ff (531).

Verpackung sind die maßgeblichen Informationen und im Übrigen auch die Angaben, die der Verbraucher im Ladengeschäft erhält. Schließlich sind noch Printerzeugnisse, wie z.B. Bücher zunennen, in denen es nur um den Inhalt der Ware geht. Auch im Ladengeschäft hat der Verbraucher nicht die Möglichkeit den gesamten Inhalt des Buches zu erfassen und ist auf die kurzen Inhaltsbeschreibungen auf der Rückseite des Buches und schnell gelesene Auszüge verwiesen. Gerade bei solchen Erzeugnissen ist es problemlos möglich im Webkatalog, durch kurze Beschreibung, Darstellung des Inhaltsverzeichnisses sowie eines Ausschnitts aus dem Buch, dem Verbraucher dieselben „Prüfungsmöglichkeiten", wie bei Nicht-Distanzgeschäften zu gewähren.

Bei allen diesen Produkten besteht bei Distanzgeschäften aber, im Unterschied zum Geschäft an der Ladentheke, der Nachteil, dass der Verbraucher durch den fehlenden physischen Kontakt keine Beratung durch das Verkaufspersonal erhalten kann und keine Möglichkeiten für Rückfragen an diese hat. Bei technischen Produkten kann dies von besonderer Bedeutung für den Verbraucher sein, da er sich regelmäßig mit den komplizierten technischen Angaben auf der Verpackung des Produkts nicht genau auskennt. Aber auch bei den anderen Produkten ist der Verbraucher klar im Vorteil, wenn er die Möglichkeit erhält, durch Fragen und Beratung zusätzliche spezifische Informationen zu bekommen. Daher können die abstrakten Informationen über Merkmale des Produkts i.d.R. nicht ausreichen, eine vergleichbare Überprüfungsmöglichkeit der Ware im Fernabsatz zu schaffen, wie es vor Ort an der Ladentheke möglich ist. Demgemäß ist ein Prüfungsrecht der Ware im Versandhandel durch ein einseitiges Widerrufsrecht notwendig, um die durch die räumliche Distanz entstehenden Nachteile für den Verbraucher auszugleichen.[3451]

bb) Notwendigkeit eines gesetzlichen Widerrufsrechts im Online-Handel

Da in den USA auch ohne die gesetzliche Anordnung eines Widerrufsrechts ein solches Recht von den meisten Online-Anbietern freiwillig eingeräumt wird, stellt sich die Frage, ob die Nachteile des Verbrauchers durch die selbstregulierenden Kräfte des Marktes nicht hinreichend geschützt werden und ein gesetzliches Widerrufsrecht deshalb entbehrlich ist. Immerhin bieten die meisten US-amerikanischen Internet-Anbieter ein dreißigtägiges Widerrufsrecht,[3452] nach dessen Ausübung sie dem Verbraucher die Rückzahlung des Kaufpreises oder anderen Ausgleich gewähren. Das Widerrufsrecht besteht damit deutlich länger, als es im europäischen und auch deutschen Recht gesetzlich vorgesehen wird.

Für das deutsche Recht stellt sich hinsichtlich der US-amerikanischen Entwicklung zunächst die Frage, ob sich ein solches freiwillig gewährtes Recht bei den deutschen Internet-Anbietern mit dem gleichen Erfolg durchsetzen würde. Dazu ist festzustellen, dass es im deutschen Versandhandel bereits vor der gesetzlichen Fixierung des fernabsatzrechtlichen Widerrufsrechts schon üblich war, dem Verbraucher ein Rückgabe-

3451 A.A. Arnold, CR 1997, S.526ff (531f).

3452 Siehe dazu die Ausführungen zu den vertraglichen return policies im US-amerikanischen Online-Markt, 2.Kapitel, B., III., 1., b), cc). Einige der Anbieter gewähren sogar bis zu neunzig Tagen eine Rückgewährmöglichkeit, z.B. walmart.com.

oder Umtauschrecht der Ware bei Nicht-Gefallen einzuräumen.[3453] Nach US-amerikanischem Vorbild, werden solche zusätzlichen Rückgabe- und Umtauschrechte heute sogar teilweise im regulären Handel gewährt, allerdings nicht bei jeder Art von Produkten und regelmäßig nur bei großen Filialketten.[3454] Das sich eine ähnliche, selbstregulierende Entwicklung auch im deutschen, elektronischen Versandhandel durchsetzen würde, ist daher recht wahrscheinlich.

Fraglich ist aber, ob die freiwillig eingeräumten Umtausch- und Rückgaberechte, wie sie üblicherweise im Markt gewährt werden, für den Verbraucher ein hinreichendes und gleich effektives Prüfungs- und Beseitigungsrecht darstellen. Sinn und Zweck des Widerrufsrechts ist es ja, dass der Verbraucher nach Vertragsschluss und Lieferung die Ware daraufhin überprüfen kann, ob sie seinen Vorstellungen entspricht. Bei Nicht-Gefallen soll sich der Verbraucher von seinen vertraglichen Pflichten gegenüber dem Unternehmer wieder lösen können. Bei den vertraglich gewährten Widerrufsrechten ergeben sich diesbezüglich aber einige Unsicherheiten für den Verbraucher. Zunächst bestehen bei einer „Selbstregulierung" des Online-Marktes nicht für jeden Fernabsatzvertrag und jedes Produkt ein Widerrufsrecht, denn die Einräumung eines solchen Rechts und die Festlegung von Ausnahmen bleibt letztlich dem Unternehmer überlassen. Wie oben dargelegt, besteht aber grundsätzlich für jedes Distanzgeschäft die Notwendigkeit eines Prüfungsrechts der Ware, um die Defizite des Verbrauchers auszugleichen. Allerdings kann für verschiedene Arten von Geschäften und Produkten die Einräumung eines solchen Beseitigungsrechts unbillig sein, weil der Unternehmer höchstwahrscheinlich keinen geschäftlichen Nutzen mehr aus einem Wiederverkauf ziehen kann.[3455] Eine entsprechende Begrenzung des Widerrufsrechts lässt sich an objektiven Kriterien, wie der Produktart oder der Konzeption und Risikoverteilung eines Geschäfts, festmachen. Dementsprechend bestehen zwar grundsätzlich keine Bedenken, wenn ein Anbieter auch Ausnahmen von dem Widerrufsrecht vorsieht. Problematisch ist aber, dass dies der Entscheidung des Unternehmers überlassen bleibt. Hiermit ist jedenfalls nicht gewährleistet, dass Widerrufsrechte nur in berechtigten Ausnahmefällen nicht gewährt werden. Aus verbraucherschutzrechtlicher Sicht ist ein effektives Widerrufsrecht daher nur dann gegeben, wenn eine gesetzliche Verpflichtung hierzu besteht und die Fälle, in denen ein solches Recht zu unbilligen Ergebnissen führt, in einem Ausnahmekatalog Berücksichtigung finden.

Unsicherheiten für den Verbraucher entstehen bei vertraglich eingeräumten Widerrufsrechten auch hinsichtlich des vom Unternehmer festgelegten Umfangs bzw. Folge der Ausübung des Widerrufsrechts. Ohne eine gesetzliche Regelung, kann der Unternehmer insbesondere auch frei entscheiden, in welchem Umfang die Rückgewähr gezahlter Leistungen erfolgen soll und an welche Bedingungen dies geknüpft wird. Rückgaberechte und Umtauschrechte, die sich durch Selbstregulierung in den Markt-

---

3453 So z.B. beim Otto-Versand, der auch schon vor dem Fernabsatzgesetz seinen Kunden bei Bekleidungsstücken ein Rückgabe- bzw. Umtauschrecht eingeräumt hat.

3454 Bei dem Unternehmen H&M z.B. ist es üblich, Waren innerhalb von zehn Tagen unter Vorlage des Kassenbelegs umzutauschen. Allerdings sind davon Unterwäsche und reduzierte Ware ausgenommen.

3455 Dies gilt insbesondere für die von sämtlichen gesetzlichen Regelungen berücksichtigten verderblichen und nach Kundenwünschen angefertigten Waren.

sequenzen entwickelt haben, beinhalten häufig nicht die volle Rückerstattung des gezahlten Kaufpreises, dem Verbraucher werden regelmäßig nicht nur die Rücksendekosten, sondern auch zusätzliche Gebühren auferlegt oder es wird ihm nur ein bestimmter Prozentsatz des Kaufpreises oder gar nur ein Warengutschein angeboten. Außerdem wird er darauf verwiesen, Umtausch und Rückgabe durch Rücksendung anzuzeigen und muss dabei verschiedene Rückgabebedingungen beachten. Vorteilhaft ist es dabei oft, dass die Anbieter sehr lange Widerrufsristen einräumen, wie z.B. die dreißigtägige Frist im US-amerikanischen Online-Handel.[3456]

Fraglich ist, ob Rückgabe- und Umtauschrechte insbesondere bei Begrenzungen der Rückgewähr der Leistungen noch „echte" Beseitigungsrechte in Form des Widerrufsrechts sind. Der Verbraucher erhält zwar stets die Möglichkeit die Ware zu prüfen und zurückzugeben, allerdings bekommt er, unabhängig von einer Wertminderung oder Schäden an der Ware, regelmäßig nicht den vollen Kaufpreis zurück. Damit ist eine vollständige Lösung von vertraglichen Verpflichtungen im Zuge eines Rückgewährschuldverhältnisses seitens des Verbrauchers nicht gegeben. Dies trifft um so mehr auf die Fälle zu, in denen dem Verbraucher zum Ausgleich nur einen Warengutschein angeboten wird. Hier kann der Verbraucher sich gar nicht von der rechtsgeschäftlichen Verbindung lösen, er kann als Ersatz nur eine andere rechtsgeschäftliche Verbindung mit dem Unternehmer eingehen und erhält im Ausgleich ein andere Ware. Das Prüfungsrecht soll den Verbraucher aber in die Lage versetzen, die Ware und das jeweilige Geschäft abzulehnen. Der fehlende Kontakt zum Produkt und Unternehmer soll ja dadurch ausgeglichen werden, dass der Verbraucher die endgültige Entscheidung zum Vertrag erst nach der Prüfungsmöglichkeit treffen muss. Er ist deshalb nach Ausübung des Widerrufsrecht so zu stellen, als habe er den Vertrag mit dem Unternehmer nicht geschlossen, abgesehen von Ersatzverpflichtungen bei Schäden oder Untergang der Ware und den Rücksendekosten. Bei den sog. Umtauschrechten, in denen nur ein Gutschein angeboten wird, besteht damit kein „echtes" Beseitigungsrecht.

Dies zeigt, dass bei der Betrachtung der durch Selbstregulierung entwickelten Rechte des Verbrauchers häufig kein hinreichendes Beseitigungsrecht garantiert ist. Im regulären Warenhandel, in dem die Gefahren des Fernabsatzes nicht gegeben sind, ist ein Rückgabe- und Umtauschrecht für die Verbraucher zwar komfortabel und eine einseitige Gestaltung und Begrenzung durch den Unternehmer ist unbedenklich. Die durch Distanzgeschäfte auftretenden Defizite des Verbrauchers sind durch *return policies* aber nicht effektiv auszugleichen. Die Unsicherheiten für den Verbraucher machen m.E. im Ergebnis eine gesetzliche Verpflichtung notwendig.

cc) Die Berücksichtigung der Interessen des Unternehmers

Das Widerrufsrecht ist aus unternehmerischer Sicht ein besonders einschneidendes Verbraucherschutzwerkzeug. Durch das ohne Begründung gewährte Beseitigungsrecht wird der Grundsatz pacta sunt servanda[3457] einseitig zuungunsten des Unternehmers aufgebrochen. Auch wenn es im Fernabsatz gute Gründe für die Einräumung eines

---

3456 Siehe dazu die Ausführungen zu den return policies, 2.Kapitel, B., III., 1., b), cc).

3457 Der lateinische Grundsatz "die Verträge sind zu halten" ist im deutschen Recht konstituierender Bestandteil der Privatautonomie.

solchen Rechts gibt, bedeutet dies für den redlichen Unternehmer, dass er auf das Bestehen des Vertrages für die Länge der Widerrufsfrist nicht vertrauen kann und deshalb auch nicht mit den daraus erzielten Gewinnen spekulieren kann. Ebenso wenig ist das dem Unternehmer aufgebürdete Risiko des Widerrufs versicherbar, so dass der Unternehmer keine Möglichkeit der Absicherung dieser Risiken hat. Dementsprechend ist es im Rahmen der gesetzlichen Regulierung von Bedeutung, bei der Ausgestaltung und insbesondere im Rahmen der Bestimmung der Rechtsfolgen die Interessen des Unternehmers in angemessener Weise zu berücksichtigen. Fraglich ist, wie dies zu geschehen hat und ob die deutschen Vorschriften gemäß § 312d i.V.m. § 355 BGB angemessene Regelungen vorsehen.

(1) Die Berücksichtigung von Ausnahmetatbeständen

In bestimmten Warenkaufverträgen kann es, wie schon erwähnt, unbillig sein, dem Verbraucher ein Widerrufsrecht einzuräumen. Solche Fälle werden durch einen Ausnahmekatalog in der Fernabsatzrichtlinie[3458] und im deutschen Recht in § 312d IV BGB berücksichtigt. Ausgeschlossen wird das Widerrufsrecht zu recht bei bestimmten Produktarten, bei denen die Wiederverkäuflichkeit der Waren in Frage steht oder die Gefahr besteht, dass die Waren nicht rückstandslos zurück gewährt werden können, wie z.B. bei verderblicher Ware, kundenspezifisch angefertigten Produkten, Presseerzeugnissen, heruntergeladener und entsiegelter Software.[3459] Die Regelungen des § 312d IV Nr.1 BGB nennt hierbei abstrakte Kriterien, wie die Beschaffenheit oder Verderblichkeit der Ware, so dass hier keine abschließende Regelung bezüglich bestimmter Produkte entsteht. Dies ist angesichts der Vielfältigkeit und ständigen Neuentwicklungen von Produkten einerseits zu begrüßen. Der Rechtsanwender kann grundsätzlich jede Produktart auf ihre Tatbestandsmäßigkeit hin überprüfen. Andererseits löst dies auch Rechtsunsicherheiten aus, wenn nicht eindeutig ist, für welche Fälle die Widerrufsrechte gelten und für welche nicht. Fraglich ist im Rahmen der Regelung außerdem, ob der Gesetzeswortlaut sämtliche Waren zu erfassen vermag, die tatsächlich nicht widerverkäuflich sind oder deren rückstandslose Rückgewähr in Frage steht. Nicht ausgeschlossen nach § 312d IV Nr.1 BGB sind, wie oben gesagt, z.B. Geschäfte über nicht-elektronisch gelieferte Bücher.[3460] Zwar besteht bei gelieferten Büchern, anders als bei der elektronisch übertragenen Erzeugnissen, weniger die Gefahr der Speicherung und Vervielfältigung, so dass eine rückstandslose Rückgewähr der körperlichen Substanz der Ware möglich bleibt. Bei Büchern erschöpft sich die Substanz der Ware aber nicht in dem Bestand der Körperlichkeit des Gegenstandes, sondern besteht vor allem auch in dem Inhalt. Ist eine längere Widerrufsfrist gegeben, besteht die Gefahr, dass der Verbraucher das Buch bereits konsumiert hat und dann erst sein Widerrufsrecht erklärt. Dies käme einer Art Ausleihe gleich, bei der die „rücktandslose“ Rückgewähr, ähnlich wie bei entsiegelter Software, eigentlich nicht

3458 Siehe Artikel 6 III FARL.

3459 Vgl. dazu die Ausnahmetatbestände gemäß § 312d IV Nr.1-3 BGB.

3460 Vgl. dazu die Ausführungen zu dem Ausnahmetatbestand gemäß § 312d IV Nr.1 BGB, 2.Kapitel, B., III., 2., c), aa).

mehr möglich ist. Es spricht demzufolge einiges dafür, Geschäfte über Bücher, unabhängig von ihrer Übertragungsart, ebenfalls von dem Widerrufsrecht auszunehmen.

Ausnahmen von dem Widerrufsrecht bestehen daneben zu recht auch bei Versteigerungen, die im Rahmen des § 156 BGB geschlossen wurden.[3461] Hierbei wird berücksichtigt, dass durch Versteigerungen organisierte Verkäufe einen relativ hohen Organisationsaufwand bedeuten und dem Unternehmer nicht zugemutet werden kann, dass der Verbraucher sich von seinem Höchstgebot wieder lösen kann.[3462] Bei Verkäufen auf das Höchstgebot im Rahmen von Internet-Versteigerungen besteht hingegen kein vergleichbarer Aufwand, so dass die Online-Auktion m.E. auch zu recht nicht von dem Ausnahmetatbestand gemäß § 312d IV Nr.5 BGB erfasst wird.

Dagegen wird teilweise eingewendet, dass es bei jeder Art von Versteigerung, aufgrund der vertragsrechtlichen Konzeption, entscheidend auf die Bindung des Käufers an sein Höchstgebot ankommt. Der Wettbewerbscharakter unter den potentiellen Käufern würde ad absurdum geführt, wenn der Meistbietende die Möglichkeit erhält, sich von seinem Angebot wieder zu lösen.[3463] Diesem Argument ist zwar zuzustimmen, würde aber auch zu dem Ergebnis führen, dass der Unternehmer im Internet das Widerrufsrecht einfach umgehen könnte, indem er seine Waren nur noch bei Online-Auktionen vertreibt. Angesichts der wachsenden Bedeutung der Online-Auktionen für den unternehmerischen Fernabsatz, würde dies einen wichtigen Anwendungsfall ausgrenzen. Es ist demnach angemessen, den Ausnahmetatbestand nicht auch auf die klassische Ebay-Auktion zu erweitern.

Die nachträglich eingeführte Ausnahme nach § 312d IV Nr.6 BGB betreffend der Produkte, die am Finanzmarkt Preisschwankungen unterliegen ist ebenso sachgerecht für die Interessen der Beteiligten, da der Unternehmer das Risiko nicht allein tragen soll und der Durchschnittsverbraucher über die Risiken solcher Geschäfte informiert ist und den spekulativen Charakter solcher Geschäfte kennt.

Ähnliches gilt auch für die nach § 312d IV Nr.4 BGB ausgenommenen Wett- und Lotteriedienstleistungen. Denn bei solchen Dienstleistungen geht der Verbraucher bewusst im Rahmen eines Glücksspiels das Risiko von Gewinn und Nicht-Gewinn ein. Diese Konzeption macht ein einseitiges Lösungsrecht des Verbrauchers aufgrund des übernommenen Risikos untragbar.

(2) Die Berücksichtigung bei der Ausübung des Widerrufsrechts

Bei dem Bestehen eines gesetzlichen Widerrufsrechts hat der Unternehmer zunächst ein Interesse daran, dass der Widerruf des Verbrauchers ihm hinreichend transparent gemacht wird. Hierfür sehen die deutschen Vorschriften angemessene Regelungen vor, denn der Verbraucher muss seinen Widerruf ausreichend deutlich machen, d.h. der Wille zum Widerruf muss deutlich werden und es muss verständlich sein, welches Geschäft von dem Widerruf betroffen ist.[3464] Die dabei einzuhaltende Textform[3465] ist

3461 Siehe § 312d IV Nr.6 BGB.

3462 Vgl. dazu Wiebe in: Spindler/Wiebe, S.57ff (98).

3463 Vgl. Hoffmann in: Leible/Sosnitza, S.105ff (107ff); Wiebe in: Spindler/Wiebe, S.57ff (98).

3464 Vgl. dazu die Ausführungen zu den Anforderungen an die Ausübung des Widerrufsrechts, 2.Kapitel, B., III., 2., c), bb).

3465 Gemäß § 355 I S.2 BGB.

auch im Interesse des Unternehmers, der auf diese Weise die Möglichkeit hat, die Widerrufserklärung dauerhaft wahrzunehmen. Angemessen ist es ebenso dem Verbraucher die Beweislast für den Inhalt und den Zugang der Widerrufserklärung aufzubürden.

Aus den oben dargelegten Gründen, ist es für den Unternehmer vorteilhafter, wenn der Verbraucher das Beseitigungsrecht durch Rücksendung der Ware ausübt, weil er dann die Rücksendung der Ware nicht mehr nachhalten muss. Dies befreit den Unternehmer nicht nur von einem größeren Verwaltungsaufwand, die sofortige Rücksendung ist außerdem die einfachere und schnellere Lösungsmöglichkeit für den Verbraucher, der hierdurch keine großen Nachteile hinnehmen muss, denn zur Rücksendung ist er nach Ausübung des Beseitigungsrechts ohnehin verpflichtet[3466]. Dies wird im deutschen Recht dadurch berücksichtigt, dass dem Unternehmer bei Vorliegen bestimmter Voraussetzungen die Möglichkeit verbleibt, ersatzweise ein Rückgaberecht einzuräumen.[3467] Die Vorteile dieses Rechts werden aber teilweise dadurch wieder begrenzt, dass der Unternehmer bei einem Rückgaberecht stets die Kosten der Rücksendekosten zu tragen hat. Eine Abwälzung auf den Verbraucher ist nur bei einem Widerrufsrecht möglich.[3468] Begründet wird diese Beschränkung damit, dass die FARL kein Rückgaberecht vorsieht.

Fraglich ist in diesem Zusammenhang aber, ob die Richtlinie tatsächlich ein Rückgaberecht, wie es nach § 357 BGB möglich ist, nicht mit einbezieht. Der wesentliche Unterschied zum Widerrufsrecht ist ja, dass der Verbraucher die Rückgabe nur durch Rücksendung bewirken kann, während das Widerrufsrecht auch erklärt werden kann.[3469] Einerseits belässt die Richtlinie den Mitgliedstaaten einen größeren Spielraum bei der Gestaltung der Ausübung des Widerrufsrechts[3470] und andererseits legt Artikel 6 FARL keine Ausübungsform fest, in Absatz 1 heißt es lediglich, dass der Verbraucher die Möglichkeit haben soll, den Vertrag zu „widerrufen“. Das bedeutet, die Richtlinie enthält keine Vorgaben, ob die Erklärung des „Widerrufs“ ausdrücklich oder auch konkludent erfolgen kann. Damit ist das „Rückgaberecht“ in der Richtlinie zwar nicht ausdrücklich vorgesehen, die damit verbundenen Unterschiede bei der Ausübung werden von der europäischen Vorgabe aber letztlich gar nicht geregelt. Damit steht es dem deutschen Gesetzgeber auch frei die Ausübung durch Rücksendung der Ware vorzugeben. Begrenzungen, wie die einseitige Kostenverpflichtung des Unternehmers, wären m.E. deshalb nicht notwendig gewesen. Sachgerechter wäre es, die einseitige Abwälzung der Rücksendekosten auch bei einem Rückgaberecht zu ermöglichen. Dieses kann ohnehin nur unter den Voraussetzungen des § 356 BGB eingeräumt werden und muss dem Verbraucher hinreichend transparent sein.[3471]

3466 Gemäß § 357 II S.1 BGB.

3467 Siehe § 312d I S.2 i.V.m. § 356 BGB.

3468 Siehe § 357 II S.2, 3 BGB.

3469 Vgl. dazu die Ausführungen zu der Einräumung eines Rückgaberechts, 2.Kapitel, B., III., 2., c), dd).

3470 Siehe Erwägungsgrund 14 der FARL.

3471 Nach § 356 I BGB muss der Fernabsatzvertrag aufgrund eines Verkaufsprospekts geschlossen sein, den der Verbraucher eingehend ohne die Anwesenheit des Unternehmers betrachten können muss. Der Verbraucher muss außerdem in Textform über sein Rückgaberecht informiert sein.

Im Ergebnis berücksichtigt der deutsche Gesetzgeber das Interesse des Unternehmers an einer sofortigen Rücksendepflicht nur ansatzweise. Die größeren Nachteile durch Tragung der Rücksendekosten sind einerseits für eine richtlinienkonforme Umsetzung nicht zwingend und andererseits verhindern sie, dass das Rückgaberecht eine echte Alternative für die Unternehmer zu dem noch einschneidenderen Widerrufsrecht wird.[3472]

(3) Die Angemessenheit der Widerrufsfrist

Aufgrund der bestehenden Nachteile, ist es im Interesse des Unternehmers, dass die dem Verbraucher eingeräumte Überlegungsfrist so kurz wie möglich gewährt wird. Je länger der Schwebezustand der Fernabsatzverträge besteht, desto größer sind auch die Risiken für die Unternehmer. Überraschend mag es in diesem Zusammenhang sein, dass die US-amerikanischen Online-Anbieter teilweise extrem lange Beseitigungsfristen von bis zu neunzig Tagen vorsehen. Dies relativiert sich aber im Vergleich zur gesetzlichen Regulierung dadurch, dass die Unternehmer die Beseitigungsrechte nach ihren eigenen wirtschaftlichen Möglichkeiten gestalten können. Insbesondere bei dem Angebot eines Warengutscheins bestehen die Risiken für den Unternehmer bezüglich der Gewinne aus dem Verkauf nicht mehr, denn der Kaufpreis verbleibt auf jeden Fall bei ihm. Bei der gesetzlichen Verpflichtung zur Einräumung eines Widerrufsrechts hat der Unternehmer, unabhängig von seinen wirtschaftlichen Möglichkeiten, die Nachteile hinzunehmen und muss daher vor übermäßig langen Widerrufsfristen geschützt werden.

Andererseits muss das Widerrufsrecht so lange bestehen, dass dem Verbraucher eine adäquate Überlegungs- und Prüfungszeit der Ware eingeräumt wird. Wenn man berücksichtigt, dass dem Verbraucher durch das Widerrufsrecht ein mit dem im Ladengeschäft vergleichbares Prüfungsrecht eingeräumt werden soll, würde es theoretisch schon ausreichen, ihm eine kurze Frist von mehreren Stunden oder einem Tag zur Prüfung zu belassen. Eine längere Betrachtung, Anprobe und Prüfung der Ware ist auch im Ladengeschäft nicht möglich. Angesichts vieler denkbarer Umstände des täglichen Lebens, die eine sofortige Prüfung der Ware am Tag der Lieferung unmöglich machen können, ist es sicherlich gerechtfertigt diese Frist auf mehrere Tage auszuweiten. In Anbetracht der großen Nachteile, die dem Unternehmer durch das gesetzliche Widerrufsrecht des Verbrauchers entstehen, wäre es m.E. angemessen, dem Verbraucher ein dreitägiges Widerrufsrecht einzuräumen, nach dem Vorbild des US-amerikanischen Widerrufsrechts bei Haustürgeschäften[3473] und im Telemarketingbereich[3474]. In drei Tagen hat der vernünftige und aufmerksame Durchschnittsverbrau-

3472 So auch die Kritik von Ernst in: Hohl/Leible/Sosnitza, S.71ff (94).

3473 Siehe 16 C.F.R. § 429.2 (b).

3474 Wie schon dargelegt, werden dem Verbraucher solche Widerrufsrechte für Telefongeschäfte in einigen einzelstaatlichen Regelungen gewährt, so z.B. in Alabama, Ala. Code §§ 8-19A-1ff; Alaska, Alaska Stat. § 45.63.010; California, Cal. Bus & Prof. Code § 17511ff; Delaware, Del. Code Ann. Tit. 6 §§ 4401ff; Idaho, Idaho Code §§ 48-1001ff; New York, N.Y. Pers. P. Law §§ 440ff, N.Y. Gen. Bus. Law § 399; North Dakota, N.D. Cent. Code Ch. 51-18; Oklahoma, Okla. Stat. Ann. Tit. 15 Ch. 775A; Utah, Utah Code Ann. § 13-26-1ff; Virginia, Va. Code §§ 59.1-

cher hinreichend Gelegenheit, die Ware zu betrachten, zu prüfen und eine endgültige Entscheidung über den Kaufvertrag zu treffen.

Die europäischen Richtlinienvorgaben und die zusätzliche Erweiterung der Widerrufsfrist bei Fernabsatzverträgen im deutschen Recht gehen weit über diese Anforderungen hinaus. Die hierfür vorgegebene Begründung, dass dies für eine Vereinheitlichung der verbraucherschützenden Widerrufsrechte notwendig würde,[3475] ist m.E. keine ausreichende Begründung dafür, dem Unternehmer derartige Nachteile aufzubürden. Zwar ist es grundsätzlich zu begrüßen, dass der deutsche Gesetzgeber die unterschiedlichen und unübersichtlichen Widerrufsregelungen in den Vorschriften gemäß §§ 355ff BGB zu vereinheitlichen sucht. Dennoch ist dies im Grunde auch nach den derzeitigen Vorschriften nicht vollständig umgesetzt worden, denn auch jetzt noch sehen einzelne Vorschriften, wie z.B. § 312d BGB,[3476] Sonderregelungen für die Widerrufsrechte vor. Die spezielleren Vorschriften für das Widerrufsrecht gemäß § 312d BGB enthalten sogar Sonderbestimmungen für den Widerrufsbeginn,[3477] so dass die zweiwöchige Frist gemäß § 355 I BGB bei Fernabsatzverträgen ohnehin nicht immer gilt. Die dargelegten Gründe gegen eine übermäßig lange Widerrufsfrist könnten dementsprechend ebenfalls in § 312d BGB Berücksichtigung finden. M.E. ist es für eine interessengerechte Regulierung des Widerrufsrechts unerlässlich, eine Kürzung des Widerrufsrechts bei Fernabsatzverträgen vorzunehmen, wobei der deutsche Gesetzgeber an die ebenfalls zu restriktive Vorgabe der FARL gebunden bleibt.[3478]

(4) Die Angemessenheit der Rechtsfolgen des ausgeübten Widerrufs

Bei der Ausübung des Widerrufsrechts hat der Unternehmer vor allem ein Interesse daran, die Ware, so wie sie geliefert wurde, zurückzuerhalten. Zu begrüßen ist daher, dass den Verbraucher im deutschen Recht zunächst eine Rücksendepflicht trifft.[3479] Fraglich ist aber, ob es gerechtfertigt ist, dem Unternehmer die Gefahrtragung des Transports aufzuerlegen.[3480] Bei der Schickschuld hat grundsätzlich der Verbraucher die Rücksendung zu organisieren. Er kann dabei durch eine ordnungsgemäße Organisation des Transports, das Risiko der Verschlechterung und des Untergangs der Ware minimieren. Der Unternehmer hat grundsätzlich keinen Einfluss auf die Umstände des Rücktransports. Er kann höchstens überobligatorisch einen Transport, durch ein von ihm beauftragtes Unternehmen organisieren, um das Risiko einzugrenzen. Aufgrund

21.1ff; West Virginia, W. Va. Code Ann. §§ 46A-6F-101ff; Wisconsin, Wis. Stat. Ann. §§ 423.201ff; Wyoming, Wyo. Stat. §§ 40-14-251ff.

3475 Vgl. Entwurf eines Gesetzes über Fernabsatzverträge und andere Fragen des Verbraucherschutzrechts sowie zur Umstellung auf Euro (BT-Drucks. 14/2658), S.47.

3476 Aber auch andere Vorschriften z.B. § 312 II, III BGB, § 495 BGB sehen Sonderbestimmungen für die jeweiligen Geschäftsbereiche vor.

3477 Die Vorschrift gemäß § 312d II BGB bestimmt, wie oben dargelegt, einige Abweichungen von den Bestimmungen über den Fristbeginn nach § 355 BGB.

3478 Das bedeutet, eine kürzere Widerrufsfrist als sieben Werktage ist in Übereinstimmungen mit den Richtlinienvorgaben im deutschen Recht nicht realisierbar.

3479 Gemäß § 357 II S.1 BGB.

3480 Vgl. dazu oben, 2.Kapitel, B., III., 2., c), ee).

der Rücksendepflicht entspricht es daher m.E. einer angemessenen Risikoverteilung, dem Verbraucher die Gefahr des Transports aufzuerlegen.[3481]

Ähnliche Bedenken sind auch hinsichtlich der grundsätzlichen Belastung des Unternehmers mit den Rücksendekosten[3482] vorzubringen. Durch die Organisation der Rücksendung hat der Verbraucher gleichfalls auch den Einfluss auf den Umfang der damit verbundenen Kosten. Er kann durch sorgfältige Auswahl des Transportweges die Höhe der Rücksendekosten möglichst gering halten. Das deutsche Recht erlaubt es zwar, bei einer Warenlieferung im Zuge eines Widerrufs die Rücksendekosten auf den Verbraucher abzuwälzen, wenn entweder die Warenlieferung den Gesamtbetrag von 40 € nicht übersteigt oder im Zeitpunkt des Widerrufs noch keine Gegenleistung vom Verbraucher erbracht wurde.[3483] Damit berücksichtigen die „neuen" Vorschriften im deutschen Recht, die Gefahr der nicht ernstgemeinten Bestellungen, die im Versandhandel für die Unternehmen ein großes Problem darstellen. In dem Bewusstsein, die Ware verpflichtungsfrei wieder zurücksenden zu können, bestellen die Verbraucher oft eine Vielzahl von Waren, deren Erwerb sie entweder nicht ernsthaft in Erwägung ziehen oder sich ohnehin nicht leisten können. Nach der neu eingefügten Regelung gemäß § 357 II S.3 BGB muss der Unternehmer bei solchen nicht ernstgemeinten Großbestellungen die Kosten der Rücksendung nicht tragen, wenn die Ernsthaftigkeit der Bestellung nicht durch eine gezahlte Gegenleistung manifestiert wurde.[3484] Die Gefahr wird m.E. durch eine erbrachte Teil- oder Gegenleistung des Verbrauchers aber nicht in jedem Fall gebannt. Denn der Verbraucher handelt auch bei einer Anzahlung des Kaufpreises in dem Bewusstsein, diese bei Ausübung des Widerrufsrechts wieder zurückerhalten zu können, so dass dies u.U. kein echtes Hindernis für nicht ernstgemeinte Bestellungen darstellt. Dieselben Gefahren bestehen für den Unternehmer im Übrigen auch bei dem ersatzweise eingeräumten Rückgaberecht. M.E. wäre es dementsprechend interessengerecht, dem Verbraucher grundsätzlich die Rücksendekosten aufzuerlegen, unabhängig von dem Wert der Lieferung, gezahlter Leistungen und unabhängig von dem Bestehen eines Widerrufs- oder Rückgaberechts. Dies entspricht auch den Vorgaben der Richtlinie, die ausdrücklich eine Kostentragungspflicht des Verbrauchers vorsieht.[3485] Interessengerecht ist eine solche Belastung des Verbrauchers nur dann nicht, wenn der Unternehmer eine Ersatzware geliefert hat.[3486] Die

---

3481 Auch dies dürfte, wie bei der Wertersatzpflicht, nicht gegen die Richtlinienvorgaben verstoßen, da die Rücksendung keine Folge des Widerrufs ist, sondern aufgrund des Rückgewährschuldverhältnisses erfolgt (siehe dazu oben die Ausführungen über die Richtlinienkonformität der Wertersatzpflicht im deutschen Recht, 2.Kapitel, B., III., 2., c), ee)). Der Wortlaut des Artikel 6 I FARL ist so zu verstehen, dass dem Verbraucher nicht aufgrund des Widerrufs Gebühren und Strafzahlungen auferlegt werden dürfen. Die Regelung der Gefahrtragung bei der Rücksendung wird hiervon nicht berührt.

3482 Siehe § 357 II S.2 BGB.

3483 Siehe § 357 II S.3 BGB.

3484 Siehe dazu die Ausführungen zu der Neuregelung, 2.Kapitel, B., III., 2., c), dd).

3485 In Artikel 6 I, II FARL heißt es dazu: „Die einzigen Kosten, die dem Verbraucher infolge der Ausübung seines Widerrufsrechts auferlegt werden können, sind die unmittelbaren Kosten der Rücksendung der Waren."

3486 Dies ergibt sich im deutschen Recht aus § 357 II S.3 a.E. BGB und ist auch von der Richtlinie vorgesehen, vgl. Artikel 7 III FARL.

Nicht-Verfügbarkeit der bestellten Waren fällt in den Verantwortungsbereich des Unternehmers und der Verbraucher sollte, unabhängig von der Ernsthaftigkeit einer Bestellung, die Kosten der Rücksendung einer Ware, die er gar nicht bestellt hat, nicht tragen müssen.

Ferner hat der Unternehmer ein berechtigtes Interesse die Ware in einem einwandfreien Zustand zurückzuerhalten. Während der Widerrufszeit ist der Unternehmer auf den sorgfältigen Umgang mit der Ware durch den Verbraucher angewiesen. Dieser soll das Recht haben, die Ware zu prüfen. Deshalb werden Schäden, die durch die Prüfung entstehen, vom Unternehmer verursacht wurden oder auch bei dem Unternehmer eingetreten wären, von der Ersatzpflicht nicht erfasst.[3487] Alle anderen Verschlechterungen oder Gründe für den Untergang der Ware liegen aber im Einflussbereich des Verbrauchers. Zu begrüßen ist deshalb die vom deutschen Gesetzgeber (mittlerweile) eingeführte verschärfte Haftung des widerrufsberechtigten Verbrauchers für den Wertersatz. Die Einstandspflicht für Verschlechterungen und den Untergang durch bestimmungsgemäße Ingebrauchnahme sowie durch Anwendung des eigenen Sorgfaltsmaßstabes ist sachgerecht, da der Verbraucher grundsätzlich größeren Einfluss hat, den Eintritt der Wertminderung zu verhindern. Außerdem ist er ja über die Wertersatzpflicht und ihre Verhinderungsmöglichkeit zu informieren.[3488] Er kann z.B., wenn er sich nicht sicher ist, ob er die Ware behalten will, von einer bestimmungsgemäßen Ingebrauchnahme absehen und die Ware bis zur Rücksendung sicher verwahren. Dies entspricht nicht nur einer interessengerechten Risikoverteilung, sondern findet auch Rückhalt in der Gesetzessystematik der §§ 357, 346ff BGB. Das durch § 357 I angeordnete Rückgewährschuldverhältnis beim Widerrufsrecht weist einen signifikanten Interessensunterschied zu dem in §§ 346ff BGB geregelten Rücktrittsrecht auf. Der widerrufsberechtigte Verbraucher kann sein Gestaltungsrecht grundlos und ohne Absprache ausüben, während der Rücktrittsberechtigte nach § 346ff BGB aufgrund einer Verfehlung der anderen Vertragspartei oder aufgrund einer vertraglichen Vereinbarung sich von dem Vertrag wieder lösen kann. Dies bezüglich ist die Erweiterung der Wertersatzpflicht zuungunsten des Widerrufsberechtigten gerechtfertigt.

Schließlich stellt sich auch die Frage, wie die Wertersatzpflicht angemessen zu bemessen ist. Der Unternehmer wird grundsätzlich ein Interesse haben, möglichst den vereinbarten Kaufpreis bei dem Untergang der Ware zurückzuerhalten. Dies entspricht auch auf den ersten Blick dem Berechnungsansatz des Gesetzes. Nach § 346 II S.2 BGB ist bei der Bemessung des Ersatzes die Höhe der vereinbarten Gegenleistung zugrunde zu legen. Allerdings führt dies zu dem unbilligen Ergebnis, dass der Verbraucher auch bei dem zufälligen Untergang der Sache die Gewinnmarge des Unternehmers zu zahlen hat. Dies entspricht insbesondere dann nicht dem Zweck der Regelungen, wenn die Gewinnspanne des Produkts überzogen ist.[3489] Dementsprechend

3487 Dies wird zu recht durch §§ 357 III S.2, 346 III Nr.2 BGB vorgegeben.

3488 Vgl. Grigoleit NJW 2002, S.1151ff (1154).

3489 Vgl. Heinrichs in: Palandt, BGB-Komm., § 357, Rn.15; Grigoleit NJW 2002, S.1151ff (1154); Arnold/Dötsch, NJW 2003, S.187ff (188); a.A. Klein in: Bräutigam/Leupold, S.596ff (651).

ist der von dem Unternehmer kalkulierte Gewinn bei dem Wertersatz des Verbrauchers außen vor zu lassen und nur der tatsächliche Wert der Ware zu ersetzen.[3490]

Im Ergebnis ist einerseits festzustellen, dass die gesetzliche Regulierung eines fernabsatzrechtlichen Widerrufsrechts sinnvoll und notwendig ist. Die Selbstregulierung des Marktes vermag keinen adäquaten Schutz für die Verbraucher zu etablieren. Allerdings berücksichtigen die deutschen Vorschriften und teilweise auch die europäischen Vorgaben nur ansatzweise den notwendigen Interessenausgleich der Unternehmer. Zu begrüßen ist im deutschen Recht zwar die deutliche Verschärfung der Haftung des Verbrauchers im Rahmen der Ausübung des Widerrufsrechts. Unberücksichtigt bleibt aber das Gebot der Verhältnismäßigkeit insbesondere im Rahmen der Fristbestimmungen und Gefahrtragungs- und Kostenverteilung bei der Rücksendung.

C. Zusammenfassung der Ergebnisse und abschließende Bewertung

Der Vergleich der verbraucherschützenden Reglementierungen bestätigt im Ergebnis die schon im ersten Kapitel festgestellte Grundtendenz eines wesentlich restriktiveren deutschen Verbraucherschutzrechts im Online-Warenhandel. Abgesehen von den fernabsatzrechtlichen Informationspflichten, sehen die US-amerikanischen Regelungen zwar in allen Teilbereichen ähnliche Regelungsansätze vor, die deutschen und europäischen Regelungen bestimmen meist aber strengere Anforderungen in den Rechtsbereichen.

Ausgehend von einem nahezu identischen Verbraucherleitbild kommen die beiden Rechtsordnungen dennoch zu einer sehr unterschiedlichen Intensität der verbraucherschützenden Regelungen. Die Unterschiede in den einzelnen Rechtsbereichen sind unter dem Aspekt des Verbraucherleitbildes unterschiedlich zu bewerten. Legt man das Leitbild eines durchschnittlich vernünftigen, aufmerksamen und informierten Verbrauchers zugrunde, sind die strengen deutschen Regelungen teilweise zu restriktiv und die US-Regelungen teilweise zu liberal, wie in den Vergleichen zu den Teilbereichen des Verbraucherschutzes im Online-Handel dargestellt.

Problematisch ist in diesem Zusammenhang zunächst die fehlende Rechtssicherheit hinsichtlich der Abgrenzung der Verbraucher- und Unternehmereigenschaft. Das trifft insbesondere auf die uneinheitlichen Begriffsbestimmungen im US-Recht zu, die außerdem noch untereinander teilweise nicht kompatibel sind, wie die Definitionen im MMWA und im UCC Article 2. Im deutschen Recht wird zwar durch die Begriffe gemäß §§ 13, 14 BGB versucht, dieser Problematik entgegenzuwirken. Die nicht vollständige Einheitlichkeit der Begriffe und die zahlreichen Auslegungs- und Abgrenzungsschwierigkeiten belegen aber, dass dies auch im deutschen Recht nicht zufriedenstellend erreicht wurde. Da aber insbesondere im deutschen Recht an der Verbraucher- und Unternehmereigenschaft die Anwendbarkeit einschneidender Regelungen hängt, geht dies auch hier zu Lasten der Rechtssicherheit.

3490 So im Ergebnis auch Grigoleit NJW 2002, S.1151ff (1154); Arnold/Dötsch, NJW 2003, S.187ff (188), Heinrichs in: Palandt, BGB-Komm., § 357, Rn.15.

Die größten Übereinstimmungen in den beiden Rechtsordnungen sind wohl im Rahmen der wettbewerbsrechtlichen Beurteilung von irreführenden Online-Werbepraktiken festzustellen. Durch die Reformbestrebungen im deutschen Recht, angestoßen durch die europäischen Vorgaben, hat sich das äußerst restriktive deutsche Wettbewerbsrecht allmählich den markt-liberaleren Ansätzen des US-Rechts angenähert. Die Beurteilungen der Fälle irreführender Werbung im regulären und elektronischen Geschäftsverkehr weisen heute weitgehend Übereinstimmungen auf. Unterschiede ergeben sich z.B. noch im Rahmen der Beurteilung von Schleichwerbung, die im US-Recht keine eigenständige Fallgruppe der irreführenden Werbung ist. Bezogen auf den elektronischen Geschäftsverkehr, der überwiegend kommerzielle Inhalte transportiert, sind die Unterschiede allerdings nicht allzu groß. Die großen Abweichungen im Rabattrecht und Sonderveranstaltungsrecht sind durch die Aufgabe der entsprechenden deutschen Rechtsakte ebenfalls weggefallen. Allerdings zeigt auch die Diskussion über die wettbewerbsrechtliche Zulässigkeit des Powershoppings und der umgekehrten Versteigerung, dass sich die neuen Beurteilungsmaßstäbe im Rahmen des elektronischen Geschäftsverkehrs noch nicht in jeder Konsequenz durchgesetzt haben.

Größere Unterschiede ergeben sich bei der Frage der Unlauterkeit durch belästigende Werbepraktiken. Die Abweichungen resultieren überwiegend daraus, dass das US-Recht tatbestandlich materielle Auswirkungen bei den betroffenen Verbrauchergruppen fordert, was eine moralisch-verwerfliche, anstößige Werbung, die im deutschen Recht nach wie vor unlauter ist, naturgemäß nicht mit sich bringt. Abweichende Beurteilungen der Online-Werbung ergeben sich des Weiteren aus diesem Grund aus einem tatsächlichen Unterschied. In den USA werden Internetgebühren nicht nach der Länge des Internetaufenthalts berechnet, so dass eine materielle Belastung des Verbrauchers durch nicht-entfernbare Pop-Up Windows oder durch die längere Beschäftigung mit Werbe-E-Mails nicht entsteht. Im deutschen Recht tritt bei diesen Werbepraktiken, neben dem zeitlichen Belästigungsfaktor, eine materielle Belastung der Verbraucher ein, weshalb die grundsätzliche Beurteilung strenger als im US-amerikanischen Recht ausfällt. Da aber auch in Deutschland immer häufiger monatliche Pauschalen für den Internetzugang gezahlt werden, entfällt zunehmend auch hier der materielle Belastungsfaktor der Verbraucher. Dieser Aspekt wird heute bei der rechtlichen Beurteilung der Fallgruppen allerdings noch nicht berücksichtigt.

Weitgehend übereinstimmend werden in den USA und in Deutschland zwar die Fälle der aufgedrängten Werbung durch die herkömmlichen Medien beurteilt. Das bedeutet, die Unlauterkeit der Zusendung von unbestellten Waren, Postwurfsendungen, Werbefaxe und des Telemarketings werden ähnlich streng beurteilt. Die Bewertungen von kommerziellen E-Mails führen jedoch zu grundlegend unterschiedlichen Ergebnissen. Das deutsche Recht sieht eine Unzulässigkeit mit einigen Ausnahmen vor und das US-Recht bestimmt eine generelle Zulässigkeit mit einigen Einschränkungen.

Ein ähnliches Ergebnis zeigt sich auch im Rahmen des elektronischen Datenschutzes. Das deutsche Recht verlangt, wie bei der E-Mail-Werbung, zu jeder kommerziellen Datenerhebung und -nutzung die vorherige Einwilligung und Informationen über die Datenerhebungspraxis, während das US-amerikanische Recht bei einer bereichspezifischen Regulierung zum Minderjährigenschutz verbleibt und den allgemeinen Datenschutz überwiegend der Selbstregulierung überlässt. Ob sich daran durch die beschriebenen gesetzlichen Initiativen etwas ändern wird, bleibt abzuwarten.

Bezüglich vorvertraglicher Informationspflichten sind Unterschiede insbesondere hinsichtlich der Frage eines gesteigerten Informationsbedarfs des Verbrauchers im Rahmen von elektronischen Fernabsatzgeschäften festzustellen. Hierbei steht der umfangreiche Informationspflichtenkatalog des deutschen Rechts den Regelungen von E-SIGN Act und UETA gegenüber. Diese bestimmen keine zusätzliche Informationspflicht der Online-Anbieter, sondern gewährleisten, dass der bestehende Informationsschutz im regulären Geschäftsverkehr auch für den Online-Handel gilt. Da ein zusätzlicher Informationsbedarf im elektronischen Handel aber besteht, sind diese Anforderungen aus verbraucherschutzrechtlicher Sicht zu gering. Die umfassenden Pflichtangaben im deutschen Recht hingegen gehen teilweise über das eigentlich benötigte, fernabsatzrechtliche Informationsniveau hinaus. Bedenken sind ferner hinsichtlich der uneinheitlichen und z.T. zu liberalen Einbeziehungsvoraussetzungen von einseitig vorformulierten Vertragsklauseln im US-Recht festzustellen, die wiederum einer gesetzlich definierten Einbeziehungskontrolle im deutschen Recht gegenüberstehen. Vor allem die tendenzielle Ermöglichung von *shrink-wrap agreements* und *click wrap agreements* ist für einen effektiven Verbraucherschutz abzulehnen. Hier sind die strengeren Einbeziehungsvoraussetzungen des deutschen Rechts eher interessengerecht.

Ein etwas anderes Bild zeigt sich im Vergleich der Regelungen über Garantiezusagen in den beiden Rechtsordnungen. Letzten Endes stellt der MMWA wichtige Sonderregelungen für den Verbraucherschutz im Warengüterverkehr auf, die in ihrem Umfang über die deutschen und europäischen Regelungen hinausgehen. Allerdings bestimmt der MMWA dabei kein höheres Käuferschutzniveau, als das deutsche Recht. Das Bundesgesetz ist damit zwar eine beachtliche Initiative des Kongresses zur Maximierung des Verbraucherschutzniveaus im US-amerikanischen Warengüterverkehr, die allerdings erstens im Lichte des sonstigen Verbraucherschutzniveaus im US-Warenkaufrecht zu beurteilen ist und zweitens, aufgrund der fehlenden zwingenden Anwendung des Bundesgesetzes, heute an praktischer Bedeutung verloren hat.

Schließlich sind im Rahmen des US-amerikanischen Rechts die genauen und detaillierten Vorgaben der FTC zum elektronischen Transparenzgebot zu begrüßen, denn diese enthalten, anders als das deutsche Recht, verlässliche und angemessene Vorgaben, die außerdem weitgehend einheitlich im US-Recht angewendet werden. Im deutschen Recht ist die Frage des einheitlichen Transparenzgebots und seiner einzelnen Anforderungen der Rechtsfortbildung überlassen und ist deshalb noch wenig verlässlich.

Im Rahmen nachvertraglicher Pflichten im Online-Handel ist zunächst festzuhalten, dass die europäischen Vorgaben zu den Lieferpflichten, ähnlich den Bestimmungen über Verbrauchsgütergarantien, sogar den US-amerikanischen Regelungen nachempfunden sind. Die Vorgaben des Artikel 7 FARL weisen einige signifikante Übereinstimmungen zur MTOMR der FTC auf. Die strengen deutschen Regelungen sind dadurch leider nicht aufgebrochen worden, obwohl dies vertriebspezifisch veranlasst wäre, insbesondere hinsichtlich der gesetzlich bestimmten Lieferfrist im Zweifelsfall. Das deutsche Recht sieht aber bezüglich der Möglichkeit der Ersatzlieferung eine interessengerechtere Lösung vor, als das US-amerikanische Recht.

Hinsichtlich nachvertraglicher Informationspflichten sind im Grunde dieselben Ergebnisse wie bei der vorvertraglichen Information festzustellen. Begrüßenswert sind die Regelungen zur dauerhaft wiedergabefähigen Form der geltenden Pflichtangaben im deutschen Recht, die im US-Recht nur in abgeschwächter Form hinsichtlich regulärer Informationspflichten gelten. Lediglich der Umfang der Informationspflichten im deutschen Recht stoßen auf Kritik.

Schließlich ist hinsichtlich der Frage eines gesondert gesetzlich verpflichtenden Widerrufsrechts festzustellen, dass das deutsche Recht die notwendige Beseitigungsmöglichkeit im Fernabsatzrecht einräumt. Die durch Selbstregulierung entstandenen *return policies* des US-amerikanischen Online-Handels vermögen die entstehenden Nachteile im Fernabsatzrecht nicht adäquat auszugleichen. Allerdings bestehen Bedenken bezüglich des deutschen Regelungsmodells hinsichtlich der angemessenen Berücksichtigung der Unternehmerinteressen bei der Ausformung dieses Verbraucherrechts.

Die Ergebnisse dieser Untersuchung zeigen, dass sich eine einheitliche Beurteilung der unterschiedlichen verbraucherschutzrechtlichen Ansätze auf dem Gebiet des Online-Handels verbietet. Festzuhalten ist aber auch, dass die Förderung des grenzüberschreitenden elektronischen Geschäftsverkehrs durch die z.T. unklaren und uneinheitlichen Verbraucherschutzstandards nicht gerade unterstützt wird. Der Verbraucher, der schon in dem eigenen nationalen Verbraucherschutzsystem Schwierigkeiten hat, seine Rechte zu erkennen, hat noch weniger Vertrauen in transatlantische Internettransaktionen. Die Annäherungen im Datenschutzrecht, im Bereich des Spamming oder im nachvertraglichen Schutz durch gesetzlich vorgegebene Beseitigungsrechte wäre deshalb für den Ausbau des internationalen, elektronischen Geschäftsverkehrs grundlegend, um das Vertrauen der Verbraucher in den grenzüberschreitenden Internetmarkt zu stärken. Diese Annäherung ist auf der Grundlage der gemeinsamen Regelungsansätze zwar möglich, angesichts der unterschiedlichen Zielsetzungen im elektronischen Geschäftsverkehr in Deutschland und den USA aber in näherer Zukunft wohl nicht zu erwarten.

Literatur- und Quellenverzeichnis

I. Literaturverzeichnis

Ackermann, Brunhilde: Das Sprachenproblem im europäischen Primär- und Sekundärrecht und der Turmbau zu Babel; in: Wettbewerb in Recht und Praxis, 2000, S.807ff
(zit.: Ackermann, WRP 2000, S.807ff (S.))

Ahrens, Hans-Jürgen: Verwirrtheiten juristischer Verkehrskreise zum Verbraucherleitbild einer „normativen" Verkehrsauffassung; in: Wettbewerb in Recht und Praxis, 2000, S.812ff
(zit.: Ahrens, WRP 2000, S.812ff (S.))

Aigner, Dietmar und Hofmann, Dietrich: Virtuelle Kaufhäuser- Auswirkungen des Fernabsatzgesetzes; in: Multimedia und Recht, 2001, S.30ff
(zit.: Aigner/Hofmann, MMR 2001, S.30ff (S.))

Albers, Willi (Hrsg.): Handwörterbuch der Wirtschaftswissenschaft; Band 5, Stuttgart, Tübingen 1980
(zit.: Bearbeiter in: Albers, S.)

Alexander, Richard: The Development of Consumer Rights in the United States Slowed by the Power of Corporate Political Contrast Lobbying; in: The Consumer Law Page, Articles, 1996,
online unter: http://www.consumerlawpage.com/article/lobby.html (zuletzt 1.8.2007)
(zit.: Alexander, The Development of Consumer Rights)

Amtenbrink, Fabian und Schneider, Claudia: Die europaweite Vereinheitlichung von Verbrauchsgüterkauf und -garantien; in: Verbraucher und Recht, 1996, S.367ff
(zit.: Amtenbrink/Schneider, VuR 1996, S.367ff (S.)

Apel, Jürgen und Grapperhaus, Tanja: Das Offline-Online-Chaos oder wie die Europäische Kommission den grenzüberschreitenden Werbemarkt zu harmonisieren droht; in: Wettbewerb in Recht und Praxis, 1999, S.1247ff
(zit.: Apel/Grapperhaus, WRP 1999, S.1247ff (S.))

Apostolopoulos, Haris: Das europäische Irreführungsverbot: Liberalisierung des Marktgeschehens oder Einschränkung für die Anbieterseite? In: Gewerblicher Rechtsschutz und Urheberrecht, Internationaler Teil, 2005, S.292ff
(zit.: Apostolopoulos, GRUR Int. 2005, S.292ff (S.))

Arndt, Hans-Wolfgang und Köhler, Markus: Elektronischer Handel nach der E-Commerce Richtlinie; in: Europäisches Wirtschafts- und Steuerrecht, 2001, S.102ff
(zit.: Arndt/Köhler, EWS 2001, S.102ff (S.))

Arnold, Arnd und Dötsch, Wolfgang: Verschärfte Verbraucherhaftung beim Widerruf? In: Neue Juristische Wochenschrift, 2003, S.187ff
(zit.: Arnold/Dötsch, NJW 2003, S.187ff)

Arnold, Dirk: Verbraucherschutz im Internet, Anforderungen an die Umsetzung der Fernabsatz-Richtlinie; in: Computer und Recht, 1997, S.526ff
(zit.: Arnold, CR 1997, S.526ff (S.))

Artz, Günther, Fezer, Gerhard, Weber, Ulrich, Schüchter, Ellen und Rössner, Dieter: Festschrift für Jürgen Baumann; Bielefeld 1992
(zit.: Bearbeiter in: FS Baumann, S.)

Assmann, Heinz Dieter und Bungert, Hartwin: Handbuch des US-amerikanischen Handels-, Gesellschafts- und Wirtschaftsrecht; Band 1, München 2001
(zit.: Bearbeiter in: Assmann/Bungert, Rn.)

Ayyappan, Ajay: UCITA: Uniformity at the Price of Fairness; in: Fordham Law Review, Volume 69 (2001), S.2471ff
(zit.: Ayyappan, 69 Fordham Law Review, S.2471ff (S.))

Baker, J.H.: An Introduction to English Legal History; 4. Auflage, London 2002
(zit.: Baker, S.)

Bamberger, Heinz-Georg und Roth, Herbert (Hrsg.): Kommentar zum BGB; Band 1, §§ 1-610, München 2003
(zit.: Bearbeiter in: Bamberger/Roth, BGB-Komm., §, Rn.)

Baudenbacher, Carl und Simon, Jürgen (Hrsg.): Neueste Entwicklungen im europäischen und internationalen Immaterialgüterrecht; Basel, Genf, München 2001
(zit.: Bearbeiter in: Baudenbacher/Simon, S.)

Baumbach, Adolf und Hefermehl, Wolfgang: Kommentar zum Wettbewerbsrecht, Gesetz gegen den unlauteren Wettbewerb; ZugabeVO, RabattG und Nebengesetze, 20. Auflage, München 1998
(zit.: Baumbach/Hefermehl, UWG-Komm., §, Rn.)

Beater, Axel: Verbraucherschutz und Schutzzweckdenken im Wettbewerbsrecht; 1. Auflage, Tübingen 2000
(zit.: Beater, S.)

Beauchamp, Tom L. und Bowie, Norman E. (Hrsg.): Ethical Theory and Business; London 1979
(zit.: Bearbeiter in: Beauchamp/Bowie, S.)

Bender, Gunnar und Sommer, Christian: E-Commerce Richtlinie: Auswirkungen auf den elektronischen Geschäftsverkehr in Deutschland; in: Recht der internationalen Wirtschaft, 2000, S.260ff
(zit.: Bender/Sommer, RIW 2000, S.260ff (S.))

Bennett, Steven E.: Canning Spam: CompuServe v. Cyber Promotions, Inc.; in: University of Richmond Law Review, Volume 32 (1998), S.545ff
(zit: Bennett, 32 University of Richmond Law Review, S.545ff (S.))

Berlit, Wolfgang: Wettbewerbsrecht- Ein Grundriss; 6. Auflage, München 2005
(zit.: Berlit, Rn.)

Beuthien, Volker (Hrsg.): Festschrift für Dieter Medicus; Köln, Berlin, Bonn, München 1999
(zit.: Bearbeiter in: FS Medicus, S.)

Bierekoven, Christiane: Der Vertragsschluss via Internet im internationalen Wirtschaftsverkehr; Köln, Berlin, Bonn, München 2001
(zit.: Bierekoven, S.)

Biervert, Bernd und Fischer-Winkelmann, Wolf F. und Rock, Reinhard: Grundlagen der Verbraucherpolitik- Eine gesamt- und einzelwirtschaftliche Analyse; Hamburg 1977
(zit.: Biervert/Fischer-Winkelmann/Rock, S.)

Bierwirth, Rolf: Strategie der Verbraucheraufklärung; Düsseldorf 1971
(zit.: Bierwirth, S.)

Blumenwitz, Dieter: Einführung in das anglo-amerikanische Recht; 6. Auflage, München 1998
(zit.: Blumenwitz, S.)

Bock, Josef und Specht, Karl Gustav: Verbraucherpolitik; Köln, Opladen 1958
(zit.: Bock/Specht, S.)

Bodenstedt, Kai: „Alles für einen Euro?“ - Abgrenzung von Zugangsbestätigungen und Annahmeerklärungen im Internet; in: Multimedia und Recht, 2004, S.719ff
(zit.: Bodenstedt, MMR 2004, S.719ff (S.))

Boehme-Neßler, Volker: Cyber Law- Lehrbuch zum Internetrecht; München 2001
(zit.: Boehme-Neßler, S.)

ders.: Rechtsprobleme der Internet-Werbung; in: Zeitschrift für Urheber- und Medienrecht, Film und Recht 2001, S.547ff
(zit.: Boehme-Neßler, ZUM 2001, S.547ff (S.))

Bömeke, Falk R.: Wie dumm darf der Verbraucher sein? Beurteilung von Wertreklame durch die Konkretisierung des Verbraucherleitbildes; Hamburg 2005
(zit.: Bömeke, S.)

Boente, Walter und Riehm, Thomas: Besondere Vertriebsformen im BGB; in: Juristische Ausbildung, 2002, S.222ff
(zit.: Boente/Riehm, Jura 2002, S.222ff (S.))

Boesche, Katharina Vera: Wettbewerbsrecht; Heidelberg 2005
(zit.: Boesche, Rn.)

Borchert, Günter: Verbraucherschutzrecht; 2.Auflage, München 2003
(zit.: Borchert, S.)

Borges, Georg: Weltweite Geschäfte per Internet und deutscher Verbraucherschutz; in: Zeitschrift für Wirtschaftsrecht, 1999, S.565ff
(zit.: Borges, ZIP 1999, S.565ff)

ders.: Weltweite Geschäfte per Internet und deutscher Verbraucherschutz; in: Zeitschrift für Wirtschaftsrecht, 1999, S.565ff
(zit.: Borges, ZIP 1999, S.565ff (S.))

Bornkamm, Joachim: Die Feststellung der Verkehrsauffassung im Wettbewerbsprozess; in: Wettbewerb in Recht und Praxis, 2000, S.830ff
(zit.: Bornkamm, WRP 2000, S.830ff (S.))

Boss, Amelia H.: Searching for Security in the Law of Electronic Commerce; in: Nova Law Review, Volume 23 (1999), S.583ff
(zit.: Boss, 23 Nova Law Review, S.583ff (S.))

dies.: The Uniform Electronic Transactions Act in a Global Environment; in: Idaho Law Review, Volume 37 (2001), S.275ff
(zit.: Boss, 39 Idaho Law Review S.275ff (S.))

Braucher, Jean: Foreword: Consumer Protection and the Uniform Commercial Code; in: Washington University Law Quarterly, Volume 75 (1997), S.1ff, Symposium: Consumer Protection and the Uniform Commercial Code
(zit.: Braucher, 75 Washington University Law Quarterly, S.1ff (S.))

dies.: Delayed Disclosure in Consumer E-Commerce as an Unfair and Deceptive Practice; in: The Wayne Law Review, Volume 46 (2000), S.1805ff, Symposium of Unfairness and the Internet
(zit.: Braucher, 46 The Wayne Law Review, S.1805ff (S.))

Braucher, Jean und Henderson, Roger: The Uniform Computer Information Transactions Act: Objections from the Consumer Perspective; 2000, Reference to FTC, workshop 1999, High Tech Warranty Project, Comment, P994413, online unter: http://www.ftc.gov/bcp/workshops/warranty/comments/braucherjean.pdf (zuletzt 1.8.2007)
(zit.: Braucher/Henderson, The UCITA: Objections from the Consumer Perspective, Reference to FTC, workshop 1999, High Tech Warranty Project, Comment, P994413, S.)

Braucher, Robert: The Law of Contract in the Uniform Commercial Code; in: Rabels Zeitschrift für ausländisches und internationales Privatrecht, Band 31 (1967), S.589ff
(zit.: Braucher, 31 RabelsZ, S.589ff (S.))

ders.: The Legislative History of the Uniform Commercial Code; in: Columbia Law Review, Volume 66 (1958), S.798ff
(zit.: Braucher, 66 Columbia Law Review, S.798ff (S.))

Bräutigam, Peter und Leupold, Andreas (Hrsg.): Online-Handel-Betriebswirtschaftliche und rechtliche Grundlagen, Einzelne Erscheinungsformen des Internet; München 2003
(zit.: Bearbeiter in: Bräutigam/Leupold, S.)

Bräutigam, Peter, Leupold, Andreas und Pfeiffer, Markus: Von der Werbung zur kommerziellen Kommunikation: Die Vermarktung von Waren und Dienstleistungen im Internet; in: Wettbewerb in Recht und Praxis, 2000, S.575ff
(zit.: Bräutigam/Leupold/Pfeiffer, WRP 2000, S.575ff (S.))

Brisch, Klaus M.: EU-Richtlinienvorschlag zum elektronischen Geschäftsverkehr; in: Computer & Recht, 1999, S.235ff
(zit.: Brisch, CR 1999, S.235ff (S.))

Brömeke, Tobias (Hrsg.): Kollektiver Rechtsschutz im Zivilprozessrecht, Gruppenklagen, Verbandsmusterklagen, Verbandsklagebefugnis und Kosten des kollektiven Rechtsschutzes; Band 8, 1.Auflage, Baden-Baden 2001
(zit.: Bearbeiter in: Brömeke, S.)

Brox, Hans: Allgemeiner Teil des BGB; 29.Auflage, Köln, Berlin, München 2005
(zit.: Brox, Rn.)

Brüggemeier, Gert und Reich, Norbert: Europäisierung des BGB durch große Schuldrechtsreform? In: Betriebs-Berater, 2001, S.213ff
(zit.: Brüggemeier/Reich, BB 2001, S.213ff (S.))

Budnitz, Mark E.: Consumers Surfing for Sales in Cyberspace: What Constitutes Acceptance and What Legal Terms and Conditions Bind the Consumer? In: Georgia State University Law Review, Volume 16 (2000), S.741ff
(zit.: Budnitz, 16 Georgia State University Law Review, S.741 (S.))

Büllesbach, Alfred und Miedbrodt, Anja: Überblick über die internationale Signaturregulierung; in: Computer & Recht, 2000, S.751ff
(zit.: Büllesbach/Miedbrodt, CR 1998, S.751ff (S.))

Bülow, Peter und Artz, Markus: Fernabsatzverträge und Strukturen eines Verbraucherprivatrechts im BGB; in: Neue Juristische Wochenschrift, 2000, S.2049ff
(zit.: Bülow/Artz, NJW 2000, S.2049ff (S.))

Burk, Dan L.: Proprietary Rights in Hypertext Linkages; in: Journal of Information Law & Technology, 1998 (2. Issue), online unter: http:www2.warwick.ac.uk/fac /soc/law/elj/jilt/1998_2/ burk/ (zuletzt 1.8.2007)
(zit.: Burk, Journal of Information Law & Technology, (2 Issue), Nr.)

Burnham, William: Introduction to the Law and Legal System of the United States; 2. Auflage, St. Paul, Minnesota 1999
(zit.: Burnham, S.)

Busche, Jan und Kraft, Hartmut: Werbung per electronic mail: Eine neue Herausforderung für das Wettbewerbsrecht; in: Wettbewerb in Recht und Praxis, 1998, S.1142ff
(zit.: Busche/Kraft, WRP 1998, S.1142ff)

Calamari, John D. und Perillo, Joseph M.: The Law of Contracts; 4. Auflage, St Paul, Minnesota 1998
(zit.: Calamari/Perillo, S.)

Canaris, Claus-Wilhelm: Die Vertrauenshaftung im deutschen Privatrecht; München 1971
(zit.: Canaris, Die Vertrauenshaftung im deutschen Privatrecht, S.)

ders.: Schuldrechtsreform 2002; München 2002
(zit.: Canaris, S.)

Casper, Matthias: Die Zusendung unbestellter Waren nach § 241 a BGB; in: Zeitschrift für Wirtschaftsrecht, 2000, S.1602ff
(zit.: Casper, ZIP 2000, S.1602ff (S.))

Certa, Patrick: Widerruf und schwebende Unwirksamkeit nach den Verbraucherschutzgesetzen; Mannheim 2000
(zit.: Certa, S.)

Cerutti, Romeo: Das US-amerikanische Warenkaufrecht, mit rechtsvergleichenden Hinweisen auf das schweizerische und das deutsche Recht, das CISG sowie die UNIDROIT Principles; Zürich 1998
(zit.: Cerutti, Rn.)

Chrocziel, Peter: Verwendungsbeschränkungen in Softwareverträgen (II); in: Computer & Recht 1989, S.790ff
(zit.: Chrocziel, CR 1989, S.790ff (S.))

Cichon, Caroline: Internetverträge- Verträge über Internetleistungen und E-Commerce; Köln 2000
(zit.: Cichon, S.)

Clarke, Leo L.: Performance Risk, Form Contracts and UCITA; in: Michigan Telecommunications and Technology Law Review, Volume 7 (2001), S.1ff
(zit.: Clarke, 7 Michigan Telecommunications and Technology Law Review, S.1ff (S.))

Coing, Helmut: Europäisierung der Rechtswissenschaft; in: Neue juristische Wochenschrift, 1990, S.937 ff
(zit.: Coing, NJW 1990, S.937ff (S.))

Coing, Helmut und Wilhelm, Walter (Hrsg.): Die wissenschaftliche Behandlung des kodifizierten Privatrechtsstoffes im Großherzogtum Baden und auf dem linken Rheinufer bis zum Beginn der Vorarbeiten zum BGB (1874); in : Wissenschaft und Kodifikation, Band 1, Frankfurt a.M. 1974
(zit.: Autor in: Wissenschaft und Kodifikation, S.)

Contreras, Jorge L. Jr. und Slade, Kenneth H.: Click-Wrap Agreements: Backround and Guidelines for Enforceability; in: Computer & Recht/International, 2000, S.104ff
(zit.: Contreras/Slade, CRi 2000, S.104ff (S.))

Corbin, Arthur L.: Corbin on Contracts; Yale 1992
(zit.: Corbin, S.)

Cordera, Michael: E-Consumer Protection: A Comparative Analysis of EU and US Consumer Protection on the Internet; in: Rutgers Computer Technology Law Journal, Volume 27 (2001), S.231ff
(zit.: Cordera, 27 Rutgers Computer Technology Law Journal, S.231ff (S.))

Covotta, Brian und Sergeef, Pamela: ProCD, Inc. v. Zeidenberg; in: Berkeley Technology Law Journal, Volume 13 (1998), S.35ff
(zit.: Covotta/Sergeef, 13 Berkeley Technology Law Journal, S.35ff (S.))

Cromartie, Jane Shelly: The Federal Trade Commission's Activities in the Area of Deceptive Trade Practices; Florida 1974
(zit.: Cromartie, S.)

Crotty, Sean F.: The How and Why of Shrink-wrap License Validation Under the Uniform Computer Information Transactions Act; in: Rutgers Law Journal, Volume 33 (2002), S.745ff
(zit.: Crotty, 33 Rutgers Law Journal, S.745ff (S.))

Currie, David P.: Die Vereinheitlichung des amerikanischen Privatrechts; in: Juristenzeitung, 1996, S.930ff
(zit.: Currie, JZ 1996, S.930ff (S.)

Cziesielsky, Marc: Verbrauchsgüterkaufrichtlinie und amerikanisches Gewährleistungsrecht im Vergleich; Hamburg 2003
(zit.: Cziesielsky, S.)

Dahm, Andrew L.: Data Base Protection v. Deep Linking; in: Texas Law Review, Volume 82 (2003-2004), S.1053ff
(zit.: Dahm, 82 Texas Law Review, S.1053ff (S.))

Danco, Anne: Die Novellierung der Verbraucherkreditrichtlinie; in: Wertpapier-Mitteilungen, 2003, S.853ff
(zit.: Danco, WM 2003, S.853ff (S.))

Darby, Michael R. und Karni, Edi: Free Competition and the Optimal Amount of Fraud; in: Journal of Law and Economics, Volume 16 (1973), S.67ff
(zit.: Darby/Karni, 16 Journal of Law and Economics, S.67ff (S.))

Däubler-Gmelin, Herta: Die Entscheidung für die so genannte große Lösung bei der Schuldrechtsreform, zum Entwurf eines Gesetzes zur Modernisierung des Schuldrechts; in: Neue Juristische Wochenschrift, 2001, S.2281ff
(zit.: Däubler-Gmelin, NJW 2001, S.2281ff (S.))

Dauner-Lieb, Barbara: Die geplante Schuldrechtsmodernisierung- Durchbruch oder Schnellschuss? In: Juristenzeitung, 2001, S.8ff
(zit.: Dauner-Lieb, JZ 2001, S.8ff (S.))

Dauner-Lieb, Barbara, Konzen, Horst und Schmidt, Karsten (Hrsg.): Das neue Schuldrecht in der Praxis- Akzente, Brennpunkte, Ausblick; Köln, Berlin, Bonn, München 2003
(zit.: Bearbeiter in: Dauner-Lieb/Konzen/Schmidt, S.)

Deutsch, Volker: Der Einfluss des europäischen Rechts auf den Irreführungstatbestand; in: Gewerblicher Rechtsschutz und Urheberrecht, 1996, S.541ff
(zit.: Deutsch, GRUR 1996, S.541ff (S.))

Dichtl, Erwin (Hrsg.): Verbraucherschutz in der Marktwirtschaft; Berlin 1975
(zit.: Bearbeiter in: Dichtl, S.)

Dick, Hans: Das Verbraucherleitbild der Rechtsprechung- Der Einfluss von Verbraucherschutzkonzeptionen auf die Gerichtsbarkeit am Beispiel der Rechtsprechung zur Verbraucherverschuldung und zur Verbraucherinformation; München 1995
(zit.: Dick, S.)

Diederichsen, Uwe: Zur gesetzlichen Neuordnung des Schuldrechts; in: Archiv für die civilistische Praxis, Band 182 (1982), S.101ff
(zit.: Diederichsen, AcP 182, S.101ff (S.))

Dilger, Petra: Verbraucherschutz bei Vertragsabschlüssen im Internet; München 2002
(zit.: Dilger, S.)

Dively, Mary Jo Howard und Cohn, Donald A.: Treatment of Consumers Under Proposed UCC Article 2B-Licences; in: The John Marshall Journal of computer & information law, Volume 16 (1998), S.315ff
(zit.: Dively/Cohn, 16 The John Marshall Journal of computer & information law, S.315ff (S.))

Doepner, Ulf: Anmerkung zum BGH-Urteil vom 15.2.1996 „Der meistverkaufte Europas“; in: Gewerblicher Rechtsschutz und Urheberrecht, 1996, S.910ff
(zit.: Doepner, GRUR 1996, S.910ff (S.))

ders.: Unlauterer Wettbewerb und Rechtsbruch- Quo vadis? In: Gewerblicher Rechtsschutz und Urheberrecht, 2003, S.825ff
(zit.: Doepner, GRUR 2003, S.825ff (S.))

Dreher, Meinrad: Der Verbraucher- Das Phantom in den opera des europäischen und deutschen Rechts? In: Juristen Zeitung, 1997, S.167ff
(zit.: Dreher, JZ 1997, S.167ff (S.))

Due, Ole, Lutter, Marcus und Schwarze, Jürgen (Hrsg.): Festschrift für Ulrich Everling, Band II, 1.Auflage, Baden-Baden 1995
(zit.: Bearbeiter in: FS Everling, S.)

Dunbar, Anthony Paul: Consumer Protection: The Practical Effectiveness of State Deceptive Trade Practices Legislation; in: Tulane Law Review, Volume 59, 1984, S.427ff
(zit.: Dunbar, 59 Tulane Law Review, S.427ff (S.))

Eckert, Hans-Werner: Die EG-Richtlinie über missbräuchliche Klauseln in Verbraucherverträgen und ihre Auswirkungen auf das deutsche Recht; in: Wertpapier Mitteilungen 1993, S.1070ff
(zit.: Eckert, WM 1997, S.1070ff (S.))

Ehmann, Horst und Sutschet, Holger: Modernisiertes Schuldrecht, Lehrbuch der Grundsätze des neuen Rechts und seiner Besonderheiten; München 2002
(zit.: Ehmann/Sutschet, S.)

Eisenhardt, Ulrich: Gesellschaftsrecht; 11. Auflage, München 2003
(zit.: Eisenhardt, Rn.)

Elsing, Siegfried H. und vanAlstine, Michael: US-amerikanisches Handels- und Wirtschaftsrecht; 2.Auflage, Heidelberg 1999
(zit.: Elsing/vanAlstine, Rn.)

Elßner, Christof und Schirmbacher, Martin: Die Gesellschaft bürgerlichen Rechts als Verbraucher? - Zur Verbrauchereigenschaft anderer als natürlicher Personen-; in: Verbraucher und Recht, 2003, S.247ff
(zit.: Elßner/Schirmbacher, VuR 2003, S.247ff (S.))

Emmerich, Volker: Unlauter Wettbewerb; 7.Auflage, München 2004
(zit.: Emmerich, S.)

Engels, Stefan und Salomon, Thomas H.: Vom Lauterkeitsrecht zum Verbraucherschutz: UWG-Reform 2003; in: Wettbewerb in Recht und Praxis, 2004, S.32ff
(zit.: Engels/Salomon, WRP 2004, S.32ff (S.))

Epstein, David G. und Nickles, Steve H.: Consumer Law in a nutshell; St. Paul, Minnesota 1981
(zit.: Epstein/Nickles, S.)

Ernst, Stefan: Verbraucherschutzrechtliche Aspekte des Internets; in: Verbraucher und Recht, 1997, S.259ff
(zit.: Ernst, VuR 1997, S.259ff (S.))

ders.: Der Mausklick als Rechtsproblem- Willenserklärung im Internet; in: Neue juristische Wochenschrift/Computerreport, 1997, S.165ff
(zit.: Ernst, NJW-CoR 1997, S.165ff (S.))

ders.: Suchmaschinenmarketing (Keyword-Advertising, Doorwaypages u.ä.) im Wettbewerbs- und Markenrecht; in: Wettbewerb in Recht und Praxis, 2004, S.278ff
(zit.: Ernst, WRP 2004, S.278ff (S))

ders.: Abmahnungen auf Grund von Normen außerhalb des UWG, die Rechtslage nach jüngerer Rechtsprechung und Gesetzesnovelle; in: Wettbewerb in Recht und Praxis, 2004, S.1133ff
(zit.: Ernst, WRP 2004, S.1133ff (S.))

Ernst, Wolfgang und Gsell, Beate: Kaufrechtsrichtlinie und BGB-Gesetzentwurf für eine „kleine" Lösung bei der Umsetzung der EU-Kaufrechtsrichtlinie; in: Zeitschrift für Wirtschaftsrecht, 2000, S.1410ff
(zit.: Ernst/Gsell, ZIP 2000, S.1410ff (S.))

Faber, Wolfgang: Elemente verschiedener Verbraucherbegriffe in EG-Richtlinien, zwischenstaatlichen Übereinkommen und nationalem Zivil- und Kollisionsrecht; in: Zeitschrift für Europäisches Privatrecht, 1998, S.854ff
(zit.: Faber, ZEUP 1998, S.854ff (S.))

Fezer, Karl-Heinz und Koos, Stefan: Das gemeinschaftsrechtliche Herkunftslandprinzip und die E-Commerce Richtlinie; in: Praxis des Internationalen Privat- und Verfahrensrechts, 2000, S.349ff
(zit.: Fezer/Koos, IPRax 2000, S.349ff (S.))

Fischer, Nikolaj: „Rechts-Harmonisierung"- Schlagwort oder Rechtsprinzip?-Kritische Anmerkung zum Prozess der „Rechts-Angleichung"; in: Verbraucher und Recht, 2003, S.374ff
(zit.: Fischer, VuR 2003, S.374ff (S.))

ders.: Europäischer Verbraucherschutz im deutschen Privatrecht - Einige kritische Anmerkungen; in: Verbraucher und Recht, 2003, S.20ff
(zit.: Fischer, VuR 2003, S.20ff (S.))

ders.: Alles schwebend unwirksam? - Das Widerrufsrecht gemäß § 355 BGB, seine Wirkungsweise und der Rechtsschutz der Vollstreckungsgegenklage gemäß § 767 ZPO; in: Verbraucher und Recht, 2004, S.322ff
(zit.: Fischer, VuR 2004, S.322ff, (S.))

Flume, Werner: Vom Beruf unserer Zeit für Gesetzgebung - Die Änderungen des BGB durch das Fernabsatzgesetz; in: Zeitschrift für Wirtschaftsrecht, 2000, S.1427ff
(zit.: Flume, ZIP 2000, S.1427ff (S.))

Fogo, Credence E.: The Postman Always Rings 4.000 Times: New Approaches To Curb Spam; in: The John Marshall Journal of computer information law, Volume 18 (2000), S.915ff
(zit.: Fogo, 18 The John Marshall Journal of computer information law, S.915ff (S.))

Fox, Jean Ann und Saunders, Margot: On Necessary Consumer Protections for Electronic Commerce; 1999, Reference to FTC, workshop 1999, U.S. Perspectives on Consumer Protection in the Global Electronic Marketplace Comment, P994312, online unter: http://www.consumerlaw.org/initiatives/e_commerce/e_commerce_protection.shtml (zuletzt 1.8.2007)
(zit.: Fox/Saunders, Reference to FTC, workshop 1999, U. S. Perspectives on Consumer Protection in the Global Electronic Marketplace, Comment, P994312)

Fox, Jean Ann: Comment 2000; Reference to FTC, workshop 1999, High Tech Warranty Project Comment, P994413, online unter: http://www.ftc.gov/bcp /workshops/warranty/comments/foxjeanann.pdf (zuletzt 1.8.2007)
(zit.: Fox, Reference to FTC, workshop 1999, High Tech Warranty Project, Comment, P994413, S.)

Frenzel, Sten: Neukonzeption des Rechtsbruchstatbestandes abgeschlossen, zu § 3 i.V.m. § 4 Nr.11 UWG; in: Wettbewerb in Recht und Praxis, 2004, S.1137ff
(zit.: Frenzel, WRP 2004, S.1137 (S.))

Friedman, Lawrence M.: A History of American Law; 2. Edition, New York 1973
(zit.: Friedman, S.)

Fritze, Ulrich und Holzbach, Christoph: Die Electronic-Commerce-Richtlinie - Ende oder Chance für das deutsche Wettbewerbsrecht; in: Wettbewerb in Recht und Praxis, 2000, S.872ff
(zit.: Fritze/Holzbach, WRP 2000, S.872ff)

Fuchs, Andreas: Das Fernabsatzgesetz im neuen System des Verbraucherschutzrechts; in: Zeitschrift für Wirtschaftsrecht, 2000, S.1273ff
(zit.: Fuchs, ZIP 2000, 1273ff (S.))

Gärtner, Anette und Heil, Ulf: Kodifizierter Rechtsbruchtatbestand und Generalklausel- Zur Bedeutung des Marktbezugs im neuen UWG; in: Wettbewerb in Recht und Praxis, 2005, S.20ff
(zit.: Gärtner/Heil, WRP 2005, S.20ff (S.))

Gamerith, Helmut: Der Richtlinienvorschlag über unlautere Geschäftspraktiken- Möglichkeiten einer harmonisierten Umsetzung; in: Wettbewerb in Recht und Praxis, 2005, S.391ff
(zit.: Gamerith, WRP 2005, S.391ff (S.))

Ganssauge, Niklas: Internationale Zuständigkeit und anwendbares Recht bei Verbraucherverträgen im Internet; Tübingen 2004
(zit.: Ganssauge, S.)

Gebauer, Martin: Grundfragen der Europäisierung des Privatrechts; Heidelberg 1998
(zit.: Gebauer, S.)

Geiß, Karlmann, Nehm, Kay, Brandner, Hans Erich und Hagen, Horst: Festschrift aus Anlass des fünfzig jährigen Bestehens von Bundesgerichtshof, Bundesanwaltschaft und Rechtsanwaltschaft beim Bundesgerichtshof; Köln, Berlin, Bonn, München 2000
(zit.: Bearbeiter in: FS 50 Jahre BGH, S.)

Genz, Alexander: Datenschutz in Europa und den USA - Eine rechtsvergleichende Untersuchung unter besonderer Berücksichtigung der Safe-Harbor-Lösung; Wiesbaden 2004
(zit.: Genz, S.)

Gindin, Susan E.: Lost and Found in Cyberspace - Informational Privacy in the Age of the Internet; in: San Diego Law Review, Volume 34 (1997), S.1153ff
(zit.: Gindin, 34 San Diego Law Review, S.1153ff (S.))

Glatt, Christoph: Vertragsschluss im Internet - Unter besonderer Berücksichtigung der Rechtsentwicklung in der Europäischen Union und des internationalen Verbrauchervertrages; Baden-Baden 2002
(zit.: Glatt, S.)

Glöckner, Jochen: Richtlinienvorschlag über unlautere Geschäftspraktiken, deutsches UWG oder die schwierige Umsetzung von europäischen Generalklauseln; in: Wettbewerb in Recht und Praxis, 2004, S.936ff
(zit.: Glöckner, WRP 2004, S.936ff (S.))

Gößmann, Christine: Electronic Commerce- Die EU-Fernabsatzrichtlinie und ihre Auswirkungen auf den Handel über neue Medien; in: Multimedia und Recht, 1998, S.88ff
(zit.: Gößmann, MMR 1998, S.88ff (S.))

Götting, Horst-Peter: Wettbewerbsrecht; München 2005
(zit.: Götting, S.)

Gola, Peter und Müthlein, Thomas: Kommentar zum Teledienstegesetz und Teledienstedatenschutzgesetz; Frechen 2000
(zit.: Gola/Müthlein, Komm. zum TDG, TDDSG, § (Gesetz), Rn.)

Goodman, Batya: Honey, I Shrink-Wrapped the Consumer: The Shrink-Wrap Agreement As An Adhesion Contract; in: Cardozo Law Review, Volume 21 (1999), S.319ff
(zit.: Goodman, 21 Cardozo Law Review, S.319ff (S.))

Greenfield, Michael M.: Unfairness under Section 5 of the FTC Act and its impact on state law; in: The Wayne Law Review, Volume 49 (2000), S.1869ff
(zit.: Greenfield, 46 The Wayne Law Review, S.1869ff (S.))

Greifelt, Kurt: Die Zusendung unbestellter Waren; in: Wettbewerb in Recht und Praxis, 1955, S.120ff
(zit.: Greifelt, WRP 1955, S.120ff (S.))

Grigoleit, Hans Christoph: Besondere Vertriebsformen im BGB; in: Neue Juristische Wochenschrift, 2002, S.1151ff
(zit.: Grigoleit, NJW 2002, S.1151ff)

Grimm, Rüdiger und Roßnagel, Alexander: Datenschutz für das Internet in den USA; in: Datenschutz und Datensicherheit, 2000, S.446ff
(zit.: Grimm/Roßnagel, DuD 2000, S.446ff (S.))

Groeschke, Peer und Kiethe, Kurt: Die Ubiquität des europäischen Verbraucherleitbildes - Der europäische Pass des informierten und verständigen Verbrauchers; in: Wettbewerb in Recht und Praxis, 2001, S.230ff
(zit.: Groeschke/Kiethe, WRP 2001, S.230ff (S.))

Gröner, Helmut und Köhler, Helmut: Verbraucherschutzrecht in der Marktwirtschaft - Ökonomische und rechtliche Aspekte des Konsumentenkredits; Tübingen 1987
(zit.: Gröner/Köhler, S.)

Grundmann, Stefan: Europäisches Schuldvertragsrecht - Das europäische Recht der Unternehmensgeschäfte; Berlin, New York 1999
(zit.: Grundmann, S.)

Grunewald, Barbara: Gesellschaftsrecht; 5. Auflage, Tübingen 2002
(zit.: Grunewald, S.)

Grusd, Brandon L.: Contracting Beyond Copyright: ProCD v. Zeidenberg; in: Harvard Journal of Law & Technology, Volume 10 (1997), S.353ff
(zit.: Grusd, 10 Harvard Journal of Law & Technology, S.353ff (S.))

Gsell, Beate: Kaufrechtsrichtlinie und Schuldrechtsmodernisierung; in: Juristenzeitung, 2001, S.65ff
(zit.: Gsell, JZ 2001, S.65ff (S.))

Günther, Eva: Verbraucherinformation- mehr als Zugangsrechte - Denkanstöße für eine verstärkt konzeptionelle Ausrichtung der Verbraucherpolitik; in: Verbraucher und Recht, 2003, S.25ff
(zit.: Günther, VuR 2003, S.25ff (S.))

Guillen, Pedro-Jose Bueso: Die Kriterien der Missbräuchlichkeit in der EG-Richtlinie über missbräuchliche Klauseln in Verbraucherverträgen; in: Verbraucher und Recht, 1994, S.309ff
(zit.: Guillen, VuR 1994, S.309ff (S.))

Gummig, Christian: Rechtsfragen bei Werbung im Internet; in: Zeitschrift für Urheber- und Medienrecht, Film und Recht, 1996, S.573ff
(zit.: Gummig, ZUM 1996, S.573ff (S.))

Haar, Brigitte: Verbraucherschutz durch Informationsregeln beim Verbrauchsgüterkauf- Zur Struktur der Garantie gem. § 477 Abs.1 BGB; in: Verbraucher und Recht, 2004, S.161ff
(zit.: Haar, VuR 2004, S.161ff (S.))

Habersack, Mathias (Hrsg.): Festschrift für Peter Ulmer zum 70. Geburtstag am 2. Januar 2003; Berlin 2003
(zit.: Bearbeiter in: FS Ulmer, S.)

Haefliger, Jean-Claude: Die Konsumfreiheit, Analyse ihrer Problematik- Ausblick auf eine Lösung
Zürich/ St. Gallen 1966
(zit.: Haefliger, S.)

Härting, Niko: Verbraucherwerbung nach dem Fernabsatzgesetz; in: Computer & Recht, 2000, S.691ff
(zit.: Härting, CR 2000, S.691ff)

Harrell, Alvin C.: UCITA: Opportunity or Obstruction? In: Oklahoma City University Law Review, Volume 25 (2000), S.333ff
(zit.: Harrell, 25 Oklahoma City Law Review, S.333ff (S.))

Harris, Micalyn S.: UCITA: Helping David Face Goliath; in: The John Marshall Journal of computer & information law, Volume 18 (1999), S.365ff
(zit.: Harris, 18 The John Marshall Journal of computer & information law, S.365ff (S.))

Hay, Peter: Einführung in das amerikanische Recht; 4. Auflage, Darmstadt 1995
(zit.: Hay, Rn.)

Heermann, Peter W. und Hirsch, Günter: Münchener Kommentar zum Lauterkeitsrecht; Band 1, §§ 1-4, München 2006
(zit.: Bearbeiter in: MüKo zum UWG, §, Rn.)

Heiderhoff, Bettina: Gemeinschaftsprivatrecht; München 2005
(zit.: Heiderhoff, S.)

Heinrich, Dieter und Huber, Peter: Einführung in das englische Recht; 3. Auflage, Heidelberg 2003
(zit.: Heinrich/Huber, S.)

Heinrichs, Helmut: Die Entwicklung des Rechts der allgemeinen Geschäftsbedingungen im Jahre 1998; in: Neue Juristische Wochenschrift, 1999, S.1596ff
(zit.: Heinrichs, NJW 1999, S.1596ff (S.))

Henning-Bodewig, Frauke: Neue Aufgaben für die Generalklausel des UWG? - Von „Benetton" zu „Busengrapscher"; in: Gewerblicher Rechtsschutz und Urheberrecht, 1997, S.180ff
(zit.: Henning-Bodewig, GRUR 1997, S.180ff (S.))

dies.: Vergleichende Werbung- Liberalisierung des deutschen Rechts? Zugleich eine Besprechung der Urteile des BGH vom 5. Februar, 23. April und 15. Oktober 1998; in: Gewerblicher Rechtsschutz und Urheberrecht, Internationaler Teil, 1999, S.385ff
(zit.: Henning-Bodewig, GRUR Int. 1999, S.385ff (S.))

Herdegen, Matthias: Europarecht; 6.Auflage; München 2004
(zit.: Herdegen, Rn.)

Von Herget, Harald und Reimer, Mathias: Rechtsformen und Inhalte von Verträgen im Online Bereich; in: Deutsches Steuerrecht, 1996, S.1288ff
(zit.: Von Herget/Reime, DStR 1996, S.1288ff (S.))

Herresthal, Carsten: Scheinunternehmer und Scheinverbraucher im BGB; in: Juristen Zeitung, 2006, S.695ff
(zit.: Herresthal, JZ 2006, S.695ff (S.))

Heun, Sven-Erik: Die elektronische Willenserklärung- Rechtliche Einordnung, Anfechtung und Zugang; in: Computer & Recht, 1994, S.595ff
(zit.: Heun, CR 1994, S.595ff (S.))

Heusel, Wolfgang (Hrsg.): Neues europäisches Vertragsrecht und Verbraucherschutz - Regelungskonzepte der Europäischen Union und ihre Auswirkungen auf die nationalen Zivilrechtsordnungen; Köln 1999
(zit.: Bearbeiter in: Heusel, S.)

Heyms, Sybille und Prieß, Christiane: Werbung online - Eine Betrachtung aus rechtlicher Sicht; Berlin 2002
(zit.: Heyms/Prieß, Rn.)

Hillebrand, Gail: The Uniform Commercial Code Drafting Process: Will Articles 2, 2B and 9 be fair to Consumers? In: Washington University Law Quarterly, Volume 75 (1997), S.69ff
(zit.: Hillebrand, 75 Washington University Law Quarterly, S.69ff (S.))

Von Hippel, Eike: Verbraucherschutz; 3. Auflage, Tübingen 1986
(zit.: von Hippel, 3.Auflage, S.)

ders.: Verbraucherschutz; 1. Auflage, Tübingen 1975
(zit.: von Hippel, 1.Auflage, S.)

Hobe, Stephan: Europarecht; 2.Auflage, Köln, Berlin, München 2004
(zit.: Hobe, Rn.)

Hönn, Günther: Diskussionsbericht zur Schuldrechtsreform; in: Archiv für die civilistische Praxis, Band 183 (1983), S.366ff
(zit.: Hönn, AcP 183, S.366ff (S.))

Hoeren, Thomas: Softwareüberlassung als Sachkauf - Ausgewählte Rechtsprobleme des Erwerbs von Standardsoftware; München 1989
(zit.: Hoeren, Softwareüberlassung als Sachkauf, S.)

ders.: Cybermanners und Wettbewerbsrecht- Einige Überlegungen zum Lauterkeitsrecht im Internet; in: Wettbewerb in Recht und Praxis, 1997, S.993ff
(zit.: Hoeren, WRP 1997, S.993ff (S.))

Hohl, Michael, Leible, Stefan und Sosnitza, Olaf (Hrsg.): Vernetztes Recht- Das Internet als Herausforderung an eine moderne Rechtsordnung; Stuttgart, München, Hannover, Berlin, Weimar, Dresden 2002
(zit.: Bearbeiter in: Hohl/Leible/Sosnitza, S.)

Hommelhoff, Peter: Verbraucherschutz im System des deutschen und europäischen Privatrechts; Heidelberg 1996
(zit.: Hommelhoff, S.)

Hommelhoff, Peter und Wiedemann, Kai-Udo: Allgemeine Geschäftsbedingungen gegenüber Kaufleuten und unausgehandelte Klauseln in Verbraucherverträgen - Grundsätzliches zur Transformation der EG-Klauselrichtlinie im deutschen Recht; in: Zeitschrift für Wirtschaftsrecht, 1993, S.562ff
(zit.: Hommelhoff/Wiedemann, ZIP 1993, S.562ff (S.))

Hondius, Ewoud: Kaufen ohne Risiko: Der europäische Richtlinienentwurf zum Verbraucherverkauf und zur Verbrauchergarantie; in: Zeitschrift für Europäisches Privatrecht, 1997, S.130ff
(zit.: Hondius, ZEUP 1997, S.130ff (S.))

Honsell, Heinrich: Einige Bemerkungen zum Diskussionsentwurf eines Schuldrechtsmodernisierungsgesetzes; in: Juristenzeitung, 2001, S.18ff
(zit.: Honsell, JZ 2001, S.18ff (S.))

Horn, Christian: Verbraucherschutz bei Internetgeschäften; in: Multimedia und Recht, 2002, S.209ff
(zit.: Horn, MMR 2002, S.209ff (S.))

Hornbuckle, James D.: The Uniform Computer Information Transaction Act: State Legislatures Should Take A Critical Look Before Clicking Away Consumer Protection; in: Whittier Law Review, Volume 23 (2002), S.839ff
(zit.: Hornbuckle, 23 Whittier Law Review, S.839ff (S.))

Hoß, Dirk: Web-Impressum und Wettbewerbsrecht- Eine kritische Auseinandersetzung mit der ersten Rechtsprechung zu § 6 TDG; in: Computer & Recht, 2003, S.687ff
(zit.: Hoß, CR 2003, S.687ff)

Hucke, Anja: Erforderlichkeit einer Harmonisierung des Wettbewerbsrechts in Europa; Baden Baden 2001
(zit.: Hucke, S.)

dies.: Ist Powershopping wirklich wettbewerbswidrig? Anmerkung zum Urteil des OLG Köln vom 1.6.2001, ZUM 2001, 598; in: Zeitschrift für Urheber- und Medienrecht, Film und Recht, 2001, S.770ff
(zit.: Hucke, ZUM 2001, S.770ff (S.))

Hueck, Götz und Windbichler, Christine: Gesellschaftsrecht; 20.Auflage, München 2003
(zit.: Hueck/Windbichler, S.)

Huppertz, Peter: Wettbewerbsrechtliche Zulässigkeit von Verbraucher-Einkaufsgemeinschaften im Web; in: Multimedia und Recht, 2000, S.329ff
(zit.: Huppertz, MMR 2000, S.329ff (S))

Immenga, Ulrich, Möschel, Wernhard und Reuter, Dieter: Festschrift für Ernst-Joachim Mestmäcker; Baden-Baden 1996
(zit.: Bearbeiter in: FS Mestmäcker, S.)

Jakobs, Horst Heinrich: Tagungsbericht Schuldrechtsmodernisierung - Impressionen von einem Symposium; in: Juristenzeitung 2001, S.27ff
(zit.: Jakobs, JZ 2001, S.27ff (S.))

Jarass, Hans D. und Pieroth, Bodo: Grundgesetz für die Bundesrepublik Deutschland; Kommentar, 8.Auflage, München 2006
(zit.: Bearbeiter in: Jarass/Pieroth, GG-Kommentar, Art, Rn.)

Jauernig, Othmar: Bürgerliches Gesetzbuch; Kommentar, 10. Auflage, München 2003
(zit.: Bearbeiter in: Jauernig, BGB-Komm., §, Rn.)

Jud, Brigitta: Der Richtlinienentwurf der EU über den Verbrauchsgüterkauf und das österreichische Recht; in: Österreichische Juristen-Zeitung, 1997, S.441ff
(zit.: Jud, ÖJZ 1997, S.441ff (S.))

Kaestner, Jan und Tews, Nicole: Informations- und Gestaltungspflichten bei Internetauktionen, Teil 2; in: Wettbewerb in Recht und Praxis, 2004, S.509ff
(zit.: Kaestner/Tews, WRP 2004, S.509ff (S.))

Kamanabrou, Sudabeh: Die Umsetzung der Fernabsatzrichtlinie; in: Wertpapier-Mitteilungen, 2000, S.1417ff
(zit.: Kamanabrou, WM 2000, S.1417ff (S.))

dies.: Vorgaben der E-Commerce-RL für die Einbeziehung von AGB bei Online-Rechtsgeschäften; in: Computer & Recht, 2001, S.420ff
(zit.: Kamanabrou, CR 2001, S.421ff (S.))

Kaner, Cem und Pels, David L.: Comments; 2000, Reference to FTC, workshop 1999, High Tech Warranty Project, Comment, P994413, online unter: http://www.ftc.gov/bcp/workshops/warranty/comments/kaner.pdf (zuletzt 1.8.2007)
(zit.: Kaner/Pels, Reference to FTC, workshop 1999, High Tech Warranty Project, Comment, P994413, S.)

Kegel, Gerhard und Schurig, Klaus: Internationales Privatrecht; 8. Auflage, München 2000
(zit.: Kegel/Schurig, S.)

Keller, Erhard, Plassmann, Clemens und von Falk, Andreas (Hrsg.): Festschrift für Winfried Tilmann; Köln, Berlin, Bonn, München 2003
(zit.: Bearbeiter in: FS Tilmann, S.)

Kemper, Rainer und Rosenow, Jörg: Der Irreführungsbegriff auf dem Weg nach Europa - Zugleich Besprechung der „Orienttepich-Muster"-Entscheidung des BGH vom 20.10.1999; in: Wettbewerb in Recht und Praxis, 2001, S.370ff
(zit.: Kemper/Rosenow, WRP 2001, S.370ff (S.))

Kempin, Frederick G. Jr.: Historical Introduction to Anglo-American Law; 3. Edition, St Paul, Minnesota 1996
(zit.: Kempin, S.)

Keßler, Jürgen und Micklitz, Hans W.: Der Richtlinienvorschlag über unlautere Praktiken im binnenmarktinternen Geschäftsverkehr; in: Betriebs-Berater, 2003, 2073ff
(zit.: Keßler/Micklitz, BB 2003, S.2073ff (S.))

Kintner, Earl W. und Smith, Christopher: The Emergence of the Federal Trade Commission as a Formidable Consumer Protection Agency; in: Mercer Law Review, Volume 26 (1975), S.651ff
(zit.: Kintner/Smith, 26 Mercer Law Review, S.651ff (S.))

Kircher, Wolfgang: Zum Vorschlag für eine Richtlinie über den Verbrauchsgüterkauf und –garantien; in: Zeitschrift für Rechtspolitik, 1997, S.290ff
(zit.: Kircher, ZRP 1997, S.290ff (S.))

Klauer, Irene: Die Europäisierung des Privatrechts - Der EuGH als Zivilrichter; 1.Auflage, Baden-Baden 1998
(zit.: Klauer, S.)

Klunzinger, Eugen: Grundzüge des Gesellschaftsrechts; 13. Auflage, München 2004
(zit.: Klunzinger, S.)

Von dem Knesebeck, Dirk: Die verschärfte Inhaltskontrolle- ein Vergleich der Rechtslage in Deutschland und den USA; Aachen 1998
(zit.: Von dem Knesebeck, S.)

Knieper, Rolf: Gesetz und Geschichte- Ein Beitrag zu Bestand und Veränderung des Bürgerlichen Gesetzbuchs; 1.Auflage, Baden-Baden 1996
(zit.: Knieper, S.)

Köbler, Gerhard: Deutsche Rechtsgeschichte - Ein systematischer Grundriss; 5.Auflage, München 1996
(zit.: Köbler, S.)

ders.: Rechtsenglisch; 3.Auflage, München 1998
(zit.: Köbler, Rechtsenglisch, Stichwort)

Köhler, Helmut: Irreführungs-Richtlinie und Wettbewerbsrecht; in: Gewerblicher Rechtsschutz und Urheberrecht, Internationaler Teil, 1994, S.396ff
(zit.: Köhler, GRUR Int. 1994, S.396ff (S.))

ders.: Die Rechte des Verbrauchers beim Teleshopping (TV-Shopping, Internetshopping); in: Neue juristische Wochenschrift, 1998, S.185ff
(zit.: Köhler, NJW 1998, S.185ff (S.))

ders.: Der Rechtsbruchtatbestand im neuen UWG; in: Gewerblicher Rechtsschutz und Urheberrecht, 2004, S.381ff
(zit.: Köhler, GRUR 2004, S.381ff (S.))

ders.: Die „Bagatellklausel" in § 3 UWG; in: Gewerblicher Rechtsschutz und Urheberrecht, 2005, S.1ff
(zit.: Köhler, GRUR 2005, S.1ff (S.))

ders.: Zur Umsetzung der Richtlinie über unlautere Geschäftspraktiken; in: Gewerblicher Rechtsschutz und Urheberrecht, 2005, S.793ff
(zit.: Köhler, GRUR 2005, S.793ff (S.))

Köhler, Helmut und Bornkamm, Joachim: Kommentar zum Gesetz gegen den unlauteren Wettbewerb, mit PAngVO und UklaG; 25.Auflage, München 2007
(zit.: Bearbeiter in: Köhler/Bornkamm, §, Rn.)

Köhler, Helmut und Lettl, Tobias: Das geltende europäische Lauterkeitsrecht, der Vorschlag für eine EG-Richtlinie über unlautere Geschäftspraktiken und die UWG-Reform; in: Wettbewerb in Recht und Praxis, 2003, S.1019ff
(zit.: Köhler/Lettl, WRP 2003, S.1019ff (S.))

Köhler, Helmut und Piper, Henning: Kommentar zum Gesetz gegen den unlauteren Wettbewerb; 3.Auflage, München 2002
(zit.: Bearbeiter in: Köhler/Piper, UWG-Komm., Rn.)

Köhler, Markus und Arndt, Hans-Wolfgang: Recht des Internet; 2.Auflage, Heidelberg 2000
(zit.: Köhler/Arndt, Rn.)

Köhler, Markus, Arndt, Hans-Wolfgang und Fezer, Thomas: Recht des Internet; 5.Auflage,
Heidelberg 2006
(zit.: Köhler/Arndt/Fezer, S.)

Koos, Stefan: Vergleichende Werbung und die Fesseln der Harmonisierung - Erweiterung des Zulässigkeitsbereichs vergleichender Werbung im Lichte der Richtlinie 97/55/EG; in: Wettbewerb in Recht und Praxis, 2005, S.1096ff
(zit.: Koos, WRP 2005, S.1096ff (S.))

Kotthoff, Jost: Fremde Kennzeichen in Metatags: Marken- und Wettbewerbsrecht; in: Kommunikation & Recht, 1999, S.157ff
(zit.: Kotthoff, K&R 1999, S.157ff (S.))

Krebs, Peter: Die große Schuldrechtsreform; in: Der Betrieb, 2000, Beilage Nr. 14
(zit.: Krebs, DB 2000 Beilage Nr.14, S.)

Kröger, Detlef und Kellersmann, Dietrich (Hrsg.): Internet-Handbuch für Steuerberater und Wirtschaftsprüfer; Neuwied, Kriftel 1998
(zit.: Bearbeiter in: Kröger/Kellersmann, S.)

Kuester, Jeffrey R. und Nieves, Peter R.: Hyperlinks, Frames and Meta Tags an Intellectual Property Analysis; in: The Journal of Information & Technology, 1998 (2 Issue), S.243ff
(zit.: Kuester/Nieves, The Journal of Information Law and Technology, (2 Issue) S.243ff (S.))

Lackmann, Jürgen: Verbraucherpolitik und Verbraucherbildung - Beiträge für einen nachhaltigen Verbraucherschutz; Weingarten 2002
(zit.: Lackmann, S.)

Ladeur, Karl-Heinz: Das Wettbewerbsrecht der elektronischen Medien; Heidelberg 2004
(zit.: Ladeur, Rn.)

Lakkis, Panajotta: Der kollektive Rechtsschutz der Verbraucher in der Europäischen Union; Bielefeld 1997
(zit.: Lakkis, S.)

Lange, Knut Werner: Steht das Powershopping in Deutschland vor dem Aus? In: Wettbewerb in Recht und Praxis, 2001, S.888ff
(zit.: Lange, WRP 2001, S.888ff (S.))

Langenbach, Christian J. und Ulrich, Otto: Elektronische Signaturen - Kulturelle Rahmenbedingungen einer technischen Entwicklung; Berlin, Heidelberg 2002
(zit.: Langenbach/Ulrich, S.)

Lapp, Thomas: Zulässigkeit von Deep Links- Konsequenzen aus der „Paperboy“-Entscheidung des BGH; in: IT-Rechtsberater, 2004, S.114ff
(zit.: Lapp, IT-Rechtsberater 2004, S.114ff (S.))

Lediger, Astrid (Hrsg.): Der Onlineauftritt in der rechtlichen Praxis - Vertragsgestaltung, Verbraucherschutz, Werbeformen, Steuern; Berlin 2003
(zit.: Bearbeiter in: Lediger, S.)

Leete, Burt A.: A Look at the Consumer Warranty Problem - The Federal Solution; in: The University of Toledo Law Review, Volume 6 (1975), S.351ff
(zit.: Leete, 6 The University of Toledo Law Review,S.351ff (S.))

Lehmann, Michael (Hrsg.): Rechtsschutz und Verwertung von Computerprogrammen; Köln 1993
(zit.: Bearbeiter in: Lehmann, Rechtsschutz von Computerprogrammen, S.)

ders.: Electronic Commerce und Verbraucherschutz in Europa; in: Europäische Zeitschrift für Wirtschaftsrecht, 2000, S.517ff
(zit.: Lehmann, EuZW 2000, S.517ff (S.))

Lehmann, Michael und Dürrschmidt, Armin: Haftung für irreführende Werbung über Garantien
- Zum Vorschlag einer Richtlinie des Europäischen Rates über den Verbrauchsgüterkauf und -garantien vom 18.6.1996; in: Gewerblicher Rechtsschutz und Urheberrecht, 1997, S.549ff
(zit.: Lehmann/Dürrschmidt, GRUR 1997, S.549ff (S.))

Lehmler, Lutz: Das Recht des unlauteren Wettbewerbs; 1.Auflage, Neuwied, Kriftel 2002
(zit.: Lehmler, S.)

Leible, Stefan: Die Mitteilung der Kommission zum Europäischen Vertragsrecht-Startschuss für ein Europäisches Vertragsgesetzbuch? In: Europäisches Wirtschafts- und Steuerrecht, 2001, S.471ff
(zit.: Leible, EWS 2001, S.471ff (S.))

Leistner, Matthias und Pothmann, Julia: E-Mail-Direktmarketing im neuen europäischen Recht und in der UWG-Reform; in: Wettbewerb in Recht und Praxis, 2003, S.815ff
(zit.: Leistner/Pothmann, WRP 2003, S.815ff (S.))

Lejeune, Mathias (Hrsg.): Der E-Commerce-Vertrag nach amerikanischem Recht - Der UCITA und seine Auswirkung auf die Praxis des Vertragsrechts; Band 10, Köln 2001
(zit.: Bearbeiter in: Lejeune, Der E-Commerce-Vertrag, S.)

ders.: UCITA- Vertragsrecht für „geistiges Eigentum“ im E-Commerce Zeitalter; in: Computer & Recht, 2000, S.201ff
(zit.: Lejeune, CR 2000, S.201ff (S.))

Lemley, Mark A.: Beyond Preemption: The Law and Policy of Intellectual Property Licensing; in: California Law Review, Volume 87 (1999), S.111ff
(zit.: Lemley, 87 California Law Review, S.111ff (S.))

Lenz, Carl Otto und Borchardt, Karl-Dieter: EU- und EG-Vertrag; Kommentar, 3.Auflage, München 2003
(zit.: Bearbeiter in: Lenz/Borchardt, EU- EG-Vertrag Kommentar, Art., Rn.)

Lettl, Tobias: Gemeinschaftsrecht und neues UWG; in: Wettbewerb in Recht und Praxis, 2004, S.1079ff
(zit.: Lettl, WRP 2004, S.1079ff (S.))

ders.: Der Schutz der Verbraucher nach der UWG-Reform; in: Gewerblicher Rechtsschutz und Urheberrecht, 2004, S.449ff
(zit.: Lettl, GRUR 2004, S.449 (S.))

Lieb, Manfred: Grundfragen einer Schuldrechtsreform; in: Archiv für die civilistische Praxis, Band 183 (1983), S.327ff
(zit.: Lieb, AcP 183, S.327ff (S.))

Lienhard, Ulrich: Der asymmetrisch standardisierte Vertragsschluss im EG-Privatrecht - Ein Beitrag zur Systembildung im Europäischen Verbraucherprivatrecht; Baden-Baden 2004
(zit.: Lienhard, S.)

Löhnig, Martin: Die Einbeziehung von AGB in Internetgeschäften; in: Neue Juristische Wochenschrift, 1997, S.1688ff
(zit.: Löhnig, NJW 1997, S.1688ff (S.))

Loewenheim, Ulrich und Koch, Frank A. (Hrsg.): Praxis des Online-Rechts; München 2001
(Bearbeiter in: Loewenheim/Koch, S.)

Lorenz, Stephan: Im BGB viel Neues: Die Umsetzung der Fernabsatzrichtlinie; in: Juristische Schulung, 2000, S.833ff
(zit.: Lorenz, JuS 2000, S.833ff (S.))

Maennel, Frithjof A.: Elektronischer Geschäftsverkehr ohne Grenzen- der Richtlinienvorschlag der Europäischen Kommission; in: Multimedia und Recht, 1999, S.187ff
(zit.: Maennel, MMR 1999, S.187ff (S.))

Mankowski, Peter: Internet und Internationales Wettbewerbsrecht; in: Gewerblicher Rechtsschutz und Urheberrecht, Internationaler Teil, 1999, S.909ff
(zit.: Mankowski, GRUR Int. 1999, S.909ff (S.))

ders.: Buchbesprechung: Grandpierre, Andreas, Herkunftsprinzip kontra Marktortanknüpfung. Auswirkungen des Gemeinschaftsrechts auf die Kollisionsregeln im Wettbewerbsrecht; in: Wettbewerb in Recht und Praxis, 2000, S.657f
(zit.: Mankowski, WRP 2000, S.657f, (S.))

ders.: Fernabsatzrecht: Information über das Widerrufsrecht und Widerrufsbelehrung bei Internetauftritten; in: Computer & Recht, 2001, S.767ff
(zit.: Mankowski, CR 2001, S.767ff (S.))

Marly, Jochen: Softwareüberlassungsverträge - Erscheinungsformen, Leistungsstörungen, Vertragsgestaltung, AGB, Musterverträge, Textdiskette; 3. Auflage, München 2000
(zit.: Marly, Rn.)

Marsh, Gene A.: Consumer Protection Law in a nutshell; 3. Auflage, St Paul, Minnesota 1999
(zit.: Marsh, S.)

Martis, Rüdiger: Die Anwendbarkeit des Verbraucherkreditgesetzes; in: Monatsschrift für Deutsches Recht, 1998, S.1189ff
(zit.: Martis, MDR 1998, S.1189ff (S.))

Martis, Rüdiger und Meinhof, Alexander: Verbraucherschutzrecht- Verbraucherkredit- und Fernabsatzgeschäfte, Haustürgeschäfte; München 2005
(zit.: Martis/Meinhof, S.)

Marwitz, Petra: Sind Unternehmens-Homepages Werbung? In: Multimedia und Recht, 1998, S.188ff
(zit.: Marwitz, MMR 1998, S.188ff (S.))

Maxeiner, James R. und Schotthöfer, Peter (Hrsg.): Advertising Law - In Europe and North America; 2. Auflage, DenHaag, London, Bosten 1999
(zit.: Bearbeiter in: Maxeiner/Schotthöfer, S.)

McDonald, Brian D.: The Uniform Computer Information Transactions Act; in: Berkeley Law Review, Volume 16 (2001), S.461ff
(zit.: McDonald, 16 Berkeley Technology Law Journal, S.461ff (S.))

McManis, Charles R.: Unfair Trade Practices in a nutshell; Minnesota 1991
(zit.: McManis, S.)

Medicus, Dieter: Ein neues Kaufrecht für Verbraucher? In: Zeitschrift für Wirtschaftsrecht, 1996, S.1925
(zit.: Medicus, ZIP 1996, S.1925ff (S.))

ders.: Allgemeiner Teil des BGB; 8.Auflage, Heidelberg 2002
(zit.: Medicus, BGB AT, Rn.)

Meents, Jan Geert: Verbraucherschutz bei Rechtsgeschäften im Internet - Anwendung und Wirkung klassischer Instrumentarien des Verbraucherschutzrechts und der europäischen Fernabsatzrichtlinie; Köln 1998
(zit.: Meents, S.)

ders.: Ausgewählte Probleme des Fernabsatzgesetzes bei Rechtsgeschäften im Internet; in: Computer & Recht, 2000, S.610ff
(zit.: Meents, CR 2000, S.610ff (S.))

Mehrings, Josef: Internet-Verträge und internationales Vertragsrecht; in: Computer & Recht, 1998, S.613ff
(zit.: Mehrings, CR 1998, S.613ff (S.))

ders.: Verbraucherschutz im Cyberlaw: Zur Einbeziehung von AGB im Internet; in: Betriebs-Berater, 1998, S.2373ff
(zit.: Mehrings, BB 1998, S.2373ff (S.))

Menke, Burkhart: Die Verwendung fremder Kennzeichen in Meta-Tags: Ein Fall für das Kennzeichen- und/oder das Wettbewerbsrecht? In: Wettbewerb in Recht und Praxis, 1999, S.982ff
(zit.: Menke, WRP 1999, S.782ff (S.))

ders.: Community Shopping und Wettbewerbsrecht - Zugleich eine Anmerkung zu OLG Hamburg 2000, 412 –Powershopping; in: Wettbewerb in Recht und Praxis, 2000, S.337ff
(zit.: Menke, WRP 2000, S.337ff (S.)

Mentschikoff, Soia: The Uniform Commercial Code; in: Rabels Zeitschrift für ausländisches und internationales Privatrecht, Band 30 (1966), S.403ff
(zit.: Mentschikoff, 30 RabelsZ, S.403ff (S.))

Micklitz, Hans-W.: Richtlinie 93/13/EWG- Stand der Umsetzung; in: Verbraucher und Recht, 1996, S.75ff
(zit.: Micklitz, VuR 1996, S.75ff (S.))

ders.: Die Verbrauchsgüterkauf-Richtlinie; in: Europäische Zeitschrift für Wirtschaftsrecht, 1999, S.485ff
(zit.: Micklitz, EuZW 1999, S.485ff)

Micklitz, Hans-W. und Keßler, Jürgen: Marketing Practices Regulation and Consumer Protection in the EC-Member States and the United States; 1. Auflage, Baden Baden 2002
(zit.: Bearbeiter in: Micklitz/Keßler, S.)

Micklitz, Hans-W. und Reich, Norbert: Die Fernabsatzrichtlinie im deutschen Recht;
Baden-Baden 1998
(zit.: Bearbeiter: Micklitz/Reich, Die Fernabsatzrichtlinie im deutschen Recht, S.)

Micklitz, Hans-W., Pfeiffer, Thomas, Tonner, Klaus und Willingmann, Armin (Hrsg.): Schuldrechtsreform und Verbraucherschutz; Baden-Baden 2001
(zit.: Bearbeiter in: Micklitz/Pfeiffer/Tonner/Willingmann, S.)

Miedbrodt, Anja: Signaturregulierung im Rechtsvergleich - Ein Vergleich der Regulierungskonzepte in Deutschland, Europa und in den Vereinigten Staaten von Amerika; Baden-Baden 2000
(zit.: Miedbrodt, S.)

dies.: Regelungsansätze und -strukturen US-amerikanischer Signaturgesetzgebung; in: Datenschutz und Datensicherung, 1998, S.389ff
(zit.: Miedbrodt, DuD, 1998, S.389ff (S.))

dies.: Das Signaturgesetz in den USA, Electronic Signatures in Global and National Commerce Act; in: Datenschutz und Datensicherung, 2000, S.541ff
(zit.: Miedbrodt, DuD 2000, S.541ff (S.))

Miller, Fred H.: Consumers and the Code: The Search for the Proper Formular; in: Washington University Law Quarterly, Volume 75 (1997), S.187ff
(zit.: Miller 75 Washington University Law Review, S.187ff, (S.))

Mitteis, Heinrich und Lieberich, Heinz: Deutsche Rechtsgeschichte; 19. Auflage, München 1992
(zit.: Mitteis/Lieberich, S.)

Von Moltke, Ludwig: Kollektiver Rechtsschutz der Verbraucherinteressen - Analyse effektiver Rechtsdurchsetzung im deutsch-englischen Rechtsvergleich; München 2003
(zit.: von Moltke, S.)

Moritz, Hans-Werner: Quo vadis elektronischer Geschäftsverkehr; in: Computer & Recht, 2000, S.61ff
(zit.: Moritz, CR 2000, S.61ff (S.))

Müglich, Andreas: Auswirkungen des EGG auf die haftungsrechtliche Behandlung von Hyperlinks im neuen Recht ; in: Computer & Recht, 2002, S.583ff
(zit.: Müglich, CR 2002, S.583ff (S.))

Von Münch, Maximilian: Die Einbeziehung von AGB und AVB im elektronischen Geschäftsverkehr; Baden Baden 2004
(zit.: Von Münch, S.)

Munz, Martin: Allgemeine Geschäftsbedingungen in den USA und Deutschland im Handelsverkehr; Heidelberg 1992
(zit.: Munz, S.)

Nathenson, Ira S.: Internet Info glut and Invisible Ink: Spamdexing Search Engines With Meta Tags; in: Harvard Journal of Law & Technology, Volume 12 (1998), S.43ff
(zit.: Nathenson 12 Harvard Journal of Law & Technology, S.43ff (S.))

Nelson, Phillip: Information and Consumer Behaviour; in: Journal of Political Economy, Volume 78 (1970), S.311ff
(zit.: Nelson, 78 Journal of Political Economy, S.311ff (S.))

Neufeldt, Anne: Inhalt und praktische Bedeutung des Magnuson-Moss Warranty Act im Hinblick auf das US-amerikanische Privatrecht; Berlin 2003
(zit.: Neufeldt, S.)

Neumann, Nils: Bedenkzeit vor und nach Vertragsschluss; Tübingen 2005
(zit.: Neumann, S.)

Nimmer, Raymond T.: Electronic Commerce Fundamentals - The U.S. Perspective; In: Computer & Recht/International, 2000, S.97ff
(zit.: Nimmer, CRi 2000, S.97ff (S.))

ders.: Article 2B: An Introduction; in: The John Marshall Journal of computer & information law, Volume 15 (1999), S.211ff
(zit.: Nimmer, 15 The John Marshall Journal of computer & information law, S.211ff (S.))

ders.: USA: Shrink-Wrap License Not Preempted By Fair Use; in: Computer & Recht/International, 2005, S.188f
(zit.: Nimmer, CRi 2005, S.188f (S.))

Ohly, Ansgar: Das neue UWG- Mehr Freiheit für den Wettbewerb? In: Gewerblicher Rechtsschutz und Urheberrecht, 2004, S.889ff
(zit.: Ohly, GRUR 2004, S.889ff (S.))

Ohly, Ansgar, Bodewig, Theo, Dreier, Thomas, Götting, Horst-Peter, Haedicke, Maximillian und Lehmann, Michael (Hrsg.): Festschrift für Gerhard Schricker zum 70. Geburtstag; München 2005
(Bearbeiter in: FS Schricker, S.)

Oppermann, Thomas: Europarecht; 2.Auflage, München 1999
(zit.: Oppermann, Rn.)

Orthmann, Jan-Peter: Schockierende Werbung in Deutschland und den USA - Eine wettbewerbsrechtliche und verfassungsrechtliche Beurteilung; Hamburg 2004
(zit.: Orthmann, S.)

Ott, Stephan: Informationspflichten im Internet und ihre Erfüllung durch das Setzen von Hyperlinks; in: Wettbewerb in Recht und Praxis, 2003, S.1054ff
(zit.: Ott, WRP 2003, S.1054 ff (S.))

ders.: Die urheberrechtliche Zulässigkeit des Framing nach der BGH-Entscheidung im Fall Paperboy; in: Zeitschrift für Urheber- und Medienrecht, Film und Recht, 2004, S.357ff
(zit.: Ott, ZUM 2004, S.357ff (S.))

Owen, David A.: The Application of Article 2 of the Uniform Commercial Code to Computer Contracts; in: Northern Kentucky Law Review, Volume 14 (1987), S.277ff
(zit.: Owen, 14 Northern Kentucky Law Review, S.277ff (S.))

Padawer, Heidi S.: Google this: Search engine results weave a web for trademark infringement actions on the internet; in: Washington University Law Quarterly, Volume 81 (2003), S.1099ff
(zit.: Padawer, 81 Washington University Law Review, S.1099ff (S.))

Palandt: Kommentar zum Gesetz zur Modernisierung des Schuldrechts, Ergänzungsband zu Palandt, Bürgerliches Gesetzbuch, 61.Auflage mit Unterlassungsklagenschutzgesetz, Gewaltschutzgesetz (Auszug); München 2002
(zit.: Bearbeiter in: Palandt, SMG-Kommentar, Rn.)

ders.: Kommentar zum Bürgerlichen Gesetzbuch; 63.Auflage, München 2004
(zit.: Bearbeiter in: Palandt, BGB-Komm., Rn.)

Patzak, Andrea: Datenschutzrecht für den E-Commerce - Eine datenschutzrechtliche Studie der datenschutzrechtlichen Anforderungen in Deutschland und Österreich, dargestellt am Beispiel des Online-Einkaufs; 1. Auflage, Baden-Baden 2006
(zit.: Patzak, S.)

Perritt, Henry H. Jr.: Tort Liability, the First Amendment, and Equal Access to Electronic Networks; in: Harvard Journal of Law & Technology, Volume 5 (1992), S.65ff
(zit.: Perritt, 5 Harvard Journal of Law & Technology, S.65ff (S.))

Pfeiffer, Thomas: Vom kaufmännischen Verkehr zum Unternehmensverkehr - Die Änderungen des AGB-Gesetzes durch das Handelsrechtsreformgesetz; in: Neue Juristische Wochenschrift, 1999, S.169ff
(zit.: Pfeiffer, NJW 1999, S.169ff (S.))

Piper, Henning und Ohly, Ansgar: Gesetz gegen den unlauteren Wettbewerb; Kommentar (mit Preisangabeveordnung), 4. Auflage, München 2006
(zit.: Bearbeiter in: Piper/Ohly, UWG-Komm., §, Rn.)

Pirntke, Gunter: Internet-Recht - Für Unternehmer und Verbraucher; Renningen 2004
(zit.: Pirntke, S.)

Pitofsky, Robert: Verbraucherschutz und Kontrolle der Werbung in den USA; in: Gewerblicher Rechtsschutz und Urheberrecht, Internationaler Teil, 1977, S.304ff
(zit.: Pitofsky, GRUR Int. 1977, S.304ff (S.))

Plaß, Gunda: Hyperlinks im Spannungsfeld von Urheber-, Wettbewerbs- und Haftungsrecht;
in: Wettbewerb und Recht und Praxis, 2000, S.599ff
(zit.: Plaß, WRP 2000, S.599ff (S.))

Pres, Andreas: Gestaltungsformen urheberrechtlicher Softwarelizenzverträge - Eine juristische und ökonomische Untersuchung unter besonderer Berücksichtigung des zweiten Gesetzes zur Änderung des Urheberrechtsgesetzes vom 9.Juli 1993; Köln 1994
(zit.: Pres, S.)

Pützhoven, Andreas: Europäischer Verbraucherschutz im Fernabsatz - Die Richtlinie 97/7/EG und ihre Einbindung in nationales Verbraucherrecht; München 2001
(zit.: Pützhoven, S.)

Redeker, Helmut: EU-Signaturrichtlinie und Umsetzungsbedarf im deutschen Recht; in: Computer & Recht, 2000, S.455ff
(zit.: Redeker, CR 2000, S.455ff (S.))

Reich, Norbert: Zivilrechtstheorie, Sozialwissenschaften und Verbraucherschutz; in: Zeitschrift für Rechtspolitik, 1974, 187ff
(zit.: Reich, ZRP 1974, S.187ff (S.))

ders.: Staatliche Regulierung zwischen Marktversagen und Politikversagen - Erfahrungen mit der amerikanischen Federal Trade Commission und ihre Bedeutung für die Entwicklung des Verbraucherschutzrechtes; Heidelberg 1984
(zit.: Reich, Staatliche Regulierung zwischen Marktversagen und Politikversagen, S.)

ders.: Europäisches Verbraucherschutzrecht - Binnenmarkt und Verbraucherinteresse; Baden-Baden 1993
(zit.: Reich, Europäisches Verbraucherschutzrecht, S.)

ders.: Das Phantom „Verbraucherrecht" - Erosion oder Evolution im Privatrecht? In: Juristenzeitung, 1997, S.609f
(zit.: Reich, JZ 1997, S.609f (S.))

ders.: Die neue Richtlinie 97/7/EG über den Verbraucherschutz bei Vertragsabschlüssen im Fernabsatz; in: Europäische Zeitschrift für Wirtschaftsrecht, 1997, S.581ff
(zit.: Reich, EuZW 1997, S.581ff (S.))

ders.: Verbraucherpolitik und Verbraucherschutz im Vertrag von Amsterdam, in: Verbraucher und Recht, 1999, S.3ff
(zit.: Reich, VuR 1999, S.3ff (S.))

Reich, Norbert und Micklitz, Hans-W.: Europäisches Verbraucherrecht; 4.Auflage; Baden-Baden 2003
(zit.: Bearbeiter in: Reich/Micklitz, Europäisches Verbraucherrecht, S.)

Reich, Norbert und Nordhausen, Annette: Verbraucher und Recht im elektronischen Geschäftsverkehr (eG); Baden-Baden 2000
(zit.: Reich/Nordhausen, S.)

Reich, Norbert und Wegener, Hartmut: Verbraucherschutz und Wettbewerb- BGH NJW 1973, 1371 und 1974, 140; in: Juristische Schulung, 1974, S.561ff
(zit.: Reich/Wegener, JuS 1974, S.561ff (S.))

Reifner, Udo: Verbraucherschutz im Umbruch- Nachhaltigkeit oder Selbsthilfe durch die Hilflosen? In: Verbraucher und Recht, 2004, S.130ff
(zit.: Reifner, VuR 2004, S.130ff (S.))

Reimann, Mathias: Einführung in das US-amerikanische Privatrecht; 2. Auflage, München 2004
(zit.: Reimann, S.)

Reisch, Lucia: Verbraucherpolitik hat Konjunktur: Strategische Grundsätze und Leitbilder einer neuen Verbraucherpolitik; in: Verbraucher und Recht, 2003, S.405ff
(zit.: Reisch, VuR 2003, S.405ff (S.))

Rheinstein, Max: Einführung in die Rechtsvergleichung, München 1974
(zit.: Rheinstein, S.)

Rieder, Markus: Die Rechtsscheinhaftung im elektronischen Geschäftsverkehr - Eine rechtsvergleichende Untersuchung nach dem Recht der Bundes Republik, der Vereinigten Staaten von Amerika und Regelwerken internationaler Organisationen; Berlin 2004
(zit.: Rieder, S.)

Riehm, Thomas: Das Gesetz über Fernabsatzverträge und andere Fragen des Verbraucherrechts; in: Juristische Ausbildung, 2000, S.505ff
(zit.: Riehm, Jura 2000, S.505ff (S.))

Rodau, Andrew: Computer Software: Does Article 2 of the Uniform Commercial Code Apply?; in: Emory Law Journal, Volume 35 (1986), S.853ff
(zit.: Rodau, 35 Emory Law Journal, S.853ff (S.))

Rosenoer, Jonathan: Cyberlaw - The Law of the Internet; New York 1997
(zit.: Rosenoer, S.)

Rosmarin, Yvonne W.: Consumers-R-Us: A Reality in the UCC Article 2 Revision Process; in: William and Mary Law Review, Volume 35 (1994), S.1593ff
(zit.: Rosmarin, 35 William & Mary Law Review, S.1593ff (S.))

Roßnagel, Alexander: Elektronische Signaturen in Europa - Der Richtlinienvorschlag der Europäischen Kommission; in: Multimedia und Recht, 1998, S.331ff
(zit.: Roßnagel, MMR 1998, S.331 (S.))

ders.: Europäische Signatur-Richtlinie und Option ihrer Umsetzung; in: Multimedia und Recht, 1999, S.261ff
(zit.: Roßnagel, MMR 1999, S.261ff (S.))

ders.: Das neue Recht der elektronischen Signaturen - Neufassung des Signaturgesetzes und Änderung des BGB und der ZPO; in: Neue Juristische Wochenschrift, 2001, S.1817ff
(zit.: Roßnagel, NJW 2001, S.1817ff (S.))

Roth, Gregor und Groß, Marco: Pflichtangaben auf Geschäftsbrief und Bestellschein im Internet; in: Kommunikation & Recht, 2002, S.127ff
(zit.: Roth/Groß, K&R 2002, S.127ff (S.))

Roth, Herbert: EG-Richtlinien und Bürgerliches Recht; in: Juristenzeitung, 1999, S529ff
(zit.: Roth, JZ 1999, S.529ff (S.))

Roth, Wulf-Henning: Europäischer Verbraucherschutz und BGB; in: Juristenzeitung, 2001, S.475ff
(zit.: Roth, JZ 2001, S.475ff (S.))

Roth, Alexander: Strafbare Werbung und die neuen Medien - Sanktionen gegen irreführende Werbung nach deutschem und US-amerikanischem Recht im Zeitalter des E-Commerce; Berlin 2004
(zit.: Roth, Strafbare Werbung und die neuen Medium, S.)

Rubin, Edward L.: The Code, the Consumer, and the Institutional Structure of the Common Law; in: Washington University Law Quarterly, Volume 75 (1997), S.11ff
(zit.: Rubin, 75 Washington University Law Quarterly, S.11ff (S.))

Ruess, Peter: Die E-Commerce Richtlinie und das deutsche Wettbewerbsrecht - Eine Analyse der Auswirkungen unter besonderer Berücksichtigung des Herkunftslandprinzip; München 2003
(zit.: Ruess, S.)

Ruess, Peter und Voigt, Sebastian: Wettbewerbsrechtliche Regelung von diskriminierenden Werbeaussagen- Notwendigkeit oder abzulehnende Geschmackszensur? In: Wettbewerb in Recht und Praxis, 2002, S.171ff
(zit.: Ruess/Voigt, WRP 2002, S.171ff (S.))

Ruoff, Axel: E-Commerce und Verbraucherschutz- Zur Anwendbarkeit des Haustürwiderrufsgesetzes im Internet; in: Neue Juristische Wochenschrift/Computerreport, 2000, S.38ff
(zit.: Ruoff, NJW-CoR 2000, S.38ff (S.))

Rustad, Michael L.: Making UCITA More Consumer Friendly; in: The John Marshall Journal of computer & information law, Volume 18 (1999), S.547ff
(zit.: Rustad, 18 The John Marshall Journal of computer & information law, S.547ff (S.))

Rustad, Michael L. und Kaplan, Ronald B.: Extending Warranty Protection to Cyberspace; 2000
Reference to FTC, workshop 1999, High Tech Warranty Project, Comment, P994413, online unter: http://www.ftc.gov/bcp/workshops/warranty/comments/rustad.pdf (zuletzt 1.8.2007)
(zit.: Rustad/Kaplan, Extending Warranty Protection to Cyberspace, Reference to FTC, workshop 1999, Comment, P994413, S.)

Sack, Rolf: Vergleichende Werbung und die Erheblichkeitsschwelle in § 3 des Regierungsentwurfs einer UWG-Novelle; in: Wettbewerb in Recht und Praxis, 2004, S.30ff
(zit.: Sack, WRP 2004, S.30ff (S.))

ders.: Gesetzeswidrige Wettbewerbshandlungen nach der UWG-Novelle; in: Wettbewerb in Recht und Praxis, 2004, S.1307ff
(zit.: Sack, WRP 2004, S.1307ff (S.))

Sadtler, Michael: Neue Gesetzgebung in den USA zum Schutz des Endabnehmers als Vertragspartner: Der Magnuson-Moss Warranty-Federal Trade Commission Improvement Act - Eine Gegenüberstellung mit dem deutschen AGB-Gesetz; in: Zeitschrift für Rechtsvergleichung, 1980, S.25ff
(zit.: Sadtler, ZfRV 1980, S.25ff (S.))

Sandl, Ulrich: Wirtschaftspolitische Bedeutung digitaler Signaturen - Die etwas andere Kryptodebatte; in: Computer & Recht, 2000, S.319ff
(zit.: Sandl, CR 2000, S.319ff (S.))

Schaar, Peter: Datenschutz im Internet - Die Grundlagen; München 2002
(zit.: Schaar, Rn.)

Schaefer, David T.: Attorney's Fees for Consumers in Warranty Actions- An Expanding Role for the UCC? In: Indiana Law Journal, Volume 61 (1986), S.495ff
(zit.: Schaefer, 61 Indiana Law Journal, S.495ff (S.))

Schaffler, Hauke und Dressel, Christian: Vorschläge zur Änderung zivilrechtlicher Formvorschriften und ihre Bedeutung für den Wirtschaftszweig E-Commerce; in: Computer & Recht, 2000, S.378ff
(zit.: Scheffler/Dressel, CR 2000, S.378ff (S.))

Schechter, Roger E.: Unfair Trade Practices & Intellectual Property; 2.Auflage, Minnesota 1993
(zit.: Schechter, S.)

Scherer, Josef und Butt, Eric: Rechtsprobleme bei Vertragsschluss via Internet; in: Der Betrieb, 2000, S.1009ff
(zit.: Scherer/Butt, DB 2000, S.1009ff (S.))

Scherhorn, Gerhard: Verbraucherinteresse und Verbraucherpolitik; Göttingen 1975
(zit.: Scherhorn, S.)

Schlechtriem, Peter: Verbraucherverträge- ein neuer Richtlinienentwurf; in: Juristenzeitung, 1997, S.441ff
(zit.: Schlechtriem, JZ 1997, S.441ff (S.))

Schmidt, Karsten: Handelsrecht; 5. Auflage, Köln, Berlin, Bonn, München 1999
(zit.: K. Schmidt, Handelsrecht, S.)

ders.: Gesellschaftsrecht; 4. Auflage, Köln, Berlin, Bonn, München 2002
(zit.: K. Schmidt, Gesellschaftsrecht, S.)

Schmidt-Räntsch, Jürgen: Zum Stand der Kaufrechtsrichtlinie; in: Zeitschrift für Wirtschaftsrecht 1997, S.849ff
(zit.: Schmidt-Räntsch, ZIP 1997, S.849ff (S.))

ders.: Zum Gesetz über Fernabsatzverträge und andere Fragen des Verbraucherrechts sowie zur Umstellung von Vorschriften auf Euro; in: Verbraucher und Recht, 2000, S.427ff
(zit.: Schmidt-Räntsch, VuR 2000, S.427ff)

Schmitt, Hansjörg: Online-Kaufverträge über „Intangible Goods" und der Anwendungsbereich von Verbrauchergesetzen; in: Computer & Recht, 2001, S.838ff
(zit.: Schmitt, CR 2001, S.838ff (S.))

Schmittmann, Jens M.: Bannerwerbung - Rechtsprobleme insbesondere bei kammergebundenen Berufen; in: Multimedia und Recht, 2001, S.792ff
(zit.: Schmittmann, MMR 2001, S.792ff (S.))

ders.: Werbung im Internet; München 2003
(zit.: Schmittmann, S.)

Schneider, Doris Annette: Vertragsschluss bei Schutzhüllenverträgen; in: Computer & Recht, 1996, S.657ff
(zit.: Schneider, CR 1996, S.657ff (S.))

Schöne, Thorsten und Fröschle, Tobias: Unbestellte Waren und Dienstleistungen; Köln 2001
(zit.: Schöne/Fröschle, S.)

Schroeder, Milton R.: Private Actions under the Magnuson-Moss Warranty Act; in: California Law Review, Volume 66 (1978), S.1ff
(zit.: Schroeder, 66 California Law Review, S.1ff (S.))

Schulze, Reiner (u.a.): Handkommentar zum Bürgerlichen Gesetzbuch; 5.Auflage, Baden-Baden 2007
(zit.: Bearbeiter in: Schulze, HK-BGB, §, Rn.)

Schulze, Reiner und Schulte-Nölke, Hans (Hrsg.): Die Schuldrechtsreform vor dem Hintergrund des Gemeinschaftsrechts; Tübingen 2001
(zit.: Bearbeiter in: Schulze/Schulte-Nölke, S.)

Schumacher, Dirk: Wirksamkeit von typischen Klauseln in Softwareüberlassungsverträgen;
in: Computer & Recht, 2000, S.641ff
(zit.: Schumacher, CR 2000, S.641ff)

Schumacher, Stephan: Digitale Signaturen in Deutschland, Europa und den USA - Ein Problem, zwei Kontinente, drei Lösungen? In: Computer & Recht, 1998, S.758ff
(zit.: Schumacher, CR 1998, S.758ff (S.))

Schurr, Francesco A.: Die neue Richtlinie 99/44/EG über den Verbrauchsgüterkauf und ihre Umsetzung- Chancen und Gefahren für das deutsche Kaufrecht; in: Zeitschrift für Rechtsvergleichung, 1999, S.222ff
(zit.: Schurr, ZfRV 1999, S.222ff (S.))

Schwarz, Günther Christian: § 241 a BGB als Störfall für die Zivilrechtsdogmatik - Zu den systemwidrigen Folgen der Umsetzung der EG-Fernabsatz-Richtlinie; in: Neue Juristische Wochenschrift, 2001, S.1449ff
(zit.: Schwarz, NJW 2001, S.1449ff (S.))

Schweitzer, Michael: Staatsrecht III - Staatsrecht, Völkerrecht, Europarecht; 8.Auflage, Heidelberg 2004
(zit.: Schweitzer, Rn.)

Schweizer, Robert: Die „normative Verkehrsauffassung"- ein doppeltes Missverständnis - Konsequenzen für das Leitbild des „durchschnittlich informierten, verständigen und aufmerksamen Durchschnittsverbrauchers"; in: Gewerblicher Rechtsschutz und Urheberrecht, 2000, S.923ff
(zit.: Schweizer, GRUR 1996, S.923ff (S.))

Schwenzer, Ingeborg H.: Die Freizeichnung des Verkäufers von der Sachmängelhaftung im amerikanischen und deutschen Recht; Frankfurt am Main 1979
(zit.: Schwenzer, S.)

Schwenzer, Ingeborg: Festschrift für Peter Schlechtriem zum 70. Geburtstag; Tübingen 2003
(zit.: Bearbeiter in: FS Schlechtriem, S.)

Seichter, Dirk: Der Umsetzungsbedarf der Richtlinie über unlautere Geschäftspraktiken; in: Wettbewerb in Recht und Praxis, 2005, S.1087ff
(zit.: Seichter, WRP 2005, S.1087ff (S.))

Sheldon, Jonathan und Carter, Carolyn L.: Unfair and Deceptive Acts and Practices; 5.Auflage, Canada 2001 (Cumulative Supplement 2003)
(zit.: Sheldon/Carter, S.)

Simitis, Konstantin: Verbraucherschutz Schlagwort oder Rechtsprinzip? Baden-Baden 1976
(zit.: Simitis, S.)

Smedinghoff, Thomas J. (Hrsg.): Online Law: The SPA`s Legal Guide to Doing Business on the Internet; Reading, Mass., Menlo Park, California, New York, 1996
(zit.: Bearbeiter in: Smedinghoff, S.)

Smith, Matthew J.: An Overview of the Uniform Computer Information Transactions Act: Warranties, Self-Help, and Contract Formation - Why UCITA Should Be Renamend "The Licensors` Protection Act; in: Southern Illinois University Law Journal, Volume 25 (1999), S.389ff
(zit.: Smith, 25 Southern Illinois University Law Journal, S.389 (S.))

Söder, Stefan: Schutzhüllenvertrag und Shrink-Wrap Licence - Wirksamkeit nachgeschobener Herstellervereinbarungen im Massenmarkt für digitale Information in Deutschland und den USA; München 2006
(zit.: Söder, S.)

Sorkin, David E.: Unsolicited Commercial E-mail and the Telephone Consumer Protection Act; in: Buffalo Law Review, Volume 45 (1997), S.1001ff
(zit.: Sorkin, 45 Buffalo Law Review, S.1001 (S.))

Sosnitza, Olaf: Das Internet im Gravitationsfeld des Rechts: Zur rechtlichen Beurteilung so genannter Deep Links; in: Computer & Recht, 2001, S.693ff
(zit.: Sosnitza, CR 2001, S.693ff (S.))

Spätgens, Klaus: Irreführende Werbung - Verbraucherleitbild – Marktforschung; in: Wettbewerb in Recht und Praxis, 2000, S.807ff
(zit.: Spätgens, WRP 2000, S.807ff (S.))

Spindler, Gerald: Vertragsschluss und Inhaltskontrolle bei Internetauktionen - Zugleich eine Besprechung des Urteils des OLG-Hamm vom 14.Dez.2000, ZIP 2001, S.291- ricardo.de; in: Zeitschrift für Wirtschaftsrecht, 2001, S.809ff
(zit.: Spindler, ZIP 2001, S.809ff (S.))

ders.: Verantwortlichkeit und Haftung für Hyperlinks im neuen Recht; in: Multimedia und Recht, 2002, S.495ff
(zit.: Spindler, MMR 2002, S.495ff (S.))

Spindler, Gerald und Börner, Fritjof (Hrsg.): E-Commerce Law in Europe and the USA; Berlin, Heidelberg 2002
(zit.: Autor in: Spindler/ Börner, E-Commerce Law, S.)

Spindler, Gerald, Schmitz, Peter und Geis, Ivo: Kommentar zum TDG - Teledienstegesetz, Teledienstedatenschutzgesetz, Signaturgesetz; München 2004
(zit.: Spindler/Schmitz/Geis, Komm. zum TDG, TDDSG, SigG, Rn.)

Spindler, Gerald und Wiebe, Andreas: Internet-Auktionen und elektronische Marktplätze; 2.Auflage, Köln 2005
(zit.: Bearbeiter in: Spindler/Wiebe, S.)

Starek, Roscoe B. und Rozell, Linda M.: The Federal Trade Commission's Commitment to On-line Consumer Protection; in: The John Marshall Journal of computer & information law, Volume 15 (1997), S.679ff
(zit.: Starek/Rozell, 15 The John Marshall Journal of computer & information law, S.679ff (S.))

Staudenmayer, Dirk: Europäisches Verbraucherschutzrecht nach Amsterdam- Stand und Perspektiven; in: Recht der internationalen Wirtschaft, 1999, S.733ff
(zit.: Staudenmayer, RIW 1999, S.733ff (S.))

Von Staudinger, J. : Kommentar zum Bürgerlichen Gesetzbuch mit Einführungsgesetz und Nebengesetzen, Eckpfeiler des Zivilrechts; Berlin 2005
(zit.: Bearbeiter in: Staudinger, BGB-Komm., S.)

ders.: Kommentar zum Bürgerlichen Gesetzbuch mit Einführungsgesetz und Nebengesetzen; Buch 2, Recht der Schuldverhältnisse, §§ 311, 311a, 312, 312a-f BGB (Vertragsschluss), Berlin 2005
(zit.: Bearbeiter in: Staudinger, BGB-Komm. Buch 2, 2005, §, Rn.)

Steinbeck, Anja: Aleatorische Reize beim Community Shopping; in: Wettbewerb in Recht und Praxis 2002, S.604ff
(zit.: Steinbeck, WRP 2002, S.604ff (S.))

Stone, Bradford: Uniform Commercial Code; 5.Auflage, St Paul, Minnesota, 2002
(zit.: Stone, S.)

Strasser, Kurt A.: Magnuson-Moss Warranty Act: An Overview and Comparison with UCC: Coverage, Disclaimer, and Remedies in Consumer Warranties; in: Mercer Law Review,
Volume 27 (1976), S.1111ff
(zit.: Strasser, 27 Mercer Law Review, S.1111ff (S.))

Streinz, Rudolf: Europarecht; 6.Auflage, Heidelberg 2003
(zit.: Streinz, Europarecht, Rn.)

Stürner, Rolf: Der hundertste Geburtstag des BGB- nationale Kodifikation im Greisenalter?; in: Juristenzeitung, 1996, S.741ff
(zit.: Stürner, JZ 1996, S.741ff (S.))

Tettenborn, Alexander: Die Novelle des Signaturgesetzes; in: Computer & Recht, 2000, S.683ff
(zit.: Tettenborn, CR 2000, S683ff (S.))

Thorn, Karsten: Verbraucherschutz bei Verträgen im Fernabsatz; in: Praxis des internationalen Privat- und Verfahrensrecht, 1999, S.1ff
(zit.: Thorn, IPRax 1999, S.1ff (S.))

Thot, Norman B.: Elektronischer Vertragsschluss - Ablauf und Konsequenzen - Ein Rechtsvergleich zwischen dem amerikanischen und dem deutschen Recht; Frankfurt am Main 1999
(zit.: Thot, S.)

Thünken, Alexander: Die EG-Richtlinie über den elektronischen Geschäftsverkehr und das internationale Privatrecht des unlauteren Wettbewerbs; in: Praxis des internationalen Privat- und Verfahrensrecht, 2001, S.15ff
(zit.: Thünken, IPRax 2001, S.15ff (S.))

Tonner, Klaus: Das neue Fernabsatzgesetz- oder: System statt Flickenteppich; in: Betriebs-Berater, 2000, S.1413ff
(zit.: Tonner, BB 2000, S.1413ff (S.))

Towle, Holly K.: Online Contract Formation by Conduct; in: Computer & Recht/International, 2001, S.97ff
(zit.: Towle, CRi 2001, S.97ff (S.))

Traub, Fritz: Das Verbraucherleitbild in rechtsvergleichende Sicht; Baden Baden 1998
(zit.: Traub, S.)

Uhlmann, André Marc: Elektronische Verträge aus deutscher, europäischer und US-amerikanischer Sicht - Wirksamwerden, Beweisfragen, Widerruf unter besonderer Berücksichtigung der elektronischen Signatur; Frankfurt am Main 2003
(zit.: Uhlmann, S.)

Ulmer, Peter: Die höchstrichterlich „enträtselte" Gesellschaft bürgerlichen Rechts; in: Zeitschrift für Wirtschaftsrecht, 2001, S.585ff
(zit.: Ulmer, ZIP 2001, S.585ff (S.))

Ulrici, Bernhard: Zum Vertragsschluss bei Internetauktionen; in: Neue juristische Wochenschrift, 2001, S.1112ff
(zit.: Ulrici, NJW 2001, S.1112ff (S.))

Ultsch, Michael L.: Zugangsprobleme bei elektronischen Willenserklärungen; in: Neue juristische Wochenschrift 1997, S.3007ff
(zit.: Ultsch, NJW 1997, S.3007ff (S.))

ders.: Der einheitliche Verbraucherbegriff §§ 13, 14 BGB: Nationale Vereinheitlichung im Lichte europäischer Vorgaben; Baden-Baden 2006
(zit.: Ultsch, S.)

Veelken, Winfried: Kundenfang gegenüber dem Verbraucher - Bemerkungen zum EG-Richtlinienentwurf über unlautere Geschäftspraktiken; in: Wettbewerb in Recht und Praxis, 2004, S.1ff
(zit.: Veelken, WRP 2004, S.1ff (S.))

Vehslage, Thorsten: Auswirkungen der Fernabsatzrichtlinie auf die Telefon- und E-Mail-Werbung; in: Gewerblicher Rechtsschutz und Urheberrecht, 1999, S.656ff
(zit.: Vehslage, GRUR 1999, S.656ff (S.))

Viefhues, Martin: Internet und Kennzeichenrecht: Meta-Tags; in: Multimedia und Recht, 1999, S.336ff
(zit.: Viefhues, MMR 1999, S.336ff (S.))

Völker, Stefan: Neue Entwicklungen im Recht der Preisangaben; in: Neue Juristische Wochenschrift, 2000, S.2787ff
(zit.: Völker, NJW 2000, S.2787ff (S.))

Wackerbarth, Ulrich: Unternehmer, Verbraucher und die Rechtfertigung der Inhaltskontrolle vorformulierter Verträge; in: Archiv für die cilvilistische Praxis, Band 200 (2000), S.45ff
(zit.: Wackerbarth, AcP 200, S.45ff (S.))

Waldenberger, Arthur: Grenzen des Verbraucherschutzes beim Abschluss von Verträgen im Internet; in: Betriebs-Berater, 1996, S.2365ff
(zit.: Waldenberger, BB 1996, S.2365ff (S.))

ders.: Electronic Commerce: der Richtlinienvorschlag der EG-Kommission; in: Europäische Zeitschrift für Wirtschaftsrecht, 1999, S.296ff
(zit.: Waldenberger, EuZW 1999, S.296ff (S.))

ders.: „Alles schwebend unwirksam" - Distanzgeschäfte nach dem Referentenentwurf eines Fernabsatzgesetzes; in: Kommunikation & Recht, 1999, S.345ff
(zit.: Waldenberger, K&R 1999, S.345ff (S.))

Wendlandt, Bettina: Cybersquatting, Metatags und Spam - Gemeinsamkeiten und Gegensätze im amerikanischen und deutschen Wettbewerbs- und Markenrecht; München 2002
(zit.: Wendlandt, S.)

Wenzel, Henning: Vertragsschluss bei Internetauktion; in: Neue Juristische Wochenschrift, 2002, S.1550ff
(zit.: Wenzel, NJW 2002, S.1550ff (S.))

Von Werder, Andreas: Die Haftung des Warenherstellers aus seinen Werbeaussagen im deutschen und US-amerikanischen Recht; Darmstadt 1991
(zit.: Von Werder, S.)

Wertenbruch, Johannes: Die Parteifähigkeit der GbR - die Änderungen für die Gerichts- und Vollstreckungspraxis; in : Neue Juristische Wochenschrift, 2002, S.324 ff
(zit. : Wertenbruch, NJW 2002, S.324ff (S.))

Wessel, Heinz: Die Zusendung unbestellter Waren; in: Betriebs Berater, 1966, S.432ff
(zit.: Wessel, BB 1966, S.432ff (S.))

Weston, Glen E., Maggs, Peter B. und Schechter Roger E.: Unfair Trade Practices and Consumer Protection-Cases and Comments; 5.Auflage, Minnesota 1992
(zit.: Weston/Maggs/Schechter, S.)

Graf von Westphalen, Friedrich: Die Haftung des Warenherstellers im amerikanischen Recht und der Uniform Commercial Code; Heidelberg 1969
(zit.: von Westphalen, S.)

Weyers, Hans-Leo: Electronic Commerce; Baden-Baden, 2001
(zit.: Autor in: Weyers, S.)

Wiebe, Andreas: „Deep-Links" - Neue Kommunikationsformen im Wettbewerb aus lauterkeitsrechtlicher Sicht; in: Wettbewerb in Recht und Praxis, 1999, S.734ff
(zit.: Wiebe, WRP 1999, S.734ff (S.))

Wild, Gisela, Schulte-Franzheim, Ina-Maria und Lorenz-Wolf, Monika (Hrsg.): Festschrift für Alfred Gaedertz zum 70ten Geburtstag; München 1992
(zit.: Bearbeiter in: FS Gaedertz, 1992, S.)

Wildemann, Daniela: Vertragsschluss im Netz; München 2000
(zit.: Wildemann, S.)

dies.: Vertragsabschluss im Netz nach US-amerikanischem Recht; in: Computer & Recht/International, 2000, S.109ff
(zit.: Wildemann, CRi 2000, S.109ff (S.)

Wilmer, Thomas: Rechtliche Probleme der Online-Auktion; in: Neue juristische Wochenschrift-Computerreport, 2000, S.94ff
(zit.: Wilmer, NJW-CoR 2000, S.94ff (S.))

Woitke, Thomas: Informations- und Hinweispflichten im E-Commerce; in: Bertriebs-Berater, 2003, S.2469ff
(zit.: Woitke, BB 2003, S.2469ff (S.))

Wolf, Alfred: Die Überarbeitung des Schuldrechts - Anlässe und Stand der Überarbeitungen; in: Archiv für die civilistische Praxis, Band 182 (1982), S.80ff
(zit.: Wolf, AcP 182, S.80ff (S.))

Wolf, Sabine: Reform des Kaufrechts durch EG-Richtlinie- ein Vorteil für die Wirtschaft? Die möglichen Auswirkungen einer Richtlinie über den Verbrauchsgüterkauf und -garantien auf das deutsche Kaufrecht und die Wirtschaft; in: Recht der Internationalen Wirtschaft, 1997, S.899ff
(zit.: Wolf, RIW 1997, S.899ff (S.))

Woll, Arthur: Wirtschaftspolitik; München 1984
(zit.: Woll, S.)

Wong, Katherine: The Future of Spam Litigation After Omega World Travel v. Mummagraphics; in: Harvard Journal of Law & Technology, Volume 20 (2007), S.459ff
(zit.: Wong, 20 Harvard Journal of Law & Technology 2007, S.459ff (S.))

Woodward, William J. Jr.: „Sale" of Law and Forum and the Widening Gulf between "Consumer" and "Non-Consumer" Contracts in the UCC; in: Washington University Law Quarterly, Volume 75 (1997), S.243ff
(zit.: Woodward, 75 Washington University Law Quarterly, S.243ff (S.))

Wuttke, Tobias: Die Europäisierung des Wettbewerbsrechts - Der Verhältnismäßigkeitsgrundsatz im lauterkeitsrechtlichen Irreführungsverbot; Köln, Berlin, München 2005
(zit.: Wuttke, S.)

Zehentner, Markus: Transatlantischer Verbraucherschutz im Electronic Commerce - Ein Vergleich des US-amerikanischen und europäischen Verbraucherschutzes; Baden Baden 2004
(zit.: Zehentner, S.)

Zerres, Thomas: Das neue Sachmängelrecht beim Kauf; in: Verbraucher & Recht, 2002, S.3ff
(zit.: Zerres, VuR 2002, S.3ff (S.))

Zischka, Ulrike: Die Rechtsetzungskompetenzen der Europäischen Gemeinschaft auf dem Gebiet des Verbraucherschutzes - Unter Berücksichtigung des Werberechts; Frankfurt am Main 1997
(zit.: Zischka, S.)

Zweigert, Konrad und Kötz, Hein: Einführung in die Rechtsvergleichung auf dem Gebiet des Privatrechts; 3. Auflage, Tübingen 1996
(zit.: Zweigert/Kötz, S.)

II. Quellen administrativer Einrichtungen, staatlicher Organe und privater Organisationen (ohne Rechtsakte)

ABA: „Working Group Report on the Uniform Computer Information Transactions Act (UCITA)"; 31.1.2002, im Internet unter: http://www.abanet.org/ leadership/ucita.pdf (zuletzt 1.8.2007)
(zit.: ABA, „Working Group Report on the Uniform Computer Information Transactions Act (UCITA)")

AFFECT: „Response to NCCUSL Commentary on UCITA 2002 Revisions"; 4.12.2002, im Internet unter: http://ucita.com/pdf/AmendmentAnalysisFinal.pdf (zuletzt 1.8.2007)
(zit.: AFFECT, „Response to NCCUSL Commentary on UCITA 2002 Revisions")

Attorneys General: „Letter to NCCUSL from Attorneys General Opposing UCITA"; 23.7.1999, im Internet unter: http://www.arl.org/info/frn/copy/agopp ltr.html (zuletzt 1.8.2007)
(zit.: Attorneys General, „Letter to NCCUSL from Attorneys General Opposing UCITA")

Bundesjustizministerium: „Diskussionsentwurf: Erstes Gesetz zur Änderung des Gesetzes gegen den unlauteren Wettbewerb"; 8.5.2007, Referat III B 5, im Internet unter: http://www.ihk-muenchen.de/internet/mike/ihk_geschaeftsfelder/recht/Anhaenge/ReferentenE _BMJ_08.05.07.pdf (zuletzt 1.8.2007)
(zit.: Diskussionsentwurf: Erstes Gesetz zur Änderung des Gesetzes gegen den unlauteren Wettbewerb)

Deutscher Bundesrat: „Beschluss des Bundesrates: Vorschlag für eine Richtlinie des Europäischen Parlaments und des Rates über unlautere Geschäftspraktiken im binnenmarktinternen Geschäftsverkehr zwischen Unternehmen und Verbrauchern und zur Änderung der Richtlinien 84/450/EWG, 97/7/EG und 98/27/EG (Richtlinie über

unlautere Geschäftspraktiken) KOM(2003) 356 endg."; 26.09.2003, BR-Drucks. 471/03, im Internet unter: http://www1.bundesrat.de/coremedia/generator/Inhalt /Drucksachen/2003/0471_2D03B%2Cproperty%3DDokument.pdf (zuletzt 1.8.2007)
(zit.: BR-Drucks. 471/03)

Deutscher Bundesrat: „Anrufung des Vermittlungsausschusses durch den Bundesrat: Gesetz zur Änderung der Vorschriften über Fernabsatzverträge bei Finanzdienstleistungen"; 24.9.2004, BR-Drucks. 644/04; im Internet unter: http://www.umwelt-online.de/PDFBR/2004/0644_2D04B .pdf (zuletzt 1.8.2007)
(zit.: Anrufung des Vermittlungsausschusses durch den Bundesrat: Gesetz zur Änderung der Vorschriften über Fernabsatzverträge bei Finanzdienstleistungen (BRat-Drucks. 644/04), S.)

Deutscher Bundesrat: „Stellungnahme zum Gesetz der Bundesregierung: Entwurf eines Ersten Gesetzes zur Änderung des Gesetzes gegen den unlauteren Wettbewerb"; 23.5.2008, BR-Drucks. 345/08; im Internet unter: http://www.umwelt-online.de /PDFBR/2008/0345_2D08B.pdf (zuletzt 1.12.2008)
(zit.: Stellungnahme zum Gesetz der Bundesregierung „Entwurf eines Ersten Gesetzes zur Änderung des Gesetzes gegen den unlauteren Wettbewerb (BR-Drucks. 345/08), S.)

Deutsche Bundesregierung: „Bericht der Bundesregierung zur Verbraucherpolitik"; 18.10.1971, BT-Drucks. 6/2724, abgedruckt bei Hippel, 1.Auflage, S.175ff
(zit.: BT-Drucks 6/2724, vgl. von Hippel, 1.Auflage, S.175ff)

Deutsche Bundesregierung: „Zweiter Bericht der Bundesregierung zur Verbraucherpolitik"; 20.10.1975, BT-Drucks. 7/4181, abgedruckt bei Hippel, 3.Auflage, S.295ff
(zit.: BT-Drucks 7/4181, vgl. von Hippel, 3.Auflage, S.295ff)

Deutsche Bundesregierung: „Bericht der Bundesregierung über die Erfahrungen und Entwicklungen bei den neuen Informations- und Kommunikationsdiensten im Zusammenhang mit der Umsetzung des Informations- und Kommunikationsdienste-Gesetzes (IuKDG)"; 18.06.1999, BT-Drucks. 14/1191, online unter: http://dip.bundestag.de /btd/14/011/1401191.pdf (zuletzt 1.8.2007)
(zit.: „Evaluierungsbericht zum IuKDG", BT-Drucks 14/1191)

Deutsche Bundesregierung: „Entwurf eines Gesetzes über Fernabsatzverträge und andere Fragen des Verbraucherschutzrechts sowie zur Umstellung auf Euro"; 9.2.2000, BT-Drucks. 14/2658, im Internet unter: http://dip.bundestag.de/btd/14/026/1402658.pdf (zuletzt 1.8.2007)
(zit.: Entwurf eines Gesetzes über Fernabsatzverträge und andere Fragen des Verbraucherschutzrechts sowie zur Umstellung auf Euro (BT-Drucks. 14/2658), S.)

Deutsche Bundesregierung: „Beschlussempfehlung und Bericht des Rechtsausschusses zum Entwurf eines Gesetzes über Fernabsatzverträge und andere Fragen des Ver-

braucherschutzrechts sowie zur Umstellung auf Euro"; 12.4.2000, BT-Drucks. 14/3195, im Internet unter: http://dip.bundestag.de/btd/14/031/1403195.pdf (zuletzt 1.8.2007)
(zit.: „Beschlussempfehlung und Bericht des Rechtsausschusses zum Entwurf eines Gesetzes über Fernabsatzverträge und andere Fragen des Verbraucherschutzrechts sowie zur Umstellung auf Euro" (BT-Drucks. 14/3195), S.)

Deutsche Bundesregierung: „Organisationserlass des Bundeskanzlers"; 22.1.2001, BGB1. I. I S.127, online unter: http://www.gesetze-im-internet.de/bundesrecht /bkorgerl_2001/gesamt.pdf (zuletzt 1.8.2007)
(zit.: „Organisationserlass des Bundeskanzlers", BGB1. I., S.127)

Deutsche Bundesregierung: „Regierungsentwurf für ein Schuldrechtsmodernisierungsgesetz und Begründung"; 14.5.2001, BT-Drucks. 14/6040, im Internet in: http://www.uni-koeln.de/jurfak/ebr-ah/pdf_docs/regierungsentwurf.pdf (zuletzt 1.10.2006)
(zit.: BT-Drucks. 14/6040, S.)

Deutsche Bundesregierung: „Entwurf eines Gesetzes über rechtliche Rahmenbedingungen für den elektronischen Geschäftsverkehr- Elektronischer Geschäftsverkehrgesetz (EGG)"; 17.5.2001, BT-Drucks. 14/6098, online unter: http://dip21.bundestag.de /dip21/btd/14/060/1406098.pdf (zuletzt 1.8.2007)
(zit.: Regierungsbegründung zum Elektronischen Geschäftsverkehrgesetz (BT-Drucks. 14/6098), S.)

Deutsche Bundesregierung: „Bericht der Bundesregierung- Aktionsplan Verbraucherschutz"; 7.5.2003, BT-Drucks.15/959, online unter: http://dip.bundestag.de /btd/15/009/1500959.pdf (zuletzt 1.8.2007)
(zit.: Bericht der Bundesregierung- Aktionsplan Verbraucherschutz", BGB1. I 2003, 959ff)

Deutsche Bundesregierung: „Gesetzentwurf der Bundesregierung: Entwurf eines Gesetzes gegen den unlauteren Wettbewerb (UWG)"; 7.5.2003, BT-Drucks. 15/1487, in: Gewerblicher Rechtsschutz und Urheberrecht, 2003, S.298ff, online unter: http://dip.bundestag.de/btd/15/014/1501487. pdf (zuletzt 1.8.2007)
(zit.: Regierungsentwurf zum UWG (BGB1. I 2003, 1487ff), zu §)

Deutsche Bundesregierung: „Gesetzentwurf der Bundesregierung: Entwurf eines Gesetzes zur Änderung der Vorschriften über Fernabsatzverträge bei Finanzdienstleistungen"; 22.4.2004, BT-Drucks. 15/2946, online unter: www.bmj.bund.de /media/archive/514.pdf (zuletzt 1.10.2006)
(zit.: Gesetzentwurf der Bundesregierung zur Änderung der Vorschriften über Fernabsatzverträge bei Finanzdienstleistungen" (BT-Drucks. 15/2946), Begründung, S.)

Deutsche Bundesregierung: „Gesetzentwurf der Bundesregierung: Entwurf eines Ersten Gesetzes zur Änderung des Gesetzes gegen den unlauteren Wettbewerb"; 20.8.2008, BT-Drucks. 16/10145, online unter: http://dip21.bundestag.de/dip21/btd

/16/101/1610145.pdf (zuletzt 1.12.2008)
(zit.: Entwurf eines Ersten Gesetzes zur Änderung des Gesetzes gegen den unlauteren Wettbewerb" (BT-Drucks. 16/10145) S.)

Deutscher Bundestag -Enquete-Kommission: Zukunft der Medien: Verbraucherschutz in der Informationsgesellschaft"; Band 8, Bonn 1998
(zit.: Deutscher Bundestag, Enquete Kommission (1998), „Verbraucherschutz in der Informationsgesellschaft", S.)

Europäische Kommission: „Vorschlag einer Richtlinie zur Angleichung der Rechts- und Verwaltungsvorschriften über irreführende und unlautere Werbung";ABl. C 70, 21.3.1978, S.4ff
(zit.: ABl. C 70, 21.3.1978, S.4ff)

Europäische Kommission: „Grünbuch über Verbrauchsgütergarantien und Kundendienst"; ABl. C 338, KOM 1993, 509 endg., 15.12.1993, im Internet unter: http://europa.eu/scadplus/leg/de/lvb/ .l3.2018.htm (zuletzt 1.8.2007)
(zit.: KOM 1993, 509)

Europäische Kommission: „Mitteilung der Kommission über die Europäische Initiative für den elektronischen Geschäftsverkehr"; KOM 1997, 157 endg., 16.4.1997, online unter: http://europa.eu.int/comm/internal_market/comcom/newsletter/edition16-17/page04-02_ de.htm (zuletzt 1.10.2006)
(zit.: KOM 1997, 157)

Europäische Kommission: „Folgedokument zum Grünbuch über kommerzielle Kommunikationen im Binnenmarkt"; KOM 1998, 121 endg. 4.3.1998, im Internet unter: http//ec.europa.eu/inter-nal.market/comcom/docs/follupde.pdf (zuletzt 1.8.2007)
(zit.: KOM 1998, 121 endg.)

Europäische Kommission: „Vorschlag für eine Richtlinie über bestimmte rechtliche Aspekte des elektronischen Geschäftsverkehrs im Binnenmarkt"; KOM 1998, 585 endg., ABl. C 30, 5.2.1999, S.4ff, im Internet unter http://eur-lex.europa.eu /LexUriServ/LexUriServ.do?uri=CELEX:51998PC 0586:DE:HTML (zuletzt 1.8.2007)
(zit.: KOM 1998, 585 endg.)

Europäische Kommission: „Bericht der Kommission über Verbraucherbeschwerden im Zusammenhang mit Fernabsatz und vergleichender Werbung (Artikel 17 der Richtlinie 97/7/EG über Vertragsabschlüsse im Fernabsatz und Artikel 2 der Richtlinie 97/55/EG über vergleichende Werbung)"; KOM 2000, 127 endg., 10.3.2000, online unter: http://europa.eu.int/comm/consumers/re-ports/rep01_de.pdf (zuletzt 1.8.2007)
(zit.: KOM 2000, 27)

Europäische Kommission: „Geänderter Vorschlag für eine Richtlinie über bestimmte rechtliche Aspekte des elektronischen Geschäftsverkehrs im Binnenmarkt"; KOM

1999, 427 endg., ABl. C 248, 29.8.2000, S.69ff, online unter: http://eur-lex europa.eu/LexUriServ/site/de/oj/2000/ce248/ce 24820000829de00690096.pdf (zuletzt 1.8.2007)
(zit.: KOM (1999), 427 endg.)

Europäische Kommission: „Mitteilung der Kommission zu Artikel 4 Absatz 3 der Richtlinie 98/27/EG des Europäischen Parlaments und des Rates über Unterlassungsklagen zum Schutz der Verbraucherinteressen, betreffend die qualifizierten Einrichtungen, die berechtigt sind, eine Klage im Sinne des Artikels 2 dieser Richtlinie zu erheben"; ABl. C 30, 2.2.2002, S.2ff, online unter: http://eur-lex.europa.eu /LexUriServ/site/de/oj/2002/c_030/c_03020020202de00020011.pdf (zuletzt 1.8.2007)
(zit.: ABl. C 30, 2.2.2002, S.2ff)

Europäische Kommission: „Mitteilung der Kommission über die Anwendung von Artikel 3 Absätze 4 bis 6 der Richtlinie über den elektronischen Geschäftsverkehr auf Finanzdienstleistungen"; KOM 2003, 259 endg., 4.5.2003, online unter: http://europa.eu. int/smartapi/cgi/sga_doc?smartapi!celexplus!prod!DocNumber&lg=de&type_doc=COMfinal&an_doc=2003&nu_doc=259 (zuletzt 1.8.2007)
(zit.: KOM 2003, 259)

Europäische Kommission: „Aktionsplan eEurope 2005: Eine Informationsgesellschaft für alle"; KOM 2002, 263, 12.5.2003, online unter: http://eur-lex.europa.eu /LexUriServ/site/de/com/2002 com2002_0263de01.pdf (zuletzt 1.8.2007)
(zit.: KOM 2002, 263)

Europäische Kommission: „Vorschlag für eine Richtlinie über unlautere Geschäftspraktiken im binnenmarktinternen Geschäftsverkehr zwischen Unternehmen und Verbrauchern und zur Änderung der Richtlinien 84/450/EWG, 97/7/EG und 98/27/EG (Richtlinie über unlautere Geschäftspraktiken)"; KOM 2003, 356 endgültig; 18.6.2003, online unter: http://www.wettbewerbszentrale.De/de/pdf/Vorschlag_RL _%20unlautere_Gesch_%C3%Atspraktiken_18.6.2003.pdf (zuletzt 1.10.2006)
(zit.: KOM 2003, 356)

Europäische Kommission: „Erster Bericht über die Anwendung der Richtlinie 2000/31/EG über bestimmte rechtliche Aspekte der Dienste der Informationsgesellschaft, insbesondere des elektronischen Geschäftsverkehrs"; KOM 2003, 702 endg., 21.11.2003, online unter: http://eur-lex.europa.eu/LexUriServ/site/de/com/2003/com 2003_0702de01.pdf (zuletzt 1.08.2007)
(zit.: KOM 2003, 702)

Europäische Kommission: „Mitteilung der Kommission zu Artikel 4 Absatz 3 der Richtlinie 98/27/EG über Unterlassungsklagen zum Schutz der Verbraucherinteressen, betreffend die qualifizierten Einrichtungen, die berechtigt sind, eine Klage im Sinne des Artikels 2 dieser Richtlinie zu erheben"; AB.1 C 321, 31.12.2003, S.26ff, online unter: http://www.europa.eu.int/eur-lex/pri/de/oj/dat/2003/c_321/c_32120031231de00260038.pdf)

(zuletzt 1.8.2007)
(zit.: AB.1 C 321, 31.12.2003, S.26ff)

Europäische Kommission: „Aktionsplan eEurope 2005- Halbzeitbilanz"; KOM 2004, 108 endg., 18.2.2004, online unter: http://europa.eu.int/information_society/eeurope /2005/doc/all_about/acte_de_version_finale.pdf (zuletzt 1.8.2007)
(zit.: KOM 2004, 108)

Europäische Kommission: „Vorschlag für eine Richtlinie über Dienstleistungen im Binnenmarkt"; KOM 2004, 2 endg., 25.2.2004, online unter: http://eur-lex.europa.eu /LexUriServ/site/de/com/2004/com2004_0002de02.pdf (zuletzt 1.8.2007)
(zit.: KOM 2004, 2 endg.)

Europäische Kommission: „Beschluss der Kommission zur Einsetzung einer Expertengruppe"; 2005/752/EG, AB1. L 282, 26.10.2005, S.20ff, online unter: http://eur-lex.europa.eu/LexUriServ/LexUriServ.do?uri=CELEX:32005D0752:DE:HTML (zuletzt 1.8.2007)
(zit.: Beschluss der Kommission 2005/752/EG, AB1. L 282, 26.10.2005, S.20ff)

Europäische Kommission: „Mitteilung der Kommission zu Artikel 4 Absatz 3 der Richtlinie 98/27/EG über Unterlassungsklagen zum Schutz der Verbraucherinteressen, betreffend die qualifizierten Einrichtungen, die berechtigt sind, eine Klage im Sinne des Artikels 2 zu erheben"; AB1. C 39, 16.2.2006, S.2ff, online unter : http:// eur-lex.europa.eu/LexUriServ/site/de/oj/2006/c_039/c_03920060216de00020038.pdf (zuletzt 1.8.2007)
(zit.: AB1. C 39, 16.2.2006, S.2ff)

Europäische Kommission: „Geänderter Vorschlag für eine Richtlinie über Dienstleistungen im Binnenmarkt"; KOM 2006. 160, 4.4.2006, Online unter: http://eur-lex.europa.eu/LexUriServ/site/de/com/2006/com2006_0160de01.pdf (zuletzt 1.8.2007)
(zit.: KOM 2006, 160)

Europäische Ministerkonferenz: „Globale Informationsnetze: Die Chancen nutzen"; vom 6. bis 8.7.1997, abgedruckt in: Computer und Recht, 1997, S.713ff, online unter: http://europa.eu.int/IS PO/bonn/Min_declaration/i_finalde.html (zuletzt 1.8.2007)
(zit.: Europäische Ministerkonferenz (1997) „Globale Informationsnetze: Die Chancen nutzen", Nr.; abgedruckt in CR 1997, S.713ff (S.))

Europäisches Parlament: „Stellungnahme des Wirtschafts- und Sozialausschusses zu dem Vorschlag für eine Richtlinie des Europäischen Parlaments und des Rates über bestimmte rechtliche Aspekte des elektronischen Geschäftsverkehrs im Binnenmarkt"; EP-Report A4-0248/99 vom 6.5.1999, AB1. C 169 (16.6.1999), S.36ff, online unter: http://eur-lex.europa.eu/LexUriServ/LexUriServ.do?uri=CELEX:51999AC0457:DE:HTML (zuletzt 1.8.2007)
(zit.: EP-Report A 4-0248/99 (6.5.1999))

Europäischer Rat: „Entschließung des Rates über die Umsetzung des Aktionsplans eEurope 2005"; ABl. C 48, 28.2.2003, S.2, online unter: http://eur-lex.europa.eu/LexUriServ/site/de/oj/20 03/c_048/c_04820030228de00020009.pdf (zuletzt 1.8.2007)
(zit.: ABl. C 48, 28.2.2003, S.2)

FTC: „FTC Policy Statement Regarding Advertising Substantiation"; im Internet unter: http://www.ftc.gov/bcp/guides/ad3 suubst.htm (zuletzt 1.8.2007)
(zit.: FTC, „FTC Policy Statement Regarding Advertising Substantiation")

FTC: „FTC Policy Statement on Unfairness"; 17.12.1980, im Internet unter: http://www.ftc.gov/ bcp/policystatmt/ad-unfair.htm (zuletzt 1.8.2007)
(zit.: FTC, „FTC Policy Statement on Unfairness")

FTC: „FTC Policy Statement on Deception"; 14.10.1983, im Internet unter: http://www.ftc.gov /bcp/ policystatmt/ad-decept.htm (zuletzt 1.8.2007)
(zit.: FTC, „FTC Policy Statement on Deception")

FTC: **„**FTC Charges Field Publications LTD With Violating the Unordered Merchandise Law"; 5.11.1990, im Internet unter: http://www.ftc.gov/opa/predawn /F93/field.txt (zuletzt 1.8.2007)
(zit.: FTC, „FTC Charges Field Publications LTD. With Violating the Unordered Merchandise Law")

FTC: „The Cooling-Off Rule: When and How to Cancel a Sale"; Mai 1996, im Internet unter: http://www.ftc.gov/bcp/edu/consumer/products/pro03.shtm (zuletzt 1.8.2007)
(zit.: FTC, „The Cooling-Off Rule: When and How to Cancel a Sale")

FTC: **„**Privacy Online: A Report to Congress"; Juni 1998, im Internet unter: http://www.ftc.gov/ reports/privacy3/priv-23a.pdf (zuletzt 1.8.2007)
(zit.: FTC, „Privacy Online: A Report to Congress", S.)

FTC: „Letter to NCCUSL against UCITA"; 30.10.1998, im Internet unter: http://www.ftc.gov/be /v980032.htm (zuletzt 1.10.2006)
(zit.: FTC, „Letter to NCCUSL against UCITA")

FTC: **„**Summary of FTC public workshop Consumer Protection in the Global Electronic Marketplace"; Juni 1999, im Internet unter: http://www.ftc.gov/bcp/icpw /lookingahead/appa.pdf (zuletzt 1.8.2007)
(zit.: FTC, "Summary of FTC public workshop Consumer Protection in the Global Electronic Marketplace", S.)

FTC: „Report From the Federal Trade Commission Staff, Protecting Consumers Online: The FTC's First Five Years"; Dezember 1999, im Internet abrufbar unter: http://www.ftc.gov/os/1999/ 12/fiveyearsreport.pdf (zuletzt 1.8.2007)
(zit.: FTC, „Report From the Federal Trade Commission Staff, Protecting Consumers Online: The FTC's First Five Years", S.)

FTC: „2000 Global Internet Summit at George Mason University"; Commissioner Orson Swindle März 2000, im Internet unter: http://www.ftc.gov/speeches/swindle /georgemason2000.shtm (zuletzt 1.8.2007)
(zit.: FTC, „2000 Global Internet Summit at George Mason University", S.)

FTC: „Privacy Online: Fair Information Practices in the Electronic Marketplace, A Report to Congress"; Mai 2000, im Internet unter: http://www.ftc.gov/reports/privacy 2000/privacy2000.pdf (zuletzt 1.8.2007)
(zit.: FTC, "Privacy Online: Fair Information Practices in the Electronic Marketplace", S.)

FTC: „Staff Issues Guidelines on Internet Advertising; Dot Com Disclosures", Part 1-3, Paper Explores How Existing Consumer Protection Laws Apply To Online Advertising, 3.5.2000, im Internet abrufbar unter: http://www.keytlaw.com/FTC /Rules/ftc0005001.htm #Overview (zuletzt 1.8.2007)
(zit.: FTC, „Staff Issues Guidelines on Internet Advertising Dot Com Disclosures", Part)

FTC: „Statement of the FTC on "Unsolicited Commercial E-Mail" Before the Subcommittee On Communications of the Committee on Commerce, Science and Transportation, U.S. Senate Washington, D.C.; 26.4. 2001, im Internet unter: http://www.ftc.gov/os/2001/04/ unsolicommemail.htm (zuletzt 1.8.2007)
(zit.: FTC „Statement of the FTC on Unsolicited Commercial E-Mail Before the Subcommittee On Communications")

FTC: „Electronic Signatures in Global and National Commerce Act - The Consumer Consent Provision in Section 101 (c) (1) (C) (ii)- A Report to Congress"; Juni 2001, im Internet unter: http:// www.ftc.gov/os/2001/06/esignreport.pdf (zuletzt 1.8.2007)
(zit.: FTC, "E-SIGN Act-The Consumer Consent Provision in Section 101 (c) (1) (C) (ii)- A Report to Congress", S.)

FTC: „A Business Guide to the Federal Trade Commission`s Mail or Telephone Order Merchandise Rule"; Januar 2002, im Internet unter: http://www.ftc.gov/bcp /conline/pubs/buspubs/ mailorder.shtm (zuletzt 1.8.2007)
(zit.: FTC, „A Business Guide to the Federal Trade Commission`s Mail or Telephone Order Merchandise Rule")

FTC: „A Brief Overview of the Federal Trade Commission`s Investigative and Law Enforcement Authority“; September 2002, im Internet unter: http://www.ftc.gov /ogc/brfovrvw.htm (zuletzt 1.8.2007)
(zit.: FTC „A Brief Overview of the Federal Trade Commission`s Investigative and Law Enforcement Authority“)

FTC: „Dot Com Disclosures“; 11.7.2003, im Internet abrufbar unter: http://www.ftc.gov/bcp/con-line/pubs/buspubs/dotcom /index.html (zuletzt 1.8.2007)
(zit.: FTC „Dot Com Disclosures“, S.)

FTC: „National Do Not E-mail Registry- A Report to Congress”; Juni 2004, im Internet unter: http://www.ftc.gov/reports/dneregistry/report.pdf (zuletzt 1.8.2007)
(zit.: FTC, „National Do Not Mail Registry- A Report to Congress“, S.)

FTC: „Internet Scams Fraud Trends 2004“; 2004, im Internet unter: http://www.fraud.org/2004-internet%20scams.pdf (zuletzt 1.8.2007)
(zit.: FTC, „2004 Fraud Trends“, S.)

FTC: „FTC Seeks Comment on Proposed COPPA Rule Amendment”; 12.1.2005, im Internet unter: http://www.ftc.gov/opa/2005/01/coppafrn.shtm (zuletzt 1.8.2007)
(zit.: FTC, „Comment on Proposed COPPA Rule Amendment“)

FTC: „Effectiveness and Enforcement of the Can Spam Act: A Report to Congress“; 20.12.2005, im Internet unter: http://www.ftc.gov/report/canspam05/051220 canspamrpt.pdf (zuletzt 1.8.2007)
(zit.: FTC, „Effectiveness and Enforcement of the Can Spam Act: A Report to Congress“)

National Association of Attorneys General: „Re: The Uniform Computer Information Transactions Act (UCITA)”; 13.11.2001, im Internet unter: http://www.arl.org /pp/ppcopyright/ucita/Agto NCCUSL11.shtml (zuletzt 1.8.2007)
(zit.: National Association of Attorneys General, „Re: The Uniform Computer Information Transactions Act (UCITA)”)

NCCUSL, ALI: „NCCUSL to Promulgate Freestanding Uniform Computer Information Transactions Act: ALI and NCCUSL Announce that Legal Rules for Computer Information Will Not Be Part of UCC”; press release, 7.4.1999, im Internet unter: http://www.lawupenn.edu/bll/archives/ ulc/ucita/2brel.htm (zuletzt 1.8.2007)
(zit.: NCCUSL/ALI, „NCCUSL to Promulgate Freestanding Uniform Computer Information Transactions Act: ALI and NCCUSL Announce that Legal Rules for Computer Information Will Not Be Part of UCC”)

NCCUSL: „UCITA 2002 Revision~Memorandum and Chart Amendments to UCITA Addressing ABA Working Group Suggestions"; 23.8.2002, im Internet unter: http://www.nccusl.org/nccusl /ucita/UCITA_082602_Memo_and_Chart.pdf (zuletzt 1.8.2007)
(zit.: NCCUSL, „UCITA 2002 Revision~Memorandum and Chart Amendments to UCITA Addressing ABA Working Group Suggestions")

NCCUSL: „2003 Amendments Uniform Commercial Code: Article 2- Sales, Summary"; 2003, im Internet unter: http://www.nccusl.org /Update/uniformact_summaries -s-ucc22003.asp (zuletzt 1.8.2007)
(zit.: NCCUSL, „2003 Amendments Uniform Commercial Code: Article 2- Sales, Summary")

NCCUSL: „UCITA Standby Committee is Discharged"; press release, 1.8.2003, im Internet unter: http://www.nccusl.org/nccusl/DesktopModules/NewsDisplayaspx?ItemID=56 (zuletzt 1.8.2007)
(zit.: NCCUSL, „UCITA Standby Committee is Discharged")

NCLC: Comments to the FTC on Necessary Consumer Protections for Electronic Commerce, Re: "U.S. Perspectives on Consumer Protection in the Global Electronic Marketplace", Comment, P994312; 26.3.1999, im Internet abrufbar unter: http://www.consumerlaw.org/initiatives/e_commerce/e_commerce_ protection.shtml (zuletzt 1.8.2007)
(zit.: NCLC, „Comments to the FTC on Necessary Consumer Protections for Electronic Commerce")

NCLC: „Letter to House Regarding the Substantial Problems with HR. 1714 - Electronic Signatures in Global and National Commerce Act"; 26.9.1999, im Internet unter: http://www.consumer-law.org/initiatives/e_commerce/electronic_signatures.shtml (zuletzt 1.10.2006)
(zit.: NCLC „Letter to House Regarding the Substantial Problems with HR. 1714 - Electronic Signatures in Global and National Commerce Act")

NCLC: „Uniform Electronic Transactions Act: Challenges and Opportunities"; im Internet unter: http://www.consumerlaw.org/initiatives/e_commerce/uniform_act.shtml (zuletzt 1.10.2006)
(zit.: NCLC, „Uniform Electronic Transactions Act: Challenges and Opportunities")

NCLC: „Proposed Amendments to the Uniform Electronic Transaction Act, Consumer Amendments to UETA"; im Internet unter: http://www.consumerlaw.org /initiatives/e_commerce/ueta_amen.shtml (zuletzt 1.10.2006)
(zit.: NCLC, „Proposed Amendments to the Uniform Electronic Transactions Act, Consumer Amendments to UETA")

NCLC: „E-Sign and UETA: What Should States Do Now?"; Saunders, Margot und Hillebrand, Gail, September 2000, im Internet unter: http://www.consumerlaw.org /initiatives/e_commerce/content/esign_ueta.pdf (zuletzt 1.8.2007)
(zit.: Saunders/Hillebrand in: NCLC „E-Sign and UETA: What Should States Do Now?")

NCLC: „Consumers Still Oppose UCITA in 2003"; 1.7.2003, im Internet unter: http://www.nclc. org/initiatives/e-commerce/ucita/index.shtml. (zuletzt 1.8.2007)
(zit.: NCLC, „Consumers Still Oppose UCITA in 2003")

President John F. Kennedy: **„**Special Message to the Congress on Protecting the Consumer Interest"; 15.3.1962, im Internet unter: http://www.presidency.ucsb.edu /ws/print.php?pid=9108 (zuletzt 1.8.2007)
(zit.: Kennedy, „Special Message to the Congress on Protecting the Consumer Interest")

The White House (Regierung Clinton/Gore): **„**A Framework for Global Electronic Commerce" 1.7.1997; im Internet unter: http://www.technology.gov/digeconomy /framewrk.htm. (zuletzt 1.8.2007)
(zit.: The White House, „A Framework for Global Electronic Commerce")

III. Entscheidungsverzeichnis

1. Entscheidungen US-amerikanischer Gerichte und Verfahren der FTC

Adobe Systems, Inc. v. One Stop Micro, Inc., 84 F.Supp.2d 1086 (N.D. Cal. 2000)

Advent Sys. Ltd. v. Unisys. Corp., 925 F.2d 670 (3rd Cir. 1991), CR 1993, S.80ff

Ai v. Frank Huff Agency Ltd. 61 Hawaii 607, 607 P.2d 1304 (1980)

Alanis v. Mali 2002 Tex. App. LEXIS 5542 (2002)

Amato v. General Motors Corp., 11 Ohio App. 3d 124, 463 N.E.2d 625 (1982)

American Home Improvement, Inc. v. McIver, 201 A.2d 886 (1964)

American Home Products, 98 F.T.C. 136, 374 (1981), aff'd, 695 F.2d (3d Cir. 1982)

Andre Strishak & Assocs. v. Hewlett Packard Co., 752 N.Y.S.2d 400 (App. Div. 2002)

Arizona Retail Sys. v. Software Link, Inc., 831 F.Supp. 759 (D. Ariz. 1993)

Aronson v. Bright-Teeth Now, L.L.C. 2002 WL 1466477, 57 Pa. D. & C.4th 1 (Pa. Com. Pl. June 19, 2002), aff'd 2003 Pa. Super. 187, 824 A.2d 320 (2003)

Atlantic Constr. & Supply Co., 83 F.T.C. 1440 (1974) (consent order)

Aurigemma v. Arco Petroleum Products Co., 734 F.Supp. 1025 (D. Conn. 1990)

Avalon Industries Inc., 83 F.T.C. 1728 (1974)

Averett v. Farmers Ins. Co. of Arizona, 869 P.2d 505 (Ariz. 1994)

Bazak International Corp. v. Mast Industries, Inc. 73 N.Y. 2d. 113, 7 U.C.C Rep. Serv. 2d 1380 (1989)

Beerman v. Toro. Mfg. Corp., 1. Hawaii App. 111, 615 P.2d 749 (1980)

Begelfer v. Najarian, 381 Mass. 177, 409 N.E.2d 167 (1980)

Beneficial Corp. v. FTC, 542 F.2d 611, 617 (3d Cir. 1976), cert denied, 430 U.S. 983 (1977)

Bentley v. Slavik 663 F.Supp. 736 (S.D. Ill. 1987)

Binette v. Dyer Library Assocs. 688 A.2d 898 (Me. 1996)

Bixby`s Food Sys., Inc., v. McKay, 193 F.Supp. 2d 1053 (N.D. Ill. 2002)

Black v. Iovino, 580 N.E.2d 139 (Ill. App. Ct. 1991)

Bologna v. Allstate Ins. Co., 138 F.Supp. 2d 310 (E.D. N.Y. 2001)

Bonebrake v. Cox, 499 F.2d 951 (8th Cir. 1974)

Broemer v. Abortion Services of Phoenix, 840 P.2d 1013 (1992)

Brower v. Gateway 2000, Inc., 1998 N.Y. App. Div. Lexis (1st Dept. N.Y., 1998)

Browers v. Baystate Technologies, Inc., CRi 2002, S.177ff

Burnham v. Superior Court of California, 495 U.S. 604 (1990)

Calandro v. Allstate Ins. Co., 63 Conn. App. 602, 778 A.2d 212 (2001)

Campell v. Beak, 568 S.E.2d 801 (Ga. App. 2002)

Carl Beasley Ford Inc. v. Burroughs Corp., 361 F.Supp 325 (E.D. Pa. 1973)

Caspi v. Microsoft Network, L.L.C., 1999 WL. 462175, 323 NJ. Super 118 (N.J. App. Div., 1999)

Catallo Assocs., Inc. v. McDonald & Goren, P.C., 465 N.W.2d 29 (Mich. Ct. App. 1990)

Cearley v. Wieser, 151 Ariz. 293, 727 P.2d 346 (Ct. App. 1986)

Certified Building Products, Inc., 83 F.T.C. 1004 (1973)

Chandler v. American General Finance, Inc., 47 P.3d 729, 768 N.E.2d 60 (2002)

Charles of the Ritz Dist. Corp. v. FTC, 143 F.2d 676 (2d Cir. 1944)

Chatlos Sys., Inc. v. National Cash Register Corp., 635 F.2d 1081 (3rd Cir. 1980)

Chern v. Bank of America, 15 Cal. 3d 866, 544 P.2d 1310, 127 Cal. Rptr. 110 (1976)

Cheshire Mortgage Service, Inc. v. Montes, 223 Conn. 80, 105 A.2d 1130 (1992)

Cliffdale Associates, 103 F.T.C. 110 (1984)

Clyburn v. Allstate Insurance, Co. 826 F.Supp. 955 (D. S.C. 1993)

Commercial Lighting Products, 95 F.T.C. 750 (1980) (consent order)

Commonwealth v. Source One Assocs., 436 Mass. 118, 763 N.E.2d 42 (2002)

Complete Interiors v. Behan, 558 So.2d 48 (Fla 5th D.C.A. 1990)

CompuServe, Inc. v. Cyber Promotions, Inc. 962 F.Supp 1015 (S.D. Ohio 1997)

CompuServe, Inc. v. Patterson, 1994 U.S. Dist. LEXIS 20352 (S.D. Ohio 1994)

Connick v. Suzuki Motor Co., 174 Ill. 2d 482, 675 N.E.2d 584 (1996)

Corbin v. Tolleson, 160 Ariz. 385, 773 P.2d 490 (Ct. App. 1989)

Corinthian Pharmaceutical v. Lederle Laboratories, 724 F.Supp. 605 (S.D. Ind. 1989)

Corning Glass Works, 92 F.T.C. 861 (1978) (consent order)

Couto v. Gibson, Inc., 1992 Ohio App. LEXIS 756 (Feb. 26, 1992)

Craig Comb v. Pay Pal, Inc., CRi 2003, S.24ff

Crown Ford, Inc. v. Crawford, 473 S.E.2d 554 (Ga. App. Ct. 1996)

Daenzer v. Wayland Ford, Inc., 2002 WL 1050209, 2002 US. Dist. LEXIS 8409 (E.D. Mich. May 7, 2002)

Dan Purvis Drugs, Inc. v. Aetna Life Ins., 412 N.E.2d 129, 131 (Ind. Ct. App. 1980)

Darner Motor Sales, Inc. v. Universal Underwriters Ins. Co., 140 Ariz. 383, 682 P.2d 388 (1984)

DeBondt v. Carlton Motorcars, Inc., 342 S.C. 254, 536 S.E.2d 399 (2000)

DeFillipo v. Ford Motor Co., 516 F.2d 1313 (3rd Cir.), cert. denied, 423 U.S. 912 (1975)

Dwyer v. J.I. Kislak Mortgage Corp., 103 Wash. App. 542, 13 P.3d 240 (2000)

Eastern Mountain Platform Tennis, Inc. v. Sherwin Williams Co., 40 F.3d 492 (1st Cir. 1994)

Eastern Star, Inc. v. Union Building Materials, 712 P.2d, 1148 (Haw. Ct. App. 1985)

Eshagi v. Hanley Dawson Cadillac Co., 214 Ill. App. 3d 995, 574 N.E.2d 760 (1991)

Falcon Associates, Inc. v. Cox 699 N.E.2d 203 (Ill. App. Ct. 1998)

F.D.S. Marine LLC v. Shaver Transp. Co., 2001 U.S. Dist. LEXIS 7800 (D. Or. Mar. 29, 2001)

Fink v. DeClassis 745 F.Supp. 509, 515 (N.D. Ill. 1990)

Flynn v. American Home Products Corp., 627 N.W.2d 342 (Minn. App. 2001)

Ford Motor Co., D. 9154, 96 F.T.C. 362 (1980)

Foresight Resources Corp. v. Pfortmiller, 719 F.Supp. 1006 (D. Kan. 1989)

Frank`s Maintenance & Engineering, Inc. v. C.A. Robots Co., 86 Ill.App.3d 980, 408 N.E.2.d 403 (1980)

Freeman v. Hubco Leasing, Inc. 324 S.E.2d, 462 (Ga. 1985)

Freeman v. The Time Inc., Magazine Co., 68 F.3d 285 (9th Cir. 1995)

FTC v. Benoit, No. 3:99 CV 181 (W.D. N.C. filed May 11, 1999)

FTC v. Brandzel, Case No. 96 C. 1440 (N.D. Ill. filed Mar. 13, 1996)

FTC v. Brown & Williamson Tobacco Corp., 778 F.2d 35 (D.C. Cir. 1985)

FTC v. Bunte Bros. Inc., 312 U.S. 349 (1941)

FTC v. Colgate-Palmolive Co., 380 U.S. 374 (1965)

FTC v. Consumer Credit Advocates, No. 96 Civ. 1990 (S.D. N.Y. filed Mar. 19, 1996)

FTC v. Corizine, Case No. CIV-S-94-1446 (E.D. Cal. filed Sept. 12, 1994)

FTC v. Craig Hare, Civil No.98-8194 CIV HURLEY (M.D. Fla., filed March 30., 1994)

FTC v. Dell Computer Corp., 5 Trade Reg. Rep. (CCH) ¶ 24.411 (W.D. Tex. 1998) (proposed consent decree)

FTC v. Enforma Natural Products, 5 Trade Reg. Rep. (CCH) ¶ 24,734 (C.D. Cal. Apr. 25, 2000)

FTC v. Fortuna Alliance, L.L.C. 5 Trade Reg. Rep. (CCH) ¶ 24, 039 (W.D. Wash. 1996) (proposed consent decree)

FTC v. FutureNet, Inc., Case No. 98-1113 GHK (AIJx), (C.D. Cal. filed Feb. 17, 1998)

FTC v. Garrett, Civ. Action No. H-01-1255 (S.D. Tex.)

FTC v. Guzzetta, 5 Trade Reg. Rep. (CCH) ¶ 24,906 (E.D. N.Y. 2001)

FTC v. Hillary Sheinkin, No. 2-00-3636-18 (D. S.C. filed 18, 2000)

FTC v. Infinity Multimedia, Case No. 96-6671-CIV-Gonzalez (S.D. Fla. filed June 24, 1996)

FTC v. Information Search, Inc., 5 Trade Reg. Rep. (CCH) ¶ 24,906 (D. Md. 2001)

FTC v. J.K. Publications, Inc., 99 F.Supp. 2d 1176 (C.D. Cal. 2000)

FTC v. Keppel & Bros., 291 U.S. 304 (1933)

FTC v. Lubell, No. 3-96-CV-80200 (S.D. Ia. 1996)

FTC v. Martinelli, No. 399 CV 1272 (CFD) (D. Conn. 1999)

FTC v. McGowan, 5 Trade Reg. Rep (CCH) ¶ 24,248 (D. N.J. 1997) (proposed consent decree)

FTC v. MET-Rx USA, Inc., Case No. SACV-99-1407-DOC (Anx) (C.D. Cal. filed Nov. 15, 1999)

FTC v. Micron Electronics, Inc., Docket No. C-3887

FTC v. Nia Cano, No. 97-7947-IH-(AJWx) (C.D. Cal. 1997)

FTC v. ReverseAuction.com, Inc., 5 Trade Reg. Rep. (CCH) 24.688 (D.D.C. Jan. 6, 2000) (consent decree)

FTC v. S.J.A. Society Corp., 5 Trade Reg. Report (CCH) 24.321 (ED VA 1997) (proposed consent decree)

FTC v. SlimAmerica, Inc., Case No. 97-6072 (S.D. Fla. filed Jan. 27, 1997)

FTC v. Sperry & Hutchinson Co., 405 U.S. 233, 92 S.Ct. 898 (1972)

FTC v. Ty Anderson, No. C00-1843P (W.D. Wash. filed Oct. 27, 2000)

FTC v. United Whoolesalers, Inc., 5 Trade Reg. Rep. (CCH) ¶ 23, 849 (S.D. Fla. 1995) (preliminary injunction)

FTC v. Verity International, Ltd. 194 F.Supp. 2d 270 (S.D. N.Y. 2000)

FTC v. Windward Marketing, Ltd., 1997 U.S. Dist. LEXIS 17114 (N.D. Ga. Sept. 30, 1997)

FTC v. Xanga.com, Inc., Hiler, Giusburg, FTC No. 062-3073 (U.S. D.C. S.D. N.Y., 7.th September, 2006)

Funding Systems Leasing Corp. v. King Louie Intern., Inc., 597 S.W.2d 624 (Mo. App. 1979)

Futuredontics, Inc. v. Applied Anagramics, Inc., (1997) 45 U.S.P.Q.2d (BNA) (2005)

Garcia v. Overland Bond & Investment Co., 282 Ill. App. 3d 486, 668 N.E.2d 199 (1996)

Garett et.al. v. International Milling Co., 223 S.W.2d 67 (Tex. App. 1949)

General Tel. Co. V. Falcon, 457 U.S. 147, 157 (1982)

Genesco, 89 F.T.C. 451 (1977)

GeoCities, 5 Trade Reg. Rep. (CCH) 24.485 (FTC Document No. C-3850 1999) (consent decree)

Getty v. Rountree, 2 Pinney 379, 2 Chand. 28, 54 Am. Dec. 138 (1850)

Gilbert & Bennett Mfg. Co. v. Westinghouse Elec. Corp., 445 F.Supp. 537 (D.C. Mass. 1977)

Gindy Mfg. Corp. v. Cardinale Trucking Corp., 268 A.2d 345 (N.J. 1970)

Gorman v. Saf-T-Mates, Inc., F.Supp., 1028 (N.D. Ind. 1981)

Grass v. Credito Mexicano, S.A., 797 F.2d 220 (5th Cir. 1986), cert. denied, 490 U.S. 934 (1987)

Gray v. North Carolina Ins. Underwriting Assn., 352 N.C. 61, 529 S.E.2d 676 (2000)

Groff v. America Online Inc., File No. C.A. No. PC. 97-0331, 1998 WL. 307001 (R.I. Super. Court, 1998)

Gross-Haentjens v. Leckenby, 38 Or. App., 313, 589 P.2d 1209 (Or. Ct. App. 1979)

Hahn v. Ford Motor Corp. 434 N.E. 2d 943 (Ct. App. Ind., 1981)

Hagar v. Zaidman, 797 F.Supp. 132 (D.Conn.1992)

Hans W. Kirchner, 63 F.T.C. 1282 (1963)

Harrison v. Jones, 880 F.2d 1279 (11th Cir. 1989)

Hasbro, Inc. v. Internet Entertainment Group Ltd., 1996 WL 84853 (W.D. Wash. Feb. 9, 1996)

Hawaii Community Fed. Credit Union v. Keka 94 Haw. 213, 11 P.3d 1 (2000)

Hazelhurst v. Brita Prods. Co., 295 A.D.2d 240, 744 N.Y.S.2d 31 (2002)

Heater v. FTC, 503 F.2d 321 (9th Cir. 1974)

Hensley v. Eckhart, 461 U.S. 424, 103 S.Ct. 1933, 76 L.Ed.2d 40 (1983)

Hessenthaler v. Farzin, 388 Pa. Super. 37, 564 A.2d 990 (Pa.Super. Ct. 1989)

Hiken Furniture Co., 91 F.T.C. 1115 (1978) (consent order)

Hill v. Gateway 2000, Inc., 105 F.3d 1147 (7th Cir. 1997)

Hillstrom v. Gosnay, 188 Mont. 388, 614 P.2d 466 (Mont. 1980)

Hollywood Carpets Inc., 86 F.T.C. 784 (1975)

Holiday Carpets, Inc., 76 F.T.C. 673 (1969)

Hospital Computer Sys., Inc. v. Staten Island Hosp., 788 F. Supp. 1351 (D. N.J. 1992)

Hooters of America v. Phillips, 173 F.3d 933 (1999)

Industrias Magromer Cueros y Pieles S.A. v. Louisiana Bayou Furs Inc., 293 F.3d 912 (5th Cir. 2002)

In-Flight Devices Corp. v. Van Dusen Air, Inc., 466 F.2d 220 (6th Cir. 1972)

Informix Software Inc. v. Oracle Corp., 927 F.Supp. 1283 (N.D. Cal. 1996)

Intermar Overseas, Inc. v. Argocean SA, 117 App. Div.2d 492, 503 N.Y.S.2d 736 (1st Dept. 1986)

International Harvester Co., 104 F.T.C. 949 (1984)

Institution Technologies, Inc. v. National Envirotech Group, L.L.C. Civ. No.97-2064, D.C. Louisiana

J.B. Williams Co., 68 F.T.C. 481, 546 (1965), aff'd, 381 F.2d 884 (6th Cir. 1967)

Jessup Morgan v. America Online, Inc. F.Supp.2d 1105 (ED Mich 1998)

J.G. Conestoga L.L.C. v. Seal Dry/USA Inc., 2000 US. Dist. LEXIS (1850)

J. Lee Gregory Inc. v. Scandinavian House L.P., 433 S.E.2d 687 (Ga.App. 1993)

John Deere Leasing, Co. v. Blubaugh, 636 F.Supp. 1569 (D. Kan. 1986)

John Labatt Ltd. v. Molson Breweries, 853 F.Supp. 965 (1994)

Joseph Denunzio Fruit Co. v. Crane 79 F.Supp. 117 (S.D. Cal. 1948)

Kasky v. Nike, Inc., 27 Cal. 4th 939, 45 P.3d 243, 119 Cal. Rptr. 2d 269, 304 (2002)

Kelly v. Arriba Soft Corp., 2002 WL 181351 (9th Cir., Feb. 6, 2002)

Klocek v. Gateway 2000, Inc., 104 F.Supp.2d 1332 (D. Kansas 2000)

Knight-McConell v. Cummins, U.S. District Court for the Southern District of New York, S.D.N.Y., (2004) 03 Civ. 5035 (NRB)

Kugler v. Romain, 58 N.J. 522, 279 A.2d 640 (1971)

Kustom Enterprises Co., 85 F.T.C. 840 (1975)

Kuzmeskus v. Pickup Motor Co., Inc., 330 Mass. 490, 115 N.E.2d 461 (1953)

Lambert v. Downtown Garage, Inc., 553 S.E.2d 714 (Va. 2001)

Lavie v. Procter & Gamble Co., 105 Cal. App. 4th 496, 129 Cal. Rptr. 2d 486 (2003)

Ledbetter Erection Corp. v. Workmen`s Compensation Appeals Board, 156 Cal. App.3d. 1097, 203 Cal. Rptr. 396 (1984)

Leon v. Rite Aid Corp., 340 N.J. Super. 462, 774 A.2d 674 (App. Div. 2001)

Leprino v. Intermountain Brick Co., 759 P.2d 835 (Colo.App. 1988)

Leroy Gorden Cooper Jr., 94 F.T.C. 674 (1979) (consent order)

Levitz Furniture Corp., 88 F.T.C. 263 (1976) (consent order)

LG Balfour Co., 79 F.T.C. 486 (1971)

Lieschke v. Realnetworks, Inc. 2000 WL 198424 (N.D. Ill. 2000)

Linthicum v. Archambault 379 Mass. 381, 398 N.E.2d 482 (1979)

Lloyd`s Furs Co., 102 F.T.C. 1828 (1983) (consent order)

Lockyer v. Fremont Life Ins. Co., 104 Cal. App. 4th 508, 128 Cal. Rptr. 2d 463 (2002)

Long v. Chronicle Publishing Co. 68 Cal. App. 171, 228 P.873 (Cal.App. 1924)

Ly v. Nystrom 615, N.W.2d 301 (Minn. 2000)

Lynn v. Nashawaty, 12 Mass. App. Ct. 310, 423 N.E.2d 1052 (1981)

Mainline Tractor & Equipment Co. v. Nutrite Co. 937 F.Supp. 1095 (D. Vt. 1996)

M.A. Mortenson Company, Inc. v. Timberline Software Corporation, 970 P.2d 803 (Wash. 1999), abgedruckt in CRi 2000, S.53ff, m. Anm. Lejeune

Management Computer v. Perry Constr. 743 So.2d 627 (Fla. App. 1 Dist. 1999)

Marascio v. Camponella, 298 N.J. Super. 491, 689 A.2d 852 (App. Div. 1997)

Market Dev. Corp., 95 F.T.C. 100 (1980)

Marshall v. Miller, 302 N.C. 539, 276 S.E. 2d 397 (1981)

Massachusetts Mutual Life Ins. Co. v. Superior Court, 97 Cal. App. 4th 1282, 119 Cal. Rptr. 2d 190 (2002)

Materials Mktg. Corp. V. Spencer, 40S.W. 3d 172 (Tex. App. 2001)

McDonalds, Corp. v. Shop At Home, Inc., 82 F.Supp 2d 801 (M. D. Tennessee 2000)

McGough v. Oakwood Mobile Homes, Inc., 779 So. 2d 793 (La. App. 2000)

McGraw v. Loyola Ford, Inc., 124 Md. App. 560, 723 A.2d 502 (1999)

Mead. Corp. v. McNally-Pittsburgh Mfg. Corp. 654, F.2d 1197 (6th Cir. 1981)

Miller v. Hubbard-Wray, 53 Or. App. 531, 633 P.2d 1 (1981)

Minneapolis & St Louis Railway v. Columbus Rolling Mill. Co., 119 U.S. 149, 7 S. Ct. 168, 30 L.Ed. 376 (1886)

Moore Elec. Contractor, Inc. v. Westinghouse Elec. Supply Co., 221 Va. 745, 273 S.E.2d 553, Va. 1981

Morris v. Osmose Wood Preserving, 340 Md. 519, 667 A.2d 624 (1995)

Morrow v. DeVitt et.al. 160 S.W.2d 977 (Tex.App. 1942)

Murphy v. Mallard Coach Co., 582 N.Y.S.2d 528 (N.Y. App. Div. 1992)

Musil v. Hendrich 6 Kann. App.2d 196, 627 p.2d 367 (1981)

Mutual Constr. Co., Inc., 87 F.T.C. 621 (1976)

Naiditch v. Shaf Home Builders, Inc., 512 N.E.2d 1027 (Ill. App. 1987)

National Furniture Mfg. Co. v. Center Plywood Co. 405 S.W.2d 115 (Tex. App. 1966)

National Petroleum Refiners Ass. v. FTC 482 F.2d 672 (D.C. Cir. 1973)

Nei v. Burley, 388 Mass. 307, 446 N.E.2d 674 (1983)

Nelson v. Lusterstone Surfacing Co., 258 Neb. 678, 605 N.W. 2d 136 (Neb. 2000)

Nobrega v. Edison Glen Assocs., 327 N.J. Super 414, 743 A.2d 864 (App. Div. 2000)

Novell, Inc. v. Network Trade Center, Inc., 25 F.Supp. 2d 1218 (D. Utah 1997)

Olin Corp. v. Lambda Electronics, Inc., 39 F.2d 912 (E.D. Tenn. 1998)

Omega World Travel v. Mummagraphics, Inc., 469 F.3d 348 (4th Cir. 2006)

Oppedahl & Larson v. Advanced Concepts, (U.S. D.C. Colo., No.97-CV-1592)

Osage Homestead Inc. v. Sutphin, 657 S.W.2d 346 (Mo.App. E.D. 1983)

Owen`s Illinois Co., 92 F.T.C. 866 (1978) (consent order)

Patricia Wexler M.D., 115 F.T.C. 849 (1992) (consent order)

Patterson v. Beall, 19 P.3d 839 (Okla. 2000)

Peacock Buick, 86 F.T.C. 1532 (1975), aff'd, 553 F.2d 97 (4th Cir. 1977)

Peerless Wall and Window Coverings, Inc. v. Synchronics, Inc., 85 F.Supp 519 (W.D. Pa 2000)

People v. Avila, 770 P.2d 1330 (Colo. Ct. App. 1988)

People v. Conway, 42 Cal. App. 3d 875, 117, Cal. Rptr. 251 (1974)

People v. Lynam, 253 Cal. App. 2d 959, 61 Cal. Rptr. 800 (1967)

People ex rel. Scott v. Larence, 105 III. App.3d 171, 434 N.E.2d 5 (1982)

Perona v. Volkswagen of America, Inc., 684 N.E.2d 859 (Ill. App. Ct. 1997)

Pfizer, Inc. 81 F.T.C. 23 (1972)

Philip Morris, Inc., 82 F.T.C. 16 (1983)

Pickett v. Holland Am. Line-Westours, Inc., 6 P.3d 63 (Wash. App. 2000), review granted, 20 P.3d 944 (Wash. 2001)

Pirozzi v. Penske-Olds-Cadillac-GMS, 605 A.2d 373 (Pa. Super. Ct. 1992)

Playboy Enterprises, Inc. v. Calvin Designer Label (U.S. D.C. N.D. Cal. 97-3204)

Playboy Enterprises, Inc. v. Asia Focus & Internet Promotions (Civ. No.C-97-3204 D.C. Cal.)

ProCD, Inc. v. Zeidenberg, 86 F.3d 1447 (7th Cir. 1996)

ProCD, Inc. v. Zeidenberg, 1996 WL10068 (W.D. Wis. 1996)

Randels v. Best Real Estate, Inc., 243 Ill. App. 3d 801 (1993)

Regina Corp. v. FTC , 322 F.T.C. 765 (3rd Cir. 1963)

Revere Chemical Corp., 80 F.T.C. 85 (1972)

Rhen Marshall v. Purolator Filter Div., 211 Neb. 306, 318 N.W. 2.d 284 (1982)

Rhino Linings USA, Inc. V. Rocky Mountain Rhino Lining, Inc., 62 P.3d 142 (Colo. 2003)

Riverside National Bank v. Lewis, 603 S.W.2d 169 (Tex. 1980)

R.J. Longo Constr. v. Transit Am., 921 F.Supp. 1295 (D. N.J. 1996)

Roberts v. Rohrmann, 909 F.Supp.545 (N.D. Ill. 1995)

Robertson v. State Farm Fire Casualty Co., 890 F.Supp. 671 (E.D. Mich. 1995)

Roth v. Garcia Marquez, 942 F.2d 617 (9th Cir. 1991)

Rowan v. U.S. Post Office Dept., 397 U.S. 728ff (1970)

Royal Furniture, 93 F.T.C. 422 (1979) (consent order)

RRX Indus. Inc. v. Lab-Con, Inc., 772 F.2d 543 (9th Cir. 1985)

Sanco, Inc. v. Ford Motor Co., 771 F.2d 1081 (7th Cir., 1985)

Schafer v. Chrysler Corp., 544 F.Supp 182, 186 (N.D. Ind. 1982)

Schnall v. Hertz Corp., 78 Cal. App. 4th 1144, 93 Cal. Rptr. 2d 439 (2000)

Schroeder v. Barth, Inc., 969 F.2d 421 (7th Cir. 1992)

Shorter v. Champion Home Bldrs., 776 F.Supp. 333 (N.D. Ohio 1991)

Schumacher & Co. v. Silver Wallpaper & Paint Co., Inc., 810 F.Supp. 627 (E.D. Pa. 1992)

Searle v. Exley Express, Inc., 278 Or. 535, 564 P.2d 1054 (1977)

Seixas v. Wood, 2 Caine R. 48 (N.Y. 1804)

Selma Savings Bank v. Webster County Bank 182 Ky. 604, 206 S.W. 870 (Ct. App. 1918)

Shannon v. Boise Cascade, 2003 WL 251946 (Ill. App. Jan. 31 2003)

Siegel v. Levy Organization Dev. Co., 153 Ill. 2d 534, 607 N.E.2d 194 (1992)

Singleton v. Pennington, 606 S.W.2d 682 (Texas 1980)

Sithon Maritime Co. v. Holiday Mansion, 1999 U.S. Dist. LEXIS 3174 (D. Kan. Feb. 16, 1999)

Skelton v. General Motors Corp., 500 F.Supp. 1183 (N.D. Ill. 1981)

Skelton v. General Motors Cop., 660 F.2d 331 (7th Cir. 1981), rev. 500 F.Supp. 3181 (N.D. Ill. 1981)

Smaldino v. Larsick, 90 Ohio App. 3d 691, 630 N.E.2d 408 (1993)

Sovereign Chemical & Petroleum Products, Inc., 104 F.T.C. 478 (1984) (consent order)

Specht v. Netscape Communications Corp., 306 F.3d 17 (2dCir. 2002)

Sperry & Hutchinson C., 405 U.S. 223, (1972)

Spiegel, Inc., v. FTC 411 F.2d 481 (7th Cir. 1969)

Spiegel, Inc. v. FTC, 540 F.2d 287 (7th Cir. 1976)

Star Office Supply Co., 77 F.T.C. 383 (1970)

State v. O`Neil Investigation, Inc., 609 P.2d 520 (Alaska 1980)

State ex rel. Corbin v. Goodrich, 151 Ariz. 118, 726 P.2d 215 (Ct. App. 1986)

Steele v. J.I. Case Co., 197 Kan. 554, Syl. ¶ 5, 419 P.2d 902 (1966)

Step-Saver Data Sys. Inc. v. Wyse Tech., 939 F.2d 91 (3rd Cir. 1991)

Stevenson v. Louis Dreyfus Corp., 112 N.M. 97, 811 P.2d 1308 (1991)

Stringer v. Perales 2003 Tex. App. LEXIS 3175 (2003)

Surdyk`s Liquor, Inc. v. MGM Liquor Stores, 83 F.Supp. 2d 1016 (D. Minn. 2000)

Surgical Care Center v. Hospital Serv. Dist., 309 F.3d 836 (5th Cir. 2002)

Tashof v. FTC, 437 F.2d 707 (D.C. Cir. 1970)

Testo v. Russ Dunmire Oldsmobile, Inc., 16 Wash. App. 39, 554 P.2d 349 (1976)

Thacker v. Menard, Inc., 105 F.3d 382 (7th Cir. 1997)

The Washington Post, Co. v. Total News, Inc. No. 97 Civ. 1190 (S.D.N.Y. filed Feb. 20, 1997)

Thomas v. Sundance Properties, 726 F.2d 1417 (9th Cir. 1984)

Thompson Medical Co., 104 F.T.C. 648 (1984), aff'd 791 F.2d 189 (D.C. Cir. 1986), cert. denied , 479 U.S. 1086 (1987)

Ticketmaster Corp. v. Microsoft Corp., No. 97-3055DDP (C.D. Cal. filed Apr. 28, 1997)

Ticketmaster, Corp. v. Tickets Com, Inc. 2000 WL 525390 (C.D. Cal. 2000)

Transclean Corp. v. Bridgewood Servs., Inc. 77 F.Supp. 2d 1045 (D. Minn. 1999)

Travel King, 86 F.T.C. 715, 719 (1975)

Triangle Underwriters, Inc. v. Honeywell Inc. 604 F.2d 737 (2nd Cir. 1979)

Troutman v. Pierce Inc., 402 N.W.2d, 925 (N.D. 1987)

Tudor v. Jewel Food Stores, Inc., 681 N.E.2d 6 (Ill. App. Ct. 1997)

Turkey Mountain Estates, Inc. 84 F.T.C. 698 (1974)

Turner v. Central Hardware Co., 353 Mo. 1182, 186 S.W.2d 603 (1945)

Ujena, Inc., 111 F.T.C. 699 (1989) (consent order)

United Roasters Inc. v. Colgate-Palmolive Co., 649 F.2d 985 (4th Cir. 1981)

United States v. DelMonte Corp., 3 Trade Reg. Rep. (CCH) ¶ 22,307 (N.D. Cal. Nov. 18, 1985) (consent order)

United States v. Iomega Corp., Case No.1:98 CV00141C (D. Utah filed Dec. 9, 1998)

United States Surgical Corp. v. Orris, Inc., 5 F.Supp.2d 1201 (D. Kan. 1998)

Universal Motors, Inc. v. Waldock, 719 P.2d 254 (Alaska 1986), 1 U.C.C. Rep. 2d 704

Valley Forge Towers S. Condomnium v. Ron-Ike Foam Insulators, Inc., 574 A.2d 641 (Pa. Super. Ct. 1990)

Vault Corp. v. Quaid Software Ltd. 847 F.2d 255 (5th Cir. 1988)

Viches v. MLT, Inc., 124 F.Supp. 2d 1092 (E.D. Mich. 2000)

Volkswagen of America, 99 F.T.C. 446 (1982)

Volkswagen of America, Inc. v. Harrell, 431 So.2d 156, 164 (Ala. 1983), 36 U.C.C. Rep. 553

Wadkins v. Roach Cadilliac, Inc., 7 Kann. App. 2d 8, 637 P.2d 458 (1981)

Wafra Leasing Corp. v. Prime Capitel Corp., 2002 U.S. Dist. LEXIS 9315 (N.D. Ill. May 24, 2002)

Walsh v. Ford Motor Co., 627 F.Supp. 1519, 1523 (D.D.C. 1984), aff'd 807 F.2d 1000, 1012 (D.C. Cir. 1986)

Waltham Watch Co., v. FTC, 318 F.2d 28 (7th Cir. 1963), cert. denied, 375 U.S. 944 (1964)

Watral v. Murphy Diesel Co., 358 F.Supp. 968 (E.D. Wisc. 1973)

Watson v. Tom Growney Equipment Inc., 104 N.M. 371, 721 P.2d 1302 (N.M. 1986)

Weaver v. American Oil Company, 276 N.E.2d 144 (Ind. 1971)

Wells v. Allstate Ins. Co., 210 F.R.D. 1 (D.D.C. 2002)

Wilbanks Carpet Specialists, Inc., 84 F.T.C. 510 (1974)

Wilson v. World Omni Leasing, Inc., 540 So.2d 713 (Ala. 1989)

Wolverton v. Stanwood 278 Or. 341, 563 P.2d 1203 (1977)

Young v. Patakonis, 24 Mass. App. Ct. 907, 506 N.E.2d 1164 (1987)

2. Entscheidungen deutscher und europäischer Gerichte

AG Butzbach NJW-RR 2003, S.54ff

AG Menden NJW 2004, S.1329ff

BAG 1, 279ff

BGHZ 3, 308ff

BGHZ 4, 153ff

BGH GRUR 1959, S.277ff (Künstlerpostkarten)

BGH GRUR 1960, S.382ff (Verbandsstoffe)

BGH GRUR 1963, S.359ff

BGH GRUR 1963, S.482ff (Hollywood Duftschaumbad)

BGH GRUR 1964, 397ff

BGH GRUR 1965, S.363ff (Fertigbrei)

BGH GRUR 1965, S.361ff (Taxibestellung)

BGHZ 43, S.140ff, NJW 1965, S.967ff (Lavamat II)

BGH GRUR 1966, S.47ff (Indicator)

BGH GRUR 1968, S.200ff (Acrylglas)

BGH GRUR 1968, S.382ff

BGH GRUR 1970, S.557ff (Erotik in der Ehe)

BGH, NJW 1970, S.2023ff

BGH GRUR 1971, S.365ff (Wörterbuch)

BGH NJW 1973, S.93ff (Mehrwert II)

BGH GRUR 1973, S.474ff (Preisausschreiben)

BGH NJW 1973, S.2106ff

BGH GRUR 1974, S.225ff

BGH NJW 1974, S.1822ff

BGH GRUR 1977, S.157ff

BGH GRUR 1979, S.716ff (Kontinent Möbel)

BGH NJW 1979, S.2036f

BGH NJW 1980, S.2085ff

BGH GRUR 1981, S.666ff (Ungarische Salami I)

BGHZ 1981, S.247ff, NJW 1981, S.2572ff

BGH GRUR 1981, S.656ff (Schlangenzeichen)

BGH NJW 1981, S.2343ff

BGH GRUR 1982, S.564ff (Elsässer Nudeln)

BGH GRUR 1982, S.685ff (Ungarische Salami II)

BGH GRUR 1982, S.437ff (Testgut)

BGH NJW 1982, S.1035ff

BGH GRUR 1983, S.257ff

BGH NJW 1983, S.816ff

BGH NJW 1983, S.1489ff

BGH NJW 1983, S.2144ff

BGH NJW 1983, 2772ff

BGH GRUR 1984, S.741ff (patented)

BGH NJW 1984, S.1106ff (Überall Westfalenblatt)

BGH NJW 1984, S.1112ff

BGH NJW 1984, S.2279ff

BGH NJW 1984, S.2365ff (Sachverständiger)

BGH GRUR 1985, S.450ff (Benzinverbrauch)

BGH GRUR 1986, S.622ff

BGH NJW-RR 1987, S.112ff

BGH GRUR 1988, S.829ff (Verkaufsfahrten II)

BGH NJW 1988, S1670ff

BGH NJW 1988, 2106ff

BGH GRUR 1989, S.855ff (Teilzahlungskauf II)

BGHZ 106, S.229ff, NJW 1989, S.902ff

BGH GRUR 1990, S.604ff (Dr. S.-Arzneimittel)

BGH NJW-RR 1990, S.678ff (Buchführungshelfer)

BGH NJW 1990, S.454ff

BGH NJW 1991, S.2087ff (Telefonwerbung IV)

BGH NJW-RR 1991, S.1136ff (Porzellanmanufaktur)

BGH GRUR 1991, S.554ff (Bilanzbuchhalter)

BGH NJW 1992, S.1958ff

BGH GRUR 1992, S.66ff (Königliche Bayrische Weisse)

BGH GRUR 1992, S.450ff (Beitragsrechnung)

BGH GRUR 1992, S.855ff (Gutscheinübersendung)

BGH GRUR 1992, S.406ff (Beschädigte Verpackung)

BGH GRUR 1993, S.127ff

BGH NJW 1994, S.1071ff

BGH NJW 1994, S.1726ff

BGHZ 130, S.5ff, NJW 1995,S.2486ff, (Busengrapscher)

BGH NJW 1995, S.190ff

BGHZ 130, 205ff, NJW 1995, S.3177ff (Feuer, Eis & Dynamit)

BGH NJW 1995, S.3124ff

BGH GRUR 1996, S.910ff (Die meistverkaufte Europas)

BGHZ 132, 13ff, NJW 1996, S.1131ff (Lohnkiller)

BGH GRUR 1996, S.208ff

BGH NJW 1996, S.660ff

BGH GRUR 1996, S.367ff

BGH GRUR 1996, S.502ff

BGH, WRP 1996, S.710ff (730) (Uhrenapplikationen)

BGH WRP 1996, S.1102ff

BGH NJW-RR 1996, S.1194ff

BGH GRUR 1997, S.479ff (Münzangebot)

BGH GRUR 1997, S.306ff

BGH GRUR 1997, S.233ff (Gynäkologe)

BGH, WRP 1997, S.310ff (312) (Yellow Phone)

BGH NJW 1997, S.588ff

BGH, WRP 1997, S.748ff (751) (Grau/Magenta)

BGH NJW-RR 1997, S.1193ff (selbsternannter Fachmann)

BGH NJW 1998, S.3489ff (Warsteiner II)

BGH NJW 1998, S.3349ff (Die große deutsche Tages- und Wirtschaftszeitung)

BGH GRUR 1999, S.261ff (Handy Endpreis)

BGH NJW 1999, S.1864ff

BGH NJW-RR 1999, S.982ff

BGH GRUR 1999, S.507ff (Teppichpreiswerbung)

BGH NJW 2000, S.2677ff (Telefonwerbung V)

BGH GRUR 2000, S.1076ff (Abgasimmissionen)

BGH NJW-RR 2000, S.704ff (Preisknaller)

BGH, NJW 2000, S.521ff

BGH GRUR 2000, S.820ff (space fidelity peep show)

BGH GRUR 2000, S.619ff (Orientteppich-Muster)

BGH GRUR 2000, S.239ff (Last Minute Reisen)

BGH NJW-RR 2000, S.1640ff (Stich den Buben)

BGH NJW-RR 2001, S.620ff (621f) (Filialleiter)

BGH K&R 2002, S.142ff m.Anm. Schmittmann

BGH, Urteil vom 22.11.2001, I ZR 138/99 (shell.de)

BGH GRUR 2001, S.1061ff (Mitwohnzentrale.de)

BGH GRUR 2001, S.82ff (Neu in Bielefeld I)

BGHZ 146, S.341ff, NJW 2001, S.1056ff

BGH ZIP 2001, S.1921ff

BGH NJW 2001, S.2635ff

BGH GRUR 2002, S.81ff (Anwalts- und Steuerkanzlei)

BGH NJW-RR 2002, S.38ff (Soo billig)

BGH NJW 2002, S.138ff

BGH NJW 2002, S.363ff

BGH NJW 2002, 2781ff (Lottoschein)

BGH NJW 2002, S.3399ff (Steinzeit)

BGH GRUR 2002, S.182ff (Das Beste jeden Morgen)

BGH, NJW 2002, S.2391ff

BGH NJW 2002, S.2038ff (Werbefinanzierte Telefongespräche)

BGH NJW 2002, S.368ff

BGH GRUR 2002, S.550ff (Elternbriefe)

BGH GRUR 2002, S.715ff (Scannerwerbung)

BGH GRUR 2002, S.828ff (Lottoschein)

BGH GRUR 2002, S.902ff (Vanity-Nummer)

BGH GRUR 2002, S.976ff (Kopplungsangebot)

BGH NJW 2002, S.3396ff

BGH NJW 2002, S.600ff (Warsteiner III)

BGH, CR 2003, S.920ff (Paperboy)

BGH GRUR 2003, S.163ff

BGH NJW-RR 2003, S.1267ff (Schachcomputerkatalog)

BGH GRUR 2003, S.249ff

BGH GRUR 2003, S.361ff

BGH GRUR 2003, S.626ff (Umgekehrte Versteigerung II)

BGH WRP 2003, S.1222ff (Internet-Reservierungssystem)

BGH NJW 2003, S.1665ff

BGH WM 2003, S.205ff

BGH GRUR 2004, S.162ff (Mindestverzinsung)

BGHZ 156, S.250ff, GRUR 2004, S.244ff (Marktführerschaft)

BGH NJW 2004, S.579ff (Klinik Monopoly)

BGH NJW 2004, S.1454ff

BGH NJW 2004, S.1951ff (Genealogie der Düfte)

BGH NJW 2004, 2235ff (Dauertiefpreise)

BGH, NJW 2005, S.53ff

BGH, WRP 2006, S.1507ff

BGH GRUR 2006, S.428ff (Abschleppkosten-Inkasso)

BGH, MMR 2006, S.737ff

BVerfGE 3, S.225ff

BVerfGE 9, S.338ff

BVerfGE 13, S.153ff

BVerfGE 34, S.269ff

BVerfGE 73, S.339ff

BVerfGE 75, S.223ff

BVerfGE 89, S.155ff

BVerfGE 102, S.347, NJW 2001, S.591ff (Benetton)

BVerfGE 107, S.275ff, NJW 2003, S.1303ff (Benetton II)

EuGH Slg. 1964, I-1251, (E.N.E.L.) EuGH-Urteil vom 15.7.1964 (Rs. C 6/64)

EuGH Slg. 1979, NJW 1979, S.1766ff, (Rewe); EuGH-Urteil vom 20.2.1979 (Rs. C 120/78)

EuGH Slg. 1983, I-947 (De Kikvorsch); EuGH-Urteil vom 17.3.1983 (Rs. C-94/82)

EuGH Slg. 1984, 3651 (Ringelhan); EuGH-Urteil vom 16.11.1984 (Rs. C 177/83)

EuGH Slg. 1988, I-3245, NJW 1988, S.2165ff (Brown); EuGH-Urteil vom 21.6.1988 (Rs. C-197/86)

EuGH Slg. 1989, I-1235, EuZW 1990, S.69ff (Buet); EuGH-Urteil vom 16.5.1989 (Rs. C-382/87)

EuGH, Slg. 1990, I-667, EWS 1991, S.85ff (GB-INNO-BM); EuGH-Urteil vom 7.3.1990 (Rs. C-362/88)

EuGH Slg. 1990, I.- 4827 (Pall); EuGH-Urteil vom 13.12.1990 (Rs. C-238/89)

EuGH Slg. 1991, I.-2971, Rn.16ff, 31, EuZW 1992, S.701ff (Piageme I); EuGH-Urteil vom 18.6.1991 (Rs. C-369/89)

EuGH Slg. 1992, I-131, WRP 1993, 233ff; GRUR 1997, S.1ff (Nissan); EuGH-Urteil vom 16.1.1992 (Rs. C-373/90)

EuGH Slg. 1993, I-2361, EuZW 1993, 420ff; VuR 1995, 251ff (Yves Rocher); EuGH-Urteil vom 18.5.1993 (Rs. C-126/91)

EuGH Slg. 1994, I., 317, NJW 1994, S.1204ff (Clinique); EuGH-Urteil vom 2.2. 1994 (Rs. C-315/92)

EuGH Slg. 1995, I-1923, GRUR Int. 1995, S.804ff (Mars); EuGH-Urteil vom 6.7.1995 (Rs. C-470/93)

EuGH Slg. 1995, I.-2955, Rn.27ff, EuZW 1996, S.14ff (Piageme II); EuGH-Urteil vom 12.10.1995 (Rs. C-85/94)

EuGH Slg. 1996, I-6039 (Graffione); EuGH-Urteil vom 26.11.1996 (Rs. C-313/94)

EuGH Slg. 1997, I-1111, (Ebony); EuGH-Urteil vom 27.2.1997 (Rs. C-177/95)

EuGH Slg. 1997, I-3767 (Benincasa); EuGH-Urteil vom 3.7.1997 (Rs. C-269/95)

EuGH Slg. 1998, I-4657, GRUR Int. 1998, S.795ff (Gut Springenheide); EuGH-Urteil vom 16.7.1998 (Rs. C-210/96)

EuGH, NJW 1998, S.1295ff

EuGH Slg. 1999, I-2517, (Land Vorarlberg); EuGH-Urteil vom 29.4.1999 (Rs. C-224/97)

EuGH Slg. 1999, I-513, RIW 1999, 379ff; EuZW 1999, 281ff, GRUR Int 1999, S.345ff (Sektkellerei Kessler); EuGH-Urteil vom 28.1.1999 (Rs. C-303/97)

EuGH Slg. 1999, I-2779, GRUR 1999, S.723ff (Windsurfing Chiemsee); EuGH-Urteil vom 4.5.1999 (Rs. C-108/97)

EuGH Slg. 1999, I-3819, GRUR Int 1999, S.734ff (Lloyds); EuGH-Urteil vom 22.6.1999 (Rs. C-342/97)

EuGH, Slg. 2000, I-117 (Lifting Creme); EuGH-Urteil vom 13.1.2000 (Rs. C-220/98)

EuGH Slg. 2000, I-2297 (Darbo); EuGH-Urteil vom 4.4.2000 (Rs. C-465/98)

EuGH Slg. 2001, I-7972, GRUR 2002, S.354ff (356) (Toshiba); EuGH-Urteil vom 15.10.2001 (Rs. C-112/99)

EuGH NJW 2002, S.281ff (Heininger); EuGH-Urteil vom 13.12.2001 (Rs. C-481/99)

EuGH Slg. 2003, I-3793, GRUR 2003, 604ff (607) (Libertel); EuGH-Urteil vom 6.5.2003 (Rs. C-104/01)

EuGH Slg. 2003, I-3095, GRUR 2003, S.533ff (Pippig Augenoptik); EuGH-Urteil vom 8.4.2003 (Rs. C-210/96)

KG, WRP 1979, S.790ff

KG GRUR 1999, S.102ff (Beste Auswahl, beste Lage, beste Übersicht)

LG Aachen, NJW 1991, S.2159ff

LG Freiburg NJW-RR 1992, S.955ff

LG Gießen, NJW-RR 1996, S.630ff

LG Traunstein, NJW-CoR 1997, S.494ff

LG Traunstein NJW-CoR 1998, S.109ff

LG Verden, NJW-CoR 1999, S.171ff

LG Hamburg, Urteil v. 14.4.1999, 315 O 144/99 (ricardo.de)

LG Münster CR 2000, S.313ff

LG Köln, K&R 2000, S.137ff

LG Braunschweig, MMR 2000, S.50

LG Gießen, MDR 2000, S.693f

LG Hamburg CR 2000, S.121ff

LG Hamburg, CR 2000, S.776ff

LG Köln, MMR 2001, S.54ff

LG Kiel, CR 2000, S.848ff

LG Hamburg, CR 2001, S.265ff

LG Düsseldorf MMR 2002, S.557ff

LG München I. K&R 2002, S.258ff

LG Essen, NJW 2003, S.1207ff

LG Kleve, NJW-RR 2003, S.196f

LG Stuttgart, Urteil vom 11.3.2003, Az. 20 O 12/03

LG Essen, Urteil vom 14.4.2004, Az. 44 O 166/03

LG Karlsruhe, Urteil und Beschluss vom 25.8.2004, Az. 14095/04 KfH III

LG Berlin, MMR 2005, S.778ff

LG Traunstein, MMR 2005, S.781

LG Mainz NJW 2006, S.783f (Ebay Powerseller)

OLG Hamburg WRP 1972, S.89ff

OLG Hamburg, NJW 1980, S.1232ff

OLG Nürnberg GRUR 1985, S.566ff

OLG Düsseldorf NJW-RR 1986, S.531f

OLG Frankfurt a.M., NJW 1986, S.2712ff

OLG Hamm NJW-RR 1987, S.232ff

OLG Karlsruhe, WRP 1988, S.757ff

OLG Stuttgart NJW-RR 1988, S.234ff

OLG Saarbrücken, NJW-RR 1988, S.858ff

OLG Stuttgart NJW 1989, S.2633ff

OLG Karlsruhe NJW-RR 1990, S.244ff

OLG Nürnberg WM 1990, S.1371ff

OLG Frankfurt NJW-RR 1992, S.492ff

OLG Hamburg NJW-RR 1992, S.1395ff

OLG Karlsruhe NJW-RR 1994, S.817ff

OLG Köln, NJW 1995, S.3128ff

OLG Stuttgart NJW-RR 1995, S.615ff

OLG Düsseldorf NJW-RR 1997, S.1151ff

OLG Report, NJW-RR 1998, S.184ff

OLG Köln CR 1998, S.244ff (BTX-Dialog)

OLG Celle, WRP 1999, S.865ff

OLG Düsseldorf, K&R 1999, S.566ff, m. Anm. Jäger (You can`t beat the FIRST)

OLG Hamburg, MMR 2000, S.278ff

OLG Düsseldorf, CR 2000, S.184ff m. Anm. Leistner

OLG Hamburg MMR 2001, S.41ff (letsbuyit.com)

OLG Frankfurt, MMR 2001, S.529ff (Pflichtangaben beim Fernabsatz)

OLG Hamburg GRUR-RR 2001, S.113ff (Versteigerung im Internet in umgekehrter Richtung)

OLG München GRUR-RR 2001, S.112ff (umgekehrte Versteigerung)

OLG Frankfurt DB 2001, S.1610ff

OLG München, ZIP 2001, S.520ff

OLG Köln, MMR 2001, S.523ff

OLG Köln EwiR 2001, S.1163ff m. Anm. Schöne/Vohwinkel

OLG Frankfurt NJW-RR 2001, S.1050ff

OLG Köln, NJW-RR 2002, S.473ff (Vermieterbrief)

OLG Hamburg MMR 2002, S.480ff (Europas unbegrenzter Karrieremarkt aus dem Internet)

OLG Frankfurt a.M., WRP 2002, S.1309ff

OLG Karlsruhe, CR 2002, S.682ff

OLG Jena, MMR 2003, S.531ff

OLG Hamburg, CR 2003, S.283ff

OLG Hamburg, GRUR-RR 2003, S.317ff

OLG Nürnberg, GRUR-RR 2003, S.315ff

OLG Frankfurt a.M., Urteil vom 13.5.2004, Az. 6 U 108/03

OLG Hamburg, NJW 2004, S.1114ff

OLG München NJW-RR 2004, S.913ff

OLG München, MMR 2004, S.321ff

OLG Hamm, Urteil vom 9.12.2004, Az. 4 U 117/04 (Alabaster)

OLG Frankfurt a.M. GRUR 2004, S.1042f (Cartierschmuck)

OLG Frankfurt a.M. NJW 2004, S.3433ff (Cartier-Stil)

OLG Celle NJW-RR 2004, S.1645ff

OLG Köln, Urteil vom 9.11.2004, Az. 6 U 88/04

OLG Hamm, Urteil vom 9.12.2004, Az. 4 U 115/04

OLG Frankfurt a.M. NJW 2005, S.1438ff

OLG Koblenz BB 2006, S.126ff (Ebay Powerseller)

OLG Naumburg, CR 2006, S.779ff

FSC
www.fsc.org
MIX
Papier | Fördert gute Waldnutzung
FSC® C083411

Kolibri 360 GmbH
Ferdinand-Jühlke-Straße 7
99095 Erfurt, Deutschland
produktsicherheit@kolibri360.de